U0949561

福建年鉴

2018

福建省人民政府 主办
福建年鉴编纂委员会 编纂

福建人民出版社
FUJIAN PEOPLE'S PUBLISHING HOUSE

图书在版编目（CIP）数据

福建年鉴．2018/福建年鉴编纂委员会编纂．--福州：福建人民出版社，2018.12

ISBN 978-7-211-08107-3

Ⅰ.①福… Ⅱ.①福… Ⅲ.①福建－2018－年鉴 Ⅳ.①Z525.7

中国版本图书馆 CIP 数据核字（2018）第 299668 号

福建年鉴 2018

FUJIAN NIANJIAN 2018

编　　纂：福建年鉴编纂委员会

责任编辑：何水儿

出版发行：福建人民出版社　　**电　　话**：0591-87533169(发行部)

网　　址：http://www.fjpph.com　　**电子邮箱**：fjpph7211@126.com

地　　址：福州市东水路 76 号　　**邮政编码**：350001

经　　销：福建新华发行（集团）有限责任公司

印　　刷：福州德安彩色印刷有限公司

地　　址：福州市金山浦上工业区 B 区 42 幢

开　　本：889 毫米×1194 毫米　1/16

印　　张：51.25

字　　数：1920 千字

版　　次：2018 年 12 月第 1 版　　2018 年 12 月第 1 次印刷

书　　号：ISBN 978-7-211-08107-3

定　　价：380.00 元

本书如有印装质量问题，影响阅读，请直接向承印厂调换。

版权所有，翻印必究。

审图号：闽S〔2018〕186 号

福建省制图院 编制

资料截至2017年12月

《福建年鉴 2018》编纂委员会

主　　　任： 于伟国　省委书记
常务副主任： 杨贤金　省政府副省长
副　主　任： 黄新銮　省政府秘书长
林钟乐　省委副秘书长、办公厅主任
曹建平　省政府副秘书长、办公厅主任
赖碧涛　省政府副秘书长
委　　　员： 黄汉升　省纪委副书记、省监察委副主任
卢厚实　省人大常委会副秘书长、办公厅主任
黄树清　省政协副秘书长、办公厅主任
杨国豪　省委组织部常务副部长
蔡小伟　省委宣传部常务副部长
臧杰斌　省委统战部常务副部长
王敏夫　省委政法委常务副书记
吴子东　省委政策研究室主任
薛　侃　省委改革办常务副主任
薛祺安　省委国安办常务副主任
许守尧　省委网络安全和信息化委员会办公室主任
林晓英　省委机构编制委员会办公室主任
林　杰　省委军民融合办常务副主任
王　玲　省委台港澳工作办公室主任
董建洲　省委省直机关工委常务副书记
游美萍　省委巡视办主任
何国辉　省委老干局局长
林承通　省委非公企业和社会组织工委书记
胡为兴　省委保密办主任
陈巧玲　省委机要局局长
陈添贵　省委文明办主任
周瑞春　省高级人民法院副院长

欧秀珠　省人民检察院常务副检察长
时尽岭　省军区政治工作局主任
张灿民　省发展和改革委员会主任
林和平　省教育厅厅长（省委教育工委书记）
陈秋立　省科学技术厅厅长
翁玉耀　省工业和信息化厅厅长
黄进发　省民族与宗教事务厅厅长
杜清森　省公安厅常委副书记、副厅长
池秋娜　省民政厅厅长
邬勇雷　省司法厅厅长
余　军　省财政厅厅长
林卫宠　省人力资源和社会保障厅厅长
叶　敏　省自然资源厅厅长
付朝阳　省生态环境厅厅长
林瑞良　省住房和城乡建设厅厅长
黄祥谈　省交通运输厅厅长
赖　军　省水利厅厅长
黄华康　省农业农村厅厅长
吴南翔　省商务厅厅长
吴贤德　省文化和旅游厅厅长
柳　红　省卫生健康委员会主任
陈奕辉　省退役军人事务厅厅长
刘　琳　省应急管理厅厅长
杨　红　省审计厅厅长
王天明　省政府外事办公室主任
林　立　省政府国有资产监督管理委员会副主任（正厅长级）
陈照瑜　省林业局局长
林锡能　省海洋与渔业局局长
黄培惠　省市场监督管理局局长
李　强　省广播电视局局长
林作明　省体育局局长
张国旺　省统计局局长
林凤祥　省人防办主任
赖诗卿　省医疗保障局局长
薛鹤峰　省地方金融监督管理局局长

李　斌　省信访局局长

陈立华　省政府新闻办主任

冯志农　省政府侨务办公室主任

陈子舟　省机关事务管理局局长

陈荣辉　省数字办主任

赖应辉　省粮食和物资储备局局长

李杰鹏　省监狱管理局局长

傅柒生　省文物局局长

俞开海　省市场监督管理局副局长、省药品监督管理局局长

胡忠昭　省委党校常务副校长

黄　誌　省委党史研究和地方志编纂办公室主任

卓兆水　省档案局局长

张宗云　福建日报社社长

陈秋平　省政府发展研究中心主任

陈祥健　省社会科学院党组书记

陈永共　省农业科学院党委书记

李　韧　省社会主义学院党组书记

张作兴　省供销合作社联合社党组书记

丁文清　省总工会党组书记

肖华鑫　共青团福建省委书记

徐姗娜　省妇女联合会主席

曾能建　省科学技术协会党组书记

林蔚芬　省社会科学界联合会党组书记

林瑞发　省文学艺术界联合会党组成员、书记处书记

陈式海　省侨联党组书记

江荣全　省台联党组书记

邵　旭　省残联党组书记

陈　震　省贸促会党组书记

王秋梅　省中华职教社党组书记

蒋少云　省国家安全厅厅长

单　强　中国人民银行福州中心支行行长

赵　静　国家税务总局福建税务局局长

张丽娟　省通信管理局局长

亓新政　中国银行保险监督管理委员会福建监管局局长

鲁颂宾　中国证券监督管理委员会福建监管局局长

尤猛军　福州市人民政府市长

庄稼汉　厦门市人民政府市长

刘　远　漳州市人民政府市长

王永礼　泉州市人民政府市长

余红胜　三明市人民政府市长

李建辉　莆田市人民政府市长

刘洪建　南平市人民政府市长

林兴禄　龙岩市人民政府市长

梁伟新　宁德市人民政府市长

林文耀　平潭综合实验区管委会主任

福建年鉴编纂委员会办公室

主　　任： 黄　誌（兼）　省委党史方志办主任

副 主 任： 汪一朝　省委党史方志办副主任

俞　杰　省委党史方志办副主任

黄　玲　省委党史方志办副主任

林　浩　省委党史方志办副主任

王盛泽　省委党史方志办副主任

戴振华　省委党史方志办副巡视员

钟健英　省委党史方志办副巡视员

《福建年鉴 2018》编审人员

主　　编： 黄　誌

副 主 编： 汪一朝　俞　杰　黄　玲　林　浩（常务）　王盛泽

执行副主编（社长）： 欧长生

责任编辑： 卓亦明　林丹英　郑　菜　林忠玉　吴朝庭

特约审稿： 唐国华

彩版策划： 张　强

《福建年鉴2018》设区市、平潭综合实验区编辑室名单

福州市：黄建新　林　炽
厦门市：廖兆平　王　玫　丁　超
漳州市：李亚树　卢炳全　谢王辉　郑美华
泉州市：廖国文　黄文捷　林清伏　龚建伟　黄景顺
三明市：罗金水　吴建勇　吴美佳　陈长武　朱元震
莆田市：李　伟　朱武雄
南平市：王　冲　林　立
龙岩市：陈明生　黄行敬　胡晓萍
宁德市：游连斌　黄元章
平潭综合实验区：黄良希　郑　芬　林扬国

编辑说明

一、《福建年鉴》是福建省人民政府主办、福建年鉴编纂委员会编纂、福建年鉴社具体承编、福建人民出版社出版、国内外公开发行的综合性年刊，是对外集中展示福建省年度发展概况的权威性资料文献，具有政府公报性质。

二、《福建年鉴》以马克思列宁主义、毛泽东思想、邓小平理论、“三个代表”重要思想、科学发展观、习近平新时代中国特色社会主义思想为指导。汇集全省年度经济、政治、文化、社会、生态等领域发展状况。《福建年鉴》1985 年创办，每年出版一卷。2018 卷为第 34 卷。

三、《福建年鉴》的框架结构由类目、分目、条目组成。全书条目统一用黑体加【】表示，下一层次标题用楷体区别。

四、《福建年鉴》2018 卷着重反映 2017 年福建省的基本情况。全书设福建名片、福建要闻、特载、八闽关注、大事记、省情概貌、中共福建省委员会、福建省人民代表大会、福建省人民政府、中国人民政治协商会议福建省委员会、纪检监察、民主党派和工商联、群众团体、法治、军事、外事侨务港澳事务、闽台交流合作、经济管理与监督、财政税务、金融、建设环保、农业、工业、交通邮政、信息业、商贸流通服务业、对外及港澳台经济贸易、中国（福建）自由贸易试验区·福州新区、旅游业、教育、科学技术、社会科学、文化、卫生和计划生育体育、社会生活、市县概况、人物、地方文献法规选登、统计资料、附录、索引等 41 个类目，约 140 万字。为增加年鉴的资料性，《福建年鉴》2018 卷“附录”中，原文刊登国家级媒体对福建的重大报道。福建名片部分内容上溯至 2016 年。

五、《福建年鉴》2018 卷对编写大纲进行修订。修订后的大纲主要在体现福建特色和年度性上着力，按照年鉴编纂体例理顺归类、统属方面的问题，同时，采取二维码等技术减少一次文献的记载量，缩减年鉴的整体篇幅。

六、《福建年鉴》2018 卷所用稿件，由省直各部门，各市、县（区）政府及有关单位提供。引用的统计数字，凡国家有统一规定范围、口径和计算方法的，均按国家统一规定统计，并经省统计局审核。地区生产总值和各产业增加值、工业总产值、农林牧副渔业总产值等指标的绝对值、比重按现价计算，增长速度按可比价格计算；其他价值量指标的绝对值及增长率，一般按当年价格计算。

七、为便于读者查阅，本卷在卷首设有目录，英文目录编至栏目；卷后配有索引，采用内容分析法，内容按汉语拼音字母顺序排列。

数知福建

福建省森林覆盖率65.95%

土地面积12.40万平方千米

年末户籍人口3807.58万人

常住人口3911万人

设区市9个、平潭综合实验区，县（市、区）85个

地区生产总值32182.09亿元

第一产业增加值2215.13亿元

第二产业增加值15354.29亿元

第三产业增加值14612.67亿元

三次产业比重6.9:47.7:45.4

人均地区生产总值82677元

固定资产投资总额26226.60亿元

社会消费品零售总额13013.00亿元

货物出口总额1049.32亿美元

货物进口总额661.03亿美元

实际利用外商直接投资85.77亿美元

地方一般公共预算收入2809.03亿元

一般公共预算支出4684.15亿元

居民消费价格指数101.2

全社会用电量2112.72亿千瓦小时

货物周转量6785.16亿吨千米

旅客周转量1086.22亿人千米

港口货物吞吐量51995.49万吨

航空货运量25万吨

铁路货运量3175万吨

公路货运量95599万吨

邮电业务总量1289.86亿元

国内旅游收入4571亿元

国际旅游外汇收入758803万美元

城乡居民人民币储蓄存款余额15213.62亿元

城镇居民人均可支配收入39001元

农村居民人均可支配收入16335元

城镇居民人均住房建筑面积43.40平方米

农村居民人均住房建筑面积68.00平方米

城市人均公园绿地面积14.13平方米

普通高等学校在校学生数75.10万人

医院、卫生院床位数170440张

城市污水处理率92.21%

国家级自然保护区17个

粮食种植面积83.32万公顷

粮食产量487.15万吨

福建名片 妈祖诞辰

妈祖诞辰1057周年纪念大会（蔡昊 摄）

2017年4月19日（农历三月廿三），妈祖诞辰1057周年纪念日。以“同谒妈祖，共享平安”为主题的妈祖诞辰1057周年纪念大会在湄洲妈祖祖庙天后广场举行，来自海内外近万名游客和信众参加盛典。来自两岸的妈祖信众在缓缓升起的“天上圣母”幡下，同谒妈祖，共祈平安。上午9点，伴随着各地进香团清道鼓乐声、30支民俗表演队的民俗表演，庙会启动暨升幡挂灯仪式在喜庆礼炮声响中拉开帷幕。湄洲妈祖祖庙董事长林金榜、全球洪门联盟总会长刘会进、中华妈祖文化交流协会副会长俞建忠分别致辞，莆田市人大常委会原主任林国良为庙会启动仪式开锣。紧接着，16位号手引领着12位护幡湄洲女，在悠扬的童声《妈祖》歌曲中缓缓拾级而上并依次就位。伴着3声长号，全场众人目送着两面“天上圣母”幡旗和18盏红灯在旗手的引领下缓缓升起，虔诚祈愿。“升幡庆妈祖千秋圣诞，挂灯引黎民万里慈航。”待幡旗和红灯飘扬在圣旨门广场上空，11名鼓手同时擂动。鼓过三通，一支民俗表演队跃入广场中央，为大家展现金龙献瑞，喜庆国泰民安，并为纪念妈祖诞辰1057周年庙会纪念活动拉开民俗表演帷幕。

妈祖又称天妃、天后、天上圣母等，是北宋福建莆田湄洲屿的一位普通女子，姓林名默娘。她死后，乡人感其生前为民治病、海上救人的恩德，就在湄洲屿立庙祠之。宋代妈祖信仰产生后，在福建范围内尤其沿海地区的南至泉州北到霞浦，妈祖庙像雨后春笋似地涌现出来。从此开始，妈祖闻名全省，同时也影响到广东、浙江、江苏、山东、台湾等地。

妈祖信仰也是中国台湾地区最普遍的传统民间信仰之一，有妈祖庙510座，其中有庙史可考者40座，建于明代的3座，建于清代的37座(含湄洲祖庙正三妈一座)。妈祖信仰还向世界各地传播，全球信众超过3亿人，遍布30多个国家和地区。

福建名片

茶博会

2017年11月16日，第11届海峡两岸茶业博览会在武夷山市开幕（卢国华 摄）

第11届海峡两岸茶业博览会于2017年11月16—18日在福建省武夷山市举行。本届茶博会由台盟中央、全国台联、中国茶叶流通协会、南平市人民政府等13个单位联合主办；由武夷山市人民政府承办。

本届茶博会以“缘聚武夷·茶和天下”为主题，内容丰富、更具特色，其间，举办了展览展销、首届中国（武夷）食品博览会、“朱子故里、大美武夷”五个一百宣传武夷山活动、海峡两岸投资项目招商会暨签约仪式、武夷山海上丝绸之路暨武夷山智慧低碳旅游养生体验活动、武夷山国际禅茶文化节、海峡两岸民间斗茶赛、欢乐茶节、“福满人间”海峡两岸祭茶祈福大典等十多个专场活动。

武夷山智慧低碳旅游养生体验活动，通过合理设置旅游线路，开通游客茶旅专线，开展“低碳旅游”众创大赛、低碳创新成果展及“纯真武夷山”低碳互动体验；联合四个“双世遗”与19个遗产地共同发出中国“世遗”低碳宣言；以倡导健康养生为目的，中国健身气功协会武夷山国际养生基地落户武夷山，引导游客参与茶旅养生现场体验活动。

“朱子故里、大美武夷”五个一百宣传武夷山活动是本届茶博会的又一亮点，280多名作家、艺术家、摄影家聚集武夷山，推出“百名音乐家唱武夷”福建文艺惠民演出、央视纪录片《朱熹》开机仪式、名刊签约武夷山、文艺创作之家落户武夷山等活动，传播武夷声音、讲述武夷故事、展示武夷美景，有效提升“双世遗”武夷山影响力和知名度。

海峡两岸交流是茶博会的一大特色。茶博会继续设立台湾馆，邀请超百家台湾地区生产销售茶叶、茶具等的企业前来设点，现场可品饮两岸的优质茶叶茶点，还可欣赏台湾少数民族特色歌舞表演。海峡两岸企业界、文化界、茶学界、宗教界等人士以茶博会为纽带，济济一堂，共叙情谊，为福建和台湾两地搭建多元、多样交流平台。2017武夷山国际禅茶文化节以茶为载体，推出“茶与养生”论坛、传灯茗心、古琴音乐会、户外茶席等活动。海峡两岸民间斗茶赛11月14日在凯捷岩茶城开启，两岸茶企、茶人开展了8个系列茶类民间斗茶赛。

与此同时，以展示武夷茶产业品牌建设成就为主题，举办中国茶业产业集群品牌发展研讨会，设立武夷岩茶区域品牌展示馆，集品牌成果、生态环境、历史底蕴、非物质文化遗产传承等为一体，别开生面推出武夷茶形象、品牌创建、制作技艺、企业风采等视频展播，进行“大红袍品牌推广中心”“武夷茶推广大使”授牌，向茶叶专家人才库评审专家颁发证书。

福建名片 海上丝绸之路

石狮石湖港（泉州市政府办供稿）

2017年是“一带一路”倡议提出四周年，四年来，“一带一路”从无到有、从蓝图变为路线图，从一国主张到被写入联合国文件，“一带一路”的四梁八柱框架已搭建完成。从倡议到行动，“一带一路”建设成果丰硕。福建省认真贯彻中央决策部署，积极融入"一带一路"建设，取得积极进展。

厦门具备东西交汇、南北贯通的区位优势，长期以来在国家发展战略中扮演着不可或缺的角色。“一带一路”倡议提出以后，厦门把互联互通作为“一带一路”建设的先导性工程，加快构建与沿线国家和地区高效便捷的海陆空网络，开创了对外开放的新航程，也使得“海上丝绸之路”支点城市框架初步形成。厦门已拥有“海丝”航线42条，通达17个国家和地区，空中已累计开辟10条洲际航线，搭建起以厦门为核心，辐射东南亚、东北亚，联通亚欧美澳四大洲的航线网络。人文方面，新增“一带一路”财经发展研究中心、厦门大学“一带一路”研究院等5个智库平台；成功举办了国际时尚周、国际海洋周等活动；建立26个海外联络处，使“一带一路”建设的交流载体平台更加丰富。

泉州是“古代海上丝绸之路起点城市之一”“全国城市投资硬环境四十优之一”“全国18个改革开放典型地区之一”。这一个个标签，印证着福建泉州人“拼”字当头的骄人收获。

泉州自唐代开始即为中国南方四大对外通商口岸之一。宋元时期，泉州港跃居四大港之首，以“刺桐港”之名驰誉世界，曾呈现“市井十洲人”“涨海声中万国商”的繁荣景象。分布在世界170多个国家和地区的泉籍华侨华人有950多万人，其中90%主要侨居东南亚等“海上丝绸之路”沿线国家和地区。

2017年，泉州与“海上丝绸之路”沿线国家和地区贸易总额达720亿元，占全市贸易总额的45%。泉州港与印度、印度尼西亚、菲律宾、越南、泰国、马来西亚等国家通航，拥有6条集装箱班轮航线和若干条大宗散货航线。泉州港主要从“海上丝绸之路”沿线国家和地区进口荒料石、化工原料、食品、椰壳炭等货物，向沿线国家和地区出口轻工原材料、服装及周边制品等。

泉港“石化基地”、丰泽“中国树脂工艺之乡”、晋江“中国鞋都”、石狮“中国服装名城”、南安“中国建材之乡”、惠安“世界石雕之都”、德化“世界陶瓷之都”、永春“芦柑之乡”、安溪“乌龙茶之乡”等特色品牌的形成并驰名海内外，离不开泉州商人爱拼的魄力。

据悉，泉州港1990年开始做集装箱业务，当时集装箱吞吐量为130标箱，到了2007年，吞吐量首次突破100万标箱，2015年首次突破200万标箱。2017年，泉州港与“海上丝绸之路”沿线国家和地区的货运量达360.07万吨，占泉州港外贸货物吞吐量的73.96%。

陶瓷，是德化县的主导产业，全县有陶瓷企业2600多家。“一带一路”倡议提出以来，德化县抢占先机，拓展市场，不断融入“一带一路”经济圈，推动了陶瓷在21世纪海上丝绸之路中扮演重要角色。德化陶瓷已销往“一带一路”沿线44个国家和地区，2017年上半年出口1650万美元，同比增长38%。

借力“一带一路”的东风，福建的发展也迎来了更多新的机会。据统计，2014—2017年，福建省与“海丝”沿线国家和地区货物贸易额总额达2055.5亿美元，实际利用沿线国家和地区外资18亿美元，对沿线国家和地区投资项目222个、中方协议投资额60.4亿美元。根据国家《“一带一路”大数据报告》，福建在“一带一路”建设中参与度位居全国第二。

福建名片 世界闽商大会

2016年6月17日晚，闽商大会民营企业产业项目签约仪式上，各方代表签约后握手合影（张永定 王毅 摄）

2016年6月18日，第五届世界闽商大会在福州开幕，吸引海内外65个国家和地区的1800位闽商精英参会，共同聚焦服务“一带一路”，参与新福建建设。

第五届世界闽商大会与第十四届中国·海峡项目成果交易会同期举办。本届大会由中共福建省委、福建省人民政府、中华海外联谊会和中华全国工商业联合会共同主办，主题为“再上新台阶、建设新福建”。

中共中央政治局委员、中央统战部部长、中华海外联谊会会长孙春兰，中央统战部常务副部长张裔炯，中央统战部副部长、全国工商联党组书记全哲洙，国务院侨务办公室副主任王晓萍，中央人民政府驻香港特别行政区联络办公室副主任林武，全国总工会副主席阎京华，中国侨联副主席李卓彬，中国工程院副院长刘旭等出席开幕式。

孙春兰期待闽商凭借拥有的雄厚资金、先进技术、广泛的海内外联系和遍布世界的商业网络，充分利用这难得的历史和战略机遇，“利用早在丝路沿线国家和地区捷足先登的优势”，继续以强国富民为己任，弘扬闽商精神。

时任福建省委书记尤权在致辞中，用“善观时变、顺势有为、豪侠仗义、爱国爱乡”来形容闽商。他说，“拓展、开创”的文化基因已经融入闽商血液，闽商因此成为一支在中国乃至世界都有一定影响的力量。尤权寄望广大闽商继续发扬“敢为天下先，爱拼才会赢”的闯劲，把更多经济社会效益好、市场前景好的项目带回家乡，在分享福建未来发展空间的同时实现企业更大发展。

本届世界闽商大会表彰了93名获得“福建省非公有制经济优秀建设者”称号的闽商。全哲洙强调，全国工商联将努力构建“亲”“清”新型政商关系，一如既往关注和支持福建的经济社会发展，积极引导非公有制企业参与“新福建”的建设。大会期间，《闽商发展史》一书首发，福建省海外联谊会五届二次常务理事会议举行，福建省泛智能家居产业联盟和福州泛VR产业联盟成立。

2017年2月7日晚7点，以“同春共庆，同心圆梦”为主题的第15届“两马同春闹元宵”大型灯会正式亮灯。现场灯光亮丽炫目，花海、人海相映生辉，为福州市民送上绚丽多彩的元宵“盛宴”。

本次灯会主题除了坚持“两马”同春共庆的和谐喜乐之外，重在打造“同心圆梦”的浓厚氛围。灯会依托东江滨公园原有的雕塑、花木及固定景观等，围绕“机制活、产业优、百姓富、生态美”的新福建发展目标，融入社会主义核心价值观、福州新区开放开发、自贸试验区、“海丝”等元素，因地制宜划分“吉祥中国年”“五区叠加美”“时尚新马尾”“历史的沉淀”“两岸共繁荣”“欢乐新天地”六个灯区。所有灯组都依照“新、奇、喜”的特点，结合近年来马尾新城建设的新成就、纪念福建船政150周年、经济社会发展所带来的和谐富足的新生活，以及时尚新颖的现代流行电影、动漫等内容题材来体现。灯组分别采用内透、分色裱糊等传统工艺，结合现代光雕技术，大型灯组气势恢宏、美轮美奂，彩色宫灯流光溢彩、绚丽多姿，衬以东江滨一线建筑景观亮化，以及掩映在公园花草树木间“型、声、色”兼具的氛围灯，通过全方位、多层次的灯会风格，营造欢闹喜庆的热烈氛围。

福建名片

“两马”闹元宵

两马同春闹元宵（游庆辉 摄）

根据马祖民间的元宵习俗，以及当地的乡亲要求，第15届“两马同春闹元宵”组委会应邀前往马祖进行实地考察，特别为马祖增加了10个灯组，由原有的35个灯组增加到45个。所有灯组都采用钢骨架结构，丝架造型，彩色绸缎分色裱糊，内透光美术处理，融入吉祥、喜庆、娱乐、趣味等多种元素，让更多的马祖乡亲感受到传统节庆之热烈、两岸亲情之浓厚。其中应景而制作的“白马尊王”和“哪吒三太子”两个大型灯组，结合了海岛渔民的民间信仰和祈福习俗，融入了追梦圆梦共繁荣的热切期盼和携手和平发展的美好愿景，造型恢宏壮观，神采飞扬生动。此外，在增加了赠送马祖的花灯数量的同时，按照确保安全、压缩规模、节俭开支的原则，本次灯会在东江滨公园的展区由原先的距离缩短200米，并因地制宜减小布展密度，同时选择马江渡广场、滨江长廊、城市中心广场等人口较为集中、适宜观光休闲的场所另行布置了15个灯组，力图既满足百姓在家门口看灯的需求，又排解灯会主会场的压力。

作为对台经济文化交流的前沿窗口，马尾与马祖于2001年1月开创性地签订了《福州马尾—马祖关于加强民间交流与合作的协议》(简称“两马协议”)，率先打破了两岸隔阂50多年的坚冰，拉开了两岸经贸文化交流的序幕。“两马协议”签订次年，两地共同联办了第一届“两马同春闹元宵”活动。15年来，凭借“两马元宵节俗”这个日益常态化的双向交流活动，“两马”交流硕果累累。

福建名片 海峡论坛（对侨工作）

2017年6月17—23日，第九届海峡论坛大会在厦门举行（张永定 摄）

2017年6月17—23日，第九届海峡论坛在福建召开，适逢两岸开启交流交往大门30周年之际。在新的历史节点上，一年一度的两岸民间交流盛会不断创新发展交流形式，为新形势下两岸交流注入活水。交流界别和领域扩大、体验式交流更深入、青年融合逐步接棒等是本届海峡论坛的亮点，更加鲜明地体现出"扩大民间交流、深化融合发展"的论坛主题。

交流界别和领域持续扩大。"寻根只是第一步，接下来是对接合作，希望两岸同名村建立长期合作机制。"这句话成为闽台同名村镇续缘之旅许多与会者共同的心声。在海峡百姓论坛上，家规族训石刻艺术展、闽台姓氏电子族谱对接等新亮点之外，每个姓氏背后都蕴藏着相同的一段故事、一种精神。"传家训惟善惟德，振家风曰耕曰读"，海峡论坛传家训振家风两岸宗亲行，用各自的家族记忆，印证了两岸共同的历史文化。海峡论坛从一开始就强调民间性、草根性和广泛性，并得到两岸各界的热烈支持。本届论坛围绕工、青、妇"三大品牌"，姓氏宗亲、同乡社团、民间信仰、大陆配偶等"四大纽带"，文化、教育、医疗、法律、工商等"五大领域"，农、渔、水利、乡镇村里、社区协会、公益慈善等"六大基层组织"设计活动，持续扩大交流界别和领域，提供两岸交流合作平台。在两岸关系发展新形势下，论坛上各种感动故事和融洽交流的背后，是两岸基层民众要求继续扩大民间交流的愿望。

亮点多、层次深的体验式交流活动，让与会的两岸民众耳目一新。除了让人胃口大开的蚵仔煎、葱花鱼丸，"课程表"上还排满闽南童玩手工课、闽台菜肴烹饪课等。两岸特色庙会创新提升传统文化气息和现场体验感，让两岸青少年或自己动手或混合编队，从舌尖味蕾到指尖心底，全方位传递历史印记。参加两岸青少年共享阅读活动的学子，相约暑期相聚福建，寻觅祖籍文化，同游同读同乐。海峡妇女论坛上，闽台38个乡村妇女组织签订合作交流协议，并组织两岸姐妹深入各地开展闽台家庭文化交流、家庭联谊结对、女大学生结对等体验互动活动。本届论坛新推出海峡两岸龙舟赛、福建省非遗文化金门行等两岸民众参与度较高的8项新活动。这种体验式交流，成为两岸基层民众相互认知的一扇窗、一座桥。没有遮遮掩掩，都是原汁原味；少了文字材料交流，多了亲密互动，以更接地气的方式，真正融入对方的生活，拉近彼此的距离。同时，对两岸基层共同面对的社会、经济和民生等问题，交换想法、碰撞思维。

青年融合发展逐渐接棒。结合涂鸦文化，设计让两岸参与者合作参赛的"打破界限"创意涂鸦大奖赛，将赛区景区化，使之成为两岸涂鸦文化交流基地，变成像厦大芙蓉隧道、台湾彩虹眷村一样的旅游地标。由福建日报报业集团及旗下海峡导报社、旺旺中时媒体集团时际创意传媒股份有限公司主办的首届海峡论坛金点子创意大赛，官网和Facebook专页累计浏览数达百万人次，成功征集到152项活动策划案。作为海峡论坛四大板块活动之一，两岸青年世代交流一直是论坛主题。本届海峡论坛上，新青年新世代第七期领袖特训营、台湾青年来闽就业创业见习对接会、青创先锋汇等活动，更加民生务实，更加创新出彩。从老一辈寻根谒祖到新一代互助创业，交流沟通方式虽然不同，最终都实现了增进了解、消弭隔阂的目的。同时，两岸民间交流往来的交接棒态势更趋鲜明。"人之相知，贵相知心。"海峡论坛成为两岸迄今规模最大、人数最多、范围最广的民间交流盛会。

福建名片 厦门国际投资贸易洽谈会

2017年9月，厦门国际投资贸易洽谈会现场（林辉 摄）

2017厦门国际投资贸易洽谈会(简称厦洽会)盛大登场，世界目光持续聚焦厦门，107个国家（地区）10万多名境内外客商、约700个客商团组、40余家跨国公司、4000多家国内外大中型企业云集；5000个标准展位12万平方米展览惊艳世界；3万多个优质项目3000多场投资洽谈务实高效。共签订各类投资项目1577个，总投资金额5326.6亿元，其中，利用外资2320.5亿元，对外投资601.6亿元，区域合作2404.5亿元；35个国家和地区的358名嘉宾在70多场投资主题论坛发表演讲，超过3.63万人次现场聆听投资趋势分享。

“一带一路”已从“中国倡议”走向了“国际共识”。厦洽会上，“一带一路”成为各界关注的话题，被视为中国企业“走出去”至关重要的机遇。

“一带一路”，“走出去”的重要引擎

每年厦洽会几乎都有一个不变的大主题——海外投资。如今中国已经成为世界第二大对外投资国，中国企业的触角已经遍及全球。

金砖国家新开发银行副行长祝宪说，这两年中国的海外投资已从自然资源等初级产品逐渐转移到制造业、高科技产业。

前来参加厦洽会的乌克兰驻上海总领事馆总领事罗鹏（Dmytro Ponomarenko）说：“乌克兰已建立了多个自由贸易区，并与中方开展合作，这将会使乌克兰更加现代化。”

西班牙驻广州总领事馆经济商务领事卡洛斯·托尔托拉说：“西班牙和中国在‘一带一路’倡议框架下合作潜力巨大。西班牙政府设有投资促进局，将为中国企业提供免费服务，包括提供相关行业报告、帮助选址和寻找合作伙伴、协调与当地政府的关系，并对技术研发等项目给予政策补助、税收优惠。”

厦洽会上，有人指出，“一带一路”倡议的提出和落

实，将成为中国企业“走出去”的重要引擎。中国企业应珍惜当前“走出去”的大好形势，真正走上国际化成长的道路。

把“走出去”步伐迈得更稳健

2016年，中国企业与“一带一路”覆盖的61个国家签订了8148项合作协议，新签合同价值同比增长36%。据估计，至2030年，中国在“一带一路”地区合同及总投资额将超过1万亿美元。

中国对外承包工程商会工程与投资部主任姚丹波认为，当前，国际承包商的业务发展模式将不断创新，新技术也将更深刻地融入基础设施建设，面对行业发展市场形势不佳、风险持续增加、贸易保护主义抬头、国际竞争更趋激烈等不利因素，企业应根据自身的情况和特点，实现业务发展和转型升级，并注重建立新的竞争优势。

在姚丹波看来，当前，中国企业发展的内生动力依然强劲，加上国家大力支持对外承包工程业务发展，政策及资金支持力度进一步加大，企业应抓住“一带一路”倡议带来的机遇，加快业务转型，通过开拓拉美、中东欧及发达国家新市场，开发各类资源的综合开发项目、产业链延伸、建设运营一体化项目等新业务，把“走出去”的步伐迈得更加稳健。

破解中小企业“走出去”难题

长期以来，中国企业“走出去”的主力是国企，尤其是实力雄厚的大型央企。对于民营企业来说，除了实力雄厚的民营企业之外，中小企业“走出去”参与“一带一路”建设存在较大困难。不少民营企业、中小企业表示，在国外如何落地是个问题，单靠企业自身力量，很难在“走出去”过程中取得良好效果。

商务部中国世贸研究会副秘书长蔡凌鹏认为，除了核心企业的带动，跨境产业园为中小企业落脚提供了良好选择。他说，中国企业在政府帮助下正在推进建设境外产业园区，在全球有100多个园区，国家级15个，企业入驻园区成本低、效果好、风险小。

就在本次“中国企业‘走出去’对接会”上，华凌自由贸易工业园也来招商。招商经理梅莉说，华凌自由贸易工业园是新疆华凌集团在格鲁吉亚投资建设的境外工业园区，园区为前去建厂的企业提供低租金、免税及一系列的配套服务。截至2016年年底，已有20多家中国企业入驻。

企业特别是中小企业“走出去”，金融支持是关键。“各类金融机构需要主动增加‘走出去’领域的金融供给。”中国银行福建省分行中小企业部部长崔笛亚说。在与沿线国家开展经贸活动的过程中，中资企业“走出去”步伐加快，中国银行为福建地区建筑类企业开立诸多工程项下的涉外保函，助力企业扬帆“一带一路”。

香港特别行政区政府投资推广署助理署长何兆康说，闽港两地一直保持紧密的经贸合作，在国家“一带一路”的政策下，香港可以发挥“超级联系人”的作用，作为连接内地与环球市场的桥梁，配合福建企业推动其优势产业“走出去”。他表示，香港拥有大量金融财务、会计税务、法律、工程等领域的专业人才，具备国际视野和熟悉国际标准，而且在服务内地企业方面也经验丰富。福建企业可以善用香港的专业服务。

福建名片

福建生态建设

生态福建建设（福建日报供稿）

2017年，福建省主要河流优良水质比例达95.8%；9个设区城市空气质量优良天数比例达96.2%；福州、厦门在全国74个大中城市空气质量排名中分列第五、第四位；森林覆盖率65.95%，保持全国首位；全面完成国家下达的节能减排降碳任务，2017年全省生产总值达3.22万亿元，总量位列全国前十、增速位居东部地区首位。

作为世界文化与自然“双遗产”地，武夷山市始终把生态环境保护作为立市之本、立业之基，生态文明理念已经深深根植于这里的碧水丹山之中。好的生态效益带来的是实实在在的经济效益，近年来，该市以旅游业为引领的第三产业快速发展。

秀美武夷山、如诗鼓浪屿、碧海蓝天湄洲岛……“清新福建”这张亮丽名片展现在世人面前。

数据最有说服力。65.95%的森林覆盖率高居全国榜首；12条域内主要河流水质保持全优；9个设区城市空气平均达标天数占比96.2%；27微克/立方米的$PM_{2.5}$年均浓度更是被当地人引以为傲——“在我们福建，$PM_{2.5}$仅表示下午两点半”。

令人艳羡的清新生态背后，是历届省委、省政府的久久为功。早在十多年前，时任福建省省长的习近平就为福建擘画了建设生态省的宏伟蓝图。这些年来，福建省委、省政府坚持一脉相承的生态文明理念，自觉扛起生态文明建设的政治责任。全省各级纪检监察机关加强生态环保领域的监督执纪问责，以严明的纪律为生态文明建设保驾护航，以清明的政治生态让“清新福建”的名片越发亮丽。

一根“绿色”指挥棒：重塑全新政绩观

长汀曾是我国南方红壤区水土流失最为严重的区域之一。经过30多年的不懈努力，当地的水土流失治理取得显著成效，累计治理水土流失面积162万亩，森林覆盖率达到79.4%。

老区人民不会忘记，习近平曾五次到长汀调研、四次作出批示，持续推动长汀水土流失治理工作。

在福建工作时，时任省长的习近平极具前瞻性地提出了生态省建设战略，担任福建省生态建设领导小组组长，指导编制《福建生态省建设总体规划纲要》，使福建的生态文明建设走在全国前列。到中央工作后，习近平多次对福建生态环境保护工作作出重要指示。2014年11月，习近平总书记在福建考察时，指出要努力建设“机制活、产业优、百姓富、生态美”的新福建。

福建省委、省政府牢记嘱托，持续推进生态文明建设，让绿色成为福建发展最亮的底色。2014年以来，福建先后成为全国首个生态文明先行示范区和生态文明试验区，“清新福建”成为金字招牌。

福建省委书记、省长于伟国表示，到2017年11月，《国家生态文明试验区（福建）实施方案》部署的38项重点改革任务中，已有34项形成改革成果，在构建生态文明建设责任体系、完善国土开发保护制度、建立多元化生态保护补偿机制等方面探索出了可复制推广的经验。

福建省发改委相关负责人介绍，取消部分县（市、区）的GDP考核，仅仅是第一步。紧接着，福建省又推出党政领导生态环境保护目标责任制管理，出台生态文明建设目标评价考核办法等举措，让考核的指挥棒“绿”起来。

如今在福建，“损害生态终身追责，绿色发展考核加分”正成为广大党员干部的新政绩观。

一柄锋利执纪剑：严防权力乱伸手

在福建设立首个生态文明先行示范区和生态文明试验区，是国家生态发展战略。如何为这个大战略保驾护航，福建的纪检人有自己的思考。

2016年12月，福建省委常委、省纪委书记刘学新在泉州调研时强调，要坚决惩治腐败，深入推进标本兼治，通过政治生态的净化，促进经济生态的优化和自然生态的美化。

“一些恣意破坏生态环境行为的背后，很可能都存在‘保护伞’问题，其中的权钱交易、利益输送等问题，尤其值得我们警惕。”福建省纪委相关负责人表示。

在武夷山，随着岩茶产业蓬勃发展，大面积的茶山开垦，破坏了当地的生态环境，一些基层党员干部也参与其中。2016年以来，武夷山市纪委开展违规开垦茶山专项整治工作，查处了多起党员干部违规开垦茶山的问题。

一纸红头问责书：杜绝干部不作为

2017年2月4日，春节长假后的第二天，南平市委书记袁毅早早地来到办公室，并通知相关部门领导，对延平区小流域综合治理情况进行现场突击检查。

检查组来到炉下镇一小溪边时发现，溪水不见往日清澈，黑色浑浊不见底，散发出一股浓浓的异味。经调查发现，小溪上游一些生猪养殖场违规排放，致使溪水遭受污染。南平市纪委立即启动问责程序，延平区分管环保工作的副区长吴火亨因履职不力，被免去副区长职务。从发现问题到追究相关人员责任，仅用不到一周时间，南平市对生态保护领域的问责可谓雷厉风行。

无独有偶。连江县琯头镇长门村至寨洋村沿江一带有大量堆沙场存在破坏环境的情况，群众反映强烈。2017年5月，连江县琯头镇纪委对整治堆沙场不力、工作失职的王光鼎、林道雄、倪法林等3名村干部给予党内警告处分。

“现在污水不再乱排，田地又可以正常耕作了。”12月5日，莆田市荔城区北高镇栏山村村民们由衷地感叹道。

村民口中的污水，来源于村里的畜禽养殖场。由于养殖场废弃物未进行规范处理，导致周边农田受到污染。栏山村党支部书记翁国泉和包村工作队员刘模华在日常巡查中均发现此问题，但未采取有效措施加以解决，造成不良影响。区纪委立即启动问责程序，给予翁国泉、刘模华党内警告处分。

问责之外还须要建立责任追究的长效机制。基于此，2017年9月，《福建省党政领导干部自然资源资产离任审计实施方案（试行）》正式出台。该方案明确规定，对审计发现的问题，在合理定责的基础上，严格实施责任追究。

“党的十九大报告对建设美丽中国、加强生态文明建设作出了专门部署。绿水青山就是金山银山。在生态文明建设中，凡是出现党员干部不作为、乱作为的，必须严厉惩处，绝不手软！”福建省纪委相关负责人表示。

福建名片

厦门金砖

2017年9月，金砖国家领导人厦门会晤（王东明 摄）

大厦之门，金砖闪亮。五色风帆，激扬世界。

2017年9月3—5日，金砖国家领导人厦门会晤成功举行。

金砖五国领导人会晤，10个新兴市场国家和发展中国家展开对话，全球约1000名工商界人士聚首，习近平主席多次发表讲话……共识在沟通中凝聚，方向在擘画中清晰。4日上午，厦门国际会议中心凤凰厅，金砖五国领导人围坐在圆形会议桌旁，习近平主席的主旨讲话回顾合作历程、勾画未来蓝图。这是金砖发展史上承前启后、继往开来的里程碑式会晤。

十年树木，木已挺拔

10年来，金砖合作从无到有，由浅入深，五国经济总量增长179%，贸易总额增长94%，城镇化人口增长28%，成为促进世界经济增长、推动全球秩序变革、维护国际和平稳定的关键力量。金砖国家用一份亮丽的成绩单，有力回击了“褪色论”“空心论”等无端质疑。

“厦门会晤标志着金砖合作步入第二个十年，金砖国家的发展将对世界经济继续带来积极影响。”英国《金融时报》刊文称。

“金砖合作之所以得到快速发展，关键在于找准了合作之道。”习近平主席回顾金砖发展之路，感慨满怀。“致力于推进经济务实合作”“致力于加强发展战略对接”“致力于推动国际秩序朝更加公正合理方向发展”“致力于促进人文民间交流”，习近平主席提出“四个致力于”，为金砖合作的未来指明航向。

巴西总统特梅尔说，习近平主席的讲话全面分析世界大势，为金砖国家未来发展作出系统规划。“习近平主席的讲话给企业界巨大信心，金砖机制一定会为企业间合作拓展更大空间。”参加金砖国家工商论坛的岚桥集团董事长叶成表示，企业今后将继续参与海外基础设施建设，通过港口、能源等项目，推动与金砖国家企业进行更广泛的合作。这是金砖国家凝聚新共识、开创新局面的重要宣誓。

十年淬炼，成色更足

如何在新形势下更好地推进相互合作，是金砖国家面临的重大战略任务。

据统计，2016年金砖国家对外投资1970亿美元，但只有5.7%发生在五国之间，表明金砖合作潜力还没有充分释放出来。面向下一个十年，经济务实合作前景广阔。

加强贸易投资合作，加强财金合作，促进金融机构和金融服务网络化布局，推动科技创新合作，推动发展绿色和低碳经济……会晤发表的《金砖国家领导人厦门宣言》，涉及70余项共识，合作设想着眼机制化、实心化，含金量进一步提升。

会晤期间，习近平主席宣布，中方将设立首期5亿元金砖国家经济技术合作交流计划，用于加强经贸等领域政策交流和务实合作。向新开发银行项目准备基金出资400万美元，支持银行业务运营和长远发展。习近平主席指出，我们应该在大局上谋划、关键处落子，本着共商、共建、共享原则，寻找发展政策和优先领域的契合点，继续向贸易投资大市场、货币金融大流通、基础设施大联通目标迈进。

倡导新理念，凝聚新力量，打造更加多元开放的发展合作平台。

"欢迎更多金砖国家企业来埃及，来非洲，来阿拉伯世界！""我们要搭上数字化革命的快车！"……从埃及总统塞西到几内亚总统孔戴，在金砖国家工商论坛上，两位国家领导人不约而同地当起各自国家的"首席推销员"。5日上午，包括这两位总统在内的5位新兴市场国家和发展中国家领导人，与金砖国家领导人就合作共赢大计展开了一场坦诚而深入的对话。

金砖国家从来不是封闭的俱乐部。从2010年南非加入，到2013年起金砖国家领导人每年同各地区国家领导人举行对话会，金砖国家的历史脉动始终与广大新兴市场国家和发展中国家的命运紧密联系在一起。"共同构建开放型世界经济""共同落实2030年可持续发展议程""共同把握世界经济结构调整的历史机遇""共同建设广泛的发展伙伴关系"，习近平主席阐明了新兴市场国家和发展中国家加强团结协作的中国主张。

推动"金砖+"，既扩大了金砖国家的"朋友圈"，更拓展了金砖国家的"辐射圈"。

厦门会晤期间，厦门至莫斯科的中欧班列正行驶在亚欧大陆上，上万千米的路程将21世纪海上丝绸之路和丝绸之路经济带连接起来，辐射沿线发展中国家。

"金砖国家与各国建立起共赢关系，这将对构建和谐世界十分有利。世界期待金砖国家在国际事务决策中发挥作用，为全球化的未来指明方向。"澳大利亚思环顾问公司首席执行官戴维·托马斯说。

海纳百川，有容乃大

从让新兴市场国家和广大发展中国家搭上自身发展的快车、便车，到G20机制中坚定站在发展中国家阵营，中国始终致力于变革全球治理体系中不公正、不合理的安排，增加新兴市场国家和发展中国家的发言权。

厦门，短短30多年，从沿海小城蝶变为高素质、高颜值的活力之城。厦门的成功故事，正是中国改革开放历程的一个生动缩影。以厦门会晤为新的起点，展望第二个"金色十年"，金砖国家务实合作一定会创造一个个成功故事，更好地造福五国人民，为世界发展和人类进步贡献更多正能量。

领导关怀

2017年9月3日，国家主席习近平在厦门国际会展中心出席金砖国家工商论坛开幕式，并发表题为《共同开创金砖合作第二个“金色十年”》的主旨演讲（鞠鹏 摄）

2017年6月17日，时任中共中央政治局常委、全国政协主席俞正声（左一）在厦门会见出席第九届海峡论坛的部分两岸嘉宾和主办单位代表（马占成 摄）

2017年6月9日，时任中共中央政治局常委、中央书记处书记刘云山（右二）专程来到政和县石圳村，深入了解廖俊波的事迹 （张永定 摄）

2017年7月27日，时任中共中央政治局委员、国务院副总理汪洋（左二）考察武平县万安镇捷文村（张永定 摄）

领导关怀

2017年12月23日，中共中央政治局常委、中央纪委书记赵乐际（左三）在宁德市霞浦县东山村走访贫困户（庞兴雷 摄）

2017年8月26日，福建日报报道，时任中共中央政治局委员、国务院副总理刘延东（右二）考察福建省医改工作，与工作人员亲切交谈（郑杰 摄）

2017年2月26日，时任中共中央政治局委员、国家副主席李源潮（左六）来到福建师范大学团委新媒体工作室小葵馆与大学生们交流（张永定 摄）

领导关怀

2017年2月22日，时任中共中央政治局委员、中央党的建设工作领导小组副组长、中央新疆工作协调小组副组长张春贤（右四）考察福州市鼓楼区军门社区（张永定 摄）

2017年6月3日，时任国务委员、公安部部长郭声琨（右前二）在厦门市滨海派出所看望基层民警（张永定 摄）

2017年5月31日，时任福建省委书记尤权（左前二）、时任福建省省长于伟国（左一）来到福州市鼓楼区科学艺术宫，参观小学生机器人大赛演示，并与老师和同学互动交流（张永定 摄）

2017年10月30日上午，省委书记于伟国（中）深入福州市台江区苍霞新城社区，向干部群众面对面宣讲党的十九大精神（郑杰 摄）

金砖合作

2017年9月4日，金砖国家领导人第九次会晤在厦门国际会议中心举行。国家主席习近平主持会晤并发表题为《深化金砖伙伴关系　开辟更加光明未来》的重要讲话（谢环驰 摄）

2017年9月4日，福州三坊七巷社区居委会组织社区干部观看金砖国家领导人第九次会晤的报道（林双伟 摄）

2017年9月3日，金砖国家工商论坛现场（游庆辉 摄）

2017年8月17日，金砖国家治国理政研讨会在泉州开幕（张永定 摄）

2017年6月11日，参加金砖国家政党、智库和民间社会组织论坛的嘉宾在福州海峡国际会展中心观看“精彩福建”图片展（王毅 摄）

一带一路

2017年5月22日，中远海运印尼航线“中海圣何赛”号集装箱轮在福州江阴港启航（林双伟 摄）

2017年11月28日至12月3日，第四届丝绸之路国际电影节在福州举办（林熙 摄）

2017年3月19–21日，“中欧城市可持续发展论坛”在莆田举行（蔡昊 摄）

2017年4月18日，第三届中国（泉州）海上丝绸之路国际品牌博览会在石狮开幕（王毅 摄）

2017年12月10日晚，第三届海上丝绸之路国际艺术节在泉州海峡体育馆盛大开幕（周明太 摄）

2017年4月21日，首条厦门始发中欧货运直达班列开往莫斯科（施辰静 摄）

中国（福建）自由贸易试验区

2017年4月20日，全国首台营业执照“自助登记打照机”在平潭投入使用（念望舒 摄）

2017年12月28日，海沧保税港区汽车整车进口口岸启用仪式现场（施辰静 摄）

2017年6月2-4日，第二届平潭国际海洋旅游与休闲运动博览会举行（念望舒 摄）

2017年9月27日，厦门机电设备展示交易中心正式开业。该中心是厦门着力打造的自贸试验区重点平台（施辰静 摄）

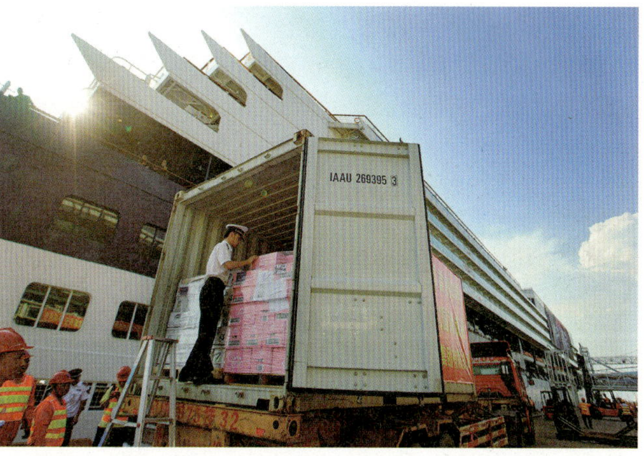

2017年6月7日，全国首批邮轮进口直供物资装上马耳他籍邮轮，标志着厦门率先实施邮轮物供“快速通道”模式（施辰静 摄）

2017年10月1日，福州闽江南北两岸22幢高楼灯光璀璨，一幅幅流光溢彩的福州特色元素画卷呈现在两岸高楼上，市民和游客惊艳叫绝（游庆辉 摄）

数字福建

1 2
3 4 5 6

1. 滨海新城将建设成为引领福州发展的新龙头、现代化国际城市的新标志。图为东湖VR小镇（念望舒 摄）

2. 安溪龙门数字媒体馆（王敏霞 摄）

3. 无创心电（长乐）大数据中心（周明太 摄）

4. 数字福建（长乐）产业园VR体验中心（周明太 摄）

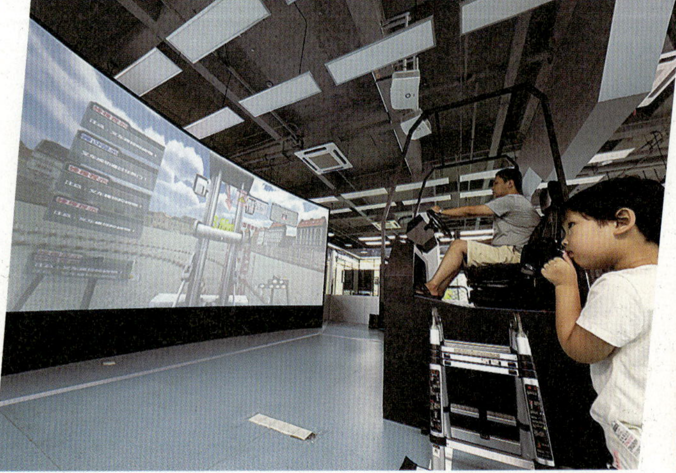

5. 厦门美亚柏科大数据实验室全景图（廖丽萍 摄）

6. 全省首家数字图书馆——鼓楼区数字图书馆（林双伟 摄）

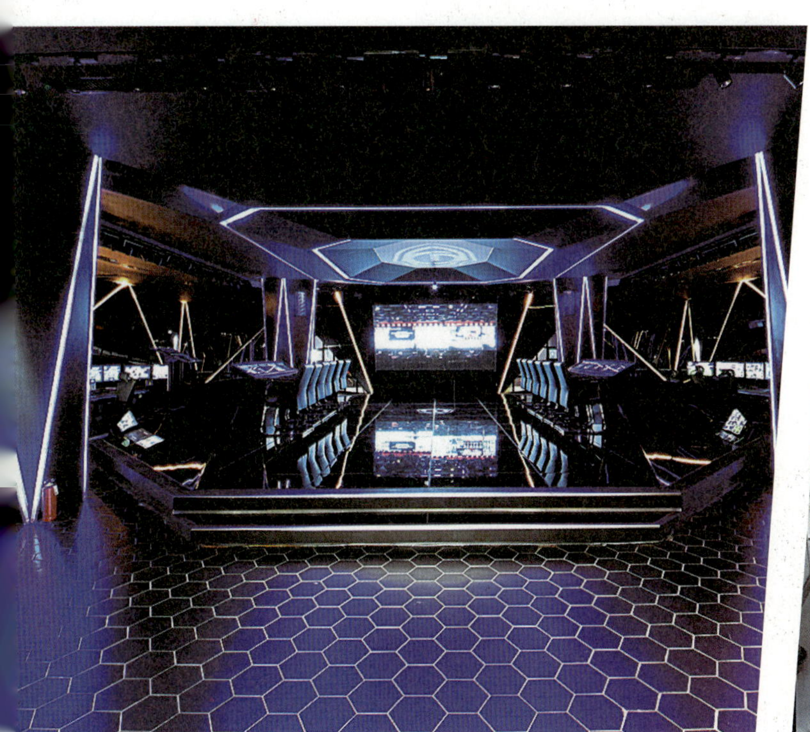

海峡两岸

1. 2017年8月12日，青年们在海青节两岸青年“携手·同心”联欢晚会上激情演出（周明太 摄）

2. 2017年11月3日，在第十届海峡两岸文博会上，观众与文创IP“夏萌猫”合影（施辰静 摄）

3. 2017年12月7日，参加第八届海峡媒体峰会的两岸媒体人在漳州体验VR技术（吴洪 摄）

4. 2017年6月，第九届海峡论坛期间，牵手走进两岸集体婚礼的新人（林辉 摄）

5. 2017年8月16日，厦航迎来首批台籍乘务员（施辰静 摄）

6. 2017年6月19日，以“遇见平潭，携手未来”为主题的第六届共同家园论坛在平潭开幕（念望舒 摄）

7. 2017年6月18日，在海峡妇女论坛上，海峡两岸姐妹叙友情、话发展（林辉 摄）

8. 2017年7月1日，福建七个市县台协会会长手持标语，欢迎台湾青年来福建工作（李烈 摄）

9. 2017年9月23日，时隔20年，湄洲妈祖起驾再赴台巡游（蔡昊 摄）

鼓浪屿申遗成功

1. 2017年9月4日，联合国教科文组织总干事伊琳娜·博科娃在鼓浪屿向厦门市颁发世界遗产证书后，加入鼓浪屿群众一起翩翩起舞（施辰静 摄）

2. 2017年7月22日，游客与鼓浪屿申遗宣传牌合影留念（施辰静 摄）

3. 2017年9月4日，联合国教科文组织总干事伊琳娜·博科娃在鼓浪屿“黄家花园”内向厦门市颁发世界遗产证书（施辰静 摄）

4. 鼓浪屿局部（施辰静 摄）

"鼓浪屿：历史国际社区"
世界遗产授牌仪式
中国
2017.09.04

楷模廖俊波

1 2 3 4 5

1. 2011年夏天，廖俊波（左二）向省华闽集团介绍政和旅游资源（李左青 摄）

2. 2017年5月23日，廖俊波同志先进事迹报告会在福州举行（张永定 摄）

3. 2014年4月18日，廖俊波（右一）在铁山东涧村调研，与村民座谈，给老人递上茶水（徐庭盛 摄）

4. 2015年6月27日，廖俊波（左二）在铁山镇东涧花卉基地与农民交谈（徐庭盛 摄）

5. 2017年2月15日，廖俊波（左一）在武夷新区向客商介绍情况（危贤锋 摄）

乡村振兴

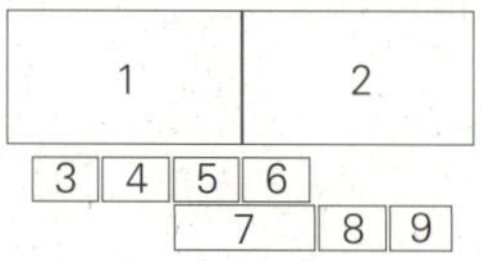

1 2
3 4 5 6
7 8 9

1. 泰宁县通过举办民俗文化、体育赛事等活动，进一步推动全域乡村旅游发展，展示世界非物质文化遗产魅力（游庆辉 摄于2017年10月15日）

2. 福鼎市赤溪村旧貌换新颜（林熙 摄于2017年2月14日）

3. 2017年11月22日，永安市小陶镇五一村党支书许光园（中）向村民们宣讲十九大精神（周志鸿 摄）

4. 2017年，莆田北岸罗屿新城安置区陆续交房（蔡昊 摄）

5. 2017年冬季，游客们在建宁修竹千亩荷花塘里抓蟹。荷花塘套养“荷蟹”丰富了旅游体验的内容（王毅 摄）

6. 2017年8月21日，华安县新圩镇官畲村千余亩生态林休闲步栈道投用。图为孩子们快乐荡秋千（林辉 摄）

7. 一家现代农业公司，承包晋江镇区1600多亩土地，建设现代化控温大棚，引进以色列水培一体化控制系统，摸索高质量可持续的农业种植模式（王毅 摄于2017年1月3日）

8. 2017年7月10日，一支农业电商团队为南安市向阳乡农户拍摄农产品并通过电商销售（洪宗洲 摄）

9. 邵武市洪墩镇农民在河坊村稻田中种植出“洪墩味道”，吸引游客（刘婷婷 摄于2017年10月10日）

清新福建

全国首条空中自行车道——厦门云顶路自行车专用道示范段（上图绿道）建成运行（施辰静 摄）

南日岛海上风电（蔡昊 摄）

福州西湖夜色（游庆辉 摄）

第13届林博会中心展馆突出绿水青山就是金山银山的主题（周志鸿 摄）

平潭北港文创村面朝大海，花香遍野（念望舒 摄）

基础建设

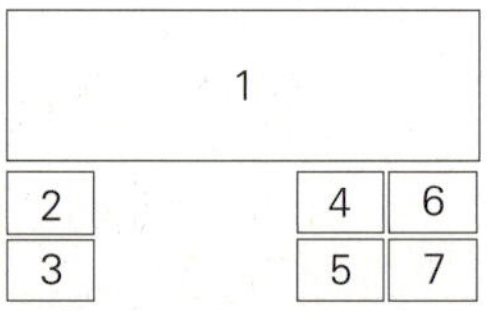

1		
2	4	6
3	5	7

1. 2017年12月24日，航拍建设中的福平跨海峡公铁两用大桥（念望舒 摄）

2. 2017年9月29日，福清兴化湾样机试验风场首批机组成功并网发电，刷新了同类项目核准、并网时间最短的建设纪录（张蓉 摄）

3. 2017年1月22日，航拍莆田市两馆一宫（图书馆、科技馆、少年宫）（蔡昊 摄）

4. 2017年12月31日，厦门地铁1号线开通。图为地铁驶过海堤（施辰静 摄）

5. 2017年12月12日，厦沙高速三明段正式通车，标志着厦沙高速全线建成通车。图为厦沙高速德化段（李宏图 摄）

6. 2017年10月12日，福州江阴港区12号码头迎来第一艘外轮，标志着福州港首个液体化工码头正式对外开放（王永珍 摄）

7. 2017年12月10日，建设中的三明南站片区枢纽工程（周志鸿 摄）

BUENA SUERTE

科技创新

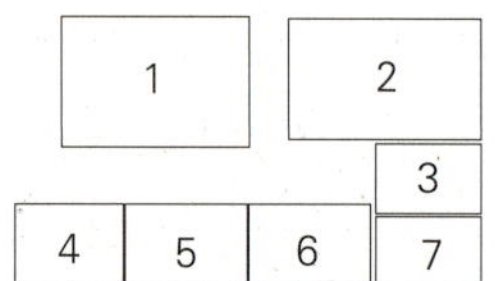

1. 2017年5月25日17时58分，中国自主三代核电“华龙一号”全球首堆示范工程——中核集团福清核电5号机组穹顶吊装成功，这标志着该机组已全面进入设备安装阶段，是全球唯一按照计划进度建设的三代压水堆核电工程（周明太 摄）

2. 2017年1月由国家发展改革委批准，云度成为中国第10家获得新建纯电动汽车生产资质企业（蔡昊 摄）

3. 2017年“6·18”展会，参观者体验福建师范大学研发的意念无人机（周明太 摄）

4. 2017年“6·18”展会，一块石墨烯净化产品放在文竹上，文竹丝毫无损，由厦门烯成石墨烯科技公司带来的石墨烯产品让参观者惊奇（游庆辉 摄）

5. 2017年3月18日，中国科学院西双版纳热带植物园专家团队一行参观福州植物园。当日，双方签署战略合作协议，未来将在科学研究、人才培养、学术交流等方面深入协作（王毅 摄）

6. 2017年，双驰企业推出了个性化定制的新模式，为莆田鞋企的转型升级打开了一条全新的路子（蔡昊 摄）

7. 2017年11月16日，百度世界大会宣布：金龙客车将于2018年7月底率先实现无人驾驶小巴车试运营。图为金龙与百度合作研发的无人驾驶小巴车“阿波龙”（林侃 摄）

幸福生活

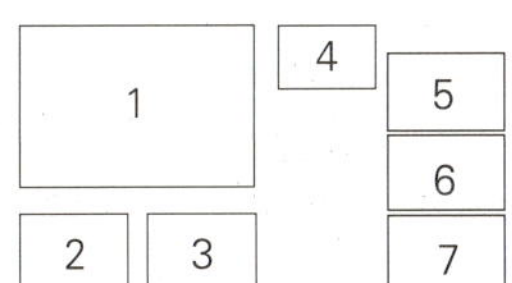

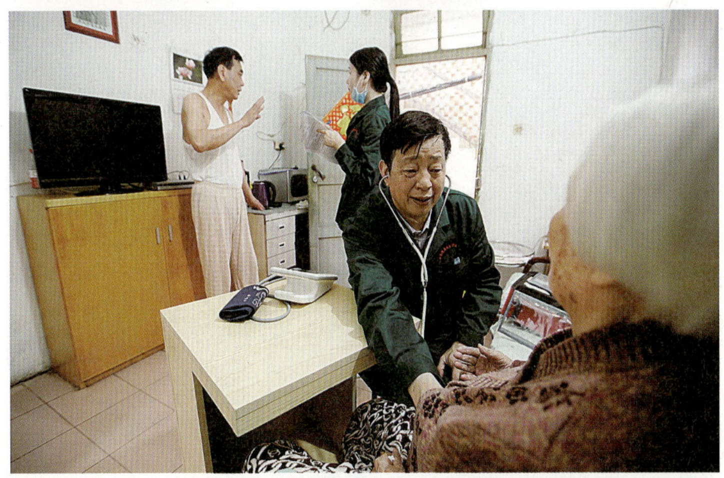

1. 2017年10月1日，“你的笑容悦动榕城”大型微笑分享活动在福州全面开启（游庆辉 摄）

2. 2017年11月11日，福建海警第一支队在福州市马尾区海警驻地举办首届集体婚礼（游庆辉 摄）

3. 2017年9月14日，福州大学少数民族学生之家——刘敏榕工作室投入使用（林辉 摄）

4. 2017年3月，南安市组织党员干部服务队深入到各村居一线，走访慰问困难户，并送去生活用品，让他们感受到社会的温暖（林辉 摄）

5. 2017年12月6日，莆田第五中学举办成年礼（蔡昊 摄）

6. 2017年4月11日，厦门海沧石塘社区卫生服务中心的家庭医生在给居民做检查，并将每日健康数据同步上传至“厦门健康平台”（施辰静 摄）

7. 2017年6月30日，位于台江区的福州第十五中学初三毕业生和老师在拒绝谢师宴的横幅上签名（段金柱 摄）

多彩文化

1. 2017年4月27日，在"攻坚2017·咱们工人有力量"福州市职工庆五一歌会现场，党心、匠心成为歌会全场最鲜明的主题。900多名来自福州市各行各业的劳模、一线职工与来自海峡对岸的职工代表共唱劳动歌曲（游庆辉 摄）

1	2

3	4		7	8
5	6		9	10

2. 2017年2月11日，连城县罗坊乡举办"走古事"民俗活动庆祝元宵，吸引了近两万名游客前来观看（张永定 摄）

3. 2017年1月18日，众多媒体和市民在现场见证了巴斯贺岁庆典的盛况（祝敏松 摄）

4. 2017年11月7日，"国际南岛语族考古研究基地"在平潭正式挂牌成立（念望舒 摄）

5. 2017年3月，"福建京剧院'国粹流芳'精品剧目展演"在全国各地受到追捧（李珂 摄）

6. 2017年2月10日，“中国最长的板桥龙灯”诞生（周志鸿 摄）

7. 2017年9月28日，福建省少年儿童图书馆（宝龙新华都）分馆开馆（林双伟 摄）

8. 2017年8月15日，中国首个国家级唱片主题博物馆落户鼓浪屿（施辰静 摄）

9. 2017年4月17日，第二十届海峡两岸纺织服装博览会“海丝情”晚会在石狮举行（王毅 摄）

10. 2017年4月14日，武夷山茶农开始采茶前按照传统习俗举行“喊山”仪式（林熙 摄）

魅力体育

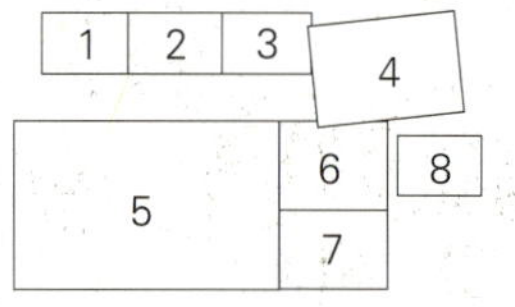

1. 2017年5月30日，中华龙舟赛福州站圆满收官（林熙 摄）
2. 2017年3月，福州成立首支青少年冰球队（林熙 摄）
3. 2017年9月29日，福州市“庆国庆 迎十九大”百名老人健步福道（林双伟 摄）
4. 2017年8月8日，海峡两岸全民健身交流展示活动在福州市开幕（林双伟 摄）

5. 2017年9月1日，天津全运会上，福建女子花剑队获得团体冠军后激情拥抱（林熙 摄）

6. 2017年11月11日，国际皮划艇马拉松公开赛在将乐县举办（游庆辉 摄）

7. 2017年11月8日，环福州·永泰国际公路自行车赛在福州开赛（林熙 摄）

8. 2017年5月18日，全国沙滩排球巡回赛（平潭站）开赛（念望舒 摄）

目录

中共福建省委员会

福建省人民代表大会

福建省人民政府

中国人民政治协商会议福建省委员会

纪检监察

民主党派和工商联

群众团体

军 事

外事 侨务 港澳事务

闽台交流合作

经济管理与监督

财政 税务

金　　融

建设 环保

中国（福建）自由贸易试验区·福州新区

旅 游 业

教　　育

科学技术

社会科学

文　　化

卫生和计划生育　体育

社会生活

市县概况

人　　物

地方文献、法规选登

统计资料

附　　录

索　　引

Content

Discipline Inspection and Supervision

Democratic Parties and Federation of Industry and Commerce

Mass Organization

Rule of Law

Military

Foreign Affairs, Overseas Chinese Affairs, Hong Kong and Macao Affairs

Fujian-Taiwan Exchanges and Cooperation

Administration and Supervision of Economy

Finance and Taxation

Financial Industry

Construction and Environmental Protection

Agriculture

Industry

Transportation and Post

Information Industry

Commercial Circulation and Service Industry

Foreign trade, Trade with Hong Kong, Macao and Taiwan

Fuzhou New Area of China (Fujian) Pilot Free Trade Zone

Tourism

Education

Science and Technology

Social Sciences

Culture

Health Family Planning and Sports

Social Life

Counties and Cities

Personage

Selected Local Documents and Regulations

Statistics

Appendix

Index

党和国家领导人考察福建

（按到闽时间顺序记述）

张春贤在福建调研时强调：深入推动六中全会精神落细落实

2017年2月22—25日，中共中央政治局委员、中央党的建设工作领导小组副组长、中央新疆工作协调小组副组长张春贤到闽，就深入学习贯彻党的十八届六中全会精神进行调研。他深入贫困乡村、街道社区、高校、企业，详细了解各级党组织和广大党员干部学习贯彻六中全会精神情况，与基层干部群众广泛交流，并在基层召开党建工作座谈会。他强调，贯彻六中全会精神和准则条例，关键要在落细落实上下功夫。要在旗帜鲜明讲政治、增强“四个意识”上落细落实，坚决维护以习近平同志为核心的党中央权威，坚决同党中央保持高度一致，确保党中央政令畅通、令行禁止。要在加强党性修养、发扬斗争精神上落细落实，勇于自我革命，不断增强党内政治生活的政治性、时代性、原则性、战斗性。要在抓“关键少数”上落细落实，真正发挥以上率下的作用。要在见诸行动、解决问题上落细落实，以解决突出问题的有力行动和实际效果真正维护党中央权威。要在督促检查上落细落实，不断强化责任担当，切实把全会精神落到实处。张春贤指出，福建具有光荣的革命传统，要坚持继承和创新相结合，始终不忘初心、继续前进，同时站在时代高度，不断推进党建工作理念创新、机制创新、手段创新，切实提高党内生活的吸引力和感染力，永葆党的生机活力。

李源潮在福建调研时指出：群团改革要落实到基层，在群众中见效

2017年2月24—26日，中共中央政治局委员、国家副主席李源潮到闽调研群团改革。他指出，要认真落实习近平总书记要求，针对实际问题抓实改革举措，确保改革落实到基层，在群众中见效。调研期间，李源潮勉励企业团委负责人，既要带领青年为完成生产任务作贡献，又要加强对团员青年的联系服务；指出家庭是社会的细胞，妇联要在家庭建设中发挥独特作用，促进家庭幸福、社会和谐；鼓励青年创业者要抓住机遇创新创业，成就人生梦想；强调共青团要善于运用网络新媒体开展社会主义核心价值观的宣传教育，传播正能量。他在福州召开群团改革调研座谈会，认真听取基层群团干部意见。他说，青、妇、科、侨要以迎接党的十九大胜利召开为工作主线，团结带领广大群众听党话、跟党走，更紧密地团结在以习近平同志为核心的党中央周围，为全面建成小康社会建功立业。群团改革要坚持正确方向，保持和增强群团组织和工作的政治性、先进性、群众性。坚持问题导向，眼睛向下，聚焦基层，重在实效。要改进群团工作作风，建立直接联系服务群众制度；加强基层群团力量，在党组织领导下共建共用基层服务群众阵地；创新工作手段，加快建设网上群团。各级党

委要对群团改革负起领导责任，健全党领导群团工作制度，落实全面从严治党要求，加强群团干部队伍建设。

严隽琪率民进中央调研组到福建调研

2017年3月28—31日，全国人大常委会副委员长、民进中央主席严隽琪率民进中央调研组到闽，开展“职业教育改革助推制造业发展”年度重点考察调研（大调研）。调研组走进基层了解情况，掌握真实可靠的第一手资料，先后实地考察福建工业学校等4所示范性职业院校、福建东南汽车公司等4家代表性企业。严隽琪指出：“从企业到地方，对职业教育改革助推制造业发展都有着真正的需求。”她说，教育是民进的主要界别特色，把大调研聚焦在职业教育改革助推制造业发展上，既有对这个问题重要性的认识，也有民进自身多年来积累的基础。福建以制造业大省作为重要目标，在解决制造业所需的人力资源问题上有着现实需求和相应举措。希望民进中央能够在调研中学习到福建经验，取得实际成果，向国家有关方面提出有价值的建议。她强调，民进中央将进一步聚焦产业和职教“两张皮”、职前教育和职后教育关系等问题，认真研究、提出建议，为助推综合改革贡献智慧和力量。

万钢率致公党中央调研组到福建调研

2017年5月2—5日，全国政协副主席、致公党中央主席、科技部部长万钢率致公党中央调研组到闽，围绕“推进‘一带一路’建设中中国文化‘走出去’”主题开展大调研。万钢指出，“一带一路”是以习近平同志为核心的党中央提出的重大合作倡议，致公党是一个以侨为特色、对外联系较多的参政党，一直致力于在推进“一带一路”建设中积极发挥作用。中华文化“走出去”，是中国和平发展的题中之义，是适应中国作为世界第二大经济体应有文化地位的客观要求。中华文化“走出去”，要与经济发展、企业经营相结合，以文化推广优质的中国产品和商贸服务，融文化于经贸往来之中；要与深化改革相结合，推进多部门融合协调，在考虑如何用现代故事讲述传统文化中不断凝练文化作品思想内核；要与政府行为和市场行为相结合，创新商业运作模式，让文化在政府推广之后能在当地生根。调研组深入了解和总结福建在传统文化保护、对外文化交流、文化产业发展等方面的好做法，为推进“一带一路”建设提供决策参考。

王钦敏率全国政协调研组到福建调研

2017年5月8—12日，全国政协副主席、全国工商联主席王钦敏率全国政协调研组到闽，就“构建‘亲’‘清’新型政商关系，促进民营经济健康发展”展开调研。王钦敏表示，习近平总书记关于构建“亲”“清”新型政商关系的重要思想，为促进政商正常交往、营造亲商富商安商的营商环境指明了方向。福建认真贯彻习近平总书记重要讲话精神，高度重视构建“亲”“清”新型政商关系，多措并举，激发企业家创新精神，大力促进民营经济发展，取得了明显成效。他说，福建是民营经济发达地区，在全省经济总量中民营经济“三分天下有其二”。希望福建进一步深入学习贯彻习近平总书记重要讲话精神，坚持问题导向，深入推进“放管服”改革，在健全体制机制、完善投融资体系、建设诚信体系等方面探索更多好做法，创造更多好经验。

郭声琨在福建调研时强调：持续兴起学习贯彻习总书记重要讲话精神热潮

2017年6月3日，国务委员、公安部部长郭声琨在闽调研时强调，学习宣传贯彻习近平总书记在会见全国公安系统英雄模范立功集体表彰大会代表时的重要讲话精神，是当前和今后一个时期全国公安机关的一项重要政治任务。要深入动员部署，着力抓好落实，持续兴起学习宣传贯彻的热潮，努力以党和人民满意的优异成绩迎接党的十九大胜利召开。他强调，要全面准确深刻领会习总书记重要讲话的基本要求、核心要义和精神实质，切实用习总书记重要讲话精神武装头脑、指导实践、推动工作，真正使习总书记“对党忠诚、服务人民、执法公正、纪律严明”的总要求在各级公安机关高高树立起来、坚决落实下去。要从严从实从细做好维护国家安全和社会稳定各项工作，把学习宣传贯彻的成效落实到深入开展反恐怖斗争、坚决打掉暴力恐怖活动的嚣张气焰中去，落实到依法严厉打击整治群众反映强烈的违法犯罪活动、狠抓公共安全管理措施、最大限度保障人民群众生命财产安全中去，落实到推出更多便民利民的公安改革措施、不断提升人民群众的获得感和满意度中去，落实到扎实做好金砖国家领导人厦门会晤各项安保工作、为党的十九大胜利召开创造安全稳定的社会环境中去，努力向党和人民交上一份满意的答卷。

陈竺率全国人大常委会执法检查组到福建开展检查

2017年6月5—9日，全国人大常委会副委员长陈竺率领全国人大常委会执法检查组到闽，开展《中华人民共和国著作权法》执法检查。陈竺强调，对著作权法实施情况进行检查，是全国人大常委会贯彻落实以习近平同志为核心的党中央决策部署、推动创新驱动发展战略深入实施、加快知识产权强国和社会主义文化强国建设的一项重要举措。要充分认识新形势下依法做好著作权工作的重要意义，增强责任感和使命感，以改革的思路、法治的精神，坚决贯彻落实好党和国家有关决策部署；以执法检查为契机，推动著作权法全面深入实施，通过实实在在的政策举措补齐普法、执法、司法中的短板，全方位提升著作权工作的法治化水平；广泛深入开展普法宣传，提高社会公众著作权认知水平；加大执法力度，严厉打击侵权盗版行为；优化公共服务，促进著作权的创造和应用。执法检查组将认真研究、梳理各方面的意见和建议，用以推动著作权法的更好落实和修法工作。在执法检查中，陈竺充分肯定福建在推进著作权公共服务、促进版权产业发展方面取得的重要经验和成绩，希望福建结合本地实际，进一步完善著作权方面配套的地方性法规和政府规章，为著作权法在福建省的贯彻实施提供进一步的支撑，同时也为国家修改著作权法提供有益借鉴。

刘云山在福建调研时强调：学习弘扬廖俊波同志崇高精神，在为民实干中发挥先锋模范作用

2017年6月8—10日，中共中央政治局常委、中央书记处书记刘云山在闽调研时，对福建经济社会发展和党的建设成绩给予肯定，希望不断取得新进步。他强调，要认真贯彻习近平总书记重要指示，深入学习和大力弘扬廖俊波同志崇高精神，扎实推进“两学一做”学习教育常态化制度化，以党建工作新成效促进改革发展、造福人民群众。调研期间，他深入镇村、企业和园区，与当地干部群众亲切座谈。刘云山说，廖俊波同志是县委书记的榜样，是全国党员干部的一面旗帜。事业需要、人民期盼更多廖俊波式的好干部，要远学谷文昌、近学廖俊波，以先进典型为镜，找差距、明不足，知行合一、担当实干，充分发挥党员干部先锋模范作用。同时强调，基层党组织的凝聚力战斗力体现在促进改革发展、为群众办实事上。要着眼发挥党的政治优势和组织优势，强化党组织的政治引领和服务群众功能，建强建好带头人队伍，带领群众创造美好生活。要把抓党建与促脱贫攻坚紧密结合起来，带着责任和感情帮扶困难群众，用“绣花”功夫推进精准扶贫，将这项民心工程办到群众心坎上。要真情关怀、真心爱护基层干部，使他们安心、安身、安业，在基层一线建功立业。

刘云山出席金砖国家政党、智库和民间社会组织论坛

2017年6月11日，金砖国家政党、智库和民间社会组织论坛在福州开幕，中共中央政治局常委、中央书记处书记刘云山出席开幕式，发表题为《共谋合作发展，共创美好未来》的主旨讲话。刘云山指出，10年来，金砖国家相互包容、携

手同行，合作发展取得丰硕成果，已成为新兴市场国家和发展中国家合作的重要平台，成为促进世界经济增长、完善全球治理、推动国际关系民主化的重要力量。政党、智库和民间社会组织在深化国家间合作方面发挥着独特作用，应当引领合作方向，围绕打造开放型合作平台，积极建言献策，共同推动建设开放、包容、普惠、平衡、共赢的经济全球化；创新合作思路，以新理念、新思路、新举措拓展合作空间，筑牢联结纽带；厚植合作根基，了解民生需求，传递民众诉求，推动更多具有经济和社会效益的合作项目顺利落地，夯实合作的民意和社会基础。他说，行动才能致远，金砖国家政党、智库和民间社会组织应当发挥自身优势，积极主动作为，为推动金砖国家合作作出更大贡献。积极倡导人类命运共同体意识，自觉从整体上思考和谋划金砖国家合作，共商合作大计、共建合作平台、共享合作成果。发扬开放包容、合作共赢的金砖精神，尊重各国自主选择发展道路的权利，尊重彼此利益关切，推动开创合作共赢的新模式，建设和谐共存的大家庭。深化人文交流和文明互鉴，丰富文明对话的途径和载体，打造人文交流新亮点，促进民心相通。不断推进务实合作机制建设，提升合作的层次和水平，推动金砖国家务实合作取得更大成效。

俞正声出席第九届海峡论坛

2017年6月17—23日，以“扩大民间交流，深化融合发展”为主题的第九届海峡论坛在厦门举行。中共中央政治局常委、全国政协主席俞正声出席论坛开幕式并致辞。他指出，去年以来，尽管两岸关系和平发展遭遇严重冲击，面临新的风险和挑战，但两岸交流已经站在新的历史起点上。我们推进两岸民间交流合作、深化两岸经济社会融合发展、造福两岸同胞的决心和态度没有改变。我们已经相继出台了20多项政策措施，为台湾同胞在大陆学习、生活、工作创造更好条件。同时强调，实现中华民族伟大复兴与两岸同胞前途命运息息相关，需要一代又一代中华儿女持续奋斗。两岸同胞要接过历史的接力棒，坚定维护一个中国原则，深化两岸经济社会融合发展，推进祖国和平统一进程，为实现国家富强、民族复兴、人民幸福贡献力量。

李海峰率全国政协提案委调研组到福建开展专题调研

2017年6月18—21日，全国政协副主席李海峰率全国政协提案委员会调研组到闽，开展“加强海洋（水下）装备现代化建设，提高海洋经济开发能力”重点提案专题调研。李海峰指出，福建在巩固提升海洋装备制造业传统优势的同时，瞄准行业新领域，大力发展新技术，为加强海洋装备现代化建设、提高海洋经济开发能力奠定了坚实基础。加强海洋装备现代化建设有利于我国稳固海疆，在国际政治和经济竞争中占据主动，意义重大，前景广阔。要充分运用党中央、国务院对“一带一路”建设的一系列重大政策举措，用“四个全面”引领各项工作，加大研发力度、自主创新，掌握核心关键技术，在维护国家权益、探索开发海洋资源方面有所作为；增强国家对海洋装备建设工作的统筹协调，提升国际竞争力，积极调整产业结构，优化资源配置，扩大有效供给，释放需求潜力；持续支持海洋装备建设创新发展，积极开展战略性、前瞻性技术和产品研究，提升产品品质，鼓励企业开展智能制造顶层架构设计，建设高层次人才队伍。

张平率全国人大常委会执法检查组到福建开展检查

2017年7月17—21日，全国人大常委会副委员长张平率执法检查组到闽，就福建贯彻实施《中华人民共和国固体废物污染环境防治法》情况开展检查。张平表示，党的十八大以来，以习近平同志为核心的党中央，把生态文明建设摆上更加重要的战略位置，纳入“五位一体”总体布局和“四个全面”战略布局。习近平总书记就生态文明建设和环境保护工作提出了许多具有根本性、全局性、战略性的重要思想和重要论断，为建设美丽中国、推进人与自然和谐共生指明了前进方向和实现路径。对《固体废物污染环境防治法》实施情况进行检查，是全国人大常委会贯彻落实党中央决策部署、推动生态文明建设的一项重要举措。他充分肯定了福建在贯彻《固体废物污染环境防治法》、做好生态环境保护工作方面取得的重要经验和成绩，认为福建各项固废污染防治指标完成情况较好，有许多工作走在了全国的前面，而且结合福建实际富有创造性地提出了若干先进的做法，闯出了一条新路。他强调，要充分认识贯彻实施《固体废物污染环境防治法》的重要意义，防止固体废物污染环境是保护生态环境的重要内容，是切实保障和改善民生的重要措施，更是促进资源节约循环利用的重要环节。地方政府及相关部门要进一步提高认识，提升贯彻实施《固体废物污染环境防治法》的自觉性；人大要以执法检查为契机，坚持正确监督、有效监督，有力推动依法治国及法律的贯彻实施。

汪洋出席全国深化集体林权制度改革经验交流会

2017年7月27日，全国深化集体林权制度改革经验交流座谈会在龙岩武平县召开。中共中央政治局委员、国务院副总理汪洋出席会议并讲话。他强调，集体林权制度改革是继家庭联产承包责任制后农村生产关系的又一次深刻调整，对推动绿色发展、建设生态文明具有重大意义。要深入学习贯彻习近平总书记关于深化集体林权制度改革的重要指示精神，按照党中央、国务院的决策部署，紧紧围绕增绿、增质、增效，着力构建现代林业产权制度，创新国土绿化机制，开发利用集体林业多种功能，广泛调动农民和社会力量发展林业，更好实现“生态美、百姓富”的有机统一。会前，汪洋到武平县万安镇捷文村和县林权服务中心，实地了解集体林权改革进展和林权登记、流转、抵押等工作情况。他强调，要深入总结推广福建集体林权制度改革的经验，不断开拓创新，推动林业改革再上新台阶。

刘延东到福建调研医改工作

2017年8月，中共中央政治局委员、国务院副总理、国务院医改领导小组组长刘延东调研福建省医改工作时强调，要深入学习贯彻习近平总书记系列重要讲话和全面深化改革重要指示精神，贯彻党中央、国务院决策部署，大力推广医改试点成功经验，强化医保、医疗、医药“三医”联动，攻坚克难，持续发力，推动关联性标志性改革取得重要突破，搭建好中国特色医疗卫生制度框架，不断增进人民群众健康福祉。调研期间，她到尤溪县总医院和西城镇七尺村卫生所、三明市医保管理中心尤溪管理部、福建省医保办考察，向基层医务人员、患者和管理人员实地了解医改重点工作。她指出，福建省抓住医保制度改革这个牛鼻子，坚持问题导向，理顺管理体制，同步推进药品招标和公立医院等相关改革，闯出了“三医”联动改革的新路子，各地区要结合实际加以借鉴。

王晨出席第九届世界华文传媒论坛

2017年9月10日，第九届世界华文传媒论坛在福州开幕。全国人大常委会副委员长兼秘书长王晨出席开幕式并致辞。王晨表示，希望华文媒体人用手中的如椽巨笔，书写这不平凡的时代，做中华民族伟大复兴历史征程的见证者和参与者。希望华文媒体成为传播中华文化的重要力量，成为讲好中国故事的重要渠道，成为促进“一带一路”建设的重要平台，成为增进中国和世界各国人民友谊的重要桥梁。此前，王晨对福建省委、省政府为筹办第九届世界华文传媒论坛所做的大量工作表示肯定。他说，福建是著名的侨乡和21世纪海上丝绸之路核心区，希望福建作为东道主，更好地发挥海外华文媒体和广大闽籍海外侨胞的作用，传播福建声音、讲好福建故事、展示福建文化，更好服务国家发展大局。

何厚铧到福建考察

2017年11月15日，全国政协副主席何厚铧率团到闽考察。何厚铧说，每次来福建都感到特别亲切，每次来都能感受到福建日新月异的发展变化。澳门与福建渊源深厚，两地联系紧密。长期以来，福建省委、省政府对“一国两制”在澳门的成功实践给予了大力支持，广大在澳闽籍乡亲爱国爱澳爱乡，为澳门的繁荣稳定和促进两地交流作出了重要贡献。他表示，将继续推动澳门社会各界特别是年轻一代与福建的交流，希望两地在已有良好合作基础上，充分运用澳门与葡语系国家经贸平台优势，携手开拓广阔市场，共促闽澳繁荣发展。

马培华到福建考察

2017年11月16日，全国政协副主席、民建中央常务副主席马培华一行到闽考察。马培华对福建省委、省政府长期关心支持民建工作表示赞赏，对福建经济社会发展、生态文明建设等方面取得的成绩表示祝贺。他说，福建区位优势突出、发展前景广阔。民建中央将进一步关注支持福建经济社会发展，着力指导民建福建省委围绕福建中心工作，认真履行职能、深入调查研究，在经济建设、创新驱动等领域献计献策，积极助力新福建建设。

赵乐际在福建调研

2017年12月21—23日，中共中央政治局常委、中央纪委书记赵乐际到闽调研。他强调，要深入贯彻落实党的十九大精神，以习近平新时代中国特色社会主义思想为指导，大兴调查研究之风，认真谋划明年及今后一个时期纪检监察工作，把思路举措搞得更加科学、更加严密、更加有效，推动全面从严治党向纵深发展。调研期间，他走访贫困乡村，要求基层党员干部大力弘扬带领群众摆脱贫困的好传统、好作风，扎实做好脱贫攻坚各项工作，强调要坚持以人民为中心的发展思想，立足职能职责为群众办几件实实在在的事情。他深入了解福建监察体制改革试点工作情况，与基层纪检监察干部亲切座谈，要求做实县级监委的监察权，加强对基层公职人员监督，使全面从严治党、强化监察监督覆盖到“最后一公里”，并要求纪检监察干部向先进典型学习，不忘初心、牢记使命，忠诚履职、为民奉献。

政府工作报告

——2018年1月26日在福建省第十三届人民代表大会第一次会议上

福建省人民政府代省长 唐登杰

各位代表：

现在，我代表福建省人民政府，向大会报告政府工作，请予审议，并请省政协委员提出意见。

一、过去五年工作回顾

党的十八大以来，以习近平同志为核心的党中央以巨大的政治勇气和强烈的责任担当，统筹推进“五位一体”总体布局，协调推进“四个全面”战略布局，解决了许多长期想解决而没有解决的难题，办成了许多过去想办而没有办成的大事，党和国家事业取得历史性成就、发生历史性变革，中国特色社会主义进入新时代。

过去的五年，是福建苦干实干、奋力赶超的五年。习近平总书记多次亲临福建考察，作出了建设“机制活、产业优、百姓富、生态美”的新福建和“四个切实”等一系列重要指示，为福建发展擘画了宏伟蓝图、指明了前进方向、提供了根本遵循。党中央、国务院高度重视福建加快发展，支持建设21世纪海上丝绸之路核心区、国家生态文明试验区、中国（福建）自由贸易试验区、平潭综合实验区、福州新区、福厦泉国家自主创新示范区等，进一步凸显了福建在全国发展大局中的地位和作用。

五年来，在以习近平同志为核心的党中央坚强领导下，在习近平新时代中国特色社会主义思想指导下，福建省各级政府认真贯彻落实党中央、国务院和省委的决策部署，坚持稳中求进工作总基调，坚持新发展理念，坚持以供给侧结构性改革为主线，推动经济社会持续健康发展，全省生产总值从接近2万亿元到突破3.2万亿元，2016年首次进入全国前十；人均生产总值从5.3万元增加到8.2万元，2016年上升至全国第6位；一般公共预算总收入增加1594.9亿元，增长53%；城镇居民和农村居民人均可支配收入分别增长52.1%和60.7%；单位生产总值能耗下降20.8%；“十二五”规划圆满完成，“十三五”规划顺利实施。

初步统计，2017年全省生产总值32298.2亿元，增长8.1%。一般公共预算总收入4603.8亿元，增长7.2%，其中地方一般公共预算收入2808.7亿元，同口径增长8.7%。固定资产投资26226.6亿元，增长13.5%。外贸进出口11590.8亿元，增长12%。实际使用外资573.2亿元，增长8.2%。社会消费品零售总额13013亿元，增长11.5%。居民消费价格总水平上涨1.2%。城镇登记失业率3.87%。城镇居民人均可支配收入39001元，增长8.3%；农村居民人均可支配收入16335元，增长8.9%。节能减排降碳年度目标可以实现。省十二届人大一次会议确定的目标任务圆满收官，“机制活、产业优、百姓富、生态美”的新福建建设取得新成效。

（一）全面深化改革开放，体制机制活力增强

供给侧结构性改革深入实施。“三去一降一补”重点任务扎实推进，钢铁、煤炭去产能超额完成国家下达任务，房地产去库存取得积极成效，规上工业企业资产负债率低于全国平均水平，政府综合债务率低于警戒线，累计减轻企业负担1282.5亿元，实施31个补短板工程包、完成投资2180亿元。积极扩大有效投资，五年完成固定资产投资10.4万亿元、年均增长16.1%，民间投资年均增长19.8%。创新“五个一批”项目推进机制，实施正向激励，突出签约、开工、投产三个环节，优化投资结构，一批重大产业项目相继建成。高速公路运营里程突破5000千米，密度居全国前列，铁路路网密度是全国平均水平的2倍，实现市市通快铁、县县通高速、镇镇通干线、村村通客车，形成“两纵三横”综合交通运输大通道。港口吞吐能力达4.8亿吨。电力装机容量达5597万千瓦。重大水利基础设施建设累计完成投资1587亿元。实施扩大消费十大行动等举措，旅游、文化、体育、健康、养老等热点消费快速发展，电子商务交易额年均增长40%左右。

重大改革试验加快推进。主动融入“一带一路”建设，加快建设海丝核心区，与沿线国家和地区经贸合作、人文交流更加紧密，新增对外投资额年均增长1.2倍，台闽欧国际班列实现常态化运营。自贸试验区推出创新举措11批285项，其中全国首创103项，新增企业数、注册资本分别是挂牌前的4.3倍和6.3倍，国际贸易单一窗口建设成为全国典型案例，跨境电商、保税展示交易、融资租赁等新业态快速发展。平潭“一岛两窗三区”建设扎实推进，对台先行先试步伐加快。福州新区积极创新管理方式，滨海新城建设提速。福厦泉国家自主创新示范区在特色园区、创新平台建设等方面取得成效。

关键环节改革实现突破。深化放管服改革，梳理公布“一趟不用跑”和“最多跑一趟”办事清单2725项，省级行政许可事项精简50%以上，非行政许可审批全部取消。省市县乡四级权责清单实现全覆盖，90%以上事项实现网上办理。

多证合一、证照分离等商事制度改革持续深化，“双随机一公开”监管全面推行。监察体制改革试点稳步推进。党政机关和事业单位公务用车制度改革、事业单位分类改革扎实推进。国企国资改革进一步深化。不动产统一登记制度全面实施。营改增试点改革全面完成。农村集体产权制度等各项改革稳步推进，农村土地承包经营权确权登记颁证基本完成，集体林权制度改革为全国树立了标杆。公立医院综合改革、医保管理体制改革全面推进，三明医改经验在全国推广。

开放合作水平进一步提升。金砖国家领导人厦门会晤筹备和服务保障任务圆满完成，“金砖＋”效应逐步显现。支持企业开拓国际市场，推动外贸优进优出，外贸综合服务等新业态加快发展。实施精准招商，实际使用外资年均增长6.2％。支持有条件的企业走出去，对外投资额年均增长32.8％。积极推进闽台经济社会融合发展，43家台湾百大企业在闽投资，实际使用台资74.5亿美元，闽台贸易额2377.6亿元人民币。海峡两岸交流基地数量居全国首位，妈祖等祖地文化交流更加密切。出台支持台湾青年来闽就业创业举措，在闽工作生活台胞超过15万人。海峡论坛品牌效应进一步提升。向金门供水工程海底管道施工全部完成。闽港闽澳在经贸、科技、文化等领域合作不断深化，外事、侨务服务经济社会发展取得新成效。援藏、援疆、援宁等扎实推进。

（二）深入实施创新驱动，产业结构优化升级

创新支撑作用持续提升。加快建设创新型省份，高新技术企业从1638家增加到3054家，规上工业高技术产业增加值年均增长11.9％。建立以“用”为导向的产学研结合新机制，实施研发经费投入分段补助政策，全省研发经费投入年均增长13.9％。推动大众创业万众创新，健全科技成果转化机制，“6·18”累计对接科技成果转化项目2.7万项，技术合同交易额累计367.6亿元。中科院海西研究院、中机院海西分院、国家海洋局海岛研究中心等相继落地，建成省级以上科技创新平台2600个。“数字福建”进入“数字化、网络化、可视化、智慧化”融合发展新阶段，信息化综合指数居全国第六位，数字经济发展水平居全国第七位。

产业转型升级明显加快。实施“中国制造2025”，规上工业增加值从7810.8亿元增加到12146.8亿元，千亿产业集群从5个增加到11个。集成电路、新型显示等一批体量大、带动力强的项目落地建设，战略性新兴产业增加值年均增长15％。累计完成技改投资22075亿元，年均增长17.5％。海洋生产总值从5181亿元增加到9200亿元。服务业发展动力强劲，服务业增加值占地区生产总值比重提高了4.6个百分点。物流业增加值年均增长9.2％。率先实施“放心游福建”服务承诺，旅游总收入增长1.6倍。金融机构体系不断健全，金融业增加值年均增长12.5％，人民币各项贷款余额超过4万亿元，直接融资超过万亿元，金融服务实体经济能力稳步增强。

特色现代农业加快发展。推进农业供给侧结构性改革，品牌农业、生态农业、数字农业加快发展，七大优势特色产业已有5个产值均超千亿元，农林牧渔业总产值年均增长4.1％，粮食总产量每年超过650万吨，“菜篮子”产品丰富、品质提升、保障有效。推进农产品质量安全示范省建设，主要农产品抽检合格率高于全国平均水平。创建现代农业产业园，建成高效设施农业196万亩，建设高标准农田545万亩。完成永久基本农田划定，连续18年实现全省耕地占补平衡。大力推进农业科技创新，深入实施科技特派员制度，农业科技贡献率提高到59％。农村一二三产业加快融合，农产品加工转化率提高到68％，农村电商、产销联盟、休闲农业等新产业新业态不断涌现，新型农业经营主体和服务主体发展壮大。

（三）持续增进民生福祉，人民群众获得感增强

脱贫攻坚战取得决定性进展。全面实施精准扶贫、精准脱贫方略，强化责任落实，建立产业就业、资产收益等稳定脱贫机制，“造福工程”累计搬迁87.9万人，脱贫110万人，基本完成减贫任务，贫困发生率从3.8％下降到0.02％。实施精准扶贫医疗叠加保险政策，筹集2.4亿元为因病致贫返贫的建档立卡农村贫困人口再增加一道保障。23个省级扶贫开发工作重点县生产总值年均增幅高于全省平均水平，2201个建档立卡贫困村面貌明显改善，原中央苏区、革命老区、少数民族聚居区、海岛等欠发达地区发展步伐加快。

基本公共服务持续改善。全省民生相关支出占一般公共预算支出比重每年均超过七成。省级财政累计投入801.9亿元，完成110件为民办实事项目。就业保持良好态势，5年新增城镇就业319.1万人，转移农村劳动力201.1万人。城乡低保对象、特困人员等兜底保障政策惠及652.7万人。48万户棚户区居民“出棚进楼”，20万户困难群众住进公租房。提前整体通过国家义务教育基本均衡县评估认定，92％以上义务教育阶段外来务工人员随迁子女就地入学公办学校，现代职业教育加快发展，厦门大学、福州大学列入国家“双一流”建设计划。基层医疗服务水平提升，医联体建设和家庭医生签约服务持续推进，3所省属医院与国家高水平医院“一对一”合作共建，医疗卫生机构床位数达18.3万张，疾病预防控制进一步加强。全面两孩政策平稳实施。公共法律服务体系不断健全，一村（社区）一法律顾问覆盖率达99.4％。公共文化服务水平不断提高，文化事业和文化产业蓬勃发展。全民健身和竞技体育全面发展，成功承办首届全国青年运动会，晋江成功申办第18届世界中学生运动会。社会福利和慈善事业持续推进，妇女儿童、老龄、残疾人等事业不断发展。民族团结，宗教和睦。

城乡区域发展协调推进。推进以人为核心的新型城镇化，城镇化率从59.6％提高到64.8％，529万农业转移人口成为城镇居民。中心城市辐射带动能力、中小城市和小城镇服务功能不断增强，港产城联动发展态势基本形成。城市规划建设管理水平持续提高，空间规划试点、“多规合一”和城市开发边界划定取得积极进展，“两违”治理腾出土地32.6万亩。福州、厦门地铁1号线建成通车，地下综合管廊、海绵城市建设试点扎实推进，新建改造市政道路、绿道、雨水管网、污水管网、供水管网和燃气管网3.2万千米，城市生活污水、垃圾无害化处理率分别达91%、97.5%。1/3村庄开展美丽乡村建设，75%行政村实现生活垃圾常态化治理，乡镇生活垃圾转运系统全面运行。建立专项奖励制度，促进山区专业技术人才收入水平总体上不低于沿海。鼓浪屿申遗成功，国家级风景名胜区、历史文化名镇名村、传统村落数量位居全国前列。

社会保持安定稳定。深化“平安福建”建设，妥善处置各类群体性事件，积极化解信访积案，社会治理体系更加完善。7个设区市获全国文明城市荣誉称号。金融风险防控有力有效，守住了不发生系统性金融风险的底线。食品药品安全保障水平不断提高。安全生产治理能力和监管水平有效提升，道路交通安全综合整治持续加强，生产安全事故总量比2012年下降33.3%，亿元生产总值生产安全事故死亡率比2012年下降62.5%。防灾减灾救灾机制逐步完善，最大限度减少灾害损失。军民融合深度发展，双拥共建走在全国前列，成为全国唯一连续4届所有设区市均被评为“全国双拥模范城”的省份。

（四）加快推进生态省建设，清新福建成为样板

生态文明体制改革不断深化。福建省成为第一个国家生态文明试验区，2016年度生态文明建设评价结果居全国第二。国家生态文明试验区38项重点改革任务中34项已形成改革成果，其中11项在省内复制推广，投入30多亿元加大全流域生态补偿力度，生态环保目标责任制、厦门垃圾分类试点、武夷山国家公园体制试点、自然资源资产管理体制试点、环境权益交易等一批改革举措走在全国前列，生态文明制度体系加快形成。

水、大气、土壤污染防治行动计划有效实施。实施最严格的水资源管理制度，建立从水源头到水龙头的全过程治理体系，全省所有的河流都有了河长。推进农业面源污染治理，全面整治生猪养殖污染。实施比国家更严格的大气主要污染物排放标准，强化大气污染联防联控。开展土壤污染治理与修复试点，危险废物处置能力从39.3万吨提高到94.1万吨，完成重金属总量控制任务。

生态环境质量保持全优。实行最严格的环境执法监管，实现省级环保督察全覆盖。全省12条主要河流优良水质比例达95.8%。近岸海域一、二类海水水质面积占比88.9%。9个设区城市空气质量优良天数比例达96.2%，高于全国平均水平18.2个百分点。森林覆盖率65.95%，保持全国首位。完成水土流失治理面积1296.6万亩。5个县（区）成为第一批国家生态文明建设示范县（区），6个设区市成为国家森林城市，创森工作走在全国前列。

五年来，我们持续加强政府自身建设，马上就办、真抓实干，把“机制活”贯穿政府工作各方面、全过程，努力做到廉洁、勤政、务实、高效。开展党的群众路线教育实践活动和“三严三实”专题教育，推进“两学一做”学习教育常态化制度化。自觉接受人大和政协监督，坚持向人大及其常委会报告工作，向人民政协通报情况，办理省人大代表建议4037件、省政协提案4325件，办结率100%。认真听取各民主党派、工商联、各人民团体、无党派人士及社会各界人士意见。用法治方式深化改革、推动发展，提请省人大常委会审议67项地方性法规草案，制定出台82项省政府规章。行政复议机制不断完善，行政监察和审计监督持续加强，政务公开和权力运行网上公开全面推进，党风廉政建设和反腐败斗争成效明显。

五年成绩来之不易，这是习近平新时代中国特色社会主义思想指导的结果，是党中央、国务院和省委坚强领导的结果，是全省人民团结拼搏和各方面大力支持的结果。我代表省人民政府，向全省人民，向各民主党派、工商联、各人民团体和各界人士，向中央和国家机关及其驻闽机构，向人民解放军和武警驻闽部队，向所有关心支持福建发展的台港澳同胞、海外乡亲和国际友人，表示衷心的感谢！

回顾过去五年，我们切身体会到：做好政府工作，必须坚持和加强党的全面领导，坚决维护习近平总书记党中央的核心、全党的核心地位，自觉维护以习近平同志为核心的党中央权威和集中统一领导。必须坚持以习近平新时代中国特色社会主义思想为指导，全面贯彻党的基本理论、基本路线、基本方略。必须坚持新发展理念，推动经济发展质量变革、效率变革、动力变革，着力建设现代化经济体系。必须坚持改革开放不动摇，破除体制机制障碍，营造良好发展环境。必须坚持人与自然和谐共生，树立和践行绿水青山就是金山银山的理念，形成节约资源和保护环境的空间格局、产业结构、生产方式、生活方式。必须坚持以人民为中心的发展思想，在发展中补齐民生短板，不断增强人民获得感、幸福感、安全感。必须坚持转变政府职能，深化简政放权，创新监管方式，推进依法行政，建设人民满意的服务型政府。

我们清醒地看到，发展中面临不少困难和挑战，工作中还存在一些不足，主要是：福建省经济发展与发达省份相比还存在较大差距，发展不平衡不充分问题仍然突出；发展质量和效益还不高，创新能力、人才支撑不够强；民生领域存在不少短板，稳定脱贫任务艰巨，城乡区域发展与收入分配差距依然较大，群众在就业、教育、医疗、居住、养老等方面面临不少难题；社会治理能力有待加强；生态环境保护压力较大，应对重大自然灾害能力有待提升；体制机制创新和政府职能转变还不到位，营商环境还需进一步优化。我们必须直面问题，创新举措，切实解决。

二、今后五年工作的总体要求和主要任务

今后五年，是“两个一百年”奋斗目标的历史交汇期，既要全面建成小康社会、实现第一个百年奋斗目标，又要乘势而上开启全面建设社会主义现代化国家新征程，向第二个百年奋斗目标进军。做好今后五年政府工作，要全面贯彻习近平新时代中国特色社会主义思想和党的十九大精神，坚定不移贯彻新发展理念，统筹推进“五位一体”总体布局，协调推进“四个全面”战略布局，紧紧围绕习总书记亲自擘画的建设“机制活、产业优、百姓富、生态美”新福建的宏伟蓝图，深入践行习总书记对福建工作的重要指示，坚持以供给侧结构性改革为主线，推动新型工业化、信息化、城镇化、农业现代化同步发展，实现更高质量、更有效率、更加公平、更可持续的发展，到2020年全面建成小康社会、实现赶超目标，全面完成省第十次党代会提出的“再上新台阶、建设新福建”中心任务，为实现“两个一百年”奋斗目标、实现中华民族伟大复兴的中国梦作出应有的贡献。

（一）加快构建现代化经济体系，努力实现经济发展高质量

着力“产业优”，坚持质量第一、效益优先，深入实施创新驱动发展战略和标准化战略，进一步深化供给侧结构性改革，大力开展质量提升行动，推动经济发展质量变革、效率变革、动力变革，加快建成创新型省份、先进制造业大省和质量强省。切实贯彻中央关于福建加快发展的重大决策部署，坚持高质量发展与实现赶超有机统一，实施经济发展“百千万支撑”工程，加快“数字福建”建设步伐，形成以先进制造业和现代服务业为主体、特色现代农业为基础的现代产业体系，三大主导产业产值均超万亿元，新兴产业实现倍增发展，服务业比重显著提升。坚持海陆统筹，发展特色鲜明的湾区经济，迈出海洋经济强省建设新步伐。着力“机制活”，用好用足中央赋予的先行先试政策，坚定不移将改革进行到底，在重要领域和关键环节改革上取得更多实质性成效。加快打造一流营商环境，全面提升开放型经济水平，加快建设贸易强省，构建全方位开放新格局。深化闽港闽澳经贸合作，紧密联系和团结更多闽籍海外乡亲。以中央对台大政方针为指引，继续深化闽台各领域交流合作，为维护和推进两岸关系和平发展、服务祖国统一大业作出更大贡献。

（二）加快民主法治建设，努力实现社会治理高效能

坚定不移走中国特色社会主义民主政治发展道路，坚持党的领导、人民当家作主、依法治国有机统一。深入实施依法治省战略，把政府活动全面纳入法治轨道，推进法治政府建设与创新政府、廉洁政府、服务型政府建设相结合。提高立法质量，完善行政执法体制机制，强化权力制约监督。深入推进军民融合发展战略，依法支持军队改革与建设发展。全面实施“七五”普法，提高群众法治意识，完善法律援助、司法救助等服务体系，切实保障人民群众合法权益。加强社会治理制度建设，加快构建系统完备、科学规范、运行有效的制度体系，推广军门社区好经验好机制好做法，进一步提高社会治理社会化、法治化、智能化、专业化水平。

（三）加快建设文化强省，努力实现精神文明高品位

加强理论武装，坚持正确舆论导向，推动习近平新时代中国特色社会主义思想深入人心。加强思想道德建设，培育和践行社会主义核心价值观，深化群众性精神文明创建活动，持续开展移风易俗行动，推进诚信建设和志愿服务制度化，进一步弘扬民族精神、时代精神和福建精神。实施哲学社会科学创新工程，提升新型智库建设水平，推进科普、档案、地方志等事业发展。繁荣发展社会主义文化，不断提升文化创新力、竞争力和软实力，进一步打响福建文化品牌、延续福建文脉。加强历史文化遗产保护利用，精心守护好老祖宗留下来的文化遗产。

（四）加快提升公共服务水平，努力实现幸福生活高指数

着力“百姓富”，把人民对美好生活的向往作为奋斗目标，切实保障和改善民生，实现居民收入与经济增长同步增长、劳动报酬与劳动生产率同步提高，使全体人民在共建共享发展中有更多获得感、幸福感、安全感。实施区域协调发展战略，着力增强供给能力，促进公共服务、城乡民生基础设施体系更加完善，优质教育公平可及，人民健康水平不断提升，幼有所育、学有所教、劳有所得、病有所医、老有所养、住有所居、弱有所扶不断取得新进展。实施乡村振兴战略，健全城乡融合发展体制机制，坚决打赢脱贫攻坚战，加快推进农业农村现代化，不断促进人的全面发展、全体人民共同富裕。

（五）加快建设国家生态文明试验区，努力实现生态环境高颜值

着力“生态美”，牢固树立“绿水青山就是金山银山”的理念，深入实施生态省建设战略，做好“生态＋”文章，坚定走生产发展、生活富裕、生态良好的文明发展道路，为人民群众提供更多优质生态产品。创新生态文明体制机制，创造更多可复制可推广的经验。推进资源全面节约和循环利用，形成绿色发展方式和生活方式。实行最严格的生态环境保护制度，严格国土空间用途管控，打好污染防治攻坚战，推进山水林田湖草系统治理，让天更蓝、地更绿、水更净、空气更清新，加快建设美丽福建。

三、2018年工作安排

今年发展的主要预期目标是：全省生产总值增长8.5%左右；一般公共预算总收入增长7.3%，地方一般公共预算收入增长7%左右；固定资产投资增长13%左右；出口增长3%，实际使用外资增长3%；社会消费品零售总额增长10.5%，

居民消费价格总水平涨幅3%左右；城镇登记失业率控制在4.2%以内；城镇居民人均可支配收入增长8%，农村居民人均可支配收入增长8.5%；完成节能减排降碳任务。

今年是贯彻党的十九大精神的开局之年，是改革开放40周年，是决胜全面建成小康社会、实施“十三五”规划承上启下的关键一年。我们要全面贯彻党的基本理论、基本路线、基本方略，认真落实党中央、国务院和省委的部署，用好用足中央和国家机关的支持政策，坚持稳中求进工作总基调，坚持新发展理念，按照高质量发展的要求，以供给侧结构性改革为主线，统筹推进稳增长、促改革、调结构、惠民生、防风险各项工作，打好防范化解重大风险、精准脱贫、污染防治攻坚战，推动创新发展、协调发展、绿色发展、开放发展、共享发展取得更大成效。

（一）着力创新发展，不断提高供给体系质量

以转型升级优化供给结构。一是做强做大主导产业。电子信息突出“增芯强屏”，大力突破芯片设计、整机模组一体化设计等关键技术，加快建设新型显示、高端集成电路等重大项目。机械装备突出智能创新，支持首台（套）重大技术装备创新应用，发展高档数控机床、工业机器人、智能化专用设备，提升海工装备、工程机械、电工电器等优势产业。石油化工重点依托“两基地一专区”，以炼化一体化项目为龙头，延伸中下游产业链，提升产品附加值。二是改造提升传统产业。打好“数字化＋”“标准化＋”组合拳，推动重点产业转型升级、质量提升。实施500项以上省级重点技改项目，推动纺织、鞋服、食品、冶金、建材等传统行业对标国际标准，创品牌提品质。三是培育壮大新兴产业。建立“一个行业、一个规划、一个政策”工作机制，促进创新资源向新兴产业集聚，引进一批高成长新兴产业项目。实施“双高”培育工程，新增高新技术企业350家、高成长企业100家。大力培育“独角兽”“单项冠军”“专精特新”企业，推动种子企业快速成长。精心筹办首届“数字中国”建设峰会，以此为契机加快“数字福建”建设，推动互联网、物联网、大数据、人工智能和实体经济深度融合，做大做强数字经济。推动新能源汽车全产业链发展，加快高端装备、节能环保、生物与新医药、新材料、增材制造等新产业突破发展，战略性新兴产业增加值增长10%以上，争创“中国制造2025”国家级示范区。科学布局福州新区产业体系，突出高端高新，打造东南沿海重要现代产业基地。四是大幅提升现代服务业。建设一批服务业示范区，促进现代服务业集聚发展。加快发展现代物流、电子商务，提高流通效率，降低流通成本。推动软件信息、科技服务等专业化高端化发展，支持福州、厦门创建中国软件名城。加快发展研发设计、信息服务、会展服务和人力资源服务等服务外包，引导制造业主辅分离，加快发展服务型制造，推动服务业模式创新、业态创新。推进传统手工艺与现代文创产业融合发展，壮大重点文化产业。提升配套设施和服务质量，推进全域生态旅游和“红色旅游”跨越发展，做强“清新福建”品牌。加快发展体育产业，推动群众体育和竞技体育全面发展。五是推进特色现代农业建设。积极发展设施农业，加快现代农业产业园建设，引导优势特色产业向适宜区域和产业园区集聚发展。推进种业创新，优化品种结构和区域布局，培育更多区域公用品牌和名牌农产品，做强做优做大七大优势特色产业。实施农产品质量安全行动计划，持续推进农业面源污染防治，打响“清新福建·绿色农业”品牌。

以扩大内需拓展供给空间。以增加中高端供给和有效供给为导向，建立常态化招商引资机制，促进项目签约、开工、投产良性接续，拓展实施一批新的投资工程包。推进宁德时代、福州京东方、厦门联芯、泉州晋华、莆田华佳彩、漳州核电等一批重大产业项目和铁路、高速公路、机场、地铁、港口、水利等重大基础设施建设，全年省重点项目完成投资4300亿元以上。降低社会投资准入门槛，支持社会资本进入医疗、养老、教育等领域，新增民企投资4000亿元以上。扩大健康、养老、文化、体育等社会服务有效供给，提升文化消费、旅游休闲、家庭服务等居民服务品质，满足多层次、多样化消费需求。

以科技创新提高供给效益。一是着力增强科技创新能力。支持福厦泉国家自主创新示范区先行先试，推进产业、创新、资金、政策四链融合。推进创新平台企业化运作，鼓励高校、科研院所与企业合作建立企业化运作的应用型科研机构，支持建设省级制造业创新中心等高水平创新研发平台。强化企业创新主体地位，推进产学研用深度结合，落实科技型中小企业研发费用税前加计扣除和企业研发经费投入分段补助等惠企政策，鼓励产学研用联合体开展集群式研发，支持中小企业创新创造。二是着力转化科技成果。健全科技成果转化激励机制，实施以增加知识价值为导向的收入分配政策，扩大高校和科研院所自主权，完善技术转移和知识产权保护服务体系，提升“6·18”、国家技术转移海峡中心等平台功能，促进产业智慧化、智慧产业化。三是着力营造良好人才生态。实施更加积极有效的人才政策，创新人才引进、培养、使用、评价机制，汇聚更多优秀企业家、科技领军人才和高技能人才，弘扬企业家精神、工匠精神和劳模精神。鼓励人才向山区、革命老区和基层一线流动。营造浓厚的创新创业氛围，让各类人才的创造活力竞相迸发。

以深化改革增添供给活力。突破利益固化的藩篱，破除各方面体制机制弊端，压茬拓展改革广度和深度。一是突出“破”“立”“降”，把供给侧结构性改革推向深入。大力破除无效供给，坚持用市场化、法治化手段化解过剩产能，健全“僵尸企业”出清、重整机制，盘活低效资产。大力培育新动能，加快形成生产要素从低质低效领域向优质高效领域流动的机制。大力降低实体经济成本，全面落实涉企收费目录清单制度，严查乱收费行为，降低制度性交易成本和用能、物流成本，全年减轻企业负担700亿元以上。二是激发各类市场主体活力。做强做优做大国有资本，加快国有企业混合所有制改革，规范国有控股混合所有制员工持股试点，推进省属企业改制上市和兼并重组。完善国有资本授权经营体制，鼓励国有资本与非国有资本双向投资，促进省属企业之间、各级国有资本之间交叉持股、共同发展。规范经营性国有资产处置和收益分配，推进非经营性国有资产整合共享。完善公平竞争的市场环境，落实好支持民营企业发展各项措施，多渠道破解融资难融资贵问题。加强企业家队伍建设。认真落实各项产权保护措施。三是深化财税体制改革。培植壮大财源，提升财政收入质量。进一步推进预决算公开。健全以使用绩效为导向的财政资金配置机制，强化预算绩效管理，加强专项资金整合，提高资金使用效益。合理划分财政事权和支出责任，完善财政转移支付体系。深化投融资体制改革，完善政府与社会资本合作模式，加快推进政府性股权投资基金市场化运作。四是强化金融服务功能。落实金融工作三大任务，健全地方金融议事协调机构和金融监管体系。深化金融改革开放，优化金融资源配置，推动地方法人金融机构做优做强，提高直接融资比重，拓展保险保障功能，大力发展普惠金融、绿色金融、科技金融，提升金融服务实体经济能力。

（二）着力协调发展，不断增强城乡区域均衡性

实施区域协调发展战略。以城市群为主体，推动构建大中小城市和小城镇协调发展的城镇格局，加快农业转移人口市民化。加快构建福州、厦漳泉两大都市区，推进福莆宁和平潭一体化，支持南三龙加快发展，支持武夷新区建设，加强跨区域重大基础设施互联互通。优化中心城市空间布局，促进产城融合，拉开城市框架，拓展承载空间，增强辐射带动和综合服务能力。实施“大城关”战略，优化重点中心镇布局，加强周边统筹配套。推进市县“多规合一”，提升城市品质品位和精细化管理水平。深化山海协作，完善挂钩帮扶机制，支持各地发挥资源禀赋优势，发展壮大各具特色的县域经济。实施一批海洋经济重点项目，提升发展海洋渔业，壮大海洋新兴产业，促进海洋经济一二三产融合发展。推进闽藏、闽疆、闽宁帮扶协作。

实施乡村振兴战略。坚持农业农村优先发展，把握总要求，走好特色路，加快推进农业农村现代化，让农业成为有奔头的产业，让农民成为有吸引力的职业，让农村成为安居乐业的美丽家园。一是推动农业全面升级。落实粮食安全省长责任制，加强粮食生产、流通、储备、调控，确保粮食安全。大力发展品牌农业、生态农业、数字农业，新增投资100亿元实施350个产业发展项目。实施农产品加工提升工程，支持主产区农产品就地加工，建设100个蔬果加工基地和产后商品化处理中心，加快构建冷链物流体系。推动农村一二三产融合发展，大力发展“互联网＋现代农业”，培育农村电商、休闲农业等新业态，加快构建现代农业产业体系、生产体系、经营体系。二是推动农村全面进步。健全城乡融合发展体制机制，继续把公共基础设施建设的重点放在农村，进一步完善农村供水供电、通讯网络、防灾减灾等基础设施，深入推进“四好农村路”建设，全面落实路长制和农村道路专管员制度。实施农村人居环境整治三年行动方案，加强农村突出环境问题综合治理，因地制宜打造特色小镇、美丽乡村，新增乡镇污水处理设施137个，新建改造农村三格化粪池50万户，实现所有行政村生活垃圾常态化治理全覆盖。加强农村基层基础工作，加强乡村公共文化设施建设，促进居民医保、大病保险、医疗救助等公共服务均等化，健全自治、法治、德治相结合的乡村治理体系，培育文明乡风、良好家风、淳朴民风。三是推动农民全面发展。坚持家庭经营基础性地位，壮大村集体经济，确保集体资产保值增值、农民受益。深化农村各项改革，落实农村承包地“三权”分置制度，深化集体林权制度改革和海域使用改革，推进农村集体产权制度改革。强化乡村振兴人才支撑，鼓励和支持各类人才投身乡村建设，深入实施科技特派员和下派村支书制度，积极培育新型职业农民和新型经营主体。健全农民创业创新机制，完善农业社会化服务体系，促进农民多渠道转移就业，切实提高农民收入。

实施军民融合发展战略。健全军民融合体制，加强军民通用基础设施和标准化体系建设，促进技术、人才、信息、管理等要素双向转化运用，推动设立军民融合产业投资基金，加快“三基地一研究院”建设，支持优势企业进入“大防务、大安全”生产和维修领域。鼓励有条件的地方开展各具特色的军民融合创新实践，加快军民融合重点项目建设。全面加强国防教育，深化双拥共建，健全复退军人荣誉激励制度体系。提高国防动员、后备力量和人民防空体系建设水平；军地合力做好军队全面停止有偿服务工作；全力支持驻闽部队改革与建设。

（三）着力绿色发展，不断巩固发展永续优势

深化生态文明体制改革。加快国家生态文明试验区建设，完成4项年度改革任务，形成有效经验，加快复制推广。推动出台生态文明建设促进条例，完善生态环境管理制度。健全生态文明责任体系，建立环境监察、经常性的领导干部自然资源资产审计制度。健全多元化生态补偿机制，开展综合性生态保护补偿试点，完善天然林保护制度。健全国土空间开发保护制度，完善主体功能区配套政策，构建以空间规划为基础、以用途管制为主要手段的国土空间治理体系。创新自然资源资产管理机制，建立以武夷山国家公园为主体的自然保护地体系。

培育加快绿色发展新动能。全面落实能耗总量和强度双控目标责任，完善绿色生产、绿色消费政策，提请制定绿色建筑发展条例，推进绿色技术创新，壮大节能环保、清洁生产、清洁能源等绿色产业，提高清洁能源和可再生能源的消费比重。推进资源全面节约和循环利用，全面落实国家节水行动计划，降低能耗物耗。开展创建节约型机关、绿色家庭、绿色学校、绿色社区行动，倡导绿色出行，引导消费模式和生活方式向绿色、低碳转变。

打好污染防治攻坚战。扎实抓好中央环保督察、国务院海洋督察整改意见落实，坚决守住福建的绿水青山。一是持续实施“清新水域”工程。加强重点流域治理和小流域综合整治。落实河岸生态保护、饮用水水源地保护、地下水警戒保护三条蓝线管理制度，加快消除城市内河黑臭水体，推进近岸海域污染防治。制定河长制工作管理办法，进一步完善河长制、落实湖长制。二是持续实施“洁净蓝天”工程。推动制定大气污染防治条例，加强工业源污染防治和移动源排放控制，开展重点行业挥发性有机物治理，积极应对臭氧污染天气。三是持续实施“清洁土壤”工程。全面实施“土十条”，推进农用地、滩涂、重点行业企业用地土壤详查，划定农用地土壤类别。加强重金属污染防治，危险废物处置能力提高到100万吨以上，推进土壤污染治理与修复试点。加强垃圾分类处置，加强固体废物进口管理。四是加快建立社会共治大格局。提请修订环境保护条例，加快构建以政府为主导、企业为主体、社会组织和公众共同参与的环境治理体系，加强环境执法监管，加强生态司法保护，坚决制止和惩处破坏生态环境行为。加强生态云平台建设，拓展“福建环境”客户端功能，让群众随时随地了解和监督环境质量，促进社会共治、全民共管。

加强生态系统保护。加强自然保护区建设和管理，完善天空地一体化监管网络。推进生态保护红线、城镇开发边界划定工作。强化湿地保护和恢复，健全林地河湖休养生息制度，推进闽江流域山水林田湖草保护修复试点。推进海洋自然岸线保护和生态修复。开展国土绿化行动，实施森林质量提升工程，全面落实“三个必造”，加快推进“三带一区”造林，完成植树造林100万亩、森林抚育300万亩、封山育林200万亩。推进矿山生态环境修复治理，完成水土流失综合治理200万亩。

（四）着力开放发展，不断拓展合作共赢新空间

加快建设21世纪海丝核心区。推进与海丝沿线国家和地区互联互通、经贸合作、海洋合作、人文交流，促进政策沟通、设施联通、贸易畅通、资金融通、民心相通。用好“9·8”投洽会、东盟博览会等平台，扩大经贸交流，探索在海丝沿线重要节点国家和地区设立经贸联络处。加强港区、航线和联运通道建设，推动海丝与陆丝对接。推进古泉州（刺桐）史迹申遗。加强优势产业领域的国际产能合作，加快建设境外经贸合作园区，打造“丝路明珠”。

加快建设自贸试验区。深化自贸试验区改革开放，对标国际先进规则，聚焦商事、投资、贸易、金融等重点领域，持续推出创新举措，加强系统集成，加快复制推广。加快推动福州物联网产业基地、厦门航空维修基地、平潭国际旅游岛等重点平台做强做大。建设两岸检验检疫合作试验区，扩大两岸检验检疫数据交换、源头管理和口岸验放范围，提升“三创”基地建设水平，促进闽台货物、服务、资金、人员流动更加便利。

发展更高层次开放型经济。开拓国际市场，拓宽传统市场和新兴市场对接渠道。支持外贸产业转型升级，优化出口供给，提升出口质量。加快培育贸易新业态新模式，推动外贸综合服务、市场采购、跨境电商等发展。促进服务贸易创新发展，扩大离岸外包业务领域和规模。借力首届中国国际进口博览会，积极有效扩大进口。加快国际贸易单一窗口3.0版建设，推进“三互”大通关改革，持续扩大口岸开放。坚持引资引智并举，实行准入前国民待遇加负面清单管理模式，精准对接世界500强、民企500强、台湾百大企业、行业龙头企业，引进更多大项目好项目。支持企业开展国际化经营。推进侨务引资引智工作，加强与新华侨华人、华裔新生代、社团新骨干的沟通联络，培养侨界新生力量。推动闽港闽澳携手开拓“一带一路”市场，深化现代服务业等领域合作。

推进闽台经济社会融合发展。一是深化闽台经贸合作。完善与台湾工商团体、行业协会对接机制，深化先进制造业、现代服务业等领域合作，增强台商投资区、台湾农民创业园承载功能，鼓励支持台资企业转型升级、创新发展。支持台湾金融机构拓展福建市场。启动“台商台胞服务年”活动，推广台胞权益保障联席会议机制，维护台湾同胞合法权益。二是支持台湾青年来闽就业创业和学习生活。探索建立在闽台湾青年联谊会，建设一批台湾青年就业创业基地、闽台大学生创新创业基地、闽台文创基地、台湾青年体验交流中心。三是深化民间基层交流交往。办好第十届海峡论坛、第三届世界妈祖文化论坛、第五届世界佛教论坛等重大活动。充分发挥祖地文化优势，扩大优秀传统文化交流，加强涉台文物保护。新建一批对台交流基地，支持同名同宗村乡亲密切往来，创新两岸村里对接合作模式，鼓励更多台湾同胞来闽参访。提高“三通”服务水平，拓展海空直航，推动增开两岸直航货运航线，完善互联互通合作机制。四是推动区域先行先试。支持平潭综合实验区创新两岸融合模式，加快建设两岸同胞融合融洽的共同家园。积极探索为台湾同胞在闽学习、创业、就业、生活提供与大陆同胞同等待遇。推进厦门深化两岸交流合作综合配套改革试验区建设，打造厦金融合发展示范区。推进与金马地区交流合作，完成大陆向金门供水工程建设。

（五）着力共享发展，不断提升社会和谐程度

打好精准脱贫攻坚战。坚持把提高脱贫质量放在首位，重点再聚焦、措施再精准、保障再强化、成果再巩固，确保现行标准下的国定农村贫困人口如期全部脱贫，到2020年现行标准下的省定农村贫困人口全部脱贫，贫困村和扶贫开发工作重点县如期摘帽。精准落实产业、就业、搬迁、金融、健康、教育、低保兜底等扶贫措施，实施“千企帮千村”计划，完成“造福工程”搬迁1.5万人。实施贫困村提升工程，开展资产收益扶贫，实施第五轮整村推进扶贫开发。改进考核监督，加强动态管理，构建稳定脱贫、有序退出机制，做到真脱贫、脱真贫。

加快补齐民生重点领域短板。一是办好人民满意教育。多渠道扩充学前教育资源，省级财政支持新建公办幼儿园100所，健全政府购买普惠性民办幼儿园教育服务机制。实施城镇中小学扩容工程、薄弱初中提升计划和义务教育提升工程，推进县域城乡义务教育一体化改革发展，着力解决中小学生课外负担重、“择校热”“大班额”等突出问题。提升高中阶段教育质量，推动中考中招和高考综合改革。实施职业院校基础能力建设计划，完善校企合作激励机制，深化产教融合、校企合作。实施“双一流”建设计划，大力推进高等学校内涵式发展。多渠道解决中小学教师结构性缺编问题，全面推进教师“县管校聘”改革，进一步落实乡村教师支持计划，完善教师培养、研训体系，提升教师队伍整体水平。支持和规范社会力量兴办教育。二是加快健康福建建设步伐。深化医药卫生体制改革，在现代医院管理、医疗保障、药品供应保障、分级诊疗、综合监管等5项制度建设上取得新突破。组建省属公立医院管理中心，推动县域紧密型医联体建设，促进“三保”深度融合，规范家庭医生签约服务。全力实施结构优化、学科完善、龙头提升、基层基础、中医固本、公共卫生促进、人才队伍建设、智慧健康等8个工程，推进省儿童医院、疾控中心、妇产医院等项目建设，加强老年人、妇幼等重点人群健康服务。实施好全面两孩政策，解决好婴幼儿照护和儿童早期教育服务问题。鼓励社会资本进入医疗等领域。办好第16届省运会、第10届老健会。三是有效保障老年人服务需求。加快养老服务设施建设，新建150个居家社区养老服务照料中心、400个农村幸福院，实施乡镇敬老院转型升级工程。全面放开养老服务市场，引导和鼓励更多社会资本参与养老服务，壮大养老专业化服务组织，新增养老床位1万张以上，6月底前完成已建养老机构安全达标和设立许可。统筹推进城乡老年教育，加快发展社区老年教育和远程老年教育。四是加快民生基础设施建设。重点在治堵、治涝、治污上下功夫，实施交通畅通、水环境治理、供水安全、防洪防涝、城乡洁净、管网建设、景观提升、配套服务和智慧城市等9大工程，完成投资2400亿元。新增城乡公共停车泊位3万个以上。开展新一轮“厕所革命”专项行动，新建改建公厕2100座。

积极创新社会治理。一是健全就业服务体系。深入实施就业优先战略和更加积极的就业政策，鼓励以创业带就业，统筹抓好高校毕业生、就业困难人员、农业转移劳动力、退役军人等重点群体就业，城镇新增就业55万人、城镇登记失业人员再就业10万人、城镇就业困难人员再就业3万人。二是完善社会保障。全面实施全民参保计划，完善企业职工养老保险省级统筹，推进机关事业单位养老保险制度改革，推进“五统一、一调剂”工伤保险省级统筹。发展各类商业医疗保险和健康保险。进一步提高农村低保标准，完善城乡衔接的社会救助体系，制定农村留守儿童关爱保护办法，切实维护未成年人合法权益。提高困难残疾人生活补贴和重度残疾人护理补贴标准。三是保持房地产市场总体平稳。坚持房子是用来住的、不是用来炒的定位，加快建立多主体供给、多渠道保障、租购并举的住房制度，完成棚户区改造4.3万户，增加公租房实物供应，加快推出共有产权住房，福州新开工租赁住房和共有产权住房5000套、新增供应5000套，厦门新开工12000套、新增供应8000套。四是着力促进社会团结和谐。全面贯彻党的民族宗教工作基本方针，帮扶少数民族乡村加快发展，做好城市流动少数民族人口服务管理，推动各民族共同团结奋斗、共同繁荣发展。创新群众工作体制机制和方式方法，充分发挥工会、共青团、妇联等群团组织联系群众的桥梁纽带作用。完善社区治理体系，发挥社会组织作用，实现政府治理、社会调节、居民自治良性互动。

打好防范化解重大风险攻坚战。从讲政治大局出发，加强底线思维，提升风险意识，科学研判、提早预防、坚决化解。一是坚决防范化解金融风险。防范化解金融风险，事关国家安全、发展全局、人民群众财产安全。坚持分类施策，有效压降不良贷款。强化政府债务限额管理、预算管理和全口径监测，规范运作模式，稳妥处置隐性债务，有效防控地方政府债务风险。加强小贷公司、融资担保公司、区域性股权市场、典当行、融资租赁公司、商业保理公司、地方资产管理公司等机构监管，坚决防控企业债券违约风险、互联网金融风险、交易场所风险，坚决查处非法集资等各类违法违规金融活动，营造良好的金融生态。二是坚决防范化解房地产市场风险。加快建立房地产市场平稳健康发展长效机制，完善保障性住房价格管理政策，加强市场监测分析，坚决遏制投机炒房，严厉查处捂盘惜售等不良经营行为，确保房地产市场健康发展。三是切实维护公共安全。以“四个最严”治理“餐桌污染”，加强从农田到餐桌全链条全过程监管，加快创建食品安全放心省，确保食品安全。全面落实国务院安委会安全生产考核组要求，健全安全生产责任体系，强化安全隐患排查和风险管控，推进重点行业、重点领域专项整治，推进森林病虫害防治和森林防火，保障生产安全。健全社会治安防控体系，完善立体化、信息化、网格化社会治安管理模式，加强行政调解和行政复议工作，完善多元化纠纷解决机制，开展扫黑除恶专项行动，加快建设更高水平的平安福建。完善农村防汛预报预警体系，完成乡镇防汛指挥图编制，全面完成水毁工程修复，切实提升防汛防台风能力。完善“1+10”防灾救灾机制，加强气象、地质、地震、红十字会等工作，建设避灾示范点200个，创建全国综合减灾示范社区40个，增强防灾减灾救灾能力。

四、建设人民满意的服务型政府

深入贯彻习近平新时代中国特色社会主义思想，坚决维护习近平总书记党中央的核心、全党的核心地位，坚决维护以习近平同志为核心的党中央权威和集中统一领导，牢固树立“四个意识”，坚定“四个自信”，坚持三个“一以贯之”，始终牢记政府前面的“人民”二字，深怀爱民之心，恪守为民之责，善谋富民之策，多办利民之事，让行政效率更高、市场主体更活、人民群众更满意。

坚持依法行政，建设法治政府。坚决维护宪法权威，捍卫宪法尊严，保证宪法实施，在党的领导下、在法治轨道上开展工作。完善权力、责任、监管清单，坚持法定职责必须为、法无授权不可为。构建依法行政制度体系，加强重点领域立法，推进行政决策科学化、民主化、法治化，推动出台行政执法条例，严格规范公正文明执法，健全行政与司法良性互动机制，完善依法化解纠纷机制。健全守信激励和失信惩戒机制，以政务诚信带动商务诚信和社会诚信。深化政务公开和权力运行网上公开，让权力在阳光下运行。

强化责任担当，建设务实政府。夙夜在公、不辱使命，做到信念过硬、政治过硬、责任过硬、能力过硬、作风过硬。解放思想、攻坚克难，大兴调查研究之风，摸实情、出实招、重实效，把雷厉风行和久久为功有机结合起来，完善政策制定和实施评估机制，以钉钉子精神做好各项工作，确保党中央、国务院和省委的决策部署落地见效。今年投入366.3亿元，办好27件省委、省政府为民办实事项目。优化“政企直通车”，建立高效服务企业的工作机制，构建“亲”“清”新型政商关系。建立激励机制和容错纠错机制，关心爱护基层干部，提振干事创业的精气神。

践行马上就办，建设高效政府。深化机构和行政体制改革，使市场在资源配置中起决定性作用和更好发挥政府作用。深化事业单位改革，推进政事分开、事企分开、管办分离。赋予省级以下政府更多自主权，提升基层服务能力。在全省范围对标国际最高标准，打造国际化、法治化、便利化营商环境。实施市场准入负面清单制度，深化简政放权，创新监管方式，提升机关效能。大力推行网上审批、智能审批，办好“闽政通”，全面推进“一趟不用跑”和“最多跑一趟”，让企业和群众办事像“网购”一样方便。

全面从严治党，建设廉洁政府。深入开展“不忘初心、牢记使命”主题教育，巩固拓展落实中央八项规定精神成果，驰而不息整治“四风”，凡是群众反映强烈的问题都严肃认真对待，凡是损害群众利益的行为都坚决纠正，以永远在路上的执着切实把全面从严治党落到实处。厉行节约，严格控制一般性支出。习惯在受监督和约束的环境中工作生活，自觉接受人大法律监督和工作监督、政协民主监督、监察机关监督，重视群众监督、舆论监督，完善审计监督制度，确保人民赋予的权力始终用来为人民谋利益。

各位代表，新思想引领新征程，新时代展现新气象新作为。让我们更加紧密地团结在以习近平同志为核心的党中央周围，在中共福建省委的领导下，锐意进取、埋头苦干，为“再上新台阶、建设新福建”，为决胜全面建成小康社会、夺取新时代中国特色社会主义伟大胜利、实现中华民族伟大复兴的中国梦而努力奋斗！

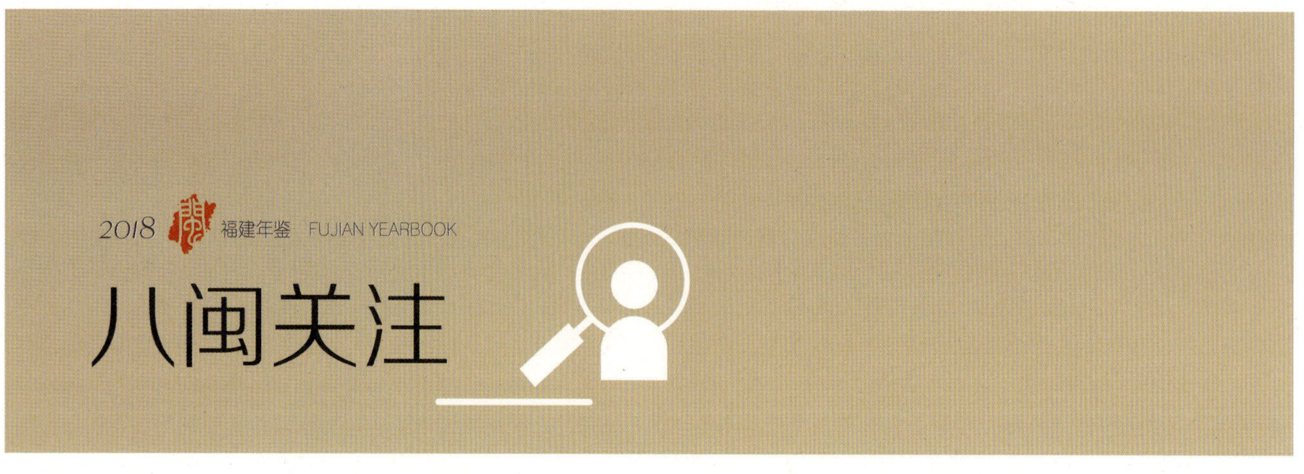

金砖国家领导人第九次会晤在福建举行

2017年9月3—5日，国家主席习近平出席并主持金砖国家领导人第九次会晤和新兴市场国家与发展中国家对话会，其间还出席金砖国家工商论坛开幕式并作演讲。

9月3日，金砖国家工商论坛在厦门国际会展中心开幕。习近平主席出席开幕式，并发表题为《共同开创金砖合作第二个“金色十年”》的主旨演讲。他指出，金砖合作正处在承前启后的关键节点上。在过去10年中，金砖国家携手同行，成长为世界经济的新亮点。金砖五国历经10年合作凝聚了共同的价值追求，即平等相待、求同存异，务实创新、合作共赢，胸怀天下、立己达人。他强调，金砖国家不断向前发展的潜力和趋势没有改变。同时强调，工商界是金砖国家经济发展的主力军；10年来，工商界人士将企业发展融入金砖合作，为构建金砖经济伙伴关系作出重要贡献；希望工商界发挥在信息、技术、资金等方面的优势，为促进经济社会发展、增进人民福祉作出更大贡献。此次金砖国家工商论坛是金砖国家领导人会晤的重要配套活动，规模为史上最大，来自全球的1000多名工商界人士参会，分别围绕“贸易与投资”“金融合作与发展”“互联互通”“蓝色经济”4个议题进行讨论。

9月4日，金砖国家领导人第九次会晤在厦门国际会议中心举行。习近平主席主持会晤，南非总统祖马、巴西总统特梅尔、俄罗斯总统普京、印度总理莫迪出席。习近平发表题为《深化金砖伙伴关系 开辟更加光明未来》的重要讲话，积极评价金砖合作走过的10年光辉历程。他指出，金砖合作之所以得到快速发展，关键在于互尊互助，携手走适合本国国情的发展道路；秉持开放包容、合作共赢的精神，持之以恒推进经济、政治、人文合作；倡导国际公平正义，同其他新兴市场国家和发展中国家和衷共济，共同营造良好的外部环境。同时强调，在世界格局复杂多变的背景下，金砖合作显得更加重要，各国应该再接再厉，努力建设更加紧密、更加全面、更加牢固的战略伙伴关系，共同开创金砖合作第二个“金色十年”，让合作成果惠及五国人民，让世界和平与发展的福祉惠及各国民众。五国领导人就当前国际形势、全球经济治理、金砖合作、国际和地区热点问题等深入交换看法，达成一系列共识，为金砖合作未来发展规划了蓝图，指明了方向。会晤发表了《金砖国家领导人厦门宣言》，涉及70多项共识，商定进一步加强贸易投资合作、加强财金合作、促进金融机构和金融服务网络化布局、推动科技创新合作、推动发展绿色和低碳经济等。

9月5日，新兴市场国家与发展中国家对话会在厦门国际会议中心举行。习近平主席主持会议并发表题为《深化互利合作，促进共同发展》的重要讲话，强调各方要加强团结协作，共同构建开放型世界经济。他指出，进入新世纪以来，新兴市场国家和发展中国家群体性崛起，成为不可逆转的时代潮流。面对新的形势，各国需要同舟共济，坚定信心，共同把握世界经济结构调整的历史机遇，共同建设广泛的发展伙伴关系，携手开辟公平、开放、全面、创新的发展之路，为世界经济增长作出更大贡献。对话会开创“金砖+”合作新模式，邀请埃及总统塞西、几内亚总统孔戴、墨西哥总统培尼亚、塔吉克斯坦总统拉赫蒙、泰国总理巴育出席，与金砖五国领导人共商国际发展合作大计，就“落实可持续发展议程”“建设广泛的发展伙伴关系”展开深入交流，达成重要共识。各方一致强调，新形势下加强新兴市场国家和发展中国家团结合作具有重要意义；一致同意高举发展旗帜，全面落实联合国2030年可持续发展议程；一致支持发挥联合国中心作用，营造良好发展环境；一致决定深化南南合作，建设更广泛的发展伙伴关系。

这次金砖会晤是中国主办的最重要的主场外交活动之一，也是福建历史上承办的最高规格的国际大型会议。福建省精心安排，全力以赴做好各项筹备工作，分别成立以省委书记尤权为组长、省长于伟国为副组长的“金砖国家领导人厦门会晤福建省筹备工作领导小组”，以省委常委、厦门市委书记裴金佳为组长的厦门市筹备工作领导小组，并分别设置8个具体办事机构，全面落实、细致开展安保维稳等各项工作，同时把筹备工作与推动发展、改善民生结合起来，让群众有更多参与感、获得感。筹备期间，厦门市更新建筑物立面9069栋，建成夜景照明工程2038处，种养绿植近100万株，改造道路216千米，缆化通信管线188千米、电力管线33千米。穿梭活跃在大街小巷的志愿者“小白鹭”也让厦门更加“美”起来，从花甲老人到童稚少年，学英语、学礼仪，义务维护公共秩序、义务宣讲文明礼仪、义务守护社区平安、义务引导文明旅游，汇聚正能量，全面提升城市品位。

习近平总书记在讲话中深情提到了“爱拼才会赢”这句闽南话。后金砖时代，福建省将大力发扬“爱拼才会赢”的精神，深化金砖合作，进一步发挥平潭综合实验区、“21世纪海上丝绸之路”核心区、自由贸易试验区、福州新区、自主创新示范区、国家生态文明试验区等多区叠加的独特优势，更加坚定地推进改革开放，深入落实改革总体部署，高质量推进改革试点任务。

感动全国人民的“时代楷模”

——追忆廖俊波：全国优秀县委书记、全国优秀共产党员

廖俊波，福建浦城人，1968年8月出生，中共党员，生前担任南平市委常委、常务副市长兼武夷新区党工委书记。历任邵武市拿口镇镇长、党委书记，邵武市副市长，南平市政府副秘书长，荣华山产业组团管委会主任（正处级），政和县委书记，南平市副市长。2015年6月被中共中央组织部授予“全国优秀县委书记”称号。2017年3月18日晚，廖俊波同志在赶往武夷新区主持召开会议途中不幸发生车祸，因公殉职，年仅48岁。

2017年3月31日，习近平总书记对廖俊波同志先进事迹作出重要指示：“廖俊波同志任职期间，牢记党的嘱托，尽心尽责，带领当地干部群众扑下身子、苦干实干，以实际行动体现了对党忠诚、心系群众、忘我工作、无私奉献的优秀品质，无愧于‘全国优秀县委书记’的称号。”习近平总书记号召广大党员、干部要向廖俊波同志学习，不忘初心、扎实工作、廉洁奉公，身体力行把党的方针政策落实到基层和群众中去，真心实意为人民造福。4月9日，中共福建省委追授廖俊波同志“全省优秀共产党员”称号，并号召全省开展向廖俊波同志学习的活动。6月6日，中共中央决定，追授廖俊波同志“全国优秀共产党员”称号。6月20日，中共中央宣传部追授廖俊波同志“时代楷模”荣誉称号。

廖俊波同志是新时期共产党人的楷模，是用生命践行“忠诚、干净、担当”要求的好干部，是“两学一做”学习教育中涌现出的先进典型。他长期在艰苦地区工作，始终牢记党的宗旨，带领当地干部群众凝心聚力、干事创业，以实际行动体现了对党忠诚、为民服务、勤政务实、敢于担当、清正廉洁的优秀品质。

他信念坚定、对党忠诚，政治品质过硬。廖俊波同志始终以党和人民的事业为最高追求，注重理论学习，认真学习习近平总书记系列重要讲话精神和治国理政新理念新思想新战略，不忘初心、砥砺前行。入党25年来，无论是在乡镇、园区、县委，还是市里，他牢记党性原则，严守政治纪律和政治规矩，在大是大非面前立场坚定、旗帜鲜明，始终做到心中有党、心中有民、心中有责、心中有戒，用生命和行动诠释了对党的忠诚、对事业的执着、对百姓的热爱。

他心系群众、勤政为民，永葆公仆情怀。廖俊波同志对群众有深厚感情，经常深入基层了解情况，倾听群众意见和诉求，为群众做好事、办实事、解难事。在政和工作期间，他心里始终想着“如何让老区人民尽快脱贫增收”，带头深入贫困村驻村蹲点调研，把脉问诊，分类施策。3年多时间，政和县贫困人口减少3万多人，脱贫率达69.1%。到南平市里工作以后，他始终坚持以人民为中心的发展思想，认真解决好群众反映强烈的生态环境、保障住房、城市管理等问题，让人民群众有更多获得感。他切实做到权为民所用、情为民所系、利为民所谋，为官一任、造福一方，用真情和实绩赢得广大群众的信任。

他敢于担当、苦干实干，发扬务实作风。廖俊波同志当事不推责，遇事不避难。面对政和落后状况，克难前行，精心打造政和省级经济开发区，深入一线抓落实，新引进创办60多家规模企业，群众都说“园区是书记一脚一脚踩出来的”。2013年起，位于贫困地区的政和县连续三年进入全省县域经济发展“十佳”。工作中，他总是鼓励干部只要为了发展和群众利益，就要敢于负责、勇于担当、大胆作为。他立足岗位、担当负责，锐意进取、真抓实干，创造出经得起实践、人民、历史检验的实绩。

他无私奉献、忘我工作，践行勤勉敬业。廖俊波同志几十年如一日，对工作孜孜以求，舍小家、顾大家，夙夜在公，废寝忘食，从不叫苦叫累，一直忙到生命的最后一刻。他抓工作能在现场就不在会场，始终奔忙在招商引资、项目建设、园区开发等工作一线，曾经3天跑4个城市、会见6批客商。他总是勤勉敬业、忘我工作，始终保持无私奉献、实干拼闯

的工作激情。

他廉洁奉公、干净做事，道德情操高尚。廖俊波同志严格遵守党员领导干部廉洁自律规范，坚持廉洁从政用权、修身齐家，自觉践行共产党人价值观。参加工作以来，他从不利用权力、地位的便利为自己和亲属谋取私利。他经常叮嘱家人，不能搞特殊，要以更高的标准严格要求自己，多付出、多奉献，踏实做事，干净做人。他谦虚谨慎、为人低调、克己奉公、清正廉洁的道德情操，赢得了广大党员干部群众的赞誉。

廖俊波同志给我们留下了宝贵的精神财富。他清清白白做人，干干净净做事，堂堂正正做官，用实际行动彰显了共产党人的先进本色。

晋江成功申办2020年第18届世界中学生运动会

——福建将首次举办世界综合性运动会

2017年10月15日，在国际中学生体育联合会执委会会议上，经投票表决，中国福建晋江获得2020年第18届世界中学生运动会举办权。始办于1974年的世界中学生运动会，是由国际中学生体育联合会主办，只允许17岁以下的在校中学生参加的世界综合性运动会。它是一场全世界中学生体育和文化交流的盛会，也是一个展现运动活力、激扬青春梦想的舞台。

回望申办历程：2016年12月13日，晋江市正式入围第18届世界中学生运动会申办城市；2017年5月27日，福建省副省长黄琪玉率团出访法属波利尼西亚，正式递交申办报告，并公布申报标识和口号“在一起，更出彩，Better Us Better Future”；6月21日，申委会经批准成立，由省长任主席，福建省、教育部、国家体育总局领导担任执行主席，泉州市主要领导担任下设的执委会主任；7月10—12日，国际中学生体育联合会主席劳伦特·佩楚卡率团对晋江展开深入的评估考察；10月15日，在国际中学生体育联合会执委会议上，中国驻意大利特命全权大使李瑞宇宣读了国务院副总理刘延东的支持函，她代表中国政府作出庄严承诺，全力支持晋江申办2020年第18届世界中学生运动会。在党中央国务院、省委省政府、泉州市委市政府的高度重视与关心支持下，晋江全市动员、精心筹划、全力准备，最终赢得国际中学生体育联合会执委们的信任，成功获得举办权。晋江也成为继上海（1998年第11届举办地）之后，全国第二个举办世界中学生运动会的城市。

晋江是一个开放、包容、自信，充满活力、充满创业激情的城市。它是中国品牌之都，也是中国体育产业的重要生产基地，拥有雄厚的产业基础，在运动鞋服、器材等体育用品方面培育了众多知名品牌，在中国乃至世界占据着重要地位。2017年，全市体育产业总产值达到1700多亿元，拥有国家级体育用品品牌42个，体育用品上市公司21家。同时，晋江当地也具有深厚的体育传统。全市建有各类体育场地2600多个，每万人拥有体育场地12.69个，并且通过人大决议的形式把5月20日设为晋江市“全民健身日”。晋江民间体育也十分活跃，先后获得全国体育先进市、群众体育先进集体、武术之乡、游泳之乡等荣誉称号，民间自发形成、注册成立的体育社团98个，每年举办大大小小的基层群众和企业“草根性”体育比赛2000多场。此次成功申办2020年世界中学生运动会，既展示了晋江人“爱拼敢赢”的精神面貌，也体现了晋江精神与体育精神的高度融合，更将助力晋江体育产业转型升级、跨越发展，乃至推动全国体育产业和青少年体育事业蓬勃发展。国际中学生体育联合会选择晋江，既显示了对中国经济稳步发展、社会持续进步的信心，也是对中国青少年体育事业发展的高度肯定。这将是一次体育之城与青春盛会的双赢合作。

2017年11月1日，第18届世界中学生运动会赛事合作签约仪式在晋江举行。国际中学生体育联合会、中国中学生体育协会、晋江市人民政府共同签署赛事合作协议，标志着赛事筹办工作正式启动。根据协议内容，第18届世界中学生运动会计划于2020年10月中下旬在晋江举行，拟设置田径、游泳、艺术体操、网球、乒乓球、象棋等12项比赛项目。

福建省全面推行河长制

——全域治理、全域保护，八闽河流焕发生机活力

随着我国工业化和城市化的推进，经济社会得到快速发展，相应地也造成水资源紧张。一些河流的开发利用已接近

甚至超出水环境承载能力，一些地区废污水非法排放严重，侵占河道、过度捕捞、无序采矿、水土流失、农业面源污染等现象时有发生。水生态水环境问题已成为群众最关注的民生议题之一。习近平总书记在2017年新年贺词中向世人宣告：每条河流要有河长了。“河长制”的提出便是为了解决新时期复杂的水问题，从顶层设计上进行突破，把地方党政领导推到第一责任人的位置，有力有效地管理关乎水污染的各个层面，推进水生态水环境整体改善。

福建地处东南沿海，河流水系纵横密布，集雨面积在50平方千米及以上的河流有740条，总长2.46万千米。全省水资源相对较为丰富，但同样面临非常严峻的“治水”压力。早在2009年，福建省大田县便率先探索实行河长制，提出了“污在水中、源在岸上、根子在人”的治水理念，由两位副县长担任河长，作为第一责任人，主抓境内两条主要河流的监管、整治，收到良效。2010年，大田县在全省率先成立生态环境综合执法大队。2012年，又集中水利、环保、国土、林业、安监等部门的行政执法职能，成立全省首家生态综合执法局，改变“多头治水”的弊端。2013年，大田县将“河长制”与万里安全水系建设相结合，全面推广“河长制”流域管理机制，境内所有河流按河段均设立“河长”，实现县、乡、村三级全覆盖。2014年，大田县组建“河长易信群”，借助现代通信平台开启乡村兴水治河的新时代，确保任何一件涉水违法事件都能得到及时处理。“易信晒河”入选全国基层治水十大经验。2015年，大田县成立生态环境保护指挥中心，以管理信息化、管控可视化、指挥远程化为目标，全力构建覆盖水体、大气、土壤等主要生态要素的动态监测网络。大田县还设立“十佳河长”评选机制，如果被评为“十佳河长”，在晋升等方面会予以优先；而“十差河长”在评先评优中会被“一票否决”。国家层面提出全面推行河长制后，大田县创新思路，又提出了“一河三长”工作机制，分别由“河段长、督查长、民间河长”三管齐下，共同管护一个河段。大田县作为河长制的发端地，经过多年的自行摸索和不懈努力，境内两条主要河流水质均达到Ⅰ类标准，初步实现“河畅、水清、岸绿、景美”的目标，形成全国推行“河长制”的“大田样本”。

从2014年起，福建省开始在全省范围实施河长制，成为全国8个较早推行河长制的省份之一。全省上下撸起袖子真抓实干，深入推行河长制，让福建生态省建设取得显著成效。截至2017年11月底，在4973名河长亲自部署、巡河、督办下，全省共完成河道违章建筑清理1040处、城市黑臭水体治理51条、禁养区养殖场（户）关拆1.22万家、改造关闭可养区存栏250头以下养殖场（户）7577家、250头以上养殖场（户）4158家；全省476条小流域Ⅰ类至Ⅲ类优良水质为80.4%，比上年提高4.8%。多年以来，全省河长制工作不断创新实践，除了“大田样本”以外，各地还探索总结出更多实用有效的特色做法，如龙岩市配设三级河道警长、福州市探索“互联网+”管河巡河、泉州市建立闭环督查管理机制、厦门市推行“三分治七分养”、漳州市坚持“三铁治水”、永春县组建“生态警察”中队、建宁实行网格化管理等，亮点纷呈。

福建“河长制”工作推行之早、力度之大、时间之久、经验之丰富，在全国名列前茅。在中央印发《关于全面推行河长制的意见》之后，福建省结合此前开展的实践经验，于2017年2月27日出台《福建省全面推行河长制实施方案》，继续全面深化河长制，构建省市县乡村“五级穿透”的河流保护管理机制，维护河流健康生命，实现河流功能永续利用。

福建省龙岩市红色文化遗存保护步入法治化轨道

——《龙岩市红色文化遗存保护条例》开创全国先河

福建省龙岩市是著名的革命老区、原中央苏区核心区域，在1.91万平方千米的红土地上到处镌刻着红色的足迹和不灭的荣光。毛泽东、周恩来、刘少奇、朱德等老一辈无产阶级革命家都曾在这里进行过伟大的革命实践，形成了古田会议精神、才溪乡调查精神、苏区精神等一系列伟大的革命精神。据统计，全市共有革命遗址410处，可移动馆藏革命文物34272件（套）。这些各具特色的红色文化遗存，蕴含着中国共产党团结带领各族人民艰苦奋斗、勇于牺牲、敢于胜利的革命精神和厚重的红色历史文化内涵，具有红色基因的本质特征和鲜明烙印。

近年来，在全国范围内，随着城市化进程加速，红色文化遗存保护和城乡建设呈现出紧张关系，城乡建设中破坏遗存的情况时有发生；同时，随着互联网的发展及社会公众对网络文化的宽松包容，戏说、恶搞、歪曲、贬损红色经典的不良风气抬头。为了加强对红色文化遗存的保护，传承红色基因，弘扬红色文化，进行爱国主义和革命传统教育，龙岩市开创先河，颁布了全国首部由设区市制定的保护红色文化遗存的地方性法规——《龙岩市红色文化遗存保护条例》（以下简称《条例》）。该条例于2017年9月26日通过龙岩市第五届人民代表大会常务委员会第四次会议审议，于2017年11

月24日获得福建省第十二届人民代表大会常务委员会第三十二次会议批准，将于2018年3月1日起正式施行。《条例》的颁布实施，标志着龙岩市红色文化遗存保护管理工作步入法治化、规范化、科学化的轨道。

《条例》共四十一条，分为总则、调查认定、保护管理、合理利用、法律责任和附则六个部分。《条例》明确和拓展了红色文化遗存的保护范围，将重大历史事件、革命活动和机构的旧址与遗址，重要革命历史人物的故居、旧居、活动地、墓地，革命历史人物形象、遗物、音像资料等，反映革命历史和革命精神的文字、图片、标语、口号等，以及其他物质和非物质的红色文化表现形式全部纳入保护范围。《条例》规定，市、县两级人民政府应当将红色文化遗存保护工作纳入本级国民经济和社会发展规划，将红色文化遗存保护工作经费列入本级财政预算，设立保护专项资金；对本市行政区域内的红色文化遗存实施名录管理。《条例》还立足于传承红色基因，弘扬红色文化，鼓励对红色文化遗存进行合理利用，规定市、县两级人民政府应当立足红色文化遗存资源，打造红色文化品牌。同时，《条例》专门对歪曲、贬损、破坏红色文化遗存的行为作出界定并定出处罚标准。

龙岩市以人大立法的形式，在全国率先制定《龙岩市红色文化遗存保护条例》这一地方性法规，在探索红色文化遗存的保护利用工作方面走出了一条新路子，为全省乃至全国红色文化遗存保护工作提供了可资借鉴的成功样本。

大熊猫“巴斯”的传奇一生在福州落幕

2017年9月13日8时50分，明星大熊猫“巴斯”因病在福州离世，走完传奇一生，享年37岁（相当于人类寿命的100多岁）。巴斯是一只美丽的雌性大熊猫，1980年出生于四川省宝兴县。1984年，因保护区竹子大面积开花，饥饿难耐的她下山觅食，不小心落水漂流在宝兴县巴斯沟的一条小河中，被村民救起，故取名“巴斯”。后经国务院批准，她被送到福州，在“第二故乡”整整生活了33个年头，其间为国家外事活动、科普教育、科学研究、两岸交流，以及国家大熊猫栖息地保护工程等作出卓越贡献，粉丝遍布全球。

她是海外著名的友谊天使。1987年，巴斯作为中国人民的友好使者应邀赴美国圣地亚哥访问，在美掀起一股中国旋风。她表演的体操、投篮、举重、骑车等节目引起轰动，成为世界知名的动物体操明星。当时，热情的美国观众需要排队四五个小时，才能观看巴斯3分钟。2015年9月21日，以世界最长寿大熊猫“巴斯”为主角的3D动画片《巴斯向世界人民问好》，开始在纽约时报广场“中国屏”上滚动播出，吸引众多纽约市民驻足观望。“巴斯”成为友谊与和平的象征，为中美交流搭起了一座桥梁。

她是家喻户晓的运动健将。1990年，应北京亚运会组委会的邀请，巴斯成为第十一届亚运会吉祥物“盼盼”的原型。熊猫“盼盼”手持金牌，伸开双臂做奔跑状，鼓励体育健儿创造更多的好成绩，其活泼可爱的形象深深地印在中国人的记忆里。应中央电视台的邀请，巴斯还登上了1991年春晚的舞台，成为家喻户晓的明星。

她是两岸情缘的牵线红娘。对于巴斯首任饲养员陈小玲来说，巴斯是她的“孩子”，也是她的“月老”。陈小玲陪伴了巴斯10年，也教会巴斯耍杂技。有一位在福州经商的台湾同胞，是观看巴斯熊猫杂技表演的常客。“爱屋及乌”的他，非常中意陈小玲并希望将她纳为儿媳，于是拜托海峡（福州）大熊猫研究交流中心主任进行介绍，促成了一段跨越海峡的佳话良缘。陈小玲的先生也是巴斯的忠实粉丝，一路跟随巴斯在广州、深圳、泉州等地的巡回演出，直到1994年他们去台湾定居。巴斯成为两岸情缘的牵线红娘和见证者。

她是无私奉献的科研功臣。1992年、1993年，巴斯受林业部门派遣，到广州、深圳、济南、北戴河等地展出，为国家实施大熊猫栖息地保护工程计划“工作”，受到数百万观众的热烈欢迎。1998年，她为异种克隆大熊猫献出体细胞，直至早期胚胎的形成，这一创新成果被中科院、工程院评选为1999年中国十大科技进展。2001年，她成为国内外首例被发现的大熊猫高血压患者。2002年，福州大熊猫研究中心又为她成功进行白内障摘除手术。时任福建省省长的习近平专门发去贺信：“大熊猫不仅是福州的，也是全国全世界人民的共同财富。”巴斯为大熊猫科研、医疗工作的开展积累了宝贵经验，作出了重要贡献。

巴斯虽然不会说话，但她一生勤奋学习、拼搏奋战、无私奉献，并长期与病魔顽强抗争，给人类留下了珍贵的“巴斯精神”。巴斯的标本将被安放在巴斯博物馆里供人瞻仰，虚拟的巴斯也将在中科院自动化艺术研究所的努力下呈现，而新筹建的巴斯俱乐部将承担起传播巴斯精神、推进巴斯文化的责任，共同推进人类与大自然的和谐发展。

为民办实事，提升百姓幸福感

2017年，福建省一般公共预算支出4684.15亿元，比上年增长9.56%。在民生相关支出中，主要包括：教育支出

842.21亿元、比增6.73%，社会保障和就业支出394.56亿元、比增13.06%，医疗卫生支出420.44亿元、比增11.35%，以及城乡社区事务支出728.08亿元、农林水事务支出447.7亿元、交通运输支出263.68亿元、环境保护支出120.65亿元、文化体育与传媒支出87.34亿元等。全省民生社会事业短板加快补齐，人民群众的获得感、幸福感、安全感不断增强。

当年，省委、省政府确定的25件为民办实事项目全部完成，累计下达省级财政（含中央）补助资金94亿多元。其中，下达1.51亿元推进养老服务工程，新建农村幸福院624个、社区老年人照料中心117个，完善提升社区居家养老服务站307个，完成总投资5亿多元。下达4400多万元实施助残工程，资助残疾人居家养护1.2万人，扶助农村困难残疾人就业创业4000人。下达7.13亿元将农村居民最低生活保障标准提高到3000元/年以上，各县（市、区）平均标准达5049元/年。下达5.8亿元实施造福工程易地扶贫搬迁，已落实3.02万户11.24万人，基本建成规模集中安置区196个。下达14.16亿元加快保障性安居工程建设，新开工棚户区改造项目7.71万套，基本建成10.88万套。下达11.54亿元，提升基本公共卫生服务能力。下达基建投资配套资金3000万元，正式开工省儿童医院一期工程。下达9.07亿元开展农村生活污水治理、垃圾治理和危房改造，启动建设365个乡镇污水处理设施，建成166个；完成新建改造三格化粪池52.15万户；建成301个乡镇生活垃圾转运系统，引导4546个行政村建立垃圾治理常态机制任务；落实农村危房改造开工2.53万户，竣工1.82万户。下达1.93亿元治理“餐桌污染”，建设“食品放心工程”，全省加工食品抽检总体合格率99.2%，没有发生重大及以上级别的食品安全事故。下达4.51亿元建设公办幼儿园，新开工建设131所，完成投资11.18亿元。下达11.4亿元推进“全面改善义务教育薄弱学校基本办学条件”五年规划（2014—2018年），校舍累计开工276.59万平方米，竣工237.28万平方米，购置设备29.82亿元。下达1亿元开展中小学美育设施设备补缺与提质工程，培育建设中小学学生乐团100个、校园文化美育环境（培育）示范学校110所、中华优秀文化艺术传承学校（培育）示范校112所、美育校外实践基地100个，为农村中小学校配备美术教学用投影设备1870所、配备音乐教学用琴2935所。下达1.015亿元完善公共体育服务工程，建成多功能运动场120个、社区室内健身房50个、笼式足球场60个、门球场30个，举办全民健身运动会3200多场，开展40个全民健身运动项目。下达1.4亿元推进城市公共停车设施建设，新增泊位5.07万个。推进城市地下综合管廊建设，在建管廊108千米（新开工51千米），建成33千米，完成投资27亿元。下达5750万元，完成供水管网改造894千米。下达5.5亿元实施安全生态水系建设，累计建设安全生态水系1126.43千米，完成投资26.84亿元。下达5亿元推进小流域综合治理，启动实施93条小流域综合治理。下达3.36亿元推进水土流失治理工程，完成22个重点县、100个重点乡镇水土流失治理项目，以及建设国家水土保持重点建设工程和中央预算内水土流失综合治理项目。全省完成综合治理水土流失面积7.6万公顷。下达6413万元，完成沿海基干林带建设2.4万多公顷。推进全省农网改造升级工程建设，完成投资100亿元。下达7.6亿元，实施“四好农村路”工程，改造农村公路2569千米，改造危桥281座，撤渡建桥2座，实施农村公路安保提升工程2695千米，累计完成投资73亿元。下达5816.26万元，完成1017处道路交通安全隐患路段整治。

同时，在各项社会事业得到兜底和保障的基础上，百姓的收入持续增加。2017年，福建省加大就业工作力度，城乡居民收入稳定增长，城镇居民人均可支配收入39001元，比上年增加2987元；农村居民人均可支配收入16335元，比上年增加1336元。

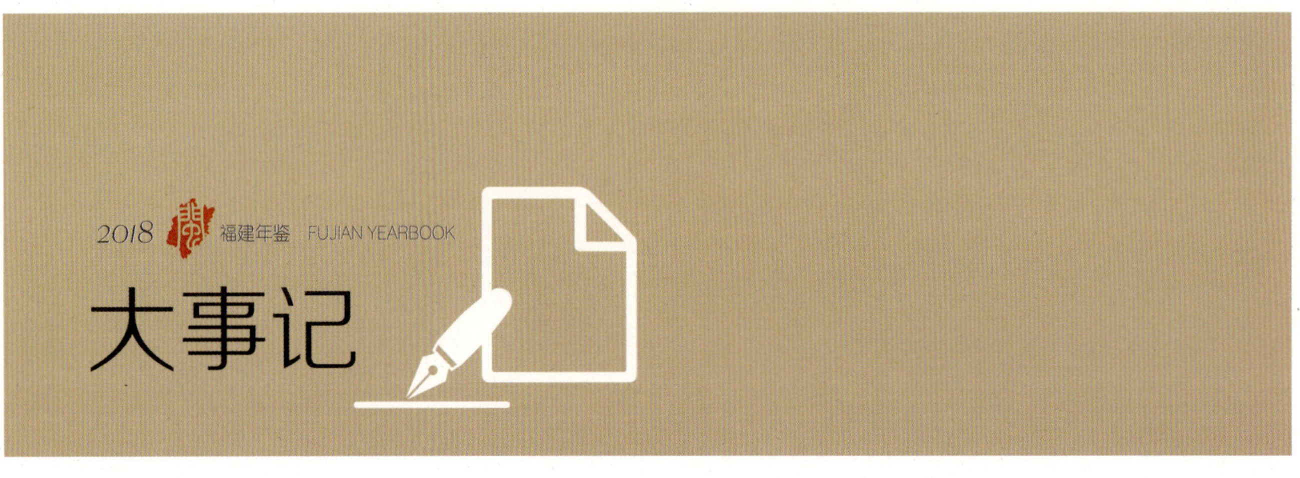

大事记

1月

1日 国道104线（京岚线）福建省境内重点组成部分——罗源县五里大桥新桥正式通车。该桥始建于1970年，重建于2015年，新桥总投资约2300万元，全长223米、宽20米。

2日 第十五届厦门国际马拉松赛在厦门国际会展中心鸣枪开赛。这是赛事升级为全员全马后的首次比赛。来自31个国家和地区的3万名选手参赛，其中埃塞俄比亚选手包揽男女组前三名。赛事还首创“跑者服务跑者”体系，由官方补给站和厦门民间跑团组织合作，由跑团的跑友担任志愿者，为参赛选手服务。

4日 首届福建省大学生文化创新创意设计大赛颁奖仪式在福州举行。大赛评出金奖10项、银奖30项、铜奖50项。

6日 省委书记尤权在福州会见以中国常驻联合国代表团大使刘结一为团长的驻外使节调研团一行。

6日 福州地铁1号线（一期）全线通车试运营。首趟地铁从象峰站出发驶向福州火车南站站，标志着福州正式迈入地铁时代。福州地铁1号线是全省开通运营的第一条地铁线，全长24.89千米，共设21个车站。

10日 全省第二十三次见义勇为英雄模范表彰大会在福州召开。大会表彰全省见义勇为模范（群体）和先进个人（群体）共35人（个），颁发奖金300万元。

10日 2017年全省文化科技卫生“三下乡”集中服务活动在宁化县开幕。“三下乡”服务团为各地带去文艺演出、科技服务、义诊、普法、计生宣传、书写春联等活动，筹集捐赠款物折合资金2754万元。

11日 福建医科大学孟超肝胆医院揭牌仪式在福州举行。福建医科大学附属第一医院和福建医科大学孟超肝胆医院现场签订合作共建协议，将积极推进肝病医联体和肝病分级诊疗平台建设，建设肝病和肝癌大数据平台，创新肝病诊疗模式和服务模式。

13日 福建华通银行股份有限公司正式获福建银监局批准开业，成为福建省首家民营银行。银行注册资本24亿元，注册地在中国（福建）自由贸易试验区平潭片区，由永辉超市股份有限公司、阳光控股有限公司、福建兴衡投资有限公司、福建省信通投资集团股份有限公司、三棵树涂料股份有限公司、福建盼盼生物科技股份有限公司、福建三盛房地产开发有限公司、福建圣农食品有限公司8家民营企业发起成立。

14日 全国首部畲族题材院线电影《梦归山哈》在福建海峡影城举行首映式。影片以精准扶贫的“宁德模式”为主线，讲述驻村干部带动畲族群众脱贫致富的故事。

15日 省纪委十届二次全体会议在福州召开。

15日 新建福州至厦门铁路客运专线先行工程在漳州角美正式开工。福厦客运专线总长约300千米，设计行车速度350千米/小时，项目投资估算总额530.4亿元，建设工期5年。

17—21日 省政协十一届五次会议在福州召开。

18—22日 省十二届人大五次会议在福州召开。大会补选李德金为福建省人民政府副省长，刘道崎为省第十二届人民代表大会常务委员会秘书长。

22日 《福建省老年人权益保障条例》在省人大五次会议上获表决通过，将于3月1日起施行。条例共8章72条，在家庭保障、社会保障和社会优待、养老服务、宜居环境、参与社会发展、法律责任等方面对老年人权益保障作出规定。

22日 全省首支县级旅游警察队伍——武夷山市公安局旅游警察大队正式挂牌成立。

23日 文化部批复同意福建省设立“客家文化（闽西）生态保护实验区”，范围包括龙岩市长汀县、上杭县、武平县、连城县、永定区和三明市宁化县、清流县、明溪县。这是继广东省和江西省之后的第三个国家级客家文化生态保护实验区。

23日 全省首部保护红色遗址的政府规章——《三明市红色文化遗址保护管理办法》出台，于3月1日起正式实施。这标志着三明红色文化遗址保护利用工作走上法制化管理轨道。

25日 国家发展改革委批复核准福建省汽车集团云度新能源汽车股份有限公司的纯电动乘用车项目。这是全省第一家、全国第十家获得牌照的新能源汽车生产企业，由福汽集团、莆田市国投、海源机械、自然人（团队）4方于2015年共同出资设立，总投资约20亿元。

28日 以“远方的惦念”为主题的2017华侨华人春节联欢晚会由东南卫视向全球首播，与全球华人共庆新春佳节。晚会通过“民族根”“华夏情”“中华魂”“同心缘”四个篇章，凝聚华侨华人力量，联系华侨华人亲情，呈现华侨华人在国内外交流中的桥梁作用。

2月

3日 国家发展改革委批复同意建设福建省尤溪中仙至建宁里心公路。该线路是G1517（莆炎高速）的重要组成部分，全长约216千米，估算总投资约235.32亿元。

7日 以“同春共庆、同心圆梦”为主题的第15届“两马同春闹元宵”大型灯会活动在福州拉开帷幕。

9日 省发改委正式公布《福建省“十三五”战略性新兴产业创新平台建设指导目录》。这是全省首次集中发布创新平台建设指导目录，提出在36个重点领域、76个细分领域，培育建设一批创新平台，全面提升福建新兴产业创新能力。

9—10日 以“魅力民俗展海丝风采，两岸文化承同源一脉”为主题的2017年海峡两岸民俗文化节在福州花海公园举行。

13日 “福州滨海新城建设启动暨大数据项目签约仪式”在海峡国际会展中心举行。在主会场，“中国东南大数据产业联盟”获授牌，13家机构和企业与政府签订战略合作协议或项目意向书。在长乐分会场，5个重点项目同时动工，32家入驻企业揭牌，正式拉开福州滨海新城建设大幕。

15日 厦门航空福州—纽约直飞航线实现首航，标志着福州成为继北京、上海、广州之后第四个开通直飞纽约航线的中国内地城市。这也是福建首条直飞美国的洲际航线。

17日 全省首个国家科技惠民项目——“九龙江北溪流域农村生活污水处理技术应用示范项目”通过专家验收。该项目由龙岩水发环境有限公司和中科院城市环境研究所等单位承担，从2014年开始实施，期限3年，总投资2100万元，重点针对九龙江北溪流域主要污染源之一的农村生活污水，开展综合治理技术集成与示范，消减农村生活污水排放。

20日至3月1日 由副省长黄琪玉率领的“闽茶海丝行”西欧站经贸活动代表团先后走进英国、西班牙、法国，在三国首都分别设立闽茶文化推广中心。其间，闽茶企业共与当地合作伙伴签署茶叶经贸合同6.98亿元、合作意向协议12.6亿元。

21日 “2017年福建省服务型制造推进大会暨‘服务型制造万里行——走进福建’活动”在福州举行。福建省成为工业和信息化部“服务型制造万里行”全国第五站。

22日 省委书记尤权、省长于伟国在福州会见澳门特别行政区行政长官崔世安率领的特区政府代表团。双方就进一步加强闽澳合作，携手参与“一带一路”建设提出具体建议。

22—25日 中共中央政治局委员、中央党的建设工作领导小组副组长、中央新疆工作协调小组副组长张春贤在福建就深入学习贯彻党的十八届六中全会精神进行调研。

23日 省政府批复同意武平县设立省级高新技术产业开发区。这是全省首个由县级政府建设的省级高新区。

24日 省政府正式印发《福建省建设国家创新型省份实施方案》，提出到2020年进入国家创新型省份行列。

24日 上杭县上生单采血浆站举行揭牌仪式。该单采血浆站经省卫计委批准许可、国家卫生计生委审核备案，是专门从事健康人体血浆采集服务和相关技术研发的国有单位，也是全省首家单采血浆站。

24日 福州京东方第8.5代新型半导体显示器件生产线产品下线及客户交付仪式在福清举行。京东方项目总投资300亿元，是福州电子信息产业中单体投资最大的项目。

24—26日 中共中央政治局委员、国家副主席李源潮在福建调研群团改革。

25日 以“一带一路·科技金融·融合发展”为主题的2017首届科技金融国际峰会在厦门国际会议中心举行。围绕金融全球变革的政策热点，面对金融科技现状及未来发展趋势、金融创新的行业难点等内容展开研讨交流。

25日 建宁县政府和中国绿化基金会在北京签订战略合作协议，成立全国首个县域级生态发展专项基金——中国绿化基金会福源建宁生态发展专项基金。

27日 省委办公厅、省政府办公厅印发《福建省全面推行河长制实施方案》，进一步提升全省河流保护管理水平。

3月

1日 福建省政府采购网上公开信息系统全面启用。这标志着福建省在全国率先实现政府采购全流程在线流转、全过程网上监控。

2日 经省委、省政府研究决定，张国闽创业团队等22个团队和高峰等83名个人入选福建省第五批引进高层次创业创新人才（简称省引才“百人计划”）。同时，罗骞等22名国家“千人计划”专家自然入选第五批省引才“百人计划”。

2日 满载液晶显示面板等货物的中欧（厦门）班列从福建自贸试验区厦门片区海沧货运站出发，前往波兰罗兹。这标志着全国“安智贸”（中欧安全智能贸易航线试点计划）首条铁路专线正式启动，也成为“安智贸”项目从海运向铁路延伸的里程碑。

10日 厦门市资产证券化协会成立。这是国内第一个正式在民政部门注册成立的资产证券化协会，由厦门国际金融资产交易中心、厦门金圆投资集团、厦门国际金融技术有限公司、厦门国际信托有限公司和厦门农商投资集团等发起成立。

14日 平潭综合实验区法院、海峡两岸仲裁中心和福建省企业法律工作者协会在平潭举办共建涉台、涉自贸试验区多元化纠纷解决工作机制签约仪式。平潭法院与海峡两岸仲裁中心联合聘请19名海峡两岸法律专才担任专家咨询顾问，其中包括9名台湾法律专才，这在全国法院系统尚属首次。

15日 福州在全国率先实行行政审批全流程电子证照应用。凡是电子证照库中存储的电子证照，企业不必再到人工窗口重复递交纸质材料，只要在线提交电子证照即可。

16日 省委书记尤权在福州会见马来西亚福建社团联合会访问团一行。

16日 副省长李德金在福州会见到访的赞比亚驻广州总领事卡利米·罗伯特·凯拉。

16日 兴（国）泉（州）铁路宁化至泉州段全线开工建设。该项目建成后，将结束宁化、清流、明溪、大田、德化、永春六个原中央苏区县不通客货铁路的历史。

18—19日 以“创新·体验·成长”为主题的第32届福建省青少年科技创新大赛在漳州举行。来自闽台的209名中小学生和22名科技辅导员参赛。其间，还举行科技辅导员论坛、闽台青少年科技教育论坛等活动。

19—21日 2017中欧城市可持续发展论坛在莆田举行，来自欧盟各国的50多名嘉宾与国内20个省份30个城市的代表参加论坛，分享中欧城市发展理念及示范模式，研究拓展中欧合作模式与机制。其间，宣布成立“中国国际城市发展联盟”，首批联盟成员单位共90个。

22日 晋江市海上综合执法合作签约仪式在福建海警第二支队举行，标志着全国首家海上综合执法合署办事处正式成立。晋江市通过将海警、海事、海监、渔政四家涉海单位海上执法力量“四合一”，实现海上执法、监管、服务无缝衔接。

22日 厦门大学附属心血管病医院（厦门市心脏中心）在亚太地区首次采用折叠心脏的办法，成功为3名室壁瘤患者实施微创心室折叠减容术。该手术方式在国际上属顶级的室壁瘤治疗办法，全世界仅欧洲开展过此类手术。

24日 兴业银行福州分行和福建吴航不锈钢制品有限公司在海峡股权交易中心完成碳排放配额抵押登记业务。吴航不锈钢利用碳排放配额及辅以其他担保物，获得兴业银行2000万元抵押贷款。这是全省首笔碳排放配额抵押贷款。

24日 福建圣农发展股份公司建成的肉鸡无高致病性禽流感生物安全隔离区通过农业部的评审验收，成为全国首批两家肉鸡无高致病性禽流感生物安全隔离区之一。

28日 省军区党委九届十五次全体（扩大）会议在福州召开。省委书记、省军区党委第一书记尤权出席会议并讲话，省军区党委领导出席会议。

28日 省委书记尤权、省长于伟国在福州会见全国人大常委会副委员长、民进中央主席严隽琪率领的调研组一行。

28日 全国首项高速公路直升机应急救援保障服务在福州正式开启。福州高速交警支队、上海金汇通航公司在福州闽侯竹岐直升机场签署协议，正式启动高速公路交通事故伤员救治空中“绿色通道”。

29日 由福建外贸集团投资建设的福建海峡健康养老中心举行奠基仪式。该项目是2017年省重点项目，总投资2.75亿元，将填补福建省中高端养老产业的空白。

30日 中华一家亲·2017年海峡两岸各民族欢度“三月三”节暨福建省第六届“三月三”畲族文化节、第十届海峡两岸少数民族丰收节活动在连江举办。海峡两岸各民族群众1万多人参加活动。

4月

2日 以“开放型世界经济的新型合作”为主题的金砖国家经贸合作论坛在厦门大学举行。来自中国、巴西、俄罗斯、印度、南非各国的行业代表、专家学者400多人参加论坛，从多元视角展开讨论、建言献策。

5日 厦门船舶重工股份有限公司与芬兰邮轮公司VIKING LINE签订11艘2800客邮轮型客滚建造合同，开创福建省承接建造邮轮型船舶的先河。

7日 由福州海关和中国银行福建省分行在全国首创的海关税款担保改革措施——同业联合担保模式，在福建自贸试验区福州片区正式启动实施。3家首批试点企业向马尾海关递交《同业联合担保企业专项评估表》和总金额150万元的中国银行同业联合担保保函。

7日 “eBay福建跨境电商峰会”在福州海峡国际会展中心举行。福州市政府、省商务厅、eBay公司三方共同签署战略合作协议，在福建自贸试验区福州片区设立eBay跨境电商服务中心，打造跨境电商政企合作先行先试样本。

9日 《中共福建省委关于追授廖俊波同志“全省优秀共产党员”称号并开展向廖俊波同志学习活动的决定》正式印发。

12日 由省政府和招商局集团共同合作的福建省现代服务业产业发展基金在漳州招商局经济技术开发区设立。基金总规模100亿元，首期注册规模50亿元，主要出资人包括福建省产业股权投资基金、招商财富资产管理有限公司、漳州招商局经济技术开发区久泰投资有限公司和漳州开发区南太武产业股权投资基金有限公司。

13日 省长于伟国在福州会见由白俄罗斯共和国经济部部长季诺夫斯基·弗拉基米尔率领的访问团一行。

14日 第十四届中国土木工程詹天佑奖颁奖大会在北京举行。泉三高速公路建设项目获奖，填补了福建省交通建设项目在该奖项上的空白。

15日 省委书记尤权、省长于伟国在福州会见圣多美和普林西比总理帕特里斯·特罗瓦达一行。

18—20日 第三届中国（泉州）海上丝绸之路国际品牌博览会（海丝品博会）、第二十届海峡两岸纺织服装博览会（海博会）在石狮举行。

18—20日 第十届海峡两岸（厦门海沧）保生慈济文化旅游节在厦门举行。海峡两岸以及东南亚各界人士近2000人齐聚海沧青礁慈济祖宫，同祭保生大帝，共襄民俗盛典。

18—21日 第十九届中国（晋江）国际鞋业暨第二届国际体育产业博览会在晋江举行。

19—20日 “2017全球纺织服装供应链大会”在石狮召开。各界代表共600人出席大会。

20日 全国首部营业执照“自助登记打照一体机”在平潭行政服务中心投用。福建省在全国率先实现个体工商户营业执照自助登记打印。

20—26日 福建正式启动2017年全省知识产权宣传周活动，主题为“创新创造改变生活，知识产权竞争未来”。活动期间，正式发布《2016年福建省知识产权发展与保护状况》白皮书。

26日 《福建省全民阅读2017—2020年发展规划》正式发布。这是福建省首次对全民阅读作出系统性规划，详细阐述了全民阅读的指导思想、基本原则、主要目标和重点任务。

27日 福建省金融综合服务平台上线仪式暨全省首届政银企线上对接会在海峡股权交易中心举行。

5月

2日 省政府与华为技术有限公司在福州签署战略合作协议。省长于伟国会见华为技术有限公司轮值CEO徐直军并共同出席签约仪式。

2—5日 全国政协副主席、致公党中央主席、科技部部长万钢率领调研组一行到闽，围绕“推进‘一带一路’建设中中国文化‘走出去’”主题展开调研。省委书记尤权、省长于伟国会见调研组一行。

5—7日 第15届福建省青少年机器人竞赛在三明举行。大赛设机器人综合技能、机器人创意、FLL机器人工程挑战赛、VEX机器人工程挑战赛、WER工程创新赛等五大项目，共评出一等奖60队、二等奖89队、三等奖151队。

8—12日 全国政协副主席、全国工商联主席王钦敏率领调研组一行到闽，就“构建‘亲’‘清’新型政商关系，促进民营经济健康发展”主题展开调研。省委书记尤权会见调研组一行。

9日 矽品集成电路封装测试项目投资合作仪式在晋江举行。该项目将建设成为具有国际先进水平的集成电路及相关产品封装测试基地，填补福建省封测领域的空白。

12—14日 第十三届海峡旅游博览会暨2017中国（厦门）国际休闲旅游博览会在厦门召开。

13日 省委书记尤权、省长于伟国在福州会见到闽访问的越南国家主席陈大光一行。

13日 “2016年度感动福建十大人物”颁奖典礼在福州大戏院举行。“2016年度感动福建十大人物”分别是：长征起点红军烈士的“守魂人”钟宜龙、闪耀里约的福清女排姐妹花（徐云丽、林莉）、“最美助学哥”叶保禄、用生命抗击台风的最美村支书林新华、火场勇斗持刀歹徒的80后消防员涂烨、带着爸爸上大学的楚玉春、“讨钱”助学23年的邓昌朝、义务普法30年的95岁老人林建德、跪地急救昏厥老人的“最帅学生”（陈铭炜、黄延庆）、烛照乡村教育19年的中学“名师”郑峰。

16日 省政府与中国气象局签订共同推进“十三五”期间气象为福建经济社会发展服务合作协议。副省长黄琪玉、中国气象局副局长许小峰出席活动并签订协议。

17日 省委书记尤权、省长于伟国在福州会见埃塞俄比亚总理海尔马里亚姆·德萨莱尼率领的代表团一行。

18日 第十九届海峡两岸经贸交易会在福州海峡国际会展中心开幕。来自全球五大洲59个国家和地区的2006家企业参展参会，规模创历届之最。

18日 中国（福建）—埃塞俄比亚投资合作论坛在福州举行。埃塞俄比亚总理海尔马里亚姆·德萨莱尼、福建省省长于伟国出席论坛并致辞。

21日 第二十七次全国助残日暨第七届闽台残疾人文化周活动在福州开幕。台湾残障人士代表、省残疾人五个专门协会代表、助残志愿者和社会各界爱心人士300多人参加开幕式。

23日 由省委主办的廖俊波同志先进事迹报告团在福州举行报告会。省委书记尤权、省长于伟国、省政协主席张昌平等会见报告团全体成员并参加报告会。

25日 以“闽港合作共创一带一路新经济动力”为主题的“创新升级·香港论坛”在福州开幕。两地1500多位企业家参加论坛。

27日 中国共产党福建省第十届委员会第二次全体会议在福州召开。

6月

2日 中央农办主任、中央财办副主任韩俊率调研组到闽，就“扶持小农生产、服务农业农村”进行专题调研。

3日 国务委员、公安部部长郭声琨在福建调研。

5日 莆田国投云顶湄洲湾电力有限公司从行政服务中心领到印有全国统一编码的“一证式”排污许可证。这是全省火电行业颁发的第一本“一证式”排污许可证，标志着福建省开启排污许可“一证式”管理新时代。

5—9日 全国人大常委会副委员长陈竺率领执法检查组到闽，开展《中华人民共和国著作权法》执法检查。

省委书记尤权、省长于伟国会见检查组一行。

6日 省委书记、省人大常委会主任尤权在福州会见香港全国人大代表访问团一行。

8—10日 中共中央政治局常委、中央书记处书记刘云山在福建调研。省委书记尤权、省长于伟国分别陪同调研。

9日 福建省品牌景区推广联盟在福州成立。8家AAAAA级景区、4家重点AAAA级景区组成首批联盟成员单位，共同在联盟宣言上签字，宣告将抱团发展，共同推广“清新福建”一流品牌景区。

11日 金砖国家政党、智库和民间社会组织论坛在福州开幕。中共中央政治局常委、中央书记处书记刘云山出席开幕式，发表题为《共谋合作发展，共创美好未来》的主旨讲话。

12日 省委书记尤权在福州会见老挝人民革命党中央政治局委员、中央书记处常务书记、国家副主席潘坎·维帕万率领的老挝人民革命党代表团一行。

12日 省长于伟国在福州会见柬埔寨人民党中央常委、政府副首相兼议会联络与监察部大臣梅森安率领的柬埔寨人民党代表团一行。

15日 国务院办公厅印发《关于建设第二批大众创业万众创新示范基地的实施意见》，福建省泉州市丰泽区和厦门火炬高新技术产业开发区被列入其中。加上福州新区，全省至此共有3个国家级双创基地。

16日 “2017全球物联网论坛”在厦门举办，来自全球的48家企业350多名代表出席论坛。这是论坛首次在亚洲举办，厦门立达信照明有限公司成为承办论坛的首家中国企业。

17—23日 以“扩大民间交流，深化融合发展”为主题的第九届海峡论坛在厦门举行。中共中央政治局常委、全国政协主席俞正声出席论坛开幕式并致辞。

18日 第十三届粮食产销协作福建洽谈会在福州开幕。会议期间，福建省粮企与粮食主产省企业共签订项目315项，省际粮食购销合同数量636万吨，省内粮食购销合同数量70万吨，并征集科研院校科技成果246项。

18日 第一届福建省“新烯望、新产业、新动能”石墨烯高峰论坛在福州举行。

18—21日 全国政协副主席李海峰率调研组到闽开展“加强海洋（水下）装备现代化建设，提高海洋经济开发能力”重点提案专题调研。省委书记尤权、省政协主席张昌平会见调研组一行。

18—21日 以“创新驱动、转型升级”为主题的第十五届中国·海峡项目成果交易会在福州海峡国际会展中心举行。展会总面积达9万平方米，设置412个国际标准展位、253个特装展位，共2000多家企业和科研机构参会。

20日 福建省市场化债转股合作框架协议签约仪式在福州举行。中国建设银行分别与福建能源集团、福建建工集团、福建省交通运输集团、福建省电子信息集团等4家国有企业签订市场化债转股合作框架协议，债转股总金额210亿元。此次签订协议，标志着全省正式启动市场化债转股工作。

21日 廖俊波同志先进事迹报告会在北京人民大会堂举行。中共中央政治局常委、中央书记处书记刘云山会见报告团成员并全程出席报告会。刘云山代表习近平总书记，代表党中央，向廖俊波家属表示亲切慰问，并颁发党中央追授廖俊波同志“全国优秀共产党员”证书、奖章。

24日 省委书记尤权、省长于伟国在福州会见马来西亚嘉里集团郭鹤年先生一行。尤权对郭鹤年先生一行回乡考察表示欢迎，对嘉里集团多年来支持福建经济社会发展所作贡献表示感谢。

25日 中国共产党福建省代表会议在福州召开。会议选举产生41名福建省出席中国共产党第十九次全国代表大会的代表。

26日 福建省率先在全省范围实施精准扶贫医疗叠加保险政策，正式出台《福建省精准扶贫医疗叠加保险方案》。

29日 福建省首张农村集体经济组织证明书在晋江诞生。晋江市政府向青阳街道阳光社区股份经济联合社颁发了全省首张农村集体经济组织证明书，作为管理主体的农村集体经济组织自此具有处置集体资产的权利。

30日至7月2日 “2017海峡（福州）渔业周·中国（福州）国际渔业博览会·亚太水产养殖展览会”在福州海峡国际会展中心举行，来自34个国家和地区的500多家协会和企业参展，成功签约16个项目，签约金额近200亿元，参观人数达26万人次，现场交易超过5000万元。其间，还举办了全球渔业交流合作会议、第四届中国（福州）金鱼文化节等系列活动。

7月

6日 省委书记尤权在福州会见台湾新党主席郁慕明一行。

8日 在波兰克拉科夫举行的联合国教科文组织世界遗产委员会第41届会议上，中国世界文化遗产提名项目“鼓浪屿：历史国际社区”以符合世界遗产第2条和第4条标准，成功列入《世界遗产名录》。

9日 省能源集团、首都医科大学三博脑科医院联合建设的福建首家三级神经专科医院在福州开业，首开福建省大型国企引入社会办医的“混合所有制模式”先河。医院总投资3.5亿元，床位300张，实行多学科综合治疗模式（MDT），建立脑肿瘤综合治疗、神经重症、脑血管病、脑瘫、帕金森、癫痫等7支MDT团队。

11日 国家林业局、福建省政府、国家开发银行在北京签署《共同推进深化福建省集体林权制度改革合作协议》。

14日 厦门城市党建学院正式揭牌成

立。这是全国第一个由地方组织部门与党校联合组建的综合性党建学院，将进一步深化城市党建教育培训和合作交流创新。同时，《厦门城市党建》杂志正式创刊。

17—21 日 全国人大常委会副委员长张平率执法检查组到闽，就福建贯彻实施《固体废物污染环境防治法》情况开展检查。省委书记尤权、省长于伟国会见检查组一行。

21 日 省十二届人大常委会第三十次会议闭幕。会议表决通过《福建省食品安全条例》，将于10月1日起正式施行。

21 日 福建省通过财政部上海证券交易所政府债券发行系统成功发行地方政府债券485.8亿元。这是福建省首次在上交所发行地方政府债券，对完善债券发行机制、促进地方政府债券投资主体多元化、提高债券二级市场流动性起到积极作用。

27 日 全国深化集体林权制度改革经验交流座谈会在武平县召开。中共中央政治局委员、国务院副总理汪洋出席会议并讲话。他强调，要深入总结推广福建集体林权制度改革的经验，不断开拓创新，推动林业改革再上新台阶。

8月

3 日 中共福建省委十届三次全会在福州召开。

8 日 闽宁互学互助对口协作第二十一次联席会议在福州召开。福建省委书记尤权、宁夏回族自治区党委书记石泰峰出席会议并讲话。自治区政府主席咸辉介绍了贯彻落实闽宁协作第二十次联席会议纪要情况，福建省省长于伟国主持会议。

15 日 南京军区福州总医院成功为患者植入福建省首台跟踪芯片 Reveal-LINQICM（植入式心电事件监测器），填补省内心血管病诊疗领域的技术空白。

16 日 世界最大跨度铁路刚构连续梁——南（平）龙（岩）铁路正线闽江特大桥成功合龙。该桥是南龙铁路全线重点控制性工程，全长1066.41米，主跨最大跨度216米（悬臂浇筑28个节块），最大梁高16.5米（加墩梁结合部18.93米），最大墩高61.5米，合龙段梁高7.5米，水深平均达17米。南龙铁路建成后，从南平到龙岩只需1个小时，到厦门只需2.5个小时。

17 日 以“开放包容、互利共赢，共建人类命运共同体”为主题的金砖国家治国理政研讨会在泉州开幕。中国、俄罗斯、印度、巴西、南非以及坦桑尼亚、埃塞俄比亚、墨西哥等发展中国家的代表深入交流治国理政经验。

20 日 全球首台“华龙一号”——福清5号核反应堆压力容器在大连核电石化公司完工交付。“华龙一号”具有完整的自主知识产权，其完工交付标志着中国核电已具备国际三代核电技术的先进水平。

8月，中共中央政治局委员、国务院副总理、国务院医改领导小组组长刘延东调研福建省医改工作。省委书记尤权、省长于伟国分别陪同调研。

9月

3 日 金砖国家工商论坛在厦门国际会展中心开幕。国家主席习近平出席开幕式，发表题为《共同开创金砖合作第二个“金色十年”》的主旨演讲，强调金砖国家要共同开创金砖合作第二个“金色十年”，让合作成果惠及五国人民，让世界和平与发展的福祉惠及各国民众。

4 日 金砖国家领导人第九次会晤在厦门国际会议中心举行。国家主席习近平主持会晤。南非总统祖马、巴西总统特梅尔、俄罗斯总统普京、印度总理莫迪出席。五国领导人围绕“深化金砖伙伴关系，开辟更加光明未来”的主题，就当前国际形势、全球经济治理、金砖合作、国际和地区热点问题等深入交换看法，回顾金砖合作10年历程，重申开放包容、合作共赢的金砖精神，达成一系列共识，为金砖合作未来发展规划了蓝图、指明了方向。

5 日 新兴市场国家与发展中国家对话会在厦门国际会议中心举行。国家主席习近平主持会议并发表重要讲话，强调各方要加强团结协作，共同构建开放型世界经济，共同落实2030年可持续发展议程，共同把握世界经济结构调整的历史机遇，共同建设广泛的发展伙伴关系，携手开辟公平、开放、全面、创新的发展之路，为世界经济增长作出更大贡献。

6 日 省长于伟国在福州会见戴姆勒股份公司大中华区董事长兼 CEO 唐仕凯、北汽集团董事长徐和谊等一行。

8 日 匈牙利高新技术教育产业中国发展中心揭牌仪式暨中匈合作项目签约仪式在福州举行。匈牙利总理首席顾问苏契·盖佐，省委常委、统战部部长、省海联会会长雷春美出席仪式并致辞。

9 日 福建省首届“最美教师”寻访结果发布仪式在福州举行。全省各地市的10名老师获得“最美教师”荣誉称号，20名老师获得“最美教师提名奖”荣誉称号。

10—12 日 以“‘一带一路’与华文媒体新发展”为主题的第九届世界华文传媒论坛在福州举办。全国人大常委会副委员长兼秘书长王晨出席开幕式并致辞。

18—21 日 以“聚焦‘一带一路’、助力金砖合作、促进双向投资”为主题的2017厦门国际投资贸易洽谈会在厦门国际会展中心举行。其间，共签订各类投资项目1577项，总投资金额5326.6亿元。

20 日 由省方志委主办的“与历史同行”喜迎十九大“方志之夜”文艺晚会在福建大剧院上演。福建省在全国首开用文艺晚会形式表现方志文化的先河，让写在方志典籍里的文字“活”起来。

21 日 省委书记尤权在厦门会见到闽访问的新加坡总理李显龙。

21 日 以“蓝色经济·生态海岛”为主题的中国—小岛屿国家海洋部长圆桌会议在平潭召开。中共中央政治局常委、国务院副总理张高丽发来贺信。国家海洋局局长王宏宣读贺信，致欢迎词，并主持会议。省长于伟国致欢迎词，萨摩亚副总理兼自然资源与环境部长菲娅梅·内奥米·马塔阿法致辞。此次会议共有来自4大洲12个岛屿国家的代表参加。会议共同通过《平潭宣言》，提出5点倡议：一是鼓励共同构建蓝色伙伴关系，二是构建蓝色经济发展合作机制，三是开展海岛生态环境保护，四是加强海岛及周边海域防灾减灾，五是提升海洋技术发展水平。

22 日 省委书记尤权在福州会见欧洲左翼党副主席保罗·费雷罗率领的欧洲左翼党青年政治家考察团一行。

22 日 2017平潭国际海岛论坛召开。其间，举办中国—小岛屿国家蓝色经济合作专场宣介会，闽企与外国企业签订合作协议6项，涉及海外渔业产业园建设、特色海洋牧场、海洋旅游综合体、渔业养殖设备等领域，总投资达11.85亿美元。

22 日 由中国地方志指导小组办公室、福建省地方志编纂委员会主办的《中国影像志·福建名镇》暨《八闽历史文化名镇名村影像志》开机仪式在上杭县古田镇举行。

26 日 2017海峡两岸（厦门）乐活节在厦门海沧台商投资区开幕。此次乐活节以“两岸一家亲·共圆中国梦”为主题、“接续金砖·乐享生活”为口号，突出两岸民众之间在文化、精神、生活、工作上的交流，进一步深化两岸交流的内涵，拓展海沧乐活的外延。活动由1场开幕式和“乐善”“乐业”“乐艺”“乐动”4大主题板块29个分项活动组成，持续到12月23日落下帷幕。

27 日 人保财险—厦门自贸片区联合保险产品创新实验室在厦门揭牌。这是全国保险业首家由政府与险企共建的保险产品创新实验室，也是全国首家落户在自贸试验区的保险产品创新实验室。

10月

10 日 在河北举行的2017森林城市建设座谈会上，福州、泉州获国家林业局授予“国家森林城市”称号（全国新增19个城市）。至此，福建省共有厦门、漳州、龙岩、三明、福州、泉州6个国家森林城市。

10 日 在第23届国际灌排大会上，福建宁德黄鞠灌溉工程成功入选第四批世界灌溉工程遗产名录。陕西汉中三堰工程、宁夏引黄古灌区工程2项古代灌溉工程也一并入选。

11 日 “2017第四届中国鼓岭中秋国际诗乐会”在福州晋安区鼓岭旅游度假区上演。海内外各界人士300多人参加诗乐会。东南网对诗乐会进行全球网络直播和手机视频同步直播。

13—15 日 第十三届海峡两岸图书交易会在厦门举办。两岸500多家出版机构参展，其中台湾参展单位203家。两岸参展图书20万种70多万册，其中台湾参展图书3万多种近10万册。台版图书首次全场面向读者零售。

15 日 国际中学生体育联合会主席劳伦特·佩楚卡在意大利撒丁岛宣布，福建省晋江市获得2020年第18届世界中学生运动会举办权。晋江成为继上海之后中国第二个举办城市。

16 日 第23届世界客属石壁祖地祭祖大典在宁化县举行。海内外19个客属宗亲会及各界人士3700多人齐聚祖地，寻根谒祖，共话发展。

16 日 福建省首个以少数民族聚居地命名的法庭——福安市人民法院畲区人民法庭正式投入使用，专门负责审理受理畲族人口聚居地一审民商事案件，指导畲区人民调解工作。

20 日 菜鸟网络、中华环境保护基金会、厦门市政府宣布共同在厦门市启动建设全国首个绿色物流城市。环保部副部长黄润秋出席启动仪式并讲话。

23 日 以“司法公信建设与法院执行”为主题的第四届福建诚信与信用论坛在福州举行。

26 日 以“人工智能改变世界”为主题的2017中国计算机大会（CNCC）在福州海峡国际会展中心开幕。大会邀请300多位国内外科技领域知名学者、国内外IT企业家到会演讲，并同期举行14场特邀报告、40多场前沿技术论坛及30多场特色活动，聚集6000多名专业人士参会交流。

26 日 福建省海洋产权交易服务平台在福州启动。该平台充分运用国家给予的蓝色经济政策优势，借鉴国内产权交易中心的经营模式、金融理念、技术和管理经验，开展海域使用权、无居民海岛使用权、海砂开采用海海域使用权交易。

28 日 福建省召开领导干部会议。中央组织部副部长齐玉宣布中央决定：尤权同志不再兼任福建省委书记、常委、委员职务，于伟国同志任福建省委书记。

11月

1 日 在中华人民共和国国务院总理李克强和俄罗斯联邦政府总理梅德韦杰夫的共同见证下，福建省委书记、省长于伟国与俄罗斯联邦卡累利阿自治共和国行政长官巴尔芬奇科夫，在北京人民大会堂共同签署《中华人民共和国福建省与俄罗斯联邦卡累利阿自治共和国建立友城关系协议书》及相关合作协议，正式缔结友城关系。

3—6 日 第十届海峡两岸文化产业博览会在厦门国际会展中心举行。其间，签约投资项目120项，总签约额320.29亿元；现场交易额10.83亿元，其中订单额10.26亿元。

6 日 长乐举行撤市设区授、挂牌仪式。存续23年多的“长乐市”成为历史，新的“福州市长乐区”正式成立，福州进入“六区时代”。

6 日 以“深化林业改革，建设生态文明”为主题的第十三届海峡两岸（三明）林业博览会暨投资贸易洽谈会在三明会展中心开幕。海峡两岸

558家企业、3000多名客商参展参会，现场展示展销林产品达3195种，评选金奖产品56个。其间，举办海峡两岸林业生态论坛等活动。

6日 以"传承优秀文化，泽润幸福童年"为主题的第五届海峡两岸学前教育论坛在福州召开。近300名来自海峡两岸、港澳地区、东南亚国家的专家学者、学前教育管理人员参加论坛，并有世界各地3000多名专家、园长、教师通过互联网在线平台参与论坛活动。

7日 中国首个国际性南岛语族考古研究机构——"国际南岛语族考古研究基地"在平潭综合实验区平原镇上攀村挂牌成立。

8日 省委书记、省长于伟国，省政协主席张昌平在福州会见了由海峡两岸民意交流基金会董事长饶颖奇率领的台湾民意代表交流参访团。

8日 全省首列冷链集装箱海铁联运专列在福州港江阴港区发车。8个装着进口红酒和冻鱼的冷藏集装箱从港区铁路支线驶往内地，标志着冷链集装箱海铁联运车体在江阴港区正式上线运营，开启了福建省内冷链物流运输新模式。

8日 以"两岸机械合作，促进发展共赢"为主题的第八届海峡两岸机械产业博览会暨第十届中国龙岩投资项目洽谈会在龙岩开幕。境内外参展企业近300家，展览面积2.4万平方米，展位约1200个。

8日 以"互联、共享、创新、卓越"为主题的第十八届中国（南安）水头国际石材博览会在南安市石材产业展示中心举行开馆仪式。展会设11个展区，展示面积91.1万平方米，20多个国家和地区的1000多家企业参展。

8—12日 2017环福州·永泰国际公路自行车赛在福州举行。大赛共分福州赛段、长乐城市绕圈赛、连江赛段、永泰赛段、永泰绕圈赛，总里程约589.4千米。来自13个国家和地区的22支队伍参赛。乌克兰科尔斯洲际队获得团体总成绩第一名。

9日 全国深入推行科技特派员制度现场会在南平召开。会议深入贯彻落实习近平总书记对科技特派员工作的重要指示，在新起点上推动科技特派员制度创新发展。

10日 学习贯彻党的十九大精神中央宣讲团报告会在福州举行。中央宣讲团成员、国务院国资委主任肖亚庆作宣讲报告。省委书记、省长于伟国主持报告会并讲话。

10日 第十二届泛珠三角合作与发展法治论坛在福州召开。

13日 福建省新闻界庆祝中国记者节暨新闻奖颁奖大会在榕召开。会议认真学习贯彻习近平总书记致中国记协成立80周年的贺信精神，在新征程上推动全省新闻舆论工作创新发展。会前，省委书记、省长于伟国就深入推进福建省新闻舆论工作作出批示。

13日 建瓯市举行《建瓯茶志》首发式。这是中华人民共和国成立以来福建省的第一部县（市、区）级茶志，也是建瓯市首部产业专门志。

15日 省委书记、省长于伟国，省政协主席张昌平在福州会见率团到闽考察的全国政协副主席何厚铧一行。

15日 以"缘聚武夷·茶和天下"为主题的第十一届海峡两岸茶业博览会在武夷山市开幕。参会的海内外嘉宾和客商1万多人，实现意向交易额62.4亿元。博览会期间，举办了首届中国（武夷）食品博览会、海峡两岸投资项目招商会暨签约仪式、海峡两岸民间斗茶赛等10多个专场活动。

16日 省委书记、省长于伟国，省政协主席张昌平在福州会见全国政协副主席、民建中央常务副主席马培华一行。

16—17日 中共福建省委十届四次全会在福州召开。

18日 第九届海峡两岸现代农业博览会·第十九届海峡两岸花卉博览会在漳州东南花都开幕。全国政协港澳台侨委副主任梁绮萍、副省长黄琪玉出席开馆仪式。

18日 福建师范大学举行绿色丝绸之路国际论坛暨建校110周年庆祝大会。

20日 全省深化国家监察体制改革试点工作动员部署电视电话会议暨省深化国家监察体制改革试点工作小组第二次会议在福州召开。省委书记、省深化国家监察体制改革试点工作小组组长于伟国出席会议并讲话。

20日 第三届海丝旅游节重要活动之一——"第八届福州温泉国际旅游节"在永泰县启动。来自境内外的近300名嘉宾及旅游业界客商齐聚永泰御温泉，国内旅游企业与多家境外旅游客商共同签署《发展战略合作协议》。

21日 省委书记、省长于伟国在福州会见由世界福州十邑同乡总会总会长吴换炎率领的访闽团一行。

21—22日 以"数字创意·领航未来"为主题的2017中国创新设计大会平潭峰会暨第一届两岸数字创意产业论坛在平潭综合实验区举行。

22日 福建医科大学孟超肝胆医院Ⅰ期临床试验研究室投入使用。该研究室是省内第一家集Ⅰ期临床和生物样本分析检测服务为一体的国家药物临床试验机构。

23日 福建省首宗集体经营性建设用地在晋江成功入市交易完税，标志着全省集体经营性建设用地入市交易步入规范有序的新阶段，对全省农村土地制度改革具有里程碑意义。该宗地块位于晋江市金井镇围头村，土地面积3495平方米，出让年限40年，由晋江市恒禾海景酒店有限公司取得。

24日 省人大常委会第三十二次会议表决通过《福建省促进科技成果转化条例》。条例明确研究开发机构、高等院校等事业单位对其持有的科技成果可以自主决定转让、许可或者作价投资等方式实施转化；允许研究开发机构、高等院校等事业单位转化科技成果所获得的收入全部留归本单位，纳入单位预算。

25日 以"世界遗产·人类文明交流互鉴"为主题的首届中国世界遗产（福州）高峰论坛在福州开幕。同期举办了首届中国（福州）世界遗产主题文化博览会。

27—28日 中国工程院、中科院相继公布2017年新增院士名单。两院新增院士128位，其中在闽工作或闽籍院士4位。分别为：新当选中国工程院院士的中科院城市环境研究所（厦门）研究员贺泓、北京理工大学教授陈杰（福州籍），新当选中科院院士的厦门大学海洋与地球学院教授戴民汉、中科院上海光学精密机械研究所研究员李儒（建瓯籍）。

28—30日 中国·平潭海上风电国际峰会在平潭综合实验区召开。峰会以“海上丝路海上风电，风景一带机遇一路”为主题，吸引国内外500多位海上风电专家和业界代表参加，共同围绕海上风电开发建设、发展趋势、现阶段核心问题等议题展开探讨和交流。

28日至12月3日 第四届丝绸之路国际电影节在位于福州琅岐的海峡青年交流营地开幕。其间，展演展映42个国家和地区的103部电影精品，并举办多场电影进社区、校园电影展映等电影惠民活动。

12月

1日 国内首个市民卡APP在厦门上线。通过厦门市民卡APP的全流程实名+实人身份认证后，便可获得一张具备厦门市民电子身份证的个人专属的虚拟市民卡，一站式解决交通、医社保、图书馆、生活缴费等各类民生服务需求。

1—3日 以“妈祖文化·海洋文明·人文交流”为主题的第二届世界妈祖文化论坛在莆田举行。其间，举办讲坛主旨演讲、“妈祖文化与海洋精神”等五个主题论坛，以及中国·湄洲妈祖文化旅游节、妈祖祭典非遗展示、世界工艺美术博览会（莆田）等系列活动。

2日 三明万寿岩国家考古遗址公园获授牌，成为福建省第一个国家考古遗址公园。万寿岩遗址时代距今18.5万年至3万年，是中国南方典型的旧石器时代洞穴类型的遗址。

2日 福建省结核病医疗联合体成立。该联合体由福州肺科医院与全省21家相关医院共同组成，覆盖全省9个设区市和平潭综合实验区。

5日 省委书记、省长于伟国在福州会见百威英博啤酒集团全球CEO薄睿拓一行。

5日 “中国电子税务局·福建”（福建省国地税联合办税平台）启动仪式在莆田市地税局办税服务厅举行。

5日 高分辨率对地观测系统福建数据与应用中心揭牌暨卫星数据共享与区域应用推广合作协议签约仪式在福州市测绘大厦举行。

5—8日 第四届中医科学大会、第十三届海峡两岸中医药学术交流论坛在平潭综合实验区举行。全国人大常委会副委员长、农工党中央主席陈竺，世界卫生组织前总干事陈冯富珍女士一行到闽出席中医科学大会，并到福州调研医药卫生体制改革情况。省委书记、省长于伟国在福州与调研组一行会谈。

5—10日 第十一届海峡两岸百名中小学校长论坛在厦门举行。来自两岸的122名校长围绕“校长领导力”主题展开交流研讨。

8日 国内最长、直径最大的地下跨海管廊——厦门翔安新机场地下综合管廊（市政舱）顺利贯通。

8日 2017年度全国勘察设计行业创新创优大会暨全国优秀建筑设计展示交流会在福州召开。大会主题为“弘扬建筑文化·提升设计品质·彰显设计价值”。其间，举办中国建筑设计行业奖颁奖仪式。

10—15日 由文化部、福建省政府联合主办的第三届海上丝绸之路国际艺术节在泉州举行。主要活动包括展演展示、思想文化论坛、文化项目建设等板块，来自30多个海丝沿线国家和地区的60多个演艺团体、1100多位嘉宾参加艺术节。

12日 厦沙高速三明段通车，标志着厦沙高速全线建成通车。从三明到厦门的车程将从5小时缩至3小时。

12日 省重点项目、全省首座燃气分布式能源站——华电厦门分布式能源一期工程顺利完成96小时满负荷试运行，正式投运。

15日 福建与中央企业先进制造业项目对接会在北京举行。省委书记、省长于伟国，国务院国资委主任肖亚庆出席会议并讲话。会上，福建有关方面与中央企业对接了数字经济、战略性新兴产业、电子信息、石油化工、机械装备、节能环保、现代服务业等领域的52个项目，总投资2980亿元。

18日 福建永安国际核证碳减排标准（VCS）林业碳汇项目碳汇交易签约仪式在浙江杭州华东林业产权交易所举行。永安市与浙江华衍投资管理有限公司签约金额为50万元的国际核证碳减排标准（VCS）林业碳汇减排量。这是全国首批、福建省首单VCS林业碳汇交易。

20日 省政府、福州市政府与中科院在福州签署共建中国科学院大学福建学院协议。

20日 东南卫视正式启播暨福建省卫星电视全面落地澳门仪式在澳举行。全国政协副主席何厚铧、澳门特别行政区行政长官崔世安、中央政府驻澳门联络办公室主任郑晓松等出席活动。

21—23日 中共中央政治局常委、中央纪委书记赵乐际到福建省调研。

23日 于伟国会见冈比亚总统。

25日 中共福建省委十届五次全会在福州召开。

26日 省委书记、省长于伟国在福州会见日本自由民主党干事长二阶俊博、公明党干事长井上义久率领的日本执政党和经济界代表团一行。

28日 平潭至台湾“台北快轮”高速货运滚装航线首航仪式在平潭金井码头举行。这是平潭综合实验区首次开通与台湾的万吨级快货运输滚装船。

29日 由省委宣传部主办的2017年度福建省践行社会主义核心价值观基层“最美人物”发布会在福州举行。杨利等10人获得基层“最美人物”荣誉称号。

31日 厦门地铁1号线开通试运营。该线路于2014年4月1日正式开工、2018年3月12日全线贯通，全长30.3千米，共设24个车站，全程运行约为52分钟。

自然地理

【地貌】 福建位于中国东南沿海，东隔台湾海峡与台湾相望。陆地平面形状似一斜长方形，东西最大间距约480千米，南北最大间距约530千米。全省大部分属中亚热带，闽东南部分地区属南亚热带。全省土地总面积12.4万平方千米，海域面积13.6万平方千米。

境内峰岭耸峙，丘陵连绵，河谷、盆地穿插其间，山地、丘陵占全省总面积的80%以上，素有“八山一水一分田”之称。地势总体上西北高东南低，横断面略呈马鞍形。因受新华夏构造的控制，在西部和中部形成北（北）东向斜贯全省的闽西大山带和闽中大山带。两大山带之间为互不贯通的河谷、盆地，东部沿海为丘陵、台地和滨海平原。

闽西大山带以武夷山脉为主体，长约530千米，宽度不一，最宽处达百余千米。北段以中低山为主，海拔大都在1200米以上；南段以低山丘陵为主，海拔一般为600～1000米。位于闽赣边界的主峰黄岗山海拔2158米，是中国大陆东南部的最高峰。整个山带，尤其是北段，山体两坡明显不对称：西坡陡，多断崖；东坡缓，层状地貌发育。山间盆地和河谷盆地中有红色砂岩和石灰岩分布，构成瑰丽的丹霞地貌和独特的喀斯特地貌景观。

闽中大山带由鹫峰山、戴云山、博平岭等山脉构成，长约550千米，以中低山为主。北段鹫峰山长百余千米，宽60～100千米，平均海拔1000米以上；中段戴云山为山带的主体，长约300千米，宽60～180千米，海拔1200米以上的山峰连绵不绝，主峰戴云山海拔1856米；南段博平岭长约150千米，宽40～80千米，以低山丘陵为主，一般海拔700～900米。整个山带两坡不对称：西坡较陡，多断崖；东坡较缓，层状地貌较发育。山地中有许多山间盆地。

福建金钱松王，摄于2017年
（胡春燕　摄）

东部沿海海拔一般在500米以下。闽江口以北以花岗岩高丘陵为主，多直逼海岸。戴云山、博平岭东延余脉遍布花岗岩丘陵。福清至诏安沿海广泛分布红土台地。滨海平原多为河口冲积海积平原，这些平原面积不大，且为丘陵所分割，呈不连续状。闽东南沿海和海坛岛等岛屿风积地貌发育。

陆地海岸线长达3751.5千米，以侵蚀海岸为主，堆积海岸为次，岸线十分曲折。潮间带滩涂面积约20万公顷，底质以泥、泥沙或沙泥为主。港湾众多，自北向南有沙埕港、三都澳、罗源湾、湄洲湾、厦门港和东山湾等6大深水港湾。岛屿星罗棋布，共有岛屿2214个，平潭的海坛岛为全省第一大岛，原厦门岛、东山岛等岛屿已筑有海堤与陆地相连而形成半岛。 （黄继富）

【气候】 2017年，福建省气候总体平稳。主要气象灾害有台风、暴雨、高温和气象干旱，造成的经济损失较轻，气候年景较好。气象灾害以台风灾害为重，暴雨洪涝灾害次之。台风灾害以宁德、福州、莆田市相对较重，主要由双台风“纳沙”和“海棠”造成；暴雨洪涝以龙岩、三明、南平市相对较重。气候对农业、森林防火、渔业和盐业的影响均属较好年景；对交通运输业、旅游业影响属正常年景；对水电业影响属较差年景。

年内经历4次寒潮、8个台风（2个登陆）、12次高温、14次强对流、21场暴雨过程和夏秋气象干旱。主要天气气候特点：冬季气温异常偏高，出现有气象记录以来最强“暖冬”，超8成县市平均气温突破当地冬季历史纪录。早春3月雨日多，遭遇多场低温阴雨，对春播造成不利影响。雨季开始早、结束迟、历时长，降水前少后多、旱涝急转。5月超8成县市出现气象干旱。6月上旬和中旬分别出现两次降水高峰，多地出现洪涝灾害。登陆和影响台风个数多，但整体影响偏弱。7月30—31日，台风“纳沙”和“海棠”21小时内先后登陆福清，历史未见。高温次数多、范围广、时间长、极值高。高温过程达12次，并为历史最多。7月19—29日的高温过程，持续时间和高温范围均为近十年之最。连江、长乐、仙游和南安最高气温破当地历史极值。8月下旬至11月中旬，全省降水量较常年同期偏少4成，多地出现夏秋连旱，严重时有13个县市达气象重到特旱。

气温。全省年平均气温20.4℃，较常年偏高0.9℃，为1961年以来第二高，有31个县（市）年平均气温为本站历史最高。全省28个县（市）年极端最高气温高于或等于39℃，其中闽清、福安和仙游高于或等于40℃；连江、长乐、仙游和南安极端最高气温突破当地历史纪录。

降水。全省平均年降水量1495.3毫米，较常年偏少158.9毫米。福州、宁德和南平大部分县（市）降水量偏差在1成以内，泉州、厦门沿海县（市）偏少3成以上。鹫峰山区、武夷山区和戴云山区的8个县（市）年降水量超过1800毫米；东南沿海的惠安、晋江和厦门年降水量少于1000毫米；同安年降水量为本站历史最少。

日照。全省年平均日照时数1856.1小时，较常年偏多154小时。除漳州、浦城和霞浦年日照时数较常年偏少外，其余县（市）均偏多，其中有7成县（市）偏多100小时以上，厦门、安溪、大田和惠安偏多300小时以上。

（孙雁冰）

【水文】 2017年，福建省汛情特点是：降雨量偏少，降雨时程分布不均，洪水场次异常偏少、洪水量级异常偏低，台风影响轻。

雨情。全省平均年降雨量1495.3毫米，较常年偏少11%，较上年偏少39%，属平水年。九地市降雨均少于常年，其中，福州、宁德、南平、龙岩4市偏少3%～9%，莆田、三明、泉州、漳州4市偏少13%～20%，厦门市偏少27%。降雨时程分布不均。6月降雨量偏多6成，达440毫米，3月、7月、11月偏多2成；其余月份偏少1～6成，5月偏少最多，近6成。特别是6月全省平均降雨量440毫米，比上年同期偏多6成；降雨量总体北多南少，厦门比上年同期偏少近3成。局地短历时极端强降雨多发频发，如连江、涵江、长乐24小时雨量分别达499毫米、442毫米、412毫米，刷新当地降雨极值纪录；安溪县蓬莱站3小时雨量152毫米，突破历史极值。

汛前（1—3月）全省平均降雨量281毫米，较常年同期偏少7%。其中，福州、宁德两市与常年同期基本持平，其余7个设区市较常年同期偏少1～2成。汛期（4—9月）全省平均降雨量1085毫米，较常年同期偏少9%。其中福州、宁德两市与常年同期基本持平，南平、龙岩、莆田、三明、泉州、漳州6市偏少1～2成，厦门市偏少3成。雨季自4月21日开始，较常年偏早9天，7月2日结束，较常年偏迟5天，历时73天，较常年偏长16天。汛后（10—12月）全省平均降雨量92毫米，较常年同期偏少34%。其中，宁德市偏少近2成，南平、龙岩、福州、漳州、三明5市偏少3～4成，莆田、泉州、厦门3市偏少5～6成。

旱情。汛末出现局部气象干旱，8月下旬起降水持续偏少，其中8、9、10月全省平均降水量114毫米、75毫米、25毫米，分别比上年同期下降44%、45%、56%。受降水偏少影响，福建局部气象干旱持续发展，最强时全省有21个县（市、区）达到气象特旱。

灾情。2017年是近20年来受灾人口最少、灾害损失最小的一年。全省81个县（市、区）、53.91万人受灾，倒塌房屋862间；农作物受灾51030公顷；因灾停产工矿企业235个，公路、供电、通信分别中断230条次、408条次、313条次；堤防、护岸、水闸、灌溉设施、水文测站、机电泵站和水电站分别损坏22.03千米、1806处、71座、4338处、17个、10座、9座；直接经济损失23.02亿元，其中水利设施损失6.75亿元。

台风。2017年，在西北太平洋（含南海）共生成台风27个，登陆或影响福建省的台风7个，多于常年（6.9个）。其中，登陆台风2个，较常年略偏多（常年1.6个），分别为第9号台风“纳沙”(台风级）、第10号台风“海棠”(热带风暴级)，21小时内相继在福建省福清市沿海登陆，为历史首次；影响台风5个，分别为第2号台风“苗柏”（强热带风暴级）、第13号台风“天鸽”(强台风级)、第14号台风“帕卡”(台风级)、第16号台风“玛娃”(强热带风暴级)、第20号台风“卡努”(强台风级)。除“苗柏”外，其余4个影响台风对福建省影响偏弱。

水情。2017年，福建省洪水场次异常偏少、洪水量级异常偏低。全省23条河流25个站点发生超警洪水73站次(2016年272站次)，各场次洪水量级均低于两年一遇。主要江河干流及主要支流除交溪干流外，年最高水位均未超过警戒水位。

闽江。闽江干流及主要支流除梅溪外，均未发生超警洪水。闽江年最大洪水发生于6月16—17日，建溪七里街水文站16日最高水位94.69米（低于警戒0.31米)，相应流量4750立方米/秒；富屯溪洋口水文站17日最高水位108.61米（低于警戒0.69米)，相应流量2530立方米/秒；延福门水位站17日最高水位65.75米（低于警戒2.75米)，相应流量9800立方米/秒；水口水库17日最大入库流量11400立方米/秒。

晋江。晋江干流及主要支流年内未发生超警洪水。4月10日，石砻水文站出现年最高水位7.22米（低于警戒

0.78米），相应流量1810立方米/秒。

九龙江。九龙江干流及主要支流年内未发生超警洪水。6月16日，北溪浦南水文站出现年最高水位8.61米（低于警戒0.39米），相应流量4080立方米/秒；6月16日，西溪郑店水文站出现年最高水位5.05米（低于警戒2.45米），相应流量960立方米/秒。

交溪。交溪干流共发生超警洪水2场。20170613洪水：受第2号“苗柏”台风和南下冷空气共同影响，6月13日，交溪发生超警洪水，白塔水文站最高水位26.49米（超警0.49米），相应流量3120立方米/秒。20170801洪水：受第9号“纳沙”、第10号“海棠”双台风共同影响，8月1日，交溪发生超警洪水，白塔水文站最高水位27.04米（超警1.04米），相应流量3580立方米/秒。

汀江。汀江干流年内未发生超警洪水。6月2日，上杭水文站出现年最高水位178.99米（低于警戒1.01米），相应流量2560立方米/秒。

木兰溪。木兰溪年内未发生超警洪水。8月1日，濑溪水文站出现年最高水位8.31米（低于警戒0.09米），相应流量790立方米/秒。

沿海潮位。由于台风影响较弱，2017年未出现风暴潮，受农历九月初一及十五天文大潮影响，沿海部分潮位站年最高潮位超警戒0.09～0.42米。

主要江河来水量。2017年，各主要江河来水量757.70亿立方米，较常年偏少6%，其中，木兰溪偏多2成，闽江、九龙江、汀江、晋江、交溪偏少1成。

闽江竹岐水文站年径流量501.79亿立方米，较常年偏少5%。其中，汛前径流量100.16亿立方米，较常年同期偏多17%；汛期径流量349.95亿立方米，较常年同期偏少9%；汛后径流量51.67亿立方米，较常年同期偏少7%。

晋江石砻水文站年径流量45.34亿立方米，较常年偏少11%。其中，汛前径流量7.93亿立方米，较常年同期偏少25%；汛期径流量33.8亿立方米，较常年同期偏少11%；汛后径流量3.6亿立方米，较常年同期偏少45%。

九龙江北溪浦南水文站、西溪郑店水文站合计年径流量110.45亿立方米，较常年偏少9%。其中，汛前径流量18.78亿立方米，较常年同期偏多19%；汛期径流量80.03亿立方米，较常年同期偏少11%；汛后径流量11.64亿立方米，较常年同期偏少24%。

汀江上杭水文站年径流量50.39亿立方米，较常年同期偏少10%。其中，汛前径流量9.89亿立方米，较常年同期偏多9%；汛期径流量36.66亿立方米，较常年同期偏少12%；汛后径流量3.84亿立方米，较常年同期偏少29%。

交溪白塔水文站年径流量37.05亿立方米，较常年同期偏少11%。其中，汛前径流量5.27亿立方米，较常年同期偏少15%；汛期径流量29.34亿立方米，较常年同期偏少7%；汛后径流量2.44亿立方米，较常年同期偏少36%。

木兰溪濑溪水文站年径流量12.68亿立方米，较常年偏多23%。其中，汛前径流量1.64亿立方米，较常年同期偏多23%；汛期径流量10.07亿立方米，较常年同期偏多20%；汛后径流量0.97亿立方米，较常年同期偏多17%。

水库蓄水情况。汛初水库蓄水。2017年汛初（4月1日），21座大型水库蓄水总量70.74亿立方米，占正常高蓄水量67%，比年初减蓄26.55亿立方米，比上年同期少蓄14.74亿立方米。22座重要中型水库蓄水总量3.52亿立方米，占正常高蓄水量60%，比年初减蓄0.71亿立方米，比上年同期少蓄0.75亿立方米。汛末水库蓄水。2017年汛末（10月1日），21座大型水库蓄水总量95.08亿立方米，占正常高蓄水量90%，比汛初增蓄9.6亿立方米，比上年同期少蓄1.38亿立方米。22座重要中型水库蓄水总量3.53亿立方米，占正常高蓄水量60%，比汛初增蓄0.01亿立方米，比上年同期少蓄1.42亿立方米。

（刘　平　张智杰）

资　源

【土地资源】 根据福建省2017年度土地变更调查成果，截至2017年12月31日，全省土地总面积12.4万平方千米，占全国土地总面积的1.3%。其中，耕地2006.26万亩（133.75万公顷），园地1150.68万亩（76.71万公顷），林地12491.9万亩（832.79万公顷），草地348.18万亩（23.21万公顷），城镇村及工矿用地959.27万亩（63.95万公顷），交通运输用地328.48万亩（21.9万公顷），水域及水利设施用地816.59万亩（54.44万公顷），其他土地493.82万亩（32.92万公顷）。

（邱海源）

【水资源】 2017年，福建省水资源总量1055.06亿立方米，人均拥有水资源量2697.67立方米。其中，地表水1053.67亿立方米、地下水286.46亿立方米、地下水和地表水不重复量1.39亿立方米。行政分区中，地表水资源量最多的是南平市，为252.22亿立方米，最少的是平潭综合实验区，为2.11亿立方米，分别占全省地表水资源量的23.9%和0.2%；地下水资源量最多的是南平市，为60.36亿立方米，最少的是平潭综合实验区，为0.67亿立方米，分别占全省地下水资源总量的21.1%和0.2%。地表水资源量中，闽江为533.92亿立方米、九龙江为126.84亿立方米、汀江为79.7亿立方米、交溪为50.79亿立方米、晋江为39.42亿立方米、木兰溪为15.58亿立方米。其中，闽江地表水资源量最多，占全省主要江河水资源总量的63.1%。全年外省入境水量17.17亿立方米，本省出境水量123.59亿立方米。全省入海水量963.22亿立方米（不含过境水量）。

（张智杰）

【矿产资源】 截至2017年底，列入福建省矿产资源储量表的非普通建筑用砂类固体矿产118种，其中，能源矿产1种（煤）、金属矿产28种、非金属矿产89种。已上表矿区总数1738个，按矿产资源储量规划划分，大型矿区71个、中型矿区232个。

截至2017年底，全省探矿权总数674个，面积4971.28平方千米，其中，国有单位持有探矿权142个。按勘查矿种分类，能源矿产44本（其中煤炭矿产30本）、金属矿产524本、非金属矿产106本。

全省采矿许可证1409本，其中，煤炭129本、铁矿74本、铅锌矿50本、金矿18本、银矿7本、铜矿13本、锰矿15本、钨矿4本、锡矿2本、钼矿10本。（邱海源）

福建省洋口林场国家战略储备林基地，摄于2017年（黄海 摄）

【生物资源】 野生动物资源。根据动物地理区划，福建省属于东洋界华中区丘陵平原亚区和华南区闽广沿海亚区交错地带，已记录到脊椎动物近1700种，约占全国种类的1/3，其中，哺乳类147种、鸟类557种、爬行类123种、两栖类46种、鱼类820种。全省分布国家重点保护野生动物164种，其中陆生国家一级保护野生动物18种、国家二级保护野生动物103种；水生国家一级保护野生动物4种、国家二级保护野生动物39种。

野生植物资源。植物种类以亚热带成分为主，区系成分较复杂，种类繁多。据近年调查统计，福建省有高等植物5064种，占全国高等植物种类的15.7%。其中蕨类382种、裸子植物70种、被子植物4251种、苔藓植物361种。国家重点保护野生植物52种，其中国家一级保护植物8种、国家二级保护植物44种，包括蕨类植物10种、裸子植物12种、被子植物30种。福建特有植物39科113种。（郭 洁）

中华凤头燕鸥，摄于2017年（蔡卫和 摄）

【森林资源】 根据第八次全国森林资源清查结果，福建省森林覆盖率65.95%，继续保持全国第一；森林面积801.27万公顷，森林蓄积6.08亿立方米。其中，天然林面积423.58万公顷，天然林蓄积3.59亿立方米；人工林面积377.69万公顷，人工林蓄积2.49亿立方米。乔木林每公顷蓄积量100.2立方米。与第七次全国森林资源清查相比，森林面积净增34.62万公顷，森林覆盖率由63.1%提高到65.95%；活立木蓄积净增13448.61万立方米，森林蓄积净增12359.87万立方米。（郭 洁）

【海洋资源】 福建自古以来就有“闽在海中”的说法，2017年海域面积13.6万平方千米，比陆域面积大12.4%，属中国的海洋大省之一。海岸线漫长曲折，北起福鼎沙埕港，南至诏安宫口港，总长3752千米，居全国第二位；直线长度535千米，海岸线曲折率1∶7.01，为全国之最。由于海岸曲折，岛屿众多，因而形成许多港湾，全省有大小港湾125处，其中深水港湾22处，自北而南较大的港湾有沙埕港、三沙湾、罗源湾、福清湾、兴化湾、湄洲湾、泉州湾、深沪湾、厦门湾、旧镇湾、东山湾、诏安湾等。其中能直接满足5万吨级以上船舶自由进出港的天然深水良港有厦门湾、沙埕港、湄洲湾、兴化湾、罗源湾、三沙湾、东山湾等7处，占全国1/6多。已纳入港口规划的岸线467.1千米，其中深水岸线210.9千米，可开发建设20万吨级以上的大型深水港岸线总长47千米，共23处，可建设20万吨级以上深水港口泊位80个。

沿海岛屿星罗棋布。全省有海岛2214个，其中面积大于500平方米的1321个，位居全国第二；沿海岛屿总面积1155.8平方千米，总岸线长度2503.8千米，有居民岛屿100个（含台湾地区管辖的10个）。沿海滩涂广布，浅海滩涂可利用养殖面积达1500平方千米。近海生物种类3000多种，贝、藻、鱼、虾种类数量居全国前列。可作业渔场面积12.51万平方千米，有闽东、闽中、闽南、闽外和台湾浅滩5大渔场。

海洋矿产资源种类多。海岸带和近海已发现60多种矿产，有工业利用价值的20余种。全省山多海阔，山海兼容，优越的亚热带海洋性气候，多种多样的海岸类型，景色秀丽的岛屿，千姿百态的海蚀景观，加之沿海众多富有宗教、文化、军事、历史内涵的名胜古迹和新兴的港口城市，构成理想的观光度假胜地，其中有被列为国家重点风景名

漳江口红树林国家级自然保护区，摄于2017年　　（黄海　摄）

胜区的鼓浪屿、清源山、太姥山、海坛岛和国家旅游度假区的湄洲岛以及“海上绿洲”东山岛等。

沿海地热梯度较大，地热资源丰富，具有开采价值的热水区域较多。沿海风能资源丰富，可利用时数达7000～8000小时。沿海可利用潮汐发电的海水面积3000平方千米，潮汐能理论装机容量3425万千瓦，可开发装机容量1033万千瓦，占全国的49.2%，居全国首位。　（汤兴福）

环境质量管理

【大气环境管理】　2017年，福建省重点实施产业结构优化调整、清洁能源推广、工业源治理、城市面源整治、移动源管控等120多个工程项目，超额完成国家“大气十条”的目标任务，“大气十条”终期考核为优秀。完成“厦门会晤”空气质量保障工作，会期（9月3—5日）实现“双优”（六项主要污染物小时值和日均值均达到国家一级标准）。

加强臭氧污染防治。开展臭氧污染成因分析和防治对策课题研究，完善1500多家石化、化工、工业涂装、包装印刷等行业VOCs排放重点企业清单，制订实施《福建省重点行业VOCs污染防治工作方案》，完成700多个治理项目。

推进区域联防联控。推动厦门、漳州和泉州，以及泉港、莆田、江阴等重点连片区域，建立健全联防联控机制，实施空气质量联合监测、协同会商、交叉执法等措施，提升大气污染防治的科学性、有效性。开展全省大气污染防治强化督查，全省检查企业近5000家，立案查处300多家。

提升治污减排水平。严格高架源管控，加强对火电、钢铁、水泥、平板玻璃行业脱硫脱硝运行的日常监管，落实环保电价、超低排放电价、绩效考核等政策措施，促进稳定达标排放。全面完成全省45台煤电机组超低排放改造。淘汰黄标车3.6万辆，基本淘汰黄标车。

【水环境管理】　2017年，福建省推进工矿企业污染防治、城镇生活污水治理、畜禽养殖综合整治等10个方面142个项目，按照国家“水十条”统一要求完成造纸等6大行业清洁化技术改造。

将小流域水环境综合整治列为省委、省政府为民办实事项目。2017年，全省587个小流域考核断面，Ⅰ类～Ⅲ类水质比例为80.4%，劣Ⅴ类水质比例为6%，分别较2016年普查基准水质提高4.7个百分点和降低5.4个百分点。配备省、市、县、乡四级河长4973名、河道专管员13231名；设置636个监测断面，构建小流域水质监测网络；出台《福建省小流域水环境治理工作考核细则（试行）》，发挥省级小流域“以奖促治”专项资金作用，建立健全“有专人管理、有监测设施、有考核办法、有长效机制”的河流管护新机制。

强化饮用水水源保护。开展全省集中式饮用水水源地环境状况评估和基础信息调查，确立涉水污染源重点管控清单，督促龙岩市做好铁锰矿污染防治，指导各地做好重点水源地藻类水华防控。2017年，县级以上集中式饮用水水源地水质总体达标率99.2%，位居全国前列。

加强近岸海域污染防治。联合印发《福建省清理非法或设置不合理入海排污口工作方案》，深入排查清理非法或设置不合理的入海排污口。省直13个部门联合制订实施《近岸海域污染防治方案》，全面推进陆域污染源整治，重点推进闽江口、九龙江口、漳江口、罗源湾、安海湾等治理。2017年，35个近岸海域国考点位水质达到或优于二类比例为77.1%，比72%的国家考核目标要求高5.1个百分点。　（陈定超）

人文历史

【古人类活动】　闽地境内重峦叠嶂，河谷和盆地错落其间；气候温和湿润，资源丰富。优越的自然条件适宜于人类生息、繁衍。据2007年福建省文物局统计，全省有古遗址3537处、古墓葬954处。其中，已知旧石器文化遗址或旧石器出土地点、化石地点45处；旧石器时代向新石器时代过渡期的小石器地点数百处；新石器时代和青铜器时代文化遗存3000余处。遗址主要分布在闽江、晋江、九龙江、汀江及其支流河溪两岸，形成闽江下游和闽东沿海区、闽江上游闽北河谷区、闽南粤东沿海区、闽中内陆和闽西地区4个区系。到新石器时代后期，早期先民活动地域已扩展到闽中内陆、闽西腹地，基本遍及闽地全境。

古闽先民生产生活主要特征有：沿海地区，先民依山面海，从事以海洋为主的活动，生产生活具有鲜明的海洋文明特征；内陆地区，先民依水而居、水宿山行，从事采集、狩猎和山地农业为主，生产生活具有独特的农业文明特征。

古闽先民促进多元文化的交流融合。闽江流域是古闽文化发展的中心地区之一，在这一文化体系中，闽江下游是土著文化核心地区，早期古文化发展序列清楚，一脉相承，土著文化内涵比较单纯而富有特色，延续性比较明确；上游地区由于地理位置影响，受到来自境外的不同文化更深刻的影响，内涵相对复杂一些。古闽文化在吸收外来文化辐射的同时，闽江流域也逐步产生向外的文化影响和传播。（李连秀）

【历史人物选介】

1. 无诸

无诸姓驺氏，越王勾践后裔，被尊奉为“开闽始祖”。战国末期，无诸统一“七闽”，自称闽越王。公元前221年，秦始皇统一六国，无诸被废为君长，以其地为闽中郡。秦末，无诸反秦灭楚，建立功勋。汉高祖“复立无诸为闽越王，王闽中故地，都东冶”。无诸效中原，建都城，休养生息，发展生产，闽越国社会经济迅速发展。约公元前194年，无诸逝世，后世立庙祭祀。

2. 陈元光

陈元光（657—711），光州固始（一说河东）人，被奉为“开漳圣王”。少时聪颖过人，博览经史，未弱冠之年即随父率众南下平定泉州与潮州之间的“蛮僚啸乱”。历任岭南行军总管、进中郎将、右鹰扬卫率府怀化大将军，兼领漳州刺史。戍闽地长达42年，治闽有方，开科选才，任用贤士，烧荒屯垦，兴办学校，劝民读书，漳水一带“北抵泉、建，南逾潮、广，东接岛屿，西抵虔、抚，方数千里，无烽火之惊，号称乐土”，改变“荒榛如是，几疑非人所居”的荒凉景象。景云二年（711年）十一月，因讨潮寇战死，赠临漳侯，谥“忠毅”。百姓感念其功，画像祀之。清乾隆皇帝追封其为“开漳圣王”。明末清初，移居台湾的漳州籍移民奉其为保护神，逐步成为两岸共同信奉的神祇之一。

3. 薛令之

薛令之（683—约756），福建长溪县（今福安市溪潭乡廉村）人，开闽第一进士。少时家贫，聪明好学。唐神龙二年（706年），薛令之赴长安应进士试登第，初任右庶子，开元中（713—741）升为左补阙兼太子侍讲。在朝为官30多年，勇于谏诤，两袖清风。因感宦途险恶，辞官徒步返乡，在灵谷草堂隐居，穷研经书，抱甕灌园。至德元年（756年）八月，唐肃宗在灵武即位，思念与薛令之的师生情谊，想重新召其入朝，但闻其已去世，而其家赤贫。唐肃宗敕命其乡曰“廉村”，溪曰“廉溪”，以表彰其清廉品行。

4. 王审知

王审知（862—925），光州固始（今河南固始县）人，五代十国时期闽国建立者，被誉称“开闽王”。少时好读书，有抱负。唐末，兄弟三人随王绪起义军入闽。唐乾宁四年（897年）十二月，继任威武军节度使，自称威武军留后，奉表于朝廷。自此，王审知主闽29年，实行保境安民政策，“宁为开门节度，不作闭门天子”。《资治通鉴》评曰：“审知性俭约，常蹑麻屦，府舍卑陋，未尝营葺。宽刑薄赋，公私富实，境内以安。”后唐同光三年（925年），王审知逝世，谥“忠懿”。

5. 蔡襄

蔡襄（1012—1067），福建仙游人，北宋书法家、文学家、政治家和茶学家。宋天圣八年（1030年），蔡襄登进士第，先后任馆阁校勘、知谏院、直史馆、知制诰、龙图阁直学士、枢密院直学士、翰林学士、三司使、端明殿学士等职，出任福建路转运使，知泉州、福州、开封和杭州府事。治平四年（1067年），蔡襄逝世，累赠少师，后谥号“忠惠”。蔡襄为官正直，所到之处皆有政绩。在福州时，去民间蛊害；在泉州时，主持建造万安桥（洛阳桥）；在建州时，倡植福州至漳州700里驿道松。任福建路转运使时，监制北苑贡茶；所著《茶录》弥补陆羽《茶经》之空白。《荔枝谱》被称赞为“世界上第一部果树分类学著作”。其诗文清妙，书法浑厚端庄，淳淡婉美，自成一体，为“宋四家”之一。

6. 朱熹

朱熹（1130—1200），祖籍徽州婺源（今属江西婺源），宋代理学集大成者、哲学家、思想家、教育家，闽学派代表人物，世称朱子。宋建炎四年（1130年）生于南剑州尤溪（今三明市尤溪县）。绍兴十八年（1148年），朱熹登进士，历任泉州同安县主簿，知漳州、知潭州、焕章阁待制兼侍讲等职。朱熹被罢官后，创建书院，专事讲学著述。朱熹继承并发展北宋程颢、程颐的理学，完成客观唯心主义体系，提出“存天理，灭人欲”等主张。元代，其著作《四书章句集注》成为钦定的教科书和科举考试的标准。清康熙皇帝赞曰：“集大成而绪千百年绝传之学，开愚蒙而立亿万世一定之归。”庆元六年（1200年），朱熹病逝，被谥为“文公”，累赠太师，追封信国公，后改徽国公，从祀孔子庙。

7. 李贽

李贽（1527—1602），本名林载贽，回族，福建泉州人，明代思想家、文学家。嘉靖三十一年（1552年）中举人，历任共城（今河南辉县）教谕、南京国子监博士、礼部司务、刑部郎中、户部员外郎、云南姚安知府等。54岁起辞官游居湖北麻城龙潭湖等地，讲学著述。其学说蔑视传统，反对理学空谈，提倡功利主义，主张“与世推移”，主张人类平等、个性自由等，被道学家视为“异端”。明万历三十年（1602年），礼科给事中张问达受首辅沈一贯指使，疏劾李贽。神宗以“敢倡乱道，惑世诬民”的罪名逮捕李贽，并焚毁其著作。李贽愤而自刎，著作有《藏书》《续藏书》《焚书》《续焚书》等。

8. 郑成功

郑成功（1624—1662），原名郑森，泉州南安人，明末抗清名将，驱荷收复台湾的民族英雄。因蒙南明隆武帝赐明朝国姓朱，赐名成功，又因蒙南明永历帝封延平王，俗称“国姓爷”。自幼聪明过人，胸怀大志，能文能武。清顺治二年（1645年），郑成功向隆武帝提出据险要、选将进取、通洋裕国的建议，深受赏识。清顺治三年，其父郑芝龙拥兵不战，决意降清。郑成功避走金门，坚决不从。顺治十八年，郑成功亲率大军乘战船登陆台湾，驱逐荷兰驻军，收复台湾。郑成功领导军民开发与建设台湾，“台湾日盛，田畴市肆，不让内地”。顺治十九年，郑成功遽卒。台湾民间陆续建立庙宇祭祀，其中以台南延平郡王祠最盛。

9. 林则徐

林则徐（1785—1850），福建侯官（今福州市）人，清代政治家，为近代中国“开眼看世界的第一人”。少年擅文名。嘉庆十六年（1811年），林则徐登进士，选翰林院庶吉士，开始入仕。道光三十年（1850年），林则徐病逝，赠太子太傅，谥“文忠”。林则徐从政40年，历官14省，官至一品，历任江苏巡抚、两广总督、湖广总督、陕甘总督和云贵总督，两次受命为钦差大臣。为人正直清廉，悉心研究经世之学，在严禁鸦片、治理水利、安定陕西、防卫新疆等方面政绩卓著。他关心时局，率先以全新的态度睁眼看世界，“日日使人刺探西事，翻译西书”，以便及时了解“夷情”，“定控制之方”，提出“师夷之长技以制夷”的主张，是中国近代传播西方文化、促进西学东渐的第一人。

10. 沈葆桢

沈葆桢（1820—1879），福建侯官（今福州市）人，晚清政治家、军事家、外交家。自幼勤奋学习，道光二十年（1840年）中举人，道光二十七年登进士，选翰林院庶吉士，进入仕途。同治五年（1866年），由左宗棠保荐任福建船政大臣，专主福州船政局。同治十三年，受命钦差大臣办理台湾等处海防，宣布“中国版图，尺寸不敢与人”，遏制日本侵占台湾的行动，使日军退出台湾。其对开发、经营台湾颇有建树。购买机器，开采基隆煤矿，奏请开垦台东高山族聚居地，加强闽台间的政治、经济联系。次年升任两江总督兼南洋通商大臣，督办南洋海防，筹建南洋海军，与李鸿章同为清廷筹办海军的主持者。光绪五年（1879年）十一月初六日，沈葆桢卒于两江总督任上，追赠太子太保，谥“文肃”。

11. 严复

严复（1854—1921），福建侯官（今福州市）人，中国近代启蒙思想家、翻译家，中国近代史上向西方国家寻找真理的“先进的中国人”之一。光绪二年（1876年），严复作为首批福建船政学堂学生赴英国留学。光绪五年回国后，就任福建船政学堂教习，后历任京师大学堂译局总办、上海复旦公学校长、安庆高等师范学堂校长、清朝学部名辞馆总编辑。光绪二十一年，连续发表《论世变之亟》《原强》《辟韩》《救亡决论》等政论文章，呼吁变法图强。光绪二十三年底，严复等人在天津创办《国闻报》，宣传变法维新。此后，严复系统地将西方的社会学、政治学、政治经济学、哲学和自然科学介绍到中国，对当时中国思想界产生重要的启蒙作用，同时提出的“信、达、雅”的翻译标准，对后世的翻译工作产生了深远影响。1921年10月27日，严复病故。

12. 辜鸿铭

辜鸿铭（1857—1928），祖籍福建省惠安县，生于南洋英属马来西亚槟榔屿，近代著名学者、翻译家，是清末民国初精通西洋科学、语言兼及东方国学的中国第一人。19世纪末20世纪初，辜鸿铭发表《中国札记》，强调东方文明的价值，创造性地向西方译介《论语》《中庸》《大学》，著有《中国的牛津运动》《春秋大义》等，向西方人宣传东方的文化和精神，是第一位致力于向西方介绍中国典籍、中国精神的人，并产生了重大的影响。《清史稿》评曰：“西人见之，始叹中国学理之精，争起传译。”辛亥革命爆发后，辜鸿铭成为文化保守主义的代表，以全盘否定西方文化、极力维护中国传统纲常著称，被称为“清末怪杰”。1928年，辜鸿铭在北京逝世。

13. 林森

林森（1868—1943），福建闽县（今闽侯县）人，近代著名政治家、革命家。幼居福州，入鹤岭英华书院。后参加反割让台湾斗争，并加入兴中会。中国同盟会成立时率会加盟。辛亥革命中，领导九江起义，并促海军反正，派兵援鄂、皖，稳定革命大局。民国元年（1912年）被举为南京临时政府参议院议长。民国3年在东京加入中华革命党。此后又担任过大元帅府外交部部长，参议院院长兼宪法会议议长，国民政府委员、立法院副院长、中国国民党中央监察委员等职。1931年12月23日，接替因九一八事变而下野的蒋介石任国民政府主席。1937年抗日战争全面爆发后，林森宣布迁都重庆。1941年12月9日，林森代表国民政府对日宣战。1943年8月1日在重庆逝世，国民政府以国葬祭奠。中共中央致唁电：“林公领导抗战，功在国家，慈闻溘世，痛悼同深。”1979年，中共中央认定林森“是著名的老一辈民主革命家”。

14. 陈嘉庚

陈嘉庚（1874—1961），福建同安（今厦门市集美区）人，爱国华侨领袖、实业家、教育家、慈善家、社会活动家。毛泽东赞誉他为“华侨旗帜，民族光辉”。光绪十六年（1890年），陈嘉庚前往新加坡随父经商。在南洋创办实业，前后30年，经营领域涉及商业、工业、种植业、航运业、报业等，被称为“橡胶大王”。坚持兴学教育长达67年，倾资创办和资助的学校达118所。全面抗战爆发后，组织“南洋华侨筹赈祖国难民总会”，募集巨款，动员3000多名华侨机工回国支援抗战。抗日战争时期，率领慰问团回国慰问抗日将士，历时10个多月，足迹遍布17个省。担任全国政协副主席后，积极参政议政，千方百计为国家建设献计出力。1961年8月12日在北京病逝。1990年3月，国际小行星中心将中国紫金山天文台首先发现的一颗编号为2963号小行星命名为“陈嘉庚星”。

15. 高鲁

高鲁（1877—1947），福建长乐人，天文学家，中国现代天文学奠基人之一。光绪三十一年（1905年），高鲁入读比利时布鲁塞尔大学，后获工科博士学位。宣统元年（1909年），在法国加入同盟会，参加革命活动。辛亥革命爆发后，追随孙中山回国，后任南京临时政府秘书、教育部部长、中国驻法国公使等职。民国元年（1912年），高鲁任中央观象台（原钦天监）台长，任内主持编制新历，创办《观象丛报》《气象月刊》，发起筹建紫金山天文台，参与选址工作，是中国天文学会创始人。曾发明天璇式中文打字机，送至巴拿马国际博览会展出并获奖。著有《图解天文学》《日晷通论》《星象统笺》《中央观象台过去与未来》《相对论原理》等，是把爱因斯坦相对论翻译成中文的第一人。

16. 王荷波

王荷波（1882—1927），福建侯官（今福州市）人，中国工人运动的先驱，是中国共产党早期领导人之一。1922年6月加入中国共产党。1923年组织津浦路沿线工人举行罢工斗争，支援京汉铁路工人大罢工。6月，王荷波出席中共第三次全国代表大会，被选为中共中央执行委员，并任中央常委。此后，转到上海工作。1927年春，参与组织领导上海工人第二、第三次武装起义。5月，王荷波当选中共五大新设立的中央监察委员会主席。“八七”会议后，被派往华北参加中央北方局的领导工作。10月18日，王荷波因为筹建北京市总工会到北京法政大学参加积极分子活动会而被捕。11月11日，王荷波被秘密杀害。1949年12月11日，其遗骸移葬于北京八宝山革命公墓，周恩来亲临主祭。

17. 林觉民

林觉民（1887—1911），福建闽县（今福州市）人，是“黄花岗七十二烈士”的代表人物之一。光绪三十三年（1907年），林觉民从全闽高等学堂毕业后，自费去日本留学，在日本加入同盟会，并积极传播民主革命思想。宣统三年（1911年）三月，林觉民回闽策动响应，动员数十名福州地区的革命志士参加广州起义。起义前夕，林觉民给父亲和妻子写绝笔信，《与妻书》情真意切地表达对亲人的爱及为国捐躯的决心。起义中，林觉民怒目奋击，所向披靡，不幸腰部中弹倒地而被捕，数日水米不进，以绝食抗议，赴刑场从容就义。

18. 侯德榜

侯德榜（1890—1974），福建侯官（今福州市）人，化学家，侯氏制碱法创始人。宣统二年（1910年），考入清华留学生预备学堂。1913年，报送赴美留学，在麻省理工学院、柏拉图专科学院和哥伦比亚大学研究院攻读化学工程8年。1921年回国就任永利制碱业公司总工程师，研究破解索尔维制碱法的奥秘。1933年发表《纯碱制造》，将索尔维制碱法的秘密公之于世，轰动全球化工界。全面抗战爆发后，发明“联合制碱法”即“侯氏制碱法”。曾先后5次赴印度，指导生产出优质纯碱。1949年从印度回国后，参加祖国建设。1950年任中央财经委员会委员、重工业部技术顾问，当选为中华全国自然科学联合会副主席。1958年，为发展中国小化肥工业，倡议用碳化法制取碳酸氢铵，率领科技人员研制碳化法氮肥生产新流程获得成功。1974年8月26日，侯德榜在北京病逝。

19. 林祥谦

林祥谦（1892—1923），福建闽县（今闽侯县）人，是“二七”京汉铁路大罢工领导人之一，中国工人运动的先驱。林祥谦出身贫苦，幼年失学。1912年到京汉铁路江岸机车车辆修理厂当工人。1922年，被推选为江岸京汉铁路工会分会领导成员，后又当选为江岸分会委员长。为抗议北洋军阀吴佩孚的残暴行径，京汉铁路总工会决定于1923年2月4日举行全路总同盟罢工，林祥谦被指定为江岸地区罢工的总负责人。2月4日，林祥谦下达罢工令，领导京汉铁路工人大罢工。湖北督军萧耀南指派参谋长张厚生逮捕林祥谦和60余名工人。2月7日晚，军警举刀威逼林祥谦下令复工，林祥谦坚贞不屈，惨遭杀害。2009年9月14日，他被评为“100位为新中国成立作出突出贡献的英雄模范”之一。

20. 林语堂

林语堂（1895—1976），漳州龙溪（今平和县）人，中国现当代作家、翻译家、语言学家。早年留学美国、德国，获哈佛大学文学硕士、莱比锡大学语言学博士。回国后，历任北京大学英文系主任、厦门大学文学院院长、联合国教科文组织美术与文学主任、国际笔会副会长等职。曾主编《论语》《人间世》《宇宙风》等杂志，著述颇丰，包括小说《京华烟云》《啼笑皆非》，散文和杂文文集《人生的盛宴》《生活的艺术》，以及译著《东坡诗文选》《浮生六记》等，在文学、语言学、历史和中外文化交流等众多领域取得了不俗成就，于1940年和1950年两度获得诺贝尔文学奖的提名。1966年定居台湾，1976年在香港逝世。

21. 邓子恢

邓子恢（1896—1972），福建龙岩人，无产阶级革命家、政治家。五四运动时，创办进步刊物《岩声》，宣传马克思主义。1926年加入中国共产党。土地革命时期，历任中共龙岩县委宣传部部长、中共闽西特委书记、闽西苏维埃政府主席等职，领导闽西农民起义和创建闽西革命根据地的斗争，是闽西红军和苏区创建人之一。历任华中军区政治委员、中原军区兼中原野战军副政治委员、第四野战军兼华中军区第二政治委员等职，参加领导华东、中原、中南地区的解放战争及淮海、渡江等战役。历任中共中央中南局第二书记兼中南军区第二政治委员，中南军政委员会副主席、国家计委副主席等职，领导中南地区的土改和各项民主改革运动。1953年后任中共中央农村工作部部长、国务院副总理、全国政协副主席。1972年12月10日病逝于北京。

22. 张鼎丞

张鼎丞（1898—1981），福建龙岩永定人，闽西革命根据地的主要创始人之一，无产阶级革命家。土地革命战争时期，参加并领导龙岩、永定、上杭等县的农民武装暴动，进行土地革命，建立苏维埃政权，领导闽西军民坚持3年游击战争。1938年春，闽西南红军游击队改编为国民革命军陆军新编第四军第二支队，任支队司令员，率部到皖南军部集中。皖南事变后，张鼎丞任新四军第七师师长。解放战争时期，先后任华中军区司令员、中共中央华东局常委兼组织部部长。1949年7月，与叶飞率中国人民解放军第十兵团南下解放福建，任中共福建省委书记、省人民政府主席、省军区政委，领导福建军民清剿土匪、土地改革、恢复革命老区生产。此后，历任中共中央华东局第四书记、华东行政委员会副主席兼政法委员会主任、中共中央组织部副部长、最高人民检察院检察长、全国人大常委会副委员长等职。1981年12月16日病逝于北京。

23. 冰心

冰心（1900—1999），原名谢婉莹，祖籍福州长乐，中国现当代著名诗人、作家、翻译家、儿童文学作家。五四运动爆发后，以冰心为笔名发表第一篇散文《二十一日听审的感想》和第一篇小说《两个家庭》，开创社会、家庭、妇女为主题的“问题小说”先河。受泰戈尔《飞鸟集》的影响，创作短诗集《繁星》《春水》，为文坛瞩目。赴美读书留学期间，写有通讯散文集《寄小读者》，成为中国儿童文学的奠基之作。留学回国后，任教于燕京大学、清华大学和北平女子文理学院。1946年，应邀在东京大学教课。l951年秋回国后，先后任《人民文学》编委、中国作家协会理事、中国文联副主席等职。1999年2月28日晚逝世，享年99岁，被称为“世纪老人”。

24. 林巧稚

林巧稚（1901—1983），福建厦门人，医学家，中国妇产科学的主要开拓者、奠基人之一。1929年，从北京协和医学院毕业并获医学博士学位，被聘为协和医院妇产科大夫，是该院第一位毕业留院的中国女医生。1959年，林巧稚当选首届中国科学院唯一的女学部委员（院士），并被任命为中国医学科学院副院长。1983年4月22日，林巧稚在协和医院逝世。她终身未婚，亲自接生5万多婴儿，被尊称为“万婴之母”“生命天使”“中国医学圣母”。她一生献身医学事业，悉心研究妇产科各种疑难病，在胎儿宫内呼吸、女性盆腔疾病、妇科肿瘤、新生儿溶血症等方面做出了贡献。2009年9月，被评为100位新中国成立以来感动中国人物之一。

25. 刘亚楼

刘亚楼（1910－1965），原名刘振东，福建武平人，开国上将。1929年8月加入中国共产党，1939年赴苏联伏龙芝军事学院学习，并于次年9月参加苏联卫国战争。1945年8月回国后，任东北民主联军（后改名为东北野战军）参谋长，1949年3月，被任命为四野第十四兵团司令员。7月，受命组建中国人民解放军空军，任首任司令员。1955年被授予上将军衔。1959年起，历任国防部副部长兼国防部第五研究院院长、国防科委副主任。1965年病逝于上海。

26. 叶飞

叶飞（1914—1999），原名叶启亨，祖籍泉州南安，生于菲律宾奎松省华侨家庭，是中国唯一具有双重国籍的开国上将。1932年加入中国共产党。1934年，重建中共闽东特委，并成立中国工农红军闽东独立师。先后参与开辟苏北抗日根据地，参与指挥苏中地区反“扫荡”、反“清剿”和反“清乡”作战。解放战争时期，率部参加莱芜、孟良崮、豫东、济南、淮海等重要战役。1949年2月任第三野战军第10兵团司令员进军福建，先后发起福州、漳（州）厦（门）战役。1953年起任中共福建省委第二书记、第一书记、省长、省政协主席等职，在主持福建省工作期间，致力于巩固海防和加强海上军事斗争，组织指挥东山岛战斗和炮击金门战争。1955年被授予上将军衔。此后，曾任国家交通部部长、海军司令员、全国人大常务委员会副委员长等职。1999年4月18日病逝于北京。

27. 杨成武

杨成武（1914—2004），又名杨能俊，福建长汀人，开国上将。1929年加入闽西红军，1930年5月加入中国共产党，曾任八路军第115师独立团团长、冀中军区司令员等职，率部参加平津、太原战役，1951年参加抗美援朝战争。1955年被授予上将军衔。1958年参与组织指挥炮击金门战斗，1959年参与组织西藏平叛作战，1962年参与组织中印边境自卫反击作战和60年代中期开始的抗美援越战争。历任副总参谋长、常务副总参谋长、第一副总参谋长、国防委员会委员、军委办公会议成员、军委副秘书长、代总参谋长、军委常委、全国政协副主席等职。2004年2月14日病逝于北京。

28. 李林

李林（1915—1940），原名李秀若，著名华侨抗日女英雄。幼年被侨眷领养，侨居印度尼西亚。1929年回国就读于集美中学，并加入抗日救国会义勇队。1936年12月加入中国共产党。年底，参加国民师范学校军政训练班，接受军事训练。抗日战争爆发后，随晋绥边区工作委员会到雁北抗日前线，组建雁北抗日游击队第8支队。1938年5月，改任整编后的八路军120师雁北独立支队骑兵营教导员。1940年4月，日伪军集中1.2万兵力，对晋绥边区进行“扫荡”。26日，晋绥边区特委、第十一行政专员公署机关和群众团体等700余人被包围。为掩护机关和群众突围，率骑兵勇猛冲杀，吸引日伪军火力，壮烈牺牲。2009年，李林被选为100位为新中国成立作出突出贡献的英雄模范人物之一。

29. 谷文昌

谷文昌（1915—1981），原名程铨，河南省林县（今林州市）人，是社会主义现代化建设时期县委书记的楷模。1949年1月，谷文昌随军渡海解放东山岛，先后在这里担任城关区委书记、县委组织部部长、县长、县委书记，1964年调任省林业厅副厅长。1972年后曾任龙溪行署副专员。谷文昌见东山岛饱受风沙之苦，下定决心并立誓治服风沙。至1964年造林8.2万亩，全县400多座小山丘和3万多亩荒沙滩基本绿化，141千米的海岸线筑起“绿色长城”。1981年，谷文昌在漳州病逝。2009年9月，谷文昌被评为“100位新中国成立以来感动中国人物”之一。中共中央总书记习近平多次称赞他“在老百姓心中树起了一座不朽的丰碑”。

30. 项南

项南（1918—1997），福建龙岩连城县人，早年随父亲项与年从事闽浙赣边区革命根据地开辟工作。抗战爆发后，辗转到达盐城新四军军部，并重新加入中国共产党。1949年2月，赴皖中开辟新区。1951年，项南任青年团安徽省委书记、安徽大学党委书记。1981—1986年主政福建期间，项南思想解放，敢为人先，提出一系列切合福建实际的经济发展战略构想，如关于大念“山海经”的主张，关于“以智取胜”发展战略，“让世界了解福建，让福建了解世界”“乡镇企业一枝花”“给企业‘松绑放权’”“经济特区要实行自由港某些政策”，重视落实华侨政策，开展对台贸易等等，领导福建走在全国前面，为福建的改革开放、经济发展打下了坚实的基础。1997年11月10日在北京逝世。

31. 陈景润

陈景润（1933—1996），福建福州人，著名数学家。从小喜爱数学，大学毕业后仍悉心钻研数学。1956年，发表《塔内问题》，改进华罗庚“堆垒素数论”的结果。1957年，调入中国科学院数学研究所。1981年，当选为中国科学院学部委员（院士）。先后发表学术论文50多篇，对出筛法、三角和L函数零点密度有精深研究，在解析数论的许多重要问题研究上取得了重要成果，对高斯圆内格点问题、球内格点问题、塔里问题与华林问题的以往结果做出了重要改进。1966年，在《科学通报》上宣布证明了“1＋2”；1973年，在《中国科学》发表（1+2）的详细证明并改进1966年宣布的数值结果，被国际数学界誉为“陈氏定理”。1979年，完成论文《算术级数中的最小素数》，至今在哥德巴赫猜想的研究领域还保持着领先地位。1996年3月19日，陈景润去世。2009年9月，被评为“100位新中国成立以来感动中国人物”之一。（李连秀）

【建制沿革】 古近代时期。“闽”最早出现在周朝，西周时福建称闽越，《周礼·夏官》称七闽。战国末，无诸据有福建及其毗邻的浙南、赣东、粤东地区，自称闽越王，建都于冶（今福州），此为福建有政权之始。秦时平百越，削去无诸王号。秦始皇三十三年（前214年），设置闽中郡，治东冶（今福州），福建为闽中郡辖区的一部分，从此福建作为一个行政区划出现在中国的版图上。汉高帝立无诸为闽越王，都东冶。西汉昭帝始元二年（前85年）立为冶县（后复名东冶），东汉改为东侯官。汉建安八年（203年），析东侯官置建安县，此时福建有侯官、建安、南平、汉兴和东冶5个县。三国吴永安三年（260年）设置建安郡，治建安（今南安市丰州镇），辖建安、南平、将乐、建平、东平、昭武、吴兴7个县。西晋太康三年（282年）设置晋安郡，治原丰，属扬州。南朝梁天监（502—519）年间析晋安郡置南安郡，治南安；陈永定（557—559）年间析晋安郡置闽州，改晋安郡为丰州。隋开皇元年（581年）废郡，改丰州为泉州；大业元年（605年）更名为闽州；大业三年（607年）又废州改设为建安郡。唐武德元年（618年）改建安郡为建州，治闽县（今福州）；武德五年设置丰州，治南安；武德六年分置泉州，治闽县；贞观初年丰州并入泉州；垂拱二年（686年）析出泉州南部设置漳州，治漳浦（今云霄）；圣历二年（699年）泉州析地设置武荣州，治南安；景云二年（711年）武荣州更名为泉州，治晋江，后改泉州为闽州，治闽县（今福州）；开元十三年（725年）闽州更名为福州；开元二十一年设置福建经略使，“福建”之称由此始；天宝元年（742年）改属江南东道，改福建经略使为长乐经略使；乾元元年（758年）以长乐郡为福州都督府，经略使改为都防御使；上元元年（760年）升格为节度使；大历六年（771年）置都团练观察处置使；乾宁三年（896年）置威武军节度使，治福州。五代后梁开平三年（909年）封王审知为闽王；贞明六年（920年）在福州设立大都督府；后唐长兴四年（933年）福州升为长乐府；后晋开运二年（945年）改长乐府为东都。宋代雍熙二年（985年）设立福建路，下辖福、泉、建、汀、漳、南剑六州和邵武、兴化两军，时全省已有42个县。元代至元十四年（1277年）在泉州设立行宣慰司，第二年改为行中书省，后行省迁回福州。明代改设福建布政使司，治福州，辖8府1州60县。清代继承明制，省辖府、县两级，省府之间设道；康熙二十三年（1684年）福建省增设台湾府；光绪十四年（1888年）台湾从福建析出设立台湾省；清末，全省行政区划为宁福、兴泉永、汀漳龙、延建邵4道，福州、福宁、兴化、泉州、汀州、漳州、延平、建宁、邵武9府，永春、龙岩2州，58县、6厅。

民国时期。福建省行政区划废府、州、厅，实行省、道、县三级制。民国元年（1912年），全省划分为东路、南路、西路、北路4道。民国三年（1914年），以原辖区改为闽海道（闽东）、厦门道（闽南）、汀漳道（闽西）、建安道（闽北）4道。合并闽县、侯官为闽侯县；建安、瓯宁为建瓯县；改永春、龙岩2州为永春、龙岩2县；同安县析厦门岛设置思明县，析浯州岛（金门岛）和大、小嶝岛置金门县；改永福县为永泰县；全省4道、61县。民国四年（1915年），诏安县析桐山岛和漳浦县的古雷岛设置东山县。民国十四年（1925年），废除道制，实行省、县两级制。民国十七年（1928年），设置华安县。民国二十二年（1933年），十九路军在福州发动“福建事变”，成立中华共和国人民革命政府，定福州为首都，将福建划为闽海、延平、兴泉、龙汀4个省和福州、厦门两个特别市，辖64个县。民国二十三年（1934年）1月，人民革命政府解散，又成立福建省政府；7月，实行行政督察专员公署制度，将全省划分为10个行政督察区公署，辖64个县；8月，光泽县由江西省划归福建省管辖。民国二十四年（1935年），设立厦门市，撤销思明县。民国二十七年（1938年），福建省政府迁往永安，全省行政区划为7个行政督察区、1个市、62个县、7个特区。民国二十九年（1940年），建瓯析出部分行政区域设置水吉县，沙县、永安和明溪析出部分行政区域设置三元县。民国三十年（1941年），福州沦陷，第一区专署迁往福安。民国三十二年（1943年），全省行政区划调整为8个行政督察区、2个市、64县、2个特区。民国三十三年（1944年），闽侯县更名为林森县。民国三十四年（1945年）9月，设置周宁县，10月设置柘荣县，11月省政府迁回福州。民国三十五年（1946年），福州市正式成立，全省行政区划调整为9个行政督察区、2个市、66个县。民国三十六年（1947年），全省行政区划调整为7个行政督察区、2个市、67个县、10个区、899个乡（镇）。

中华人民共和国时期。1949年8月24日，福建省人民政府成立；9月，省人民政府公布福建省行政区划通令，将全省行政区域分为福州、厦门2个市，8个行政督察专区和67个县。1950年3月，8个专区依次更名为建瓯、南平、福安、闽侯、泉州、漳州、永安、龙岩专区；9月，泉州专区更名为晋江专区，漳州专区更名为龙溪专区，建瓯专区更名为建阳专区，德化县由永安专区划归晋江专区，林森县复名为闽侯县；11月，设立泉州市、漳州市（县级）。县以下的行政区划，仍维持旧政权的区划。1951年，福州市设立鼓楼、大根、小桥、台江、仓山、水上、盖山、鼓山、洪山9个区；废除国民党政权的901个旧乡（镇）、10265个保和131978个甲。1952年，福州市设立新店区，厦门市设立开元、思明、鼓浪屿3个区。1954年，厦门市设立禾山区。1955年，撤销福州市盖山、鼓山、洪山、新店4个区。1956年，撤销建阳专区，所辖各县划归南平地区；撤销闽侯专区，所辖闽侯县划归省直辖，长乐、连江、罗源3县划归福安专区，永泰、福清、平潭3县划归晋江专区；撤销永安专区，所辖三元、明溪2县划归南平专区，大田划归晋江专区，永安、清流、宁化、宁洋4县划归龙岩专区；撤销水吉县，其行政区域分别并入建阳、建瓯和浦城县；撤销宁洋县，其行政区域分别并入漳平、永安和龙岩县；撤销柘荣县，其行政区域并入福鼎县；福州市撤销大根、小桥、水上3个区，其行政区域分别并入鼓楼区、台江区和仓山区；三元、明溪2县合并为三明县；析南平县城区，设立南平市（县级）。1957年，全省辖2个地级市、5个专区、3个县级市、7个市辖区、63个县、337个区、4223个乡。

1958年，中国基层政权改制为政社合一的人民公社，全省共建656个人民公社；撤销厦门市禾山区，闽侯县划归福州市，同安县由晋江专区划归厦门市。1959年，恢复闽侯专区，辖原福州市的闽侯县，原南平市的闽清县，原福安专区的长乐、连江2县和原晋江专区的永泰、福清、平潭3县，专署驻闽侯县；原南平专区的松溪、政和2县划归福安专区。1960年，设立三明市（地级），以三明县城区为三明市行政区域，南平专区的三明县归三明市管辖；清流、宁化2县合并设立清宁县，清宁县驻原宁化县政府驻地，原清流县部分行政区域分别并入永安、连城2县；松溪、政和2县合并设立松政县，松政县驻原松溪县政府驻地；龙溪、海澄2县合并设立龙海县，龙海县驻石码镇；撤销南平县并入南平市（县级）；福州市设立马尾区。1961年，恢复柘荣县；撤销清宁县，恢复清流县、宁化县。1962年，撤销松政县，恢复松溪县和政和县；连江县、罗源县分别从闽侯专区和福安专区划归福州市；龙岩专区的永安、清流、宁化3县划归三明市。1963年，设立三明专区，三明市改为县级市，三明专区辖三明市和三明、永安、清流、宁化4个县；福州市撤销马尾区；福州市的连江、罗源2县和南平专区的古田、屏南2县划归闽侯专区；晋江专区的大田县划归三明专区。1964年，以南平市、建瓯县、顺昌县的部分行政区域析出建西县；三明县恢复为明溪县。1965年，全省辖2个地级市、7个专区、6个市辖区、4个县级市、63个县、1258个人民公社。

1966年，厦门市开元区更名为东风区，思明区更名为向阳区。1968年，福州市鼓楼区更名为红卫区，台江区更名为赤卫区，仓山区更名为朝阳区；福州市、厦门市均设立郊区。1970年，撤销建西县，其行政区域并入顺昌县；撤销柘荣县，其行政区域分别并入福安、福鼎2县；撤销松溪、政和2县，合并设立松政县；福州市撤销郊区，设立马江区和北峰区；福安专区的松政县划归南平专区；闽侯专区的古田、屏南、连江、罗源4个县划归福安专区；晋江专区的莆田、仙游2县划归闽侯专区；厦门市的同安县划归晋江专区；南平专区的尤溪、沙县、将乐、泰宁、建宁5县划归三明专区；南平专区驻地由南平市迁驻建阳县；福安专区驻地由福安县迁驻宁德县；闽侯专区驻地由闽侯县迁驻莆田县。1971年，各专区更名为地区；南平地区更名为建阳地区；福安地区更名为宁德地区；闽侯地区更名为莆田地区。1973年，莆田地区的闽侯县划归福州市；晋江地区的同安县划归厦门市。1974年，恢复柘荣县；撤销松政县，恢复松溪县和政和县。1975年，福州市撤销北峰区设立郊区。1976年，全省共辖2个地级市、7个专区、9个市辖区、4个县级市、62个县、835个人民公社、129个镇（街人民公社）。

1978年，厦门市设立杏林区；福州市设立环城区，撤销马江区；福州市红卫、赤卫、朝阳3区分别更名为鼓楼区、台江区、仓山区。1979年，厦门市东风、向阳2区分别更名为开元区和思明区。1981年，撤销龙岩县，设立龙岩市（县级）。1982年，福州市设立马尾区，撤销环城区。1983年，撤销三明地区，设立三明市（地级），三明市设立梅列区和三元区；撤销莆田地区，所属闽清、永泰、长乐、福清、平潭5县划归福州市管辖，莆田、仙游2县划归晋江地区；撤销邵武县，设立邵武市（县级）；设立莆田市（地级），莆田市设立城厢区和涵江区，辖原晋江地区的莆田、仙游2县；宁德地区的连江、罗源2县划归福州市。1984年，撤销人民公社，设立乡镇建制；撤销永安县，设立永安市（县级）；全省共辖4个地级市、5个专区、14个市辖区、6个县级市、59个县、189个镇、1076个乡、18个民族乡。

1985年，撤销晋江地区，设立泉州市（地级），泉州市设立鲤城区；撤销龙溪地区，设立漳州市（地级），漳州市设立芗城区。1987年，厦门市设立湖里区，郊区更名为集美区；晋江县析出石狮市。1988年，建阳地区驻地从建阳县迁驻南平市，并更名为南平地区；撤销宁德县，设立宁德市（县级）。1989年，撤销崇安县，设立武夷山市（县级）；撤销福安县，设立福安市（县级）。1990年，撤销福清县，设立福清市（县级）；撤销漳平县，设立漳平市（县级）。1992年，撤销晋江县，设立晋江市（县级）；撤销建瓯县，设立建瓯市（县级）。1993年，撤销南安县，设立南安市（县级）；撤销龙海县，设立龙海市（县级）。1994年，撤销南平地区，设立南平市（地级），原县级南平市改设延平区；撤销长乐县，设立长乐市（县级）；撤销建阳县，设立建阳市（县级）。1995年，福州市调整五个市辖区行政区域，同时将郊区更名为晋安区；撤销福鼎县，设立福鼎市（县级）。1996年，撤销同安县，设立厦门市同安区；漳州市析出芗城区和龙海市部分行政区域，设立龙文区；撤销龙岩地区，设立龙岩市（地级），原县级龙岩市改设新罗区。1997年，泉州市析出鲤城区部分行政区域，设立丰泽区和洛江区。1999年，撤销宁德地区，设立宁德市（地级），原宁德市改设蕉城区。2000年，泉州市析出惠安县部分行政区域，设立泉港区。2002年，莆田市撤销莆田县，设立荔城区和秀屿区，同时调整城厢区和涵江区行政区域。2003年，厦门市撤销开元区、鼓浪屿区，其行政区域并入思明区，同安区析出东部5镇设立翔安区，杏林区划出1街道办事处和1镇归集美区管辖，杏林区政府驻地迁驻海沧镇，并更名为海沧区。2014年，南平市撤销建阳市（县级），设立建阳区；南平市政府驻地由延平区迁驻建阳区；龙岩市撤销永定县，设立永定区。2017年，福州市撤销长乐市（县级），设立长乐区。截至2017年底，全省辖9个设区市、29个市辖区、12个县级市、44个县、180个街道办事处、642个镇、265个乡、19个民族乡。（李　露）

华侨　台胞

【华侨】 福建是全国著名侨乡。根据2014年福建省侨办开展的海外侨情抽样调查分析：截至2014年6月，闽籍华侨华人1580万人，约占全球华侨华人总数的1/4，分布在世界188个国家和地区，以亚洲、北美洲、欧洲为主，其中东南亚地区占78%，前五位国家是：印度尼西亚（420万人）、马来西亚（360万人）、菲律宾（190万人）、新加坡（163万人）、泰国（140万人）。在省内分布前三位的设区市是：泉州（920万人，约占58%）、福州（300万人，约占19%）、莆田（108万人，约占7%）。祖籍福建的港澳同胞124万人。归侨侨眷及港澳眷属653万人。改革开放以后出国定居的新华侨华人有250万人。联系掌握的海外社团（含港澳社团）1916个。

闽籍侨胞具有人数众多、分布广泛、实力雄厚、人才辈出等特点，且有着爱国爱乡、乐善好施、造福桑梓的优良传统，为福建的经济建设和社会发展作出了重要贡献。据统计，改革开放至2017年底，闽籍海外侨胞、港澳同胞在福建省捐赠公益事业累计280.94亿元。2017年，捐赠12.36亿元，其中，用于教育事业5.08亿元，占41.1%；社会事业4.71亿元，占38.11%；生产生活设施1.44亿元，占11.65%；医疗卫生0.66亿元，占5.34%；文体事业0.47亿元，占3.8%。2017年，泉州市接受侨捐6.57亿元，在全省9个设区市和平潭综合实验区中居于首位。南安市接受侨捐1.55亿元，成为福建省唯一一个连续24年侨捐超亿元的县（市）。

（林晓英）

【台胞】 截至2017年底，在福建省定居台胞17000多人，其中，全国人大代表3名，全国政协委员3名，福建省人大代表4名，省政协委员14名，厅级

干部15名。（周清英）

人　口

【人口概况】　2017年，福建人口继续保持低生育水平，总量平稳增长，劳动年龄人口比重持续下降，城镇化步伐加快。年末，全省常住人口3911万人，其中，男性人口1997万人，占51.1%，女性人口1914万人，占48.9%，男女性别比为104.3。全年净增人口37万人，比2016年末增长0.96%，增幅比上年高0.05个百分点，人口总量继续保持低速平稳增长的态势。

【人口自然增长】　2017年，福建省妇女总和生育率为1.82，比2016年提高0.21个千分点。全年出生人口58.4万人，出生率为15‰，比2016年提高0.5个千分点；死亡人口24.1万人，死亡率为6.2‰，与上年持平；自然增长人口34.3万人，自然增长率为8.8‰，比2016年提高0.5个千分点。“全面两孩”政策实施两年来，全省人口出生率呈小幅上升趋势，但出生人口结构发生明显变化。在全省出生人口的孩次构成中，二孩占比由2014年的44.1%提高到2017年的59.8%，年均提高5.2个百分点；一孩占比由2014年的53%下降到2017年的34.9%，年均下降6个百分点。随着一孩出生数的快速下降，从2016年起全省出生人口以一孩为主转变为以二孩为主。生育政策的调整，刺激二孩出生数的不断增加，弥补一孩出生数的快速减少，两者此消彼长的变化，使得全省出生人口总量增加不明显。

【人口城镇化水平】　2017年末，福建省城镇常住人口2534万人，比2016年末增加70万人，增长2.8%，增幅比2016年提高0.3个百分点。常住人口城镇化率64.8%，比2016年的63.6%高出1.2个百分点，增幅比2016年提高0.2个百分点，常住人口的城镇化进程稳步推进。

【人口年龄结构】　2017年末，福建省人口总抚养比为33.9%，比上年提高0.6个百分点，人口负担仍处于轻量化时期（通常将总抚养比在50%以下划定为低抚养比）。全省常住人口中，0～14岁、15～64岁、65岁及以上3个年龄组人口所占比重依次为16.5%、74.7%和8.8%。与2016年比，0～14岁、65岁及以上人口所占比重分别提高0.1和0.2个百分点，15～64岁人口比重下降0.3个百分点。人口年龄结构仍呈青年人口比重大、老年和少儿人口比重小的典型“中间大、两头小”橄榄状。这一方面反映出福建仍处于劳动力供给充足、人口社会负担相对轻、对社会经济发展有利的“人口红利”期；另一方面，15～64岁人口比重持续下降，也反映出劳动力资源尤其是青年劳动力资源减少趋势明显。2017年，全省16～34岁人口的比重由上年的29.5%降为28.5%，降低1个百分点，降幅比上年扩大0.1个百分点。劳动力资源特别是青年劳动力的减少，对全省经济发展将产生较大影响。

【流动人口】　2017年，福建省流动人口1185万人，比2016年增加12万人。其中，本省户籍流动人口724万人，比2016年增加11万；外省户籍流入人口461万人，比2016年增加1万。省际流动人口略增，省内流动人口持续增加。

【家庭规模】　福建省平均家庭户规模从20世纪80年代以来持续缩小，2012年最低，仅为2.81人。之后几年，家庭户规模逐年有所回升，2015年首次回到3人以上，2017年继续保持在3人以上，为3.02人。（李丽精）

语　言

【概况】　福建是汉语方言最复杂的省份之一，全国各大方言区中，福建占5种。闽方言和客家方言也都有在区外相互穿插分布。闽南话在闽中、闽北、闽东都有方言岛。客家话在闽北、闽东也有不少小方言岛。在武平县的中山镇通行的“军家话”是比较接近赣方言的方言岛。

【闽方言】　福建分布最广的是闽方言，境内的闽方言又分为5个区。闽东方言区，分布在闽江下游的福州、闽侯、长乐、福清、平潭、永泰、闽清、连江、罗源、古田、屏南等11个县市的是南片，以福州话为代表；分布在福安、宁德、周宁、寿宁、柘荣、霞浦、福鼎等7个县市的是北片，以福安话为代表。莆仙方言区，分布在莆田、仙游、涵江3个县市（区），以莆田话为代表。闽南方言区，分布在泉州、厦门、漳州3个市，包括厦门、金门、泉州、晋江、南安、惠安、永春、德化、安溪、同安、大田、漳州、龙海、长泰、华安、南靖、平和、漳浦、云霄、东山、诏安以及龙岩、漳平等地，以厦门话为代表；泉州、漳州、龙岩3种口音都有些差异。闽中方言区，分布在永安、沙县、梅列、三元等4个县市（区），以永安话为代表。闽北方言区，分布在建瓯、松溪、政和、南平、顺昌（东南部）、建阳、崇安、浦城（南部），以建瓯话为代表。

【客家方言】　福建客家方言分布在闽西的宁化、清流、长汀、连城、上杭、永定、武平以及闽南的平和、南靖、诏安的西沿，以长汀话为代表。在闽、客、赣3种方言之间，明溪、将乐、顺昌一带也可以说是过渡区，因为那里的方言兼有3种方言的特点。

【吴方言】　福建省吴方言分布在浦城县的中北部和浙江省连界，当地的语言是和浙江方言相近的吴方言。

【官话方言岛】　福建省的官话方言岛主要在南平市区和西芹一带、长乐区的琴江村，以及浦城的临江镇。这3个地方为官话方言岛。

【畲语】　福建省畲语主要指居住在闽东的福安、罗源、宁德等地，闽北的建瓯、建阳、顺昌等地，以及闽中的永安、漳平等地的畲族同胞所讲的话，也是一种保留着一些本族语言特色，并和客家话相近似，又吸收一些当地闽方言成分的带有混合性质的语言，通常也称为畲语。（李如龙）

民族 宗教

【民族】 福建省是少数民族散居省份，56个民族成分齐全。根据2010年第六次全国人口普查数据，全省少数民族人口79.69万人，占全省总人口的2.16%。世居的少数民族有畲族、回族、满族、蒙古族等。其中，畲族人口数居全国首位，共有36.55万人，占全国畲族人口的51.58%，占全省少数民族人口的45.87%；回族人口11.6万人，占全省少数民族人口的14.56%，是全国回族发祥地之一；高山族人口423人，占大陆高山族人口的10.55%，是大陆高山族人口较多的省份之一。全省有19个民族乡（其中畲族乡18个、回族乡1个）、1个省级民族经济开发区（福安畲族经济开发区）和567个民族村。（黄淑萍）

【宗教】 福建有佛教、道教、伊斯兰教、天主教、基督教五大宗教。截至2017年12月31日，经依法登记的宗教活动场所有6774座，其中佛教3495座、道教1046座、伊斯兰教4座、天主教159座、基督教2070座。有福建佛学院、闽南佛学院、福建神学院3所宗教院校，在校师生分别有309人（其中老师56人、学生253人）、609人（其中老师118人、学生491人）、334人（其中专职教师20人、兼职教师27人、在校生135人、走读生152人）。福建民间信仰活动场所多，据初步统计，全省10平方米以上民间信仰活动场所28000多处。扩大民间信仰活动联系点，设有省级联系点177处，在省级联系点中开展首批56个民间信仰活动场所备案管理试点，建立泉州、宁德两个试点管理地区。（高 静）

行政区划

【县（市）改区】 2017年，福建省福州市人民政府撤销长乐市建制，设立福州市长乐区（省政府2017年8月11日批准）。

【乡改镇】 2017年，三明市人民政府撤销大田县吴山乡建制，设立吴山镇（省政府2017年9月26日批准）。三明市人民政府撤销大田县华兴乡建制，设立华兴镇（省政府2017年9月26日批准）。三明市人民政府撤尤溪县联合乡建制，设立联合镇（省政府2017年9月26日批准）。宁德市人民政府撤销寿宁县清源乡建制，设立清源镇（省政府2017年9月26日批准）。

【街道办事处设置】 2017年，漳州市人民政府将龙文区步文街道办事处分设步文和碧湖两个街道办事处（漳州市政府2017年12月20日批准）。

2017年福建省县级以上行政区划统计表

全省合计	9个设区市 29个市辖区 12个县级市 44个县
福州市	鼓楼区 台江区 仓山区 马尾区 晋安区 闽侯县 连江县 罗源县 闽清县 永泰县 平潭县 福清市 长乐区
厦门市	思明区 海沧区 湖里区 集美区 同安区 翔安区
莆田市	城厢区 涵江区 荔城区 秀屿区 仙游县
三明市	梅列区 三元区 明溪县 清流县 宁化县 大田县 尤溪县 沙县 将乐县 泰宁县 建宁县 永安市
泉州市	鲤城区 丰泽区 洛江区 泉港区 惠安县 安溪县 永春县 德化县 金门县 石狮市 晋江市 南安市
漳州市	芗城区 龙文区 云霄县 漳浦县 诏安县 长泰县 东山县 南靖县 平和县 华安县 龙海市
南平市	延平区 顺昌县 浦城县 光泽县 松溪县 政和县 邵武市 武夷山市 建瓯市 建阳区
龙岩市	新罗区 长汀县 永定区 上杭县 武平县 连城县 漳平市
宁德市	蕉城区 霞浦县 古田县 屏南县 寿宁县 周宁县 柘荣县 福安市 福鼎市

2017年福建省行政区划统计表

级别/数量/地市	县级				乡级					说明
	区	市	县	小计	街道	镇	乡	民族乡	小计	
福州市	6	1	6	13	43	99	45	2	189	含马祖乡
厦门市	6			6	26	12			38	
漳州市	2	1	8	11	10	89	20	3	122	
泉州市	4	3	5	12	30	108	24	1	163	含金门县
三明市	2	1	9	12	13	69	58	2	142	
莆田市	4		1	5	8	40	6		54	
南平市	2	3	5	10	24	72	43		139	
龙岩市	2	1	4	7	13	85	34	2	134	
宁德市	1	2	6	9	13	68	35	9	125	
合计	29	12	44	85	180	642	265	19	1106	含金门县、马祖乡

（李 露）

经济社会发展

【概况】 2017年，福建省经济发展取得新成效。全省生产总值32182.09亿元，比上年增长8.1%；一般公共预算总收入4604.69亿元、增长6.9%，其中地方一般公共预算收入2809.03亿元、同口径增长8.7%；坚持以供给侧结构性改革为主线，推进产业转型升级，经济结构进一步优化。第一、二、三产业分别完成增加值2215.13亿元、15354.29亿元和14612.67亿元，增长3.7%、6.8%和10.2%；固定资产投资26226.6亿元，增长13.5%；外贸进出口11590.98亿元，增长12%；实际使用外资573.2亿元，增长8.2%；社会消费品零售总额13013亿元，增长11.5%；居民消费价格总水平上涨1.2%；城镇登记失业率3.87%；城镇居民人均可支配收入39001元，增长8.3%；农村居民人均可支配收入16335元，增长8.9%；节能减排降碳年度目标实现。

2017年，由于国内外经济环境仍然错综复杂，福建省经济发展方式转变、经济结构优化、增长动力转换正处于攻关期，地区生产总值增速、固定资产投资增速、出口总额仅在年度预期目标左右，发展不平衡不充分的一些突出问题尚未解决，经济社会发展还面临不少困难和问题。实体经济发展仍较困难。受产能过剩、市场需求不足等因素影响，银行贷款趋于谨慎，民营、中小企业资金投放相对较少，部分企业资金趋紧。新兴产业体量仍然较小，创新能力不够强。高端产业发展不够快，高技术产业和代表先进制造业的装备制造业增加值增速低于全国平均水平。出口增长压力依旧较大。出口比上年增长4.1%，低于全国平均水平。传统劳动密集型产品出口优势弱化，受成本上升、关税等因素影响，福建省部分传统产业和中低端订单向东南亚、中西部等地转移，七大类劳动密集型产品出口仅比上年微增0.7%。补齐教育、医疗、养老、城乡民生基础设施等领域短板任务仍然较重，居民收入保持较快增长难度加大，脱贫攻坚还有很多任务。

【供给侧结构性改革】 2017年，福建省坚持以供给侧结构性改革为主线，持续推进产业转型升级，经济结构进一步优化。

供给侧结构性改革重点任务有效落实。去产能稳步推进，依法取缔“地条钢”产能535万吨，完成煤炭去产能244万吨。房地产库存持续减少，商品房库存比上年初减少819万平方米，去化周期13个月，比上年初减少2个月。企业杠杆率有所降低，54家次企业境内外上市融资再融资626.3亿元，11月末规模以上工业企业资产负债率下降0.2个百分点。降成本成效显著，全省共降低企业成本687亿元，1—11月规模以上工业企业利润总额增长19.8%。补短板有序推动，瞄准重点短板领域特别是省委十届三次全会聚焦的民生社会事业，实施年度29个补短板投资工程包，全年完成投资1460亿元、占年计划的150.2%；卫生、教育、水利等短板领域投资分别增长17.5%、12.6%、16%。

农业生产保持增长。品牌农业、生态农业、数字农业加快发展，农林牧渔业总产值4302.44亿元，比上年增长3.7%；粮食总产量665.4万吨，绿色优质蔬菜、水果、茶叶、肉蛋奶比重提高，肉蛋奶、水产品产量分别增长4.2%、4.5%。现代农业产业园加快创建，农产品加工转换率提高到68%。

工业转型升级加快。出台工业稳增长调结构、企业研发经费投入分段补助等政策举措，规模以上工业增加值比上年增长8%，高于上年0.4个百分点。电子、机械、石化三大主导产业增加值比上年增长8.5%。新一代信息技术、新能源、石墨烯、不锈钢、稀土产业发展势头良好，高技术产业增加值比上年增长12.5%，高于规模以上工业4.5个百分点。古雷炼化一体化（一期）、中化乙烯和炼油改扩建、厦钨镍钴锰正极材料等项目开工建设，联芯12英寸集成电路、京东方8.5代面板、华佳彩高世代面板、天马TFT平板显示、云度纯电动乘用车等项目投产。

服务业发展持续向好。服务业增加值占地区生产总值比重为43.6%，比上年提高0.7个百分点。物流、金融、旅游等现代服务业发展势头良好，物流业增加值比上年增长9%，全年新增3A级物流企业40家、国家级示范物流园区1个。金融业规模持续扩大，本外币各项存贷款余额分别比上年增长8.9%、10.9%。“清新福建”旅游品牌影响力持续提升，率先实施“放心游福建”服务承诺，旅游总收入比上年增长29.2%。分享经济、平台经济、体验经济等新业态新领域不断拓展，培育行业垂直自营电商平台118个。主辅分离和服务型制造加快推进，传统优势产业服务化趋势明显，涌现出三棵树、科华恒盛、龙净环保、九牧厨卫、雪人股份等一批典型企业。

创新驱动引领新动能加速成长。出台建设国家创新型省份实施方案、省级高新技术企业扶持办法等政策措施，规模以上战略性新兴产业增加值占规模以上工业增加值22.8%，比上年提高1.6个百分点。全省各类科技创新平台超过2600个，福厦泉国家自主创新示范区有序推进，首批18项创新改革举措在全省复制推广，泉州“中国制造2025”城市试点示范持续推进。“数字福建”建设加快，电子证照共享工程列入国家“互联网+政务服务”示范工程，一批物联网重点实验室、物联网企业技术创新中心、大数据研究院（所）加快建设，国家级互联网骨干直联点开通运行，“互联网+”行动深入推进，获批成为国家大数据综合实验区，数字经济规模、信息化综合指数居全国前列。第十五届中国·海峡项目成果交易会对接合同项目6317个、总投资1691亿元。

【供需结构优化】 2017年，福建省投资保持较快增长，固定资产投资

26226.6亿元，比上年增长13.5%；投资结构调整优化，工业投资增长12.6%，其中改建和技术改造投资增长14.9%，机械装备制造业投资增长30%；信息传输、软件和信息技术服务业投资增长17.2%；民间投资增长18.6%，其中制造业民间投资增长17.5%。

重大工程、重大项目支撑有力。强化项目正向激励，截至12月底，全省入库“五个一批”项目24222个，总投资16.02万亿元，其中签约、开工、投产项目分别4458个、6844个、4106个；产业项目14106个，总投资7.65万亿元；基础设施项目6201个，总投资5.76万亿元；民生社会事业项目2126个，总投资8629亿元，“五个一批”项目对扩投资稳增长的作用日益显现。在建省重点项目完成投资4745.9亿元，超额完成年度目标，西气东输三线闽粤支干线、闽江防洪工程福州段（四期）、连城县福地水库等一批项目前期工作加快推进，福厦客专、兴泉铁路、中海油漳州LNG接收站等200个项目开工建设，厦沙高速公路、连江申远聚酰胺一体化、平潭社会福利中心等200个项目建成或部分建成。

新型城镇化建设取得成效。常住人口城镇化率、户籍人口城镇化率分别为64.8%、47.8%，分别比上年提高1.2个、2.3个百分点，居住证制度实现全覆盖。建立完善城镇化人地钱挂钩政策，国家级、省级新型城镇化试点稳步推进，经济发达镇行政管理体制改革深入推进。宁德锂电新能源小镇、晋江“芯”小镇等27个特色小镇列入第二批省级创建名单。

消费升级步伐加快。出台进一步扩大旅游文化体育健康养老教育培训等领域消费实施意见，新消费引领促进产业转型升级效应初显，社会消费品零售总额13013亿元，增长11.5%；网络消费以及信息、体育、文化、养老等升级类消费高速增长，通过互联网实现的商品零售额增长56.5%，体育娱乐用品类商品零售额增长38.7%。

【重点领域改革】 2017年，福建省市场运行机制进一步完善。出台完善产权保护制度依法保护产权实施方案和创新政府配置资源方式实施意见，实施工商登记“多证合一”改革，开展“证照分离”试点并将试点范围扩大到自贸试验区及国家级开发区，实现全省企业设立登记全流程网上办理，建立全省统一的名称网上申报系统，有效激发市场主体活力。社会信用体系加快建设，政务诚信、个人诚信、电子商务领域诚信等法规制度相继出台，省公共资源交易电子行政监督平台与省投资项目在线审批监管平台、省信用信息平台以及部分省直监管系统、交易系统实现横向连接，建立行政监督的联动机制。

国企国资和重点行业改革进一步深化。省属企业集团层面和权属企业公司制改制全面完成，通过上市等多种形式推进混合所有制改革，省属企业并购重组后减少到17户。电力体制改革全面启动，出台售电侧改革十个配套文件，推进增量配电网试点，启动首批购售电业务改革试点园区工作。

“放管服”改革持续深化。全面推行“一趟不用跑”和“最多跑一趟”办事清单，推进“三集中”改革，实施审批服务标准化，全面推进政务公开。进一步减权放权，承接落实国务院取消调整事项，共取消59项行政审批事项、34项中介服务事项和18项证明材料。修订形成全省统一的政府核准的投资项目目录，修订后核准事项省级31项、设区市16项、县（市、区）5项。建成闽政通APP平台，接入省网上办事大厅和各设区市行政服务中心行政审批、公共服务事项超过11万项，变“群众来回跑”为“部门协同办”。基本完成全省党政机关公务用车制度改革，推进各级企事业单位公车改革。

社会民生保障进一步健全。教育综合改革稳步推进，构建与常住人口规模相适应的中小学布局，全省首次统一中考顺利实施。医药卫生体制改革进一步深化，“药价保”深度融合，建立新的药品供应保障机制，按病种收付费改革面进一步扩大，实行差别化的医保支付政策，在基层医疗机构就医报销比例平均达95%。社会保障机制进一步健全，全面实施特困人员救助供养制度，全面推动养老服务业改革发展，机关事业单位养老保险制度改革稳步推进。

【开放型经济】 2017年，福建省外经贸平稳发展。全省进出口总额11590.8亿元，比上年增长12%，其中出口7114.1亿元，增长4.1%。出台落实国务院关于扩大对外开放积极利用外资若干措施实施方案，促进利用外资转型提质，吸引外资项目和产业招商取得新进展，新设外商投资企业2041家，实际使用外资573.2亿元，比上年增长8.2%，其中亿元以上大项目实际使用外资增长43.2%，第二产业实际使用外资增长23.2%。国际产能合作有序推进，备案境外投资项目148个、投资额35.1亿美元，其中鼓励类境外投资项目占比超80%。

“海丝”核心区建设稳步推进。持续拓展互联互通，加强港区、航线和联运通道建设，集装箱外贸航线达到138条，空中国际航线达到53条。对“海丝”沿线国家和地区投资备案项目30个、22.9亿美元，39个项目纳入“一带一路”国家重大项目储备库，贸易额3098.5亿元，中国·福建周、“福建品牌海丝行”等平台作用有效发挥。成功举办“海丝”相关艺术节、电影节等大型活动，厦门大学马来西亚分校在读学生超过2600人。

福建自贸试验区建设效应显现。总体方案181项重点试验任务已实施177项，实施率97.8%。制度创新和复制推广工作扎实开展，挂牌以来累计推出实施创新举措285项，其中全国首创103项。福州、厦门、平潭片区重点业态、平台发展态势良好，跨境电商、物联网、整车进口、融资租赁等快速发展。

平潭开放开发迈出新步伐。大力推进国际旅游岛建设，旅游产业项目正式列入企业所得税优惠目录，中国—小岛屿国家海洋部长圆桌会议举办，成功入选全国首批“健康旅游示范基地”。加快培育优势产业，一批旅游文化康体、总部经济、航运物流、金融等产业项目落地建设。

闽台合作领域进一步扩大。一批重大闽台合作项目加快推进。两岸“三创”基地吸引台湾青年4000多人入驻。闽台双边贸易额774.6亿元，比上年增长18.3%。实际使用台资（含第三地转投）126.6亿元。成功举办第九届海峡论坛。

【社会保障和民生】 2017年，福建省脱贫攻坚深入推进。不断创新产业扶贫、就业扶贫、健康扶贫、科技扶贫和资产收益扶贫机制，扶持建档立卡贫困户发展种养业、农产品加工、休闲农业、电子商务等产业项目，实施精准扶贫医疗叠加保险方案，全省脱贫20万人。大力推进造福工程易地扶贫搬迁，全年完成搬迁任务11.2万人。23个省级扶贫开发工作重点县和2201个建档立卡贫困村加快发展，三明国家级扶贫改革试验区、屏南全国农村改革试验区、长（汀）连（城）武（平）扶贫开发试验区建设稳步推进。

25项为民办实事项目全面完成年度目标任务。农村居民最低生活保障标准提高，食品放心工程、养老服务工程、助残工程加快推进。民生相关支出占一般公共预算支出比重为74.3%。城镇新增就业人数60.49万人，新增农村劳动力转移人数33.32万人，城镇登记失业率3.87%。

公共教育服务体系更加均衡。持续扩大学前教育资源，131所公办幼儿园开工建设，实施政府购买普惠性民办园教育服务。实施县域内城乡义务教育一体化建设。首次启动遴选培育示范性普通高中建设学校，首次实施省一级达标高中分批复查、动态管理机制，“全面改薄”工程开工面积276.59万平方米。推进省级示范性现代职业院校建设，推进地方本科高校向应用型转变。

卫生服务保障能力得到增强。实施全民健康保障工程，加快提升健康扶贫、妇幼健康保障、公共卫生服务能力。推动精神卫生防治体系促进工程建设，提高医疗机构对精神疾病患者的诊疗服务水平。3所中医医疗机构列入中医药传承创新工程项目储备库，3所省属医院列入疑难病症诊治能力提升工程项目。

社会服务保障体系加强。实施健康与养老服务工程建设行动计划，推进实施社会服务兜底工程，新建养老服务机构（含社区老年人日间照料中心）128个、完善提升居家养老服务站307个、新建农村幸福院624个。

保障性安居工程开工7.7万套、开工率111.8%，基本建成10.8万套，超额完成任务。实施农村饮水安全巩固提升工程，受益人口33万人。持续治理“餐桌污染”，建设“食品放心工程”。居民消费价格总水平上涨1.2%，控制在预期目标以内。

文化旅游服务体系进一步健全。实施文化旅游提升工程、乡村旅游扶贫工程，一批旅游基础设施、公共文化服务设施、国家文化和自然遗产保护利用设施项目加快建设。实施公共体育普及工程，足球场地设施和全民健身活动中心项目加快建设，不断满足人民群众日益增长的体育健身需求。

【生态省建设】 2017年，福建省生态环境保护持续推进。完成植树造林8.93万公顷，森林覆盖率继续保持全国首位。市县污水处理率91%、生活垃圾无害化处理率97.5%。水、大气、土壤污染防治持续深化，全省所有河流都有了河长，12条主要河流优良水质比例为95.8%，9个设区城市空气质量优良天数比例为96.2%，福州、厦门在全国74个重点城市空气质量排名中分别列第5位、第4位。

国家生态文明试验区建设取得积极进展。推进年度17项重点改革任务，培育发展农村污水垃圾处理市场主体方案、绿色金融体系建设方案、党政领导干部自然资源资产离任审计实施方案、自然资源统一确权登记办法等一批改革方案在全国率先出台、先行探索实施。自然资源资产负债表编制试点、重点生态区位商品林赎买改革试点等改革举措在全省复制推广。

节能减排降碳和资源节约工作取得成效。建立能源消费总量和强度双控制度，预计可完成节能减排降碳年度目标任务。继续实施节能技术改造和合同能源管理财政奖励政策，抓好燃煤工业锅炉（窑炉）改造等重点领域节能重点工程项目建设。排污权交易和碳排放权交易市场稳定运行，用能权交易试点工作有序推进。实施水资源消耗总量和强度双控行动，建立健全省市县三级行政区域用水总量和强度控制指标体系，出台建设用地总量控制和减量化管理方案。

（余自谦）

精神文明建设

【公民思想道德建设】 2017年，福建省组织开展第六届全国和第五届福建省道德模范推荐评选活动，廖俊波、周炳耀、温金娥获评为第六届全国道德模范，福建省首次有3人当选，入选人数与安徽等省并列全国首位，取得历届最好成绩；杨明媚等7人获评为第六届全国道德模范提名奖，刘安娟等23人获评为第五届福建省道德模范。其中，温金娥在第六届全国道德模范颁奖仪式上作个人事迹讲述并参加2018年中央电视台春节联欢晚会。开展身边好人评议活动，35人入选“中国好人榜”、120人入选“福建好人榜”。组织慰问生活困难道德模范25人，发放慰问金49万元。利用春节、元宵节、清明节、端午节、中秋节、重阳节等传统节日，组织开展“我们的节日”主题文化活动。组织开展“讲文明树新风”公益广告宣传，省属主要媒体、全国文明城市和提名城市地级市主要媒体全年刊播公益广告报纸类作品2000余版，期刊类作品300多版，广播类作品近20万分钟，电视类作品超25万分钟。推进“八不”行为规范公益宣传，创作一批“八不”

行为规范原创公益广告。开展“传家训、立家规、扬家风”主题活动，建设23个省级家风家训乡贤馆示范点，展播优秀家庭故事视频短片17个。组织开展网上社会主义核心价值观主题歌曲征集传唱活动，征集原创作品35件，其中，福州市《道德新风歌》入选全国社会主义核心价值观主题歌曲20首。开展“树文明新风，迎金砖宾客”主题活动，部署开展文明城市创建行动、志愿服务奉献行动、文明礼仪践行行动、城乡环境整治行动、马上就办高效行动等五大行动，制作“树文明新风，迎金砖宾客”主题宣传片1部、短片6部、平面海报15幅、移动端动画5幅，视频、动画累计传播25000多小时，户外主题宣传栏12000多面，建设省级金砖志愿服务驿站32个，其中，厦门市招录“小白鹭”会晤志愿者2700名，招募社会志愿者近100万人，设置服务岗位近2000个、服务点1100多个，会晤期间累计服务时长12.7万小时、服务嘉宾3.4万人次。诚信建设制度化持续推进，福建省诚信建设信息公布综合平台实现动态信息每日更新，诚信“红”“黑”名单每周更新一次，发布信息1万多条，涉及曝光企业、个人数量110多万个。部署推进“诚信经营示范街区”创建活动，所有设区市至少建成1个示范街区。文明旅游制度化持续推进，导游领队“一岗双责”制度和文明旅游全员培训制度全面推行，因公务、经商、务工、留学、劳务派遣等组团出境人员的教育管理不断夯实，全年未发生影响较大的不文明旅游事件。推进全省文明旅游先行示范区域建设，三坊七巷、武夷山、鼓浪屿、湄洲岛、永定土楼、平潭综合实验区和泰宁全域等7个示范区域在旅游“红黑榜”发布、不文明行为记录、实时监控提示、旅游公共服务体系建设等方面先行先试。

【群众性精神文明创建】 2017年，莆田市、龙岩市、石狮市、武平县、晋江市、沙县等6个参评城市全部获评第五届全国文明城市（获评率100%，全国获评率53.61%），厦门市、福州市、三明市、泉州市、漳州市继续保留全国文明城市称号，福建省设区市获评全国文明城市占比居全国首位。宁德市、平潭综合实验区、福清市、闽侯县、长泰县、惠安县、永春县、德化县、永安市、泰宁县、武夷山市、上杭县12个市县获新一届全国文明城市提名城市称号。福建省50个村镇、70个单位获评为第五届全国文明村镇、文明单位，全省有全国文明村镇113个、文明单位225个。14所学校获评首届全国文明校园。2017年4月20日，召开福建省推进文明城市创建工作电视电话会议，部署文明城市创建工作。2017年7月19—20日，召开全省农村精神文明建设工作经验交流会，部署农村精神文明建设工作。2017年11月27日，省委书记、省文明委主任于伟国主持召开省委常委会，传达学习全国精神文明建设表彰大会精神，研究部署福建省贯彻意见。出台《福建省深化群众性精神文明创建活动实施方案》，修订完善文明城市（城区、县城）、文明村镇、文明单位（行业）、文明社区、文明风景旅游区操作手册，研究制订《福建省未成年人思想道德建设工作测评体系（2017年版）》及其操作手册。建立《全国文明城市提名城市创建工作奖惩措施》，升级文明城市实地明查系统，新增暗访督查系统、材料审核系统、专家库管理功能等模块，其中，材料审核首次实施电子化操作。制订《福建省文明城市（城区、县城）暗访督查方案》，针对环境卫生、交通秩序、窗口服务、市场管理、公益广告等实地动态考察项目，委托第三方机构对5个现有全国文明城市及11个提名城市以及78个省级文明城市（城区、县城）参评市、县（区）进行暗访考评。全年开展文明城市专项性结对帮扶活动20余次，反馈暗访督查“问题清单”100多份、6000多条。组织开展2015—2017年度省级文明城市（城区、县城）、文明村镇、文明单位、文明行业、文明校园总评工作及首届福建省文明家庭评选工作。

【未成年人思想道德建设】 2017年，福建省推进文明校园创建活动，制订《福建省文明校园创建实施意见》《福建省中职、中小学校文明校园测评细则》《福建省幼儿园文明校园测评细则》。组织开展“公共生活好习惯”系列教育实践活动，推动践行社会主义核心价值观日常化。推进乡村学校少年宫建设，召开全省乡村学校少年宫项目建设培训会，开展“互联网+乡村学校少年宫”共建活动，举办乡村学校少年宫成果展示活动，新承建中央项目33个，下拨运转经费1711万元。举办第五期未成年人心理健康辅导骨干人员培训班，开展“全省未成年人心理健康辅导百场公益巡讲”活动。运用重要时间节点深化“我的中国梦”主题教育实践活动，清明节期间组织开展“网上祭英烈”主题活动，引导未成年人传承红色基因，仅新福建手机客户端平台全省点击浏览量670万人次；七一期间，组织开展“童心向党”歌咏活动，在厦门市举办全省性集中展演活动；国庆期间，组织开展“向国旗敬礼”活动，全省参与网络活动近1400万人次。“公共文化服务校园行”平台覆盖所有全国文明城市及提名城市，入驻文化单位295家、学校655所，成功对接线下文化活动项目500多场次。

【社会志愿服务】 2017年，福建省推广应用福建省志愿者信息管理系统，福建志愿服务网注册志愿者380多万人，其中，通过实名认证的志愿者250多万人，注册志愿服务团体44849个，开展志愿服务项目178289个，总时长3200多万小时。福建“志愿125”平台于2017年12月2日在新福建手机终端正式上线，为福建志愿者和志愿团体提供移动端的志愿者注册、登录、志愿活动报名等便捷服务。利用春节、清明、五一等重要时间节点，组织开展“情暖八闽”志愿服务活动，服务范围覆盖关爱留守儿童、助老敬老、帮助农民工、生活困难群众等特殊群体。开展星级志愿者认定工作，确认首批五星级志愿者37名。开展最美志愿服务系列评选活动，

6人被评为全国最美志愿者，7个项目被评为全国最佳志愿服务项目，8个组织被评为全国最美志愿服务组织，7个社区被评为全国最美志愿服务社区。开展全省志愿者骨干培训班3期，360多名优秀志愿者骨干受训。建立全省志愿服务专家库，专家成员150多名。省志愿服务基金会资助各类志愿服务项目55个，资助总额205万元。（江化林）

体制改革

【供给侧结构性改革】 2017年，福建省印发《关于建立正向激励机制促进有效投资的八条措施（试行）》等文件，进一步完善供给侧结构性改革“1+5+N”政策体系。有效去除过剩产能。在严禁违规新增产能项目建设基础上，全面取缔“地条钢”企业35家、共去产能535万吨，公示关闭退出煤矿36处、去产能244万吨/年。出台创新管理优化服务、培育壮大经济发展新动能加快新旧动能接续转换的实施意见，破除制约新动能成长和传统动能改造提升的体制机制障碍。房地产库存进一步化解。出台进一步加强房地产市场调控的八条措施，推动房地产平稳健康发展。福州、厦门启动新一轮房地产新政，落实房地产差别化信贷政策，引导住房合理消费，支持化解房地产库存，防范房地产领域风险。积极稳妥去杠杆。出台稳妥降低企业杠杆率的实施意见，推动企业兼并重组项目69个523亿元。有效降低成本。出台降低实体经济企业成本、社会物流成本等文件，有效降低企业成本。企业直接融资步伐加快，1—10月，全省15家企业实现首发上市，“新三板”挂牌企业增加36家。推进电力体制改革，完成售电侧改革10个配套制度编制，6个增量配电网项目列入国家第一批增量配电业务改革试点名单。补齐发展短板。实施29个投资工程包，编制《福建省石墨烯产业发展规划（2017—2025）》，推动高世代液晶面板、12英寸集成电路制造生产线等大项目落地，投资总规模超千亿元。实施中小企业成长计划，推动全省规模以上中小微工业实现增加值6190亿元，比上年增长8.3%。出台创新农村公路管理体制机制的意见，在全国率先推行农村公路路长制和乡村道专管员制度，提升农村公路管理服务水平。

【政府职能转变】 2017年，福建省落实《全面推进政务公开实施意见》，坚持以公开为常态、不公开为例外，推进行政决策、执行、管理、服务、结果公开。全面推行“一趟不用跑”和“最多跑一趟”办事清单。公布3批“一趟不用跑”和“最多跑一趟”办事清单（省级816项，市、县、乡平均公布1014项），达总事项80%。进一步减权放权。承接落实国务院取消调整事项，取消56项行政审批事项、34项中介服务事项和18项证明材料。下放8项省级行政许可事项予基层实施，下放30项省级经济管理权限予漳州市实施。投融资体制改革进一步深化。出台深化投融资体制改革的实施意见，最大限度放宽投资准入。修订政府核准的投资项目目录（对接国家2016年本），修订后，企业投资项目核准事项省级31项，设区市16项，县（市、区）5项，经三次目录修订，省级核准事项共削减约60%。稳步推进行政体制改革。健全国家自然资源资产管理体制试点，组建国有自然资源资产管理局。完成省以下地方法院、检察院机构编制上收省级统一管理工作。省以下环保机构监测监察执法垂直管理制度改革、城市管理执法体制改革、食盐监管体制等改革深入推进。基本完成党政机关公务用车制度改革，推动企业事业单位公务用车制度改革。

【国企国资改革】 2017年，福建省推进公司制股份制改革。省属企业集团层面和权属企业公司制改制全面完成，港航公司并入交通集团，推动全省港口一体化经营。多种形式推进混合所有制改革。推进改制上市，设立包括国企改革基金在内的30多只基金，规模超300亿元，26家股改企业列入省上市后备企业。通过整合相同产业功能、引入各类资本等方式推进企业兼并重组，省属企业开展并购重组项目70多个。开展混合所有制企业员工持股试点、启动国有资本投资运营公司试点和港口资源一体化整合试点。

【市场体系完善】 2017年，福建省商事制度改革取得新突破。出台在全省加快推进“多证合一”改革的实施意见，实施“十八证合一”。在福州实施“证照分离”试点，并将试点范围扩大至自贸试验区及国家开发区。实现全省企业设立登记全流程网上办理，建立全省统一的名称网上申报系统，在全国首创住所申报承诺登记制度，在全国率先出台并实施完整统一的全省性企业简易注销登记办法。维护市场秩序的机制进一步健全。加快国家企业信用信息公示系统（福建）建设，出台省级公示系统管理办法，公示系统归集公示各类涉企信息6700多万条。省公共资源交易电子行政监督平台与省投资项目在线审批监管平台、省信用信息平台以及部分省直监管系统、交易系统横向连接，建立行政监督的联动机制。印发《福建省建立完善守信联合激励和失信联合惩戒制度、加快推进社会诚信建设实施方案》，进一步构建以信用为核心的新型市场监管体制。

【财税体制改革】 2017年，福建省预算管理制度进一步完善，新增建设用地土地有偿使用费调整转列为一般公共预算并统筹使用，省国资委监管企业利润上缴比例由8%提高到13.5%。部门预算和“三公”经费预算全部公开，省级建立预决算公开统一平台，实现政府预决算和部门预决算信息在平台上集中公开。政府和社会资本合作（PPP）工作取得积极成效。通过完善工程包项目落地机制、建立“1+X”制度体系、提供PPP项目奖补资金等措施，推动PPP项目落地实施、规范运作。财政事权和支出责任划分改革稳步推进。制订省级与市县财政事权和支出责任划分改革实施方案，印发省对市、县（区）均衡性转移支付办法，提高财政保障力度，促进基本公共服务均等化。

【金融体制改革】 2017年，福建省金融组织体系进一步健全。福建省首家民营银行华通银行获批开业运营，长乐泰隆村镇银行获批筹建，厦门金融租赁公司开业运营，成为全省第二家金融租赁公司。闽台金融机构继续深入推进，福建省独资、合资设立或设有分支机构的台资金融机构19家，在全国各省（市、自治区）位居第2位。金融服务实体经济力度进一步加大。出台进一步提升金融服务水平防控金融风险的通知，提高金融服务实体经济的针对性和有效性。符合条件的企业通过首发上市、发债、再融资等方式，扩大直接融资规模。保险服务保障功能有效提升。创新金融服务模式。推进普惠金融，出台推进普惠金融发展的实施意见，推动实现乡镇银行业网点、行政村物理服务点等“六个全覆盖”。发展绿色金融，出台绿色金融体系建设实施方案，在绿色信贷、证券、保险等方面开展先行先试。推动政策性融资担保机构设立和运作，重点为民营企业和“三农”提供增信支持。出台促进政府投资基金健康发展若干措施，引导政府投资基金规范发展。融资租赁业加快发展，10家内资融资租赁试点企业获商务部、国家税务总局批准。自贸试验区金融改革不断深化。金融机构快速集聚，自贸试验区内设立金融机构169家，比挂牌前增长38.4%；各类准金融机构8210多家，是挂牌前的4.83倍。跨境投资贸易通道更加便利，外汇管理体制更加自由开放，企业外汇资本金和外汇资金可意愿结汇，打通两岸货币合作通道，建立对台人民币清算渠道，开展两岸征信查询业务。

【新型城镇化体制机制创新】 2017年，福建省户籍制度改革有序推进。出台推动非户籍人口在城市落户实施方案，加速破除城乡区域间户籍迁移壁垒。完善新型城镇化试点的跟踪监测机制。制订新型城镇化试点监测评估工作方案、小城市培育试点考核办法和指标体系。健全特色小镇建设机制。开展两批共55个特色小镇建设，实施特色小镇创建工程包。开展省级空间规划试点。修改完善《福建省空间规划编制办法（试行）》，宁德、三明等地启动市级空间规划编制试点，探索省市县纵向衔接、不同部门横向协调的空间规划编制技术路径。深化土地制度改革。晋江市国土资源改革试点被国土资源部定为2017年全国3个农村不动产确权登记示范点之一。出台全民所有自然资源资产有偿使用制度改革实施方案，完善国有土地、水资源、矿产资源、海域海岛和国有森林等有偿使用制度。推进行政区划调整。完成1例撤市设区（福州长乐市改区）和4例撤乡设镇（大田县华兴乡和吴山乡，尤溪县联合乡，寿宁县清源乡）。

【创新驱动发展体制机制健全】 2017年，福建省建设国家创新型省份实施方案印发，促进科技创新成为福建重要战略资源，成为产业转型和综合实力的主要支撑。创新福厦泉国家自主创新示范区体制机制。完成规划纲要编制，制定量化考核指标，省市共同设立每年12亿元的专项资金，推动实施一批特色园区、创新平台、重大项目建设。三片区累计推出141项有创新性的政策措施，首批18项创新改革举措在全省复制推广。健全促进科技成果转移转化机制。制定进一步加强以用为导向产学研结合的意见，建设海峡科技大市场和国家技术海峡中心分中心，成为成果转化和企业培育的加速器。

【医药卫生体制改革】 2017年，福建省进一步理顺医改体制机制。地市启动医改办划转工作，市县级公立医院管理委员会进入实质性运作，县级公立医疗机构管理委员会基本组建到位。医保整合后体制性优势初显。“药价保”深度融合，建立新的药品供应保障机制，按病种收付费改革全面推开。实行差别化的医保支付政策，在基层医疗机构就医报销比例平均达95%。深化公立医院综合改革。以院长目标年薪制为基础，推进公立医院工资总额管理办法、绩效考核考评办法、内部薪酬制度改革等内部运行机制改革。全面推进公立医院的人事编制制度、工资总额核定办法、内部绩效分配制度等运行机制改革。基层医药卫生体制综合改革不断深化。建立卫技人员“县管乡用”机制，推进乡村卫生服务一体化管理，推进村卫生所标准化建设、医保定点覆盖。全省家庭医生签约和重点人群签约覆盖率分别为28.19%和51.74%。

【教育综合改革】 2017年，福建省补齐教育短板。加大普惠性学前教育资源供给，实施学前教育三年行动计划，新开工建设208所幼儿园。建立政府购买普惠性民办幼儿园教育服务机制和“地方为主、省级奖补”的经费保障机制。深化义务教育的城区学校“小片区管理”、农村薄弱学校“委托管理”、名校实施集团化办学等管理机制改革，扩大优质教育资源覆盖面。教育结构优化。推动构建与常住人口规模相适应的中小学布局，建设一流大学和一流学科，完善终身教育体系。改革考试招生制度。全省首次统一中考顺利实施，研制中考中招新方案，开展高考全国卷对接工作。

【社会保障体制机制健全】 2017年，福建省机关事业单位养老保险制度改革稳步推进，全省机关事业单位养老保险参保137.68万人。健全完善社会救助体系。提高最低生活保障和农村低保的省定最低标准，24个县（市、区）实现城乡低保标准一体化。全面实施特困人员救助供养制度，将农村五保对象、城市“三无”人员统一纳入救助供养范围，49个县（市、区）实现城乡特困供养标准一体化。推进养老服务综合改革。出台加快养老事业发展、“十三五”福建省老龄事业发展和养老体系建设规划等文件，通过推动各类试点示范、加强养老服务设施建设、创新城乡居家社区养老服务、推进医养结合等措施，推动养老服务业改革发展。（黄丽玲）

领导机构党派团体及领导人

【中共福建省委书记、副书记、常委、正副秘书长名单】

书　　记：于伟国
副书记：唐登杰
常　　委：张志南　雷春美*　王　宁　胡昌升　刘学新　裴金佳　梁建勇　周联清　王洪祥　苏保成
秘书长：梁建勇
副秘书长：林钟乐　陆开锦　邓本元　肖友梅

【中共福建省委所属机构负责人名单】

省委办公厅
主　　任：林钟乐
厅务会议成员：陆开锦　邓本元　肖友梅　陈巧玲*　王耀明　黄建清
副主任：许守尧　李　斌　李　勇　张源生　周宽奋
纪检组长：陈　琪

省委组织部
部　　长：胡昌升
常务副部长：杨国豪
副部长：林承通　何国辉　张晓华
纪检组长：杜金瀛
部务委员：陈学平
部务会议成员：吴汉斌

省委宣传部
部　　长：
常务副部长：蔡小伟
副部长：张宗云　徐姗娜*　刘志坚
纪检组长：李东河
部务会议成员：陈添贵　叶得盛

省委统战部
部　　长：雷春美*
常务副部长：臧杰斌
副部长：陈　飞　李家荣　翁雄宇
部务会议成员：李　韧
纪检组长：陈章栋

省委政法委
书　　记：王洪祥
副书记：王惠敏（兼）
常务副书记：林贻影
副书记：王敏夫　马必钢　袁超洪
委务会议成员：傅建飞　邓佳文　郑　辉　何晓清*　江敏琛

省委政策研究室
主　　任：陆开锦
副主任：王耀明　黄建清

省委（政府）台办
主　　任：王　玲*
副主任：郑一贤　宋志强　吴一明　钟志刚

省委编办
主　　任：陈元邦
副主任：杨　俊　江忠欣　陈松声　赵志强

省委省直机关工委
书　　记：梁建勇
常务副书记：梁晋阳
副书记：黄　青　刘用通
委　　员：陈金城　黄汉基　方月兴　王　旋*

省委非公企业和社会组织工委
书　　记：林承通
专职副书记：吴汉斌

省委教育工委
书　　记：黄红武
副书记：刘剑津　王建南
委　　员：陈国龙　巫文通

省委党校（福建行政学院）
校　　长：胡昌升
院　　长：杨贤金
常务副校长（常务副院长）：陈　雄
副校长（副院长）：姜　华*　刘大可　徐小佶　魏良文　杜丕谦　温敬元　林　红

省委老干部局
局　　长：何国辉
副局长：谢宜萍　刘立成　沈再生
局务会议成员：张国茂

省委党史研究室
主　　任：黄　誌
副主任：汪一朝　黄　玲*　王盛泽

省档案局
局　　长：卓兆水
副局长：黄建峰　马俊凡*　游富明

福建日报社
社　　长：张宗云
总　　编：梁建平
副社长：薛中文
副总编：饶新冬　潘贤强　陈建荣　任君翔*
纪检组长：郑祥煌

省社会主义学院
院　　长：雷春美*
副院长：李　韧　马建荣

省委机要局★
局　　长：陈巧玲*

省国家保密局★
局　　长：周宽奋

省委文明办★
主　　任：刘志坚
常务副主任：陈添贵

省委外宣办（网络办）★
主　　任：徐姗娜*
常务副主任：叶得盛

省委讲师团★
团　　长：

省委（政府）信访局★
局　　长：李转生
副局长：郑　敏*　林本正

【中共福建省各设区市委领导人名单】

中共福州市委
书　　记：王　宁
副书记：尤猛军　林晓英*
常　　委：修兴高　王进足　薛　侃　林　飞　陈　晔*　高　明　蔡战胜　吴深生

张　忠　孙根生

中共厦门市委

书　　记：裴金佳
副 书 记：庄稼汉　陈秋雄
常　　委：叶重耕　蔡建新
林文生　张灿民
孙明忠　黄　强
李伟华　倪　超*
黄文辉　陈沈阳

中共漳州市委

书　　记：檀云坤
副 书 记：刘　远　阮开森
常　　委：李小庆　林叶萍*
沈金水　张琳光
吴文团　黄水木
刘伟泽　张慧德

中共泉州市委

书　　记：郑新聪
副 书 记：康　涛　陈奕辉
常　　委：翁祖根　温惠榕
孔繁军　林万明
陈铁晗*　张永宁
林锦明　杨晓山
刘建军

中共莆田市委

书　　记：林宝金
副 书 记：李建辉　程　强
常　　委：李飞亭　郑春洪
吴桂芳　傅冬阳
卓晓銮*　吴立新
沈伯麟　赵超良

中共三明市委

书　　记：杜源生
副 书 记：余红胜　黄建平
常　　委：王　刚　黄建波
游宇飞　陈炎标
陈龙德　纪熙全
肖明光　林　斌*

中共南平市委

书　　记：袁　毅
副 书 记：许维泽　张国旺
常　　委：吴荣才　陈熙满
罗志坚　王雷火
伍　斌　张培栋
庄　莉*

中共龙岩市委

书　　记：
副 书 记：林兴禄　何明华
常　　委：李成荣　王金福
詹昌建　邓菊芳*
魏　东　毛高良
王　龙　张春秋

中共宁德市委

书　　记：隋　军*
副 书 记：郭锡文　林文芳
常　　委：林　鸿　陈力达
陈其春　陈炎春
曾智勇　王世雄
谢再春　郭学斌

中共平潭综合实验区工委

书　　记：张兆民
副 书 记：林文耀　林江铃*
委　　员：周青松　赖继秋
谢秀桐　陈昌明
林共妙　许永西
欧阳晓波　林舜杰

【福建省人大常委会正副主任、正副秘书长名单】

主　　任：尤　权
副 主 任：徐　谦　陈　桦*
叶双瑜　苏增添
张广敏　邓力平
刘群英*　潘　征
彭锦清
秘 书 长：刘道崎
副秘书长：卢厚实　冯潮华
李　鸣

【福建省人大法制委员会、财政经济委员会名单】

法制委

主任委员：杨益民
副主任委员：陈青文*　丛　林

财经委

主任委员：（空缺）
副主任委员：陈小平

【福建省人大常委会各委、办、室、局名单】

办公厅

主　　任：卢厚实
副 主 任：郑国华　苏永革
巡 视 员：方　群
副巡视员：成洪涛　李　越

研究室

主　　任：徐　平
副 主 任：陈书侨

人事代表工作室

主　　任：翁　卡
副 主 任：苏金祥

法制工作委员会

主　　任：陈青文*
副 主 任：王少伟　徐　华*

内务司法工作委员会

主　　任：李晋闽
副 主 任：黄发模

农业与农村工作委员会

主　　任：林　武
副 主 任：杨稚平　谢小平
副巡视员：王建生

财政经济工作委员会

主　　任：陈小平
巡 视 员：刘朝阳
副 主 任：张炯佳　曹世民
副巡视员：黄晓婷*

教育科学文化卫生工作委员会

主　　任：林　辉
副 主 任：林　尧

华侨工作委员会（台胞工作委员会）

主　　任：（空缺）
副 主 任：朱　清　宋克宁
叶勇鹏

环境与城乡建设工作委员会

主　　任：林依标
副 主 任：王　芳*

信访局

局　　长：蔡闽民*

【中共福建省纪委派驻省人大常委会机关纪检组名单】

组　　长：祝荣亮

【各设区市人大常委会正副职、县（市、区）人大常委会正职名单】

福州市人大常委会

主　　任：陈为民
副 主 任：鄢　萍*　柯有铭
陈建平*　陈春光
关瑞祺　林　峰

鼓楼区人大常委会

主　　任：胡道坦

台江区人大常委会

主　　任：何长嘉

仓山区人大常委会
主　　任：阮　锋
晋安区人大常委会
主　　任：赵　坚
马尾区人大常委会
主　　任：李利民
长乐市、区人大常委会
主　　任：吴文琪
福清市人大常委会
主　　任：林　中
闽侯县人大常委会
主　　任：王彦强
连江县人大常委会
主　　任：张金潮
闽清县人大常委会
主　　任：刘久兴
罗源县人大常委会
主　　任：肖永建
永泰县人大常委会
主　　任：王德冠
厦门市人大常委会
主　　任：陈家东
副 主 任：陈昭扬　陈紫萱*
刘育生　陈　琛*
刘绍清　林德志
思明区人大常委会
主　　任：许跃生
湖里区人大常委会
主　　任：黄　炜
集美区人大常委会
主　　任：陈建荣
海沧区人大常委会
主　　任：江根云
同安区人大常委会
主　　任：毛立臻
翔安区人大常委会
主　　任：林进胜
漳州市人大常委会
主　　任：陈汉夫
副 主 任：吴达金　李珊珊*
陈福州　张镇城
刘加来
芗城区人大常委会
主　　任：魏方旭
龙文区人大常委会
主　　任：戴志嵩
龙海市人大常委会
主　　任：郑明福

漳浦县人大常委会
主　　任：陈少华
云霄县人大常委会
主　　任：施仲达
诏安县人大常委会
主　　任：沈义和
东山县人大常委会
主　　任：柳亚殊
平和县人大常委会
主　　任：曾　民
南靖县人大常委会
主　　任：曾连端
长泰县人大常委会
主　　任：叶亚强
华安县人大常委会
主　　任：曾果生
泉州市人大常委会
主　　任：郑新聪
副 主 任：张建生　朱团能
曾　巍　许文贵
吴友才
鲤城区人大常委会
主　　任：郑进发
丰泽区人大常委会
主　　任：林建扬
洛江区人大常委会
主　　任：蔡永生
泉港区人大常委会
主　　任：陈守川
晋江市人大常委会
主　　任：洪于权
南安市人大常委会
主　　任：黄永俊
石狮市人大常委会
主　　任：上官跃进
惠安县人大常委会
主　　任：张培坤
安溪县人大常委会
主　　任：廖皆明
德化县人大常委会
主　　任：王传敬
永春县人大常委会
主　　任：林金电
三明市人大常委会
主　　任：徐　铮
副 主 任：张知通　王　庆
廖小华*　陈仪代
肖长根

三元区人大常委会
主　　任：邓秀忠
梅列区人大常委会
主　　任：张淑华*
永安市人大常委会
主　　任：曾　胜
清流县人大常委会
主　　任：张仕权
宁化县人大常委会
主　　任：潘闽生
建宁县人大常委会
主　　任：吴国根
泰宁县人大常委会
主　　任：黄志远
明溪县人大常委会
主　　任：廖善朋
将乐县人大常委会
主　　任：俞德光
沙县人大常委会
主　　任：余荣生
尤溪县人大常委会
主　　任：杨永生
大田县人大常委会
主　　任：陈汉良
莆田市人大常委会
主　　任：阮　军
副 主 任：郑祖杰　王玉芳*
林金波　宋建新
何金清　沈萌芽*
仙游县人大常委会
主　　任：黄一敏
荔城区人大常委会
主　　任：谢珍裕
城厢区人大常委会
主　　任：王国太
涵江区人大常委会
主　　任：黄茂森
秀屿区人大常委会
主　　任：黄启荣
南平市人大常委会
主　　任：兰斯文
副 主 任：武　勇　符水俊
翁明亮　潘剑才
延平区人大常委会
主　　任：王周同
建阳区人大常委会
主　　任：胡宗礼
邵武市人大常委会

主　　任：熊贻荣
武夷山市人大常委会
主　　任：陈先珍
建瓯市人大常委会
主　　任：陈祥平
顺昌县人大常委会
主　　任：张上进
浦城县人大常委会
主　　任：吴　斌
光泽县人大常委会
主　　任：刘　雄
松溪县人大常委会
主　　任：蔡廷才
政和县人大常委会
主　　任：郑满生
龙岩市人大常委会
主　　任：张天洲
副 主 任：廖德槐　张琼珊*　邓振春　冯添桂　阙朝阳　苏立波
新罗区人大常委会
主　　任：郭益健
永定县人大常委会
主　　任：苏贤添
上杭县人大常委会
主　　任：梁八生
武平县人大常委会
主　　任：王民发
长汀县人大常委会
主　　任：蔡金旺
连城县人大常委会
主　　任：江维民
漳平市人大常委会
主　　任：陈金文
宁德市人大常委会
主　　任：金　敏
副 主 任：许青云　杨培钦　雷维善　刘信华　冯桂华
蕉城区人大常委会
主　　任：何邦恒
福安市人大常委会
主　　任：郑战雄
福鼎市人大常委会
主　　任：蔡梅生
霞浦县人大常委会
主　　任：陈　健
寿宁县人大常委会
主　　任：蓝清元
周宁县人大常委会
主　　任：叶健松
柘荣县人大常委会
主　　任：朱建波
古田县人大常委会
主　　任：陈绍莲*
屏南县人大常委会
主　　任：周少川
平潭综合实验区人大工委
主　　任：张兆民
副 主 任：成苏明　赖德芳　游小峰　陈时雄　陈国华
平潭县人大常委会
主　　任：成苏明（王　蕾）

【福建省人民政府省长、副省长、正副秘书长名单】

代 省 长：唐登杰
副 省 长：张志南　洪捷序　黄琪玉　杨贤金　王惠敏　周联清　李德金
秘 书 长：（空缺）
副秘书长：蒋少云　曹建平　林　杰　赖碧涛　詹志洁　刘　琳　方寿中

【福建省人民政府所属机构、企事业单位负责人名单】

省政府办公厅
主　　任：曹建平
党组成员：李转生　陈子舟
副 主 任：付朝阳　谌庆福　陈起东　林依钦　尤思德
省发展和改革委员会
主　　任：魏克良
副 主 任：张福寿　赖诗卿　吴亮碧　潘乙凡　詹晨辉　许碧瑞　叶飞文
党组成员：陈荣辉
总规划师：林向东
省经济和信息化委员会
主　　任：翁玉耀
副 主 任：梁伟新　郭学军　陈建业　兰　文　陈传芳
纪检组长：李长根
总工程师：李志忠
省卫生和计划生育委员会
主　　任：朱淑芳*
副 主 任：阮诗玮　陈晓春　王寿碧　陈　辉　陈　星　陈厚銮
纪检组长：陈兆文
党组成员：陈友茂
省教育厅
厅　　长：黄红武
副 厅 长：薛卫民　曾能建　陈国龙　李　迅
党组成员：王建南
纪检组长：巫文通
省科学技术厅
厅　　长：陈秋立
副 厅 长：林旹然　周世举　游建胜　林伯德
纪检组长：徐　敏
党组成员：颜志煌
省民族与宗教事务厅
厅　　长：黄进发
副 厅 长：兰秀珍*　宋　哩　张东晖
省公安厅
厅　　长：王惠敏
副 厅 长：张东鸣　许耀鹏　薛祺安　杜清森　杨建平
政治部主任：章丽婕*
纪检组长：李应良
党委委员：潘东升
省民政厅
厅　　长：池秋娜*
副 厅 长：邱　玮　赵荣生　陈丽华*　辛志华　林　弘
党组成员：方少雄
纪检组长：皮华林
省司法厅
厅　　长：陈　勇
副 厅 长：李陵军　陈　强　俞建春　庄天从　林德明

纪检组长：黄绍銮
党委委员：李杰鹏　柯南木
政治部主任：林安泰

省财政厅
厅　　长：王永礼
副 厅 长：詹积富　杨　隽
　　　　　韩　健　林贻武
　　　　　陈　强　黄剑青
党组成员：陈东荣
总会计师：万崇伟
纪检组长：许发荣

省人力资源和社会保障厅
厅　　长：林卫宠
副 厅 长：吴小颖　高　榕*
　　　　　胡忠昭　王　强
纪检组长：张永生

省国土资源厅
厅　　长：叶　敏
党组书记、副厅长：董建洲
副 厅 长：何南飞　陈志忠
　　　　　江敦岚
党组成员：邵　旭　黄玉荣
总规划师：周锦来
纪检组长：江显木

省环境保护厅
厅　　长：朱　华*
副 厅 长：陈　宁　虞平和
　　　　　黄书林　徐　威
　　　　　郑志忠
纪检组长：郑培华
总工程师：郑　彧

省住房和城乡建设厅
厅　　长：林瑞良
副 厅 长：王　海　王胜熙
　　　　　蒋金明　王明炫
总工程师：陈义雄
纪检组长：余学斌

省交通运输厅
厅　　长：黄祥谈
副 厅 长：李　擎　梁金焰
　　　　　雷文忠
纪检组长：陈善凤
总工程师：王增贤

省农业厅（省委农办）
厅　　长：黄华康
副 厅 长：姜绍丰　王智桢
　　　　　倪政云　陈明旺
　　　　　黄书荣　李岱一*

纪检组长：严志铭
总畜牧兽医师：梁全顺

省林业厅
厅　　长：陈则生
副 厅 长：严金静　刘亚圣
　　　　　谢再钟　王宜美
　　　　　欧阳德　林雅秋
纪检组长：张利生
党组成员：林旭东

省水利厅
厅　　长：赖　军
副 厅 长：丘汀萌　陈宜国
　　　　　厉　云　游祖勇
　　　　　梅长河
纪检组长：张宝华
总工程师：林　捷

省海洋与渔业厅
厅　　长：吴南翔
副 厅 长：李钢生　钟　声
　　　　　邱章泉
纪检组长：刘　新
总工程师：叶建平

省商务厅
厅　　长：黄新銮
纪检组长：肖惠亮
副 厅 长：陈安生　黄德智
　　　　　黄娜恩*　钟木达
　　　　　嘎松美郎　刘德培
　　　　　陈　靖

省文化厅
厅　　长：石建平
副 厅 长：陈　吉　林守钦
　　　　　黄苇洲
纪检组长：张佩煌
党组成员：傅柒生

省审计厅
厅　　长：杨　红*
副 厅 长：王成章　吴克昌
　　　　　许克付　廖德铨
总审计师：林建苍
纪检组长：林亚贵

省政府外事办公室
主　　任：王天明
副 主 任：李　宏　林学锋
　　　　　黎　林
党组成员：陈出新

省旅发委
主　　任：吴贤德

副 主 任：吴立官　苏庆赐
　　　　　肖长培

省国有资产监督管理委员会
主　　任：邵玉龙
副 主 任：林　立　左　宇
　　　　　刘宝和
纪检组长：黄共和

省地方税务局
局　　长：赵　静*
党组书记：刘尚逊
党组成员：张祖康
纪检组长：赖土发
副 局 长：郑孝真
总会计师：曾钟滔
总审计师：李建功
总经济师：陈秀榕*

省工商行政管理局
局　　长：黄培惠
副 局 长：吴添富　罗庆春
纪检组长：刘小宁

省质量技术监督局
局　　长：郑建闽
党组书记、副局长：严效东
副 局 长：吴　赳　刘先义
纪检组长：郭　延*
总工程师：张元榕

省新闻出版广电局
局　　长：陈立华
副 局 长：胡永新　肖贵新
　　　　　张丽娟　张明生

省体育局
局　　长：王维川
副 局 长：李　静*　唐佑明
　　　　　周耀龙

省安全生产监督管理局
局　　长：郑李亭
党组成员：戴文鹏
副 局 长：周惠珍*　姚朝钟
总工程师：郭金星
纪检组长：郑子龙

省食品药品监督管理局
局　　长：林凤祥
副 局 长：俞开海　黄　玲*
　　　　　江振长
食品安全总监：林国闪
药品安全总监：张剑平

省统计局
局　　长：孙希有

副　局　长：林文芳　雷志亮
总统计师：翁福官

省粮食局
局　　长：林锡能
副　局　长：冯利辉　赖应辉
黄敬和

省物价局
局　　长：林作明
总经济师：李跃年
副　局　长：魏明镇　刘家城

省政府侨务办公室
主　　任：冯志农
副　主　任：林泽春　刘良辉
郑惠文

省人民防空办公室
主　　任：陈照瑜
副　主　任：陈志强　刘革生
孙根生　薛依强
张祖明

省国有自然资源资产管理局
局　　长：林文斌
副　局　长：翁惠明　黄立峰

省政府驻北京办事处
主　　任：林　光
副　主　任：林先鑫　潘弘图

省地质矿产勘查开发局
局　　长：邵　旭
副　局　长：倪　超　郑荣富
韩康平
总工程师：周珍琦
纪检组长：吴晓明

中国海峡人才市场
董事长、总经理：廖世铢
副总经理：游诚志　杨　石
叶金山

省供销社
主　　任：林少雄
纪检组长：郑恢先
副　主　任：占飞豹　林　勤
张　川

省地方志编纂委员会
主　　任：陈秋平
副　主　任：俞　杰　林　浩

省政府发展研究中心
主　　任：李　强
副　主　任：黄　端　胡建荣
廖荣天

省农业科学院
党委书记：陈永共
院　　长：翁启勇
纪委书记：陈世奎
副　院　长：余文权　汤　浩

省政府项目投资评审中心
主　　任：张福寿
副　主　任：周跃华　柳树青

福建社会科学院
院　　长：张　帆
党组书记、副院长：陈祥健
副　院　长：李鸿阶　刘小新

省广播影视集团
董　事　长：曾祥辉
总　经　理：庄志松
副董事长：刘宜民　叶雄彪
刘　毅
纪检组长：朱则辉

省政府驻上海办事处★
主　　任：萨支申

省政府驻广州办事处★
主　　任：

省政府驻深圳办事处★
主　　任：王建富

省政府法制办公室★
主　　任：黄岩生

省政府机关事务管理局★
局　　长：陈子舟

省金融办★
主　　任：付朝阳

省公务员局★
局　　长：胡忠昭

省公安厅交通警察总队★
政　　委：苏　光

省监狱管理局★
第一政委：陈　勇
局　　长：李杰鹏
政　　委：陈由顺

省老龄办●
常务副主任：方少雄

省海洋渔业执法总队★
总　队　长：张思荣
政　　委：纪哨雄

省交战办★
主　　任：陈煊云

省重点项目办★
主　　任：许碧瑞
副　主　任：江智光

省政府移民开发局★
局　　长：

省测绘地理信息局★
党组书记、副局长：林　辉
局　　长：林孝文

省知识产权局★
局　　长：颜志煌

省铁路建设办公室★
主　　任：史原增

省煤田地质局★
局　　长：黄玉荣
党委书记、副局长：林　杰

省水利水电勘测设计院★
党委书记：郭　武

省疾病预防控制中心★
主　　任：郑奎城

省经济信息中心★
主　　任：蔡荣富

中国闽台缘博物馆★
党委书记：黄籴问
馆　　长：林建春

省教育考试院★
院　　长：陈明庆

省节能监察（监测）中心★
主　　任：曾　斌

省公共资源交易中心★
主　　任：

省投资开发集团公司
董　事　长：严　正
总　经　理：彭锦光
党委副书记：陈国发
副总经理：王　比　王　非
林　崇　蔡　琳
刘珠雄
纪委书记：陈志斌
总会计师：陈　杰

省冶金（控股）公司
董　事　长：郑　震
总　经　理：张　玲*
副总经理：赖兆奕　许继松
侯孝亮　周　闽
纪检组长：范建敏

省能源集团公司
董　事　长：林金本
党委副书记：张　靖*
副总经理：周必信　林　群
吴维加　黄友星
总会计师：卢范经
纪委书记：李寿发

省交通运输集团公司

董　事　长：李兴湖
总　经　理：陈可香
党委副书记：陈　乐
纪 委 书 记：苏志忠
副 总 经 理：黄循铀　肖祖建
　　　　　　陈乐章　杨锦昌
　　　　　　吴厚生

省高速公路公司

董　事　长：涂慕溪
总　经　理：陈岳峰
党委副书记：吴毅荣
副 总 经 理：张　明　潘向阳
　　　　　　王　敏　邱　淮
　　　　　　蒋建新
总 会 计 师：黄　晞*
纪 委 书 记：沈觉新

中国（福建）外贸中心集团公司

总　经　理：陈军华
党委副书记：游向阳
副 总 经 理：赖建国　宋福鋆
　　　　　　方炬洋
总 会 计 师：许文章
纪 委 书 记：吴祥明

厦门航空公司

董　事　长：车尚轮
总　经　理：赵　东
副 总 经 理：黄火灶　林朝阳
　　　　　　黄国辉　周卫东
　　　　　　汤建其　倪良胜
纪 委 书 记：蔡顺驰

省船舶工业集团公司

董　事　长：赵金杰
总　经　理：谢荣兴
党委副书记：陈　晞
副 总 经 理：陈光灿　李振均
纪 委 书 记：陈　幸
总 会 计 师：李永忠

福建炼油化工公司

董事长、总经理：顾越峰
党 委 书 记：陈晓波
副 董 事 长：林金本
纪 委 书 记：杨洪斌
副 总 经 理：刘彦昌　胡红页
　　　　　　陈飞山　刘向东
　　　　　　赵天星　林　栩
总 会 计 师：李思阳*

省轻纺（控股）公司

总　经　理：黄文定
副 总 经 理：陈国梁　郑书雄
　　　　　　黄金镖
纪 检 组 长：潘士颖
总 会 计 师：林兵霞*

省旅游发展集团公司

董　事　长：陈扬标
总　经　理：刘洪建
党委副书记：游克安
副 总 经 理：丁炳华　刘学忠
　　　　　　林女超
纪 委 书 记：陈占隆
总 会 计 师：余运庄

福建建工集团总公司

董　事　长：林秋美
总　经　理：林增忠
纪 检 组 长：徐　凯
副 总 经 理：丘亮新　刘晓群
　　　　　　黄国煌
总 工 程 师：阮锦发
总 会 计 师：张　琪*

省电子信息集团公司

董　事　长：宿利南
总　经　理：钟　军
党委副书记：陈施清
副 总 经 理：林　升　黄　舒
　　　　　　卢文胜　卞志航
纪 委 书 记：黄典昌
总 会 计 师：黄旭晖*

省汽车工业集团公司

董　事　长：黄　莼
总　经　理：邱志向
副 总 经 理：李岩峰　陈文豪
　　　　　　陈　锋　谢思瑜
纪 检 组 长：魏香金

福建石化集团公司

董　事　长：林金本
总　经　理：徐建平
党委副书记：吴　宏
副 总 经 理：刘　强　朱玉武
　　　　　　黄仔清
纪 委 书 记：柯南进

省机电（控股）公司

董　事　长：王会锦
总　经　理：董飞龙
副 总 经 理：陈伯炜　陈　斌

省招标采购集团公司

董　事　长：陈　武
副 总 经 理：丁宗庭　程立平
　　　　　　张亲议
纪 委 书 记：赵　斌
总 会 计 师：周辉芳

海峡出版发行集团公司

董　事　长：蒋达德
副 总 经 理：林义良　林　彬*
　　　　　　吴志明　何　强
总 会 计 师：陈逢淮

福建广电网络集团公司

董　事　长：张　远
总　经　理：谢晶思
总 会 计 师：周　萍*
副 总 经 理：梁章林　林剑生
纪 委 书 记：黄善贺

兴业银行

董　事　长：高建平
行　　　长：陶以平
监　事　长：蒋云明
副　行　长：陈锦光　薛鹤峰
　　　　　　李卫民　陈信健
　　　　　　孙雄鹏
党 委 委 员：黄金琳

省农村信用社联合社

理　事　长：余　军
主任、副理事长：张镇雄
副　主　任：林章毅　张永良
　　　　　　刘爱晖*　陈金德

【福建省各设区市人民政府领导人名单】

福州市政府

市　　　长：尤猛军
副　市　长：林　飞　严可仕
　　　　　　阮孝应　潘东升
　　　　　　杭　东　杨新坚
　　　　　　李　春*　王寿碧

厦门市政府

市　　　长：庄稼汉
副　市　长：黄　强　国桂荣*
　　　　　　林　锐　孟　芊
　　　　　　张毅恭　李跃辉
　　　　　　韩景义

漳州市政府

市　　　长：刘　远
副　市　长：张慧德　谢毅泰
　　　　　　黄华安　张翼腾
　　　　　　兰万安　沈志平

陈水树　吴卫红*
王文刚

泉州市政府

市　　长：康　涛
副 市 长：张永宁　周真平*
卢炳椿　季翔峰
洪自强　吕　刚
肖汉辉　杨晓山

莆田市政府*

市　　长：李建辉
副 市 长：傅冬阳　陈志强
李伙金　吴健明
陈惠黔　郑瑞锦
胡国防

三明市政府

市　　长：余红胜
副 市 长：黄建波　林俊德
肖华鑫　张元明
张文珍*　程鹏鹰
陈育煌

南平市政府

市　　长：许维泽
副 市 长：伍　斌　罗恩平
钟文龙　梁廉荣
朱仁秀*　黄苏福

龙岩市政府

市　　长：林兴禄
副 市 长：王　龙　郭丽珍*
黄庆辉　张　斌
王建生　谢海波
张朝阳　蔡蔚荻

宁德市政府

市　　长：郭锡文
副 市 长：曾智勇　黄建龙
林月玲*　缪绍炜
郑雷声　黄国璋
杨　方*　王金柱

平潭综合实验区管委会

主　　任：林文耀
副 主 任：林江铃*　周青松
赖继秋　许永西
欧阳晓波　林舜杰

【中央有关部委驻闽直属机构负责人名单】

省国家安全厅

厅　　长：蒋少云

新华社福建分社

社　　长：刘　亢
副 社 长：郭奔胜　梅永存
党组成员：林国良　肖伦添

中科院福建物构所

所　　长：曹　荣
党委书记、副所长：黄艺东
纪委书记：方荣良
副 所 长：兰国政　林文雄
卢灿忠

中科院城市环境研究所

所　　长：朱永官
纪委书记、副所长：陈少华
副 所 长：白国华

国家林业局驻福州办事处

专　　员：尹刚强
副 专 员：吴满元　李彦华

财政部驻福建办事处

监察专员：王国利
副监察专员、纪检组长：陈雪敏
副监察专员：郑延良

国家统计局福建调查总队

总 队 长：程良世
副总队长：陈志良　林鹰漳
林昭利
党组成员：康　君
纪检组长：徐学金

省国家税务局

局　　长：林京华
副 局 长：邱大南　陈慕斌
林茂椿
纪检组长：何大壮
总会计师：林国镜
总经济师：郑元芳
总审计师：陈　艳*

厦门市国家税务局

局　　长：
副 局 长：钟油子　戴黎明*
陈海燕*　陈　健
总经济师：杨国全
纪检组长：林　祥

省气象局

局　　长：
副 局 长：潘敖大　邓　志
冯　玲
纪检组长：陈　彪
党组成员：葛小清

省地震局

局　　长：金　星
副 局 长：朱金芳　朱海燕
林　树
纪检组长：龙清风

福建海事局

局　　长：徐增福
纪检组长：陈　凯
副 局 长：黄丹华*　李恩东

厦门海事局★

局　　长：陈传金
纪检组长：王高耀
副 局 长：王玉宝　郭志强

厦门出入境边检总站

政　　委：毛　旭
副总站长：任英超

福建煤矿安全监察局

局　　长：郑李亭
副 局 长：戴文鹏　朱石福

福州海关

关　　长：何小平*
副 关 长：谢剑峰　于正中
叶　云
政治部主任：戴志成
纪检组长：陈所庆

厦门海关

关　　长：吴海平
副 关 长：王天舒　叶超俊
姚明华
政治部主任：林　高
纪检组长：周　力

福建出入境检验检疫局

局　　长：宇方成
副 局 长：詹开瑞　井　伟
郭忠鹏　方宇健
胡文海
党组成员：林光龙
纪检组长：杨述明

厦门出入境检验检疫局

局　　长：马元林
副 局 长：方元炜　张跃彬
林世峰　张冬冬
纪检组长：陈　宇

国网福建省电力有限公司

董 事 长：陈修言
总 经 理：金　炜
总会计师：李随东
副总经理：郑家松　蔡咸宜
丛　阳　李功新
黄惠英*

纪委书记：李学军*
党委委员：郑佩祥
总工程师：周　刚

国电福建电力有限公司

总经理：李达彪
党委书记、副总经理：钟鲁文
纪委书记：梁庆廉
副总经理：涂朝阳
总会计师：王芯芳

华电集团福建分公司

党委书记：李立新
总经理：邓平强
副总经理：陈瑞兴　曾庆华
总会计师：林茂绩
纪委书记：王卫红*

华能福建分公司

总经理：颜世刚
党组书记、副总经理：李文学
副总经理：郭国明　陈　辉　万　骥　朱金美　王　煊
纪检组长：邓　海

福建福清核电有限公司

党委书记：徐利根
总经理：陈国才
纪委书记：朱书学
总会计师：张柏山
副总经理：杨为城　朱鸿伟　林传清　侯英东

中核集团福建联络部

主任：陈　光

中核华辰建设有限公司

董事长：董德建
总经理：张国华
副总经理：王国庆　李兰川
总会计师：陈玉军
纪委书记：杨国城

中国水利水电第十六工程局有限公司

总经理：林文进
党委书记、副总经理：金建国
纪委书记：徐炳春
副总经理：杨伟明　吴广忠　王文飞　蓝荣和　谢亚章　杨铭钦　潘金仁　吴秀荣　陈祖荣
总会计师：曾继亮

省邮政管理局★

局长：揭光武
副局长、纪检组长：王文胜
副局长：孙　超

省通信管理局

局长：张丽娟*
党组成员：陈建华*　洪晓旻　许显峰　许明峰
副局长：何　强
副局长、纪检组长：黄长庆

省邮政公司

总经理：周贤胜
副总经理：黄志斌　王全江
纪检组长：吴建华
党组成员：蔡旺辉

中国电信福建公司

总经理：高金兴
纪检组长：黄　衍
副总经理：陈锦华　饶　东　王志芳

中国移动福建公司

董事长、总经理：刘　坚
副总经理：张　莉*　葛松海　首建国　邱宝华
纪检组长：阳礼泉
党组成员：沈文海

中国联合网络通信福建分公司

总经理：欧阳恩山
纪委书记：戴　斌
副总经理：王为民　杨　暐　许海谋　尹少春　张　毅

中国铁通福建分公司

总经理：李昭晖
副总经理：卢　军　王恒祥　许加煊
总会计师：叶志刚

民航福建安全监督管理局★

局长：李志峰
纪委书记：叶嘉斌
副局长：邓　歼　夏国明　张雄光

中国石化福建石油分公司

总经理：丁春生
党委书记、副总经理：方启来
纪委书记：陈必文
副总经理：王　琴*　刘玉涛
副总经理、总会计师：施尚强

中国石油福建销售分公司

总经理：王明富
副总经理：韩　非　孙培锦
总会计师：齐　峰

中化泉州石化有限公司

总经理：张　强
党委副书记：仲伟华
纪委书记：王学利
党委委员：宋吉峰
副总经理：胡福磊　李　波

中航技福建公司

总经理：方　艾*
副总经理：江　捷*

省烟草专卖局（公司）★

局长、总经理：张永军
副局长：黄星光
副总经理：孔祥统　尤清祥
纪检组长：纪伍德

福建中烟工业公司

总经理：李跃民
副总经理：王建勇　王道宽　邱全胜　伍达明　林荣欣
纪检组长：林建红*

中储粮福建分公司

副总经理：王　涛　卓国锋
纪检组长：刘国兴

中国冶金地质勘查工程总局二局★

局长：孙修文
纪委书记：陈建民
副局长：黄树峰　张庆鹏
总会计师：刘　伟

中国长江三峡集团福建分公司

总经理：孙　强
副总经理：雷增卷

神华（福建）能源有限责任公司

董事长：吴优福
总经理：赵世斌
纪委书记：何文强
副总经理：董　飞　魏　星　李富军　刘科明

国家电力投资集团福建分公司

总经理：鲁　珏
副总经理：吴国光　丁鸣东

中核国电漳州能源有限公司

总经理：何　辉
党委书记、副总经理：顾　健
副总经理：岑小路　蒋祖跃　商幼明　钟健康

纪 委 书 记：初海华

华能霞浦核电有限公司

总 经 理：胡守印

副 总 经 理：林 卫 傅 坚 王 煊

中核霞浦核电有限公司

董 事 长：黄 潜

总 经 理：黄志军

副 总 经 理：李鹏辉 都继超 乐庆明

总 会 计 师：杨明栋

纪 委 书 记：李海涛

福建省电力建设有限公司

总 经 理：林炳润

党委书记、副总经理：林德斌

副 总 经 理：陈金辉 陈开荣 苏永强

总 会 计 师：陈建来

总 工 程 师：蒋文建

纪 委 书 记：林存镇

大唐国际发电福建分公司

总 经 理：苏 杰

党委书记、副总经理：方庆安

纪 检 组 长：肖敏文

副 总 经 理：马占兵 潘松林

福建宁德核电有限公司

总 经 理：蒋兴华

副 总 经 理：魏利锋 马 刚 李树荣 田辉宇 孟晓雄

纪 委 书 记：杨 军

总 会 计 师：肖文芳

总 审 计 师：李 涌

中铝瑞闽股份有限公司

董 事 长：李谢华

总 经 理：蔡 峰

党委副书记：李 铁

副 总 经 理：黄旭东 张荣旺

纪 委 书 记：刘晓辉

中铝东南铜业有限公司

董事长、总经理：于 健

副 总 经 理：叶小林 郭汉刚

银监会福建监管局

局 长：赵 杰

副 局 长：黄邦锋 徐金玲* 陈树福

保监会福建监管局

局 长：葛 翎

副 局 长：柯甫榕

副局长、纪委书记：黄志强

党 委 委 员：王建魁

证监会福建监管局

局 长：鲁颂宾

副 局 长：苏文贤 张 庆

纪 委 书 记：屈 伟

人行福州中心支行

行 长：单 强

副 行 长：杨长岩 陈 耕 吕进中 时 东

纪 委 书 记：翁新辉

党 委 委 员：周惠钦*

中国工商银行福建省分行

行 长：朱春华

副 行 长：田 哲 李良茂 王升烽 郑志伟 陈建兴 杨海涛

纪 委 书 记：林建忠

中国农业银行福建省分行

行 长：黄 海

副行长、纪委书记：石闽江

副 行 长：潘佐标 陈展红 黄秋华* 傅金荣 吴 刚

中国建设银行福建省分行

行 长：刘丽华*

副 行 长：王东标 黄 汾 林 平 黄建锋

纪 委 书 记：郑碧玲*

中国银行福建省分行

行 长：杨展鹏

副 行 长：林传伟 胡兴安 王 晓 林炳政 陈 敏* 黄德根

纪 委 书 记：吕立中

中国农业发展银行福建省分行

行 长：王京春

副 行 长：黄本文 王志光 杜洪星

国家开发银行福建省分行

行 长：曾丽卿*

副 行 长：刘喜荣 郑书月 庞景润

副行长、纪委书记：邓 勇

中国进出口银行福建省分行

行 长：王须国

副 行 长：吴劲涓* 刘正汉 张永祥

副行长、纪委书记：李 阳

长城资产管理公司福州办事处

党委副书记：赖 杰

副 总 经 理：陈昌龙

纪 委 书 记：魏铁军

中国信达资产管理公司福建分公司

总 经 理：林志忠

副总经理、纪委书记：林 锋

副 总 经 理：王晓洁*

华融资产管理公司福建分公司

副 总 经 理：陈 虎

党 委 委 员：刘秋勇 林湲沧

东方资产管理公司福州办事处

副总经理、纪委书记：何庆东

副 总 经 理：宋木江

中国人民财产保险公司福建分公司

总 经 理：骆少鸣

副 总 经 理：纪 翔 陈 珍* 袁 辉 黄忠新

党 委 委 员：叶远航

中国人寿保险公司福建分公司

总 经 理：江龙海

副总经理、纪委书记：江 波*

副 总 经 理：何幼平 阮 健* 叶寿华 林向阳

中国人民人寿保险公司福建分公司

总 经 理：刘 庆

副总经理、纪委书记：侯景辉

党 委 委 员：张震宇

中国人寿财产保险公司福建分公司

总 经 理：刘国钦

副总经理、纪委书记：郭艺荣

副 总 经 理：陈 峰

党 委 委 员：苏新华

中信银行福州分行

行 长：李 欣

副 行 长：林大业 章英芬* 林师禹

副行长、纪委书记：沈明忠

党 委 委 员：陈 曦 林海峰

交通银行福建省分行

行 长：王文进

副 行 长：官惠宣* 陈 俊

纪 委 书 记：谭 红*

党 委 委 员：黎建华

中国出口信用保险公司福建分公司

总 经 理：夏晓冬

中国人民健康保险公司福建分公司

总　经　理：黄伟纲

党委委员：张　力　李自力

纪委书记：何　磊

【中共福建省各县（市、区）委正职名单】

中共鼓楼区委
书　　记：薛　侃

中共台江区委
书　　记：李　凡

中共仓山区委
书　　记：蔡福勇

中共晋安区委
书　　记：刘卓群

中共马尾区委
书　　记：赵学峰

中共长乐区委
书　　记：许南吉

中共福清市委
书　　记：王进足

中共闽侯县委
书　　记：李永祥

中共连江县委
书　　记：周应忠

中共闽清县委
书　　记：许用贵

中共罗源县委
书　　记：何杰民

中共永泰县委
书　　记：陈　斌

中共思明区委
书　　记：游文昌

中共湖里区委
书　　记：林　建

中共集美区委
书　　记：李钦辉

中共海沧区委
书　　记：林文生

中共同安区委
书　　记：黄燕添

中共翔安区委
书　　记：黄奋强

中共芗城区委
书　　记：侯为东

中共龙文区委
书　　记：欧龙光

中共龙海市委
书　　记：郑隆松

中共漳浦县委
书　　记：戴平忠

中共东山县委
书　　记：陈云水

中共长泰县委
书　　记：方木荣

中共华安县委
书　　记：朱百里

中共平和县委
书　　记：郭德志

中共南靖县委
书　　记：黄劲武

中共诏安县委
书　　记：何德发

中共云霄县委
书　　记：王金狮

中共鲤城区委
书　　记：黄阳春

中共丰泽区委
书　　记：黄景春

中共洛江区委
书　　记：洪飞跃

中共泉港区委
书　　记：吴礼源

中共石狮市委
书　　记：朱启平

中共晋江市委
书　　记：刘文儒

中共南安市委
书　　记：王春金

中共惠安县委
书　　记：黄文胜

中共永春县委
书　　记：蔡萌芽*

中共安溪县委
书　　记：高向荣

中共德化县委
书　　记：梁玉华*

中共荔城区委
书　　记：杨朝东

中共城厢区委
书　　记：王文才

中共涵江区委
书　　记：陈万东

中共秀屿区委
书　　记：郑加清

中共仙游县委
书　　记：郑亚木

中共梅列区委
书　　记：杨　胜

中共三元区委
书　　记：郑清华

中共永安市委
书　　记：蒋先东

中共将乐县委
书　　记：刘润宇

中共沙县县委
书　　记：杨兴忠

中共尤溪县委
书　　记：杨永生

中共大田县委
书　　记：熊旭明

中共明溪县委
书　　记：李　腾

中共宁化县委
书　　记：余建地

中共建宁县委
书　　记：郑剑波

中共泰宁县委
书　　记：吕国健

中共清流县委
书　　记：池芝发

中共延平区委
书　　记：何明星

中共邵武市委
书　　记：何光松

中共武夷山市委
书　　记：林旭阳

中共建瓯市委
书　　记：丘　毅

中共建阳区委
书　　记：杨新强

中共顺昌县委
书　　记：江建华

中共光泽县委
书　　记：陈敏辉

中共浦城县委
书　　记：周永和

中共政和县委
书　　记：黄爱华*

中共松溪县委
书　　记：黄美萍*

中共新罗区委
书　　记：何明华

中共漳平市委

书　　记：陈论生

中共永定区委

书　　记：王金福

中共武平县委

书　　记：陈厦生

中共上杭县委

书　　记：傅藏荣

中共长汀县委

书　　记：廖深洪

中共连城县委

书　　记：钟勇强

中共蕉城区委

书　　记：毛祚松

中共福安市委

书　　记：谢再春

中共福鼎市委

书　　记：刘振辉

中共霞浦县委

书　　记：王　斌

中共寿宁县委

书　　记：汤孔忠

中共周宁县委

书　　记：包江苏

中共柘荣县委

书　　记：郭宋玉*

中共古田县委

书　　记：钟昌华

中共屏南县委

书　　记：吴允明

中共平潭县委

书　　记：张兆民

【各县（市、区）人民政府正职名单】

鼓楼区政府

区　　长：朱训志

台江区政府

区　　长：孙　利

仓山区政府

区　　长：梁　栋

晋安区政府

区　　长：张定锋

马尾区政府

区　　长：陈曾勇

长乐区政府

区　　长：蔡劲松

福清市政府

市　　长：张　帆

闽侯县政府

县　　长：林　颖*

连江县政府

县　　长：郑立敏

闽清县政府

县　　长：陈忠霖

罗源县政府

县　　长：林心銮

永泰县政府

县　　长：雷连鸣

思明区政府

区　　长：夏长文

湖里区政府

区　　长：林重阳

集美区政府

区　　长：何东宁

海沧区政府

区　　长：孟　芊

同安区政府

区　　长：王雪敏*

翔安区政府

区　　长：胡　盛

芗城区政府

区　　长：吴洪池

龙文区政府

区　　长：胡栋良

龙海市政府

市　　长：何才成

漳浦县政府

县　　长：黄庆华

东山县政府

县　　长：朱　真*

长泰县政府

县　　长：陈力予

华安县政府

县　　长：陈东海

平和县政府

县　　长：吴丁顺

南靖县政府

县　　长：钟　科

诏安县政府

县　　长：洪泰伟

云霄县政府

县　　长：张明东

鲤城区政府

区　　长：许宏程

丰泽区政府

区　　长：杨国昕

洛江区政府

区　　长：苏汉庭

泉港区政府

区　　长：颜朝晖

石狮市政府

市　　长：黄春辉

晋江市政府

市　　长：张文贤

南安市政府

市　　长：林荣忠

惠安县政府

县　　长：赖清正

永春县政府

县　　长：庄永智

安溪县政府

县　　长：刘林霜

德化县政府

县　　长：刘德旺

荔城区政府

区　　长：柯金国

城厢区政府

区　　长：吴文恩

涵江区政府

区　　长：连向红*

秀屿区政府

区　　长：蔡　晃

仙游县政府

县　　长：吴国顺

梅列区政府

区　　长：张昌平

三元区政府

区　　长：廖卫国

永安市政府

市　　长：陈文华

将乐县政府

县　　长：温　毅

沙县县政府

县　　长：汪志红*

尤溪县政府

县　　长：廖金辉

大田县政府

县　　长：林金龙

明溪县政府

县　　长：苏迎平
宁化县政府
县　　长：姚文辉
建宁县政府
县　　长：陈显卿
泰宁县政府
县　　长：王胜文
清流县政府
县　　长：张春华
延平区政府
区　　长：赵明正
邵武市政府
市　　长：丁贵生
武夷山市政府
市　　长：谢启龙
建瓯市政府
市　　长：周安有
建阳区政府
区　　长：魏敦盛
顺昌县政府
县　　长：余向红*
光泽县政府
县　　长：赵大建
浦城县政府
县　　长：沈晓文
政和县政府
县　　长：张行书
松溪县政府
县　　长：苏建旗
新罗区政府
区　　长：陈金龙
漳平市政府
市　　长：马　勇
永定区政府
区　　长：陈荣水
武平县政府
县　　长：廖卓文
上杭县政府
县　　长：王　波
长汀县政府
县　　长：马水清
连城县政府
县　　长：吕素梅*
蕉城区政府
区　　长：郭文胜
福安市政府
市　　长：叶其发
福鼎市政府
市　　长：袁华军
霞浦县政府
县　　长：颜谋元
寿宁县政府
县　　长：张成慧
周宁县政府
县　　长：黄桂诚
柘荣县政府
县　　长：雷祖铃
古田县政府
县　　长：党　帅
屏南县政府
县　　长：王旭东
平潭县政府
县　　长：林文耀

【省政协主席、副主席、正副秘书长名单】

主　　席：张昌平
副 主 席：张爕飞　刘可清　张　帆　郑兰荪　陈荣凯　李　红*　杨根生　陈绍军　薛卫民　陈义兴
秘 书 长：
副秘书长：刘宏伟　廖小军　陈培昭*　李　韧　柳　红*　刘　泓　郭学军　刘　珂*　李子林　柯连妹*

【省政协办公厅、专委会领导名单】

主　　任：刘宏伟
副 主 任：董　奕　陈善平
纪检组组长：周春明
研究室主任：邹国辉
委员工作室主任：林彩英*
提案委员会主任：张立先
专职副主任：曾少鸿
经济委员会主任：姜榕兴
专职副主任：张贵明
人口资源环境委员会主任：叶木凯
专职副主任：高扬增
教科文卫体委员会主任：李福生
专职副主任：江登峰
社会和法制委员会主任：钟维平
专职副主任：张长松
民族和宗教委员会主任：杨志英
专职副主任：阙永善
港澳台侨和外事委员会主任：吴国盛
专职副主任：卢德昌
文史和学习委员会主任：陈必滔
专职副主任：凌　冰*

【各设区市政协正副职领导，各县、市（区）政协正职领导名单】

福州市政协主席：何静彦
副 主 席：雷成财　林治良　林绍彬　郑　勇　林恒增　郑云春*　王绍知　林　锋　罗蜀榕
鼓楼区政协主席：李瑞琨
台江区政协主席：邓万铣
仓山区政协主席：陈　峰
晋安区政协主席：魏晓辉*
马尾区政协主席：张　林*
长乐区政协主席：陈增国
福清市政协主席：林　健
闽侯县政协主席：陈乐森
连江县政协主席：林承祥
闽清县政协主席：毛行青
罗源县政协主席：董志干
永泰县政协主席：陈家恬
厦门市政协主席：张　健
副 主 席：高玉顺　江曙霞*　陈昌生　黄世忠　黄培强　黄学惠*　陈永裕　黄国彬　王　焱
思明区政协主席：陈炳良
湖里区政协主席：林　凡
集美区政协主席：胡亚才
海沧区政协主席：吕永辉
同安区政协主席：黄小林
翔安区政协主席：周鲁闽
漳州市政协主席：张祯锦
副 主 席：柳建聪　林俊山　陈少青　黄井南　杨胜华*　周小华

吴芳华*
芗城区政协主席：沈龙顺
龙文区政协主席：陈禹生
龙海市政协主席：高伟强
漳浦县政协主席：林培兴
云霄县政协主席：王彩云*
诏安县政协主席：陈一森
东山县政协主席：朱展发
平和县政协主席：张茂杞
南靖县政协主席：李涌华
长泰县政协主席：曾剑平
华安县政协主席：曾贵森
泉州市政协主席：陈灿辉
副主席：骆沙鸣 陈铭福 王祖耀 李冀平 王瑞强 陈益* 洪川夫 林志建
鲤城区政协主席：郭成宗
丰泽区政协主席：上官蓝波
洛江区政协主席：王伊景
泉港区政协主席：朱云鹏
石狮市政协主席：林自育
晋江市政协主席：林仁达
南安市政协主席：洪顺昌
惠安县政协主席：蔡荣清
安溪县政协主席：梁金良
德化县政协主席：温文英*
永春县政协主席：康思坚
三明市政协主席：朱昌贤
副主席：李茂胜 许清华 曾明生 朱一勤 伍成康 蔡光信 陈欣 蒋先东 包萍*
三元区政协主席：李世福
梅列区政协主席：范纯文
永安市政协主席：张新兴
清流县政协主席：邓炳辉
宁化县政协主席：李平生
建宁县政协主席：陈海涛
泰宁县政协主席：高惠斌
明溪县政协主席：吴焰生
将乐县政协主席：吴国宝
沙县政协主席：林昭闹
尤溪县政协主席：林思文
大田县政协主席：余真华
莆田市政协主席：林庆生
副主席：彭丽靖* 李力利 林惠中 蒋志雄 王少华 赵爱红* 张亦兵 黄华 林玉瑞
仙游县政协主席：林志良
荔城区政协主席：郑占林
城厢区政协主席：黄志强
涵江区政协主席：邹荔平
秀屿区政协主席：郑永祥
南平市政协主席：黄健平
副主席：卓立筑 郭翠莲* 张皓* 潘丽贞* 陈少敏 余建坤 黄亚惠* 严明
延平区政协主席：刘启财
建阳区政协主席：吴少华
邵武市政协主席：蔡忠明
武夷山市政协主席：杨永华
建瓯市政协主席：叶国壮
顺昌县政协主席：易才卿
浦城县政协主席：张建斌
光泽县政协主席：王寅生
松溪县政协主席：吴海舰
政和县政协主席：魏万进
龙岩市政协主席：黄福清
副主席：赖招源 李新春 郑玉琳* 张子平 姚植华 陈晓东 刘友洪 赖双奇
新罗区政协主席：张志佳
永定区政协主席：廖方顺
上杭县政协主席：林英峰*
武平县政协主席：王云川
长汀县政协主席：丘发添
连城县政协主席：赖小香*
漳平市政协主席：于新远
宁德市政协主席：兰斯琦
副主席：林寿 王代忠 章瑞进 刘登健 黄家盛 刘水金 程树平 刘国平 陈美莺*
蕉城区政协主席：蓝晓平*
福安市政协主席：陈昌东
福鼎市政协主席：李绍美
霞浦县政协主席：韦大兴
寿宁县政协主席：陈信文
周宁县政协主席：周建斌
柘荣县政协主席：吴秀兰*
古田县政协主席：刘振茂
屏南县政协主席：周芬芳*

平潭综合实验区政协工委

主任：林江铃*
副主任：刘建宁 陈亨雄 林润 俞兆强 周训岚 卢斌*
平潭县政协主席：刘建宁

【福建省高级人民法院领导名单】

院长：马新岚*
副院长：周瑞春 罗志沙 谢开红 欧岩峰 吴钟夏 林玫瑰*
纪检组长：陈灿寿
党组成员：段思明 严峻
政治部主任：王汉宏

【福建省人民检察院领导名单】

检察长：何泽中
常务副检察长：邬勇雷
副检察长：李明蓉* 傅再明 欧秀珠* 洪清 方齐苗 吴金喜 徐建波
党组成员：王小青*
政治部主任：王金文

【中共福建省纪委书记、副书记、常委、秘书长名单】

书记：刘学新
副书记：陈善光 黄汉升 洪仕建
常委：刘学新 陈善光 黄汉升 洪仕建 游美萍* 张淑萍* 薛云官 冯新婷* 邱天华 方齐苗
秘书长：洪仕建（兼）

【各设区市纪委正副职领导，各县、市

（区）纪委正职领导名单】

福州市纪委书记：修兴高
副书记：张娇兴　肖敦颖
叶　谊
鼓楼区纪委书记：陈一飞
台江区纪委书记：陈自勇
仓山区纪委书记：李　雄
晋安区纪委书记：林存武
马尾区纪委书记：苏　建
福清市纪委书记：罗明炜
长乐区纪委书记：林　盛
闽侯县纪委书记：李　充
连江县纪委书记：程　靖
闽清县纪委书记：郭有旭
罗源县纪委书记：郑　勇
永泰县纪委书记：郑建双
厦门市纪委书记：孙明忠
副书记：黄聪敏　周　进
柯　军
思明区纪委书记：苏德本
湖里区纪委书记：黄绿青*
集美区纪委书记：刘琦龙
海沧区纪委书记：黄炳文
同安区纪委书记：许永良
翔安区纪委书记：施耿瑶*
漳州市纪委书记：林叶萍*
副书记：李铁军　林文井
芗城区纪委书记：沈洪坤
龙文区纪委书记：赖晓勤*
龙海市纪委书记：陈群伟
漳浦县纪委书记：林志辉
云霄县纪委书记：蔡向东
诏安县纪委书记：罗云生
东山县纪委书记：郑凤义
平和县纪委书记：欧阳劲松
南靖县纪委书记：李　琳*
长泰县纪委书记：杨尚庞
华安县纪委书记：陈　志
泉州市纪委书记：温惠榕
副书记：邓安娜*　许锦聪
苏双喜
鲤城区纪委书记：洪金城
丰泽区纪委书记：许勤荣
洛江区纪委书记：郑进锡
泉港区纪委书记：陈沙龙
石狮市纪委书记：林振海
晋江市纪委书记：许仰东
南安市纪委书记：李岩华
惠安县纪委书记：林育伟
安溪县纪委书记：林文超
德化县纪委书记：林明义*
永春县纪委书记：江　渊
三明市纪委书记：游宇飞
副书记：黄金伙　黄惠元
三元区纪委书记：揭卫华
梅列区纪委书记：吴茂生
永安市纪委书记：徐　文
清流县纪委书记：苏　洁*
宁化县纪委书记：江向荣
建宁县纪委书记：邓军安
泰宁县纪委书记：乐仁昌
明溪县纪委书记：谭细华
将乐县纪委书记：江太生
沙县县纪委书记：吴江潮
尤溪县纪委书记：杨金笔
大田县纪委书记：黄家发
莆田市纪委书记：吴立新
副书记：邱文高　林清忠
潘冬英*
仙游县纪委书记：施晓阳
荔城区纪委书记：沈堂明
城厢区纪委书记：余丽红*
涵江区纪委书记：郭志诚
秀屿区纪委书记：陈四海
南平市纪委书记：陈熙满
副书记：胡锡安　余文新
叶月庭
延平区纪委书记：林华生
建阳区纪委书记：连大松
邵武市纪委书记：谢　琦
武夷山市纪委书记：涂桦忠
建瓯市纪委书记：杨　銮*
顺昌县纪委书记：谢舜宏
浦城县纪委书记：郑　辉
光泽县纪委书记：黄　河
松溪县纪委书记：虞朝兵
政和县纪委书记：张　荣
龙岩市纪委书记：李成荣
副书记：邓伟斌　张金滨
罗　剑
新罗区纪委书记：张伟明
永定区纪委书记：陈文操
上杭县纪委书记：胡长松
武平县纪委书记：傅衍华
长汀县纪委书记：郭育坚*
连城县纪委书记：张前茂
漳平市纪委书记：黄佐清
宁德市纪委书记：陈力达
副书记：卢明光　林　海
李　琳*
蕉城区纪委书记：刘东忠
福安市纪委书记：阮志勇
福鼎市纪委书记：高申年
霞浦县纪委书记：陈　霖
寿宁县纪委书记：孙绍洪
周宁县纪委书记：陈为忠
柘荣县纪委书记：叶　毅
古田县纪委书记：胡　宁*
屏南县纪委书记：魏宏峰
平潭综合实验区纪工委书记：
林共妙
副书记：郑晓东
平潭县纪委书记：林共妙

【民主党派和工商联负责人名单】

民革福建省委

主委：邓力平
副主委：柳　红　余文森
樊美清　董良瀚
吴少华　叶少珍
林　锋　林惠中

民盟福建省委

主委：阮诗玮
副主委：陈昌生　焦念志
刘　泓　陈礼辉
谢良地　赵爱红*
洪南福　杨永平
姚立纲

民建福建省委

主委：吴志明
副主委：黄世忠　郭学军
王宗华　戴仲川
王宁新*　吕培榕
黄卫东

民进福建省委

主委：严可仕
副主委：郑家建　张　兰*
翁国星　刘　健

林全金 吴丽冰*
马建荣 温 青
秘书长：林龙金*

农工党福建省委

主委：刘献祥
副主委：赖应辉 王 焱
李笃妙
杨 琳（专职）
侯建明 郭丽珍*
曹 荣 吴健明
郑伟达

致公党福建省委

主委：薛卫民
副主委：刘 珂* 徐平东
兰万安 叶 敏
吴棉国 张宗真
罗恩平 王惠忠

九三学社福建省委

主委：洪序捷
副主委：吴小颖 赵 静*
陈美琼* 马祥庆
王长平 蔡 锋
刘明华

台盟福建省委

主委：郑建闽
副主委：江尔雄* 廖明宏
陈 椿 李珊珊*
柯连妹* 苏耿聪

省工商联（总商会）

主席（会长）：王光远
党组书记、常务副主席（副会长）：
李家荣
副会长：李建南
党组成员、副主席（副会长）：
陈建强 陈 飚
刘 军

【各群众团体负责人名单】

省总工会

主席：张广敏
党组书记、副主席：丁文清

团省委

团省委书记：宿利南
团省委副书记：陈 涛
杨 溢
陈训明

省妇联

党组书记、主席：吴洪芹

省科协

主席：郑兰荪
副主席：杨江帆 吴瑞建
林学理 史 斌
洪茂椿 谢华安
付贤智 田中群
焦念志 陈元仲
孙世刚 郑金贵
刘 波 徐西鹏
黄汉升 尤民生
陈立典 苏文金

省社科联

主席：高翔（兼）
党组书记、副主席：林蔚芬*
党组成员、副主席：陈文章
缪建萍*
党组成员、秘书长：游炎灿

省文联

党组书记、书记处书记：张作兴
党组成员、书记处书记：林瑞发
陈毅达
王来文
主席：张 帆
副主席：张作兴
林瑞发
陈毅达
王来文
杨少衡
陈秋平
范碧云*
罗训涌
柯云瀚
唐晓燕*
舒 婷*
曾静萍*

省侨联

党组书记、主席：陈式海
党组成员、副主席：翁小杰
林俊德
张 瑶
党组成员、秘书长：吴武煌

省台联

党组书记：江荣全
会长：江尔雄

省残联

党组书记、理事长：柯少愚
党组成员、副理事长：杨小波
王秀丽*
陈 强

省贸促会

会长、党组书记：陈 震
副会长、党组成员：傅 健
谢续华
陈 扬

省中华职教社

主任：郭振家
党组书记：黄子曦
副主任：黄子曦 陈毅萍
刘 平* 高诚辉
欧宗金 王建民
王清海

省留学生同学会·留学人员联谊会

会长：郑传芳
副会长：王 健 孙世刚
孙大海 汤昭平
关瑞章 陆开锦
吴季怀 陈以旺
杨 辉 李 敏*
张兆民 罗 健
郑 瑜* 林建华
洪茂椿 黄建民
秘书长：陈 安

注：*为女同志，★为二级机构。

（名单以2017年12月底在职者为准，相同职务人员做适当归类，不作为排序依据，由省委组织部信息管理办公室、省人大、省政协、省纪委、各民主党派福建省委、省工商联、各群众团体提供）

编辑：林忠玉

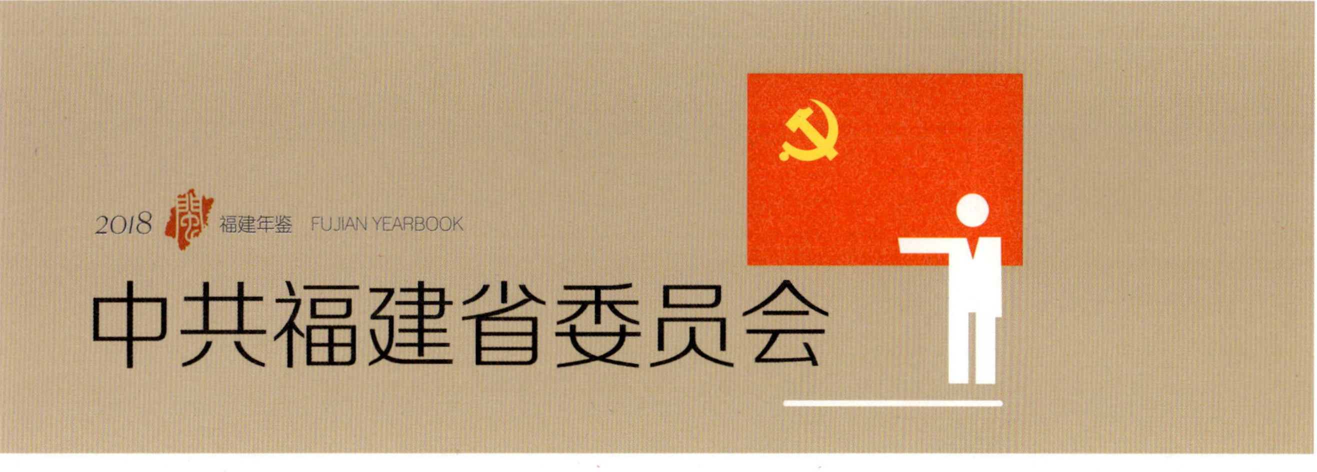

中共福建省委员会

中共福建省委重大决策

【概况】 2017年，中共福建省委坚持以习近平新时代中国特色社会主义思想为指导，学习贯彻党的十九大精神，围绕“五位一体”总体布局和“四个全面”战略布局，坚持稳中求进工作总基调，按照省第十次党代会确定的奋斗目标和主要任务，落实中央支持福建加快发展的政策措施，团结带领全省干部群众稳增长、促改革、调结构、惠民生、防风险，经济社会和党的建设等各项事业取得新的成绩。

学习贯彻习近平新时代中国特色社会主义思想和党的十九大精神，坚决同以习近平同志为核心的党中央保持高度一致。省委把学习宣传贯彻习近平新时代中国特色社会主义思想和党的十九大精神作为首要政治任务，及时召开省委十届四次全会作出部署，学习、领会其思想精髓和核心要义，把握新时代、新思想、新征程、新部署、新要求等丰富内涵，在学懂弄通做实上下功夫，切实把思想和行动统一到十九大精神上来，把智慧和力量凝聚到实现十九大确定的目标任务上来。及时下发学习通知，组织中央和省委宣讲团的宣讲活动，举办领导干部专题研讨班，派宣讲小分队深入基层宣讲等，引导广大党员干部原原本本研读十九大报告，推动十九大精神真正在省级班子、省直机关，各市、县（区），党校高校，村居社区，港澳台侨乡亲中深入人心、落地见效。省委书记带头学习领会、带头贯彻落实，带头深入福州苍霞新城社区、福建师范大学、才溪镇下王村宣讲，带头在省管干部专题研讨班上作辅导报告；其他常委同志以身作则、引领示范，分赴各地、部门、企业、高校开展宣讲与调研指导，与干部群众共同学习、深入交流，带动全省兴起学习宣传贯彻热潮。坚持把贯彻落实十九大精神，与贯彻落实习近平总书记对福建工作的重要指示精神紧密结合起来，切实把习近平新时代中国特色社会主义思想贯穿和体现到新福建建设的全过程、各方面，努力学得更深、悟得更透、贯彻得更彻底。在学习贯彻过程中，全省各级党组织和广大党员干部增强了“四个意识”，坚定了“四个自信”，坚决维护习近平总书记党中央的核心、全党的核心地位，坚决维护以习近平同志为核心的党中央权威和集中统一领导，自觉用习近平新时代中国特色社会主义思想武装头脑、指导实践、推动工作，始终在思想上政治上行动上与党中央保持高度一致，不折不扣地落实党中央的各项决策部署。

【经济持续健康发展】 2017年，中共福建省委贯彻习近平新时代中国特色社会主义经济思想，加强党对经济工作的领导，贯彻落实新发展理念，加大转型升级力度，加快新旧动能转换，经济发展质量和效益不断提高。是年，全省生产总值32182.09亿元，比上年增长8.1%，规模以上工业增加值增长8%，固定资产投资增长13.5%，一般公共预算总收入增长6.9%，地方一般公共预算收入同口径增长8.7%，社会消费品零售总额增长11.5%，进出口总额增长12%。深化供给侧结构性改革。落实“三去一降一补”五大任务，钢铁、煤炭等过剩产能得到有效化解，房地产去库存取得积极成效，企业杠杆率和成本费用稳步下降，规模以上工业企业资产负债率低于全国平均水平。出台促进工业稳增长调结构系列政策、正向激励机制促进有效投资、激发民间有效投资活力等措施，健全“五个一批”项目推进机制，加快推进重大基础设施项目和重大产业项目建设，规范补短板工程包和PPP项目操作流程，发挥投资对优化供给结构的关键作用。出台“外贸八条”等政策，优化出口产品结构，出口增速回稳向好。实施“促升级扩消费十大行动”，发展共享经济和体验经济，旅游、文化、体育、健康、信息等消费保持高速增长，消费对经济发展的基础性作用更加明显。加快产业结构优化升级。实施创新驱动发展战略，推进福厦泉国家自主创新示范区建设，加快重大科技创新平台和重大科技项目建设，建成省级以上科技创新平台2600个，高新技术企业3054家。全省新增科技小巨人领军企业649家，累计1304家。深化“数字福建”建设，推动互联网、大数据、人工智能和实体经济深度融合。实施“数控一代”“智能一代”应用示范工程，推进传统产业向数字化、智能化转型。做强做优三大主导产业，举办福建与中央企业先进制造业项目对接会，深化在数字经济、电子信息、石油化工、节能环保等领域的合作。坚持分类指导、梯度培育、精准施策，战略性新兴产业规模不断壮大，增加值占 GDP 的比重达 12%。发展物流、金融、全域生态旅游、健康、养老等现代服务业，对经济增长贡献率达 54%。实施乡村振兴战略，推进农业供给侧结构性改革，粮食安全省长责任制有效落实，品牌农业、生态农业、数字农业等特色现代农业加快发展，农业综合效益稳步提升。推进城乡区域协调发展。推进以人为核心的新型城镇化，国家级和省级新型城镇化试点不断深化，城镇化率达 64.8%。加快福莆宁和平潭一体化发展，推进厦漳泉同城化发展，中心城市辐射带动能力、中小城市和小城镇服务功能不断增强。改善城乡人居环境，推进城乡公共停车场、城市地下综合管廊、污水处理和供水、生活垃圾处理、城乡公厕、排水防涝等投资工程包建设。加大美丽乡村建设力度，“千村整治、百村示范”工程实施成效明显。

【全面深化改革】 2017 年，中共福建省委学习贯彻习近平总书记对福建自贸试验区建设、集体林权制度改革等工作的重要指示精神，全面发力、多点突破，深化体制机制创新，压茬拓展改革开放的广度和深度，全社会发展活力和创新活力日益增强。推动关键环节改革取得突破。深化放管服改革，推行“一趟不用跑”和“最多跑一趟”办事清单，全省 90%以上行政审批和公共服务事项实现网上办理。推进多证合一、证照分离等商事制度改革，推行“双随机、一公开”监管，持续优化营商环境。推进省与市县财政事权和支出责任划分改革。深化医药卫生体制改革，推进“药价保”深度融合，公立医院管理体制和运行机制不断完善，基层医药卫生体制改革继续发力，分级诊疗制度开始建立。推进农村“三权分置”改革和农村土地承包经营权确权登记颁证工作，推动“两权”（农村承包土地的经营权和农民住房财产权）抵押贷款试点工作。推进重大改革试验。自贸试验区对标国际先进规则，全年实施创新举措 2 批 60 项，其中全国首创 23 项。推进国际贸易单一窗口建设，初步实现国际贸易主要业务一站式办理。区内融资租赁、跨境电商、保税展示交易等新业态快速发展。全年新增企业 1.8 万家，入驻企业运营率、纳税率保持较高水平。加快海丝核心区建设步伐，聚焦产能合作、经贸往来、海洋合作和人文交流，与东盟等海丝沿线国家和地区交流更加紧密。台闽欧国际班列实现常态化运营。“21 世纪海上合作委员会”会址及秘书处设在福州。推进福州新区创新发展，滨海新城和各组团建设提速。

【民主政治建设】 2017 年，中共福建省委贯彻落实习近平总书记“发展社会主义民主政治就是要体现人民意志、保障人民权益、激发人民创造活力，用制度体系保证人民当家作主”的重大要求，坚持党的领导、人民当家作主和依法治国的有机统一，推进全面依法治省，支持人大、政协和统一战线履行职能、开展工作、发挥作用，汇聚民心民智民力共促新福建建设。支持人大依法履行职责。完善党委领导人大工作的机制，坚持把人大工作纳入总体工作布局，支持省人大及其常委会依法履行职责。发挥人大立法的主导作用，人大审议通过 16 项法规草案。支持人大加强法律监督和工作监督，听取审议 16 个专项工作报告，在建设法治政府、推进司法改革、增强全民法治意识等方面取得新进展，促进依法行政、公正司法。加强政协协商民主建设。支持政协按照“四个共同”（协商议题共同确立、计划共同制定、人员共同参与、实施共同推进）的工作机制，开展常委会会议专题协商、重点提案办理协商、对口协商等协商活动，省委、省政府主要领导带头与基层委员零距离对话、面对面交流。支持政协加强和改进民主监督工作，开展专题协商、专题调研等活动，推动重大方针政策和决策部署的贯彻落实。推进统一战线工作。加强政党协商制度化规范化建设，召开多场党外人士协商会、座谈会和情况通报会。召开全省民族工作经验交流会、民族团结进步创建暨城市民族工作经验交流会，推动民族地区经济社会更好发展。解决宗教领域突出问题，维护宗教领域和谐稳定。召开全省新的社会阶层人士统战工作会议，成立全省新的社会阶层人士联谊会，扩大党的群众基础。构建“亲”“清”新型政商关系，为非公有制经济发展营造良好环境。动员港澳闽籍乡亲参与社会事务，完成中央赋予福建省的港澳工作任务。开展工会、共青团、妇联等人民团体改革。

【宣传思想文化工作】 2017 年，中共福建省委遵照习近平总书记“牢牢掌握意识形态工作领导权”的指示要求，围绕迎接宣传贯彻党的十九大精神这一主线，加强对宣传思想文化阵地的有效管理，坚持正面宣传和舆论引导，唱响主旋律，传播正能量，全省人民团结奋斗的共同思想基础更加巩固。加强理论武装和舆论引导。把学习宣传贯彻习近平新时代中国特色社会主义思想作为重中之重，通过党委中心组学习、理论宣传宣讲、领导带头讲党课、组织专题研讨等方式，用马克思主义中国化最新成果武装头脑。策划推出“习近平总书记在福建的探索与实践”7 篇系列报道，在全国引起强烈反响。《摆脱贫困》出版英文版、法文版。推进“一报一台一网（端）”（《福建日报》、东南卫视、东南网和“新福建”新闻客户端）建设工程，大型政论节目《中国正在说》被评为全国广播电视创新创优节目，入选“砥砺奋进的五年”大型成就展。抓好意识形态工作责任制落实。把握意识形态工作领导权，教育引导广大党员干部认清西方“宪政”“三权鼎立”“司法独立”的本质，反对和抵制各种错误思潮，坚定坚持中国共产党领导和社会主义制度的信心决心。严格属地管理，把意识形态工作责任制落实情况纳入“九市一区”和省直单位绩效考核以及文明创建、基层党建考核，并纳入省委巡视和各地巡察工作。开展意识形态领域风险排查、舆情管控和专项督导，强化对新闻媒体、高校课堂、报告会研讨会等意识形态阵地管理。发挥“扫黄打非·东南区域联防机制”牵头省作用，加强境外反动出版活动查堵反制。召开全省高校思想政治工作会议。提升福建文化软实力。实施文化产业龙头促进计划，加快文化产业转型升级，全省规模以上文化制造业、文化服务业、文化批发和零售业主要指标均实现两位数增长。厦门鼓浪屿申遗成功和保护文化遗产得到习近平总书记充分肯定。实施优秀传统文化传承发展工程“十大行动”，历史文脉得到更好传承。深入实施红色文化保护、传承和弘扬工程，举办红色文化高端论坛。打造话剧《廖俊波》等一批精品力作，连续八届蝉联“梅花奖”。争创全国文明城市、文明村镇、文明单位。承办金砖国家政党智库和民间社会组织论坛、金砖国家治国理政研讨会、第九届世界华文传媒论坛，福建对外传播力影响力进一步扩大。

【民生事业】 2017年，中共福建省委牢记习近平总书记“带领人民创造美好生活，是我们党始终不渝的奋斗目标”的庄严宣誓，抓住人民最关心最直接最现实的利益问题，补齐教育、医疗、养老和城乡民生基础设施等领域短板，人民群众的获得感、幸福感和安全感有效提升。开展脱贫攻坚。推进精准扶贫精准脱贫，年度脱贫20万人，易地扶贫搬迁10万人，建设集中安置区100个。加强扶贫小额信贷工作，推进“雨露计划”，推动资产收益扶贫，精准扶贫医疗叠加保险政策落地实施。建立专项奖励制度，促进山区专业技术人才收入水平总体上不低于沿海。23个省级扶贫开发工作重点县和2201个建档立卡贫困村面貌明显改善，原中央苏区、革命老区、少数民族聚居区、海岛等欠发达地区发展步伐加快。补齐民生短板。全省民生相关支出占一般公共预算支出比重超过七成，完成25件为民办实事项目。实施更加积极就业创业扶持政策，完善公共就业创业服务体系，城镇登记失业率控制在4.2%以内，城乡居民人均可支配收入分别比上年增长8.3%和8.9%。扩大社会保险覆盖面，加强困难群众基本生活保障，全省城乡低保平均标准分别比上年增长15%与31%。深化教育改革，推进城乡教育一体化发展和职业教育产教融合，推进高等教育内涵式发展，厦门大学、福州大学列入国家“双一流”建设计划。推进健康福建建设，重点推进儿科、产科、精神科、中医、公共卫生等急需紧缺学科基础设施建设和基层医疗卫生服务能力建设，医联体建设和家庭签约服务持续推进。省立、协和、附一3所医院与北京协和、上海瑞金、上海华山等全国顶尖医院的协作进一步深化。发展养老事业和老龄产业，居家社区养老服务水平不断提升，医养结合有序推进。加强房地产市场分类调控，因城因地施策，完善购租并举的住房制度，扩大住房保障覆盖面。加大各类棚户区改造力度，超额完成国家下达全年任务。保持社会安定稳定。省委、省政府与9个设区市和平潭综合实验区签订综治（平安建设）责任书。妥善处置各类群体性事件，化解信访积案，社会治理体系更加完善。金融风险防控有力有效，守住不发生系统性金融风险的底线。开展治理“餐桌污染”，食品安全保障水平不断提高。落实安全生产责任，安全生产大检查、源头治理、专项整治取得明显成效，安全生产形势总体平稳。完成金砖国家领导人厦门会晤和党的十九大等重大安保任务。全省群众安全感率、执法工作满意率分别为94.56%与93.94%，创五年来新高。

【闽台经济社会融合发展】 2017年，中共福建省委落实习近平总书记关于福建对台工作的重要指示精神，按照中央对台大政方针，因应两岸关系形势变化，立足福建独特优势，努力在促进两岸关系和平发展、推动祖国和平统一进程中发挥更大作用。深化闽台经贸合作。实施闽台产业对接计划，开展台企转型升级帮扶行动，加强与台工商团体的商谈协作，闽台经贸合作呈现区域聚集明显、增资扩股趋多、选资引智并重、合作形式多样等新趋势。加快古雷炼化一体化、联芯集成电路、晋华存储器等重大台资项目建设，产业合作取得新成效。全年全省（含第三地）批准台资项目1051个，合同台资36.4亿美元，实际到资18.6亿美元，闽台贸易额774.6亿元人民币、比上年增长18.3%。密切文化交流和民间往来。举办第九届海峡论坛、海峡两岸民俗文化节（福州）等重大对台活动，深化两岸特色文化和民间基层交流。推进便捷往来通道建设，福州、厦门率先实现赴台旅游签注自助办理立等可取政策，平潭两岸快件中心启动运营。加密闽台空中直航和“小三通”航班。向金门供水工程海底管道施工全部完成。鼓励和支持台湾青年来闽实习就业创业，至年底全省有各类台湾青年创业基地73个，其中国家级8个，在闽就业创业台湾青年超过1.3万人。推进平潭开放开发。探索对台合作新机制，推进“一岛两窗三区”（国际旅游岛，闽台合作窗口、对外开放窗口，新兴产业区、高端服务区、宜居生活区）建设，打造两岸同胞融合融洽的共同家园。深化“一区两标”探索试验，继续推进平潭综合实验区试点社会融合模式，率先采认台湾旅游、建筑、规划、医疗等领域执业资格，率先实施台车入闽、卡式台胞证、五年免签注等创新举措，经平潭口岸往返两岸人员突破64万人次、卡式台胞证办证人数突破34万人次。首创聘请台湾村里长担任村委会执行主任。

【生态文明试验区建设】 2017年，中共福建省委贯彻习近平总书记“生态资源是福建最宝贵的资源，生态优势是福建最具竞争力的优势，生态文明建设应当是福建最花力气抓的建设”的重要要求，坚持人与自然和谐共生，牢固树立和践行绿水青山就是金山银山的理念，努力实现生态环境的“高颜值”和经济发展的“高素质”。创新体制机制。深化林权制度改革，全国林改现场经验交流会在福建省召开。全面推行河长制，省市县乡村五级组织体系全部到位，全省流域面积50平方千米以上河流都配置河长。开展武夷山国家公园体制试点。率先实现省市县三级生态环境审判和检察监督机构全覆盖，生态检察工作模式在全国推广。推进自然资源统一确权登记和自然资源资产管理体制试点。建立生态文明目标评价考核制度，研究出台党政领导干部自然资源资产离任审计实施方案，完善绿色发展绩效评价考核体系。全面推行排污权交易，建立健全碳排放权、用能权等市场化机制。抓好污染防治和环境整治。推进“清新水域”“洁净蓝天”“清洁土壤”三大工程，水、大气、生态环境质量保持全优。开展水系综合治理，重点抓好小流域综合整治，全省12条主要河流优良水质比例达95.8%。实施比国家更严格的大气主要污染物排放标准，强化大气污染联防联控，9个设区城市空气质量优良天数比例达96.2%。启动土壤污染治理与修复试点示范工程，强化固体废物污染防治，推进危险废物处置能力建设。基本建成覆盖省市县三级一体的生态环境大数据平台和应用体系，生态环境大数据（生态云）平台成为全国首个省级生态环境大数据平台项目。抓好中央环保督查反馈意见的整改落实，转办的信访件完成92.26%。打造良好自然生态系统。实施山水林田湖草、海洋生态保护修复，提升自然生态系统的稳定性和功能性。加大造林绿化和水土流失治理工作力度，全省完成植树造林面积8.93万公顷，完成水土流失综合治理面积15.89万公顷。督促加强自然保护区管理，强化森林、湿地资源监管和保护。修订完善重点流域生态保护补偿办法，形成覆盖全省、统一规范的全流域生态补偿机制。

【全面从严治党】 2017年，中共福建省委落实习近平总书记“以永远在路上的执着把全面从严治党引向深入”的重大要求，按照新时代党的建设总要求，全面推进党的政治建设、思想建设、组织建设、作风建设、纪律建设，把制度建设贯穿其中，推进反腐败斗争，推动全面从严治党向纵深发展。坚持把政治建设摆在首位。从省委班子做起，旗帜鲜明讲政治，增强“四个意识”，坚定“四个自信”，严格遵守党的政治纪律和政治规矩，带头坚决维护习近平总书记党中央的核心、全党的核心地位，坚决维护党中央权威和集中统一领导，自觉在思想上政治上行动上同以习近平同志为核心的党中央保持高度一致，对党中央决策部署和习近平总书记重要指示批示都第一时间学习传达和贯彻落实。严格执行新形势下党内政治生活若干准则，增强党内政治生活的政治性、时代性、原则性、战斗性。贯彻执行民主集中制各项制度，落实省委常委会重大决策征求意见制度等，发挥集体领导的作用。建设高素质专业化干部队伍。坚持新时期好干部标准，规范干部选任工作。全年研究调整7批457名省管领导干部。做好党的十九大代表选举，抓好省以下人大、政府、政协换届工作，呈现风清气正良好局面。加强对干部的提醒、函询、诫勉，加大领导干部个人有关事项报告核查力度，干部管理监督机制更加健全完善。落实习近平总书记关于关心关爱基层干部的重要指示，开展向廖俊波同志学习活动，制订出台20条有效措施，提振干部干事创业精气神。举办“人才福建周”等活动，引进各类优秀人才。加强基层党组织建设。召开全省基层党建工作、国企党的建设工作、城市基层党建工作、非公企业和社会组织“两个覆盖”等会议，各领域基层党建工作持续加强。深入推进抓党建促脱贫攻坚，开展发展村级集体经济试点，组织2201名贫困村党组织书记异地挂职锻炼。加强和改进城市基层党建工作，推行城市“党支部建在小区上”试点。推进党建工作总体要求写入公司章程。开展助推非公企业“强党建促发展”联合行动，非公企业和社会组织党组织覆盖率持续提升。推进党风廉政建设和反腐败斗争。坚持开展落实全面从严治党主体责任情况检查，推动“两个责任”落细落实。准确把握运用“四种形态”，实现由“惩治极少数”向“管住大多数”拓展。加大问责力度，有411名党员领导干部因落实全面从严治党主体责任不力被问责。汇编严重违纪省管干部忏悔录，将部分严重违纪省管干部忏悔录发回原单位，用身边事教育身边人。抓好中央八项规定精神落实，制订出台福建省实施办法，引导领导干部带头大兴调查研究之风，严肃查处顶风违纪行为和“四风”隐形变异问题。全省查处违反中央八项规定精神问题2096起。开展精准监督助推精准扶贫工作。完成十届省委三轮巡视工作，推动市县巡察工作全面规范有序开展，巡视巡察上下联动的监督网已经形成。深化纪检监察体制改革，做好国家监察体制改革试点各项工作。坚持以零容忍态度惩治腐败。立案19546件，给予党纪政纪处分19049人，移送司法机关处理951人。

【“厦门会晤”保障】 2017年，中共福建省委做好“厦门会晤”的相关服务保障工作，完成中央赋予的重大政治任务。统筹抓好场所改造、会务礼宾、城市环境、文化宣传、安全保卫等各项任务，高标准高质量保障“厦门会晤”顺利进行，得到习近平总书记等中央领导的充分肯定，得到与会各国贵宾、境内外媒体、各界人士的高度赞誉，大大提高了福建、厦门的知名度和美誉度。

【省委十届二次全会】 中共福建省委十届二次全体会议于2017年5月27日在福州召开，出席会议的省委委员72名、候补委员15名。全会经充分讨论酝酿，以无记名投票方式确定福建省出席党的十九大代表候选人预备人选名单。会议审议通过《关于召开中国共产党福建省代表会议的决议》，决定于

2017年6月在福州召开中国共产党福建省代表会议，选举产生福建省出席党的十九大代表。会议号召，全省各级党组织和全体共产党员更加紧密地团结在以习近平同志为核心的党中央周围，认真学习贯彻落实习近平总书记系列重要讲话精神和治国理政新理念新思想新战略，解放思想、开拓进取，凝心聚力、奋力拼搏，扎实推动经济社会发展再上新台阶，加快建设机制活、产业优、百姓富、生态美的新福建，为全面建成小康社会，实现中华民族伟大复兴的中国梦而努力奋斗，以优异成绩迎接中国共产党第十九次全国代表大会的胜利召开。

【中国共产党福建省代表会议】 中国共产党福建省代表会议于2017年6月25日在福州召开，出席会议的代表522名，符合规定人数。按照党章和中央有关规定，会议严格执行党的民主集中制原则，充分发扬党内民主，与会代表以对党和人民的事业高度负责的精神，认真履行职责，充分酝酿讨论，经过差额预选、等额正式选举，产生41名出席党的十九大代表。当选的代表结构比例完全符合中央要求，体现广泛的代表性和先进性。

【省委十届三次全会】 中共福建省委十届三次全体会议于2017年8月3日在福州召开，出席会议的省委委员78名、候补委员15名。参加会议的有：省人大常委会、省政府、省政协党员负责同志，省法院院长、省检察院检察长，省人大常委会秘书长，省直有关单位和中直单位驻闽机构党组（党委）主要负责人，省纪委常委，各市、县（区）党委书记，各市、县（区）长，平潭综合实验区党工委书记、管委会主任，在闽的十八大代表和省第十次党代会代表中的部分基层同志和专家学者，全省教育工作会议、全省卫生与健康大会、全省养老工作会议、全省城乡民生基础设施建设工作会议代表。列席会议的有：非中共党员省级领导，在闽的全国人大、政协专委会领导，担任过副省级以上领导职务的老同志，省各民主党派主委、专职副主委，省工商联主席，无党派人士代表，在榕省直单位副厅级以上领导干部。会议审议通过《中共福建省委关于加快社会事业发展补齐民生短板确保如期全面建成小康社会的决定》和《中国共产党福建省第十届委员会第三次全体会议决议》，讨论教育、卫生与健康、养老、城乡民生基础设施等领域相关配套文件，通报苏树林违纪违法案件。

会议指出，党的十八大以来，以习近平同志为核心的党中央始终把人民放在最高位置，高度重视保障和改善民生工作。习近平总书记以人民为中心的发展思想和新发展理念，贯穿着马克思主义的群众观，蕴含着丰富而深刻的方法论，体现了人民领袖真挚的为民情怀，是对我们党以人为本、执政为民理念的丰富和发展，为我们加快补齐民生社会事业短板提供了行动指南和根本遵循。

会议强调，全省各级各部门必须认真学习、深刻领会习近平总书记以人民为中心的发展思想和新发展理念，切实增强补齐民生社会事业短板的紧迫感责任感。必须深刻认识到，加快补齐民生社会事业短板，是完成我们党第一个百年奋斗目标、实现全面建成小康社会的需要，是落实新发展理念、推动经济社会协调发展的需要，是提升社会治理水平、促进社会和谐稳定的需要，是当前扩大有效投资、深化供给侧结构性改革的需要，是一项重大而紧迫的任务，中央高度重视，人民群众热烈期盼。我们要以只争朝夕的精神，把加快补齐民生社会事业短板纳入党委和政府的重要议事日程，扎实向前推进，力争早日见到成效。

会议指出，近年来，福建省认真贯彻中央的要求，在社会事业发展上下了很大力气，取得很大成效。但也要清醒地认识到，福建省社会事业发展相对滞后的局面还没有根本改变。在教育、卫生与健康、养老和城乡民生基础设施等领域，依然存在不少短板。从硬件上看，主要表现为资源供给不足、分布不均；从软件上看，主要表现为体制机制不够活、服务水平不够高；从质量上看，主要表现为高水平的机构不足，专业化程度低；从人才上看，主要表现为高层次人才缺乏，基础性人才同样不足。还要看到，补短板的领域和范围是动态的，随着经济社会发展、城镇化水平提高、人口老龄化加速，必须不断进行调整和扩充。我们对现有的短板问题要有客观的认识，对未来的短板问题要有前瞻的考虑，始终保持清醒头脑，强化问题导向，在不断解决具体问题中持续提升公共服务供给能力和共享水平。

会议强调，福建省加快补齐民生社会事业短板的总体要求是：全面贯彻党的十八大和十八届三中、四中、五中、六中全会精神，深入学习贯彻习近平总书记系列重要讲话精神和治国理政新理念新思想新战略以及对福建工作的重要指示，统筹推进“五位一体”总体布局，协调推进“四个全面”战略布局，增强“四个意识”，牢固树立和贯彻落实五大发展理念，坚持以人民为中心的发展思想，围绕“再上新台阶、建设新福建”的新要求，紧盯薄弱、对接需求，突出重点、精准发力，加快补齐教育、卫生与健康、养老和城乡民生基础设施等社会事业短板，不断增强经济社会发展的全面性、平衡性、协调性，让人民群众有更多的获得感，确保如期全面建成小康社会。主要目标是：到2020年，社会事业发展水平与福建省经济发展水平基本相适应，公共服务体系更加完善，供给能力显著增强，“学有所教”“病有所医”“老有所养”“宜居宜业”等公共服务保障能力和水平迈上新台阶。具体来讲，教育、卫生与健康、养老和城乡民生基础设施等领域的主要指标要高于全国平均水平，力争达到东部地区平均水平。

会议强调，要遵循规律，尽力而为、量力而行，不超越阶段，不吊高胃口，不大包大揽。要围绕办好人民满意的教育，加快补齐教育事业短板。普惠性学前教育，重点要扩供给；义务教育，重点要调结构；高中教育，重点要抓质量；职业教育，重点要促融合；高等教育，重点要上水平。要围绕建设“健康福建”，加快补齐医疗卫生事业短板。坚持扩总量与调结构并重，着力解决医疗卫生资源供需矛盾；坚持做优“塔尖”与夯实“塔基”并重，着力提升医疗服务能力；坚持抓疾病治疗与抓健康服务并重，着力落实预防为主的健康策略。要围绕构建多层次养老服务体系，加快补齐养老服务短板。优先发展居家社区养老服务，更好发挥机构养老的补充作用，推进医养深度结合。要围绕构建宜居宜业环境，加快补齐城乡民生基础设施短板。对于城市而言，要突出解决交通拥堵、停车难、内涝、污水、垃圾和黑臭水体等问题；对于农村而言，要突出解决污水和垃圾治理问题。要结合实际，在突出重点补短板的同时，统筹抓好社会事业各领域工作，既固强固优、又补缺补短，全面提升社会事业发展水平。

会议要求，各级党组织和广大党员干部要认真学习贯彻习近平总书记在省部级主要领导干部专题研讨班上的重要讲话精神，进一步强化“四个意识”，坚决落实中央和省委的各项决策部署，主动担当，积极作为，以实实在在的成效兑现对人民的承诺。要强化责任担当，像抓经济工作一样抓社会事业工作，像落实产业发展项目一样落实社会事业项目。要科学规划布局，细化优化教育、卫生与健康、养老、城乡民生基础设施等专项规划，着力满足不同地区、不同层次的社会需求。要加强人才支撑，紧紧扭住人才这个关键，在引进高层次人才、培养更多实用型和技术型人才上下气力。要调动各方参与，发挥政府主导作用，鼓励和支持市场主体积极参与，更好地把政府投资与社会投资结合起来。要推进改革创新，坚持问题导向，全面深化社会事业领域各项改革，充分发挥试点区域示范效应，创新建设、运营、管理机制，形成更多可复制可推广的经验和做法。要弘扬务实作风，坚持高标准严要求，坚持规范运作，抓好党风廉政建设，结合推进“两学一做”学习教育常态化制度化，认真学习廖俊波同志的实干精神，推进一线干部考核，以实干作风和工作实绩论英雄。

会议要求，要旗帜鲜明讲政治，坚决拥护中央对苏树林违纪违法案件的处理决定，同以习近平同志为核心的党中央保持高度一致。要以苏树林案件为镜鉴，从中汲取深刻教训，切实把从严治党责任落到实处，持续深入推进党风廉政建设和反腐败斗争，不断巩固和发展福建省良好的政治生态。

会议号召，全省各级党组织和广大党员干部更加紧密地团结在以习近平同志为核心的党中央周围，振奋精神、真抓实干、奋力拼搏，加快社会事业发展，补齐民生短板，确保如期全面建成小康社会，以“再上新台阶、建设新福建”的优异成绩，迎接党的十九大胜利召开。

【省委十届四次全会】 中共福建省委十届四次全体会议于 2017 年 11 月 16—17 日在福州召开，出席会议的省委委员 72 名、候补委员 15 名。参加会议的有：省人大常委会、省政府、省政协党员负责同志，省法院院长、省检察院检察长，省人大常委会秘书长，省直有关单位和中直单位驻闽机构党组（党委）主要负责人，省纪委常委，各市、县（区）党委书记，各市、县（区）长，平潭综合实验区党工委书记、管委会主任，在闽的十九大代表和省第十次党代会代表中的部分基层同志和专家学者。列席会议的有：非中共党员省级领导，在闽的全国人大、政协专委会领导，担任过副省级以上领导职务的老同志，省各民主党派主委、专职副主委，省工商联主席，无党派人士代表，在榕省直单位副厅级以上领导干部。会议讨论省委常委会工作报告，审议通过《中国共产党福建省第十届委员会第四次全体会议决议》。

会议充分肯定省委常委会全年的工作。一致认为，在以习近平同志为核心的党中央坚强领导下，省委常委会认真学习贯彻习近平新时代中国特色社会主义思想，围绕“五位一体”总体布局和“四个全面”战略布局，坚持稳中求进工作总基调，按照省第十次党代会确定的奋斗目标和主要任务，进一步落实中央支持福建加快发展的政策措施，团结带领全省干部群众稳增长、促改革、调结构、惠民生、防风险，推动经济、政治、文化、社会、生态文明建设和党的建设取得了新成绩。

会议指出，党的十九大是在全面建成小康社会决胜阶段、中国特色社会主义进入新时代的关键时期召开的一次十分重要的大会，具有重大里程碑意义。学习宣传贯彻十九大精神，是当前和今后一个时期的首要政治任务。要在前一阶段学习宣传的基础上，进一步在全省兴起学习宣传贯彻热潮，切实把思想和行动统一到十九大精神上来，把智慧和力量凝聚到实现十九大确定的目标任务上来。

会议强调，学习贯彻十九大精神，要准确领会把握十九大精神的思想精髓、核心要义，着力在学懂弄通做实上下功夫，重点把握新时代、新思想、新征程、新部署、新要求等方面的丰富内涵。要深刻领会和把握中国特色社会主义进入新时代的重大政治论断，深入了解和把握当代中国发展变革的新趋势、新特征，以更高的境界、更强的本领，积极主动地顺应这种变化，在工作中锐意开拓进取，努力创造无愧于新时代的新业绩。要深刻领会和把握习近平新时代中国特色社会主义思想的重大政治意义、理论意义、实践意义，深刻领会其时代背景、科学体系、精神实质，从而更好地用以武装头脑、指导实践、推动工作，使之成为引领各项事业发展的强大思想武器。要深刻领会和把握分两个阶段建设社会主义现代化国家的战略安排，认真实施福建省“十三五”规划，到 2020 年全面建成小康社会，进而在更高起点上建设机制活、产业优、百姓富、生态美的新福建。要深刻领会和把握十九大对我国经济建设、政治建设、文化建设、社会建设、生态文明建设和国防与军队建设、港澳台工作与外交工作等作出的新的全面部署，结合福建实际，一条一条地研究，不折不扣地落实，把每一项部署具体化、项目化，使之成为福建发展的举措和实践。要深刻领会和把握新时代党的建设总要求和重点任务，把管党治党的螺丝拧得更紧，为福建各项事业发展提供坚强政治保证。

会议强调，学习贯彻十九大精神，最为重要的是把习近平新时代中国特色社会主义思想作为长期坚持的指导思想，紧密结合新福建建设的实际，更好地统领改革发展稳定各项工作。习近平总书记把福建视为“第二故乡”，福建广大干部群众更有条件、更有感情、更有责任把习近平新时代中国特色社会主义思想学得更深、悟得更透、贯彻得更彻底，真正将这一重要思想贯穿和体现到新福建建设的全过程、各方面，在八闽大地形成生动实践、结出丰硕成果。要着力建设现代化经济体系，深化供给侧结构性改革，把项目建设作为推进各项工作的重要抓手，努力在加快产业转型升级上取得更大进展，在创新驱动上实现更大突破，在实施乡村振兴战略上迈出更大步伐，在深化改革开放上创造更大优势，推动福建经济持续健康发展。要发展社会主义民主政治，加强党对人大、政协工作的领导，充分发挥统一战线的重要法宝作用。加快建设法治福建，巩固和发展生动活泼、安定团结的政治局面。要加快文化强省建设，牢牢掌握意识形态工作领导权，培育和践行社会主义核心价值观，推动文化事业和文化产业繁荣发展，不断提高福建文化软实力。要坚持以人民为中心的发展思想，坚决打赢脱贫攻坚战，努力提高就业质量，加快民生社会事业发展，加强社会治理和平安建设，切实保障和改善民生，不断提高人民群众的获得感、幸福感、安全感。要深入推进生态文明试验区建设，全面完成试验任务，加快推进绿色发展，打好污染防治攻坚战，加强生态系统的保护和修复，让福建山更青水更秀天更蓝。要充分发挥对台独特优势，用好对台先行先试平台，推进闽台产业深度融合，促进文化认同和民心相通，吸引台湾人才来闽就业创业，为促进两岸关系和平发展、推进祖国和平统一进程作出更大贡献。

会议强调，中国特色社会主义进入新时代，我们党一定要有新气象新作为。全省广大党员、干部要按照十九大提出的新时代党的建设总要求，认真履行管党治党的政治责任，推动全面从严治党向纵深发展。要坚持把政治建设放在首位，坚决维护党中央集中统一领导和习近平总书记在党中央、在全党的核心地位；要坚持以习近平新时代中国特色社会主义思想为指导，持续深化理论武装；要坚持正确选人用人导向，切实加强干部人才队伍建设；要坚持重心下移，着力抓基层打基础；要坚持从严从实，驰而不息加强作风建设；要坚持标本兼治，深入推进反腐败斗争，不断提高党的建设质量。

会议号召，全省广大党员干部要更加紧密地团结在以习近平同志为核心的党中央周围，坚持以习近平新时代中国特色社会主义思想为指导，解放思想、锐意进取，凝心聚力、奋力拼搏，加快建设机制活、产业优、百姓富、生态美的新福建，为实现十九大描绘的宏伟蓝图而努力奋斗！

【省委十届五次全会】 中共福建省委十届五次全体会议于 2017 年 12 月 25 日在福州召开，出席会议的省委委员 58 名、候补委员 15 名。参加会议的有：省人大常委会、省政府、省政协党员负责同志，省法院院长、省检察院检察长，省人大常委会秘书长，省直有关单位和中直单位驻闽机构党组（党委）主要负责人，省纪委常委，各设区市党委、政府和平潭综合实验区党工委、管委会主要负责人。列席会议的有：非中共党员省级领导，在闽的全国人大、全国政协专委会领导，担任过副省级以上领导职务的老同志，驻闽部队领导，省各民主党派、工商联负责人，无党派人士代表，在榕省直单位副厅级以上领导干部。第一次全体会议在各县（市、区）设视频分会场，各县（市、区）党政主要负责人和党委部门的负责人以及政府主要经济委局的负责人参加会议。

会议主要任务是，深入学习贯彻党的十九大精神和习近平新时代中国特色社会主义经济思想，全面落实中央经济工作会议各项决策部署，总结 2017 年经济工作，部署 2018 年经济工作，推动全省经济向高质量发展阶段迈进。

会议指出，习近平总书记在中央经济工作会议上的重要讲话，全面总结了党的十八大以来中国经济发展取得的历史性成就、发生的历史性变革，深入分析了当前经济形势，对做好 2018 年经济工作提出了总体要求和政策导向，作出了改革发展重点任务的战略部署，强调坚持和加强党对经济工作的领导。讲话通篇贯穿着马克思主义的立场、观点、方法，深刻解答了新时代中国经济发展的一系列重大理论和实践问题，为福建省做好明年经济工作指明了方向、提供了遵循。李克强总理对 2018 年经济工作作了具体部署，指导性、操作性很强。全省各级各部门要深刻理解和把握习近平新时代中国特色社会主义经济思想，深刻理解和把握党的十八大以来我国经济发展取得的历史性成就、发生的历史性变革，深刻理解和把握党中央关于中国经济已由高速增长阶段转向高质量发展阶段的重大判断，深刻理解和把握党中央关于 2018 年经济工作的总体要求和政策导向，深刻理解和把握党中央关于 2018 年经济工作的重点任务，深刻理解和把握党中央关于坚持和加强党对经济工作领导的重要要求，切实把思想和行动统一到党中央重大决策部署上来。

会议指出，党的十八大以来，福建省坚持以习近平新时代中国特色社会主义思想为指导，牢牢把握稳中求进工作总基调，坚持以新发展理念引领经济发展新常态，深入推进供给侧结构性改革，持续加大转型升级力度，加快推进新旧动能转换，推动经济社会发展取得重大进展。2017年以来，福建省按照中央的决策部署要求，坚持抓早抓细抓主动，及时出台一系列政策措施，有效应对经济下行压力，经济运行保持总体平稳、稳中向好、稳中有进的良好态势。福建省要结合总结过去五年经济社会发展的生动实践，更加深刻领会、更加坚定落实习近平新时代中国特色社会主义经济思想，不断推动福建省发展取得新成效。

会议强调，2018年是全面贯彻党的十九大精神的开局之年，是改革开放40周年，是决胜全面建成小康社会、实施“十三五”规划承上启下的关键一年，也是福建省实现赶超目标的关键一年。做好2018年福建省经济工作的总体要求是，全面贯彻党的十九大精神，以习近平新时代中国特色社会主义思想为指导，加强党对经济工作的领导，坚持稳中求进工作总基调，坚持新发展理念，紧扣社会主要矛盾变化，按照高质量发展的要求，统筹推进“五位一体”总体布局和协调推进“四个全面”战略布局，坚持以供给侧结构性改革为主线，把高质量发展与实现赶超有机统一起来，着力强产业提后劲，着力增创新优供给，着力促改革添动力，着力补短板惠民生，着力美生态固优势，着力防风险守底线，进一步强化压实责任，强化正向激励，强化工作抓手，推动质量变革、效率变革、动力变革，促进经济社会持续健康发展，推动“再上新台阶、建设新福建”迈出新步伐。

会议强调，全省各级领导干部要对发展质量心中有数，加快形成推动高质量发展的指标体系、政策体系、标准体系、统计体系、绩效评价、政绩考核，创新和完善制度环境；对肩上任务心中有数，分解细化台账，梳理清楚差距，以冲刺的状态去推动工作、抓好落实；对工作抓手心中有数，既要明确“做什么”，更要明白“怎么做”，研究真正管用的工作抓手，形成操作性强的办法，做到每年有突破、有创新、有提升、有进步。

会议要求，全省各级各部门要围绕2018年经济工作的目标和要求，狠抓各项任务的落实。深化认识抓落实。把习近平新时代中国特色社会主义经济思想贯穿并体现到经济工作全过程各方面，转化为推动改革发展稳定的生动实践，转化为经济社会持续健康发展的丰硕成果。改革创新抓落实。强化改革精神，积极创新举措，视野更宽，机制更活，办法更多，环境更优，不断在化解矛盾、破解难题中推动发展。提升能力抓落实。全面增强学习本领、政治领导本领、改革创新本领、科学发展本领、依法执政本领、群众工作本领、狠抓落实本领和驾驭风险本领，不断提升履职尽责的能力水平。改进作风抓落实。坚持马上就办、真抓实干，力戒形式主义、官僚主义，增强执行力，细化分解各项目标任务和推进举措，确保落细落实落到位。压实责任抓落实。对自身承担的责任心中有数、手中有策，以实际行动拿出经得起检验的过硬业绩。持续加大督查力度，对懒政怠政、不作为乱作为的要严肃问责。

会议强调，临近年终岁首，各地各部门要集中精力抓好全年经济发展的收官工作，同时抓紧谋划明年的各项工作。要注意搞好市场供应保障和困难群众帮扶救助，特别要注意防止和解决拖欠农民工工资问题，确保农民工拿到钱、过好年。要统筹抓好安全生产、公共安全和社会矛盾隐患排查化解工作，坚决遏制重特大事故发生，维护社会和谐稳定，让全省人民过好平安、祥和、欢乐的“两节”。（庄　莉）

组织工作

【党的十九大精神学习宣传贯彻】 2017年，中共福建省委组织部抓好十九大精神学习宣传。按照中央和省委部署要求，专门印发通知，对深入学习宣传贯彻党的十九大精神作出安排部署。各级党组织采取集中收听收看十九大开幕、中心组理论学习、专题学习讨论、心得体会交流等方式，组织党员干部认真学习十九大精神。依托“党员e家”平台，开展“砥砺奋进 继往开来”——十九大精神专题学习活动，共计106.1万人参加；征订《党的十九大报告学习辅导百问》《十九大党章修正案学习问答》等辅导材料44.2万册，推动十九大精神进企业、进农村、进机关、进校园、进社区、进网站。

开展十九大精神集中轮训。协助省委连续举办4期省管干部学习贯彻党的十九大精神专题研讨班，每期5天，共有1270多名省管干部参加学习培训。省委书记于伟国亲自指导制订培训方案，并作主题报告，对学习贯彻习近平新时代中国特色社会主义思想和党的十九大精神提出明确要求。6位省委常委分别为学员授课。按照学懂弄通做实的要求，督促各地各单位抓好县处级以上党员领导干部的集中轮训，推动学习贯彻十九大精神往深里走、往实里走、往心里走。

【干部精准化培训】 2017年，中共福建省委组织部举办省管主要领导干部学习贯彻十八届六中全会精神专题研讨班，厅级主要领导干部以及各县（市、区）委书记共360多人参加学习。继续在中央党校等知名院校举办领导干部“十个专题”培训，培训省管领导干部500名。举办3期“海西大讲堂”，邀请全国知名专家来闽作专题报告。制订《关于加强干部教育培训学员“双百分”考察管理的办法（试行）》，重点考察学员理论学习、党性锻炼情况。健全干部网络学院，满足干部多样化、个性化、便捷化的学习需求。

【“两学一做”学习教育常态化制度化】 2017年，中共福建省委组织部在持续学、深入学上下功夫。坚持把学习贯彻习近平新时代中国特色社会主义思想作为“两学一做”学习教育的重要内容，学习《习近平谈治国理政》《摆脱贫困》等专著，用马克思主义中国化最新成果武装头脑、指导实践、推动工作。省委主要领导带头给党员干部上党课，带头以普通党员身份到基层党支部参加组织生活，带动各级领导干部上党课20.9万人次，各级领导干部参加研讨31.4万人次。组织开展“践行‘四讲四有’，争做‘四个合格’党员”等3个主题学习讨论，促进学习入心入脑。创新方式方法，通过编印口袋书，拍摄28部微动漫、微电影等，满足不同类别党员的学习需求。组织开展“六好”网上推荐评选活动，评选表彰60个先进典型，让基层学有榜样、赶有目标。2017年4月，福建省在全国推进“两学一做”学习教育常态化制度化工作座谈会上作经验交流。

【向廖俊波学习活动】 2017年，中共福建省委组织部学习贯彻习近平总书记的重要指示精神，印发《关于追授廖俊波同志“全省优秀共产党员”称号并开展向廖俊波同志学习活动的决定》和《通知》，召开市、县（区）委书记座谈会，对学习活动作出部署安排。开展“学习廖俊波，争做合格党员”主题实践活动，引导党员干部学习弘扬廖俊波同志先进事迹和崇高精神，在基层扑下身子做实事。组建先进事迹报告团，自下而上开展26场巡回报告，现场听众3.1万人。同时，配合中组部编印《新时期好干部廖俊波》等3本书，拍摄微电影《廖俊波》，制作专题片、话剧等，讲好廖俊波的先进事迹，激励党员干部学先进、当先进。

【基层真学真做推动】 2017年，中共福建省委组织部研究制订《关于推进“两学一做”学习教育常态化制度化的实施方案》，召开全省工作座谈会，会同有关部门制订农村、社区、机关、企业和高校等5个领域指导意见，加强工作指导。组建4个省委督导组，先后开展3轮督促检查，有效传导压力。召开落实“三会一课”制度现场推进会，制订出台《关于严格落实“三会一课”制度的指导意见》，推行党支部主题党日和党员“承诺、践诺、评诺”等做法，促进支部主体作用发挥。抓好基层党建重点任务落实，全省经查找取得联系党员13219名、94.5%已纳入组织管理，依法依规处置9716名违规违纪党员等5类人员，党员补交党费7.4亿元，整顿软弱涣散基层党组织1177个，基层党组织按期换届率99.86%，夯实基层基础。坚持把“做合格党员”的落脚点放在提高思想觉悟、解决实际问题、立足岗位奉献上，引导党员在推动发展、脱贫攻坚、服务群众等工作中走前头、作表率。

【党的十九大代表选举工作】 2017年，中共福建省委组织部做好党的十九大代表选举。中央分配福建省出席十九大代表名额41名。按照中央和省委的统一部署，引导各级党组织加强党的领导，充分发扬民主，坚持先进性和代表性相统一，充分考虑合理分布，严把代表质量，严格履行程序，严明纪律要求，确保选出的代表符合条件、结构合理、比例恰当、整体优秀。2017年5月27日，省委召开十届二次全会，通过无记名投票确定福建省出席党的十九大代表候选人预备人选。6月25日，省党代表会议通过差额预选，正式选举产生41名福建省出席党的十九大代表。当选的代表中，既有各级党员领导干部，又有生产工作一线的党员，还有一定数量的女党员和少数民族党员，代表结构比例符合中央要求。

【省人大政府政协换届工作】 2017年，中共福建省委组织部牵头起草《关于认真做好2018年省人大、政府、政协换届工作的意见》，先后3次召开换届工作推进会，超前谋划、统筹协调，做细做实换届选举有关工作。配合中组部考察组召开民主推荐、征求意见等会议21场，赴30个单位进行深入考察，组织960人次参加谈话。对照换届有关政策规定，对省人大、省政协常委会和专委会组成人员的进退情况进行分析预测，研究提出人事安排初步建议方案。落实“凡提四必”（即讨论决定前，对拟提拔或进一步使用人选的干部档案必审、个人有关事项报告必核、纪检监察机关意见必听、线索具体的信访举报必查，坚决防止“带病提拔”）要求，严把代表和委员政治关、廉洁关和形象关，对22名人选进行调整。深入细致地做好思想政治工作，严肃换届纪律，确保党中央、省委批准的人事安排格局顺利实现。

【干部干事创业精气神提振】 2017年，中共福建省委组织部出台《关于进一步激励各级干部担当尽责提升干事创业精气神的若干意见》，提出加强理想信念教育、建立健全制度机制、树立干事创业导向等5个方面12条具体意见。各地结合实际，研究提出具体操作办法，有效提振干部干事创业精气神，推动各项工作提速增效。坚持严管与厚爱相结合，制订出台《福建省关心关爱基层干部二十条措施》，从选拔任用、走访慰问、挂钩帮扶等方面提出一系列政策措施，推动形成关心关爱基层干部的长效机制。设立关心关爱专项资金，从省管党费下拨专项慰问金4900多万元，切实让困难党员干部感受到党组织的温暖。

【蹲点调研和一线考核干部推行】 2017年，中共福建省委组织部改进干部日常考核办法，制订出台《省管领导班子和领导干部蹲点调研工作试行办法》，到29个单位蹲点调研，采取“听和看”的方式，面对面与基层干部访谈，深入项目一线、具体工作岗位，通过近距离接触干部，了解掌握一些优秀干部和表现一般的干部名单。总结换届考察和年度考核经验做法，制订出台《关于建立一线考核干部工作机制的意见》，采用专项工作考核、动态跟踪考核等办法，重点在重点项目建设、重大专项工作、急难险重任务一线考核干部，以具体工作成效评价干部。

【干部日常管理监督】 2017年，中共福建省委组织部落实谈心谈话制度，省委组织部班子成员与500多名省管干部谈心谈话。全省提醒、函询、诫勉干部6376人，其中厅级干部72人、处级干部2221人。加大领导干部个人有关事项报告核查力度，按10%的比例随机抽查2261名干部，重点抽查6323人拟提任副处级以上干部，对不如实填报的，按照核查处理办法进行严肃处理。结合巡视、条例专项检查等工作，对29个市、县（区）和25家省直单位开展选人用人工作专项检查，及时发现并纠正存在的问题，督促相关单位举一反三、完善制度。

【基层党组织建设】 2017年，中共福建省委组织部抓党建促脱贫攻坚。牵头联合农业、财政等6个部门制订《抓党建促脱贫攻坚实施方案》，从省直单位选派第五批400名干部到贫困村担任党组织第一书记，带动市县2360多名干部到村任职，奔赴脱贫攻坚主战场。组织第二批1057名贫困村党组织书记到先进村进行为期一个半月的挂职锻炼，举办全省贫困村党组织书记培训示范班，提高贫困村党组织书记的带富能力。开展扶持发展村级集体经济发展试点工作，筹措4.8亿元资金用于扶持全省860多个贫困村探索发展村级集体经济，全省集体经济“空壳村”下降到16.3%。

构建城市基层党建新格局。在开展试点的基础上，召开全省城市基层党建工作座谈会，举办全省街道社区党组织书记培训班，制定加强城市基层党建工作1个指导意见和3项配套制度，对城市党建进行全面部署。推动县（市、区）属职能部门将权责和人财物等下放给街道，同时把城市基层党建作为文明创建、综治（平安建设）考评的重要内容，健全互联互动的城市基层党建工作机制。建立城市小区党支部1424个，全面开展在职党员到社区报到为群众服务活动。

提升非公企业、社会组织党建水平。成立15个省级行业（综合）党委，市、县两级全部设立工委，并建立健全运行机制和各级联系点制度，形成纵向到底、横向到边的工作体系。非公企业以园区为重点，社会组织以重点行业为抓手，坚持应建必建，全省“三有”非公企业、社会组织党组织覆盖率分别为85.9%、76.9%。分别举办全省“两新”组织出资人（负责人）和党组织书记以及流动党组织书记培训示范班，会同15家涉企部门开展助推非公企业“强党建促发展”联合行动，更好地服务企业转型升级、健康发展。

统筹抓好国企学校机关等领域基层党建工作。召开全省国有企业党的建设工作会议，制订国有企业党建工作实施意见，推动所有省管企业党委书记兼任董事长、总经理兼任副书记，推动80%以上的省管、市管国有企业将党建工作要求写入公司章程。制订《关于加强民办学校党的建设工作的实施意见》，理顺中小学校党组织隶属关系。在高校开展支部好案例、书记好党课、党员好故事“三个好”活动，各选树100个身边典型。全面推行机关党支部七项基本工作法，重点加强行政服务中心党的建设，全面落实“马上就办”，推进“四优服务”，推动机关干部作风转变。

【人才工作创新发展】 2017年，中共福建省委组织部实施重大人才工程。推进“海纳百川”高端人才聚集计划，评选第二批产业人才聚集基地8个、企事业人才高地9个，遴选第五批“百人计划”初步人选127人（团队），第三批省特支人才186人、优秀人才108人；选拔43名党政类、国企类引进生到基层任职，并完善引进生政策，2018年扩大到科研类、医疗卫生类、规划建设类；向福州新区选派36名专业技术人才，加强干部人才的实践锻炼；首次在浙江举办省企业家人才专题研修班，提高企业家引才育才意识。

注重精准引才聚才。围绕福建自贸试验区建设、“一带一路”建设、产业转型升级等需要，出台重点领域精准引才工作方案，重点引进金融保险、国际贸易、电子商务、医疗卫生、城市规划、现代农业等6类急需紧缺人才。遴选的第六批省引才“百人计划”，85.6%的人选符合福建省“十三五”产业发展方向。举办海外人才创业周、国家“千人计划”专家对接洽谈会等活动，达成人才对接意向或协议509项，预期投资210多亿元。在北京大学、清华大学、人民大学开展“人才福建周”活动，公布3000多个岗位需求，有740人达成来闽意向。

闽台人才交流合作。实施台湾引才“双百计划”，在全国率先面向台胞开放职业技能鉴定、专业技术评审、高层次人才遴选，加快厦门、平潭人才特区建设，设立34个台湾青年创业基地，促进两岸人才感情融洽、信息共享、合作共赢。至年底，有21名台湾人才入选福建省高层次人才，91名台湾专才担任事业单位管理职位或工作人员，3500名台湾专技人才取得大陆职业资格证书，10万多名台胞在闽创业发展。举办第16届海峡两岸人才交流合作大会，成功对接一批项目。举办两岸青年“学习之旅”活动，邀请22名两岸著名大学的青年学者参加。 （郑泽鑫）

宣传工作

【党的十九大组织和学习宣传贯彻】 2017年，福建省把迎接和学习宣传贯彻党的十九大作为全年工作主线，开展“砥砺奋进的五年”重大主题宣传，在《福建日报》推出“习近平总书记在福建的探索与实践”7篇系列报道，在全国引起热烈反响。党的十九大期间，策划“总书记，新福建向您报告”“十九大时光”等一批重头报道和专题专栏，110多家境内外媒体刊播报道1.2万多篇，“我给十九大寄明信片”等一批融媒体产品点击量超过2000万次。党的十九大闭幕后，按照中央和省委要求，迅速开展学习宣传工作，配合组织好中央宣讲团来闽宣讲，省委宣讲团累计开展集中宣讲33场、直接受众2.3万人次，各地开展宣讲13万场、直接受众1009万人次。开展“新时代新气象新作为”大型主题采访，组织“为了人民对美好生活的向往”“青年新闻人基层共学十九大”等系列报道，省市主要媒体刊播报道1.6万多篇，“一起来学十九大”等网上竞答活动吸引近1000万人次参与互动。东南卫视《中国正在说》在地方卫视中率先推出解读十九大系列节目，网络播放量超过800万次。创新方式方法，组织开展“新时代 新福建 新征程”为主题的微视频网上征集活动。组织文艺精品展映展播展演活动，省市县三级联动开展“新时代 新风采”宣讲文艺巡演320多场，直接受众20万人次。组织刊播主题公益广告，累计在省市平面媒体刊登2700多期、广播电视播出7万多条，在公共场所、主要干道、村居悬挂播映标语5.9万多幅。

【学习宣传贯彻习近平新时代中国特色社会主义思想】 2017年，福建省把学习宣传贯彻习近平新时代中国特色社会主义思想作为重大政治任务，省委中心组集体学习19次。各级党委讲师团开展“7·26”重要讲话精神等各类宣讲4800场、直接受众62.4万人次，在中宣部基层宣讲表彰中福建省获得“满堂红”，获奖数量与其他3个省市并列第一。组织理论宣传，《摆脱贫困》出版英文版、法文版，面向全球发行，东南卫视《中国正在说》被评为“广播电视创新创优节目”“上星频道最具品牌影响力节目”，作为唯一地方媒体节目入选中宣部“砥砺奋进的五年”大型成就展。以省中国特色社会主义理论体系研究中心名义在中央“三报一刊”刊发理论文章21篇、居全国前列。全年申报国家社科基金项目立项132项，资助经费3015万元，多项指标创历史新高。

【正面宣传和舆论引导】 2017年，福建省组织好全国、全省重要会议宣传，组织“再上新台阶、建设新福建”主题宣传，全年中央媒体30多次集中宣传福建，为历年最多。推进“一报一台一网（端）”建设工程，福建日报社启动新一轮改版，“新福建”客户端下载量超过260万人次，社交媒体传播力位居全国党报新媒体前列，东南卫视标清覆盖人口突破9亿、高清覆盖人口约2亿，海峡卫视获中国广播电视移动传播年度大奖。第27届中国新闻奖福建省一等奖作品数量居各省（区、市）第二，创历史最好成绩。积极稳妥做好舆论引导，组建覆盖县（市、区）的突发事件应急报道队伍。全年福建省委、省政府新闻发布会共举行30场。

【“厦门会晤”宣传文艺工作】 2017年，福建省把“厦门会晤”宣传文艺工作作为一项重大政治任务，会晤期间推出“厦门会晤 中国担当”等579个专版专栏、报道6400多条（次），《习近平主旨演讲为厦门代言！深情大赞：高素质！高颜值!》等融媒体产品点击转发量超过1.4亿次，形象宣传片《有梦的地方就有福》点击量10855万次，中央媒体累计刊播8600多篇。完成“厦门会晤”及其配套活动的文艺演出任务，文艺晚会演出精美、特色、震撼。做细媒体服务，“厦门会晤”期间，共接待记者1万多人次，召开4场新闻发布会，做好媒体接待服务、通信保障等工作，设计13条场外采访线。落细落小文明创建和志愿服务，开展“树文明新风、迎金砖宾客”主题活动。在全省媒体刊发主题公益广告230多个专版、播出3万多小时，布置户外公益广告2万多面，建成省级志愿服务驿站32个。

【社会主义核心价值观建设】 2017年，福建省组织建党96周年、建军90周年、“我的中国梦”等主题宣传教育。在北京举办5场廖俊波同志先进事迹报告会，在全省巡回宣讲21场，依托各类宣讲队伍宣讲2700多场，直接受众10万多人次，创作话剧《县委书记廖俊波》并在全省巡演。廖俊波、周炳耀、温金娥3人当选第六届全国道德模范，创历史最好成绩。组织“八闽楷模”“道德模范”“最美人物”“美德少年”等评选活动，28人入选“中国好人榜”。启动实施优秀传统文化传承发展工程，鼓浪屿列入世界遗产名录，三明万寿岩成功列入国家考古遗址公园名单，客家文化（闽西）生态保护实验区获批为国家级。深入实施红色文化保护、传承和弘扬工程，组建闽西红色文化研究中心，举办红色文化高端论坛，蔡威事迹展陈等3个教育基地获评全国爱国主义教育基地。建成爱国主义教育数字展馆，“网上祭英烈”“向国旗敬礼”等网络活动吸引2000多万人次参与。深化群众性精神文明创建活动，建立暗访督查、结对帮扶、内部通报、公开曝光、约谈退出等五项机制，在第五届全国文明城市评选中获得满堂红，全省有7个设区市为全国文明城市，按设区市计算，福建的全国文明城市占比居全国首位。省市媒体刊播“讲文明 树新风”“图说我们的价值观”公益广告2300余版、150万多分钟。

【文艺创作和文化改革发展】 2017年，福建省实施文艺精品创作“五大工程”，在第六届中国戏剧奖评选中，福建省摘得“梅花表演奖”“曹禺剧本奖”，“梅花奖”实现连续八届蝉联。在第十四届“五个一工程”评选中，福建省有6部作品获奖，获奖作品数量在各省（区、市）中排名第三，创近年最好成绩。22部（次）剧目入选国家舞台艺术精品创作扶持工程、重点剧目和资金扶持。推进文化体制改革，100多项重点改革任务已基本完成。构建现代公共文化服务体系，“公共文化服务校园行”平台入驻文化单位、学校近千家、对接文化活动500多场次。开展送戏进乡村、进校园、进社区、进军营等惠民演出活动，省属六院团全年演出1200多场，扶持基层开展免费或低票价演出2000多场。深化文化精准扶贫，2017年“三下乡”筹集资金、项目、物资创历史新高。实施文化产业龙头促进计划，福建广电网络集团获全国“文化企业30强”提名奖，9家企业入选中国印刷包装企业百强榜、数量居全国第5。成立福建影视产业基地（园区）战略联盟，13个省级文化产业重点园区实现总投资163亿元。2017年，全省规模以上文化企业实现营业收入3946.15亿元，比上年增长15.4%，增速居全国前列。

【对外对台文化交流】 2017年，福建省赴美国、加拿大举办中国（福建）图书展销会，向海外侨胞宣讲习近平新时代中国特色社会主义思想，并赠送《摆脱贫困》和十九大系列图书等，聘请闽籍侨领为海外宣传员，推动党的创新理论对外宣传。实施“海丝文化交流工程”，“海丝茶道”对外文化传播项目赴金砖国家和海丝沿线国家传播福建茶文化。实施“福建文化进海外场馆计划”，推动福建文化进驻澳大利亚等国家53家海外中餐馆，举办第九届世界华文传媒论坛，新设立东南网菲律宾站，海峡卫视高清信号覆盖169个国家和地区。举办海峡两岸文博会、“青春最强音”、“福建文化宝岛行”、“朱子之路”等品牌活动。

【党的建设和宣传文化队伍建设】 2017年，福建省落实全面从严治党主体责任，结合推进“两学一做”学习教育常态化制度化，开展“政治纪律、组织纪律和宣传纪律大讨论”等活动，推动宣传文化干部牢固树立“四个意识”、坚定“四个自信”。省委宣传部推动全省宣传文化系统建立健全“任务到岗、责任到人、全程监督、奖惩到位”工作机制。加大干部人才队伍建设，组织好哲学社会科学领军人才和文化名家等遴选工作，8位专家入选中宣部文化名家暨“四个一批”人才。举办理论骨干、编辑记者、新闻发言人、网络评论员、文化产业等面向基层的各类培训班15个班次、培训1600多人次，各设区市党委宣传部组织培训班78个班次、培训7500多人次。推动社科联、讲师团等向基层延伸，全省共有县级社科联82家、讲师团82个，覆盖率均为97.6%，居全国前列。11家基层宣传文化单位被选为第七届“全国服务农民、服务基层文化建设先进集体”。 （陈孝申）

统战工作

【思想政治基础建设】 2017年，把迎接党的十九大召开、学习宣传贯彻党的十九大精神作为全省统一战线首要政治任务，通过组织收看系列纪录片和十九大开幕式、召开省统战系统党员干部大会、举办专题辅导报告和一系列主题活动、部务会议成员深入基层宣讲解读等形式，引导统战干部和广大统战成员深刻认识十九大的重大历史意义，深刻领会习近平新时代中国特色社会主义思想的历史地位、精神实质和丰富内涵，准确把握新时代统一战线的地位作用和使命任务。推进民主党派“不忘合作初心，继续携手前进”专题教育和无党派人士学习教育，非公有制经济人士理想信念教育实践活动和党外知识分子、新的社会阶层人士践行社会主义核心价值观主题活动，引导广大统战成员把思想和行动统一到党的十九大精神上来，牢固树立“四个意识”、坚定“四个自信”，坚决维护习近平总书记核心地位，始终在政治上、思想上、行动上同以习近平同志为核心的党中央保持高度一致。

【新福建建设服务】 2017年，福建省委统战部整合和发挥统一战线资源优势，引导广大成员为实现“再上新台阶、建设新福建”总目标贡献智慧和力量。以建言献策论坛为平台，引导、支持各民主党派、工商联、无党派人士围绕福建省经济社会发展重点问题深入调研、建言献策，全年组织调研活动522场，形成调研报告640篇，得到中央和省领导批示42件次；上报社情民意信息2765件，得到中央和省领导批示124件次，被省级以上有关部门采用759篇。争取民主党派中央支持福建加快发展，民进中央、致公党中央分别来闽开展重点考察调研，30多位民主党派中央领导先后率团来闽进行专题调研。积极推动闽商回归，引导民营企业参与福建省重大项目建设，并做好跟踪服务，全省举办民营经济专场招商引资活动150多场，对接民营企业产业项目1464个、总投资8284亿元。持续打造海西春雨、光彩事业、温暖工程、留学人员“爱心报国行动”等统战特色品牌，深入开展“百企帮百村”精准扶贫行动，仅省光彩事业在捐资助学和精准扶贫上就投入8900万元。至年底，有616家民营企业（商会）与624个贫困村结对帮扶，累计投入资金4.2亿元。

【统一战线各领域工作】 2017年，福建省委统战部不断提升多党合作水平，协助省委制订年度政党协商计划及召开党外人士协商会、座谈会和情况通报会14次，协调省法院、省财政厅召开情况通报会。引导民主党派发挥优势，共同助推平潭综合实验区发展，有关做法获全国统战工作实践创新成果奖。与省委组织部联合下发《关于落实市、县两级不驻会人大常委会副主任、政协副主席生活待遇的通知》，解决党外代表人士与担任同级职务的党内干部享受同等待遇的问题。推进民族团结进步事业发展，会同有关部门召开全省民族工作经验交流会、民族团结进步创建暨城市民族工作经验交流会。参与制订省政府《关于贯彻国务院“十三五”促进民族地区和人口较少民族发展规划的实施意见》。举办海峡两岸各民族欢度“三月三”节暨福建省第六届“三月三”畲族文化节、第十届海峡两岸少数民族丰收节以及两岸少数民族青年创新创业交流活动。支持宁德市民族中学建设发展，建立省市县三级共建联席会议制度。协调推进福建省高校新疆籍少数民族学生专职辅导员配备和毕业生就业创业工作。维护宗教领域和谐稳定，组织开展中央关于宗教工作重大决策部署贯彻落实情况调研检查，福建省宗教工作得到中央统一战线工作领导小组调研检查组肯定。支持宗教团体加强自身建设和人才培养，指导省佛教协会完成换届工作。坚持依法管理宗教事务，加大宗教领域重点难点问题的解决力度，坚决抵御境外利用宗教进行渗透，及时处置9起非法活动。鼓励宗教界参与公益事业，2017年全省宗教界捐资捐物折合人民币1.3亿多元。支持指导佛道教和民间信仰开展对台港澳海外友好交流，服务祖国统一大业和“一带一路”建设。深化非公有制经济领域统战工作，开展“亲清润闽商，促进两健康”系列宣传教育活动，组织开展商会负责人和民营企业家法制教育和革命传统教育，推进“闽商廉洁文化建设省级示范点”建设。会同省工商联开展降低民营企业综合成本、优化民营经济营商环境调研，积极推动惠企政策落地。推动成立青年闽商联合会，成立省工商联社会组织行业党委。加强党外知识分子和新的社会阶层人士统战工作，贯彻习近平总书记在全国政协联组会上的重要讲话精神和全国新的社会阶层人士统战工作会议精神，召开全省新的社会阶层人士统战工作会议，制订出台福建省《关于加强新的社会阶层人士统战工作的实施意见》，成立省党外知识分子联谊会、省新的社会阶层人士联谊会，把广大党外知识分子和新的社会阶层人士组织起来、凝聚起来，紧密团结在党的周围。做好港澳台与海外争取人心工作，依托港澳社团，动员闽籍乡亲参与港澳社会事务，坚定不移贯彻“一国两制”方针，维护港澳繁荣稳定。组织召开深圳与珠海港澳政协委员、海联会理事座谈会，推动成立福建省澳区政协委员联谊会、香港福州社团联会等，壮大爱国爱港爱澳力量。举办第九届海峡百姓论坛，发挥统一战线资源优势，推进两岸民间交流合作。举办青少年夏令营、红色之旅和国情研修班等活动，增进港澳台海外闽籍青年对国家和民族的认同。

【统战队伍建设】 2017年，福建省委统战部完成有关换届工作，协助省各民主党派、指导省工商联完成换届选举，实现新老交替、政治交接。指导省侨联、省台联完成换届工作，实现预期目标。会同省委组织部做好全国和省人大、政协换届人事安排的有关准备工作。全面加强统一战线“两支队伍”建设，组织统战干部和党外代表人士教育培训和实践锻炼，全年举办培训班28期，培训各级统战干部218人，民主党派成员、无党派人士和新阶层、非公经济、宗教界代表人士1007人次，选派13名党外干部到政和、霞浦实践锻炼基地挂职锻炼，全省市、县两级统战部部长基本轮训一遍。开展省文史馆馆员聘任工作，新选聘29位文史馆员。在全省统战系统评选表彰“全省统战系统先进集体”40个、“全省统战系统先进工作者”120人。加大理论研究和宣传信息工作力度，开展统一战线凝心聚力服务“十三五”规划实践、深化两岸姓氏文化交流促进台湾人心回归等课题研究，形成研究成果285篇，其中2篇分别获中央统战部全国统战理论研究成果一、三等奖。创新宣传方式，提升统战工作影响力，全年在主流媒体报道统一战线重大活动246次，门户网站、手机报和微信公众号发布信息5000多条。全年有44条次信息获中央和省领导批示，信息工作分别获中央统战部二等奖、全省党委信息考评第三名。坚持全面从严治党，推进“两学一做”学习教育常态化制度化，开展“建设新福建、机关走前头”“学习廖俊波、争做合格党员”等主题实践活动。逐级签订党风廉政建设责任书和党员承诺书，开展落实党风廉政建设主体责任情况检查，推动“一岗双责”落实。制订《省委统战部“三重一大”事项决策制度》《关于进一步加强省统战系统党建工作的实施办法（试行）》《省统战系统党员干部因私出国（境）管理办法》，提升机关党建工作的规范化、制度化、科学化水平，筑牢拒腐防变的制度防线。做好省交叉检查组反馈问题的整改工作，开展专项资金、严肃党内政治生活等专项检查，巩固巡视整改成果。（卢旭）

政策研究

【概况】 2017年，中共福建省委政研室抓住迎接党的十九大召开和学习宣传贯彻十九大精神以及贯彻落实省第十次党代会的战略部署这条主线，围绕新时期省委中心工作，按照省委书记于伟国“实际、实质、实效”的指示要求，跟进服务，着力以文辅政，各项工作取得新的成效。全年起草综合文稿200多篇，审核把关各类文稿500多篇、新闻稿600多篇，参与起草省委、省政府重要政策文件6份，开展省重点课题和专题调研26个。通过《政研专报》《调研文稿》《研究动态》等，向省领导报送调研成果和政策建议223份，收到省领导批示53篇次。

【文稿起草服务】 2017年，中共福建省委政研室参与起草省委重要文件、工作报告、领导讲话，收集、摘要、撰写讲话参阅和背景材料等文稿，提高文稿服务质量和水平，推动中央、省委重要精神和重大决策部署的贯彻落实。做好服务党的十九大、“厦门会晤”等重大文稿保障。围绕迎接和学习、宣传、贯彻党的十九大，年初即拟订计划，成立福建省参加十九大文稿服务组，提前部署资料收集和前瞻研究重大问题等相关工作。从2月的中央十九大报告起草组来闽调研访谈，到9月十九大相关文稿征求意见；从10月十九大会议期间的参阅材料、汇报提纲起草和简报采编，到11月省委常委会（扩大）会议、省委十届四次全会、省管干部专题研讨班、省委主要领导到基层宣讲十九大精神等，按时保质地完成这一系列重大会议活动的文稿服务工作。围绕服务保障金砖国家领导人厦门会晤，从筹备之初就主动介入、主动跟踪、主动服务，参与起草多次筹委会工作会议文件、向中央领导的汇报提纲，以及“厦门会晤”筹备和服务保障工作表彰会讲话，“厦门会晤”筹备工作总结报告，金砖国家政党、智库和民间社会组织“三合一”论坛开幕式致辞等，省委主要领导2次在起草的相关文稿上作出肯定性批示。起草省委主要领导有关会议活动的讲话、报告和参阅材料。主要牵头起草省委十届三次与四次全会、省委常委民主生活会、省部级主要领导干部研讨班、上半年经济形势分析会、省委省政府工作检查总结会、省军区党委九届十五次全会、中央深改组第三十三次会议、省全面深化改革领导小组有关会议、省委常委会会议传达学习十九届中央全面深化改革领导小组第一次会议精神、中央第五环境保护督察组督察福建省情况反馈会、平潭开放开发专题会议、加快现代服务业创新发展推进会、省第十次归侨侨眷代表大会等重要会议活动的报告、讲话和发言，以及参加中央经济工作会议、全国和省“两会”、省委中心组《实践论》《矛盾论》专题学习会、中央巡视反馈意见整改落实督查会、福州新区工作座谈会、福建师范大学教师学生代表座谈会、闽江学院毕业生班级团支部主题团日活动等讲话参阅材料。此外，做好省委主要领导在中联部举办的福建生态文明建设宣介会上的主旨演讲稿起草和PPT制作，向世界各国主要政党介绍福建在党的领导下生态文明建设取得的辉煌成就和习近平总书记重要思想对福建工作的重大指导意义，产生较好的反响，得到省委领导的肯定。起草省委主要领导署名文章。围绕为党的十九大召开营造良好氛围，全面梳理总结十八大以来全省经济社会发展取得的历史性成就，在《人民日报》上发表题为《奋力推进新福建建设》的书记署名文章，全面、系统介绍福建贯彻落实总书记建设“活优富美”新福建重要要求的做法和成效；围绕深入学习贯彻党的十九大精神，起草《奋力谱写新时代福建发展新篇章——访福建省委书记于伟国》《深入学习贯彻党的十九大精神奋力谱写新时代福建发展新篇章》等省委主要领导媒体专访和署名文章，分别刊发于《人民日报》《经济日报》；此外，还起草《补齐民生社会事业短板》《在新起点上加快建设21世纪海上丝绸之路核心区》等省委主要领导署名文章，分别在《人民日报》《学习时报》等中央媒体上刊发。起草省委重要文件。牵头组织省发改委等职能部门，起草省委十届三次全会重要文件，历时近2个月，九易其稿，完成《中共福建省委关于加快社会事业发展补齐民生短板确保如期全面建成小康社会的决定》及4份子文件起草任务，这是在全国率先以省委全会名义对民生短板问题作出专题性部署的重要文件，得到省委主要领导的批示肯定。中央下发《关于实施中华优秀传统文化传承发展工程的意见》后，按照省委领导指示，研究起草《福建省优秀传统文化传承发展实施方案》，具有较强的创新性、特色性和可操作性，得到省委领导的充分肯定。此外，还起草《中共福建省委关于2016年工作情况报告》《关于对2018年中央重点工作的建议》《福建省2017年上半年抓改革督察问效进展情况总结》《关于增强改革系统性协调性提高改革整体效益的建议》《关于福建省改革试点工作情况总结的报告》等重要文件，分别报送中央办公厅和中央改革办。组织起草高翔、梁建勇等省领导交办的相关会议活动讲话稿、调研报告和参阅材料等；牵头做好省委有关专题会议纪要整理和省深改办相关文稿服务工作。

【调查研究】 2017年，中共福建省委政研室编发《调研文稿》119期，获省领导批示15篇次；编发《政研专报》51期，获省领导批示33篇次；编辑《调研内参》12期、《研究动态》（专报件）53期，获省领导批示5篇次，决策咨询载体文稿批示率创近年新高。组织省重点课题调研。利用省调研咨询工作联席会议平台，根据省委工作要点，研究拟订2017年省重点课题选题方案，经省委研究确定14个省重点调研课题，闽委办〔2017〕16号下文组织实施。召开省调研咨询工作联席会议，及时进行动员部署，协调督促各课题牵头单位制订落实调研计划和方案，注重将调研工作与推动具体工作紧密挂钩，与推出相关政策举措紧密衔接，提升调研工作的实效。组织2016年省重点课题优秀调研成果评选，以闽委办〔2017〕21号文通报表彰155篇优秀调研成果、10个组织奖和6个优秀联络员奖，激发各地各部门推进调研工作积极性。全年14个省重点课题来稿近1000篇，择优编发《调研文稿》119期，其中《我省各地提升干部精气神调研报告》《福建商务领域民营经济营商环境调查及优化对策》《筑好回归创业平台优化民企营商环境》《对标一流营商环境推进“放管服”改革研究》《坚定文化自信打响朱子文化品牌》《推进我省自贸试验区投资便利化研究》《进一步推进福建自贸区金融改革创新的研究》《加强扶贫和涉农资金审计监督的探索》《加快实施甲醇改性液体清洁燃料产业化的建议》《关于我省加快发展数字经济的对策建议》《加快福厦泉国家自主创新示范区福州片区建设的研究》《特色小镇重在“特”》《落实乡村振兴战略加快城乡统筹发展》等13篇文稿分获尤权、张志南、雷春美、王宁、高翔、裴金佳、周联清、黄琪玉、李德金等省领导15篇次批示，许多意见建议被省委、省政府有关重要政策文件转化吸收。开展专题调研。注重围绕经济社会发展中的热点难点和领导关心关注的问题，组织力量深入基层开展专题调研，形成一批针对性、时效性强的调研成果，为省委领导决策提供参考，更好发挥参谋助手作用。开展政策研究。如针对新时期全省养老补短板问题，先后组织两次专题调研，形成《关于加快推进我省养老服务体系建设的对策建议》《构建多层次养老服务体系加快补齐养老事业短板》，前者相关内容被吸收到省委十届三次全会讲话和文件中；后者为有关方面贯彻落实全会精神、加快推进养老事业发展提供重要参考。开展“推进制造业主辅分离积极发展服务型制造”专题调研，撰写《基层反映制造业主辅分离存在的几个问题》《加快推进我省制造业主辅分离的对策建议》《推进我省服务型制造加快发展的对策建议》，获省领导批示8篇次，推动相关部门工作进展。开展问题研究。如针对企业发展面临的困境，组织力量赴各地调研，走访各类企业，撰写形成《当前企业反映比较集中的几个问题》，得到省委主要领导批示，有力推动具体问题的解决；《推动我省民营企业做大做强的对策建议》《关于我省进一步支持企业技术创新的对策建议》等，获张志南、裴金佳、周联清等多位省领导的批示。开展典型研究。如根据省委主要领导对推进美丽乡村建设的批示，撰写系列调研文章，梳理4个典型村（居）经验做法，其中关于政和县石圳村的经验及美丽乡村建设建议获得副省长洪捷序批示肯定。统筹“弘扬朱子文化”和“推进茶产业发展”两个专题，调研撰写《关于在武夷山建设全国性茶叶交易市场的建议》，获省委常委、统战部部长雷春美批示。《诏安县党建引领产业扶贫的做法及启示》一文，获省委常委、组织部部长王宁批示，有关方面迅速落实批示精神，研究推进党建促脱贫攻坚工作。

【工作机制优化和决策咨询载体整合】2017年，中共福建省委政研室优化工作机制，增强工作合力。完善内部运行机制。适时召开处长通气会，通报省委阶段性工作重点、课题调研进展及处室工作完成情况，部署推动相关工作；着力推动协同攻关，针对重、难、急的任务，及时组织精干力量进行集中研究和撰稿。健全经济形势分析机制。实行“座谈会＋实地调研”制度，每季度组织召开省直经济部门座谈会，有针对性地赴市、县（区）开展经济运行调研，更好地服务省委经济形势分析。注重发挥新型智库作用。对智库资源进行跨部门、跨系统、跨领域调配和编组，形成由政研部门牵头、有关主管部门和政策咨询机构参与、以智库专家学者为主干的政研工作格局。精简整合决策咨询载体。把原来的7份刊物精简为《政研专报》《调研文稿》《调研内参》《研究动态》4份，着力在提升质量、塑造精品上下功夫。《调研文稿》加强编辑力量，力求精益求精，压缩稿件总体篇幅，更加注重文字精练、内容充实、富有逻辑、意见建议科学有效；《政研专报》持续加大组稿力度，打响刊物品牌，切实为省领导提供有价值、接地气和前瞻性的决策参考；《调研内参》对版面设计、字号字体进行改进，进一步突出刊物的权威性、指导性和可读性；《研究动态》（专报件）也加强对国内外发展动态、理论研究成果以及相关领域先进经验的跟踪、整理和摘编工作。

（孙　强）

机构编制

【“放管服”改革】　2017年，福建省结合国务院“放管服”改革专项督查，把“放管服”改革摆在推动经济社会持续健康发展的高度，全力以赴抓好落实，做到审批更简、监管更强、服务更优。一是提高减权放权的针对性。省级取消59项行政许可事项，34项中央指定地方实施行政审批中介服务事项和18项证明材料，调整规范4项省级行政审批中介服务事项。完成省级54个部门权责清单融合工作，梳理权责事项14类6695项，推进市县权责清单融合工作。争取中央编办支持，将福建自贸试验区全域纳入“证照分离”改革试点，省政府印发《福建省开展“证照分离”改革试点工作方案的通知》，对试点工作进行专门部署。下放漳州市实施省级经济管理权限30项。完成32个部门省市县三级行政审批和服务事项的“纵向清单”编制，会同省发改委研究开发全省权责清单库管理模块。二是创新和强化事中事后监管。对2013年以来省级取消、下放的424项行政审批事项建立减权放权监管责任清单，解决“放而不管”“一放了之”和承接落实不到位等问题。完善“两单两库一细则一平台”，34个省直部门公布抽查事项清单，涉及工商、食品药品监管等领域300多个事项，实现省市县三级“双随机、一公开”全覆盖。会同省工商局印发《关于全面推行“双随机一公开”监管机制加强事中事后监管工作的通知》，加强相关工作。指导20个省直部门制订“三集中”行政审批改革方案，16个省直单位设立行政服务中心（窗口），9个完成行政审批机构挂牌工作。会同省法制办印发福建省开展相对集中行政许可权试点工作方案，在厦门翔安区等5个县（区）开展改革试点。三是持续优化政务服务。全面推行“一趟不用跑”和“最多跑一趟”办事清单，累计公布3批次共2725项“一趟不用跑”和“最多跑一趟”办事项目，基本达到行政审批和服务事项的80%。每季度公布一次省直部门“放管服”改革措施，公布279项。深化行政许可标准化改革，省政府专门印发《福建省深化行政审批标准化改革的指导意见》，明确34项项目标准、75项操作规范。开展“减证便民”专项行动，省级精减证明证照及申报材料251项，市级平均精简140项。积极指导推动全省行政服务建设，到市、县（区）行政服务中心蹲点体验，赴上海、江苏等地行政服务中心学习调研。厦门市推进“六对标”改革，漳州市实行“会审制”项目审批改革，莆田市推行“43证合一”，优化当地营商环境。

【行政体制改革】　2017年，福建省机构编制办公室按照中央和省委、省政府部署，国家监察体制改革、自然资源资产管理体制改革、省以下环保监测监察执法垂直管理体制改革、食盐监管体制改革等有序推进。一是配合省纪委推进国家监察体制改革。按照省委常委会会议研究确定的比例，重新核定各级检察机关政法专项编制数，具体明确省纪委、省监委机构编制相关事项。根据各级检察机关人员转隶到位情况，下达各地行政编制，专项用于组建监察委员会。指导、督促市县机构编制部门做好改革涉及的机构编制调整工作。二是探索推进生态文明体制改革。根据中央有关部署，推进健全国家自然资源资产管理体制试点，建立工作机制，研究拟订试点方案。争取中央编办批准设立省国有自然资源资产管理局，研究提出主要职责和机构编制配备方案。南平市推进健全国家自然资源资产管理体制市一级试点工作。组建武夷山国家公园管理局，开展武夷山国家公园体制试点。会同相关部门推进省以下环保机构监测监察执法垂直管理体制改革，加强省级环保督察监察力量。加强河长制办公室工作力量，明确各级法院、检察院生态环境资源司法机构设置原则。福州市创新城区水系综合治理体制机制，整合设立城区水系联排联调中心。三是推进经济发达镇行政管理体制改革。经省委、省政府同意，将小城镇机构改革试点转型纳入经济发达镇行政管理体制改革，拟订福建省推进经济发达镇行政管理体制改革实施意见和赋权指导目录。四是做好其他专项体制改革有关工作。推进城市管理执法体制改革，明确省住建厅城市管理机构编制事项，会同有关部门指导市县推进相关改革。推进食盐监管体制改革，经省政府同意，会同省经信委、省食药监局等部门加强省食药监局食盐质量安全监管力量。研究制订省委军民融合发展办公室“三定”方案。调整加强省委网信办机构编制。推动将省旅游局更名为省旅游发展委员会并调整为省政府组成部门。完成省以下法院、检察院机构编制上收省级统一管理工作。做好省工、青、妇和科协等群团的机构编制调整工作。做好国务院安委会安全生产巡查整改工作，重新明确省卫计委、省环保厅、省商务厅、省安监局、省经信委安全生产监管职责，加强省安监局的相关综合协调职能。完善福州新区管理体制，在福清、长乐、仓山区政府分别加挂相关功能区牌子。

【事业单位分类改革】 2017 年，福建省承担行政职能事业单位改革试点工作进展顺利，通过中央编办评估验收。生产经营类事业单位改革工作有序推进，公益类事业单位体制创新成效明显。一是增强事改工作合力。发挥省事改领导小组的领导协调作用，提请召开事改领导小组会议，审定 2017 年事改工作要点，明确下一步事业单位改革要求。二是推进承担行政职能和从事生产经营活动事业单位改革。经中央编办审核并报省委、省政府同意，批复漳州、三明等 6 个试点市县承担行政职能事业单位改革方案，并会同相关部门对试点工作进行督查验收。稳慎推进从事生产经营活动事业单位改革，推进有转企意愿的事业单位转企改制。配合省林业厅推进省属国有林场改革，出台省属国有林场改革机构编制工作指导意见，调整省林业厅直接管理的省属国有林场机构编制事项。三是创新事业单位管理体制。推进省属公立医院编制管理创新，为省儿童医院核定部分人员控制数。在经济社会发展急需和民生重点领域，探索“事业编制周转池”管理方式。协同省财政厅制订《关于推进事业单位政府购买服务改革工作实施方案》《政府购买服务指导性目录》。龙岩市采取政府购买服务形式，解决城区教育、卫生等领域现有力量不足问题，并出台相关办法。宁德市预留“引才聚智”专项编制，对引进人才实行单列管理。平潭综合实验区制订公立学校、医院人员控制数管理办法。四是优化事业单位登记服务。完成机关群团和事业单位统一社会信用代码转换和赋码工作。事业单位设立、变更、年度报告等事项实现全流程网络办理和网上自动公示。探索建立事业单位法人“异常名录”制度，印发《指导意见》下发各地执行。

【机构编制总量严控】 2017 年，福建省行政编制没有突破中央核定的总额，事业编制没有突破 2012 年底总量。一是严把总量控制关口。确需增设机构的，原则上实行“撤一建一”；确须增加编制的，从本部门、本地区内部调剂解决，或者从本单位行政控编内调剂加强。依托福建省机构编制管理信息系统，每季度对全省各地行政、事业编制“两个总量”情况进行认真分析；2017 年 10 月到 12 月实行机构编制统计月报告制度，层层压实控编责任。开展控编减编专项督查，增强各地控编减编紧迫感。完善与组织、财政、人社、审计等部门在用编预核、统发工资、社保衔接、部门审计等方面的制约机制，形成控编减编合力。三明市全面实施机构编制执行情况评估机制。二是盘活用好现有存量。充分挖掘现有机构编制资源潜力，对省直行政机构原则上继续按 5% 控编，完成省属事业单位控编减编工作。在坚持严控总量前提下，对有关部门职责和机构进行调整优化，充实加强党内法规、深化改革、网络和信息化等方面力量。三是严格机构编制监督检查。转发中央编委和中央编办有关机构编制核查、加强机构编制违规违纪行为预防、规范领导职数管理、贯彻落实《中国共产党工作机关条例（试行）》的通知等文件。建立机构编制问题整改台账及审批联动制度。

【政治学习和业务培训】 2017 年，福建省机构编制办公室落实全面从严治党，深入学习贯彻党的十九大精神，扎实推进“两学一做”学习教育常态化、制度化，开展向廖俊波同志学习活动，抓好巡视整改工作。一是重贯彻落实。把深入学习贯彻党的十九大精神作为今后一个时期的首要任务，准确把握思想精髓和核心要求，真正在学懂弄通做实上下功夫。将推进“两学一做”学习教育常态化、制度化与深入开展向廖俊波同志学习活动紧密结合起来，重在抓常抓细抓长，层层推动落实。全面落实巡视整改要求，推进从严治办，严格执行中央八项规定精神等。二是重日常管理。推进全面从严治党，落实主任会议的主体责任，印发主体责任清单。落实廉政教育全覆盖，主动接受纪检组监督。定期听取支部工作汇报，做到党建与业务工作同研究、同部署、同检查、同考核。“党章党规伴我行”网络答题活动获省纪委、省直机关工委通报表扬，“党建微课”、干部网络学院的网络学习参与率 100%。举办市县编办主任培训班，持续打造“星期五”课堂，组织开展全省机构编制系统先进集体、先进工作者评选表彰，强化正向激励，营造向上向善良好氛围。三是重夯实基础。印发“十三五”机构编制工作指导意见。加强机构编制工作有关长远性、关键性问题研究，开展机构编制管理条例立法调研工作。提高信息化水平，提出职能库建设方案。狠抓绩效管理，完善督查督办“五张清单”。（梁 菲）

老干部工作

【概况】 截至2017年12月，福建省离休干部8284人，平均年龄89.4岁；退休干部521183人。全省离退休干部党组织5751个。9个设区市和83个县（市、区）设老干部局（石狮市未设立），平潭综合实验区设立老干部处；省直（中直）单位中，有73个设离退休干部工作处、16个设离退休干部工作科。全省老干部工作人员4673名，其中专职2158名、兼职2515名。

【离退休干部工作文件贯彻落实】 2017年2月19日，福建省委办公厅、省政府办公厅印发《关于进一步加强和改进离退休干部工作的实施意见》（闽委办发〔2017〕6号）。省委老干部局在《福建日报》全文刊发《福建省委老干部局负责人就〈实施意见〉答记者问》，在福建电视台新闻播报文件出台的消息及主要内容，采取多种形式抓好党政领导、老干部工作人员和离退休干部的学习。通过召开全省老干部工作督导推进会、下发文件、调研督查等形式，督促闽委办发〔2017〕6号文件精神落到实处。不少地方和单位相继出台贯彻落实的实施办法，解决一批重点难点问题。

【离退休干部“两项建设”持续推进】 2017年，福建省推进离退休干部“两项建设”。在党组织建设方面，2017年7月27日，挂牌成立“中共福建省委离退休干部工作委员会”，设在省委老干部局，下设离退休干部党工委办公室、离退休干部党建工作指导中心；83个市、县（区）全部成立离退休干部党工委；会同省委组织部、省财政厅、省人社厅出台《关于加强离退休干部基层党组织建设的通知》（闽委组通〔2018〕7号）；在离退休干部集中居住地、活动学习场所、兴趣爱好团体、社团组织和社区建立临时党支部146个、“老党员之家”27个。在思想政治建设方面，采取报告会、读书班、培训班、工作通报会、送学上门等形式加强离退休干部思想引领，先后举办6场省直单位老同志学习报告会、3期离退休干部党支部班子成员培训班（读书班）、1期厅局级离退休干部读书班以及4场专题工作通报会。

【正能量活动】 2017年，福建省组织离退休老干部围绕“畅谈十八大以来变化、展望十九大胜利召开”主题，深化正能量活动。开展“建言十九大”调研，登门访谈37名省市级老领导，听取他们的意见和心声，调研报告得到时任省委书记尤权的批示肯定；全省同步举办离退休干部正能量活动成果展，参观人数达11万人次；全省同步举办“砥砺奋进的五年——福建离退休干部喜迎十九大”主题宣讲，其中省委老干部局在各地巡回举办22场次；与厦门市委老干部局联合举办“助力金砖·增添正能量”老同志志愿行动大会，发出《喜迎厦门会晤·彰显桑榆风采》倡议书。此外，还开展全省离退休干部“助力新福建、喜迎十九大”文艺会演、“欢庆十九大·助力新福建”诗书画影联展、主题征文、第11届省直单位离退休干部（金婚）钻石婚庆贺会、第九届海峡两岸关爱下一代成长论坛等活动。

【离退休老干部服务保障】 2017年，福建省出台《关于提高部分离休干部护理费标准的通知》（闽委组通〔2017〕91号）和《关于调整提高离休干部无工作遗偶定期定额生活补助的通知》（闽委老〔2017〕19号）等政策文件。落实特困家庭离休干部帮扶制度，采取政府购买服务形式精准帮扶全省34名家庭特殊困难离休干部。省委组织部、省委老干部局领导带队分路登门走访慰问易地安置在13个省（市）的省直单位离休干部及无工作遗偶87人。开展社区服务老干部工作省级“示范点”创建工作，新命名鼓楼区军门社区等66个社区为省级示范点。配合有关部门出台《福建省老年教育发展规划（2017—2020）》，加强老年教育工作。福建老年大学2017—2018学年招收学员1.15万人次。省老干部活动中心建设进一步加强。

【老干部工作调研信息宣传】 2017年，福建省围绕加强离退休干部党工委建设等重点课题加强调查研究，全省形成126篇调研文章，开展优秀调研文章评选活动。每月在《福建日报》开设“八闽老干部”宣传专版，宣传各地各单位离退休干部工作经验做法和离退休干部先进典型事迹。办好《福建老年报》《离退休干部学习月报》《福建老干部工作》《省委老干部局简报》“省委老干部局网站”“福建老年网”“福建离退休干部”微信公众号，推动全省各级老干部工作部门建立微信公众号56个。拍摄福建离退休干部增添正能量专题片《夕阳映八闽》和工作专题片《养志养心养身——新时期离退休干部工作》。中央和省里的主流媒体加大福建省老干部工作信息宣传报道力度，其中《中国老年报》150篇、《八闽快讯》12篇。

【老干部工作队伍建设】 2017年，福建省老干局突出抓好党的十九大精神和习近平新时代中国特色社会主义思想的学习，在思想上政治上行动上同以习近平同志为核心的党中央保持高度一致。抓好省委巡视组反馈问题整改工作，所有问题按时限按要求整改，修订完善9项机关工作制度，印发《日常工作制度汇编》《机关日常工作规范》。建立干部平时考核工作制度，出台《关于开展平时考核工作的实施方案（试行）》。推进“两学一做”学习教育常态化制度化，开展向廖俊波同志学习主题实践暨机关党建“三级联动”活动，局属14个党支部完成换届工作。举办全省离退休干部党工委书记培训班、省直单位老

干处处长培训班、全省微信公众号工作座谈会、省直单位老干部工作信息员讲座、局系统干部学习十九大专题培训班等。（邱雪芳）

党校行政学院工作

【党的十九大精神宣讲】 2017年，中共福建省委党校、福建行政学院增强“四个意识”，及时出台贯彻意见，把习近平新时代中国特色社会主义思想和党的十九大精神作为首课，真正做到党的重大理论成果与重大战略部署及时进课堂、进头脑。举办4期全省厅级领导干部学习贯彻党的十九大精神专题研讨班，于伟国书记等省委领导分别作主题报告，确保党中央和省委决策部署得到迅速传达贯彻。

【干部培训】 2017年，中共福建省委党校、福建行政学院举办各类主体班次57期，培训轮训学员4513人次，获“全国党校系统第三届教学管理优秀奖”。新开发十九大精神、习近平新时代中国特色社会主义思想等新专题38个，新聘请97位党政领导干部、知名专家学者和优秀企业家担任兼职教授；新出版6本教材，新开发7个教学基地、3个异地教学点，新建设应急模拟演练、新闻媒体沟通、模拟法庭与行政听证、金融证券等实训室；推行“讲授+”教学方式、开设“微课堂”环节，试点开展学员“双百分”考核，教学与学员管理更具活力。全面推进福建干部网络学院大规模培训工作，举办网络专题培训班27个，参训人数6353人。

【党校科研】 2017年，中共福建省委党校、福建行政学院获6项国家社科基金项目，位居全国省级党校系统第二名、全省社科单位第四名；获省部级课题21项，立项数位居全省前列。在全国党校系统第十一届优秀科研组织奖评审中，成绩列全国党校系统第五名，3项成果获奖（一等奖1项、二等奖2项），2人获优秀科研管理工作者称号。共发表决策咨询成果24篇，获省领导肯定性批示5件次。共有5本专著申请入选《海西求是文库》，其中3本进入出版程序。《领导文萃》《公务员文萃》连续3年登年度网络传播影响力期刊TOP100榜单，《领导文萃》得到时任中宣部常务副部长黄坤明会议上点名肯定，《组工文萃》得到中央政治局委员陈希的关注和肯定。

【培训与交流】 2017年，中共福建省委党校、福建行政学院举办“海西大讲堂”4场、全校大讲座8场、领导干部讲坛8场、生态福建高端论坛1场。组织全省行政学院系统赴台参访2批30人次；派遣教师赴台访学或参加学术会议5人次；邀请台湾有关高校来校院访学讲学7人次。组织到南非访问交流1批次；选派赴布隆迪、加蓬交流讲学及赴加拿大访学各1人次；承接外国政党干部培训班次8期近200人次，得到中联部有关负责人充分肯定。出版5本研究生入学考试教材，编印8本研究生班入学考试和课程用书，出版2016届在职研究生优秀毕业论文选。培育继续教育培训品牌，办班165个12261人次，举办系统教师进修培训班14个776人次。

【后勤保障】 2017年，中共福建省委党校、福建行政学院经费收入约2.07亿元，比上年增长6.15%。作为省委唯一列入全省100个重点项目的新校区建设项目，完成项目立项、代建单位和设计单位招标、总平方案优化设计等事宜。不断改善现校区基础设施，完成函授楼、1号楼和进修楼改造整修等基建工程73项，办学条件稳步提高。

【党校师资队伍建设】 2017年，中共福建省委党校、福建行政学院调入国贴专家1人，新聘博士4人、副教授1人，遴选和招聘6人，接收军转干部5人。3名教师赴台访学，2名教师进博士后流动站研修，3名教师到国内知名高校访学，29名教师参加中央党校等师资培训班。选派1名干部援疆、1名干部赴县市挂职、4名干部驻村任职。2名教授、10名副教授、13名高级讲师经省人社厅确认职务任职资格。1名教授入选2016年国贴人选，入选福建省第三批文化名家、第三批哲学社会科学领军人才公示名单2人次，受聘或入选省理论宣传首批专家、省理论研究和宣传专家库成员各17人。（周建强）

党史研究

【概况】 2017年，中共福建省委党史研究室组织修订《中国共产党福建历史》第一、二卷，编纂《中国共产党福建历史》第三卷。出版《抗日烽火中的八闽儿女画集》《燃烧的红飘带——福建人与长征》《中国工农红军北上抗日先遣队图志》《中央苏区——福建》陈列画集和《中共福建省委执政实录（2015）》等。强化对习近平同志在闽任职期间探索与实践的专题研究和宣传阐释，着手编撰《福建改革开放40年大事记》和《福建改革开放史（1978—2018）》。编写《闽籍党和国家领导人传略》《福建党史日志》，完成《福建党史概览》修订稿。撰写学术论文，参加各类纪念会或研讨会，全年全室干部撰写60余篇论文在《光明日报》《福建日报》《福建党史月刊》等报刊上刊发，其中《党内教育培训机制问题研究——以中央苏区时期为范例》获得全省党建重点课题调研成果二等奖。做好在研国家、省社科基金课题的研究撰写工作，国家社科基金课题《福建三年游击战争史》提交结项，省社科基金课题《福建保护红色资源、传承红色基因、弘扬革命传统的新实践》结项，《基于福建省红色资源保护与红色旅游开发联动发展的对策研究》完成初稿。

【党史宣教】 2017年，中共福建省委党史研究室做好《红色福建》《中央苏区·福建》《红土地文物捐献展》三大陈列展览工作，举办《从红军到人民解放军——纪念中国人民解放军建军90周年主题展览》《从一大到十九大——中国共产党全国代表大会主题展》《孔繁森生平事迹展》《伟大光辉的一生——陈云生平业绩巡展》《人类的浩劫1937南京大屠杀》等展览，福建省革命历史纪念馆全年参观人数约37.3万人次。召开福建省党史系统纪念中国人民解放军建军90周年座谈会、纪念中国人民解放军建军暨南昌起义军入闽90周年学术研讨会、纪念中国工农红军东路军攻克漳州85周年座谈会，举办“骑聚红土地、重走长征路”活动等。编辑出版《福建党史月刊》12期，推进改版提升工作，提高办刊质量。室领导做客东南网演播厅，就“学习十九大、建设新福建”接受访谈。成立意识形态工作领导小组，制定《落实〈福建省党委（党组）意识形态工作责任制实施细则〉的方案》。联合制作《八闽军旗红》100期在福建新闻广播“福建新闻”中开播。福建党史网网站群和“中国纪念馆”、“福建党史”微信公众号，全年上传和推送各类信息共5000多条。开展党史进机关、学校、厂矿、社区、农村、军营“六进”活动，派出党史专家学者赴省直机关和基层单位开展宣讲100多场次。

【党史资政】 2017年，中共福建省委党史研究室围绕福建统筹推进“五位一体”总体布局和协调推进“四个全面”战略布局，密切关注近年来重大国家战略在福建的推进落实情况，紧盯社会和时代新的实践、新的问题、新的要求，组织力量撰写并向省委呈送《大力营造“三个生态”是奋力谱写新时代福建发展新篇章的有力抓手》《从古田会议决议看毛泽东关于党内政治生活的思考与探索》《习近平总书记治国理政新理念新思想新战略的历史根基》《福建在人民军队建设史上的地位与贡献》等资政报告，从历史纵深与现实结合中为省委省政府提供决策参考，其中《大力营造“三个生态”是奋力谱写新时代福建发展新篇章的有力抓手》得到省委组织部部长胡昌升的肯定性批示。

【业务指导与队伍建设】 2017年，中共福建省委党史研究室协助省委抓好在全省党史系统学习传达和贯彻落实中办发《关于加强地方党史工作的意见》，起草《关于加强地方党史工作的实施意见》代拟稿。督促指导全省党史部门贯彻落实《福建省党史工作2016—2020年规划》，指导编撰全省地方党史二卷和《中央苏区纵横》丛书，做好《福建省抗日战争时期人口伤亡和财产损失》（B卷本）编审工作。积极向中央党史网报送信息160多条，采用条数居全国第七，得到中央党史研究室表彰。加强与各设区市、县（市、区）党史部门的业务联系，编发《福建党史工作》12期。举办全省党史部门学习贯彻党的十九大精神专题培训班一期，培训全省党史部门干部约150人。全室党史干部参加学习培训达250余人次，参与网络学习5000多学时。协助开展革命遗址普查、纪念场馆建设及红色旅游工作，参与中央党史研究室举办的红色文化论坛和省委相关红色文化主题调研，组织第四批省级党史教育基地授牌。中共福建省委党史研究室被评为第十三届省级文明单位。 （孙 健）

信访工作

【概况】 2017年，福建省信访系统坚持以习近平新时代中国特色社会主义思想为指导，贯彻落实党的十九大精神和省委十届五次全会精神，以重大活动为重点，以夯实基层基础为抓手，以创新体制机制为动力，以严格督导问责为保障，全面推进阳光信访、责任信访、法治信访建设，全省持续信访总量、进京到非接待场所人次、进京集体上访人次、到省集体上访人次同比下降和信访秩序持续好转的良好态势。中央信访联席办、国家信访局授予省信访局和厦门市信访局、思明区信访局3个“金砖国家领导人第九次会晤”信访工作先进集体三等功，授予4名信访干部先进个人三等功，嘉奖表扬16名信访干部；党的十九大闭幕后专门致信省委、省政府主要领导表示感谢。省委、省政府授予省信访局和省驻京信访维稳工作组及厦门市、漳州市、泉州市、莆田市、南平市信访局，以及仓山区、同安区信访局9个“厦门会晤”筹备和服务保障工作先进集体称号。省综治委授予省信访局“福建省2013—2016年度平安先进单位”称号。

【接访下访】 2017年，福建省信访系统以“四下基层”为引领大力开展领导干部接访下访，尤其是在全国“两会”“厦门会晤”和党的十九大期间，市、县、乡坚持每天安排一名党政领导在信访接待场所接访群众。全省各级领导干部接访群众2.3万批次6.5万人次，就地化解群众诉求1.4万件。

【业务规范】 2017年，福建省信访系统开展信访工作基础业务规范化自查活动，推动各级各有关部门按照依法处理信访事项“路线图”和信访工作“七项机制”，规范办理行政类信访事项16.2万件（人次）；按照中央关于“诉访分离”和依法分类处理信访投诉请求的部署，将5.5万件（人次）涉法涉诉类信访投诉分流导入法定渠道解决。

【便民服务】 2017年，福建省信访系统以群众给省委书记来信和“省长信箱”带动实现“开门办邮”，搭建信、访、网、电及手机、微信、APP等立体化“无障碍”投诉平台；依托和优化全省信访信息系统，实现信访网上投、事项网上办、结果网上评、问题网上督、形势网上判；借助“10639999”平台发送转交办提醒短信15.8万条，定期在“满意栏”“曝光台”通报信访事项办理结果，信访事项及时受理率、按期办结率、群众满意度评价参评率、满意率呈现“四升”态势。

【综合治理】 2017年，福建省信访系统开展“大排查、大化解、大整治”活动，健全省市县乡村五级定期排查和重大情况随有随报的排查体系，省级层面分批交办和滚动管理信访突出问题465件，均实现事态基本平稳；发挥省级领导挂钩包案示范作用，推动全省803件信访积案实现办结化解；推动21个县（市、区）、804个乡镇实现“三无”县乡村创建目标。

【预警预防】 2017年，福建省信访系统对中央信访联席办通报、省领导批办的重点扬言动向信息，做到第一时间交办、第一时间核实、第一时间处置、第一时间反馈。在党的十九大、“厦门会晤”、全国“两会”等重大活动和敏感节点期间，实行信访信息“零报告”制度，及时做好分析研判、应急处置和有效防控。

【督导问责】 2017年，福建省信访系统健全完善信访工作考核评价体系和责任追究机制，向各设区市和平潭综合实验区发放信访工作责任书。采取书面督办、倒查问责、约谈提醒等方式，推动各市、县（区）查处信访工作失职失责问题，并问责相关责任领导，有效促进各级各有关部门改进作风、提升信访工作效能。

【信访队伍建设】 2017年，福建省信访系统以推进“两学一做”学习教育常态化制度化和落实全面从严治党主体责任检查整改为契机，坚持“五抓五看”，坚定不移全面从严治党，全面加强政治、思想、组织、作风、纪律建设，深化信访系统党的建设和党风廉政建设。开展全省信访系统“争当‘四讲四有’合格共产党员，建设让党放心让人民满意信访干部队伍”活动和弘扬谷文昌精神做“四讲四有”好党员活动等，全省有3个集体19人获得全国信访系统“两先”“六优”表彰，34个集体54人获得2012—2015年度全省信访系统先进集体和先进工作者表彰。 （洪 梅）

保密工作

【概况】 2017年，福建省保密战线以服务保障党的十九大和“厦门会晤”为重点，各项工作取得新进展。省委书记尤权、省长于伟国在常委会会议上作讲话，审议通过并印发省委实施意见和福建省“十三五”保密事业发展规划。省保密局召开全省保密工作会议和全省保密局长座谈会，及时传达学习，部署贯彻落实。抓好督查整改。2017年5月，中央办公厅、国务院办公厅会同中央保密办（国家保密局）等有关部门，来闽开展中央《意见》贯彻落实情况实地督查。省委书记尤权会见督查组，秘书长梁建勇主持召开汇报会和反馈会。根据督查组的反馈意见和省委领导要求，省保密局先后提出整改落实初步打算，制订整改方案，省委保密委召开第二次全体成员会议，审议通过省委《实施意见》任务分工方案和中央保密督查组实地督查整改方案。全面推动落实。各地各部门普遍召开党委常委会会议、党委保密委（领导小组）会议，学习贯彻中央和省委的决策部署，研究本地区本部门贯彻落实的具体措施。各设区市均出台本地区贯彻意见和“十三五”规划。

【重要会议活动保密服务保障】 2017年，福建省保密战线做好党的十九大保密服务保障工作。以省委保密委名义下发《关于做好党的十九大福建省保密服务保障工作通知》，为保障十九大召开夯实保密工作基础。开展省党代表会议安全保密技术检查检测，做好党的十九大代表进京的保密服务保障工作。部署厦门会晤保密服务保障。省局成立保密服务保障工作小组，制订工作方案、分工方案和与国家局的对接方案，先后对厦门市筹备单位、福州市“三合一”会议筹备单位、省筹备工作领导小组成员单位开展保密专项检查，检查47家单位280台涉密计算机、591台非涉密计算机，发现261个泄密隐患和技术漏洞，提出整改措施，并对48名违规行为责任人提出处理意见。厦门局对342家机关、单位开展全覆盖、地毯式检查。福州局对18家参与单位开展专项保密检查。同时加强对口指导、服务，举办专题培训班，近12500人次接受保密教育培训，发放保密宣传资料、挂图5300本（册），发放保密提醒及签订保密承诺书近8万份，签订保密工作责任书400份，为138家省直单位配备计算机保密检查工具。为“厦门会晤”工作机构配备保密柜、手机屏蔽柜、碎纸机230多件套，销毁袋400多个，安装“三合一”防控系统74套，组织现场核查和对网上敏感信息的删除处理。省局、省局科技处、厦门局被省委、省政府评为“厦门会晤”服务保障先进集体，5人受到省委、省政府表扬。做好其他重大会议活动保密服务保障。加强省委常委会、省委全会和“6·18”、“海峡论坛”及国家统一考试等重要会议活动的保密管理，确保万无一失。

【保密队伍和保密系统建设】 2017年，福建省保密机构队伍建设取得新进展。省保密局增加总工程师领导职数（正处级）1名；增设省保密科技测评中心，机构规格相当于正处级，核定事业编制11名，核定正处级领导职数1名，副处级领导职数1名；省保密技术检查中心加挂“省保密监管技术保障中心”牌子，增加事业编制4名，核增副处级领导职数1名；省保密局行政事业总编制数从29名增加到44名。市县保密部门增加编制、职数33个。一些省直单位调整充实保密力量。

【保密管理】 2017年，福建省保密战线依法行政和突发事件应急能力得到加强。制定保密应急预案，建立健全福建省保密突发事件应急机制；编制完成省级保密部门权责清单，共8类53项，明确保密行政管理的法律依据、职责权限和实施主体。加强涉密资质单位保密管理。完成60家涉密资质单位的书面、现场审查。落实“放管服”要求，加强事中、事后监管，对10家单位进行“双随机”抽查，完成68家涉密资质单位的年审工作。做好重要军事设施周边安全隐患问题整改。根据中保委统一部署，按照“逐项拉单挂账”的要求，制订整改落实方案，按时完成问题隐患的整改任务。组织专项保密检查。开展重点骨干网络保密管理、保密自查自评、互联网门户网站专项检查，印发《关于加强互联网政务邮箱安全保密管理的通知》。开展失泄密事件的调查、处理。严肃查处15起涉嫌失泄密事件，7人受到党纪政纪处分，做到有案必查、有责必究。

【技术防范水平提升】 2017年，福建省保密战线抓好保密科技测评工作。下发57份测评任务通知书，完成11个县级检察院涉密局域网、省纪检监察系统136个接入节点和省直单位8个接入节点的网络测评任务；推进市（县、区）电子政务内网以及其他新申报涉密网的测评审批工作；举办全省机要系统电子政务内网涉密网络“三员”培训班。加强保密技术防范。为四套班子省级领导配备保密柜、碎纸机等保密设备；推进涉密计算机防控系统配备，新增配备“三合一”系统1991套，多功能导入装置374个，涉密专用U盘295个；对重要涉密会议场所进行11次保密安全检查。强化保密技术监管。核查52起涉密机和56起内网机违规外联事件；扫描5个重要涉密单位邮箱出口10余万份资料，人工研判9289条信息；检查机关单位网站和社会网站发布的12921条记录。推进省保密技术服务中心建设。保密技术服务中心一期工程涉密载体销毁技术楼已经开工建设，预计2018年上半年完成工程建设，下半年投入运行。

【保密基础夯实】 2017年，福建省保密局组织副省级以上现职党员领导干部集中观看警示教育片；组织全省副厅级以上领导干部观看保密教育片，播放21场次，1631人参加；依托“党员e家”开展保密教育培训，1458名在闽中管干部和省管干部完成网上学习任务。依托武汉大学保密学院举办保密干部培训班，各市、县（区）保密局长和部分市委党校保密课老师115人参加培训，全年举办9期各类业务培训班，993人参训；下发《关于进一步推广“保密观”微信公众号的通知》，关注量保持全国前列。（卢如一）

机关党建

【概况】 2017年，福建省直机关各级党组织坚持把讲政治摆在首位，紧扣全面从严治党主题，以迎接和学习宣传贯彻党的十九大为主线，围绕为“再上新台阶、建设新福建”提供坚强保证，做好新时代机关党建工作，教育和引导机关基层组织和广大党员进一步强化“四个意识”、坚定“四个自信”、落实“两个坚决维护”，在推动高质量发展、实现赶超目标中发挥基层党组织战斗堡垒作用和党员先锋模范作用，机关党的建设各项工作取得新的成效，呈现良好发展态势。

【十九大精神学习宣传贯彻】 2017年，福建省直机关组织学习党的十八届六中、七中全会和省第十次党代会以及省委十届三次、四次、五次全会精神，开展“喜迎十九大·建设新福建”征文、书画展、电视展播和党章党规网络答题等活动，营造浓厚氛围；完成党的十九大代表推荐工作，省直机关党组织和党员参荐率分别达100%和98.64%。第一时间组织收看十九大盛况，印发学习宣传贯彻通知，举办骨干培训班，组织省直机关十九大代表谈心得体会、领导干部下基层讲党课，开设网络培训课程，开展理论宣讲和抽查督导，强化党组（党委）中心组龙头作用，推动党员干部切实学懂弄通做实习近平新时代中国特色社会主义思想和党的十九大精神。省直工委印发学习辅导材料2万多册、书籍3.6万多册，举办示范培训班4期695人；工委党校培训党员干部18期2510人，工委讲师团和12名特聘教授开展理论宣讲758场次。落实意识形态工作责任制，充分发挥福建机关党建网、“八闽机关党建”栏目、《党的生活》、机关党建信息等阵地作用。组织开展党员干部思想状况调查，受到省委领导批示肯定。省直工委、福州工委开展的关于习近平总书记全面从严治党战略思想研究等3篇调研文稿分别获评全国机关党建课题研究成果“特别奖”“一等奖”。

【“两学一做”学习教育常态化制度化】 2017年，福建省直机关工委会同省委组织部制订省直机关指导性意见，召开推进会，采取听取汇报、座谈访谈、实地调研、查阅资料等方式，组织3轮全覆盖督查，抽查1526个支部。开展“远学谷文昌、近学廖俊波”活动，组织党员干部学习习近平总书记重要指示精神，围绕“五查五看”，开展学习讨论，认真对照检查。同时，邀请廖俊波同志先进事迹报告团到省直机关作报告，召开学习座谈会，下发学习口袋书，制作专题片，选树和宣传一批省直机关优秀驻村干部先进典型，引导党员干部以实际行动学习践行廖俊波同志优秀品质，争当“四个合格”党员。省直各单位通过开展理想信念教育、召开专题组织生活会、举办“争当廖俊波式的好党员好干部”主题演讲比赛、挖掘培育身边先进典型等方式，充分发挥党员领导干部带头作用、基层党支部管理教育作用和先进典型示范引领作用，推动学习教育融入日常、抓在经常。

【开展“建设新福建、机关走前头”主题实践活动】 2017年，福建省直机关围绕贯彻落实省第十次党代会精神，部署开展“建设新福建、机关走前头”主题实践活动，实施“对标看齐、岗位建功、马上就办、大抓基层”四大行动。通过召开工作推进会，开展“建设新福建，机关怎么做”大讨论和主题征文活动，深化“五一劳动奖”“青年文明号”“巾帼文明岗”创建，开展岗位练兵、劳动竞赛、技能比赛和组织民主党派科技人员下基层服务等措施，动员机关广大党员干部职工和青年、妇女及党外人士立足岗位服务新福建建设。推动各单位落实“四下基层”，服务脱贫攻坚，与扶贫开发重点村、驻点村结对帮扶，机关在职党员到社区报到服务群众，为基层办实事好事2500多件，扶贫济困2400多户。强化抓党建促改革，举办全国机关党建和推进“放管服”改革两场研讨交流会，选送的福州市、南平市、平潭综合实验区、大田县和省公安厅等5个行政服务大厅案例获评全国“百优”典型案例，其中福州市、大田县行政服务大厅获评“十佳”典型案例。加强“迎金砖”知识学习宣传和相关安全维稳工作，为“厦门会晤”顺利举行作出贡献。

【基层党组织建设】 2017年，福建省直机关工委出台深化省直机关全面从严治党若干意见，继续组织党组（党委）书记抓党建述职评议，开展机关党委书记向工委述职并接受评议、党支部书记述职评议，强化基层党建责任落实。贯彻《关于新形势下党内政治生活的若干准则》，开展“严肃党内政治生活，构建良好政治生态”专题调研，召开机关党组织“三会一课”现场推进会，出台规范“三会一课”制度等意见，派员列席各单位党员领导干部民主生活会，严格基层组织生活各项制度。贯彻《机关基层组织工作条例》和省委实施办法，召开“1263”机关党建工作机制建设推进会，制定机关党委协助做好干部管理、专职副书记列席有关会议、基层党组织党建活动经费管理等配套制度，为基层党组织开展工作、组织活动提供保障。在省直机关推广机关党支部七项基本工作法，修订完善机关党务工作手册，推进支部规范化建设。加强机关专职党务干部和基层党组织“带头人”队伍建设，实现100%专职副书记选任考核、任前谈话，举办党务干部骨干培训班7期培训1500余人。强化基层党建重点任务督查，基层党组织到期换届率达97%，新发展党员2354名，规范管理、处置失联党员781名。推进机关基层党建工作创新，征集评选推广40个创新项目；完善“党建微课”手机教育平台，省领导带头进驻学习，经验做法获评全国机关党建信息化最佳案例。是年，省直机关工委还积极履行对市、县（区）机关工委工作的指导职能，召开3场省市机关工委负责人联席会议，深入43个市（县、区）调研指导，培训市、县（区）机关工委干部43人次。

【党风廉政建设和反腐败工作】 2017年，福建省直机关对省直42个单位落实全面从严治党主体责任情况进行重点检查和整改情况“回头看”，查找问题219个，提出问责建议30个，推动问责28人。持之以恒抓“四风”、改作风，出台“1+X”专项督查意见，组织、参与专项督查和明察暗访5次，发现问题线索33条，查处违反中央八项规定精神问题44起44人，通报曝光典型案例9起10人。推进廉政教育全覆盖，组织6400多名重点岗位党员干部（其中厅级512人）接受专题警示教育；开展警示教育“大家谈”，相关做法两次被《中国纪检监察报》刊登。综合运用监督执纪“四种形态”，全年受理信访举报128件，其中由省直纪工委协调处置案件68件，立案25件25人，采取“两规”“两指”措施审查3人，谈话函询21件，结案18件18人，审理112件111人。

【机关文明建设】 2017年，福建省直机关践行社会主义核心价值观，开展寻找“最美家庭”“最美青工”“身边好人”以及“四德”教育。举办“传承好家风、建设新福建”曲艺小品比赛。评选表彰首届省直机关文明家庭，2人获全国道德模范提名奖，3人被推荐为福建省道德模范。指导机关工委推进“两史”“三爱”主题教育，做好关心下一代工作。推动志愿服务常态化，新增志愿服务组织360多个、注册志愿者6800多人，组织无偿献血1.3万人次520万毫升。成立省直机关文联，为活跃机关文艺活动搭建平台。做好关怀帮扶工作，筹措220万元慰问2400多名困难党员干部职工。组织16批次735名劳模和职工参加疗休养，发放医疗互助补助金802万元。推进省市共建省会文明城市，配合做好文明交通教育劝导，推动450个省直厅局和直属单位与社区深化共建。坚持评时与平时相结合，创新文明单位考评和管理模式，组织开展省直机关第十三届文明单位（校园）考评，推荐和评选出391个不同层级、不同类别的文明单位（校园）。举办“百名法学家百场讲座”，配合做好机关绩效管理和“平安单位”建设，共建平安和谐、文明高效机关。 （李向阳）

编辑：林忠玉

福建省人民代表大会

人大立法工作

【立法推进民生社会事业发展】 2017年，福建省人大及其常委会关注人民群众生命健康和饮用水安全，制定食品安全条例、城乡供水条例，以最严格的监管，确保人民群众吃得安全、喝得放心。应对人口老龄化趋势，在两次审议的基础上，将老年人权益保障条例草案提请省十二届人大五次会议审议通过。条例对老年人社会保障、养老服务体系建设、独生子女护理老人时间等作出规定，有利于保障和促进养老事业健康发展。关注教科文卫事业发展，制定教育督导、促进科技成果转化、历史文化名城名镇名村和传统村落保护等法规，修订人口与计划生育条例，促进社会事业协调发展。审议少数民族权益保障条例修订草案，促进全省各民族共同繁荣发展。

【立法维护社会和谐稳定】 2017年，福建省人大及其常委会针对改革攻坚时期社会矛盾变化的新情况，制定多元化解纠纷、工会劳动法律监督、违法建设处置等条例，促进冲突纠纷及时化解，维护社会安定稳定。制定法治宣传教育条例，加大法治宣传教育力度。制定行政事业性收费条例，推进收费管理制度改革，促进政府职能转变。审议物业管理条例修订草案，促进物业管理工作规范化、法治化。

【立法引领生态文明建设】 2017年，福建省人大及其常委会加大生态环境法治保护力度，增加生态文明方面立法项目，先后制定水资源条例、海岸带保护与利用管理条例、武夷山国家公园条例，修订森林和野生动物类型自然保护区管理条例，审议生态公益林条例草案，妥善处理保护资源与保障发展的关系。对福建省现行有效的地方性法规进行全面自查和清理，对不符合生态环境保护要求的39件地方性法规分类制定出修改方案，依法推进生态文明先行示范区和生态文明试验区建设。

【立法制度建设】 2017年，福建省人大及其常委会出台立法规划和年度立法计划编制与实施工作规定、代表大会立法工作规程、法制委统一审议规定、立法评估工作规定、立法技术规范等，初步形成覆盖立法各个环节的一系列制度规范。加大立法协调力度，及时解决立法中的重点难点问题。建立省市人大常委会之间常态化立法沟通协调机制，制定设区市法规报批审查工作若干规定，完善审查批准工作机制，把好立法质量关。 （胡冰午）

人大监督

【概况】 2017年，福建省人大常委会履行宪法和法律赋予的职责。全年审议法规草案20项，通过15项，决定提请省人民代表大会审议通过的法规案1项，审查批准设区市法规10项；听取审议16个专项工作报告，检查7部法律法规执行情况，开展2次专题询问和1次三级联动监督，开展1次满意度测评，审查规章和规范性文件131件；作出重大事项决定、决议9项；任免国家机关工作人员134人次，组织宪法宣誓35人次，完成省十二届人大五次会议确定的各项任务。常委会紧紧围绕关系全省改革发展稳定大局和群众切身利益、社会普遍关注的重大问题，依法加强对一府两院的监督，突出监督重点，坚持问题导向，改进监督方式，增强监督实效。

旗帜鲜明讲政治。坚决维护以习近平同志为核心的党中央权威和集中统一领导。常委会党组贯彻落实党的十八大、十九大和省第十次党代会、省委十届历次全会精神，牢固树立“四个意识”，坚定“四个自信”，坚决维护习近平总书记党中央的核心、全党的核心地位，坚决维护以习近平同志为核心的党中央权威和集中统一领导，始终在政治立场、政治方向、政治原则、政治道路上同以习近平同志为核心的党中央保持高度一致，坚持在省委领导下履行职责、开展工作，保证人大工作的正确政治方向。把学习习近平新时代中国特色社会主义思想和党的十九大精神作为首要政治任务抓紧抓好。常委会学习宣传贯彻习近平新时代中国特色社会主义思想和党的十九大精神，努力在学懂弄通做实上下功夫，坚持原原本本学、领导带头学、联系实际学，做到先学一步、深学一层，带动机关党组、机关党委、各支部和机关党员干部深刻领会核心要义、把握精神实质。常委会党组成员按照省委的部署，深入挂钩帮扶点和基层单位，面对面向党员干部群众及人大代表宣讲党的十九大精神，推动党的十九大精神深入基层、深入群众。发挥好常委会党组在贯彻落实中央和省委决策部署中的作用。健全党组议事决策制度，着力提升议事决策水平，定期召开党组会议，通过法定程序使党的主张成为全省人民的共同意志，使党组织推荐的人选通过法定程序成为国家机关的领导人员。坚持重要事项向省委请示报告制度，先后就老年人权益保障条例等重点立法项目中涉及的重大问题、常委会立法计划、监督计划、省人代会筹备工作、省人大代表换届选举等事项，及时向省委请示报告，坚持在省委领导下推进人大工作不断发展。

【转型升级】 2017年，福建省人大常委会听取审议计划、预算执行情况的报告和审计工作报告，听取审议关于旅游专项资金使用情况的报告，审查批准省级预算调整方案，听取审议现代服务业发展情况的报告，开展促进现代物流业发展条例、邮政法及我省条例的执法检查，推动贯彻新发展理念，深化供给侧结构性改革，加大对现代服务业、物流业、旅游业的扶持力度，推动创新驱动、转型升级，不断提高发展质量和效益。

【民生改善】 2017年，福建省人大常委会听取审议医疗保障工作情况的报告，推动建立合理有序的分级诊疗模式和城乡统一的医疗保险制度。开展农产品质量安全法执法检查并进行专题询问，促进政府落实“四个最严”要求，强化源头治理和全过程监管检测，守护好人民群众“舌尖上的安全”。开展网络安全法和全国人大常委会关于加强网络信息保护决定的执法检查并进行专题询问，督促有关部门和单位加大对电信网络新型犯罪的预防和打击力度，努力创造安全和谐的网络环境。听取审议少数民族精准扶贫情况的报告，推动政府加大对少数民族地区的支持力度，坚决打赢脱贫攻坚战。落实中央信访工作制度改革要求，做好群众来信来访工作，加强综合分析，依法交办督办，推动化解矛盾纠纷，促进社会和谐稳定。

【法律法规实施保障】 2017年，福建省人大常委会落实地方性法规实施情况报告制度，对党的十八大以来施行满两周年的13部法规，要求实施主管部门报告执行情况，促进法规正确有效实施。严格落实环境保护法有关规定，审议年度环境状况和环保目标完成情况的报告，依法强化对政府落实环保责任的监督。加强对司法工作的监督，听取审议省检察院生态检察工作情况的报告，加大生态环境司法保护力度，推进环境执法与刑事司法有效衔接；听取审议省法院关于执行工作情况的报告并开展三级联动监督，推动解决执行难问题，提高司法公信力。

【监督方式改进】 2017年，福建省人大常委会改进预算审查监督，对旅游专项资金预算支出开展第三方绩效评价，有针对性地提出意见建议，提高专项资金使用效益；落实全国人大关于推进预算联网监督工作的部署，设立预算监督网络中心，与省财政厅国库集中支付系统联通，实现对财政预算支出实时在线全程监督。改进联动监督组织实施，推进层层解决问题，不断拓展监督的深度和广度。推进专题询问规范化制度化，力求抓住重点、解决问题、推动工作。

【重大事项讨论决定】 2017年，福建省人大常委会贯彻落实党的十八届三中全会和中央有关健全人大讨论决定重大事项制度的文件精神，总结福建省多年来各级人大讨论决定重大事项工作的经验和做法，组织起草关于健全人大讨论决定重大事项制度、各级政府重大决策出台前向本级人大报告的实施办法（代拟稿）。为确保“厦门会晤”的顺利举办，常委会及时作出授权省及设区市人民政府为保障重大国际性活动筹备和举办工作规定临时性行政措施的决定，将“厦门会晤”筹办工作纳入法治轨道，有利于提高筹办工作的保障能力和行政效率。审议并作出决议，批准环境保护税福建省适用税额和应税污染物项目数方案，保障环境保护税在福建省顺利开征。（胡冰午）

代表工作

【代表履职能力建设】 2017年，福建省人大常委会总结党的十八大以来加强和改进代表工作的经验和做法，研究制订加强和改进人大代表履职有关工作的实施意见，报请省委同意后实施，进一步规范代表履职行为。落实常委会组成人员分工联系代表制度，推动一府两院加强与代表联系，拓宽代表知情知政渠道。加强代表联系群众平台建设，密切人大代表同人民群众的联系，省市县三级人大常委会全面启用代表履职服务网络平台，全省乡镇、街道普遍建立代表联系群众活动室。举办省人大代表履职学习班，有260多名省十二届人大代表参加学习培训。

【代表议案建议办理】 2017年，福建省十二届人大五次会议期间和闭会期间代表所提38件议案与816件建议全部审议、办理完毕，有关未成年人保护、电梯安全管理等4件议案提出的立法项目列入立法规划和立法计划。由常委会各位副主任领衔督办和工作机构重点督办14件建议，并对关于精准扶贫中加大健康扶贫力度的代表建议办理情况进行满意度测评，以点带面促进代表建议办理质量提高。对该届以来办理代表建议先进单位和先进个人进行表彰。

【代表主体作用发挥】 2017年，福建省人大常委会扩大代表对常委会工作的参与，全年邀请62名代表列席常委会会议，每次会议期间都由常委会领导主持召开列席代表座谈会，听取代表的意见建议。邀请代表204人次参加常委会立法调研、执法检查等活动。开展省人大代表专题调研和集中视察活动，组织全国人大代表围绕健康福建建设和缩小居民收入差距情况开展专题调研。

组织做好省十三届人大代表选举工作。贯彻落实中央和省委决策部署，常委会作出关于省十三届人民代表大会代表名额分配和选举问题的决定，依法分配省人大代表名额，加强对各选举单位的督促指导，保证换届选举工作依法有序开展。（胡冰午）

自身建设

【概况】 2017年，福建省人大常委会加强政治理论学习，健全完善工作制度，规范履职行为，提升履职能力。严格执行党章党规党纪，落实管党治党责任。坚持以习近平新时代中国特色社会主义思想为指导，贯彻中央八项规定及其实施细则精神，抓好巡视整改工作，推进“两学一做”学习教育常态化制度化，开展向廖俊波同志学习活动，推动机关党的建设取得新成效。

【工作研究和新闻宣传】 2017年，福建省人大常委会加强人大理论和工作研究，组织全省人大系统开展“推进人大工作创新发展，为再上新台阶、建设新福建提供重要保障”的课题研究并召开专题研讨会，形成一批有质量的研究成果。加强人大新闻宣传工作，宣传人大制度、人大工作和代表履职实践，推动形成良好民主法治环境。

【上下级人大交流联系】 2017年，福建省人大常委会自觉接受全国人大及其常委会的指导和监督，受委托或配合开展种子法、固体废物污染防治法、著作权法、网络安全法等执法检查。加强对市县乡人大工作的监督和指导，在省委组织下开展县乡人大工作和建设调研检查，召开省市县人大常委会主任座谈会，研究部署进一步推进县乡人大工作和建设，举办市县人大常委会主任、乡镇人大主席和街道人大工委主任培训班，促进全省各级人大提升履职水平、更好发挥作用。指导市县两级人大做好产生监察委员会相关工作，确保监察委员会顺利组建。（胡冰午）

重要会议

【省十二届人大五次会议】 福建省十二届人大五次会议于2017年1月18—22日在福州召开。会议审议和批准省人民代表大会常务委员会工作报告、省人民政府工作报告、省高级人民法院工作报告、省人民检察院工作报告；审查和批准福建省2016年国民经济和社会发展计划执行情况及2017年国民经济和社会发展计划草案的报告，批准福建省2017年国民经济和社会发展计划；审查和批准福建省2016年预算执行情况及2017年预算草案的报告，批准福建省2017年省级预算。审议通过福建省老年人权益保障条例。会议补选李德金为福建省人民政府副省长，刘道崎为福建省第十二届人民代表大会常务委员会秘书长。会议还补选部分省人大常委会委员，通过省人大法制委员会主任委员人选。经大会主席团会议审议，决定将38件议案交省人大常委会办理，并提出办理情况报告。大会收到代表建议797件，交有关部门办理。（胡冰午）

【省人大常委会会议】 2017年，福建省人大常委会举行6次会议，即福建省第十二届人大常委会第二十七次至第三十二次会议。

福建省第十二届人大常委会第二十七次会议　1月12日在福州召开。会议审议通过省十二届人大五次会议主席团和秘书长名单（草案），决定提请省十二届人大五次会议预备会议选举；审议通过省十二届人大五次会议议程（草案），决定提请省十二届人大五次会议预备会议表决；审议通过省人大常委会关于省十二届人大五次会议列席人员安排原则的决定；审议通过省人大常委会工作报告、《福建省老年人权益保障条例（草案）》，决定提请省十二届人大五次会议审议；听取和审议关于个别代表的代表资格的报告；通过有关人事事项。

福建省第十二届人大常委会第二十八次会议　3月30—31日在福州召开。会议传达学习十二届全国人大五次会议和省委常委会（扩大）会议精神；审议通过《福建省教育督导条例》《福建省历史文化名城名镇名村和传统村落保护条例》《福建省人民代表大会常务委员会关于授权省及设区的市人民政府为保障重大国际性活动筹备和举办工作规定临时性行政措施的决定》；审议通过《关于办理省十二届人大五次会议主席团交付审议的代表议案的决定》；听取和审议关于个别代表的代表资格的报告；通过有关人事事项。

福建省第十二届人大常委会第二十九次会议　5月24—25日在福州召开。会议审议批准《漳州市市容和环境卫生“门前三包”责任区管理若干规定》《宁德市畲族文化保护条例》；审查批准2017年省级预算调整方案；听取和审议省人大常委会执法检查组关于检查《中华人民共和国邮政法》及《福建省邮政条例》《福建省促进现代物流业发展条例》实施情况的报告；通过有关人事事项。

福建省第十二届人大常委会第三十次会议　7月17日下午至21日在福州召开。会议审议通过《福建省水资源条例》《福建省食品安全条例》《福建省城乡供水条例》《福建省工会劳动法律监督条例》；审议批准《南平市朱子文化遗存保护条例》；听取和审议省人民政府关于2016年省本级决算和2017年上半年预算执行情况的报告、关于2016

年度省本级预算执行和其他财政收支的审计工作报告，审查和批准2016年省本级决算；听取和审议省人民政府关于现代服务业发展情况的报告；审议关于省十二届人大五次会议主席团交付审议的代表议案中部分议案办理情况的报告；通过有关人事事项。

福建省第十二届人大常委会第三十一次会议 9月25—29日上午在福州召开。会议审议通过《福建省海岸带保护与利用管理条例》《福建省行政事业性收费管理条例》《福建省人民代表大会常务委员会关于福建省第十三届人民代表大会名额分配和选举问题的决定》《福建省人民代表大会常务委员会关于批准〈环境保护税我省适用税额和应税污染物项目数方案〉的决议》《福建省人民代表大会常务委员会关于许可对省十二届人大代表刘丛生采取刑事强制措施的决定》；审议批准《泉州市市区内沟河保护管理条例》《三明市万寿岩遗址保护条例》《南平市市容和环境卫生管理办法》；听取和审议省人大常委会执法检查组关于检查《中华人民共和国农产品质量安全法》实施情况的报告，并以联组会议的形式开展食用农产品质量安全专题询问；听取和审议省人民政府《关于我省2017年1—8月国民经济和社会发展计划执行情况的报告》《关于2016年旅游专项资金管理使用情况的报告》《关于少数民族精准扶贫工作情况的报告》，省高级人民法院关于执行工作情况的报告，省人民检察院关于生态检察工作情况的报告；审议《福建省促进中小企业发展条例》《福建省司法鉴定管理条例》《福建省沿海边防治安管理条例》《福建省农民专业合作社条例》《福建省社会科学普及条例》《福建省风景名胜区条例》等6部法规实施情况的报告；审议关于省十二届人大五次会议主席团交付审议的代表议案中部分议案办理情况的报告；听取和审议关于个别代表的代表资格的报告；通过有关人事事项。

福建省第十二届人大常委会第三十二次会议 11月20—24日在福州召开。会议审议通过《福建省人民代表大会常务委员会关于召开福建省第十三届人民代表大会第一次会议的决定》《福建省多元化解纠纷条例》《福建省法治宣传教育条例》《武夷山国家公园条例（试行）》《福建省促进科技成果转化条例》《福建省违法建设处置若干规定》《福建省人民代表大会常务委员会关于修改〈福建省森林和野生动物类型自然保护区管理条例〉的决定》《福建省人民代表大会常务委员会关于修改〈福建省人口与计划生育条例〉的决定》；审议批准《福州市闽菜技艺文化保护规定》《福州市人民代表大会常务委员会关于修改〈福州市闽江河口湿地自然保护区管理办法〉的决定》《厦门市海上交通安全条例》《龙岩市红色文化遗存保护条例》；听取和审议省人民政府关于防范和打击电信网络新型违法犯罪工作情况的报告，并开展专题询问；听取和审议省人民政府关于2016年度省本级预算执行和其他财政收支审计查出问题整改落实情况的报告、关于医疗保障工作情况的报告、关于2017年环境状况和环境保护目标完成情况的报告，省人民政府、省高级人民法院、省人民检察院关于省十二届人大五次会议代表建议、批评和意见办理情况的报告；审议通过关于省十二届人大五次会议主席团交付审议的代表议案审议结果的综合报告；开展省十二届人大五次会议第1242号代表建议办理情况满意度测评；审议《福建省老年人权益保障条例》《福建省禁毒条例》《福建省国防教育条例》《福建省河道保护管理条例》《福建省电力设施建设保护和供用电秩序维护条例》《福建省电信设施建设和保护条例》《福建省促进闽台职业教育合作条例》等7部法规实施情况的报告；通过有关人事事项。

（谢兆宴）

编辑：林忠玉

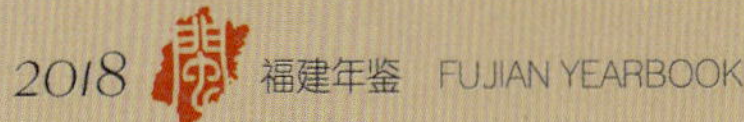

福建省人民政府

综　　述

【概况】　2017年，福建省各级人民政府在以习近平同志为核心的党中央坚强领导下，在习近平新时代中国特色社会主义思想指导下，全省各级政府贯彻落实党中央、国务院和省委的决策部署，坚持稳中求进工作总基调，坚持新发展理念，坚持以供给侧结构性改革为主线，推动经济社会持续健康发展。

【经济社会发展】　2017年，福建省实现生产总值32182.09亿元，比上年增长8.1%；一般公共预算总收入4604.69亿元、增长6.9%，其中地方一般公共预算收入2809.03亿元、同口径增长8.7%；固定资产投资26226.6亿元，增长13.5%；外贸进出口11590.98亿元，增长12%；实际使用外资573.2亿元，增长8.2%；社会消费品零售总额13013亿元，增长11.5%；居民消费价格总水平上涨1.2%；城镇登记失业率3.87%；城镇居民人均可支配收入39001元，增长8.3%；农村居民人均可支配收入16335元，增长8.9%；节能减排降碳年度目标实现。完成省十二届人大一次会议确定的目标任务，“机制活、产业优、百姓富、生态美”的新福建建设取得新成效。　（余自谦）

重要会议

【省政府全体会议】　2017年，福建省政府第一次全体会议于1月22日召开。会议部署各级政府各部门2017年工作；强调聚焦“机制活”，要求各级政府和各部门首先从我做起、深化自我改革、加快职能转变，在体制机制上增动力、创效益。会议对2017年年初经济工作以及春节期间做好困难群众帮扶救助、保障春运秩序安全、维护社会和谐稳定、严格执行廉洁自律规定等工作作出部署。

【省政府常务会议】　福建省政府第81次常务会议，2017年1月5日召开。会议传达贯彻习近平总书记对食品安全工作的重要指示、李克强总理的批示精神和国务院食安委第四次全体会议要求，进一步部署全省食品安全工作；听取省审计厅杨红关于全国审计工作会议主要精神及福建省初步贯彻意见的汇报，省发改委魏克良关于《福建省建立完善守信联合激励和失信联合惩戒制度加快推进社会诚信建设的实施方案》（送审稿）起草情况的说明，省法制办黄岩生关于《福建省行政应诉办法（草案）》《福建省散装汽油购销安全管理办法（草案）》起草情况的说明，省财政厅王永礼关于《武夷山国家公园试点区财政体制方案》（送审稿）起草情况的说明，省住建厅林瑞良关于《福建省城市规划管理技术规定》（送审稿）起草情况的说明，省国土厅叶敏关于《福建省人民政府关于实施征地区片综合地价的通知》（送审稿）起草情况的说明，省水利厅丘汀萌关于《福建省大樟溪流域综合规划修编报告》编制情况的说明，省体育局王维川关于福建省参加第三十一届里约奥运会运动员教练员和有功人员奖励方案的汇报。

省政府第82次常务会议，1月25日召开。会议听取省安办郑李亭关于全国安全生产有关会议精神、福建省安全生产有关情况及《福建省2017年安全生产工作要点》（送审稿）的汇报，省发改委魏克良《关于建立正向激励机制促进有效投资的八条措施》（送审稿）和《福建省“十三五”控制温室气体排放工作方案》（送审稿）起草情况的说明，省商务厅黄新銮关于福建自贸试验区建设情况的汇报，省机关管理局梁四招关于福建信息职业技术学院申报螺洲校区房地产征收补偿方案的汇报。

省政府第83次常务会议，2月4日召开。会议听取省发改委魏克良《关于推动经济建设和国防建设融合发展的实施意见》（送审稿）的起草说明，福州市政府林飞、省审改办陈元邦关于《福州市开展“证照分离”改革工作总体方案》（送审稿）的起草说明，省法制办黄岩生关于在福建省自贸试验区调整有关政府规章和规范性文件清理工作情况的汇报及《关于修改〈福建省人民政府关于鼓励外商投资的若干意见〉的决定（草案）》的说明、《福建省行政事业性收费管理条例（修订草案）》（送审稿）和《福建省台湾船舶停泊点管理办法修正案（草案）》（送审稿）的起草说明，省国资委刘捷明关于《福建省国有控股混合所有制企业开展员工持股试点的管理办法》（送审稿）的起草说明，省科技厅陈秋立《关于深入推行科技特派员制度的实施意见》（送审稿）的起草说明，省国土厅叶敏《关于印发建立城镇建设用地增加规模同吸纳农业转移人口落户数量挂钩机制八条措施的通知》（送审稿）的起草说明，省财政厅王永礼关于省级铁路建设资金筹措方案的汇报。

省政府第84次常务会议，2月20日召开。会议听取省科技厅陈秋立关于《福建省建设国家创新型省份实施方案》（送审稿）、《福厦泉国家自主创新示范区发展规划纲要（2016—2025）》（送审稿）和《2017年福厦泉国家自主创新示范区建设工作要点》（送审稿）、《关于企业研发经费投入分段补助实施办法（试行）》（送审稿）的起草说明及武平县申报省级高新技术产业园区事宜的汇报，省审改办陈元邦关于2016年度省级行政权力和公共服务事项调整工作情况的汇报，省法制办黄岩生关于《福建省人民政府提请福建省人民代表大会常务委员会作出授权省及设区的市人民政府为保障2017年金砖国家领导人会晤筹备和举办工作规定临时性行政措施的决定（草案）》《关于对民用小型航空器和空飘物采取临时性行政措施的决定（草案）》《关于实施重大活动临时性行政措施的决定（草案）》的起草说明，省水利厅赖军关于《福建省全面推行河长制实施方案》（送审稿）的起草说明，省财政厅王永礼关于《进一步促进总部经济发展的指导意见》（送审稿）的起草说明，省发改委魏克良关于省委党校（福建行政学院）新校区、社会主义学院和省直党校新校区项目代建单位选择方式的汇报，省委组织部杨国豪关于福建省第五批引进高层次创业创新人才遴选结果和补助方案的汇报。

省政府第85次常务会议，2月27日召开。会议学习贯彻习近平总书记在中共中央政治局第39次集体学习时的重要讲话精神，听取厦门市政府张毅恭关于《厦门市城市总体规划（2011—2020年）》修改建议的汇报，省住建厅林瑞良关于《2017年全省宜居环境建设行动计划》（送审稿）的起草说明，省国土厅叶敏关于《福建省自然资源统一确权登记试点实施方案》（送审稿）和《关于印发批而未供土地用地批文处理意见的通知》（送审稿）的起草说明，省发改委魏克良关于《2017年投资工程包实施方案》（送审稿）的起草说明，省发改委吴亮碧《关于贯彻落实〈中共中央 国务院关于完善产权保护制度依法保护产权的意见〉的实施方案》（送审稿）的起草说明，省法制办黄岩生关于《福建省流动人口服务管理条例（修订草案）》（送审稿）修订情况的说明，省教育厅黄红武《关于建设一流大学和一流学科的实施意见》（送审稿）的起草说明，福州市政府尤猛军、省民政厅池秋娜关于撤销长乐市设立福州市长乐区事宜的汇报。

省政府第86次常务会议，3月20日召开。会议听取省发改委魏克良关于近期走访并争取国家部委和央企支持的情况汇报，省法制办黄岩生关于《福建省2016年法治政府建设情况的报告》（送审稿）、《福建省2017年法治政府建设重点工作安排》（送审稿）的起草说明以及省级地方性法规省政府规章评估清理工作情况的汇报，省农业厅黄华康关于《福建省加快培育发展农业面源污染治理市场主体方案》（送审稿）、省住建厅林瑞良关于《福建省培育发展农村污水垃圾处理市场主体方案》（送审稿）的起草说明，省文化厅石建平《关于进一步加强文物工作的实施意见》（送审稿）的起草说明，省妇联吴洪芹关于贯彻落实第六次全国妇女儿童工作会议精神的汇报，省住建厅林瑞良关于第二批省级历史文化街区评定工作的汇报，省国资委刘捷明关于增加福建省电子信息集团注册资本金方案的汇报。

省政府第87次常务会议，3月31日召开。会议听取省审计厅杨红《关于完善福建省审计制度若干问题的实施意见》（送审稿）的起草说明，省经信委翁玉耀《关于促进2017年全省工业稳增长调结构若干措施的通知》（送审稿）和《福建省工业企业技术改造奖励实施办法》（送审稿）的起草说明，省侨办冯志农关于全国侨务工作会议精神及福建省初步贯彻意见的汇报、《关于贯彻落实国家侨务工作发展纲要（2016—2020年）的实施意见》（送审稿）的起草说明，省交通运输厅黄祥谈《关于调整高速公路通行费支持物流业发展的意见》（送审稿）和《关于规范港口收费进一步降低社会物流成本的意见》（送审稿）的起草说明，省民政厅池秋娜关于《福建省养老产业投资基金实施方案》（送审稿）的起草说明，省林业厅陈则生关于全省造林绿化工作先进集体和先进个人评选表彰方案的汇报。

省政府第88次常务会议，4月13日召开。会议传达学习习近平总书记重要指示和李克强总理重要批示精神，贯彻落实国务院推进职能转变协调小组第十次全体会议精神，听取省审改办陈元邦关于《2017年福建省推进简政放权放管结合优化服务工作要点》（送审稿）、《关于推行“一趟不用跑”和“最多跑一趟”办事清单的通知》（送审稿）、《关于下放漳州市实施的省级经济管理权限目录》（送审稿）的起草说明及关于贯彻落实国务院第三批取消中央指定地方实施行政许可事项和清理规范行政审批中介服务事项的情况汇报，省卫计委陈晓春关于《“健康福建2030”行动规划》（送审稿）的起草说明，省发改委林向东关于《第十五届中国·海峡项目成果交易会总体工作方案》（送审稿）的起草说明，省法制办黄岩生关于《福建省人民政府关于实施重大国际性活动临时性行政措施的决定（草案）》《福建省人民政府关于对民用小型航空器和空飘物采取临时性行政措施的决定（草案）》的起草说明。

省政府第 89 次常务会议，4 月 24 日召开。会议听取科技厅陈秋立关于《21 世纪海上丝绸之路创新驱动发展试验区总体方案》（送审稿）的编制说明，省委台办王玲关于《第九届海峡论坛方案》（送审稿）的起草说明，省发改委魏克良《关于贯彻落实〈“十三五”国际产能合作指引〉的实施意见》（送审稿）的起草说明，人行福州中心支行杨长岩关于《福建省绿色金融体系建设实施方案》（送审稿）的起草说明，省民宗厅黄进发《关于贯彻国务院“十三五”促进民族地区和人口较少民族发展规划的实施意见》（送审稿）的起草说明，省国土厅董建洲关于《福建省自然资源统一确权登记办法（试行）》（送审稿）、《福建省建设用地总量控制和减量化管理方案》（送审稿）的起草说明，省发改委魏克良《关于在招商引资工作中依法履约诚信履约有关事项的通知》（送审稿）的起草说明，省法制办黄岩生《关于修改〈福建省科学技术奖励办法〉的决定（草案）》的情况汇报。

省政府第 90 次常务会议，5 月 3 日召开。会议听取省审计厅杨红关于《福建省党政领导干部自然资源资产离任审计实施方案（试行）》（送审稿）的起草说明，省法制办黄岩生关于《福建省农村扶贫开发办法（草案）》以及《福建省人民政府关于修改〈福建省促进快递行业发展办法〉的决定（草案）》的起草说明，省发改委魏克良关于《福建省生态文明建设目标评价考核办法》及《福建省绿色发展指标体系》《福建省生态文明建设考核目标体系》（送审稿）、《福建省人民政府关于促进通用航空业发展的实施方案》（送审稿）的起草说明，省农业厅（扶贫办）黄华康关于《中共福建省委 福建省人民政府关于进一步推进农垦改革发展的实施意见》（送审稿）、《中共福建省委办公厅 福建省人民政府办公厅关于 2016 年设区市党委和政府扶贫开发工作成效考核情况的通报》（送审稿）的起草说明，省林业厅陈则生关于《福建省林业碳汇交易试点方案》（送审稿）的起草说明。

省政府第 91 次常务会议，5 月 17 日召开。会议听取省环保厅朱华关于《福建省生态环境保护工作责任规定》（送审稿）的起草说明，省物价局林作明关于《福建省人民政府关于发挥价格机制作用 促进国家生态文明试验区（福建）建设的意见》（送审稿）的起草说明，省发改委魏克良关于《中共福建省委 福建省人民政府关于深化投融资体制改革的实施意见》（送审稿）的起草说明，省发改委吴亮碧关于《政府核准的投资项目目录（福建省 2016 年本）》（送审稿）的起草说明，省公安厅杨建平关于《福建省深化公安执法规范化建设实施方案》（送审稿）的起草说明，省国土厅董建洲关于《福建省矿产资源总体规划（2016—2020 年）》（送审稿）的起草说明，省财政厅王永礼《关于福建省 2017 年新增债务限额分配及省级预算调整方案（草案）》、福建省金融投资公司设立及运行初步方案的汇报。

省政府第 92 次常务会议，5 月 23 日召开。会议听取华侨大学法学院院长许少波教授关于“一带一路”建设与福建华侨权益法律保护的法制讲座，省安办郑李亭关于《福建省加强重大风险管控遏制重特大生产安全事故整体方案》及《福建省人民政府安委会关于印发安全生产大检查工作实施方案的通知》（送审稿）的起草说明，省发改委魏克良关于《福建省人民政府关于促进康复产业加快发展八条措施的通知》（送审稿）、《福建省事业单位公务用车制度改革实施意见》（送审稿）、《福建省国有企业公务用车制度改革实施意见》（送审稿）的起草说明，省民政厅池秋娜关于《中共福建省委 福建省人民政府 福建省军区关于加强新形势下优抚安置工作的实施意见》（送审稿）的起草说明，省质监局郑建闽关于 2016 年度福建名牌产品评选工作的情况汇报，省住建厅林瑞良关于《福建省人民政府办公厅关于大力发展装配式建筑的实施意见》（送审稿）的起草说明，省人社厅林卫宠关于《2017—2020 年福建省行政机关公务员培训纲要》（送审稿）的起草说明，省科技厅陈秋立关于南平市设立省级高新技术产业园区的情况汇报，省法制办黄岩生关于《武夷山国家公园管理条例（草案）》（送审稿）的起草说明。

省政府第 93 次常务会议，5 月 31 日召开。会议传达学习贯彻习近平总书记对福建集体林权制度改革重要指示精神及在中央政治局第四十一次集体学习时的重要讲话精神，听取省林业厅陈则生关于贯彻落实习近平总书记对福建林改重要指示精神意见的汇报，省人社厅林卫宠关于《福建省人力资源和社会保障厅 中共福建省委组织部 中共福建省委编办 福建省财政厅关于建立机关事业单位防治“吃空饷”问题长效机制的通知》（送审稿）的起草说明，省经信委翁玉耀关于《福建省用能权有偿使用和交易制度试点实施方案》（送审稿）的起草说明，省法制办黄岩生关于《福建省促进科技成果转化条例（修订草案）》（送审稿）的起草说明，省文化厅石建平关于《中共福建省委办公厅 福建省人民政府办公厅关于进一步深化全省文化市场综合执法改革的实施意见》（送审稿）的起草说明，省卫计委朱淑芳关于《福建省医疗卫生服务体系规划（2016—2020 年）》（送审稿）及《福建省精准扶贫医疗叠加保险方案》（送审稿）的起草说明，省文史研究馆曹宛红关于聘任邹自振等 29 人为福建省文史研究馆馆员事宜的汇报。

省政府第 94 次常务会议，6 月 7 日召开。会议听取省环保厅朱华关于中央第五环境保护督察组在闽工作情况及下一步工作建议的汇报，省财政厅王永礼关于《福建省政府购买服务指导性目录》（送审稿）的起草说明，省食安办詹志洁关于《中共福建省委办公厅 福建省人民政府办公厅关于建立完善食品安全责任体系的意见》（送审稿）的起草说明，省经信委翁玉耀关于《福建省人民政府办公厅关于积极稳妥降低企业杠杆率的实施意见》（送审稿）、《福建省人民政府关于进一步降低实体经济企业成本的若干意见》（送审稿）的起草说明，省法制办黄岩生关于《福建省少数民族权益保障条例（修订草案）》（送审稿）、《在中国（福建）自由贸易试验区试行行政执法公示制度、执法全过程记录制度、重大执法决定法制审核制度的工作方案》（送审稿）的起草说明，省发改委魏克良关于《福建省关于促进城乡居民增收的实施意见》（送审稿）的起草说明。

省政府第95次常务会议，6月15日召开。会议听取省发改委张福寿关于《福建省促进电子证照应用管理暂行办法》（送审稿）及《福建省人民政府办公厅关于创新管理优化服务培育壮大经济发展新动能加快新旧动能接续转换的实施意见》（送审稿）的起草说明，省委台办王玲关于《福建省人民政府办公厅关于进一步鼓励和支持台湾青年来闽就业创业若干措施的通知》（送审稿）、《福建省人民政府办公厅关于印发台湾青年来闽就业实习岗位征集实施方案的通知》（送审稿）的起草说明，省人社厅林卫宠关于《中共福建省委办公厅福建省人民政府办公厅关于进一步引导和鼓励高校毕业生到基层工作的实施意见》（送审稿）的起草说明，省民政厅池秋娜关于《福建省人民政府办公厅关于印发加快推进居家社区养老服务十条措施的通知》（送审稿）、《福建省人民政府办公厅关于印发进一步促进养老机构健康发展十条措施的通知》（送审稿）的起草说明，省残联柯少愚关于给予福建省参加第十五届残奥会运动员教练员奖励事宜的汇报。

省政府第96次常务会议，6月22日召开。会议听取省人社厅黄正风关于全国军转安置工作电视电话会议精神及福建省初步贯彻意见的汇报，省环保厅朱华关于《福建省生态保护红线划定成果调整工作方案》（送审稿）的起草说明，省发改委魏克良关于《福建省空间规划编制办法（试行）》（送审稿）、《福建省进一步扩大旅游文化体育健康养老教育培训等领域消费的实施意见》（送审稿）、《福建省石墨烯产业发展规划（2017—2025年）》（送审稿）和《福建省人民政府关于加快石墨烯产业发展六条措施的通知》（送审稿）的起草说明，省安监局郑李亭关于《福建省人民政府办公厅关于进一步加强职业健康监督管理工作的意见》（送审稿）的起草说明，省经信委翁玉耀关于《福建省2017年煤炭去产能工作方案》（送审稿）的起草说明。

省政府第97次常务会议，6月23日召开。会议听取并原则同意省物价局林作明关于福建省输配电价和销售电价调整方案的汇报。

省政府第98次常务会议，6月30日召开。会议传达学习贯彻习近平总书记在中央军民融合发展委员会第一次全体会议上的重要讲话精神和在深度贫困地区脱贫攻坚座谈会上的重要讲话精神，分别研究提出具体贯彻意见；听取省政府办公厅方寿中、省法制办黄岩生关于1949—1967年省政府文件清理工作的汇报，省农业厅黄华康《关于加快推进品牌农业建设七条措施的通知》（送审稿）的起草说明，省老龄办池秋娜《关于印发“十三五”福建省老龄事业发展和养老体系建设规划的通知》（送审稿）的起草说明，省住建厅林瑞良《关于加快城乡民生基础设施建设的实施意见》（送审稿）的起草说明，省法制办黄岩生关于《福建省物业管理条例（修订草案）》《福建省射钉器射钉弹安全管理暂行规定（草案）》的起草说明。

省政府第99次常务会议，7月13日召开。会议传达学习贯彻第六次全国对口支援新疆工作会议精神，研究提出具体贯彻意见；听取省法制办黄岩生《关于进一步做好法规、规章、规范性文件清理的工作方案》（送审稿）的起草说明，省卫计委朱淑芳《关于加快医疗卫生事业发展的实施意见》（送审稿）的起草说明，省教育厅黄红武《关于加快教育事业发展的实施意见》（送审稿）的起草说明，省民政厅池秋娜《关于加快养老事业发展的实施意见》（送审稿）的起草说明，省经信委翁玉耀、省环保厅朱华关于《福建省“十三五”节能减排综合工作方案》（送审稿）的起草说明，省科技厅陈秋立关于2016年度福建省科学技术奖评选事项的汇报，省财政厅王永礼关于修订《福建省省直机关会议费管理办法》及《福建省省直机关培训费管理办法》事宜的汇报，省环保厅朱华关于《福建省近岸海域环境功能区划（古雷半岛东侧海域）调整方案》（送审稿）的审查情况说明，省海洋与渔业厅吴南翔关于《福建省海洋功能区划（古雷半岛东侧海域）修改方案》（送审稿）的起草说明，省农业厅黄华康《关于加快农业七大优势特色产业发展的意见》（送审稿）的起草说明。

省政府第100次常务会议，7月19日召开。会议听取省卫计委朱淑芳关于《福建省贯彻中医药发展战略规划纲要（2016—2030年）实施方案》（送审稿）的起草说明，省教育厅黄红武《关于统筹推进县域内城乡义务教育一体化改革发展的实施意见》（送审稿）的起草说明，省发改委魏克良关于《福建军民融合深度发展规划纲要（修编）（2017—2020年）》（送审稿）的起草说明，省金融办付朝阳关于《福建省非法集资举报奖励实施细则》（送审稿）的起草说明。

省政府第101次常务会议，7月24日召开。会议传达学习贯彻习近平总书记对厦门鼓浪屿申遗成功和保护文化遗产重要指示精神，研究提出具体贯彻意见，听取省文化厅石建平《关于认真学习贯彻习近平总书记对厦门鼓浪屿申遗成功和保护文化遗产重要指示精神的通知》（送审稿）、《关于进一步加强我省文化遗产保护利用传承工作的实施方案》（送审稿）的起草说明；传达学习贯彻习近平总书记在中央全面深化改革领导小组第三十七次会议上的重要讲话精神，研究提出具体贯彻意见；传达学习贯彻习近平总书记重要指示、李克强总理批示和国务院研究新能源汽车统筹规划创新发展工作有关会议精神，研究提出具体贯彻意见，听取省经信委翁玉耀关于《福建省新能源汽车产业发展规划（2017—2020年）》（送审稿）、《关于支持新能源汽车产业加快发展的八条措施》（送审稿）的起草说明，听取省安办（省安监局）郑李亭关于上半年全省安全生产工作的情况汇报及《关于推进安全生产领域改革发展的实施意见》（送审稿）的起草说明，研究部署推进下半年安全生产重点工作。

省政府第102次常务会议，8月2日召开。会议传达学习贯彻习近平总书记在中央政治局常委会会议上关于当前经济工作的重要讲话精神，研究提出具体贯彻意见；传达学习贯彻习近平总书记在中央财经领导小组第十六次会议上的重要讲话精神，研究提出具体贯彻意见；传达学习贯彻习近平总书记对信访工作重要指示精神和第八次全国信访工作会议精神，研究提出具体贯彻意见；听取省环保厅朱华关于《福建省贯彻落实中央环境保护督察反馈意见整改方案》（送审稿）的起草说明，省审计厅杨红关于2016年度省本级预算执行和其他财政收支审计查出问题整改工作情况汇报；听取省审改办陈元邦《关于建立健全减权放权事项监管责任清单的通知》（送审稿）的起草说明，省工商局黄培惠《关于加快推进“多证合一”改革的实施意见》（送审稿）的起草说明，省民政厅池秋娜《关于推进防灾减灾救灾体制机制改革的实施意见》（送审稿）的起草说明，省发改委魏克良关于《福建省重点流域生态保护补偿办法（修订）》（送审稿）的起草说明。

省政府第103次常务会议，8月7日召开。会议听取福建省人民政府法律顾问、中国法学会副会长、中国人民大学常务副校长王利明教授关于民法总则的专题讲座；传达学习贯彻省委十届三次全体会议精神，研究具体贯彻意见；听取省委编办陈元邦关于《福建省健全国家自然资源资产管理体制试点实施方案》（送审稿）的起草说明，省工商局黄培惠关于《福建省贯彻国务院“十三五”市场监管规划的实施意见》（送审稿）的起草说明，省医改办李文哲《关于进一步改革完善药品生产流通使用政策的实施意见》（送审稿）的起草说明。

省政府第104次常务会议，8月16日召开。会议听取省林业厅陈则生《关于深化集体林权制度改革加快国家生态文明试验区建设的意见》（送审稿）的起草说明，省农业厅黄华康《关于稳步推进农村集体产权制度改革的实施意见》（送审稿）、《关于完善农村土地所有权承包权经营权分置办法的实施意见》（送审稿）的起草说明，省委编办陈元邦关于《福建省从事生产经营活动事业单位改革工作方案》（送审稿）的起草说明，省环保厅朱华关于《福建省环保机构监测监察执法垂直管理制度改革实施方案》（送审稿）的起草说明，省国土厅叶敏《关于加强耕地保护和改进占补平衡的实施意见》（送审稿）、《关于设区市土地利用总体规划（2006—2020年）有关指标分解情况的报告》的起草说明，省住建厅林瑞良关于《福建省城市开发边界划定和管理技术要点（试行）》（送审稿）、《关于推进城市污水管网建设改造和黑臭水体整治工作方案》（送审稿）的起草说明，省人社厅胡忠昭关于《福建省人民政府及其各部门任命的国家工作人员宪法宣誓实施办法》（送审稿）的起草说明。

省政府第106次常务会议，8月24日召开。会议听取省财政厅王永礼关于《福建省省与市县财政事权和支出责任划分改革实施方案》（送审稿）的起草说明，省审计厅杨红《关于深化福建省国有企业和国有资本审计监督的实施意见》（送审稿）的起草说明，省统计局孙希有《关于深化统计管理体制改革提高统计数据真实性的实施意见》（送审稿）的起草说明，省发改委魏克良《关于创新政府配置资源方式的实施意见》（送审稿）的起草说明，省科技厅陈秋立《关于实行以增加知识价值为导向分配政策的实施意见》（送审稿）的起草说明，省民政厅池秋娜《关于加强和完善城乡社区治理的实施意见》（送审稿）的起草说明，省海洋与渔业厅吴南翔关于《九龙江—厦门湾污染物排海总量控制试点工作方案（2017—2020年）》（送审稿）的起草说明，省法制办黄岩生关于《福建省自然灾害防范与救助管理办法（草案）》的起草说明，省农业厅（扶贫办）黄华康关于第五轮省级扶贫开发重点村整村推进帮扶工作情况的汇报和《福建省级财政专项产业扶贫发展资金实施方案》（送审稿）的起草说明，省财政厅王永礼关于开展扶持村级集体经济发展试点工作情况的汇报，省住建厅林瑞良《关于进一步加强房地产市场调控的八条措施》（送审稿）的起草说明。

省政府第107次常务会议，8月28日召开。会议传达学习贯彻习近平总书记对严控政府债务防范金融风险重要指示精神，听取省财政厅王永礼关于福建省贯彻意见的汇报；传达学习贯彻刘延东同志在闽考察并出席综合医改推进会讲话精神，听取省医改办李文哲关于福建省贯彻意见的汇报；听取省发改委张福寿关于《福建省关于推进公共信息资源汇聚和开放的实施方案》（送审稿）的起草说明，省食品药品监管局林凤祥关于《福建省食品安全“一品一码”全过程追溯体系建设工作方案》（送审稿）的起草说明，厦门市人民政府卢江、省商务厅黄新銮关于2017厦门国际投资贸易洽谈会及省团筹备工作情况汇报，省人社厅林卫宠《关于加强新形势下引进国（境）外人才工作二十条措施的通知》（送审稿）的起草说明，省国土资源厅叶敏关于《福建省全民所有自然资源资产有偿使用制度改革实施方案》（送审稿）的起草说明。

省政府第108次常务会议，9月7日召开。会议传达学习习近平主席出席金砖国家领导人厦门会晤时的重要讲话精神；传达学习贯彻习近平总书记在中央全面深化改革领导小组第三十八次会议上的重要讲话精神，研究提出具体贯彻意见；听取省财政厅王永礼《关于对促进经济社会发展和落实有关重点工作成效明显地区给予激励支持的意见》（送审稿）的起草说明，省委编办（审改办）陈元邦《关于深化行政审批标准化改革的指导意见》（送审稿）的起草说明，省环保厅朱华关于《福建省地方党政领导生态环境保护目标责任书考核办法》（送审稿）及《福建省地方党政领导生态环境保护目标责任书考核指标体系》《福建省地方党政领导生态环境保护目标责任书指标考核解释》的起草说明，省农业厅黄华康关于《福建省加快推进畜禽养殖废弃物资源化利用实施方案》（送审稿）的起草说明，省司法厅陈勇《关于推行公职律师公司律师制度的实施意见》（送审稿）的起草说明，省财政厅王永礼《关于提请审议环境保护税我省适用税额和应税污染物项目数的议案（草案）》（送审稿）的起草说明。

省政府第109次常务会议，9月14日召开。会议听取省政府新闻办徐姗娜关于《福建省党政机关新闻发布工作办法》（送审稿）的起草说明，省发改委魏克良《关于加强政务诚信建设的实施方案》（送审稿）、《关于加强个人诚信体系建设的实施方案》（送审稿）、《关于全面加强电子商务领域诚信建设的实施方案》（送审稿）、《关于加快现代服务业创新发展的意见》（送审稿）的起草说明，省法制办黄岩生《关于贯彻落实〈党政主要负责人履行推进法治建设第一责任人职责规定〉的分工方案》（送审稿）的起草说明，省人社厅林卫宠《关于做好当前和今后一段时期就业创业工作的实施意见》（送审稿）的起草说明，省体育局王维川《关于加快发展健身休闲产业的实施意见》（送审稿）的起草说明，省公安厅许耀鹏《关于进一步加强全省安保警卫工作保障体系建设的意见》（送审稿）的起草说明。

省政府第110次常务会议，9月21日召开。会议部署推进2017年第四季度工作，并听取省商务厅陈靖《关于贯彻落实国务院促进外资增长若干措施的实施方案》（送审稿）的起草说明，省经信委翁玉耀《关于加快全省新能源汽车推广应用促进产业发展的实施意见》（送审稿）的起草说明，省金融办付朝阳关于《福建省推进普惠金融发展的实施意见》（送审稿）及《福建省区域性股权市场监督管理实施细则（试行）》（送审稿）的起草说明，省财政厅王永礼关于组建福建省集成电路产业基金资金筹集事宜的汇报，省外办黎林关于第十届福建省友谊奖评选事宜的汇报，福州市人民政府杨新坚关于崇福寺佛学院和华侨实业集团项目用地事宜的汇报。

省政府第111次常务会议，9月30日召开。会议传达学习贯彻习近平总书记在中央军民融合发展委员会第二次全体会议上的重要讲话精神，听取省发改委魏克良关于福建省贯彻意见的汇报；部署国庆节、中秋节期间安全稳定有关工作；分别听取省发改委魏克良和省高铁综合开发公司刘珠雄关于《福建省中长期铁路网规划修编》（送审稿）、《关于支持福厦高铁土地综合开发的九条措施》（送审稿）的起草说明，省机关事务管理局陈子舟关于省直单位五四北保障性住房项目建设方案的汇报，省法制办黄岩生关于《福建省国有林场管理办法（草案）》的起草说明，省财政厅王永礼关于《福建省儿童医院和妇产医院采用PPP模式实施方案》（送审稿）、《福建省生态保护财力转移支付办法（修订）》（送审稿）的起草说明。

省政府第112次常务会议，10月9日召开。会议听取省信访局李转生关于《福建省信访工作责任制实施细则》（送审稿）的起草说明，漳州市政府刘远关于腾龙翔鹭项目整改修复重组工作和省财政厅王永礼关于省级并购基金组建方案事宜的汇报，省国资委刘捷明《关于进一步完善国有企业法人治理结构的实施意见》（送审稿）和省委组织部何国辉《关于推进省管国有企业董事会建设的指导意见（试行）》（送审稿）的起草说明，省发改委魏克良《关于创新民生补短板重点领域和薄弱环节投融资体制机制的若干措施》（送审稿）、《关于进一步激发社会领域投资活力的实施意见》（送审稿）和《福建省企业投资项目核准和备案管理实施办法》（送审稿）的起草说明，省人社厅林卫宠《关于深化职称制度改革的实施意见》（送审稿）的起草说明，省农业厅黄华康《关于建立水稻生产功能区的实施意见》（送审稿）和《关于进一步加强生猪养殖污染防治工作的通知》（送审稿）的起草说明。

省政府第113次常务会议，11月2日召开。会议进一步学习宣传贯彻党的十九大精神，研究福建省贯彻意见；听取省粮食局林锡能《关于2016年度福建省粮食安全省长责任制考核情况的通报》（送审稿）、《关于认真开展2017年度粮食安全省长责任制考核工作的通知》（送审稿）的起草说明，省发改委魏克良《关于进一步激发民间有效投资活力促进经济持续健康发展的实施意见》（送审稿）的起草说明，省人社厅林卫宠《关于加强山区专业技术人才队伍建设十条措施》（送审稿）的起草说明，省住建厅林瑞良《关于促进建筑业持续健康发展的实施意见》（送审稿）的起草说明，省科技厅林肖然关于《福建省进一步加强以用为导向产学研结合的意见》（送审稿）的起草说明，省侨办冯志农关于召开第二届世界闽籍华侨华人社团联谊大会、福建省海外交流协会第六次会员代表大会、世界福建青年联会第四次会员代表大会有关情况的汇报，省教育厅黄红武关于《中国科学院福建省人民政府 福州市人民政府共建中国科学院大学福建学院协议书》（送审稿）的起草说明，省测绘地理信息局林孝文关于《福建省第一次全国地理国情普查公报》（送审稿）的起草说明。

省政府第114次常务会议，11月9日召开。会议部署近期工作；听取平潭综合实验区管委会林文耀《关于进一步加快平潭开放开发的意见》（送审稿）的起草说明，省发改委张福寿《关于强化实施创新驱动发展战略进一步推进大众创业万众创新深入发展的实施意见》（送审稿）的起草说明，省法制办黄岩生关于《福建省非物质文化遗产保护条例（草案）》（送审稿）、《福建省人口与计划生育条例修正案（草案）》（送审稿）及《福建省森林和野生动物类型自然保护区管理条例修正案（草案）》（送审稿）的起草说明，省卫计委朱淑芳《关于进一步加强疫苗流通和预防接种管理工作的实施意见》（送审稿）的起草说明，省教育厅黄红武关于《福建省老年教育发展规划（2017—2020年）》（送审稿）的起草说明，省农业厅黄华康《关于加快发展生态农业的意见》（送审稿）的起草说明，省物价局林作明关于《福建省农副产品平价商店管理办法（修订稿）》（送审稿）的起草说明。

省政府第115次常务会议，11月17日召开。会议听取省发改委魏克良关于《福建省人口发展规划（2016—2030年）》（送审稿）的起草说明，省金融办付朝阳《关于加快发展商业养老保险的实施意见》（送审稿）的起草说明，省民政厅池秋娜《关于加强乡镇政府服务能力建设的实施方案》（送审稿）的起草说明，省科技厅陈秋立关于设立泉州半导体省级高新技术产业园区的汇报及《省级高新技术企业扶持办法》（送审稿）的起草说明，省交通运输厅黄祥谈《关于进一步创新农村公路管理体制机制的意见》（送审稿）的起草说明，省医改办李文哲关于《福建省“十三五”深化医药卫生体制改革规划》（送审稿）的起草说明。

省政府第116次常务会议，11月21日召开。会议听取法制办黄岩生关于省政府及省政府办公厅发布的有关“放管服”改革与“生态文明建设和环境保护”规范性文件清理、“放管服”改革与生态文明建设和环境保护涉及的地方性法规和省政府规章清理事宜的汇报、《关于公布省级行政执法主体名单的通告》（送审稿）、《福建省无线电管理条例修正案（草案）》（送审稿）的起草说明，省物价局林作明关于《福建省定价目录（2017）》（送审稿）的起草说明，省审改办陈元邦关于贯彻落实国务院取消一批行政许可事项情况的汇报，省教育厅黄红武关于《福建省高等学校设置“十三五”规划》（送审稿）、《关于深化医教协同进一步推进医学教育改革与发展的实施意见》（送审稿）的起草说明，省农业厅黄华康《关于加快构建政策体系培育新型农业经营主体的实施意见》（送审稿）的起草说明。

省政府第117次常务会议，11月28日召开。会议传达学习贯彻十九届中央全面深化改革领导小组第一次会议精神，研究福建省贯彻意见；传达学习贯彻习近平总书记就旅游系统推进“厕所革命”工作取得的成效作出的重要指示精神，研究福建省贯彻意见；听取省法制办黄岩生关于《福建省数字档案共享管理办法（草案）》的起草说明，省金融办付朝阳关于《福建省服务实体经济防控金融风险深化金融改革实施方案》（送审稿）的起草说明，省卫计委朱淑芳关于《福建省居民营养计划（2017—2030年）》（送审稿）的起草说明，省住建厅林瑞良关于《福建省生活垃圾分类制度实施方案》（送审稿）的起草说明，省民政厅池秋娜关于调整福建省困难残疾人生活补贴和重度残疾人护理补贴标准的情况汇报，省医改办李文哲关于《福建省推进医疗联合体建设和发展实施方案》（送审稿）的起草说明。

省政府第118次常务会议，12月14日召开。会议传达学习习近平总书记在中央政治局第二次集体学习会议上关于实施国家大数据战略加快建设数字中国的重要讲话精神，研究部署福建省贯彻意见；传达学习全国自贸试验区工作座谈会精神，研究部署福建省贯彻意见；听取省发改委魏克良《关于进一步扩大和升级信息消费持续释放内需潜力的实施方案》（送审稿）的起草说明，省军区办公室黄承关于《福建省国防动员建设“十三五”规划》（送审稿）的起草说明，省国资委邵玉龙关于《福建省国资委以管资本为主推进职能转变方案》（送审稿）的起草说明，省教育厅李迅关于《对设区市人民政府履行教育职责督导评估办法》（送审稿）的起草说明。

省政府第119次常务会议，12月22日召开。会议听取传达学习习近平总书记和李克强总理在中央经济工作会议上的重要讲话精神，听取《政府工作报告》起草组方寿中关于《政府工作报告》（讨论稿）的起草说明，省发改委张福寿《关于福建省2017年国民经济和社会发展计划执行情况及2018年国民经济和社会发展计划草案的报告》（送审稿）的起草说明，省财政厅王永礼《关于福建省2017年预算执行情况及2018年预算草案》（送审稿）、《2018年省委省政府为民办实事项目建议方案》（送审稿）的起草说明以及2018年省级预算草案编制说明，省法制办黄岩生关于《福建省食品安全信息追溯管理办法（草案）》（送审稿）、《福建省拥军优属条例修正案（草案）》（送审稿）的起草说明，省民族宗教厅宋哩《关于依法治理民族事务促进民族团结的实施意见》（送审稿）的起草说明，龙岩市人民政府张朝阳、省农业厅黄华康关于龙岩市农业学校划归市属管理有关情况的汇报。

【省政府专题会议】 2017年1月3日，中共福建省委常委、副省长周联清主持召开专题会议，听取省经信委、省质监局等部门关于福建省落后产能专项检查有关情况及2017年淘汰落后产能和化解过剩产能工作的汇报，研究部署下一阶段工作。

1月4日，省委常委、常务副省长张志南召开省政府专题会议，听取省发改委、财政厅、铁办关于福建省铁路建设有关工作情况汇报，总结前一阶段铁路建设工作，研究协调有关问题。

1月10日，副省长李红主持召开专题会议，听取省教育厅关于福建江夏学院首山校区整体划转福建船政交通职业学院有关情况的汇报，对划转有关工作进行研究。

1月15日，省委常委、常务副省长张志南主持召开重大投资项目月度协调会，分别听取九市一区关于固定资产投资情况和重大项目推进情况的汇报，协调推进项目具体问题，研究部署下一步工作。

1月23日下午，受于伟国省长委托，省委常委、副省长周联清主持召开全省安全生产暨省政府第一季度防范重特大生产安全事故电视电话会议。会议传达全国安全生产电视电话会议、全国安全生产工作会议精神，通报2016年全省安全生产工作情况，部署2017年重点工作。

1月24日，副省长李德金主持召开专题会议，听取省商务厅、省工商局、省质监局、省食品药品监管局、省粮食局、省卫计委、省公安厅、省农业厅、省海洋与渔业厅、省物价局、福建出入境检验检疫局关于春节、元宵节期间食品安全及市场供应保障工作情况汇报，研究部署下一步工作。

2月6日，省委常委、常务副省长张志南主持召开省政府专题会议，听取省直有关部门关于推进现代服务业重点项目建设有关工作情况汇报，研究协调有关问题。

2月14日，省委常委、常务副省长张志南主持召开省政府专题会议，听取省直有关部门关于国家生态文明试验区2017年重点改革任务推进情况汇报，研究协调有关问题。

2月14日，省委常委、常务副省长张志南主持召开省政府专题会议，听取省环保督察办（省环保厅）关于中央环境保护督察情况的汇报，研究部署有关工作。

2月15日，省委常委、常务副省长张志南主持召开重大投资项目月度协调会，分别听取省发改委、重点办以及九市一区关于固定资产投资、重点项目节后复工情况的汇报，协调解决项目推进中的具体问题，研究部署下一步工作。

2月23日，副省长李德金主持召开省政府专题会议，听取省商务厅等部门关于当前福建省外贸、对外投资和闽台经贸运行情况汇报，就下一阶段工作提出具体要求。

3月1日，省委常委、常务副省长张志南在北京拜会中国海洋石油总公司董事长杨华，并和公司党组成员、副总经理李辉召开座谈会，就加快推进福建天然气项目建设进行沟通和协商。

3月21日，省委常委、常务副省长张志南主持召开重大投资项目月度协调会，分别听取省发改委、九市一区关于固定资产投资情况及省财政厅关于PPP项目推进情况的汇报，协调解决项目推进中的具体问题，研究部署下一步工作。

3月24日，省委常委、常务副省长、省清理整顿各类交易场所工作领导小组组长张志南主持召开省直有关单位和设区市金融办负责人参加的专题会议，听取省金融办关于交易场所风险处置及清理整顿“回头看”有关情况和近期海峡文化产权交易所出现的风险和处置情况的汇报，研究福建省交易场所发展和监管中存在的问题，部署下一阶段工作。

3月24日，省委常委、常务副省长张志南主持召开专题会议，听取省经信委、财政厅、金融办、兴业银行等关于省企业技术改造投资基金有关工作情况汇报，研究部署下一阶段工作。

3月24日，省长于伟国主持召开省政府专题会，听取省环保厅关于生态环境突出问题的自查和整改有关工作情况汇报，研究部署下一步工作安排。

3月24日，省委常委、常务副省长张志南主持召开省政府专题会议，听取省发改委关于“6·18”工作情况，以及省经信委、粮食局、侨联、企业家联合会相关工作情况汇报，研究协调下一步工作。

3月24日，省委常委、常务副省长张志南主持召开省政府专题会议，听取省生态办和省直有关部门关于国家生态文明试验区2017年重点改革任务推进情况汇报，研究协调有关问题。

3月24日，省长于伟国主持召开省政府专题会议，听取省旅游局、省旅游发展集团关于推进旅游供给侧结构性改革有关工作情况汇报，研究部署下一步工作。副省长李德金出席会议。

3月28日，省长于伟国主持召开省政府专题会议，研究加强房地产市场调控工作，确定进一步采取有力措施，强化市场调控，保障合理需求、稳定市场预期，促进房地产市场平稳健康发展。

4月8日，省委常委、常务副省长张志南主持召开省政府专题会议，听取漳州市、省石化集团关于古雷腾龙翔鹭项目整改修复及重组相关工作情况汇报，研究协调下一阶段工作。

4月10日，副省长李德金主持召开全省外贸、外资工作第一季度运行调度分析会，听取省商务厅等部门和九市一区关于当前外贸、外资工作情况汇报，分析存在问题和困难，就下一阶段工作进行部署安排。

4月12日，省委常委、副省长周联清主持召开专题会议，听取省经信委及龙岩、三明、泉州市政府和省能源集团关于推进煤炭行业化解过剩产能暨淘汰煤炭落后产能相关工作情况汇报，进一步贯彻国家煤炭去产能部际联席会议精神，研究部署福建省下一阶段工作。

4月13日，省长于伟国主持召开省政府第二季度防范重特大事故暨安委会全体成员会议，深入学习贯彻习近平总书记、李克强总理关于安全生产的重要指示批示精神，坚决贯彻落实党中央、国务院的决策部署，扎实推进下一阶段全省安全生产重点工作。国务院安委会安全生产第五巡查组列席会议。

4月14日，省委常委、常务副省长张志南主持召开重大投资项目月度协调会，分别听取省发改委、九市一区关于固定资产投资情况、重大项目和投资工程包推进情况及省交通运输厅关于高速公路建设情况的汇报，协调解决项目推进中的具体问题，研究部署下一步工作。

4月25日，副省长黄琪玉主持召开2017年省大中专毕业生就业工作领导小组会议，听取省人社厅、教育厅关于福建省2016年高校毕业生就业创业工作情况汇报，研究部署2017年高校毕业生就业创业工作。

4月26日上午，副省长洪捷序主持召开省政府专题会议，分别听取省国土厅、龙岩市政府关于九龙江新罗、漳平流域铁锰超标问题及整治情况的汇报，并就有关问题进行研究部署。

4月26日，副省长李德金主持召开全省第一季度旅游工作运行调度分析会。会议传达省委书记尤权、省长于伟国关于旅游工作的批示指示精神，听取省旅游局关于《统筹整合全省旅游产业发展建设全域生态旅游省实施方案》、《福建省旅游风景道建设工作方案》、第一季度全省旅游重点项目推进情况、“清新福建·倾心600”评选活动情况汇报，听取厦门市政府关于第十三届海峡旅游博览会筹备情况汇报，对下一阶段推进旅游产业发展有关工作进行部署安排。

4月26日，省委常委、常务副省长张志南主持召开武夷山国家公园体制试点工作第二次联席会议，研究武夷山国家公园管理机制、规划编制、公园立法、建设项目、自然资源确权登记等问题，并部署下一阶段工作。

4月28日，副省长洪捷序带队实地查看福州西湖周边环境，听取省住建厅、福州市政府关于西湖公园及周边环境整治工作情况的汇报，并召开现场会研究整改措施。

5月1日，省委常委、常务副省长张志南带队实地察看福州市屏东河、琴亭河、闽侯县上街镇等地的内河整治和垃圾处置情况，听取福州市政府关于环境保护有关工作汇报，研究部署下一阶段工作。

5月2日，省委常委、常务副省长张志南主持召开省政府专题会议，漳州市和省石化集团向各家债权银行就腾龙翔鹭项目修复及重组进展情况做通报，会议重点研究腾龙翔鹭项目银行债务重组问题及下一阶段重点工作安排。

5月4日，省长于伟国主持召开省政府专题会议，听取泉州市、省发改委关于集成电路产业发展有关情况汇报，研究部署下一步工作安排。副省长张志南、周联清参加会议并提出建议。

5月5日，副省长李德金主持召开省政府专题会议，听取省商务厅等部门关于当前福建省开发区环保工作的汇报，分析存在问题，就下一阶段工作提出具体要求。

5月5日，省委常委、常务副省长张志南实地检查龙岩上杭蛟洋工业区紫金铜业、瓮福紫金、德尔科技等企业，以及上杭县第二污水处理厂等企业污染防治、环保主体责任落实及园区污水集中处理情况，听取龙岩市、上杭县政府关于环境保护有关工作汇报，研究部署下一阶段工作。

5月15日，副省长洪捷序主持召开第一次全省城市管理工作联席会议。会议传达住房城乡建设部贯彻《中共中央国务院关于深入推进城市执法体制改革改进城市管理工作的指导意见》座谈会精神，通报全省城市执法体制改革进展情况，研究部署近期重点工作。

5月18日，副省长洪捷序主持召开近岸海域汇水区域城镇污水处理厂提标改造工作专题会议，听取省住建厅、环保厅关于近岸海域汇水区域城镇污水处理厂提标改造工作的情况汇报，并研究部署下一阶段重点工作。

5月18日，中国长江三峡集团公司董事长、党组书记卢纯，总经理、党组副书记王琳，党组成员、副总经理毕亚雄，党组成员、总会计师杨亚和省委常委、常务副省长张志南召开会议，就中国长江三峡集团公司在福建海上风电项目建设及风电装备研发制造有关事宜进行研究协调。

5月19日，省委常委、常务副省长张志南主持召开重大投资项目月度协调会，分别听取省发改委、九市一区关于固定资产投资、能源项目有关情况汇报，协调解决项目推进中的具体问题，研究部署下一步工作。

5月23日，省委常委、副省长周联清主持召开省国企改革领导小组会议，听取省国企改革领导小组办公室（省国资委）关于福建省2016年以来国企国资改革工作情况的汇报，研究部署2017年国企国资改革工作。

5月24日，副省长李德金主持召开省政府专题会议，听取省工商局关于加快推进福建省“多证合一”改革有关情况的汇报，研究协调有关问题。

5月25日，省委常委、常务副省长张志南主持召开省政府专题会议，听取省发改委、科技厅、厦门大学，以及有关地市关于石墨烯产业发展情况汇报，研究部署下一步工作。

5月26日，副省长李德金带领省直有关部门在厦门市调研检查食品安全有关工作，听取“厦门会晤”后勤保障组、厦门市政府和厦门市食安办关于“厦门会晤”食品安全保障工作、厦门市部分小学食品安全事故调查处置和厦门市食品安全追溯体系建设情况的汇报，研究部署下一步做好相关工作的措施。

5月26日，省长于伟国主持召开2017年省经济责任审计工作联席会议，听取全省经济责任审计工作情况汇报，研究部署下一阶段工作。省委常委、副省长周联清，联席会议成员单位负责人参加会议并提出相关建议。

5月26日，省长于伟国主持召开省事业单位改革领导小组会议，听取省委编办（省事改办）关于福建省分类推进事业单位改革2016年工作情况和2017年工作要点起草情况的汇报，研究协调有关问题。

5月31日，省委常委、常务副省长张志南主持召开省政府专题会议，听取省发改委等有关单位关于第十五届“6·18”和2017年现代服务业专场对接会筹备工作情况汇报，研究部署下一步工作。

5月31日，副省长李德金主持召开省政府专题会议，听取省商务厅（口岸办）等单位关于国际贸易“单一窗口”建设情况的汇报，就下一阶段工作提出具体要求。

6月1日，省长于伟国主持召开支持平潭综合实验区建设联席会议，听取平潭综合实验区关于近期重点工作情况和今后五年发展思路汇报，以及省台办、发改委、经信委、商务厅、旅发委、金融办等单位关于推进平潭开放开发情况汇报，协调解决相关问题，研究部署下一步工作。

6月6日，副省长黄琪玉主持召开省军队转业干部安置工作领导小组会议，听取省人社厅关于2016年福建省军转干部安置工作情况的汇报，研究部署2017年军转干部安置工作。

6月9日，省委常委、常务副省长张志南主持召开省政府专题会议，听取相关部门关于国家生态文明试验区重点改革任务推进情况汇报，研究协调有关问题。

6月13日，副省长李德金主持召开省政府专题会议，研究福建省食品安全“一品一码”全过程追溯体系建设工作。会议听取省食品药品监管局关于追溯体系建设工作方案的汇报，研究部署下一步工作。

6月16日，省委常委、常务副省长张志南主持召开重大投资项目月度协调会，分别听取省发改委、九市一区关于固定资产投资情况的汇报，协调解决项目推进中的具体问题，研究部署下一步工作安排。

6月20日，省委常委、常务副省长张志南主持召开省政府专题会议，听取省交通运输厅关于全省港口改革发展情况汇报，研究部署下一阶段工作。

6月21日，省委常委、常务副省长张志南主持召开省政府专题会议，听取省发改委等有关单位关于数字福建有关建设项目推进情况的汇报，研究协调有关问题。

6月22日，副省长李德金主持召开省政府专题会议，听取省食品药品监管局、厦门市等有关单位关于“厦门会晤”食材供应基地遴选及食品安全保障工作的汇报，就下一步工作提出具体要求。

6月27日，受省长于伟国委托，省委常委、副省长周联清主持召开省政府第三季度防范重特大事故暨安委会全体成员会议，逐条逐项研究部署国务院安委会安全生产巡查发现问题整改工作。

7月4日，省委常委、常务副省长张志南召开省政府专题会议，听取省发改委和各工程包牵头部门、牵头推进单位关于补短板投资工程包实施情况的汇报，研究协调有关问题。

7月5日，省委常委、常务副省长张志南在晋江市主持召开省政府专题会，听取省交通运输厅、交通规划设计院和相关设区市政府关于沈海高速公路福厦段扩容二期工程前期工作情况汇报，研究协调有关问题。

7月5日，省政府党组成员杨贤金主持召开省政府专题会议，研究省图书馆改扩建期间外迁开展服务有关工作。

7月6日，省委常委、常务副省长张志南召开省政府专题会议，听取省铁办、铁路建设单位和相关地方政府关于重大铁路项目建设情况汇报，研究协调有关问题。

7月7日，省委常委、常务副省长张志南主持召开省政府专题会议，听取省科技厅关于科技创新有关工作的汇报，研究部署下一阶段工作。

7月12日，省长于伟国主持召开省政府专题会议，听取省有关单位和设区市关于“厦门会晤”筹备工作有关经济建设领域矛盾隐患排查整治、安全生产、道路交通安全、生态环境安全、食品安全、医疗卫生、防台防汛和气象、“低慢小”航空器管控，以及通信、电力、无线电保障等管理与应急事项的汇报，进一步研究部署推进落实具体工作。

7月13日，省政府党组成员杨贤金召开省政府专题会议，听取省卫计委、福建省立医院、福建医科大学附属协和医院、福建医科大学附属第一医院创建高水平医院和高水平临床医学中心及临床重点专科工作汇报。

7月3日和7月14日，省委常委、副省长周联清先后主持召开省政府专题会议，研究贯彻落实尤权书记有关批示精神，听取省国资委和省属国有企业外派监事会关于外派监事会工作情况及对所监督企业2016年度监督情况的汇报，并逐项研究监督报告反映的有关问题和整改建议。

7月19日，省委常委、常务副省长张志南主持召开重大投资项目月度协调会，分别听取省发改委、九市一区关于固定资产投资情况的汇报，协调解决项目推进中的具体问题，研究部署下一步工作。

7月24日，副省长黄琪玉主持召开省政府专题会议，听取省民政厅、人社厅、农业厅、水利厅、海洋渔业厅、气象局等部门关于“厦门会晤”涉及的防汛防台风和气象服务、安全生产、生态环境安全、农产品质量安全、劳动和社会保障、涉军群体等领域纠纷排查化解、困难及特殊群体生活救助等相关事项的汇报，就下一步工作提出具体要求。

7月26日，省委常委、副省长周联清率省直有关部门在厦门市实地检查“厦门会晤”筹备安全生产有关工作，同时调研走访民航厦门监管局等相关单位，并于7月27日上午召开专题会议，听取厦门市政府及省安监局、省经信委、省电力公司关于“厦门会晤”筹备安全生产隐患排查整治、无线电管控、电力保障等相关工作汇报，研究部署下一阶段工作。

7月31日，省委常委、副省长周联清主持召开省国企改革领导小组会议，传达学习7月29日省委常委会议、省深改领导小组第二十八次会议精神，听取各有关成员单位关于贯彻落实7月10日全国国有企业改革经验交流会精神、推进国企改革工作落实情况的汇报，研究部署进一步推进福建省国企国资改革工作的措施意见。

8月1日，副省长杨贤金、李德金主持召开省政府专题会议，听取省卫计委、福建出入境检验检疫局、厦门出入境检验检疫局等部门关于全省登革热疫情防控工作汇报，研究部署下一阶段工作。

8月2日，副省长李德金主持召开省政府专题会议，听取省质监局（省质量强省联席会议办公室）关于质检总局2015—2016年度省级政府质量工作考核意见及整改工作情况的汇报，部署推进质量强省有关工作。

8月2日，省委常委、常务副省长张志南主持召开省政府专题会议，听取省发改委、科技厅和福州、泉州市政府关于全省双创工作进展及国家级双创示范基地建设等情况汇报，研究部署下一阶段工作。

8月4日，省委常委、常务副省长

张志南在龙岩市听取龙岩市政府关于中央环境保护督察整改落实有关工作情况汇报，研究部署有关工作。

8月4日，省委常委、常务副省长张志南在龙岩市听取龙岩市政府、省环保厅关于新罗区雁石镇八一溪流域水质异常应急处置工作情况汇报，并就下一步工作进行研究部署。

8月4日，副省长李德金主持召开省政府专题会议，听取省各有关单位关于固体废物进口管理有关情况的汇报，就落实国办发〔2017〕70号文件作具体研究。

8月4日，副省长洪捷序主持召开省政府专题会议，研究协调省直单位保障性住房项目建设有关工作。

8月9日，省委常委、常务副省长张志南主持召开省政府专题会议，分别听取省发改委（重点办）、财政厅、环保厅、交通运输厅、金融办、铁办、通信管理局、高速公路公司关于“厦门会晤”保障有关情况汇报，研究部署下一步工作。

8月9日，省委常委、常务副省长张志南主持召开省政府专题会议，听取省环保厅关于中央环境保护督察整改落实有关工作情况汇报，研究部署下一步工作。

8月10日，省委常委、常务副省长张志南主持召开省政府专题会议，听取省发改委、福州市政府、厦门翔业集团关于福州机场二期工程建设情况汇报，研究部署下一阶段工作。

8月10日，副省长黄琪玉主持召开专题会议，听取省农业厅、林业厅、水利厅、海洋与渔业厅关于中央环保督察落实工作情况汇报，研究部署有关整改工作。

8月10日，副省长李德金在厦门主持召开“厦门会晤”食品安全保障工作协调会，听取省食品药品监管局关于“厦门会晤”食品安全保障工作情况的汇报，协调有关事项，研究部署下一步做好工作的措施。

8月11日，副省长杨贤金主持召开省直文教单位第一次务虚会议。会上，省卫计委、教育厅、文化厅、新闻出版广电局、体育局、方志委、福建社会科学院负责人汇报贯彻省委十届三次全会精神意见，以及上半年工作情况、8月份工作重点；审议《省直文教单位务虚会议制度》（送审稿）。

8月17日，省委常委、常务副省长张志南主持召开重大投资项目月度协调会，听取省发改委关于全省固定资产投资情况，交流有关部门、地市推进重大项目建设的经验做法，协调解决项目推进中的具体问题，研究部署下一步工作安排。

8月22日，省委常委、常务副省长张志南在武夷山市调研检查武夷山国家公园体制试点工作情况，并主持召开专题会议，研究部署下一阶段工作。

8月23日，省委常委、常务副省长张志南在武夷新区听取南平市政府关于中央环保督察整改落实工作情况汇报，研究部署有关工作。

8月25日，副省长洪捷序带队赴福州市调研检查黑臭水体治理、污水管网建设改造和市政施工安全，协调具体问题，研究部署下一阶段工作。

8月30日，副省长李德金主持召开省政府专题会议，听取省自贸办和三个自贸片区等单位关于重点平台建设工作情况的汇报，就下一阶段工作提出具体要求。

8月30日上午，副省长黄琪玉主持召开专题会议，研究中国—小岛屿国家海洋部长圆桌会议福建省产业对接有关工作。会议听取省海洋与渔业厅关于圆桌会议产业对接筹备进展情况汇报，研究部署下一阶段工作。

9月1日，省委常委、常务副省长张志南在漳州市主持召开省政府专题会议，听取漳州市关于中央环保督察反馈问题整改工作有关情况汇报，研究部署下一步工作。

9月4日，副省长洪捷序主持召开省政府专题会议，听取省住建厅关于施工图审查机制改革意见的汇报，研究部署下一阶段工作。

9月7日，省委常委、常务副省长张志南主持召开省政府专题会议，研究腾龙翔鹭项目银行债务重组有关工作。会议听取腾龙翔鹭项目银行债权人委员会牵头行、省石化集团及漳州市关于腾龙翔鹭项目银行债务重组情况的汇报，并对下一阶段工作进行协调研究，提出相关要求。

9月7日，省委常委、副省长周联清主持召开省政府专题会议，听取省安办关于安全生产大检查工作情况、国务院安委会综合督查安排的汇报，及各设区市政府、平潭综合实验区管委会关于督查检查发现问题隐患整改情况的汇报。研究部署下一阶段工作。

9月11日，省委常委、副省长周联清主持召开专题会议，传达贯彻9月8日省长于伟国主持召开的福建省食盐监管体制改革专题会议精神，听取省委编办、省经信委等关于福建省食盐监管体制改革及有关人员分流安置方案制订情况的汇报，研究部署进一步推进福建省食盐监管体制改革工作。

9月12日，省委常委、常务副省长张志南主持召开重大投资项目月度协调会，分别听取省发改委、九市一区关于固定资产投资情况的汇报，交流推进项目建设经验做法，协调解决项目推进中的具体问题，研究部署下一步工作。

9月14日，省长于伟国主持召开省政府专题会议，研究贯彻落实省委十届三次全会精神，加快省级医疗卫生补短板工作，推进省属医疗卫生重点项目建设相关事宜。

9月20日，省委常委、常务副省长张志南主持召开省政府专题会议，听取省数字办关于数字福建建设有关工作情况的汇报，研究部署下一步工作。

9月27日，副省长李德金主持召开省政府专题会议，听取省外办、海洋与渔业厅等省直有关部门关于海外领保工作的情况汇报，研究部署下一步工作。

9月27日，副省长杨贤金主持召开省政府专题会议，传达省委书记尤权、省长于伟国在福建省参加第三届中国“互联网+”大学生创新创业大赛总决赛情况汇报上的批示精神，听取省教育厅和厦门大学关于第四届中国“互联网+”大学生创新创业大赛筹备工作情况汇报，研究部署有关工作。

9月29日，副省长李德金主持召开省政府专题会议，听取省工商局等相关部门关于福建省“多证合一”改革推进情况的汇报，研究部署下一步工作。

10月11日，省委常委、常务副省长张志南主持召开省政府专题会议，听取省交通运输厅、高速公路总指挥部关于沈海高速公路扩容二期相关工程前期工作情况和创新农村公路管理体制机制的有关政策研究情况汇报，研究部署下一步工作。

10月13日，省委常委、常务副省长张志南主持召开重大投资项目月度协调会，分别听取省发改委、九市一区关于固定资产投资、重大项目推进情况汇报，协调解决相关具体问题，研究部署下一步工作安排。

10月24日，副省长杨贤金主持召开省政府专题会议，听取省教育厅关于福建省教师队伍培养培训工作汇报，研究部署有关工作。

11月1日，副省长杨贤金带领省直有关部门负责人前往福建师范大学仓山校区察看文学院两岸语文教材编写中心，并主持召开省政府专题会议，传达中央领导和省委、省政府领导关于福建师范大学开展两岸合编高中语文教材批示精神，听取福建师范大学工作汇报，研究持续推进两岸合编高中语文教材工作。

11月13日，根据省委书记、省长于伟国批示要求，省委常委、常务副省长张志南主持召开省政府专题会议，听取省财政厅关于发展总部经济有关情况汇报，研究部署下一步工作。

11月14日，省委常委、常务副省长张志南主持召开重大投资项目月度协调会，分别听取省发改委、九市一区关于固定资产投资情况及东南铁路公司关于福厦客专、兴泉铁路项目建设情况的汇报，协调解决相关具体问题，研究部署下一步工作。

11月20日，副省长洪捷序主持召开住建领域中央环保督察问题整改工作专题会议，听取省住建厅关于全省住建领域中央环保督察整改进展情况汇报和有关市、县整改情况汇报，研究部署下一阶段工作。

11月21日，省委常委、常务副省长张志南主持召开全省环保机构监测监察执法垂直管理制度改革工作动员部署会议，听取省环保厅、编办关于全省环保机构监测监察执法垂直管理制度改革工作及近期环境保护有关重点工作情况汇报，研究部署下一步工作。

11月22日，副省长杨贤金主持召开省政府专题会议，传达省委书记、省长于伟国关于“高考移民”群体性上访事件工作的重要批示和指示精神，听取省教育厅关于处置“高考移民”群体性上访事件工作汇报，研究部署有关工作。

11月23日，副省长洪捷序主持召开专题会议，听取省残联关于第十四届世界盲人联盟亚太区按摩研讨会筹备工作情况汇报，研究部署有关工作。

11月27日，省委常委、常务副省长张志南主持召开省政府专题会议，听取省生态办和省直有关部门关于生态文明试验区建设推进情况汇报，研究协调有关问题。

12月4日，省政府与省总工会举行第30次联席会议，联手、联心、联力、联效推动新时代工会工作创新发展。省委书记、省长于伟国主持会议并讲话。

12月13日，省委常委、常务副省长张志南主持召开重大投资项目月度协调会，分别听取省发改委、九市一区关于固定资产投资情况的汇报，协调解决相关具体问题，研究部署下一步工作。

12月20日，省委常委、副省长周联清主持召开省政府专题会议，听取省海洋与渔业厅、省船舶集团等单位关于福建省海洋装备产业发展有关情况汇报，研究部署推进海洋装备发展有关工作。

（余自谦）

编辑：林忠玉

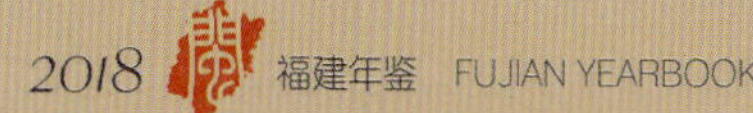

中国人民政治协商会议福建省委员会

参政议政

【新福建建设服务】 2017年，福建省政协紧扣重点改革攻坚聚力“机制活”。主动适应经济发展新常态，抓住事关福建省改革活力、发展动力的关键问题，深入调查研究，积极协商议政。围绕化解部分产业产能过剩、处置僵尸企业、降低企业制度性交易成本等供给侧结构性改革；围绕推进海丝核心区、生态文明试验区、自由贸易试验区、平潭综合实验区、福州新区、福厦泉自主创新示范区建设等重大改革试验；围绕深化“放管服”、投融资体制改革、产权保护法治化等关键性改革，开展调研视察，举办协商活动，提出意见建议，为用足用好中央赋予的优惠政策、纵深推进改革攻坚、增创发展新优势献计出力。聚焦经济转型升级同促“产业优”。立足加快实施创新驱动和项目带动战略，主动谋划、及时跟进，从建言民营经济转型升级，到献策龙头企业科技创新，再到助力交通物流融合，都紧扣党政工作重心，扭住转型升级关键。交通物流融合发展专题协商的建议案，得到省委书记、省长重要批示，为福建省研究出台实体经济的扶持措施拓展思路。围绕补齐民生短板共谋“百姓富”。切实把人民群众关心的事当作自己的大事，既关注保障性住房、农村“两权”抵押贷款等普惠于民的大政策，也牵挂部分社区物业管理失序、城市交通拥堵这样烦心扰民的“小事情”。针对公共服务资源供给不足这一民生短板，就多元化养老格局构建、妇幼健康服务体系建设等开展重点提案办理协商；针对社会治理相对滞后这一现实难题，就助残工程、城市停车等为民办实事项目，深入基层开展民主监督。为提升水产品食品安全保障水平，首次开展具有民主监督性质的专题协商，在市县镇三级市场采取随机抽查、媒体同查、专业复查等方式，将政协民主监督、新闻舆论监督与职能部门监督相结合，在“舌尖上的安全”面前动真格，呼应群众期盼。着眼推动绿色发展齐绘“生态美”。坚持把助力清新福建、建设生态文明作为履职的重要内容，围绕美丽乡村建设、湿地保护、城市内河整治、农村污水治理、温泉资源保护、两岸共同推动绿色发展等议题积极发声，为八闽大地山更青水更绿履职尽责。

【政协协商格局完善】 2017年，福建省政协健全“四个共同”的协商机制。主动加强与党政工作的衔接，年度重大协商安排提请省委常委会审定，纳入省委年度工作要点，由省委、省政府、省政协三家办公厅联合发文，在省主要媒体上公布，增强政协协商的计划性和权威性。受省委委托，牵头就加强人民政协协商民主建设实施意见的贯彻落实情况，开展全省性调研检查，总结经验、查找不足，并通报全省，推动各地建立健全协商民主机制。拓展开放多样的协商形式。注重专题协商的针对性和前瞻性，精心选择“切口小、关注多，好用力、能见效”的议题，以小题目做大文章，逐渐形成政协协商的亮点和品牌，社会影响逐步扩大。注重提案办理协商的实效性和互动性，通过党派遴选和网上投票，从928件委员提案中确定11件重点提案，由副省长和副主席结对协商督办；选取军民融合产业发展开展主席会议专题协商，以协商促督办、以督办促落实。注重对口协商、界别协商的经常性和灵活性，将委员活动日升级为协商议题征集日，依托专委会专业特长开展协商活动，有的协商还直接进高校、企业和乡村社区。形成以全体会议为龙头，常委会议专题协商为重点，重点提案办理协商、对口协商、界别协商等为常态的协商议政新格局。构建多方参与的协商局面。拓宽人民有序政治参与渠道，适度增加协商密度，事前公布协商方案，采取自愿报名和计划安排相结合、主动参与和组织遴选相结合，邀请政协委员、专家学者、基层干部和利益相关方共同参与协商。着力营造协商活动的民主氛围，改台上台下为围圈而坐，改指定发言为预约发言与即席发言相结合，增加自由发言时间，倡导热烈而不对立的讨论、真诚而不敷衍的交流，坚持问题导向、商讨解决办法，呈现出委员“抢话筒”、群众道心声、部门即席回应、党政领导表态插评的生动局面。

【委员主体作用发挥】 2017年，福建省政协加强党派团体合作共事。密切与党派团体的沟通联系，携手遴选重点提案，联袂开展调研视察，优先安排大会发言，各方意见主张在政协平台上畅所欲言、充分表达。主席会议成员定期走访党派团体，鼓励发掘各自潜能，谋划更大作为空间。省各民主党派、工商联围绕推进“六区”建设，邀请民主党派中央、全国工商联领导来闽视察，在国家层面助力助推。增进民族团结、宗教和睦。围绕落实民族乡村发展帮扶政策、加快特色经济发展和少数民族人才培养等问题持续努力，促进少数民族贫困村专项帮扶资金到位、发展项目落地和挂钩机制落实。组织宗教界人士考察福建省经济社会发展成就，协调推动有关部门加大对宗教活动场所保护、建设和宗教人才培养的办学支持。深化与港澳台侨交流联谊。坚决贯彻“一国两制”、“港人治港”、“澳人治澳”、高度自治方针，密切与港澳委员、闽籍社团、知名人士的联系，召开港澳委员座谈会，组织来内地考察，及时通报省情、征询意见建议。支持港区政协委员引领闽籍社团，坚决维护香港基本法、维护中央全面管治权、维护香港长期繁荣稳定。关注香港青少年工作，举办“八闽文化之旅”夏令营活动，邀请大中学生来闽体验交流。支持成立福建省澳区政协委员联谊会，鼓励澳区政协委员主动参与特区社会事务、踊跃回乡投资兴业。贯彻中央对台大政方针，坚持“九二共识”原则和“两岸一家亲”理念，以乡谊亲情、祖地文化为纽带，以推动产业合作为着力点，参与举办海峡论坛等系列涉台活动，开展闽台生物科技合作、青年创新创业基地建设等专题调研，推动闽台经贸文化融合发展。畅通与海外闽籍社团交流的渠道，加强与“一带一路”沿线国家华侨华人社团的联系，邀请海外侨领列席政协全会，鼓励特邀委员参与金砖国家领导人“厦门会晤”系列活动，宣传推介福建。投入脱贫攻坚为民办实事。开展“下基层、解民忧、办实事、促发展”活动，组织委员依托所在单位和当地政协，发挥各自专业特长，奔赴福建省边远山区、偏僻海岛和少数民族地区，开展“百企帮百村”“公共文化服务进基层”等形式多样的帮扶活动。按照省委、省政府精准扶贫的部署要求，主席会议成员对口帮扶古田、周宁、连城等11个扶贫开发工作重点县，帮助落地项目百余个。

（吴育文）

重要会议和活动

【十一届五次会议】 2017年1月17—21日在福州举行。会议应出席委员704人、特邀委员39人，实到委员665人、特邀委员33人。省委书记、省人大常委会主任尤权，省委副书记、省长于伟国等领导列席开、闭幕会，并参加分组讨论，听取大会发言。会议听取并审议省政协主席张昌平代表常务委员会所作的十一届省政协常委会工作报告和省政协副主席张帆所作的提案工作情况的报告。委员们列席省十二届人大五次会议，听取并讨论省政府工作报告，省法院、省检察院工作报告以及计划和预算报告。会议选举李红为十一届省政协副主席，叶木凯、陈必滔、陈晓波、钟维平、姜榕兴、姚火照为十一届省政协常务委员。会议还听取提案审查情况的报告，审议并通过省政协十一届五次会议决议。十一届省政协各专门委员会向大会提交书面工作报告。会议期间，收到提案928件，经审查立案884件；收到大会发言材料136篇，18位委员围绕推动少数民族乡村精准扶贫、构建“亲”“清”新型政商关系、加快福建省现代物流发展、补齐福建省技术市场发展“短板”等方面作大会发言。省政协主席张昌平主持闭幕会并讲话。

【常务委员会议】 第二十三次会议，2017年1月15日在福州召开。省政协副主席张燮飞主持会议。副省长黄琪玉在会上作政府工作报告起草情况及主要内容的说明，通报省政府系统办理省政协十一届四次会议提案的情况。会议传达学习省委书记尤权近期到省政协机关调研时对政协工作的指示要求；审议十一届省政协常委会工作报告（讨论稿）、关于十一届四次会议以来提案工作情况的报告（讨论稿）和省政协十一届五次会议议程（草案），决定一并提交省政协十一届五次会议审议；审议通过省政协十一届五次会议日程、执行主席日程安排、秘书长与副秘书长名单、各组召集人名单、列席人员范围；审议通过十一届省政协不再担任常务委员、委员职务名单，不再担任委员名单，增补委员名单，部分专门委员会主任、副主任任免名单；审议通过中国人民政治协商会议福建省委员会委员履职工作规则（试行）。

第二十四次会议，2017年1月18日第一次全体会议在福州召开。省政协副主席郑兰荪主持会议。会议审议通过省政协十一届五次会议选举办法（草案），省政协十一届五次会议选举工作总监票人、监票人名单（草案），十一届省政协副主席候选人建议人选名单（草案），十一届省政协常务委员候选人建议人选名单（草案），决定提交省政协十一届五次会议分组审议。1月20日，第二次全体会议在福州召开。省政协副主席陈荣凯主持会议。会议审议通过省政协十一届五次会议选举办法（草案）和选举工作总监票人、监票人名单（草案），决定提交省政协十一届五次会议第三次全体会议审议；审议通过十一届省政协副主席候选人名单、常务委员候选人名单，决定提交省政协十一届五次会议第三次全体会议选举；审议通过省政协十一届五次会议决议（草案），决定提交省政协十一届五次会议第四次全体会议通过；审议通过关于同意郭振家、陈向先不再担任十一届省政协副主席、委员职务的决定；通过十一届省政协部分专门委员会主任、副主任任免名单。

第二十五次会议，2017年4月18日在福州召开。省政协主席张昌平主持会议。省委常委、常务副省长张志南出席会议并讲话。会议通过有关人事事项；围绕“集中力量扶持龙头企业科技创新”开展专题协商。

第二十六次会议，2017年6月21日在福州召开。省政协主席张昌平主持会议。副省长李德金出席会议并讲话。会议通过有关人事事项；围绕“推进我省交通物流融合发展”开展专题协商。

第二十七次会议，2017年8月7日在福州召开。省委书记尤权出席会议并讲话。省政协主席张昌平主持。会议审议通过关于设立中国人民政治协商会议福建省委员会平潭综合实验区工作委员会的决定，通过中国人民政治协商会议福建省委员会平潭综合实验区工作委员会工作规则和主任、常务副主任、副主任名单，通过政协第十一届福建省委员会不再担任秘书长、委员职务名单。会议围绕“推动社区物业管理规范化”开展专题协商。副省长洪捷序就推动社区物业管理规范化作讲话。

第二十八次会议，2017年9月20日在福州召开。省委副书记、省长于伟国出席会议并讲话。省政协主席张昌平主持会议。会议通过有关人事事项；围绕“提升我省水产品食品安全保障水平”开展专题协商。

第二十九次会议，2017年11月28日在福州召开。省政协主席张昌平主持会议。会议传达学习中国共产党第十九次全国代表大会、中共福建省委十届四次全会和全国政协十二届常委会第二十三次会议精神。会议完全拥护习近平同志代表中共十八届中央委员会所作的报告和大会通过的各项决议，衷心拥护中共十九大和十九届一中全会选举产生的以习近平同志为核心的新一届中共中央领导集体，坚决拥护把习近平新时代中国特色社会主义思想确立为我们党必须长期坚持的指导思想。会议完全赞同中共福建省委十届四次全会和全国政协十二届常委会第二十三次会议决议。

【省政协委员暨市县政协主席培训研讨班】 2017年7月24—26日在福州举办。省政协主席张昌平出席开班式并讲话，副主席张燮飞、张帆、陈荣凯、李红、杨根生、陈绍军、薛卫民、陈义兴，秘书长刘明出席。开班式上，福州市市长尤猛军、厦门市政协副主席高玉顺、三明市委书记杜源生、诏安县政协主席陈一森、惠安县政协主席蔡荣清、莆田城厢区政协主席黄志强、建瓯市副市长王杨、龙岩新罗区委书记何明华、古田县委书记钟昌华等9人先后进行交流发言。张昌平听取发言后指出，当前，福建省政协协商多方联动、生机盎然的协商格局正在形成，“四个共同”的协商机制逐步完善，各具特色的协商形式不断呈现，汇聚共识的协商成果更具实效，政协协商在促进党政科学决策、民主决策中作用越来越显著，在推动经济社会发展、促进民生改善上扮演越来越重要的角色。张昌平要求，推进政协协商民主深入发展，要把握好政协协商与党的领导的关系，始终坚定正确的政治方向；要把握好协商载体与协商主体的关系，正确认识政协协商的性质定位；要把握好协商民主与政协履职的关系，明确履职方式方法。下一阶段，福建省政协协商工作要争取在民主监督上有所突破、成果落实上有所推进、制度机制上有所完善，更好地为“再上新台阶、建设新福建”作贡献。

【“丹青绘八闽、喜迎十九大”书画展】 2017年9月28日在福州于山堂开幕。省政协主席张昌平，省政协副主席张燮飞、刘可清、陈荣凯、李红、杨根生、陈绍军，老同志游德馨、陈增光、潘心城等出席开幕式。画展共展出作品249幅，以带着强烈的新时代气息的作品，歌颂伟大的中国共产党，表达人民政协对实现“两个一百年”奋斗目标和中华民族伟大复兴中国梦的美好祝愿。

（吴育文）

编辑：林忠玉

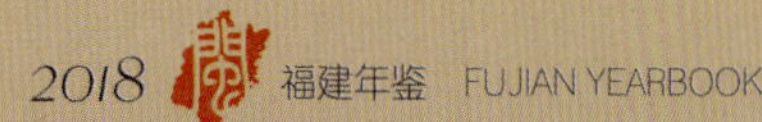

纪检监察

综　述

【省纪委十届二次全会】　中共福建省纪委十届二次全会于2017年1月15日在福州召开，出席会议的省纪委委员43名。会议传达十八届中央纪委七次全会精神，省委书记尤权出席全会并发表讲话，省委常委、省纪委书记刘学新主持会议并代表省纪委常委会作题为《推动全面从严治党向纵深发展，为“再上新台阶、建设新福建”提供坚强保证》的工作报告。省领导于伟国、张昌平、倪岳峰、张志南、雷春美、王宁、陈冬、高翔、裴金佳、梁建勇、周联清、徐谦等出席会议。中央纪委第七纪检监察室领导到会指导。

【“两个责任”落实】　2017年，由福建省委书记、省长和其他省委常委、党员副省长分别带队，以省委“五抓五看”要求为重要抓手，开展落实全面从严治党主体责任情况检查，紧盯“关键少数”，坚持问题导向，强化责任追究。通过重点检查、交叉检查、委托检查，首次实现对地区和部门的全覆盖，推动整改问题1840个，问责追责411人，其中厅级干部9人、处级干部181人。推动落实《福建省党的领导干部述责述廉工作意见》，督促各级党的领导干部在党委常委会（党组）扩大会议上述责述廉并接受评议。省纪委围绕监督责任，研究提出并深入实践“五抓五重”要求，督促指导全省各级纪委履职尽责。严格执行《中国共产党问责条例》及省委实施办法，全省对104个党组织、1777名党员领导干部实施党内问责。

【组织纪律建设】　2017年，福建省纪检监察机关开展领导干部问题线索“大起底”，完成省市县管理的在职干部廉政档案建设并实行动态更新，摸清各地区各部门“树木”与“森林”状况。督促、指导各级纪委把握运用监督执纪“四种形态”，全省共运用“四种形态”处理60336人次，其中，第一、二种形态占90%，第三、四种形态占10%，实现由“惩治极少数”向“管住大多数”拓展。建立函询了结情况反馈制度，向790名省管干部发函反馈函询了结情况，取得良好反响。严明政治纪律和政治规矩，查处违反政治纪律问题214个、比上年上升145.98%。加强换届风气监督，严把党风廉政意见回复关，查处违反组织纪律问题429个、比上年上升109.27%。开展信访举报风险隐患排查化解，确保党的十九大和“厦门会晤”期间未发生业务范围内非正常上访。加强反腐倡廉宣传教育，举办新任厅级干部廉政专题研讨班，开展党章党规知识网络答题和“喜迎十九大”廉政文化系列活动，深入挖掘、宣传八闽勤廉人物事迹和传统优秀家规家训，汇编严重违纪省管干部忏悔录并发回其原单位，用身边事教育身边人。

（侯文阳）

纪律检察和巡视督查

【“四风”纠正】　2017年，福建省纪检监察机关开展“1+X”专项督查，紧盯重要节点，抓住突出问题，驰而不息落实中央八项规定精神，推动相关部门修订完善配套制度，注重从源头解决问题。开展社区“一桌餐”、违规公款购买消费高档白酒、“为官不为”等专项整治，严肃查处顶风违纪行为和“四风”隐形变异问题。全省查处违反中央八项规定精神问题2096起，处理3099人，给予党纪政纪处分2024人（其中厅级干部19人），省纪委实名通报17批56起典型案例。严肃查处群众身边的不正之风和腐败问题，全省查处问题3190件、处理5158人。建立扶贫领域精准监督工作机制，省纪委班子成员深入23个扶贫开发重点县及所在市开展监督检查，实行监督执纪问责清单化管理，实现对建档立卡贫困户入户访查全覆盖；推动有关部门建成“扶贫资金在线监管系统”，已投入试运行；开展扶贫领域腐败和作风问题专项治理，查处违规违纪问题1562件、处理2652人。针对群众反映的大操大办、滥发红包不良习俗，省纪委对福州市长乐区进行解剖式调研督查，推动移风易俗工作在全省由点到面深入开展，正党风淳民风，群众称赞“这是党委、政府不花钱为群众办的一件大好事”。

【反腐工作】 2017年，福建省纪检监察机关受理检控类信访举报40011件（次），处置问题线索53451条；立案19546件，比上年上升69.92%，是近年来立案最多的一年，其中厅级干部案件53件、上升89.29%，处级干部案件579件、上升21.89%；给予党纪政纪处分19049人，移送司法机关处理951人。突出执纪审查的政治性，发挥思想政治工作优势，让审查对象真心向党忏悔。加强执纪审理，做好申诉复查工作。完善反腐败协调工作机制，建立健全情况通报、案件移送等制度，有效促进纪法衔接。加强执纪审查安全检查，规范审查点建设，严格落实安全防范措施。加大追逃追赃力度，全省追回外逃人员124人，其中党员和国家工作人员44人，分别在全国排名第四、第二。深化标本兼治，推进住建、交通、水利等领域工程招投标网上公开，政府采购网上公开系统已在全省推广运用；针对土地出让中可能存在的排斥竞争问题，督促有关部门完善公开系统、加强风险防控。

【巡视巡察上下联动监督网构建】 2017年，福建省修订福建省贯彻巡视工作条例的实施办法和建立市县党委巡察制度的实施意见，制订十届省委巡视工作五年规划。坚决贯彻中央巡视工作方针，紧扣“六项纪律”，突出问题导向，深化政治巡视。完成三轮对41个地方、单位党组织的巡视，对1个省直单位进行机动式巡视，发现问题1197个、领导干部问题线索555条；根据巡视移交的问题线索，立案审查10名厅级干部、35名处级干部。坚持统筹谋划巡视巡察工作，探索上下联动、交叉巡察等方式方法，推动市县党委巡察工作全面规范有序开展。市县两级均成立巡察机构并开展三轮以上巡察，完成对4670个党组织的巡察，发现党的领导弱化、党的建设缺失、全面从严治党不力等“三大问题”13443个，违反“六项纪律”方面问题9412个，反映党员干部的问题线索5827条；根据巡察移交线索，已立案审查1196人。至年底，福建省巡视巡察上下联动的监督网已经形成。

（侯文阳）

从严治党和组织建设

【全面从严治党向基层延伸推动】 2017年，福建省纪检监察机关履行好纪委专责，推进国家监察体制改革试点。省纪委先后组织到浙江、山西省学习取经，用好用足先行试点地区的做法经验。协助省委制定福建省改革试点工作实施方案和有关指导性文件，加强对市县两级的指导。省纪委班子成员实行分片包干，对市县开展全覆盖督查，确保各地按时按要求完成改革试点任务。坚持先转隶后挂牌，抓好机构组建、人员转隶，对拟转隶人员进行逐个严格审核，全面开展谈心谈话和家访，做到思想融合、感情融合、理念融合、工作融合、队伍融合。目前，市县两级完成监委组建。推进纪检体制改革，出台省纪委机关贯彻《监督执纪工作规则》实施办法及室主任管理办法等配套制度；巩固省一级派驻监督全覆盖成果，完成市县两级纪委派驻监督全覆盖；实现乡镇一级纪委建设“三个百分之百”，即100%配齐2名以上专职干部、100%纪检干部接受业务培训、年内100%有自办案件，改变乡镇纪委力量薄弱、发挥不了应有监督作用的状况，为打通全面从严治党“最后一公里”夯实基础。

【纪检监察机关自身建设】 2017年，福建省纪检监察机关推进省纪委机关“两学一做”学习教育常态化制度化，开展向廖俊波同志学习活动，加强机关党建和精神文明建设，获得“第五届全国文明单位”称号。出台规范省纪委委员履职的暂行规定，制订机关及派驻纪检组人员外出报告和请假等规定，强化内部管理和约束。严把进人关，选准、用好干部，形成正确导向。改善执纪审查等条件，营造良好工作环境。落实系统内部“两个责任”，组织对机关干部家访，加强保密纪律、审查纪律教育。发挥干部监督机构作用，对执纪违纪、以案谋私行为零容忍。全省谈话函询纪检监察干部203人，立案审查98人，给予党纪政纪处分84人，移送司法机关处理7人。

（侯文阳）

编辑：林忠玉

民主党派和工商联

中国国民党革命委员会福建省委员会

【概况】 中国国民党革命委员会福建省委员会（简称民革福建省委员会）是民革省级地方组织。2017年6月，中国国民党革命委员会福建省第十四次代表大会在福州召开，会议选举产生民革福建省第十三届委员会，完成民革福建省委员会领导班子新老交替政治交接。民革福建省第十三届委员会现有主委1名，副主委8名，常委27名，委员74名。全省民革共有9个设区市委员会，1个省直工委会，2个县级市委员会，250个基层组织，民革党员5497人。民革省委员会机关内设办公室、组织处、宣传处、联络处、社会服务处、调研处6个职能处室。省委员会还设有参政议政工作委员会、祖国和平统一工作委员会、社会服务工作委员会、妇女和青年工作委员会、社会和法制工作委员会、科教文卫体工作委员会等6个专门委员会。机关有工作人员30名（含工勤人员4名）。民革福建省委员会下属福州孙中山纪念馆管理处和福建省同心楼管理中心两家事业单位。民革福建省委员会还创建福建省逸仙教育基金会、福建省孙中山研究会、福建省逸仙艺苑3个社团组织。

全省民革党员中有各级人大代表100名，各级政协委员404名，有26名担任各级人大常委会的副主任、政协的副主席，有71名在各级政府机关、事业单位、高校和司法部门担任行政处级以上职务。

在中共福建省委的正确领导下，按照民革中央的工作要求，民革福建省委员会学习贯彻中国共产党第十九次全国代表大会精神，学习领会习近平新时代中国特色社会主义思想，把握“五位一体”总体布局和“四个全面”战略布局，践行五大发展理念，加强自身建设，提升履职能力，促进祖国和平统一，为“再上新台阶，建设新福建”作出积极的贡献。

【思想建设】 2017年，民革福建省委员会学习领会中国共产党第十九次全国代表大会精神，按照学懂弄通做实的要求，精心组织、扎实推进，制订下发《民革福建省委关于认真学习宣传贯彻中国共产党第十九次全国代表大会精神的通知》，开展“中共十九大精神宣讲月”活动，通过《福建民革》刊物、“福建民革”微信公众号、福建民革网站、民革e家等平台对学习贯彻中共十九大精神情况进行全方位、多角度的宣传报道，掀起学习宣传贯彻中共十九大精神的热潮。按照民革中央开展“不忘合作初心，继续携手前进”主题教育活动有关要求，开展“不忘合作初心，继续携手前进——民革优良传统巡回讲座”辅导报告、“不忘初心再前进——喜迎中共十九大、纪念民革成立70周年”知识竞赛、陈绍宽故居命名为民革党史教育基地等系列活动。合理统筹宣传资源，巩固传统宣传阵地，拓展新兴媒体，构建覆盖广、力度强、效果好的宣传阵地网络，实现宣传工作的全方位和立体化。

【政治基础夯实】 2017年，民革福建省委员会领导班子进一步明确分工职责、规范履职程序，加强团结、狠抓作风建设，努力提高领导班子的“五种能力”，巩固和发展政治交接成果。在民革第十三次全国代表大会上，8名党员当选为新一届民革中央委员，邓力平主委继续当选民革中央副主席。在党员发展方面，民革福建省委员会着眼参政议政工作大局，注重党员发展质量，实现界别合理分布。2017年，发展党员191人，其中高级职称24人、占12.6%，中上层人士90人、占47.1%，大学及以上学历174人、占91.1%。截至2017年底，全省有民革党员5497人。

【参政议政】 2017年，民革福建省委员会领导多次参加中共福建省委、省政府、省政协及省委统战部等有关部门召开的协商会、座谈会、情况通报会等，就中共福建省委领导班子建设、政府工作报告、政协工作报告等提出意见和建议，积极建言献策，彰显作为。在省政协常委会、专题协商会议上，民革福建省委员会调研成果《加快推进与“海丝”沿线互联互通》《关于加快建立我省水产品质量安全追溯体系的建议》

《凝聚共识 积极履职 共谱新时代福建发展新篇章》等3篇被选作会议发言。全年向中共中央统战部、民革中央、福建省政协、省委办公厅报送社情民意信息约350篇次，信息报送数量与质量逐年提升，2017年民革福建省委员会报送统战信息总分位列全省各民主党派第2名，报送民革中央社情民意信息工作排名上升至全国省级组织第4名，连续11年被民革中央评为反映社情民意信息工作先进集体。

【对台交流】 2017年，民革福建省委员会发挥优势，多渠道、多层次加强与台湾所有"两岸同属一中"政党和团体的接触交流，以新党主席郁慕明率中华儿女文史体验营拜访民革福建省委员会机关为契机，共同探讨推动两岸民间交流的途径，推动"基层一线"合作有新作为；举办2017年台胞青年福建游学体验营，邀请台湾大学生参与为期八天的游学体验营活动，促进两岸青年在活动中达成共识、解决问题，使得两岸青年增进友谊、消除误解与隔阂，两岸青年交流取得新突破，深化"青年一代"交流有新亮点。

【社会服务】 2017年，民革福建省委员会继续开展对政和县和霞浦县的扶贫工作。通过资金支持、人才智力支持及项目帮扶的方式，支持政和县与霞浦县教育事业发展，通过引进省科技厅蜜蜂高效养殖技术，提升农产品附加值。持续开展公益服务。不断巩固"海西春雨行动"成果，与福建省扶贫"两会"联合组织医疗专家先后赴明溪县和政和县开展"送医送药"义诊、体检活动。指导福建省逸仙艺苑积极围绕中心工作开展活动，举办"庆祝中国共产党十九大书画诗词摄影作品联展"，邀请逸仙艺苑艺术家现场创作书画诗词，为中共十九大献礼，并编印联展作品集，为促进社会主义文化大繁荣献计出力。

（朱坤港）

中国民主同盟福建省委员会

【思想政治基础建设】 2017年，民盟福建省委员会以学习宣传贯彻中共十九大精神作为首要政治任务。领导班子成员带头撰写学习体会，赴泉州、厦门、平潭等地开展宣讲活动。开展"盟员思想动态研究"调研；举办"民盟福建省委思想建设井冈山理想信念培训班"；建立民盟福建省传统教育基地；与民盟中央宣传部联合举办"不忘合作初心，继续携手前进"宁德座谈会；举办"纪念福建民盟成立70周年"系列活动。出版《福建盟讯·民盟福建省第十四次代表大会专辑》《福建盟讯·宁德专辑》《福建乡土·晋江专刊》；"福建民盟"微信公众号在"民盟省级组织微信公众号影响力排行榜"上继续名列前茅。成立民盟中央美术院厦门、泉州、莆田、三明分院。

【参政议政】 2017年，民盟福建省委员会形成调研报告29篇，在省政协十一届五次会议上，提交集体提案21篇，大会发言10篇，大会口头发言2篇，重点提案2件，重点提案摘报4篇。承办的民盟中央《实施文化"走出去"战略，进一步促进与东南亚国家人民民心相通》作为民盟中央领导在高层协商会上的发言素材以及民盟中央政策建议信向中共中央呈报，获国务院副总理刘延东批示。与民盟四川省委合作的《破除体制机制障碍，促进装备制造产业转型升级和创新发展》课题转化成果，报民盟中央作为全国政协专题协商议题发言，获得国务院总理李克强批示。

承办由民盟中央主办的首届中国世界遗产（福州）高峰论坛。继续办好民盟"一带一路"（福建）研究院，与华侨大学、厦门理工学院等省内高校组建智库联盟、共享研究成果。其中，《建议推动成立"金砖国家"电子商务联盟》获中共中央政治局常委、国务院副总理汪洋批示。精心承办福建统一战线建言献策成果汇报会暨第十三届建言献策论坛，《福建省乡村教师工作生活现状调研报告》获得一等奖。

报送信息425条，被全国政协采用6件，中央统战部《零讯》等采用14件，民盟中央采用15件，省委办公厅专报采用16件，省政协采用41件，省领导批示12件。获民盟中央"2017年度反映社情民意信息工作先进单位二等奖"。荣获民盟中央"2017年度参政议政工作先进单位"称号。

【组织建设】 截至2017年底，民盟福建省委员会盟员总数12111人，平均年龄53.85岁，具有高级职称盟员数4092人、占总数33.79%，2017年发展盟员522人。全省有设区市委员会9个，县级委员会10个，基层组织357个。先后在福州举办省市委员培训班和省直盟员骨干暑期培训班，在浙江大学举办全省盟务骨干培训，培训骨干盟员250人次，选派15名优秀代表性人士参加中央统战部、民盟中央、省委统战部组织的有关进修班和培训班学习。召开民盟福建省第十四次代表大会，选举产生民盟福建省第十三届委员会。获组织工作优秀集体称号。

【社会服务】 2017年，民盟福建省委员会牵线引进"中医药文化产业园"落户政和县镇前镇；争取民盟中央"超天使""守护天使"工程落地福建；多次组织盟内外专家开展送医送药活动，选派医疗专家赴政和医疗系统挂职，开展微创手术系列培训。开展"福建省乡村教师工作生活现状"课题调研，举办导师讲坛、企业走访等系列活动；助推农村基础教育发展，向霞浦县浦宫、后山两所小学捐赠图书、电脑等；联合盟员企业向政和县捐赠"微课100"学习型教育资源共享平台。在省女子监狱设立"黄丝带"帮教基地，帮助培训文艺和生产骨干30多人；在省未管所推进福建艺术扶贫工程。

（章 颖）

中国民主建国会福建省委员会

【概况】 2017年，中国民主建国会福建省委员会（简称民建福建省委员会）学习领会中共十八大、十九大和习近平总书记系列重要讲话精神，把握省级组织换届契机，深化“不忘合作初心，继续携手前进”专题教育，推进“五种能力”建设，创新履职方式，丰富履职内容，提升履职实效，各项工作都取得新成绩，多次受到陈昌智、郝明金、于伟国、张昌平、雷春美等领导的重要批示和充分肯定。在民建中央完成的各项工作评比中，新闻宣传、参政议政、反映社情民意和会员组织信息管理系统均获得一等奖。

【政治思想基础夯实】 2017年，民建福建省委员会各级组织开展丰富多彩的“喜迎十九大”和“学习十九大精神”系列活动，营造良好学习氛围，引导广大会员牢固树立“四个意识”，增强“四个自信”。省市两级领导深入基层组织宣讲十九大精神，分享学习心得。各基层组织在学懂弄通做实上下功夫，举办形式多样的专题学习讨论活动，深化对新成就、新时代、新思想、新目标、新部署、新要求的认识，夯实共同政治思想基础。举办“不忘合作初心，继续携手前进”主题征文演讲比赛，讲述亲闻、亲见、亲历的民建故事，获得好评，其中《不忘初心 倾情海丝》与《与你同行》两篇征文获评民建中央优秀作品。精心制作《民建福建省委五年回眸（2012—2017）》画册和宣传片，编印民建福建省第九次代表大会专刊，为会员提供学习史料。先后18次组织270名会员赴政和县学习廖俊波同志先进事迹。举办民建福建省委员会新一届省委委员进修班，赴革命圣地延安寻访革命足迹，重温革命历史。围绕“民主监督”主题完成9篇会务理论研究课题，其中《从延安“窑洞对”谈新时期民建基层组织如何加强民主监督建设》获民建中央2017年重点理论研究课题优秀成果一等奖。完善省市两级组织会刊、网站、微信公众号等宣传阵地。主动加强与主流新闻媒体的沟通联系，突出全国、地方“两会”等重要节点，加大会员中人大代表、政协委员履职成果的宣传报道，并与省《政协天地》合作采访报道会员中省政协委员的履职故事。突出重大活动，精心策划宣传方案，强化省九次代表大会、科技金融国际峰会、海峡物流论坛等重大活动宣传的时效性和生动性。突出重点工作，召开专题媒体座谈会，加大对精准扶贫、思源教育移民班、优秀会员等先进典型宣传力度。全年刊发《民建闽讯》7期（含特刊），省委会网站累计点击量283万人次，“福建民建”微信公众号全年共推送图文消息155次225篇，关注人数2600人，比上年增长20%，阅读量25万人次，始终位居全国民主党派微信公众号影响力排行榜前列。《人民日报》、《人民政协报》、团结网、人民网、新华网、中新网、《福建日报》、东南网等新闻媒体报道稿件1036篇次。

整合省委员会书画院、艺术团、省直艺术家支部等艺术文化资源，创建福建民建艺术馆。以承办民建中央画院院务委员会第八次会议为契机，开展扶贫募捐书画义展，联合举办“登高望远，翰墨筑梦”创作笔会，受到民建中央和中共福建省委统战部的肯定，全国政协副主席、时任民建中央第一副主席马培华，中共福建省委常委、统战部部长雷春美出席并为福建民建艺术馆揭牌。会员企业家陈国平签约捐资500万元人民币，用于贵州省黔西县大湾村精准扶贫、帮扶政和县外屯乡等社会服务活动。

【组织建设】 2017年是民建省级组织换届年。民建福建省委员会成立换届工作领导小组，严格按照换届文件要求，精心组织换届工作，确保民建福建省第九次代表大会的顺利召开，选举产生民建福建省第九届委员会和领导班子。新一届领导班子以“抓班子、带队伍、促工作、聚人心”为出发点，修订完善《民建福建省第九届委员会主委办公会议制度》《民建福建省委第九届委员会成员履职工作规则》等10项工作制度，明确新一届领导班子成员、常委、委员的履职要求，并对履职情况进行公示，接受广大会员监督，强化领导集体责任意识，发挥示范表率作用。

总结推广“会员之家”创建经验，巩固基层组织建设成果，新创建“会员之家”8个。制订《民建福建省委员会基层组织制度》，为基层组织工作提供指导性规范。支持仓山区工委创建省级文明单位，年底进入公示阶段。探索基层组织建设新路子，开展支部横向联动，举办“民建情—文化自信八闽行”、敬老助学、扶贫济困、调研交流等各类主题活动，为会员开展会内外交流和丰富基层组织生活提供平台。加大骨干会员培训力度，举办第25期民建福建省委员会骨干会员培训班。结合会务工作需要，采取“走出去，请进来，引上台”的方式，邀请会内外专家传授会务宣传、新闻摄影、社情民意写作等内容，还引导会员专家走上讲台，分享专业特长和学习感悟，增进互动交流，提高培训学习效果。各级组织全年举办各类培训班35个，培训会员1435人次。

加大省级组织换届监督力度，设立监督平台，在网站和微信公众号上公开监督电话和信访邮箱，畅通监督渠道，接受广大会员监督。严格执行换届程序，全程监督委员竞选和换届选举，确保换届风清气正，为完成换届工作提供纪律保证。新一届监督委员会着力制度建设，制定《民建福建省第九届委员会监督委员会工作规则》等规范性文件，增强会内监督意识，明确监督职责。

坚持“三个为主”的原则，坚持以质量为先、兼顾数量的原则，注重吸收和经济界有密切联系的专家学者、企业界代表人士入会。做好入会积极分子的考核工作，规范新会员入会程序，把好入会关。截至12月，全省有会员7485人，9个市级组织，3个县级组织，1个省直工委会，271个基层组织；会员平均年龄50岁，大专以上占84.7%，有各种专业技术职称的占56.8%；经济界人士占78.3%，企业界会员占62.6%；新的社会阶层占36.4%。全省会员总体素质有所提高，结构得到改善。

【参政议政】 2017年，民建福建省委员会参与政党协商、政府协商、政协协商工作，针对省第十次党代会工作报告、中共福建省委十届三次全会的征求意见稿，提出“推进社会事业和相关产业融合发展、扶持发展老年用品产业、支持武夷山打造成世界养老胜地”的三点建议，受到时任省委书记尤权等领导的关注和肯定。同时在供给侧改革、精准扶贫、清新福建、补“四个短板”等方面建言献策，开展调研80多场，形成调研报告100余篇，向民建中央提交春秋季成果20余篇。向省政协十一届五次会议提交团体提案21篇、大会发言12篇，其中《我省供给侧改革应发挥龙头企业的科技创新引领作用》《关于加强水产品质量安全监管的建议》2篇提案得到省委书记尤权等领导的批示，《关于进一步推进福建省军民融合产业发展的建议》被列为2017年省政协重点提案，由省委常委、副省长周联清和省政协副主席陈义兴共同督办，省政协第一次以主席会议形式开展专题协商，促成有关部门政策出台。向第十三届统战系统建言献策论坛提交5篇论文、20篇政策建议，有5篇论文获奖。发挥会员中人大代表、政协委员的作用，全国政协常委郭振家报送的《关于在去产能过程中注意防范金融风险的建议》被列为全国政协十二届五次会议重点提案。全国政协委员吴志明报送的《建议重编中小学语文、历史、品德课本时加大中国优秀传统文化内涵》被列为教育部重点督办件。

完善信息员的量化考评管理，牢固树立质量意识，探索改进社情民意工作培训方法，除邀请民建中央调研部部长蔡玲、省政协领导授课外，还组织部分骨干会员到福州、泉州、宁德和龙岩讲课、交流经验。在多项有力措施保障下，是年社情民意信息被采用率进一步提高，全年收到信息1125篇，编报305篇，被全国政协采用2篇，中央统战部采用9篇，民建中央采用14篇，省政协采用37篇，省委办公厅采用10篇，省委统战部采用31篇，其中《开展全国自闭症流行病学调查以利于早发现早干预》得到国家领导人的重要批示，27条社情民意信息获得中共福建省委、省政府领导批示。社情民意信息工作获民建中央一等奖，并获得全省政协成绩突出单位、全省统战系统先进单位等称号。

重视民建智库建设，依托福州大学民建经济研究院与民建省委员会11个专委会、6个调研基地和民建省委员会专家咨询委员会“1+3”联动模式，凝聚各方面智慧，开展课题调研。一是围绕实施乡村振兴战略，提出与民建中央联合调研方案，郝明金给予充分肯定：“调研选题很好，服务乡村振兴战略，助力脱贫攻坚，利用大数据技术，要集中力量搞好调研。”省领导于伟国、张昌平、雷春美作出批示，给予大力支持。围绕福建省养老事业发展短板，12月组织骨干会员赴广西开展养老产业调研，学习借鉴广西经验，提出福建省养老产业发展相关建议。二是组织专家学者参与由雷春美领衔指导的省重点调研课题《优化民营经济营商环境问题研究》，完成并提交《关于营造我省民营企业信用优质软环境的建议》调研成果。三是围绕省政协的龙头企业科技创新、交通物流融合发展、社区物业管理规范化、水产品食品安全四个协商课题，形成多篇社情民意信息，其中《我省供给侧结构性改革应发挥龙头企业的科技创新引领作用》等13篇信息获得省领导批示。四是借助民建中央专委会平台开展调研。民建中央法制委员会2017年全体会议在福州召开，民建中央主席郝明金出席会议并讲话，民建福建省委法制委员会列席会议，并组织与会专家学者前往平潭开展专题调研。

【社会服务】 精准扶贫。2017年10月，民建中央确定贵州黔西县大湾村为福建的对口结对帮扶村。省委员会高度重视，组织全省民建市级组织和省直工委会专职副主委、会员企业家及农业专家30人赴大湾村调研，并结合当地实际情况，提出“生态农业+休闲养生+乡村旅游+互联网”的发展模式。思源—闽善公益基金拟捐资注册成立“大湾村民建专业合作社”，还聘请专业团队到大湾村开展专项规划。把合作社的股份分赠给该村深度贫困户，让扶贫对象成为真正的股东，同时招聘有劳动能力的村民作为员工（社员），解决就业问题，并引进经营、农技方面的人才，振兴乡村经济，增强造血功能，走出一条可持续的精准脱贫致富之路。助推政和。继续开展助推政和县域经济发展及对口帮扶外屯乡工作。闽北同心电商创业园一期部分工程已交付使用，完成投资9500万元。创业园一期工程全部完工后，可容纳800家电商企业入驻，就业人数达1万人。把惠及民生作为帮扶工作的目标，为外屯乡建设“民建·同心桥”筹集资金200万元，至年底工程已正式启动。组织各设区市委会、省直工委会到外屯乡开展对口帮扶活动，向各村（场）提供慰问金、慰问品及药品等总价值12.95万元，慰问困难群众1056户，为群众书写春联600余幅。全年全省民建为政和县及外屯乡投入帮扶资金（含物资）263万元。教育扶贫。巩固“思源·佑华教育移民班”的办学成果，争取中华思源工程扶贫基金会的支持，继续在苏区县宁化、政和开班，投入60万元，资助100位农村贫困家庭应届小学毕业生到县城中学完成初中学业；引进“思源·人才成长公益基金”落户南平，每年资助60名贫困大学生，每人3000元。与会员企业西山学校联合开办“民建—西山弘毅班”，全年招收特困小学毕业生18名，学习生活费用由西山教育集团和民建会员自愿捐赠，完成初中学业后推荐到职业学校学习，取得一技之长后再优先介绍到会员企业就业，力求提升助学脱贫实效。全省会员企业家开展多种形式的助学奖教活动，“民建·汉生”助学金在福建工程学院为20名受助学生颁发8万元助学金。品牌打造。2月25日，由民建中央财政金融委员会、民建福建省委员会、福建省金融办共同主办“厦门2017首届科技金融国际峰会”。全国人大常委会副委员长、时任民建中央主席陈昌智向峰会发来贺信，全国政协副秘书长、时任民建中央副主席宋海出席峰会并致辞。2500多位来自国内外的金融业精英和商界领袖参加峰会，峰会获得业界人士一致好评，提升了民建的社会影响力。同时，还举办2017建华课堂四省民建企业家培训交流活动。

【对外联络】 2017年，民建福建省委员会以媒体宣传为平台，《海西物流》杂志及新媒体全年发表港澳台专家学者文章16篇，向港澳台地区发行2.4万份；通过学术和专业方面的交流互动，增进共识，促进两岸物流产业合作，取得积极成果。以社会服务为契机，与浙江、安徽、新疆、重庆、江苏、广西、陕西等省级组织积极互动，并于12月23—24日在陕西韩城举办第十届海峡物流论坛，有7家台湾社团、120家台湾企业和在大陆的台资企业参加，其中部分台企连续十年参加论坛活动，有力地推动了两岸产业的交流合作，获得郝明金的高度肯定和亲笔贺信。以文创交流为媒介。6月，省委会、福建新华发行集团与台湾图书出版事业协会联合主办第十二届金门书展，展出大陆图书1万多个品种；还同时举行“第七届妈祖文化摄影图片台、澎、金、马巡回展”和《闽南侨批大全》《八闽古城古镇古村丛书》入台首发式。书展受到台湾民众关注，取得很好的社会效果。（陈博楠）

中国民主促进会福建省委员会

【概况】 中国民主促进会（简称民进）是以从事教育文化出版工作的高中级知识分子为主、具有政治联盟性质、致力于建设中国特色社会主义、同中国共产党通力合作的参政党。2017年，民进福建省委员会举办“不忘合作初心，继续携手前进”专题教育活动演讲比赛、基层宣讲活动，35名会员讲述身边的先进典型事例，教育和鼓舞广大会员。南平市委会、福州市委员会连江总支、漳州市委员会实验小学支部、三明市委员会沙县支部获“民进坚持和发展中国特色社会主义学习实践活动先进集体”称号；陈玲、胡志远、程树英获“民进坚持和发展中国特色社会主义学习实践活动先进个人”称号。《砥砺奋进写华章，薪火相传迈新程》《数说福建民进这五年》《金砖厦门会晤，民进会员展示中华传统文化魅力》等宣传稿件获多家媒体刊登报道。全年获中央媒体（纸媒）宣传报道56篇，主流网站或地方媒体报道210篇，福建民进网站发布信息915条，微信公众号发稿264篇，总阅读量2.6万余次。承办省委统战系统“培育良好家风、共建和谐社会”主题手机摄影展，征集展示摄影作品373幅。

6月29—30日，召开中国民主促进会福建省第七次代表大会，选举产生民进福建省第八届委员会。民进福建省八届一次全会选举产生民进福建省第八届主任委员、副主任委员、常务委员和监督委员会，严可仕当选为主任委员，郑家建、翁国星、张兰、刘健、林全金、吴丽冰、马建荣、温青当选为副主任委员，翁国星当选为监督委员会主任。民进福建省八届一次常委会任命林龙金为秘书长。搭建多层次培训平台，推荐骨干会员300多人次参与13个班次培训班，在红色苏区建宁县举办新会员培训班，在甘肃社会主义学院举办省市委员培训班。全年发展新会员196人，其中55%以上具有中高级职称；新增1个总支委员会、6个支部。截至2017年12月，全省会员总数4572人，其中，文化、教育、出版界会员2943人，占64.4%；具有中、高级职称会员3524人，占77.1%。

【参政议政】 2017年，民进福建省委员会组织省市骨干会员并邀请省民政厅工作人员赴省内外开展“养老机构从业人员素质建设”重点课题调研和实地考察，形成调研报告《加强我省养老机构从业人员队伍建设的调查与思考》，被中共福建省委《调研内参》采用刊登，并被选为省政协十二届一次会议口头发言。《关于进一步提升我省科技创新能力的建议》被列入《重要提案摘报》，并获得时任中共福建省委书记尤权、省长于伟国等4位省领导批示。《加强闽台种业合作，加快我省种业创新发展的建议》被省政协列入重点提案，由副省长和省政协副主席亲自督办。全年累计向民进中央、省政协、中共福建省委统战部报送各类社情民意信息300多条次，其中，136条（含123条动态信息）被中共福建省委统战部采用、22条被省政协采用、10条被中共福建省委办公厅采用、28条被民进中央采用、4条被中共中央统战部采用、3条被全国政协信息局采用。

【社会服务】 2017年，民进福建省委员会助推贵州金沙、安龙脱贫攻坚工作。持续组织教育、医疗卫生界会员赴金沙县开展“百校联盟”“百医助力”系列活动，结对帮扶安龙县11名贫困家庭学生，资助安龙开明儿童活动中心购置文体设施，资助万峰湖镇幼儿园购置户外活动设施，发动基层组织踊跃捐赠图书7500多册。助推帮扶政和县脱贫工作。福建民进经济界会员联谊会资助澄源乡31名贫困生每人每年2000元；组织学科名师赴政和一中、澄源乡中小学开展学科优质课程观摩研讨；组织医生会员及民进之友为小学生作龋齿防治、视力健康义诊；企业家会员辅导农户掌握电商销售技能；书画界会员走进乡村采风创作，助推美丽乡村建设。据不完全统计，全年捐资捐物300多万元（其中通过星空基金捐资142.74万元），直接受益群众1560人次。

【自身建设】 2017年，民进福建省委员会建立健全《民进省委会议议事规则》《民进省委主委、副主委及秘书长工作职责》《民进省委委员履职工作规则》《民进省委专门委员会工作规程》《民进福建省委领导联系基层制度》《民进福建省委领导下基层试行办法》《民进福建省委关于建立健全领导班子谈心会制度的若干规定》《民进省委慰问制度》等制度，进一步明确班子成员工作职责权限，明确会议活动流程、程序、出列席对象以及活动经费保障机制。民进福建省委员会机关顺利通过第十三届福建省直机关文明单位考核验收；福州市委员会、厦门市委员会获“民进全国机关工作先进集体”称号，郭伯龄、倪晓嵘、郑一锋、吕效球获先进个人称号；乐智强、郑一锋分别获民进全国机关“我与民进共成长”主题征文活动二等奖。

（卢　辉）

中国农工民主党福建省委员会

【农工党福建省第十二次代表大会】 2017年6月21—22日在福州召开。全国政协副主席、农工党中央常务副主席刘晓峰，中共福建省委常委、统战部部长雷春美分别代表农工党中央、中共福建省委出席大会开幕式并致辞。农工党中央副主席曲凤宏，省领导刘群英、黄琪玉、郭振家以及省委办公厅等20多家单位领导到会祝贺。255名代表参加会议。主委陈绍军代表十一届委员会作题为《不忘合作初心 坚定理想信念 为再上新台阶 建设新福建做出新贡献》的工作报告。大会通过无记名投票方式选举丁一芸等33人为福建省出席农工党第十六次全国代表大会代表。大会通过关于十一届委员会工作报告的决议。在十二届一次全委会上，刘献祥当选农工党福建省第十二届委员会主任委员，赖应辉、王焱、李笃妙、杨琳、侯建明、郭丽珍、曹荣、吴健明、郑伟达当选副主任委员，王焱、石松生、叶秀云、朱鹏颐、伍长南、刘献祥、杨琳、李笃妙、吴崇伯、吴健明、何伟燕、张玉珍、张旭东、陈欣、陈益、陈梅、陈育斌、林澄、林冬梅、郑伟达、郑振佺、赵广健、侯建明、郭丽珍、曹荣、赖应辉、潘丽贞当选常务委员。大会闭幕后，省委领导雷春美会见省委员会新老领导班子成员。

【思想建设】 2017年，农工党福建省委员会就习近平新时代中国特色社会主义思想、习近平总书记“7·26”重要讲话精神、农工党十六大精神，以及中共福建省委十届三次、四次全会精神组织开展学习，并采取举办学习会、座谈会、研讨会、辅导报告会、培训班等多种形式推动各级组织和广大党员学习中共十九大精神。按照农工党中央部署，紧扣“不忘合作初心，继续携手前进”主题，全省各级组织举办12场专题宣讲及16次专题培训，组织10批党员赴党史教育基地接受专题教育，以回顾光荣历史为契机，进一步夯实理想信念。同时，省委员会被农工党中央授予坚持和发展中国特色社会主义学习实践活动优秀省级组织称号。全年发行《农工闽讯》26000多册，发布网站新闻400余篇，微信公众号推送信息233期702篇，向农工党中央、省委统战部网站、微信公众号、手机报等报送稿件200余篇，在省级以上媒体刊发宣传文章276篇，扩大省委会的社会影响力。全省各级组织完成并报送省委统战部13篇理论文章，顺利完成省委会文史工作委员会换届工作，持续呼吁建设党史教育基地。

【参政议政】 2017年，农工党中央领导人11人次莅闽调研并指导工作。其中，全国人大常委会副委员长、农工党中央主席陈竺3次来闽就医药卫生体制改革情况等开展调研。农工党中央副主席何维来闽调研医保管理体制改革，形成的《关于推广福建医保改革经验 完善国家医疗保障制度供给的建议》调研专报件得到中共中央政治局常委、国务院总理李克强批示。农工党中央副主席龚建明、曲凤宏、于文明就第四届中医科学大会、农工党基层组织建设和水环境综合治理情况等来闽考察，促进各项工作的开展。省委会主要领导全年参加中共福建省委、省政府、省政协召开的协商会、座谈会、征求意见会等19次，许多意见和建议得到重视和采纳。副主委赖应辉、侯建明先后代表省委会作大会发言。担任各级特约（邀）监督员、监察员、检察员、教育督导员、行风评议代表、审计员的农工党党员，参加工作督查和行风政风评议，切实履行民主监督职能。全年立项调研课题50个，实收调研论文80篇。农工党中央和省委员会共同完成的《关于以慢病防治为突破口，建立科学有序的分级诊疗制度的建议》《关于积极推广福建省三明市等地医改经验，以三医联动促进医药卫生体制改革的建议》2件提案被评为第十二届全国政协优秀提案。5篇调研论文分获2017年福建统一战线建言献策成果一、二、三等奖，向省政协十二届一次会议报送提案和大会发言19篇，向农工党中央报送提案30篇。省委员会参政议政工作以综合评分第一的佳绩获评农工党中央开展坚持和发展中国特色社会主义学习实践活动参政议政工作先进集体。举办全省信息工作培训班2场。全年编报《福建农工信息》476件，被全国政协信息局采用13件、中央统战部采用15件、农工党中央采用53件、中共省委办公厅采用44件、省政协办公厅采用85件，省级以上领导批示27件。省委员会信息工作在农工党中央、福建省政协和福建省委统战部评比中保持三个“第一”。

【社会服务】 2017年，农工党福建省委员会以福建中医药研究促进会为平台，承办第四届中医科学大会。全国人大常委会副委员长、农工党中央主席、中国科学院院士陈竺，世界卫生组织前总干事陈冯富珍，诺贝尔生理学或医学奖获得者布鲁斯·博伊特勒（Bruce Beutler），6位院士和5位国医大师等知名专家学者在平潭综合实验区开展学术交流，两岸专家学者和社会各界嘉宾700人参加会议。省委员会主办的第十三届海峡两岸中医药学术交流论坛及义诊咨询活动同期在平潭举行。全年编印寄送《杏林信息》4期，寄送两岸中医药界同仁。继续助推宁德社会服务基地建设，落实农工党中央新举措，推进“同心全科医生特岗人才计划”项目实施，发放补助58万元。多方协调、落实经费200万元助推“陈可冀、杨春波国医大师传承工作室建设”。为古田县第二医院争取到位建设资金30万元。坚持“三方联合、五位一体”的“福建模式”，向三明尤溪县、宁德赤溪卫生院及政和县岭腰乡卫生院捐赠医疗设备60台件合计价值266.78万元。根据农工党中央的统一部署和安排，省委员会多措并举助推保山发展。联系福建朝日环保科技开发有限公司出资10万元资助昌宁县农村贫困大学生；在施甸县摆榔乡为贫困家庭发放慰问金；双方相互开展专题调研、考察交流，在师资培训、学科建设、科学研究和康复产业等方面对接合作。厦门市委员会、厦门思明区基层委和厦门东渡养老公寓捐款10万元支持保山市农村卫生室改造与建设。定点帮扶贵州毕节大方县脱贫。为大方县在旅游项目资源、经济作物种植、中药材市场开拓、中小学校长跟岗挂职锻炼、资金募捐、图书捐赠等方面提供支持帮助。持续开展“同心·县域经济发展助推行动”。与政和县政府签署帮扶协议，向政和县岭腰乡卫生院捐赠价值88万元的DR设备，组织中医药专家开展调研，开展第二期“同心助学”活动。协助党员主动参与技术扶贫。在多个地区实施菌草精准扶贫，发展菌草养畜、菌草食用菌等项目。省委员会开展“国际科学与和平周”活动，惠及群众1.2万人次；开展“三下乡”活动，惠及群众1.86万人次；创新戒治帮教形式，参与举办的戒治帮教活动，取得良好的社会反响。

【组织建设】 2017年，在农工党第十六次全国代表大会上，福建省王焱、伍长南、刘献祥、杨琳、吴健明、张玉珍、林澄、郑伟达、侯建明、郭丽珍、曹荣、赖应辉等12名党员当选中央委员，刘献祥当选中央常委。贯彻民主集中制、集体领导和分工负责制，全年召开主委会议8次，常委会议6次，全委会议3次。明确新一届领导班子成员分工，加强对各设区市委员会和省委员会各专委会的指导。加大对优秀党员干部的实职安排和政治安排的推荐力度。据不完全统计，全省党员中，有19名担任厅级领导，120名担任处级职务，89名党员获选各级人大代表，413名党员担任各级政协委员，2名受聘为国家有关单位特约（邀）人员，17名受聘为省各有关单位特约人员。坚持“三个为主”的方针，把高素质、代表性人才作为发展重点，进一步优化组织结构。同时，配合农工党中央组织部做好大数据库的信息采集工作。至年底，全省有党员9520名，其中，医卫界4439人，占46.6%；教育界2426人，占25.5%；科技界457人，占4.8%；环境、人口资源界477人，占5%；全省新发展党员455人，其中本科以上学历404人，占发展总数的88.8%。党员中涌现出大批先进典型。据不完全统计，林丽琴获2017年“全国三八红旗手”称号，魏太云入选为2016年度“长江学者”特聘教授，李西海获2017年“福建青年五四奖章”，卢健获“福州市劳动模范”称号，丁毅黎、杨军、林丽琴、潘亮、伍长南5位被农工党中央授予“优秀党员”称号，倪斌等33人被农工党中央授予“先进个人”称号。先后举办省直工委会2017年新党员培训班、2017年全省骨干党员培训班以及新进省委员会委员暨全省专职领导培训班。完成省委统战部和省社会主义学院的调训工作。在全省基层组织中开展创建“星级支部”活动，组织召开表彰大会，完善联络员制度，做好基层组织的换届工作，推动基层组织建设。（兰　凡）

中国致公党福建省委员会

【概况】 2017年，中国致公党福建省委员会完成换届选举。6月，召开中国致公党福建省第九次代表大会，选举产生致公党福建省第九届委员会，选举出席中国致公党第十五次全国代表大会的代表。致公党福建省九届一次全会选举产生致公党福建省第九届委员会主任委员、副主任委员和常务委员，薛卫民当选主任委员，刘珂、徐平东、兰万安、叶敏、吴棉国、张宗真、罗恩平当选副主任委员，刘珂当选新一届致公党福建省委监督委员会主任，致公党福建省九届一次常委会任命王惠忠为秘书长。在12月召开的中国致公党第十五次全国代表大会上，薛卫民、刘珂、徐平东、兰

2017年5月2—5日，全国政协副主席、致公党中央主席、科技部部长万钢率领致公党中央调研组一行，围绕“推进‘一带一路’建设中中国文化‘走出去’”主题到闽开展调研　（致公党福建省委供稿）

万安、叶敏、吴棉国、陈国鹰、陈吉龙、赖德芳当选中国致公党第十五届中央委员会委员，薛卫民、刘珂当选中国致公党第十五届中央常务委员会委员，刘珂出任新一届致公党中央监督委员会委员。

【思想政治建设】 2017 年，中国致公党福建省委员会组织开展“喜迎十九大”系列十项行动和“不忘合作初心，继续携手前进”专题教育活动，组建福建致公巡讲团，开展“中国梦·侨海情”巡讲活动 6 场。福建致公微信公众号影响力位列致公党各省级组织首位，多次入围全国各民主党派总榜单前十。被致公党中央授予“中国致公党坚持和发展中国特色社会主义学习实践活动先进集体”称号。

【参政议政】 2017 年，中国致公党福建省委员会在省政协十一届五次会议上，提交大会发言和提案 42 篇，其中《发挥我省“侨”的优势作用，助力福建“海丝”核心区建设》被列为大会口头发言，《关于加快构建我省多元化养老格局的建议》被确定为重点提案；5 篇提案入选《重要提案摘报》，获省领导批示 12 件次；4 篇提案发言素材被采用为全国政协十二届五次会议提案。编报《情况反映》350 余期，被中共中央统战部、中共中央办公厅、全国政协办公厅采用 32 篇次，致公党中央采用 44 篇次，中共福建省委办公厅、福建省政协办公厅采用 90 篇次。1 篇信息获中共中央政治局常委批示，20 篇信息获省领导批示。被福建省政协评为“2015—2016 年度反映社情民意信息工作突出单位”。

【对外联络】 2017 年，中国致公党福建省委员会应邀组团出访菲律宾。举办和参与举办 4 期海外华裔及台湾、澳门青少年中国寻根之旅夏（冬）令营（福建致公营、厦门致公营）。举办和参与举办在榕侨领、“一带一路”闽籍侨领学习中共十九大精神座谈会。承办“第九届海峡论坛·社区服务恳谈会”，接待台湾洪门、台湾社区营造等台湾代表人士 150 余人来闽座谈交流。举办“家·中秋”、省“五侨”联席会议等。

【社会服务】 2017 年，中国致公党福建省委员会建成社区致公学校 27 所，致公学校 11 所。牵线菲律宾中国洪门致公党第五支部、致公爱心 365、东南科技及致公党广西区委员会、上海市委员会开展爱心捐赠 105 万元，支持致公学校建设。筹款 84.7 万元用于政和县铁山镇助推帮扶项目，牵线省农科院果树所与铁山镇挂牌共建全省首个镇级“博士专家工作点”。牵线福州外语外贸学院累计向定西市捐赠 4500 万元改善当地教育条件。8 项社会服务工作获致公党中央优秀项目奖表彰，被致公党中央评为“中国致公党社会服务工作先进集体”。

【自身建设】 截至 2017 年 12 月底，福建省有致公党党员 5401 人，平均年龄 51.71 岁。大专及以上文化程度 4967 人，占总数 92%；中上层人士 4186 人，占总数 77.50%。有设区市委员会 7 个，县（市）委员会 5 个，基层组织 251 个（不含工委会）。新成立致公党福建省委直属省体育局支部，在平潭综合实验区成立省平潭支部，成立新一届致公党省委员会专门委员会 10 个。（冯　浩）

九三学社福建省委员会

【思想政治基础夯实】 2017 年，九三学社福建省委员会组织学习中共十八届六中全会、中共十九大、社十一大精神，牢固树立“四个意识”，增强“四个自信”，坚决维护以习近平同志为核心的党中央权威和集中统一领导。中共十九大召开后，社省委员会把学习贯彻中共十九大精神作为首要政治任务，及时召开主委会议、常委会议传达学习，制定下发贯彻意见，引导广大社员深刻领会把握精神实质，明确前进方向。在 11 月召开的社中央坚持和发展中国特色社会主义学习实践活动总结表彰大会上，3 个地方组织被授予全国先进集体称号，2 名社员获先进个人称号。同时，坚持弘扬主旋律、讲好多党合作和九三学社故事，制作人物宣传片《陈慧珠：一颗“慧”心化甘露》，制定出台《新闻宣传评选表彰办法》，多渠道扩大宣传覆盖面。截至年底，社省委员会网站访问量 1.9 万人次，微信公众号用户 1056 个。

【参政议政】 2017 年，九三学社福建省委员会确定 10 个参政议政选题方向、立项 54 个课题，全年完成各类调研报告 66 篇，形成提案 101 件。依托省政协平台，承办具有民主监督性质的“加快福州内河整治”界别协商会。在省委省政府主要领导参加的省政协常委会第二十五、二十七、二十八次会议上，社省委会分别作“支持龙头企业科技创新人才队伍建设”“加强老旧住宅小区物业管理”“规范水产养殖药物使用”专题发言，相关建议得到重视和采纳。调研报告《完善税收政策，助推民营经济健康发展》被中共福建省委、政研室采用编入《调研文稿》（第 40 期）呈报省委省政府有关领导。向第十三届统一战线建言献策论坛报送调研论文 5 篇、建议摘要 20 件，《关于改善我省科技产业创新环境的对策建议》被评为一等奖。社省委员会被社中央评为 2013—2017 年度参政议政先进省级组织，7 个地方和基层组织被评为先进集体，13 位社员被评为先进个人。

【社会服务】 2017 年，九三学社福建省委员会对接地方经济发展需求，积极联络社中央，邀请国务院参事刘志仁等 4 名专家来闽举办专题报告会 4 场、座谈会 6 场，深入 10 家生产企业调研指导。开展“同心·康福”脑瘫救治行动，组织 51 名患者前往河北省接受手术治疗，累计减免差旅、医疗费用 167 万元。发挥社内医疗专家资源优势，对接帮扶永泰县医卫工作，开展义诊，提供技术指导、协助培训医疗人才及支持科室建设。社会服务与联络委、老龄委等专委会深入基层，开展助学及养老调研等活动，搭桥国家体育总局体医融合促进与创新研究中心与三明医改试点项目对接合作。推进贵州省威宁县对口帮扶工作，组织社内专家、企业家为威宁发展提供咨询建议，促成威宁来闽参加福建省食品行业协会年会并进行投资项目推介。助推政和县东平镇发展，协助争取集镇污水处理、自来水管网改造、沙排溪水利等项目资金1700多万元，多次组织专家赴东平开展福建省特色小镇创建调研指导工作。东平镇成功列入特色小镇创建名录。

【组织建设】 2017年6月21—23日，九三学社福建省第八次代表大会在福州举行，大会审议通过第七届委员会工作报告，选举产生第八届委员会组成人员，在八届一次全委会议上，洪捷序当选为第八届委员会主任委员，吴小颖、赵静（女）、陈美琼（女）、马祥庆、王长平、蔡锋、刘明华当选为副主任委员。对各专委会进行换届调整，新组建农林、医卫两个专委会。完成社省直工委会换届，探索以大带小、跨域联谊等形式多样的基层组织活动模式，引导规范开展组织生活。重视青工委工作，发挥青年社员优势，举办九三青年科技论坛、青年读书会，成立青年志愿者服务队等。继续推行全员轮训，全年培训社员260人次。研究出台《监督委员会工作细则》，结合社务工作量化考评，在全省开展两轮实地检查验收与综合考核。截至2017年12月31日，全省有社员4539人，平均年龄53.92岁，高级职称2411人、占53.12%，社员的界别、知识和年龄结构逐步优化，整体素质稳步提升。（张　豪）

台湾民主自治同盟福建省委员会

【概况】 2017年，台盟福建省委员会以习近平新时代中国特色社会主义思想为指导，不断加强政治思想教育。组织开展喜迎党的十九大系列活动、纪念台盟成立70周年征文、演讲和座谈会等形式多样的活动。完成省市、四个专委会及监委会的换届工作。选举产生50多位代表参加台盟第十次全盟代表大会，其中，福建省有10位盟员被选为台盟中央委员，台盟中央副主席1人，其中台盟中央常委2人。推荐全国人大代表2人，全国政协委员3人（其中1人为全国政协常委）；推荐省人大代表2人（均当选为省人大常委），省政协委员3人（其中2人为省政协常委）。选送盟员参加中央和省委党校、中央社院等各类培训，全年有24人参加各类培训班。获第13届省直精神文明单位称号。

【参政议政】 2017年，台盟福建省委员会确定14个盟省委重点调研课题，其中半数以上的课题涉及两岸关系。牵头台盟中央重点课题1个，参与台盟中央重点课题7个，完成调研报告67篇。在全国“两会”期间，向台盟中央提交提案及大会发言素材45篇，被全国政协采用并作为台盟中央党派提案6件，其中，《全面建立临时救助制度，进一步完善社会救助体系》被全国政协列为重点提案，《加快推进我国跨境电商发展的若干建议》被商务部列为重点督办提案。在省“两会”期间，提交提案14件、大会发言18篇，《关于我省从五个重点领域推进两岸产业合作的建议》被省政协列为重点提案。完成台情调研报告5篇。盟省委员会获台盟中央参政议政先进集体一等奖，5个市委员会均获台盟中央参政议政先进集体称号，8人获参政议政先进个人称号，5人获社情民意信息先进个人称号。福建台盟参政议政成绩位居全盟前列。

【闽台交流】 2017年，台盟福建省委员会参加“海峡论坛”相关活动，主办“海峡论坛——船政文化研讨会”、海峡生态城市发展（国际）论坛、两岸学生乡土文化研习营、“闽都文化体验行”、“闽南根亲文化”等主题突出的闽台交流活动。同时，组织入岛交流，恰逢乡土文化研习营举办10周年，再次组织交流参访团赴台交流，走访台北文化大学、明道大学等院校，为做好两岸青少年的文化交流打下良好的基础。全年接待台胞13批次206人。

【社会服务】 2017年，台盟福建省委员会参与台盟中央扶贫工作和扶贫攻坚民主监督活动，提交《关于开展金融帮扶助力甘肃精准扶贫的建议》的调研报告。举办“情系石屯·同心助教”乡村教师培训班、“两岸同心、智力帮扶”农业技术培训班，协调省电力公司支持对石屯镇新建电力杆线下地工程予以立项，项目资金近800万元，扩大帮扶的力度。参加福建省助残扶残公益活动，开展“春蕾女童活动”，为福州市第二福利院、精神疗养院送温暖，为福州市仓山区贫困女童、晋安区秀峰中心小学和战坂小学捐资助学。慰问霞浦县松岗街道下村村贫困残疾人57人，出资25万元协助解决贫困村群众出行难问题。

（陈志清）

福建省工商业联合会

【概况】 2017年，福建省工商联学习贯彻习近平新时代中国特色社会主义思想和党的十九大精神，贯彻落实中央、省委决策部署，坚持开拓进取，真抓实干，推动非公有制经济健康发展和非公有制经济人士健康成长，为建设“机制活、产业优、百姓富、生态美”的新福建作出了积极贡献。

【思想政治学习】 2017年，福建省工商联把学习宣传贯彻习近平新时代中国特色社会主义思想和党的十九大精神作为首要政治任务。会领导带头赴基层工商联、商会、企业宣讲20多场次，举办一系列座谈会、研讨会、培训班、专题辅导报告，利用自有媒体和网站、微信开展立体式宣传，结合学习贯彻《中共中央国务院关于营造企业家健康成长环境 弘扬优秀企业家精神 更好发挥企业家作用的意见》精神、中共中央和国务院对全国工商联换届的贺词精神、中国工商联十二大精神，以及省委十届四次、五次全会精神，引导全省广大非公有制经济人士、各级工商联和商会组织牢固树立“四个意识”，切实把思想和行动统一到党的十九大精神上来，坚定不移用习近平新时代中国特色社会主义思想统领工商联工作，凝心聚力促进“两个健康”（即非公有制经济健康发展和非公有制经济人士健康成长）。

【换届工作】 2017年8月12—13日，福建省工商业联合会（总商会）第11次代表大会在福州召开。全国政协副主席、全国工商联主席王钦敏出席开幕式，省委常委、统战部部长雷春美代表省委省政府发表讲话，省领导周联清、邓力平、李红、薛卫民，老同志李祖可出席开幕式，616名代表参加大会。大会审议并通过王光远代表第十届执行委员会所作的工作报告，完成换届选举，一批思想政治强、行业代表性强、参政议政能力强、社会信誉好的非公有制经济代表人士进入领导班子。11届执委会有执委471人，其中常委154人，专职主席、副主席（副会长）、秘书长6人，兼职副主席20人，兼职副会长31人。大会表彰先进集体和个人，21个单位获“全省工商联系统先进集体”称号，36人获“全省工商联系统先进工作者”称号。8月13日下午，省委与省工商联（总商会）新老班子成员座谈。省委书记尤权主持会议并讲话，省委副书记、省长于伟国出席并讲话，省领导张志南、雷春美、胡昌升、刘学新、梁建勇、周联清、陈桦、张燮飞出席座谈会。

【非公有制经济人士成长引导】 2017年，福建省工商联以“守法诚信、坚定信心”为重点，推动理想信念教育实践活动不断深化，带领广大非公有制经济人士践行社会主义核心价值观。制订《持续深化非公有制经济人士理想信念教育实践推进措施》，组织收看全国年轻一代民营企业家理想信念报告会，举办福建省青年企业家理想信念报告会，开展坚定理想信念红色之旅活动。以新一届工商联常执委和青年企业家为主体，与省委统战部联合举办3期培训班，180多名学员参训。成立福建省青年闽商联合会，推动三明、宁德两地成立青商会。围绕省工商联换届工作、“百企帮百村”精准扶贫行动、“亲清润闽商，促进两健康”等重点开展专题宣传，在《人民日报·内参》《中华工商时报》《福建日报》《闽商》报刊刊载300多篇报道，在福建电视台播出22条（次）视频报道。推进“百企帮百村”精准扶贫行动，613家民营企业（商会）精准帮扶628个贫困村，惠及3.4万建档立卡贫困人口，其中，安置就业2044人、技能培训2627人，实施帮扶项目1053个，总投入4.3亿元，得到全国工商联肯定；发动民营企业家通过省光彩会实施项目37个，资金8900多万元；香缤控股在省光彩会设立1亿元本金的扶贫基金。省光彩会被省教育厅等18个部门评为“福建省最美资助人”。

【非公有制经济发展】 2017年，福建省工商联深入调研、积极建言，加大产权保护力度，拓宽经贸交流渠道，为民营企业加快转型升级、实现健康发展营造良好环境。建言献策促发展。开展10多项专题调研，成果获省级以上表彰奖励9件次。《降低企业综合成本 优化民营经济营商环境》获第十三届建言献策论坛一等奖，相关建议被省政府采纳。提交省政协十一届五次会议提案12件，全部立案并得到19个部门的答复办理。《关于促进物业服务行业健康发展的建议》等2件获于伟国等省领导批示5件次。106件信息被中央统战部、全国工商联和省级有关内刊采用，反映的民企诉求获省领导批示4件次。法律服务维权益。与有关部门联合举办“知识产权运用与保护”讲座、企业法律风险防控与应对培训班，组织近百位企业家旁听经济案件审理。实施产权保护行动，召开贯彻落实依法保护产权、促进“两个健康”调研座谈会。指导省拉链同业商会做好会员企业与日本YKK株式会社的知识产权纠纷案的维权服务。经贸交流更活跃。引导民营企业融入“一带一路”建设，参与金砖国家工商论坛、中德经济合作对接会等各类经贸交流活动20多场次2000多人次。发挥福建省对台区位优势，组织青年企业家赴台访问，就推动闽台商会深度交流合作达成共识。加强与菲律宾、哥伦比亚、缅甸等境外闽籍商会的互动往来。组织43家民营企业参加中国军民两用技术创新应用大赛、军民融合发展高科技成果展。

【自身建设】 2017年，福建省工商联加强指导、精心服务，推动工商联会员队伍持续壮大，商会组织规范发展，平潭综合实验区工商联顺利成立。截至年底，全省工商联有会员16.7万名，所属各类商会1305家，异地闽籍商会802家。基层组织凝聚力明显增强。52个县级工商联获评全国“五好”县级工商联，占全省县级工商联的61%；62个县级工商联被认定为省级“五好”县级工商联。指导成立4家直属商会，吸收4家团体会员，省工商联所属商会50家。开展“四好”商会建设活动，省卫生用品商会等6家商会被确认为“守法诚信示范商会”。成立省工商联社会组织行业党委，指导所属商会加强党建工作，37家所属商会已成立党组织。异地商会作用充分发挥。开展异地福建商会发展状况调研。在海口市召开省级异地福建商会工作座谈会，近70位省级异地福建商会会长、秘书长参加会议。组织10位异地福建商会会长、闽商杰出代表列席省政协大会。引导异地福建商会以会引商、以商引商，促进闽资抱团回归，支持家乡建设。工商联机关执行力不断提升。全面从严落实“两个责任”和省委“五抓五看”要求，严肃规范党内政治生活。机关各党组织共开展政治理论学习近百场，召开党员大会83次、党课教育10次。成立机关纪委，强化监督执纪问责。第十三届省级精神文明单位迎检考评通过。调入5名干部，选派1名干部赴连城驻村挂职。

（江　锋）

编辑：林忠玉

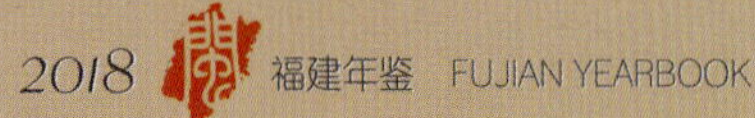

群众团体

福建省总工会

【概况】 2017年，福建省总工会学习贯彻习近平新时代中国特色社会主义思想和党的十九大精神，贯彻落实省第十次党代会精神和省委十届三次、四次、五次全会精神，围绕“再上新台阶、建设新福建”的中心任务，以推进工会系统全面从严治党为引领，推进党的建设与工会自身改革建设，实施职工素质建设工程和职工温暖工程，拓展“中国梦·劳动美”主题宣传教育活动和“争创模范职工之家、争做职工信赖娘家人”活动，各项工作取得新发展。

【政治引领】 2017年，福建省总工会坚持把学习贯彻习近平新时代中国特色社会主义思想和党的十九大精神作为首要政治任务，举办劳模座谈会、专家报告会、十九大代表宣讲会130多场次，利用“八闽工会人”微信公众号、工会报刊等宣传阵地加大宣传，推动党的十九大精神进企业、进车间、进班组。落实党组从严治党主体责任，从严从实抓好巡视整改和主体责任检查整改工作，召开全省工会党风廉政建设工作座谈会、全省国有企业党建带工建现场推进会，抓好工会系统“1＋X”专项督查，加强工会内部审计，营造风清气正的工会系统政治生态。推进“两学一做”学习教育常态化制度化，开展学习廖俊波同志先进事迹系列活动，举办全省工会领导干部学习贯彻党的十九大精神专题培训班、工会领导干部延安研修班、福建省总工会成立85周年纪念活动，教育引导工会干部不忘初心、牢记使命，坚定地履行带领职工跟党走的政治责任。

【工会改革与建设】 2017年，福建省总工会实施《福建省总工会改革方案》《福建省总工会改革具体实施方案》，按照增“三性”、去“四化”、强基层、促创新的总体思路，省总工会分解的25条改革任务已基本完成，各设区市总工会改革全面实施，县（区）工会改革稳步推进。省总工会本级委员会、常委会中基层一线人员比例分别为47.2%、36.8%，内设机构从13个减少到12个，精减机关编制12名、事业编制62名。省、市、县总工会劳模和一线职工兼职副主席由1名增加到70名，设区市总工会委员中基层一线人员占比由原来的12.6%提升至45.8%，县（区）总工会由原来的7.7%提升至44.4%。突出推动工会机关职能转换、运行方式转化和工作作风转变，健全完善工会工作职工参与制度、工会决策事前征求意见制度、工会活动第三方评价制度、工会干部常态化联系基层“三项制度”等长效机制。

【职工素质建设】 2017年，福建省总工会开展全省重点项目劳动竞赛34个，省级技能竞赛35场148个工种，“厦门会晤”优质服务竞赛参赛职工90多万人次，百万职工“五小”创新大赛参与职工169万人。认真贯彻《新时期产业工人队伍建设改革方案》，开展全省职工队伍状况调查和产业工人队伍建设改革调研。实施职工素质建设工程，投入职业技术技能培训专项经费500万元，命名“福建省劳模工作室”53家、“福建省示范性劳模工作室”16家，农民工“求学圆梦行动”资助8000多名农民工参加学历教育。拓展与台港澳工会交流合作，突出首次来大陆的工会、职工的交流往来，举办2017’海峡职工论坛、第十二届“6·18”海峡两岸职工创新成果展、闽港澳台职工书画摄影联展、闽港职工文化交流演出、第四届平潭两岸职工自行车赛等活动，组织劳模、金牌工人赴台参访交流。

【职工温暖工程】 2017年，福建省总工会开展“四送温暖”活动。筹集“两节”期间慰问款9009.9万元，走访困难企业1539家，慰问困难职工5.4万户；金秋助学资金2641.5万元，资助困难职工子女8037名；职工医疗互助资金1.4亿元，补助9.6万人次，补助金额1.43亿元。完善职工医疗互助“大病补助”制度和职工特别救助制度，关注和推动改善环卫工人生产生活条件，推行“四点半”课后服务，深化“安康杯”竞赛活动。推动出台《福建省工会劳动法律监督条例》，与省高级人民法院联合推广“基层职工维权一体化”6种模式，举办全省职工法治宣传教育、“尊法守法、携手筑梦”服务农民工法治宣传教育等系列活动，对农民工实行法律维权“全程帮”。实施集体协商工作五年规划，全省签订集体合同企业18.8万家，受惠职工661.2万名。加强与23个省级扶贫开发工作重点县结对帮扶工作，选派干部挂职和驻村蹲点，下拨补助经费1916.4万元。落实支持西部开发战略，支持西藏、新疆、宁夏工会建设和服务职工工作。

【“中国梦·劳动美”主题宣传教育活动】 2017年，福建省总工会举行纪念建军90周年“老兵新传”、第四届职工文化节、职工体育节、全省女职工广场舞比赛等活动，营造喜迎党的十九大的和谐喜庆氛围。举办劳模报告会、中央党校劳模读书班，开展“百名劳模”系列宣传、“对话价值观·劳模校园行”、“八闽工匠”事迹报告会等活动，拓展“工人阶级新闻宣传月”“聚焦一线·体验劳动”“劳动人生”“劳模风采”等宣传品牌，弘扬劳模精神、工匠精神。成立省总工会全媒体中心，融合杂志、网站、微信公众号等宣传平台，推动新媒体与传统媒体的聚合联动，旗帜鲜明地弘扬主旋律、传播正能量。

【基层建设】 2017年，福建省总工会集中开展“强基层、补短板、增活力”行动，全年对下各项补助3.1亿多元，占省总工会本级经费支出的75%。加大力度推动市县工会服务职工阵地建设，制订并实施《2017—2021年福建省工人文化宫建设规划》，2017年底有14个市、县（区）文化宫项目动工在建，22个市、县（区）启动文化宫项目建设前期工作。加强镇街（园区）工会干部队伍建设，聘用“工会专干”1200多名。以非公企业为重点，紧盯开发区（工业园区）、建筑、快递等重点区域和行业，推动非公经济组织和社会组织建立工会。推进基层工会规范化建设，加强以职代会为基本形式的企事业单位民主管理制度建设，坚持“六有”标准深化职工之家建设，开展“我最喜爱的妈妈小屋”“职工最美家庭”“职工最可信赖娘家人”评选活动。（张思贤）

共青团福建省委员会

【共青团改革发展】 2017年，共青团福建省委机构改革、机关内设部门调整和人员转岗分流等任务基本完成。着力增强广泛性和代表性。在团省委中，基层和一线代表比例超过55%，机关减编22.4%，达到改革目标；结合编制“减上补下”，新成立省教育团工委、省国资委团工委、平潭综合实验区团委。遴选首批8名机关部门兼职副部长和18名非团系统挂职干部到团省委机关工作。建立团的领导机关向青年开放制度，省、市、县三级团委机关统一开展“机关开放日”活动700余场，先后邀请6000多名基层一线的团员青年到团的领导机关参观交流。共青团组织运行机制得到优化。实行团干部一线工作法，建立完善“8+4”“1+100”等常态化联系青年工作机制，累计选派37名机关干部下沉到县级团委帮助工作，联系青年41295人。全省有4263名团干部开展“1+100”工作，联系青年近29.9万人，累计开展线上、线下活动4.9万次。推广使用“志愿汇”APP平台，开展“共青团员义务星期六”活动，推动216万名团员注册成为青年志愿者。网上共青团建设成效初显。推进共青团用网、占网、建网工作，截至年底，全省234.38万名团员激活并使用福建数字团建系统账号，实现团省委对所有团支部的扁平化工作部署。“福建青年之声”互动社交平台累计访问量12亿人次，问答数超过300万人次，开展线下活动4100多场，覆盖青少年260万人。市县共青团及相关领域改革积极推进。全省9个设区市团委、平潭综合实验区团委、83个县级团委，以及省青联、省学联学生会、少先队和中学、高校共青团改革方案均已出台。《福建省中长期青年发展规划（2016—2025年）》编制工作稳步推进。

2017年10月12日，第四届福建省职工文化节在福州举办 （薛晓秋 摄）

【青少年思想引领】 2017年，共青团福建省委员会学习贯彻习近平新时代中国特色社会主义思想和党的十九大精神。召开团省委理论中心组学习会，分4个专题重点学习党的十九大精神，组织团省委机关党员干部赴政和学习廖俊波同志先进事迹。开展宣讲活动，团省委书记班子成员率先赴泉州、三明、龙岩、宁德等地开展宣讲19场。制订下发学习宣传贯彻党的十九大精神的通知和实施方案，推动学习宣传贯彻工作向基层延伸。在中央团校举办全省县级团委书记、高校院级团委书记学习党的十

2017年9月2日，厦门青年志愿者为外国媒体记者发放证件 （团省委供稿）

九大精神专题培训班。向基层免费发放《习近平关于青少年和共青团工作论述摘编》14000多本，推动各级团组织开展党的十九大精神宣讲1100多场。通过学习，引导广大团干部和青年骨干提高政治站位，强化责任担当，牢固树立“四个意识”，坚定“四个自信”。开展主题教育实践活动。开展“喜迎党的十九大”“共筑网络强国梦”等主题教育实践活动1000多场。开展暑期“三下乡”社会实践活动，组织百名优秀青年典型开展宣讲分享活动。举办“青年建功新福建”、暑期“三下乡”等教育实践活动1000多场。加强文化产品生产。策划设计“图说十九大报告”、“全球关注十九大”视频短片、“十九大知识竞答”主题活动等网络文化产品112件，阅读量超过6000万人次。出版发行《我是绿色小卫士》、少年先锋队行动丛书。运用网络新媒体。建立福建省青少年新媒体研究中心、油菜花工作室，制定新媒体小编培养计划及全省新媒体工作室成长计划。建立经过认证的团属微博1419个，开通微信公众号118个，组建一支42万多人的青年网络文明志愿者队伍，粉丝总量超200万人。团省委双微被人民网评为“福建省政务双微十佳”，团省委新浪官方微博被评为“全国十大团委系统微博”。参与社会热点话题讨论，引导舆论走向，配合省网信办，采取疏堵结合的引导策略，有效处置“台独青年参加海峡两岸青少年国学夏令营”“金砖期间莆田校车坠桥”等网络舆情。

动员广大团员投身新福建建设。助力脱贫攻坚。开展“青春扶贫”项目与计划大赛、农村青年电商带头人培育计划、大学生返乡创业行动等工作，培育891名农村青年电商带头人，辐射带动一批贫困户中有劳动力的青年成为农村致富带头人，为全省打好扶贫攻坚战作出积极贡献。助力青年创业。与海峡股权交易中心建立合作，在全国首创成立“青年创新创业板”，成立专属青年支行，为挂牌企业融资对接2000多万元，发放青年创业贷款11367万元。举办第十一届中国青年科技创新馆、第四届“创青春”福建省青年创新创业大赛、第六届福建省大学生“创业之星”评选等系列活动，建成青年创业园区93个，其中国家级12个、省级24个、市级9个、县（市、区）级48个，共覆盖企业3348家，青年45401人。助力“河长制”。启动以“保护母亲河·有我河小禹”为主题的大学生暑期社会实践活动，组织全省67所高校、109支实践队开展河段巡查、主题宣传、成立青年志愿护河队等“六个一”活动。助力人才战略。承办福建省2017年引进台湾高层次人才“百人计划”遴选工作，从117名参评人员中遴选出20名符合条件的各类台湾优秀人才。联合省委人才办、省教育考试院共同举办2017年福建省优秀青年人才成长营。助力台港澳青少年交流合作。重点打造福建101网站、福建101APP、福建101微信公众号等三大网络平台，服务台湾青年来闽就业创业。举办台湾青年来闽就业创业见习现场对接会活动，累计征集3157个创业席位，200多家企业提供2698个就业岗位、640个实习岗位。举办第十五届海峡青年论坛、第十二届两岸青年联欢节、第五届海峡青年节等活动，邀请了海峡两岸及海外3000多名各界青年精英和青年学生参加。助力“厦门会晤”圆满完成。录用会场志愿者3297名，服务岗位2572个，服务点1125个，累计服务时长14.62万小时，服务嘉宾3.4万人次，志愿者们热情、优质、周到的服务受到中外嘉宾的一致好评。

服务青少年成长发展。完善青少年维权工作体系。深化“共青团与人大代表、政协委员面对面”活动，累计联系覆盖青年85000人，座谈、访谈青年17600名，收集意见建议960条，依托各级“两会”提交有关青少年民生提案、建议300份。联合省法院出台《关于进一步构建青少年权益保护、矛盾调处和犯罪预防工作衔接互动机制的若干意见》。推动实施重点青少年群体社工项目，给予18个基层项目合计72万元经费支持。帮扶特殊困难青少年。实施希望工程·圆梦行动，扎实开展青春同行助孤行动等活动，整合社会资源，借助众筹平台，至2017年募集善款1980万元，援建希望小学4所，希望工程快乐体育园地10套，为51所山区农村学校安装82台直饮水净水设备；资助希望工程圆梦行动困难大学新生3007名，困难中小学生157名，困境青少年1479人；为986名困难青少年发放快乐体育包。实施希望工程支教计划，组织20名应届大学毕业生赴省扶贫开发工作重点县希望小学和农村学校，开展为期1～2年的音乐、体育、美术支教志愿服务。提升预青工作水平。加强与省预青领导小组成员单位密切联系，围绕禁毒、青少年涉命案、防治校园欺凌等情况开展调研，推动《关于进一步深化福建省预防青少年违法犯罪工作的实施意见》的出台和落实。组织全省各级团组织举办青少年法治宣传教育等活动2600余场次，发放各种宣传资料15万多份，覆盖青少年群体46万人次。

【队伍建设】 2017年，共青团福建省委员会加强团干部队伍建设。通过加强团干部协管、情况通报等方式，推动全省团干部综合配备率从2016年底的79%提升至92%。推动县乡两级团委集中换届，建设"专兼挂"相结合的干部队伍。加强团干部培训工作，全年全省培训各级各类团干部近万名。加强团员队伍建设。开展"学习总书记讲话 做合格共青团员"教育实践，全省各级团组织累计开展各类宣讲会、报告会6038场，4068位团的领导机关干部讲授团课6000余场次，2.8万多个基层团组织开展集中示范活动。开展青年文明号、青年突击队、青年岗位能手、青年安全生产示范岗、团员先锋岗（队）等创建活动，命名县级以上团员先锋岗（队）近1000个。加强团的基层组织建设。通过园区团建、联合组建、区域联动等方式，扩大团组织对非公经济组织和社会组织的覆盖，截至年底，全省建成非公企业团组织和社会组织25193家，规模以上非公企业建团率90%以上。依托数字共青团系统，开展星级团支部创建活动，做好"三会两制一课"等工作。至年底全省达标及一星级以上的团支部1.9万多个。推进"青年之家"平台建设，2017年建成"青年之家"284家。

（汤建红）

2017年6月18—21日，志愿者在海峡会展中心热情服务第十五届中国·海峡项目成果交易会 （团省委供稿）

福建省妇女联合会

【妇联改革】 上下"一盘棋"，各级妇联改革呈现新气象。制定省妇联改革任务分解实施方案，市县妇联改革全面启动，镇村妇联组织改革提前完成全国妇联部署的目标任务。调结构，增强政治性、先进性、群众性。各族各界、各行各业劳动妇女和知识女性中的优秀代表在省市妇女代表、执委、常委中的比例分别在70%、60%和40%以上。全省妇联配兼职副主席近3万名。定规则，建立履职和管理制度。出台"两规则一办法"，用制度规范执委履职、议事和管理。优职能，推动机关扁平化设置。机关"三定"和直属事业单位改革顺利完成。转方式，线上线下联系服务"零距离"。推行"一呼百万"微信工作法，并制定"388"群管理办法。全省4万个"一呼百万"好姐妹微信群直接联系基层妇女超百万。

强基固本补"四缺"，基层组织改革取得新突破。实施"强基固本工程"。在组织形态、工作力量上有突破。乡镇（街道）妇联执委达2.5万人（是原有的6.1倍），村妇联执委达19.2万人（是原有的11.6倍）。在筑牢根基、组织覆盖上有突破。积极探索在新领域、新群体、新组织中灵活创建"片区妇联"和"妇女之家"等各类女性组织，全省共建"妇女之家"3万多个。在增强素质、提升能力上有突破。及时印发《关于开展各级妇联执委履职培训工作的意见》，培训新晋执委近10万人次。

创新工作机制和方式，开辟群众工作新路径。实施"妇联上网工程"。建网用网占网，提升妇联工作"黏性"。建成"三网三微五号一平台"，在海峡姐妹杂志社加挂省妇联网络信息传播中心。15万多名妇女工作者入驻全国妇联"妇联通"云办公平台。系统联动，增强矩阵互动传播力。将妇联系统82个微信公众号组建成"闽姐姐"微信矩阵，100个微博组成"闽姐姐"微博群，引导汇聚妇女网络正能量。注重"供给侧改革"，增强"闽姐姐"吸引力。将妇联工作各方面纳入"闽姐姐"链条，开通6类20多个服务妇女和家庭的新媒体项目，推出200多件新媒体产品。

【建设新福建】 实施"创业创新巾帼行动"，服务创新型省份建设。引导妇女积极参与创业创新。以"共赢创新·筑梦未来"为主题，举办第二届中国（福建）女大学生创新创业大赛。新创建13个省级巾帼众创空间示范基地，推动妇女创业发展。服务妇女就业。开展"春风行动"，组织专场招聘活动314场，为20.12万人次妇女提供就业和职业技能培训服务。深化"巾帼文明岗"创建。开展"巾帼文明岗"20周年巡礼，促进广大妇女岗位建功、岗位成才。

实施"巾帼脱贫攻坚行动"，服务脱贫攻坚。用好各类小贷政策，助力妇女脱贫。全省各级妇联组织开展各具特色的巾帼创业贷款，共计帮助1808名农村妇女获贷6.228亿元。引导贫困妇女学习新技术、发展新产业。实施巾帼精准脱贫家政培训项目，培训建档立卡贫困妇女3000名；以贫困妇女为重点对象，举办各类培训班501期，培训4.1万人次。创建2个国家级巾帼脱贫示范基地，新命名58个省级巾帼示范基地和20个闽姐姐家政培训示范基地。开展“关爱女性健康”活动。全年为12.5万名妇女提供1320万元保费、65亿元保额的重疾保障，为80名妇女理赔365万元。做好挂钩帮扶工作。投入151.7万元帮扶建宁县，引导晋江市女企业家为建宁县捐资100万元扶持10个贫困（空壳）村，投入资金60万元帮扶宁夏固原妇女儿童项目建设。

2017年5月14日，省妇联等举办第三届“为爱奔跑·母亲健康1＋1”公益募捐活动 （省妇联供稿）

实施“建设生态家园提升行动”，服务国家生态文明试验区建设。创建各级巾帼美丽家园109个。参与农村生活污水垃圾治理。联合省河长办广泛开展“巾帼护河·共建生态家园”5项活动，组建661支巾帼护河志愿者队伍，开展了752次志愿服务和578场宣传活动。

实施“巾帼圆梦行动”，服务祖国和平统一大业。以社区治理“她力量”为主题，成功举办第九届海峡论坛·海峡妇女论坛，两岸1000多名妇女姐妹参加论坛系列交流。各地举办10项海峡妇女儿童交流重点活动。

实施“建设法治福建巾帼行动”，服务法治福建建设。推进源头维权。配合省人大常委会召开2017年省人大常委会妇女儿童工作组暨维护妇女儿童合法权益联席会议，联合省法制办开展相关政策法规性别平等咨询评估工作。抓好婚姻家庭纠纷预防化解。扎实开展婚姻家庭纠纷风险隐患排查化解工作，举办200场“幸福婚姻大讲堂”巡讲。多形式开展法制宣传活动。组织各类法制宣传活动1.4万场，加强妇联信访工作。省妇联获得福建省2013—2016年度平安先进单位称号。

落实“两纲”，服务妇女儿童民生。召开第六次全省妇女儿童工作会议，完成“两纲”重难点项目结项验收工作。编印《社会的进步2016——福建妇女与儿童》，全面总结宣传福建省5年来妇女儿童事业发展成就。 （王小霞）

2017年6月18日，第九届海峡论坛·海峡妇女论坛开幕式举行 （省妇联供稿）

福建省科学技术协会

【科协服务经济社会发展】 2017年8月，省长于伟国、常务副省长张志南分别在省科协呈报的《关于中国工程院国家战略重大咨询项目课题组来闽调研生态文明建设情况的报告》上批示，肯定报告对福建省生态文明建设的前瞻性、可操作性。11月，省委书记于伟国在省科协报送的《关于中国工程院肯定推动绿水青山转化为金山银山的实践报告》上批示，肯定报告对福建省促进绿色发展、跨越发展的作用。

省科协促成省政府与中国工程院签署新一轮战略合作框架协议，推动中国工程院在闽建设中国（福建）工程科技发展战略研究院；通过征集决策咨询课题，提交《关于推进福建自贸区与台湾自由经济示范区合作对接的建议》等福建省政协提案9项，形成科技工作者建议70项；开展福建省科技工作者创新发展需求及发挥作用状况调查研究，形成调查报告；《八闽快讯》《今日要讯》刊载省科协信息20篇，其中《卢耀如院士为福建生态文明先行示范区建设建言》《3D打印技术在福建省医疗领域中的应用前景和政策建议》入编专报件作为省委、省政府领导决策参考。立项资助《福建省雷电灾害防御学科发展研究报告》等30个自然学科发展报告。

省科协牵头完成《两岸科技社团协同推动福建实施创新驱动战略的路径及对策研究》项目，推进《两岸科技社团协同推动福建省实施创新驱动助力工程的实证研究》项目研究，开展《海峡两岸科学传播比较研究》项目研究。

全省科协建立全国会企协作创新联盟2个、学会协同联合体1个、全国学会服务站16家。确定建宁县、福清市、洛江区、秀屿区、宁化县、屏南县、松溪县、云霄县、长汀县为2017年省级创新驱动助力工程示范区。推动8家全国学会与省内企业达成技术或项目合作8项，举行现场签约7项。推动中国电子学会与福州市政府达成战略合作协议，共同举办2017中国物联网大会，并将中国物联网大会永久会址落地福州市。

省农村科普服务中心举办科技扶贫“万名农民培训”班200期，培训学员5000人次；开展科普信息员注册认证培训、“中国—以色列农业水产示范基地”培训班、中国科协“智爱妈妈行动”屏南妇女培训班等；组织台湾竹木根艺专家7人深入松溪、建瓯、武夷山等地，对7家单位作技术指导，开展工艺设计创艺文化交流、培训各2场，受众80多人。

全省组织开展专利应用工程师培训和知识产权战略巡讲21场，培训企业科技工作者1316人次，新增注册应用企业671家，跟踪服务注册应用企业并培育企业应用示范案例58个；全省9家企业13个项目入选2017中国创新创业成果交易会参展项目。

截至年底，新建省级院士专家工作站23家，遴选院士专家示范工作站8家，全省省级院士专家工作站达197家，进站院士169名、院士团队专家1180名，开展合作项目595项。工作站全省覆盖率达81%。

省科协组织院士114人次、专家247人次，赴全省各设区市172家企事业单位，促成签约项目61个；举办“院士专家八闽行”院士专家福州行、宁德行、泉州（晋江）行，以及福建院士专家宁夏行、百场院士专家报告会、院士专家八闽扶贫行等活动，开展科技报告70场，促成签约项目7个。

省科协组织科技工作者参与台湾地区科技活动11人次，接待台湾地区专家、学者130人次。邀请42个台湾科技社团的专家790人次、台湾青年学生60人次进行交流，对接签订合作协议26项。省科协组织以中国科学院院士赵忠贤为团长的海内外专家团，联合签署《关于协助建立福建云计算大数据工程研究中心的建议》方案，推动建立福州大数据工程研究中心；与省商务厅等合作，推动建设中国（福建）自由贸易试验区海外人才离岸创新创业基地。

省科协促成匈牙利Rotachrom有限公司与福建南方制药有限公司开展紫杉醇技术合作。邀请国家“千人计划”专家陈忠苏博士作“云计算大数据形势下的信息化建设策略”专题讲座。

【《科学素质纲要》实施及科普工作】 2017年，福建省科协系统组织开展818项科普活动，参与群众101万人次。与省委宣传部等5个部门联合开展福建省科技文化卫生“三下乡”活动。与省科技厅等部门联合开展福建省科技活动周活动，举办2017年福建省科普讲解大赛。开展“万名科技人员服务百万公众活动”。面向青少年、社区居民、公务员群体和农民，举办“院士专家科普八闽行”专题科普报告、讲座200场。向30个省直部门的厅级领导干部赠阅《新科技知识干部读本》。科学素质教育被纳入全省干部网络学院和“党建微课”教育平台培训课程。举办“百场科普专家进校园”“海西科普大讲坛”等各类科普讲座54场，举办“闽江科学传播学者”微信科普传播活动100场。组织编印并出版发行农村和城市科普挂图78350多套。省科协及基层53家单位被中国科协评为2017年全国科普日优秀组织单位、特色活动组织单位。组织青少年50多万人次参加各级各类科技竞赛活动。

省科协被中国科协列为全国科普信息化建设综合应用试点单位。实施科普中国百城千校万村行动，在全省建成1000个“科普中国e站”，建成并投入使用科普中国资源管理服务福建中心，推动科普中国内容在全省6976所中小学到校、到班。推动中国科技馆与福州市人民政府、福建省科协与网龙公司签署虚拟现实（VR）技术在科普方面应用框架协议，打造科普中国福建VR科学中心。争取财政资金在全省11个科技馆启动建设VR科普体验中心，开发15项有福建特色的VR科普内容。建立万名科普信息员队伍，分别在9个设区市开展基层科普信息员培训，在福州市集中举办科普中国示范e站建设培训班。

省科协继续在“福建导视”频道播出“科普中国·福建科普之窗”系列节目，在“福建科普”微信公众号累计发布原创及特色科普图文近600篇，总阅读数超过100万次。集成33个科普微信微博公众号建成福建科普微矩阵，订阅人数超过30万人。开通省科技馆微信平台会员系统。制作并播出科技工作者科普日公益广告和宣传片2个。

全省新启动或在建的科技馆、科普专业馆4个，新建社区青少年科学工作室15个，7家科技馆免费开放。省科技馆完成VR科普体验中心布展，老馆全年接待参观31万多人次；新馆建筑主体结构封顶，总面积9.3万平方米，幕墙工程施工完成30%，675个展项共1000余件展品完成深化设计。省数字科技馆数字传播内容400余篇，完成数字科技馆网站系统矩阵入驻、特色栏目上线、推出“每日科普”栏目集成化改造。举办第三届福建省青少年科学素养网络竞赛、农民科学素质网络知识竞赛、专题科普知识网上竞答，在全国排名提前6位。出台科技馆免费开放管理办法和小型科技馆建设指南。增配科普大篷车4辆，中国流动科技馆展品2套，帮助基层规划设计创建20个青少年科学工作室新站点。全省科普大篷车北斗定位系统安装率达100%。省流动科技馆在 8 个县市区巡展，受益群众 31.9 万人次。

在漳州市举办第 32 届福建省青少年科技创新大赛，在永安市举办第 15 届福建省青少年机器人竞赛，持续在厦门大学开展中学生英才计划等活动。在尤溪县举办第十四届福建国际英语科普夏令营，举办香港大学生海上丝绸之路科学营。省科协牵头，海峡两岸有关单位在台湾地区举办第十六届海峡两岸大学生辩论赛，两岸各 8 支代表队参赛。

【学术交流】 2017 年，福建省科协主办以“康复产业星创天地第三期”“2017 年福建省崩岗治理技术研讨”“优化水电站环保生态流量考核方式研讨”“2017 年鱼糜制品行业的现状及发展趋势探讨”“2017 年福建省流域生态监测与水环境管理”“服务中国制造 2025”等为主题的学术沙龙，与中国科学院海西院联合举办智能制造国际技术论坛，在中国科协支持下，牵头主办第九届海峡论坛·2017 海峡科技专家论坛，联合两岸 8 家单位共同主办 2017 海峡两岸管理论坛，联合 12 家单位举办第十届海峡两岸科普论坛。2017 年 11 月 6 日，举办第十六届福建省科协年会。

【科技工作者服务】 2017 年，福建省科协实施“科技人才成长服务计划”，制定《加强对科技工作者政治引领实施方案》《科协干部直接联系服务科技工作者制度》《开展创新争先百千万行动》方案，省科协与省组人才办联合起草《福建省院士后备人才培育工程实施办法》，启动福建省院士后备人才培育和青年人才托举工程。组织牵头开展贯彻落实《福建省中长期人才发展规划纲要（2011—2020 年）》中期自评，建立福建省高层次科协人才库收录 735 人。牵头组织北京大学、清华大学、中国人民大学相关专家学者参加福建人才周活动。

举荐焦念志、韩家淮、夏宁邵获首届全国创新争先奖，联合省委组织部、省人社厅、省科技厅，评选表彰第十四届福建青年科技奖获奖者 30 名、第二十四届运盛青年科技奖获得者 10 名、第九届紫金科技创新奖获得者 10 名，推荐第十五届中国青年科技奖 15 名，永安市科协等 6 个集体、19 名个人获评全国科协系统先进集体和先进工作者、先进工作者标兵，推举全国首批青年人才托举对象 10 名。

在《福建日报》开辟科技工作者之家专栏，刊载第十四届福建青年科技奖获奖者的典型事迹等 8 篇。与省直有关部门联合，组织黄大年同志先进事迹报告团，进高校开展科学道德学风建设集中宣讲活动，受众 600 人。组织科技工作者收看全国科学道德与学风建设宣讲教育报告会，受众 1.2 万人。观看《哥德巴赫猜想》话剧，受众 600 人。邀请山东大学教授、博导、长江学者杨明作科技工作者成长成才和肿瘤学科研究发展前沿现状的专题讲座，受众 40 多人。

组织走访慰问院士 110 多人次，组织科协委员参与科协会员日、省科协年会、全国科普日各 1 次，开展“委员之家”活动。持续开展全国科技工作者调查站点建设，开展调查问卷 4000 多份，省科协被中国科协评为全国科技工作者状况调查优秀区域责任部门。

【市、县及基层科协组织活动】 2017 年，福建省辖市科协 10 个、县级科协 84 个、街道（社区）科协 184 个、乡镇科协 917 个。设区市与县级科协全年举办科普宣讲活动 500 多场，开展实用技术培训 130 多场次。

厦门市印发《关于加强科学普及促进全民科学素质跨越提升的实施意见》，全民科学素质行动纳入精神文明创建测评体系。厦门市科协牵头相关学会成立“市科协科技信息科技与先进智造学会联合体”，由企业投入 300 万元合作共建“先进打印技术创新实验室”，开发出具有自主知识产权的“基于云端的桌面 3D 打印机”。

泉州市科协采用“赛展会”形式，举办第二届国际海绵城市建设论坛、首届海丝建筑文化（泉州）高端论坛。

三明市、南平市成立科技工作者心理咨询室（站）。设立科技工作者维权服务中心，每月 10 日定期开展法律现场咨询，每季度开展涉及知识产权方面的法律培训。

宁德市将科普中国 e 站、青少年工作室纳入重点村（社区）综合性文化服务中心建设标准中。

【省级学会、企业科协、高校科协活动】 截至 2017 年底，福建省有省级学会 149 个；2017 年新成立企业科协 169 个，企业科协发展至 1962 个；55 家高校建立科协组织，高校科协覆盖率 62.5%。省水力发电学会《福建省优化水电站环保生态流量考核方式学术沙龙》的决策建议促成了省物价局、经信委、环保厅、水利厅联合发布水电站生态电价管理办法。省计量测试学会建成福建计量科技文化馆。福建省护理学会与台湾护理学会联合主办第八届海峡护理高峰论坛。

【第十七届福建省科协年会】 2017 年 11 月 6 日至 2018 年 1 月 5 日，福建省科协、福建师范大学联合主办第十七届福建省科协年会在全省各地举行。设置福建省崩岗治理技术集成与评价学术沙龙、福建省水电站环保生态流量考核方式研讨学术沙龙、2017 鱼糜制品行业的现状及发展趋势探讨学术沙龙、福建省流域水环境监测、管理与修复学术沙龙、龙岩机械产业发展沙龙、中国科学院 2017 科技伦理研讨会、“健康与疾病的免疫”国际学术研讨会、第二届哲学社会科学专家与自然科学专家对话交流活动等分会场 58 个，海峡两岸专家高校讲坛 4 项、学术进校园活动 26 项，年会期间邀请中国工程院主任院士等省内外知名专家为福建经济发展建言献策。组织院士专家科技创新大讲坛、科技精准扶贫、年会科普活动、创新驱动助力工程对接、科技成果展示交流、海峡两岸科技交流活动，交流学术论文 5000 多篇，10000 多人次科技人员参加。同步举办福建省科技成果展，18 个省级学会开展科普活动。

【第十五届中国·海峡项目成果交易会】 2017年6月18日，由福建省政府联合工业和信息化部、中国工程院等单位共同主办的“第十五届中国·海峡项目成果交易会”（简称“6·18”）在福州海峡国际会展中心开幕。周济、刘旭等24位中国工程院院士以及9位中国科学院院士出席“6·18”主会场及院士专家八闽行系列活动。

第十五届“6·18”期间，院士专家共对接项目49个，总投资3.9亿元，年产值22.3亿元。创新驱动助力工程8个项目，院士项目25个，专家项目16个。邓秀新、印遇龙、侯保荣等院士分赴泉州、漳州、龙岩相关企业，开展技术咨询和指导，助力企业发展。举办2个高峰论坛、4场科普报告、20场技术交流活动，超过1万人次参加。

【福建省全国科普日活动】 2017年9月16日，以“创新驱动发展，科学破除愚昧”为主题的2017年全国科普日主场活动在福州市举行。福建省人大常委会副主任刘群英、省政府副省长杨贤金、省政协副主席陈荣凯，以及省市各有关单位的领导和代表、各界专家、科技工作者和社区居民近万人次参加了主场活动。科普日期间，福建省各地开展500多项重点科普活动，为公众带来科普盛宴。其中，校园科普联合行动、基层科普联合行动等活动30余场，科普教育基地主题日活动120余场次，农村适用技术培训近80场，青少年科技创新活动30余场。全省科普教育基地在科普日期间免费向公众开放。

【第九届海峡论坛·2017海峡科技专家论坛】 由中国科协主办、省科协承办的第九届海峡论坛·2017海峡科技专家论坛的主会场和分会场活动分别在厦门市、福州市、泉州市、武夷山市等地举行，其中主会场活动于6月18日在厦门市开幕。中国科协书记处书记束为，福建省人大常委会副主任刘群英，台湾玉山科技协会常务理事、“中华开发资本股份有限公司”副董事长陈鑫出席论坛开幕式并致辞。福建省科协党组成员、副主席史斌主持开幕式暨12个两岸交流合作项目签约仪式。该届论坛两岸与会代表2200多人，其中台湾地区代表726人，促成两岸项目签约26个，收集两岸科技论文达1090篇，其中台湾地区377篇，编辑整理完成《加快推进海峡两岸协同共建生态文明》等两岸科技政策建议15份。台湾代表数、分会场数、提交论文数和媒体报道量均为历届之最。

【2017闽台青年学子（创新创业）科技研习营】 福建省科协联合集美大学、武夷学院、海峡两岸龙山文创园和台湾地区“中华公共事务管理学会”举办的“2017闽台青年学子（创新创业）科技研习营”（简称“研习营”）于2017年9月9—13日在福建省举行。“研习营”主题为“闽台情·青春行”，来自台湾大学、政治大学、台湾清华大学等25所台湾高校的50多名青年学生，走进福州、厦门、泉州、武夷山等地高校，开展创新创业交流活动。该次研习营将文化、创业和体验有机结合起来，为台湾青年来闽学习、就业、创业和交流开辟渠道、搭建平台，促进他们加深对福建城市建设、科技与经济发展变化的了解，增强对两岸同根同源、同文同种的认同。 （邱雪如）

福建省归国华侨联合会

【概况】 2017年，福建省侨联学习贯彻十九大精神。把握正确的政治方向，贯彻落实党的各项方针政策和省委的一系列重大决策部署，增强政治意识、大局意识、核心意识和看齐意识。全省各级侨联贯彻落实十九大精神，通过举办“福侨心里话、寄语十九大”专题、开展党组中心组学习、党员领导上党课、侨界人士座谈、下基层宣讲、送法进侨企、在网站和杂志设置专栏等方式，推动党的路线方针政策进侨企、进侨校、进侨乡，努力把全省归侨侨眷和闽籍海外侨胞组织起来、动员起来、团结起来，坚定不移听党话、跟党走，为党和人民事业凝聚侨心、汇聚侨力。

【侨联改革】 2017年11月7日，福建省委办公厅印发省侨联改革方案。至年底，改革方案所明确的改进作风、创新体制机制、优化内设机构设置、强化侨联领导班子和干部队伍建设、夯实基层基础、加快“网上侨联”建设等，都在有条不紊地执行和落实中。各设区市和平潭也在抓紧制订侨联改革方案，逐级推进侨联改革。

【侨联服务经济发展】 2017年，福建省侨联抓好侨商项目对接。3月，省侨联主要领导带领平安信托、中国冶金科工集团和北京首创集团等数家央企、国企负责人赴龙岩新罗区考察，促成中国水利水电第十三工程局与龙岩市新罗区“九龙江源慢生活圈”项目签订意向书，意向投资总额达100亿元。省侨联还牵线促成两个总投资额3.5亿元的合同项目落地南平顺昌县和长乐市。向海内外侨界征集涉及金融服务、智能制造、生物医药、现代农业、节能环保、电子信息等领域的42个侨界创新型项目，举办对接洽谈会。

【侨智转化落地服务】 2017年，福建省侨联发挥侨联海外委员和侨商会、侨青会、女杰会、智库等的作用，“闽侨智库”成员152人，涵盖25个国家和地区；协助中国侨联在福州举办新侨创新创业经验交流分享会，配合做好相关筹备工作，协助组织邀请中国侨联特聘专家、“双创联盟”理事等70多人参加活动。召开省新侨人才联谊会一届二次理事会并成立新侨人才联谊会海外专家委员会，增聘3位顾问，增补19位专家，83位省“百人计划”专家、高新企业负责人和高校、科研院所专业技术人才当选为常务理事、理事，还成立由67位海外各科技领域侨界高层次人才组成的联谊会海外专家委员会。

【侨企发展服务】 2017年，福建省侨联举办“创业中华·新侨创新创业对接交流会”“2017厦洽会海内外侨商经贸对接交流会”，参与协办“2017年第三届海西财经高峰论坛”，引导侨商投资新一代信息技术、新材料、新能源、生物与新医药、数字创意等新兴产业，促进侨资参与主办第六届海西（厦门）国际新能源产业博览会暨高峰论坛，组织13位来自新能源、新材料、节能环保、人工智能等领域的中国侨联特聘专家和福建省侨界人才参加活动。组织海外商会侨领参加“2017民营企业国际合作论坛”，促进海外商会侨领更多了解民营企业的经营与发展状况，了解有关领域国际合作的方向、模式与机会，积极为福建民营企业“走出去”“引进来”搭桥牵线。

【侨联公益事业】 2017年，福建省侨联推进挂钩扶贫工作。省侨联主要领导带队赴南安市向阳乡调研三农“互联网+”精准帮扶的扶贫模式，到政和县杨源乡和松溪县调研帮扶，探寻脱贫路径，指导乡、村两级拓宽工作思路，提升“造血”功能，不断推进新农村建设水平。邀请港澳侨界政协委员与松溪县开展对口帮扶座谈并考察，牵线港澳乡亲对接松溪并捐资支持少数民族村建设自来水工程。

【扶贫助学】 2017年，福建省市侨联联动，协同福建省东南科技产业开发研究院，在龙岩、宁德、三明等地开展“百侨百企科教扶贫助学”献爱心活动，向1230名农村贫困学生、留守儿童捐赠“科教文体包”。活动开展以来，向贫困地区学生捐赠8230个“科教文体包”，捐建3个科教文体室（每个造价12万元），并且根据地方农业发展需求，因地制宜组织服务队下乡开展科教帮扶活动，推进科技教育扶贫，共建美丽和谐乡村。

【精准扶贫】 2017年，福建省侨联做好本年度省财政120万元扶贫专项资金的发放工作。配合上海豪盛投资集团有限公司董事长陈家泉捐赠280万元，用于支持泉州南安金淘镇卫生院“豪康爱心楼”、亭川村慈善基金、新农村建设等3个公益项目。省侨联常委施锦珊捐赠25万元支持政和县杨源乡卫生院添置更新医疗设备。申请支持松溪县茶平乡前坑村光伏发电项目20万元，改善村民生事业和促进村财增收；申请帮扶资金10万元，资助福建省25名2016年秋季入学家庭经济困难的侨界全日制本科生完成大学学业。省侨联兼职副主席许健康先生捐资200万元，助力省侨联的扶贫工作。组织北京高端专家赴漳州市平和县开展医疗扶贫。省侨联和省引进高层次创业创新人才协会联合组织中国中医科学院眼科医院副院长亢泽峰等10名专家赴漳州市平和县，以“师带徒”形式开展医疗扶贫活动，为176名患者进行诊疗。

【“健康三宝”工作】 2017年，福建省侨联选派21名经验丰富的医学专家组成福建侨联“健康三宝”义诊团赴宁化泉上华侨农场、福清侨乡开展义诊，为550名归侨侨眷开展免费义诊及医疗咨询服务，为贫难侨发放各类药品近1万元。依托“5·18”海交会，省侨联与农工党福建省委员会联合举办“大健康产业项目对接洽谈会”暨海外医疗服务与分级转诊对接研讨会，成立“首批福建省医学专家会诊团”，邀请7个国家的海外社团代表参加研讨会，为更好推进中外友好往来，特别是与丝路沿线国家和地区的交流架起“医疗合作”的桥梁提出建议。为瑞士福建同乡会、柬埔寨福建总商会、西班牙巴塞罗那福建工商会等海外华社侨胞回国寻医问药提供绿色通道。福建省地矿局与农工党福建省委员会签订协议，将在福建省地质医院增挂“福建省华侨医院”，为“健康三宝”项目提供医疗资源，拓展为侨医疗服务的新平台。

【海外侨社捐赠公益事业引导和帮助】 2017年，四川九寨沟地震发生后，福建省侨联第一时间组织海外菲律宾乐善堂慈善基金会等7个热心侨社捐赠73.51万元给灾区，帮助受灾群众以解燃眉之急。泰国侨胞林嘉南先生移风易俗节俭操办母亲寿宴，为侨联公益事业捐款20万元。

【侨益维护】 2017年，福建省侨联健全维权组织网络，强化联席互动。抓住“涉法”“涉案”“涉诉”三个环节，加强互动机制建设。完善横向到边、纵向到底、上下联动的“三横三纵”维权网络体系建设。即：横向上与法院、公安出入境边防、司法系统建立涉侨维权联动机制；纵向上建立各级侨联涉侨维权专门机构、法律顾问委员会、专业律师团队。6月，中国侨联副主席李卓彬来闽调研时，专程走访福建省高级人民法院，与省高院院长马新岚等领导进行座谈。召开省高院、省侨联涉侨维权工作联席座谈会，最高人民法院司改办、中国侨联权益保障部等领导到会指导，共同研究部署涉侨维权工作任务，交流在涉侨维权方面的做法、经验和成效，沟通涉侨案件处理中存在的问题及意见建议，探讨协商处理疑难涉侨案件的办法和措施。

探索多元维权工作机制。6月中旬，最高人民法院司改办副主任汪世荣、中国侨联权益保障部部长张岩一行到莆田市、福州市侨联调研，推动多元维权工作机制建设。省侨联在永春、闽清等侨集聚乡镇设立“涉侨诉调巡回审判点”“法律服务联系点”，村一级设立“涉侨纠纷调解服务站”22个，为及时处理涉侨民商事纠纷、减少诉讼、化解矛盾创造条件。与福建师范大学初步沟通依托法学院教育基地，建立海外维权组织体系，目前与马来西亚马六甲初步建立了联系，对建立海外维权机制作了有力探索。

【参政议政发挥侨力】 2017年，福建省侨联履行好参政议政的职责，推荐归侨人大代表和侨联界政协委员，组织侨联委员、侨联界政协委员“活动日”活动，扩大侨界群众的政治参与；开展普法工作。做好侨情信息工作，截至2017年10月，省侨联报送侨情专报207篇，其中中办采用4篇，中国侨联侨情专报采用69篇，省委办公厅采用39篇。分别得到国家领导人刘云山、孙春兰、汪洋、李源潮，福建省领导尤权、雷春美、李德金的批示，为上级领导部门和领导的决策提供参考。

【为“特定对象”做好服务】 2017年，福建省侨联加强华侨留守家庭服务站建设，完善福清江阴镇“一侨一号”系统，与边防联合利用“互联网＋”技术，建立“一侨一号”系统，为留守老人儿童建立档案，并嵌入一键SOS亲民报警服务终端，提供一键定人的报警服务，全年接警并处理求助43次。加强失依儿童保护，与福州大学人文社科学院在江阴镇试点建立侨乡失依儿童研究服务基地，为侨乡失依儿童成长提供帮助。

【联络联谊进展】 2017年，福建省侨联打造品牌，巩固联谊成果。坚持走出去、请进来。福建省侨联出访泰国、菲律宾、缅甸、加拿大、爱尔兰、智利、厄瓜多尔、比利时、荷兰、希腊等国家，同时为省政协出访捷克、奥地利、瑞士、菲律宾、柬埔寨、缅甸等国家做好后勤保障、联谊交流工作。福建省侨联全年接待各海外侨社团66批次1016人。向港澳台、海外等侨社团寄发100多份贺电（唁电）。打造品牌，深化联谊。承办“亲情中华·欢聚龙岩”和“亲情中华·欢聚武平”慰侨演出活动，邀请来自新加坡、哥伦比亚、加拿大、巴西、澳大利亚、新西兰等国家的100多名华侨华人、归侨侨眷、留学生代表与当地2000多名侨界群众一同观看演出。承办2017年“远方的惦念——华侨华人春节联欢晚会”，邀请28个国家和地区的54名海外嘉宾，组织在榕省侨联团体会员400名归侨侨眷观看演出活动。举办“2017海外侨胞故乡行——走进福建”活动，邀请24个国家和地区的60名海外侨胞及台湾同胞齐聚福建，聚焦家乡发展。组织安哥拉、巴西、莫桑比克、葡萄牙、东帝汶等国家的侨青代表参加福建侨青会在澳门组织的“首届世界侨青论坛”，并与中国葡语系国家经贸文化交流中心共同签署《葡语系国家侨界青年交流合作共识意见书》，为侨界青年打造一个交流和对接的理想互动平台。

【侨联对台工作】 2017年，福建省侨联承办“2017两岸侨联和平发展论坛·两岸暨港澳侨界圆桌峰会”，立足海峡论坛“民间性、草根性、广泛性”要求，邀请27名台湾青年以及台湾新北市福建同乡会、高雄市闽南同乡会、“中华两岸易理研究协会”28名基层代表参加，促进两岸关系和平发展、团结凝聚侨界力量、筑牢民间根基。开展闽台侨界民间交往，为贯彻落实省委、省政府对台工作“首来族三年工作计划”，全年邀请5批178名台湾民众到大陆参访，并举办“海峡五灵公大会师”“两岸侨界青年创业交流”“2017两岸侨界海丝文创交流活动”“体验长城魂，共筑中国梦——2017海峡两岸暨港澳地区青年学生长城之旅”等交流活动。坚持推进“两岸侨界交流周”品牌活动，12月，福建省侨联带队并组织8人赴台开展为期5天的“第六届两岸侨界交流周”活动，活动主题为“两岸侨情牵手合作，海丝路上共同发展”，旨在密切两岸青年交往，融洽彼此感情，不断增强对中华民族的向心力。

【“亲情中华”夏令营活动】 2017年5—6月，在中国侨联的指导下，联合三明市、莆田市侨联分别在三明、莆田市举办2期“亲情中华”夏令营活动，受到海外华裔新生代的欢迎。其间，来自菲律宾、印度尼西亚等国家和地区的143名营员通过学习汉语、练习武术、培训剪纸、参与当地学生交流互动、参观客家文化与妈祖文化、体验福建风土民情、寻找祖辈生活足迹等课程和活动，加深对祖（籍）国和福建的了解，增进对中华文化和民族感情的认同，激发学习中文、弘扬宣传中华优秀传统文化的热情。

【文化交流】 2017年，福建省侨联抓好华侨文化宣传，弘扬爱国爱乡精神。举办“福建华侨摄影协会联展”“福建侨乡书画联展”“华侨华人展”，开展核心价值理念和爱国主义宣传，展示华侨文化，三场展览吸引大量游客和市民前来参观，接待观众30200多人。充分发挥纽带作用，影像生辉喜迎十九大。9月，与香港中华摄影协会合作举办“香港回归20周年展”。10月，承担中国侨联主办、省侨联与世界华人华侨摄影协会共同承办的“第三届世界华人华侨摄影展”，喜迎十九大召开，更好地团结、联系归侨侨眷和海外侨胞。加强华侨历史研究，弘扬闽侨革命精神。2017年初出版《福建华侨与孙中山》，9月参与举办“福建华侨与新四军”研讨会，并印发《“华侨与新四军”红色文化论坛征文汇编》，43篇文章入选（约35万字），把“华侨文化”与“红色文化”相结合，彰显鲜明福建地域特色。依托文化交流基地，促进华侨风采宣传。组织编写省档案馆（侨批文化研究中心）、漳州市林语堂纪念馆、龙岩市胡文虎纪念馆、厦门市青礁慈济宫、南安市诗山凤山祖庙等5家基地故事；组织举办凤山祖庙、青礁慈济祖宫、省档案馆等3个交流基地的揭牌仪式。

【自身建设】 2017年，福建省侨联召开省第十次归侨侨眷代表大会，做好侨联换届选举。12月5—7日，在福州召开福建省第十次归侨侨眷代表大会，800多名归侨侨眷代表和海外闽籍侨领及港澳台地区的闽籍同胞参加会议。中共福建省委书记、省长于伟国在大会上讲话，中国侨联主席万立骏出席会议并讲话，大会选举产生了以陈式海为主席的新一届领导班子。

推进“侨胞之家”建设。贯彻中国侨联基层组织建设工作会议精神，巩固基层夯实基础。在全省侨联系统深入开展省级“侨胞之家”创建活动，验收省级“侨胞之家”和示范点150个，精选出10个示范点。建立“福建侨联系统基层组织建设工作群”“福建侨胞之家建设工作群”，将全省286个已验收命名的省级“侨胞之家”和“侨胞之家”示范点的联系人、联系电话等信息通过网络等形式向全省各级侨联进行公布，接受各级组织监督，努力使各级侨联组织发挥枢纽作用。

打造“网上侨联”（福侨世界总网）载体。推进侨联信息化建设，搭建“网上丝绸之路公共服务平台”，提供各国新闻资讯、政策法律、投融资动态、商贸信息等，吸引46个海外侨团、侨企、华媒等作为合作伙伴入驻。“网上侨联”（福侨世界总网）建设项目通过省发改委立项，已于省第十次归侨侨眷代表大会期间开通运行。泉州市侨联筹建的南洋华裔族群寻根谒祖综合服务平台正在紧锣密鼓进行中。

抓好党风廉政建设。深化“党建带侨建”活动，积极打造“党建聚侨心”品牌，探索党建与业务有机融合的新路子。推动全面从严治党向纵深发展，开展“不忘初心、牢记使命”专题活动，推进“两学一做”教育的常态化制度化。开展“向廖俊波同志学习”“向侨界楷模黄大年同志学习”的专题活动。组织“走进华侨故里·学习华侨精神”主题活动，利用侨联网站、微信群和机关文化走廊，不定期宣传党建知识和机关党建工作动态。贯彻中央八项规定精神，开展省委巡视整改落实情况“回头看”，抓好驻部纪检组“两个责任”专项检查反馈意见整改落实，督促部（室）深入整改“不严不实”问题，不断巩固和深化管党治党成果。强化队伍建设，管理好“树木”，建设好“森林”，保持全省侨联系统的风正气顺。

（朱根娣）

福建省台湾同胞联谊会

【概况】 2017年，福建省台联系统接待各类台胞社团和参访团体20余个200多人次。组织和参与赴台交流3个批次近20人次。分3批次开展“乡亲祖地行”活动，吸引“首来族”近百名。“同名村”交流活动更加精彩。主办第九届海峡论坛“同名村·心连心”联谊交流活动，邀请两岸同名村200多名宗亲代表参访，感受“祖同宗、食同味”主题。少数民族交流活动更具规模。主办的第十届海峡两岸少数民族丰收节活动，邀请台湾民意代表及100多名台湾少数民族嘉宾参加，其间，举办两岸少数民族文艺会演、风情摄影展、农副产品展、少数民族传统文化展等活动。青少年交流活动更加丰富。开展“2017年海峡两岸青少年夏令营”“中小学生定居台胞抗日义勇队体验营”“海峡两岸青少年新媒体文创论坛”等青少年交流活动，加强两岸青年对大陆社会经济的发展变化和中华传统文化的认识。文化交流活动更加深入。参与主办“闽台关系档案图片展览”“台湾进士后裔座谈会”，组织海峡两岸学者合作编撰并出版《闽台抗战史》，以中华文化为纽带，弘扬爱国爱乡光荣传统，增强两岸同胞文化认同。海外交流更加拓展。继续开展“台胞社团论坛领袖福建行”活动，引导台胞社团领袖了解和支持福建发展，拓展对台工作新格局。

【服务台胞】 2017年，福建省台联以服务困难台胞为主线。全年下拨资金636.36万元，惠及432名困难台胞和1787名老龄台胞。争取全国台联困难台胞家庭补助13.4万元，惠及困难台胞59户。办好定居台胞助学工作，发放助学金10多万元资助近100名贫困台籍大学生。以为台商来闽投资兴业牵线搭桥为抓手，帮助南平市引进注册资本2亿元的蓖麻产业项目公司。以在闽台生工作为着力点，与台生就读学校保持联系，持续举办传统节日联谊、青年学生中医药研习营活动。

【自身建设和履职】 2017年，完成省台联理事会换届工作，选举产生新一届领导班子，完成政治交接。保持高度政治自觉，做好巡视整改，对存在的16个巡视反馈问题，制订58条整改措施，持续巩固巡视整改成果。不断扩大宣传影响，全年刊发《福建台联通讯》28期，更新《福建台胞之家》网站信息251条，在省内相关媒体刊登台联信息工作报道194篇，被省委统战部评为“全省统战信息工作先进单位”。开展涉台调研，提交全国台联台湾民情课题研究论文17篇，位列全国台联系统首位；做好参政议政工作，提交省政协提案6篇，得到有关部门的重视和回复。组织开展《福建省志·台联志》编纂工作，即将成稿刊印。抓好干部队伍建设，2017年接收军转干部2名，4人获得提拔重用；选派2名干部挂职和驻村锻炼，台联干部队伍不断强大。（卓高翔）

福建省金门同胞联谊会

【首届“福建省非遗文化金门行”】 2017年，福建省金联深化工作品牌建设，扩大影响力。举办第九届海峡论坛唯一入岛子项目——首届“福建省非遗文化金门行”活动。该项目由省金联与闽台文化交流中心、台湾金门同乡会总会合作举办。活动以“弘扬海丝非遗、传承中华文化”为主题，包含闽剧和台湾少数民族同台演出的晚会、以宁德地区非遗手作为主的传统文化产品创意市集、闽南高甲戏进校园和社区等三大区块的系列体验互动内容。活动吸引当地逾3000人次到现场观看互动，中央电视台四套、《金门日报》等媒体对活动进行采访报道。金门行活动产生良好的宣传效果，增进金门乡亲特别是青少年对传统文化的了解，并产生深厚的兴趣和共鸣，增进认同，成为省金联新的对台工作品牌。

【第六届“两岸金门同乡会双年会”活动】 2017年4月29日至5月5日，应台湾新北市金门同乡会邀请，经省台办批准，福建省金联组织全省8家金联会领导、理事及相关工作人员一行29人，赴台湾参加“第六届和谐海峡——两岸金门同乡会双年会”活动以及“台湾金门同乡会总会成立一周年暨台北市金门同乡会46周年庆”相关活动。参访团还先后赴台北、桃园、台中、嘉义、高雄等地拜会旅台24家金门乡会。两岸乡会在双年会期间，就成立福建金门商会、扩大双年会的规模与影响、传承中华传统文化、促进金门发展等方面进行深入细致地探讨，并于闭幕式上共同签署“第六届和谐海峡——两岸金门同乡会双年会”决议。

【2017年两岸金门籍青少年国学夏令营】 2017年8月8—12日，作为福建省金联的“同心”工作品牌之一，2017年的国学夏令营由省金联与共青团宁德市委、宁德市海外联谊会、中共屏南县委、屏南县人民政府、共青团福州大学委员会共同主办。夏令营以“走进新宁德　两岸一家亲”为主题，夏令营为期5天，有来自金门、台湾和大陆的师生130余人参加。活动得到包括国台办网站、全国台联网站、福建省政府门户网站、《福建日报》、海峡论坛公众号以及新华网、中新网、东南卫视等在内的主流媒体的关注。通过互动交流学习，青少年们深入体验中华优秀传统文化的同时也收获了真挚的友谊。

【对外联谊】 2017年，福建省金联加强与东南亚乡会联谊。由省金联与省侨联于2017年8月31日至9月4日共同举办“东南亚金门籍代表人士来闽商务考察”活动。活动邀请来自马来西亚和印度尼西亚2个国家5家乡会的29名乡亲来闽商务考察。在5天的行程里，考察团分别在福州、武夷山参加3场商务推介会，并先后参观福州规划馆、“唯美客”闽台创业投资园区、平潭综合实验区。通过考察活动，加深东南亚社团对福建的了解，紧密彼此的联系，坚定东南亚乡亲共同参与“新福建”和“一带一路”建设的信心。

举办“金门籍青年创业辅导营”活动。2017年金门籍青年创业辅导营于2017年10月23—26日在福州举办，活动由省金联主办，共青团福州市委协办，为期4天，有来自台湾和金门的18名青年参加该次活动。创业辅导营活动通过专业的课程讲解、生动的沙盘模拟、实地的参访交流等增进台湾青年对大陆创业环境的了解，激发台湾青年来大陆创业的愿望，也进一步加深“两岸一家亲”的共识。

【组团参加第九届海峡论坛系列活动】 2017年，应海峡论坛组委会邀请，福建省金联组织台湾金门同乡会及离岛联盟乡亲代表27位嘉宾参加第九届海峡论坛系列活动。通过参加“同名村·心连心”联谊、闽台关系档案图片展、论坛大会、第九届“两岸金门同乡会理事长联席会”、参观嘉庚纪念馆和华侨邮局等系列活动，增进了两岸同胞彼此的情感交流，深化了两岸同根同源的共识。

2017年，福建全省金联接待中国台湾和境外63个团组1600多人次，其中包括邀请中国台湾地区金门同乡会总会总会长李台山带队组团两次到福州并先后拜会省台办、省工商联等有关单位；邀请由旅台同乡会历届卸任理事长组成的中秋联谊参访团来闽中秋联谊等。

【扶贫济困奖学】 继续落实省委、省政府对福建省金胞的关怀政策，抓好2017年度的扶贫济困奖学工作。2017年，全省落实给予生活补贴的老龄金胞1444人，发放资金356.76万元（其中厦门市1091人，计262.8万元）；给予生产生活困难补助的金胞117人，发放资金28.08万元（其中厦门市24人，计5.76万元）。发放奖学金38人次1.14万元。

【组织建设】 2017年，厦门市金联召开厦门市金门同胞第七次代表大会，选举产生厦门市金联第七届理事会。福州市金联召开福州市金门同胞第十五次代表大会，选举产生福州市金联第八届理事会。晋江市成立晋江市金门同胞联谊会，成为继2005年成立厦门市翔安区金门同胞联谊会之后，时隔12年在大陆成立的第九家金门同胞联谊会。全年提交省市级人大建议及政协提案30份，内容涉及两岸交流、对外联谊、民生、社会管理等方面。组织乡亲参加多场由各部门主办的学习十九大精神座谈会、研讨会。（魏中超）

福建省社会科学界联合会

【概况】 2017年，福建省社会科学界联合会学习习近平新时代中国特色社会主义思想、党的十九大精神，以及省委十届三次、四次、五次全会精神，举办全省社科联干部学习习近平新时代中国特色社会主义思想和党的十九大精神培训班，引导全省社科界牢固树立“四个意识”。组织党的十九大精神学习宣传系列活动，与省委宣传部、福建日报社共同举办社科界学习贯彻党的十九大精神座谈会，组织专家学者深入基层开展面对面宣讲活动，召开数百场学习报告会、座谈会。组织福建省社科界2017年学术年会，设立21个分论坛和4个青年博士论坛，收到论文和调研报告1000多篇。发动全省社科专家学者以“福建省中国特色社会主义理论体系研究中心”名义，向中央“三报一刊”（《人民日报》《光明日报》《经济日报》和《求是》杂志）等主要媒体投稿，2017年，福建省社科专家学者在“三报一刊”刊发理论文章21篇，创历年新高。开展福建省社会科学百场报告会，组织专家学者深入企业、农村、机关、校园、社区、军营宣传解读十九大精神。以“学习宣传贯彻党的十九大精神”和“深化金砖伙伴关系 开辟更加光明未来”为主题，举办两期网络社会科学知识有奖竞答活动，参与人数60多万人次。在《东南学术》开设“新时代新思想研究”专栏。

【学术研究】 2017年，福建省社会科学界联合会举办首届红色文化高端论坛，收到论文100多篇，时任省委常委、宣传部部长、省社科联主席高翔出席并致辞。联合省科协共同主办第二届哲学社会科学专家与自然科学专家对话交流活动，中国社科院经济所原党委书记、所长裴长洪应邀作《创新驱动下的经济发展模式》专题报告，省内10位来自社会科学界与自然科学界专家学者进行对话交流。《东南学术》开设“治国理政新思想新实践研究”和“红色文化研究”等专栏，刊发论文172篇，被《新华文摘》等重要文摘类刊物转载25篇，其中3篇被《新华文摘》全文转载。新华社主办的《瞭望》(周刊) 2017年第9期首篇文章（进入封面要目），以《直挂云帆这五年——十八大以来的中国政治经济学》为题，对时任福建省省长习近平在《东南学术》刊发的学术论文《对发展社会主义市场经济的再认识》进行详细评述和高度评价。2017年11月，《东南学术》再次通过国家社科基金资助期刊的年度考核，再次被评为第六届华东地区优秀期刊。

【规划工作】 2017年，福建省获国家社科基金项目立项133个，资助资金3045万元，其中，年度项目、青年项目110个，西部项目8个，重大项目3个，后期资助项目8个，重大转重点项目1个，中华学术外译项目1个，特别委托项目2个。对省社科规划项目管理进行改革，制订出台《福建省社会科学规划后期资助项目管理办法》，与省财政厅联合修订《福建省社会科学规划项目资金管理办法》。2017年，省社科规划年度项目立项265个，投入经费1492万元，其中，重大项目13个，一般项目136个，青年项目101个，西部扶持项目15个。完成《习近平治国理政中的社会治理思想研究》等部门委托项目149个。首批16个省级社科研究基地3年累计承担国家级项目124个，省部级项目407个，发表论文1434篇，出版专著244部，获省部级以上各类奖项120项。编发23期应用对策研究《成果要报》，6期被《八闽快讯》刊登。一批阶段性研究成果获得中央及省部级领导的重要批示，5篇国家社科基金项目阶段性成果分别入选《中国社会科学报》《光明日报》“国家社科基金”专刊、专栏。全国社科规划办以《福建省国家社科基金项目成果宣传推介的几点做法》为题，专题介绍福建省的经验做法。组织实施福建省第十二届社会科学优秀成果评奖工作，收到申报成果1219项，按程序做好评审工作。

【社科普及】 2017年，福建省社会科学界联合会与省委宣传部在晋江市共同举办以“学习宣传贯彻党的十九大精神·加快构建中国特色哲学社会科学”为主题的2017年福建省社会科学普及宣传周启动仪式。科普周期间，省、市、县三级联动，组织4000多名社科专家参与活动，举办广场咨询80余场，社科下基层活动120余场，报告会、讲座和专题座谈会200多场，发放各类普及宣传资料30多万份，参与群众130多万人次。人民网、新华网、《光明日报》、《福建日报》、福建广播电视台等中央、省级报刊网络媒体对科普周的宣传报道百余篇次。配合省人大常委会开展《福建省社科普及条例》实施3周年执法检查，有8个设区市、42个县（市、区）建立社科普及工作联席会议制度，各地社科普及经费逐年提高。完成2017年福建省社会科学普及读物出版资助征集工作，资助出版《福建海洋文化》《福建茶文化》《图说福建传统手工艺》《闽南名人家风家训》等19项社科普及读物，编辑出版《福建历史文化名人丛书》（第二、三辑）和《东南周末讲坛选粹8》。《福建历史文化名人丛书》获第31届华东地区优秀哲学社会科学图书一等奖。编写出版《金砖国家峰会概览》《习近平总书记重要讲话引用中华优秀传统文化经典语句摘编》。完成第四批省级社科普及基地申报评审，现有省级社科普及基地52个，初步形成省、市、县三级300多个社科普及基地网络。

【组织建设】 2017年，福建省社会科学界联合会下发《省社科联关于进一步加强社科类社会组织管理的通知》，与所属社会组织负责人签订意识形态工作责任书。截至年底，有139个学会（研究会、协会）、民办社科研究机构成立党支部，党组织覆盖率80.8%。新成立永泰、永春、安溪、鼓楼、德化、鲤城6个县（市、区）社科联，全省县级社科联83个，基本实现全覆盖。新成立泉州师范学院、福州黎明职业技术学院两家高校社科联，高校社科联成立17个。机关推进“两学一做”学习教育常态化制度化活动，选举产生新一届机关党委、机关纪委，举办2017年度省社科联机关党务干部专题培训班，通过第十三届省级文明单位创建考评。

（郭胜鑫）

福建省文学艺术界联合会

【概况】 2017年，福建省文联围绕迎接十九大召开和学习宣传贯彻十九大精神这个主线，团结引领广大文艺工作者围绕中心、服务大局，深化改革、履职尽责，加强行业服务管理自律，在创新创造的实践中记录时代发展，在改革开放的第一线开展文艺创作，推动福建文艺创作由高原向高峰迈进，讲好福建故事，发展成效明显。

年内，组织开展形式多样、内容丰富、扎实有效的学习培训和研讨创作，率先举办全省文联系统党的十九大精神专题读书班，对接中国文联完成中国影协、中国摄协、中国曲协、中国舞协、中国书协、中国杂协在福建的会员培训工作，组织广大文艺家和文艺工作者深入学习习近平新时代中国特色社会主义思想和党的十九大精神。创作的党的十九大献礼歌曲——《领航新时代》，被中宣部主管的党建网等重点推广在全国唱响，并被评为“中国当代歌曲创作精品工程——‘听见中国听见你’2017年度优秀歌曲推选活动”20首优秀歌曲之一。

【重大主题实践活动】 2017年，福建省文联围绕喜迎党的十九大、纪念建军90周年、“厦门会晤”等重大主题，先后举办“喜迎党的十九大”红色文化歌曲创作采风活动、习近平十九大报告精彩词句书法展、“贯彻党的十九大精神、向新时代献礼——福建省原创优秀舞蹈汇报演出”、“从古田再出发”福建省纪念中国人民解放军建军90周年文艺晚会等系列活动。培育和践行社会主义核心价值观，开展“同圆中国梦·弘扬红色文化”歌曲征集评选等活动。实施中华优秀传统文化传承发展工程，举办“送万福进万家下基层公益活动”等活动，加强传统戏曲、民间故事、乡土文艺等传统文化的传承弘扬。

引导组织福建文艺精品创作。深入实施“千百十工程”“名家名作工程”等，开展优秀传统文化、红色文化、现实主义和改革开放题材的文艺创作，主题活动精彩纷呈，创新动力更加强劲，“福建味”文艺创作持续推进，文艺作品质量稳步提升，“闽派”文艺品牌进一步打响，全省文艺事业更加繁荣、日益发展，闽派文艺频繁现身国内、国际舞台。全省115件（人）作品在国家级艺术评奖赛事中荣获佳绩，在全国唱响福建声音。特别是组织创作的《爱国之恋》《幸福少年》（组歌）两首歌曲作品获第十四届全国“五个一工程”优秀作品奖，实现歌曲类“七连胜”；推荐的剧目参评全国“第六届中国戏剧奖”喜获“梅花奖”和“曹禺剧本奖”两项大奖，是福建省戏剧界参评该项赛事以来的重大突破，“梅花奖”更荣膺“八连胜”。

开展“深入生活、扎根人民”主题活动。创新“三级联创、四到基层、五大服务”机制，精心组织“文化三下乡”“文化进万家”等惠民活动100余场。开展好文艺下基层、文化进校园、文艺大讲坛、“作家讲坛”等40场文艺宣教活动，组织其他文艺辅导、专家授课、研讨讲座等活动150余场（次），培训基层文艺骨干1400多人。发挥好文联所属院馆功能，免费接待文艺爱好者上百万人（次）。壮大文艺志愿者队伍，开展“喜迎十九大新时代·新征程——福建文艺下基层惠民演出活动”等文艺志愿服务70余场，参与文艺志愿者上万人次，惠及人民群众100多万人次。

拓展对台湾、澳门和对外文艺交流。举办第七届海峡两岸曲艺欢乐汇等2个国台办重点对台交流项目，开展第十届海峡两岸合唱节等活动，在海峡两岸引起巨大反响。组团赴澳门参加福建省澳区政协委员联谊会成立和书画艺术交流活动，举办厦门“中华情·中国梦”海峡两岸中秋展演等活动，展示福建文化的无穷魅力。推动福建文艺走向海外，赴毛里求斯、马达加斯加举办“文心翰墨——中国·闽派书画名家作品展”，展出闽派文艺精品近百幅，在海外引起巨大反响。

创新加强全省文艺队伍建设。成立中共福建省文联文艺类社会组织行业委员会，强化文艺类社会组织的管理，实现“两个全覆盖”。举办鲁迅文学院海峡青年作家高级研修班等“结对子、种文化”文艺培训，推动优质培训资源向基层倾斜。高度重视全省民营文化工作室等新兴文艺群体的积极作用，吸纳新的文艺群体和体制外文艺人才加入省级文艺家协会，实现文联服务范围由“家”到“者”到“界”的覆盖。

（方　毅　郑泽鸿）

中国国际贸易促进委员会福建省委员会

【概况】 2017年，福建省贸促会发挥对外平台的渠道作用，克服人手紧张、资金短缺等困难，全力以赴、开拓进取，完成各项工作任务。全省9个设区市全部设立独立机构的贸促支会，84个县级机构中有59个县（区、市）设立贸促机构，机构覆盖率70.24%。基层贸促机构的编制、人员、经费和办公场所保障比较到位，业务工作能力逐步提升。

【重大经贸交流活动承办】 2017年，福建省贸促会完成金砖国家工商论坛、阿斯塔纳世博会等重大经贸交流任务，受到中国贸促会和省委、省政府的表彰及省领导的批示表扬。中国贸促会和省委、省政府分别表彰该会为“金砖会晤筹备和保障工作先进集体”，24人次干部职工分别受到表彰。中国贸促会专门向省政府发来感谢信。

【自办品牌展会论坛】 2017年，福建省贸促会举办“第三届中国（泉州）海上丝绸之路沿线国家国际品牌博览会海上丝绸之路品牌博览会”“第十二届中国（福建）消费品全球采购交易会”“第七届海峡品牌文化论坛”等重要展会论坛，主题更加鲜明，福建元素更加凸显，累计撮合成交意向近亿元。

【组团出访和接待来访】 2017年，福建省贸促会组织5个团组出访12个国家；接待15个来访团组，其中重点团组有世贸中心代表团、意大利佩斯卡拉工商会、美国驻广州总领馆商务领事等；邀请26批次客商，其中，包括意大利佩斯卡拉工商会、约旦旅游部、斯里兰卡斯中商会、韩中贸易协会、日本贸促会、英中贸协组织等机构的企业家代表团近1050人。

【重大项目跟踪促进】 2017年，福建省贸促会跟踪促进中国武夷参与澳大利亚珀斯世贸中心建设、福州世界贸易中心、平潭会展中心、意大利足球城、联合国项目署和安邦保险集团在福州建立国际健康示范小镇等在内的几个重大项目。总投资数百亿美元。

【涉外商事法律服务】 2017年，福建省贸促会打造出证认证优质窗口，紧贴企业需求提供便捷高效的出证认证服务。全年全省签发出口货物一般原产地证67442份，签发区域性优惠原产地证10362份，出具国际商事证明书6501份，代办领事认证3203份，单据认证123份，出具ATA单证册115份，新增注册企业313家。在全国贸促系统率先完成“两证合一”系统升级，涉外商事法律综合服务水平进一步提升，促进贸易便利化程度。

（刘文容）

福建省残疾人联合会

【省“十三五”加快残疾人小康进程规划纲要全面执行】 2017年，福建省残联贯彻落实第五次全省残疾人事业工作会议精神，会同有关部门制定福建省“十三五”残疾人康复服务、就业促进等8项配套实施方案；参与制定省关于加快社会事业发展补齐民生短板、推进基本公共服务均等化行动计划等政策，多层面推动残疾人工作纳入全省社会事业发展大局；推进各市、县（区）及平潭综合实验区出台本地“十三五”加快残疾人小康进程规划纲要。福建省残疾人政策进步指数名列全国第五。

【残疾人脱贫攻坚工作】 2017年，福建省残联会同制订实施贫困残疾人脱贫攻坚行动计划。有扶贫任务的8个设区市和65个县（市、区）残联，对近5万名建档立卡贫困残疾人（含国定、省定和市定贫困标准人员）建立帮扶落实情况台账，给予重点支持。为2.8万名农村建档立卡贫困残疾人在就业创业、托养、就学、家庭无障碍改造、意外伤害保险等方面提供特别扶持和资助。通过“造福工程”、“安居工程”、农村危房改造等项目，为1.1万名贫困残疾人新建或修建住房。

【助残工程】 2017年，福建省残联实施省委、省政府为民办实事“助残工程”，扶助农村贫困残疾人就业创业、资助残疾人居家养护，1.6万名残疾人直接受益。贯彻落实《残疾预防和残疾人康复条例》，举办首次“残疾预防日”宣传教育活动；全面启动残疾人精准康复服务行动，残疾人基本康复服务率58%；实施残疾人基本型辅助器具适配补贴、听力残疾儿童人工耳蜗项目、0～6岁残疾儿童康复训练补助等普惠性制度，其中残疾儿童康复训练补助标准由每人每年1.2万元提高至1.5万元。扩大扶持残疾人就业创业“1+5”政策落实覆盖面，发放奖补资金2600多万元，比2016年增长近20%。出台《关于扶持盲人就业创业六条措施的通知》，推动盲人群体就业创业。提升残疾人公共服务水平，将残疾学生全部纳入政府资助体系，实现从学前教育到大学阶段就学资助全覆盖，落实4900多名未入学适龄残疾儿童少年就学安置。协同落实残疾人生活困难补贴和重度护理补贴制度，63.25万多人次获得补助。推进无业重度残疾人单独施保政策落实，将三级精神、智力成年无业残疾人纳入按单人户施保范围。补助残疾人家庭无障碍改造2844户，发放残疾人机动轮椅车燃油补贴5269人次。

【残疾人权益维护保障机制健全】 2017年，福建省残联做好参政议政工作，提出《关于进一步落实残疾人机动轮椅车登记管理制度的建议》等9条政协提案，办理省人大代表建议和省政协委员提案5件。推广应用“12385”残疾人服务热线，全省接待残疾人来访来信来电1.64万多件次。开展残疾人权益保障法律知识网络竞赛获全国优秀组织奖。完成“厦门会晤”相关涉残维稳任务。

【残疾人融入社会氛围营造】 2017年，福建省残联举办海峡论坛·2017两岸残障人士交流嘉年华、第七届闽台残疾人文化周等活动，境内外30多家新闻媒体参会报道。举办第十届全省残疾人艺术会演，选送7个节目参加第九届全国残疾人艺术会演（东部片区）全部获奖，其中歌仔戏《十八相送》参加第九届全国残疾人艺术会演汇报演出。举办第六届全省特奥运动会等赛事，参加全国、国际残疾人体育赛事获佳绩。成功举办世界盲人联盟亚太区按摩委员会2017年理事会议，对外交流国际影响力有效提升。

【残疾人工作基础夯实】 2017年，福建省残联对全省91万多名残疾人开展基本服务状况和需求信息入户调查，为残疾人工作决策提供参考依据。推进全省市县乡三级残联开展换届工作，修订实施《福建省残疾人证管理实施办法》。支持、指导所属事业单位和助残社会组织履职，推动残疾人专门协会等进行慈善组织登记。贯彻中央和省委群团工作会议精神，加强残联自身建设。省残联首次纳入省直党群机构绩效管理考评单位。

（杨瑞芳）

福建省中华职业教育社

【概况】 2017年，福建省中华职业教育社围绕学习贯彻十八届六中全会和十九大精神，以习近平新时代中国特色社会主义思想为指针，贯彻落实习近平总书记给总社百年社庆贺信精神，履行建言献策、温暖工程、理论研究与实践、对外交流等职能，各项工作取得新成效。

【专题调研】 2017年，福建省中华职业教育社围绕“产教融合、校企合作和加强民办职业教育建设”主题，成立专题调研组，分别由主任郭振家和书记黄子曦、副主任陈毅萍带队，深入福州、泉州、莆田、漳州等地职业院校和民办院校调研，形成《当前福建省职业教育发展的现状、问题及对策》和《加强福建省民办职业院校建设的思考》2篇调研报告。其中，《当前福建省职业教育发展的现状、问题及对策》在省委刊物《调研内参》上刊发。

【温暖工程】 2017年，福建省中华职业教育社创新“高墙内”温暖工程培训模式，利用“互联网+”技术优势，与福建华渔教育科技有限公司和福州监狱在福州监狱设立“VR智慧教室”，利用VR技术对服刑人员开展餐饮和茶叶营销等48门职业模拟训练，有7000多人次参加培训。该项目得到全国政协副主席、中华同心温暖工程基金会理事长马培华的肯定。

【工作领域拓展】 2017年，福建省中华职业教育社联合省教育厅、福建船政交通职业学院和福建汇众创新研究院等举办首届“和职教杯”福建省黄炎培职业教育奖创新创业大赛，60支参赛队伍决出金、银、铜奖及十佳人气奖等81个奖项；在决赛中获胜的队伍在（全国）中华职业教育创新创业大赛中取得四金二银的好成绩。继续参与主办2017年全省职业院校技能大赛。与福州社和网龙华渔教育合作的“福建省中华职业教育公共服务体系”服务平台正式建成开通。社属福建武夷山中华职业学校新招生511人，举办茶艺师、新型农民等培训，培训学员645人。福建中华技师学院成立党支部，组织学生干部参加社区、养老院、福利院的爱心献血活动，新招生1744人。福建华夏高级技工学校启动争创技师学院工作，征地150亩建设新校区，新招生2600多人。

【交流合作】　2017年6月，福建省中华职业教育社承办第九届“海峡论坛·海峡两岸职业教育论坛”。省委常委、统战部部长雷春美，全国政协委员、总社副理事长苏华，省社主任郭振家等领导和大陆职业教育专家及50余名台湾嘉宾参加。副理事长苏华作主旨演讲，对提升职业教育教师核心能力提出建议。论坛还举行两岸职业院校教学交流会。4月，社领导赴香港交流；7月，做好湖南社来闽学习考察交流活动安排；9月，郭振家带调研组到广东开展职业教育学习交流；11月，社领导赴上海参加两岸职业教育论坛；申请赴德国、匈牙利开展职业教育交流获省外办、省财政厅批复。

【组织建设】　2017年，福建省中华职业教育社学习习近平总书记致中华职教社成立100周年贺信精神，加强思想、组织、作风和纪律等建设，按照全面从严治党要求，落实党风廉政建设责任，开展“两学一做”学习教育，组织机关干部参加省直单位和统战系统的学习“谷文昌”“廖俊波”精神演讲比赛、读书征文和读好书等活动并获奖。举办全省职教社系统专职领导干部和社员骨干培训班。加强县级职教社组织建设，新成立闽清、沙县、古田、霞浦、寿宁、屏南、周宁、福鼎、柘荣等9个县级职教社。截至2017年12月，全省职教社社员4676个，其中团体社员540个，个人社员4136个。加强宣传工作，发挥《中华职业教育》杂志、《职教社讯》和社网站的平台作用，加大宣传力度，扩大职教社的社会影响。　（程章浩）

福建省留学生同学会·福建留学人员联谊会

【概况】　2017年，福建省留学生同学会·福建留学人员联谊会深入贯彻落实十九大精神，加强留学人才队伍建设。第一时间组织留学人员代表收看党的十九大开幕式，及时召开专题学习座谈会，系统传达十九大精神；各会员单位纷纷组织学习贯彻活动，掀起学习热潮。会长郑传芳首登福建东南卫视《中国正在说》节目，解读十九大的理论创新，加深留学人员和广大观众对十九大的理解。首次跨省赴上海交通大学举办“福建省企业海归人才创新创业高级研修班”，探讨新常态下的创新创业规律，引导海归人才树立政治自信，增强干事创业本领。举办“福建省留学人员组织秘书长、联络员培训班”，打造一支热心服务留学人员的队伍。参与主办“2017年首届海峡博士人才交流合作会”，推动留学人才的交流和发展。举荐优秀留学人员参政议政，会员中福建省各级人大代表、政协委员200多名，基层各会员单位均有“两会代表”10名以上。厦门大学戴民汉当选中科院院士，副会长王健当选省党外知识分子联谊会会长。留学人员在福建省高端人才中的引领作用凸显。

【精准扶贫】　2017年，组织福建医科大学、福建中医药大学和省直医药分会的15名海归高级医务专家到仙游县石苍乡扶贫义诊，慰问贫困户6户，接诊328人，为石苍乡史上规模最大、规格最高的义诊活动。与省人社厅院士专家办、浦城县委县政府联合承办“院士专家精准扶贫浦城行”活动，中科院院士谢华安及30多位海归专家齐聚浦城、把脉产业发展，灵芝工厂化栽培、丹桂花保鲜等10个技术服务合作项目签约实施。

【活动开展】　2017年，开展闽南师范大学“筑梦报国·创新创业”校园励志演讲、福建工程学院归国学者讲坛、闽侯一中“留学寻梦·圆我理想”青年海归演讲等多场留学报国巡讲活动，1500多名师生受益。2017年，福建省留学生同学会·福建留学人员联谊会连续第15年协办“6·18中国留学人员成果展”，征集海内外高新科技项目65个，接待35人，对接项目13个，签约1个，投资金额5000万元，获“优秀组织奖”。副省长李德金等莅临展区指导工作。

【工作领域拓展】　2017年，福建省留学生同学会·福建留学人员联谊会赴平潭、三明、漳州、泉州等地考察调研，了解基层组织建设、海归创新创业情况，推动泉州师院、漳州市龙文区等成立留学人员组织，协调解决一些难题。依托泉州留联、厦门特区分会、留日分会、北美分会等开展民间外交活动，为“厦门会晤”、海丝海博会等献计出力，讲好中国故事、发好福建声音。

【组织建设】　2017年，在省纪委驻省委统战部纪检组的监督指导下，制定《福建省留学生同学会“三重一大”决策制度》，强化自查自纠，完善财务管理有关工作。主动加强与省委组织部、省人社厅、省科协等单位的沟通，与省直机关的联系渠道更加畅通，合作交流、形成合力成为共识。　（吴陈清）

编辑：林忠玉

法治

政法委及综治

【概况】 2017年，福建省各级政法机关完成党的十九大、“厦门会晤”、“一带一路”高峰论坛、香港回归20周年等重大活动安保维稳任务。中央党的十九大维稳工作第七督导组对福建省的十九大安保维稳给予肯定；福建省综治考评进入全国前三，连续13年进入优秀省行列；群众安全感率94.56%，执法工作满意率93.94%；在省十三届人大一次会议上，省法院、省检察院工作报告赞成率97.25%、95.96%，创历史新高。福建省平安建设、法治建设、队伍建设在实战磨砺历练中得到进一步检验和提升，取得新的成效。

把准政治站位，确保政法工作正确政治方向。全省政法机关把学习贯彻党的十九大精神作为首要政治任务，以“拥抱法治新时代 踏上平安新征程”为主题，开展习近平新时代中国特色社会主义思想和党的十九大精神系列学习宣传活动，教育引领全省政法干警进一步增强“四个意识”，坚定“四个自信”，坚决维护习近平总书记在党中央、全党的核心地位。落实《政法机关党组织向党委请示报告重大事项规定》，及时向省委报告重大涉稳问题、重大敏感案事件处置、司法体制改革等重要事项，并统筹协调处理；督促指导政法各部门建立健全《党组工作规则》《贯彻执行党的路线方针政策与重大决策部署工作制度》《关于加强请示和报告工作制度若干规定》等制度，把党的绝对领导贯彻到政法工作各方面和全过程。推进中央部署的严管严控枪爆物品、整治村霸和宗族势力、打击走私和非法加工销售象牙及制品、清理整治欠薪欠债等重要专项工作，依法妥善办理中央交办的原省部级干部职务犯罪案件。

是年，全省政法系统贯彻落实全面从严治党要求，出台《关于新形势下加强全省政法队伍建设的实施意见》，推进“两学一做”学习教育常态化制度化，举办市县政法委书记专题研讨班和政法干部新媒体建设应用等系列培训。坚持典型引领，全省涌现出上杭县古田派出所、黄志丽、陈清洲、陈少华等一批受国家级表彰的先进典型，安保维稳战线80个集体、521名个人受到省委、省政府表彰。三坊七巷消防中队成为福建省政法战线的一面旗帜。结合学习廖俊波先进事迹，开展向身边政法先进集体和英雄模范学习活动。推出“十佳百优”最美政法干警家庭，摄制“厦门会晤”安保维稳纪实片《忠诚担当护航金砖》，以“清朗天空”为龙头的政法新媒体矩阵影响力不断扩大，“清朗天空”先后获“2017腾讯企鹅号政务新媒体卓越运营奖”、人民网“福建政务双微十佳”、今日头条“全国最具影响力政法委头条号”。推进全省基层法学会规范化建设，完成省法学会换届工作，承办第十二届“泛珠三角合作与发展法治论坛”。健全党风廉政建设和反腐败工作形势分析、政法系统纪律作风定期通报等制度，查处政法系统违纪违法行为，促进干警清正、队伍清廉、司法清明。

【安保维稳】 2017年，福建省政法系统强化忠诚担当，完成重大活动安保维稳任务。各地各部门以高度的政治自觉和责任担当，围绕“万无一失、绝对安全”目标，坚持“隐患穷尽、问题归零”的底线思维，弘扬“严紧细实”的工作作风，推进各项工作，牢牢守住“七个坚决防止”底线。坚持聚焦聚神聚力，全省政法各级各部门把所有工作安排、所有精力、所有资源投入都聚焦到党的十九大和“厦门会晤”安保维稳工作上来，省安保维稳部分别召开3次全体成员会议和5次部长会议，按照备战、临战、实战、决战4个阶段循序展开、梯次推进，确保每个阶段、每项工作做到底数清、情况明、数字准、责任实。坚持从严从实从细，按照“宁可交叉重复、不留空白盲点”的原则，全面部署开展“风险隐患排查、矛盾纠纷化解、治安问题整治、社会力量群防”四项行动；建立问题清单、责任清单、任务清单、销号清单、追责清单，深入滚动排查各类涉稳风险隐患，全省排查、化解或整改各类问题隐患87万个；全省信访态势持续“四下降一好转”。坚持严防严管严控，加强情报搜集分析研判，提高预测预警预防能力，开展反颠覆反渗透反间谍反分裂反恐怖反邪教斗争，严密防范境外敌对势力渗透破坏活动等工作得到中央领导肯定；开展治安要素大排查、治安问题清查整治、治爆缉枪、交通消防安全整治等专项行动，净化社会环境，道路交通事故四项指数全面下降，未发生重大以上火灾事故；落实“三同步”原则，做好重大敏感案事件舆情引导和依法处置。坚持明责履责督责，层层签订安保维稳责任状，出台环榕、环泉、环厦“护城河”督导方案，建立全面、全程、全时的常态化督导机制，组织相关职能部门开展多轮次明察暗访和压力测试，对发现的问题，逐一建立台账、规定时限、明确责任、挂牌督办，坚持把督导结果列入年度综治考评重点，对组织不力、排查不细、化解整改稳控不及时不到位，造成不良影响的，严肃追责问责。

【政法部门服务新福建建设】 2017年，福建省政法系统主动融入大局，着力服务新福建建设。制订《为推进精准扶贫打赢脱贫攻坚战提供司法服务保障的意见》，依法及时妥善审理好涉及精准扶贫、精准脱贫工作的各类案件，依法惩治涉及扶贫工作的各类犯罪，保障弱势群体合法权益，为打赢脱贫攻坚战营造良好法治氛围。开展打击非法集资、地下钱庄等经济犯罪专项行动，全省依法查处各类经济犯罪案件6346件，挽回经济损失19.85亿元；加强金融破产专业化审判庭和金融审判执行工作机制建设，实行重大金融系列案件集中管辖，妥善审结股权、证券、保险等纠纷案件9624件。推动重大决策社会稳定风险评估制度落实，对2000多项重大决策事项进行风险评估。出台加强产权司法保护“12条意见”，开展知识产权民事、行政和刑事案件审判“三合一”工作，推进知识产权领域“两法衔接”和案件集中管辖，成立福州知识产权法庭，加大侵犯知识产权犯罪专项打击整治力度，审结知识产权案件7758件，批捕侵犯商标权、著作权、专利权等犯罪61人，起诉270人。创新推出异地受理、网上办理身份证与驾考等一批接地气、惠民生的举措，调整完善重点城市落户政策，受理跨省异地居民身份证7.19万张；深化福建公安网上服务中心建设，整合11类308项便民办事服务项目，向社会提供服务331万余次。推进“基本解决执行难”攻坚战，执结各类执行案件30.60万件，清理历年执行积案50.78万件，发放执行案款64.4亿元，维护胜诉当事人合法权益。

【平安福建建设】 2017年，福建省夯实基层基础，提升平安福建建设水平。连续20年实行党政主要领导签订综治责任书，综治督查考评、问题点评和激励奖惩机制得到较好落实，推进基础性平台、设施、队伍和制度等“四基”工程建设。打造专业化的基础平台，公安大数据技侦云平台等一批信息化建设项目陆续建成并投入使用，完善社情、警情、案情、舆情“四情”社会稳定指数评价体系，得到中央政法委肯定。加强综治（信息）中心规范化、实体化建设，省市县三级综治中心100%挂牌成立；县（市、区）普遍建成县乡村三级联动的多元调解工作平台，设立金牌调解室217家，全省人民调解组织调解各类社会矛盾纠纷11.74万件，调解成功率98.4%。完善实战化的基础设施，以服务党的十九大和“厦门会晤”安保维稳实战为引领，推进安保维稳卡口建设，全省新建或改造提升38个环闽、20个环厦、10个环岛公安检查站。推进社会治安感知系统等一批应用系统建设，标准地址二维码管理实现全覆盖。全省建公共安全视频监控48万路，省级共享平台联网整合20多万路，联网量新增一倍。在泉州市纳入全国“雪亮工程”示范城市基础上，推动福州市、厦门市成为“雪亮工程”重点支持城市，泉州市“雪亮工程”建设经验在全国会议上做典型交流。健全社会化的基础队伍，继续发展壮大维稳应急处置队、网络舆情引导员等综治维稳“三支队伍”和网格员、综治协管员、平安中心户长、反邪教“两员”队伍等群防群治力量，建立“多位一体”专职巡防队，推行实名化管理，通过“以奖代补”、购买人身意外伤害保险、举报奖励，发动社会参与平安创建，全省组建平安志愿者队伍187.1万人、治安巡防队12.3万人。制定规范化的基础制度，省人大常委会审议通过《福建省多元化解纠纷条例》，使矛盾纠纷多元化解工作有地方性法规依据。建立危险化学品、散装汽油、瓶装液化气等实名销售制，出台“低慢小”航空器、空飘物管理临时性措施，推动落实寄递物流“3个100%”、危爆物品“一体化”、严重精神障碍患者“一历五单”管理等一批公共安全监管制度，为依法依规开展社会治理管控提供依据。

【司法体制改革】 2017年，福建省推进以司法责任制为核心的“四项改革”。第三批法官检察官入额遴选工作完成，累计遴选员额法官检察官7722人；在编人员划转、法官检察官职务套改、首批聘用制书记员统一招录和人员分类定岗完成，工资制度改革政策落实到位；建立健全员额退出、领导直接办案情况通报、司法绩效考评、错案责任追究等工作机制，办案质量和效率进一步提高。统筹推进以审判为中心的刑事诉讼制度、繁简分流和调解速裁机制、公益诉讼试点、刑事速裁程序和认罪认罚从宽制度试点等各项改革，整体效能不断提升。省法院、省检察院和省公安厅贯彻证据裁判规则，就20类常见犯罪统一证据证明标准。支持配合做好国家监察体制改革试点，完成检察机关反贪、反渎、预防部门机构、职能和人员转隶，受到中央领导的肯定。公安、国家安全、司法行政改革取得新进展。在司法改革中，“跨域”立案、公证与诉讼协同创新、生态司法、涉台司法、金牌调解、出入境管理和“互联网＋政务服务”等特色品牌成为亮点。　（黄凤龙）

人大立法

【概况】 2017年，福建省人大及其常委会审议通过17项法规，其中，经人民代表大会审议通过的1项；完成10项设区市法规批准工作，审查备案规章29件、规范性文件134件，推动福建省民主法治建设和立法工作。

立法工作实现新发展。发挥立法主导作用，做好立法组织、协调、调研、审议工作，提高立法质量，立法工作呈现数量多、分量重、节奏快的特点，以良法促进发展、保障善治，为建设“机制活、产业优、百姓富、生态美”的新福建提供法制保障。立法中，坚持重大立法事项请示报告制度，对立法重大事项、重要法规的协调及时向省委报告，把党的领导贯穿于立法工作全过程和各方面，把握立法工作的正确方向；始终把提高立法质量摆在首位，遵循和把握立法规律，坚持进度服从质量，坚持问题导向，不搞数量攀比，不搞“花架子”，努力提高立法精细化精准化水平，法规的针对性、及时性、可操作性显著提升；坚持以人民为中心，依法保障和改善民生，制定《老年人权益保障条例》《食品安全条例》《城乡供水条例》《教育督导条例》《历史文化名城名镇名村和传统村落保护条例》，推动福建省民生各项事业健康发展；实现立法与改革相衔接，制定《行政事业性收费管理条例》，落实行政审批制度改革要求；发挥立法的引领推动作用，制定《促进科技成果转化条例》，促进科技创新，推动经济发展动能转化；贯彻绿色发展理念，制定《水资源条例》《海岸带保护与利用管理条例》《武夷山国家公园条例》，依法推进福建省全国生态文明先行示范区建设；坚持运用法治思维、法治方式推进社会治理体制创新，制定《多元化解纠纷条例》《违法建设处置条例》《工会劳动法律监督条例》，化解社会矛盾；坚持把社会主义核心价值观融入立法，以立法弘扬文明行为、社会诚信、见义勇为、志愿服务、孝亲爱老等优秀传统美德，解决失德背德、不文明等问题。

【设区市立法】 2017年，福建省设区市立法取得重要进展。设区市立法权调整扩容后，省人大法制委、常委会法工委主动应对，加强工作指导，在如何把握立法权限、突出地方特色、增强可操作性和完善工作机制等方面给予直接指导帮助，确保设区市用好地方立法权；制定设区市法规报批审查工作规定，省市沟通协调机制基本形成，推动报批审查工作有序进行；建立法制委委员和法工委各处室分工联系机制，实行“一对一”指导，帮助解决重点难点问题；与省委组织部联合举办立法培训班，基本实现对全省立法人员的培训全覆盖；建立跟班学习制度，安排设区市有关人员参加省人大常委会立法具体工作，积累立法工作经验；坚持合法性审查原则，做好报批前的提前介入和报批后的审查工作，认真研究问题，把好质量关，维护法制统一。全年审查批准设区市法规10项，一批各具特色、切实管用的设区市法规出台，尤其是人民群众关心的市容卫生、内河管理、民俗文化等方面的法规颁布施行，提高了地方治理法治化水平。

【备案审查和清规工作】 2017年，福建省立法工作备案审查和清规工作稳步推进。强化备案审查刚性约束，按照“有件必备、有备必审、有错必纠”的原则，开展主动审查、被动审查和重点审查，做到应查尽查，实现全覆盖。制定规范性文件备案审查工作规程，健全备案审查工作流程，强化监督纠察力度。做好公民审查建议处理工作，建立函告制度，保障公民审查建议权落到实处。举办规范性文件备案审查培训班，加强对市县人大常委会备案审查工作指导培训，提升履职能力。组织开展涉及生态文明建设和环境保护的地方性法规自查工作，查出39件法规有关条款不符合要求，其中省11件，完成修改1件，拟以一揽子方式修改4件，拟以全面修订方式修改6件；福州市15件，厦门市13件，指导、督促两市做好清理工作，维护社会主义法制统一。

【科学民主立法】 2017年，福建省人大常委会创新科学立法、民主立法体制机制，扩大公民参与立法途径和形式，确保各种意见都能充分表达、各方利益诉求都能充分反映。一是扩大公民参与立法途径和形式。所有法规案一审后在省人大门户网站公开，向社会征集意见建议；拓宽立法起草渠道，灵活运用联合起草、委托起草、自主起草等方式，如物业管理条例、多元纠纷化解条例由常委会委员、法制委委员牵头自主起草，克服部门利益影响；开展立法协商，完善立法论证、听证、协商、调研机制，听取各级人大代表、政协委员、有关部门、群众组织、基层工作者的意见建议，凝聚共识。二是发挥高校立法基地和基层立法联系点的作用。高校立法基地、基层立法联系点，立法咨询专家开展立项评估、起草法规案、参与法规清理，提出各项报告、意见建议数百项，为提高立法质量做出了贡献。三是强化立法工作制度化建设。2017年制定《立法规划和年度立法计划编制与实施工作规定》《省人大常委会提请代表大会立法工作规程》《法制委员会统一审议规定》《法规案审议意见反馈工作规定》《立法评估工作规定》《立法技术规范》《设区的市法规审查工作若干规定》等7项规范，形成覆盖立法各环节的制度规范，确保立法工作有序进行。

（郑志伟）

法治政府建设

【政府职能转变】 2017年，福建省各级各部门推进依法行政，加快建设法治政府，取得明显成效。始终坚持依法履行政府职能，省级共取消、下放行政审批事项665项，精简率50%以上，非行政许可审批全部取消。梳理公布“一趟不用跑”和“最多跑一趟”办事清单2725项，在全国率先建立减权放权监管责任清单。始终坚持完善依法行政制度建设，加强重点领域立法，省政府、各设区市政府全年完成67个立法项目，保障改革、促进发展、服务民生。服务“放管服”改革，确保重大改革于法有据，组织全省“放管服”改革与生态文明建设和环境保护涉及的法规、规章、规范性文件清理工作，修改或废止法规规章103件、规范性文件4818件。坚持推进依法决策，县级以上人民政府出台4195份规范性文件，均经合法性审查。坚持严格规范公正文明执法，依法查处各类违法行为，经法制审核做出行政处罚1229万件。规范行政执法主体及执法行为，完成102个省级行政执法主体资格确认和公布，对全省17万多名一线行政执法人员进行全面清理，公示基本信息，加强督促管理。坚持强化行政权力监督，全省主动公开政府信息30.8万条，受理政府信息公开申请9083件。坚持依法解决社会矛盾纠纷，全省办理行政复议案件6393件、行政应诉案件6245件；全省人民调解组织调解各类纠纷14万多件，调解成功率98.4%。

【法治建设职责担当】 2017年，福建省委发挥推进全省法治建设的领导核心作用。省委将法治建设摆在工作大局的重要位置，将法治建设纳入全省发展总体规划和省委常委会年度工作要点。时任省委书记尤权、省委书记于伟国定期召开省委常委会、省委专题会议听取法治建设工作及重要地方性法规规章起草情况汇报，研究解决法治建设有关重大事项、重大问题，强调牢固树立“四个意识”是做好法治建设工作的旗帜和方向。省委、省政府贯彻落实《中共中央关于加强党领导立法工作的意见》，出台《中共福建省委关于加强党领导立法工作的实施意见》；省政府党组提请省委常委会审议通过《福建省人民政府2018年立法计划》。各级政府各部门把党的领导贯彻到法治政府建设各方面，谋划和落实《福建省法治政府建设实施方案》，结合本地区本部门实际，制订出台本地区本部门的工作方案，明确责任主体、时间进度和任务要求，采取措施共同推进法治政府建设。

党政主要领导履行推进法治建设第一责任人职责。省委、省政府主要领导坚持以身作则，以上率下，对法治建设重要工作亲自部署、重大问题亲自过问、重点环节亲自协调、重要任务亲自督办，把全省各项工作纳入法治化轨道。2017年，省政府有15次常务会议研究、审议法治政府建设工作及立法项目。省政府举行2次宪法宣誓仪式，由省政府任命的202名国家工作人员依法进行宪法宣誓，激励教育政府工作人员忠于宪法、遵守宪法、维护宪法，依法履职尽责。省委、省政府贯彻落实中共中央办公厅、国务院办公厅印发的《党政主要负责人履行推进法治建设第一责任人职责规定》，出台《关于贯彻落实〈党政主要负责人履行推进法治建设第一责任人职责规定〉的分工方案》，对党政主要负责人在推进法治建设中应当履行的主要职责分别进行细化、分工，明确具体配合部门，履行法治建设重要组织者、推动者和实践者的职能。

发挥法治政府建设督察指挥棒的作用。省政府法制办研究制订法治政府建设督察工作方案，实行书面督察和实地督察、综合督察和重点督察相结合，既督任务、督进度、督成效，也察认识、察责任、察作风。2017年12月，省委办公厅、省政府办公厅组成5个督察小组，对全省各级各有关部门贯彻落实中共中央、国务院《法治政府建设实施纲要（2015—2020年）》《福建省法治政府建设实施方案》情况开展督察，省政府法制办组织实施。督察以问题为导向，全面掌握各地区各部门法治政府建设情况，并形成督察调研报告和工作建议向省委、省政府汇报，督促各地区各部门及时整改问题，消除制约法治政府建设的体制机制障碍，推进法治政府建设各项任务。

【依法履职】 2017年，福建省坚持依法精准放权，激发市场活力。深化“放管服”改革，开展9轮省级行政审批事项清理，省级取消、下放行政审批事项665项，精简率50%以上，非行政许可审批全部取消。深化行政审批标准化改革，省政府出台《关于深化行政审批标准化改革的指导意见》，提出34个项目标准、75项操作规范，让企业和群众轻轻松松办成事、办好事。部署开展相对集中行政许可权改革试点。加快权责清单“两单融合”，省级梳理权责事项14类6771项，市、县权责清单融合工作基本完成。完成“放管服”改革涉及的法规规章、规范性文件清理工作，做到应改尽改、应废尽废。

推进“多证合一”改革。梳理公布“一趟不用跑”和“最多跑一趟”办事清单2725项。3月7日，《人民日报》登载《马上就办 办出发展加速度——福建狠抓放管服改革 建设高效服务型政府》报道，肯定福建省以“放管服”改革为抓手，结合服务型政府建设，致力打造审批事项最少、办事效率最高、投资环境最优的省份。开展“减证便民”专项行动，省级部门精简证明证照及申报材料事项251项。实施“十八证合一”改革，累计发出“十八证合一”营业执照15.56万份。推进“证照分离”改革试点。推进商事服务便利化，首创名称“全省通办制”，经网上申报系统核准的名称，根据登记管辖规定，在全省范围内自主选择登记机关申请登记。在全省全面实施企业简易注销，办理企业简易注销登记1.26万家。在全国率先全面建成企业信用信息公示系统。国家发展改革委互联网大数据中心分析显示，福建省“放管服”改革工作网民认可度位居全国第3位。

降低制度性成本，为市场主体减轻负担。修订《福建省定价目录》，与2015版定价目录相比，大项减少1项、子项减少16项，降幅分别为8.3%和28.6%。强化行政事业性收费管理，落实中央各项降费政策，取消、减免、停征50项行政事业性收费和政府性基金。扩大残疾人就业保障金免征范围、设置征收标准上限。对商标注册费减半征收，取消工业企业结构调整专项资金，降低电信网码号资源占用费、公安部门相关证照费等6项行政事业性收费标准。降低国家重大水利工程建设基金和大中型水库移民后期扶持基金征收标准。暂免征收银行业和保险业监管费。推进各类优惠和收费项目实行目录清单管理，在政府门户网站实行常态化公开，使各项收费执收有据，为各类市场主体减轻负担。

优化服务，推进投资便利。修订出台福建省《政府核准的投资项目目录》，企业投资项目核准事项省级 31 项、设区市 16 项、市县（区）5 项，核准投资项目一“目”了然。制订《福建省企业投资项目核准和备案管理实施办法》，明确备案方式、流程和具体要求。加快投资项目在线审批监管平台建设，梳理完成全省 829 个部门、1287 个项目目录、5663 个审批事项，投资项目在线办理、纵横联动、协同共享的范围和应用深度逐步扩大，成效愈加明显。修订《关于鼓励外商投资的若干意见》，进一步放宽外资准入限制。

放管并重，深化事中事后监管。在全国率先建立减权放权监管责任清单，对 2013 年以来国务院和省级取消、下放的 424 项行政审批事项，逐项明确责任单位和监管职责，中央编办简报专刊登载福建省经验做法。研究开发全省权责清单库管理模块，推进权责清单管理信息化。推行“双随机一公开”监管方式，34 个省直部门公布抽查事项清单，涉及工商、食品药品监管等领域 435 个事项。福建省推进“双随机一公开”监管的经验做法得到李克强总理批示肯定。

【重点领域立法】 2017 年，福建省政府制定并实施 2017 年立法计划，全年提请省人大常委会审议地方性法规草案 17 项，制定规章 19 项，立法数量位居全国前列，以法治思维和法治方式保障改革促进发展、回应民意服务民生、化解矛盾维护稳定。各设区市行使《中华人民共和国立法法》赋予的立法权限，突出提高立法质量，注重提高立法效率。福州市政府提请市人大常委会审议地方性法规草案 4 项，出台市政府规章 4 项；厦门市政府提请市人大常委会审议地方性法规草案 5 项，出台市政府规章 4 项；漳州市政府提请市人大常委会审议地方性法规草案 2 项；泉州市政府提请市人大常委会审议地方性法规草案 1 项；三明市政府提请市人大常委会审议地方性法规草案 1 项，出台市政府规章 3 项；莆田市政府提请市人大常委会审议地方性法规草案 3 项；南平市政府提请市人大常委会审议地方性法规草案 1 项；龙岩市政府提请市人大常委会审议地方性法规草案 1 项；宁德市政府提请市人大常委会审议地方性法规草案 1 项，出台市政府规章 1 项。

服务重大国际性活动，以立法保障“厦门会晤”顺利举行。为保障金砖国家领导人会晤在福建省的顺利举行，省政府提请省人大常委会审议《福建省人民政府提请福建省人民代表大会常务委员会作出授权省及设区的市人民政府为保障重大国际性活动筹备和举办工作规定临时性行政措施的决定》，制定《福建省人民政府关于实施重大国际性活动临时性行政措施的决定》和《福建省人民政府关于对民用小型航空器和空飘物采取临时性行政措施的决定》；厦门市政府出台《厦门市流动人口信息采集暂行办法》等政府规章，为“厦门会晤”的举办提供制度保障。

实施生态省战略，以立法促进生态文明建设。为加强对武夷山国家公园的保护和管理，合理利用自然资源和人文资源，提请省人大常委会审议《武夷山国家公园管理条例》；为发挥地方性法规对福建省生态文明建设的规范、引领、保障作用，确保地方性法规与党中央精神和国家法律法规相一致，提请省人大常委会审议《福建省森林和野生动物类型自然保护区管理条例（修正案草案）》《福建省海域使用管理条例（修正案草案）》《福建省城市园林绿化管理条例（修正案草案）》《福建省农业生态环境保护条例（修正案草案）》《福建省森林条例（修正案草案）》，修改《福建武夷山国家级自然保护区管理办法》《福建省殡葬管理办法》；为加强国有林场管理，维护国有森林资源安全，保障国有林场合法权益，制定《福建省国有林场管理办法》。

推动科技创新，以立法护航创新、驱动发展。为促进和规范科技成果转化，推动经济建设和社会发展，提请省人大常委会审议《福建省促进科技成果转化条例（修订草案）》；为表彰在科学技术进步活动中做出重要贡献的个人和组织，调动和发挥广大科技人员的积极性和创造性，修改《福建省科学技术奖励办法》。

破除经济发展障碍，以法治方式推进“放管服”改革。为推进福建省简政放权、放管结合、优化服务改革，提请省人大常委会审议《福建省台湾船舶停泊点管理办法（修正案草案）》《福建省无线电管理条例（修正案草案）》；制定《福建省人民政府关于废止部分涉及“放管服”改革规章的决定》，修改《福建省粮食流通管理办法》《福建省森林公园管理办法》《福建省无障碍设施建设和使用管理办法》《福建省公共游泳场所管理办法》。

回应民生和社会关切，以立法维护社会稳定。为更好地适应当前福建省物业管理的实际需要，促进和谐社区建设，提请省人大常委会审议《福建省物业管理条例（修订草案）》；为适应国家生育政策改革的需要，提请省人大常委会审议《福建省人口与计划生育条例（修正案草案）》；为适应福建省经济社会发展形势和民族工作实际的变化，提请省人大常委会审议《福建省少数民族权益保障条例（修订草案）》；为适应福建省流动人口服务管理工作的新发展形势，提请省人大常委会审议《福建省流动人口服务管理条例（修订草案）》；为保障军民融合深度发展，提请省人大常委会审议《福建省拥军优属条例（修正案草案）》；制定《福建省农村扶贫开发办法》，规范农村扶贫开发工作，加快农村贫困地区和贫困人口脱贫致富；制定《福建省食品安全信息追溯管理办法》，落实食品生产经营者主体责任，提高食品安全监管效能，保障公众身体健康和消费知情权；为维护人民群众生命和财产安全，适应经济社会发展和人民生活需要，制定《福建省射钉器射钉弹安全管理暂行规定》《福建省散装汽油购销管理办法》《福建省促进快递行业发展办法（修订）》《福建省自然灾害防范与救助管理办法》。

传承弘扬优秀传统文化，以立法促进文化繁荣兴盛。为加强非物质文化遗产的保护，传承和发展本省历史文脉，继承和弘扬中华民族优秀传统文化，提请省人大常委会审议《福建省非物质文化遗产保护条例》。

规范政府自身行为，以立法加强自身建设。提请省人大常委会审议《福建省行政事业性收费管理条例（修订草案）》，适应新形势下行政事业收费管理工作的需要；为加强数字档案的有效利用，促进数字档案共享，提升数字档案服务水平，制定《福建省数字档案共享管理办法》；为规范行政机关行政应诉行为，提高行政应诉水平，促进依法行政，保护公民、法人和其他组织的合法权益，制定《福建省行政应诉办法》。

坚持立改废释并举，确保重大改革于法有据。组织“放管服”改革与生态文明建设和环境保护涉及的法规、规章清理工作，省政府共清理出与国务院“放管服”改革决策涉及的法律、行政法规不一致的法规规章61件，修改规章4件，废止11件；清理出不符合生态文明建设和环境保护要求的法规规章19件，提请省人大常委会修改法规5件，修改规章2件。其余的法规、规章按程序列入省政府2018年立法计划进行修改或废止，推进中央、国务院各项改革措施的有效落实。开展涉及完善产权保护制度有关地方性法规、规章清理工作，维护社会公平正义，为经济发展提供持久动力。开展第三方评估清理工作（第二阶段），委托福州大学和福建师范大学对2013—2016年的省级地方性法规41件、省政府规章55件进行评估清理。

创新立法工作机制，以更大力度提升立法质量。坚持把党的领导贯彻到立法工作全过程，及时向省委请示报告省政府立法重大事项，提请省委常委会审议省政府2018年立法计划。省政府法制办制定《关于进一步加强和改进政府立法工作的意见》，从提高政府立法质量和效率入手完善立法机制。强化与省人大沟通协调机制，在立法计划制定、实施、起草法规草案等重要环节更加主动与省人大相关机构沟通。发挥省政府立法咨询专家、立法基层联系点在立法中的作用，吸收相关意见。探索直接委托专家立法，委托华侨大学开展《福建省生态文明建设促进条例》立法起草工作，委托福建师范大学开展《福建省红色文化遗产保护条例》和《福建省农村留守儿童关爱保护办法》立法起草与研究。

【依法决策工作机制完善】　2017年，福建省完善依法决策工作机制。省政府执行重大行政决策十条规定，对事关经济社会发展全局和涉及人民群众切身利益的重大事项，遵循公众参与、专家论证、风险评估、合法性审查、集体讨论决定等重大行政决策法定程序，政府工作法治化水平不断提高。2017年召开省政府常务会议39次，集体讨论决定重大决策事项。全省9个设区市、平潭综合实验区和81个市县（区）、16个省政府部门出台重大行政决策程序规定，重大行政决策公众参与机制不断完善。厦门市出台《厦门市人民政府重大行政决策若干规定》，推进依法决策、科学决策、民主决策制度建设。

强化行政决策合法性审查。把好重大行政决策事前审查关，健全重大行政决策合法性审查机制，未经法制机构合法性审查或经审查不合格的，不得提交上会讨论。全年对省政府和省政府办公厅794件文件进行事前合法性审查，审查数量比上年增长近2倍。完善规章和规范性文件事后监管机制，开展备案审查工作，全年备案审查设区市政府规章12件，备案审查设区市、省直厅局规范性文件687件，其中对13件规范性文件提出修改意见，做到有备必查、有错必究；向国务院、省人大常委会报备规章16件，向省人大常委会报备规范性文件136件，均做到报备及时、内容合规。完成公民或法人向省政府提出规范性文件审查申请11件，切实维护行政相对人的合法权益。

推行法律顾问制度。贯彻落实省委、省政府印发的《关于全面推行政府法律顾问制度的指导意见》，建立以省政府法制办为主体、20名聘任专家和律师组成的法律顾问队伍，并出台《省政府兼职法律顾问工作规则》。全省市县两级政府、省政府各部门均建立起政府法律顾问制度，并聘用兼职法律顾问，在重大行政决策审核、重大投资项目谈判论证、合同审查、行政复议、行政应诉等多方面参与审核、参加论证，法律顾问在推进依法行政、建设法治政府工作中发挥了积极作用。

【公正文明执法】　2017年，福建省深化行政执法体制改革。相对集中行政处罚权工作向纵深推进，全省有9个设区市、平潭综合实验区及27个县（市、区）开展相对集中行政处罚权工作。在福州、厦门、平潭三个自贸试验片区开展综合执法试点工作，按照“一级架构、两级管理、条块结合、分工协作”的模式构建综合执法体系，整合市政管理、城市规划、市容环卫、园林绿化、应急管理等有关职责，统一由城市管理综合执法机构承担，解决交叉执法、多头执法等问题。相对集中行政许可权工作稳步开展，向中央编办、国务院法制办报备试点方案，在福州、厦门、漳州、泉州的6个县（市、区）开展试点工作，探索行政审批改革新路径。

规范行政执法主体管理。行政执法主体管理更加严格规范，省级政府完成102个行政执法主体资格确认和公布工作，市、县（区）两级政府全面完成行政执法主体和行政执法人员清理、确认，并上网公布，接受社会监督。完成全省1.5万多人行政执法考试，所有执法人员做到持证上岗。行政执法程序更加高效透明，加强“互联网＋行政执法”平台建设，推进全省网上行政执法平台改造升级扩容，完善网上执法办案及其他执法业务办理信息查询系统。深化行政执法和刑事司法衔接机制，出台《福建省建立生态环境资源保护行政执法与刑事司法无缝衔接机制的意见》，促进行政执法与刑事司法信息的联通共享。推动重大行政执法决定法制审核制度，行政执法决定更加合法公正。

加强对权力运行的制约监督。自觉接受党内监督、人大监督、民主监督，完善向人大报告、政协通报制度，依法接受法院的司法建议、检察院的法律监督。完善审计监督，对公共资金、国有资产、国有资源和领导干部履行经济责任情况实行有重点、有步骤的审计全覆盖，出台《福建省党政领导干部自然资源资产离任审计实施方案（试行）》。推进政务公开，让权力在阳光下运行，全省主动公开政府信息 30.8 万条，受理政府信息公开申请 9083 件。推进政策同步解读工作，全省发布政策解读 3037 条。运用新媒体拓展公开新渠道，各级各部门通过政务微博微信主动发布政府信息 5 万条。建立信息共享机制，加强政府采购领域、政府和社会资本合作领域、招标投标领域、招商引资领域、地方政府债务领域、街道和乡镇政务领域等的政务诚信建设，以政务诚信全面带动商务诚信、社会诚信。

【社会矛盾化解】 2017 年，福建省强化行政复议和应诉工作。依照法定程序办理行政复议、行政应诉案件，保障公民权利、规范监督行政行为。全年全省办理行政复议案件 6393 件，其中，省政府本级办理行政复议案件 302 件，及时纠正各地区各有关部门行政机关违法不当行为；办理行政应诉案件 6245 件，其中，省政府本级办理行政应诉案件 162 件，完善应诉机制，强化应诉能力。注重运用法治手段巩固福建省生态文明优势，以“推进国家生态文明试验区建设”为主题召开第四次省政府和省法院联席会议，获最高人民法院领导批示和充分肯定。提高政府复议和应诉能力，举办厅级、处级行政诉讼培训班，邀请最高人民法院、国务院法制办专家现场授课。

加强人民调解、行政调解。人民调解作用明显，2017 年全省人民调解组织调解各类纠纷 14 万多件，调解成功率 98.4%。开展“防风险、保稳定、护航金砖会晤、喜迎党的十九大”人民调解专项行动。围绕“厦门会晤”安保维稳，组织邻里、婚姻家庭、轻微伤害三类矛盾纠纷排查化解 3.9 万件，化解率 98.6%；调解范围向纵深发展，在物业、旅游、电子商务等矛盾纠纷多发易发领域成立行业性专业性人民调解组织 1982 个，建立驻法院人民调解室 123 个、驻公安派出所人民调解室 940 个；注重运用和解、调解等方式化解行政争议，2017 年全省通过和解、调解方式促使申请人撤回行政复议申请 1006 件。

信访法治化建设成效明显。全省信访总量、进京到非接待场所人员数量、进京集体上访人次、到省集体上访人次分别比上年下降 11%、56.2%、14.8%、63.3%，信访秩序进一步好转。创新办理程序，2017 年全省组织开展信访事项专案评审 280 件，其中 135 件签订息诉息访协议，占 48.2%；组织信访事项公开听证 241 件，其中 178 件听证评议后信访人愿意和解并签订息诉息访协议，占 73.8%。

【依法行政意识和能力建设】 2017 年，福建省落实领导干部学法制度。省政府领导带头学法，年内省政府举办 2 期专题法治讲座，学习《民法总则》和福建“一带一路”建设与华侨权益法律保护。抓住“关键少数”，坚持每年举办 2 期全省县（市、区）政府班子领导和省直部门分管领导依法行政能力培训，至 2017 年举办 26 期。各级各部门的领导干部每年参加 2 次以上学法活动。通过开展专题法治讲座、中心组学法等方式，实现福建省领导干部学法全覆盖。

加强行政机关工作人员法治业务培训。强化法治意识，各级党校、行政学院将《习近平新时代法治思想》《加强宪法实施与监督维护宪法权威》等列为干部教育的必修法治课，各地区各部门培训干部 1.6 万人次。提升法制工作水平，举办全省立法、行政复议应诉、规范性文件备案审查等业务培训班，组织行政执法人员通用法律知识、专门法律知识等专题培训。通过集中培训、举办法治讲座、网上学法等多种形式，切实提高行政机关工作人员法治素养和能力。

强化法治政府建设示范和宣传工作。树立先进典型，举办第二届福建省“十大法治人物”评选表彰活动，评选出福建省政府法制办等法治先进集体和个人，扩大法治建设影响力。推动出台《福建省法治宣传教育条例》，印发《福建省国家机关“谁执法谁普法”责任考评标准（试行）》。加强省政府法制信息网站建设，2017 年各地区各部门上报法治政府建设先进经验成效近 7000 条，筛选发布 2528 条，网站访问量近 273 万次。深化“法律六进”，新建成法治文化广场（公园）142 个，开办《律师在现场》等法治电视栏目，完成便民《百姓法治宝典》及配套 APP 的编制工作。

【法治营商环境塑造】 2017 年，福建省推进自贸试验区法治保障工作。推动实施《中国（福建）自由贸易试验区管理办法》《中国（福建）自由贸易试验区条例》。贯彻国务院《关于在自由贸易试验区暂时调整有关行政法规、国务院文件和经国务院批准的部门规章规定的决定》，做好有关省政府规章和规范性文件清理、调整、衔接工作。在自贸试验区三个片区试行“行政执法公示、执法全过程记录、重大执法决定法制审核”三项制度，促进执法依据、执法过程、执法结果及时公开，社会各方反响很好。实行自贸试验区相对集中行政复议制度，除涉及海关、金融、国税、外汇管理等实行国家垂直领导的行政机关和国家安全机关外，由片区管委会统一行使行政复议权，构建自贸试验区高效便捷的行政争议化解机制。

落实党中央、国务院重大决策部署。根据《国务院关于支持福建省进一步加快经济社会发展的意见》的文件规定，依照法定程序，研究赋予平潭综合实验区相当于经济特区的立法权，推进平潭综合实验区法治建设，探索两岸交流合作新模式。服务海丝核心区建设，出台《“海上丝绸之路·福州史迹”文化遗产保护管理办法》《泉州市海上丝绸之路史迹保护条例》，加强海丝历史文化遗产的保护。贯彻落实《国家生态文明试验区（福建）实施方案》，制订《国家生态文明试验区（福建）建设法治保障工作方案》，拟订《福建省生态文明建设促进条例（草案）》；结合脱贫攻坚战，制订《福建省农村扶贫开发办法》，加快农村贫困人口脱贫致富。

（陈　寒）

公　安

【概况】　2017年，福建省设9个设区市公安局及平潭综合实验区公安局、92个县级公安机关（含8个开发区公安分局）、10个专业分局、1352个派出所（含158个边防派出所）。是年，全省公安机关紧扣党的十九大和“厦门会晤”安保主题主线，以全面深化改革为动力，强化预测预警预防，全力保稳定护安全促和谐，为全省经济社会发展创造和谐稳定的社会环境。2017年，群众对执法工作满意率93.94%，群众安全感率94.56%，涌现出被国务院授予“人民满意派出所”称号的上杭县公安局古田派出所和“时代楷模”陈清洲等一批先进集体和个人，省公安厅被公安部记集体一等功。

【党的十九大和“厦门会晤”安保】2017年，“厦门会晤”安保期间，福建省公安厅牵头成立安全保卫组，统筹整合省市80多个成员单位，协调各方力量，分“备战、临战、实战、决战”四个阶段，按照“面上梯次收紧、点上集成到位、应急管理落地、演练融合成型、省市一体运作”的思路，精准落实安保维稳措施，加强社会面治安防控、活动现场管控和要人警卫安保等工作，全面排查消除各类风险隐患，实现“大事不出、小事也不出”的目标。“厦门会晤”期间，把握保安全与保民生的平衡点，优化封控管理、交通组织、安全检查和行业监管，最大限度减少对群众生产生活的影响，实现政治效果、社会效果、安全效果的有机统一。在完成“厦门会晤”安保的基础上，做好党的十九大安保维稳工作，以福建平安助推首都平安。省公安厅被公安部评为“迎接十九大 忠诚保平安”主题活动先进单位。

【刑事犯罪侦查】　2017年，福建省公安部门创新打击犯罪新机制，组织开展“三打击一整治”（严厉打击传统盗抢骗犯罪、电信网络新型违法犯罪和网络贩枪犯罪，集中整治地域性职业犯罪重点地区）、“打黑恶·缉枪爆”等专项行动，既破大案又管小案，增强人民群众的安全感。是年，全省刑事案件立案数比上年下降24.9%，破案率提高5.1个百分点，现行命案、八类严重暴力犯罪案件破案率分别为99.6%和93.5%；刑事犯罪人员抓获数比上年增长6.7%，黑恶案件破案数、打掉涉恶团伙数、移送起诉数分别增长14.1%、19.5%和27.9%。完善省市县三级反诈骗中心实战功能，对电信网络新型违法犯罪实施专业化、全链条打击和精确预警劝阻，实现“两降两升”（立案数和群众财产损失数下降，破案数和抓获犯罪嫌疑人数上升）目标。全年全省反诈骗中心共冻结止付被骗资金2.3亿元，龙岩市新罗区退出国务院联席会议挂牌整治重点地区。

【经济犯罪侦查】　2017年，福建省以“云端2017”行动为依托，针对福建省金融财税和社会民生领域突出的经济犯罪，部署开展“春雷”系列专项行动，重点打击地下钱庄、侵权假冒、传销犯罪、银行卡犯罪、假币犯罪和虚开骗税犯罪，相继破获“2·25”跨国地下钱庄案、“善心汇”“沃客”“瑶池集庆”传销犯罪案、泉州洛江“3·11”特大骗取出口退税案、“9·4”特大制售假冒日化用品案等重大经济犯罪案件。开展涉稳风险大排查和防范宣传活动，参与互联网金融风险、网络借贷风险、网络小额贷款风险等专项整治，防范经济领域安全风险。是年，全省破获各类经济犯罪案件7600多件，挽回经济损失19.9亿元。组织开展“猎狐2017”专项行动，从22个国家（地区）缉捕在逃境外犯罪嫌疑人69名，其中“红通”逃犯5名。

【禁毒工作】　2017年，福建省委、省政府将禁毒工作纳入平安、文明、效能建设和社会治安综合治理整体推进，省人大常委会审议《福建省禁毒条例》实施情况，省禁毒委重新确定重点整治地区4个、重点关注地区11个，督促限期整改。省公安厅部署开展“飓风肃毒2017”会战行动，端制毒窝点、打贩毒团伙、控吸毒人员，并参与国际缉毒执法合作。全年全省破获各类毒品犯罪案件6691件，抓获毒品犯罪嫌疑人7537名，查获吸毒人员2.8万人次，缴获各类毒品近10吨、易制毒化学品100多吨。开展吸毒人员网格化服务管理，推进林则徐禁毒教育基地建设，举办“携手同心 共创无毒”纪念“6·26”国际禁毒日主题宣传、百年中国禁毒文物展览等系列活动，全省新发现吸毒人员比上年下降35%。是年，福建省禁毒工作综合绩效排名全国第二，国家禁毒委将对长汀县的通报警示调整为重点关注，取消对连城县、永安市的重点关注。

【治安防范管理】　2017年，福建省公安部门围绕党的十九大和“厦门会晤”安保大局，分阶段组织开展社会面管控“坚盾1—8号”系列集中统一行动，突出住宿（留宿场所）、娱乐场所、出租房屋、危爆物品、涉枪单位、寄递物流企业、“低慢小”目标、汽车租赁业和二手车交易业等治安重点要素，开展大排查、大清查，收紧社会面治安管控，净化社会治安环境。部署开展扫黄扫赌“无声风暴”、查处危险废物污染行为等专项行动，全年破获“四黑四害”案件3734件，捣毁一大批“黑作坊”“黑窝点”，保障人民群众的健康权。其中，侦破打击制售假烟违法犯罪“捕鼠”系列专案，是全国卷烟打假史上案值最高、涉案人员最多、查获涉案物品数量最多的制售假烟系列案件，公安部、国家烟草专卖局联合在福建省召开专案表彰现场会。制定出台“低慢小”、寄递物流、散装汽油、射钉器射钉弹等管理规范，上线运行危险物品“一体化”安全监管信息平台，严密各类治安要素管控。推进立体化治安防控体系建设，建成公安检查站68个，全部补齐长途客运场站、地铁、公交的安检设备，高铁沿线重点部位实现视频监控全覆盖。以实施标准地址二维码管理为契机，夯实实有人口、实有房屋管理，全省流动人口案前登记率首次突破90%。

【道路交通管理】 2017年，福建省推进道路交通安全综合整治“三年提升工程”，完成1017处省级道路隐患治理任务，建成农村交通劝导站1万余个、配备劝导员2.3万余人。实施城市道路交通文明畅通提升行动计划，城市道路交通秩序出现好转。开展酒醉驾、涉牌涉证、高速公路严重交通违法行为等专项整治，落实“逢六逢九”“逢五逢十”“逢二逢三夜查”统一行动，全年查处酒（醉）毒驾、货车超载、现场超速等严重交通违法行为374万起。加强重点车辆和驾驶人管理，大型公路客车、大型旅游客车、危化品运输车、校车检验率100%，“营转非”大客车检验率99.58%。加大宣传教育力度，向社会公布典型交通违法、事故案例111件，曝光全省终身禁驾人员260名、重点车辆百车违法率高的运输企业200家。是年，全省道路交通事故死亡人数比上年下降8.2%，较大道路交通事故起数下降36.8%，未发生较大以上道路交通事故。

【公安系统“放管服”改革】 2017年，福建省公安部门融合编制权责清单事项440项（含子项共1113项），推行行政审批“三集中”改革，实施“双随机一公开”监管改革。推进户籍制度改革，修订下发全省居民户口登记管理实施规定，出台非户籍人口在城市落户实施方案，放宽重点群体落户限制，全省实现居住证制度全覆盖，实现全国跨省异地办理居民身份证全覆盖、全对接。推进公安交管改革，深化自主报考和自学直考，全省汽车类驾驶人4个科目考试通过互联网预约925万人次，互联网约考占比接近100%。开展新能源汽车注册登记工作，福州成为全国第一批新能源汽车专用号牌推广应用城市。落实公安部方便群众办事创业28项举措、赋予福建自贸试验区15项出入境优惠政策，省公安厅推出一批便民服务新举措，在户政、治安、出入境、交通、消防等公安行政管理领域，进一步简化手续、简明流程、简捷操作。深化建设“福建公安网上服务中心”，整合12类312项便民办事服务项目，其中“最多跑一趟”和“一趟不用跑”项目55个，初步实现“一窗口对外、全流程贯通、一站式办理”。该服务中心获评2017年第二届全国行政服务大厅典型案例展示活动“信息化优秀”案例。

【法治公安建设】 2017年，福建省“两办”制订出台《福建省深化公安执法规范化建设的实施方案》。省委政法委牵头建设跨部门涉案财物管理中心，形成党政主导的法治公安建设新格局。建立刑事案件法制部门统一审核、统一出口工作机制，推动出台立法项目8个、临时性行政措施66项、重点执法制度95件，健全完善执法制度。以省级公检法名义联合下发刑事类案《证据册（第一辑）》，规范21类常见、疑难罪名证据规格和取证标准，进一步规范执法行为。建立警情全流程管控机制，警情录入处置率99.9%，全力保障民生。实施受立案制度改革，各级公安机关均设立案管机构，规范接报案、受立案等工作。推行执法办案积分制，推行法制员派驻制，推进基层所队法制室建设，初步形成“多办案、办好案”的正确导向。升级改造“公安执法公开信息平台”，公开行政处罚法律文书15万余份，推行“阳光执法”。

【反走私】 2017年，福建省公安部门部署开展打击走私“国门利剑2017”联合专项行动和打击洋垃圾走私专项行动，全年查办涉嫌走贩私案件4914件，其中涉嫌走私刑事案件187件，案值36.4亿元，涉税10.6亿元；行政案件2351件，案值23.9亿元。推进反走私综合治理，完善“井田式”管理模式，开展创建“打击走私综合治理示范村”活动，筑牢打私防控体系。 （林东阳）

【出入境管理】 2017年，福建省公安边防总队推动实力提升、体系建设、基础整治、创新治理“四大硬工程”，全面打赢“厦门会晤”边防安保阵地战和党的十九大边防安保攻坚战“两大主战役”，确保福建省沿海及开放口岸持续平稳，为护航“海丝”和新福建建设作贡献。

重大安保全战全胜。以最高标准、最严要求、最实举措，全面打赢“厦门会晤”和党的十九大边防安保决胜仗，确保位于边防辖区的会晤主会场、活动场馆和首脑住地的绝对安全，确保政治敏感时期福建沿海及开放口岸绝对安全，战时勤务组织、指挥调度、沿海管防、社会面控制、队伍管理等工作受到公安部、省委、省政府、省委政法委、省公安厅主要领导高度肯定，8个集体、1214名个人受到记功嘉奖。

打击整治成效显著。深化反恐“防回流”工作，建立打击走私“两堵一端”有效举措，开展“靖海固边”“固边肃毒”等专项行动，保持打击整治高压态势。年内，立刑事案件8509件、破3609件，立治安案件27948件、查处22748件，刑事、治安案件发案数分别占全国公安边防部队的26.6%、34.9%，居全国第一，发案率分别比上年下降30%、41%；缴获枪弹73支1100余发；查获在控对象772人、偷（私）渡和"三非"外国人案件284件991人，接收境外遣返人员333人次；查获走贩私案件1982件，其中成品油案件1936件3.5万吨，总案值约2亿元，案件件数、现场缴获量、总案值分别比上年增长54%、30%、19%；破获毒品犯罪案件393件，缴获各类毒品及制毒原料2.9吨，总量增长49%，国家禁毒委、公安部边防局3次电贺，省部级领导11次批示肯定。年内，辖区和口岸未发生影响对台工作大局、影响社会安定稳定的重大案（事）件。

服务发展多维推进。对接开放开发战略，以推进边检"福建模式"为抓手，出台边检综合便民服务机制，相关做法被省政府、省商务厅刊载推介，总队连续9年在全省口岸通关便利化考评中名列前茅。年内，检查出入境交通运输工具33693架（艘）次、人员318万人次，分别比上年增长9%、8%，业务量占全省的36.4%，占全国现役口岸的2.6%。对接军民融合战略，推广"三个融合"的新三都边防精神，厦门支队文创村警务室建设和自治共治做法受到时任中央政法委书记孟建柱肯定。跟进保障辖区重点项目，配合党委政府、公安机关化解矛盾纠纷，年内处置群体性事件4起180人。参与防抗台风等重大公共事件救助，年内出动警力21897人次、车辆7541台次、船艇86艘次，转移、解救渔船民和群众13.6万人次，挽回经济损失1.2亿元。

基础业务扎实过硬。出台总队党委1号文件，加强边防派出所公安业务和沿海管防工作，全省边防派出所整体水平大幅提升，新增6个二级派出所，一、二级边防派出所比例达77%。深度运用沿海管防"智能图"，开展边防基础要素摸排，摸排重点人2.6万名、事件131起、行业和单位3251家，核查船舶6.9万艘、渔船民13.6万人，采集基础信息14类12.2万条，做到"底数清、情况明、零盲区"。推进执法规范化建设，完善大监督平台和考评、标准、培训"三大"体系，提升依法治边能力，14个单位被省公安厅评为执法示范单位。

治理体系不断完善。聚焦实战研发并实体运行管边控海"六大系统"及"'四级'综合监控管理体系"，在此基础上启动岸海一体边防管控体系建设工作规划，船舶渔船民边防治安管理系统获公安部改革创新大赛优秀奖。打造稳边固防警辅力量、群防力量、社会力量"三支队伍"，走访辖区群众52万户次280万人次，创建模范村居779个、乡镇85个，创建所占比例分别为81%、58%。

（黄钰超）

【消防工作】　2017年，福建省消防部队以"厦门会晤"和十九大安保为主线，深入推进消防安全防控治理体系建设，持续打造现代化消防铁军，全省消防安全形势持续稳定，部队攻坚打赢能力稳步提升。涌现出全国公安机关优秀基层单位、获公安部集体一等功的三坊七巷中队，"公安现役部队先进基层党组织""红土消防卫士"龙岩支队古田中队，全国消防部队唯一党的十九大代表涂颜森、全国特级优秀人民警察涂烨等一大批先进典型。全省发生火灾8165起，死亡67人，受伤31人，直接经济损失1.1亿元，未发生重大以上和有影响的火灾事故。全省接警出动44790次，出动消防车73017辆次，出动警力42.4万人次，抢救被困人员6598人，疏散被困人员21997人，抢救财产价值61988万元。

落实消防安全责任制。突出党政主导。总队以"厦门会晤"消防安保为契机，积极协调推进各级政府落实消防工作领导责任，严格实施"十三五"消防事业发展规划等规范性文件，建立党委政府消防工作的责任清单、跟踪问效、严管严控等6项工作机制。各级政府层层召开消防工作会议，逐级签订责任状，构建消防工作责任体系。在国务院消防工作考核中，福建位列"优秀"。落实部门监管。充分发挥消防工作联席会议平台作用，配合相关部门在民宿业管理、养老机构、物业服务管理等方面起草、修改意见法规，厘清各部门管理职责，推动责任落实。强化督导问责。推动各级政府投入近亿元整治重大火灾隐患和区域性火灾隐患问题。1家国务院安委办挂牌督办、108家市县两级政府挂牌督办重大火灾隐患单位，12处区域性火灾隐患全部整改销案。

提高火灾防控水平。开展常态化整治。检查社会单位21.19万家次、督促整改火灾隐患或违法行为21.12万处、行政处罚7664家、临时查封2120处、责令"三停"1809家、拘留342人。六项执法指标较上年同期相比分别上升22.08%、22.48%、42.03%、93.08%、43.57%、197.39%。创新社会化管理。将消防工作纳入"数字福建"智慧城市"建设和省级综治网格平台，各地相继投入千万余元建设城市消防物联网监控系统，研发福建消防"三大平台"（网格化、物联网和行政审批服务平台），推出"智能微站"、掌上办公、VR消防演练、消防执法APP等一批创新品牌。组织对全省44家消防技术服务机构开展一级注册消防工程师资格证书挂靠问题专项清理整治和资质条件专项监督检查，净化消防技术服务市场。推进规范化执法。制订《深化改革便民服务若干措施》，对重大投资项目建立审批"绿色通道"和"预约服务"机制，对城市综合体、养老机构等场所取消部分前置审批事项，进一步降低受理门槛。

重大活动消防安保。制订系列重大活动消防安全保卫方案，精心组织实施，动员全社会力量，实现群防群治。针对"厦门会晤"，从安保维稳部、省公安厅及总队三个层面发动开展社会面火灾隐患排查整治，紧盯消防安全突出问题，制订任务清单、责任清单和问题清单，对厦门开展多轮地毯式排查，确保会晤期间厦门市"不冒烟不起火"、环厦地区不发生较大的火灾事故、全省不发生较大以上的火灾事故，厦门市实现连续17天"零火情"的最佳防控效果，形成具有福建特色的消防安保模式。抽调防、灭火骨干组成安保团队，贴身指导主责单位开展巡查检查、宣传提示、应急处置等工作，加强对涉会单位和临建场所的消防技术服务，源头管控场所安全，确保点上的绝对安全。

增强部队实战能力。全员实战练兵。分批组织开展支、大（中）队指挥员、攻坚组队员、车辆事故救援等各类集训和士兵职业技能鉴定。承办全国危险化学品事故处置培训，编创修订远程供水系统和消防机器人系统联用操等30多个石化灾害处置操法；组织开展全省地震、石化灾害、车辆事故救援处置专业骨干培训班，增强实战化、差异化练兵针对性，改进部队执勤训练考评办法，实行“每月一赛”比武竞赛机制，全员练兵成效得到有效检验。实地熟悉演练。突出“一高一低一大一化”等重大危险源，部署开展灭火救援演练月活动，组织完成石油化工、高层建筑、地震、水域等总队级实战演练17次，全省各级制修订预案8000余份。成立7大类61支专业队，总队省级地震应急救援队成为全国消防部队首支通过国家地震重型队测评的救援队。参与部消防局中部地区跨区域地震救援实战拉动演练，并取得综合成绩第三名。（郭成传）

检察

【概况】 2017年，福建省有98个检察院，其中，有9个设区市检察院和平潭综合实验区检察院，84个县（市）区检察院，2个派出基层监狱检察院（青草盂、鼓山地区）和福州铁路运输检察院，还设有国家检察官学院福建分院。检察机关内部机构按照职能划分为业务和综合两类，业务职能部门有：侦查监督、公诉、反贪污贿赂、反渎职侵权、刑事执行检察、民事检察、行政检察、控告、申诉、职务犯罪预防、生态资源检察、未成年人刑事检察、法律政策研究以及检察委员会办事机构、案件管理、涉台办等部门；综合职能部门有：办公室、政治部（处）、宣传、干部人事、教育培训、基层管理、机关党委、检察技术、司法警察、行政装备、纪检监察等部门。

是年，全省检察部门坚持全面从严治党、从严治检，持续开展“两提升五过硬”建设，引领和带动党的建设和队伍建设。加强机关党建工作，建立抓党建责任清单，完善和落实“1263”“三级联创”党建工作机制，调整设立党支部和党小组。落实全面从严治党主体责任，落实省委主体责任检查组反馈意见，提出整改措施43条，组织对设区市检察院开展巡视“回头看”，开展以落实中央八项规定精神为主要内容的专项检务督察。坚持把纪律挺在前面，查处违纪违法检察人员19人，对5名领导干部进行问责。强化实战实训，开展业务竞赛、观摩庭审等岗位练兵活动，分层分类分岗推进教育培训，集中培训检察人员2314人次。国家检察官学院福建分院被高检院评为“海峡两岸检察实务特色培训基地”。加快智慧检务建设，电子检务工程建设任务有序推进，初步建成“六大平台”，信息化建设和运用水平进一步提升。全省检察机关有295个集体和个人获得省级以上表彰，多个专题专项工作和检察理论研究工作走在全国前列，办理的10件案件入选全国检察机关指导性案例、优秀案例、典型案例，68名干警在全国性业务竞赛中获“十佳”“业务标兵”“业务专家”称号，77个检察院被评为全国和省级文明单位。

【司法保障】 2017年，福建省检察部门服务非公经济发展。坚持非公企业与公有制企业同等对待、平等保护，落实和完善与省工商联协作七项机制，依法维护企业合法权益。高度重视产权司法保护，制订加强产权司法保护“12条意见”，妥善处理历史形成的产权案件，排查六类涉产权刑事申诉、国家赔偿案件，对重大案件挂牌督办。服务对外开放先行先试。主动融入福建自贸区、21世纪海上丝绸之路核心区建设，发挥平潭综合实验区检察院和福建自贸试验区福州、平潭、厦门片区派驻检察室作用，依法惩治涉外贸易往来、外商投资、产业合作等领域犯罪，有针对性地为企业提供投资洽谈、合同签订、债权债务等方面法律服务。服务精准扶贫战略实施。落实中央、省委扶贫工作总体部署，与扶贫、发改、财政、审计和纪检监察部门建立扶贫工作协作平台，加强信息共享，加快线索移送。开展集中整治和加强预防扶贫开发领域职务犯罪专项工作，全省查办虚报冒领、截留私分、挥霍浪费扶贫资金等惠农扶贫领域职务犯罪175人，对53个重点扶贫项目挂牌同步预防。针对扶贫资金申报、审核、发放环节突出问题，组织对造福工程、雨露计划、油补粮补等18个扶贫资金项目进行梳理，保障扶贫资金安全。服务生态文明建设。完善“专业化法律监督＋恢复性司法实践＋社会化综合治理”生态检察模式，针对非法采伐红豆杉、采捕交易红珊瑚、买卖穿山甲、走私象牙制品、非法开采河沙海沙等问题，配合公安、法院和行政执法机关，部署开展一系列专项工作。推广恢复性司法理念运用，牵头制订完善生态修复机制指导意见，率先在全国检察机关实行生态修复令机制。落实河长制要求，在全省推开派驻河长办检察联络室工作机制，设立全国首个省级驻河长办检察联络室，推动跨区域跨部门联动协作，整治涉水涉湖生态环境。

【社会大局稳定维护】 2017年，福建省检察部门深入开展反渗透、反恐怖、反间谍、反邪教工作，打击涉枪涉爆、盗抢骗、制贩毒品、拐卖妇女儿童等犯罪，加大对电信网络诈骗、组织领导传销、非法吸收公众存款、集资诈骗、食品药品安全等犯罪打击力度，全年批准和决定逮捕各类刑事犯罪嫌疑人33297人，比上年下降3.8%；起诉64002人，增长1.36%。建立重大敏感案件快速反应机制，实行三级检察院联动处置，妥善处置重大敏感案件93件。坚持把防范执法办案风险贯穿全过程，推广律师参与化解和代理涉法涉诉信访，代理刑事申诉、国家赔偿案件等制度，化解矛盾纠纷。开展检察环节风险隐患排查、化解和稳控，对有信访风险隐患等涉检信访案件，逐一落实责任单位和责任人，分类调处，跟踪化解。关注社会治安动态，参与对学校、医院、人流密集场所等重点领域治安防控，配合做好严重精神障碍患者、刑满释放人员服务管理。针对青少年违法犯罪问题，完善保护性办案、社会化帮教、修复性救助、多元化普法“四位一体”未成年人检察工作模式，规范未成年人法律援助、社会调查、帮教矫治和犯罪预防。参与校园欺凌专项治理，依法打击涉及校园安全犯罪活动，开展“法治进校园”全省巡讲活动，全省三级检察机关开展法治宣讲1400余场，覆盖学校1100余所，受教育师生106万余人。

【职务犯罪查办预防】 2017年，福建省检察机关立案侦查职务犯罪1183人，其中贪污贿赂犯罪954人，渎职侵权犯罪229人。突出查办大案要案，立案侦查处级以上干部55人，百万元以上案件119件。根据最高检指定管辖，办理省部级干部案件3件。持续抓好专项查办工作，推动一些地区在金融、教育、交管、环卫、消防等领域开展小专项，查办一批民生领域职务犯罪案件。加大追逃追赃力度，敦促或抓获在逃职务犯罪嫌疑人归案56人，其中从境外抓获、劝返7人。推进行业性廉政风险防控，联合省邮政公司开展“预防职务犯罪邮路”，推行职务犯罪案件庭审警示教育，探索建立行贿犯罪档案互联网查询系统，展播廉政短片，增强预防效果。提高政治站位，配合全面推开国家监察体制改革试点，按照改革时间节点配合做好反贪、反渎、预防部门的职能、机构、人员整体转隶工作。开展案件结案和线索清理，做好赃款、赃物上缴和移交工作，确保转隶工作顺利进行。

【法律监督】 2017年，福建省检察部门开展破坏环境资源和危害食品药品安全两个专项立案监督，深化对公安派出所刑事侦查活动监督，推进侦查活动监督平台运用试点，探索建设刑事案件信息共享平台。监督公安机关立案、督促撤案825件，追加逮捕708人，追加起诉977人。加大刑事审判监督力度，构建以抗诉为中心的刑事审判监督格局，对有罪判无罪、无罪判有罪、量刑畸重畸轻等确有错误的裁判，提出刑事抗诉188件。巩固刑事执行专项监督成果，针对罪犯交付执行专项清理遗留问题，逐案逐人查清原因，联合法院、公安厅、司法厅制订《罪犯送交监狱、看守所执行刑罚有关规定》，规范刑罚执行活动。加强刑事执行监督，深化判处实刑未执行刑罚专项活动，开展财产刑事执行专项检察活动“回头看”，监督纠正刑事执行领域突出问题。加强民事行政检察监督，办理各类民事行政监督案件3385件，对认为确有错误的民事行政裁判提出抗诉或再审检察建议139件，对裁判正确的依法做好息诉服判工作。推动诚信诉讼环境建设，重点查处民间借贷、离婚财产分割等领域虚构事实打“假官司”问题，探索对虚假仲裁、虚假公证的监督。开展督促收取矿山生态环境恢复保证金和人防费收取专项监督，督促收取金额1.5亿余元。开展检察机关提起公益诉讼工作，对行政机关拒不履行职责的，依法提起公益诉讼。自2015年9月试点以来，办理公益诉讼案件1095件，其中，履行诉前程序1012件，提起公益诉讼83件，督促挽回国有资产损失价值8亿余元，已判决的案件中检察机关均胜诉。

【司法体制改革】 2017年，福建省检察部门着眼优化司法职权配置，推动司法体制改革和检察工作机制创新。检察人员分类管理格局基本形成，司法责任制到岗到人，省以下地方检察院编制、财物实行统一管理，司法责任制改革面上任务基本完成。常态化开展检察官入额遴选，统一设置准入条件和禁止条件，公开组织考试考核。建立检察官退出员额制度，明确退出员额4类16种情形。推进检察人员分类定岗，合理配备各部门员额检察官，加强检察辅助人员配备，完成全省首批1030名聘用制书记员招录工作。贯彻中央关于全面落实司法责任制的意见，制订实施细则，修订完善检察官权力清单。落实入额院领导直接办案要求，对办案方式、办案数量、案件类型提出指导性要求，建立院领导直接办案情况通报制度。全省入额院领导直接办理案件10806件。推进内设机构改革，设区市院和基层院内设机构大幅精简。省以下检察院编制经费上收省级统管，检察人员工资、绩效政策落实到位。全力配合国家监察体制改革试点，推进案件侦结、线索移送、涉案财物处置，做好反贪、反渎、预防部门的机构、职能和人员整体转隶。三级检察院转隶工作顺利完成，划转政法编制2115个，转隶人员1102人。推进以审判为中心的刑事诉讼制度改革、认罪认罚从宽制度试点等机制性改革，取得阶段性成效。（董利炜）

法　院

【概况】 2017年，福建省法院受理各类案件979161件，办结876770件，分别比上年上升7.11%和17.21%，其中，省法院受理18621件，办结16316件，分别上升54.21%和79.00%。办结案件中，刑事案件79808件，民商事案件445554件、标的总额2410.73亿元，行政案件23454件，管辖案件8338件，国家赔偿与司法救助案件1125件，区际司法协助案件8338件，国际司法协助案件1370件，司法制裁案件144件，非诉保全案件2323件，执行案件305996件、标的总额206.20亿元，强制清算与破产案件101件。

是年，全省法院坚持党对法院工作的全面领导，将政治建设摆在首位，推进“两学一做”学习教育常态化制度化，始终在政治立场、政治方向、政治原则、政治道路上同以习近平同志为核心的党中央保持高度一致。推进福建法官司法能力提升行动和“四个人才工程”建设，推进干部选拔任用和一级高级、二级高级法官择优选升工作，加快建设全省司法人才库、法院新型智库，举办全省法院员额法官培训、全省法院司法警察警务技能汇报演练等，省法院举办培训班35期、培训46578人次。执行中央八项规定精神，驰而不息整治“四风”“不严不实”“差错漏失拖”，实现全省法院第二轮司法巡查工作全覆盖，开展廉洁司法集中教育，完善大督察等长效机制。巩固拓展“1263”机关党建工作机制建设成果，组织开展党建成果专题研讨活动等，开展向廖俊波、邹碧华、詹红荔、黄志丽及陈少华、陈群等先进典型学习活动，形成“荔丽八闽、先模成群”的群体效应。省法院获评第五届“全国文明单位”、全省“平安先进单位”。

【法院服务经济社会发展】 2017年，

福建省法院系统依法维护社会安全稳定。严厉打击各类犯罪，其中一审审结严重暴力犯罪、多发性侵财犯罪等案件45135件，破坏社会主义市场经济秩序犯罪案件3063件，增强人民群众安全感。做好职务犯罪案件审判工作，一审审结贪污、贿赂、渎职等职务犯罪案件1149件。审结最高人民法院指定管辖的原中管干部周某某、艾某某、钟某某等重大职务犯罪案件3件。坚持宽严相济，在生效判决的57909名罪犯中，被判处五年以上有期徒刑直至死刑3855人，判处缓刑、管制等非监禁刑18263人。推进社会治理创新，参与打击网络政治谣言、扫黄打非等专项行动，办结减刑、假释案件20552件，加强社区矫正、少年审判、帮教救助等工作，促进平安福建建设。推进矛盾纠纷多元化解，为省人大常委会通过《福建省多元化解纠纷条例》提供司法意见建议，健全完善与省旅发委、省环保厅、证监会福建监管局等26个部门、行业的诉调对接机制，省法院与省司法厅等共同推进全省人民调解工作，加强法院对人民调解工作的业务指导和司法支持。

依法保障经济平稳健康发展。研究制定加强产权司法保护、服务保障社会信用体系建设等司法指导性意见20余份，妥善审理供给侧结构性改革、产业转型升级等过程中发生的各类纠纷案件。完善金融案件集中管辖、纠纷预警和破产案件简化审理、破产与执行程序衔接等机制，推进证券期货纠纷多元化解机制试点，审结公司、股权、证券、保险、票据等纠纷案件9624件。省法院成立专门的金融破产审判机构民五庭，各中级人民法院均成立专门的金融破产审判庭或合议庭。推进知识产权民事、行政和刑事案件审判“三合一”工作，审结知识产权案件7758件，成立福州知识产权法庭。深化行政案件跨域管辖机制改革，完善府院联席会议和良性互动机制，推进行政争议实质性化解。

依法促进福建深化改革开放。妥善办理涉台案件2756件，办结司法互助案件6996件，在全省推广设立台胞权益保障法官工作室，举办第九届海峡两岸司法实务研讨会。围绕“一带一路”和海丝核心区建设，审理涉外、涉港澳、涉侨、海事海商、铁路运输等案件13550件，举办司法服务保障“一带一路”研讨会。完善平潭综合实验区人民法院、自贸试验区法庭和审判庭审判工作机制。围绕国家生态文明试验区建设，创新完善福建法院生态司法保护16项工作机制，审结生态环境案件2376件，打造更高水平、更加亮丽的生态司法“福建样本”升级版。省政府与省法院以生态文明建设为主题召开第四次联席会议。最高人民法院在福建省召开加强生态文明建设司法保障研讨会。

【司法改革和信息化建设】 2017年，福建省法院系统推进司法责任制改革。完善落实各类人员权力和职责清单、工作指引、裁判文书签署签发制度等，加强分类定岗、职责分工、办案模式、团队管理、绩效考核等制度衔接。全省法院均成立专业法官会议，组建新型办案团队1448个，确定10个基层法院开展内设机构改革试点，全省法院院庭长直接办理案件390920件，占全省法院办案总数的44.59%。做好入额法官等级确定、晋升和第二批入额法官遴选工作，2017年底，员额法官4072人，占中央政法专项编制的38.2%。完成全省法院第一批1920名聘用制书记员统一招聘，推进省以下地方法院人财物统一管理等改革。

深化诉讼制度和审判机制改革。制订全面推进以审判为中心的刑事诉讼制度改革实施方案，开展刑事案件庭前会议、非法证据排除、法庭调查“三项规程”试点。福州、厦门试点基层法院适用认罪认罚从宽制度审结刑事案件7230件8006人。推进繁简分流和调解速裁机制改革，促进“简案快审、繁案精审”，全省法院以调解、撤诉方式办结各类案件177018件，一审案件适用简易程序的占67.79%。深化家事审判方式和工作机制改革，省法院牵头建立全省家事审判改革联席会议制度并召开第一次全体会议。在全国率先创新开展“诉讼与公证协同创新”，最高人民法院、司法部联合发文推广。深化人民陪审员制度改革试点，全省6628名人民陪审员参审案件134789件，一审普通程序案件陪审率89.36%。审判辅助事务管理创新、网格化送达两个案例入选最高人民法院首批推广的20个司法改革典型案例。

推进法院信息化建设。建成福建智慧法院管理中心，关联670余万件案件、1595万余名当事人、1980万余件文书、7.15亿多个信息节点。建立省级司法数据集中分析平台，完善“三库”“四网”“七平台”和“八个看得见”，推进电子卷宗随案生成、“智审”业务平台、案件权重系数绩效评价、减刑假释信息化办案平台等建设，加强法院信息化与执法办案等工作的深度融合运用。省法院与阿里巴巴集团签署战略合作框架协议。省法院被评为全国“智慧法院”建设先进单位。

【公正司法】 2017年，福建省法院系统严格公正办案。严把案件事实关、证据关、程序关、法律适用关，妥善审理缪新华案等重大敏感复杂案件，完善冤假错案发现、纠正、防范机制，依法宣告27名被告人无罪。弘扬社会主义核心价值观，通过打击犯罪、化解矛盾，褒奖善行义举，谴责歪风邪气。

加强审判监督管理。完善审级监督、审判管理、案例指导等制度，发布毒品犯罪、旅游纠纷、产权司法保护典型案例。全省法院各类案件法定审限内结案率95.67%，一审和二审后当事人服判息诉的占98.53%。开展集中清理信访积案和各类长期未结案件工作，清理一批积案难案。加强对基层法院的业务指导，全省基层法院办结案件743310件，占全省法院办结数的84.78%，其中人民法庭办结案件167949件。

扩大司法公开民主。完善审判流程、庭审活动、裁判文书、执行信息、监督管理五大公开平台，庭审直播16410场，公开裁判文书550214份。全省法院全部开通互联网站、官方微博、官方微信等。推进“七五”普法，加强以案释法和司法建议，完善典型案例、法院新闻发布制度。全省三级法院同步开展宪法宣誓、千人大宣讲、公众开放日等国家宪法日系列活动。

【司法为民】 2017年，福建省法院系统妥善审结民生案件。完善医食住行和教育、就业、社保等领域维护群众权益工作机制，妥善审结婚姻家庭、扶养继承等案件44325件。加强司法服务保障脱贫攻坚工作，健全完善案件审理、便民利民、挂钩帮扶、驻村蹲点、志愿服务、参与乡村治理等机制。加强涉军维权和司法拥军，出台为军队和武警部队全面停止有偿服务工作提供司法保障的意见。

强化权益保障。加强司法救助工作，省法院成立司法救助委员会。健全完善国家赔偿重大案件内部衔接、大要案报告、法律援助、全程协商、心灵抚慰五大机制。推进涉诉信访法治化改革，健全涉诉信访案件律师参与化解、依法终结等制度，推进刑事案件律师辩护、律师调解、法律援助、值班律师等改革。

完善便民机制。深化立案登记制改革，拓展深化跨域立案服务，推进诉讼服务司法协作，建成诉讼服务大厅、ITC自助服务终端、网上诉讼服务平台、掌上诉讼服务帮手、12368诉讼服务热线五位一体诉讼服务平台。“福建智慧法院ITC诉讼服务自助终端”入选“砥砺奋进的五年”大型成就展。

【基本解决执行难】 2017年，福建省法院系统加强积案清理。以省市县（区）人大常委会三级联动听取和审议法院执行工作情况报告为契机，聚焦基本解决执行难目标，重点突破有财产可供执行案件、民生案件等六类案件，落实集中执结一批等“十个一批”，破解财产处置变现难题等十大难题。部署推进春夏秋冬“四大战役”，组织全省法院开展集中统一执行行动，召开执行联动机制建设推进会，决胜“基本解决执行难”攻坚战。截至2017年底，全省法院清理历年执行积案50.78万件，发放执行案款64.4亿元。

加强执行联动。与相关部门建立健全联席会议、信息互通、资源共享等机制，推动完善“党委领导、政法委协调、人大监督、政府支持、法院主办、部门配合、社会参与”的基本解决执行难工作格局。执行联动成员单位已扩展到71家。落实中办国办意见和省“两办”实施意见，共建失信被执行人联合信用惩戒体系，规定12类43项联合惩戒措施，发布失信被执行人信息165790例。对拒不执行判决、裁定的125人依法追究刑事责任。

加强执行信息化。加快执行指挥系统建设，实现全省三级法院执行指挥系统互联互通。网络执行查控覆盖10大类100个协执单位。截至2017年底，累计查控银行存款3081.06亿元，查询房产、土地、车辆等1658.56万件次。推进网络司法拍卖，为当事人节约佣金4.995亿元，实现零佣金、零投诉。

（王伟文）

司法行政

【概况】 2017年，福建省司法行政系统坚持以习近平新时代中国特色社会主义思想为指导，坚决贯彻落实中央、省委、省政府和司法部的决策部署，特别是党的十九大会议精神，坚持以人民为中心的发展理念、以服务新福建建设为主线、以深化改革创新为动力、以全面从严治党为保证，积极作为，攻坚克难，奋力争先，各项工作都取得较好成效。全年调解矛盾纠纷14.2万件，调解成功率98.4%。全年办理诉讼和非诉讼法律事务20万件，公证59.1万件，法律咨询17.5万人次，法律援助3.6万件，司法鉴定9.8万件，行政审批和公共服务事项1.5万件。

【监狱管理】 2017年，福建省监狱系统连续8年实现“四无”安全目标，连续11年保持生产安全无事故。坚持监狱“六化”发展方向，推进监狱工作标准化建设，建成福建省监狱指挥中心应急指挥平台；深化狱侦工作五项成效量化考评机制，累计排除各类安全隐患445处，立案侦办狱内案件12件，移交公安机关涉嫌漏罪罪犯92人，成功捕回历年在逃罪犯14人。全面启动“阳光工程”，建成全省监狱网络教育电视台，举办亲情规劝活动200余场，开展心理辅导和危机干预8703人次，推进非物质文化遗产技艺培训传承，罪犯职业技能培训取证率90%以上，罪犯改好率保持在95%以上。维护罪犯合法权利，推进罪犯食堂改造升级和达标医院创建，17个监狱单位全部完成罪犯热水澡工程和日用品选购电子平台建设。

【司法强制隔离戒毒】 2017年，福建省戒毒系统连续21年保持安全生产无事故。部署开展安全稳定专项活动，戒毒人员传染病和精神障碍筛查率100%，开展场所开放日20次、社会帮教活动70场，心理咨询1072人次，团体辅导135场，入出所教育落实率均为100%；加快推进戒毒工作规范化，修订完善戒毒管理类规范性文件30余项，制订所政管理、教育矫治等13项业务目标管理考评细则。福州强戒所生产劳动工作规范化建设宣教片和康复运动教学案例分别获选全国戒毒系统生产劳动工作培训班教材和“十佳示范案例”。

【社区矫正和安置帮教】 2017年，福建省有培育社区矫正教育示范所40个。培育社区矫正帮扶社会组织招募骨干志愿者队伍4556人，县均55.4人，做法得到司法部肯定，在全国座谈会上作经验交流。在全省631个司法所开展社区服刑人员网格化管理试点，帮扶在矫人员未成年子女7476人。对全省2.42万名社区服刑人员100%摸排到位，对全省14.43万名刑满释放人员（解除矫正两年内、刑满释放五年内）逐一排查走访，排查率99.5%，稳控率100%，社区服刑人员和刑释人员重新犯罪率分别为0.19%、0.1%，低于全国平均水平。省司法厅社区矫正局被授予“全省综治先进集体”称号。

【社会矛盾纠纷化解】 2017年，福建省司法厅与省法院联合召开全省人民调解工作会议，配合有关部门出台《福建省多元化解纠纷条例》，下发《关于健全完善生态环境资源矛盾纠纷多元化解工作机制的意见》等文件，主动融入多元化解，拓展调解领域。至年底，全省成立行业性专业性人民调解组织1982个，建立驻公安派出所人民调解室940

个、驻法院人民调解室161个，建立以个人名字命名的调解工作室422个。7个调委会和28名调解员分别获全国模范调委会、模范调解员称号，1名调解员获评福建省“十大法治人物”。

【法律服务水平提升】 2017年，福建省司法行政部门突出法律服务重点，组建7个法律服务团，制订全省司法行政机关服务重点项目实施意见，对接省、市、县2017年重点项目。全省律师事务所与企业结对3079个、律师参与服务重点项目8794人次，为各级党委政府重大决策提供法律依据2773次、法律服务12309件（次)、法律体检1850次、法律意见4083件。健全法律服务体系，推进公共法律服务实体、热线、网络三大平台建设，建成市（县、区）公共法律服务中心78个、乡镇（街道）法律服务站1033个、村（社区）法律服务点14492个，村（社区）法律顾问覆盖率99.7%，开通市县两级“12348”服务热线。提升法律服质量，发布2016年度福建省律师社会责任报告，开展政府法律服务、“一带一路”等律师实务研讨30多场次。组织公证执业“五不准”督导检查，拓展金融、知识产权等领域的公证服务，全省公证机构与62家银行业金融机构建立固定联系。规范法医毒物（酒精检测）鉴定执业活动，组织开展鉴定能力验证现场测评，加强司法鉴定收费监管，推动80家鉴定机构实现案件信息化管理，52家鉴定机构通过国家级和省级资质认定。扩大法律服务领域，设立法律援助站点2029个，建成法律援助临街便民窗口87个，临街率92.55%。放宽法律援助经济困难执行标准，扩大民生密切相关的法律援助事项，强化法律援助案件质量监管，推广“互联网+法律援助”服务模式，组织开展十佳农民工法律援助案件评选活动。同时，组织国家司法考试，连续16年实现考务工作零差错。

【普法依法治理】 2017年，福建省司法行政部门推动普法责任落实，推动省人大出台《福建省法治宣传教育条例》，制订福建省国家机关“谁执法谁普法”责任制考评标准，下发《关于完善国家机关工作人员学法用法制度的实施意见》，推动党委（党组）中心组和政府常务会议学法制度落实，实现将法治宣传教育纳入治安综合治理、精神文明创建、绩效考核的重要内容。“双百”活动在省市县三级党委中心组学习、直属机关、政法机关和党校实现全覆盖，组织开展领导干部法治讲座和培训3852场次，推动全省实行处级干部任前法律知识考试。联合省检察院、省教育厅开展全省“法治进校园”巡讲活动，完成法治宣讲988场，覆盖学校1004所，受教育学生56万余人；建成县级以上综合性青少年法治教育实践基地84个。传播法治正能量，组织开展全省遵法学法守法用法、“12·4国家宪法日”、《民法总则》等主题学习宣传活动，新建法治文化广场（公园）142个，与省电视台新闻频道合作开办《律师在现场》法治栏目，完成《百姓法治宝典》及配套APP编制研发。举办第二届福建省“十大法治人物”评选表彰活动，组织国家级、省级法治县（市、区）创建先进单位和民主法治示范村（社区）申报考核工作。福建省普法依法治理工作“目标精准化、任务项目化、考核体系化”的经验做法得到司法部、全国普法办高度肯定并向全国推广。

【司法行政改革】 2017年，福建省司法行政部门推进11个方面42大项改革任务落地见效。完善监狱刑罚执行制度，修订完善罪犯计分考核和分级处遇实施办法，制订出台办理罪犯减刑假释案件实施细则，编印新版狱务公开手册，部署开展治本安全观模范监狱试点。制订出台全省司法行政戒毒工作规范化建设实施意见，编发“七个规范”指导手册，探索建立信心戒毒工作体系，深化“361”戒毒模式改革创新。健全完善全省统一的社区矫正执法标准，出台福建省社区服刑人员入矫教育规定。部署开展“两代表一委员”参与人民调解工作试点，打造人民调解新品牌。深化律师制度改革，建立全省律师工作联席会议制度，成立省市律师协会维权和投诉两个中心，全省公职、公司律师数量分别位居全国第二和第三位，启动律师参与调解和城市执法工作试点。完成闽江公证处改制，开展4个合作制公证机构试点；联合省法院出台诉讼与公证协同创新意见，在全省11家公证机构推广试点。推进环境损害司法鉴定改革，联合省环保厅组建福建省第一批71名评审专家库，联合省法院建立健全司法鉴定管理与使用衔接机制。推动以审判为中心的刑事诉讼制度改革，推进法律援助参与申诉案件代理，在福州、厦门两地开展认罪认罚从宽制度试点，全年办理案件6180件次；全省95个法院、72个看守所实现法律援助值班律师全覆盖。完善人民监督员案件监督评议机制，全省人民监督员累计参加案件监督评议123件，参与人数431人次，分别比上年增长83%、84.1%。按照“放管服”要求，编制简政放权监管权责清单，下放21项行政审批和服务事项，精简14项行政审批申请材料，重新梳理30大项59小项标准化服务指南，厅行政服务中心业务即办率70%以上。在全国司法行政系统率先委托第三方评估机构，对十八届三中全会以来司法行政牵头和参与的10个方面重点改革任务落实情况进行全面评估。

【司法行政保障】 2017年，福建省司法行政部门坚持重心下移、力量下沉，建设基层、服务基层、发展基层。投资2.41亿元，推进洛江、翔安、闽西等监狱和福州、泉州、南平等强戒所重点项目建设，女子强戒所实现整体搬迁。推进市县司法局业务用房建设，年内新完工项目4个。推进司法所规范化建设，在全省司法所启动实施为期3年的“五个一”岗位大练兵活动。加强执法执勤用车管理，建立省市县三级执法执勤用车管理平台，得到省控办肯定和推广。推进全系统信息化建设，实现与省政府闽政通数据的对接导入，推动25个监所单位和6个社矫场所监控与司法部指挥中心联网。启动监狱管理综合业务平台研发，12个监狱单位完成自动灭火系统和火灾自动报警系统建设，6个戒毒单位安防系统进行升级改造。（马　莉）

编辑：林忠玉

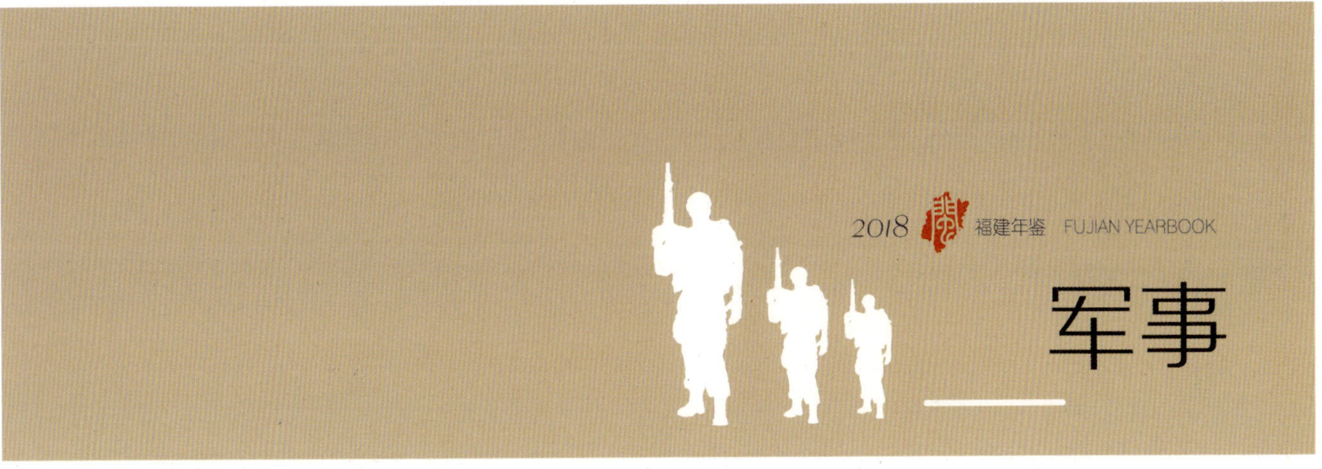

福建省军区

【概况】 2017年是福建省军区改革重塑的历史性年份。省军区抓住强军主题、改革主线、备战主责、动员主业、稳定主调，经受住改革落地、迎接盛会、肃清肃纪、大项任务、安全稳定等考验，在新时代迈出从容坚定的第一步。突出抓好3件大事：一是迎接和学习宣传贯彻党的十九大兴起热潮。聚焦首要政治任务，开展“维护核心、听从指挥”主题教育，推进“两学一做”学习教育常态化、制度化，常委带头、肃清郭徐流毒影响“两个清理”，为迎接十九大做好思想政治准备；组织全区收听收看十九大盛况，抓好原原本本学习、常委专题学习、领导干部到基层宣讲、师团干部理论集训、主题党团日和重温入党誓词等活动，创建文化媒体中心、运用“一网一号一平台”宣传反映学习动态，形成学习贯彻的强大势场。二是统筹推进调整改革平稳落地。贯彻改革强军战略，把强有力的组织领导、思想引导、攻坚克难贯穿始终，完成所属海防部队、预备役部队等建制单位转隶移交，交出“托底账”“明白账”“历史账”；完成省军区、军分区（警备区）、人武部和直属单位调整组建，7月1日按新体制、新编制运行；听令展开老干部服务保障体制、民兵力量调整改革，完成全军驻闽休干机构及人员转隶接收任务。三是打好备战动员“四场战役”。“厦门会晤”安保，建立三级指挥机构和“护城河”“三圈”部署，完成“五项任务”，受到军地各级肯定；如期完成动员能力检验评估等3项试点和新大纲试训论证任务；组织教学骨干强化训练和考核比武，落实三级机关国防动员业务综合考评；组织重难点问题研讨，以参加战区研练检验提升备战动员能力。

【军区改革与发展】 2017年，福建省军区坚持改革建设安全“三不误”、互促进，推动各项工作取得一系列新的进步。抓党委建设，组织军委主席负责制学习教育，加强新调整班子民主集中制建设，自上而下开好党委民主生活会，调整成立党委政法委，抓好省军区第十次党代会筹备工作，从主动按月足额交纳党费等“小事”抓起，从人力资源选配、大项经费开支等敏感事务严起，各级党委班子创造力、凝聚力、战斗力不断增强。抓政治建军，以学习习近平强军思想、党委专题学习调研、高级干部学风整顿深化理论武装，用主题教育统领经常性思想教育，开展“强军风采”、纪念建军90周年系列活动，常态化落实“四反”调研、军地协作、政治考核和网上舆情管控，做好古田全军政工会“下篇文章”。抓主业主责，严格调整改革、“厦门会晤”、十九大等敏感时期日常战备，组织非战争军事行动能力建设交流观摩，参加防抗台风、抢险救灾；落实整组“四项改进措施”，推进“闽兵一号”民兵信息系统建设，完成全省基干民兵训练任务；组织三级征兵机构“四个业务”培训和新任职专武干部集训，完成全年新兵、进藏兵征集任务；以国防教育日、宣传周、军事夏令营等活动为抓手深化国防教育，在全社会聚集国防教育正能量影响。抓军民融合，跟进设区市书记调整任命第一书记，推动设立省军民融合发展委员会和办公室，出台融合发展实施意见等文件，支持宁德建设军民融合创新示范区，深化资助贫困学生、义务巡诊等双拥共建，帮扶寿宁下党乡，打好扶贫攻坚战，介入“闽宁合作”模式，巩固军政军民团结。抓从严治军，推进“三个一线”领导管理能力集训试点，探索试行运行机制；严密组织安全大检查、“百日安全活动”，强化“四不两直”检查，严格城市警备纠察，保持部队安全稳定；牵头做好全面停止有偿服务工作；加大正风肃纪执纪力度，部队政治生态持续向上向好。抓服务保障，理顺保障关系，畅通日常供应，组织官兵体检、干部疗养、落实休假，协调落实转业干部安置、军人子女入学等政策；组织枪弹、油料系统、津贴补贴等专项清理整治和装备“五查”活动，地方领导住用军队公寓住房全部清退。

【国防教育】 2017年，福建省军区开展第17个全民国防教育日及福建省第3个全民国防教育宣传周活动，组织全省

160名中学生参加军事夏令营活动，会同省教育厅举办全省大学生“爱我国防”演讲比赛，协调机关领导和10名国防教育讲师团成员到党政机关、高校、企业和社区开展国防教育宣讲，在全社会营造热爱国防、崇军尚武氛围。

【全面停止有偿服务】 2017年6月2日，福建省军地有关领导参加“深入推进军队和武警部队全面停止有偿服务工作电视电话会议”。省委书记、省长挂帅省军地协调领导小组，建立和落实军地联合工作机制。省军区领导机关先后20余次调研有偿服务项目情况，研究解决问题。会同省高院召开全省法院系统支持军队停止有偿服务工作电视电话会议，与省司法厅共同遴选发布全省26家优质律师事务所、18个公证机构和9个司法鉴定机构，建立健全停止有偿服务工作司法保障体系。截至2017年底，关停项目589个，完成阶段性目标。

【省征兵领导小组会议和全省征兵工作电视电话会议】 2017年7月24日，福建省军区召开省征兵领导小组会议，分析全省征兵形势，查找当前征兵工作存在的主要矛盾问题，研究制订对策措施。随后，召开全省征兵工作电视电话会议，省市县三级征兵领导小组和办公室成员、驻闽部队、高校相关人员参加。会议传达全国征兵工作会议精神，总结2016年度全省征兵工作，部署2017年度全省征兵工作。

【“厦门会晤”安保】 2017年，福建省军区坚持把“厦门会晤”安保作为重要政治任务，围绕东部战区赋予的“三个组织、两个参加”5项任务，建立“省军区—警备区—人武部”三级指挥机构，组织全区任务单位值班部位与军队安保联合指挥部同步进入一、二级值班备勤，“厦门会晤”期间，动用警备纠察兵力在环闽13个查控点，环厦、环岛9个查控点，建立“护城河”“三圈”部署；动员民兵编组“低慢小”目标观测小组和民兵反恐应急分队，发现处置269批次地空异常情报信息，受到军地各级肯定，展示良好作风形象。

【兵员征集】 2017年，福建省军区针对省军区系统调整改革、征兵工作启动较晚、征兵工作人员成分新的实际，开展征兵“四个业务”培训，在全省范围内推广试行《审批定兵工作规范》，研究制订《廉洁征兵监督员选取办法》，协调出台进藏兵优抚优待5条政策；瞄准大学生征集主体，规范全省高校征兵工作站建设，研究制订大学生征兵宣传“双十条”措施，协调召开高校入伍大学生座谈会，在福州火车站举行2017年度福建省暨福州市新兵欢送大会，督导落实大学生参军“四优先”“省五条”等优惠政策，“高校征兵宣传月”和大学生士兵先进典型巡回宣讲有效激发适龄青年应征热情。

【全省新任职专武干部业务集训】 2017年10月15日至11月12日，福建省军区组织全省新任职专武干部集中强化培训。集训围绕“学理论、训技能、强业务”，安排政策法规、基本理论、重点业务、方法经验4个专题，采取授课辅导、技能训练、参观见学、研讨交流、考核评比相结合的方法，协调组织36次集中授课辅导、2个波次授课教案会审和重点课目试讲，组织1次现场参观教学、1次专题调研、3次体会交流和4次阶段考核评比，取得良好成效。

（汪志辉）

武警福建总队

【概况】 2017年，武警福建总队贯彻习近平强军思想，围绕迎接、保卫、学习、贯彻党的十九大这条主线，把握“五个大考”特殊政治考验，聚焦“三大任务”，发扬奋发有为的工作姿态，部队全面建设呈现出开新图强、稳中有进、提力发展、持续向上的良好态势。

强化政治引领，官兵“三个维护”的思想根基进一步牢固。坚持把迎接、学习、贯彻党的十九大作为首要政治任务，以“两项重大教育”为牵引，制订十九大精神学习贯彻实施意见，落实“八抓措施”，推动习近平新时代中国特色社会主义思想武装头脑、落地生根。宁德支队学习贯彻十九大精神做法被中央电视台新闻联播报道。着眼“改革强军、喜迎盛会”形势背景，推进“四心工程”，开展以迎接十九大和建军90周年为主题的卫士风采系列文化活动，凝聚强军兴军正能量，官兵维护核心、听从指挥的思想政治基础更加牢固。

聚力练兵备战，以保卫十九大为核心的各项任务完成圆满。落实科技强勤会议精神，开展“学规范、查隐患、找问题、补漏洞”执勤教育整顿，推进“五防一体化”建设，固定勤务连续20年安全无事故。以打好“三场维稳战役”为牵引，以“厦门会晤”安保任务为主轴，推进总队机关“两室三中心”和战备“三化”试点建设，组织野营拉练、“魔鬼周”极限训练、“卫士—17·闽剑”演习、赴古巴特种部队执教等演训活动，推进武警部队新大纲集训筹备，部队遂行任务能力不断提升。全年完成春运执勤、冬休警卫、武装巡逻设卡等任务3000余起，维护全省社会大局稳定。在“厦门会晤”安保任务中，发挥属地总队指挥职能，动用总队和配属部队，高标准实现党中央、习近平主席的决心和意图。厦门支队发挥“小牛拉大车”的拼劲，承担各项保障任务，为打赢“厦门会晤”安保这场硬仗作贡献。

稳妥推进改革，部队转型重塑迈出历史性步伐。持续转化“提振精气神、聚力迎大考”教育成果，组织调整改革专题教育，跟进做好一人一事思想工作，各级自觉支持改革、拥护改革、投身改革。按照科学高效稳妥原则，加强改革筹划设计，突出抓思想发动、抓重点方向、抓整编交接、抓规范运行，确保改革顺利实施。执行新的领导指挥体制，与地方有关部门、东部战区加强沟通，确保指挥关系顺畅、行动组织高效。至年底，总队机关按新编制新体制运转顺畅，厦门支队升格为旅级实现突破，总队离职干部休养所转隶移交，各支队分别召开成立大会，总队建设发展站上崭新的历史起点。

强固基层基础，建设发展的内涵底蕴更加厚实。组织新任基层主官纲要集训和毕业学员岗前培训，落实季度考察帮建、当兵蹲连制度，开展“远学成武、近学福清”活动，培树先进典型，医院警勤中队上士陈艳榕被表彰为武警部队第四届“十大标兵士官”。开展安全大检查、百日安全竞赛活动，围绕执勤安全、内部关系、私家车管理、治酒和防间保密问题进行专题调研、研究对策措施，促进部队秩序正规和安全稳定。武警部队 64 个大单位全年有 10 个实现“四无”，总队作为其中之一在武警党委全会上受到表扬肯定。

统筹后装建设，综合保障能力显著提升。贯彻“山东会议”精神，优化“一组五队”编成和编携配装，投入 300 多万元建设泉州、三明方向战备物资前置点，建立军民融合保障协作机制，筹措近 1 亿元为部队配备防暴巡逻车和救援装备，投入 8000 余万元购置装备用于“厦门会晤”安保，为完成各类急难险重任务提供坚强保证。开展军粮、油料专项整治，抓好军械库、危险品库迁改扩建，后勤管理秩序日趋规范。按照党委决心建成训练基地，为承担武警部队新大纲集训保障任务提供支撑。坚持“三个服务”方向，实施“暖心惠兵”工程，安排机动财力投入大中队训练场地设施、信息化建设和解决部队实际困难，投入 1.28 亿元建成 335 套公寓房，受到官兵一致欢迎。

突出政治整训，全面从严管党治党向纵深推进。开展政治能力训练，研究制订“两学一做”常态化、制度化和党员领导干部政治能力训练“双十五条”措施，开展“四个检查”，严格“三会一课”和组织生活制度，各级党的建设得到强化。坚持纠风除弊不松、不退、不让，狠抓思想教育扭转惯性，严格制度执行扎紧笼子，深化“两个清理”，对三个支队展开巡察监督，配合军委审计和武警党委巡视，针对工作组指出的问题，先后 10 余次专题召开党委常委会、整改动员部署会、协调推进会，成立整改工作专班，制订问题整改清单和 15 条硬性措施，采取统一思想、拉单列条、分类包干、挂账销号的方式强力推动。至年底，所有问题全部按时间节点整改完成，有力推动政治生态的修复净化。推进停止对外有偿服务清理整治，坚持主官靠前推动、常委分片包干、领导小组积极作为、军地协同攻坚，除 4 个项目因军委政策调整待重新认定外，其余 122 个项目均提前半年完成，在武警党委全会上两次受到表扬。

【福建总队举行训练基地落成揭牌仪式】 2017 年 1 月 26 日，武警福建总队在福州连江县丹阳镇举行总队应急救援和反恐训练基地落成揭牌仪式。省委常委、省政法委书记陈冬，总队司令员曹勇，政委吕能亚，以及市县各级党委政府领导、总队部分机关干部和直属支队一、三大队官兵参加此次庆典。仪式由福建总队政委吕能亚主持。省委常委、省政法委书记陈冬为总队应急救援和反恐训练基地揭牌，并发表讲话。

【“提振精气神、聚力迎大考”教育活动】 自 2017 年 2 月 4 日起，武警福建总队集中利用三天半时间，在两级机关中开展“提振精气神、聚力迎大考”教育，确保两级机关全体干部以昂扬的精神状态、扎实的工作作风迎接政治大考、改革大考、任务大考、发展大考和作风大考。

【总队召开党委三届十六次全体（扩大）会议】 2017 年 2 月 27—28 日，武警福建总队党委召开三届十六次全体（扩大）会议，传达学习军委扩大会议和武警党委二届十次全体（扩大）会议精神，总结分析 2016 年部队建设形势，研究部署 2017 年工作任务，强调要保持定力接续抓，撸起袖子加油干，稳中求进谋发展，以优异成绩迎接党的十九大胜利召开。省委常委、组织部部长王宁和副省长、公安厅厅长兼总队党委第一书记王惠敏出席会议。党委副书记曹勇代表党委常委会向全会报告工作，党委常委、纪委书记唐忠乎代表纪委向全会报告工作，党委书记吕能亚、省委组织部部长王宁分别讲话。

【金砖“三合一”论坛安全保卫任务】 2017 年 6 月 10—12 日，金砖国家政党、智库、民间社会组织“三合一”论坛在福建省福州市举行，共有 25 个国家、7 位要人、71 个团体、600 余人与会。6 月 8—13 日，福建总队按照武警党委和省委省政府的部署，动用近千名警力，完成活动现场和住地警卫、重要活动现场搜排爆、环榕公安检查站警戒设卡、社会面联合巡逻防控及反恐处突备勤等任务。协助公安机关查验车辆 61600 余辆次、人员 19500 余人次，抓捕网上通缉人员 4 名，查获各类违禁物品 188 件，处置有碍安全情况 35 起，为“三合一”论坛召开做出应有贡献，展示武警部队“威武之师”“文明之师”良好形象。

【总队举办“弘扬双拥传统，共筑军民长城”文艺会演活动】 2017 年 7 月 21 日，由总队政治部、福州市警备区、福州市文广新局共同举办的“弘扬双拥传统，共筑军民长城”——纪念建军 90 周年慰问演出在总队礼堂举行。福州市文化系统的艺术家和总队官兵同台演出。演出围绕“军爱民、民拥军”的主题，体现军民团结一家亲，为官兵凝聚精气神、追逐强军梦传递正能量。

【总队完成“厦门会晤”安保任务】 2017 年 9 月 3—5 日，金砖国家领导人第九次会晤在厦门举行。印度、俄罗斯、巴西、南非等金砖国家领导人出席会议。总队党委坚决贯彻党中央、习近平主席战略意图，发挥指挥重心在总队的职能作用，组织所属部队和 2 师、93 师、北京总队、福建森林总队、水电二总队等配属部队，完成“厦门会晤”安保任务。

（李忠凯）

武警福建省森林总队

【概况】 2017年，武警福建省森林总队党委坚持以强军目标为统领，围绕大考之年的特殊形势和政治要求，突出迎接保卫学习贯彻党的十九大工作主线，把握稳中求进总基调，聚力对正看齐，强化练兵备战，严格正风肃纪，部队各项工作有序推进，全面建设稳中向好，中心任务完成圆满。

2017年1月，武警福建省森林总队到闽西革命老区开展扶贫帮困献爱心活动（武警福建省森林总队供稿）

强化对标看齐铸魂，思想政治引领扎实有效。突出学好习近平主席“7·26”重要讲话、在建军90周年庆祝大会和阅兵时的重要讲话和党的十九大精神，推动习近平治国理政新理念新思想新战略和强军思想入心入脑，坚定“三个维护”“四个自信”。坚持把学习贯彻党的十九大精神作为首要政治任务，通过召开党委会、干部大会、军人大会等形式，组织全体官兵逐字逐句传达学习大会报告原文和党报党刊相关评论文章，用习近平新时代中国特色社会主义思想凝心聚魂。

聚焦真演实备强训，遂行任务能力不断提升。围绕“三化”（体系化、实案化、精确化）规范战备建设，紧贴形势任务跟进修订战备方案，结合“卫士—17”系列演习、“战备月”活动，严密组织部队全要素战备拉动和野营拉练，部队“两个不经，一个保持”能力持续提升。开展野外化、模拟化、实战化练兵，组织“三项比武”（基层单兵、建制班、建制中队比武），推动练兵备战向实战聚焦。在执行“厦门会晤”安保任务中，全体参战官兵自觉强化使命担当，实现厦门林区“不冒烟，不起火”和“四个确保一个展示”的目标，受到各级党委首长的肯定和驻地人民群众的赞誉，树立森林武警“威武之师”“文明之师”的良好形象。

深化依法从严治军，安全发展基础更加牢固。执行武警部队正规化管理规定，从严落实治酒“八个严禁”，开展“严整军容，规范着装”专项整顿，利用纲要培训、教练员集训等时机组织现场观摩，推动管理向精细化转变、向内涵式发展。开展“学条令、用条令、守条令”“暑期百日安全竞赛”，结合任务和管理形势组织“严纪律、治‘四涉’、刹‘三松’”和“严纪律、正秩序、保盛会、迎大考”为主题的两项教育整顿活动。守住“六个不出”底线，抓实“两节两会”、“6·4”、“7·5”、“厦门会晤”、十九大召开等敏感时期，多次派出工作组采取“四不两直”（不下通知、不打招呼、不搞陪同、不定路线，直插基层、直奔现场）方式到基层突击检查，发现和解决问题，夯实部队安全基础。

着眼强基固本抓建，部队全面建设稳中有进。贯彻落实武警党委、指挥部党委1号文件和《森林部队依法抓建工作机制》，落实“三会一线”，深化“五多四过”问题纠治，指导基层统筹运用“五种力量”落实按纲抓建“八件事”。学习借鉴“大功三连”经验做法，培塑宣扬先进典型，召开福州大队一中队立集体二等功庆功授奖大会，宣扬“全面过硬的拳头”福州大队、“红色文化的传人”上杭大队、“生态文明的窗口”武夷山大队等一批先进典型，以先进带后进，全面建、整体上。印发《总队加强精准帮建措施》，每季度组织领导机关下部队蹲点调研，开展“一队一案”式精准帮建。半年党委扩大会议召开后，集中在南平支队召开由总队挂钩常委、机关科长及支队党委书记与后进单位党委（支部）书记参加的精准帮建工

2017年2月7日，武警福建省森林总队龙岩支队官兵扑救漳州市龙海市朝阳镇火灾（武警福建省森林总队供稿）

作推进会，推进精准帮建工作落地见效。

围绕建设前勤增效，后勤综合保障不断加强。修订完善各类后勤保障方案、配套保障计划和对应的保障清单，开展后勤专业兵“三合一”（军需、财务、营房四小工）培训，依托龙岩支队开展野战炊事保障编携配装试点，规范大（中）队编携配装，为高标准完成“厦门会晤”安保后勤保障打下坚实基础。完善总队财经管理、物资采购、工程建设等实施细则，以迎接军委审计署福州审计中心生活费专项审计为契机，抓好财务业务会审问题整改，部队财经秩序进一步规范。健全组织领导、需求报告、警地联管、人才共育、融合评估于一体的机制体制，确保警地融合有效衔接。

着眼全面从严治党，党委班子建设更加坚强。坚持用民主集中制统班子、带队伍，巩固深化民主集中制专题教育成果，开展民主集中制学习贯彻活动，修订完善《总队党委贯彻落实民主集中制措施》及相关制度机制，严把敏感事项决策关口，防止用权任性、办事随意现象。注重从常委自身严起做起，以班子的表率担当凝聚起带领部队全面建设的意志和力量。学习贯彻习近平主席关于持续正风肃纪、纯正政治生态的重要指示，落实武警党委加强政治生态建设“八条措施”和森林部队落实全面从严治党“两个责任”的措施，对照军委纪委列举的基层风气70个问题清单，先后3次派出明察暗访组，深入基层一线突击检查，推进正风肃纪工作。

【定点帮扶和精准扶贫】 2017年，福建省森林总队出资35.3万元对口帮扶连城县罗坊乡坪上村，帮建民生工程、捐资助学和春节期间慰问贫困户，并根据村民所需，捐赠总队闲置的50台挂式空调、50台热水器、50张餐桌、50件木衣柜、60件木床和1套炊事灶台，解决贫困户的实际困难，改善村容村貌，提高村民生活条件。

【森林总队担负“厦门会晤”安全保卫任务】 2017年8月26日至9月6日，福建省森林总队完成“厦门会晤”安保任务。总队贯彻“四个坚持”的要求，严把“政治站位、阵地建设、勤务部署、实战训练、安全督查”五道关口，高标准实现“四个确保一个展示”的总体目标。其间，三明市梅列区三钢集团后山林区发生森林火灾，威胁厂区人民群众的生命财产安全。三明支队三明大队接到火情通报后，按照预案重拳出击，经过近5小时鏖战，完成灭火作战任务。（冯志聪）

人民防空

【概况】 2017年，福建省人民防空以习近平新时代中国特色社会主义思想和党的十九大精神统领新时代人防工作，着力提升履行“战时防空、平时服务、应急支援”职能使命能力，提出新时期全省人防“五个统筹推进、五个全面提升”工作思路。基本指挥所、地面指挥所和机动指挥所三类指挥平台建设统筹推进，全面提升战时防空核心能力。早期人防工程、单建式人防工程与结建式人防工程三大工程建设统筹推进，全面提升平时服务能力。重要经济目标防护、重点区域防护、群众自我防护三项能力建设统筹推进，全面提升应急支援能力。省级、市级、县级基层三个层面建设统筹推进，全面提升人防工作的总体实力。人防干部、人防专业队和志愿者三支队伍建设统筹推进，全面提升人防工作的整体合力。2017年，机关党委被福建省委、省政府、省军区授予“爱国拥军模范单位”称号。

【应急应战能力建设】 2017年，省市两级人防办完成人防指挥部编成调整，省人防地面应急指挥中心完成初步验收；平潭、东山、宁化、光泽、德化、闽清等县相继启动地面应急指挥中心项目建设，宁德市所有县（市、区）启动人防机动指挥所建设，闽清县等地人防机动指挥所建设进入筹划阶段。省本级开展光缆连接、短波天线改造、卫星地球分站建设、IP语音系统、指挥所电源改造等项目建设；厦门、漳州、泉州市开展区县短波通信延伸建设。强化实战化训练演练，先后开展全省指挥通信业务强化训练、全省机动指挥系统跨区机动训练和为期3周的人防专项战备值班活动；组织三明、漳州市人防办开展人防指挥演练及人防军事斗争准备检验评估，完成省对9个设区市检验评估“逐家过”。推动应急疏散基地（地域）与城市公园绿地、新农村、旅游产业发展等结合建设。“厦门会晤”期间，全省人防部门围绕“四百、三重、二全、一盘棋、零问题”工作要求，组织调集全省各地业务骨干赴厦开展支援工作，完成各项任务，得到省委、省政府领导的

福建省早期人防工程开发再利用，摄于2017年　（省人防办供稿）

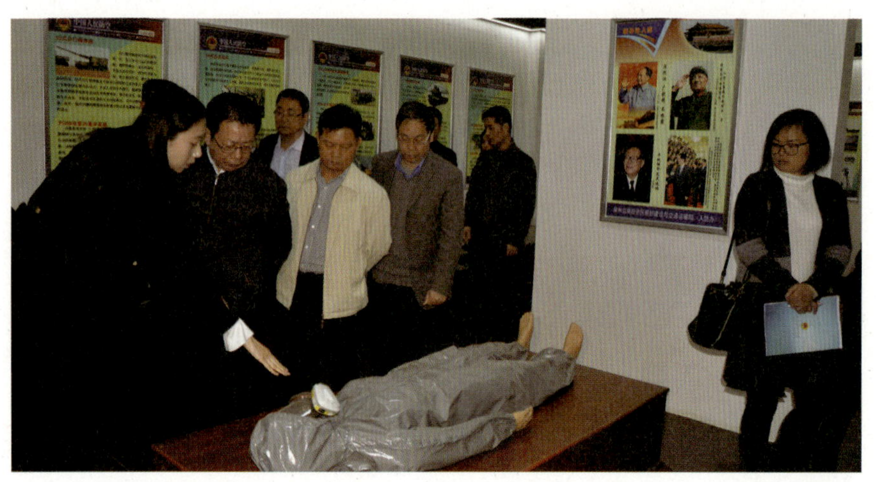

2017 年，省人防办开展人防救护宣传 （省人防办供稿）

批示肯定。

【人防综合防护能力建设】 2017 年，福建省设区市、平潭综合实验区及 8 个县（市、区）完成人防专项规划修编；龙岩市、漳州市、平潭综合实验区完成人防专项规划评审，开展福州滨海新城核心区控制性详细规划落实人防专项规划试点工作。会同住建部门在泉州晋江市、三明永安市开展两规合编试点。推动全省单建式人防工程和早期人防工程建设，福州、厦门、泉州、漳州、南平、三明等一大批早期人防工程得到深度开发利用。全年全省新增人防工程建筑面积 300 余万平方米，人均使用面积保持全国领先，新增审批医疗救护工程、专业队工程等功能项目 20 余个，有效提升城市整体防护能力。

【人防依法行政】 2017 年，福建省制定下发《防空地下室防护标准管理规定》《关于加强依法行政规范执法工作的通知》《关于加强人防工程监理从业管理工作的通知》；修订颁布《关于规范地铁非标人防防护设备产品质量监管工作的通知》《福建省〈人民防空工程维护管理技术规程〉实施细则》；编制完成《〈人民防空地下室设计规范〉(GB50038—2005) 若干技术要求》《防空地下室防护专项质量验收评定记录表》《福建省人防工程质量监督工作指导手册》等。通过“双随机”系统，开展人防工程监理、审图及防护设备生产企业从业行为监督检查，抽查 19 家监理企业、8 家人防防护设备生产企业，抽查 12 家施工图，审查机构项目总面积 11.39 万平方米，检查情况向社会公布并推送“信用福建”网站，该监管方式得到国家人防办的肯定。通过专项检查追回易地建设费 3.339 亿元，“一趟不用跑、最多跑一趟”事项清单超额完成目标。人防宣传“五进”工作稳步推进，编发各类知识手册、教育读本，举办各种形式展示宣教活动，增强全省人防宣传教育整体效应。

【人防自身建设】 2017 年，福建省人防部门推进“两学一做”学习教育常态化、制度化，提出“12345”党建工作机制，即：突出一个抓手、建设两个平台、推进三类学习、带动“四团”建设、开展五级联创。在全省人防系统开展以“昂扬向上、步调一致、高效运转、马上就办”为主题的准军事化机关建设，制定“看齐对标讲大局、落细落小树形象、文化建设创特色、团结协作聚合力、注重实效转作风、依法履职守规矩、运转有序高效率、突出重点带全面、开拓创新出成果、比学赶超展风采”等十条标准，干部职工干事创业的责任意识、工作激情明显增强，队伍精气神大幅提振。大兴调查研究之风，组织九市一区人防办主任和相关业务处人员赴全省各地开展实地调研学习，集体“会诊”，共同查找人防建设“瓶颈”，在更高站位上拓展新时期人防改革发展思路。 （黄新扬）

编辑：林忠玉

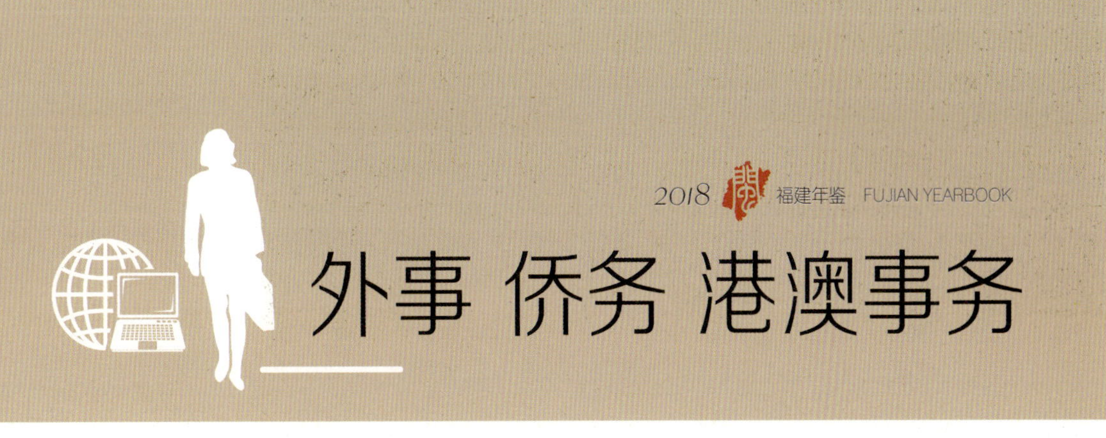

外事 侨务 港澳事务

外 事

【概况】 2017年，福建省外事系统围绕金砖国家领导人“厦门会晤”这一主线，牢固树立“四个意识”，履行工作职责，全省外事工作呈现出“四优四新”的良好发展态势。

优化体制机制，党管外事工作进入新阶段。省委召开省委常委会议暨省委外事工作领导小组会议，学习习近平新时代中国特色社会主义外交思想，研究提出福建省贯彻落实中央深改领导小组第32次会议精神的意见，专题研究部署外事工作。时任省委书记尤权，省委书记、省长于伟国等省领导会见重要外宾、党宾，带动全省形成外事工作一盘棋的良好局面。加强统筹谋划，编制形成《福建省外事工作2017－2021年发展规划》并经省委外事工作领导小组审议通过后印发全省执行。推进外事工作领导小组办公室实体化建设，经中央编办研究同意，省外办加挂省委外事工作领导小组办公室牌子。

优化对外交往，服务总体外交和福建发展展示新作为。完成“厦门会晤”服务保障工作。举全省外事系统之力，以“最高标准、最严要求、最实作风、最佳效果”为目标，完成第九次金砖国家领导人会晤和新兴市场国家与发展中国家对话会礼宾、会务、翻译、要客专机备降应急、涉外安保维稳以及金砖国家政党、智库和民间社会组织论坛，金砖国家治国理政研讨会等会晤配套活动的服务保障任务，习近平总书记给予充分肯定，外方政要给予普遍赞誉。善用金砖合作平台，建立与俄罗斯卡累利阿共和国的友城关系，开展以“坚定信心，共谋发展”为主题的金砖国家和“一带一路”沿线国家专题采访报道，举办与印度等金砖国家系列交流活动，拓展福建省与金砖国家合作。

服务国家重大战略部署。一是突出“海丝”核心区建设。做好圣多美和普林西比总理、越南国家主席、埃塞俄比亚联邦总理访闽服务保障工作，配合“一带一路”国际合作高峰论坛。做好新加坡总理访闽接待工作，承办小岛屿国家海洋部长圆桌会议，邀请外国驻华大使来闽考察，组织友城组团参加厦洽会并举办经贸推介会，在“5·18”“6·18”等涉外经贸活动中开设“海丝”专馆，扩大“海丝”合作。二是突出党际交往。与中联部联合举办“中国共产党的故事——福建省委的实践”专题宣介会，宣介绿色发展实践，300多名外宾与会；承办外国政党干部培训班，培训近百名外国政党干部；接待外国政党干部培训团组16批238人次；组织外国政党干部观摩连江县、沙县县委常委会议，宣介党的执政理念和实践。三是突出做活欧美日。拓展与加拿大贸易、文化、教育合作；推动福州新区与美国宾夕法尼亚州友好交流与互利合作；在比利时举办第二届“中国村”（福建周）活动，福州大学与列日大学、泉州信息学院与列日应用技术大学达成合作意向；

2017年12月23日，省委书记、省长于伟国在厦门会见冈比亚总统阿达马·巴罗
（省外办供稿）

2017年11月11日，副省长李德金出席庆祝福建省和冲绳县缔结友好省县关系20周年文艺晚会 （省外办供稿）

推进与德国莱法州教育、环保、循环经济方面的务实合作；推动日本三菱东京日联银行福州分行扩大与福建省金融合作，推进"美丽乡村"干部赴日研修项目实施，举办中日黄檗文化交流大会，推动福建省大学生赴日交流访问。

服务新福建发展大局。一是优化平台。新增9对国际友城（其中省级3对），举办国际友城联络员研修班，开展与长崎县结好35周年、与冲绳县结好20周年庆祝系列活动，促成福建省友城阿根廷米西奥内斯省在榕设立经贸办事处、省商务厅在马来西亚吉隆坡和柬埔寨金边设立联络处。在缅甸、菲律宾、比利时、美国等国举办"中国·福建周"，支持企业赴海外开展国际产能合作，会同英国、加拿大、美国等外国驻华总领馆事开展投资推介活动。与佛得角、葡萄牙开展第十二届中国与葡语国家企业家经贸洽谈会等系列投资推介活动，与圣多美和普林西比签订渔业合作谅解备忘录。二是优化形象。组织金砖国家驻华媒体团、东南亚国家主流媒体团等24批外国媒体200多人次访闽，展示福建良好形象。组织评选第十届"福建省友谊奖"，来自11个国家的15名外国专家、友人获奖。推进民间外交，筹建民间组织国际交流促进会，协调福建省菌草开发工程协会赴联合国推介菌草项目、厦门蓝天救援队赴斯里兰卡参与抗洪救灾。三是优化环境。出台福建省企业人员申办APEC商务旅行卡管理办法，推动企业"走出去"。启用领事认证电子签名和防伪二维码技术，打造领事认证服务"暖心工程"。全年办理领事认证44866份。

优化涉外管理，外事工作协调发展迈上新台阶。加强因公出国（境）管理与服务。贯彻落实中央八项规定，推动"1+X"专项工作常态化。制订因公出国（境）"正面清单""负面清单"，加强对因公出国（境）团组事前、事中、事后的监督管理，支持"一带一路"建设、国际产能和经贸合作、教学科研人员出国开展学术交流合作的团组"走出去"，参与国际交流合作。

加强境外安保。健全完善境外安全保障管理机制，开展预防性领事保护知识宣传，推动"走出去"重点企业设立安全总监，开展重点企业海外项目安保巡查，稳妥处置海外涉闽突发案（事）件84起。被外交部授予"领事保护工作优秀奖"。

加强外国人入境管理。研发福建省外国人来华签证被授权单位邀请函管理系统，规范外国人入境邀请工作，严格审核国际会议。妥善处置发生在福建省的涉外案（事）件180多起。

优化队伍建设，外事工作面貌呈现新气象。重学习提素质。坚持以理论武装统领思想政治建设，学习领会习近平总书记外交思想内涵，学习贯彻十九大精神，把理论武装成果转化为推进工作的思想源泉和行动力量，激发全体干部职工服务中国特色大国外交、实现中华民族伟大复兴中国梦的激情，以高度的自觉推进外事工作。

第十届福建省"友谊奖"获奖者名单

（按国别拼音首字母排序）

专家中文姓名	英文姓名	性别	国籍	工作单位、职务
李安琪	Angela Lehmann	女	澳大利亚	厦门大学公共事务学院社会学系助理教授
索拉娃·埃琳娜·吉娜迪娃	Tsolova Elena enadieva	女	保加利亚	福建省御皇农业科技发展有限公司技术顾问
伊莎贝拉	Izabela Anna Stepniak	女	波兰	福建省三明市第二中学英语教师
马克·魏格尔	Marc Weigel	男	德国	德国诺伊施塔市议员
安娜·玛丽·艾芭·阿奈斯	Anna MarieIbbaArnaiz	女	菲律宾	闽南师范大学英语教师
金长基	Kim Jang Kee	男	韩国	福建船政重工股份有限公司造船生产技术管理高级顾问
玛丽·威利特	Mary Muriel Willette	女	美国	福建新希望（闽侯）康复中心创建人、负责人

续表

专家中文姓名	英文姓名	性别	国籍	工作单位、职务
史提芬·弗朗西斯科·穆尼奥斯	Steven Francisco Munoz	男	美国	集美大学文教专家
孔青山	Benjamin David Keon	男	美国	厦门大学人文学院人类学与民族学系全职教授、博士生导师
白川彰彦	Shirakawa Akihiko	男	日本	厦门钨业股份有限公司能源新材料研究所副所长、磷酸铁锂研发总监
沼田周一	Numata Shuichi	男	日本	福建杜氏木业有限公司设计总监
亚瑟·特拉索夫	Arthur Tarasov	男	乌克兰	武夷学院商学院国际金融及贸易专业教师
马西莫·扎帕蒂尼	Massimo Zappettini	男	意大利	大通互惠集团有限公司总工程师
鲁迪·卡米洛	Camillo Nuti	男	意大利	福州大学土木工程学院教授
马丁	Martin Verpoorten	男	英国	厦门佰翔汇馨酒店有限公司威斯汀酒店总经理

【友好往来】 白俄罗斯共和国经济部部长季诺夫斯基·弗拉基米尔访闽。2017年4月12—13日，白俄罗斯共和国经济部部长季诺夫斯基·弗拉基米尔访问福建省福州市，出席中白工业园区推介会。13日，省长于伟国会见客人一行。于伟国表示，中白两国有着深厚的传统友谊，福建省将拓展与白俄罗斯政府、企业、民间等各领域合作。季诺夫斯基表示，将推动与福建省在经贸、文化、旅游、科技等领域的全方位合作，欢迎福建企业赴白俄罗斯考察，寻找更多合作机遇。客人是应商务部邀请，在京参加白中经贸合作委员会会议后访闽的。

圣多美和普林西比民主共和国总理帕特里斯·特罗瓦达访闽。应国务院总理李克强邀请，4月14—17日，圣多美和普林西比民主共和国总理帕特里斯·特罗瓦达率代表团一行15人访问福建省福州市、平潭综合实验区和厦门市。在闽期间，客人与省和有关地方领导举行会晤，参观平潭和厦门市规划馆，走访了福建自贸试验区厦门片区和福建省水产品加工企业，与省海洋与渔业厅和相关企业进行座谈，并参观三坊七巷和鼓浪屿。特罗瓦达总理表示，圣多美和普林西比民主共和国重申坚持“一个中国”原则，期待就共同关心的利益问题开展交流与互惠合作。圣普与福建在自然资源、产业基础、人文环境等方面有诸多相似之处，希望以此访为契机，加强与福建各方面合作，特别是技术人员和官员培训方面的交流。

加拿大闽商寻根经贸代表团访闽。4月23—24日，加拿大参议院前议长、联邦参议员利奥·豪萨科斯率闽商寻根经贸代表团一行20人访问福建省厦门市。厦门市委领导会见代表团一行。代表团一行参访厦门大学、软件园二期，促进两地在教育、科技等领域的合作。

越南国家主席陈大光访闽。应国家主席习近平邀请，5月11—15日，越南国家主席陈大光及夫人一行来华进行国事访问，并出席“一带一路”国际合作高峰论坛。5月13—14日，陈大光主席及夫人一行约200人访问福建省福州市。陪同来访的越方主要官员有政府副总理、中央民运部部长等2位政治局委员，国会副主席、国家主席办公厅主任、计划与投资部部长、工贸部部长、通信与传媒部部长等18位副部级以上官员。在榕期间，省委书记尤权、省长于伟国会见陈大光一行。13日，中国（福建）—越南经贸合作论坛在福州举行，签署4个经贸合作协议，其中涉及对越投资6亿美元、对越出口3500万美元。此外，陈大光还出席福建省与越南广宁省正式缔结友好省关系协议书签字仪式，参观福州市市民服务中心和三坊七巷，主席夫人参观西禅寺。

肯尼亚工业、贸易与合作部部长阿丹·穆罕默德访闽。应省长于伟国邀请，5月16—17日，肯尼亚工业、贸易与合作部部长阿丹·穆罕默德率代表团一行3人到福建省开展交流访问，拜会省领导，考察福建三钢等。省委常委、副省长周联清会见客人一行。他说，在刚刚成功举行的“一带一路”国际合作高峰论坛期间，习近平主席会见肯尼亚肯雅塔总统，两国元首确定将中肯关系定位提升为全面战略合作伙伴关系。福建省将落实两国元首达成的共识，发挥建设21世纪海上丝绸之路核心区作用，利用中央政府赋予福建的一系列先行先试政策和“多区叠加”优势，推动福建与肯尼亚的交流合作；支持闽企“走出去”，建设工业园区，进一步开展双方在钢铁、建材、建筑、服装、鞋帽、交通、市政等多领域投资合作。阿丹·穆罕默德表示，肯尼亚将继续为闽企赴肯投资兴业创造有利条件，希望双方在已有良好合作基础上进一步深化务实合作，加快推动相关项目进展。

埃塞俄比亚总理海尔马里亚姆访闽。应国家主席习近平邀请，5月中旬，埃塞俄比亚总理海尔马里亚姆及夫人一行来华出席“一带一路”国际合作高峰论坛。5月17—18日，代表团一行50人访问福建省福州市。访闽期间，海尔马里亚姆总理出席中国（福建）—埃塞俄比亚投资合作论坛，参观福州市市民服务中心和福州尚飞制衣有限公司。海尔马里亚姆表示，埃塞俄比亚将积极响应“一带一路”倡议，共同推动落实两国政府达成的战略共识，与福建在经贸、旅游、体育等领域开展深入合作，借鉴福建改革开放经验，提升投资环境，实行税收等一系列优惠政策，吸引福建企业家在埃塞俄比亚建立产业园区。

荷兰经济事务部部长亨克·坎普访闽。6月7—9日，荷兰经济事务部部长亨克·坎普一行4人访问福建省厦门市。8日上午，省委常委、中共厦门市委书记裴金佳会见代表团一行。坎普一行参观豪氏威马（中国）有限公司、博格步（厦门）轻工制品有限公司，会见厦门荷兰商会及厦门在荷投资商代表，并游览鼓浪屿。

老挝人民革命党代表团访闽。应中国共产党和“金砖国家政党、智库和民间社会组织论坛”筹委会邀请，6月10—12日，以老挝中央政治局委员、中央书记处常务书记、国家副主席潘坎·维帕万为团长的老挝人民革命党代表团一行16人访问福建省福州市。陪同来访的老方主要成员有潘坎副主席夫人、中联部副部长、中央办公厅副主任等。访闽期间，中共中央政治局常委、中央书记处书记刘云山，省委书记、省人大常委会主任尤权分别会见潘坎副主席一行。代表团出席金砖国家政党、智库和民间社会组织论坛欢迎晚宴、开幕式和闭幕式，并观看《丝海梦寻》专场文艺演出。此外，还参观福州规划馆、福州市市民服务中心和春伦茉莉花茶文创园。潘坎夫人还参观三坊七巷和西禅寺。

尼日尔争取民主和社会主义党（简称“民主党”）代表团访闽。应中国共产党和“金砖国家政党、智库和民间社会组织论坛”筹委会邀请，6月10—12日，由党的新闻书记、国民议会第一副议长伊罗·萨尼率领的尼日尔民社党代表团一行3人访问福建省福州市。访闽期间，客人一行出席金砖国家政党、智库和民间社会组织论坛，参加“三合一”论坛的开、闭幕式，专场文艺晚会和全体会议，并在全体会议上发言。中联部副部长徐绿平会见伊罗·萨尼一行。代表团还参观三坊七巷和金源购物中心。

菲律宾民主人民力量党代表团访闽。应中国共产党和“金砖国家政党、智库和民间组织论坛”筹委会邀请，6月10—13日，菲律宾民主人民力量党总裁、参议长阿奎里诺·皮门特尔三世一行14人访问福建省福州和厦门市。中共中央政治局常委、中央书记处书记刘云山，中联部部长宋涛，省委常委、厦门市委书记裴金佳分别会见皮门特尔一行。在福州，皮门特尔出席金砖国家政党、智库和民间社会组织论坛欢迎晚宴和开幕式，并在开幕式上作主旨发言。代表团一行还专程赴省委党校就干部培训和党建工作进行交流座谈，考察厦门市思明区官任社区、软件园二期、美图公司及美亚柏科公司等。皮门特尔表示，此次访问既为菲律宾民力党干部培训、基层党建提供很好的借鉴，也加深对福建工业园区建设、城市管理、历史文化的了解，将会把清新福建和美丽厦门的建设发展经验带回菲律宾，推动菲律宾和福建各领域的交流与合作。

柬埔寨人民党代表团访闽。应中国共产党和“金砖国家政党、智库和民间社会组织论坛”筹委会邀请，6月10—12日，以柬埔寨人民党中央常委、政府副首相兼议会联络与监察部大臣梅森安为团长的柬埔寨人民党代表团一行9人访问福建省福州市。访问期间，梅森安出席金砖国家政党、智库和民间社会组织论坛，在论坛开幕式上发言，并参观福州市规划馆、福建索佳艺陶瓷有限公司、三坊七巷和福州市市民服务中心，了解福州城市规划、服务市民方面的举措。梅森安副首相表示，希望通过此次访问进一步增强福建省和柬埔寨有关省份的联系和交往。

摩洛哥公正与发展党、真实性与现代党代表团访闽。应中国共产党和“金砖国家政党、智库和民间社会组织论坛”筹委会邀请，6月10—13日，摩洛哥众议院第一副议长、公正与发展党领导人阿卜杜勒阿齐兹·奥马里和摩洛哥众议院副议长、真实性与现代党领导人哈雅特·布法拉欣访问福州市，出席金砖国家政党、智库和民间社会组织论坛。在闽期间，客人出席论坛相关活动，会晤省人大常委会党组书记、副主任徐谦，就加强摩洛哥议会与福建省人大常委会的互访交流以及摩洛哥与福建省加强经贸合作交换意见，并参观福州市市民服务中心、春伦茉莉花茶文创园、三坊七巷、清真寺等地。

南非共和国总统雅克布·祖马访闽。应国家主席习近平邀请，9月2—5日，南非共和国总统雅克布·祖马率代表团一行172人访问福建省厦门市，出席第九次金砖国家领导人会晤及新兴市场国家与发展中国家对话会。随同来访的有总统夫人恩盖玛、国际关系与合作部部长、财政部部长、国家安全部部长、小企业发展部部长、联合执政和传统事务部部长、水利部部长、能源部部长、贸工部副部长、南非驻华大使等。祖马总统出席与习近平主席的双边会见、金砖国家工商论坛开幕式、金砖国家领导人厦门会晤小范围会议、金砖国家领导人厦门会晤大范围会议、文化节启动仪式暨文化节图片展、同工商理事会对话会及签字仪式、新兴市场国家与发展中国家对话会等主要活动。总统夫人出席在厦门大学、筼筜书院举办的领导人配偶集体活动，参观仟茶苑、五缘实验幼儿园等。

俄罗斯联邦总统普京访闽。应国家主席习近平邀请，9月3—5日，俄罗斯联邦总统普京率代表团一行464人访问福建省厦门市，出席第九次金砖国家领导人会晤及新兴市场国家与发展中国家对话会。代表团成员包括外交部部长、贸工部部长、经济发展部部长、能源部部长、文化部部长、交通部部长等，俄罗斯驻华大使也陪同参加活动。普京总统在厦期间出席同习近平主席的双边活动、金砖国家领导人厦门会晤及新兴市场国家与发展中国家对话会的所有活动，与印度、埃及、南非、墨西哥、泰国等五国领导人进行双边会晤，并召开媒体记者会。

巴西联邦共和国总统米歇尔·特梅尔访闽。应国家主席习近平邀请，9月3—5日，巴西联邦共和国总统米歇尔·特梅尔率代表团一行118人访问福建省厦门市，出席第九次金砖国家领导人会晤和新兴市场国家与发展中国家对话会。巴西外交部部长，交通、港口和民航部部长，农业、渔业和供给部部长，社会和农村发展部部长，工业、外贸和服务部部长随访，随团抵达的副部以上官员26人。在厦期间，特梅尔总统出席第九次金砖国家领导人会晤和新兴市场国家与发展中国家对话会的各项活动，参加工商论坛开幕式并发表演讲。4日，总统在温德姆酒店同印度总理穆迪开展双边会谈，当天还接受央视财经频道记者的专访，他表示，巴西高度赞同中方倡议，愿与各方共同开创金砖合作第二个金色十年。总统还在下榻酒店接受随行10家巴西媒体25名记者的简短联合采访。

印度总理莫迪访闽。应国家主席习近平邀请，9月3—5日，印度总理莫迪率代表团一行210人访问福建省厦门市，出席第九次金砖国家领导人会晤。访闽期间，莫迪总理出席金砖国家领导人小范围会议、大范围会议、文化节启动仪式、工商理事会对话会和签字仪式，以及欢迎宴会、文艺晚会等全部活动，并分别与中国、俄罗斯、巴西和埃及等四国领导人举行双边会晤。莫迪此访既有力深化金砖合作，促进新兴市场国家与发展中国家的经贸合作，又推动中印关系朝积极方向深入发展。

几内亚共和国总统阿尔法·孔戴访闽。应国家主席习近平邀请，9月3—5日，几内亚共和国总统阿尔法·孔戴来厦出席新兴市场国家与发展中国家对话会。孔戴总统出席金砖国家工商论坛“互联互通”分论坛、欢迎晚宴、文艺晚会、新兴市场国家与发展中国家对话会、2017几内亚国家经济特区招商推介会，参观福建（厦门）自由贸易试验区。总统夫人参加在厦门大学、筼筜书院举办的国家领导人配偶集体活动，并参访五缘实验幼儿园和仟茶苑。

埃及总统阿卜杜勒·法塔赫·塞西访闽。应国家主席习近平邀请，9月3—6日，埃及总统阿卜杜勒·法塔赫·塞西率代表团一行102人访问福建省厦门市，出席第九次金砖国家领导人会晤和新兴市场国家与发展中国家对话会。随同来访的有总统夫人、外交部部长、总统府办公厅主任、贸工部部长、情报总局局长等。塞西总统离开厦门前留下墨宝，感谢省政府和厦门市的努力，使其行程圆满。第一夫人的首次外访也十分成功，她表示对中国文化留下深刻印象，希望未来加强两国在传统文化保护方面的交流与合作。

墨西哥合众国总统恩里克·培尼亚·涅托访闽。应国家主席习近平邀请，9月4—5日，墨西哥合众国总统恩里克·培尼亚·涅托及夫人一行170余人访问福建省厦门市，出席新兴市场国家与发展中国家对话会。随同来访的墨方主要官员有外交部部长、总统社交协调员、外交部副部长、工商部副部长等近10位副部级以上官员。在厦期间，举行中墨元首、外长双边会晤，以及墨俄元首双边会晤，总统还会见中国工商银行行长易会满。总统夫人安赫丽卡·里韦拉应邀出席在厦门大学和筼筜书院举办的领导人配偶集体活动。

泰国总理巴育访闽。应国家主席习近平邀请，9月4—5日，泰国总理巴育、副总理颂吉访问福建省厦门市，出席新兴市场国家与发展中国家对话会。巴育总理出席欢迎晚宴、文艺晚会、新兴市场国家与发展中国家对话会等活动，并先后与习近平主席、塔吉克斯坦总统拉赫蒙、俄罗斯总统普京进行双边会谈。总理夫人娜拉蓬女士参加在厦门大学、筼筜书院举办的国家领导人配偶集体活动。

塔吉克斯坦总统埃莫马利·拉赫蒙访闽。应国家主席习近平的邀请，8月31日至9月5日，塔吉克斯坦总统埃莫马利·拉赫蒙来华进行国事访问。9月4—5日，拉赫蒙总统一行32人访问福建省厦门市，出席新兴市场国家与发展中国家对话会。随同来访的有总统外事助理沙里菲、投资与国有资产管理委员会主席卡霍尔佐达、总统新闻秘书沙里菲佐达及驻华大使达夫拉特佐达等。拉赫蒙总统出席欢迎晚宴及文艺演出、对话会等厦门会晤活动，进行两场双边会谈。此系拉赫蒙总统继2002年、2012年以来第三次访问福建省。

加纳大阿克拉省省长伊斯梅尔·阿希蒂访闽。应福建省邀请，9月17—24日，加纳大阿克拉省省长伊斯梅尔·阿希蒂一行24人访问福建省福州市和厦门市。访问期间，阿希蒂拜会省长于伟国，并出席18日在厦门国际会展中心举办的“开启金砖合作‘金色十年’”主旨大会。阿希蒂一行还与省贸促会进行座谈，参观厦门大学、福建农林大学、春伦茶业公司及福建网龙公司长乐VR体验中心等，与农林大学菌草研究院签署合作备忘录。阿希蒂表示，福建的开放发展程度让他感到惊讶。福建与加纳有更多的相似之处，福建的发展经验非常值得加纳学习借鉴。希望在两省友好关系的基础上，进一步推动双方在人员、技术、经贸等领域的务实合作。

苏里南国会外事委员会代表团访闽。9月17—20日，苏里南执政党国会党团长安德雷·米西卡巴率苏里南国会外事委员会代表团7人访问福建省厦门市。客人一行参加2017厦门投资贸易洽谈会相关活动，并考察银鹭食品工业园区和蓝湾科技有限公司。

格鲁吉亚代表团访闽。9月17—21日，以格鲁吉亚经济与可持续发展部部长乔治·加哈里亚为团长的格鲁吉亚代表团一行129人，作为特邀主宾国前来参加2017厦门投资贸易洽谈会。代表团成员包括格鲁吉亚国会议员（正部级），格驻华大使等10位副部级官员、记者及上百人的展商，为该届投洽会规模最大规格最高的参会、参展团组。加哈里亚部长受邀在2017国际投资论坛上发表演讲。17日晚，省长于伟国会见团长加哈里亚。18日，省委书记尤权、省长于伟国参观格鲁吉亚展馆。访问期间，格方主办“格鲁吉亚—中国商业论坛”。

新加坡共和国总理李显龙访闽。应国务院总理李克强邀请，9月19—21日，新加坡共和国总理李显龙一行54人正式访问中国。其间，于9月20—21日访问福建省厦门市。访厦期间，省委书记尤权会见并宴请李显龙一行。代表团在厦参加华侨银行大楼揭牌仪式，考察福建（厦门）—新加坡友好医疗服务中心、厦门新科宇航公司及中山路。

日本长崎县知事中村法道、议长八江利春访闽。应福建省邀请，10月10—12日，日本长崎县知事中村法道、议长八江利春率长崎县友好访问团对福建省进行友好访问。访问团主要成员包括长崎县政府、议会和长崎市、佐世保市、南岛原市、波佐见町主官以及经济界人士等共40人。此外，由日本黄檗宗第62代管长、京都万福寺住持近藤博道率领的黄檗文化交流团一行26人同期访闽。在闽期间，访问团一行拜会副省长李德金，出席两省县关于深化友城合作备忘录签字仪式、结好35周年庆祝晚宴、中日黄檗文化交流大会，举办长崎县水产研讨会，长崎县物产展销暨企业对接会，归国留学生、研修生交流午餐会及留学说明会，并赴武夷山参观访问。

泰国副总理巴金·詹东访闽。11月7—9日，泰国副总理巴金·詹东访问福建省厦门市。出席在华侨大学（厦门校区）举行的“第六届中泰战略研讨会”。国务院侨务办公室党组书记、副主任许又声和厦门市市长庄稼汉分别会见客人一行。访厦期间，客人还参观考察厦门市软件园二期、美亚柏科公司、厦门城市规划展览馆。巴金对厦门市的细致安排和热情接待表示感谢，表示此行成果丰硕，他们将会把厦门的建设发展经验带回泰国，推动泰国与厦门的交往合作。

日本冲绳县知事翁长雄志、议长新里米吉访闽。应福建省邀请，11月9—13日，日本冲绳县知事翁长雄志、议长新里米吉率冲绳县友好访问团对福建省进行友好访问。访问团主要成员包括长崎县政府、议会、文化、经济界以及体育界相关人士等共122人。在闽期间，访问团一行拜会省委书记、省长于伟国，出席两省县结好20周年庆祝晚宴、纪念两省县结好20周年植树仪式、两省县结好20周年文艺晚会等活动，举办冲绳县观光物产展、冲绳县投资说明会、福建冲绳青年学生交流会，并赴平潭综合实验区和厦门参观访问。

罗马尼亚阿拉德省省长尤斯汀·琼卡访闽。应福建省邀请，11月12—16日，罗马尼亚阿拉德省省长尤斯汀·琼卡一行3人访问福建省福州市。访闽期间，客人一行拜会省领导，与福建省签署《中华人民共和国福建省与罗马尼亚阿拉德省建立友好省关系意向书》。代表团一行还考察福建省立医院、中以示范农场、福州春伦茶业集团有限公司、东南（福建）汽车工业有限公司、飞思农庄，与省卫计委和农科院领导进行座谈，并参观三坊七巷和西禅寺。

老挝总理府部长阿伦乔·吉提坤访闽。11月27—29日，老挝总理府部长阿伦乔·吉提坤一行访问福建省厦门市。在厦期间，阿伦乔·吉提坤一行与厦门市政府领导会面，并赴国际会议中心、厦门大学、古龙食品有限公司及鼓浪屿等地参访，了解厦门经济社会发展情况，推动两地交流交往。

冈比亚总统巴罗访闽。应国家主席习近平邀请，12月22—24日，冈比亚总统巴罗率领代表团一行25人访问福建省厦门市。省委书记、省长于伟国会见巴罗总统一行。巴罗总统对来华进行国事访问并访问福建感到十分高兴，对中国经济社会发展取得的成绩表示钦佩。访闽期间，客人参观海沧远海码头，了解自动化码头情况，并与自贸试验区及海沧台商投资区领导座谈，听取厦门片区建设情况与投资区内台资企业发展情况等，游览厦门市规划馆和厦金海域、环岛路、厦门大学、鼓浪屿。

纳米比亚人组前党总书记姆奔巴访闽。12月23—27日，纳米比亚人组前党总书记姆奔巴夫妇访问福建省厦门市。南戈洛·姆奔巴是人组党老一代领导人，对华友好，愿学习借鉴中国共产党治国理政经验，曾4次亲率中央委员研修班访华。此次访厦实地考察厦门经济社会发展情况，参观鼓浪屿、惠和石文化园。中联部部助王亚军来厦与姆奔巴夫妇餐叙。

日本执政党和经济界代表团访闽。应中联部邀请，12月24—27日，日本自由民主党干事长二阶俊博、公明党干事长井上义久率日本执政党和经济界代表团一行91人访问福建省福州、厦门和武夷山市。日本自由民主党、公明党与中联部共同举办中日执政党交流机制第七次会议，会议通过《中日执政党交流机制第七次会议共同倡议》。客人一行拜会省委书记于伟国等省领导，探讨与福建在“一带一路”框架下加强友好交流与务实合作的有关事宜，考察厦门海天码头、鼓浪屿，武夷山九曲溪，福州开元寺。

副省长黄琪玉访问英国、西班牙和法国。应英国、西班牙和法国有关方面邀请，2月20日至3月1日，副省长黄琪玉率福建省代表团一行6人访问上述三国。代表团先后在英国、西班牙和法国开展“闽茶海丝行”系列茶叶经贸推介活动，力推福建特色名茶，再续闽茶与欧洲的四百年茶缘，在当地引起强烈反响。在举办的四场茶叶经贸推介活动上，福建省20家茶叶企业与欧洲客商共签订茶叶经贸合同6.98亿元、合作意向协议12.6亿元。访问期间，代表团还拜会当地政府有关部门和友好省区负责人，广泛接触行业协会和企业高层，看望华人华侨社团，积极推动福建与访问三国在经贸、农业、友城等领域的务实合作。

副省长周联清访问波兰、俄罗斯和哈萨克斯坦。应波兰、俄罗斯和哈萨克斯坦有关方面邀请，3月19—28日，副省长周联清率福建省代表团一行6人访问上述三国。在波兰，拜会奥波莱省安杰伊·布拉省长，提出两省之间要建立加强双方战略对接和务实合作的协调机制，更好地落实2016年习近平总书记访问波兰时与杜达总统达成的共识。其间，双方举办福建—奥波莱两省经贸对接会。在俄罗斯，应邀出席第五届中俄政党论坛，并作《加强经贸合作，促进共同发展》的发言；参加中联部部长宋涛与鞑靼斯坦共和国总统明尼哈诺夫的会晤，提出福建省与鞑靼斯坦共和国加强经贸合作的意向，并邀请对方适时率团访闽。在哈萨克斯坦，先后与该国国际贸易商会副会长布基卡诺夫·努拉里、国家工业联合会会长兼“光明道路”民主党主席阿萨特·佩鲁阿舍夫等举行会谈，推动双方在经贸、旅游、教育等多领域的合作。

副省长洪捷序访问阿联酋、马耳他和埃及。应阿联酋、马耳他和埃及有关方面邀请，4 月 2—11 日，副省长洪捷序率福建省代表团一行 6 人访问上述三国。代表团分别拜会阿联酋经济部副部长萨利赫、拉斯海马酋长国酋长沙德·本·萨格尔·阿勒卡西米和王储穆罕默德·本·沙德·阿勒卡西米、迪拜工程办公室暨 MERAAS 控股集团总经理哈拜、马耳他规划局执行主席约翰·布迪齐格、南部大区主席杰斯蒙德·阿基利纳、埃及文物部常务委员会负责人穆罕默德·伊斯迈尔、布海拉省省长纳迪亚·阿卜杜等政府有关部门和友好省区负责人，签署友城友好意向书，会见行业协会和企业高层，看望华人华侨社团，积极推动福建与访问三国的交流合作。与福建省签署友好省关系意向书的阿联酋拉斯海马酋长国，是福建省在中东地区的第一个省级友城，将对深化福建省与中东地区在经贸、文化、港口、旅游等领域的交流与合作发挥重要作用。

省高级人民法院院长马新岚随团访问新西兰、澳大利亚。应新西兰、澳大利亚有关方面邀请，5 月 7—15 日，省高级人民法院院长马新岚随中国法院代表团对新西兰、澳大利亚进行友好访问并出席首次中澳司法圆桌会议。在新西兰，代表团先后会见奥克兰高等法院大法官西蒙·摩尔、新西兰最高法院代理首席大法官威廉·杨、新西兰总检察长克里斯·芬利森，增进与新西兰司法高层的工作交流，并表达邀请新西兰最高法院首席大法官适时访华的意愿。在澳大利亚，先后会见维多利亚州最高法院代理首席大法官马克斯韦、澳大利亚高等法院首席大法官苏珊·基菲尔、澳大利亚外交贸易部秘书长孙芳安等，出席首次中澳司法圆桌会议，增进双方在证据制度、调解制度等方面的相互了解，推动两国的司法交流与合作。

省政协副主席杨根生访问捷克、奥地利和瑞士。应捷克奥洛穆茨州副州长帕维尔·索尔提斯、奥地利联邦议会外事委员会副主席苏珊娜·库尔茨、瑞士施维茨州州府委员兼经济部部长巴劳德的邀请，5 月 10—18 日，省政协副主席杨根生率代表团一行 6 人访问上述三国。在捷克布拉格，出席捷克福建同乡会成立大会，并代表福建省海外交流协会为福建省新闽菜推荐点授牌，与捷克福建商会侨胞进行交流；在奥洛穆茨州，拜会副州长帕维尔·索尔提斯并进行工作会谈。在奥地利维也纳，与奥中友协华人委员会名誉主席邢鸿彬等进行交流；在萨尔斯堡，拜会奥地利联邦议会外事委员会副主席苏珊娜·库尔茨并进行会谈。在瑞士洛桑，与瑞士中华文化促进会常务主席李艺红进行交流，拜会瑞中友协法语区主席白鹄、驻瑞士使馆参赞王彦敏，与瑞士福建同乡会侨胞进行交流。

副省长李德金访问新加坡、印度尼西亚和马来西亚。应新加坡贸工部、印度尼西亚投资协调委员会、马来西亚贸工部邀请，5 月 15—22 日，副省长李德金率代表团一行 4 人访问上述三国。代表团走访新加坡 PSA 国际港务集团、佳通集团等企业，进一步落实时任省委书记尤权 2016 年访问东南亚取得的项目成果；与三国政府官员、企业家和侨领就福建“海丝”核心区建设进行深入交流，并专程前往马六甲凯杰发展有限公司和惠胜集团洽谈合作项目，推动“海丝”合作；分别会见新加坡贸工部高级部长沈颖、印度尼西亚投资协调委员会希玛万副主席、马来西亚贸工部高级部长黄家泉等三国主管经贸政要，就扩大经贸交往达成共识；走访新加坡福建会馆、印度尼西亚中华总商会、马来西亚中华大会堂等重点社团，广泛接触闽籍乡亲，联络乡情乡谊。

厦门市政协主席张健访问立陶宛、塞尔维亚和匈牙利。应立陶宛考纳斯市政府、塞尔维亚雅戈丁那市议会以及匈牙利佩奇市政府的邀请，5 月 20—29 日，厦门市政协主席张健率厦门市代表团一行 6 人访问上述三国。代表团分别拜会驻立陶宛大使馆经济商务参赞陈霖、驻塞尔维亚大使李满长和驻匈牙利大使段洁龙，了解出访国与中国交流交往情况；拜会友城及外方政府，深化与立陶宛友城考纳斯市在经贸、教育、旅游等领域的合作，签署与匈牙利佩奇市开展友好交流的意向书，出席“丝路镜像—中匈摄影家眼中的今日福建”摄影展，拓展对外友好交流渠道；拜访华人华侨社团，邀请青年侨商代表参加 2017 年“海外华裔青年企业家中国经济高级研修班”，签订厦门市侨资企业联络中心与塞尔维亚华人华侨商业总会合作协议书，举办两场“9·8”投洽会推介会；走访海外华人华侨企业以及塞尔维亚中国银行。

副省长黄琪玉访问法属波利尼西亚。应法属波利尼西亚中学生体育联合会主席 Jean—Philippe RICO 的邀请，5 月 24—29 日，副省长黄琪玉率省政府代表团一行 6 人访问法属波利尼西亚。代表团出席 2017 年度国际中学生体育联合会执行委员会全体会议，会上，黄琪玉代表中国申办代表团向国际中学生体育联合会正式递交福建省晋江市《申办 2020 年第 18 届世界中学生运动会报告》，并在致辞中对晋江申办 2020 年第 18 届世界中学生运动会作出庄严表态和承诺，获得与会者一致好评。代表团还会见法属波利尼西亚主席爱德华·弗里奇、教育部部长 Nicole Sanquer—Fareat 女士、主席特别顾问 Thierry Nhun Fat 先生，出席爱德华·弗里奇主席为国际中体联会议举办的晚宴。

省人大常委会副主任陈桦访问日本、以色列和保加利亚。应日本、以色列和保加利亚有关方面邀请，6 月 23 日至7月2日，省人大常委会副主任兼省国际文化经济交流中心理事长陈桦率福建省代表团一行6人访问上述三国。在日本，代表团拜会日本中国文化交流协会专务理事中野晓，介绍福建省与日本交往的深厚渊源和悠久历史，并重点推介福建省的黄檗文化、地方戏剧文化和茶文化；拜访日本黄檗宗管长、万福寺住持近藤博道，就弘扬黄檗文化、促进中日民间往来等事宜进行探讨；分别拜访对闽友好人士、京都府知事等，增进双方的交流与合作。在以色列，拜会以色列经济与产业部中国事务司司长、霍夫·卡梅尔地区委员会主席等，推动农业、科技、立法等方面的交流。在保加利亚，拜会哈斯科沃大区主席、保加利亚农科院院长等，深化双方在经贸、农业技术等领域的合作。

省政府党组成员杨贤金访问波兰。应世界遗产委员会会议邀请，7月7—11日，省政府党组成员杨贤金率代表团一行6人访问波兰。代表团全程参与世界遗产委员会会议审议鼓浪屿申遗项目，见证和记录“鼓浪屿：历史国际社区”成功列入《世界遗产名录》的历史时刻，并在多个场合宣传推介鼓浪屿；与联合国教科文组织文化总干事弗朗西斯科·班德林、联合国教科文组织世界遗产中心亚太部主任景峰等国际机构负责人交流世界文化遗产申报、保护与管理方面经验，为2018年“古泉州（刺桐）史迹”申遗工作做好前期铺垫；分别与驻波兰大使徐坚、国家文物局副局长宋新潮等举行座谈，对将来推动海丝申遗工作等事宜进行沟通交流。

省政协副主席陈绍军访问泰国、印度尼西亚。应泰国北榄府府尹查差·武泰攀、印度尼西亚外商投资部副部长卢比斯邀请，9月9—16日，省政协副主席陈绍军率代表团一行6人访问上述两国。代表团分别拜会泰国北榄府府尹查差·武泰攀，中国驻泰国大使吕健，印度尼西亚SMB集团主席、印度尼西亚华人统促会顾问施柏松、廖彩珍夫妇，中国驻印度尼西亚代办孙伟德，印度尼西亚外商投资部副部长卢比斯等，走访泰国福建会馆、泰国南安商会、印度尼西亚福建社团联谊总会、印度尼西亚中华总商会、印度尼西亚吉祥山基金会、印度尼西亚晋江同乡会、印度尼西亚金光集团等华侨华人社团，增进了与泰国、印度尼西亚的友好交流和相互了解，推动教育、科技、文化、医药卫生、体育、经贸等多领域的交流与合作。

省委常委、秘书长梁建勇访问菲律宾、越南和马来西亚。应菲律宾宿务省政府、越南广宁省人民委员会和马来西亚沙捞越州政府邀请，9月15—24日，省委常委、秘书长梁建勇率福建省代表团一行6人访问上述三国。在菲律宾，会见菲律宾总统助理迈克尔·蒂诺、宿务省行政长官马克·特伦托、菲律宾总统经济顾问杨鸿明、菲律宾外交部副部长曼纽尔·郑汉祺、基地转换开发署署长兼总裁文斯·迪桑等政府官员和我驻菲律宾大使赵鉴华，举办福建—宿务经贸合作对接会，走访菲华闽籍主要社团和侨领。在越南，拜会越南计划投资部部长阮志勇和广宁省人民委员会主席阮德龙，举办福建—越南经贸合作对接会、福建—广宁经贸合作对接会。在马来西亚，会见沙捞越州副首席部长拿督阿玛尔和中国驻马来西亚大使黄惠康，举办福建—沙捞越经贸合作对接会，出席马来西亚福建社团联合会成立60周年庆典暨福建楷模奖和杰出企业家奖颁奖典礼，同时礼节性会见马来西亚首相纳吉布，举行省商务厅与马来西亚福建总商会合作备忘录签约和省商务厅驻马来西亚联络处授牌仪式。

副省长李德金访问老挝、柬埔寨和日本。应老挝、柬埔寨和日本有关方面邀请，11月19—28日，副省长李德金率代表团一行6人访问上述三国。在老挝，代表团拜会老挝副总理兼财政部部长宋迪、琅勃拉邦省委书记兼省长坎康，举办福建—琅勃拉邦经贸和旅游合作对接会，察看万象达拉亮中国商品城，与老挝福建商会代表座谈交流。在柬埔寨，拜会柬埔寨副首相梅森安、金边市市长坤盛，签署福建省与金边市建立友好关系意向书，举办两场经贸旅游合作对接会，出席福建—柬埔寨经贸合作项目签约仪式和闽柬合作产业园开园仪式，并与柬埔寨福建总商会代表座谈交流。在日本，会见冲绳县知事翁长雄志、议长新里米吉，长崎县知事中村法道、副议长德永达也，参加日方举办的友城结好庆祝典礼，举办福建—冲绳经贸和旅游合作对接会、福建—长崎旅游推介会，并在两地举行福建非物质文化遗产现场展示。此次访问共安排25场活动，签署48个经贸和旅游合作项目协议或意向。

厦门市市长庄稼汉访问新西兰。应新西兰惠灵顿地方政府协会和惠灵顿市议会邀请，12月2—6日，厦门市市长庄稼汉率厦门市代表团一行6人访问新西兰。代表团出席第二届中新市长论坛系列活动，庄稼汉代表中方城市市长在开幕式上致辞，并就“旅游合作与创新”专题作主旨演讲，与参会的26位中、新方市长共同签署《惠灵顿宣言》，进一步深化交流合作；拜访新西兰皇家环境科学院、我驻奥克兰领事馆，与惠灵顿市议会、惠厦友好协会、维多利亚孔子学院等5家机构进行交流，推介厦门，洽谈合作意向，取得丰硕成果。

副省长王惠敏访问日本、菲律宾。应日本警察厅长官官房国际课课长小山岩和菲律宾国家警察总局情报局局长格雷戈里奥·皮门特尔邀请，副省长、公安厅厅长王惠敏率代表团一行6人访问上述两国。代表团分别拜访日本警察厅、东京警视厅、大阪及北海道警察本部，菲律宾国家警察总局、肃毒局，与日本警察厅长官官房审议官加藤晃久，菲律宾国家首都地区警察总局局长奥斯卡·阿尔巴亚尔德、马尼拉市警察局局长乔尔·科罗内尔等举行会谈，希望两国警方进一步关注和保护闽籍乡亲的正当权益，商讨进一步密切跨国执法合作，交换在侦案件情报信息。与日本福建经济文化促进会、菲律宾华商联总会等闽籍侨团侨领座谈交流，看望当地海外乡亲，听取意见建议，勉励广大乡亲为家乡建设作出更大贡献。

【对外交流合作】　2017年，福建省加强对外交流合作。教育对外交流与合作方面，中外合作办学有新突破。年初，经省政府审批、教育部核定，闽江学院与墨尔本理工学院合作举办福州墨尔本理工职业学院，实现福建省专科层次中外合作办学机构零的突破。5月，经教育部批准，厦门理工学院和美国密苏里大学哥伦比亚分校合作举办的厦门理工学院密苏里学院，填补福建省本科层次中外合作办学机构的空白。境外办学有新进展。省政府设立“厦门大学马来西亚分校”奖学金，从2017年起每年安排500万元用于资助马来西亚籍华人学生，并纳入省政府奖学金项目，吸引鼓励海外学生就读厦门大学马来西亚分校。2017年新增孔子课堂4个，截至年底，厦门大学、华侨大学、福建师范大学、福建农林大学和闽江学院等高校与国外高校合作举办（共建）的孔子学院21所、孔子课堂52个。人才国际交流有新成效。安排经费1000万元、资助324名来华留学生来闽留学，分别比上年增长11.1%和14.9%。实施“留学福建”计划，招收2744名来华留学生，比上年增长21.47%，共有来自157个国家和地区的12420人来闽留学。设立省政府公派出国留学奖学金项目，安排专项经费1000万元资助130名教师出国研修和访学，分别比上年增长11.1%和20.4%。新增设立厦门协同外籍人员子女学校，截至年底，福建省审批设立4所国际学校，在校学生约1000名。教育交流活动有新收获。依托厦门大学等省内高校联合国内外知名高校，组建成立“21世纪海上丝绸之路”大学联盟，助推“双一流”建设。举办第二届福建省高校国际学生才艺展演，来自45个国家（地区）和15所高校的193名来华留学生参加展演。

科技对外交流与合作方面。实施科技人文交流行动。中科院物质结构研究所及福建省医药、信息、环保行业龙头企业赴波兰、捷克和匈牙利开展项目对接，形成“中波科技产业园合作”13个合作意向并签署3项合作协议；福建省科研单位和龙头企业赴坦桑尼亚、肯尼亚、卢旺达等国开展科技合作项目，达成“中国援助卢旺达农业技术示范中心食用菌栽培和加工技术转移”等合作协议；依托福建海洋研究所，先后赴坦桑尼亚桑给巴尔、哥斯达黎加、柬埔寨等国执行对外援助培训项目。开展联合实验室共建。福建鸿博集团与波兰奥波莱工业大学达成“清洁能源联合研发中心建设”合作，福建医科大学与捷克圣·安娜大学医院布尔诺国际医疗研究中心达成“心血管治疗和移植技术研究合作”实验室共建合作意向，石狮展耀纺织科技有限公司与俄罗斯科学院院士、俄罗斯国际系统工程院院士涅夫斯基亚历山大及其团队成立“石狮市展耀纺织科技有限公司院士专家工作站”。申报实施科技合作项目。华侨大学与新西兰维多利亚大学“基于适体传感器检测水体有机污染物的研究”等4个项目获得科技部政府间国际科技创新合作重点专项支持，福建农林大学引进美国加州大学河滨分校成立的园艺植物生物学及代谢组学研究中心等4家研发机构获科技部引进重大研发机构资助项目资助，“中缅优质水稻新品种联合研发及产业化”等12个项目获福建省对外合作产业化立项，“肌原纤维蛋白乳状液作为功能因子传递体系的建立及在鱼糜制品中的应用”等27个项目获福建省对外合作重点项目立项。

文化对外交流与合作方面。落实部省合作文化项目。春节期间，受文化部委派，省实验闽剧院、泉州市高甲戏传承中心、省歌舞剧院以及泉州市艺术团等艺术团组赴新加坡、缅甸和菲律宾举办“欢乐春节”演出活动，受到所在国政府高层和主流媒体的高度评价。9月，由文化部与泰国国家旅游局共同主办的“澜沧江—湄公河文化行”在福建境内参访。12月，由文化部和福建省人民政府共同举办以“海丝建设”为主题的第三届海上丝绸之路国际艺术节在泉州举办，31个“海丝”沿线国家和地区的79个演出项目1100多位嘉宾参加活动。配合“厦门会晤”开展系列文化活动。举办“梵天东土·并蒂莲华：公元400—700年印度与中国雕塑艺术大展”、“‘色彩乐章’俄罗斯风景油画展”和印度宝莱坞舞蹈团福建大剧院演出等活动，省杂技团赴俄罗斯莫斯科参加“偶像——2017”国际马戏艺术节演出，《丝路帆远》文物图片展在阿根廷、巴西、智利展出。开展优秀传统文化系列展览展演。8月，福建非遗展演团参加哈萨克斯坦世博会，展览展示福建农民漆画、柘荣剪纸等非遗项目。12月，省实验闽剧院在巴布亚新几内亚演出，带去闽剧折子戏等特色节目。泉州高甲戏《美女与野兽》、漳州土楼之春合唱团、泉州“刺桐古韵，瓷恒茶香”瓷茶文化展览、海丝图片展等赴摩洛哥、新加坡和法国多地展览展示。“请进来”开展文化交流。邀请海外艺术家参加2017鼓浪屿音乐节，与希腊驻广州总领事馆合作举办“福州希腊时光摄影展”，举行中国寻根之旅——菲律宾第七届华裔青少年夏令营“体验中国画之扇画面”文化活动。

卫生对外交流与合作方面。做好援外医疗工作。第14批援博茨瓦纳医疗队和第16批援塞内加尔医疗队完成两年援外医疗任务归国，分别诊治患者6.5万人次和2.2万人次，全体队员分别获得博茨瓦纳卫生与健康部嘉奖和塞内加尔卫生与社会行动部颁发的荣誉证书。如期完成第15批援博茨瓦纳医疗队培训工作，46名队员被博茨瓦纳代表团考核确定为正式医疗队员；第17批援塞医疗队13名队员抵达塞内加尔执行援外医疗任务。2017塞内加尔“光明行”项目启动。深化闽英、闽法、闽泰医疗卫生交流。举办“福建—英国医疗交流座谈会”，英国高级医学教育代表团和福建省医院、高校代表近40人参会。3批11人次参加在中国举办的中法卫生研讨会，拜访法国社会福利卫生部医院和医疗服务总局，交流福建省高水平医院建设管理经验。开展闽泰精神卫生领域互访和交流。加强与“一带一路”沿线国家交流。省立医院成为中国—中东欧国家医院合作联盟正式成员，组团参加第三届中国—中东欧国家卫生部长论坛，赴捷克与捷克卫生部和奥洛穆茨州开展中医药合作交流，与访闽的捷克奥洛穆茨州代表团就中医药领域合作形成共识。推动与欧美发达国家交流合作。支持卫生系统专业技术人员赴美国、加拿大、德国等发达国家开展学术交流和留学培训，为高水平医院、临床诊疗中心、重点专科建设搭建对外交流平台。9 项 18 人次卫生专业技术骨干，由国家外专局和福建富闽基金会资助，赴欧美等发达国家开展中长期培训进修学习。对接德国海德堡大学附属儿童医院，启动选送福建省儿科中青年骨干赴德培训项目。

环境保护对外交流与合作方面。探求与“一带一路”沿线国家环保技术交流。在第十五届中国—海峡项目成果交易会期间，首次与挪威驻广州总领事馆、挪威创新署联合主办技术交流对接会，组织近百家福建省环保企业、部分重点排污企业与挪威环保企业开展技术交流与项目合作洽谈。加强与友好省州德国莱法州环保合作。落实与德国莱法州环境部 2016 合作备忘录，正式启动环保人员培训合作项目，2 名环境监测技术人员赴莱法州交流学习。在与莱法州经济部合作备忘录的框架下，为其环保企业在闽寻求合作伙伴牵线搭桥。推进与友好省县日本长崎县环保交流合作。与长崎县环境部签订 2017 合作交流备忘录，组织 16 家重点环保企业与长崎县环保企业交流洽谈，并达成合作意向。双方环保人员研修互派项目顺利实施。持续开展与斯洛伐克环境教育项目合作。根据 2017 年斯洛伐克“绿色世界”国际大赛主题，举办第十届福建省“绿色世界”少年儿童艺术创作比赛，征集 4000 余件作品，评选出 150 件获奖作品，并精选 60 余件作品寄往斯洛伐克参加大赛。增强与美国、荷兰等国家环保交流。与美国俄勒冈州—中国姐妹协会委员会达成深化两省州环保交流合作共识；举办“畜禽养殖污染治理与资源化利用技术创新研讨会”，荷兰瓦赫林根大学卢肯斯教授出席会议，重点介绍畜禽养殖污染处理新理念、新技术。

【友好城市】 2017 年，福建省新增友城 9 对，分别是福建省与越南广宁省、福建省与俄罗斯联邦卡累利阿自治共和国、福建省与捷克奥洛穆茨州、福州市与澳大利亚霍巴特市、福州市与菲律宾马尼拉市、厦门市与泰国普吉市、泉州市与马来西亚古晋南市、莆田市与澳大利亚朗塞斯顿市、晋江市与意大利皮埃蒙特大区库内奥省。

截至 2017 年 12 月 31 日，福建省与世界上 38 个国家建立 98 对国际友城关系，其中，省级 26 对，福州市 14 对，厦门市 18 对，漳州市 6 对，泉州市 8 对，三明市 2 对，莆田市 5 对，南平市 2 对，龙岩市 3 对，宁德市 4 对，石狮市和武夷山市各 2 对，长乐市、厦门市思明区、晋江市、南安市、福鼎市和上杭县各 1 对。

2017 年福建省与国外友城关系一览表

省市	友好省州/城市	结好时间	签字地点
福建省（26）	澳大利亚塔斯马尼亚州 Tasmania，Australia	1981.03.05 05 Mar.，1981	霍巴特市 Hobart
	日本长崎县 Nagasaki，Japan	1982.10.16 16 Oct.，1982	长崎市 Nagasaki
	美国俄勒冈州 Oregon，U. S. A.	1984.09.25 25 Sept.，1984	福州市 Fuzhou
	比利时列日省 Liege，Belgium	1986.02.27 27 Feb.，1986	福州市 Fuzhou
	德国莱法州 Rheinland-Pfalz，Germany	1989.05.24 24 May.，1989	美茵兹市 Mainz
	法国诺曼底大区 Normandy，France	1990.12.06 06 Dec.，1990	卡昂市 Caen
	日本冲绳县 Okinawa，Japan	1997.09.04 04 Sept.，1997	福州市 Fuzhou
	意大利那不勒斯省 Naples，Italy	1998.06.12 12 Jun.，1998	那不勒斯市 Naples
	巴布亚新几内亚东高地省 Eastern Highlands，Papua New Guinea	2000.05.16 16 May.，2000	福州市 Fuzhou
	巴西塞阿腊州 Ceara，Brazil	2001.03.06 06 Mar.，2001	福塔莱萨市 Fortaleza
	乌克兰敖德萨州 Odessa，Ukraine	2002.07.11 11Jul.，2002	敖德萨市 Odessa

续表

省市	友好省州/城市	结好时间	签字地点
福建省（26）	印度尼西亚中爪哇省 Central Java，Indonesia	2003.12.06 06 Dec.，2003	三宝垄市 Semarang
	美国弗吉尼亚州 Virginia，U. S. A.	2004.06.08 08 Jun.，2004	北京市 Beijing
	南非夸祖鲁一纳塔尔省 KwaZulu-Natal，South Africa	2006.12.13 13 Dec.，2006	福州市 Fuzhou
	阿根廷米西奥内斯省 Misiones，Argentina	2007.06.27 27 Jun.，2007	伊瓜苏港 Puerto Iguazu
	西班牙坎塔布里亚自治区 Cantabria，Spain	2009.06.23 23 Jun.，2009	桑坦德市 Santander
	美国宾夕法尼亚州 Pennsylvania，U. S. A.	2009.10.23 23 Oct.，2009	哈里斯堡市 Harrisburg
	瑞典维姆兰省 Vrmland，Sweden	2010.06.16 16 Jun.，2010	福州市 Fuzhou
	塔吉克斯坦索格特州 Sughd，Tajikistan	2012.06.02 02 Jun.，2012	厦门市 Xiamen
	波兰奥波莱省 Opole Voivodeship，Poland	2012.09.09 09 Sept.，2012	厦门市 Xiamen
	泰国孔敬府 Khon Kaen，Thailand	2015.05.22 22 May，2015	孔敬市 Khon Kaen City
	加纳大阿克拉省 Greater Accra，Ghana	2015.09.07 07 Sept.，2015	厦门市 Xiamen
	马来西亚砂捞越州 Sarawak，Malaysia	2016.10.25 25 Oct.，2016	古晋市 Kuching
	越南广宁省 Quang Nam，Vietnam	2017.05.13 13 May.，2017	福州市 Fuzhou
	俄罗斯联邦卡累利阿自治共和国 Republic of Karelia，Russian Federation	2017.11.01 01 Nov.，2017	北京市 Beijing
	捷克奥洛穆茨州 The Olomouc Region，Czech Republic	2017.12.14 14 Dec.，2017	福州市 Fuzhou
福州市（14）	日本长崎县长崎市 Nagasaki，Nagasaki，Japan	1980.10.20 20 Oct.，1980	长崎市 Nagasaki
	日本冲绳县那霸市 Naha，Okinawa，Japan	1981.06.20 20 Jun.，1981	那霸市 Naha
	美国纽约州锡拉丘兹市 Syracuse，New York，U. S. A.	1991.08.25 25 Aug.，1991	锡拉丘兹市 Syracuse
	美国华盛顿州塔科马市 Tacoma，Washington，U. S. A.	1994.11.16 16 Nov.，1994	福州市 Fuzhou
	巴西圣保罗州坎皮纳斯市 Campinas，Sao Paolo，Brazil	1996.11.08 08 Nov.，1996	福州市 Fuzhou
	澳大利亚新南威尔士州肖尔黑文市 Shoalhaven，New South Wales，Australia	2003.10.15 15 Oct.，2003	福州市 Fuzhou
	圭亚那乔治顿市 Georgetown，Guyana	2006.05.17 16 May.，2006	福州市 Fuzhou
	波兰科沙林省科沙林市 Koszalin，Koszalin，Poland	2007.05.19 19 May.，2007	福州市 Fuzhou
	肯尼亚蒙巴萨市 Mombasa，Kenya	2008.05.19 19 May.，2008	福州市 Fuzhou

续表

省市	友好省州/城市	结好时间	签字地点
福州市（14）	俄罗斯鄂木斯克市 Omsk，Russia	2015.05.18 18 May.，2008	福州市 Fuzhou
	阿根廷里奥加耶戈斯市 Rio Gallegos，Argentina	2014.11.12 12 Nov.，2014	奥加耶戈斯市 Rio Gallegos
	印尼中爪哇省三宝垄市 Central Java，Semarangng，Indonesia	2016.06.02 02 Jun.，2016	福州市 Fuzhou
	澳大利亚霍巴特市 Hobart，Australia	2017.01.04 04 Jan.，2017	福州市 Fuzhou
	菲律宾马尼拉市 Manila，Philippines	2017.12.01 01 Dec.，2017	福州市 Fuzhou
厦门市（18）	英国威尔士加的夫郡 Cardiff，Wales，U. K.	1983.03.31 31 Mar.，1983	厦门市 Xiamen
	日本长崎县佐世保市 Saseho，Nagasaki，Japan	1983.10.28 28 Oct.，1983	佐世保市 Saseho
	菲律宾宿务省宿务市 Cebu，Cebu，Philippines	1984.10.26 26 Oct.，1984	宿务市 Cebu
	美国马里兰州巴尔的摩市 Baltimore，Maryland，U. S. A.	1985.11.07 07 Nov.，1985	厦门市 Xiamen
	新西兰惠灵顿市 Wellington，New Zealand	1987.06.23 23 June.，1987	惠灵顿市 Wellington
	马来西亚槟榔屿州槟岛市 Penang Island，Penang，Malaysia	1993，11.10 10 Nov.，1993	槟岛市 Penang Island
	澳大利亚昆士兰州马卢奇郡 Maroochydore，Queensland，Australia	1999.09.28 28 Sept.，1999	厦门市 Xiamen
	立陶宛考纳斯省考纳斯市 Kaunas，Kaunas，Lithuania	2001.03.11 11 Mar.，2001	厦门市 Xiamen
	墨西哥哈里斯科州瓜达拉哈拉市 Guadalajara，Jalisco，Mexico	2003.08.15 15 Aug.，2003	瓜达拉哈拉市 Guadalajara
	荷兰南荷兰省祖特梅尔市 Zoetermeer，South Holland，Netherlands	2005.07.14 14 Jul.，2005	祖特梅尔市 Zoetermeer
	印度尼西亚东爪哇省泗水市 Surabaya，East Java，Indonesia	2006.06.24 24 Jun.，2006	泗水市 Surabaya
	韩国全罗南道省木浦市 Mokpo，South Jeolla，Korea	2007.07.25 25 Jul.，2007	木浦市 Mokpo
	希腊马拉松市 Marathon，Greece	2009.01.04 04 Jan.，2009	厦门市 Xiamen
	德国莱法州特里尔市 Trier，Rheinland-Pfalz，Germany	2010.11.11 11 Nov.，2010	特里尔市 Trier
	加拿大不列颠哥伦比亚省列治文市 Richmond，British Columbia，Canada	2012.04.27 27 Apr.，2012	厦门市 Xiamen
	塔吉克斯坦杜尚别市 Dushanbe，Tajikistan	2013.06.20 20 Jun.，2013	杜尚别市 Dushanbe
	法国普罗旺斯-阿尔卑斯-蓝色海岸大区尼斯市 Nice，Provence-Alpes-Cote d'Azur，France	2014.05.22 22 May.，2014	厦门市 Xiamen
	泰国普吉市 Phuket Province，Kingdom of Thailand	2017.05.11 11 May.，2017	厦门市 Xiamen

续表

省市	友好省州/城市	结好时间	签字地点
泉州市（8）	日本冲绳县浦添市 Urasoe，Okinawa，Japan	1988.09.23 23 Sep.，1988	浦添市 Urasoe
	美国加利福尼亚州蒙特利公园市 Monterey Park，California，U. S. A.	1994.02.24 24 Feb.，1994	蒙特利公园市 Monterey Park
	德国莱法州诺伊斯塔特市 Neustadt，Rheinland-Pfalz，Germany	1995.11.02 02 Nov.，1995	泉州市 Quanzhou
	土耳其梅尔辛省梅尔辛伊尼赛市 Yenisehir Mersin，Mersin，Turkey	2002.04.17 17 Apr.，2002	泉州市 Quanzhou
	美国加利福尼亚州圣迭戈郡 San Diego，California，U. S. A.	2006.11.06 06 Nov.，2006	泉州市 Quanzhou
	法国埃罗省蒙彼利埃 Herault，Montpellier，France	2010.02.28 28 Feb.，2010	泉州市 Quanzhou
	丹麦霍尔拜克自治市 Holbaek，Denmark	2016.09.10 10 Sept.，2016	霍尔拜克市 Holbaek
	马来西亚古晋南市 Kuching South City，Sarawak，Malaysia	2017.10.19 19 Oct.，2017	泉州市 Quanzhou
漳州市（6）	日本长崎县谏早市 Isahaya，Nagasaki，Japan	1991.04.15 15 Apr.，1991	漳州市 Zhangzhou
	印度尼西亚南苏门答腊省巨港市 Palembang，South Sumatra，Indonesia	2002.09.16 16 Sep.，2002	巨港市 Palembang
	荷兰瓦格宁根市 Wageningen，Netherlands	2009.05.12 12 May.，2009	漳州市 Zhangzhou
	日本北海道伊达市 Date，Hokkaido，Japan	2010.04.07 07 Apr.，2010	漳州市 Zhangzhou
	美国夏威夷州檀香山市 Honolulu，Hawaii，U. S. A	2013.09.20 20 Sept.，2013	檀香山市 Honolulu
	匈牙利格德勒市 Godollo，Hungary	2013.08.19 19 Aug.，2013	格德勒 Godollo
莆田市（5）	美国阿肯色州贝茨维尔市 Batesville，Arkansas，U. S. A.	2007.09.17 17 Sep.，2007	贝茨维尔市 Batesville
	加拿大大不列颠哥伦比亚省坎伯兰市 Cumberland，British Columbia，Canada	2007.09.24 24 Sep.，2007	坎伯兰市 Cumberland
	马来西亚砂拉越州诗巫市 Sibu，Sarawak，Malaysia	2012.11.26 26 Nov.，2012	诗巫市 Sibu
	澳大利亚新南威尔士州帕拉玛塔市 Parramatta，Commonwealth，Australia	2015.1.27 27 Jan.，2015	帕拉玛塔 Parramatta
	澳大利亚朗塞斯顿市 City of Launceston，Australia	2017.8.23 23 Aug.，2017	朗塞斯顿市 Launceston
南平市（2）	美国康涅狄格州史丹福市 Stamford，Connecticut，U. S. A.	1993.07.02 02 July.，1993	史丹福市 Stamford
	澳大利亚新南威尔士州奥尔伯里市 Albury，New South Wales，Australia	2003.09.06 06 Sept.，2003	南平市 Nanping
三明市（2）	美国密歇根州兰辛市 Lansing，Michigan，U. S. A.	1997.09.10 10 Sept.，1997	三明市 Sanming
	匈牙利布达佩斯十五区 XV kerület，Budapest，Hungary	2009.12.22 22 Dec.，2009	三明市 Sanming
龙岩市（3）	澳大利亚新南威尔士州伍龙岗市 Wollongong，New South Wales，Australia	2000.11.19 19 Nov.，2000	龙岩市 Longyan

续表

省市	友好省州/城市	结好时间	签字地点
龙岩市（3）	法国安第尔省普松西市 Buzancais，Indre，France	2008.10.27 27 Oct.，2008	普松西市 Buzancais
	瑞典韦姆兰省菲利普斯塔德市 Filipstad，Sweden	2016.04.26 26 Apr.，2016	菲利普斯塔德市 Filipstad
宁德市（4）	马来西亚砂拉越州诗巫市 Sibu，Sarawak，Malaysia	2009.03.19 19 Mar.，2009	宁德市 Ningde
	德国莱法州沃尔姆斯市 Worms，RheinlandPfalz，Germany	2012.12.07 07 Dec.，2012	宁德市 Ningde
	德国莱法州施佩尔市 Speyer，RheinlandPfalz，Germany	2012.12.07 07 Dec.，2012	宁德市 Ningde
	美国印地安纳州哥伦布市 Columbus，Indiana，U. S. A.	2010.10.22 22 Oct.，2010	宁德市 Ningde
长乐市	美国华盛顿州得梅因市 Des Moines，Washington，U. S. A.	2012.01.16 16 Jan.，2012	长乐市 Changle
厦门市思明区	美国佛罗里达洲萨拉索市 Sarasota，Florida，U. S. A.	2007.11.09 09 Nov.，2007	萨拉索市 Sarasota
石狮市（2）	菲律宾南甘马林省那牙市 Naga，Camarines Sur，Philippines	2000.03.01 01 Mar.，2000	那牙市 Naga
	澳大利亚南澳洲伦马克帕林加市 Renmark Paringa，South Australia，Australia	2005.10.19 19 Oct.，2005	石狮市 Shishi
晋江市	意大利皮埃蒙特大区库内奥省 Province ofCueno，Piedmont，Italy	2017.07.27 27 Jul.，2017	晋江市 Jinjiang
南安市	日本长崎县平户市 Hirado，Nagasaki，Japan	1995.10.20 20 Oct.，1995	平户市 Hirado
武夷山（2）	美国夏威夷火奴鲁鲁市 Honolulu，Hawaii，U. S. A.	2005.07.12 12 Jul.，2005	火奴鲁鲁市 Honolulu
	澳大利亚新南威尔士州兰山市 Blue mountains，New South Wales，Australia	2009.06.30 30 Jun.，2009	兰山市 Blue mountains
福鼎市	斯洛伐克特尔纳瓦州特尔纳瓦市 Trnava，Trnava，Slovakia	1998.04.29 29 Apr.，1998	福鼎市 Fuding
上杭县	塔吉克斯坦索格特州彭吉肯特市 Penjikent，Sughd，Tajikistan	2013.08.05 05 Aug.，2013	彭吉肯特 Penjikent

（王周雨）

侨务

【概况】 2017年，福建省侨办以党的十九大和全国侨务工作会议精神为指导，贯彻落实习近平总书记关于侨务工作的重要指示，紧紧围绕省委、省政府中心工作，按照《国家侨务工作发展纲要》和国侨办部署，立足侨务资源优势和自身职责定位，为新福建建设贡献力量。

宣传党的十九大精神。成立省侨办十九大精神宣传小组，开展党的十九大精神学习宣传贯彻活动。在“福建侨网”“闽侨网”开辟“海外闽籍华侨华人及港澳同胞寄语十九大”“华侨华人说”等专栏，刊登海外侨胞对党的十九大的感受反响和学习体会。在《福建侨报》开设专题，加强与《国际日报》《美国侨报》等海外华文媒体的合作，加大党的十九大精神在海外的宣介。利用出访接待机会开展宣介活动，增进海外侨胞对党的十九大的认识和了解。深化侨务工作改革发展。在全国率先出台《福建省人民政府关于贯彻落实国家侨务工作发展纲要（2016—2020年）的实施意见》，并率先召开全省侨务系统学习贯彻《国家侨务工作发展纲要（2016—2020年）》及《实施意见》工作会议。坚持服务发展大局。参与承办第十五届“6·18”活动，促成35个技术成果项目签约，总投资11.32亿元。举办第四期“科创委员和海外博士走进侨梦苑”活动，推动达成合作意向25项。组织邀请包括4家世界500强企业在内的19家著名跨国公司的21名华侨华人高管代表来闽考察，推动达成一系列合作意向。深入涵养侨源侨谊。做好省领导出访东南亚相关工作，组织28场涉侨活动。认真筹备第二届世界闽籍华侨华人社团联谊大会暨福建省海外交流协会第六次会员代表大会、世界福建青年联会第四次会员代表大会。接待马来西亚福建社团联合会、菲华各界联合会等30多个重点团组来闽考察，组织团组赴海外及中国港澳台地区开展庆典活动。邀请64个国家和地区的430多家华文媒体代表出席第九届世界华文传媒论坛。举办第四期福建省海外青年精英研修班、第二届“海丝情·中国梦”港澳青年精英故乡行、首期闽籍侨领涉台工作研讨班等活动。推荐35名海外侨胞列席省政协会议。邀请8385名海外华裔青少年参加夏（冬）令营，办营规模位居全国首位。优化为侨服务工作。出台《华侨来闽定居办理工作办法》，缩短华侨回国居住时限要求。修改完善归侨侨眷身份认定办法和“三侨生”升学照顾身份证明政策。推动各地市将华侨来闽定居等为侨公共服务事项统一纳入福建省网上办事大厅APP和闽政通APP。将散居社会贫困归难侨困难补助标准由100元/月提高到200元/月。在全国侨务系统率先开展华侨历史文化名镇名村创建工作，明确4个首批创建试点单位。

【侨务联谊】 2017年，福建省侨办做好省领导出访东南亚的涉侨活动安排。5月15—22日，副省长李德金率团出访新加坡、印度尼西亚、马来西亚，代表团一行拜访新加坡福建会馆、印度尼西亚中华总商会、马来西亚福建社团联合会、马来西亚中华大会馆等闽籍重点社团，考察知名华商企业，拜访闽籍重点侨领。9月15—24日，省委常委、秘书长梁建勇率福建省代表团出访菲律宾、越南、马来西亚，代表团一行参加马来西亚福建社团联合会60周年钻禧会庆暨福建楷模奖与杰出企业家奖颁奖典礼，看望福建省外派菲律宾的华文教师，拜访菲律宾菲华商联总会、菲华各界联合会、越南福建商会、马六甲福建会馆等闽籍重点社团，考察知名华商企业，会见闽籍重点侨领。省领导出访东南亚，走访闽籍乡亲，带去家乡人民的问候和祝愿，进一步联络乡情乡谊。

举办第四期海外青年精英研修班。6月23日，第四期福建省海外青年精英研修班在福州开班。研修班为期7天，来自美国、马来西亚、菲律宾、加拿大、泰国等14个国家及地区的30名海外侨领的二三代接班人参加培训。此次研修在福州、北京两地进行，安排参观福州规划馆、座谈交流、实地考察等内容，以此增进海外青年精英对福建省经济社会发展的了解，促进海外青年与家乡的联系。

筹备第二届闽籍华侨华人社团联谊大会暨福建省海外交流协会第六次会员代表大会世界福建青年联会第四次会员代表大会。大会定于2018年2月在福州举办。省侨办修改完善会议工作方案，向五大洲96个国家和地区的社团负责人发出参会邀请，对福建省海外交流协会和世界福建青年联会理事会的换届进行研究。

【侨务经济科技】 2017年，福建省侨办实施“福建菜海外示范推广计划”。组织“中餐繁荣团”赴马来西亚、菲律宾开展“春节送年饭”、厨艺培训与交流活动，1000多名海外侨胞参加活动，160多名海外中餐业从业者参加培训。推动国侨办在福建省挂牌设立国家级“海外惠侨工程－中餐繁荣基地”。起草《关于中餐繁荣与福建菜海外示范推广工作的指导意见》，加强对海外中餐业的指导。遴选新加坡莆田餐厅、菲律宾金海湾酒楼等13个经营成功、特色明显的海外中餐馆作为“福建菜示范点”，推动提升海外中餐业整体水平。

福建“侨梦苑”建设。与福州市政府共同建立健全福建“侨梦苑”领导架构及工作制度，明确“侨梦苑”的日常工作等责任，建立招商推介、跟踪服务、领导小组会议等机制。组织第四期“科创委员和海外博士走进侨梦苑”活动的110名专业人士和海外侨商代表以及跨国公司的华侨华人高管代表等赴“侨梦苑”考察，推动日本真木技术公司、荷兰石墨烯科技有限公司研发中心等项目对接。9月10日，国侨办主任裘援平赴福建“侨梦苑”调研，考察“侨梦苑”建设情况，走访数字福建（长乐）产业园滨海新城等园区，并与相关负责人座谈。

组织侨商参加招商引资活动。邀请安联财产保险中国有限公司、日立（中国）有限公司、上海迪士尼有限公司、沃尔沃汽车中国研发公司等19家著名跨国公司的华侨华人高管代表21人于5月25日来闽考察，达成一系列项目合作意向。邀请来自11个国家的15个侨商团组约150人参加2017年中国（厦门）国际投资贸易洽谈会，并参与协办澳大利亚国家馆活动。组织3个侨商团组约40名侨商分赴甘肃、贵州、广西等地开展“侨资企业西部行”活动，考察当地投资环境和项目。

2017年6月，“中华文化大乐园”夏令营在印度尼西亚山口洋举行，来自福州的林晓丽老师为夏令营的孩子们传授精彩的中国传统手工制作技艺　（省侨办供稿）

协办第十五届“6·18”大会。第十五届“6·18”期间，国侨办主办、省侨办承办“华侨华人项目成果展区”，邀请来自15个国家和地区的51名海外华侨华人专业人士参加，征集海外科技项目180个。6月18日下午，与泉州市政府共同主办华侨华人项目成果（泉州）专场对接会，有35个项目在对接会上签约，总投资11.32亿元。签约项目涉及人工智能、电子信息、装备制造、新材料、新能源、生物医药等领域。

协办第43期“海外华裔青年企业家中国经济高级研修班”。10月27日至11月2日，由国侨办主办、省侨办协办、厦门市外侨办承办的第43期“海外华裔青年企业家中国经济高级研修班”分别在厦门大学、北京大学举办。来自22个国家的47名华裔青年企业家参加为期一周的集中研修学习。培训期间，学员们还实地考察厦门城市规划馆等。

入选第五批国务院侨办重点华侨华人创业团队。2017年，福建省拓兴生物科技有限责任公司陈骐团队、福州通产光电技术有限公司范晓鹏团队、福建龙生生物科技有限公司温龙平团队、福建星宏新材料科技有限公司陈秀琴团队、福建华灿制药有限公司黄发灿团队、力品药业（厦门）有限公司叶英团队、锐捷特（厦门）生物技术有限公司佘明宇团队、厦门奥德生物科技有限公司张云团队、厦门聚生元医药科技有限公司叶元杰团队、厦门五星珑科技有限公司郑俊团队、智能（厦门）传感器有限公司吴青海团队、中大鑫新材料科技（厦门）有限公司吴慧道团队等12个团队入选第五批国侨办重点华侨华人创业团队。入选团队可获得国侨办协助申报国家相关人才计划、资金扶持、金融扶持，以及帮助协调关系、排忧解难、维护侨益等相关支持。

【侨务文教宣传】 2017年，福建省侨办加强侨务文化教育宣传。承办第九届世界华文传媒论坛。9月10—18日，由国侨办、福建省政府联合主办，省侨办与福州市政府承办的第九届世界华文传媒论坛在福州举办，来自境外64个国家和地区的430多家华文媒体的460余名代表出席。全国人大常委会副委员长兼秘书长王晨，国侨办主任裘援平，省委副书记、省长于伟国等出席开幕式并致辞。论坛设置“高端论坛”，举行“一带一路”中的华文媒体、华文媒体与“中国故事”等5个平行分论坛。代表们还赴“妈祖故里”莆田参加“海上丝绸之路视野下的妈祖与海外华文传媒”论坛。论坛期间，省侨办组织64个国家和地区的200多家海外华文媒体分三条线路赴宁德、平潭、晋江、漳州、建阳及武夷山等地实地采访，并推动福建日报社东南网与美国《侨报》、英国《侨报》、菲律宾《世界日报》签订友好合作协议，福建侨报社与菲律宾《世界日报》、印度尼西亚《国际日报》、南非《非洲时报》签订友好合作协议。

举办华裔青少年夏（冬）令营活动。2017年，全省举办海外华裔青少年夏（冬）令营88期，参加营员8385名，办营规模位居全国首位。4月1日，由晋江籍旅菲侨领、菲律宾菲华商联总会永远名誉理事长陈永栽资助组织的2017年海外华裔青少年“中国寻根之旅”夏令营——菲律宾华裔学生学中文夏令营开营式在晋江举行，1024名菲律宾华裔青少年来闽开启文化寻根、中文学习之旅，该活动成功举办17年，参营总人数超过1.3万人。7月11日，为配合晋江市申办第18届世界中学生运动会，国侨办、省侨办、泉州市外侨办与晋江市政府共同主办的2017年海外华裔及中国港澳台地区青少年“中国寻根之旅”夏令营福建集结营开营仪式在晋江市举行，来自11个国家和地区的600多名华裔青少年和晋江本地2500多名青少年参加开营式，前来考察评估世中运申办工作的国际中体联主席劳伦特·佩楚卡为开营式授营旗。

培训培养海外华文师资。接待来访的印度尼西亚华文幼教福建观摩团和参加第四届世界华文教育大会的海外代表文教考察福建团等团组，举办马来西亚华小教师中文教学技能研修班、英国“华文教师证书培训班”等活动，短期培训一批华文教师。依托厦门大学海外教育学院开展华文教育远程学历教育。与华侨大学、福建师范大学合作，培养具有本科学历的海外华文师资。2017年，多渠道培训培养海外华文教师1621名，选派81名优秀华文教师赴海外华校任教。

“百家华校手拉手”。促成福建省9所中小学学校与海外相关学校缔结10对姊妹校，分别是澳大利亚悉尼罗棣山中学与福州三中、泉州七中，老挝万象寮都公学与福建师范大学附属小学，马来西亚诗巫黄乃裳中学与福州华侨中学、闽清二中，马来西亚沙捞越美里培民中学与福建师大附中、武夷山一中，马来西亚沙捞越诗巫卫理中学与福建师大附中、福州外国语学校，马来西亚尊孔国民型华文中学与福建省永春第一中学。

开展对外文化交流和侨务宣传活动。与省政府新闻办、省广电集团等福建省主流媒体合作，实施中宣部丝绸之路影视桥工程项目，开展“福建外宣电视节目协作网‘21世纪海上丝绸之路’大型联合采访活动”，合作拍摄《海丝路上福建人》等专题片。与省委外宣办、中华妈祖文化交流协会等联合举办“清新福建”图片展、“牵手海丝路·共绘妈祖情——第三届我爱妈祖全球儿童画大赛”。配合做好“厦门会晤”宣传工作，组织引导海外华文媒体多角度、全方位报道金砖国家会议筹备和新福建风貌。

【国内侨务】 2017年，福建省侨办贯彻《国家侨务工作发展纲要（2016—2020年）》。3月31日，福建省《关于贯彻落实国家侨务工作发展纲要（2016—2020年）的实施意见》经省政府常务会议审议通过，并于4月10日以省政府名义印发。5月9日，全省侨务系统贯彻实施《国家侨务工作发展纲要（2016—2020年》及《实施意见》工作会议在福州举行。来自省“五侨”部门、各设区市及重点侨县区的100多名侨务干部参加会议。国侨办副主任郭军应邀来闽做辅导报告，为与会人员深度解读《国家侨务工作发展纲要（2016—2020年）》。

为侨公共服务平台建设。推动各设区市、县将华侨来闽定居、“三侨生”升学照顾身份证明以及华侨归侨侨眷身份认定等事项纳入福建网上办事大厅APP和闽政通APP平台办理。至年底，海外侨胞和归侨侨眷可通过县级行政服务中心的侨办窗口、福建省网上办事大厅的网络平台，以及福建省网上办事大厅APP或闽政通APP等3个渠道来办理华侨来闽定居等为侨公共服务事项。2017年，全省受理华侨来闽定居申请6785件，办结6639件，签发《华侨来闽定居证》2708件；开具“三侨生”高考升学照顾身份证明627件。

出台《华侨来闽定居办理工作办法》。5月29日，省侨办、省公安厅、省外办联合出台《华侨来闽定居办理工作办法》，明确办理定居的对象条件、申请材料、办理流程、工作时限、落户手续等内容，规范华侨来闽定居工作，保护华侨回国定居的权利。该办法根据《华侨来闽定居办理工作暂行办法》实施以来华侨反映的问题进行修订，缩短华侨回国居住时限要求，由原来的应在申请之日起一年内在国内连续住满60天或累计住满90天缩短到累计住满15天，并扩大华侨投靠亲属范围。

提高散居社会贫困归难侨困难补助标准。自2017年1月1日起，福建省对家庭年人均收入低于城乡居民最低生活保障标准和列入精准扶贫建档立卡的散居归难侨每人每月再发给的补助金由100元提高到200元，所需资金由省和市、县（市、区）财政负担。其中，厦门市的散居社会贫困归难侨解困问题，由厦门市自行解决。2017年，全省上报为补助对象的散居社会贫困归难侨共有934人。

开展侨乡文化名镇名村试点创建工作。为加大对华侨名人故居、侨特色老宅等侨乡文化的保护力度，省侨办与省住建厅联合组织开展福建省侨乡文化名镇名村试点创建工作。2017年，明确厦门市集美区集美街道、福州市福清市海口镇牛宅村、泉州市安溪县湖头镇、莆田市涵江区江口镇为创建试点单位。

帮扶困难归侨侨眷。深入侨乡和华侨农场开展走访慰问活动，为200多名贫困归侨侨眷送去节日的慰问。举办侨法宣讲活动7场、“送温暖医疗队”25场、“归侨侨眷职业技能培训”23期，为归侨侨眷送医送药、提供咨询、提升自我发展能力。下拨南侨机工专项生活补助1.2万元，发放省属国有困难企业1969年12月31日回国并参加工作的退休归侨职工补贴54.24万元。落实梅州、南山、双第、北硿、武夷山和泉上等6个困难华侨农场职工基本养老保险省级补助资金299.52万元。

创建“全国为侨公共服务示范单位”。经推荐评选，福清市上迳镇南湾村、厦门市湖里区濠头社区、泉州市永春县龙水村、三明市明溪县梓口坊村等4个单位被国侨办确定为2017年度“全国为侨公共服务示范单位”。（林晓英）

港澳事务

【概况】 2017年，福建与港澳地区的交流与合作持续深化。闽港闽澳官方往来密切，全年有11批次省级领导率团访问港澳地区，有3批次高级别港澳地区政府官员来闽访问；合作会议机制不断完善，经贸、金融、旅游、教育、社会事业及青少年等领域交流合作取得新进展。

【省委书记尤权、省长于伟国会见澳门特首】 2017年2月22日，福建省委书记尤权、省长于伟国在福州会见澳门特别行政区行政长官崔世安率领的澳门特区政府代表团并举行高层会谈会晤，就闽澳携手共同参与“一带一路”建设达成广泛共识，形成《闽澳高层会晤纪要》。闽澳双方共同制订携手“一带一路”建设合作项目，首次以明确责任单位的形式，推动项目落实。

【“创新升级·香港论坛”活动在闽举办】 2017年5月25日，福建省发改委、省商务厅、省港澳办等单位会同香港贸发局在福州联合举办香港现代服务业与福建企业商贸对接会“创新升级·香港论坛”，副省长李德金出席，逾1500名闽港企业家参加论坛及对接活动。

【闽澳首次合作组团赴葡语国家开展经贸洽谈】 2017年6月15—24日，福建省人民政府港澳办与澳门特别行政区政府贸促局合作，首次牵头组织省直有关部门、福建宏东远洋渔业有限公司等多家民营企业共同组团赴葡萄牙、佛得角、圣多美和普林西比等3个葡语国家开展经贸洽谈，促成省海洋与渔业厅与圣多美和普林西比国家渔业局签署《渔业合作谅解备忘录》。这是中国与圣普复交以来首个到访圣普的地方访问团，有力地配合了中央对非工作。

【“活力澳门推广周·福建泉州”活动在闽举办】 2017年6月23日，由澳门特别行政区政府、中央人民政府驻澳门特别行政区联络办公室、福建省人民政府为指导机构的“活力澳门推广周·福建泉州”活动在泉州晋江举行，副省长李德金、澳门特别行政区政府经济财政司司长梁维特出席开幕式。该次推广周展会设300个展位，展览面积8000平方米，主要涵盖主题展览、产品展销、招商推介、行业对接等内容，集中展示澳门经济态势、旅游环境、文化创意及会展产业发展等情况，同时也为游客提供“吃、玩、购”一站式服务，体验澳门的独特风情。澳门经贸代表、参展商及市民游客近千人参加活动。

【省长于伟国与港澳特首举行会晤】 2017年9月25日，在泛珠区域行政首长联席会议期间，省长于伟国分别与香港特别行政区行政长官林郑月娥、澳门特别行政区行政长官崔世安会晤。在与林郑月娥会晤期间，双方就闽港合作情况深入交换意见，一致同意继续推进闽港合作会议机制建设，并商定第三次合作会议于2018年在福建举行。在与崔世安会晤时，双方就深化闽澳合作进一步交换意见。

【闽澳合作会议第二次会议在福州举行】 2017年12月4日，闽澳合作会议第二次会议在福州举行，副省长李德金与澳门特别行政区政府经济财政司司长梁维特共同主持会议。双方达成加强“一带一路”合作，深化经贸、旅游、青少年合作，以及拓展金融、教育、文化、卫生合作等多项共识。在李德金和梁维特的共同见证下，福建省商务厅与澳门贸易投资促进局签署《关于深化闽澳经贸合作的协议》，福建省教育厅与澳门特别行政区教育暨青年局、高等教育辅助办公室签署《教育交流与合作协议》。

（王周雨）

编辑：林忠玉

闽台交流合作

闽台经贸

【概况】 2017年，福建省新批台资企业项目1051个（含第三地转投），合同台资36.4亿美元，比上年增长20.9%，实际到资18.6亿美元，实际到资位居中国大陆第二位。闽台贸易总额774亿元，比上年增长18.3%。其中，对台贸易输出295亿元、比上年增长16.3%，自台贸易输入479亿元、增长19.6%。

【福建自贸试验区对台开放合作】 2017年，台资企业在福建自贸试验区股比、经营范围、投资领域等方面限制大幅减少，台商投资融资租赁、电子商务、旅行社等服务行业的资质、门槛要求可比照大陆企业办理。台湾统一证券成为首家获准来大陆参股投资证券公司的券商。大陆首家台商独资海员外派机构台塑兴对外劳务合作有限公司（台塑集团旗下）、台湾精准医疗行业龙头企业丽宝生医等落户厦门片区。自贸试验区进一步采认台湾地区专业领域从业资格，有800多名台湾专业人士备案执业。2月，福州片区率先实施榕台技能工种“一考双证”；6月，平潭片区率先开通“台陆通”公共信息服务平台，成为截至2017年大陆唯一针对台湾同胞往来大陆提供信息与服务的平台，被选为“开放的大门·2017中国自贸试验区十大创新案例”。2017年，自贸试验区内新增台资企业数、合同台资分别占全省同期的45.6%、70.4%。实施台湾商品最便捷通关模式，吸引台湾地区商品从福建自贸试验区口岸入境。

【平潭综合实验区“一岛两标”探索】 2017年，福建省正式出台《平潭综合实验区推动“一岛两标”工作实施意见》，率先从资质采认、建筑合作、关检合作、人才引进等方面入手，进行融合探索，取得初步成效，区内备案台湾导游122名、医师执业人员7名、台湾建筑执业人员102名。2月，平潭对台小额商品市场扩大商品经营范围，台湾化妆品等获批进入该市场交易。3月，台湾青年就业创业引领计划第二期在平潭台湾创业园开启，来自台湾的182名青年参加此次活动。5月，位于金井湾片区物流园区的平潭两岸快件中心启用；中国贸促会台港澳服务中心落地平潭并平稳运营。6月18—20日，以“遇见平潭，携手未来”为主题的第六届两岸共同家园论坛成功举办。来自海峡两岸各界别的300多名嘉宾分享两岸创业就业的成功案例和经验，并为平潭打造两岸青年创业就业热土建言献策。同时，还举办第三届海峡两岸村里长交流会、两岸青年设计大赛、两岸青年音乐季、澳前台湾小镇美食文化节、两岸职工自行车赛、国际风筝冲浪节、闽台岚球94狂篮球赛、垒球邀请赛、两岸荧光夜跑音乐节、两岸虞舜文化研讨会等文化交流和文体赛事。其中两岸职工自行车赛连续3年被列入国台办重点交流项目。7月，在东莞“2017年两岸青年创业就业研讨会”上，平潭推出实验区机关企事业单位31个，面向台湾青年招聘岗位102人，涉及教育、医疗、金融等各领域。8月，由台北港开往平潭的万吨级高速货运滚装船“台北快轮”试航成功。2017年，平潭至台湾海上客滚航线运载旅客11.09万人（次），集装箱运载货物15865标箱，货运吞吐量41.17万吨。

【闽台产业对接】 2017年，福建省重点跟进推动25个对台招商引资项目中，有12个项目取得重大进展，占比48%。其中，古雷炼化一体化项目于12月26日开工，古雷腾龙翔鹭石化（翔鹭PX项目）完成重组，由台湾塑料股份有限公司投资1.5亿美元的福欣不锈钢深加工项目和由台湾长春企业集团在漳州投资1.5亿元建设的电子级双氧水项目加快推进，由台湾兆鑫光电在漳州云霄投资3000万美元建设的福建汉晶（台湾兆鑫）PSS项目于7月30日进入试投产，由台北振兴医院和中福海峡发展公司合作投资1.64亿美元建设的福州严复医院纪念医院项目落实选址并经规划部门批准，由台湾华冈集团和平潭土地开发公司合作投资1000万美元建设的平潭国际物流（海运快递）中心建成运营。两岸产业合作各类功能区不断完善。

【闽台贸易往来】 2017年，福建省推广对台贸易便利化创新举措，对120多种台湾商品采用“源头管理、口岸验放”快速通关模式，实施无纸化报检、检验检疫一体化、审单放行等措施。其中，对输入原产于台湾的一般成套设备及单机实施“备案管理，免于现场检验”。指导各地办好海峡两岸林业博览会、农博会、茶博会、电机电器博览会、纺织服装博览会、食品交易会、农产品采购订货会等一批省内重要涉台经贸展会，吸引万家台企来闽参展参会。其中，闽台（泉州）食品交易会升格为国家级专业展会。组织49家在闽台企参加在南京举办的“大陆台资企业产品展销会”。

平潭两岸海外公共仓储公司在台湾台北港开业，成为大陆在台湾设立的第一个仓储货物仓。2017年，商务部核准福建省在台直接投资项目11个（增资7个），核准对台投资额313.4万美元。至2017年底，有厦门航空公司、厦门国贸等90家闽企或分支机构（60家企业、30家机构）获准赴台投资，协议投资金额达3.85亿美元，居大陆首位。

【闽台农业合作】 2017年，福建省在开展海峡两岸农业合作试验区建设、创建台湾农民创业园、零关税输入台湾农产品、制定两岸农业合作地方性法规、开展两岸特色乡镇交流等方面走在大陆前列。全省新批台资农业项目42个，合同台资1.2亿美元，实际到资8500万美元，农业台资项目数和利用台资额持续位居大陆第一。

漳浦、漳平、仙游、清流、福清和惠安等6个台农创园产业优势明显、发展势头良好、作用日益突显。6个园区规划总面积24万公顷，核心区面积8.6万公顷，累计有566家台资农业企业、1000多名台湾农民入园创业，引进台资10.6亿美元，主要涉及花卉、水果、茶叶、食用菌、渔业和休闲农业等。8月，在全国获评优秀的11家台湾农民创业园中，福建有5家，并居前5位，分别是：福建龙岩漳平台创园、漳州漳浦台创园、三明清流台创园、莆田仙游台创园、福州福清台创园，是全国获评优秀数量最多的省份。

【闽台金融合作】 2017年，福建省推动省银监局出台改善台胞小额信用卡业务服务、满足台胞住房按揭贷款需求、加大对台资企业的支持力度等三个方面六条金融政策，促进台企台胞在闽生活便利化。推动建行、中行、平安银行在自贸试验区内设立对台金融服务中心，形成“机构＋中心”的对台金融服务架构。推动闽台合资设立的金圆统一证券、金美信消费金融等项目上报证监会、银监会审批。中国出口信用保险公司福建分公司与台新银行签订合作协议，并首次约定海峡两岸仲裁中心作为双方合作的仲裁服务机构。截至年底，共引进富邦财险、君龙人寿、国泰人寿、台湾合作金库、海峡产业投资基金、统一证券等21家台资金融机构。

【台商台胞权益维护】 2017年，福建省受理台商台胞投诉求助事394件，办结366件，办结率92.8%，受理台胞信访157件。设立法律咨询室、法官工作室，优化台胞来访接待环境和服务水平；建立全省台胞投诉求助事项统计月报制，开展“一企一策”帮扶、送法进台企、政策宣导等活动，与“海峡两岸仲裁中心”建立工作机制，贴近台商需求提供精准服务。全省各级台办开展“送法进台企”等政策法律咨询服务8场次，惠及台商台胞300多人次。召开在榕台商“一带一路”座谈会、全省台商权益保护工作会议，推进台商权益保障工作机制建设。在全省推广台胞权益保障法官工作室，探索建立新形势下台办—法院—部门“横向整合、纵向联动”的工作模式，在全省各设区市和部分台商聚集的区、县台办设立27个台胞权益保障法官工作室。国台办2017年《对台工作简报》第13期、17期、97期分别专题刊发福建省推广台胞权益保障法官工作室经验和维权工作经验，在台办设立台胞权益保障法官工作室推广工作获评“2017年闽台关系十大新闻”，在全国服务台企工作会议上做涉台维权服务典型发言，央视和中国台湾网专题报道福建省涉台维权创新工作做法和成效，国台办秘书局发来“表扬函”。（周清英）

闽台交流

【概况】 2017年，受两岸局势影响，闽台人员往来和双向交流在数量、规模上有所放缓。累计接待台胞313.27万人次，比上年增长17.2%；赴台交流2119批次、1.52万人次，分别下降8.26%、2.56%；经福建口岸赴金马澎和台湾本

2017年12月6日，台胞权益保障法官工作室成功调处案件后，台商送锦旗致谢（省台办供稿）

岛旅游45.81万人次，下降18.72%。

【第九届海峡论坛】 2017年6月17—23日，第九届海峡论坛成功举办。该届论坛由两岸80家单位共同主办，以“扩大民间交流、深化融合发展”为主题，紧扣“两岸交流30周年”和“融合发展”等主轴，把握基层和青年群体特点，拓展民生议题，安排论坛大会、青年交流、基层交流、经贸交流四大板块21个项目、40场活动，签订合作协议（意向书）170余份。新增闽台书院文化交流论坛、闽台关系档案图片展览、非遗文化金门行、台湾县市经贸旅游推介等。首次与台湾媒体合作入岛举办金点子创意大赛，共创“两岸共办”模式。全国政协主席俞正声来闽出席论坛，并见证两岸百位新人集体婚礼。时任中国国民党主席洪秀柱等台湾泛蓝政党代表、县市代表、民意代表等8000多人参加有关活动。

【祖地文化交流】 2017年，福建省举办2017海峡两岸民俗文化节（福州）、第十届海峡两岸（厦门海沧）保生慈济文化节、第十二届两岸龙舟文化节、龙人古琴文化节、海峡两岸关帝文化旅游节、第23届世界客属石壁祖地祭祖大典、第六届海峡两岸定光佛文化旅游节、第九届陈靖姑文化节等40多场祖地文化主题的交流活动。湄洲妈祖时隔20年再次赴台巡游，历经台湾11个县市，驻跸91个宫庙，沿途近2000个宫庙自发参加接驾活动，近500万台湾信众朝拜进香，台湾宫庙参与的规模更大，密集宣传湄洲妈祖巡游台湾新闻资讯，辐射整个台湾地区。郑成功神像巡游台湾9个县市，受到近50万台湾民众的爱戴和虔诚朝拜。入岛举办朱子之歌进校园、闽台少儿歌唱会、非物质文化遗产传承人交流、闽剧及畲族歌舞巡演等4场福建文化宝岛校园行活动，展示福建深厚的文化特色。在福州、武夷山举办“匠心·意蕴”台湾周活动，开办台湾青年文创市集，促进两岸文创产业交流。制作播出《过台湾》《我从哪里来》等反映闽台文化历史联系的广播影视精品，5000余种台湾图书亮相第三届“海峡读者节”。

【闽台工青妇交流】 2017年，福建省举办海峡两岸职工创新成果展、海峡职工论坛、第五届海峡青年节、第十二届两岸青年联欢节、第五届两岸青少年艺术节、海峡两岸（漳州）青年交流周、海峡妇女论坛、海峡妇女艺术节等两岸工青妇交流品牌活动。闽台工会和闽台职工的交流呈现出基层化、多样化、品牌化等特点，受邀来闽参访的台湾职工和工会界人士15批次、863人次，福建各级工会组织赴台参访12批次、202人次。两岸职工体育赛事同样精彩纷呈，第四届平潭两岸职工自行车赛开赛，来自海峡两岸的1000多名骑手齐聚平潭展开激烈角逐，成为当地一道亮丽的风景线。泉州市实施3000名台湾青年“海丝泉州行”活动，安排两岸青年同吃、同住、同活动等体验式交流，体验无现金支付，感受大陆便捷生活方式。建立“两岸大学生互动交流”等微信群，促进两岸青年线上交流。

【闽台旅游合作】 2017年，福建省试点开展台湾导游领队经换证考试合格后在福建自贸试验区范围内执业政策。首次将旅博会配套活动——名导论剑活动落地金门举办，安排350名旅游业界和媒体赴金门采风，为建立厦金旅游协作区做出尝试。通过台湾联合新闻网、中时电子报新闻网、巴士、地铁、灯箱等线上线下立体宣传推广“清新福建”旅游，拓展台湾旅游客源市场。联合台湾旅游业界策划推出“一程多站”旅游线路，融入台湾岛内文化等元素，打造两岸旅游共同市场。鼓励台湾青少年入闽研学旅行。制定台湾青少年入闽研学旅行奖励政策，整合推出闽都文化之旅、闽南文化之旅、客家文化之旅等8条不同主题的研学旅游线路，并将研学旅行线路延伸至金门、马祖，目前已接待台湾青少年1000人，第一次到大陆的有458人。

【闽台人才合作】 2017年，福建省组织开展第三批在闽优秀台湾人才遴选工作，遴选10名福建省紧缺急需的人选。组织福建省基础教育名师名校校长交流团、鼓楼区名师名校校长交流团、福建省非物质文化遗产手工艺传承人交流团、福建省传统技艺产业人才交流团、福建省优秀民营企业家交流团等5个团组赴台，与台湾基础教育研究专家、教育专家、手工艺领域、传统艺术群体、中小企业界等界别人才进行深入交流互动。厦门市举办2017两岸人才机构合作洽谈会暨第三批台湾特聘专家（专才）颁证仪式，68名台湾人才入选。赴台举办海峡两岸（闽台）人才交流合作年会。团省委开展福建省引进台湾高层次人才“百人计划”遴选工作。平潭探索试验“一岛两标”，推动在建筑、规划、医疗、旅游等行业采认台湾地区人员执业资格证书。

【闽台教育交流】 2017年，福建省率先实施两岸合编高中语文教材——《高中国文》，并在台湾正式出版，得到台北、台中、高雄等10多所高中选用。省教育厅引进252名台湾全职教师在福建省高校工作、实施师资闽台联合培养计划。举办第四届海峡两岸应用技术类大学校长论坛暨海峡两岸教育合作十年成就展等“四大论坛”品牌活动，推动14对闽台中小学校达成合作协议。福建师范大学与台湾大同大学围绕福建新兴产业发展合作举办新能源科学与技术专业。

【对台交流平台建设】 2017年，中央台办、国台办批准武平县定光佛文化园区和厦门石室禅院设立海峡两岸交流基地，使福建省海峡两岸交流基地数量增至12家，位居大陆首位。省台办新设宁德古田临水宫祖庙、龙岩上杭客家族谱博物馆、厦门集美对台研学旅行基地、漳州东山关帝庙、泉州南安郑成功故里、福州海峡青年交流营地等6家省级对台交流基地，批准福州传统文化促进会、福建唯美客文化创意有限公司、漳州东南花都、湄洲岛妈祖文化影视园、中国闽台缘博物馆等5家机构设立台湾青年体验式交流中心，持续创新两岸青年交流形式。

【台湾青年到闽就业创业】 2017年，福建省坚持市场化、社会化、机制化，以就业为重点、实习带动就业、就业促进创业，通过出台一批扶持政策、设立一批青创基地、征集一批工作岗位、搭建一批服务平台，务实推动台湾青年来闽就业创业。先后出台《进一步鼓励和支持台湾青年来闽就业创业若干措施》《台湾青年就业岗位征集实施方案》《台湾优秀人才来闽创业创新支持实施办法（试行）》《福建省级台湾青年就业创业基地设立及考评认定管理办法（试行）》等，支持台湾青年来闽就业创业。推动设立首批省级台湾青年就业创业基地15家。至年底，全省拥有各类涉台青创基地73家，其中国家级8家。7月，推动福州、厦门等7个沿海地区台协会联合征集台企1767个就业岗位，分赴台北、台中举办“清新福建，梦想起航”征才博览会，是截至2017年大陆在岛内举办的最大规模人才招聘活动。组团参与2017两岸青年就业创业研讨会，80家企事业单位推出483个就业岗位。推动厦航入岛招聘首批60名台湾空乘人员。依托省市青企协、青商会、青创会、高校，组建1000多名创业导师辅导团队，举办台湾青年来闽就业创业政策培训班。截至2017年底，台湾青年来闽实习实训超过1600人次，在闽就业创业超过1.3万人。（周清英）

闽台直接往来

【基层交流】 2017年，福建省持续推进闽台基层交流。开展榕马交流“一月一主题”活动。举办第三届海峡两岸村里长交流活动，邀请400多名台湾乡镇长、村里长和200多名福建村委会主任共同参与活动，20个台湾村（里）与平潭村（社区）签订合作协议、互聘荣誉村里长。举办第5届“同名村·心连心”联谊活动，邀请台湾10多个同名同宗村近100名村民来闽并参加海峡论坛活动，九成以上村民是第一次参加海峡论坛活动，有20多名是第一次来福建。邀请170多名台湾嘉宾参加两岸特色乡镇交流对接活动，组织50对闽台特色乡镇的生态农业企业对接交流，促成15个合作项目签约。举办莆台“美丽乡村”村里长交流活动，邀请80多名台湾村里长，开展村对村的交流洽谈活动。

探索创新两岸基层交流合作模式。推荐台湾村里长联合总会总会长、台中沙鹿区美仁里里长陈建良作为海峡论坛大会发言嘉宾。开展第二批台湾村里长的聘任工作，聘请2名具高学历和丰富管理经验的台湾“70后”里长到平潭村（社区）任职。龙岩市首次开展闽台荣誉村里长互聘活动，促进一对村里互聘。厦门海沧区招聘7名台胞担任社区治理顾问。评选福州连江县定海村、厦门湖里区兴隆社区、泉州晋江市围头村、平潭流水镇北港村和平潭岚城乡上楼村5个村（社区）为福建基层对台交流示范点。

加强基层各领域交流交往。在福清举办首届“榕台一家亲·两岸婚姻家庭夏令营”，邀请台湾地区高雄、台东、台中、宜兰、新北等县市的福州籍大陆配偶夫妻及其子女46人参加。在福鼎举办“两岸一家亲”福鼎籍大陆配偶家乡行活动，27名大陆配偶及其子女参加。举办海峡两岸传统武术大赛、海峡两岸自行车团体邀请赛、海峡两岸青少年棒球邀请赛、厦金海峡横渡、海峡两岸龙舟邀请赛等体育交流活动。

【闽台三通】 向金门供水工作。2017年，福建省继续推进向金门供水工程建设，大陆段工程完成晋江龙湖取水泵站厂区道路、绿化工程、管理楼、辅助楼的办公设施配套及计量站建设等扫尾工作。金门方负责投资建设的跨海管道（16052米）工程，7月15日复工建设，11月27日海底输水管道全线贯通并通过水压试验，具备通水条件。

台车入闽。2017年，平潭综合实验区管委会为加强对入境台车的审查、监督，在经平潭口岸入境台车申请流程中增加平潭台工部审批、备案程序。全年受理新办35辆台湾车辆经平潭口岸入闽。

闽台海上直航。推动“小三通”客运航线增班机制的落实。1月，泉州—金门航线由每日4个往返航班增加为5个往返航班。厦门—金门航线试行周末和节假日加班机制。2017年，闽台“小三通”客流量1815544人次，比上年增长0.25%；闽台客滚航线客流量141037人次，增长33.12%；海上直航货物吞吐量1787.25万吨，下降15.83%；集装箱吞吐量73.39万标箱，增长1.14%。

闽台空中直航。3月27日，深圳航空公司加入泉台空中直航航线，泉台空中航线由每周3个往返航班增加为6个；12月，台湾远东航空入驻福州机场和厦门机场，开通福州到台北、高雄航线和厦门到台中、高雄航线，为两岸和闽台人员往来提供更加便捷、优质的服务。2017年，闽台空中直航客流量875233人次，比上年下降8.13%；闽台空中直航货物吞吐量25907.1吨，下降2.71%。

【对台宣传】 2017年，福建省围绕纪念两岸开放交流三十周年，举办第八届海峡媒体峰会。组织实施“清新福建”“聚焦闽台合作‘六区’巡礼”等两岸媒体联合采访，开展“闽台融合之路”“喜迎十九大”等主题宣传。利用省涉台媒体平台，加强与台湾平面、电视、广播媒体及网络新媒体合作。制作播出《过台湾》《我从哪里来》等反映闽台文化历史联系的广播影视精品，其中大型历史人文纪录片《过台湾》全片14集，在央视纪录频道开播引起强烈反响。海峡卫视《青春最强音》《中国正在说》等多档节目在台湾主流媒体和视频网站实现常态滚动播出。同时，改版省台办门户网站，做好涉台舆论舆情引导，协助查堵反制台湾政治性有害出版物入境传播。

（周清英）

编辑：林忠玉

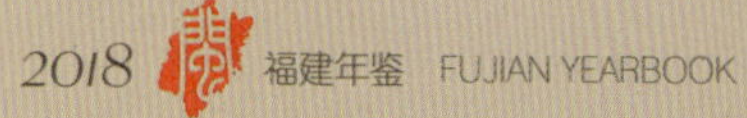

经济管理与监督

宏观经济管理

【经济运行监测】 2017年，福建省加强对“五个一批”项目、投资工程包、产业转型升级等跟踪分析，针对经济运行中出现的问题，提出应对措施和建议。做好福建省政府季调会、中共福建省委经济形势分析会报告起草，对经济运行情况进行分析点评，对主要预期目标进度完成情况、重大项目建设完成情况进行跟踪监测，加强地市调研和项目协调推进。

推进“十三五”规划实施。组织开展年度“十三五”规划纲要实施情况监测评估，跟踪列入国家“十三五”规划纲要的重大工程（项目）。推动“十三五”27个省级重点专项规划的牵头部门细化年度目标任务，争取重大项目工程列入国家专项规划盘子。编制福建省“十三五”基本公共服务均等化规划、人口发展规划（2016－2030年）等专项规划。

研究制定重大政策措施。研究制定深入贯彻落实习近平总书记重要讲话精神，加快推进21世纪海上丝绸之路核心区建设的意见、深化投融资体制改革实施意见、创新政府配置资源方式的实施意见、进一步激发社会领域投资活力实施意见、创新民生补短板重点领域和薄弱环节投融资体制机制的若干措施、2017年投资工程包实施方案、完善产权保护依法保护产权实施方案、进一步引导和规范福建省企业境外投资方向实施意见、促进城乡居民增收的实施意见、物联网应用和产业发展规划、促进大数据产业发展行动要点、现代服务业创新发展等一批政策文件，持续做好政策储备工作。

争取国家支持。争取中央预算内资金超过75亿元，投资专项涵盖保障性安居工程、“三农”建设、自主创新和结构调整、社会事业和社会治理、节能环保与生态建设等各个领域。推动部际联席会协调支持福建加快发展，加大对福建省的政策支持力度，协调解决项目推进中存在的困难和问题，一批重大项目工作取得重大进展，福厦客专、福州霍口大型水库等项目开工建设，厦门新机场等一批重大项目前期取得突破。

【以项目促投资、优结构】 2017年，福建省深化“五个一批”项目推进机制。研究提出建立正向激励机制促进有效投资的八条措施、“五个一批”项目正向激励具体实施办法等文件，对项目工作突出的地区实施正向激励，推动重大项目加快落地建设。督促各地各部门在突出“五个一批”项目实效的前提下，着力抓好签约、开工、投产三个关键环节，促进项目滚动接续发展。每季度组织各设区市梳理汇总一批具备开工条件的重大项目，开展集中开工活动。完善“五个一批”项目库。

实施补短板投资工程包。发挥抓总作用，建立工程包月报制度，督促各工程包牵头部门加强与相关地区联动衔接协调，合力打好“一包一策”“方案＋机制”组合拳，及时将有关实施情况及存在问题纳入福建省政府“一月一协调、一季一督查”。会同福建省效能办组织各地各有关部门对补短板投资工程包实施情况进行自查，并对部分地区进行督查，总结先进典型经验，查找问题，督促加快建设进度。

激发民间投资。研究起草进一步激发民间有效投资活力、促进经济持续健康发展的实施意见，以福建省政府办公厅名义印发实施，着力解决民间投资不能投、不愿投、不敢投问题。组织各地和省有关报建审批部门开展福建省民间投资项目报建审批情况清理核查。强化传统基础设施领域PPP项目储备，争取中央预算内投资支持10个PPP项目加快推进前期工作。

推进重大项目建设。按照“一月一协调、一季一督查”推进机制和工作要求，狠抓项目前期工作，协调督促各级各部门努力破解重大项目审批、征迁、要素保障等问题，项目服务提质增效。筛选确定百个“重中之重”项目，重点调度督办、重点协调服务、重点突破难点。加快交通、能源、水利等基础设施项目建设。交通方面，南三龙、福平、衢宁、建宁至冠豸山等在建铁路工程进展顺利，福厦客专、兴泉铁路全线开工建设；福州地铁1号线二期、2号线工程及厦门地铁2、3、4号线项目实施；

国高网宁东线宁德沙埕湾跨海通道等11个高速公路项目开工建设，国高网厦沙高速泉州、三明段，南平联络线建成通车。福州长乐机场二期扩建工程陆域形成工程2017年底基本完成，厦门新机场项目建议书上报国务院。能源方面，建成福清核电4号机组、西气东输三线福建段管线，推进永泰、周宁、厦门抽水蓄能电站以及神华罗源湾电厂、华能罗源电厂、莆田LNG接收站5～6号罐、海西二期管网等在建项目建设，开工建设漳州LNG接收站等项目。水利方面，督促推进北水南调平潭及闽江口水资源配置工程、龙海市九九坑水库、德化县彭村水库、浦城县王家洲水库和一批“五江一溪”防洪工程等在建重大水利项目建设进度。石狮市祥芝与霞浦县西洋等中心、一级渔港开工建设。同时，进一步加大项目稽查的力度，加强项目事中事后监管，组织力量对中央、省级预算内投资项目专项稽查，配合国家稽察办来闽开展专项检查和稽查。

【产业转型升级】 2017年，福建省实施重大项目，莆田云度纯电动乘用车产业化项目通过国家发展改革委核准并建成投产，古雷翔鹭PTA项目完成整改修复并恢复生产，漳州古雷炼化一体化（一期）、中化乙烯和炼油改扩建等项目开工建设，福州液空煤气化、冠城瑞闽动力锂电池等项目建成或部分建成。研究梳理重点产业，开展新一代电子信息、新能源汽车、生物医药、节能环保等产业发展战略和重大项目策划研究，理清产业链缺失环节的填平补齐和上下游配套，对全省正在洽谈对接的央企产业项目进行全面梳理，深化央企项目跟踪对接。衔接国家扶持工业转型升级的支持政策，金强建材节能复合墙板、长汀金龙高性能稀土永磁材料扩建、邵武永太双氟磺酰亚胺锂技改扩建等3个项目获得国家技术改造专项中央预算内资金补助。

推动现代服务业发展。做好服务业分析推进工作，组建物流、金融、旅游等7个重点领域发展咨询组，开展全省创意设计产业梳理。建设现代服务业项目，支持泰宁旅游集聚示范区公共服务平台项目等19个省级现代服务业集聚示范区公共服务平台项目，以及大通互惠阀门高端装备科创服务中心等30个物流、旅游、创意设计等重点领域项目建设，省现代服务业发展产业基金正式挂牌进入实际运作。推进省级现代服务业集聚示范区建设，评定漳州漳龙物流园等18个省级现代服务业集聚示范区，全省省级集聚示范区达47个。推动服务业综合改革试点示范，深化福州市服务业综合改革试点、鼓楼区服务业综合改革示范工作和8个省级综改试点区建设。

发展特色现代农业。抓“米袋子”建设，组织开展新增千亿斤粮食产能田间工程建设，建设12万亩高标准农田。抓现代农业支撑体系建设，支持一批公益性、生态型农业“五新”项目；发展节水灌溉农业技术，建设一批高效节水灌溉项目；支持福建省农科院科研综合实验中心、三明稻种基地建设。抓产业融合，推进试点示范工作；筛选上报3个产业融合示范园，争取列入国家首批农村产业融合发展示范园创建名单。

提升创新能力。推动新兴产业发展，出台石墨烯发展规划、加快石墨烯发展六条措施、加快康复产业发展八条措施、电子信息制造业重大项目推进计划等政策举措。推动“强芯补屏”，泉州晋华、厦门联芯、三安光电、莆田福联砷化镓等项目列入国家“十三五”集成电路产业重大生产力布局规划。建设创新平台，新增电子信息、高端装备、节能环保等6个领域31家省级工程研究中心，推动中科院海西研究院、国家专利审查福州分中心、中科院厦门稀土所等“国字号”重大科研机构加快建设。开展大众创业、万众创新，推动泉州丰泽区和厦门火炬高技术产业开发区列入国家第二批“双创”示范基地，开展“2017年‘双创’活动周”“创响中国·福州站”等活动。强化项目对接，“第十五届‘6·18’海峡项目成果交易会”对接合同项目2006个，总投资719亿元；组织开展220多场日常项目对接活动，累计对接合同项目6317个，总投资1691亿元，新增竹产业（永安）分院、食品产业技术分院2家产业技术分院。拓展军民融合发展格局，出台关于推动经济建设和国防建设融合发展的实施意见、福建军民融合深度发展规划纲要（修编）（2017－2020年）等政策文件，推动重大项目储备，组织215家企业入选军队物资工程服务供应商库，参加东部战区国防动员演习，国民经济动员中心规范化建设和交通战备项目建设得到加强。

建设数字福建。推动大整合，出台政务信息系统整合共享实施方案、推进公共信息资源汇聚和开放的实施方案，推动政务信息系统整合，省级目录编制数目排名全国第二，纳入全国首批共享数据接入省份；完成省直部门数据中心整合；闽政通APP整合政府部门和第三方可信便民服务资源273项，提供21类便民服务。“福建省电子证照共享工程”列入国家互联网＋政务服务示范工程，国家大数据综合试验区获批。建成一批数字福建基础设施和公共平台，国家级互联网骨干直联点落地数字福建（长乐）产业园并开通运行；数字福建云计算中心全面投入使用，建成全国首张覆盖全省范围的无线政务专网，高分辨对地观测系统福建数据与应用中心落地建成运行。数字经济加快发展，支持6个县开展“互联网＋”区域化链条化试点，在企业信用、智慧能源、水资源环境等7个领域开展产业大数据应用示范，推动NB－IoT窄带物联网开放实验室加快建设，扶持建设9个物联网行业重点实验室、5个物联网企业技术创新中心和6个物联网重点行业应用平台。

发展海洋经济。会同有关部门编制2017年全省海洋经济工作要点、省海洋经济重大项目建设实施方案，全力抓好218个重大项目，福清兴化湾海上风电场、南科渔业产业化养殖加工生产基地等重大前期项目取得突破。推进海洋经济发展体制机制创新，福州、厦门申报国家海洋经济示范区，经福建省政府同意上报国家发展改革委、海洋局。

【脱贫攻坚】 2017年，福建省加大对欠发达地区发展支持力度，实施福建省“十三五”以工代赈实施方案，下达中央财政预算内以工代赈资金、省级财政配套资金，用于补助欠发达地区农村小型基础设施项目建设；支持三明国家扶贫改革试验区和长连武扶贫开发试验区建设。推进易地扶贫搬迁，会同省扶贫办及时分解下达易地扶贫搬迁任务和补助资金，完善资金管理、工作成效考核等制度，协同推进搬迁工程稳步实施。加强项目和资金监管，开展易地扶贫搬迁工作自查自纠、抽查检查和专项治理，组织开展2016－2017年以工代赈项目自查督查。

【新型城镇化建设】 2017年，福建省发挥新型城镇化工作的总牵头作用，印发实施2017年福建省新型城镇化工作要点。印发推动非户籍人口在城市落户实施方案，推进农业转移人口市民化。加强对新型城镇化试点工作的跟踪监测，配合国家开展试点评估，总结推广试点经验；制订印发新型城镇化试点监测评估工作方案、小城市培育试点考核办法和指标体系。推进特色小镇创建，组织召开福建省推进特色小镇建设现场会、省级特色小镇项目融资暨PPP项目对接会，组织筛选公布第二批27个省级特色小镇创建名单。

落实主体功能区战略。研究起草完善主体功能区战略和制订若干意见的具体实施方案，联合编制全省海洋主体功能区规划，组织9个新增列入国家重点生态功能区县（市）编制完善产业准入负面清单。组织开展省级空间规划试点工作，编制完成《福建省空间规划（2016－2030年）》（征求意见稿），探索制订《福建省空间规划编制办法（试行）》及相关技术规程，总结空间规划改革试点情况及对国家改革建议，推动宁德、三明等启动市级空间规划编制试点。引导和约束各地严格按照资源环境承载能力谋划经济社会发展，开展福建省资源环境承载能力监测预警试评价工作，制订完成福建省资源环境承载能力监测预警报告和评价技术规程修改建议。

【海丝核心区建设】 2017年，福建省拓展互联互通，加强港区、航线和联运通道建设，港口“朋友圈”持续扩大。突出抓好经贸合作，39个项目纳入“一带一路”国家重大项目储备库，“福建品牌海丝行”等平台作用有效发挥。开展人文交流，举办“海丝”相关艺术节、文化节、电影节、旅游节等大型活动，文化精品加快走出去。牵头做好福建省参与“一带一路”国际合作高峰论坛的各项工作，举办论坛媒体吹风会福建专场，信息报送常态化机制初步建立。

【区域经济协调发展】 2017年，福建省加强对重点区域建设的规划指导，支持福州新区和平潭综合实验区建设，会同省直有关部门指导福州市编制新区总体规划及相关专项规划。推动产城融合示范区建设，出台厦门海沧产城融合示范区建设总体方案、泉州泉港产城融合示范区建设总体方案。推进泛珠区域合作，组织做好2017年泛珠三角区域合作行政首长联席会议有关工作，推动福建省一批项目列入行政首长联席会议纪要。

【重点领域改革】 2017年，福建省深化行政审批制度改革，推行“一趟不用跑”和“最多跑一趟”办事清单，公布福建省发改系统省市县三级行政审批和服务事项清单；开展权责清单融合工作，整合福建省发改委权责事项172项；推进“三集中”改革，实施审批服务标准化，实行“一个窗口”受理，全部审批环节统一缩减到3个以内，时限比法定时限压缩50%以上。推行“双随机一公开”监管机制，明确责任分工，建立工作台账，加强事中事后监管。推进“互联网＋政务服务”，建成全省统一的闽政通APP平台，获2017中国“互联网＋政务”50强优秀案例；福建省发改委与企事业单位关系密切的企业投资项目核准等74项（含子项）审批（服务）事项全部入驻福建省网上办事大厅。

营造公平竞争的市场环境。牵头福建省经济社会事业体制改革专项小组工作，协调推进相关改革政策措施的制定和实施，开展情况跟踪、自查和专项督查。深化投资审批制度改革，研究起草企业投资项目核准和备案管理实施办法等措施，修订形成福建省统一的政府核准的投资项目目录（对接国家2016年本），修订后福建省企业投资项目核准事项省级31项，设区市16项，市（县、区）5项，牵头开展进一步精简企业投资项目前置审批相关工作，推进投资项目在线审批监管平台建设及应用管理。牵头制订出台福建省完善产权保护制度依法保护产权的实施方案和关于创新政府配置资源方式的实施意见，开展市场准入负面清单制度改革试点及中期评估。稳步推进电力体制改革，牵头会同有关部门研究出台福建省10个售电侧改革配套制度，推进增量配电项目试点，启动福建省首批购售电业务改革试点园区工作等。加强和规范公共资源交易管理，加强招投标活动综合协调，牵头推进工程领域招投标网上公开工作，出台公共资源交易招投标系列规范性文件，推进制度创新、科技固化、流程再造，实现福建省范围内规划统一、平台统一、监督办法统一、线上交易统一。社会信用体系加快建设，政务诚信、个人诚信、电子商务领域诚信等法规制度相继出台，会同福建省高级人民法院圆满完成政府失信机构治理工作，加快推进失信被执行人信用监督、警示和惩戒机制建设，完善福建省公共信用信息平台功能，启动建设政务失信记录数据库、个人公共信用信息数据库、联合奖惩信息系统。

创新工作推进机制。围绕福建省委、省政府中心工作，省发改委建立“五个一批”项目推进、正向激励、投融资市场运作等机制，以工作机制创新，推进各项重点工作取得实效。强化“挂牌服务”“日常协调督查”“集中开工”等“五个一批”项目推进机制，持续推进“五个一批”项目常态化管理。根据省政府关于建立产业分析推进机制要求，建立服务业分析推进机制，对重点领域定期“体检会诊”提出政策建议，开展重点产业研究梳理，助力福建省产业转型升级。

推进生态文明体制改革。推进国家生态文明试验区建设，2017年度17项重点改革任务全部按要求出台改革方案、全面实施，2018年6项改革任务提前出台2项；11项改革成果和经验在福建省复制推广；组织开展试验区建设第三方评估；建立生态文明建设目标评价考核体系；完善流域生态补偿机制，印发重点流域生态保护补偿办法（2017年修订），将流域补偿范围扩大到福建省12条主要流域。推进碳排放权交易市场建设，完成2016年度排放数据核查和配额分配工作，2016年度配额清缴履约率98.9%；推进2017年度碳市场扩容工作。做好应对气候变化工作，出台福建省“十三五”控制温室气体排放工作方案、排放目标责任考核办法，分解下达目标和任务，完成各设区市2016年度控制温室气体排放目标责任考核；深化试点示范，三明获批成为第三批国家低碳城市试点。

深化开放型经济。推进自贸试验区投资领域重点试验任务和制度创新，落实2017年自贸试验区建设工作要点、2017版自贸试验区外资负面清单，会同有关部门研究提出进一步深化福建自贸试验区改革开放的意见建议及方案，做好自贸试验区试验创新实践案例及创新举措的复制推广，开展进一步推进福建自贸试验区投资便利化政策研究。进一步扩大开放和利用外资，制订进一步放宽外资准入政策的贯彻措施，推出290个福建省重点招商项目；完善外商投资项目管理机制；组织开展全省开发区审核公告目录修订复核及整改工作；推动福建省医疗卫生改革等项目利用国外贷款6.6亿美元，企业发行和借用外债规模39亿美元。牵头推进国际产能和装备制造合作，研究制订福建省贯彻“十三五”国际产能合作指引的实施意见、进一步引导和规范境外投资方向的实施意见，推动“海丝”沿线国家的采矿、建材、钢铁、渔业等重点领域国际产能合作项目。

【社会事业项目建设】 2017年，福建省公共教育服务体系更加均衡。落实推进教育现代化推进工程，组织实施学前教育推进工程、义务教育提升工程、职业院校基础能力建设工程，安排预算内投资支持18所公办幼儿园、42所义务教育学校、10所普通高中、17个职业院校（含1所应用型本科高校）项目建设，福建省基础教育和职业教育的办学条件切实改善。

医疗健康服务体系更加完善。组织实施健康扶贫工程、妇幼健康保障工程、公共卫生服务能力提升工程、福建省精神卫生防治体系促进工程，安排预算内投资支持9所县级医院、11家妇幼保健机构、10家公共卫生服务机构、11家精神卫生防治机构。推动158个健康与养老服务工程重大项目的实施。推进福建省儿童医院、妇产医院、附一医院奥体院、福建省第二人民医院病房楼等重大卫生项目前期工作和开工建设，推动实施公共体育普及工程，支持足球场地设施、公共体育场田径跑道、全民健身活动中心项目建设。

文化旅游服务体系不断健全。组织实施文化旅游提升工程、乡村旅游扶贫工程，安排预算内投资支持22个旅游基础设施和公共服务设施项目、60个贫困村旅游基础设施项目、5个公共文化设施项目、5个国家文化和自然遗产保护利用设施项目以及10个县级综合档案馆项目建设。

社会保障服务体系进一步加强。完善社会服务体系和提升社会服务水平，推进实施社会服务兜底工程，安排预算内投资支持45个养老服务（含社区老年人日间照料中心）、7个社会福利服务、6个残疾人服务项目建设。改善就业培训和社会保障条件，支持3个公共实训基地、41个基层就业和社会保障服务设施建设。

（戴全吉）

国有资产管理

【概况】 截至2017年底，全省非金融国有企业资产总额41203亿元，比上年增长16%；所有者权益13095亿元，增长12%。全年累计实现营业收入12230亿元，比上年增长31%；实现利润总额629亿元，增长67%；已交税费总额487亿元，增长17%。其中，17家所出资企业资产总额15134亿元，比上年增长16%；所有者权益3108亿元，增长10%。全年累计实现营业收入2992亿元，比上年增长24%；实现利润总额255亿元，增长96%；已交税费总额141亿元，增长25%。

【国资监管】 2017年12月底，福建省政府办公厅转发《福建省国资委以管资本为主推进职能转变方案》。方案明确福建省国资委作为出资人职责定位，提出进一步强化规划投资监管、国有资本运营、出资人激励约束等管资本职能。在所出资企业年金方案审批、上市公司国有股权质押备案、所出资企业权属企业产权转让等方面进一步放权，取消、下放监管事项19项。完善监督机制。加强外派监事会监督，5个外派监事会全年参加企业会议867场，谈话329人次，调研企业128家，上报各类报告44份。对2016年度监督报告所揭示的103项问题进行梳理，组织召开18场专题沟通会，加大发现问题督促整改力度。发挥审计监督作用，抓好企业负责人经济责任审计，开展专项审计工作，全年7家企业回收高风险贸易逾期资金1亿多元。出台《所出资企业大宗物资采购管理工作指行（试行）》；强化财务监督，健全财务预算与业绩考核挂钩制度，推进企业重大财务事项决算备案机制。福建省产权交易中心完成福建省属企业各类交易项目206个，比上年增长82.29%，系统外项目交易额增长1.99倍。优化监管方式手段。出台规范性文件16件，完善企业法律纠纷案件管理，全年挽回或避免经济损失6.32亿元。实行资产评估分级分类备案制度，加强对收购非国有资产评估项目的审核力度，增加现场勘查环节，提高评估客观性。深化收入分配制度改革，修订《所出资企业工资总额预算管理暂行办法》，出台《所出资企业工资总额预算管理工作指引（试行）》，引导企业建立健全与劳动力市场基本适应、与企业经济效益和劳动生产率相挂钩的工资决定和正常增长机制。推进所出资企业信息公开工作，选择福建省高速公路有限责任公司、福建省投资开发集团有限责任公司开展试点。

【国企改革】 2017年，福建省推进各项改革措施落实落地。改制重组取得阶段性成果。公司制改制列为改革重点工作层层抓落实，福建省属36家未改制企业全面完成公司制改制。企业上市挂牌取得新突破，海峡环保成功A股上市，和声钢琴、福能期货、福化工贸、漳州生科股份等4家企业在“新三板”挂牌，福蓉科技IPO申请获得证监会受理。推动企业兼并重组，所出资企业落实并购重组项目70多个。福建省港航公司并入福建省交通集团，启动全省港口资源整合，并与宁德、泉州、漳州和福州4市达成一致意见，全省港口一体化经营管理体制稳步推进。混合所有制经济迈出实质性步伐，所出资企业加强与央企、外企、民企战略合作，通过项目对接互相投资持股，56家企业开展混合所有制改革，引入非国有资本25.87亿元。三明市新设5家混合所有制企业。南平市4家企业与省级、同级国有资本完成交叉持股。

推进企业法人治理结构建设。福建省政府办公厅印发《关于进一步完善国有企业法人治理结构的实施意见》，福建省国资委与福建省委组织部联合下发《关于推进省管国有企业董事会建设的指导意见（试行）》，为推进福建省国有企业法人治理结构、董事会规范建设提供制度保障。制订《所出资企业外部董事管理暂行办法》等配套文件及《董事会规范建设试点工作方案》，初步建立外部董事人才库。明确外派监事会职责定位，完善监事会监督体系，坚持问题导向，开展过程监督，强化监督成果运用。稳步推进所出资企业子企业监事会试点工作，层层构建有效的法人治理结构和内部监督约束机制。

处置历史遗留问题。截至2017年底，福建省国有企业职工家属区“三供一业”（供电、供水、供气、物业）涉及27.7万家，分离移交协议签约率分别为供水92.92%、供电93.04%、供（热）气99.03%、物业81.01%，其中福建省属企业总计14.2万家，分离移交协议签约率为100%。企业办消防分类改革工作全面完成。制订福建省国有企业办教育、医疗机构处置办法，对18家教育机构、11家医疗机构进行调查摸底，形成处置意见。持续推进“处僵治困”工作，实行“一企一策”处置“僵尸企业”和“壳公司”，2017年清算注销31家，启动处置80家。

【国企发展】 2017年，福建省冶金控股、投资集团、能源集团、石化集团、高速公路公司实现利润总额均超10亿元；石化集团营收、利润双增70%以上，归属于母公司所有者的净利润首次突破10亿元；建工集团全年海内、海外市场分别新签合同额274.58亿元和32.3亿元，均创历史新高。厦门、漳州、泉州、福州等设区市国资委所出资企业实现利润总额均超10亿元。福建省所出资企业通过开源节流、集中采购、内部挖潜等，实现降本增效，百元营业收入支付的成本费用93.3元，比上年降低3.2元，下降3.4%；资产负债率66%（扣除厦门国际银行），降低0.4个百分点；两金占流动资产比重37.7%，降低0.6个百分点。电子集团、能源集团、建工集团等全年争取国家开发银行、进出口银行360亿元政策性资金。能源集团、建工集团、交通集团、电子集团与中国建设银行签订市场化债转股协议，总规模210亿元。所出资企业现代服务业专场产销对接会促成新签项目合作协议近10亿元。

（李宇昆）

国土资源管理

【土地资源】 根据福建省2017年度土地变更调查成果，截至2017年12月31日，福建省土地总面积12.4万平方千米，占全国土地总面积的1.3%，其中，耕地133.75万公顷，园地76.71万公顷，林地832.79万公顷，草地23.21万公顷，城镇村及工矿用地63.95万公顷，交通运输用地21.9万公顷，水域及水利设施用地54.44万公顷，其他土地32.92万公顷。

【土地规划】 2017年，国土资源部下达福建省年度土地利用计划指标1.31万公顷。省政府出台《福建省建设用地总量控制和减量化管理方案》《福建省全民所有自然资源有偿使用制度改革实施方案》，省政府办公厅出台《福建省国土规划编制工作实施方案》《福建省自然生态空间用途管制试点实施方案》，福建省国土资源厅制订《建立城镇建设用地增加规模同吸纳农业转移人口落户数量挂钩机制的八条措施》。全省完成土地利用总体规划调整完善，矿产资源总体规划获国土资源部批复，并由省政府印发实施。

【耕地保护】 2017年，福建省国土资源厅持续推进节约集约用地3年行动，出台福建省建设用地总量控制和减量化管理方案，建立存量土地盘活与新增用地审批联动制度，开展批而未供与闲置土地处置整改专项行动。单位国内生产总值建设用地使用面积持续下降。

基本农田管理。2017年6月，全面完成永久基本农田划定，全省划定永久基本农田面积107.3万公顷。

耕地保护目标责任履行。2017年，全省实现省、市、县、乡四级政府层层签订责任书，明确耕地保有量及基本农田保护面积、年度补充耕地数量和土地整理任务等。全省完成补充耕地0.49万公顷，实施高标准农田建设12.38万公顷，实现耕地占补平衡。全省批准实施旧村复垦项目396个。

【国有土地供应】 2017年，福建省编制各类国有建设用地供应计划16052.9

公顷，其中住房用地1930.3公顷。截至年底，全省完成供应各类国有建设用地17518.8公顷，其中住房用地供应1840.27公顷，落实保障性安居工程土地供应452.73公顷。

【不动产统一登记】 2017年，福建省晋江市、武夷山国家公园、厦门市被列为福建省自然资源统一确权登记试点区域。福建省国土资源厅制订《福建省自然资源统一确权登记办法（试行）》，实现房、地、林、海统一登记，全省累计颁发不动产权证书160万本，不动产登记证明193万份，不动产登记系统申请量13.6万多宗。全省全域完成不动产登记存量数据整合成果资料汇交，实现新增登记数据实时接入国家级信息平台，接入总量达883548条。

【矿产资源】 截至2017年底，列入福建省矿产资源储量表的非普通建筑用砂类固体矿产118种，其中，能源矿产1种（煤）、金属矿产28种、非金属矿产89种。已上表矿区总数1738个，按矿产资源储量规划划分，大型矿区71个、中型矿区232个。

截至2017年底，全省探矿权总数674个，面积4971.28平方千米，其中国有单位持有探矿权142个。按勘查矿种分类，能源矿产44本（其中煤炭矿产30本）、金属矿产524本、非金属矿产106本。

全省采矿许可证1409本，其中，煤炭129本、铁矿74本、铅锌矿50本、金矿18本、银矿7本、铜矿13本、锰矿15本、钨矿4本、锡矿2本、钼矿10本。

【矿产资源开发管理】 2017年，福建省在线办理采矿权出让项目19个，已完成出让项目12个，出让价款5348.4万元，出让方式全部为拍卖出让。

采矿权市场建设。2017年，福建省办理采矿权登记84宗，其中，采矿权新立25宗、延续登记11宗、变更登记（含转让）48宗。省国土资源厅办理采矿权登记17宗，其中，新立登记3宗、延续登记3宗、变更登记11宗。

矿产资源监督管理。福建省国土资源厅印发《关于进一步加强矿产资源开发监督管理工作的紧急通知》，制订《安全生产大排查大整治打击非法违法采矿工作方案》《煤矿超层越界开采专项检查整治行动实施方案》，部署开展进一步加强矿产资源开发监管和打非治违等多个专项工作。开展矿山“双随机”抽查15家。

【地质勘查管理】 基础地质工作。2017年，中央财政的公益性基础性地质调查项目10个，经费1805万元。全省新开1∶5万区域调查2幅，1∶5万矿产地质调查5幅，经费1252万元。全省续作的地质调查项目完成1∶5万区域地质调查面积1840平方千米、1∶5万矿产远景调查726平方千米，新发现矿化点12处。

农业地质调查评价工作。全省新开8个县（市、区）1∶5万农业地质调查评价工作，经费2331.99万元，调查面积1850平方千米，耕地质量动态监测点185个；新开宁化县农业地质调查成果转化应用试点、永春县芦柑产地地球化学优选与区划研究等2个农业地质调查成果转化应用项目，经费80万元，推动调查评价成果在现代特色农业发展、土壤污染防治、生态环境保护等方面的转化应用。

【地质环境管理】 2017年，福建省下达地灾防治资金1.5亿元，新核定地灾搬迁户1423户。6月23日，三明永安市洪田镇洪东新村后山发生一起大型地质灾害险情，无人员伤亡。

矿山生态环境保护。福建省国土资源厅印发《废弃矿山生态环境综合治理工程包实施方案及下达2017年度第一批工程包的通知》，实施开展工程包10个，投资2.5亿元，治理采矿废弃地333.33公顷。

地下水监测体系建设。全省全面完成地下水监测体系建设，布设302个监测井，完成249个监测井标段验收。

【国土资源执法监察】 2017年，福建省各市、县（区）国土资源部门立案查处国土资源违法案件2209件。福建省国土资源厅联合有关市县查处案件2件、挂牌督办案件9件、公开通报案件9件。

2017年，福建省大力实施土地整理（高标准农田建设）项目，有效改善了农业生产条件，增加有效耕地面积，提高了粮食综合生产能力。 （邱海源）

龙海市东园镇基本农田保护田，摄于2017年 （龙海市政府办供稿）

审　计

【概况】 2017年，福建省各级审计机关依法履行审计职责，完成审计和审计调查项目2815个，其中，审计项目2611个、专项审计调查项目204个。审计促进整改落实资金142.85亿元，其中，增收节支55.46亿元、调账处理金额42.73亿元。移送司法机关、纪检监察机关和有关部门处理事项304件，涉及271人，金额7.98亿元。出具审计报告和专项审计调查报告3654篇，提出审计建议7970条，被采纳审计建议6100条；提交审计信息7964篇，被批示、采用7251篇；向社会公告审计结果29篇。2017年，福建省审计厅、福州市审计局均连续3届蝉联“全国文明单位”称号。

【审计业务工作】 2017年，福建省审计机关有495名审计人员开展政策跟踪审计工作，全年投入工作量34171人天，全年审计抽查2800个次单位，涉及资金总量6573.47亿元，抽查项目个数1476个次，涉及项目总投资额4937.81亿元。聚焦政策落实、项目落地、资金保障、简政放权、风险防范五个方面，结合福建省区域特点和部门实际，对农业供给侧结构性改革、积极财政政策、“放管服”改革等专题和447个重点建设项目进度开展跟踪。积极探索宏观管理服务型审计的实现路径，推动涵盖政策前期评估、政策执行跟踪、政策效应分析的政策跟踪审计模式，发挥审计建设性作用，促进政策叠加效应的发挥。截至2017年底，全省整改问题339个，审计促进出台完善各类制度64项，促进统筹盘活和加快财政资金下达6.01亿元，促进227个项目加快审批、新开工和完工。

财政审计。全省对705个部门、单位预算执行审计和153个单位财政决算审计，延伸审计1295个单位。省审计厅围绕服务财政改革推进财政审计大格局。重点关注预算法执行情况、财政支出绩效、地方政府间事权与支出责任等财政政策实施效果，并创新预算执行审计方式，统一部署全省预算执行和决算草案审计工作，实行省市县三级联动，对省本级财政及131个省一级预算单位实现财政大数据电子分析全覆盖，重点审计省级财政以及10个省直部门单位，并根据审计数据分析结果对一些部门单位开展重点抽查。发现财政税性收入比重趋降地方税源结构不尽合理、预算管理制度的执行力有待提高、专项资金配置科学性有待提升、专项资金跟踪监督还不够到位、国有资本经营预算有待加强、地方财政事权与支出责任不够清晰、部门决算草案编制不够规范、积极财政政策等配套政策措施效应有待进一步激活等8个方面问题，并对加强全省财政管理、优化财政资金支出结构和配置效率等方面提出6条审计建议。

经济责任审计。全省完成经济责任审计单位781个，涉及935名领导干部，党政主官同步审比例100%。完善联席会议工作制度。省市县三级普遍成立领导小组或者建立联席会议制度。构建以领导干部责任为主体、经济责任审计和自然资源资产离任审计为两翼的领导干部责任审计制度框架。加强规范化建设。修订《福建省审计厅经济责任审计项目操作规程》，规范经济责任审计项目管理，提高审计效率，保证审计质量。联合督查促整改。省审计厅联合省纪委、省委组织部、省委编办等部门，对2016年度经济责任审计查出问题整改情况开展联合督查，抽查8家被审计单位，审计决定书整改率100%、审计报告整改率80.6%、审计建议采纳率100%，制定完善制度办法100余项。宣讲案例促廉政。省审计厅不定期进机关、入企业、下基层，开展分类型审计典型案例宣讲活动7场，1300多人参训，以案释法，防止审计问题屡查屡犯，构建审计防护体系。

领导干部自然资源资产离任审计试点。全省审计机关围绕服务生态文明体制改革，持续推进领导干部自然资源资产离任审计试点，全年开展10个审计试点。制度建设先行。省委办公厅、省政府办公厅出台《福建省党政领导干部自然资源资产离任审计实施方案（试行）》，是全国比较早出台实施方案的省份之一，确立福建省党政领导干部自然资源资产离任审计评价指标体系，明确相关管理部门的责任分工，搭建共推试点工作格局。强化科技支撑。利用各资源管理部门专业优势，加大对自然资源资产管理和生态环境保护相关信息系统基础数据的采集和分析，借助基础测绘数据和第二次全国土地调查及最新年度土地变更调查成果等数据，扩展大数据环境下审计的深度和广度。

固定资产投资审计。全省完成697个重点政府投资项目审计，涉及项目投资额1239.13亿元。省审计厅组织省市两级审计机关、省交通运输厅内部审计机构对9条高速公路建设项目开展跟踪审计或竣工决算审计，概算投资388.81亿元。审计查出资本金未及时足额到位、多计工程款、勘察设计深度不足、多计征地拆迁补偿费用、多列尾工工程费用、未经政府批准超征土地、建设项目管理费超概算、个别项目决算存在争议未决等问题，下达审计决定书8份，出具审计报告9份，出具审计移送处理书2份，提出审计建议29条，审计后节约投资7.25亿元。

民生资金（项目）审计。持续加强民生审计。完成2016年度全省保障性安居工程跟踪审计。全省各级审计机关派出86个审计组、512名审计人员，检查419个安居工程项目的建设管理情况，并延伸调查3646户农村危房改造家庭。深化精准扶贫审计。全省各级审计机关420名审计人员，对省级26个部门（单位）和66个县（市、区）开展精准扶贫和城乡医疗救助资金“最后一公里”审计，抽审扶贫项目993个，抽查780个单位、309个乡镇、1332个村，入户调查5992户。完成2017年省本级社保基金审计。对人力资源社会保障、医疗保障等主管部门及征收经办机构和单位，开展2016年度企业职工基本养老保险基金、机关事业单位养老保险基金、失业保险基金、工伤保险基金、城镇职工基本医疗保险基金、生育保险基金等省级社会保险基金的筹集、管理和使用情况进行审计，并提出审计建议。

企业审计。全省审计87家，延伸审计133家。制度保障审计监督。省委办公厅、省政府办公厅出台深化福建省国有企业和国有资本审计监督的相关意见，对完善国有企业和国有资本审计监督作出全面规划和部署。加强国有企业高风险业务审计。省审计厅组织对省国资委监管的18家省属国有企业开展审计调查，摸清行业、板块发展情况，强化企业风险防控意识，揭示企业经营高风险业务、资源配置分散、主业重叠等问题，促进国资部门加大监管力度，推动企业转型升级可持续发展。加强地方金融机构风险防范。省审计厅组织开展6家地方金融机构降低融资成本、促进实体经济发展审计调查。

大数据审计应用。强化部门合作，采取边试点、边建设的模式，与省测绘地理信息局共同探索建设自然资源资产审计大数据平台，为深化审计试点提供技术支撑。经过前期调研和试点经验总结，初步形成平台建设思路并开展系统原型设计，设计七大模块，初步搭建数据中心和审计业务支撑系统两个模块框架，实现海洋资源和南平部分乡镇专题数据集成，在专题数据加载基础上实现地理信息数据分屏比对等方式的审计分析方法，并形成相应的审计方法模型，自动计算违规开发利用的面积或长度，快速锁定审计疑点。完善财政、地税、社保、住房公积金等行业数据库以及地方金融机构审计数据分析平台，加强各市、县（区）和省直各部门单位电子数据定期采集报送，为市县审计机关提供电子数据15批次。福建省大数据审计经验入围2017年度全国大数据审计研讨班交流材料；“医疗价格服务审计”案例入选审计署计算机审计中级水平考试案例素材库。（王康力）

统　计

【统计改革】 2017年，福建省印发关于深化统计管理体制改革、提高统计数据真实性的实施意见。坚持建立健全统计数据质量责任制，坚持构建现代化统计调查体系。解决统计抗干扰能力不强、统计机构和统计人员独立行使统计职权难以保障、统计执法执纪监督不到位等突出问题，增强统计工作科学性、权威性，提高统计数据真实性、准确性。提出改革现行的政府综合统计管理体制，加强基层统计网络建设，加强政府部门统计，推进统计生产方式创新，实施国民经济核算体系改革和认真贯彻新经济统计制度等五大重点任务。推进研发支出计入GDP改革工作，完成2004—2016年省、市、县（区）研发支出计入GDP数据；创造性探索编制自然资源资产负债表。

【依法统计】 2017年，福建省进一步推进依法行政。推进“互联网＋政务服务”，制订《福建省统计局加快推进“互联网＋政务服务”工作方案》，对如何加快完善电子证照系统、促进行政审批服务全程网办等提出目标任务和具体要求；全面清理改革统计行政审批事项。制定、修改配套性法规及规范性文件，及时修改、制定与实施条例相适应、配套的各项统计制度和规范性文件。印发实施《福建省统计执法双随机抽查办法》，并组织开展统计执法“双随机”抽查工作。建立并不断充实全省统计执法骨干人才库，增强执法力量。

【农业普查】 2017年，开展第三次全国农业普查工作。全省近10万名普查指导员和普查员入户普查登记，完成数据现场采集，填报农户普查表569.74万份、农业生产单位普查表6.98万份；完成行政村和乡镇普查网络在线填报，上报行政村普查表1.55万份、乡镇普查表0.11万份。完成2595景卫星遥感影像数据处理，取得全省各县（市、区）及产粮大县主要农作物种植面积数据。数据处理工作高效开展。全省配备3.81万台手持智能数据采集终端（PDA）采集数据，全部调查数据通过PDA和网络直接上报。组织对全省上报的所有普查表的原始数据进行全面审核，从乡镇到省逐级把关验收，反馈存在疑问数据的基层普查表，由基层调查人员对其进一步核实修订，确保数据质量。

【统计基础建设】 2017年，福建省统计基层基础不断加固。全省乡镇基本成立统计站，村（居）统计人员基本实行岗位补贴。做好城乡划分工作，审核分析各地区划变动和城乡划分变动情况，规范统计用区划代码和城乡划分的工作流程，严格控制数据质量。开展乡镇基层统计情况全面摸底调查，探索加强统计基层基础建设的新途径。加强乡镇基层统计人员业务培训工作，提高基层统计人员综合素质。

部门统计。加强对部门统计规范化建设的协调、指导，规范部门统计工作。从组织建设、制度建设、统计调查管理、统计资料管理、统计信息化等5个方面提出各部门统计规范化建设要达到的28项50个具体目标，以及每个具体目标的量化标准，以方便各部门对照评估、检查改进。下发部门统计工作规范化建设的通知，让各部门根据量化指标对照、自查、评估，通过调研检查推动部门统计工作。通过集中调研、走访部门、查阅资料、接受部门来访等方式，指导、协调各部门加强和完善统计规范化建设。（林　宇）

工商行政管理

【市场主体注册登记】 2017年，福建省新登记内贸市场主体68.93万家，比上年增长24.7%。其中，新登记企业21.52万家，比上年增长12.9%（内资企业21.2万家，增长13.1%；外资企业3239家，增长0.03%）；个体工商户46.86万家，增长31.3%；农民专业合作社5454家，增长23.12%。新登记企业注册资本100万～500万元的有92325家，比上年增长23.98%；500万～1000万元的有19771家，增长21.6%；1000万～1亿元的有40131家，增长29.66%；1亿元以上的有2218家，增长10.18%。

截至2017年12月底，福建省实有市场主体325.26万家、注册资本总额9.61万亿元，分别比上年增长16.4%、40.1%。其中，实有内资企业1035436家、注册资本总额82439.33亿元，分别比上年增长18.6%、27.6%；外资企业28264家、注册资本1502.68亿美元，分别下降0.3%和增长13.7%；个体工商户2150236户、资金数额2021.89亿元，分别增长15.7%、28.5%；农民专业合作社38641家、出资总额1239.09亿元，分别增长12.8%、10.6%。

2017年，新登记境外投资企业3239家，比上年增长0.03%，投资总额336.49亿美元，增长33.12%。从投资来源地看，亚洲地区仍是福建省主要外资来源地，新登记1309家，占新设境外投资企业总数的42.97%。从新设家数看，排在前十位的国家和地区分别是中国台湾地区1309家、中国香港地区609家、美国61家、新加坡55家、马来西亚41家、中国澳门地区40家、韩国26家、澳大利亚24家、加拿大18家、日本14家。新登记境外投资企业主要集中在厦门、福州、泉州、平潭和漳州，共2936家，占总数的90.9%。

【个体私营经济管理】 2017年，福建省商事制度改革取得新进展。从9月6日起首批实施“十八证合一”改革，累计发出“十八证合一”企业营业执照15.57万份。支持自贸试验区福州片区于4月5日率先开展“证照分离”改革试点，12月18日起将试点扩大到自贸试验区3个片区、8个国家级经济技术开发区、7个国家级高新技术产业开发区和福州新区。制订推行企业登记全程电子化工作的实施意见，6月1日上线运行全程电子化登记系统，9月15日上线运行无纸全程电子化登记系统，20174户企业通过该系统办理登记。实施市场主体名称“自助查重、自主申报”，实现全省各类市场主体名称全流程网上办理，市场主体网络申报名称35.43万件，占总数的40.83%。在全国率先推行住所（经营场所）申报承诺制度，出台集群注册登记管理指导意见，率先推行集群登记注册，释放住所资源，促进全省“互联网＋”经济繁荣发展。率先出台完整统一的全省性企业简易注销登记办法，在全省全面实施企业简易注销，办理企业简易注销登记11722家。

优化窗口服务水平。首创“全省通办制”，冠省名企业名称预先核准通过后，申请人可根据登记管辖规定，在全省范围内自主选择登记机关申请登记。省局行政服务中心窗口与邮政速递合作开展营业执照寄递服务，委托银行为企业开展“一站式”无偿代办登记服务，4项行政审批事项实现“一趟不用跑”，26项行政审批事项实现“最多跑一趟”。

服务小微企业发展。出台助力小型微型企业发展实施意见，认真落实创建一流营商环境10条措施和提速增效9项制度，升级小微企业名录系统，收录小微企业信息224.7万条，公示享受优惠政策小微企业16.3万家。全省新成立非公企业党组织4989个。

【市场主体监督管理】 2017年，福建省企业信用信息公示系统率先全面建成。建立公示系统建设工作联席会议制度，扩大信息归集面，全省涉企信息归集部门新增2277个，总数3497个，归集信息6700多万条，总体实现涉企信息归集部门全覆盖；在全国率先全面建成公示系统，第一家接受工商总局现场考核验收并顺利通过。

“双随机一公开”创新推进。制订随机抽查事项清单，建立“两库”，出台“双随机”抽查实施办法和抽查工作指引，第一次组织全省性跨部门联合抽查，推动“双随机一公开”监管逐步实现规范化、标准化、智能化、一体化。全省组织开展双随机抽查105批次，抽查企业28799家次，通过抽查列入经营异常名录企业6937家次，抽查覆盖全部随机抽查事项清单，抽查结果公示率100%。

监管机制。规范经营异常名录管理，全年有86230家次企业被列入经营异常名录，4410家次企业经核查后移出经营异常名录。强化失信联合惩戒，向有关部门推送共享各类监管信息68.83万条，公示失信被执行人信息70多万条、股权冻结信息7000多条，拦截失信被执行人10613次。

【市场规范管理】 2017年，福建省出台落实公平竞争审查制度实施意见，推进市场竞争秩序监测体系建设，组织开展反不正当竞争专项执法行动，立案查处不正当竞争案件782件。创建全国网络市场监管与服务示范区，建立网络市场监管工作厅际联席会议制度，开展网络商品信息定向监测，会同14个职能部门开展网络市场监管专项行动，立案查处网络违法案件1025件。组织开展春季打假保春耕和保夏护秋农资打假等专项执法行动，加强重点农资产品监测，严厉打击查处销售假冒伪劣农资违法行为，查处违法农资案件283件，罚没171.67万元。

【商标管理】 2017年，福建省对接工商总局商标注册便利化改革，漳州、福州、泉州、南平4个设区市设立商标注册受理窗口，累计受理商标注册申请1805件。加强自主品牌培育，新增注册商标12.87万件、地理标志商标39件、马德里国际注册商标165件、驰名商标4件，协助企业兑现商标奖励及补助资金1396.5万元。福建泉州匹克体育用品有限公司获得中国商标金奖“商标运用奖”。强化商标行政执法工作，全省共立案查处“双打”案件1218件、案值1594.82万元，罚没4562.63万元，移送27件，清除窝点100处。公开“双打”案件信息1342件。

【合同管理】 2017年，福建省开展“守合同重信用企业”公示活动，结合实际情况，制订出新的“守重企业申报条件及标准”，组织开展2016—2017年度福建省守合同重信用企业公示活动。开展动产抵押登记工作，全省办理动产抵押登记1672份，抵押登记金额387.98亿元。在全省开展电信、银行、旅游、房地产、公用事业等一系列合同格式条款专项整治工作，全省查处合同案件307件，罚没款177万元。

【消费者权益保护】 2017年，福建省开展放心消费创建活动，建成“放心消费创建”示范单位41家。运用全国12315互联网平台，提升消费维权便利化水平，受理消费者咨询投诉举报60.22万件，为消费者挽回经济损失1.07亿元。会同省旅发委、省物价局联合实施“放心游福建”旅游服务承诺，建设“福建旅游投诉服务平台”。全省12315服务热线统一接听、转办旅游咨询投诉举报2956件。（林泉祥）

价格管理

【价格运行及调控】 2017年，福建省居民消费价格总水平（CPI）继续呈现低位运行、温和上涨的运行态势，全年平均上涨1.2%，低于全国平均水平0.4个百分点，为近7年来最低，实现省委、省政府确定的居民消费价格总水平涨幅控制在3%左右的调控目标。

加强价格监测分析预警。开展《福建省价格监测管理规定》行政执法检查，新增景区门票等价格监测领域，强化价格形势分析和专题调查，采集上报数据21.6万条、报表4730份。推广完善价格监测预警系统，省级与各设区市系统数据库实现共建共享。

推进平价商店建设。以省政府办公厅名义印发新修订的《福建省农副产品平价商店管理办法》。2017年12月，全省平价商店数量达501家，实现市县全覆盖。

落实物价补贴挂钩联动机制。2017年福建省物价涨幅未达到省定价格补贴启动条件，但福州、泉州等地在春节、中秋、重阳等传统节日期间发放价格补贴约1900万元，减轻低收入群体生活负担。

推进农产品目标价格保险试点。2017年，全省投保生猪9.17万头，保险金额1.05亿元，省级按30%下拨保费补贴78.42万元。

制定粮食收购价格政策。出台籼稻谷最低收购价政策，做好粮食安全省长责任制考核工作。

【价格机制促进生态文明建设】 2017年，福建省以省政府名义出台《关于发挥价格机制作用促进国家生态文明试验区（福建）建设的意见》，构建促进生态文明建设的绿色价格政策体系。

在全国率先建立福建省水电站生态电价管理办法。根据生态流量落实情况，对水电站上一年度非市场化交易电量实行电价奖惩管理。

出台新能源汽车鼓励政策。对集中式充换电站用电执行优惠电价，年减轻用电负担6000万元；对充电服务实行政府指导价上限管理。

落实节能减排价格政策。在钢铁等行业执行阶梯电价，对燃煤机组实行超低排放电价。完成“以大代小”替代电量51.8亿千瓦时，减少煤炭消耗55.74万吨，减少二氧化硫排放1.16万吨。落实普通柴油质量升级加价政策。

推进农业水价综合改革。制订《福建省推进农业水价综合改革实施意见》，建立联席会议制度和福建省农业水价综合改革工作绩效评价办法。

创新环保收费政策。率先实行排污费细化分档管理，激励企业提高减排水平；下调排污权交易服务收费标准。

【清费减负】 2017年，福建省通过各项价费政策降低企业成本约270亿元。出台《关于运用价费政策降低企业成本的通知》。推出降低企业用电、用气成本等6个方面12条政策，相关价格政策的实施降低企业成本220多亿元，降成本金额高于2017年全国各省平均水平。其中，通过统筹推进输配电价改革与取消城市公用事业附加、降低核电上网电价等一揽子政策措施，严格控制输配成本，降低终端销售电价，减轻企业用电负担52.34亿元。

降低用气成本。优化天然气价格联动机制，按照城市燃气公司和用户共同承担消化上游购气成本上涨的原则，及时联动调整天然气销售价格，年降低用气成本1.39亿元；制订电厂与城市差别门站价格办法，年降低用气成本4.64亿元。

清理涉企经营服务性收费。完善涉企收费目录清单常态化公示制度，规范公共资源交易平台和行业协会商会收费，取消11个收费项目，降低13项收费标准，年可减轻企业负担7.4亿元。清理铁路货运收费，取消降低部分收费，年可减轻企业负担2600万元。继续落实“绿色通道”等优惠政策，减免高速公路通行费25.34亿元。

全面清理涉企行政事业性收费。取消或停征40个收费项目，降低17项收费标准，年减负金额10.56亿元。

【价格政策促进民生事业发展】 2017年，福建省出台《关于运用价格政策促进补齐民生短板的意见》，推出20条民生事业领域的价费政策措施。

优化教育收费政策。落实新修订的民办教育促进法，放开民办本科高校学历教育学费和住宿费。调整部分高校收费标准，促进福建省高等教育健康发展。

修订出台住房、体育等民生领域价费管理办法。修订出台公共租赁住房租金管理办法，建立与多层次住房保障体系相适应的价格管理机制。修订公共体育设施服务收费管理办法，缩小政府定价范围。

完善停车服务收费政策。各设区市

和平潭综合实验区价格主管部门修订出台停车服务收费管理办法，各市县区落实完善相关政策或制订停车服务收费标准。厦门实行停车服务收费类别定价管理，创新运用“互联网+”模式建立明码标价平台。

【重点领域价格改革】 2017年，福建省加大价格改革步伐，进一步完善主要由市场决定价格的机制。修订出台《福建省定价目录》。2017年12月底，经国家发展改革委审定后由省政府印发，减少大项1项、子项16项，自2018年2月1日起执行，实现全面放开竞争性领域和环节价格的改革目标。

推进电价改革。全面完成输配电价改革，通过统筹推进输配电价改革与取消城市公用事业附加、降低核电上网电价等一揽子政策措施，严格控制输配成本，降低终端销售电价，减轻企业用电负担52.34亿元。2017年12月，全省的输配电价和销售电价水平为华东最低。继续扩大电力直接交易规模，直接交易电量达380亿千瓦时。

推进气价改革。出台《福建省天然气价格管理办法》，重新核定输配气价，在全国率先放开西气东输天然气门站价格。

推进交通运输价格改革。放开215条跨省道路客运线路价格，放开省内45条高铁动车沿线道路客运线路价格。

其他领域价格改革。推行类别定价模式，下放景区门票管理权限，落实食盐价格改革。

【价格监管】 2017年，福建省查处各类价格违法案件321件，实施经济制裁总金额7162.53万元，其中，退还用户820.09万元、没收违法所得4515.56万元、罚款1826.87万元。

专项价格检查。2017年，全省组织开展抑制房地产价格炒作、涉企收费、机动车停放服务收费等6项专项执法检查。公开曝光15起房地产价格违法典型案例。

整合价格举报受理平台。对接12345政务平台、12315旅游服务投诉平台，拓宽价格举报投诉渠道，受理价格举报2.35万件，办结率98.85%。

【公平竞争审查】 2017年，福建省物价局新增由价格主管部门牵头开展公平竞争审查工作。

建立公平竞争审查制度。建立福建省公平竞争审查工作厅际联席会议制度，各联席会议成员单位建立内部审查机制，开展实质性审查工作。全省各设区市及平潭综合实验区相继出台公平竞争审查实施意见，并建立本地区联席会议制度。

组织开展审查清理。省厅际联席会议成员单位审查新出台的政策性文件645份，清理法规、规章和规范性文件2046份。各市、县（区）政府部门审查2017年以来新出台文件960份，清理存量文件881份。

纠正排除限制竞争行为。督促纠正省直部门“新居配”、泉州网约车排除限制竞争政策，维护公平有序市场竞争环境。

【价格公共服务】 2017年，福建省物价局深化价格成本监审工作。出台牲畜定点屠宰加工服务、水利工程供水、养老服务、殡葬服务等行业成本监审办法，基本形成重点行业成本监审办法体系。制定城市管道天然气成本信息公开办法，创新成本监审方式，完成5个城市管道天然气成本交叉监审，参加全国铁路普通旅客列车运输定价成本省际交叉监审。全省累计完成监审项目144个，核减不合理成本72.42亿元，核减率13.93%。

提高农产品成本调查质量。适当调整农产品成本调查品种布局，优化农产品成本调查结构，加强跟踪指导建点立账，完成13项农产品成本调查任务，注重调查数据的分析运用。

建立价格争议调解与12358价格举报投诉衔接工作机制。推进价格争议调解示范工作站建设，规范工作管理，94个市县（区）挂牌成立示范工作站，受理调处价格争议案件459件，涉及金额2224.5万元。

强化价格认定质量管理。完成涉纪涉案价格认定1.72万件，涉案金额15.66亿元，复核裁定率0.08%；完成涉税财物价格认定2.2万件，标的额59.22亿元。 （梁　祎）

食品药品监督管理

【概况】 截至2017年底，福建省食品药品监管系统（含市区县场监管局）有各类人员编制9936名，其中，行政编制8614名，事业编制1322名。福建省食品药品监督管理局内设17个处室；下设6个事业单位，即福建省食品药品质量检验研究院（加挂海峡化妆品保健食品检验检测中心牌子）、福建省医疗器械与药品包装材料检验所、福建省食品药品认证审评中心、福建省药品不良反应监测中心、福建省食品药品监督管理局信息中心（加挂省食品药品投诉举报中心牌子）、后勤服务中心。9个设区市、平潭综合实验区、69个区县局、8个管委会（开发区）设有食品药品监督管理机构，551个乡镇设有食品药品监管机构。9个设区市设有药品检验机构。

截至2017年底，全省有食品生产单位1.24万家（其中，食品生产企业7214家，食品生产加工小作坊5144家，食品添加剂生产企业136家）、食品销售单位24.53万家、餐饮服务单位11.8万家、化妆品生产企业89家、化妆品经营企业近3万家、保健食品生产企业39家、保健食品经营企业12234家。糖果、罐头、冷冻水产品、精制茶产量居全国前列。药品生产企业134家；药品经营企业9039家，其中，药品批发企业258家、连锁企业115家、零售药店（含连锁门店）8666家；医疗器械生产企业297家、医疗器械经营企业9496家。

2017年，全省规模以上食品工业产值5389.49亿元，比上年增长9.7%，占全国11.1万亿元的4.9%，占全省生产总值3.2万亿元的16.8%；药械产业正在努力发展壮大，全年全省药品和器械工业产值约680亿元，其中规模以上药品和器械工业产值420.6亿元，增长9%。

【食品安全监管】 2017年，福建省开展“食品安全放心省”和国家食品安全示范城市两个创建工作，制订5年工作计划，提出2017年需落实的10个方面44项工作重点和128个具体举措，全部纳入对各级党委政府综治考核、地方政府绩效管理考评的内容。

按照国家总局、省委、省政府部署开展食品生产滥用食品添加剂和非法添加整治、非法销售病死畜禽整治、畜禽水产品专项整治行动、食用农产品市场销售质量安全专项整治、学校及周边食品安全、小餐饮食品安全、农村集体聚餐、家庭托餐、养老机构等各类食堂专项整治、网络订餐食品安全整治、菜市场食品安全专项整治等多项集中治理整顿工作。重点治理抽检不合格率较高的饼干、糕点、蜜饯、酒、蜂产品，以及茶叶等福建省特色产品中存在的超范围、超限量使用食品添加剂问题。2017年，全省系统开展食品抽检7.8万批次（其中，省级监督抽检3.6万批次、风险监测1.3万批次、评价性抽检3000批次、市县级食用农产品抽检2.6万批次），全省食品抽检达到每千人2批次，超过国家每千人1.2批次的要求，对食品抽检不合格信息核查后全部公开。全省检查食品生产企业12900家次，发现问题企业1416家次，下达责令改正通知书1336份；检查集中交易市场3496家次，检查畜禽水产品销售者40584家次，查处销售违法畜禽水产品案件130件，查扣违法畜禽水产品1069.16千克。检查各类餐饮服务单位19.8万家次，查处餐饮违法案件514件，发出整改通知书5389份。整治网络订餐线下餐饮服务单位4.6万家，清理下架无证商户16760家。

成立追溯体系建设工作推进小组，按照“一品一码”（即一个批次产品有唯一的追溯码）的总体思路，有序推进各项工作。有10591家食品企业用户入驻食品药品监督管理局的“食品追溯系统”，其中，食品生产企业3226家、食品流通企业6232家、餐饮企业1133家。全省食品质量安全追溯编码标准顺利通过专家论证。

【药品安全监管】 2017年，福建省连续第四年开展中药材中药饮片专项整治，加大中药饮片质量监管力度，抽样中药材中药饮片1803个批次，检出不合格品157个批次，不合格率8.7%，较2014年、2015年、2016年分别下降17.4%、9.4%、6.8%。派出3个督查组，分赴全省9个设区市和平潭综合实验区，对2016年“防风行动3”抽检不合格品种的处置情况进行专项督查，逐个品种落实。

开展全省药品流通领域风险排查、重点问题专项整治以及城乡接合部和农村地区药店诊所药品质量安全集中整治。医院制剂全面整顿，对全省13家正常配制的医疗机构制剂室开展专项整治，全面提升医疗机构制剂的质量水平。检查发现主要缺陷6条、一般缺陷133条、告诫13家，1家医疗机构制剂室停产整顿，实现对医疗机构制剂室的全覆盖，促进医院制剂室管理水平得到进一步提高。

其他专项检查齐头并进，组织对全省17家有生产或使用中药提取物的生产企业和1家生化药品的生产企业，分别开展专项检查。检查发现严重缺陷1条、主要缺陷9条、一般缺陷100条、告诫5家、约谈2家、移交1家，促进中药提取物的规范使用和生化药品的质量安全。组织开展认证跟踪检查，检查11家药品生产企业，有效防控药品生产风险。2017年，组织开展各类药品生产专项行动7次，检查药品生产企业258家次，其中飞行检查32家次，发现严重缺陷1条、主要缺陷15条、一般缺陷142条、收回药品GMP证书2本。“双随机一公开”监督检查94家次，发现并公开主要缺陷35条、一般缺陷559条、告诫25家、约谈9家。强化特殊药品日常监管，全省系统开展特殊药品日常监督检查1001家次，责令整改33家次。至年底，全省有770家特殊药品生产经营使用单位入网，为特殊药品“一针一片知流向”提供技术支持。连续17年没有出现大的药品生产安全质量事故，有效保障人民群众用药安全。检查药品批发企业（含连锁企业）488家次，其中省局直接飞检76家。检查药店和诊所17583家次，撤销批发企业GSP证书5家、药店GSP证书42家，收回GSP证书1家；吊销药店经营许可证2家，约谈药品流通企业294家，告诫29家，通报卫计行政部门24家，实现全省无药品质量安全事件。

【医疗器械监管】 2017年，福建省推进医疗器械审评审批制度改革，把控质量安全风险，形成严格监管格局，重点开展全省无菌植入性医疗器械专项整治以及使用未注册医疗器械特别是翻新再售再用中大型医疗设备专项整治等10余项整治行动，特别是打击使用走私医疗器械、使用二手翻新中大型医疗器械行为，规范医疗器械转让、捐赠行为。专项整治出动9563人次，对全省16351家医疗机构进行拉网式专项检查，立案处罚32家，收缴罚没款15355003元。

全省检查医疗器械生产企业742家次，责令整改677家次，责令停产8家，主动停产47家，立案查处10起，药械生产流通秩序得到进一步规范。

【保健品化妆品监管】 2017年，福建省制订并印发《福建省食品药品监督管理局关于贯彻落实〈保健食品生产许可审查细则〉的通知》《保健食品生产许可有关事宜的补充通知》《全省保健食品化妆品监管工作计划》《关于开展化妆品经营单位规范创建工作的指导意见》。

组织开展对全省8家保健食品生产企业，以及17家粉剂类、气雾剂和有机溶液类相对安全风险较高的化妆品生产企业双随机检查，按照日常监管检查项目，重点抽查原料管理、员工管理以及生产许可换证缺陷项目整改、安全生产主体责任、环保主体责任落实情况，并在省局网站通报检查中发现的问题。

实施保健食品生产经营风险分级管理，完成32家保健食品生产企业风险分级评定，8348家保健食品经营企业风险分级评定，风险分级评定完成率99%以上，督促各设区市充分运用评级结果，开展有针对性的监管。全省检查保健食品、化妆品生产企业327家次，责令整改161家次。检查保健食品经营企业12234家次，责令整改2447家次。

在各地按照福建省保健食品生产企业质量受权人示范企业的评定标准进行初评的基础上，完成2017年7家示范企业的创建工作。

努力提升监管队伍业务能力，建立保健食品专兼职检查员资质库60人，化妆品专兼职检查员资质库78人，分别对全省保健食品化妆品监管骨干进行培训，2017年培训190名监管骨干。

【风险分级监管】 2017年，福建省制定食品药品生产经营风险分级管理制度，组织实施全省食品药品生产经营风险分级管理工作，对全省食品药品生产经营风险分级管理工作进行指导和检查。

2017年度全省企业风险分级情况：食品生产企业A级4824家、B级22254家、C级139家、D级26家；保健食品生产企业A级1家、B级15家、C级0家、D级16家；食品销售企业A级209566家、B级19864家、C级593家、D级91家；餐饮服务企业A级151341家、B级15532家、C级241家、D级284家；药品生产企业以及医疗机构制剂室A级82家、B级40家、C级19家、D级1家；药品零售企业A级7787家、B级639家、C级32家、D级6家；药品批发企业A级178家、B级57家、C级6家、D级1家；药品连锁企业A级34家、B级1家、C级0家、D级0家；医疗机构A级17056家、B级1883家、C级18家、D级1家；医疗器械生产企业A级68家、B级143家、C级49家、D级0家；医疗器械经营企业A级6857家、B级1490家、C级1家、D级0家。

【食品药品法制建设】 2017年，福建省通过《福建省食品安全条例》，出台《福建省食品生产加工小作坊核准管理办法（试行）》《福建省食品摊贩登记管理办法（试行）》《福建省小餐饮登记办法（试行）》等12项配套制度，和《福建省食品安全条例》同步施行。

修订省局行政复议管理办法，规范复议程序，强化法制部门的协调职能，依法有效解决行政争议。出台省局行政应诉管理办法，支持人民法院受理行政案件，厘清行政机关负责人出庭应诉情形，对自身行政违法行为及时纠正，自觉维护司法权威。出台省局听证规则，规范听证程序要求等，维护听证申请人合法权益，做好内部把关，确保行政处罚案件和许可案件的质量。制定《福建省食品药品监督管理局“双随机一公开”实施细则（试行）》，规范事中事后监管，创新管理方式，提高监管效能，激发市场活力，强化社会监督，确保行政监督检查依法、公平、公正、公开，全面实施“双随机一公开”制度，加强与食品药品风险分级管理制度的衔接，提升食品药品风险管控水平。

【食品药品稽查】 2017年，福建省食品药品监督管理局学习总结推广莆田、泉州、厦门等市县推动基层食品药品日常监管融入综治网格化服务管理的经验做法，确保“创建食品安全放心省行动计划”中提出的“2017年全省50%以上的县（市、区）食品药品安全监管进入当地市级网格化服务管理平台运行”工作目标的顺利实现。

2017“净网”行动以来，全省检查入网食品生产经营主体17367家次，检查互联网药品信息服务主体35个次，报请通信管理部门关闭非法网站10个，查处网络食品药品经营违法案件274件，罚没252.57万元。

2017年，全省查处食品药品违法案件5515件，比上年增长19%，移送案件128件，罚没金额18502.16万元，增长62.68%。其中，查处食品案件3694件、保健食品案件22件、药品案件1321件、医疗器械案件382件、化妆品案件96件。

【社会安全共治】 2017年，福建省接收各类投诉举报信息38161件，比上年增长33.6%，均做到件件有落实，事事有回应。

继续实施“示范引领”工程，在全省范围再开展创建9个食品安全社会共治示范县（市）、100家小作坊示范点、260个流通环节食品质量可追溯体系省级示范点、100家省级“明厨亮灶”示范单位、2条省级食品安全示范街、6家保健食品生产企业质量受权人示范企业，带动生产经营业者落实主体责任。

开展2017年科技活动周活动，全省协作参与科技活动周宣传活动的单位有216个，共计1037位工作人员参与组织、协调各类活动，公众参与活动24635人次，投入经费28.04万元，发放科普宣传材料74164册，接受咨询9416人次，科技下乡202场次，赠送物品折合8812.16元，义诊1326人次。活动期间设立宣传展板410块，科普画廊44米，开放科普基地1个，科研所1个，参与“万名科学使者进校园”247人；举办科普培训班44场次，科技报告会7场次，播放科普影视8场次；发送科技信息短信38177条，培训农民354人次，提供技术服务359次，出动宣传车116辆，开办电视科普宣传栏10期；国家媒体报道1次，省级媒体报道3次。

【药械审评审批制度改革】 2017年，福建省完成全省GCP资格认定复核检查任务。3月11—25日，派出8组32个检查员全面展开检查，对12家医院（13个受理号）的药物临床试验机构办和伦理委员会进行考核和现场检查。13家机构均在国家总局网站公告通过资格认定或复核检查。全省GCP机构数量由14家增加至17家，临床专业增至

122个。福建医科大学附属协和医院、福建医科大学孟超肝胆医院、厦门大学附属第一医院等3家GCP机构正式启动的BE试验，填补福建省Ⅰ期实验室长期的空白，也为福建省药品生产企业进行仿制药一致性评价BE试验提供新的临床资源。

仿制药一致性评价工作。截至2017年底，全省须在2018年底前完成评价的基本药物有295个批准文号，共计33个文号已经开展一致性评价工作，其中，参比制剂备案23个，正在开展和已完成药学研究25个，有2个文号已完成BE备案，4个文号在进行BE预实验，有1个文号已申报生产；福建省需开展仿制药一致性评价的非基本药物批准文号546个，40个文号已经开展一致性评价工作，其中，参比制剂备案15个，正在开展和已完成药学研究32个，有3个文号已完成BE备案，8个文号在进行BE预实验。

推动药品上市许可持有人制度试点探索工作。截至年底，全省受理和上报41个品种（25个受理号）的试点申请，其中10个是新注册申请（1类化药2个、2类化药2个、3类化药1个、新标准仿制药5个），30个是已上市品种整体搬迁、集团内生产线调整的补充申请（整体搬迁7个、集团内调整20个、集团内调整变更持有人1个、已上市申请持有人2个），涉及3家研发机构、7家生产企业。

推进医药产业升级。2017年，福建广生堂药业股份有限公司重磅仿制药富马酸替诺福韦酯原料和制剂获得批准上市；厦门万泰沧海生物技术有限公司的一类生物制品宫颈癌疫苗（9价）首家获得国内临床批件；福建省力品药业（厦门）公司的盐酸可乐定缓释片（0.1mg）ANDA申请获得FDA批准上市，填补福建省制剂在美国批准上市长期的空白。

继续推进《福建省医疗机构制剂规程》的修订工作。2017年8月，福建省医疗机构制剂规程修订工作小组完成第十批胃蛋白酶口服溶液等30个品种的编审工作，并经福建省医疗机构制剂规程修订专家委员会审核通查，正式予以发布。

【行政审批标准化】 2017年，福建省食品药品监督局行政服务中心审核办理有关事项21593件，其中，即办件20046件、一般承诺件1547件；涉及药品注册371件、药品生产类123件、药品流通类358件、医疗器械类412件、保健食品化妆品类14102件（包含非特备案、广告备案）、食品生产类107件、人事教育类（执业药师）6120件。累计在省局网站公开行政许可信息3566条，公示通告3566条，办事指南118条，数据查询23654条。

【监管信息公开】 2017年，福建省食品药品监督管理局严格按照信息公布程序，开展发布工作。公布食品药品安全监督抽验信息公告55期、药品质量公告9期、行政处罚信息通报12期。

2017年，省局受理并反馈依申请公开信息96件，其中，网上申请85件、信函申请11件。同时，做好在线答疑工作。全省各级12331食品药品监管投诉举报机构通过投诉举报电话、网络、信件、接访等渠道接收投诉举报信息（包含投诉举报、咨询、意见建议，下同）39763件，比上年的28553件上升39.3%。其中，投诉举报20957件，占总量的52.7%，比上年的16119件上升30.01%；咨询18289件，占总量的45.99%，比上年的12129件上升50.78%；意见建议518件，占接收总量的1.30%，比上年的305件上升69.83%。其中，受理食品15823件、特殊食品827件、药品963件、化妆品629件、医疗器械225件。国家总局中心转交属地办理433件，比上年的165件上升162.4%；应按时办结396件，已按时办结396件，按时办率100%；省食品药品投诉举报中心共接收各类投诉举报信息3388件，比上年的2027件上升67.14%；受理转交属地办理1610件，比上年的863件增长86.6%，应按时办结1409件已办结1409件，按时办结率100%。对群众一般性的投诉举报、咨询等制订“即问、即答、即受、即办”的简化办理程序，快速办理2380件，占接收总量的59.4%，比上年682件增长2.49倍。 （徐阳阳）

质量技术监督管理

【概况】 2017年，福建省质监局实施质量强省战略。开展“分类指导、精准服务实体经济”和中小企业服务“双零”活动，为5736家企业提供质量技术精准服务8097次。发布质量诚信“红黑榜”，全省入库企业质量信用档案

2017年9月14日，福建省人民政府新闻办公室举行《福建省食品安全条例》新闻发布会 （省食品药品监管局供稿）

数据29839条，完成企业质量信用报告286篇。举办企业首席质量官公益培训班，培训大中型企业高管487名。

实施品牌战略。组织27家单位申报第三届中国质量奖，福建船政交通职业学院、福耀玻璃获提名奖公示。评出2016年度福建名牌产品235项。加快区域品牌创建，“全国知名品牌示范区”累计获批命名3个、获批筹建8个；组织推荐31家企业和5个区域参加国家品牌价值评价。

开展质量专项整治。组织开展电线电缆产品专项整治行动，核查电线电缆获证生产企业89家，督促整改问题185个，启动全省电器产品生产质量治理行动。开展打击“地条钢”违法行为专项行动，组织排查铸造企业1000多家，查处“地条钢”生产企业35家，拆除用于违法生产的中频炉277台。开展省级检查27次，现场核查钢筋生产许可获证企业30家，提请质检总局注销工业产品生产许可证企业5家。督促12家企业实施召回13类缺陷产品3816件。

落实“放管服”改革。取消橡胶制品等6类产品生产许可证核发和机动车安检机构资格许可事项。落实检验检测优惠措施，继续为科技型、成长型企业提供免费检测服务，对棚户区企业改造项目免收特种设备监检费用；积极落实计量强检停征收费政策，全省检定计量器具92.7万台次，减轻企业负担9234.5万元。

【产品质量监督】 2017年，福建省推进标准化战略。完成2016年福建省标准贡献奖评选，4项产品列入“中欧100＋100”地理标志互认产品公示清单，德化白瓷入选“中泰3＋3”中方地理标志产品。主导或参与制订修订国际标准8项、国家标准34项、行业标准42项，发布地方标准77项。在全国率先发布《食品质量安全追溯码编码技术规范》地方标准。新获批和立项6个国家级、43个省级农业综合标准化示范区及2项国家级社会管理和公共服务综合标准化试点项目，完成验收国家级标准化试点项目4个。57家社会团体完成注册工作，累计发布团体标准38项，注册数量居全国第三位。

夯实计量基础。新建社会公用计量标准95项，其中省计量院建成全国首个标准表法蒸汽流量标准装置。培训企业计量人员2000多名，不断提升基层计量技术能力。国家光伏产业计量测试中心通过质检总局验收。“高精度衡器载荷测量仪开发和应用”项目通过科技部验收。

认证认可工作。推进新版质量管理体系标准宣传宣彻活动，免费培训企业4000多家。开展认证产品风险监测200批次。强化检验检测机构资质认定事中事后监管，组织开展省级发证检验机构两项能力验证。

提高检验检测技术能力。完成全省国家质检中心普查，3家机构被质检总局评为Ⅰ类检验机构。新建成国家质检中心2个，累计22个；建成省质检中心3个，累计38个；累计通过实验室资质认定项目1.9万个，检测覆盖率95.16％。获批质检总局科技项目14个、省级科技项目15个。3个项目分别获得2016年福建省科技进步一、二、三等奖。

【产品质量整治】 2017年，福建省持续开展重点产品整治和问题排查，安排省级监督抽查224种5133家生产企业8370批次产品，合格率97.11％。对食品用纸制品、密胺塑料餐具、儿童卫生洁具等31种消费品开展风险监测1190批次，及时消除质量问题隐患。健全完善“消费与质量查询平台”，导入妇女儿童用品等6大类120种产品27万条抽查数据。

【特种设备安全监察】 2017年，福建省特种设备安全共检查特种设备生产使用单位28905家，检验各类特种设备32.5万台套、压力管道1836.8千米。牵头成立全国特种设备信息化专业委员会，开通国内首个电梯微信公众监督平台，建成96196电梯应急处置指挥平台。

【“打假”专项行动】 2017年，福建省开展集成式双随机抽查工作。继续开展“双打”和“质检利剑”专项行动，检查企业19900家次，查办案件1285件，其中大案要案50件、移送公安机关4件，查获涉案产品货值2732.4万元。全省没有发生系统性、区域性、行业性产品质量安全问题。

【法治质监建设】 2017年，福建省明确法治质监建设重点任务，增强依法行政能力，规范行政行为，参与行政诉讼案件2件；由质检总局行政复议案件3件，复议结果均为“维持”。（王 强）

口岸综合管理

【口岸建设】 截至2017年底，福建省有经国务院批准对外开放口岸11个，其中，水运口岸7个，分别是福州水运（海港）口岸、厦门水运（海港）口岸、泉州水运（海港）口岸、漳州水运（海港）口岸、莆田水运（海港）口岸、宁德水运（海港）口岸、平潭水运（海港）口岸；空运口岸4个，分别是福州空运口岸（长乐国际机场）、厦门空运口岸（高崎国际机场）、泉州空运口岸（晋江国际机场）和武夷山空运口岸（武夷山机场）。

2017年，海港口岸累计完成外贸货运量21255.3万吨，比上年增长0.3％，其中，进口14174.7万吨、增长2.5％，出口7080.6万吨、下降3.98％。海运集装箱吞吐箱量累计完成936.5万标箱，比上年增长7.4％，其中，进口468.6万标箱、增长7.5％，出口467.9万标箱、增长7.3％。累计出入境旅客211.3万人次，比上年增长0.2％，其中，入境105.6万人次、下降0.2％，出境105.7万人次、增长0.5％。空港口岸累计出入境旅客581.7万人次，比上年增长9.5％，其中，入境287.8万人次、增长8.4％，出境293.9万人次、增长10.6％。对台直航方面，对台海上客运直航运送旅客196.1万人次，比上年增长1.3%。全省海港口岸对台货物交易1850.9万吨，比上年下降24.6%，对台集装箱吞吐量71.5万标箱，增长0.3%。

【口岸对外开放】 2017年，福建省主要有福州港口岸黄岐港区、莆田港口岸东吴港区扩大对外开放获国务院批准，泉州港石井作业区扩大通过国家验收，正式对外开放。厦门海沧保税港区整车进口口岸获国务院批准，并通过验收，实现开港运作。福州港口岸江阴港区10号泊位等9个已开放口岸新增涉外码头泊位通过验收，并由福建省政府公布启用。罗源湾港区等全省15个码头泊位临时开放获批延期。

【大通关改革】 2017年，福建省全面推广关检对进出口货物联合查验和口岸单位对进出境船舶联合登临检查的“一站式”通关新模式。创新关检“一站式查验平台+监管互认”模式，2017年被评为自由贸易试验区“最佳实践案例”向全国复制推广。海关和检验检疫部门对进出口货物实施联合查验，由“串联执法”转为“并联执法”，实现作业时间上一致、作业空间上合并、作业系统上并行、场所设施与查验设备等资源共享共用，并以“一次查验”为基础，探索实施关检查验或检验检疫结果和数据互认：对关检双方认可的高资信企业，对其进出口的不涉证、不涉税、较低风险商品，关检双方互认对方查验或检验检疫结果和数据，对特定商品的查验或检验检疫结果和数据进行互认，互认要素包括品名、数量、重量等。改革后，货物通关时间缩短约40%，查验部门人力资源节省约50%，每标准箱减少物流成本约600元，已在全省推广。全省共节约查验场地22万平方米。

【口岸查验配套设施建设】 2017年，福建省加快对接国家标准版。福建省被国家口岸办列为国际贸易“单一窗口”国家标准版试点省份，在福建省试点货物申报、舱单申报、运输工具申报、企业资质备案、许可证申请5类业务，并完成试点目标和任务，其中货物申报覆盖率90%以上，居全国前列。通过试点，实现中国（福建）国际贸易单一窗口与国家标准版在技术架构、业务流、数据流等方面的全面对接。持续拓展功能，被国家发展改革委列为信息数据整合试点；在全国率先上线船舶进出境“一单四报”，船舶进出境申报数据从641项减少为384项，重复申报项目减少约40%，船舶进境时间由36小时减少至2.5小时，出境时间由36小时减少至1小时。拓展“单一窗口+”服务功能，先后推出“单一窗口+贸易统计”“单一窗口+金融服务”“单一窗口+便民服务”等十余项特色业务，其中企业通过单一窗口可办理投保业务，并了解国别风险、咨询相关业务等，被福建省政府列为可复制创新成果在全省复制推广；建成口岸监控指挥中心，通过展示屏，实时展示货物、船舶申报情况，跟踪船舶实时动态，实现大数据分析等，并对通关相关环节时效进行监控。

【口岸营商环境优化】 2017年，福建省加快通关环节“去繁就简”，协调查验部门通过优化流程、减少监管环节、简化监管手续等，如海关对出口非拼箱货物实施机检，检验检疫部门实施“审单放行”等，实现“管少、管精、管好”，进出口货物通关时间压缩1/3。全国首单“审单放行”落地福建省福州市；开展集装箱进出口环节合规成本专项治理行动，为期2个月，从11月1日起至12月31日结束，各驻闽口岸查验主管单位、省直交通运输部门、物价部门、重点港口企业和各设区市口岸办上下联动，综合施策，年底基本完成国家要求的集装箱进出口环节合规成本降低5%以上的目标任务。3月27日起，依托中国（福建）国际贸易单一窗口，实施对外贸易经营者备案登记与原产地证企业备案登记合并办理，企业通过“单一窗口”办理对外贸易经营者备案登记，同步授予企业原产地证备案资质，企业办证更方便，大幅提高原产地证备案企业数量和原产地证利用比率，2017年福建省外贸企业获进口国减免关税约5亿美元。推动降低企业负担，面向外贸企业免除口岸海关查验没有问题集装箱吊装移位仓储费用，全年免除费用1200万元，面向“单一窗口”申报企业免除进出口环节部分经营性收费，仅福州关区和福建检区全年便为企业节省近4000万元直接费用。实施陆地港外贸集装箱流量补助，全年实施补助600多万元；对福州江阴口岸进出口危化品进行补助，全年补助310多万元。

（施能光）

【海关监管】 福州海关。福州海关是海关总署直接管辖的42个直属海关之一，单位行政级别为正厅级，2017年辖区范围包括福建省内的福州、莆田、三明、南平、宁德5个设区市以及平潭综合实验区，关区总面积6.5万平方千米，海岸线总长2278千米。福州海关关区主要口岸有福州港、莆田港、宁德港以及福州长乐国际机场和武夷山机场两个空港。

2017年，福州海关全年关区监管进出口货物5995万吨，进出口总值2154.9亿元，进出境人员234.5万人次，进出境运输工具27039辆（架）次；征收关税和进口环节税171.8亿元；刑事立案84件，案值11亿元；走私行为案件立案71件，案值502.8万元；违规违法案件立案512件，案值4.6亿元。

支持地方建设。开展税则调研，支持福建特色产业发展。2017年有11项税则调整建议被采纳，企业年受益1.2亿元。推动临时开放泊位16个，新增进出境空中航线12条，全年监管进出境旅客234.5万人次。配合宁德市加快建设军民融合创新示范区，积极支持漳湾作业区8号、9号码头临时开放。与乌鲁木齐海关签署合作备忘录，两个核心区海关协作进一步深化。服务企业“走出去”，AEO认证50家。整合优化海关特殊监管区域，批准设立宁德中铝项目保税仓库，助推福州空港综合保税区设立申报，福州出口加工区（二期）通过正式验收，全省首家10万平方米露天保税堆场投入使用。支持福州航空、福清核电、福州京东方、福州地铁、宁德新能源、青拓集团、莆田华佳彩等重点项目发展，支持宁德市冶金新材料、锂电池新能源、清洁能源三大龙头、若干重点的“3＋N”产业体系发展。

支持外贸增长多措并举，落实促进福建外贸回稳增长12项措施。开展港口竞争力、贸易便利化、船舶行业发展等课题研究。配合福州、平潭申报自由贸易港。开展集装箱合规成本专项整治，落实查验无问题企业免除吊装、移位、仓储费用政策，惠及5863家企业。

推动闽台交流持续深化，指导平潭两岸快件中心落地运营，支持开通平潭至台湾货运航线。规范对台小额商品交易市场管理，销售额7.8亿元。监管ECFA项下货物突破850亿美元，优惠关税金额近60亿元。促成福清南青屿、莆田秀屿等对台小额贸易监管点成为“第四批实行更开放管理措施点”。

保障圆满完成。开展实战演练50余次，零差错完成17架次专机备降任务。封堵固体废物、濒危动植物制品、枪支弹药、毒品等入境，查获“洋垃圾”1124吨，缴获象牙125.5千克、枪支及配件93件（套）、毒品3.26千克、易制毒化学品1.4吨。

支持进口结构优化。自贸协定项下货物享受优惠关税76.7亿元。压缩货物通关时间成效明显，2017年12月关区进口平均通关时间为8.49小时、出口为0.23小时，分别压缩70.3%、79.6%，降低企业通关成本。全年税收入库171.8亿元，比上年增长48.9%。验放跨境电商清单140.3万票、货值4.2亿元，分别比上年增长2.2倍、2.8倍。江阴口岸进口整车首次突破万辆，货值30.4亿元，分别比上年增长27.5%、31.6%。首创企业认证前置工作法，认证期限缩短50%以上。采取知识产权保护措施128批次，查扣各类涉嫌侵权货物43.9万件、案值689.7万元。

支持自贸试验区建设。出台支持福建自贸试验区建设97项措施及试验任务，22项被评为全国首创，4项列入国务院第二批可复制可推广改革试点成果，9项入选总署第二批全国复制推广清单，保税冷链物流监管等集成应用为企业节约成本约30%。通关一体化改革落地实施，“一次申报、分步处置”正式启动，二级风险防控中心挂牌运作，隶属海关功能化建设顺利完成。“单一窗口”试点覆盖率35.6%，通关作业无纸化率97.9%。关检“一站式”查验模式入选商务部2017年“最佳实践案例”。优化行政执法领域内部核批186项。

（陈斯友）

厦门海关。2017年，厦门海关监管进出口货物总值8284.8亿元、货运量9963.2万吨、集装箱532万箱、进出境人员684.9万人次、进出境运输工具6.1万艘（架、辆、次），分别比上年增长11%、－1.1%、11.6%、6.3%和5.3%。全年税收入库364.9亿元，比上年增长20.77%（其中关税入库37.24亿元，增长16.23%；进口环节税入库327.66亿元，增长21.31%）。

保障任务完成。2017年，厦门海关制订周密保障方案，强化应急演练，严密安保措施，改造提升旅检软硬件条件，统筹人力资源调配，抽调227名关警员支援一线，举全关之力连续奋战249天，实现各项保障服务工作“零瑕疵”，获得总署、外交部、地方党政和外宾的高度赞誉。

全国海关通关一体化改革。2017年，厦门海关组建风险防控中心，完善关区“1+4”监控指挥中心体系，建设专业化验估队伍，推进“一次申报、分步处置”“自报自缴”改革，实现全国海关通关一体化改革“完整落地、无缝对接、系统优化”。实施关区隶属海关功能化建设，机动查验、复查复验、企业认证、稽核查业务实现集约化管理，关区业务布局更加科学合理。

支持自贸试验区建设。2017年，厦门海关加大自贸试验区改革创新力度。率先启动关检综合执法试点，开展口岸“跨部门一次性联合检查”，完善船舶联合登临检查机制，推动厦门国际贸易“单一窗口”与国家标准版融合对接。全年推出23项创新项目，8项被评为全国首创，16项被列入福建省创新举措，9项在省内复制推广，关检“一站式查验平台＋监管互认”被商务部评选为4个“最佳实践案例”之一。

营商环境建设。2017年，厦门海关提升口岸通关便利化水平。全年厦门关区进、出口通关时间分别为10.65小时、0.78小时，为全国的67.11%和70.27%，大幅优于全国平均水平。

完善监管体系。2017年，厦门海关探索跨境电商“智慧监管”新模式，整合跨境电商监管作业场所，关区快件、邮件、跨境电商保持快速增长态势。全年监管快件、邮件、跨境电商4892.4万件，比上年增长62.3%。

打击走私。2017年，厦门海关全年刑事立案103件，案值25.2亿元、涉税8.76亿元，其中，公安部目标案件1件，署局挂牌督办案件11件；行政立案1767件，案值19.15亿元、涉税0.69亿元。

“海丝”核心区建设。2017年，厦门海关支持“海丝”核心区建设持续推进，出台新一轮服务“海丝”核心区建设15项措施，支持中欧（厦门）班列通达9个国家13座城市；培育51家高级认证企业，在全球35个国家享受AEO待遇。

做好两岸AEO互认试点工作。2017年，有78票从台湾AEO企业输入的货物在厦门关区按照互认要求申报成功，货值2.26亿元。

支持国际中转直拼、整船换载、沿海捎带等新兴物流做大做强，助推厦门港全年集装箱吞吐量突破1000万标箱，进入世界集装箱港口14强行列。

开拓对外关际合作。2017年，厦门海关对外关际合作稳步推进，推进与印度尼西亚泗水海关、南非德班海关关际合作项目。7月，世界海关组织

（WCO）认定厦门海关教育培训基地为WCO亚太地区第8个培训中心。9月3日，金砖国家海关署长会晤在厦门举行。9月4日，金砖国家海关署长和代表在金砖五国领导人的见证下，共同签署《金砖国家海关合作战略框架》，该战略框架将“信息互换、监管互认、执法互助”作为金砖国家海关合作原则，将贸易便利、安全与执法、新兴事务、能力建设、多边框架内的立场协调等领域确立为金砖国家海关合作重点。

（陈瑞钦）

【检验检疫】 福建出入境检验检疫局。2017年，福建出入境检验检疫局检验检疫进出口货物21.11万批、312.36亿美元，分别比上年增长5.7%、22.2%，在全国检验检疫系统分别排名第10位和第11位。其中，出境货物16.85万批、货值124.53亿美元，分别比上年增长6.33%、10.87%；进境货物4.26万批、187.83亿美元，分别增长3.3%、31.14%。检出不合格进出口货物8642批、65.75亿美元，分别比上年下降3.4%和增长68.1%。其中，出境货物1430批、12.54亿美元，批次不合格率0.85%，货值不合格率10.1%、检出不合格进口货物7212批、53.21亿美元，批次不合格率16.9%，货值不合格率28.3%。

“四检合一”改革。福建检验检疫局在漳州南部4个县区试点将市场监管、农业、海洋渔业和检验检疫等部门下属检验检测机构“四检合一”，实行“一个机构、一套人马、多个牌子”，由检验检疫所属检测机构牵头管理，来自不同机构的人员按需调配、同工同酬，设施设备统一管理、集中共享，事业收入统一入账、统一支出，检测资质共享、业务融合，再造检测流程、企业就近送样多地取证。整合后的检验检测机构集中多方资源，新增业务用房1520平方米、资金设备1000多万元、土地面积0.67公顷、检测项目300多个，成为区域性中心实验室，规划建设国家级重点实验室。节约企业送外检测和重复检测带来的时间、人力成本，惠及企业500多家。

全国知名品牌示范区创建。建立跨地区跨部门跨领域的守信激励、失信惩戒机制，辖区4245家企业纳入信用管理，登录“同线同标同质”信息公共服务平台企业120家，“三同”产品进驻商超和电商平台销售额50.42亿元。

质量提升行动。首次策划拍摄5集大型宣传片并在福建电视台连播，开展福建省“质量月”启动仪式等特色大型活动。推动福建省政府出台品牌农业建设措施，专门出台出口食品农产品品牌培育提升实施意见，培育33家出口食品农产品品牌。指导4个出口质量安全示范区通过国家级验收、14个通过省级验收，2个国家级示范区通过到期复审。

夯实质量技术基础。1项成果获福建省标准贡献奖一等奖，2项成果获首届中国检验检疫学会科技奖，1项国际标准获ISO立项。新建成福建食品农产品检测鉴别技术公共服务平台、福建省鞋类舒适性公共服务平台、福安市电机电器产业公共服务协同创新平台。技术中心首次通过CATL考核，28类、414种产品、2818个标准、4999个项目获CMA/CNAS认可认定。保健中心在全国系统率先通过第三方医学检验实验室设置审批。

出入境疫情防控。加强马达加斯加鼠疫疫情、黄热病、霍乱、登革热等传染病疫情防控，连续在入境集装箱、船舶中截获5只死鼠和1只活鼠。截获动植物疫情2.35万种次，其中检疫性有害生物1913种次，全国首次截获有害生物10种，截获列入CITES附录的濒危植物7种。推动福建省5部门联合发文强化红火蚁防控，指导企业在平潭建成进境野生动物指定隔离场。强脂食品安全保障工作，指导辖区6家企业通过欧盟、韩国、日本厚生劳动省、香港食环署考察。助力辖区出口食品农产品超百亿美元，其中出口水产品52.8亿美元，居全国第一，境外不合格通报率低于万分之二。全年检出不合格出口危险货物471批，退运销毁进口不合格产品232批，退运进口俄罗斯不合格越野车81辆，退运环保不合格进口废塑料4批。

服务“新福建”建设。探索实施跨境电商监管新模式，辖区进口包裹成倍增长。减免收费1.5亿元。验收核准16个码头作业点对外开放、11个码头22次临时开放；推动4个口岸获批筹建进口肉类和水产品指定口岸；泉州晋江机场口岸成为全国首批通过质检总局口岸动植检规范化建设验收的9个口岸之一。服务中小微企业1501家，减免委托检测费用1043万元。打造通关便利

2017年4月20日，中欧班列（厦门—莫斯科）试运行首趟列车发车

（厦门海关供稿）

“福建样本”。出境、入境检验检疫全流程时长均压缩超过88%，全国首单“审单放行”货物在福州口岸入境，连续10次获全省口岸通关便利化测评检验检疫序列第一名。设立全国审单布控中心福建分中心和福建检验检疫局审单布控中心，实现检验检疫电子闸口海港作业点全覆盖，全国首批实现国口版“单一窗口”船舶系统试点运行。 （李永东）

厦门出入境检验检疫局。2017年，厦门出入境检验检疫局（简称厦门检验检疫局）受理报检出入境货物41.1万批、296.5亿美元，分别比上年增长0.9%和12.2%；检验检疫出入境货物19.7万批、137.1亿美元，分别下降5%和增长9.3%；受理报检集装箱711.6万标箱，增长4.5%；检疫查验出入境邮包1660万件、快件414万件，分别增长48.5%和33.4%；检疫出入境船舶2.2万艘次、飞机2.6万架次，分别下降2.4%和增长8.3%；检疫查验出入境人员575万人次，增长3.3%，发现有症状2300人次，确诊传染病366人次；截获进境植物疫情711种、1.4万种次，分别下降2.3%和61.6%；检出不合格进出口货物1.7万批、25.5亿美元，分别下降22.7%和增长1.6%；签发一般原产地证书4.5万份、24.2亿美元，分别下降1.02%和增长3.2%；签发普惠制原产地证书7.5万份、26.9亿美元，分别下降4.87%和2.24%；签发区域性优惠原产地证书11.4万份、37.6亿美元，分别增长19.2%和13.6%。

口岸卫生检疫。开展鼠疫等重大疫情风险分析，通过航检信息系统及时发现重点航班和重点人群，加强对来自马达加斯加及高风险国家来华人员、交通工具、货物、集装箱、行李的查验，严防鼠疫等重大疫情传入。

开展核生化涉恐安全隐患全面排查，对辖区内大型核生化监测仪器完成性能检定，排除仪器故障。

服务自贸试验区建设。2017年，厦门检验检疫局完成福建省、厦门市20项自贸试验区试验任务，其中主办5项、协办15项，试验任务完成率100%。推出16项自贸试验区创新举措，其中获评“全国首创”3项、“复制并拓展”3项、“复制”2项。关检“一站式查验平台＋监管互认”入选商务部新一批最佳实践案例，“会展检验检疫新模式”列入五部委联合发布的第三批全国复制推广事项，口岸检疫处理前置及无纸化等6项举措由福建省政府发文在全省复制推广。

贸易便利化水平提升。2017年，厦门检验检疫局推行审单放行管理，近6成入境货物实现直接放行。推动检验检疫无纸化系统落地“单一窗口”，报检无纸化覆盖率97%以上。升级优化舱单系统，实施卫生检疫处理前置，集装箱货物通关时间缩短1个工作日。对1.4亿美元进口食品实施优化查验措施。推动进口酒增长56.2%，厦门成为全国第三大进口酒口岸，啤酒进口量继续保持全国首位。

服务两岸经贸往来。2017年，厦门检验检疫局对优良供应商、第三方验证机构实施动态管理。台湾水果实行随到随检，连续9年保持台湾水果输大陆第一大口岸。采信台湾307批、4426万美元纸尿裤等消费品检验结果。实施审批手续前置，便利台湾造血干细胞入境通关。推动厦金游艇旅游项目常态化运营。推动“小三通”客轮通关提速50%，客流量占两岸直航近九成。

新型贸易业态发展服务保障。2017年，厦门检验检疫局实现外贸经营者备案和原产地企业备案“两证合一”，签发各类原产地证书23.4万份、货值88.7亿美元，分别比上年增长6.4%和5.6%。实施“双向全申报、互为一二线”便利措施，中欧（厦门）班列开行124列、8740标箱、货值22亿元。优化跨境电商平台，318万件、5800多吨电商产品实现快速通关。支持汽车整车进口口岸通过省级验收。服务进口成套设备重点项目11个、34亿美元。促成CCC免办“集中办理、协同监管”新模式首次落地福建。

打击质量违法行为。实施行政处罚48件，涉案金额463万美元。开展国门安全风险隐患排查和专项整治，及时发现处置31个风险隐患。

企业信用管理，6家企业获检验检疫信用AA级，10家企业被直接列为D级。新创省级出口工业产品质量安全示范区2个。推进“同线同标同质”，“三同”上线企业105家、产品500多种。

应对技术性贸易措施。2017年，厦门检验检疫局探索建立政府、技术机构、商协会和企业等“多位一体”的技术性贸易措施联合应对机制。发挥技术性贸易措施信息预警作用，通过网站和微信平台发布预警信息2000余条，更新涉及美国、欧盟、日本、韩国等国家及中国台湾地区12个重大技术性贸易措施专题。对加拿大食品安全法规、泰国无面筋食品标签、海湾国家农食产品中杀虫剂最大残留限量等多份通报进行评议；参加美欧、巴西等成员机电、食品、消费品TBT，以及美欧日、墨西哥、澳大利亚等成员SPS通报评议会。完成辖区134家企业遭受国外技术性贸易措施影响调查。参与质检总局“国家技术性贸易措施研究与应用”项目、美国“2017年技术性贸易壁垒国别报告”研究。

口岸公共卫生安全保障。2017年，厦门检验检疫局完善疫情风险评估通报和应用机制，发布重要传染病防控目录。实现疫情信息报告无纸化。开发口岸核心能力动态管理系统，优化航空器检疫、船舶检疫管理系统，推进“精准检疫”，船舶、飞机电讯检疫率75.4%和96.9%，疫情检出率比上年增长50%。加强口岸防控，入境旅客检出疟疾1例、霍乱弧菌1例、食源性疾病8例、登革热9例，重要传染病检出创历史新高。强化核生化涉恐因子应急处置，检出核与辐射有害因子215例。

动植物检验检疫监管。2017年，厦门检验检疫局检验检疫进出境动植物及其产品7.1万批、33.4亿美元，分别比上年增长12.7%、10.2%。其中，进境动植物及其产品2万批、20.9亿美元，出境动植物及其产品5.1万批、12.5亿美元。截获检疫性有害生物77种、1595种次，分别比上年增长4.1%和下降42.3%。检出亚洲柑橘黄龙病菌、菜豆金色花叶病毒属病毒（新种），在全国口岸属首次。从旅客携带物截获禁止进境物 14461 批、27.6 吨，从邮寄物中截获禁止进境物 951 批、1.4 吨；从携带物苹果中截获苹果黑星病菌，在福建口岸属首次；邮检口岸连续截获玉米锦蛇、剧毒的黄环林蛇等活动物。

进口粮食监管。2017 年，厦门检验检疫局检验检疫进口粮食 416 批、219.4 万吨、8.8 亿美元，分别比上年增长 36.8%、13.5% 和 18%。主要为大豆、油菜籽、小麦、大麦、玉米、高粱，进口国家和地区为美国、巴西、澳大利亚、加拿大、乌克兰等。截获有害生物 244 种、7498 种次，其中检疫性有害生物 41 种、961 种次。检出品质不合格 17 批，涉及大麦杂质超标和油菜籽杂质超标。

进出口水果监管。2017 年，厦门检验检疫局检验检疫进口水果 3914 批、7.1 万吨、9822.6 万美元，分别比上年增长 5.6%、14.5% 和 20.5%。主要为菠萝、番木瓜、柑橘、莲雾、柚、葡萄柚、火龙果、椰子、榴梿、猕猴桃、椰色果、蓝莓、红毛丹等 28 个品种，分别从越南、菲律宾、加拿大、美国等国家进口。出口水果 1 万批、22 万吨、2.4 亿美元，分别比上年增长 2.2%、下降 3.1% 和 4.2%。主要为蜜柚、芦柑、荔枝、杨梅、葡萄等，出口国家和地区分别为欧盟、美国、俄罗斯、加拿大、乌克兰、日本、韩国、印度尼西亚、马来西亚等。截获有害生物 40 种、126 种次，检出卫生不合格 11 批次。

食品化妆品检验检疫监管。2017 年，厦门检验检疫局检验检疫进出口食品化妆品 14 万批、34.1 亿美元，分别比上年下降 2.65 %和增长 7.75%。其中，进口食品化妆品 4.9 万批、14.1 亿美元，分别比上年下降 1.62%和增长 28.61%，进口前 5 位是酒类、食用油、动物水产品类、原糖及制糖原料类、水产制品；出口食品化妆品 9.1 万批、20 亿美元，分别比上年下降 3.21%和 3.29%，前 5 位是罐头、水产制品、动物水产品类、蔬菜水果制品类、保鲜蔬菜。检出不合格进出口食品化妆品 1.3 万批、2.43 亿美元，其中质量安全不合格不予入境食品 378 批，比上年下降 17.1%。

进出口食品安全隐患整治。2017 年 3 月，厦门检验检疫局开展进口重点敏感食品质量安全等 8 个风险隐患排查。累计出动执法人员 5166 人次，检查企业 733 家次，排查出 3 类安全风险隐患并逐项从严整治。专项检查食品储存场所 148 家，约谈违规企业 15 家。开展出口食品种养殖基地专项督查，清理出口水产品原料养殖场 12 家。开展食品、保健食品欺诈和虚假宣传整治，加强对首次进口预包装食品标签检验监管，督促辖区内食品、保健食品进口商主动落实质量安全主体责任。

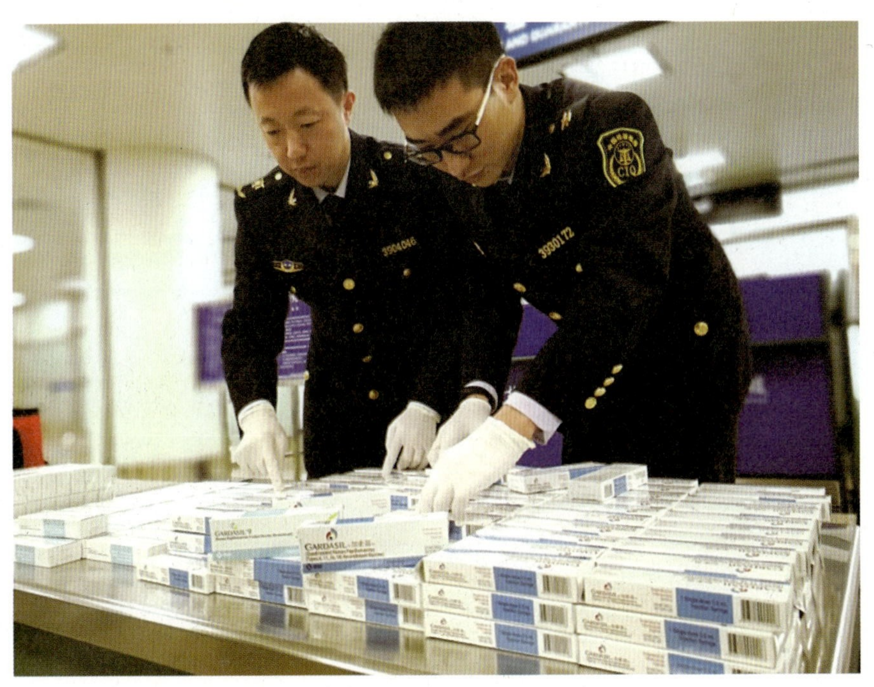

2017 年 12 月 8 日，厦门机场检验检疫局从马来西亚入境旅客行李中截获 201 支非法携带入境的 HPV（人乳头瘤病毒）疫苗　（厦门检验检疫局供稿）

管理模式创新。2017 年，厦门检验检疫局完善自愿性“优良供应商评定机制”，通过引入台湾地区第三方验证机构参与“源头管理”，让更多符合要求的优良供应商的产品享受口岸快速验放的便利。有 7 家台湾地区食品生产企业的 144 种产品纳入“源头管理、口岸验放”管理范围。自“源头管理、口岸验放”实施起，共有 495 批、9276 吨、2616 万美元的台湾地区食品通过该模式输入大陆。

国家级出口食品农产品质量安全示范区创建。2017 年，厦门检验检疫局持续推进出口食品农产品质量安全示范区建设，推进示范区备案基地规范化，提升质量安全管理水平。5 月，翔安胡萝卜、漳浦蔬菜和人参榕、平和蜜柚、南靖麻竹笋示范区通过国家年度验收考核。

进出口商品检验监管。2017 年，厦门检验检疫局完成进出口商品检验检疫 7.1 万批、72.4 亿美元，分别比上年下降 19.6%和增长 9.1%。其中，完成出口商品检验 3203 批、1.8 亿美元，分别比上年下降 14.5%和增长 9.2%，检出不合格批次 29 批、41.9 万美元；完成进口商品检验 5.3 万批、63.4 亿美元，增长 1.7%和 25.2%，检出不合格批次 4390 批、货值 6.4 亿美元。检出携带疫病疫情及有毒有害物质集装箱 4.79 万标箱。完成法定重量鉴定 4363 批、1893.8 万吨、45 亿美元，分别比上年增长 17.03% 、6.32%和 42.28%。

不合格物品专项检验检疫。2017 年，厦门检验检疫局开展打击洋垃圾专项行动，检出进口废料环保项目不合格 14 批、1584 吨、79 万美元，检出进口煤炭不合格 32 批、110 万吨、1 亿美元，检出进口铁矿不合格 34 批、46 万吨、3747 万美元。开展进出口危化品安全综合治理，检出不合格进口危化品（含航空煤油）402 批、6086 万美元，检出含有挥发性有机化合物化工产品不合格 165 批、238 万美元。开展“口岸天平行动”，发现超过 5‰短重 699 批，重量短少 4.5 万吨，短重金额 766 万美元。

危险化学品安全综合治理。2017 年，厦门检验检疫局制订危险化学品安全综合治理实施方案，对辖区内进出口危险化学品企业开展全面摸底排查。全年查获进出口危化品伪报瞒报案例 13 件，案例数比上年增长 62.5%。

汽车整车进口口岸建设。2017 年 5 月 28 日，厦门海沧保税港区获国务院批准成为福建省继江阴港之后的第二个汽车整车进口口岸。12 月 8 日，厦门整车进口口岸通过验收，成为 2017 年全国获批的 7 个汽车整车进口口岸中率先投入使用的口岸。12 月 28 日上午，第一批 30 辆中东版尼桑途乐越野车进口，标志着厦门海沧保税港区汽车整车进口口岸正式运作。

【海事监管】 2017 年，福建省各船舶交管中心接收船舶报告 40.2 万艘次，实施交通管制 3322 次，避免险情 342 次，巡航违反航行规定行为 2671 次。实施港口国监督检查 627 艘次，船旗国检查 3342 艘次，“厦门会晤”期间，协调全国海事系统开展国内船舶源头安检 1076 艘次，并对 345 艘外国籍船舶实施保安专项检查，对固定水域内的 323 艘船舶实施安全检查。

创新机制提升能力。在全国率先推动成立省级海上危化品应急处置指挥中心，建立国家溢油应急设备库管理机制。与东海救助局建立空中巡航救助联动机制，实现空中巡航执法常态化。与省海洋与渔业厅签署《海上安全与救助合作备忘录》，建立健全应急联动机制。有效防抗影响辖区的“纳沙”“古超”“天鸽”等多个台风。成功组织“兴航 868”“闽龙渔 66822”自沉等重大险情事故应急处置。为全省社会救助力量申请国家搜救奖励金 35.5 万元。完善搜救指挥系统，福建设立 1 个省级搜救中心、7 个市级搜救中心，推动 18 个沿海县（市、区）成立海上搜救分中心。推行无预案、无脚本海上应急搜救演练，组织指导沿海各地市海上搜救中心、分中心举办海上应急综合演练 70 次。

突出特色服务发展。保障厦门新机场、金门供水工程、福平公铁大桥等 231 项涉海工程建设，促进港航经济发展。台商独资成立的厦门台塑兴对外劳务合作经营有限公司取得海员外派资质，成为大陆首家获取同类资质的企业。推动福州、厦门、平潭船籍港获批，成为自贸试验区船籍港最多的省份之一，“福船三峡”轮成为首艘落户福建自贸试验区船籍港的船舶。组织各类船员考试 1821 期，5.5 万人次参加考试。指导海员外派机构处理 10 起船员境外突发事件，维护船员权益。贯彻落实国家降费减负、便民利民举措，全年为企业减免各类费用 1341 万元。2017 年，全省进出港船舶 54 万艘次，货物吞吐量 5.16 亿吨，集装箱 1560 万标箱，危险品 8100 万吨。全年签发各类海船船员适任证书 5569 本、培训合格证 16590 本、海员证 5030 本、船员健康证书 27820 本。 （袁小亮）

【边检】 2017 年，福建省公安边防总队以构建“大开放、大安全、大通关、大协同”的口岸新格局为目标，深化推进边检“福建模式”建设，完成 33693 艘（架、辆）次出入境交通运输工具及 318 万人次出入境人员的通关查验任务，连续 9 年在全省口岸通关便利化考评中名列前茅。

优化通关便利。落实边检综合便民服务机制，在武夷山口岸新建 4 条旅客自助查验通道，推动泉州石井、平潭口岸自助通关查验系统通过验收，实现重点旅检口岸自助通关，年内自助通关旅客突破 11 万人次，比上年增长 1.15 倍。推进边检“福建模式”建设，组织开展边检服务品牌集中宣传推介、口岸通关便利化考评、提服外部评价等活动 100 余场次，走访服务对象 1.2 万余人次，发放问卷调查表 7000 余份，收集意见建议 600 余条，针对性优化服务举措、提高服务水平，口岸通关考评获奖率比上年上升 16.7%。

拓展网络服务平台。实施“互联网＋政务服务”战略，部署全面推广应用国际贸易“单一窗口”，启用公安边防网上办事大厅，深化应用“福建边检网上便民服务平台”，实现出入境手续申报、证件办理无纸化操作和网络化流转。通过上门培训、网络推送等方式，引导服务对象通过网络申请办理边检手续。全年通过网络平台受理业务申请 1.8 万余次，服务人员 10 万余人次、交通运输工具 1 万余艘次。

保障地方重点项目。研究制订“厦门会晤”专机备降勤务保障方案，组织专机检查分队开展 4 个月的强化集训，模拟通关演练 50 余场次，明确突发事件应对情形 20 余种，完成“厦门会晤”专机备降勤务保障任务。

规范新增作业点验收、新航线开通

2017 年 8 月 4 日，由漳州海事局组织海上搜救应急综合演练在福建漳州招银港区海域举行，开展客船碰撞演习，提升应急反应能力应急演练

（省海事局供稿）

工作，优质服务6条新航线首航，推动5个对外开放码头泊位通过国家级或省级验收，靠前保障福州罗源湾港区、福州黄岐港区对台客运码头、平潭金井3号泊位等17个码头泊位临时对外开放。

严密口岸管控防线。部署开展口岸安全维稳专项治理行动，排查安全隐患，查处各类违法违规人员800余人次、违法违规交通运输工具30余艘次。

（黄钰超）

厦门边检。2017年，厦门边检总站检查出入境人员579.1万人次，比上年增长4%，交通运输工具4.7万架（艘）次，增长2.1%，完成党的十九大、“厦门会晤”、海峡论坛、厦门国际马拉松等重大政治、涉外、涉台活动边检安保任务，营造安全顺畅、高效便捷的边检通关环境。

作为“厦门会晤”安保主战场的重要力量，厦门边检总站自主研发海港综合信息指挥系统，对重点船舶实行全程监管，全面加强厦金航线安全防控，对4艘载有轻、重火力自备枪支弹药船舶全程监管，为9个国家元首率领的29批947人次与会代表团成员提供礼遇，完成总站安保任务，实现“不该进的一个不能进、不该出的一个不能出”和“大事不出、小事也不出”的安保目标。公安部为总站记集体一等功，这是总站成立以来首次立集体一等功。

启动空港旅客出境自助通关。2017年，在厦门高崎国际机场、国际邮轮中心和五通客运码头扩建22条新型边检自助查验通道，厦门口岸边检自助查验通道总数32条。在空港口岸既有旅客入境自助通关的基础上，自主研发空港旅客出境自助通关系统，于2017年12月1日试点启动，打造一站式自助通关“厦门模式”，实现机场口岸入境、出境旅客自助通关全覆盖。出境旅客只需在通道扫描登机牌、读取证件并完成指纹、面像比对即可快速通关，出境自助通关系统人均自助通关用时不到10秒，较人工查验用时缩短近80%，旅客通关速度成倍提高，口岸通行能力大幅提升。全年，总站通过自助通道查验出入境人数86万余人次，比上年增长1.43倍。

2017年，福建省公安边防总队执法船艇在海上对违法船舶进行追击

（省公安边防总队供稿）

边检机关行政许可标准化工作。2017年11月1日起，实施船舶搭靠外轮许可、枪支（弹药）携运许可、上下外国船舶许可和港澳台船员及其随行家属登陆许可等4项边检机关行政许可标准化工作，将临时性许可的审批、签发权限下放至基层执勤单位，现场执勤人员现场审核，当场签发；取消《搭靠外轮许可证》《登轮许可证》备案制度，办理人员无须再向边检机关提前备案、提交备案申请表；取消签发《随船工作证》，随船出境作业人员凭有效出入境证件办理出境手续即可，凭标注“随船工作”的登轮许可证即可随境外船舶在国内港口间移泊，缩短行政许可审批时限，提高行政审批效率。

优化邮轮查验流程。2017年，厦门边检总站在国际邮轮中心新建启用10条自助查验通道，全年查验入出境邮轮142艘次，验放入出境人员22.7万余人次，邮轮通关效率进一步提高。

启用“单一窗口”船舶申报数据自动传输系统。2017年8月，启用“单一窗口”船舶申报数据自动传输系统，改变以往“单一窗口”船舶申报数据需人工导入系统的情况，实现网络自动传输，简化船舶申报办理操作，缩短船舶申报办理时间。全年，总站通过“单一窗口”平台办理出入境船舶2.2万余艘次，办理出口岸联系单1.3万余份，缩短船舶滞港时间，降低贸易和运输企业成本，提高船舶通关效率。

【海防】 2017年，福建省推进“平安海域”创建活动。省综治委继续将“平安海域”创建工作列为设区市党政领导

2017年8月20日，厦门边检总站开展锚地巡查　　（厦门边检总站供稿）

综治工作（平安建设）基础项目，各地各相关部门对照《福建省“平安海域”创建工作考评量化标准（试行）》，推进各项创建任务。是年，国家下达福建省海防基础设施建设总投资14454万元，比2016年增长30.7%。其中海防监控类设施投入4953万元，主要用于“厦门会晤”海域管控安保任务。厦漳泉地区点线面、多方位、军民融合的防控体系基本形成，信息化控海能力明显提升，海防信息化建设效果显现。建立健全“月度报告、半年通报、年终考核”跟踪督办机制，明确日常监管责任单位和监管责任人，落实海防管理部门、建设单位、使用单位各自职责。运用好督查成果，实施正向激励机制，年度投资和项目安排重点向积极性高、前期基础充分、项目建设和维护管理成效明显的市、县倾斜。逐步推广莆田市、连江县电子宣传屏“政企共建，资源共享”的建用模式，建立海防文化新阵地，扩大社会宣传覆盖面。（林欣眉）

【反走私】 2017年，福建省部署开展打击走私“国门利剑2017”联合专项行动和打击洋垃圾走私专项行动，全年查办涉嫌走贩私案件4914件，其中，涉嫌走私刑事案件187件，案值36.4亿元，涉税10.6亿元；行政案件2351件，案值23.9亿元。推进反走私综合治理，完善“井田式”管理模式，开展创建“打击走私综合治理示范村”活动，筑牢打私防控体系。（林东阳）

安全生产监督管理

【概况】 2017年，福建省各类生产安全事故总量、死亡人数和较大事故连续12年实现较大幅度下降，安全生产形势持续稳定趋好。全年全省发生生产安全事故1782起、死亡1021人，分别比上年下降21.5%和13.5%，其中较大及以上生产安全事故21起、死亡81人，分别下降4.5%和上升3.8%，没有发生重特大生产安全事故，是全国15个没有发生重特大事故的省份之一，亿元GDP生产安全事故死亡率0.032%。

【安全生产责任落实】 2017年，福建省政府向各地、省有关单位下达2017年安全生产目标责任，省政府安委会组织开展半年度综合督查、年度考核，省安办组织开展7次全省性督查督导，5次约谈和2次警示通报事故多发、工作落实不到位的地方和部门，对较大生产经营性事故查处、典型隐患整改实施挂牌督办，推动落实安全生产责任。经考核，省政府通报表彰泉州、福州、龙岩、宁德、莆田、南平市政府及省交通运输厅等25个2017年度安全生产目标责任管理考核优秀单位，以及漳州、厦门、三明市政府及平潭综合实验区管委会和省海洋与渔业厅等17个良好单位。全省各级各有关部门加强安全监管执法、严肃事故责任追究、落实安全生产领域失信行为联合激励和惩戒措施，组织开展企业安全生产标准化和用人单位职业卫生基础建设活动，督促指导各类生产经营单位依法建立健全安全生产领导和管理机构、配齐配强安全管理人员，推行全员岗位安全生产责任制，健全职业卫生管理制度，推动企业依法落实安全生产主体责任。

【安全生产领域改革】 2017年，省委、省政府制订《关于推进安全生产领域改革发展的实施意见》和重点任务分工方案，明确65项重点任务、细化104项成果化清单，逐项明确责任部门和完成时限。截至年底，65项重点任务完成21项、部分完成6项，全省各设区市和平潭综合实验区均研究出台本级关于推进安全生产领域改革发展的实施意见，省直各有关部门也都出台贯彻落实的具体意见或工作方案。省政府下发《关于明确全省各级安全生产监督管理部门为行政执法机构的批复》，明确省、市、县三级安监部门为行政执法机构。省财政增设省级安全生产专项资金，建立安全生产政府购买服务制度。省安监局增设协调处。省交通运输厅在全国率先推行农村公路“路长制”和“乡村道专管员”制度。

【安全稳定大检查】 2017年，省政府安委会从3月开始组织开展安全生产大排查大整治，6月开始成立省长任组长、副省长任副组长的安全生产大检查领导小组，按照企业自查、行业检查、政府督查的方法，组织开展安全生产大检查。省安办组织36个检查组开展5次全省性督查督导，组织26个工作组赴各地开展“厦门会晤”和党的十九大期间驻守督导；对“厦门会晤”场馆800多项新建、改建、临建设施实施全过程跟踪管控、安全监管；组织开展非法使用醇基燃料专项整治，整改隐患3357处，责令2516家餐饮场所停用，查处非法违法经营企业38家。全省各级各部门组织企业签订《自查自改承诺书》、开展督查督导和对表监督检查，推动企业对标开展自查自改。大检查期间，全省打击严重违法违规行为20835起，关闭取缔企业1047家，罚款2.97亿元，联合惩戒失信企业165家，问责曝光工作不力的单位620家、个人30人。全省安监系统全年共检查企业1.45万家，排查隐患2.3万处，处罚4260万元。

【安全生产法治建设】 2017年，新《福建省安全生产条例》和《福建省散装汽油购销安全管理办法》《龙岩市烟花爆竹燃放管理条例》《港口大型起重机技术性能评估规范（DB35/T 1642—2017）》《有机热载体锅炉及系统清洗技术规范（DB35/T 1660—2017）》《福建省建设工程施工重大危险源辨识与监控技术规程（DBJ/T13—91—2017）》等地方法规、标准规范开始实施。制定《厦门市海上交通安全条例》《锅炉用煤炭气化燃烧系统安全技术规范（DB35/T 907—2017）》《大型游乐设施使用管理规范（DB35/T 1676—2017）》《易燃易爆介质安全阀在线校验安全技术规范（DB35/T 1688—2017）》《福建省市政工程施工安全技术标准（DBJ/T13—97—2017）》《福建省室内商业步行街消防安全技术标准（DBJ/T13—272—2017）》等一批安全生产地方法规、标准规范。

【防控重特大生产安全事故】 2017年，省政府安委会制定了《福建省加强重大风险管控遏制重特大生产安全事故整体方案》，省政府成立重大安全风险管控领导小组和安全风险分级分类标准委员会，将省重大危险源监控中心更名为福建省重大危险源安全风险管理中心，组织开展安全风险分级管控和隐患排查治理双重预防机制建设，构建集规划设计、重点行业领域、工艺设备材料、特殊场所、人员素质“五位一体”的源头管控和安全准入制度体系，加强重大安全风险摸排管控，建立重大危险源分布情况数据库，在矿山、危化品、渔业船舶等行业率先开展安全风险和隐患分级分类管控。

【重点行业领域安全专项治理】 2017年，福建省各级各有关部门紧盯矿山、危险化学品、道路交通、建筑施工等高危行业领域，组织开展重点行业领域安全专项治理和“打非治违”。煤矿全面安全“体检”提前1个月完成，发现的4294处隐患全部整改销号。推进危险化学品安全综合治理，建立全省2878家危险化学品企业数据库，绘制全省危险化学品企业分布图、重大危险源分布电子图、安全风险等级分布电子图，全省危化品生产经营企业全部实行“一图一卡一册”（应急处置图、应急处置卡和应急处置手册）应急管理，启动实施28家人口密集区危险化学品生产企业搬迁工程。非煤矿山整治“三违”行为矿山200座，29座尾矿库“头顶库”综合治理完成投资3.25亿元、超年度计划30%，完成18座、7座正在销库、4座实施综合利用。道路交通安全综合整治完成1017处道路隐患路段整治任务，完成公路安全生命防护工程3725.5千米、公路危病桥改造266座，全省1.65万台“两客一危”和农村客运车辆100%纳入卫星定位动态监控管理，建立交通劝导站1万多个、聘用劝导员2.3万人。建筑施工领域将起重机械、高边坡等12类危险性较大工程列入“重大危险源管理系统”管控，推行建筑设备智能识别开机，规范升降设备限载安全措施。开展火灾隐患排查整治、高层建筑消防安全专项治理和电气火灾综合治理，整改火灾隐患20.5万处，全省9975家消防重点单位、2563个街道和社区全部建成微型消防站。粉尘防爆、涉氨制冷、职业卫生、水上交通、油气管道、特种设备等重点行业领域专项治理也取得新进展。

【煤矿安全监管监察】 2017年，福建省组织开展煤矿全面安全“体检”，发现的4294处隐患全部整改销号；落实化解煤矿过剩产能政策，关闭退出煤矿36处、去产能244万吨；深化煤矿节后复产复工、汛期煤矿安全防范；突出煤矿水害、火灾、人车隐患，组织开展风险隐患大排查、大整治和大检查，推进煤矿安全生产标准化建设，深化“三无”区队班组创建，开展煤矿职业卫生示范矿井建设；突出设备安全、职业卫生等“九项监察”，开展煤矿安全精准执法，检查1556矿次，责令停工停产18家，立案查处13件、罚款142.6万元。2017年，全省煤矿发生生产安全事故3起、死亡2人，全省煤矿安全生产形势总体平稳。

【安全生产宣传教育】 2017年，福建省组织开展全国第16个“安全生产月”、福建省第14个“海西安全发展行”、“青年安全生产示范岗”创建、安全知识“七进”等系列活动，福建电视台每周制播《安全直通车》专题节目，组织记者采访团集中开展采访、报道，运用微信、微博等各类新媒体，宣传安全生产法律法规、普及安全常识。《福建省公共安全教育》2017年秋季投入全省义务教育阶段学校使用。制订《2017—2020年福建省行政机关公务员培训纲要》，将“安全生产”列入全省行政机关公务员培训的内容。省安监局建成安全生产资格考试系统，全省设立32个考试点，组织“三项岗位”人员考核2306场、84192人参加考核。恢复注册安全工程师注册工作，组织3521名考生参加注册安全工程师资格考试。组织全省20余万公务员和参公管理人员参加应急管理网络培训。

【职业健康安全监管】 2017年，福建省制定了《福建省职业病防治规划（2017—2020年）》《关于进一步加强职业健康监督管理工作的意见》，明确相关部门职业健康监管职责。开展职业病防护设施“三同时”专项检查，持续开展陶瓷生产、耐火材料制造、水泥生产和石材加工等“四类企业”粉尘危害专项治理，推进汽车制造和铅蓄电池生产行业尘毒危害专项治理工作。持续开展用人单位职业健康基础建设，新增2584家企业完成用人单位职业健康基础建设。全省新增17家职业健康检查机构。

【安全生产应急管理】 2017年，福建省升级改造省级安全生产应急平台，成立福建省海上危化品应急处置指挥中心，全省新增8个县级安全生产应急管理机构，新增512名政府专职消防队员进驻石化园区执勤，落实石化特勤车辆装备经费2.97亿元。推进泉州泉港、泉惠等石化园区和龙岩、三明（泉州）非煤矿山集中区应急救援队伍和基地建设，加强应急物资储备。组织汇编240个单位（部门）安全生产应急预案，摸清61支（其中专职队伍14支）企业应急队伍情况。组织开展2017年安全生产应急演练专题行活动，全省有1.5万多家单位、1191万人次参与应急演练。泉州泉港危险化学品泄漏爆炸事故演练被评为2017年全国安全生产月优秀特色宣教活动项目。

【安全生产工作巡查】 2017年，福建省首次实现对各设区市政府、平潭综合实验区管委会安全生产巡查工作全覆盖，重点巡查9个设区市政府、平潭综合实验区管委会和114个市直部门124个单位，延伸巡查县、乡镇政府（街道办事处）143个单位，明察暗访191家生产经营单位（场所），发现政府层面946个问题，在139家企业发现605个问题。省安办对首次安全生产巡查情况进行汇总，形成省安办《关于开展设区市级政府安全生产巡查工作情况的报告》上报省委、省政府，并抄送省委组织部。

（尤志桂）

编辑：郑　莱

财政 税务

财　政

【财政收支概况】 2017年，福建省一般公共预算总收入4604.69亿元，比上年增长6.9%，比2012年增加1595.81亿元，年均增长8.9%。其中，地方一般公共预算收入2809.03亿元，完成预算的102%，同口径增长8.7%，超额完成预算目标，比2012年增加1032.86亿元，年均增长9.6%。上划中央收入1795.66亿元，增收155.13亿元，比上年增长9.5%。在收入持续增长的基础上，支出规模不断扩大，支出结构继续优化，支出进度明显加快，重点支出得到较好保障。全省一般公共预算支出4684.15亿元，比上年增长9.6%，高于全国地方平均水平1.9个百分点，比2012年增加2076.65亿元，年均增长12.4%。省级一般公共预算支出481.59亿元，增支13.29亿元，比上年增长2.8%。一般性支出压减5%，其中，科学技术支出增长23.9%，社会保障和就业支出增长13.1%，医疗卫生与计划生育支出增长11.4%，城乡社区事务支出增长27.2%，公共安全支出增长28.3%。

全省政府性基金收入1993.08亿元，完成预算109.3%，增收367.01亿元，比上年增长22.6%。全省政府性基金支出1990.08亿元，增支447.49亿元，比上年增长29%。

全省国有资本经营预算收入76.31亿元，完成预算的107.9%，减收9.93亿元，下降11.5%。全省国有资本经营预算支出91.56亿元，完成预算的95.9%，增支43.01亿元，增长88.6%。自主发行福建省地方政府债券1539.49亿元。

【财政政策落实】 2017年，福建省财政部门支持实体经济发展。落实“三去一降一补”（去产能、去库存、去杠杆、降成本、补短板）重点任务，推进供给侧结构性改革。巩固全面“营改增”试点成果，落实小微企业增值税优惠政策与所得税减半征收扩围政策，继续实施失业、工伤保险费阶段性降费。取消、减免、暂停征收行政事业性收费和政府性基金50项。在2016年减税降费370亿元的基础上，2017年全省新增减税降费260.1亿元。利用多双边国际金融组织等贷款5亿美元，支持清洁能源、交通等项目。

推动产业转型升级。落实提高科技型中小企业研发费用加计扣除比例、固定资产加速折旧等所得税优惠政策，制定企业研发经费分段补助办法，支持新一轮企业技改专项行动计划，提高科研经费绩效支出比例，激发企业和科研主体创新创造活力。全年新认定高新技术企业1272家，比上年增长40.4%，新增高新技术企业519家，完成省政府年初下达任务的148.3%。统筹整合各类资金，综合运用财政贴息、奖补、基金等方式，支持化解钢铁煤炭行业过剩产能，加大对新能源汽车、集成电路、新型显示、物联网等重点企业重点项目的支持，推动工业稳增长调结构，促进三

2017年6月18—21日，由福建、山东、江西、吉林、安徽、河南、黑龙江、湖南、江苏、湖北、内蒙古等11省（区）和中粮集团共同举办的“第十三届粮食产销协作福建洽谈会”在福州海峡国际会展中心4号馆举办　（省财政厅供稿）

大主导产业做大做强，传统产业转型升级，新兴产业、现代服务业加快发展。落实外经贸发展资金，鼓励发展贸易新业态新模式，优化出口产品结构。落实优势特色农业财政奖补政策，推进农业综合开发和农村综合改革。修订《关于进一步促进总部经济发展的指导意见》，加大力度鼓励引进总部、扶持现有总部、促进职能总部设立以及鼓励知识产权成果转化等。

支持扩大有效投资。围绕交通、市政、民生、环保、水利、信息网络、新型城镇化等重点领域，建立正向激励机制促进有效投资。通过财政贴息、补助等多种方式，支持补短板工程包实施。发挥财政资金引导和杠杆作用，带动社会资本扩大有效投资。截至2017年底，全省落地PPP项目148个，引入社会投资1686亿元；已启动和正在筹备的省级政府投资基金共9只，已投资103个项目，带动项目总投资1840亿元；全省政府购买服务总额66.5亿元，比上年增长35%，购买项目7691个，增长53%。

积极争取中央支持。中央不断加大对福建省的支持力度，2017年，中央对福建省税收返还和转移支付补助1284.81亿元，比上年增长8.1%，比2012年增加390亿元，年均增长7.5%。其中，均衡性转移支付、县级基本财力保障、加快原中央苏区和革命老区发展以及支持生态文明建设等方面的补助力度持续加大。首次给予福建省民生政策托底保障阶段性财力补助6.02亿元。争取福建省新增债务限额585亿元，比上年增加166亿元，增长39.6%。平潭综合实验区企业所得税优惠目录获批增列7类有关旅游产业项目。晋华、三安、联芯、福顺微、福联等5家重点集成电路生产企业自用生产性原材料、消耗品享受免征关税和进口环节增值税优惠政策。

【民生保障】 2017年，福建省民生相关支出3505.44亿元，增长10.8%，占公共预算支出的74.3%，持续保持在七成以上；下达省委、省政府25项为民办实事项目资金100.45亿元，完成计划的102.2%。

支持打好脱贫攻坚战。继续按上年地方一般公共预算收入的2‰筹集资金，并从一般性转移支付、专项扶贫资金、相关涉农资金等多渠道筹集资金，支持造福工程易地搬迁、产业、就业、金融、健康、教育、低保兜底等综合扶贫政策开展。在全国率先开展精准扶贫医疗叠加保险救助工作，为建档立卡农村贫困人口构建多层次医疗保障体系。筹资4.5亿元，开展第一批750个贫困村开展扶持村级集体经济发展试点，计划3年实现建档立卡贫困村全覆盖。加大对下转移支付力度，支持23个省级扶贫开发工作重点县、苏区和老区加快发展。

支持生态文明试验区建设。修订完善全省生态保护财力转移支付办法，扩大补助范围，优化激励指标，引导市县加大生态保护力度。修订完善福建省重点流域生态保护补偿办法，推进汀江—韩江流域跨省横向生态补偿试点，对小流域综合治理实施“以奖促治”。争取并新增纳入国家重点生态功能区转移支付补助县（市）7个，从原有13个增加至20个，获中央转移补助17.88亿元，比上年增长36.2%。支持造林绿化、生态公益林生态效益补偿、水土保持、美丽乡村建设等生态环境综合治理，率先开展重点生态区位商品林赎买等改革试点工作。闽江流域山水林田湖草生态保护修复项目列入2017年中央试点范围，争取中央重点流域水污染防治资金也取得新突破。

支持改善基本公共服务。将城乡居民基本医疗保险财政补助从每人每年420元提高到450元，基本公共卫生服务项目财政补助标准从45元提高到50元，农村低保省定标准从每年每人2650元提高到3000元。机关、企事业单位退休人员养老金标准按总体水平5.5%的幅度调整提高。落实困难残疾人生活补贴和重度残疾人护理补贴制度。利用世行贷款3.1亿美元，支持福建省医疗体制改革。统一城乡居民医保政策，整合医疗保障信息系统，建立统一的城乡居民大病保险和城乡医疗救助制度，推动基本医保、大病保险、医疗救助设区市统筹。加快发展普惠性幼儿园。提高城乡义务教育学校生均公用经费基准，支持推进改善义务教育薄弱学校办学条件和实施中小学校舍安全保障建设。支持普及高中教育，推进职业教育产教融合，实施“双一流”大学和学科建设。全省筹集资金23亿元，建立从学前教育到高等教育的学生资助体系。支持公共文化服务体系建设。全省保障性安居工程累计完成投资439.47亿元，占年度计划投资的117.2%，各类棚户区改造项目超额完成国家下达年度目标任务。

【财税体制改革】 2017年，福建省深化预算管理改革。将新增建设用地土地有偿使用费转列一般公共预算并统筹使用。提高省国资委监管企业利润上缴比例到13.5%。281个省级一级预算部门全部公开本部门预决算，实现应公开范围全覆盖。制定预决算公开操作规程，实现政府预决算和部门预决算信息在省级统一平台上集中公开。建立专项资金管理清单目录，省级财政专项资金数量清理整合压减为278项。清理规范重点支出挂钩事项，完善重点支出保障机制。

落实税收制度改革。落实增值税税率四档简并至三档政策。全面推开商业健康保险个人所得税试点。组织做好环境保护税福建省适用税额和应税污染物项目数研究制定工作，在全国率先通过省人大批准。平潭综合实验区企业所得税优惠目录获批增列7类有关旅游产业项目。5家重点集成电路生产企业自用生产性原材料、消耗品享受免征关税和进口环节增值税优惠政策。

稳步推进财政体制改革。省委、省政府出台省与市县财政事权和支出责任划分改革实施方案，明确2017—2020年改革目标、职责分工、实施步骤。省级统一将省以下法院检察院经费上收管理，并做好省以下法院检察院以及监察体制改革涉及收支基数的划转衔接工作。印发实施《武夷山国家公园试点区财政体制方案》。完善省对市县均衡性转移支付办法，制定农业转移人口市民化奖励办法，继续加大县级基本财力保障力度。

【预算执行管理监督】 2017年，福建省制订《福建省财政厅主要负责人履行推进法治建设第一责任人职责规定》和具体分工方案，推动落实法治建设第一责任人职责。深化财政“放管服”改革，推进权力清单、责任清单融合，公布和组织实施省、市、县三级行政审批和服务事项纵向清单，推进财政行政审批标准化改革。加强法治宣传教育，开展财政“法律六进”普法活动。推进法治财政示范点建设。

加快预算执行进度。制订省对市县区财政收支考核暂行办法，强化支出进度通报和约谈机制，支出进度进入全国中上水平。提前谋划做好债券资金项目筛选、规划、方案制订和项目评审等各项工作，加快形成实际支出。加大结转结余清理力度，全省盘活财政存量资金265.46亿元，其中省级84.86亿元，盘活财政存量资金考核排名全国第10位，比上年提升13个名次。

强化预算绩效评价。省级专项资金全部编制绩效目标，实现绩效目标全覆盖。建立半年一次专项资金使用绩效评估机制，对全部278个专项、385.21亿元财政资金进行半年绩效评估。稳步扩大绩效评价范围，省级一级部门绩效自评项目资金占本部门专项预算总额的比例，在2016年50%的基础上再提高10个百分点。省级财政重点评价涉及21个专项资金、88.84亿元。

加强财政资金和国有资产监管。制订省级国库现金管理操作实施办法、省级财政专户资金定期存款管理办法以及20项专项资金管理办法。加快推进全省统一的政府采购网上公开信息系统建设，在全国率先实现政府采购全流程在线运行，电子化开评标省、市、县三级全覆盖，2017年全省系统内在线运行采购项目金额540.17亿元。

【地方政府债务管理】 2017年，福建省组织做好债券发行。全年债券发行总规模1539.49亿元，发行方式实现银行间市场和交易所市场全覆盖，促进地方政府债券投资主体多元化，提高债券二级市场流动性。按债券存续期与银行贷款利差测算，节省各级政府融资成本约78.52亿元。

完善债务管理制度。省政府成立地方政府性债务管理领导小组，出台全省土地储备专项债券管理办法、政府性债务风险应急处置预案等制度办法。截至2017年底，福建省地方政府债务余额5467.86亿元，其中，一般债务余额2783.96亿元、专项债务余额2683.9亿元，全省债务余额控制在财政部核定的限额之内，政府综合债务率低于警戒线。

加强政府债务风险防控。省政府成立地方政府性债务管理领导小组，将政府债务管理纳入对设区市的绩效考核，强化地方政府债务预算管理和限额管理。加强债务风险统计监测，实行风险预警提示通报。组织开展政府举债融资行为摸底排查，对存在不规范的举债行为分门别类提出整改措施，督促各级做好分类整改。加强债务风险统计监测，实行风险预警提示通报。选取20个高风险市县开展债务风险防控督导，及时清理整改不规范举债融资。

2017年福建省及设区市财政收支情况表

单位：亿元、%

	公共财政总收入		地方公共财政收入		基金预算收入		公共财政支出		基金预算支出	
	总额	增幅	总额	增幅	总额	增幅	总额	增幅	总额	增幅
全省合计	4604.69	6.9	2809.03	8.7	1993.08	22.6	4684.15	9.1	1990.08	29.0
省级	371.21	1.6	258.33	－4.5	28.76	－27.5	481.59	2.8	16.58	－23.6
九市合计	4233.48	7.7	2550.70	7.0	1964.33	23.8	4202.57	10.4	1973.50	29.8
福州	1005.73	7.7	634.16	5.9	674.01	9.6	938.86	13.1	692.48	38.2
其中：平潭	51.11	36.0	29.67	12.2	27.77	74.2	88.61	－3.6	19.56	21.1
厦门	1187.50	9.6	696.87	7.6	453.47	－2.3	797.10	5.1	488.53	5.9
泉州	788.76	2.5	442.30	4.3	159.70	7.3	637.81	6.7	156.84	－5.6
龙岩	274.24	3.1	138.75	5.6	88.02	69.1	299.81	9.3	85.26	48.0
漳州	318.08	10.6	204.04	8.7	282.82	156.5	429.19	16.3	255.19	98.3
莆田	205.20	13.9	136.37	17.8	116.89	47.5	228.11	10.2	121.60	54.4
宁德	176.85	14.0	110.38	9.3	77.42	84.3	297.08	11.3	73.18	50.3
三明	147.28	9.6	100.76	6.4	57.38	52.1	290.97	14.6	46.01	23.5
南平	129.84	8.9	87.08	4.9	54.62	47.3	283.64	13.5	54.42	31.4

（唐文倩）

税 务

【国家税务】 2017年，福建省国税总收入完成2942.2亿元，比上年增收471.8亿元，增长19.1%。扣除海关代征部分后，由国税部门组织的税收收入完成2464.7亿元，比上年增收364.5亿元，增长17.4%。其中，中央级税收收入入库1486.5亿元，比上年增收129.5亿元，增长9.5%；地方级税收收入入库978.2亿元，比上年增收235亿元，增长31.6%。同期，全省办理出口退税637.1亿元，比上年增加43.1亿元，增长7.3%。

税收特点。九市一区税收全面增收。平潭入库18.4亿元，比上年增长38.8%；三明入库79.1亿元，增长34.7%；南平入库67.9亿元，增长33.3%；宁德入库110.2亿元，增长32.7%；漳州入库172.8亿元，增长26.4%；莆田入库107.6亿元，增长21.3%；厦门入库623.6亿元，增长15.6%；福州入库585.1亿元，增长15.3%；泉州入库520.9亿元，增长12.6%；龙岩入库179.1亿元，增长12%。三产税收比重显著提升。第二产业税收收入入库1258.5亿元，比上年增收115.2亿元，增长10.1%，占税收总收入的比重为51.1%；第三产业税收收入入库1203.5亿元，比上年增收252.2亿元，增长26.5%，占税收总收入的比重为48.8%，比上年提高3.5个百分点。全省办理各类税收减免（含征前减免）595.8亿元，比上年同期增加94.9亿元，增长18.9%，促进了地方经济的发展优化。

税种管理。货物和劳务税管理，制订营改增后房地产行业、金融行业、餐饮业增值税管理办法，加快实现税制转换阶段向规范管理阶段的转变。建立定期数据分析机制，定期筛选推送高风险疑点企业开展风险应对，按月通报工作完成进度。制订逾期、未按期申报抵扣增值税扣税凭证继续抵扣事项办理规范，细化流程、明确时限、简化资料、优化服务。建立车购税信息共享核查机制，11月初，共享核查系统成功上线运行，加强车购税完税证明信息共享和核查。规范增值税发票管理，推行增值税电子发票，拓展网上申领纳税人范围，推行增值税发票网上代开、邮政代开方式，2017年4月起在福州市试点手机代开增值税电子普通发票。企业所得税管理，完成2016年度汇算清缴工作，共340608家企业参加汇算清缴，汇算面100%，实际应纳所得税额合计481.87亿元，汇算清缴应补缴所得税额106.8亿元，比上年增长43.34%。加强国地税合作，联合开展企业所得税核定，2017年联合核定42158家企业。

营业税改征增值税。2017年全省试点纳税人61.2万户，比试点初期增长32.8%；全年实现改征增值税收入934.1亿元，减税284.7亿元。所有行业均实现税负“只减不增”，企业此项税负平均下降24.7%。

纳税服务。提高办税效率。福建国税联合地税部门，在全省129个国地税联合办税服务厅、1776个窗口实现“一窗一人一机”办税。扩大O2O线上发票申领覆盖面，上线出口退税综合服务平台等系统，实现税银三方协议网上签订、跨区涉税事项网上办理，推进涉税事项“全程在线办”。12366设立“快捷处理通道”，2017年累计服务总量81.9万个，接通率达86.8%。扩宽办税渠道，建设“闽税通”移动办税APP和国地税联合办税平台。启动微信办税服务试点，新增邮政网点代开票、银税24小时自助服务厅等社会办税服务渠道。全面发挥福建国税“O2O涉税事项办理中心”作用，为56.99万户次纳税人成功申领发票5444万份，其中68.56%通过邮政送达。深化银税合作。省级层面合作银行拓展至12家，合作机制覆盖省内所有县域，共为4390家小微企业发放贷款180.55亿元。切实维护合法权益。设立12366涉税投诉举报“快捷处理通道”，妥善处理轻微投诉2840件。试行“纳税人二维码维权平台”，拓宽维权渠道。

税收征管。推进税收征管体制改革。制发《转变税收征管方式实施方案》《纳税人分类分级管理办法》等文件，进一步理顺征管职责划分，制定差异化税源管理策略。健全税收风险管理运行机制。做好虚开增值税专用发票风险动态分析、企业所得税高风险事项团队管理、千户集团企业数据集成化管理、重点税源监控和非居民企业管理等工作。深化信息技术应用。搭建大数据集成应用平台，满足各地“金三”数据

2017年12月5日，福建省国地税联合办税平台——“中国电子税务局·福建”在莆田市试点上线
（省国税局供稿）

查询及分析应用需求。实现企业所得税管理系统与大数据平台对接，并在全省推介使用。自主开发执法督察决策辅助系统，提高基层执法风险防范水平。建立网络安全防范体系，确保各应用系统安全稳定运行。

国际税收管理。全年完成国际税收收入23.035亿元，其中组织非居民税收收入18.745亿元，反避税税收收入4.29亿元。反避税工作立案2件，申请结案1件，完成各环节反避税收入约合4.29亿元。运用"爬虫技术"加强非居民风险管理，完成补税1.6亿元。为纳税人执行税收协定230件，合计减免税款5.78亿元。

税务稽查。全年直接查补和组织企业自查入库收入18.87亿元，打击虚开增值税专用发票和骗取出口退税收入18.54亿元。

电子税务局建设。全面推广福建国税电子税务局（一期），7月8日正式上线运行。拓展优化办税系统功能，全省网上申报比例85.8%，专用发票网上代开比例84.3%，推进电子税务局二、三期项目建设。11月6日，省局新版门户网站成功上线，至12月各设区市局、平潭区局门户网站均实现平稳上线运行。12月5日，福建省国地税联合办税平台——"中国电子税务局·福建"在莆田市试点上线。

2017年福建国税各项收入完成情况表

单位：万元、%

项目	全省			八市一区			厦门		
	税额	同比增长		税额	同比增长		税额	同比增长	
		绝对额	增幅		绝对额	增幅		绝对额	增幅
一、国税总收入	29422144	4718166	19.1	21130150	3653103	20.9	8291994	1065063	14.7
（一）税收收入	24647079	3644692	17.4	18411274	2801420	17.9	6235805	843272	15.6
其中：中央级	14864973	1294819	9.5	11107775	942377	9.3	3757198	352442	10.4
地方级	9782106	2349873	31.6	7303499	1859043	34.1	2478607	490830	24.7
（二）海关代征	4775065	1073474	29.0	2718876	851683	45.6	2056189	221791	12.1
二、出口退（免）税	−7530429	−421703	5.9	−3859431	−232991	6.4	−3670998	−188712	5.4
其中：（一）直接出口退税	−6371431	−430760	7.3	−3289431	−288760	9.6	−3082000	−142000	4.8
（二）免抵调减增值税	−1158998	9057	−0.8	−570000	55769	−8.9	−588998	−46712	8.6

2017年福建省国税税收收入分地区完成情况表

单位：万元、%

地区	累计入库			累计直接收入增长
	税额	比上年同期增减		
		绝对额	增幅	
全省	24647079	3644692	17.4	18.4
厦门	6235805	843272	15.6	16.4
小计	18411274	2801420	17.9	19.1
福州	5850687	774312	15.3	16.1
平潭	183943	51413	38.8	38.8
三明	791495	203689	34.7	35.2
南平	678887	169742	33.3	35.4
宁德	1102479	271836	32.7	29.8
莆田	1076392	188656	21.3	26.2
泉州	5208599	582910	12.6	13.4
1. 两化	1218326	−107228	−8.1	−8.1
2. 其他	3990273	690138	20.9	22.6

续表

地　　区	累计入库			累计直接收入增长
	税额	比上年同期增减		
		绝对额	增幅	
漳州	1728044	366436	26.9	31.8
龙岩	1790748	192426	12.0	12.2
1. 龙岩烟厂	848148	－51956	－5.8	－5.8
2. 其他	942600	244382	35.0	35.7

（侯树仁）

【地方税务】　2017年，福建地税系统组织完成各项收入2429.19亿元，比上年下降1.3%，其中税收收入1494.88亿元，剔除营改增因素可比增长15.8%，完成省财政年初目标的109.9%、调整后目标的100.1%。全年福建省地税税收规模居全国第10位，税收增幅居全国第5位，居华东地区第1位。2017年，全系统完成非税收入934.31亿元，比上年增长9%，其中社保费收入810.9亿元，增长9.4%，完成年初目标数的109.9%。完成基本养老保险费（不含厦门）317.11亿元，比上年增长11.7%。

营业税改征增值税。2017年，全系统代征增值税24.92亿元，其中销售不动产代征23.77亿元，其他个人出租不动产代征1.15亿元；代开增值税发票46.78万份，其中，专用发票2.15万份，普通发票44.63万份。

税收法治。规范税收执法，编制各级权责清单，推行税收执法责任制，全年全系统责任追究284人次；通过加强税收执法督察，督促整改落实598个问题。健全内控体系，细致排查业务领域的内控风险点，细化完善9个专项制度和操作指引，凡能通过金税三期工程进行管理的税务事项均在系统内运行，全流程监控、权责清晰、流程规范的内控监督体系基本形成。深化法治建设，推行法律顾问制度和公职律师制度。联合省国税局、省法制办开展法治税务示范基地建设，推进税收共治，实现10个市级地税局全面设立公安派驻税务联络办公室，并延伸至县（区）局。

税收政策落实。落实国务院6项减税政策，出台10条减税降负政策服务措施，上线税收政策风险提示服务系统，加强税收优惠政策宣传解读和辅导指引，全年减免税收368.21亿元，比上年增长43.5%，其中，改善民生减免231.91亿元，促进区域发展、支持三农、支持金融市场、支持专项事业、支持文化教育体育等减免116.07亿元，鼓励高新技术、促进小微企业发展、转制升级、节能环保等减免20.23亿元。

税种管理。加强企业所得税征管与汇算清缴，全年入库企业所得税325.27亿元，比上年增长8.3%；加强自然人税收管征，入库个人所得税371.28亿元，增长18.3%，其中2017年申报年所得12万元以上的纳税人34.23万人。加强土地增值税管理，搭建房地产建筑项目全程监控国税地税共享平台，入库土地增值税274.25亿元，比上年增长27%，其中全年清算审核土地增值税项目473个，完成年初计划数的158.7%，清算入库108.6亿元。契税成为继个人所得税、企业所得税、土地增值税后的第四大税种，入库167.57亿元，比上年增长22.9%。

纳税服务。细化实施60项便民措施，编制9大类646项涉税业务的标准化操作指南；试点推出纳税人分类简易注销程序、不动产交易“一口式”并联办理等创新举措。推行“一窗一人一机”国税地税联合办税，推进国税地税业务全省通办，纳税人办税时间平均下降超60%。坚持诚信纳税激励与失信惩戒相结合，拓展税银合作，全年协助3500余户诚信纳税企业获取贷款134亿元；将纳税失信联合惩戒部门扩展到37个，惩戒措施增至28项。

税收征管。加强大企业税收管理，夯实5976家千户集团数据，将全省5853家企业纳入税务总局千户集团税收快报体系，全年对全省52家千户集团成员企业开展税收风险分析，发现141个风险点，共推送三批千户集团风险应对任务，核实补缴税款1.37亿元。加强重点行业税源管理，全面营改增后，入库房地产税收645.47亿元，可比增长20.2%。

税务稽查。2017年，全省立案检查1111家，督导纳税人自查1102家，入库稽查收入11.94亿元，占当期税收收入的0.8%，入库率78.5%，其中，查补10.76亿元、自查1.18亿元。严厉查处重大税收违法案件，审结并出具执法文书1036件，其中，百万元案件80件、千万元案件12件、亿元案件4件。对在闽1214家企业开展重点税源企业随机抽查，查补1.45亿元，对其中330家企业实施重点检查，查补税费、滞纳金、罚款2355.47万元。打击发票违法犯罪活动，查处发票违法企业786家，涉及虚假发票3.55万份、金额9.68亿元，追缴税款、滞纳金、罚款及没收违法所得1.75亿元。

国际税收管理。2017年查补反避税（含监控管理）税款约5000万元。完成印度尼西亚、东帝汶、菲律宾投资税收指南编写及更新工作。落实非居民企业所得税源泉扣缴，加强对外支付税务备案后续管理；加强非居民个人所得税管理，有针对性开展非居民文体演出、外籍个人股权转让、境外引进设备等个人所得税管理试点，全年入库非居民税收2.12亿元。落实税收协定待遇，全年有7家次非居民享受税收协定待遇，减免企业所得税约460万元。

电子税务。夯实信息管税基础，健全金税三期工程运维机制，加强后续开发和应用优化，做好日常网络安全及系统运维管理。推进“互联网＋税务”，探索实施智慧税务，创新打造“闽税通”服务品牌，建设电子税务局，联合推出“易办税”手机APP。推进数据标准化建设，加强大数据清理比对及分析应用，通过共享聚合、应用29个部门的300万条信息，查补税费约10亿元。

2017年福建省地方税务局各项收入完成情况表

单位：万元、%

序号	项目	税（费）额	比上年同期增减	
			绝对额	增幅
1	各项收入合计	24291918	－316408	－1.3
2	一、税收收入合计	14948799	－1085235	－6.8
3	1. 中央级收入	4336675	565218	15.0
4	2. 地方级收入	10612124	－1650453	－13.5
5	其中：省级收入	411217	－713093	－63.4
6	市级收入	4114442	－359339	－8.0
7	县（市、区）级收入	6086465	－578021	－8.7
8	二、非税收入合计	9343119	768827	9.0
9	（一）教育费附加	548224	4938	0.9
10	（二）地方教育附加	365557	3641	1.0
12	（三）社会保险费	8108910	694376	9.4
13	1. 基本养老保险费	4807933	373978	8.4
14	2. 失业保险费	188989	－60320	－24.2
15	3. 医疗保险费	2799656	354876	14.5
16	4. 工伤保险费	182274	22481	14.1
17	5. 生育保险费	130063	3365	2.7
19	（四）残疾人就业保障金	131287	42196	47.4
20	（五）其他	189141	23676	14.3

2017年福建省地方税务局税收收入分税种完成情况表

单位：万元、%

序号	项目	税（费）额	比上年同期增减	
			绝对额	增幅
1	税收收入合计	14948799	－1085235	－6.8
2	一、营业税	51229	－3229487	－98.4
3	二、企业所得税	3252680	249240	8.3
4	三、个人所得税	3712843	574606	18.3
5	四、房产税	790067	152597	23.9
6	五、城市维护建设税	1146823	387	0.0
7	六、印花税	361737	48458	15.5
8	七、土地使用税	444117	82842	22.9

续表

序号	项　目	税（费）额	比上年同期增减	
			绝对额	增幅
9	八、资源税	98863	6319	6.8
10	九、车船税	193765	17836	10.1
11	十、土地增值税	2742501	583766	27.0
12	十一、烟叶税	69528	3969	6.1
13	十二、耕地占用税	159597	—4746	—2.9
14	十三、契税	1675678	312494	22.9
15	十四、增值税	249371	116483	87.7

2017年福建省地方税务局分行业完成情况表

单位：万元、%

序号	项　目	税（费）额	比上年同期增减	
			绝对额	增幅
1	税收收入（不含营业税、增值税）合计	14648199	2027769	16.1
2	一、第一产业	25244	64	0.3
3	二、第二产业	3148037	231305	7.9
4	（一）采矿业	103535	—2124	—2.0
5	（二）制造业	1932723	274800	16.6
6	（三）电力、燃气及水的生产和供应业	233151	11844	5.4
7	（四）建筑业	878628	—53214	—5.7
8	三、第三产业	11474918	1796400	18.6
9	（一）交通运输、仓储及邮政业	291122	54664	23.1
10	（二）信息传输、计算机服务和软件业	243012	50197	26.0
11	（三）批发和零售业	720292	49782	7.4
12	（四）住宿和餐饮业	77222	11187	16.9
13	（五）金融业	1864595	327604	21.3
14	（六）房地产业	6454656	1083207	20.2
15	（七）租赁和商务服务业	860877	181602	26.7
16	（八）文化、体育和娱乐业	55026	9423	20.7
17	（九）其他服务业	908116	28734	3.3

说明：本表数据均按扣除营业税、增值税后计算。

（章志刚）

编辑：郑　菜

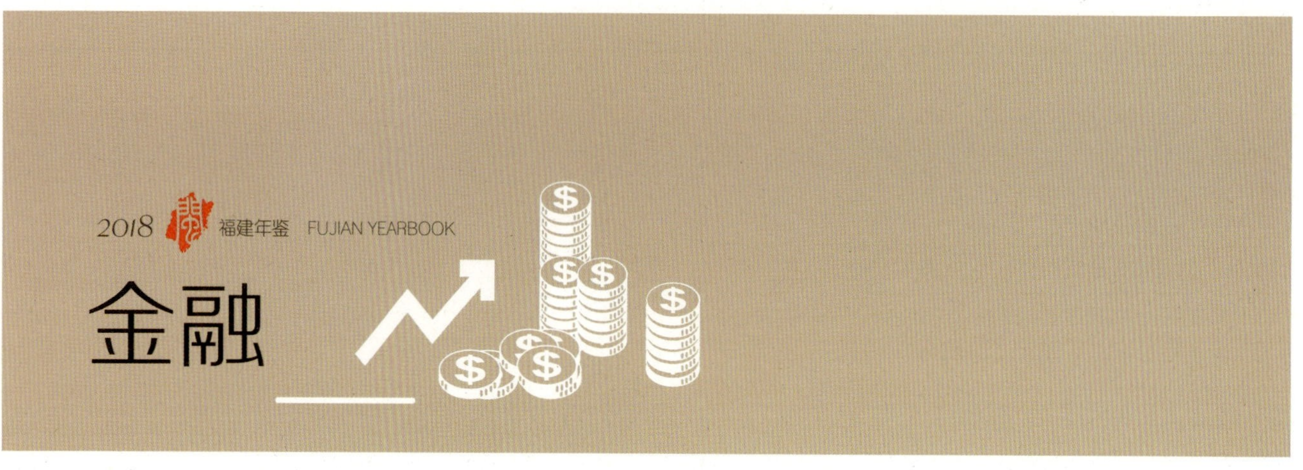

金融

综　述

【金融运行概况】　2017年，福建省金融运行总体平稳，社会融资规模合理增长。银行存款增长有所放缓，存款结构分化明显。银行贷款稳步增长，企业贷款增量明显超过上年，商贸、基础设施、个人等领域贷款增幅明显。人民币贷款利率保持低位。银行业资金运用充分，贷存比保持高位。不良贷款实现近年来首次“双降”。金融市场平稳发展，直接融资规模受企业发债利率走高影响而出现大幅下降。

银行存款增速创十多年新低，存款结构分化明显。年末本外币各项存款余额比上年末增长8.89%，比同期贷款增速低2个百分点，增速较上年末回落1个百分点。全年新增存款3599.79亿元，比上年少增41.77亿元。存款增量分季度看，一、二季度增加明显，三、四季度增量较低。从来源结构看，全年住户存款增长较为平稳，全年住户存款增加1441亿元，比上年多增161.9亿元。企业存款增长较为乏力，全年企业存款增加700.8亿元，比上年少增508.2亿元。企业存款大幅少增的主要原因：省内企业整体经营向好，将更多资金投入生产经营领域，企业的投资、存货、应收账款等增多，对资金占用增加。部分企业将暂时闲置资金用于购买收益高的非保本理财产品。全年非银行金融机构新增的1165.8亿元存款中，境内特殊目的载体存放（即资管产品存放于银行业金融机构的资金）和保险、证券等其他金融机构持有的同业存单分别增加725.4亿元、574.8亿元。政府存款比上年略有增加。

银行贷款增量略高于上年，贷款投向结构变化较大。年末本外币各项贷款余额比上年末增长10.88%，如果考虑不良贷款处置因素，全年贷款实际增速13.7%。全年本外币贷款增加4112.43亿元，比上年多增19.59亿元。各季度贷款增量基本保持均衡，上半年略高于下半年。分币种看，全年人民币贷款增加4128.9亿元，比上年少增94.2亿元；全年外币贷款显著回升，比上年增加44.3亿美元。公司类贷款快速增长，个人消费贷款明显多增。全年金融机构公司类贷款增加1713.89亿元，比上年多增954.6亿元，增量占金融机构各项贷款增加额的41.7%，比上年大幅回升23.1个百分点，公司类贷款增长明显既与2017年市场利率走高背景下部分大中型企业取消发债计划转向寻求银行贷款有关，也与制造业、基础设施等领域投资需求增加拉动有关；在金融机构加大营销力度等因素刺激下，住户贷款保持较快增长，尤其短期个人消费贷款较上年多增777.5亿元。从对公贷款投向看，银行机构新增信贷投放较多地向基础设施、商贸等领域倾斜。全年基础设施贷款比上年多增411.2亿元；租赁和商务服务业贷款比上年多增413.8亿元；房地产业贷款增量占比保持低位；制造业贷款增长乏力，既与制造业存量不良贷款处置核销、金融机构授信政策“一刀切”和调整不及时等直接相关，也与制造业面临转型升级压力密切相关。福建省制造业仍以传统行业为主，高技术产业、装备制造等高端产业发展不足，且制造业投资尚未充分转化为实际产能，制造业企业有效融资需求依然不够强劲。企业贷款增量明显超过上年。全年企业贷款（不含票据贴现，下同）增加1908.4亿元，比上年多增1076.2亿元，其中，大、中、小微企业贷款分别增加672.9亿元、507.4亿元和728.1亿元，比上年分别多增439.2亿元、多增652.8亿元和少增15.9亿元。但小微企业贷款增量主要集中在交通运输、仓储和邮政业、租赁商务服务、房地产等行业，制造业小微企业贷款需求仍然疲软。新增中长期贷款占比继续提升，短期贷款增长快速，票据融资大幅减少。全年中长期贷款比上年多增528.8亿元，增量占全部新增贷款的比重由上年的76.2%上升至88.7%。中长期贷款大幅多增主要体现在单位中长期经营性及固定资产贷款领域。短期贷款比上年明显多增1243.9亿元，主要是由于个人其他消费贷款增长迅猛。票据融资减少1013亿元，主要是年内票据贴现利率升幅较大，企业缩减票据融资所致，加之部分银行加强内部管理，主动压缩票据贴现业务。

贷款利率总体保持低位，货币市场价格有所上涨。全年人民币贷款加权平均利率比上年低0.03个百分点，高出全国的幅度连续3年收窄，降低实体经济融资成本负担。从占比看，全年执行下浮、基准和上浮利率贷款占比分别较上年增加0.15个百分点、增加0.83个百分点和减少0.98个百分点。货币市场价格有所上涨，直贴加权平均利率比上年增加1.41个百分点，转贴现加权平均利率比上年增加1.23个百分点。

银行业资金运用充分，不良贷款实现近年来首次“双降”。年末银行业金融机构本外币余额贷存比95%，高出全国平均水平20.8百分点。按五级分类，年末银行业金融机构不良贷款余额和不良贷款率较年初分别减少135.81亿元和降低0.57个百分点，不良率降至3年来的最低水平。全年银行业金融机构净利润比上年增长19.9%。

金融市场运行平稳，直接融资比上年明显减少。全年银行间市场交易总量呈快速增长。同业拆借、债券回购、现券交易3项成交总额比上年增长22.97%。票据融资总量3118.98亿元，较年初下降39.67%，表现为商业汇票承兑未到期金额和贴现余额双下降。直接融资金额明显低于上年，全年股权融资和直接债务融资在社会融资规模中的占比为5.09%，比上年下降20.45个百分点；全年非金融企业在境内直接融资（发行股票和债券）2335.17亿元，比上年少1460.98亿元。从融资结构看，股票筹资267.07亿元，比上年少246.65亿元；债券筹资2068.1亿元，比上年少1214.33亿元。场外股权交易市场继续发展，年末全国中小企业股份转让系统（“新三板”）挂牌企业405家，比上年新增73家；年末区域性股权市场（海峡股权交易中心、厦门两岸股权交易中心）累计挂牌企业3788家，累计为企业融资64.51亿元；兴业证券、华福证券全年为各类企业提供直接融资469.83亿元，协助8家企业上市、17家企业在“新三板”市场挂牌。保险市场保持较快增长，全年保险业累计实现保费收入比上年增长12.5%；累计承担风险总额44.4万亿元，累计赔付支出325.7亿元，分别增长17.8%和2.6%；保险密度2638.97元/人，增长11.41%；保险深度3.2%，与上年持平。外汇收支良好态势进一步巩固，全年月均跨境净流入为2015年8月以来新高，月均净结汇亦创下近3年以来高点。黄金市场交易快速增长，全年开办黄金业务的银行业金融机构（不含兴业银行）在上海黄金交易所黄金交易额比上年增长79.6%，金交所的4家省内会员单位全年成交总量增长14.02%。人民币跨境资金流动平稳有序。全年银行业机构共办理跨境人民币结算业务2624.67亿元，比上年下降43.66%，总量居全国第7位；净流入332.23亿元，居全国首位，收付比为1∶0.78，实现人民币跨境收支平衡增长。其中，经常项下人民币结算业务量933.82亿元，比上年下降46.48%；资本项下人民币结算业务量1689.68亿元，下降41.99%。自挂牌至2017年末，福建自贸试验区跨境人民币业务结算量2816.96亿元。

（王　勉）

【外汇管理】　2017年，福建省落实跨境资金监测约谈工作机制，推动跨境资金流动监测与分析系统升级应用，有效防范大额异常购付汇风险。加强资本项目监管事后核查工作，遏制异常资本流出。率先开展银行内保外贷、个人分拆检查，实现展业检查方法对银行代客业务的全覆盖，并直接促成两项全国性专项检查。全年实现跨境收支顺差214.53亿美元，比上年增长93%；结售汇顺差279.57亿美元，增长2.5倍。

深化货物贸易外汇管理改革，开展货物贸易外汇“减缺口”工作，加强出口不收汇治理，全省（不含厦门，下同）收支缺口、结售汇缺口分别比上年下降5.2%和46%。鼓励银行出台个人结汇业务优惠措施，拓宽流入渠道。稳步推进资本项目外汇账户改革，组织全辖对11类专用账户进行清理整合。推进全口径跨境融资宏观审慎管理，鼓励企业用活全口径政策，拓宽境外融资渠道，年末省内有50家企业利用全口径跨境融资宏观审慎管理政策借入外债73笔，金额15.12亿美元；跨国公司外币资金集中运营试点企业扩容至7家，集中外债额度34.37亿美元，境外放款额度21.64亿美元，跨境收支累计16.48亿美元。扩大资本项目外汇资金意愿结汇、融资租赁业务外汇管理等政策覆盖面，支持区域经济发展。

提高投资贸易外汇便利化程度，提供便捷的外债登记和购付汇服务，助推平板显示行业“两大一小”重点支持企业福州京东方光电科技有限公司，以15.8个月的业界全球最快工期实现投产。满足差异化市场诉求，解决东盟国家首支获批熊猫债所涉外汇问题，为有关银行主承销马来西亚银行发行60亿元熊猫债办理境外机构境内发债外汇登记。办理“十三五”发展规划集成电路产业布局重点项目福建晋华集成电路有限公司外债登记及购付汇业务，确保晋华公司研发设备租赁、技术研发及境外生产设备预订的正常进行。推进银行卡境外交易管理，完成银行卡境外交易系统上线、银行接口程序自查与联调、新版外汇账户统计和分析功能推广。

创新个人外币现钞管理和分拆购付汇核查方法，在全国率先制订《2017年个人外汇业务专项核查方案》，个人外汇管理继续走在全国前列。首创大额现钞客户银行建档管理，强化违规外币存取钞管控，全辖（不含厦门，下同）外币现钞存取比上年下降68.82%。强化资本项目事后监督，发现部分境外机构利用境内外人民币利差通过NRA账户来实现资金循环套利的异常情况。开展银行境外放款、外资企业股权“外转中”及银行短期外债等多项专项核查，防范跨境资本异常流动风险。严厉打击外汇违法违规行为，全年立案61件并全部办结，处罚没款4566.43万元，收缴罚没款4636.43万元，均较同期增长8倍，收缴率101.53%。

推进人民币资金跨境流动双向均衡管理、境外放款、全口径跨境融资宏观审慎管理等系列政策实施，引导银行业机构创新跨境人民币结算产品和管理模式，提高跨境人民币业务综合服务能力。加强跨境人民币业务风险控制，依托人民币跨境收付信息管理系统(RCPMIS)，强化商业银行跨境业务数据质量监测，促进跨境人民币业务有序合规发展。 （王 勉）

【金融监管】 2017年，福建省有13大类180家银行业金融机构，营业网点6554个，从业人员11.93万人。其中，政策性银行3家，机构网点45个；大型银行5家，机构网点2309个；股份制银行11家，机构网点863个，其中法人机构1家；邮政储蓄银行1家，机构网点990个；城市商业银行6家，机构网点279个，其中法人机构4家；民营银行1家（法人）；农村中小金融机构119家（包括农村信用社、农村商业银行和村镇银行），机构网点2006个；外资银行19家，机构网点42个；财务公司6家，其中法人机构5家；信托公司2家（法人）；金融资产管理公司4家；消费金融公司1家（法人）；金融租赁公司2家（法人）。

资产规模平稳增长。2017年末，福建省银行业金融机构资产总额95475.53亿元，比年初增加2504.59亿元，增长2.7%；负债总额89766.7亿元，比年初增加1567.59亿元，增长1.78%；所有者权益5708.83亿元，比年初增加937亿元，增长19.64%。从银行业金融机构市场份额情况看，资产规模占比较大的依次为：股份制银行50.59%，其中兴业银行43.28%；大型银行20.74%；城市商业银行9.5%；农村中小金融机构8.84%；政策性银行6.77%；邮政储蓄银行2.15%；非银行金融机构0.84%；外资银行0.53%；民营银行0.04%。

存贷款稳健增长。2017年末，福建省银行业金融机构各项存款余额40470.81亿元，比年初增加2869.44亿元，增长7.63%。其中，个人存款余额17301.42亿元，比年初增加1452.44亿元，增长9.16%；单位存款余额22135.97亿元，比年初增加1428.05亿元，增长6.90%。各项贷款余额41952.88亿元，比年初增加4116.52亿元，增长10.88%。其中，短期贷款余额12997.8亿元，比年初增加1197.13亿元，增长10.14%；中长期贷款余额26316.67亿元，比年初增加3717.16亿元，增长16.45%；贸易融资余额1002.42亿元，比年初增加44.73亿元，增长4.67%；存贷款比例103.66%，比年初上升3.03个百分点。

盈利水平得到修复。2017年，福建省银行业金融机构实现净利润693.34亿元。从收入结构看，利息净收入、手续费及佣金净收入和投资收益分别是1532.06亿元、423.06亿元和127.27亿元，手续费及佣金收入、投资收益分别比2016年增加53.84亿元、23亿元，利息净收入比2016年减少241.45亿元。

风险抵补能力维持较好。2017年末，福建省法人银行业金融机构资本充足率、拨备覆盖率等主要监管指标均符合监管要求。其中，城市商业银行法人机构资本充足率13.69%，拨备覆盖率211.71%；农村中小金融机构资本充足率14.45%，拨备覆盖率266.85%。

服务实体经济。强化监管引领，创新建立银行业服务实体经济质效统计监测评价体系，引导银行业金融机构优化信贷供给。推进重点领域金融服务，引导银行业金融机构主动对接国家重大战略部署和全省重点项目。支持生态文明试验区建设，研究制订行动计划和工作要点。支持自贸试验区建设，推动在福建自贸试验区新设全国首家持牌理财中心、福建首家民营银行。支持海峡丝绸之路核心区建设，2017年末辖区银行业支持海峡丝绸之路核心区建设相关授信余额1314.09亿元。深化普惠金融服务，2017年末辖区法人银行业金融机构小微企业贷款实现“三个不低于”目标，涉农贷款存量占比37.1%，超出全国平均水平11个百分点。2017年末，向6.2万户建档立卡贫困户直接贷款25.65亿元，比上年增长1.33倍；23个省级扶贫开重点县贷款余额增长14.67%。

信用风险防控。2017年末，福建省银行业金融机构不良贷款余额821.82亿元，不良贷款率1.96%，全年不良贷款余额与不良贷款率实现“双降”。督促合规审慎开展房地产业务，研究出台关于坚决贯彻执行房地产调控政策、加强个人消费贷款管理、防范信贷资金违规进入房地产市场等监管要求，引导机构严格落实房地产调控政策。切实防范交叉金融风险，研究出台加强辖区银行业金融机构同业投资与理财投资管理的制度文件，推动落实穿透原则，严控投资杠杆，整改不当交易。牵头开展P2P网络借贷风险专项整治，建立校园不良网贷监测机制。持续整治电信网络诈骗、非法集资。

强化操作风险防控力度。2017年，处罚机构62家，罚款2015万元，并对18名责任人员实施行政警告。强化银行业消费者权益保护，组织开展公众金融知识教育集中宣传，受益公众922万人次。 （盖 凌）

银 行 业

【中国人民银行福州中心支行】 2017年，福建省实施稳健中性的货币政策，推进金融改革，防控金融风险，为供给侧结构性改革提供更好的金融服务，支持福建经济社会发展。贯彻执行货币政策和宏观审慎政策双支柱调控框架要求，推进宏观审慎政策评估（MPA）落实。指导地方法人金融机构合理规划广义信贷投放，采取相应的业务预调微调措施。发挥MPA的逆周期调节和系统性风险防范的作用，科学调控地方法人金融机构的狭义信贷增量。全年地方法人机构人民币贷款新增970.53亿元，比上年多增20.28亿元，贷款增量额度的使用率继续保持在99.5%左右，增量主要用于“三农”和小微企业领域；全年地方法人机构人民币贷款比上年增长16.11%，比全省平均水平高出4.75个百分点。发展直接融资，企业发债品种更趋完善和合理。开展福建自贸试验区金融创新，加大对“21世纪海上丝绸之路核心区”建设的金融支持力度。深化重点区域性金融改革，扩大闽台金融交流合作。

服务实体经济。做好钢铁、煤炭等行业去产能金融服务，全年金融机构累计从高污染、高耗能和高环境风险行业退出贷款110.18亿元；压减钢铁与煤炭行业过剩、落后产能项目融资授信11.82亿元。因城施策去库存，实施好差别化住房信贷政策，及时提高福州、厦门居民购买第二套及以上住房的贷款首付比例，缩短贷款期限。全年个人住房贷款比上年少增422.33亿元，其中福州城区和厦门分别少增176.79亿元和498.69亿元；全年新增房地产贷款占全部贷款的37.46%，下降11.51个百分点。以推动债转股和调整优化融资结构为重点，有序降低实体经济杠杆率水平。全年召开3场债转股推进会，全省签约或意向推进的债转股项目795亿元；加强对金融机构个人综合消费贷款用途真实性管控，年末个人综合消费贷款余额比上年增长31.14%，比调控前的9月末回落2.66个百分点，遏制信贷资金向房地产领域集中配置。多措并举降成本，共为企业节约融资成本29.8亿元。引导金融机构加大对产业转型升级重点项目的支持力度，全年各级人民银行会同政府部门举办银企对接活动113次，对接企业获得银行融资支持2084亿元；全年制造业中长期贷款多增118.92亿元，支持制造业新动能培育。支持福建省国家生态文明试验区建设，以省政府名义印发《福建省绿色金融体系建设实施方案》，分项抓好绿色金融发展重点任务的落实，督促金融机构建立绿色项目的识别、统计和授信的信贷工作机制，创新开展项目预期收益权质押方式，支持绿色项目建设。深化林业金融和以环境权益为抵押的绿色金融创新，牵头制订《关于进一步深化林业金融服务的指导意见》，创新、推广林业收储、林权按揭、“福林贷”等林业金融新模式、新产品，5个设区市相继落地排污权抵押贷款业务，碳排放权抵押融资实现零突破，森林经营和竹林经营碳汇项目试点启动，排污权交易活跃度、碳排放权和碳汇交易规模居全国前列，年末绿色融资和绿色信贷余额分别比上年增长24.7%和23%，显著高于社会融资规模增速和贷款平均增速。

发展直接融资。全年福建企业在银行间市场发债融资986.7亿元，银行间债券市场品种创新取得新突破。厦门海沧投资集团分别发行5亿元永续中期票据和10亿元中期票据，为银行间市场首单“一带一路”债券；厦门翔业集团发行5亿元超短期融资券，借助“债券通”引入境外投资人积极认购，系国内首单服务于“一带一路”的“债券通”债务融资工具；福建阳光集团发行并购票据，实现省内发行并购票据的零突破。

维护金融安全稳定。加强重点领域及跨行业、跨市场风险监测，组织开展重点区域不良贷款风险、非金融企业债务风险、实体企业投资金融、民营银行经营情况等11项专题调查，及时掌握苗头性问题，把握潜在风险状况。强化金融风险提示，全年发出金融风险预警33次，涉及信贷资金约260亿元，并推动金融风险“早识别、早预警、早发现、早处置”，促进银行业不良贷款实现“双降”。推动化解福建翔鹭石化等2家企业的债券兑付危机，涉及资金14亿元。组织对省内部分银行业金融机构开展不良贷款真实性、普惠卡业务、同业业务案件风险等专项评估和核查，督促金融机构稳健经营。规范4家新设机构管理与服务，对41家银行业机构进行综合评价，组织召开金融机构综合评价结果通报会，对2家机构同时开展综合执法检查，督促金融机构严格执行人民银行管理规定。发挥存款保险的早期干预功能，依法做好辖内119家投保机构的存款保险评级、风险差别费率实施和保费缴纳工作；开展投保机构风险监测与核查工作，建立问题投保机构名单制，实施早期纠正措施。加强重大事项报告管理，全年收到省内银行业、证券业、保险业金融机构重大事项报告106次，并及时妥善处置相关重大事项。

金融服务与管理。组织开展“打击利用离岸公司账户和地下钱庄跨境转移赃款专项行动”和“打击骗取出口退税和虚开增值税专用发票专项工作”成效显著，全年移送案件线索97条，立案31件，协助破获地下钱庄案件10件（含中央督办的特大地下钱庄案件1件）、涉税案件3件。加强电信网络新型违法犯罪资金流源头治理，全年电信网络诈骗发案量比上年下降24.38%，群众损失下降27.5%。全年协助公安机关查询涉案账户21.5万户，冻结账户3.5万户、金额25亿元，止付账户1.86万户、金额10.65亿元。开展整治非法买卖银行卡信息专项行动，协助公安部门破获非法买卖银行卡信息案件598件，挽回经济损失近400万元。推进互联网金融风险整治，开展“聚合支付”、比特币、莱特币、宝特币等交易风险排查，在全国率先反映“宝特币”违法乱象情况。整顿违规交易场所，处置涉及违规微盘平台银行账户51户。推动打击整治假币违法犯罪专项行动常态化，配合公安机关成功破获多件假币案件。推动“洗钱罪”案件立案10件、起诉1件、宣判4件；在全国率先从省级层面探索启动典当行业反洗钱工作，率先制定银行业、支付机构“反洗钱现场检查提数标准”；探索报告评价新标准，创新推进97项金融创新产品洗钱风险自评估。

推进普惠金融发展。对普惠金融领域贷款达到一定标准的金融机构实施定向降准，为15家金融机构释放信贷资金237亿元，精准促进金融资源向普惠金融领域倾斜。在全国率先出台《农村普惠金融服务点规范指引》，被全国金标委列为2017年第六批国家级立项金融行业标准，自2017年8月启动试点至年末，全省有54个助农取款服务点升级改造为农村普惠金融服务点，办理各类业务21.12万笔、金额10836.38万元，试点5个月的点均业务笔数和金额分别为上年全年的3倍和4倍，新增的金融需求预约登记、农村电商服务规模分别达753万元、216万元；移动支付便民示范工程建设全面推进，宁德环三都澳“海上移动银行”、福州地铁二维码支付、龙岩公交ODA应用、泉州微笑自行车在线租车等项目落地。改进支农支小金融服务，年末涉农贷款、农户贷款、农业贷款余额分别比上年多增519.42亿元、247.88亿元和61.57亿元，小微企业贷款（含个人经营性贷款）余额多增215.9亿元；年末新型农业经营主体贷款余额增长8.29%，其中对家庭农场、农民专业合作社、农业专业大户等贷款余额增长23.28%；推进金融精准扶贫，全年累计发放金融精准扶贫各项贷款101.07亿元，年末余额比上年增长56.9%，直接带动服务贫困人口14.08万人。深化养老金融服务创新，兴业银行率先在同业中探索发展不设到期日的“养老型储蓄产品”。推行人民币流通“网格化”管理，完善银行—城市社区（农村普惠金融服务点或助农取款点）—网格服务对象工作模式，试点地区实现人民币流通服务全覆盖。创新推动“国债额度下乡”以及非税收入、社保资金在农村地区就地缴交等4项国库惠民服务。推动小微企业和农户、新型农业经营主体建档评级信息纳入“福建省中小企业和农户信用信息服务平台”，年末累计建立小微企业信用档案11.35万家，其中2.56万家企业获得银行融资；建立农户信用档案579万户（约占农户总数的84%），对建档的265万户农户累计发放贷款6425.77亿元。全国首批二代个人信用报告自助查询机在福州正式上线。在全国率先构建省级金融教育合作机制，建立金融教育联系行制度，覆盖在榕35所高校，全年定向开展“金融知识校园行”宣传活动164场，受众学生10.9万人。

拓展电子商业汇票业务。全省电票网点接入率98.17%，商业汇票电子化率96.73%。在全省开发上线国库数据隧道平台，在全国率先实现国库事中监督电子化，开展“国库县级示范库”建设试点。维护和运用金融信用信息基础数据库，年末收录全省各类企业及其他组织42.9万家（含自然人贷款卡数），比上年增长0.63%，涉及人民币贷款余额增长30.25%；收录全省自然人2613.1万人，增长3.09%，涉及人民币贷款余额增长18.05%，全年企业系统和个人系统日均查询量分别增长6.35%和75.16%。拓展应收账款融资服务平台应用，全年完成平台融资1212笔、融资金额186亿元。推动公共信用信息交换共享，年末省公共信用信息平台（一期）汇集41家成员单位的471类法人信用信息，117万家企业、28976家社会组织、893万条信息入库，并按照信息分类分级原则通过“信用福建”向政府部门和社会公众开放查询，设区市的公共信用信息平台已全部建成。推进全省硬币自循环工作，年末配备硬币自助兑换机437台、硬币清分机329台，分别比上年增加97台和222台；完善硬币自循环平台和机制建设，逐步形成金融机构硬币集中清分、社会机构上门清分服务，以及手机APP硬币存、取预约，银行网点硬币供应情况公示的硬币循环服务体系，现金流通服务满意度持续上升。制订《金融教育有效性评估指引（试行）》，完成全省试点学校金融教育有效性评估报告。完善金融消费权益保护咨询投诉处理机制，福建省12363金融消费权益保护咨询投诉受理的满意度和办结率均在95%以上。

深化金融改革创新。推进利率市场化改革，修订《福建省市场利率定价自律机制指引》等福建自律机制相关制度，明确社保基金存款等利率定价规则，及时协调制止多起法人机构存款定价违规违约行为，维护市场正当竞争秩序。鼓励地方法人机构参与合格审慎评估，全年福建省95家机构参评，市场自律机制复核通过93家。全年地方法人机构同业存单、大额存单备案分别有24家和11家，分别比上年增加5家和6家；备案计划发行额度分别为3196.5亿元和253亿元，分别增加1437.5亿元和48亿元；年末余额分别为1839.7亿元和57.16亿元，分别增长68.9%和56.2%。

推进农村“两权”抵押贷款改革试点。在全国率先印发《关于进一步推进农村“两权”抵押贷款试点的指导意

2017年9月22日，福建省“金融知识普及月暨‘金融知识校园行’主题宣传活动”启动仪式在福建农林大学举行 （省人行供稿）

见》，破除试点在确权、评估和流转处置等方面的瓶颈，支持试点县（市）探索扩大农房抵押物交易范围，年末13个试点县（市）全部建立“两权”抵押贷款风险补偿机制或奖补机制，各试点县（市）“两权”抵押贷款余额合计比上年增长1.75倍，试点县（市）75%的金融机构开办试点业务。通过推广“无间贷”等15种无还本续贷模式、推动供应链金融服务创新、推进小微企业应收账款融资、引入“互联网＋”和大数据技术，以及推出以借款企业助保金、政府风险补偿基金为增信手段等措施，破解小微企业融资难、融资贵的难题，年末小微企业无还本续贷余额比上年增长33.59%，无还本续贷在续贷中的占比较年初提高8.46个百分点。“银税合作”模式在省内全面铺开，至年末累计发放“银税合作”贷款8471户、金额372.15亿元。

稳步推进人民币跨境使用。推出自贸试验区内个人跨境人民币结算创新业务，全年累计办理个人经常项下和直接投资项下跨境人民币结算业务金额1308万元。跨境双向人民币资金池业务、全口径跨境融资宏观审慎管理、跨国公司外币资金集中运营管理等试点有序推进，年末全省（不含厦门）设立跨国企业集团跨境双向人民币资金池59个，全年流入资金57.79亿元，流出资金105.19亿元；全年区内企业利用全口径跨境融资宏观审慎管理政策借入外债19笔，其中外币外债16笔、人民币外债3笔；全年区内跨国公司外币资金集中运营跨境流入2200万美元，跨境流出10900万美元。办理外商直接投资项下资本金意愿结汇17笔，金额2500万美元。允许融资租赁公司收取外币租金，累计为企业办理融资租赁项下收取外币租金2448万美元。创新金融服务方式，推动国内首家省级“金融超市”——福建省金融综合服务平台在区内上线运行，至年末入驻企业685家、金融机构19家，完成对接授信43次，授信金额3.12亿元。区内29家银行开通台企台胞征信查询业务，全年办理47笔台胞信用记录查询，相应查询的台胞全年累计获得贷款1105万元。

外汇服务。支持省内企业与“一带一路”沿线国家和地区开展经贸和投资往来。全年办理福建与“一带一路”沿线国家和地区的跨境人民币业务373.98亿元，占同期全省跨境人民币业务总量的14.25%，比上年提高4.99个百分点。推动省内“走出去”企业开展本外币对外直接投资。支持厦门海沧投资集团、厦门翔业集团在全国率先开展“一带一路”债券融资，成功在福州路演东盟地区首单、国内“债券通”项下首单熊猫债，募集资金全部用于“一带一路”建设。

区域金融改革。福州海峡金融商务区有200多家金融机构入驻。厦门初步建成集货币清算、现钞调运与反假币为一体的两岸货币业务合作支点。平潭加快打造以基金、创投、资产、资本等为主的特色金融集聚区。推进泉州金融服务实体经济综合改革，扩容升级泉州全国首个中小微企业信用信息交换共享平台，导入的企业扩大至17.23万家，基础信息数据700多万条；完善“民间融资登记服务”模式，泉州石狮和晋江累计登记民间融资业务5969笔、金额457.29亿元；推动金融产品和服务创新，泉州形成小微金融产品5大系列、151项及“三农”金融产品和服务方式38项。深化三明市国家扶贫改革试验区建设金融创新，整村推进、以村民互助担保基金为主要增信手段、农民小面积林权反担保的“福林贷”产品加快推广，年末累计支持1.02万户、贷款余额10.9亿元。

闽台金融合作。机构互设合作方面，至年末省内有6家台资银行分行、1家台资银行参股的银行机构、2家台资证券机构代表处、4家台资保险经营主体、1家两岸合资证券投资基金管理公司、1家两岸合作的人民币私募股权投资基金、1家纯台资融资性担保公司和1家纯台资融资租赁公司。货币业务合作方面，闽台货币双向兑换不断发展，福建新台币结算量继续在全国保持领先地位，兑换业务居全国前列；跨海峡人民币代理清算群建设成效显著，至年末有23家台湾地区银行在厦门17家银行开设43个人民币代理清算账户，全年清算金额179.7亿元；厦门口岸累计执行跨海峡人民币现钞调运324批次，台湾银行福州分行获批通过福州口岸开展新台币现钞调运业务。同业业务对接方面，两岸银行在托管账户、同业账户、银团贷款、同业授信等方面深化合作，浦发银行福州分行联合彰化银行福州分行办理的福建自贸试验区首笔闽台合作银团贷款落地3亿元；两岸征信查询服务成效初显，年末累计查询台企台胞在台信用信息情况139笔（含台企4笔、台胞135笔），累计发放贷款5277.5万元。

（王　勉）

【中国人民银行厦门市中心支行】　至2017年末，厦门市有银行业金融机构44家，其中，法人金融机构9家，中资银行分行20家，外资（国）银行分行及代表处15家；有1家证券公司、20家证券分公司、97家证券营业部；有38家保险主体，其中，财险公司21家、寿险公司17家。

2017年，厦门市金融业实现增加值491.44亿元，比上年增长8%，金融业增加值占同期GDP（4351.18亿元）的比重为11.3%。金融机构本外币存贷款余额合计突破2万亿元。

社会融资。至2017年末，厦门市社会融资规模余额14449.46亿元，比上年增长10.8%，增速高于同期GDP增速（7.6%）3.2个百分点，为实体经济发展提供有力支撑；全年增加1422.85亿元，比上年少增1501.5亿元。

贷款市场。至2017年末，厦门市金融机构本外币贷款余额9742.3亿元（以下未特别注明，均为厦门市金融机构本外币口径），比上年增长13.1%，增速比上年末（13.9%）回落0.8个百分点，分别高于全国（12.1%）、福建省（10.9%）平均增速1个、2.2个百分点；全年增加1125.06亿元，多增74.81亿元。至2017年末，厦门市金融机构人民币贷款余额8850.58亿元，比上年增长14.3%，全年增加1105.59亿元，多增75.26亿元。外币贷款余额136.47亿美元，比上年增长8.5%，全年增加10.73亿美元。

存款市场。至2017年末，厦门市金融机构本外币存款余额10598.32亿元，比上年增长8.3%，增速比上年末（10.3%）回落2个百分点，分别低于全国（8.8%）、福建省（8.9%）平均增速0.5个、0.6个百分点。全年增加810.06亿元，比上年少增101.96亿元。人民币存款余额10015.12亿元，比上年增长9%。全年增加826.63亿元，比上年多增4.51亿元。

至2017年末，厦门市金融机构外币存款余额89.25亿美元，比上年增长3.2%。全年增加2.79亿美元，比上年少增5.15亿美元。 （邓雪春）

【中国农业发展银行福建省分行】 2017年，中国农业发展银行福建省分行累计投放各项贷款341.93亿元，各项贷款余额1014.04亿元，比上年增加90.25亿元，增幅9.77%；各项存款余额342.4亿元，比上年增加3.66亿元，增幅1.08%。

服务粮食安全。累放购销储贷款44.9亿元，支持增加粮食供应757.6万吨，占全省粮食市场供应份额的46.6%；累放粮食仓储设施贷款5.2亿元，支持建设库容52万吨，有力保障全省粮食安全。

服务脱贫攻坚。投放易地扶贫搬迁专项贷款1.98亿元，易地扶贫搬迁贷款余额5.44亿元，支持建设面积32.5万平方米，可惠及8.5万名贫困人口；向原中央苏区、革命老区和23个省级扶贫开发重点县投放贷款138.1亿元，占全年贷款累放额的40.4%。与农发行宁夏分行签订东西部扶贫协作战略合作协议，与江西南丰等地建立常态化扶贫沟通机制。

重点支持民生。累计审批棚改项目36个、253.5亿元，投放61.9亿元，惠及棚户区居民4.4万户、16.9万人；审批农村交通贷款项目38个、153.4亿元，投放92.8亿元，支持新建、改造农村公路4372千米；审批水利、农村环境治理、新型城镇化等项目55个、182.8亿元，投放83.4亿元。投放人民银行抵押补充贷款（PSL）75.6亿元，支持项目56个。

支持现代农业发展。2017年，支持海洋资源开发与保护项目8个，审批金额37亿元，投放7.34亿元。聚焦闽西北地区林业资源开发，全年共支持林业资源开发与保护项目5个，审批金额12亿元，投放1.83亿元。

推动创新发展。推动融资模式创新，积极适应“公益性项目、市场化运作”的发展趋势，探索实行“7+2”项目融资模式，即公司自营模式下的7种子模式及PPP、政府特许经营2种模式。推动管理模式创新，开发基于局域网资源开发的贷后检查尽职管理系统，达到贷后检查内容规范化、检查流程刚控化、检查操作追溯化、监控监督常态化的效果。 （张伟伟）

【国家开发银行福建省分行】 2017年，国家开发银行福建省分行全年实现融资总量872亿元；发放人民币贷款641亿元，创历史新高。年末信贷资产总额3748亿元，其中表内贷款余额2593亿元。

银政企合作。分行全年累计与4个设区市、9个县（区）、6个重点客户签订开发性金融合作备忘录。突出融资服务，编制2017年福建省固定资产投融资规划、旅游业融资规划、集成电路行业规划，开展“补短板”工程包、农村基础设施项目融资模式研究，为福建省经济发展建言献策。2017年，新增项目开发额4250亿元，其中人民币项目3881亿元，再创历史新高；实现评审承诺2057亿元。

支持实体经济。全年评审承诺铁路、公路、电力等重点行业贷款超700亿元，向国省干线公路、福清核电、南龙铁路、福州轨道交通2号线等重大重点项目发放贷款273亿元，满足重点项目建设资金需求。加快推进战略性新兴产业发展，参加全省产融合作政银企对接会，用好用足集成电路及其配套产业PSL资金政策，支持福州京东方等龙头骨干企业发展。全年实现贷款发放130亿元。发挥综合金融服务优势，累计承销债券10只69亿元，占省内市场份额14.1%，排名第二；协同国开证券发行九龙江私募公司债、南平武夷新区保障房ABS，金额40.5亿元。

2017年12月19日，由农发行福建省分行信贷支持的古田县翠屏湖环湖生态运动休闲旅游公路开工建设

（省农发行供稿）

保障改善民生。向23个省级扶贫开发重点县派驻扶贫专员，全年发放精准扶贫贷款23亿元，惠及建档立卡贫困人口超过3万人。全年实现棚改贷款发放146亿元，帮助24万户棚户区居民实现安居梦。发展绿色金融，评审承诺南平储备林项目170亿元，助力福建省深化集体林权制度改革和生态文明试验区建设。扩大助学贷款业务覆盖面，新增与20个县（区）建立合作机制，累计发放助学贷款5917万元，惠及近8200名家庭困难学生。

2017年7月11日，国家林业局、国家开发银行、福建省人民政府举行三方会谈，签署《共同推进深化福建省集体林权制度改革合作协议》，并将南平市国家储备林项目作为协议重点成果。图为签署现场　（国家开发银行福建省分行供稿）

国际合作业务。推动沙捞越化肥厂项目、马来亚银行60亿元人民币债券纳入“一带一路”高峰论坛成果；其中马来亚银行债券创下国内首单“债券通”熊猫债等多项第一，并获“最佳人民币债券”等多项荣誉；配合承办金砖国家智库论坛，召开中国（福建）—金砖国家经贸与投资合作论坛。开拓业务发展空间，推动首个境外人民币中长期贷款项目——旗滨马来玻璃生产线项目8亿元合同签订，并实现首笔发放；开办首笔内保外贷业务，支持中船物流转型升级；助力紫金矿业、华峰工贸等省内优质企业“走出去”，全年发放外汇贷款9.4亿美元（含境外人民币）。

风险防控。构建全面风险防控体系，做好信贷资产质量分类及滚动预测、“双名单”监控和管理、本息回收预测和监控等工作；制定风险管理路线图，出台分行内部检查工作方案，全面排查各类风险隐患。多措并举化解信贷风险，年末实际不良贷款率0.09%。

（郭　昕）

【中国工商银行福建省分行】　至2017年末，中国工商银行福建省分行新增人民币项目贷款286.71亿元，其中投向省级重点项目51个，投放金额145.07亿元。加大对先进制造业支持力度，至2017年末，先进制造业融资客户61户，贷款余额140亿元。持续布局幸福产业领域，积极探索适合“科教医养”行业特点的新型产品和服务模式。强化投融资一体化综合金融服务，不断加强非信贷融资，全年累计承销福建省政府公开债233亿元，市场占比24.09%。

普惠金融服务。持续完善小微金融“五专”经营机制，点面结合推进专营机构建设，创新小微金融专属产品和服务，至2017年末，监管口径小微企业贷款余额较去年增加41.23亿元。紧跟农业现代化发展进程，支持农业供给侧结构性改革，加快现代农业发展，支持和服务全省“三农”发展，年末涉农贷款余额较年初增加9.85亿元。加强产业扶贫和项目扶贫的精准识别，加大产业扶贫金融支持力度和助学贷款的发放力度，年末精准扶贫贷款余额较年初增加4.05亿元。

服务民生。至2017年末，个人住房贷款余额较年初增加251.76亿元，个人信用消费贷款（融e借）余额较年初新增16.21亿元。工银e缴费项目234个，全年实现缴费额7.74亿元。推广具有普惠金融特色的“牡丹驾驶员通卡”，方便包括驾驶员在内的广大公众客户的日常生活。依托福建省公安厅的“福建省网上处理道路交通违法行为和缴纳罚款信息平台”，在全省交警大队投放200台“交通违法多卡种缴款终端”，支持所有银行卡办理代收罚款缴交服务。

金融改革。经营转型创新步伐加快，通过深挖大零售增收潜力、抢占大资管、大投行等新兴市场份额，开辟中收业务增收新渠道，盈利动能持续发力。互联网金融稳步推进，覆盖和贯通金融服务、电子商务、社交生活的互联网金融整体架构，“融e行、融e联（实名）、一键支付客户分别比上年增加79.89万户、80.35万户和68.27万户。

风险管理。至2017年末，信贷资产质量关键指标实现“四下降”，逾期贷款、剪刀差、不良贷款额和不良贷款率分别较年初下降73.45亿元、33.14亿元、40.24亿元和1.52个百分点。全年清收处置不良贷款112.71亿元，其中，现金清收40.44亿元、重组转化16.36亿元、以物抵债2.77亿元、呆账核销53.14亿元。

服务客户。网点渠道转型步伐加快，装修并投入运营网点34个；新增智能化网点198个，智能网点覆盖率90.15%；建成50家理财便利店和13家O2O线下体验店、军队特色支行等新业态网点。服务面貌持续改善，持续提升网点服务效率，网点柜面评价满意度和柜面业务评价率长期稳定保持在99%以上。2017年有1个网点获中银协百佳网点称号、4个网点获中银协五星级网点称号，数量居同业第一。

（郑建津）

2017年8月30日，中国工商银行福建省分行行长朱春华、副行长陈建兴出席中国工商银行与紫金矿业集团《战略合作协议》暨《债转股合作框架协议》签署仪式

（中国工商银行福建省分行供稿）

【中国农业银行福建省分行】 截至2017年底，中国农业银行福建省分行本外币各项存款余额3528.8亿元，比上年新增182.7亿元，增幅5.5%；本外币各项贷款余额3232.5亿元，新增227.2亿元，增幅7.6%。

服务实体经济。支持高速公路、铁路、电力、能源、医院、旅游、养老等基础设施建设和民生项目，全年新增支持省重点建设项目100个，授信723亿元，贷款余额205.5亿元，比年初增加89.5亿元。新增小微企业贷款49.3亿元，增速13%，高于全行各项贷款增速5.5个百分点；贷款客户比上年增加1883户，申贷获得率97.9%，提升4.1个百分点。支持个人消费信贷需求，个人贷款余额1424亿元，比年初增加190.5亿元。

“三农”金融服务。全行县域各项贷款新增164.53亿元。涉农贷款比年初增加154.2亿元，多增83亿元，增速10.8%，比各项贷款增速高3.3个百分点，实现“两个不低于”；农户贷款新增13.4亿元，增速10.6%。新增支持县域政府项目101个、授信307亿元、用信116亿元；新增支持水利、城镇化、现代农业等“三农”及县域民生重点项目116个、授信488亿元；新发放“两权”抵押贷款372户、2.8亿元。在全国农行率先推出“金穗快农贷”，实现农户贷款网上审批、快捷办理，新发放“金穗快农贷”8133户、4.6亿元，金穗快农贷产品获评省政府金融创新奖。做好金融精准扶贫和普惠金融服务工作，完成15.5万贫困人口的信用建档工作，发放贫困户贷款3亿元；全省23家扶贫开发重点县支行贷款比年初增加26.9亿元，增速11.2%，高于各项贷款增速3.63个百分点。

创服务品牌。围绕打造“五个最好”（最好的服务环境、最好的服务流程、最好的获客渠道、最好的服务产品、最好的服务团队），以建设“环境美、服务优、效率高、零投诉”的“四佳”网点为目标，在泉州开展“创服务品牌”试点工作，完成泉州分行110个营业网点“微改造”和2个财富中心的设计改造，梳理优化重点业务流程16项，客户平均等候时间大大缩短，网点形象大为改观，服务效率、客户满意度显著提升。在总结泉州试点经验的基础上，全面部署全省推广工作。（薛盛涛）

【中国银行股份有限公司福建省分行】 2017年，中国银行股份有限公司福建省分行实现拨备前经营利润72.39亿元，不良贷款率2.26%，拨备覆盖率143.98%，实现不良贷款余额、不良贷款率双降。

支持新福建建设。多渠道拓宽资金来源，全年人民币各项存款较年初新增302.85亿元，其中公司存款日均、时点新增均超百亿元，个人存款新增量稳定在百亿元以上。加大对重点项目和优质客户的信贷投放力度，跟进全省铁路、公路、港口、交通、水利和信息基础设施等领域的重大项目落地和开工情况，做好对口金融服务工作，加快对养老、教育、医疗、文化、农业、科技及环保等弱经济周期行业的业务拓展力度，实现贷款早投放、早受益。全年人民币各项贷款较年初新增259.82亿元，其中人民币公司贷款新增67.69亿元，还原不良资产清收化解32.42亿元，实际新增100.11亿元；人民币个人贷款新增177.13亿元。发挥集团多元化、国际化优势，创新表外、海外融资渠道，满足企业各类资金需求，为境内企业获取境外资金折合人民币11亿元，并通过人民币额度切分产品为10家企业的境外关联企业提供折合69.5亿人民币融资支持；参与地方债发行工作，合计中标149亿元，为福建地区企业承销发行债务融资工具82.7亿元。发挥外汇业务优势，助力企业走出去，2017年国际结算量610.52亿美元，比上年增长6.4%，市场份额稳居第一；跨境人民币业务量439.54亿元人民币，跨境人民币经常项目市场份额保持当地市场第一。辖内17家机构挂牌成立普惠金融服务中心，服务小微企业。2017年末，普惠小微企业贷款余额79.5亿元，普惠贷款户数7509户。

增强发展后劲。将提升渠道效能作为夯实发展根基的着力点，线上线下齐头并进，加快渠道转型升级。调整优化网点布局结构，新设平潭金井湾、中建海峡支行，全面启动寿宁、顺昌、政和等空白县域设点工作，扩大县域机构覆盖面；加大自助设备布放和网点搬迁改造力度，在福州地铁1号线首家布放ATM 21台，提高渠道服务能力和品牌形象。拓展手机银行业务，推进“E—中银”发展规划，通过场景融合、数据洞察实现活客获客，做大网络金融业务规模，创新推出聚合支付系统，做强网络金融核心竞争力。夯实客户基础，个人客户方面，深耕代发、商贸、助农、养老、校园、跨境等基础客群，并借助个人客户积分平台，加快优化用卡环境，激活存量客户，提升客户贡献；公司客户方面，组织开展“对公有效客户及新开有效账户拓展攻坚战”“人民币单位银行结算账目岁末攻坚竞赛”等系列活动，促进新开账户提质增效和账户结构持续优化。

风险管控。坚持业务发展和合规经营两轮驱动，防范各类经营风险。始终保持对不良清收的高压态势，通过组织开展不良贷款资产清收化解攻坚战，综合运用现金清收、重组盘活、批量转让、核销等多种化解手段，推进清收抓降。年末本外币不良贷款余额为四大行最低，不良贷款率2.26%，实现不良余额、不良率双降。　（汤毅茜）

【中国建设银行福建省分行】 2017年，中国建设银行福建省分行一般性存款余额4307亿元，当年新增284.6亿元；各项贷款余额4288亿元，当年新增255亿元。存贷款总量连续14年保持四行第一，服务实体经济质效监测评价位居23家银行业金融机构首位。

支持重点项目。通过“盘活存量、用足增量”，运用信贷、租赁、基金、投行等手段，拓宽融资渠道，加强与建行集团母子公司联动，聚焦省重点项目和“一带一路”项目，支持福州台商投资区、国道104线、福州绕城高速、晋江国际机场以及福州地铁1、2号线等重点项目，累计提供各类资金超4200亿元。服务先进制造业发展，投向制造业贷款余额664亿元。设立总规模1000亿元的“21世纪海上丝绸之路”产业基金，已获批450亿元；承销地方政府债券226亿元，保持同业领先；投放各类基金55亿元，新增配置资产60%投向基础设施建设，满足福州京东方、晋华集成电路等重点项目的综合融资需求。率先与省能源集团、交通集团、电子信息集团、建工集团分别签署市场化债转股框架合作协议，总金额210亿元。发挥结算网络优势，为全辖82%总行级重点客户、全省73%的省属集团提供现金管理服务。通过境内外联动累计为客户提供重点产品融资近260亿元，为38家企业搭建跨境本外币双向资金池，降低企业融资成本。承办超亿元造价咨询项目40个，为重点项目核减投资23亿元。

服务民生。发展普惠金融，成立普惠金融发展委员会和普惠金融事业部，普惠金融贷款余额125亿元，比年初增加40亿元。与政府及相关部门合作建立“银税互动”等64个专业平台，小微企业贷款余额611亿元。在全省13个试点县市实现“两权”抵押贷款突破。加大服务“三农”的力度，推进“公司＋农户”“公司＋专业市场＋农户”等模式，涉农贷款占到各项贷款的1/4。助力住房租赁业务，支持社会民生补短板工作，把机构类贷款90%以上投向学校、医院等。推进扶贫工作，定点扶贫建档立卡贫困人数比上年下降23%。“善融商务”电商平台对全省23个贫困县实现扶贫全覆盖。

改革创新。全方位创新消费金融，推广个人消费贷款、信用卡分期等，支持百姓购车、装修、旅游、留学。信用卡发卡突破500万张，信用卡分期交易额突破200亿元。“个人快贷”余额111.4亿元，当年新增98亿元。坚持创新与科技驱动，发展互联网金融，打造消费金融生态圈，手机银行用户突破1000万大关。利用悦生活云平台，覆盖客户超40万人，将金融服务无缝嵌入百姓的日常生活。推进智能业务，通过推广自助机具和智能设备，大幅提升客户服务能力和效率，“智能＋在线”业务量突破2000万笔，客户平均等待时间比上年下降20.5%。推进网点转型，分行470个网点100%具备对公业务功能。

防控风险。贷款质量趋稳向好，信贷结构进一步优化，优先支持行业贷款增速比对公贷款平均增速高12个百分点，逐步压缩行业贷款，降幅31%，“绿色信贷”增速20%。强化市场风险管理，金融市场业务零垫款，理财业务本金和收益100%兑付，无欠息、无逾期。　（周　卉）

【中国邮政储蓄银行福建省分行】 截至2017年末，中国邮政储蓄银行福建省分行总资产1764.25亿元，各项存款新增154.97亿元，余额1666.85亿元；各项贷款新增167.52亿元，余额993.46亿元，不良率0.98%。

服务实体经济。成立三农金融事业

2017年3月，邮储银行福建省分行举行邮爱公益日活动

（邮储银行福建省分行供稿）

部，推进新型农业、涉农创业、农业龙头等经营主体发展，涉农贷款新增73.21亿元，余额362.22亿元。发放扶贫小额贷款9869户，余额2.99亿元。立足政府平台、商铺、园区及核心企业，开展产品创新和流程创新，满足小微企业融资需求，小微企业贷款新增26亿元，余额356亿元，服务小微企业客户6.7万户。支持福建重大项目建设，提供包括基本建设贷款、银团贷款等在内的全方位、综合化的金融服务，省级重大项目总授信额度超过1000亿元，公司贷款新增69.1亿元，余额193.98亿元。

普惠金融。通过电子银行、移动展业、POS机、自助银行等终端延伸金融服务半径，全年支付结算金额30.76亿元。完善网上银行、手机银行、微信银行等多种网络服务渠道，电子银行客户560万户，手机银行客户394万户。推进生源地助学贷款，成为福建银行业第4家开办该业务的银行，累计放款2064笔，新增市场占有率排名同业第二位。

风险防控。健全全面风险管控机制，建立员工、机构、条线违规积分评价办法，实现员工排查工作全覆盖。处置不良贷款8.07亿元，问责12071人次，扣发绩效工资110.54万元；完成员工排查20855人次，有效防控风险144人次。（周珊珊）

【交通银行福建省分行】 2017年，交通银行福建省分行稳步提升业务规模。存款规模不断扩张，本外币各项存款突破400亿元达到404.52亿元，较年初增长16.44亿元；负债结构持续优化，人民币低成本负债日均余额较年初增长25.66亿元至315.98亿元，占比由74%提高至80.04%。贷款规模稳步增长，优质资产进一步提升，人民币贷款余额581.42亿元，其中，对公贷款431.13亿元（含国有企业贷款210.89亿元）、个人贷款150.29亿元（含房贷优质资产138.96亿元）。

积极服务实体经济。全年投放人民币各项贷款日均余额增长超108亿元。小微企业贷款余额较年初增长20.97亿元至115.7亿元，超增量计划13.67亿元，增速为21.44%，比各项贷款增速高16.09个百分点，小微信贷计划完成率287.26%，有效缓解重点领域和重点客群的“融资难、融资贵”问题。持续加快涉农信贷业务发展步伐，涉农贷款余额176.99亿元，较年初增长15.95亿元，增速为9.9%，为农村和农业经济发展做出了积极努力。

有效防控各类风险。强化风险文化引领，深化内部控制管理，坚定风控定力，坚守合规底线，顶住新常态下资产质量管控压力，围绕全面管风险，突出重点管风险，强化合规管风险，落实责任管风险，进一步深化基础管理和质量管理“两大工程”，重点把好新增准入、存量管控、不良处置“三道防线”，有效遏制了风险上扬的势头。逾期非不良贷款、不良资产得到有效控制，全年打包处置和核销消化不良贷款16.3亿元，实现存量风险资产现金实质性清收8.07亿元，欠息收回0.5亿元，存量风险业务加固0.76亿元。不良贷款余额、不良贷款率同比分别下降1.08亿元和0.41个百分点，顺利实现了“双降”目标。

持续提升金融服务。加快基层营业机构转型步伐。通过营业场所迁址、部分退租、重装改造等方式，压降营业网点面积636.65平方米，累计压降3770.34平方米，压降完成率201.41%。成本收入比压降3.29个百分点至34.26%，压降幅度优于系统的平均水平。不断优化物理网点、自助机具的网络布局和服务环境，提前完成年度16家网点创新服务模式试点推广工作。网点整体替代率63.28%，分流到店客户占比49.6%，可替代交易分流率89.25%，分别高于系统平均水平23个百分点、8个百分点和14个百分点。省辖分行贡献度提升0.72个百分点至47.47%，莆田分行、漳州分行、南平分行顺利实现晋级。（征　鹏）

【兴业银行】 2017年，兴业银行积极应对市场变化，各项业务实现平稳有序增长。截至年末，集团资产总额6.42万亿元，比年初增长5.44%；累计实现净利润572亿元，增长6.22%；定向增发募资260亿元，年末资本净额5261亿元，比年初增加692亿元，资本充足率和核心一级资本充足率分别为12.19%和9.07%，分别比年初上升0.17和0.52个百分点，均符合监管要求。集团不良贷款率1.59%，比年初下降0.06个百分点；拨备覆盖率211.78%，比年初上升1.27个百分点，资产质量和风险抵补能力好于同业平均水平。

品牌建设。根据英国《银行家》杂志全球1000强银行最新排名，兴业银行按一级资本排名第28位，按总资产排名第30位，跻身全球银行30强。根

2017年8月28日，交通银行与福建省农村信用社联合社在福州签订全面战略合作协议（交通银行福建省分行供稿）

据美国《财富》世界500强企业排行榜，兴业银行排名第230位。在英国《银行家》杂志联合世界知名品牌评估机构Brand Finance发布的“2018全球银行品牌500强”榜单中，兴业银行以119.72亿美元的品牌价值排名第20位。在境内外机构组织的多项权威评比中，兴业银行连续7年蝉联中国银行业“年度最具社会责任金融机构奖”，并获得《亚洲货币》评选的2017年“中国最佳企业社会责任银行”“年度最佳绿色金融银行”“最佳绿色金融创新银行”三大奖项以及其他权威机构评选的“亚洲卓越商业银行”“年度最佳股份制商业银行”“年度最佳上市银行”“卓越竞争力金融控股集团”“年度中国最受尊敬企业”等多项殊荣。

调整业务结构。优化资产负债结构，主动降低资产增速目标，压缩同业资产和第三层次资产规模，加大信贷资产构建力度，择机增持国债等标准化资产。压缩存款类金融机构负债和同业存单规模，适当增加非存款类金融机构负债，大力拓展结算性同业存款，以较低价格吸收结构性存款，全力拓展一般性存款，存款比年初增长3921亿元，增长14.55%，增量和增幅皆位居同类型银行前列。

转型业务发展。企金“三大直通车”不断完善，互联网支付稳居市场领先地位。零售条线持续开展“织网工程”，推动信用卡和全网收单业务快速发展。同业条线推出“非银资金管理云平台”，提升“钱e付”“汇收付”等支付结算工具功能，带动客户规模、客户结算量不断上升。非金融企业债务融资工具承销市场份额升至全市场第二位。市场首单消费金融ABN、首单扶贫债等创新产品陆续落地，债转股、国企混改、股权投资、并购重组等领域业务取得较大进展。银行理财投资水平显著跑赢大市，非息收入与上年基本持平。资产流转机制不断健全，全行多渠道流转资产1526亿元。代客债券借贷、债券销售、债券通交易、TRS、CDS等业务创设落地，代客FICC产品体系完善，收入比上年增长95%。在各项转型业务的推动下，兴业银行集团非息收入在营业收入中的占比升至36.81%，比上年提高8.31个百分点。

客户服务。年末企金基础客户达13.61万户，比年初增加2.38万户；零售核心客户587.53万户，比年初增加64.1万户，同业核心客户660户，法人客户覆盖率94%。推动流程银行建设，实现部分数据和技术平台的统一。积极打造智慧金融和开放银行，不断加强科技与业务的融合。

健全协同联动机制。加大公共产品统筹管理力度。银行理财集中运营水平提升，全行债券投资业务实现集中统一管理，投研一体化、投承一体化、投销一体化日益健全。持续完善客户综合营销服务机制。全年办理票据承兑与票据贴现、转贴现、再贴现的规模以及票据回行率、票据交易价差收入大幅提升；企金条线和零售条线强化公私联动，推动代发工资、移动支付业务快速发展；零售条线和同业条线持续在第三方存管、代理代销等方面加强合作。推动母子公司协同联动。主动管理类投资银行和资产管理业务、经纪业务、投贷联动业务、银租合作业务、银行云科技输出业务等保持较好发展，子公司服务集团能力和自主发展能力整体增强，累计贡献利润32.28亿元，比上年增长12.24%。

服务福建发展。截至2017年末，兴业银行省内机构各项存款余额5703亿元，较年初增长22%，增量位居市场第一位；省内机构贷款余额5114亿元，增长28%，增量位居市场第一位。除信贷之外，全年通过债券等多种形式累计向省内投放资金超过1500亿元，为实体经济的资金需求提供巨大支持。支持福建省制造业转型升级和重点项目建设。截至2017年末，向制造业累计投放资金603亿元，贷款余额597亿元，支持福建省内重点项目78个，累计投放金额186亿元，余额181亿元。创新金融服务方式，加快福建省企业技术改造基金投放，支持70个省重点技改项目，签约投放的技改项目总投资超过600亿元，财政资金撬动的社会资本投资比例超过30倍；发挥福建省政府和社会资本合作（PPP）引导基金作用，PPP基金项目总投资额410.53亿元，撬动其他金融机构和社会资本资金261.67亿元。开展绿色金融，服务生态省建设，向省内9个设区市发放绿色金融贷款568.07亿元，其他形式绿色融资263.46亿元。调动行内各项资源，加大地方债承销和投资，2017年参与35批次省内地方政府债券发行工作，投资155.31亿元。积极纳税，并创造条件争取福建省外税款回流，2017年，银行纳税103.79亿元、子公司纳税21.31亿元，保持省内纳税领先地位。

普惠金融。截至2017年末，福建省内国标口径小微企业贷款客户1.5万

2017年6月16日，“兴业银行慈善助学金”签约仪式在福州举行

（兴业银行供稿）

户，贷款余额1116亿元。通过兴业奖学金、慈善助学金等项目累计捐资近2500万元，资助困难学子完成学业。每年定向投入善款修建基础设施，为近30家企业提供贷款超8亿元。加大涉农服务力度，创新推出林权按揭贷款新品种。截至2017年末，在省内涉农贷款余额738亿元，比上年增幅近10%，林权贷款余额4.7亿元。（曹占涛）

【中信银行福州分行】 截至2017年末，中信银行福州分行各项存款余额666亿元，各项贷款余额533亿元。在福州、泉州、莆田、漳州、龙岩、宁德、三明共设立营业网点52个。

公司业务。支持实体经济发展，围绕福建未来经济发展及制造业转型升级方向，储备一批重点项目并提供差异化综合金融服务方案。财政、烟草板块业务实现突破。与福建省旅发委签订战略合作协议，推进旅游产业发展、支持旅游扶贫。完善公司客户经理培训认证体系，实行授信管理能力资质准入，开展客户经理业绩技能大比拼，打造精英团队。

零售业务。完成服务全辖的信贷工厂建设，实现对全省个贷业务的有效支持；财富管理条线打造专人、专场、专享的服务，私人银行服务体系初步搭建。加强网点基础管理，梳理制度及合规风险点，定期检查整改，落实消费者权益保护，提升客户体验。

风险管控。集中、专业的风险管理体系运转初见成效。加强授信审批专业化管理，强化全口径资产的贷后、投后管理，认真执行各项制度，推行信管经理制度，开展重点行业、重点风险排查，加强授信客户临期管理，有效呵护存量客户。通过批量转让、核销、清收等方式有效处置问题贷款。支持重点民营企业重整脱困，带动相关产业集群发展，支持区域经济建设，履行社会责任。（唐夏芸）

【招商银行福州分行】 截至2017年底，招商银行福州分行全折人民币自营存款日均余额387.17亿元，全折人民币自营贷款余额530.57亿元。人民币表内一般性信贷资产（含信贷非标）527.93亿元，主要表外资产合计余额46.45亿元。

资产质量率先反转，迎来不良资产额、不良贷款额、不良率的“三降”。其中，不良资产余额38.55亿元，较年初预算目标少3.1亿元；不良贷款额10.01亿元，低于预算控制目标770万元；不良率1.89%，较年初下降0.36个百分点，不良率自2013年以来首次低于2%，低于全省平均水平。现金清收大幅增加，其中，零售全年累计清收不良资产近2亿元，对公不良存量现金清收5.31亿元。不良资产生成额5.2亿元，较上年同期少生成5.09亿元，也是2013年以来生成不良贷款最少的年份。资产质量的好转为全行净利润增长做出贡献，2017年，剔除政策性拨备口径累计实现利润8.06亿元。

金融科技应用。零售板块实现经济利润5.57亿元，比上年增加0.89亿元，贡献率69%。打造零售信贷2.0，资产结构进一步优化，零售贷款占资产比重提升至58.1%，零售信贷规模突破300亿元大关。小微贷款当年新增投放37.5亿元，比上年增长3.31倍，扭转连续3年负增长的颓势。手机银行线上引流，客户数增长近20个百分点；一网通线上收单新上线榕城通、健康之路、校园捐款等覆盖智慧校园、智慧城市、智慧医疗等各类场景；“白名单闪电贷”“银税互动”通过“线上+线下”营销模式实现批量获客，并成功推广。

特色业务。公司加大对核心客户、优质客户的资源投入力度，对公客户结构中投资级客户占比提升至75.37%。客群结构上，完善公司、机构、同业客户分层分类经营，形成一批支撑招行公司金融可持续高质量发展的基石客群。投资银行主攻投资基金，承揽行业专题规模最大的平行股权投资基金——福建省现代服务产业基金100亿元，首笔出资15.76亿元；承做自营非标投资新区基金地铁项目4亿元投放。另外，债券承销跻身福建企业银行间市场发债排名第三大行；上市公司投融通多点开花；托管“朋友圈”不断拓宽；放款效率同业领先，电票直贴策略得当；供应链金融实现“票据池”“付款代理”双拳出击；现金管理成功打通银企直连；创新型支付结算全面开花。（林 亮）

【光大银行福州分行】 截至2017年末，光大银行福州分行表内外资产总金额661.47亿元，一般存款时点余额456.18亿元，核心存款时点余额307.79亿元，核心日均存款300.36亿元；各项贷款（不含贴现）时点余额480.62亿元，营业收入29.88亿元。

对公业务。截至2017年12月末，光大银行福州分行本外币对公存款余额279.03亿元。全行营销聚焦于“上市公司、优质房地产企业、高收益类及行业龙头民企（尤其是强抵押业务）、政府类项目”四大板块，全面储备实体经济项目，以供应链为核心，强抵押为基础，加大实体经济支持力度；福州分行与63家上市公司展开合作，拉动对公存款增长。在城镇化贷款、经营性物业抵押贷款、房地产开发贷款、国内证券业务和对公理财上累计利润9000万元，中间业务收入1800万元。债券承销业务和持有到期业务完成较好，带来中间业务收入2000多万元。

零售业务。2017年，光大银行福州分行在零售业务上取得发展。截至12月末，全行九资财富总量387.55亿元，增量排行光大系统内第八位。个贷余额200.11亿元，较年初新增系统排名第5名，发放加权平均利率系统排名第2名，分行零售业务实现净营业收入6亿元。提升网点产能，激发社区银行活力，社区整体规模和增量贡献稳步提升，12月末，社区银行利润1.59亿元，九资规模1亿元以上社区支行较年初新增9家，49家社区银行有48家实现盈利。

信用卡业务。2017年12月末，分行信用卡实现营业收入17.62亿元，比上年增长 37.75%，其中中间业务收入 12.98 亿元；实现经济利润 7.76 亿元，增长 98.18%。11 月 2 日，福州分行信用卡交易额突破 1000 亿元，比上年同期增长 31.1%。

风险管理。修订《中国光大银行福州分行对公授信后管理工作考核评价实施细则（2017 年版）》，规范对公授信后管理工作，提高授信后管理的有效性。加强风险预警管理，强化重点监测客户管理。配合内、外部检查，积极开展各项自查工作。提高放款审核效率，加强货品抵押管理。发挥债权人委员会主席单位的职能。推进不良贷款责任认定工作。实施面签核保，严防操作及合规风险。　　（邹亚骏）

【外资和中外合资银行】　至 2017 年末，福建省辖区外资银行资产总额 208.9 亿元，比上年增加 47.31 亿元，增长 29.28%。各项贷款余额 108.75 亿元，比上年增加 37.2 亿元，增长 51.99%。各项存款 80.98 亿元，比上年增加 24.47 亿元，增长 43.31%。2017 年实现净利润 1.11 亿元，比上年增加 1.34 亿元；资产利润率 0.6%，上升 0.76 个百分点；成本收入比 42.76%，下降 17.52 个百分点。各项盈利指标均大幅好转。

（盖　凌）

【福建省农村信用社联合社】　2017 年，福建省农村信用社联合社资产总额 8081 亿元，比上年增长 11.24%；各项存款 5899 亿元，增幅 12.35%，存款市场份额 13.38%，跃居全省银行业首位，比年初上升 0.41 个百分点；各项贷款达 3453 亿元，增幅 11.4%。入库税收达 52.86 亿元，连续 6 年占全省财政收入超 1%。

服务“三农”。全省农信系统实现涉农贷款总量、农户贷款总量、涉农贷款占比等 3 项指标居全省第一；小微企业贷款持续实现增速、户数和申贷获得率“三个不低于”目标；金融扶贫实现省级扶贫开发重点县贷款发放量、贫困户建档覆盖面、贫困户贷款发放量、贫困户贷款户数、示范基地创建数等 5 项指标居全省第一；绿色信贷实现林业、林农和林权抵押贷款等 3 项指标也居全省第一。

转型创新。顺应“互联网＋”趋势，打造机构网点“乡乡通”、便民服务“村村通”、电子银行“户户通”的“三通”服务品牌，电子交易占比 89.41%，手机银行交易占比 35.1%，双双位居全国农信系统第一位。承销省政府债券 19.9 亿元，实现债券承销业务零的突破。科技实力不断提升，在全国农信系统首家实现核心系统“零停机”；五个课题、案例、成果获中国银行业信息科技三类成果、全国农信十佳技术创新案例、全国“云架构践行最佳实践”金奖等多个奖项。

品牌形象。冠名赞助 2017 福建农信福州国际马拉松暨全国马拉松锦标赛（福州站）和腾讯大闽网“2017 年福建高考报道”。省农信联社获 2017 年度全国农村金融十大新闻·机构（省级联社）年度特别奖，系全国农信系统唯一一家获此殊荣的省级联社。　　（张传勋）

闽西是红色农信的诞生地、农信初心的发源地。1929 年 10 月，阮山、赖祖烈等农信先辈在永定太平、湖雷创设了第一批农民入股组成的红色信用社，成为中国共产党独立创办的第一批红色农信社。图为原太平区苏维埃信用合作社旧址

（省农村信用社联合社供稿）

证券　信托

【概况】　2017 年，福建省辖区（不含厦门，下同）资本市场总体平稳有序运行，直接融资势头强劲，上市公司质量稳步提升，证券期货经营机构持续规范发展，场外市场建设深入推进。截至年底，福建辖区有上市公司 85 家，证券公司 2 家，期货公司 3 家，基金公司 2 家，证券投资咨询公司 2 家，证券期货、基金子公司、分公司 55 家（含 3 家筹建），证券营业部 353 家（含筹建 14 家），期货营业部 63 家。

上市融资。2017 年，辖区境内上市公司、挂牌企业及非上市公司累计实现直接融资 1460.12 亿元。其中，15 家公司实现首发上市，首发融资 52.86 亿元；68 家次上市挂牌公司通过定向增发、配股、发行 H 股、“新三板”定增等方式实现股权再融资 406.36 亿元；33 家次上市公司实现债券融资 479.8 亿元；54 家次非上市公司通过债券融资 521.1 亿元。截至年底，辖区还有 1 家企业过会待发行，6 家企业向证监会申报 IPO，39 家上市公司启动再融资工作，拟融资 702.76 亿元。

上市公司。截至 2017 年底，辖区有境内上市公司 85 家、总股本 1199.49 亿股、总市值 12926.01 亿元，分列全国第 12 位、9 位和 10 位；资产总额 75085.93 亿元、净资产 7522.89 亿元，分列全国第 4 位和第 8 位。2017 年，各上市公司实现营业收入 5797.65 亿元、净利润 888.29 亿元，分别比上年增长 17.52%、14.99%；平均每股收益 0.74 元、平均净资产收益率 12.75%，分别

是全国平均水平的1.4倍和1.17倍。并购重组持续活跃开展，全年有14家次上市公司公告开展重大资产重组，公告金额218.13亿元，较好地化解过剩产能，优化产业布局，助力供给侧结构性改革，引领福建省的经济转型和产业升级。

证券期货机构。2017年，辖区2家证券公司实现营业收入83.55亿元、利润总额27.81亿元、净利润24.18亿元，分别比上年增长10.4%、下降0.43%、增长2.37%；辖区359家开展经纪业务的证券分支机构累计代理买卖证券总额112769.09亿元、实现营业收入32.43亿元、佣金及手续费收入26.12亿元、实现利润总额8.72亿元、净利润8.36亿元，分别比上年增长2.05%、下降22.32%、增长19.31%、45.57%、46.06%。

截至2017年底，辖区3家期货公司保证金规模91.69亿元，比上年下降22.68%；实现净利润1.47亿元，比上年增长42.5%；是年，辖区期货公司累计代理成交金额9.07万亿元，比上年增长15.19%。辖区65家期货分支机构累计代理成交金额3.99万亿元，比上年下降14.95%。

私募投资基金。截至2017年底，辖区完成登记的私募基金管理人213家，备案私募基金（含投资顾问管理型）648只，管理资金规模1301.37亿元，分别比上年增长42.11%和7.22%，成为直接融资的新渠道。

场外市场。截至2017年底，辖区“新三板”挂牌企业231家，比上年增长21%；另有46家企业取得挂牌函，5家企业在挂牌审核程序中。海交中心挂牌企业1957家，托管总股本47.03亿股，中心与省内13家银行签订战略合作协议，合计授信额度205亿元，并通过股权交易、定向增资、引进私募股权投资、委托债权投资等方式，累计为企业对接融资52.39亿元。

市场运行监管。全年排查涉非线索39条，摸排涉非场所12个，办结涉非投诉举报58件，向公安机关移送犯罪线索4条，向地方政府部门移送涉非活动线索19条。全年与公安部门开展13次专题座谈，办理司法机关的来电、来人、来函咨询37项，全年为公安纪检等部门查询证券账户的开户信息126个。

（魏 婧）

【兴业证券股份有限公司】 2017年，兴业证券股份有限公司集团实现营业收入88.19亿元、净利润26.35亿元，分别比上年增长16.2%和28.8%。公司全年实现营业收入66.06亿元（证券公司专项合并口径，下文同）、净利润21.43亿元，在行业收入、利润分别下降5%和8%的情况下，公司收入、利润分别比上年增长14.9%和13.5%，行业排名分别位居第13位和第15位，达到历史最好水平。2017年末，集团总资产1531亿元、比上年增长12%，净资产359亿元、比上年增长18.4%；公司总资产、净资产、净资本分别居行业第14位、16位和12位；客户总数（含证券、资管、基金、私募投资基金、期货、国际客户等）767万户、比上年增长48%，客户资产1.5万亿元、比上年增长12%。公司证券研究业务进入行业第一梯队，自营业务和股票承销业务进入行业前十，债券承销业务连续3年进入行业前十，连续两年获评上交所年度优秀公司债券承销商称号，2017年同时获评沪深交易所地方债优秀承销商称号，基金管理等核心业务继续保持行业优势，蝉联“金牛基金公司”等行业权威奖项。股票融资、债券融资、场外挂牌、直接股权投资的项目数量和融资金额均排名福建省第一，全年为福建募集融资超过100亿元，海交中心经营稳健，重视在福建省开展公益慈善工作。

公司主营业务。2017年，公司获评最佳研究团队称号，居行业第3位，有19个研究团队入围评选，其中交通运输、医药生物、基础化工、社会服务、港股策略5个行业获得第一，宏观、策略、金融工程、固定收益4个总量团队上榜。“兴证研究”品牌行业影响力扩大，成为业内影响力较大的一流研究机构之一，机构服务能力持续保持行业前列，连续4年蝉联最佳销售服务团队评选第一；机构客户服务范围不断扩大，保险、QFII、私募、大客户等机构投资者数量和资产大幅增长，2017年综合席位分仓收入5亿元，行业排名提升到第6位。资产托管业务整体竞争力有所提升，公募产品托管取得突破，私募产品托管保持在行业前10位，2017年末托管规模429亿元、比上年增长19%，外包服务规模315亿元、比上年增长44%。

大投行业务。2017年实现承销保荐净收入9.09亿元，市场份额2.37%，行业排名14位；财务顾问收入1.93亿元，市场份额1.54%，排名上升4位至第19位。股票融资业务方面，全年完成主承销项目27个，融资额303亿元，主承销金额和家数分别排名行业第8位和第11位，较上年分别提升6位和3位；完成兴业银行、洛阳钼业、首航节能等大型融资项目，运作大项目能力得到提升。债券融资业务方面，全年完成主承销71个项目，融资额647亿元，承销金额和承销家数分别排名行业第9位和第10位；实现15家央企债券承销，落地全国首单PPP资产证券化项目，完成和储备了多家贫困地区融资项目，成功发行2单海外市场债券。“新三板”业务持续督导企业中属于当年新挂牌的75家，行业排名第6位，再融资金额25.36亿元，助力中小企业的发展。

经纪业务。全年销售产品667亿元，比上年增长18%；产品保有额373亿元，比上年增长16%；实现代销产品收入1.57亿元，排名提升3位至第4位。两融利息收入排名保持在17位，股质利息收入提升1位至第6位。代买收入企稳回升，市场份额回升至1%以上。

自营业务。二级市场自营投资规模稳步增长，在控制风险的前提下持续取得较好投资收益，自营收入行业排名提升到2017年第7位。其中，证券投资业务合理配置资产和规模，抓住优质低估股票投资机会，全年取得35%收益率，跑赢上证指数29个百分点，收益率在可比股票基金中居前10%。债券、衍生品自营业务在市场下滑和受限情况下，也实现正收益。

子公司业务。兴证香港：2017年实现营业净收入7.6亿港元，净利润1.52亿港元，分别比上年增长103%和

55%。各项业务持续发展，收入结构更加均衡与多元化，港股托管市值增加至1131亿港元，在中资券商中排名第4位，债券、股票融资规模排名第6位和第15位。

兴全基金：2017年实现营业收入17.36亿元，净利润5.53亿元，行业排名分别为17位和16位。管理资产总规模2431亿元，其中公募基金管理规模1597亿元，较年初增长43.7%。投资管理能力持续领先，过往多年权益和债券投资能力均位居行业前列。

兴证资管：2017年实现营业净收入4.65亿元，净利润1.75亿元，资产管理规模1016亿元，主动管理业务规模654亿元，比年初实现增长。

兴证期货：2017年实现营业净收入4.1亿元，净利润1.25亿元，客户日均权益94亿元，净利润市场份额提升11%，期货代理成交额市场份额提升27%。发起设立风险管理子公司，分类评级连续4年蝉联A类A级。

兴证资本：完成规范整改，向私募股权投资管理公司转型。2017年实现营业净收入8877万元、净利润3551万元。管理资金总规模为49亿元，其中，新设基金2只，新增管理基金规模2.6亿元，新增投资项目15个，投资规模6.15亿元。

兴证投资：完成规范整改，向另类投资子公司转型。重点拓展PE业务，与母公司投资业务形成互补，业务布局取得一定进展。2017年实现营业净收入7132万元、净利润3141万元。

（王明智）

【兴业国际信托有限公司】 截至2017年末（合并口径），兴业国际信托有限公司资产总额356.82亿元，所有者权益163.79亿元，管理资产规模达11325.51亿元。2017年，公司累计实现营业收入31.14亿元、利润总额19.26亿元、净利润14.65亿元。

信托业务转型。截至2017年末，公司信托存续业务规模9166.27亿元。其中，集合信托业务规模2999.16亿元，占比32.72%，较年初提升5.97个百分点；主动管理业务存续规模1130.91亿元，较年初增长21.58%。信托业务结构进一步优化，2017年，公司完善绿色信托业务发展的体制机制，出台绿色信托业务专项发展方案，丰富绿色信托业务模式和产品线，推动绿色信托业务实现快速发展。截至2017年末，公司（含子公司）存续绿色信托业务规模496.88亿元，较年初增长3.95倍，成为全国信托行业绿色信托业务的探索者和领跑者。基础资产涵盖商业地产、绿色资产、金融租赁资产和不良资产等多个领域。发行国内首单银行间市场公募REITs、银行间市场首单商业地产抵押贷款支持票据（CMBN）、2017年单笔规模最大的个人住房抵押贷款资产支持证券。推进ABS业务创新，创新落地首单易鑫租赁pre－ABS业务，为公司探索ABN承销，开展全链条闭环的ABS业务奠定坚实的客户基础。获批上海黄金交易所交易专户资格，成为全国第三家入会并获批交易专户资格的信托公司。发挥全资子公司兴业国信资管的私募股权投资专业优势，在强化汽车和高端制造领域品牌项目投资的同时，电子通信、节能环保和医疗健康领域的投资也初见成效。公司首单权益类产品“兴识乾坤1号集合资金信托计划”，2017年全年实现收益32.94%，最大回撤仅2.7%，排名市场同类产品前6%。

国际业务。与海外顶级投行、优质投顾建立合作关系，搭建主动管理产品线，为客户提供多样化海外资产配置型产品，落地全球跨资产FOF组合集合资金信托计划等3单海外主动管理浮动收益型产品，填补公司该类产品的空白。

家族信托业务。2017年，公司家族信托业务（含全权委托业务）新增规模7.95亿元，新增客户46户，存续客户91户。

综合化经营。公司发起设立兴业资产管理股份有限公司并完成中国银监会备案工作，取得金融企业不良资产批量收购处置业务资质；完成兴业期货剩余股权收购工作，成为公司全资子公司；立足经营实际和战略要求，完成公司原持有的重庆机电控股集团财务有限公司全部股权转让工作。截至2017年末，公司综合化经营布局涉及资产管理、证券、期货、清算服务、财务公司、信托登记等领域，综合性金融服务能力提升。围绕集团综合效益最大化，子公司业绩持续向好。截至2017年末（合并口径），兴业国信资产管理有限公司资产总额161.56亿元，所有者权益47.07亿元，全年实现营业收入8.95亿元，实现净利润2.54亿元；兴业期货有限公司业务规模70.3亿元，较年初增长67.76%，全年实现营业收入1.05亿元，实现净利润1224.48万元，比上年增长20.64%。

风险管理。公司开展内控合规及案件防控排查工作，建立常态化风险排查机制；健全风险管理架构，提高业务管理工作质效；动态调整房地产、基础产业、工商企业等业务评审指引，结合实际制定区域差异化准入政策，防范区域市场风险。紧跟业务一线实际，规范主动管理类业务审查工作流程，加强审批前置，建立有效的双向沟通机制，提升项目评审质量和效率。

品牌形象建设。2017年，公司在中国信托业协会组织的行业评级以及中国人民银行福州中心支行的综合评级中均再度被评为最高等级A级，并先后在各类权威机构组织的评选活动中获“中国优秀信托公司”“诚信托—卓越公司奖”“优秀资产管理机构”“信托公司卓越服务奖”“最佳绿色信托机构”“杰出信托公司”“杰出慈善信托产品奖”等奖项。

服务社会。2017年，公司发挥信托制度功能优势，加强金融创新与履行社会责任相结合，以成为行业领先的绿色信托公司为目标，参与绿色金融体系建设，继续重点关注新能源、环境治理、循环经济等绿色核心产业，在绿色金融组织管理机制建设、绿色金融重点领域业务推进等方面均取得一定成绩。截至2017年末，公司（含子公司）存续绿色信托业务规模496.88亿元，涵盖交通、水利、新能源、节能环保等领域。发挥信托制度功能优势，推动地方经济发展、支持国家重点区域建设、重点产业发展，推动传统产业优化升级和战略性新兴产业发展及新型城镇化建设。2017

年，公司与福建省内48家企业新增合作投融资业务，支持福建省地方产业经济战略转型及交通、能源等基础设施产业发展；通过政府购买服务、产业基金等方式推动新型城镇化建设，支持棚户改造项目等。公司还向西部地区217家企业提供金融服务；公司全资子公司——兴业期货有限公司赴国家级贫困县——河北省张家口市阳原县开展“一司一县”结对帮扶精准扶贫活动；通过慈善信托、发行债券、企业上市、智力扶贫等方式，助推精准扶贫，着力帮助各类贫困人群不断改善生产、生活和学习条件。与兴业慈善基金会合作开展“兴未来——社区儿童发展计划”公益项目，项目实施地点是福州市晋安区鼓山镇前屿社区、前屿小学。（陶 然）

保 险

【概况】 2017年，福建省（不含厦门，下同）保险业累计实现保费收入831.7亿元，规模居全国第17位（按监管辖区），比上年增长10.2%。其中，财产险保费227.8亿元，比上年增长7.9%；人身险保费603.9亿元，比上年增长11%。保险公司资产1897.1亿元。全省保险业承担风险保障33.8万亿元，比上年增长35.8%。累计各项赔付支出254亿元，比上年增长4.6%。

机构网点。截至年末，全省共有保险公司主体58家（年内新增3家），各级保险公司机构网点2211个；保险专业中介主体122家，各级保险专业中介机构网点333个，保险从业人员25.9万人（其中代理制销售人员21.2万人）。

业务结构。财产险中车险保费181.4亿元，比上年增长4.2%；非车险保费67亿元，比上年增长25.8%。非车险中，企业财产保险保费9.6亿元，比上年增长8.7%；责任保险保费9.4亿元，比上年增长13.4%；工程险保费3.8亿元，比上年增长96.1%；特殊风险保险保费1.1亿元，比上年增长18.9%。各级政府支持涉农业务发展，农业保险保费4.9亿元，比上年增长11.5%；家财险保费2.1亿元，比上年增长49.1%。人身险中，寿险保费448.6亿元，比上年增长9.2%；健康险保费131.7亿元，比上年增长16.6%；意外险保费23.6亿元，比上年增长16.7%。

风险管控。开展全面风险排查，开展满期给付和退保重点产品专项排查，对非寿险投资型产品情况逐月监测，组织开展互联网保险风险专项排查以及非法集资风险专项排查。建立企业贷款保证保险监测制度，严控信用保证保险风险。防范重大案件风险，开展案件问责清理，倒逼保险机构落实主体责任，做好日常警示教育和风险提示，防范跨界金融风险等其他潜在风险向保险业内传递。

消费者权益保护。突出保险公司投诉处理主体责任，定期通报保险公司保险消费投诉处理工作测评考核情况，制作侵害消费者权益的典型案例并向行业通报，抽查各级保险机构负责人接待日制度执行情况。2017年以来，保险消费投诉件总量与正式投诉件数量延续双降态势。

服务地方经济。助推国家脱贫攻坚战略，推动福州、顺昌等地“一揽子”扶贫保险项目，与全部8个设区市及17个县签订合作扶贫协议，落地保险扶贫保障金额约210亿元。推出“扶贫宝”为漳州全市2.5万贫困户生产生活提供全方位保障支持。国家助学贷款保证保险支持逾1万名贫困学生获得贷款超过1亿元。联合福建省直部门出台2017年设施花卉、蔬菜种植、设施畜禽、设施食用菌等保险实施方案。优化完善政策性农房保险方案，推动全省700多万农户投保农房叠加保险，年提供风险保障1700多亿元。推进保险资金支农支小，小贷险支持179家小微企业获得200笔、1.7亿元贷款，支持平潭绿色农业、三明种植养殖业等特色产业发展。协调省医改办等部门，推动福州、龙岩、三明等三地出台政策支持医保个人账户结余资金购买商业健康保险业务。支持商业保险参与医保经办，辖内商业保险机构承办的7个大病保险项目均已实现市级统筹。（陈 丽）

【中国人民财产保险股份有限公司福建省分公司】 2017年，中国人民财产保险福建省分公司实现保费收入105.47亿元，市场份额42.33%。

保险主业。2017年公司累计承担保险责任金额11.53万亿元，是同期GDP的3.7倍，比上年增加2.39万亿元；处理各类赔案100.87万件，累计支付赔款49.9亿元；上缴各类税收14.31亿元，比上年增长3.7%。发展创新型特色农业保险，提供农业风险保障3650.5亿元。与省扶贫办和9个设区市政府签署精准扶贫合作框架协议，稳步推进支农支小、政银保等普惠金融试点，在全国首创“仓单质押”宁德模式，既兜住贫困人口因病因灾致贫返贫底线，又引入金融“活水”，激发产业扶贫内生动力。“金融扶贫、保险先行”初见成效，累计为建档立卡贫困户、支农融资项目和小微企业等提供风险保障1050.2亿元、融资本金1050万元。参与医疗保障体系完善，发挥专业优势，完善专管专营，逐步打造形成“大病保险＋补充医疗＋医保经办＋社保意外伤害＋医疗救助＋护理保险”的一体化发展格局。

客户服务。2017年，公司案均报案支付周期提速7.82%；亿元保费有效投诉量3.91件，比上年下降41.82%；7家分公司当地行业服务测评中获评第一。公司连续多年获“纳税百强企业”“保险品牌口碑奖”等荣誉。着眼做实极致理赔，持续升级理赔服务，理赔无纸化、极速理赔、小额快处、拇指理赔、智慧理赔和直升机空中救援等加速落地，线上线下融合的“一站式”理赔服务体系初见成效。理赔效率持续提速，未决存量创历史新低，排名全国第一。

（黄可佳）

【中国人寿保险股份有限公司福建省分公司】 2017年，中国人寿保险股份有限公司福建省分公司实现总保费（不含厦门）185.25亿元，比上年增长19.89%。公司主要核心指标均保持福建寿险市场第一，其中总保费市场份额占31.74%，领先第二位9.02个百分点。

保险保障。公司承办莆田市、宁德市城乡居民大病保险业务，全年实现大病保险业务承保人数574.27万人，保费收入2.01亿元；大病保险赔款总支出4.68万人次，赔款金额2.11亿元，赔付率104.83%，化解城乡居民因病致贫、因病返贫的风险。公司推进弱势人群、特定人群意外伤害保险，开展关爱贫困母亲、贫困家庭和失独家庭活动，履行社会责任，发挥商业保险的风险保障和社会管理功能。

服务转型升级。2017年，公司推广电子化服务，推进智能化作业，在公司系统内率先实现理赔全流程自动化、小额理赔实时支付。完成集团公司中国人寿统一会员积分体系试点工作，试点VIP客户全流程健康管理服务。“福建客服智能机器人”上线。客户满意度调查评分创历史最高值，位居全国系统第二位。

防控风险。做好反洗钱现场检查整改、防范非法集资专项排查，建立健全检查整改及问责机制。严格执行内部审计，及时督促抓好相关问题的整改，促进基层公司风险管控和合规经营意识的加强，抓好满期给付和退保工作，处理各类客户投诉。防范化解各类经营风险。

（黄华雁）

【中国平安财产保险股份有限公司福建分公司】 2017年，中国平安财产保险股份有限公司福建分公司累计实现保费收入53.6亿元，比上年增长16.1%，市场份额22.3%，纳税贡献7.72亿元。

公司业务。主动参与风险管理，为湄洲湾电厂一期项目、霞浦核电建工项目、中闽海上风电项目、浦梅铁路（冠豸山至梅州段）、福州地铁六号线、福建电网等一大批国家级、省级重点建设项目保驾护航，助推福建经济社会科学跨越发展；推动与公众利益关系密切的环境污染、食品安全、医疗责任、医疗意外、校园安全等领域的责任险业务的发展，满足社会多层次、多领域的保障需求。

产品创新。2017年，平安产险提升客户服务体验，针对车险理赔行业历来的痛点，平安产险运用6大AI核心技术43项专利，推出智能闪赔，向保险企业开放基于技术最稳定的部分，实现油漆损伤、外钣金配件损伤自动图片识别，基本解决保险公司以往在定损过程中靠专家经验判断、人工审核的问题，缩短案件处理时效，实现审核人力下降30%，自动理算案件占99.7%，定损速度提高4000倍。在科技应用的加持下，平安产险创新多项服务举措，于业内率先推出车险理赔爆款服务“510极速查勘”，即通过建立“极速AI智能网格”＋“手机基站＋街景＋H5复合定位”两个技术体系，实现查勘员5～10分钟达到查勘现场，其中AI智能网格根据道路通行条件和案件分布密度，计算出最佳的人力占位和布局，并根据拥堵状况动态调整。打造出超越客户预期的现场服务时效，是整个车险理赔行业的一次创新颠覆。全年，分公司受理市区10分钟内到达案件逾7000笔，93%的现场案件实现现场等待时长不超过10分钟。

服务创新。平安产险还推出车险理赔“一键包办”服务。平安车险客户如遇交通事故，可通过平安好车主APP、平安车险官方微信、95511等线上线下渠道，只须一次接触，即可申请“一键包办”服务，等待平安产险专人到预约地点取车，“理赔、修车”等全程无须参与，根据约定时间、地点取回车子。“一键包办”服务可包办三者车损及小额人伤理赔、车辆维修及事故车接送、事故救援等六类服务，分公司推广“一键包办”服务，惠及客户4.1万人次。

科技创新。平安产险不断完善互联网科技平台，全面推进车险业务的互联网化探索，以“用车助手，安全管家”平安好车主APP为核心载体，聚合最广泛优质的车生态服务资源，涵盖“车保险、车服务、车生活”，为车主提供一站式用车服务。截至年底，平安好车主注册用户总数68.34万户，绑车用户总数60.29万户。分公司于7月27日上线车险电子投保单，客户通过短信链接即可实现手机端查看电子投保单、浮动告知单、条款等。通过人脸识别技术进行线上电子签名，2017年，分公司累计受理电子投保单约40万单。

服务社会。全年累计支付赔款逾23.61亿元。发挥保险救灾的基础功能，投身公益事业，践行企业公民职责，在全省范围内开展“益起平安”公益活动。开展平安护航、精准扶贫、爱心支教、

2017年1月21日至2月4日，平安产险福建分公司携同福建高速公路公司、福建省交警总队、福建交通广播，在全省17个重点高速收费站、服务点开展“一路平安、让爱回家”春节护航行动　　（平安产险福建分公司供稿）

绿色环保等系列公益活动逾百场，捐赠各类爱心物资逾50万元，有约1500名员工参与到活动中，服务举措惠及超10万名车主及普通市民、弱势群体。

公司品牌建设。2017年，平安产险福建分公司在《福建日报》主办的“新福建·金口碑”评选活动中，获“金口碑金融服务单位”称号；在《福州日报》主办的“福州首届金融品牌”暨第四届金榕奖评选活动，平安好车主APP获“科技金融创新奖”；在《海峡都市报》主办的2017年福建“金碑奖”年度金融评选中，获“年度社会责任贡献奖”称号。（王映薇）

【中国平安人寿保险股份有限公司福建分公司】 2017年，中国平安人寿保险股份有限公司福建分公司总保费收入达到174.4亿元，比上年增长27.9%；个险业务总保费收入150.4亿元，银保业务总保费收入7.4亿元，其他业务渠道总保费收入16.6亿元。有效客户数357.2万户，缴纳税金66096万元，赔付支出22.2亿元，各项指标稳居福建人身险市场前列。至年底，平安人寿在福建（含厦门）设有福建分公司、厦门分公司，下辖泉州中心支公司、漳州中心支公司、龙岩中心支公司、三明中心支公司等8家中心支公司、16家支公司、1家营业部及162家营销服务部，合计189家分支机构。平安人寿福建地区内勤员工2325人，保险代理人50762人。

客户服务。2017年，公司打造的智慧客服，运用AI技术，构建业务甄别、风险定位、在线自助和空中门店四大核心能力，实现所有业务“在线一次性办理”，让服务突破时空的局限。是年，公司推出全新的“闪赔”服务。该服务针对理赔程序复杂、时效性差和安全性不足等痛点，通过新科技运用及作业效率提升，为客户打造30分钟内即完成理赔的极快极简服务。闪赔一推出，获广大客户好评。

防控风险。2017年，公司本着防范新型风险、消除存量风险原则，通过风险管理、风险识别、风险控制、风险教育、风险处置五方面举措，完善分公司风险防控合规体系，健全制度，建立长效机制。定期开展销售误导滚动自查自纠排查、常规风险排查工作，对销售误导行为、保险资金案件风险、财务管理风险、业务管理风险及内控管理缺陷等进行常规排查及专项排查，有效防范和打击违法违规的行为。

服务社会。2017年，公司向宁德周宁县、宁德屏南县、南平浦城县、南平顺昌县4个县的20329名建档立卡贫困人口捐赠意外保险保障，捐赠总保险金额9.36亿元；完成3例理赔，累计赔付金额15万元。2017年5月27日首个“平安公益日”，公司为福建平安希望小学募捐善款42万余元。2017年7月起，公司向全社会广泛招募平安支教志愿者，最终确定18名优秀志愿者参与2017平安年度支教项目。支教活动拓展乡村儿童视野，助力健康成长，受到孩子们的欢迎以及当地教育部门的高度认可。活动拍摄的支教宣传片《爱不孤读》宣传公益支教理念，浏览量超过10万，号召更多人关注乡村儿童，为教育扶贫贡献力量。

公益活动。公司组织开展公益活动。分公司于“7·8全国保险公众宣传日”开展公益活动，普及保险知识，树立保险行业公益形象，传递保险正能量。响应总公司号召，开展幕天公益捐书系列公益活动，包括开设多种捐书通道；“9·9”公益日期间，发起“撑书撑少年”公益行动，举办“向善向上，为爱书发”全民阅读推广季活动，践行平安“执善心，筑大业”的慈善理念。（陈楚菲）

【中国太平洋财产保险股份有限公司福建分公司】 2017年，中国太平洋财产保险股份有限公司福建分公司下辖10家中心支公司、55家支公司、11家营销服务部，分支机构遍布全省，公司拥有专业技术人才1300余人。经营范围包括各种财产保险、短期健康保险和意外伤害保险等业务，为电力、汽车、农业、机械、化工、电子、水利、建筑、桥梁、公路、航天航空、船舶以及高科技产业等领域提供一揽子保险保障。

公司主业。在全省推广中小企业专属产品“财富U保”、小额贷款保证保险、出口和国内短期信用险、产品责任险、汽车延保等保险产品；加快发展三农保险、巨灾保险以及食品安全、环境污染、医疗责任等与公众利益密切相关的责任保险。

管理服务。公司推进数据承保集约化项目，提升出单作业服务能力，借助“3·15消费者权益保护日”“7·8全国保险公众宣传日”“牵手太保，品味生活”首届客户节活动等项目，提供各类客户增值服务。公司不断优化投诉问责流程，畅通咨询投诉渠道，完善回访机制，执行机构主要负责人每月接访日活动，保护客户权益。

风险防范。公司全面守住不发生区域性系统性风险的底线，推进反洗钱工作常态化。主动开展保险反欺诈、反舞弊查处行动，加强管理，防范发生风险案件，强化责任追究力度。

服务社会。2017年，公司首次与福建省关工委联合开展扶贫攻坚行动，举办全国“五好小公民”第20届主题教育千校公益赠书活动，分批次向省内9个设区市的300所学校赠书18000册。

精准扶贫。公司开发的银耳种植保险、茶叶低温指数保险、林权保险等指数保险累计为农户提供保险保障1.1亿元，并向银耳种植户赔付理赔款593万元。与南平市政和县岭腰村、漳州市华安县丰山镇康山村结对，实施逐户帮扶行动，在三明全面拓展小贷险，助力沙县大力发展农业创新项目。

高效理赔。公司推进标准化服务门店建设，开展“精品门店标准化”服务活动，将贴心周到的服务贯穿于客户生命周期的全流程之中。95500报案电话24小时受理客户援助需求，车险太好赔、自助查勘、指尖查勘、人伤查勘等10个理赔新工具高效定损，客户可通过手机查勘APP现场提交单证，实现自动核价、自动核损、自动理算和自动核赔，高效理赔服务赢得良好的服务口碑。

服务三农。公司创新诉讼财产保险、财产保全责任险、环境责任保险、贸易信用险、公安系统健康险、药责险、防贫保、新材料首批次应用综合责任保险等险种。2017年，公司参与森林火灾险等农险业务，探索农险助农新模式，创新支农惠农方式，独家承保财政金柑种植保险54.1公顷。（陈祺嬰）

【中国太平洋人寿保险股份有限公司福建分公司】 2017年，中国太平洋人寿保险股份有限公司福建分公司累计保险业务收入40.1亿元，其中，个人业务保费收入累计实现35.5亿元，比上年增长27%。渠道业务稳步增长，实现新保营业收入1.6亿元；实现非健险业务收入1.6亿元，其中直销1.30亿元，市场份额排名第一。健康养老业务有序推进，实现新保营业收入3832万元。2017年，分公司给付支出总额6.6亿元，比上年增长14.5%。

巩固传统业务。拓展新兴平台，推进个法融合，实现直销短意增速高于市场均值、市场份额位居第一。拓展新兴合作平台，加速省级合作平台搭建。与省计生协、省老龄委签订战略合作协议，实现计生险、老人险业务突破。加速与省安然合作，在8个设区市44个网点开展业务。开拓新增渠道，通过省对省签订协议，实现金融版块多渠道业务发展布局。强化资源共享，推进个法融合。充分整合个险与法渠两大条线的资源优势，加强内部资源共享，推动个法交叉，促进可营销客户积累。

服务社会。加强健养客户经营，实现营业收入持续提升以及税优健康业务取得突破。税优健康实现突破，税延养老积极推动。健养中心分别成立税优健康、税延养老推动项目小组，利用合作渠道优势，共同挖掘拓展产险的企业客户群体。多次举办税优健康政策宣导与业务培训，分解业务目标，纳入三级机构分管总绩效考核，制定税优专项客户积累方案。

风险防控。围绕监管重点，通过抽查客户信息500余条、保单350余件、激励方案26个、投诉案件310余件、个人理赔案件501件和网站90余个，对公司相关作业环节风险点进行全面清查。

综合治理。2017年，犹豫期内电话回访成功率达成并保持100%，新契约回访完成率99.77%。

风险治理。开展非法集资、互联网安全负面清单、涉嫌非法集资广告资讯信息等专项排查，排查机构全覆盖。落实反舞弊、反欺诈、投诉信访等专项风险排查，排查内容涵盖资金管理、人员背景信息、机构管理、代理机构管理、印章管理、单证管理等11项作业环节，未发现存在相关风险。

精准扶贫。联合福建电视台开展“2017太平洋寿险校园公益行”活动，为8个设区市20所农村贫困小学捐赠价值30万元的阅览室、音乐室、美术室及学习用品等。精准定点扶贫，分别向光泽县2851名、永泰县4037名建档立卡贫困户捐赠意外伤害保险（每人年保额3万元），捐赠风险保障总保额2.1亿元。2017年，分别向329名困难党员补助28.8万元，15839人发放“一站式”救助补偿金446.6万元，169人次发放帮就医补助466.2万元。（林　芝）

小额贷款　租赁　典当

【融资性担保】 至2017年末，福建省有融资性担保机构243家（含3家分支机构）。据对201家机构统计，全省融资性担保行业资产总额323亿元，负债总额45.7亿元，净资产277.3亿元；年度担保总额595.6亿元（其中融资性担保总额343.2亿元），在保余额378亿元（其中融资性担保在保余额212.7亿元）；担保放大倍数1.36倍（其中融资性担保放大倍数0.77倍）；新增代偿5.2亿元，代偿余额39.3亿元。全年担保业务收入3.6亿元，缴纳所得税5956万元，总体盈利6100万元。

【小额贷款公司】 至2017年12月末，福建省有小额贷款公司120家，注册资本金合计275.7亿元，从银行融入资金余额22.13亿元，资产总计308亿元，比上年上升0.39%，贷款余额282.98亿元，增加0.88亿元。2017年全省小额贷款公司累计发放贷款515.55亿元。

【典当行】 至2017年12月末，福建省（不含厦门市）批准设立典当行197家、比上年下降12.78%，分支机构4家，注册资本总额47.35亿元、比上年下降14.19%。根据192家典当行统计，12月末典当业务4.78万笔，典当余额33.33亿元，比上年下降11.23%；典当总额89.88亿元，减少26.03亿元，比上年下降22.45%。

【内资融资租赁试点企业】 至2017年12月末，福建省经商务部、国家税务总局批准的内资融资租赁试点企业10家，注册资本总额32.47亿元，融资租赁投放额合计69.35亿元，融资租赁业务收入60567.64万元，实现税前利润15902.03万元，缴纳税收12068.96万元。

（周　艳）

编辑：郑　莱

固定资产投资

【投资规模】 2017年，福建省完成固定资产投资26226.6亿元，比上年增长13.5%（含跨区项目）。全省9个设区市和平潭综合实验区固定资产投资规模由高到低依次是：福州市5358.56亿元，比上年增长12%；泉州市4123.8亿元，增长10%；漳州市3328.1亿元，增长17.7%；龙岩市2519.13亿元，增长15.1%；三明市2498.5亿元，增长16.7%；厦门市2381.46亿元，增长10.3%；莆田市2274.65亿元，增长17.4%；南平市1990.15亿元，增长17.5%；宁德市1287.42亿元，增长5.1%；平潭综合实验区464.82亿元，增长17.1%。

【投资结构】 2017年，福建省固定资产投资中，第一产业投资980.25亿元，比上年增长36%，第二产业投资8846.49亿元，增长12.3%；第三产业投资16399.87亿元，增长13%。第二产业中，工业投资8800.7亿元，比上年增长12.6%，其中，采矿业投资172.51亿元，下降21.4%；电力、热力、燃气及水的生产和供应业投资1062.49亿元，下降7.1%；制造业投资7565.69亿元，增长17.2%。第三产业中，与商贸、民生及社会事业相关的领域投资增长较快。其中，批发和零售业投资706.32亿元，比上年增长70.7%；居民服务、修理和其他服务业投资97.7亿元，增长93.9%；教育业投资369.64亿元，增长12.6%；文化、体育和娱乐业投资432.4亿元，增长33.5%；卫生和社会工作行业投资265.32亿元，增长33.5%。

【投资项目】 2017年，福建省固定资产投资共有施工项目45802个，比上年增长38%，施工项目计划总投资49107.3亿元，增长23.3%；施工项目中新开工项目34567个，增长28.4%，新开工项目计划总投资20593亿元，增长14.4%。

是年，全省重点项建设项目1487个，其中在建重点项目1102个，年度计划投资3913亿元，全年完成投资4745.94亿元，完成年度计划的121.3%。其中，农林水利完成投资197.23亿元，占143.7%；交通完成投资708.12亿元，完成年度计划的103.1%；能源完成投资393.53亿元，完成年度计划的88.9%；城建环保完成投资1103.99亿元，完成年度计划的141.2%；工业完成投资1502.49亿元，完成年度计划的126.5%；服务业完成投资688.28亿元，完成年度计划的126.8%；社会事业完成投资152.3亿元，完成年度计划的113.8%。

【投资资金】 2017年，福建省固定资产投资到位资金25554.77亿元，比上年增长12.5%。其中，国家预算资金1839.42亿元，比上年下降4.5%；国内贷款2361.57亿元，增长5.9%；利用外资71.46亿元，增长28.7%；自筹资金16754.23亿元，增长14.9%；其他资金4504.67亿元，增长15.2%。

【投资特点】 2017年，福建省固定资产投资主要特点：一是基础设施投资稳定增长。基础设施投资8705.6亿元，比上年增长13.8%。其中，水利、环境和公共设施管理业4486.7亿元，比上年增长25%。二是改建和技术改造投资较快增长。全省工业投资中，改建和技改投资2130亿元，比上年增长14.9%，比工业投资增幅高2.3个百分点。三是房地产开发投资低幅增长。房地产开发投资4794.23亿元，比上年增长4.5%，其中住宅投资3236.51亿元，增长7.9%。全年房地产开发企业房屋施工面积31939.55万平方米，比上年增长2.8%，其中住宅施工面积20378.76万平方米，增长4.8%。房屋新开工面积5528.75万平方米，比上年增长13.4%，其中住宅新开工面积3826.31万平方米，增长20.8%。房屋竣工面积4266.69万平方米，比上年增长16.4%，其中住宅竣工面积2891.33万平方米，增长19.5%。四是民间投资增速回升。民间投资15788.6亿元，比上年增长18.6%，提高13.3个百分点。其中，制造业民间投资6288.3亿元，比上年增长17.5%，是民间投资较快增

长的主要支撑。（张海峰）

重点建设

【概况】 2017年，福建省政府安排重点项目1487个，其中在建项目1102个、预备项目385个。在建重点项目年度计划投资3913亿元，实际完成投资4746亿元，重点建设占全社会固定资产投资的比重达18.1%。全年实现200个重点项目建成或部分建成投产，一批促进高质量发展的项目交付使用；200个重点项目开工，一批影响力、带动性强的项目落地建设；一批重大前期项目取得突破。截至年底，全省高速公路通车里程突破5000千米，密度居全国前列，港口吞吐能力4.8亿吨，电力装机容量5597万千瓦。

【项目进展】 2017年，福建省交通行业在建重点项目132个，全年完成投资708.12亿元，预备重点项目70个。铁路方面，南三龙、福平、衢宁、建宁至冠豸山铁路等工程续建，兴泉铁路、福厦客专全线开工建设。高速公路方面，建成南平联络线、沙县至厦门高速泉州、三明段等高速公路；推进厦蓉线漳州天宝至龙岩蛟洋扩容、福州绕城公路东南段、长乐至平潭、屏南至古田、顺昌至邵武、莆炎高速永泰梧桐至尤溪中仙段、永定至上杭、云霄至平和、泉厦漳城市联盟路泉州段、长乐前塘至福清庄前、武夷新区绕城等高速公路在建项目建设；新开工建设国高网宁东线宁德沙埕湾跨海通道、莆炎高速尤溪中仙至建宁里心段、长乐至平潭（上岛段）等项目；宁德至古田高速等项目工可研获批。港口方面，新开工厦门港东渡港区0～4号泊位改建工程（码头部分）、厦门港后石航道二期工程等项目，新批复和核准福州港沙埕港区杨崎作业区25、26号泊位，福州港松下港区元洪作业区1、2号泊位，三都澳深水航道二期工程——漳湾航道，罗源湾深水航道二期等项目。机场方面，福州长乐国际机场第二轮扩能工程持续推进，二期扩建工程预可报告经民航局行业审查通过，厦门新机场立项报国务院、中央军委审批，武夷山机场迁建完成项目建议书编制，并报军方审批。

能源行业，在建重点项目58个，全年完成投资393.53亿元，预备重点项目17个。建成福清核电一期，国投湄洲湾第二发电厂两台机组实现双投，西气东输三线福建段建成并供气。开工建设霞浦核电“示范快堆”、漳州LNG接收站。推进永泰、周宁、厦门抽水蓄能电站以及华能罗源电厂、华电邵武电厂三期、平潭长江澳海上风电、莆田LNG接收站5～6号罐、海西二期管网等项目。推动漳州核电一期工程、宁德核电5～6号、西气东输三线闽粤支干线等项目前期工作。

工业行业，在建重点项目366个，全年完成投资1502.49亿元，预备重点项目122个。莆田云度纯电动乘用车产业化项目建成投产，古雷翔鹭PTA项目完成整改修复并恢复生产，漳州古雷炼化一体化（一期）、中化乙烯和炼油改扩建、长乐锦江科技聚酰胺纺丝及加弹等项目开工建设，福州液空煤气化、泉港天骄化学材料、龙岩环海环保专用汽车、将乐泰达铝硅合金等项目建成或部分建成。中铝铜冶炼基地、中石油福建长汀催化剂、永荣己内酰胺一期、宁德时代新能源动力、金龙汽车龙海异地迁建等项目建设进度加快。推动康乃尔MDI、东南电化TDI扩建、东南汽车三期扩建、福建奔驰二期扩建等项目前期工作。

农林水利行业，在建重点项目93个，全年完成投资197.23亿元，预备重点项目41个。德化县彭村水库工程、九龙江防洪工程漳州段（一期）等项目主体工程基本建成。石狮市祥芝中心渔港扩建工程、霞浦县西洋一级渔港工程、莆田市浮叶一级渔港工程等项目初设批复并开工建设，白濑水利枢纽工程、闽江防洪工程福州段（四期）、连城县福地水库、福州地区大学新校区防洪排涝体系溪源泄洪洞工程等项目前期工作取得成效。继续推进平潭防洪防潮工程、罗源霍口水库工程、平潭及闽江口水资源配置工程、龙海市九九坑水库工程等项目建设进度。

城建环保行业，在建重点项目164个，全年完成投资1103.99亿元，预备重点项目38个。福州地铁1号线一期工程开通运营，1号线二期、2号线工程续建，6号线初设批复、控制性工程和站点开工建设，4号线一期工程、5号线一期工程完成初步设计评估论证。厦门地铁1线开通运营，2、3号线续建工程持续推进，4号线控制性工程开工，6号线前期工作加快推进，漳州角美延伸段工可完成专家审查评估。武夷新区旅游观光轨道交通一期工程续建，二期

晋江天然气发电有限公司是福建省首家同时拥有风电、气电和光伏发电为一体的发电企业，摄于2017年（省能源集团供稿）

工程完成工可审查。福州马尾大桥、漳州圆山大道工程、莆田市木兰大道一期工程、平潭坛西大道南段电力管廊及市政化改造工程等项目持续推进。

服务业行业，在建重点项目211个，全年完成投资688.28亿元，预备重点项目38个。京东厦门电子商务产业园项目、福州国家医疗健康大数据中心及产业园项目、福建（三明）兄弟物流产业园项目等一批项目开工建设。菜鸟泉州智能物流东南核心节点项目（一期）、厦门杏林湾商务营运中心项目、莆田电商·未来创业孵化基地（一期）、三明梅列小微企业创业园建设项目等一批项目建成投用。厦门东南国际航运中心总部项目、晋江中国海峡国际五金机电交易中心项目、邵武和平古镇开发项目等一批项目继续实施。

社会事业行业，在建重点项目78个，全年完成投资152.3亿元，预备重点项目34个。推进省疾控中心迁建工程、省老年医院、省儿童医院和福建医大附属协和医院门诊楼、急诊楼、心血管病房楼项目以及平潭国际会展中心项目、厦门大学翔安校区、东山谷文昌干部学院等项目建设，加快省第二人民医院病房综合楼建设项目、医大附一医院奥体院区建设、医大附三医院二期、省妇产医院、省立医院金山分院二期工程等项目前期工作。

【开工项目选介】 福州至厦门客运专线。该项目采用双线高速铁路标准建设，设计时速350千米，概算总额499.02亿元。线路自福州南站引出，向南经莆田、泉州、厦门北站至漳州，线路长277.42千米。该项目建设对支持福建省经济社会加快发展、推动沿线新型城镇化建设、完善区域快速铁路网布局、提升通道客运服务质量等具有重大意义。

宁德沙埕湾跨海通道工程。该项目是国家高速公路网宁波至东莞公路的重要组成部分，起自福鼎市佳阳乡双华村，接宁波至东莞国家高速公路浙江段，全长20.52千米。项目已开工建设，建成后将进一步完善国家高速公路网，提高沿海通道通行能力，加强福建省与长三角的联系，促进闽东北区域经济发展。

莆炎国家高速公路尤溪至建宁段。起自三明市尤溪县中仙乡，接拟建的莆田至炎陵国家高速公路永泰梧桐至尤溪中仙段，接已建成的建宁至泰宁高速公路，全长216千米。估算总投资235亿元，是近年来福建省投资最大的国高网项目。项目建设实施可使莆田至炎陵高速公路全线贯通和发挥整体效用，有利于增强福建省作为海上丝绸之路核心区的辐射带动能力，进一步促进福建省与内陆省份的经贸合作。

福州市轨道交通5号线一期工程。起于福州市闽侯荆溪，终点设于福州火车南站。路线全长27.3千米，估算总投资219亿元。该工程建成后，将进一步完善福州市城市轨道交通线网，促进城市“沿江向海”发展，更好地支撑福州新区和福建自贸试验区福州片区建设。

平潭及闽江口水资源配置工程。该项目是截至2017年福建省最大的水利基础设施工程，列入全国172项节水供水重大水利工程，建成后年平均供水量7.89亿立方米，可有效提高平潭及闽江口南岸区域供水能力。

中化泉州炼化一体化项目（二期）。建设炼油扩建年产1200万吨到1500万吨，新建年产100万吨乙烯裂解、80万吨对二甲苯等16套化工装置。总投资325亿元。2017年10月30日，在泉惠石化工业区开工建设。建成后将有效带动福建及华东、华南地区石化中下游产业及相关行业发展，将进一步推动湄洲湾石化基地成为国内领先、国际一流的现代化大型石化基地，形成世界级的石化产业集群。

漳州古雷炼化一体化项目。该项目是两岸最大石化产业合资合作项目，主要建设包括年产80万吨乙烯蒸汽裂解、50万吨裂解汽油加氢、50万吨乙二醇（EO/EG）、60万吨苯乙烯（SM）等9套化工装置以及配套工程等，预计总投资278.8亿元。2017年12月26日，一期百万吨级乙烯项目开工。

漳州液化天然气（LNG）项目一期工程。项目位于漳州龙海市，一期LNG接收年处理能力300万吨，总投资71亿元。将利用中海油核心技术以及自主设计、自主管理、自主建设能力，开展接收站和储罐工程的整体EPC建设。

福建省儿童医院（区域儿童医学中心）项目。该项目按照国家级区域性儿童医疗中心标准建设，主要建设儿童医院医疗综合楼、感染楼及配套用房等，总建筑面积22.7万平方米。该项目建成后，将直接缓解全省儿童医疗卫生资源总量不足、服务体系不完善的紧张局面，发挥区域儿童医疗中心的引领辐射作用，带动提高省内儿童医疗及预保健服务水平。

【竣工项目选介】 沙厦高速公路。沙厦线全长241千米，总投资176.47亿元。该路线起于福银、长深高速公路际口枢纽互通，终于厦门集美田厝。2017年12月12日，三明沙县至泉州德化国宝互通段建成投用，标志着沙厦高速公路全线通车运营。通车后将极大改善尤溪、沙县、德化等县偏远乡镇的交通出行条件，大大缩短江西等内陆省份及闽西北地区通往厦门、泉州等闽南经济发达地区的距离，将给沿线地区经济社会发展提供新活力。

连江申远聚酰胺一体化项目。该项目总投资91亿元左右，申远年产40万吨聚酰胺一体化项目采用荷兰皇家帝斯（DSM）HPO plus己内酰胺生产工艺，是截至2017年世界上最成熟稳定、最安全环保的己内酰胺生产技术。一期全面建成试生产，将进一步增强中国锦纶在国际市场的竞争力。

云度新能源纯电动乘用车产业化项目。该项目位于莆田高新技术产业开发区内，总投资18.9亿元。项目建成后将具备年产6.5万台的生产能力。达产后预计年产值50亿元。2017年开始首款车型小批量生产。

国家海洋局海岛研究中心二期。海岛研究中心是国家海洋局与福建省政府共建项目，二期总建筑面积8万平方米，总投资8亿元。二期建成后将成为国际海岛科学研究的交流平台，也将成为海岛保护、开发和管理重要的科研场所，有利推动平潭国际旅游岛建设。至2017年，主体工程建成。 （陈可祖）

城乡规划

【城乡规划编制】 2017年，福建省城乡规划水平得到提升，主要体现在开展“多规合一”工作，通过联席会议协调解决难点，完成福州、漳州、福鼎等13个省级“多规合一”试点城市“一张图”成果审查，厦门市通过实施“多规合一”，发挥规划统筹引领作用，使策划生成的项目可决策可落地可实施。启动省级“多规合一”信息平台建设，制订《福建省“多规合一”规划数据库建库标准》。完成南安市、南平市城市总体规划和武夷山市城市总体规划纲要、三明市城市总体规划修改等技术审查，《南安市城市总体规划（2017－2030年）》于12月14日获省政府批复。部署开展城市开发边界划定工作，出台《福建省城市开发边界划定和管理技术要点（试行）》，完成16个试点城市开发边界划定工作。全省开展“城市双修”试点，组织推荐福州、厦门、泉州、三明等4个城市申报并列入住建部“双修”试点城市名单。

【城乡规划监督管理】 2017年，福建省城乡规划管理，主要包括进一步完善城市规划委员会制度、健全城市规划决策机构，完成城市规划委员会建立和运行情况调查。全省9个设区市和平潭综合实验区均成立城市规划委员会，34个县市成立城市规划委员会。创新规划督察方式，“日常督察＋专项督察”相结合，不定期开展专项督查。开展控规编制实施情况、省级历史文化名城和历史建筑保护等专项督察，城市规划督察影响力增强。推进规划督察全覆盖，福州市向福清、长乐、闽侯等市县派驻规划督察员，泉州市率先实现市域内规划督察全覆盖，莆田市向仙游县派驻规划督察员，三明、龙岩市选择部分县开展派驻规划督察员试点，漳州市完成办法制定和督察员遴选。印发实施《福建省城市控制性详细规划备案管理办法（试行）》，开发并上线运行城市控制性详细规划备案信息系统，规范控规备案管理，强化控规实施监管。印发《福建省城乡规划成果质量检查办法》，推行“双随机”检查，加强规划成果质量管理，提升城乡规划编制水平。

【城乡规划服务】 2017年，福建省对贫困县城开展帮扶和县城规划建设管理提升试点，首批选择10个县采取政府购买服务方式，依托省内较高水平的规划、建筑设计研究院组建技术团队，从专业角度对规划管理人才短缺县从规划提升、人居环境整治、管理机制等方面实施重点帮扶。推动“一图一册一平台”建设，制定完成总规一张图模版；编制印发《城乡规划基本知识手册》；编制省级城市规划管理信息平台可行性研究报告并通过省发改委组织的专家评审会。修订《福建省城市规划管理技术规定》《福建省控制性详细规划编制导则》（试行）中的“街道、社区公共服务设施配置指引”章节，进一步优化规划指标，提升公共服务设施配置水平。

【历史建筑保护利用】 2017年3月，福建省人大常委会第二十八次会议通过并颁布施行《福建省历史文化名城名镇名村和传统村落保护条例》，实现街区、历史建筑和传统村落保护立法。全省公布历史建筑3600多栋，新增认定11处省级历史文化街区，234个省传统村落。完成泉州、长汀、邵武等历史文化名城保护规划和厦门鼓浪屿历史文化街区保护规划技术审查。2017年，省住建厅会同省文化厅部署开展第三批省级历史文化街区申报评定工作。筹办首届传统村落保护发展国际大会，启动福建传统村落论文征集等多项预热活动。继续开展城乡历史建筑普查，截至年底，全省公布历史建筑3650栋，厦门、泉州基本完成公布历史建筑测绘建档。各地探索保护新模式，屏南县利用历史建筑发展文化创意产业，惠安县成立闽南古建筑研究院挖掘历史文化内涵，推进建筑遗产保护利用。通过竞争性选拔方式推进15个历史文化名镇名村和传统村落改善提升，打造东山县铜陵镇、屏南县双溪镇、荔城区后黄村、永定区初溪村、霞浦县半月里村等新的示范典型。组织324个村庄申报第五批中国传统村落，29个中国传统村落获中央补助资金8700万元。组织南靖县塔下村等8个村落参与全国第一批制作数字博物馆，扩大传统村落影响力。 （施德善）

城市建设

【宜居环境建设】 2017年，福建省宜居环境建设完成投资2890亿元，占全省基础设施投资近1/3，比上年增长21%。主要通过建立工作机制、筛选项目清单、协调项目建设和培育典型示范带动，推进宜居环境建设。各地涌现一批示范典型。有青年建筑师驻村行动等9个项目获中国人居环境范例奖，获奖数为历年之最。在农村，整治方面有新突破：年初召开全省生活污水垃圾治理工作视频会议，动员部署到村一级，10月，省政府召开全省改善农村人居环境泰宁现场会，进行再动员再部署。全省住建系统深入贯彻落实，建立起省市县三级资金补助机制，推动落实垃圾治理农民缴费制度，强化治理资金保障。研究出台一系列鼓励政策措施。推进县市域为单位捆绑打包的PPP项目（即将部分政府责任以特许经营权方式转移给社会主体，建立利益共享、风险共担、全程合作的共同体关系）。加强“美丽乡村”建设指导，加强农村危房改造。

【城镇基础设施建设】 2017年，福建省新改扩建城市道路1800千米，新建改造雨水管网1677千米，污水管网1792千米，供水管网1897千米，绿道1506千米，燃气管网1249千米，建成地下综合管廊33千米，新增城市公共停车泊位6.4万个，城镇公厕2472座，基本完成12个城市易涝点整治，福州、厦门建成区基本消除黑臭水体，漳州、莆田、三明、龙岩等4个城市提前一年完成整治。6座污水处理厂和4座垃圾填埋场完成提标改造，7座焚烧厂或填埋场建成运行。此外，还有两项国家试点城市建设，其中，城市地下综合管廊试点，包括厦门23千米基本完成，平潭31千米完成22千米，占71%；海绵城市试点，厦门完成21项、在建21项、计划投资4.57亿元全部完成，福州完成23项、在建55项、完成投资11.56亿元。

【城市园林绿化】 2017年，福建省新增园林绿地面积3100多公顷，新增绿道1506千米，立体绿化192处，城市片林256处，小绿地小游园300多处。主要提升设施水平，包括园林城市（县城）创建，园林绿化“五个提升”工程实施，城市绿道、绿廊、立体绿化、小游园小绿地等建设，有仙游、德化和武平等3个县获“国家园林县城”称号，5个县获“省级园林县城”称号。实现所有市县省级及以上园林城市（县城）全覆盖，国家园林城市（县城）已有6个，占全省国家级总量的1/3。周宁县九龙漈被列为国家级风景名胜区，厦门鼓浪屿被列入世界文化遗产名录。

（施德善）

城市管理

【城市管理执法体制改革】 2017年，福建省成立省级城市管理机构，全面梳理住建领域378项行政处罚权。各市县稳步推进城市管理相关职能整合和机构综合设置，有序集中行使住建领域行政处罚权，完成城管队伍统一着装，实现执法队伍培训全覆盖。省政府印发关于加快推进城市执法体制改革工作的通知，明确各市县改革重点任务内容和完成时限。9个设区市与平潭综合实验区和48个县市建立政府主要领导牵头的城市管理工作协调机制；9个设区市与平潭综合试验区和33个县市出台具体改革方案。城市管理职能整合和住建行政处罚权集中，推行两类行政执法行为全过程记录，全省所有设区市与平潭综合实验区和52个县市公布权责清单，并建立动态调整机制。

【“两违”综合治理】 2017年，福建省“两违”综合治理建筑面积5177万平方米，清腾土地面积0.53公顷。启动新一轮巩固提升行动。根据城市建成区违法建设专项工作5年行动方案，开展建成区违建专项治理。开展“无违法建”示范创建提升活动，各设区市和平潭综合实验区按要求制定创建3年提升总体方案，并从村居、乡镇街道创建抓起。福州马尾区等12个县市区为2017年“无违法建”创建示范点。 （施德善）

村镇建设

【农村污水垃圾治理】 2017年，福建省计划建成100个乡镇生活污水处理设施，实际完工166个；计划新建改造三格化粪池50万户，实际完成52.15万户；计划建成247个乡镇生活垃圾转运系统，实际完工301个；计划新增3000个行政村建立垃圾治理常态机制，实际完成4546个。联合省财政厅出台《鼓励社会资本投资乡镇和农村生活污水处理PPP工程包实施方案》《鼓励社会资本投资垃圾处理PPP工程包实施方案》，推进农村污水垃圾治理市场化工作；出台《福建省2017年农村生活污水垃圾治理考核评比办法》，推动“镇村自查、市县月查、省级抽查”的监督考评机制全覆盖。组织开展6轮全省督查，其中包括上半年及第三季度督查考评。市、县两级做到督查考评全覆盖，绝大多数乡镇对村庄开展监督检查。召开PPP对接会，建立网上对接平台，持续加以推动。全省推出以县域为单位捆绑打包的PPP项目108个（污水67个、垃圾41个）、投资额约238亿元（污水181.4亿元、垃圾56.6亿元），落地47个（污水25个、垃圾22个）、投资额约69.1亿元（污水50.8亿元、垃圾18.3亿元）。

【美丽乡村和特色小镇建设】 2017年，福建省实施新一轮“千村整治、百村示范”美丽乡村建设工程，整治1030个村庄，102个村庄开展美丽乡村示范村创建，重点打造45条美丽乡村景观带，完成投资290亿元，整治裸房1.2万栋，整治建筑面积212万平方米，垃圾转运处理能力3028吨/天，新建集中污水处理设施849个、污水管网长度593千米，拆除房前屋后猪圈、禽舍、旱厕等临时搭盖建筑面积132万平方米，硬化村道长度727千米，新增绿化面积105万平方米。开展带头人及典型示范村庄树立工作，全省树立10个带头人

寿宁县大安乡炭山村美丽乡村新貌，摄于2017年 （寿宁县政府供稿）

及典型示范村庄；组织人员不定期分赴全省30多个市、县（区）宣讲农村人居环境建设政策做法，并派出专家对各地推荐的30个示范村进行规划提升；举办全省村镇建设业务培训班，提升美丽乡村建设水平，举办6期培训，培训860余人，并培训农村建筑工匠700多人。申报第二批全国特色小镇，向住建部上报推荐13个镇，其中晋江市金井镇等9个镇被列入。

【农村危房改造】 2017年，福建省农村危房改造年度开工任务25309户，其中，建档立卡贫困户7820户、低保户3043户、五保户1301户、贫困残疾人家庭1008户、其他贫困户12137户。截至12月底，开工25309户，开工率100%；竣工任务10000户，实际竣工18225户，竣工率182%。中央下达四类重点对象任务9400户，开工率和竣工率均为100%。11月中下旬，组织4个督查组对各设区市开展督查，随机抽查16个县，每个县10户，入户抽查160户。省住建厅会同省财政厅印发《福建省农村危房改造补助资金管理办法》，强化资金监督管理。收集、梳理近年来各级纪委部门通报的57案例，编印成《全省农村危房改造领域违纪问题典型案例》。起草《进一步规范农村村民住宅建设的若干意见》；指导闽侯县开展改善农村人居环境试点，帮助对接省内外10家知名设计团队，重点指导闽侯县乡村规划、村庄风貌、建筑风格和传统元素提炼、农房设计等方面工作。组织第十九批17个村镇住宅小区开展试点，公布第十批10个村镇住宅优秀小区和示范房64户（栋），修订建房通用图集，指导农民科学建房。

（施德善）

建筑业

【概况】 2017年，福建省建筑业总产值保持高速增长，增速超17%，总产值达9994亿元，居全国第八位。其中，闽清县建筑业产值增幅明显，位居全省8个建筑之乡之首。拓展省外市场成效明显，省外完成产值比上年增长22.2%，占总产值的42%；扶持龙头企业，全年新增特级企业7家，总数达13家。实现水利和公路专业特级企业零的突破。特级和一级企业完成产值占全省的52%；组织开展工程总承包试点，安排52个项目。发展装配式建筑，完成装配式建筑生产基地（园区）投资近35亿元，建筑面积超230万平方米。新开工绿色建筑项目1200多个，完成公共建筑节能改造146万平方米，新增施工企业省级技术中心12家，获省政府科技奖成果5项。

【建筑业与设计行业市场监管】 2017年，福建省构建统一开放的建筑市场，工程招投标网上公开，完善市场监管信息平台。建筑设计引入先进理念。是年，在福州召开全国勘察设计行业创新创优大会，并举办优秀建筑设计展。邀请两名院士和10名大师作主题演讲。开展全过程工程咨询等试点，公布22家试点单位。典型示范引导，有泉州南益广场等35个工程项目获全国优秀工程勘察设计奖，其中一等奖两项。由省建筑科学研究院承担的“夏热冬暖气候区绿色建筑技术和产品研究应用”成果，获省科技进步一等奖。

【工程质量与安全生产整治和督查】 2017年，福建省房屋建筑和市政基础设施工程质量安全生产总体平稳。全年发生建筑施工安全事故25起，死亡31人。全省监管部门针对工程质量、安全问题发出责令改正通知书2.91万份，发现并督促整改隐患问题10.89万条。省住建厅组织5轮建筑施工安全专项督查，对连续发生事故存在较大安全隐患且标准化较差的4家施工企业，开展“体检式”延伸检查，清除一批安全隐患。在全国率先运用大数据监管开展建筑施工安全生产标准化考评。在工程质量管理上，落实工程质量终身责任书面承诺、永久性标牌、质量信息档案等制度，修订印发《关于房屋建筑和市政基础设施工程永久性标牌设置的通知》，推动各地开展住宅工程质量常见问题专项治理示范工程创建活动，推广学习福州市开展房屋建筑工程质量专项整治工作措施。省内施工企业承建的福建海峡银行办公大楼等8项工程获国家优质工程奖（鲁班奖）。

（施德善）

房地产业和住房保障

【概况】 截至2017年底，福建省列入国家目标责任考核与为民办实事项目的两项指标，即棚户区改造开工率与基本建成率，公租房分配率，两大指标实现提前、超额完成。改造开工率与基本建成率，全省新开工棚户区改造工程7.6万套，开工率110%，基本建成9.8万套，基本建成率245%；公租房分配率，2013年底前政府投资公租房分配率达90%，2014年公租房分配率85%，2017年全省两项指标分别为93%和85%，均完成年度责任目标。推进棚户区改造，组织编制2018—2020年棚户区改造3年计划，计划改造各类棚户区12.3万户。加快公租房分配，2017年新增公租房分配3.42万套。经省政府同意，省住建厅会同省发改、财政、国土等部门出台《关于加快推进公共租赁住房分配入住的实施意见》，扩大分类保障定向分配范围，推进公租房保障货币化。省住建厅会同省财政部门出台《关于加快推进城镇住房保障家庭租赁补贴工作的通知》，要求设区市本级2017年底前，县市在2018年底前，启动实施公租房租赁补贴工作；盘活政府投资公租房，全省盘活公租房9695套；推进保障房配置网上公开，全省累计网上配置保障房6.5万套。

【房地产市场监管】 2017年，福建省房地产业基本实现预期调控目标，福厦新建商品住宅销售均价控制在2016年10月水平之下，并推出共有产权住房和租赁住房2万多套。全年完成一手房销售5854万平方米，房地产开发投资4794亿元；三四线城市房地产库存加快化解，去化周期比2017年初缩短两个月。新开工棚户区改造7.7万套，基本建成10.8万套，政府投资公租房分配率达90%，提前超额完成国家下达任务。

【住房公积金监管】 2017年，福建省缴存住房公积金524亿元，比上年增长13%；提取住房公积金367亿元，增长7.5%；发放公积金个人贷款5.8万笔244亿元；实现增值收益19亿元，增长8.2%。至年底，全省住房公积金缴存总额3531亿元，提取贷款2304亿元，贷款余额1374亿元，贷款使用率99.9%，贷款逾期率0.02%。在住房公积金监管上，省住建厅联合省财政、人行福州中心支行印发《关于加强住房公积金资金流动性管理的通知》，进一步调整住房公积金政策，停止向第三次（及以上）使用住房公积金贷款或购买第三套（及以上）住房的职工家庭发放住房公积金贷款，提高职工家庭第二次申请使用住房公积金贷款购房的最低首付比例。省住建厅联合省国土厅等部门先后印发《关于住房公积金管理机构与房地产交易权构、不动产登记机构实现信息采集与工商营业执照合并办理工作的通知》，推动与房地产交易用登记机构和工商部门的信息共享。

【房屋征迁】 2017年，福建省开展创建和谐征收示范项目活动，以及房屋征收信息公开情况检查。全省有31个房屋征收项目按规定基本完成征收任务，实现零强拆、零上访，信息公开情况到位，被认定为“全省和谐征收示范项目”。

【物业管理服务】 2017年，福建省出台《福建省物业管理专家库管理办法》，公布全省物业行业专家库专家名单283人。推进物业服务企业信用建设，组织实施物业服务企业信用综合评价，建立物业服务企业信用档案，还公布1079家物业服务企业信用评价结果。创建物业服务示范项目，2017年全省创建省级物业管理示范项目29个。 （施德善）

测　绘

【测绘监管】 2017年，福建省测绘地理信息局开展测绘成果质量监督、测绘资质、地图管理“双随机”抽查，抽查55家测绘单位，发出整改通知书23份。开展测绘单位年度报告的公示，对未及时上报公示年度报告的19家测绘单位进行通报。对入闽17家外省测绘单位作业进行备案。开展常态化测绘地理信息行业信用征集、审核和发布工作，征集录入测绘地理信息行业信用管理平台的测绘单位良好信用信息114条、不良信用信息39条。截至2017年底，福建省有测绘资质单位592家，其中，甲级36家、乙级95家、丙级263家、丁级198家。

【基础测绘】 2017年，福建省测绘地理信息局完成全省连续运行卫星定位服务系统北斗化改造，新建及改造升级卫星定位基准站点73个。制订和发布《福建省卫星导航定位基准服务系统使用管理规定（试行）》。联合省国家安全厅对全省9个卫星导航定位基准站网、174座基准站开展整治。各设区市国土资源局联合地方国家安全部门组织对地方33座单基准站进行安全整治。获取机载激光雷达数据（含数码影像）1.5万平方千米；更新1∶1万DLG数据0.98万平方千米、1∶1万DEM数据2.36万平方千米；获取兴化湾Ⅱ期1∶1万比例尺水下地形图500平方千米。利用全景移动测量系统开展实景三维建设，完成外业采集2109千米、内业生产2995千米。获取全省中分辨率卫星影像数据资源三号248景、高分一号410景，有效覆盖面积12.3万平方千米；获取高分二号513景、北京二号22景，有效覆盖7.1万平方千米。完成中分辨率卫星影像处理119景，高分辨率卫星影像处理118景。全省有26个县（市）完成数字县域地理空间框架项目立项，12个县（市）完成数字县域建设并通过验收，新增立项10个。智慧南平时空大数据与云平台建设试点项目设计书通过国家测绘地信局组织的专家评审。为省级空间规划和资源环境承载力评价提供基础和专题地理信息，参与制订《福建省级空间规划管理办法》。

【质量管理】 2017年，福建省测绘地理信息局对55家测绘资质单位进行监督检验，其中5家单位抽检项目不合格。福建测绘产品质量监督检验站完成市场委托测绘产品检验172项、省基础测绘验收项目18个。福建省测绘地理信息局服务福建省农村土地承包经营权确权登记颁证工作，验收航摄影像框幅式航片7万多张、无人机航片10万多张、数字正射图DOM 16万幅。检定各类仪器3427台，其中，全站仪1144台、GPS 887台、水准仪866台、手持测距仪392台、经纬仪138台。

【地理国情普查】 2017年11月2日，福建省政府召开第113次常务会议，研究通过《福建省第一次全国地理国情普查公报》。12月12日，《福建省第一次全国地理国情普查公报》对外发布。福建省第一次地理国情普查成果在省级空间规划试点、国土空间用途管制、自然资源资产离任审计等工作中广泛应用。福建省测绘地信局完成福州市和宁德市3.01万平方千米的基础性地理国情监测任务。开展国家级新区福州新区空间格局变化监测、全国设区市级以上城市及典型城市群空间格局变化监测（福建）等2项专题性监测。

【地图管理】 2017年，福建省测绘地信局审核各类地图194项，其中，互联网电子地图18项、各开本单张地图及书刊插图176项，有4项不合格。检查地图产品样本53项，其中，纸质地图45项、互联网地图8项，发现21项纸质地图、8项互联网地图存在问题。开展全覆盖排查整治“问题地图”专项行动，对全省342家出版单位、600多家网站、25 家重点新闻网站、中小学教材、大型展馆、新华书店开展排查，发现 3 家期刊、32 家政府网站、14 家新闻网站、4 本教材、3 家展馆存在“问题地图”。对 26 个网站开展日常监控，在互联网地理信息监管系统平台上检定 10.3 万条记录，发现违规地图图片 1361 张，违规 POI63 个。

【地图编制出版】 2017 年，福建省测绘地信局更新福建省及各种比例尺标准地图 35 幅，更新公开版地图数据库兴趣点 1.3 万个，更新各等级道路 1.12 万条，编制两会用图、公务用图、防汛指挥图等 14 种。共享辅助决策用图 25 幅，累计上传 61 幅。发行编制或修编《福州市交通旅游图》《泉州市交通旅游图》《厦门市商贸旅游交通图》《新编福建省地图册》等 27 种，总发行量 8.6 万册（幅）。

【测绘保障服务】 2017 年，福建省测绘地信局收集汇交成果资料数据量 145.3TB，接收航摄相片 14.5 万张、“4D”成果 65.9 万幅、航空影像数据 20.9 万片、卫星影像 505 景、各类系统软件 14 套、其他各类文件 4.6 万个。向 285 家单位提供测绘成果分发服务，向 1500 多人次提供咨询服务，交付 713 单次，签订数据使用协议 480 份。提供纸质地形图 291 幅、“4D”成果 83370 幅、大地控制点 1298 点、各类卫星影像 145.8 万平方千米、地理国情普查数据 1.32TB。其中，对外无偿提供“4D”成果 83114 幅、卫星影像 145.7 万平方千米、纸质地形图 189 幅、大地控制点 1144 个。参与 56 个县防汛指挥图编制与底图数据服务，其中为 42 个县提供防汛指挥图底图数据。

【“天地图·福建”建设与应用】 2017 年，福建省基础地理信息中心完成“天地图·福建”线划电子地图、影像电子地图更新；更新全省高速、铁路、道路数据，现势性达到 2017 年底；完成与国家主节点的数据融合，融合后的地名兴趣点数据 90 万条。完成 6 个应用系统的对接、5 个部门前置服务的部署更新。“天地图·福建”网站浏览量比上年增长 11%，日峰值增长 79%，日均访问量增长 15.8%。

【自然资源资产离任审计】 2017 年 6 月 10 日，省委办公厅、省政府办公厅出台《福建省党政领导干部自然资源资产离任审计实施方案（试行）》要求构建福建省自然资源资产大数据平台，“3S”技术为基础构建多源、多尺度、多时相的自然资源资产审计“一张图”数据库，研发大数据审计服务平台。福建省测绘地信局组织搭建自然资源资产审计标准规范框架，完成平潭海洋资源、邵武森林和土地资源的数据处理入库，开发数据中心系统和审计业务支撑系统。

【高分辨率对地观测系统福建数据与应用中心】 2017 年 12 月 5 日，福建省高分辨率对地观测系统福建数据与应用中心（简称高分福建中心）在测绘大厦 6 楼揭牌。福建省基础地理信息中心完成高分福建中心运行机制与标准规范建设编制、应用示范建设、卫星高分影像建库处理、影像数据平台系统功能研发、系统集成、支撑环境建设及项目初验。2017 年，获取高分一号（2.1 米）影像 410 景，有效覆盖 8.9 万平方千米；高分二号（0.8 米）影像 602 景，有效覆盖 7.3 万平方千米；高分三号（SAR）影像 366 景，全省覆盖；高分四号（50 米）影像获取 33 景，按需获取，实现全省多轮覆盖。福建省测绘地信局加强高分福建中心成果应用，向 14 家单位提供卫星影像 20 多万平方千米。

（黄继富）

环境保护监察

【概况】 2017 年，福建省生态环境质量持续保持全国领先，生态文明建设评价结果居全国第二位。12 条主要河流Ⅰ～Ⅲ类水质比例 95.8%，完成国家下达的水质优良比例考核要求；9 个设区城市空气平均达标天数占比 96.2%，比全国平均水平高 18.2 个百分点，$PM_{2.5}$ 年均浓度 27 微克/立方米，比全国平均水平低 37.2%。城市声环境质量继续保持稳定，辐射环境质量总体保持良好。森林覆盖率 65.95%，保持全国首位。福建是全国水、大气、生态环境质量全优的省份之一。

【环保问题整改】 2017 年，福建省部署开展全省生态环保问题自查整改工作，梳理“一季一督查”、环保部调研发现等方面问题，形成 594 个生态环保问题清单，并对自查整改情况开展专项督查。配合做好中央环境保护督察，在全省上下实施边督边改，立行立改。至 2017 年 6 月底，中央第五环保督察组移交地方及省直部门的 4903 件信访件全部办结，立案处罚 1763 家，责令整改 5368 家，累计处罚 5284.6 万元，立案侦查 54 件，行政拘留 24 人，刑事拘留 7 人，约谈 991 人，问责 444 人。

推进中央环保督察反馈问题整改，将中央环境保护督察反馈的 4 个方面 38 个具体问题细化分解为 72 项整改任务，实行台账式管理，落实一个、销号一个。截至 2017 年底，完成整改 20 项。对福州、厦门、漳州、三明、莆田、南平、平潭等“六市一区”开展环保督察，实现省级环保督察全覆盖。同时，对龙岩、泉州、宁德等开展省级环保督察“回头看”，督促问题整改到位。

【大气环境管理】 2017 年，福建省重点实施产业结构优化调整、清洁能源推广、工业源治理、城市面源整治、移动源管控等 120 多个工程项目。超额完成国家“大气十条”的目标任务，“大气十条”终期考核为优秀。

加强臭氧污染防治。开展臭氧污染成因分析和防治对策课题研究，完善 1500 多家石化、化工、工业涂装、包装印刷等行业 VOCs 排放重点企业清单，制订实施《福建省重点行业 VOCs 污染防治工作方案》，完成 700 多个治理项目。

推进区域联防联控。推动厦门、漳州和泉州，以及泉港、莆田、江阴等重点连片区域，建立健全联防联控机制，实施空气质量联合监测、协同会商、交叉执法等措施，提升大气污染防治的科学性、有效性。开展全省大气污染防治强化督查，全省检查企业近5000家，立案查处300多家。

提升治污减排水平。严格高架源管控，加强对火电、钢铁、水泥、平板玻璃行业脱硫脱硝运行的日常监管，落实环保电价、超低排放电价、绩效考核等政策措施，促进稳定达标排放。完成全省45台煤电机组超低排放改造。淘汰黄标车3.6万辆，基本淘汰黄标车。

【水环境管理】 2017年，福建省推进工矿企业污染防治、城镇生活污水治理、畜禽养殖综合整治等10个方面142个项目，按照国家“水十条”统一要求，完成造纸等六大行业清洁化技术改造。

将小流域水环境综合整治列为省委、省政府为民办实事项目。2017年，全省587个小流域考核断面，Ⅰ～Ⅲ类水质比例为80.4%，劣Ⅴ类水质比例为6%，分别较2016年普查基准水质提高4.7个百分点和下降5.4个百分点。配备省、市、县、乡四级河长4973名、河道专管员13231名；设置636个监测断面，构建小流域水质监测网络；出台《福建省小流域水环境治理工作考核细则（试行）》，发挥省级小流域“以奖促治”专项资金作用，建立健全“有专人管理、有监测设施、有考核办法、有长效机制”的河流管护新机制。

饮用水水源保护。开展全省集中式饮用水水源地环境状况评估和基础信息调查，确立涉水污染源重点管控清单，督促龙岩市做好铁锰矿污染防治，指导各地做好重点水源地藻类水华防控。2017年，县级以上集中式饮用水水源地水质总体达标率99.2%，位居全国前列。

加强近岸海域污染防治。排查清理非法或设置不合理的入海排污口。省直13个部门联合制订实施《近岸海域污染防治方案》，推进陆域污染源整治，重点推进闽江口、九龙江口、漳江口、罗源湾、安海湾等治理。2017年，35个近岸海域国考点位水质达到或优于Ⅱ类比例为77.1%，比72%的国家考核目标要求高5.1个百分点。

【土壤环境管理】 2017年，福建省完成1.7万个农用地土壤详查点位布设，完成5000多个样品采集工作，其中三明、莆田等地工作进展较快，土壤表层样品采集进度超过50%。

加强土壤环境风险管控。筛选确定省级土壤环境重点监管企业188家，全省各地均建立市级土壤重点监管企业名单并向社会公开。督促各地对225座尾矿库环境风险开展全面评估。分批建立疑似污染地块名单，全省筛查42个疑似污染地块，落实调查评估制度。编制出台《福建省土壤污染治理与修复规划》，启动5个土壤污染治理与修复试点项目。

提升危险废物环境监管能力。深化危险废物规范化管理督查考核，持续实施危废污染防治工程包，实行财政资金“以奖代补”政策，新增危废处置能力19.1万吨/年；建成并推广运用全省固体废物环境监管平台，组织开展危废存量清零专项行动，完成14万吨贮存危废清理处置任务。

禁止洋垃圾入境。制订出台福建省具体实施方案。开展电子废物、废轮胎、废塑料、废旧衣服、废家电拆解等再生利用行业清理整顿专项行动，依法取缔非法加工利用小作坊、“散乱污”企业400多家。组织开展打击进口废物加工利用行业环境违法行为专项行动，对60家存在问题的企业予以限期整改、30家违法企业立案处罚。从严审查进口固废申请并开展后督查，削减限制类固体废物进口量约30万吨。

【环境执法监管】 2017年，福建省提前完成18家垃圾焚烧发电企业自动监控设备“装树联”任务。开展畜禽养殖、大气污染源等26个专项执法行动。全年全省环境污染行政处罚案件6569件、处罚金额2.46亿元；办理环境保护法4个配套办法和涉嫌犯罪移送案件2454件，其中，查封扣押1618件、限产停产229件、按日计罚32件、移送行政拘留445件、移送涉嫌环境污染犯罪案件130件。

加强环保网格化监管。全省划定市、县、镇、村四级网格18677个，网格员36000名，出台《福建省城乡社区环境监管网格员考评办法》。建设省、市两级环保网格信息模块，全省9个设区市完成市级网格化信息系统建设。加强网格员培训，全省所有县（市、区）均完成一轮培训。2017年，全省城乡社区网格员上报环保网格监管事件42636件。

【辐射安全监管】 2017年，福建省开展放射源安全检查专项行动，现场检查215家放射源单位，核实各类放射源2385枚，收贮和暂存闲置、废旧放射源181枚；建成福建省核与辐射环境监管系统，对全省97枚高风险探伤放射源实施在线监控；稳控涉核单位，开展应急准备，完成“厦门会晤”核与辐射安全保障任务。加强宁德、福清核电厂周边应急计划区内的应急准备、公众宣传等工作，省核应急委有关成员单位开展各层次核应急演习17次。

【自然生态保护】 2017年，福建省在生态市县“细胞工程”创建工作的基础上，指导推动条件较好的地区对照《国家生态文明建设市县指标》进行提档升级，编制实施国家生态文明建设示范市县建设规划。永泰县、海沧区、泰宁县、德化县、长汀县等5个县（区）被授予第一批国家生态文明建设示范县（区）称号，入选数量全国最多；长汀县被命名为第一批“绿水青山就是金山银山”实践创新基地。截至年底，厦门、泉州获国家生态市命名，福州通过国家生态市考核验收，漳州、三明获省级生态市命名；64个县（市、区）获得省级以上生态县（市、区）命名，其中32个县获国家级生态县命名；519个乡镇（街道）获国家级生态乡镇（街道）命名，获命名的数量位居全国第三。印发《关于深刻汲取祁连山生态环境破坏教训，切实加强自然保护区监督管理的通知》，联合组织自然保护区遥感监测实地核查工作。加强自然保护区执法监督，开展“绿盾2017”国家级自然保护区监督检查专项行动，严肃查处违法违规活动。环保部下达福建省重点核查的 76 个问题，有 70 个销号，销号率 92.1%。

【环境应急】 2017 年，福建省出动环保执法人员 49780 人次，排查环境风险企业 17892 家次，集中式饮用水源地 897 个次。派出 15 个督导组对环境安全隐患排查、群众信访件办理，企业环境应急设施建设、环境应急管理制度建设等情况进行督查。推进重点石化化工企业、园区环境应急池建设，环境风险防范能力不断提高。修订福建省环保厅突发环境事件应急预案，完成 926 家企业、8 个工业园区和 8 个建设项目环境应急预案编制、修订和备案。全省未发生较大、重特大或特别重大突发环境事件。

【环境宣传教育】 2017 年，福建省在中央及省级报纸、电视、广播、网络等主流媒体报道福建省生态环境保护工作 1.1 万余条目，开展 12 场次例行新闻发布或通气会，利用“一网两微一端”环保新媒体平台推送 1.7 万余条目环境资讯。依托环保部舆情监测平台、省委宣传部网信办及东南网舆情监控平台，共收集并报送各类有效环境舆情信息近 2 万条。

【环境基础能力建设】 2017 年，福建省新建 1 座大气超级站、1 座大气区域站、32 座县级空气监测站，实现每个县（市）均有 2 座以上空气监测站，基本形成布局合理、覆盖全面、要素齐全的全省空气质量监测网络。拓展地表水环境监测网络，全省 522 条小流域的 636 个断面定期开展水质监测。开展土壤环境质量监测，对 279 个点位采样监测土壤中重金属、有机污染物含量，初步掌握全省土壤环境质量状况。完成福清核电厂监督性监测系统 1 个前沿站和 11 个自动站终验和移交工作，形成覆盖全省的辐射环境监测网络。

率先在全国建设省级生态环境大数据平台，整合各类生态环境和污染源监测监控数据、环保监管业务数据，以及工商、水利、交通、海洋等部门的有关数据及互联网数据，基本构建覆盖省、市、县三级环保系统的生态环境大数据平台和应用体系。至年底，该平台开始上线试运行。

围绕水体、大气和土壤等环境问题，组织一批环保科技重点项目，强化关键技术创新研发和集成示范。同中科院、中国环科院等国内知名科研机构和高校开展臭氧、细颗粒物污染防控等技术研究，将研究成果转化为政策法规文件、环境标准等。加强空气质量预测预报软硬件升级、模型调优工作，实现空气质量精确预报时效由 3 天提升为 7 天，为精准实施污染管控和应急应对提供支撑。编制包装印刷、工业涂装、制鞋、垃圾焚烧发电等重点行业地方污染物排放标准。

【排污权交易】 2017 年，福建省在全省所有工业排污企业全面推行排污权交易制度。截至年底，全省排污权交易总成交 3778 笔，总成交金额 79768 万元，其中二级市场占比 61.24%，走在全国前列。

【主要污染物减排】 2017 年，福建省化学需氧量重点工程减排量 1.21 万吨，氨氮重点工程减排量 0.18 万吨，二氧化硫重点工程减排量 0.57 万吨，氮氧化物重点工程减排量 0.97 万吨，完成国家下达的主要污染物总量控制任务。

【排污收费】 2017 年，福建省排污费入库 5.34 亿元，比上年同期增长 7.66%，上缴省库 5242 万元。开展以钢铁、煤炭等行业为重点的排污费征收专项稽查工作，对 98 家企业追缴排污费 574.18 万元。

【环境影响评价】 2017 年，福建省审批 5073 个建设项目的环评文件，对 3145 个建设项目开展环保设施竣工验收。完成南靖经济开发区总体规划等 6 个规划环境影响评价审查工作。

（林 靖）

节能 降耗

【概况】 2017 年，福建省能源消费总量 12889.97 万吨标准煤，比上年增长 4.3%，能耗增量 532.2 万吨标准煤，全省单位 GDP 能耗下降 3.5%，完成年度能耗总量和强度“双控”目标。

2016—2017 年全省单位 GDP 能耗比上年下降 9.7%，完成国家下达福建省“十三五”单位 GDP 能耗下降 16%目标的 58.5%，超序时进度 18.5 个百分点；全省能耗增量 710 万吨标准煤，达“十三五”能耗增量 2320 万吨控制目标的 30.6%，实现控制在 40%的序时进度以内。

组织开展各地区能耗总量和强度“双控”目标责任评价考核。切块下达省节能专项资金 6300 万元，省市两级财政资金支持 368 个节能循环经济重点项目实施。开展用能权交易试点，省政府印发《福建省用能权有偿使用和交易制度试点实施方案》，制订 7 个用能权交易配套文件，完成报送、注册登记和交易系统建设，开展企业历史能耗数据第三方核查。推广先进节能产品、技术，2017 年通过中国·海峡项目成果交易会推介节能环保项目技术成果 232 项、技术需求 29 项。围绕能耗限额标准执行情况等，对钢铁、建材、化工、有色、装备等 7 个行业 179 家企业实施节能监察。完成工信部重大工业节能监察、国家发展改革委节能审查专项督察等工作。

【循环经济和绿色制造试点示范】 2017 年，福建省加快循环经济示范试点单位建设，评审公布第二批省级循环经济示范试点单位，组织开展福建海西再生资源产业园“城市矿产”示范基地、泉港石化工业园园区循环化改造的中期评估。推进工业绿色制造体系建设，3 家企业入选工信部绿色工厂、1 家企业生产的产品入选绿色设计产品。组织实施一批绿色集成项目建设，争取中央财政资金支持 5790 万元。 （林 芝）

编辑：郑 莱

农业

综　述

【概况】　2017年，福建省农林牧渔业增加值2294.43亿元，比上年增长3.7%，农村居民人均可支配收入16335元，比上年增长8.9%。

【农产品供给】　2017年，福建省粮食生产供应保持稳定，全年粮食播种面积83.32万公顷，比上年增长0.05%；粮食单产5850千克/公顷，增长2.1%；总产487.15万吨，增长2.1%。建成粮库仓容110.38万吨，开工在建仓容135.19万吨，360万吨储备任务落实到位。主要农产品品质提升、经济效益增加，蔬菜、园林水果、茶叶、食用菌、水产品产量分别达到1292.18万吨、601.14万吨、39.49万吨、123.16万吨、744.57万吨，分别比上年增长2.8%、9.6%、5.9%、4.2%、4.7%。农产品质量安全水平稳步提高，新建标准化规模生产基地3163个，“三品一标”认证农产品达3724个，主要农业投入品和3700多家经营主体生产的食用农产品纳入在线监管。农业部对福建省主要农产品抽检总体合格率达98.6%，居全国前列。

【特色现代农业】　2017年，福建省七大优势特色产业全产业链产值超过11000亿元，蔬菜、水果、畜禽、水产、林竹等五大产业产值跨越千亿元大关，农产品出口91.2亿美元，居全国第三位，福建百香果、富硒农业成为特色现代农业新亮点。创建武夷岩茶国家特色农产品优势区、安溪国家现代农业产业园，创建省级现代农业产业园59个，实施现代农业重点项目350个，新增投资超过120亿元。规模以上农产品加工企业发展到4428家，农产品加工转化率提高到68%。成功打造十大福建区域公用品牌，培育26个福建名牌农产品，安溪铁观音、武夷岩茶获中国十大茶叶区域公用品牌，福建百香果等6个农产品获第十五届国际农交会金奖，永春芦柑等4个农产品被评为中国百强农产品区域公用品牌。成立福建百香果、葡萄、蜜柚等产销联盟，农村电商、休闲农业等新产业新业态加快发展。启动建设14个现代农业智慧园和180个物联网应用示范基地。农作物和畜禽良种覆盖率达96%以上，主要增产技术入户率超过90%，农业科技贡献率提高到59%。建成设施农业基地13.07万公顷，主要农作物耕种收综合机械化水平提高到50%。

【农村民生】　2017年，福建省农田水利建设持续加强，建设高标准农田11.33万公顷，改造抛荒山垅田1.33万公顷，建成粮食生产功能区3.53万公顷、累计建成13.47万公顷。完成水利投资390亿元，巩固提升农村饮水安全人口32.58万人，发展农田节水灌溉2.38万公顷，农田灌溉水有效利用系数提高到0.542以上。防灾减灾能力提升，实施病险水库除险加固工程，开展中小河流治理，推进气象现代化建设，改造提升标准渔港，完善动植物疫情疫病防控体系，加强森林防灭火，“预警到乡，预案到村，责任到人”防灾减灾应急工作机制全面落实。农村交通、电力、通信等建设加强，农村基础设施条件持续改善。农村教育、卫生、文化等社会事业加快发展，公共卫生服务项目政府补助标准提高到每人每年50元，新农合参合率达99.9%；农村居民保基础养老金省定最低标准提高到每人每月100元，新农保参保率98.12%；农村低保人均标准提高到3550元。

【农村绿色发展】　2017年，福建省完成植树造林7.48万公顷，森林覆盖率达65.95%，居全国首位。累计关闭拆除生猪养殖场16.8万家、消减生猪1910.7万头，完成改造6210家，规模养殖场基本实现达标排放。化肥农药使用量比上年下降5%。持续实施“千村整治、百村示范”工程，累计整治改善4700多个村庄人居环境，打造180条美丽乡村景观带，68%的乡镇建成生活污水处理设施，89%的乡镇建成生活垃圾转运系统，75%的行政村建立垃圾治理常态化机制。最严格水资源管理“三条红线”制度全面落实，“一条岸线、三条蓝线”加快划定，河长制全面推行，全省监控水量达许可数量的80%以上。

治理水土流失面积15.83万公顷。

【农村改革创新】 2017年，福建省制定出台农村土地“三权分置”、农村集体产权制度改革等农村重大改革实施意见，农村改革总体框架基本确立。农村土地确权登记颁证工作基本完成，农村集体产权制度改革全面启动，农垦改革加快推进，集体林权制度改革持续深化。各类新型经营主体累计超过6万家，新型职业农民达到40万。建立省级政策性农业信贷担保公司，农村土地承包经营权、农民住房财产权“两权”抵押试点为农业新型经营主体提供贷款超过36亿元。

【农村社会管理】 2017年，福建省保障村级组织运转经费有效落实，全省有70个县（市、区）、94.6%的村主要干部报酬高于当地农村居民人均可支配收入的两倍。农村社会治理创新和平安和谐乡村创建持续深化，农村社会持续保持安全稳定。

【农垦】 2017年，福建省农垦系统有独立核算企业123家，其中，国有农场112个，工业企业5家，商业企业6家；农垦总人口22.37万人，从业人员10.45万人；土地总面积101850公顷，其中，耕地面积9120公顷、林地面积46950公顷。全年完成生产总值74.58亿元，比上年增长10.1%；人均国民生产总值3.53万元，增长21.3%；人均纯收入11832元，增长8.4%。

（李富生）

扶贫开发

【概况】 2017年，福建省全面实施精准扶贫精准脱贫方略，全年脱贫人口20万人，造福工程扶贫搬迁10万人任务超额完成，脱贫攻坚战取得决定性进展。补录建档立卡贫困人口16909人、清退错识错评人员18593人，剩余建档立卡贫困人口4286人。

【扶贫政策】 加强《扶贫手册》《挂钩帮扶工作手册》制度管理，推进产业、就业、金融、健康、教育、生态、低保兜底等精准扶贫工作。扶贫小额信贷扩面增量，累计为6.64万户贫困户担保贷款27.2亿元、覆盖面42.2%；“雨露计划”（“雨露计划”是以政府主导、社会参与为特色，以提高素质、增强就业和创业能力为宗旨，以中职中技学历职业教育、劳动力转移培训、创业培训、农业实用技术培训、政策业务培训为手段，以促成转移就业、自主创业为途径，帮助贫困地区青壮年农民解决在就业、创业中遇到的实际困难，最终达到发展生产、增加收入，最终促进贫困地区经济发展）培训贫困户6.9万人次；产业扶贫政策实现全覆盖，资产收益扶贫试点有序开展；精准扶贫医疗叠加保险在全省实施，建档立卡贫困患者医疗总费用个人自付比例从30.2%降至20.5%。挂钩帮扶23个省级扶贫开发工作重点县制度全面落实，新建成5个山海协作产业园区，累计已达32个。第五轮整村推进扶贫开发启动实施，1958名党员干部驻村任职。（李富生）

农村经济管理

【农村土地承包管理】 2017年，福建省农村承包地经营权确权登记颁证工作基本完成。全省99.4%的村完成权属入户调查，99%的村完成审核公示，98.4%的村完成合同签订；有51个县（市、区）启动确权登记成果专项检查验收工作。农村土地“三权分置”改革有效落实。土地流转交易平台建设加快，全省有73个涉农县（市、区）906个乡镇建成土地流转服务中心，有39个县（市、区）实现县乡联网，土地流转率超过35%。

【农村集体产权制度改革】 2017年，福建省出台《关于稳步推进农村集体产权制度改革的实施意见》，农村集体产权制度改革全面启动。晋江、沙县、漳平、荔城、同安等5个县（市、区）被确定为第二批全国集体产权制度改革试点。

【农村集体“三资”管理】 2017年，福建省村集体资产1044.68亿元，其中固定资产549.18亿元。实行财务公开村14874个，实行会计电算化村14687个。开展审计2821个单位，审计金额106.96亿元。完成产权制度改革的单位30个，量化资产总额125150.3万元。

【新型农业经营主体】 2017年，福建省有农民合作社3.75万家，农民合作社联合社累计成立126家，2498家合作社列入农民合作社规范社名录。家庭农场2.11万个，其中，2343个家庭农场列入家庭农场示范场名录。

省级以上重点农业产业化龙头企业775家，其中，31家在境内外上市、28家在“新三板”挂牌；全年实现销售总收入2753.8亿元，其中，销售收入100亿元以上的4家、50亿～100亿元的4家、10亿～50亿元的42家、1亿～10亿元的452家；带动省内外农户421.2万户增收200.7亿元。

新型职业农民培育工作全面展开。继续实施万名新型职业农民素质提升工程，至年底，全省形成40万名规模的新型职业农民队伍。（李富生）

种　植　业

【粮食作物】 2017年，福建省30个粮食主产县建设粮食产能区3.53万公顷，宁化、尤溪、浦城、上杭、武平、长汀等6个绿色高产高效创建示范县水稻产能和效益进一步提升。推广优质稻8.13万公顷，辐射带动全省推广优质稻37.3万公顷。

【园艺作物】 2017年，福建省茶产业持续增长。全省茶园面积20.71万公顷，比上年增加0.27万公顷，居全国第五位；毛茶产量45.2万吨，增长5.9%，

福安市松罗千亩高优葡萄园，摄于2017年（福安市政府供稿）

毛茶总产量、毛茶产值均位居全国第一；茶叶出口量1.96万吨、出口货值2.4亿美元。园林水果种植面积31.05万公顷、比上年增加0.6万公顷，产量601.14万吨、增长9.6%。蔬菜产业增产增效，种植面积77.01万公顷、比上年增加0.27万公顷，产量1292.18万吨、增长2.8%。新建设施大棚0.13万公顷，设施农业面积达13.07万公顷，千亩以上设施农业基地115个。

（李富生）

闽台农业合作

【概况】 2017年，福建省新批农业台资项目42个，合同利用台资1.2亿美元；累计批办台资农业项目2636个，合同利用台资38.3亿美元，农业利用台资的数量和规模继续保持全国第一。

【产业合作】 2017年，福建省台湾农民创业园建设水平不断提升，6个台湾农民创业园新引进台资农业项目15个，合同利用台资5100万美元，累计有566家台资农业企业入园创业，引进台资10.6亿美元。

闽台农业合作示范推广成效明显。10个闽台农业合作推广示范县引进台湾农业名优新品种100多个、新技术30多项，引进台湾农业机具设备220多台套，开展台湾农业技术培训1400多人次。南靖金线莲、诏安火龙果、永春柑橘、邵武百香果等一批闽台农业合作新产业进一步发展壮大。

【闽台农业人员交流往来】 2017年，海峡论坛农业专场在福建省举办。6月17日，第九届海峡论坛·两岸特色乡镇交流暨生态农业对接会在厦门举行，海峡两岸业界代表320人参加活动，50对闽台企业代表在现场对接签约。

闽台青年交流平台不断拓展。2月，台盟中央率先在福建漳平台创园设立“台湾青年产业融合示范基地”；10月，省农业厅与省台办在漳平台创园设立“台湾高校学生教学实践基地”；12月，省台办在仙游和漳平设立“福建省级台湾青年就业创业基地”。

两岸人员基层交流持续热络。围绕“两岸一家亲”主题，注重青年、突出“首来”，开展“台湾农民福建行”和“台湾青年农民中华农耕文化福建行”等专题活动。邀请台湾农业交流团组12个、397人次来闽交流，其中首次来大陆交流人员128人。

【闽台农业经贸往来】 2017年，闽台农产品交易总额18.8亿美元，比上年增长8.7%。

9月17日，第十届海峡两岸（泉州）农产品采购订货会在南安市举行。订货会举办十年“农订会”成果展示、海峡两岸农产品供需洽谈对接会、第四届海峡两岸互联网农业电商峰会、“台湾十佳伴手礼”和“大陆十佳伴手礼”评奖、舌尖上的雕刻、台湾美食节等多项活动。

9月21日，第十五届中国国际农产品交易会在北京举行。福建省6个台创园100多种台资企业产品参展，共签订合作协议42份，签订合同24项，达成交易金额9140万元。

11月7日，大陆台资企业产品展销会在江苏南京举办。全省6个台创园40多家台资农业企业、120多种农产品参展。

11月7日，第十三届海峡两岸林业博览会暨投资贸易洽谈会在三明市举行。海峡两岸558家企业参展，展示展销林产品3000多种，参展参会客商3000多名。

11月16日，第十一届海峡两岸茶业博览会在福建武夷山举行。总展览面积达4.3万平方米，国际标准展位1230个，展品包括六大茶类茶品、茶深加工产品、茶器、紫砂、陶瓷、茶包装、茶服、茶空间、茶机械、根雕、工艺品等产品，覆盖茶业全产业链。

11月18日，第九届海峡两岸现代农业博览会·第十九届海峡两岸花卉博览会在漳州举行。展会设10个展区，展示展销农产品及其加工品、生产设备（装备）、技术成果等1.2万多种；吸引20多个国家、地区及全国20多个省份的1100多家企业参展，2000多名客商参会，35万多人次到会参观；签订购销订单24亿多元，现场销售额4400多万元，签约投资项目40个，总投资294亿元。

（李富生）

【台湾农民创业园】 漳浦、漳平、仙

游、清流、福清和惠安等6个园区规划总面积24万公顷，核心区面积8.6万公顷，累计有566家台资农业企业、1000多名台湾农民入园创业，主要涉及花卉、水果、茶叶、食用菌、渔业和休闲农业等。8月，在全国获评优秀的11家台湾农民创业园中，福建有5家（福建龙岩漳平台创园、漳州漳浦台创园、三明清流台创园、莆田仙游台创园、福州福清台创园），并居前5位，是全国获评优秀数量最多的省份。　（周清英）

林　业

【林业改革】　2017年，福建省培育林业专业合作社、股份林场、家庭林场等新型林业经营主体310家（累计4873家），新增林权收储机构6家（累计43家），森林综合保险参保率87%，林下经济发展面积194万公顷。省政府出台《福建省国有林场管理办法》，基本完成国有林场属性界定、编制核定、整合优化、机制创新等主体改革任务。省属国有林场由106个整合为88个；福建省洋口国有林场与省国有来舟林业试验场、南平市郊教学林场整合升格为正处级，18个原为副科级的国有林场升格为正科级。33个有改革任务的县（市、区）县属国有林场由109个整合为45个，其中事业性质的林场15个。整合武夷山国家级自然保护区、武夷山国家级风景名胜区和九曲溪上游保护地带，面积9.83万公顷，组建武夷山国家公园管理局；建立联席会议制度，明确财政体制，省人大审议颁发《武夷山国家公园条例（试行）》。开展重点生态区位商品林赎买等改革，落实省财政补助资金1.44亿元，累计完成重点生态区位商品林赎买等改革试点面积1.57万公顷。继续开展林业碳汇项目交易试点，完成20个林业碳汇项目申报，面积8.13万公顷，碳汇量343万吨。

【造林绿化】　2017年，福建省完成植树造林面积8.93万公顷，占任务的133.9%。其中，沿海基干林带、生物防火林带、森林生态景观带和重点生态区位林分修复等造林2.55万公顷，占任务的106.4%；完成省委、省政府为民办实事项目——沿海基干林带建设2.43万公顷，占任务的101.1%；珍贵用材树种造林0.85万公顷，占任务的121.9%。全省森林抚育21.37万公顷，占任务的106.8%；封山育林14.43万公顷，占任务的108.3%。在顺昌县等7个县（市、区）实施0.4万公顷森林质量精准提升示范项目，完成示范项目建设0.43万公顷、国家储备林基地建设0.87万公顷。新增福州、泉州2个国家森林城市（累计6个）。新增省级森林城市（县城）9个（累计43个）。新增林木良种27个、国家重点林木良种基地3个；新建林木良种基地47.8公顷、珍贵和乡土阔叶树种采种基地109.73公顷；新育苗木1.93亿株。

【林业生态保护】　2017年，福建省编制《福建省2017－2019年松材线虫病除治总体方案》，集中资金和力量开展松材线虫病除治。筹措省级以上补助资金8601万元，完成松材线虫病防治采伐改造0.96万公顷，占任务的144%；全省消除原有疫情存量约0.51万公顷，减少乡镇疫点12个；国家公布撤销东山县疫区，有效遏制松材线虫病快速扩散蔓延势头。组织开展航空护林工作，实施空中灭火支援扑灭6起。全省发生森林火灾52起，受害面积318.6公顷，森林火灾发生率和受害率分别为0.58次/10万公顷和0.04‰，未发生重特大森林火灾和人员伤亡事故。推进省级自然保护区视频监控体系建设，提升保护区管理水平。修订《福建省陆生野生动物行政许可及监督检查管理办法》，实施极小种群野生植物拯救保护项目6个。组织开展世界野生动植物日、爱鸟周、保护野生动物宣传月、第21个世界湿地日等主题宣传活动。汀江源等5个自然保护区被评为全省野生动植物科普教育基地。省政府办公厅印发《福建省湿地保护修复制度实施方案》，推动成立湿地保护工作联席会议制度，发布第一批省重要湿地名录，新增政和念山、建宁闽江源2处国家湿地公园试点（累计8处），长汀汀江国家湿地公园通过国家验收（累计2处）。组织开发福建省森林资源管理系统，完成二类样地外业调查工作，正式启动小班区划调查工作。

【依法治林】　2017年，省政府出台《福建省国有林场管理办法》《武夷山国家公园条例（试行）》，省人大常委会修订《福建省森林和野生动物类型自然

2017年10月10日，国家林业局授予福州市“国家森林城市”称号
（省林业厅供稿）

保护区管理条例》。《福建省生态公益林条例（草案）》通过省人大常委会一审，《福建省湿地公园管理办法（草案）》上报省政府研究。印发《林业法治建设实施方案》，落实林业普法任务，推行政府法律顾问制度。推动森林公安改革，组织起草《福建省深化森林公安改革实施意见》。组织开展打击象牙走私和非法加工销售活动、“2017 利剑行动”、第 35 届爱鸟周专项执法等专项行动，严厉打击破坏森林和野生动植物资源违法犯罪行为。调处林权争议 171 件，面积 0.1 万公顷；办理人民群众信访事项 475 件，其中复核信访事项 22 件。

【民生林业】 2017 年，福建省林业产业总产值 5002 亿元，比上年增长 8.5%。其中，列入全省农业七大特色产业的林竹产业 3334 亿元，比上年增长 15%；花卉苗木产业 643 亿元，增长 14.9%。继续实施好现代农业（竹业、花卉）和农业综合开发项目，全省新增花卉种植面积 0.53 万公顷，累计 8.54 万公顷；新造改造油茶等木本油料林 3.11 万公顷；16 个笋竹精深加工示范县实施项目 75 个，总投资 4.32 亿元；新建竹山机耕道 2734 千米；新建丰产竹林 2.79 万公顷，累计 47.1 万公顷。加强科技攻关和成果转化，启动第三轮种业创新与产业化工程林业项目 6 个，实施省级及以上科技研究和推广项目 65 个，建设林业长期科研试验基地 2 个，省级科技示范园区 5 个，林业科研成果参与项目获国家科技进步二等奖 1 项，省科技进步一等奖 1 项、二等奖 4 项、三等奖 7 项，有 24 个植物新品种获得国家植物新品种权。实施《生物防火林带作业设计技术规程》等 8 项省地方标准。举办农村实用技术远程培训 12 期，培训人数达 108 万人次。59 个成果被纳入国家林业局林业科技推广成果储备库。落实林业扶贫工作八条措施，安排 9.35 亿元对 23 个省级扶贫开发县给予林业专项资金倾斜支持；安排 2176 万元专项补助资金，实施 16 个县属国有贫困林场 19 个精准扶贫项目；通过优先聘为护林员、扶持发展林下经济、森林旅游等措施，落实精准扶贫帮扶 937 个建档立卡贫困人员就业，实现户均增收 4418 元。

闽江河口湿地公园，摄于 2017 年 （长乐区政府供稿）

【省重要湿地名录发布】 2017 年 4 月 12 日，省政府新闻办召开新闻发布会，省林业厅公布长乐闽江河口湿地国家级自然保护区等 50 处湿地列为第一批省重要湿地名录。名录主要包括湿地类型自然保护区、国家湿地公园、国家城市湿地公园、国际重要湿地、国家重要湿地、水产种质资源保护区、海洋特别保护区、重要水库、重要江河源头等类型的湿地，面积 9.95 万公顷，约占全省湿地总面积的 11.4%。名录明确湿地名称、湿地类型、湿地范围和地理位置、湿地面积、湿地管护责任单位和监管单位。

【基层林业站建设】 2017 年，福建省落实省政府办公厅《关于进一步加强乡镇林业工作站建设的意见》，理顺 80 个林业站的管理体制，全省 908 个乡镇林业工作站全部作为县级林业主管部门的派出机构。省林业厅、省委机构编制委员会办公室、省发改委等 5 部门联合印发《关于开展福建省南平三明龙岩等设区市林业站林业专业技术人员定向培养工作的通知》，计划开展林业站专业人员定向招生、培养、就业工作。编制《福建省林业站“十三五”发展建设规划（2016—2020 年）》。2017 年，争取林业站建设资金 2190 万元，安排标准化林业站建设 33 个、林业站服务能力建设 47 个。

【福建树王评选】 2017 年 12 月 7 日，省绿化委员会、省林业厅公布第五批福建树王评选结果，11 棵古树获“树王”称号。分别是：南平建瓯市的“少叶黄杞王”和“苦槠王”，延平区的“水青冈王”；三明永安市的“金钱松王”，尤溪县的“秃杉王”；泉州德化县的“椤木石楠王”，安溪县的“甜槠王”；龙岩漳平市的“栲树王”；漳州芗城区的“苏铁树王”；宁德寿宁县的“米槠王”。此外，2013 年评选出的福建“闽楠王”因遭受自然灾害死亡，增补位于永安市的一株闽楠古树为福建“闽楠王”。对获评第五批福建树王的古树名木保护管理单位给予 10 万元专项保护资金。

【国家湿地公园试点】 2017 年 12 月 27 日，经国家林业局批准，福建省政和念山、建宁闽江源 2 处获批国家湿地公园，开展试点工作。政和念山国家湿地公园是闽北首个国家湿地公园试点，位于星溪乡念山周边地区，以七星溪和梅龙溪的上游源头和念山梯田湿地为主体，涉及星溪、铁山、外屯 3 个乡镇，湿地面积 731.9 公顷，湿地率 40.45%。建宁闽江源国家湿地公园建设是国家级生态保护项目，建设地点位于建宁县均口镇黄岭村、修竹村、均口村、隆下村和龙头村等5个村，以金溪上游支流宁溪为主体，面积395.3公顷，其中湿地面积241.48公顷，湿地率61.1%。

（郭　洁）

畜牧业

【概况】 2017年，福建省畜牧全产业链产值1230.5亿元，比上年增长2.2%。其中，一产增加值669.5亿元，增长2.1%；二产增加值204亿元，增长7.94%；三产增加值357亿元，增长7.21%。全省肉蛋奶总产量324.9万吨，下降2.7%。其中，肉类产量264.91万吨，下降5.4%；禽蛋产量46.5万吨，增长14.4%；奶类产量13.49万吨，增长1%。

【畜禽良种繁育体系建设】 2017年，福建省建成国家核心种猪场6个、国家级保种场6个，省级种畜禽场31个、扩繁场132个，形成原种场—扩繁场—商品场的良种繁育体系。

【生猪养殖污染治理】 2017年，福建省关闭拆除生猪养殖场（户）2.33万个，削减生猪544.46万头，各市、县（区）生猪养殖总量全部调减到省定指标以内。可养区内规模生猪养殖场实施标准化改造3759个，累计6210个，改造升级全面完成，实现达标排放或零排放。

（李富生）

渔　业

【概况】 2017年，福建省实现海洋生产总值9200亿元，比上年增长15%；渔业经济总产值2945.9亿元，增长7.7%；水产品总产量744.57万吨，增长4.7%；海洋捕捞产量（含远洋）217.13万吨，下降0.6%；海水养殖产量445.32万吨，增长7.1%；淡水产品产量82.12万吨，增长5.4%；水产品出口创汇58.91亿美元，继续保持全国第一；渔民人均纯收入19584元，增长9.71%。

【渔业设施建设】 2017年，福建省新建工厂化养殖基地项目63个，新增工厂化养殖车间34.3万平方米，全省累计达1800多万平方米。霞浦县钦龙水产养殖有限公司全封闭式工厂化循环水养殖车间和高效智能工厂化循环水健康养殖基地，光泽县“中科”渔业有限公司鳗鲡工厂化循环水养殖基地，成为全省工业化水产养殖规模最大、设施最先进的标杆工程。改造传统养殖池塘，完成建设标准化水产养殖池塘80多公顷。改造网箱养殖渔排，启动三都湾、南日岛、沙埕港等重点养殖区传统渔排改造计划，推广应用环保型全塑胶养殖网箱，完成全塑胶网箱3000多口。发展深水大网箱养殖，实现深水抗风浪大网箱技术创新，研制新一代深水抗风浪大网箱养殖系统，新增抗风浪深水养殖大网箱60口。

【远洋渔业】 2017年，福建省新增外派远洋渔船51艘，全省外派远洋渔船562艘；远洋渔业完成产量42.8万吨，实现产值32.7亿元，分别比上年增长46.6%、28.3%。全年转场原滞留印度尼西亚作业渔船61艘，渔船转场至东帝汶、毛里塔尼亚、几内亚、马来西亚、朝鲜东部等海域。更新改造老旧远洋渔船，全年完成远洋渔船更新改造24艘。

【渔业养殖业】 2017年，福建省新增规模化种苗繁育基地29个，新建育苗池面积5.9万平方米。全省大黄鱼、石斑鱼、罗非鱼、牡蛎、花蛤、鲍鱼、海带、紫菜等优势特色养殖品种种业规模位居全国前列，形成连江官坞、福建一嘉、宁德官井洋、宁德富发、莆田海源、晋江福大、福建港德、厦铁实业等一批区域化、规模化、专业化水产种业龙头企业。

【休闲渔业】 2017年，福建省新增全国最美渔村4个，全国精品休闲渔业示范基地（休闲渔业主题公园）2个，示范性渔业文化节庆（会展）和有影响力的休闲渔业赛事2个，全国休闲渔业示范基地2个。省海洋与渔业厅和省旅发委评选第十批“水乡渔村”13个、“福建最受欢迎水乡渔村”20个。编印《清新福建　醉美渔村》画册，推广宣传“水乡渔村”和省级休闲海钓示范基地。举办“福建休闲渔业投资招商与旅游推介会”，开展优秀“水乡渔村”、旅游精品线路推介和项目洽谈。举办第二届平潭海洋旅游与休闲运动博览会，集中展示福建省海洋旅游和海洋休闲产业发展成果。成立福建省渔业行业协会休闲渔业分会。

2017年6月30日至7月2日，第四届中国（福州）金鱼文化节在海峡国际会展中心10号展厅举办

（省海洋与渔业厅供稿）

【渔业产业融合】 2017年，福建省制订《福建水产千亿产业链建设实施方案》，出台创新现代种业、拓展生态渔业、推进智慧渔业、培育品牌渔业、培育加工产业集群、强化水产品质量安全、构建产业融合平台等措施。大黄鱼、鳗鲡、石斑鱼、鲍鱼、河鲀等十大特色品种全产业链实现产值919亿元，比上年增长6%，其中鲍鱼、鳗鲡、紫菜、大黄鱼、南美白对虾全产业链产值分别达到161亿元、154亿元、132亿元、120亿元、118亿元。实施渔港及产业融合工程包建设，全年完成工程包投资9.28亿元；惠安崇武渔港经济区动工建设，东山大澳、连江黄岐、霞浦三沙3个渔港经济区进入商务谈判阶段，泉港诚峰、石狮祥芝、石狮东浦、晋江深沪等渔港经济区完成概念性规划。推广政府和社会资本合作模式，惠安崇武、东山大澳渔港经济区被列为全国首批农村产业融合PPP试点项目。

【渔业科技推广】 2017年，福建省实施基层水技推广补助项目，建设渔业科技试验示范基地81个，扶持渔业科技示范主体1390个，辐射带动农户2.5万户。开展水产生态健康养殖技术集成与示范，全省稻渔综合种养推广面积1.87万公顷。福建省水产技术推广总站、集美大学、中国渔业协会、福建省淡水水产研究所等14家单位，发起创立鳗鲡、石斑鱼产业科技创新联盟。完成常态化病害测报及预测预报、农业部5种水生动物疫病专项监测和石斑鱼、大黄鱼流行病学调查。福建省水产研究所自主培育的葡萄牙牡蛎“金蛎1号”被农业部列为水产新品种，福建省海洋与渔业行业获得国家技术发明奖二等奖1项、全国农牧渔业丰收奖二等奖1项、国家海洋行业科技奖4项、省科学技术奖10项，《漳州海洋与渔业文化丛书》获国家海洋科技优秀图书奖。

【渔业安全生产】 2017年，福建省修订《福建省海洋与渔业厅安全生产委员会工作规则》《福建省海上渔业安全应急指挥系统管理办法》，出台《福建省实施遏制重特大渔业安全事故工作指南构建双重预防机制实施方案》，印发《福建省渔船安全生产风险分级分类管控办法（试行）》，连江、漳浦、晋江、延平被评为“全国平安渔业示范县”。全年完成海洋捕捞渔船更新改造943艘，评选第一批渔船标准船型62种、船厂评价等级企业42家。全省组建海洋渔业捕捞公司、专业合作社91家，重点渔业乡镇均成立渔业协会；渔业船舶编队生产、结伴航行等渔船安全生产措施得到落实；漳州市在全省率先出台乡镇船舶管理办法。全年发生各类渔业船舶水上生产安全事故23起，事故造成17人死亡、沉（毁、失踪）船5艘，直接经济损失1837.26万元，没有发生较大渔业安全生产事故。处置各类海洋渔业突发事件139起，救助遇险船舶49起（艘），成功救助遇险船员552人，挽回经济损失20280万元。

【渔业防灾减灾】 2017年，福建省修订《福建省渔业防台风应急预案》，出台省地方标准《海洋环境观测浮标运行维护技术规范》，向社会公布《福建省避风渔港、避风锚地、海上养殖渔排集中区防台责任人名册》，对全省渔船渔排重新进行登记造册；实施《福建省海洋观测网建设规划（2016－2020年）》，新建3套大浮标、2套小浮标，升级改造3套小浮标、2个地波雷达站和14个潮位站，基于AIS航标的海洋水文气象观测系统投入试运行，“福建省海洋预警报能力升级改造”“福建省海洋防灾减灾基础能力建设”“海洋渔船通导和安全装备配备”等项目建设全面推进，福建连江海域海洋综合减灾示范区建设项目通过国家验收。开展水产养殖台风指数保险、渔港保险，办理渔工互保8.11万人、渔船互保9126艘，提供风险保障金额453亿元，完成赔付7171万元。在农业部全国金融支农服务创新评选中，福建省渔业保险工作被评为全国渔业领域唯一入选项目。

【水产品质量安全监督】 2017年，福建省产地水产品质量安全监督抽查合格率99.1%，连续11年保持在97%以上；立项地方渔业标准9项，修订省级地方渔业标准18项；新增水产品质量安全追溯企业40家。建立水产品质量安全黑名单制度，设立水产品质量安全举报电话。成功应对“塑料紫菜”谣言、有毒赤潮水产品质量安全突发事件。15家水产企业被授予“金砖会晤水产品专供基地”，“厦门会晤”期间供应10吨17种特色优质水产品，产品检测合格率100%。

【渔业执法】 2017年，福建省加强渔船管控，全省未发生非法采捕红珊瑚案件，大中型涉渔“三无”船舶基本取缔到位，钓鱼岛及周边海域形势总体平稳。集中63艘渔业执法船艇参与重点海域管控安保工作，“厦门会晤”期间未发生福建省渔船被抓扣事件，共劝阻渔船704艘（次）。全年开展福建海洋“蓝剑”联合执法行动11次，防范劝阻到敏感海域作业船舶347艘次，查获涉嫌违规船舶264艘，清理违规渔具5000多张（具）。落实海洋伏季休渔和闽江水域禁渔政策，检查港澳口2850个次，检查渔船14202艘次，查办各类案件474件，收缴处罚金719.5万元，10件案件移送公安机关追究刑事责任；在闽江水口库区开展近年来规模最大的省、市、县三级渔业执法联合行动。开展水生野生动物保护执法，查获、救助、处置国家重点保护水生野生动物110只（次），移送公安机关追究刑事责任的涉嫌非法宰杀水生野生动物案件3件。

（汤兴福）

农业机械化

【概况】 2017年，福建省水稻机插、机收、机耕面积分别达到15.67万公顷、47.88万公顷、72.73万公顷，分别比上年增长8.8%、15.4%、0.2%。水稻耕种收综合机械化水平达到

62.8%，主要农作物耕种收综合机械化水平达到52.2%，分别比上年提高3.3个百分点、6个百分点。

【农机具拥有量】 2017年，福建省拥有拖拉机及配套机械24.13万台（套）、种植业机械113.14万台（套）、农产品初加工机械133.08万台（套）、畜牧养殖机械5.46万台（套）、渔业机械20.04万台（套）、林果业机械3.04万台（套）、农田基本建设机械1.03万台（套）。

【农机服务组织】 2017年，福建省有农机化作业服务组织895个，从业人数20779人，其中，拥有农机原值20万～50万元的243个、拥有农机原值50万元以上的303个。农机专业合作社597个，从业人数17462人。农机维修厂及维修点1839个，从业人数3925人。农机经销机构901个，从业人数3140人。拖拉机驾驶培训机构20个，从业人数174人。

【农机购置补贴】 2017年，福建省下达中央补贴资金5670万元、省级补贴资金4900万元，对中央补贴范围内的55个品目农业机械进行购置补贴，补贴购置农机具63508台（套），受益户数40810户，对中央补贴范围外适合全省使用的24个品目特色农业机械进行购置补贴，补贴购置特色农机具18772台（套），受益户数10091户。（李富生）

水土保持

【概况】 2017年，福建省继续把水土流失治理列入省政府为民办实事项目，持续推进国家水土保持重点建设、坡耕地水土流失综合治理和新增国家水土保持重点治理工程，以及省级22个重点县和100个重点乡镇等水土流失综合治理和30个水土保持生态村建设项目。是年，全省完成水土流失综合治理面积15.89万公顷，超额19.2%，完成投资18.65亿元。其中，水利部门治理面积8.32万公顷，完成投资6.45亿元（含中央专项补助1.1亿元、省级专项补助3.4亿元）；林业等其他部门治理面积22.68万公顷，完成投资12.2亿元。首次开展水土流失治理投资工程包建设，全省完成投资5.5亿元，超额10.8%。

【水土治理模式】 2017年，福建省深化拓展“长汀经验”，坚持“五项举措”，深化水土流失治理。治理思路上，从山上治理向山上山下一体治理转变；治理区域上，主要突出“四沿”（沿海、沿江、沿路、沿边）和“四区”（重点区、贫困区、水源区、河道区）治理；治理措施上，从单项治理向系统修复转变，实现既涵养水土又美化生态；监管手段上，试用无人机等高科技手段，逐步实现对水土流失综合治理项目、生产建设项目精细化、动态化管理；投入机制上，坚持两手发力，在保持政府投入稳定增长的同时，推进企业化运作，引导民间资本参与水土流失治理。

【水土监督】 2017年，福建省批复生产建设项目水土保持方案1196个，其中省级25个；完成285个生产建设项目水土保持设施竣工验收；依法对56个在建的国家或省级重点生产建设项目开展水土保持监督检查，扼制人为造成新的水土流失。全省征收水土保持补偿费2.43亿元，其中省级7182.89万元，分别比上年下降13.2%和增长53.14%。

（张智杰）

水 利

【概况】 2017年，福建省组织防汛培训142个班次1.46万人；开展安全度汛大检查1.49万人次，检查各类工程2.45万处；修订村级预案1.5万多个，审批各类水库防洪调度计划3000多座；储备防汛物资2.48亿元；落实抢险队伍8873支22.83万人，开展实训演练230多场。在此基础上，围绕“厦门会晤”，建立一日两会商、24小时监测巡查、零报告和下沉督导等4项机制，召开20多次专题会议，提前制定防台风和保供水2个专项预案，开展近百场实训演练，调集1.42万名抢修人员、0.6万台机械、4万吨油料和500万元救灾物资。

全省启动应急响应22次，预置和出动抢险兵力2.84万人次，成功防抗10场致洪性暴雨、2个登陆台风和9个影响台风，累计转移受灾群众62.43万人次，组织渔船回港避风6.31万艘次，解救被困群众0.28万人，取得近20年来受灾人口最少、灾害损失最小的成效。

全省组建10个行业378支省级抢险队伍。省防汛无人机救援队组建后，执行灾情侦查、地灾点监测、内涝点排查和河道巡查等任务近20次，累计飞行380架次、总里程400多千米，监测面积约370平方千米，获取大量第一手汛情灾情侦测视频图像数据。编制县级防汛防台风指挥作战图，配备57台防汛无人机、70台（套）“龙吸水”移动排水车、水下机器人等高科技设备，开展城市内涝监测系统试点和山洪灾害防治项目建设，建成防汛移动卫星指挥平台，开通防汛专用短号96100，做到挂图指挥、入库调人，上天入水、高效抢险，在线查询、电话服务。同时，制定《福建省防汛防台风应急抢险救援资金补偿管理办法》，通过“先抢险、后补偿”方式，推动民间力量参与防汛抢险救援。

全省投入抗旱资金2985万元、抗旱人数9.24万人次、机动抗旱设备0.6万台套，启用抗旱泵站363处，投入抗旱用油286吨、用电41万千瓦时，抗旱浇灌面积0.31万公顷。

【水利投入】 2017年，福建省完成水利投资395亿元，超额完成年度390亿元投资任务，比上年增长6%。争取中央资金补助48.7亿元，比上年增长50.8%，其中，中央预算内资金26.2亿元、财政专项资金22.5亿元。水利

PPP模式落地见效，以福建水投集团为龙头，鼓励引导央企、民资等社会资本参与水利建设。至2017年底，省、市、县三级水利部门PPP项目库收录水利PPP项目38个，总投资397亿元；累计落地项目23个，总投资266.6亿元，其中，新增项目14个，总投资176亿元。福州市将全市102条内河治理项目打包成7个水系治理PPP项目，南平市水美城市建设首批12个项目有11个采用PPP模式，泉州市以PPP模式打造“后花园”成为2017年中国基层治水十大经验之一。

【水利规划】 2017年，福建省闽江下游干流、敖江干流试点河段河道防洪岸线及河岸生态保护蓝线规划初稿基本完成；《福建省建设国家生态文明试验区水利总体规划》《全省第三次水资源调查评价》等规划推进；制订《全省县级以上城市应急备用水源工程建设总体方案》；高水高排项目启动实施。

【水利基建】 2017年，福建省570个重大项目迅速推进，全年新开工185个，建成或部分建成78个，完成投资304.1亿元。其中，中央立项项目加快推进，金门供水海陆管道全线贯通，长泰枋洋具备向厦门应急供水能力，罗源霍口、“一闸三线”、平潭防洪防潮等3个项目加快推进，泉州白濑水库可研已审待批，宁德上白石水利枢纽工程可研报告已经水电水利规划设计总院技术审查。

【农村水利水电】 2017年，福建省巩固提升农村饮水安全39.8万人，其中，国家建档立卡贫困人口2万人，完成投资3.32亿元。统筹推进28个立项结转、24个新增立项县区高效节水灌溉项目建设，发展高效节水灌溉1.08万公顷，其中，管灌0.46万公顷、微喷灌0.62万公顷，完成投资2.9亿元；加快8个重点中型灌区，完成10个一般中型灌区节水配套改造，建成86个小型灌区和节水灌溉工程、64片山地经济作物节水灌溉项目，推进10个县（市、区）农田水利“五小工程”建设。全省改建、扩建小型水源工程1000多处，配套改造中小型灌区骨干渠道500多千米、建筑物1700多处，新增、恢复灌溉面积0.93万公顷，改善灌溉面积2.13万公顷，建成高标准农田节水灌溉面积1.41万公顷，农田灌溉水有效利用系数提高到0.542。继续探索小水电生态修复模式，退出老旧水电站29座，恢复改善河流生态33.5千米。推进冬春修水利建设，完成投资67.36亿元、投劳13076万工日、土石方12387万立方米，修复水利水毁工程5527处。

【水利扶贫开发】 2017年，福建省制定《2017年水利扶贫开发工作要点》《关于探索农村水电项目参与扶贫的指导意见》和《关于水利工程建设与管护就业岗位向建档立卡贫困劳动力倾斜的实施意见》，政和、古田、宁化、建宁、顺昌等县探索符合条件的农村水电增效扩容项目，建立资金资产折股量化给贫困村、贫困户的收益机制，提高贫困村的集体收益。安排23个省级扶贫开发重点县省级及以上水利建设资金15.33亿元，有序推进146个重大水利项目建设；解决国家建档立卡1189个贫困村、6317户贫困户、2万贫困人口饮水安全问题和6.74万人饮水安全巩固提升；完成水土流失治理面积超过368平方千米，19个安全生态水系建设项目有序推进。

【安全生态水系治理】 2017年，福建省安全生态水系建设完成投资26.84亿元，治理河长1126.43千米，分别超额34%、12%。莆田市借助安全生态水系、河长制两个平台，把木兰溪打造成为全省唯一、全国十条最美家乡河之一。同时，推进湖库连通项目9个，连通10河6湖5库，受益人口45万人。

【河长制全面推行】 2017年，福建省率先在村级设立河道专管员，在全国率先出台省市县乡四级实施方案。省级设总河长，由省长担任；3名副省长担任副总河长，兼任闽江、九龙江、敖江等3条跨行政区域流域河长；市县乡分级设河长。全省1182个河长办挂牌运作，4973名河长、13231名河道专管员全部上岗履职，实现从区域到流域、从大江到小河的河长全覆盖，初步形成区域协同、流域协调、部门协作的管河治水新格局。

全省清理河道违章建筑1040处、弃土弃渣646处、洗沙制沙388处、餐饮娱乐场所55处；关闭拆除禁养区养殖场（户）12244个，改造关闭可养区养殖场（户）11735个；清理城市黑臭水体86条。全省新增水质监测点位1495个，市县乡水质交接断面实现监测全覆盖；河长制信息系统省级平台上线试运行，“河长在行动”微信群逐级建

蕉城区官昌水库完成主体工程建设，摄于2017年 （蕉城区政府供稿）

立。2017年，在降水量、主要江河径流量分别比上年下降39%、47%的情况下，福建主要河流水质保持优良，达到国家考核目标要求。

【水利管理】 2017年，福建省河道管理范围和水利工程管理与保护范围划定工作开始启动，水库、水闸安全管理暂行规定相继出台，水库大坝注册登记完成3641座。堤防投保创新开展，全省有68个县、1个市管海堤共3000多千米江海堤防试点商业保险。完成除险加固小型水库66座，启动新一轮中小河流治理项目84个，下达中央资金8.1亿元。水利安全生产不断强化，通过购买社会化专业技术服务，配合水利部开展6批次专项稽查，组织开展省级2批次72个项目的核查稽查；点面结合开展隐患排查，全省共组织督查检查组2219个，督查检查水利生产经营单位5235家，排查隐患和问题4869项，并落实整改4707项，限期整改244家，停产停业整顿4家，取缔关闭116家，罚款10.9万元，行政处罚8家。

【水资源管理】 2017年，福建省各设区市2016年度最严格水资源管理制度考核工作全面完成，安全生态水系建设被列为国务院2016年度最严格水资源管理制度考核创新奖励项目。水资源消耗总量和强度双控行动全面启动，水资源承载能力监测预警机制建设加快推进。长汀、莆田、南平等3个全国水生态文明城市试点建设基本完成，长汀县通过水利部验收。3批24个县域节水型社会达标建设启动实施，首批8个县完成方案编制。强化饮用水源保护，全省县级以上水源地均设置人工水质监测断面，95处集中供水水源地建立自动监测站，实现实时监测。推进水电站绿色发展，连江山仔等4座水电站获全国首批绿色水电站称号。水利风景区建设有序开展，新增国家级3家、省级9家，全省累计达146家，其中4家列入全省首批11个旅游“标志性产品”；首次开展精品示范水利风景区建设，确定2018年项目14个。

【依法治水】 2017年，福建省出动执法人员3.66万人次，查处水事案件2827件，给予行政、刑事处罚193人；依法查处水土保持违法案件30起，收缴罚款70.37万元。水利规费征收落到实处。全省共征收水资源费5.4亿元、水保补偿费2.43亿元，其中省级分别征收1.8亿元、0.72亿元。

【科技兴水】 2017年，福建省启动实施数字水利建设，完成全省水利资金监管平台、河长制综合信息系统、城市内涝监测试点系统建设，推进水利综合视频监控一期、水利综合业务应用、工程建设管理平台等系统建设，信息技术与水利业务融合进一步加强。水利厅获评省级网络与信息安全先进单位。水利省级科研中心实现零的突破，省水动力工程技术研究中心成功创建；成立省水生态与水工程研究中心，全省水利发展形成“一化四中心”科技支撑格局，即数字化和水工程水动力、水工程材料检测、水土保持研究、水生态与水工程研究等4中心。实施重点科技专项研究13项，完成研究成果20项，评定水利科技奖16项，获得省科技进步奖3项，建成生态科技示范工程8个。

【水利改革】 2017年，福建省在全国率先开展综合治水试验，以奖代补集中投放到试验县，鼓励基层探索全域治理、综合改革。水利工程电子招投标全面推行，是年，有440个水利项目实行电子招标投标，总规模约36.5亿元，水利重点领域廉政风险防控得到加强。福建水投集团提前实现资产超百亿元目标，资产总额达104.6亿元，净资产超54.2亿元，分别比上年增长12.7%、6.9%。全省农业水价综合改革加快推进，实施面积1.68万公顷。（张智杰）

编辑：郑 菜

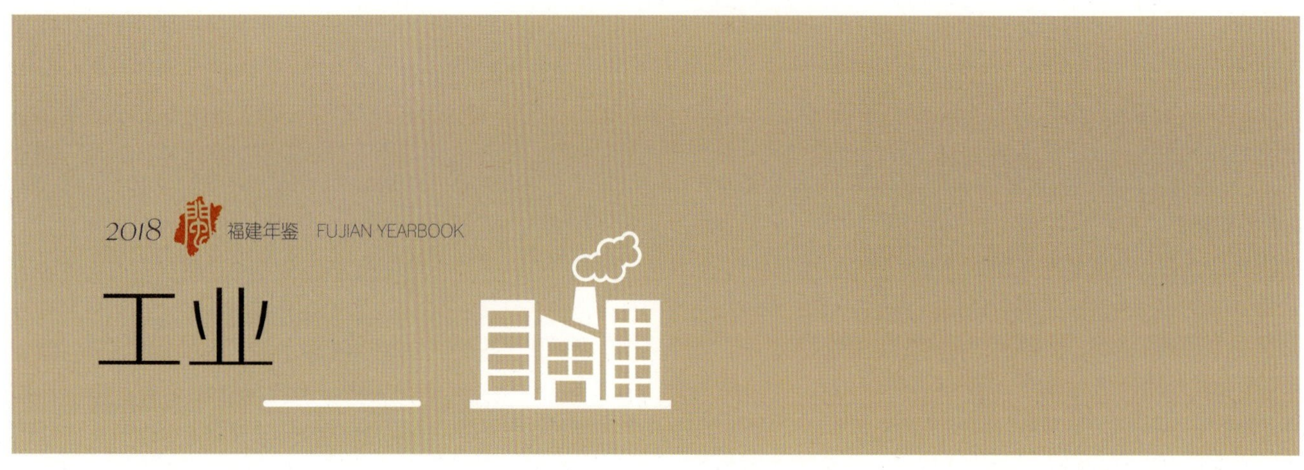

综　述

【工业生产】 2017年，福建省工业运行稳中向好，质量效益稳步提升。全年累计实现规模以上工业增加值11585.73亿元，比上年增长8%，增速高于全国平均1.4个百分点，居全国第11位，东部地区第2位。

主要经济类型企业增长不平衡。2017年，全省规模以上股份制企业实现工业增加值7669.11亿元，比上年增长8.5%，高于全省平均0.5个百分点；外商及港澳台投资企业实现增加值3970.69亿元，增长7.1%，低于全省平均0.9个百分点。国有企业、国有控股企业、集体企业、股份合作企业以及其他经济类型企业分别比上年增长49.3%、9.7%、3.2%、9.2%、0.3%。

工业大类行业增长面扩大。2017年，全省轻重工业分别完成增加值6196.99亿元、5388.74亿元，分别比上年增长9.3%、6.5%，轻工业高于重工业2.8个百分点；全省38个大类行业中有35个行业实现正增长，行业增长面占92.1%，提高2.6个百分点，有13个行业两位数增长，其中，仪器仪表增长15.1%、家具增长13.4%、食品增长12.9%、汽车增长12.3%、专用设备增长11.6%、电气机械增长11.1%、计算机电子设备增长10.9%；全省三大主导产业完成工业增加值4294.41亿元，增长8.5%，高于全省规模以上工业平均水平0.5个百分点，其中，电子完成增加值909.63亿元，增长10.9%；机械完成增加值1925.18亿元，增长9.8%；石化完成增加值1459.6亿元，增长5.4%。

地区工业稳定增长。2017年，全省九市一区除宁德、平潭外，其余8个设区市规模以上工业增加值增速均超8%，其中，漳州比上年增长8.7%、泉州增长8.3%、福州增长8.2%、莆田增长8.2%、厦门增长8.1%、三明增长8.1%、龙岩增长8.1%、南平增长8%、宁德增长1.8%、平潭下降20.1%。工业总量分别居全省前四位的泉州、福州、漳州、厦门市合计实现增加值8582.58亿元，占全省70.7%，增速分别高于全省平均0.3、0.2、0.7、0.1个百分点，对全省工业增长起主要支撑作用。

产销衔接保持良好，工业出口增速平稳。2017年，全省规模以上工业实现销售产值49067.02亿元，比上年增长13%，高于同期产值增速4.5个百分点；全年工业产销率96.9%，提高0.37个百分点；规模以上工业出口交货值8033.92亿元，增长9.1%，增速较上年回升5个百分点，但增速仍低于同期销售产值增速3.9个百分点，占同期销售产值比重16.4%，较上年下降0.6个百分点。2017年，工业品出厂价格指数上涨4.1%。分行业看，出口交货值居全省前10位的行业全面增长，其中，金属制品业比上年增长15.5%、皮革毛皮制鞋业增长10.8%、纺织服装服饰业增长9.6%、农副食品加工业增长8.1%、橡胶和塑料制品业增长8%、食品制造业增长7.5%、文教工美体育和娱乐用品制造业增长7.5%、非金属矿物制品业增长7.2%、电气机械和器材制造业增长6.6%、计算机通信和其他电子设备制造业增长4.2%。

质量效益稳步提升，企业利润保持较快增长。2017年，全省规模以上工业经济效益综合指数309.22点，比上年提高25.96点，其中，劳动生产率29.89万元/人，增加2.39万元/人；成本费用利润率10.38%，提高0.12个百分点；资产负债率51.7%，降低0.5个百分点。全省规模以上工业企业实现主营业务收入45658.46亿元，比上年增长13%；利润总额3221.82亿元，增长20.2%。38个工业大类行业中有32个行业利润保持增长，有色金属矿采选业（增长166.8%）、黑色金属冶炼和压延加工业（增长129.5%）、有色金属冶炼和压延加工业（增长121.4%）、化学原料和化学制品制造业（增长78.8%）、化学纤维制造业（增长58.8%）、专用设备制造业（增长57.3%）、黑色金属矿采选业（增长45.5%）等14个行业利润增速超20%。企业亏损面收窄，12月末，全省规模以上工业企业亏损面6%，较上季度末下降1.2个百分点，亏损企业亏损额125.46亿元，下降20.5%。企业应收账款和产成品库存合计 6034.11 亿元，比上年增长 6.4%，增幅低于同期主营业务收入 6.6 个百分点，其中，应收账款 4465.34 亿元、增长 5.9%，产成品 1568.77 亿元、增长 7.8%。

煤电油运保障良好，工业用电平稳增长。2017 年，全省工业用电 1357.83 亿千瓦时，比上年增长 6.6%；20 个工业制造业中 16 个行业保持正增长，其中，交通运输、有色金属、医药制造等行业用电增速突破两位数；用电结构优化，四大高耗能行业（黑色金属、有色金属、非金属、化学原料）用电增长 4.2%，机械、电子、石化三大主导产业用电增长 10.6%。至 12 月 31 日，全省主力燃煤电厂电煤库存 217 万吨，可供满负荷发电 11 天；成品油库存 30.49 万吨，其中，汽油 19.44 万吨、可销售 18.3 天，柴油 11.05 万吨、可销售 11.6 天。货物运输稳中有升，全省完成货物运输量 13.23 亿吨，比上年增长 9.9%，其中，公路 9.56 亿吨、增长 11.5%，水路 3.35 亿吨、增长 5.7%，铁路 3175 万吨、增长 8.8%。（吕莎莎）

【工业投资】 2017 年，福建省工业完成固定资产投资 8800.7 亿元，比上年增长 12.6%；工业投资占全省固定资产投资的比重为 33.6%。各设区市工业投资均保持正增长，其中，增速高于全省平均水平的有泉州（19.6%）、南平（18.3%）、龙岩（17.1%）、漳州（13.2%）；低于全省平均水平的有莆田（12.3%）、宁德（11.4%）、厦门（7.8%）、福州（6.6%）、三明（5.3%）。

制造业完成投资 7565.7 亿元，比上年增长 17.2%，电力、热力、燃气及水的生产和供应业完成投资 1062.5 亿元，下降 7.1%；采矿业完成投资 172.5 亿元，下降 21.4%。31 个制造业分行业中，23 个行业投资实现正增长，增幅超过 40%的行业有石油加工炼焦及核燃料加工业、废弃资源综合利用业、有色金属冶炼和压延加工业、铁路船舶航空航天、农副食品加工业、仪器仪表制造业，分别比上年增长 74%、55.3%、53%、51.5%、45.9%、42.3%。石化、机械、电子三大主导产业累计完成投资 3113.9 亿元，比上年增长 14.9%，其中，机械工业完成投资 1488.1 亿元、增长 30%，石化工业完成投资 907.4 亿元、增长 8.6%，电子信息业完成投资 718.4 亿元、下降 1.6%。轻工、纺织、建材和冶金（含采选）工业分别完成投资 2834.3 亿元、964.1 亿元、623.1 亿元和 313.6 亿元，分别比上年增长 21.7%、24.6%、12%和 3.1%。

全年完成技术改造投资 5673.1 亿元，比上年增长 11.8%，占工业投资的 64.5%。滚动实施省级重点技改项目 807 个、总投资 2623 亿元。新建投资完成 3127.5 亿元，比上年增长 14.1%。

福建省民间投资完成 7233.7 亿元，比上年增长 13%，占全省工业投资比重 82.2%。外商投资企业完成投资 699.2 亿元，比上年增长 10.7%，占工业投资比重 7.9%。外资企业完成投资 286.9 亿元，增长 36.9%。国有企业完成投资 867.8 亿元，增长 10.9%，占工业投资比重 9.9%。

2017 年，全省工业投资到位资金 8263 亿元，比上年增长 12.8%。其中企业自筹资金到位 7104.6 亿元，比上年增长 13.5%，占全年资金来源的 86%，比 2016 年高 0.5 个百分点；国内贷款 676.4 亿元，增长 1.6%，占全年资金来源的 8.2%，比上年低 0.9 个百分点；利用外资 40.4 亿元，增长 10.4%。（黄　宇）

石化工业

【概况】 2017 年，福建省石化工业保持平稳增长，部分重点建设项目实现投产或者开工建设，古雷石化基地的腾龙芳烃和翔鹭石化项目修复整改工作推进顺利。全年全省规模以上石化工业产值月增幅保持在 7%～9%，906 家规模以上石化企业累计实现产值 3672.54 亿元，比上年增长 7%；工业增加值 915.05 亿元，增长 6.1%；主营业务收入 3378.3 亿元，增长 19.7%；完成出口交货值 229.86 亿元，增长 39.3%。受益于大部分化工产品价格上涨的影响，全省石化工业利润继续保持较高幅度增长，实现利润 245.8 亿元，比上年增长 21.7%；亏损企业 66 家，亏损面 7.3%，亏损企业比上年下降 18.5%；亏损企业亏损额 25.7 亿元，减亏 11.7%。完成固定资产投资 519.6 亿元，比上年增长 1.5%。其中，精炼石油产品制造实现利润 116.5 亿元，约占全行业实现利润的 47.4%，增长 3.6%；其他分行业中，除肥料制造和橡胶制品业外，实现利润均有不同幅度增长，整个行业盈利情况总体向好。

2017 年，福建省原油加工量 2083.65 万吨，乙烯（非商品）120.07 万吨，合成纤维聚合物产量 112.89 万吨，汽油 368.67 万吨，柴油 380.29 万吨，煤油 332.26 万吨；纯苯 47.44 万吨，LLDPE 25.91 万吨，PP 99.82 万吨，PX 77.89 万吨，PTA 25 万吨，EG 45.32 万吨，聚酯 61.93 万吨，己内酰胺 38.9 万吨，烧碱（折 100%）37.95 万吨，盐酸（含量 31%）18.18 万吨，硫酸（折 100%）187.83 万吨，磷酸（含量 85%）21.8 万吨，合成氨（无水氨）85.23 万吨，尿素（折含氮 100%实物）3.17 万吨，涂料 88.97 万吨，丁苯橡胶 7.96 万吨，橡胶轮胎外胎 4051.35 万条（其中子午线轮胎外胎 2061.98 万条）。

【石化工业行业分布】 2017 年，福建省精炼石油产品制造实现产值 1197.24 亿元，比上年增长 2.8%；基础化学原料制造实现产值 525.55 亿元，增长 5.3%；肥料制造实现产值 94.72 亿元，下降 3.2%；农药制造实现产值 11.77 亿元，下降 1.8%；涂料、油墨、颜料及类似产品制造实现产值 248.29 亿元，增长 8.8%；合成材料制造实现产值 488.21 亿元，增长 17.7%；专用化学品制造实现产值 455.13 亿元，增长 10.3%；橡胶制品业实现产值 336.7 亿元，增长 5.2%。

【石化重点项目】 2017 年，翔鹭石化（漳州）有限公司 450 万吨/年 PTA 项目、腾龙芳烃（漳州）有限公司 160 万吨/年 PX 项目重组和恢复生产工作推进顺利；中化泉州 100 万吨/年乙烯及炼油改扩建项目和古雷石化炼化一体化项目（一期）分别于 2017 年 10 月 30 日和 12 月 26 日开工；福建天辰耀隆新材料有限公司 28 万吨/年已内酰胺扩建项目、中江石化有限公司 35 万吨/年聚丙烯项目和福建申远新材料有限公司 40 万吨/年聚酰胺一体化项目的 2×20 万吨/年已内酰胺生产线均于年内投入试生产。（王龙平）

机械工业

【概况】 至 2017 年末，福建省拥有规模以上机械工业（含汽车、船舶，下同）企业 3147 家，其中大中型企业 510 家；拥有总资产 5844.9 亿元，从业人员 69.1 万人。是年，全行业实现工业增加值 1925.17 亿元，比上年增长 9.8%，占全省工业的 15.9%；完成工业总产值 8007.01 亿元，增长 9.2%；工业销售产值 7737.83 亿元，增长 11.3%，产销率 96.6%；出口交货值 1360.12 亿元，增长 7.9%，产品出口率 17.6%；主营业务收入 7563.2 亿元，增长 11%；利润总额 585.8 亿元，增长 19.6%，其中主营活动利润 542.2 亿元，增长 10.59%，主营活动利润率 7.17%，比上年减少 0.03 个百分点。在重点监控的 27 种主要机械产品中，金属集装箱、环境污染防治设备、机床、叉车、挖掘机、装载机、汽车、摩托车、低压开关板、民用钢质船舶等 23 种产品产量呈现增长态势，只有发动机组、电动机、混凝土机械、泵等 4 种产品产量出现不同程度下降。其中汽车产量 281198 辆，比上年增长 27.7%，民用钢质船舶 103 万载重吨，增长 25.4%。

【技改投资】 2017 年，福建省机械工业累计完成固定资产投资 1488.1 亿元，比上年增长 30%。主要行业中，通用设备制造业、专用设备制造业、汽车制造业、铁路船舶航空航天、仪器仪表制造业完成固定资产投资分别比上年增长 21.4%、26.9%、29.5%、51.5%、42.3%；金属制品机械和设备修理业投资增速放缓，下降 6.4%。全年全省机械装备工业列入省重点技术改造项目的有 139 个，总投资 289.55 亿元，福汽集团云度新能源乘用车项目获批并建成投产，形成 6.5 万辆新能源乘用车生产能力，首款产品已生产并销售 2496 辆。福建金霸龙汽车有限公司获得商用车整车生产资质，并投入生产。福船集团公司共投入 17.5 亿元，主要投资项目为特种船舶项目智能车间、厦船豪华游轮适应性技改、福船一帆海风装备基地项目中铁福船海上风电一体化安装平台项目、海电运维基地项目等。福建立新船舶工程有限公司投入技改资金 2000 万元，加强基础设施建设和设备更新改造。

2017 年，安波电机（宁德）有限公司的“超高效永磁电机及控制系统智能制造新模式应用”被列入工信部和财政部 2017 年智能制造综合标准化与新模式应用项目名单，获得专项资金补助；福汽集团云度新能源汽车智能制造样板工厂被省经信委列为 2017 年省级智能制造资金补助项目。

【技术创新】 2017 年，经由福建省经信委认定为福建省首台（套）重大技术装备（含智能制造装备）的产品共有 27 项，其中，福建龙净环保 EPM 型电风拦截除尘除雾一体化装置、厦门杰能船艇科技 50FT 太阳能电力推进双体游览船等被认定为国内首台（套）重大技术装备；福建聚旺高科工业 27 超特宽幅云计算智能地毯圆网印花机（型号 DV－4400H）、黑金刚（福建）自动化科技股份鞋业智能制造生产线（型号 HJG－FZ－200）、厦门科华恒盛股份 SPI2000K－T－S MW 级集散式升压逆变一体机、福建省鑫港纺织机械 XGHF83/1/32（268 英寸）全电脑带压纱板高速多梳栉提花经编机等被认定为省内首台智能制造装备；福建龙净环保股份干法烟气脱硫除尘脱汞一体化装备（雁石电厂）、福建龙净脱硫脱硝工厂燃煤烟气多污染物超低排放成套设备、福建省马尾造船深水多功能水下支持船等 11 个项目被工信部等列入 2017 年首台（套）重大技术装备保险补偿试点工作补助项目名单。福建龙溪轴承（集团）股份有限公司、福建泉工股份有限公司被工信部评为第一批制造业单项冠军示范企业，福建铁拓机械有限公司被工信部评为第一批制造业单项冠军培育企业。福建侨龙专用汽车（“龙吸水”排水抢险车）、福建龙马环卫装备（环卫清洁装备）、宁德时代新能源科技（锂离子动力电池）、福建星云电子（锂电池检测系统和自动化组装设备）、厦门宏发电声（控制继电器）被省经信委确定为福建省制造业单项冠军企业。厦门金龙联合汽车的大中轻型客车、厦门金龙旅行车的中型纯电动客车、龙岩海德馨汽车的电源车被省经信委认定为福建省制造业单项冠军产品。

龙工（福建）机械自主研发的挖掘机电控系统、高压液压元件等高端零部件产品，率先实现国产化替代进口，打破挖掘机相应关键零部件长期依赖从德国、日本进口的困局。

福建铁拓机械参与制订中国首部工程建设国家标准《干混砂浆生产线设计规范》（GB51176－2016）。该标准由住建部正式发布，于 2017 年 4 月 1 日起正式实施。

福建铁拓机械 TSE3020 环保型沥青厂拌热再生组合设备采用一体化设计，由 3000 型沥青搅拌设备和 2000 型厂拌热再生设备组合而成，并集环保、再生等功能于一身，既实现外观结构升级，

2017年11月8日，第八届海峡两岸机械产业博览会暨第十届中国龙岩投资项目洽谈会在龙岩举办。图为博览会现场 （龙岩市政府供稿）

又在烟尘处理、降噪等方面取得显著效果，大大降低客户采购环保型设备的成本。

厦工机械与中航工业西安飞行自动控制研究所联合推出的XGJE捷驭智控系统将传统控制系统进行改造升级，采用航空电液系统中的DDV阀，与传统的伺服阀相比具有精度高、响应快、可靠性高、抗污染能力强等特点，完全实现电控化。 （郑燕娈）

汽车工业

【概况】 截至2017年，福建省拥有规模以上汽车及汽车零部件生产企业372家，从业人员11万人，其中，整车生产企业10家、低速载货汽车生产企业3家、专用车生产企业30家（已准入）。是年，全行业完成工业总产值1404.17亿元，比上年增长14.3%；完成工业销售产值1347.47亿元，增长14.7%，产销率96%，提高0.07个百分点；完成出口交货值139.94亿元，增长10.4%，产品出口率10.38%。全年汽车产量28.12万辆，比上年增长27.7%，比全国增速高24.5个百分点，其中，轿车1.22万辆、下降23.1%，多功能乘用车（MPV）2.66万辆、增长103.7%，交叉型乘用车0.6万辆、增长1.18倍，运动型多用途乘用车（SUV）14.91万辆、增长52.7%，客车5.49万辆、下降15.8%，载货汽车2.95万辆、增长17.2%。改装汽车产量1.14万辆、增长4.2%。汽车零配件871.87亿元、增长13.1%。全年全行业实现主营业务收入1329.3亿元，比上年增长14.6%，实现利润98.1亿元，增长13.9%，主营业务收入利润率7.4%，与上年持平。

【汽车科技创新】 2017年，东南汽车推出首款正向自主研发的纯电动SUV车型DX3 EV，相较同级别电动车型具有更大车身空间、更强配置表现、更长续航里程优点；与电咖汽车联手，共同开发出A00级纯电动轿车EV10，被评为“2017年度最受年轻人欢迎新能源汽车”；云度新能源公司继首款产品π1下线后，第二款产品π3将于近期上市销售。金龙汽车着力推进产品、研发、生产以及管理的智能化，“产品全生命周期管理”入选工信部2017年制造业与互联网融合发展试点示范项目，成为该次上榜的唯一一家客车制造企业。金旅客车参与的“汽车车身轻量化设计方法研究与应用”被教育部授予科学技术进步二等奖。金龙客车自主研发的“龙威Ⅱ代”，金旅客车与德国梅赛德斯奔驰公司联合研发的“领航者”，推动福建省客车品牌走向高端化。金龙客车与百度联合开发第二代无人驾驶微循环车阿波龙，全新构建以电动化、电子化及智能化的新形态，是全国首辆无方向盘、无油门、无刹车踏板的原型车。新龙马汽车的新能源封闭式物流车进入新能源汽车推广应用目录，正研发系列电动物流车，2018年将全面推向市场。

福汽集团4个汽车品牌入围2017年中国500最具价值品牌，其中，金龙客车列118位，品牌价值306.45亿元；苏州金龙列126位，品牌价值302.81亿元；金旅客车列221位，品牌价值172.03亿元；东南汽车列236位，品牌价值164.05亿元。

【汽车生产资质】 2017年，莆田云度新能源汽车获得“新建纯电动乘用车生产企业”资质，漳州三龙汽车（福建金霸龙汽车）转型升级获得“轻型载货汽车生产企业”整车资质；莆田福建中兴、龙岩福建环海、晋江福建劲牛、南平闽铝轻量化公司、永安福迪和中科动力汽车等6家专用车生产企业通过准入工信部评审，取得专用车生产资质。

（郑燕娈）

船舶工业

【概况】 2017年，福建船舶工业仍然面临巨大的困难和挑战，全省规模以上船企造船完工519艘，修船2536艘，新接订单414艘，合同金额105.3亿元，手持订单571艘，合同金额292.6亿元；全年完成工业总产值158.3亿元，实现产品销售收入112.4亿元，实现利润－2.3亿元。

【船舶产业布局】 2017年，福建省船舶产业按地区主要布局在福州（马尾、连江）、厦门、宁德（福安）、漳州、泉州等地，按所有制分类包括由福建省船舶工业集团有限公司为代表的国有船企，以及民营和部队船企。全年全省造修船产值分布如下：

在造船业务方面，省船舶工业集团有限公司完成43.4亿元，三都澳船舶集中区完成47亿元，龙海地区完成19.1亿元，闽江口船舶集中区完成12亿元，部队企业完成3.4亿元，漳州地区完成5.8亿元。

在修船业务方面，省船舶工业集团有限公司修理船舶40艘，完成1965万元；漳州地区修理船舶1022艘，完成1.7亿元；三都澳船舶集中区修理船舶437艘，完成20.4亿元；闽江口船舶集中区修理船舶574艘，完成6.5亿元；龙海地区修理船舶459艘，完成3亿元；部队船企修理船舶7艘，完成1646万元。

【福建省船舶工业集团有限公司】 福建省船舶工业集团有限公司（下称省船舶集团）组建于1982年，是一家以船舶及海洋工程装备修造、木材加工及木竹制造、新能源装备制造及现代服务三大产业板块为主，配套设计研发、销售贸易、林业金融、融资租赁、技工培训、钢结构制作、地产物业等多功能制造业实体，注册资本8亿元，年造船能力300万载重吨，木材加工能力100万立方米，产业工人超过2万人。

集团骨干企业有：福建船政重工股份有限公司、马尾造船股份有限公司、厦船重工股份有限公司、东南造船有限公司、船政海外发展有限公司、福船海洋工程技术研究院、福宁船舶重工有限公司、省船舶技校、省林业投资公司、福人集团有限公司、福建福船投资有限公司、福船一帆新能源有限公司、中铁福船海洋工程有限公司、福建海上风电运维服务有限公司等。

船舶板块主要产品有：227M深海采矿船、84M双体半潜多用途移动平台、高端客滚船、350英尺自升式平台、海上风电一体化作业移动平台、2100－8500CARS汽车运输船、敷缆船、70－89M电力推进平台供应船、33－105M系列海洋工程多用途工作船、远洋渔船、军工船舶以及各系列集装箱船、散货船、油船等，出口到英国、西班牙、德国、荷兰、瑞典、丹麦、挪威、希腊、美国、澳大利亚、新加坡、马来西亚等20多个国家和地区。林业板块核心产品“福人”牌中高密度纤维板、刨花板、强化木地板等，是中国名牌产品、国家银质奖产品、国家免检产品，“福人”商标为中国驰名商标。风电新能源板块拥有2艘国内最先进、投资额最高的海上风电安装船，以及省内规模最大的海上风电钢构制造基地。

“十二五”期间，省船舶集团资产总额从2010年的66亿元增长到2015年的198.12亿元，连续6年保持国资系统经营业绩考核A类等级，工业总产值突破100亿元，出口创汇11.07亿美元。

【2800客邮轮型客滚船】 2017年，福建省船舶集团权属企业厦船重工与芬兰著名邮轮公司——维京公司签订“1＋1”艘2800客邮轮型客滚建造合同，开创福建省承接建造该邮轮型船舶的先河，将推动福建省豪华邮轮产业链的发展。

2800客邮轮型客滚重点加入环保的解决方案及创新的节能应用，装修设计按照豪华邮轮标准实施，船长218米，有13层甲板，拥有2800个床位，船员及服务人员达到400人。同时还可装载大卡车、小汽车等各类车辆。船舶交付后将主要负责运营芬兰图尔库和瑞典斯德哥尔摩航线。（林亚娜）

冶金工业

【概况】 截至2017年底，福建省拥有规模以上冶金工业企业559家，其中大中型企业78家（大型20家）。全年完成工业总产值（规模以上）4331.6亿元，比上年增长1.7%（其中，钢铁工业2252.2亿元，下降6.1%；有色工业2079.5亿元，增长10.3%）；完成出口交货值175.3亿元，增长51.4%（其中，钢铁工业45.3亿元，增长45.6%；有色工业130亿元，增长53.6%）；实现主营业务收入4107.2亿元，增长23.6%（其中，钢铁工业2092.5亿元，增长18.3%；有色工业2014.7亿元，增长29.8%）；实现利税345.3亿元，增长93%（其中，钢铁工业216.8亿元，增长90.7%；有色工业128.5亿元，增长97.7%）；实现利润236.6亿元，增长124.9%（其中，钢铁工业156.7亿元，增长125.8%；有色工业79.9亿元，增长123.8%）。全年累计产销率97.54%，比上年增加3.07个百分点（其中，钢铁工业96.85%，增加2.75个百分点；有色工业98.19%，增加3.72个百分点）。

全年完成主要产品产量：钢1882.9万吨，比上年增长10.9%；钢材2725.7万吨，下降4.7%；生铁937.9万吨，下降3.3%；铁矿石原矿1989.8万吨，增长11.4%；铁合金20.8万吨，下降23.3%；电解铝14.1万吨，增长13.4%；铝材167.2万吨，下降2.1%；电解铜31.9万吨，下降3.3%；铜材27.1万吨，增长15.5%；细钨丝69.14亿米，下降1.7%；黄金98.7吨，增长28.4%；稀土冶炼分离2649吨，增长30%。

【冶金优势产业】 2017年，福建省冶金优势产品继续保持在国内的重要地位，不锈钢、钨及化合物、钨加工材、黄金等产品产量分别名列全国第一、第三、第一和第三。不锈钢产量约占到全国的25.3%，钨丝产销量占全国的70%，钨品出口名列全国第一。三钢集团位列2017年度“中国制造业企业500强”第238位，“中国企业500强”第485位；紫金矿业集团股份公司是全国最大的矿山企业，位列2017年度“中国制造业企业500强”第79位，“中国企业500强”第192位，黄金产量占全国的10%，获评“中国有色金属工业绿色发展领军企业”；厦门钨业股份公司为全球最大的钨品生产企业，也是唯一拥有矿山开采、冶炼、加工、应用产品生产及研发完整钨、稀土产业链的企业，钨品出口全国第一，2014年被国务院列为全国六大稀土集团之一。福建青拓集团2017年生产不锈钢415万吨，实现产值708亿元，为全国第二大不锈钢生产企业。

【冶金行业技术进步】 2017年，福建省三钢集团《热轧板带钢新一代控轧控冷技术及应用》成果获2017年度国家科技进步二等奖，福建三钢闽光股份有限公司被授予“中国钢铁工业科技工作先进单位”称号。青拓集团有限公司连任“中国金属材料流通协会不锈钢分会会长单位”，公司联合相关企业共同编制《装饰用奥氏体不锈钢焊接钢管》团体标准，由中国金属材料流通协会正式发布，于2018年1月1日开始实施。南铝铝模公司申报的《一种应用在铝合金模板体系槽钢处的施工方法》和《一种井盖》两项科研成果获国家知识产权局授权，正式取得发明专利证书。中铝瑞闽股份有限公司（铝带材）获省级制造业单项冠军企业。福建三钢闽光股份有限公司冷镦和冷挤压用钢、三祥新材股份有限公司氧化锆、宁德市星宇科技有限公司辐射环获省级制造业单项冠军产品。

【冶金行业重点工作】 2017年，福建省推动钢铁产能置换，调整优化产品结构。针对福建省钢铁产能不足的实际情况，引导和推进全省钢铁企业利用国家产能置换政策，跨省、跨区开展产能置换工作。是年，福建省青拓集团置换河北省炼铁产能108万吨、炼钢（不锈钢）90万吨；福华轧钢公司通过省内跨地区置换炼钢（特钢）50万吨，项目建成投产；推进福安同康金属制品有限公司置换浙江省的炼钢产能（30万吨特钢），福建鼎盛钢铁有限公司置换河北省炼钢产能（172.5万吨），福建大东海实业集团有限公司置换河北省炼铁产能（113万吨）等项目。

【稀土产业】 2017年，福建省编制《福建省稀土行业发展规划》，重点从培育龙头、鼓励研发、开拓市场、研发平台建设、园区建设、推进两化融合、资源保障和加大资金扶持力度等7个方面保障稀土产业发展。以厦钨为龙头统筹整合全省稀土资源，严格实行稀土“五统一”（统一规划、统一开采、统一价格、统一收购、统一分配）管理，推进和规范稀土行业有序发展。牵头组织开展全省打击稀土开采、生产、交易等环节违法违规行为的专项行动，建立长效机制。是年，组织国土、税务、工商部门对长汀县矿业发展有限公司经营来源不明稀土产品进行联合核查，遏制稀土违法违规行为发生。

【冶金行业规范】 2017年，福建省新增福建金鑫钨业股份有限公司列入工信部符合《钨行业规范条件》企业名单。对福建省三钢（集团）有限责任公司等9家钢铁企业等列入工信部规范（准入）公告企业进行动态复核工作。截至年底，全省冶金行业有35家企业获得工信部规范（准入）公告，其中，钢铁行业9家，铁合金企业15家，钨行业5家，焦化、稀土、铸造生铁、铜冶炼、铅锌、铝行业各1家。（吴高信）

建材工业

【概况】 2017年，福建建材工业规模以上建材企业2010家，完成工业总产值3796亿元，比上年增长6.5%，其中，水泥制造业完成工业总产值376亿元，增长0.3%；建筑用石加工业784亿元，下降4.5%；建筑陶瓷制品制造业686亿元，增长12.7%；玻璃制造业111亿元，下降8.7%。主要产品产量：水泥8444万吨，比上年增长3.5%；花岗石板材1.03亿平方米，下降69.5%；大理石板材7951万平方米，增长10.7%；建筑陶瓷26.4亿平方米，增长7.3%；平板玻璃4739万重量箱，下降14.5%。全年全省建材工业完成营业收入3676亿元，比上年增长10.1%。其中，水泥工业完成营业收入339亿元，增长20.3%；建筑陶瓷行业完成营业收入644亿元，增长9.2%；石材行业完成营业收入760亿元，下降4.3%；玻璃行业完成营业收入133亿元，增长1.8%。是年，全省建材工业全行业实现利润276亿元，比上年增长18.1%。其中，水泥行业实现利润14亿元，比上年亏损1.56亿元；建筑陶瓷行业实现利润54.2亿元，增长15.1%；石材行业实现利润56.8亿元，下降2.2%；玻璃行业实现利润45.8亿元，增长2.9%。全行业资产总额2446亿元，从业人员33.3万人。

【建材产业布局】 2017年，福建省石材产业主要分布在泉州，形成规模大、专业化程度高、产业特色明显、在国内外市场有影响力的南安石材产业集群。南安作为全省最主要的石材产业中心，是全国规模最大与种类最齐全的石材生产、出口、原材料集散、物流贸易基地。福建省作为全国传统四大建筑陶瓷产区之一，是全国最大的外墙砖生产基地，建筑陶瓷产量居全国第二，形成泉州和闽清建筑陶瓷产业集群。漳州的长泰、南靖、平和等地成为新的陶瓷产业发展重要区域。水泥产业主要分布在龙岩和三明，形成龙岩、三明水泥熟料生产基地。福建省玻璃产业主要分布在福州、漳州和厦门，形成福州汽车玻璃产业基地和漳州光伏玻璃产业基地，高档汽车安全玻璃产量居全国第一，夹层玻璃产量居全国第二。

【建材龙头企业】 2017年，福建省建材企业以福建省东升石业股份有限公司、厦门万里石股份有限公司、福建溪石集团、福建省华辉石业股份有限公司等为龙头的石材加工制造企业，以福建华泰集团股份有限公司、晋江恒达陶瓷有限公司、晋江腾达陶瓷有限公司等为龙头的建筑陶瓷制造企业，以福建水泥股份有限公司、华润水泥控股福建大区公司、红狮集团福建区域公司、福建金牛水泥有限公司、福建龙麟集团有限公司等为龙头的水泥制造企业，以福耀玻璃工业集团股份有限公司、漳州旗滨玻璃有限公司为龙头的玻璃制造企业。

【市场竞争力】 2017年，福建省石材、建陶企业销售网络遍布国内外，石材产品占据全国50%左右的市场份额，产品远销印度、巴西、埃及、西班牙、土耳其等十几个国家和地区出口量占全国50%以上；建陶产品占全国20%以上市场份额，产品远销海外十几个国家和地区。福耀玻璃工业集团股份有限公司是国内最具规模、技术水平最高的玻璃供应商，汽车玻璃销量约占国内市场的70%，约占全球市场20%，成为国内外著名汽车厂商的供应商；福耀玻璃拥有“国家认定企业技术中心”、“国家技术创新示范企业”、国家级“玻璃工程研究院”、国家级“工程实践教育基地”、“博士后科研工作站”等，拥有数百项专利技术，其中玻璃弯曲成型钢化技术获国家技术发明二等奖，新型夹层压制成型技术及新型镀膜功能化、表面功能化、光电功能化技术等领先国际水平。漳州旗滨玻璃产品销售国内30多个省市区，并远销29个国家和地区。

（林才伟）

煤炭工业

【概况】 截至2017年底，福建省在籍煤矿128处、产能1692万吨/年（含在建设计能力）。全年全省煤炭产量770万吨，比上年下降13.3%。其中，省能源集团公司255万吨，下降20.3%；龙岩市457万吨，增长0.9%；三明市57万吨，下降31.3%。全年耗煤约8000万吨，比上年增长6.7%，主要耗煤行业为电力、建材、化工、冶金，其中电煤消耗4300万吨，增长8.6%，全省燃煤电厂煤炭库存量持续保持在可供满负荷发电15天以上。

【煤炭过剩产能化解】 2017年，国家下达福建省退出煤矿12处、去产能82万吨/年，全省实际完成退出煤矿36处、去产能244万吨/年，超计划24处、产能162万吨/年。2016年以来，全省完成关闭退出85处煤矿、去产能541万吨/年，完成国家下达福建省“十三五”期间退出煤矿数量目标任务的109%、去产能目标任务的90%，提前一年完成国家要求的“前3年大头落地、完成总任务70%以上”的目标任务。

【煤炭行业安全生产】 2017年，福建省煤炭行业以落实省政府有关煤矿安全生产监督管理“一岗双责”和煤矿企业安全生产主体责任为重点，深化煤矿瓦斯防治和淘汰落后产能，加强煤矿生产能力管理，着力开展“抓好风险分级管控，开展煤矿安全大检查”“退出计划煤矿安全生产管理工作”“摸清煤矿基本状况，开展全面煤矿安全体检”。全年发生3起2人死亡安全生产事故，百万吨死亡率0.181，未发生煤矿瓦斯事故，安全生产形势稳定向好。（范新对）

纺织工业

【概况】 2017年，福建省纺织工业规模以上纺织企业累计实现工业总产值6641.14亿元，比上年增长11.4%。其中，纺织业2968.41亿元，增长11.2%；服装业2328.79亿元，增长11.5%；化纤业1287.69亿元，增长11.7%；纺织机械49.23亿元，增长11%。全行业实现产销率96.43%。出口市场小幅回暖，全年累计出口交货值946.55亿元，比上年增长10%。其中，纺织业170.3亿元，比上年增长15.7%；服装业728.91亿元，增长9.6%；化纤业41.34亿元，下降4.6%；纺织服装机械5.51亿元，比上年增长20.7%。是年，纺织服装传统出口市场中的欧盟、美国以及日本市场均有小幅好转，对“一带一路”出口纺织品服装有所增长。经济效益平稳提升，全年累计实现利润总额304.8亿元，比上年增长14.5%。其中，纺织业146.9亿元，比上年增长14.6%；服装业153.8亿元，增长14.3%；化纤业62.6亿元，增长58.9%；纺织机械4.3亿元，增长13.2%。全行业去杠杆取得较大成效，整体经营管理能力和成本控制方面不断提高，盈利能力有所增强。化纤、长丝织造及纺机行业利润率增长显著；棉纺、针织、染整等行业利润率稳定。两化融合呈现发展新趋势，化纤行业的百宏化纤、锦兴集团、景丰科技等企业，实现智能化物料自动配送系统，明显提升产品质量和生产效率，大量减少用工数量；纺织企业推行集体落纱和智能落纱小车，实施纺纱过程信息化在线监控系统，不断降低劳动强度，提高产品性能和生产效率；服装优势企业采用机器人替代人工铺布，大幅度减轻劳动强度，提高生产效率。

2017年，福建省纺织大类产品产量保持小幅波动增长态势，部分产品增幅小幅回落。化纤、棉纺织等行业仍保持两位数增长。合成纤维的锦纶、氨纶等产品保持较大幅度增长；棉纺行业纱线生产保持稳定，化纤纱、混纺纱呈平稳增长态势。全省化纤产能位列国内第三位，其中锦纶第一位。全年化纤产量674.38万吨。其中，粘胶短纤27.78万吨，比上年增长13%；合成纤维646.61万吨，下降2.3个百分点，其中锦纶149.84万吨，增长16.7%；涤纶469.17万吨，下降7.2%；维纶2.55万吨，下降9.5%；氨纶6.19万吨，增长5.9%；纱522.64万吨，增长8.2%；布90.88亿米，增长11.2%；印染布49.36亿米，增长1.1%；化纤长丝机织物9.2亿米，增长19.6%；非织造布32.3万吨，下降17.7%；服装43.45亿件，增长4.5%。

纺织行业中，锦江科技的聚酰胺纤维、长源纺织的化纤短纤纱、鑫港纺织机械的多梳栉拉舍尔经编机、华懋（厦门）新材料的汽车安全气囊、华宇织造的经编间隔织物等5家企业的产品入选2017年福建省制造业单项冠军（第一批），氨纶丝（恒申合纤）、圆网印花机（信龙机械）、并列型高弹复合聚酯短纤维（闽瑞环保纤维）、水刺法非织造布

（福建南纺）等4项产品入选2017年福建省制造业单项冠军产品（第一批）。

【纺织行业创新发展】 2017年，福建省纺织行业企业获2017年度中国纺织工业联合会科学技术奖的有：福建睿能科技的“新型高效针织横机电脑控制系统”获一等奖；福建佶龙机械的“针织成形鞋材生产装备关键技术及产业化”获二等奖；泉州万华世旺超纤的“PA6/PE定岛型海岛纤维及超细纤维革基布的研发及产业化”及福建华阳超纤的“汽车内饰用超纤新材料产业化”获三等奖。

棉纺行业技术改造向高效自动化方向推进，非棉纱线、织物加快开发，涤纶、黏胶以及化纤混纺纱保持国内领先位置。棉纺无卷化率、纱线无接头率、织造无梭率达到新的水平。2017年，长乐长源纺织被中国棉纺协会授予“中国短纤混纺纱特色产品生产基地”称号，“皓光”牌、“长源”牌纱线均为中国棉纺织行业“最具影响力产品品牌”。

针织休闲、运动、功能性服装、产业用纺织品取得进展。各类服装、鞋材、家纺、产业用各类功能性针织面料不断出现，其中整形结构针织鞋用、家饰以及车用材料、高档时尚服装面料等适应国内外市场需求潮流。

长丝织造行业大量引进新型织机以及配套设备，加强现代化管理，实施电子信息在线监控数字化系统，涌现一批国内领先化纤织造企业。

印染节能降耗清洁生产工作全面展开，大幅提高地区印染清洁生产水平。石狮纺织印染产业集控区继续开展染色低浴比、定型机废气处理、集控区污染物整治工程等技术改造。晋江、长乐、福清、莆田等地区的部分印染企业重组改造，出现新型染整示范企业。

产业用非织造行业技术改造成效突出，应用新纺织型材料，加大纺粘、针刺、水刺等非织造以及复合非织造工艺的研发，开发新产品扩大在工业过滤、医用材料、卫生材料、服饰鞋用材料、车用材料、建筑材料等领域的应用，非织造卫生医护理、超纤合成革、工业过滤等材料产品增长幅度大。2017年，福建南纺被中国产业用纺织品行业协会授予“中国非织造布行业智能制造试点示范企业”荣誉称号。

服装行业注重设计理念提升和智能制造，服装功能、艺术、时尚设计不断加强，设计和缝制加工、整理水平有显著进步。

纺织机械制造智能化水平快速提高。针织大圆机、经编机、横机、印花机等纺织机械产品加快技术进步，主要性能达到国内领先水平。　（毛祚康）

消费品工业

【概况】 截至2017年底，福建省拥有规模以上轻工企业7060家，比上年增加164家，总资产8828亿元，增长7.5%；职工177.3万人，增长－1.8%。全年全省规模以上轻工业工业总产值（现价）17541亿元，比上年增长（现价）12.2%；全省规模以上工业总产值（可比价）17171亿元，增长（可比价）9.7%；实现增加值4484亿元，增长9.1%；销售产值17088亿元，增长12.1%；出口交货值3592亿元，增长9.7%；实现利润1170亿元，增长18.3%。其中，轻工业产值、增加值和出口交货值分别占全省工业的34.6%、36.9%和44.7%。细分行业方面，食品、制鞋、塑料制品、工艺美术品、造纸及纸制品产值分别为6082亿元、3180亿元、1511亿元、1458亿元和1237亿元，合计占全省轻工业产值的76.8%。设区市方面，泉州5595亿元、漳州2864亿元、福州2716亿元、莆田1895亿元、厦门1105亿元、宁德1056亿元、南平922亿元、三明829亿元、龙岩558亿元。　（刘海元）

【造纸业】 截至2017年底，福建省造纸及纸制品行业从业人员8.3万人，与上年持平。累计实现工业总产值1236.67亿元，增长16.1%；主营收入1085.1亿元，增长13.5%。利润总额86亿元，比上年增长24.5%；税金总额37.3亿元，增长12.3%。

2017年，全省造纸产量集中度小幅提升。纸浆产量完成379985吨，比上年增长7.6%；机制纸及纸板产量完成7799044吨，下降1.4%，全国纸和纸板产量12542万吨，占全国产量的6.2%，产量在全国省区排名中位居第五位。实际造纸产量在10万～50万吨的企业有12家；产量50万吨以上的企业有联盛纸业、优兰发集团和玖龙（泉州）纸业3家，产量百万吨以上企业有联盛纸业1家。

2017年，全省造纸业利润总额前十名的企业是福建联盛纸业、优兰发实业集团、玖龙（泉州）纸业、漳州八龙纸业、敦信纸业、漳州港兴纸业、漳州友利达纸业、漳州盈晟纸业、恒安（中国）纸业和青山纸业，合计利润总额31.67亿元，占全省造纸利润总额81.6%。

2017年12月，山鹰纸业以19亿元现金收购福建省联盛纸业有限责任公司（长泰）基地，4台纸机，设计产能84万吨，改造后实际产能达100万吨。

2017年12月，福建省联盛纸业（龙海）有限公司PM9纸机顺利出纸。PM9主要生产牛卡和高强瓦楞纸，年产量45万～50万吨。该纸机网宽为7.3米，幅宽6.66米；设计车速1400米/分钟，运行车速1300米/分钟；配置DuoFormer Base II二代夹网等装置，并拥有先进的纸机控制系统（MCS）和质量控制系统（QCS）。

青山纸业3万吨阔叶木超声波浆已试生产成功。

福建利树股份有限公司年产30万吨白木浆挂面纸生产线（二期项目），目前处于项目实施阶段。

2017年9月，福建恒安集团“超吸水纤维非织造布研制及其应用”获福建省科学技术进步奖二等奖；“抗尿布疹卫生材料关键技术研究及应用”获2016年度泉州市科技进步奖二等奖；“抗尿布疹卫生材料关键技术研究及应用”获

2016年度晋江市科学技术进步奖一等奖。福建省晋江优兰发纸业开发的“60%再生浆在高透明礼品包装纸中应用的研究”获福建省科学技术进步奖三等奖；泉州华祥纸业获2016年度晋江市科学技术市长特别奖；“办公废纸脱墨技术及在低定量拷贝纸中的应用”获2016年度晋江市科学技术进步奖一等奖。

福建农林大学材料工程学院是福建纸业造纸专业主要科技支撑，在竹木精深加工方面做了大量研究。至2017年底，在研项目有“十三五”国家重点研发计划项目3个，国家自然科学基金项目9个，福建省产业技术联合创新项目4个，与福建青山纸业、福建希源纸业合作横向课题3项。（陈德强）

【盐业】 2017年，福建省盐业集团有限责任公司总资产21.93亿元，净资产15.08亿元；职工1117人，其中，在岗1010人，管理人员671人。是年，公司销售盐产品32.52万吨，比上年减少10.22万吨，其中，小包装盐销售10.93万吨，减少1.02万吨；各类大包装盐销售21.59万吨，减少9.19万吨。全年公司实现营业收入55755万元，减少17537万元；实现利润总额6955万元，减少1528万元；净利润4896万元，减少948万元。

食盐销售。2017年，公司立足于将“闽盐”品牌打造成中国食盐高端品牌。“闽盐”品牌系列产品原料生产均采用福建省“原生态、纯天然、全人工”的传统独特古法晒制的制作工艺，不添加抗结剂，具有传统、天然、健康、美味的特点，是盐中珍品。“闽盐”品牌形成以“福建贡盐”为代表的中高端系列产品、以“福建原盐”为代表的民生系列产品和以“低钠海盐”为代表的功能系列产品，产品种类丰富，其中“福建贡盐”“天然海晶盐”“福建原盐”和“研磨盐”4种产品被选定为“厦门会晤”专用盐。

公司加强与省外盐业企业、大型商超、电商销售企业及第三方物流企业的战略合作，稳定省内食盐市场经营秩序，有序地开拓省外市场。同时与省内盐场沟通协调，争取财政资金支持，牵头与省内盐场建立紧密型合作关系，努力构建以定点生产企业为平台的合作模式，加快推进省内盐业产销一体化，共同打造福建海盐高端品牌。

盐政管理。2017年是盐改初年，公司坚决加强对食盐流通渠道监管，保障福建省内食盐安全。全省查获大小食盐案件5075件，查获大小包装食盐6344吨。盐政大要案的查处也取得较大的进展和突破，其中2人被判有期徒刑，10人被检察院正式批捕。

品牌建设。2017年，公司在产品研发、丰富产品品种、产品包装设计、品牌宣传等方面下功夫，加强创新，专门成立产品研发中心，同时制定各类产品企业质量标准，实现“一品一质”的内在质量要求。与福建日报报业集团、中新社福建分社签订战略合作协议，依托福建报业媒体开展全方位、全覆盖的宣传；同时开设微信公众号“闽盐匠心”，多方面加大品牌的日常宣传力度。先后参加省内“6·18”“9·8”展会，以及江苏昆山、上海、重庆、广州等全国性展会，提升“闽盐”品牌知名度。在全省范围内开展“闽盐”产品系列市场宣传活动，深入超市、社区等进行持续性和大面积宣传，市场宣传持续4个月，共400多场。（俞　魁）

【制鞋业】 2017年，福建制鞋业保持平稳发展态势，有规模以上制鞋企业1017家，实现工业总产值3180亿元（现价），比上年增长11.6%（现价）；销售产值3099亿元，增长12.7%；出口交货值882亿元，增长12.5%；鞋业产量、主营业务收入和出口交货值连续8年保持全国同行业第一位。

骨干企业不断壮大。安踏集团门店超过1万家，2017年营收167亿元，跻身全球体育用品公司前五，直接创造就业超过10万人。特步门店达6000多家，2017年营收近51亿元，蝉联中国赞助马拉松赛事最多的体育用品商，蝉联天猫及京东销量最高的运动鞋品牌。“361°”国内零售门店总数5808间，2017年营收51.58亿元。匹克国内零售网点5000多家，赞助一系列国内外体育赛事，市值90亿元左右。鸿星尔克门店4612家，2017年产值9.7亿元，与IBM等公司合作开发出E68系统，集团营销服务能力进一步提高。双驰联手中科院推动新型鞋码标准，构建“中国人脚型数据数库”，建立自动化生产标杆车间，降低人工成本、提升产能效率和产品质量。

制鞋工业设计水平持续提升。参加福建省“海峡杯”（晋江）工业设计大奖赛、厦门海峡两岸工业设计大赛、福建省鞋类设计师技能竞赛暨首届全国鞋类设计师职业技能竞赛福建区域选拔赛、“八闽杯”海峡两岸大学生工作坊、海峡两岸大学生设计营等活动。有茂泰鞋材、特步（中国）、361°和双驰实业等4家企业被评为省级工业设计中心，2017年361°获国家级工业设计中心称号，是全省制鞋业首家。（李　军）

【塑料制品业】 截至2017年底，福建省塑料制品加工业拥有规模以上企业658家，比上年增加18家；从业人员13.4万人，增长0.8%。全年全省规模以上塑料制品加工业总产值（现价）1511亿元，比上年增长5.9%（可比价）；实现主营业务收入1427亿元，增长6%。塑料制品产量431万吨，增长7.4%，产量居全国第7位，位列浙江、广东、河南、江苏、四川、山东之后。塑料制品业中塑料薄膜制造实现产值225亿元，比上年增长19%；塑料板、管、型材制造实现产值193亿元，增长6.9%。规模以上企业累计实现出口交货值159亿元，比上年增长14.2%。规模以上企业累计实现税金总额28亿元，与上年持平；实现利润总额76亿元，增长0.4%。

塑料制品加工业主要包含塑料包装、塑料管材、塑料注塑制品等行业，塑料管材管件、塑料包装材料、鞋用材料、人造革和合成革和电子电器、汽车零配件等应用领域的产业集群已经成形，装备水平、创新和开发能力、产品质量达到国内先进水平，形成一个较完整的产业链。福州、厦门、泉州3个设区市是主要产地，福州以塑料膜、塑料鞋、塑料管材及配件、日用制品为主，厦门以塑料包装膜、卫生洁具、改性材料、电子电器塑料和日用塑料为主，泉州以塑料鞋、鞋用材料、日用塑料制品、密胺餐具和塑料管材等为主。

（吴维建）

【工艺美术业】 2017年，福建省工艺美术业有规模以上企业832家，与上年持平，拥有总资产545亿元，增长5.8%，平均从业人员14.7万人，下降2.6%；亏损企业24家，减少1家，亏损企业亏损总额0.4亿元，下降20%。全年全省规模以上工艺美术业实现产值（现价）1458亿元，比上年增长（现价）11.1%；规模以上产值（可比价）1441亿元，增长（可比价）9.7%；销售产值1434亿元，增长11.1%；出口交货值419亿元，增长9.8%；主营业务收入1404亿元，增长11.5%；利润总额94.2亿元，增长16%。根据中国轻工业联合会部署，组织开展第七届中国工艺美术大师评选推荐工作，全省有12名优秀工艺美术从艺人员脱颖而出，推荐至全国评选办。第十二届中国（莆田）海峡工艺品博览会（简称艺博会）于2017年5月2日在莆田工艺美术城落幕。据统计，共吸引20多万人次前往参观，累计签订合同金额6.9亿元，比上届增长6.3%；意向合同金额6.7亿元，增长8.2%；产品成交金额2.5亿元，增长7%。线上工艺产品成交金额5272万元。举办海丝（泉州）工艺美术精品博览会，展出作品362件，包括4名国大师代表作品25件和11个类别37个艺种的省大师、市大师、民间名艺人代表作品337件。泉州市与华侨大学联合设立“泉州工艺美术研究院”，共同打造集传承保护、研发创新、培训交流、融合发展等于一体的工艺美术科研公共服务平台。印发《关于加强工艺美术大师服务管理的实施意见》，进一步健全大师服务管理机制。举办2017年中国（惠安）国际雕刻艺术品博览会，集中展示石雕、木雕、玉雕等精品及雕刻环保设备，230家国内外雕艺企业和5.62万名客商、观众参加展会，现场交易和意向合同贸易额10.7亿元，签约雕艺工程投资合作项目10个，合同金额54亿元，其中38.7亿元属于海丝沿线国家投资合作项目。（刘海元）

【家具行业】 2017年，福建省家具工业有规模以上企业341家，工业总产值545.9亿元，比上年增长11.9%；利润总额32.2亿元，增长19.3%；税金总额14.2亿元，增长6.8%。是年，福建省家具出口额42.5亿美元，比上年增长17.72%；完成产量14796万件，增长0.9%。

生产布局上，仍然保持福州、厦门以生产板式（办公、民用、校用）为主，莆田以生产中式古典工艺家具为主，漳州与泉州以生产出口美式实木家具、钢管家具、酒店家具、软体家具为主，闽侯与安溪等地以生产竹、藤、铁工艺家具为主，三明、南平、龙岩以生产竹木制品为主的格局。

仙游县红木雕刻工艺精湛，先后被授予“仙作红木家具产业基地”“中国古典家具收藏文化名城”“国际木文化研究与实践基地”等称号，“仙游古典家具制作技艺”被列入“国家级非物质文化遗产”保护名录、仙游“中国古典工艺博览城”获评国家AAAA级旅游景区。2017年，“中国古典工艺家具之都”通过复评，同时获评“中国古典家具（仙作）标准化创建示范基地”称号。2017年，仙游古典工艺家具产值达到380亿元，比上年增长3.26%，规模以上工艺企业数达177家，从业人员15万人，创税收1亿多元。

漳州市家具行业发展平稳，产业体系日臻完善，集群效益显现，区域优势明显。2017年，家具行业完成规模以上总产值138.3亿元，比上年增长25.23%；销售产值136.1亿元，增长25.21%；出口交货值62.9亿元，增长16.2%；工业增加值41.2亿元，增长21.9%。

闽侯县、安溪县为“中国藤铁工艺之乡”，政府大力扶持藤、铁工艺产业发展，藤、铁工艺家具产值及出口额逐年上升。闽侯县家居工艺品2017年总产值达82亿元，其中出口额7.3亿美元，比上年增长10.3%。安溪家居工艺品全产业链产值130亿元，比上年增长20.37%；电子商务发展迅猛，全年实现网上交易35.47亿元，增长77.3%。尚卿乡、城厢镇入选“中国淘宝镇”，淘宝村增至17个。工业企业自营出口额16.98亿元，比上年增长8.57%；全行业纳税2亿元，增长73.3%。

三明市是福建省重点林区，生产的商品木材以及人造板产量均居全省之首。永安是“中国竹笋之乡”“中国竹子之乡”“全国林业改革与发展示范区”，竹资源十分丰富（全市拥有竹林面积6.8万公顷）。2017年，永安市竹产业产值61.36亿元，比上年增长4.5%。林竹企业入库税收1.134亿元，比上年增长73.4%。永安市拥有各类竹加工企业166家，竹加工产品近500个品种，竹家具年产量11.68万套，涵盖家具家居建材工艺文化等10多个行业，已形成全国最大的竹工程材生产基地。

（谢　芳）

日用陶瓷

【概况】 2017年，福建省陶瓷产值228亿元，比上年增长14%，其中自营出口陶瓷18亿元，增长16%，销往五大洲190个国家和地区，约占全国陶瓷出口总量的9%。陶瓷总产值中，日用陶瓷产值86亿元，比上年增长15%。德化率先在美国、俄罗斯设立陶瓷跨境电商海外仓，有电商企业6000多家，其中100多家加入阿里巴巴国际站。

【陶瓷行业技术创新】 福建省日用陶瓷制造业主要集中在德化县，以生产星级酒店用瓷、家居日用餐具、厨具、茶具为主，其中茶具产量位居全国前列。德化陶瓷加快由制造向“智造”转变、产品由低端向高端转变、结构由单一向多元转变，打造具有影响力的现代化陶瓷市场，现有陶瓷企业2600多家。2017年，德化推广陶瓷循环化改造，通过国家电网能源替代项目，支持企业以电代柴对窑炉进行技术改造，在转型升级、降低损耗的同时走上绿色发展之路。德化70%的陶瓷企业实现以电烧瓷，累计减少水土流失面积0.33万公顷，减少二氧化碳排放约10万吨。

【陶瓷品牌打造】 2017年，福建省德化县被国家质检总局授予“国家级出口陶瓷质量安全示范区”称号，成为继广东潮州之后中国第二个、福建省首个国家级出口陶瓷质量安全示范区。德化陶瓷品牌影响不断扩大，参加第二届中法文化论坛活动，32件德化陶瓷在法国汇流博物馆展览，18件（套）德化白瓷入选“厦门会晤”国礼瓷和国宴瓷，举办“中国白”国际陶瓷艺术大奖赛系列活动，启用“世界陶瓷之都”LOGO等。

（叶少芬）

食品工业

【概况】 2017年，福建省规模以上食品工业企业2408家，比上年增长2.5%，完成工业总产值（不计烟草制品业）6082.47亿元，增长11.8%，增速上升2.1个百分点。其中，农副食品加工业总产值3396.84亿元，增长11.9%，增速上升1.8个百分点；食品制造业工业总产值1676.98亿元，增长14.5%，增速上升3.7个百分点，是食品行业中增长最快的子行业；酒、饮料和精制茶制造业工业总产值1008.65亿元，增长7.3%，增速上升0.7个百分点。规模以上食品工业总产值占全省消费品工业的25%，位居全行业首位。全省规模以上食品工业（不计烟草制品业）销售产值5950.27亿元，比上年增长12%，增速上升2.1个百分点。其中，农副食品加工业达3315.92亿元，增长12%，增速上升1.4个百分点；食品制造业达1644.36亿元，增长14.7%，增速上升3.2个百分点；酒、饮料和精制茶制造业达989.98亿元，增长7.9%，增速上升2.5个百分点。全省规模以上食品工业（不计烟草制品业）出口交货值895.28亿元，比上年增长7.7%，增速回落6.1个百分点。其中，农副食品加工业达666.25亿元，增长8.1%，增速回落4.6个百分点；食品制造业209.14亿元，增长7.5%，增速回落10.2个百分点；酒、饮料和精制茶制造业达19.89亿元，下降1.1%，增速回落2.6个百分点。

全年全省主要加工食品的产量为：原盐22.61万吨，比上年增长80.9%；小麦粉142.54万吨，下降5.468%；大米204.7万吨，下降0.03%；饲料1515.75万吨，增长7.2%（其中，配合饲料1038.16万吨，增长4.37%；混合饲料57.77万吨，下降24.23个百分点）；精制食用植物油229.7万吨，增长5.41%；鲜、冷藏肉101.94万吨，增长16.04%；冷冻水产品182.23万吨，增长4.23%；糖果80.81万吨，增长2.85%；速冻米面食品3万吨，增长29.71%；方便面14.04万吨，增长8.51%；乳制品17.58万吨，下降7.77%（其中，液体乳12.72万吨，增长20.55%；乳粉4.25万吨，下降30.4%）；罐头328.93万吨，增长8.38%；酱油10.44万吨，增长16.93%；冷冻饮品0.89万吨，增长1.7%；食品添加剂15.9万吨，增长12.68%；饮料酒190.16万千升，增长1.93%；白酒（折65°，商品量）5.99万千升，增长11.85%；啤酒162.42万千升，增长0.92%；软饮料593.14万吨，增长3.69%（其中，碳酸饮料类61.35万吨，增长10.96%；包装饮用水类272.92万吨，增长5.52%；果汁和蔬菜汁饮料类104.17万吨，下降6%）；精制茶26.47万吨，增长8.32%。

在列入统计的27类主要食品中，福建省食品产量位居全国各省市前10位的产品分别是：糖果、罐头第一位；冷冻水产品第二位；精制茶第四位；配合饲料、果汁和蔬菜汁饮料类第六位；饲料、乳粉、碳酸饮料类第九位；鲜、冷藏肉、精制食用植物油第十位。

福建省获“2017第十一届中国品牌价值500强”的食品企业有达利食品集团有限公司、福建亲亲股份有限公司、天福（开曼）控股有限公司、福建圣农发展股份有限公司4家；达利食品集团有限公司上榜“2017年中国500强净资产收益率（ROE）最高的公司”；达利、福马、盼盼进入全国休闲食品品牌10强；达利、盼盼、亲亲进入全国薯片品牌10强；达利进入全国饼干品牌10强；蜡笔小新、亲亲、佐佐甜品、雅客、巧妈妈进入全国果冻品牌10强，蜡笔小新果冻连续多年居果冻行业第2位；达利、盼盼进入全国糕点品牌10强；天喔进入中国蜜饯果脯品牌10强和坚果干果品牌10强；金冠、雅客进入全国糖果品牌10强；厦门银鹭、厦门古龙、福建紫山、福建同发进入全国罐头10强；英博雪津进入全国啤酒行业10强；武夷山大红袍和安溪铁观音进入全国茶叶品牌10强；明一集团进入全国婴幼儿配方乳粉行业品牌10强，是截至2017年全球最大的单体婴儿奶粉制造基地。达利、盼盼、天喔、安井进入全国食品饮料100强。

全省获得“2016—2017年度全国食品工业优秀龙头食品企业”称号的有福建圣农食品有限公司、福建福矛酒业集团、长乐聚泉食品有限公司、回头客食品集团股份有限公司、福州聚春园食品有限公司、福建省亚明食品有限公司等26家企业，获“2016—2017年度全国食品工业强县（市、区）”称号的有光泽县、霞浦县、晋江市。通过食品工业企业诚信管理体系评价，并取得证书的企业有福建回头客食品有限公司、福建省亚明食品有限公司、福建龙岩晋龙食品有限公司、海欣食品股份有限公司4家。

入选省经信委、省财政厅2017年福建省“专精特新”中小企业的有福建屏湖红生物科技有限公司、福建亿达食品有限公司、福建舜洋食品有限公司等全省16家食品企业；省经信委成立省经信委科学技术委员会，第一批食品行业专家咨询组由郑宝东（福建农林大学副校长、教授/博士生导师）、何志刚（省农业科学院食品所副所长、教授级高级工程师）、傅光明（福建圣农发展股份有限公司董事长）、何建平（百威英博雪津啤酒有限公司中国东南事业部总裁）、许景（福建省宏盛闽侯酒业有限公司董事长、中国酒业协会黄酒分会副理事长、国家高级酿酒师）、许阳阳（达利食品集团副总裁、执行董事）、林玉明（省食品工业协会副会长兼秘书长、高级工程师）7人组成，重点咨询食品科学与工程、农副食品加工、酒类制造、休闲食品。入选“2017年福建省优秀企业家”的有福建圣农食品有限公司董事长傅芬芳、绿新（福建）食品有限公司总经理郭东旭、福建绿宝食品集团有限公司董事长郑松辉、福建东平高粱酿造有限公司总经理张步瑞、福建光阳蛋业股份有限公司董事长余劼、福建岳海水产食品有限公司董事长石晓明、闽东张一元茶叶有限公司董事长王小敏、宏东渔业股份有限公司董事长兰平勇、福清市恒泰水产食品有限公司董事长何学恒、厦门烟草工业有限责任公司董事长吴志文、阿一波食品有限公司董事长李宁波、福建金永润食品有限公司总经理李安伟、福州宏龙海洋水产有限公司董事长卓新荣、福建福鼎海鸥水产食品有限公司总经理徐嫩弟、安发（福建）生物科技有限公司董事长高益槐等15位食品企业家。

中国海峡硒都（诏安）青梅产品十佳伴手礼评选活动由诏安县人民政府主办，经由省市知名专家担任评委严格评选，诏安四海食品、诏安福益食品、诏安绿源食品等10家青梅加工企业部分产品入选诏安青梅产品“十佳伴手礼”名单。

第三届海峡两岸（漳州）工业设计创新大赛由省经信委和漳州市人民政府联合主办，凸显食品产业特色，围绕漳州特色产业发展战略，针对漳州食品产业特色优势，新设食品组，涵盖食品制造、食品包装、食品机械装备领域，展现漳州企业转型升级成果。

【食品工业技术进步获奖成果】 2017年，福建省开展第三届“福建省食品工业科学技术进步奖”评审活动，经评定、公示，一等奖项目3个，二等奖项目6个，三等奖项目6个。其中，回头客食品集团股份有限公司和福建农林大学联合完成的“提高面包制品品质关键技术的研究与应用”、福建农林大学食品科学学院和海欣食品股份有限公司联合完成的“低值鱼蛋白源抗氧化肽生物法高效制备及应用研究”、福建省建瓯黄华山酿酒有限公司和福建师范大学联合完成“福矛窖酒酿造关键工艺技术创新与应用”等3个项目获得一等奖；福州小二哥食品有限公司完成的“新型面包糠加工关键技术研发”、福建光泽德顺酒业有限公司完成的“液态发酵生产米香型白酒生产专利技术应用”、福州大学生物科学与工程学院完成的“食品源抗氧化肽制备关键技术及产业化应用”、福建农林大学食品科学学院和海欣食品股份有限公司联合完成的“鱼皮抗冻蛋白生物法高效制备及其在鱼糜制品加工中的应用”、厦门银祥集团有限公司完成的“闽台特色传统菜肴工业化生产关键技术研究及应用”、福建农林大学食品科学学院和福建省亚明食品有限公司联合完成的“中式肉类菜肴工业化生产关键技术的研究与应用”等6个项目获得二等奖；福建师范大学闽南科技学院和福建泉州市味源调味品有限公司联合完成的“深海低值鱼加工新型海鲜调味品关键技术的开发与应用”、漳州片仔癀药业股份有限公司完成的“增加骨密度保健食品生产关键工艺技术研究与产业化”、大闽食品（漳州）有限公司完成的“漳州平和蜜柚柚子花废弃物增值化利用关键技术研究与应用”、福建师范大学完成的“油茶籽油加工及高值化利用关键技术的研究与产业化”、福建农林大学食品科学学院和福建省潘氏食品有限公司联合完成的“红曲黄酒液态深层发酵关键及综合技术的研究与应用”、福建农林大学食品科学学院和福建闽江源绿田实业投资发展有限公司联合完成的“即食莲子加工关键及综合技术的研究与应用”等6个项目获得三等奖。

福建省食品工业协会科技成果评审办公室组织专家进行科技成果评审，9个项目通过科技成果评审，其中，福建农林大学、福建省轻工业研究所、福建赛福食品检测研究所有限公司、福建省闽中有机食品有限公司、福建省潘氏食品有限公司联合完成的“金柑加工及综合利用关键技术的创新与产业化”成果，福州大学、福建省宏盛闽侯酒业有限公司联合完成的“红曲黄酒酿造微生物资源挖掘及应用”成果，福建农林大学、福建龙岩晋龙食品有限公司、福建省永泰县顺达食品有限公司、漳州含羞草食品有限公司联合完成的“非盐腌低糖蜜饯制品加工关键技术的开发与应用”成果分别被福建省人民政府授予福建省科学技术进步奖一等奖、二等奖、三等奖；福州小二哥食品有限公司完成的“新型面包糠加工关键技术示范”等部分项目列入省市科技厅星火计划项目。

【食品工业品牌知名度拓展】 2017年7月27—29日，第一届海峡两岸食品交易会暨第四届闽台（泉州）食品交易会在福建晋江举行，吸引境内外400多家特色食品企业参展。展会期间，到会客商6.92万人，累计成交额88.65亿元。

2017年，福建省举办闽台食品行业专场对接会，完成闽台对接项目分别为台湾万嘉棠公司和福建东山华康食品有限公司的“速冻调理食品技术研发及产业化”项目、台湾森泉食品工业股份有限公司和漳州森泉食品有限公司的“农产品、水果果干干燥技术”项目等3个。

组织特色食品企业参加福建省工业博览会。消费品展区参展食品企业接待洽谈人数近万人，意向订单金额近400万元，现场签订产品订单金额50多万元，现场销售金额15万元。

组织企业参加2017年香港国际美食展览会。展览会划分为贸易馆及公众馆，展示林林总总的环球美食，包括面包及糕点、酒精及非酒精类饮品、零食、罐头及加工食品、即食食品、新鲜食品及蔬果、绿色及有机食品、厨具、米及面食、海鲜及调味料等，为业界采购提供多元化的选择，亦为公众呈献各地佳肴。

【福建省暨福州市食品安全宣传周】 2017年6月26日，福建省暨福州市食安办联合在福州举办以“尚德守法 共治共享食品安全”为主题的“2017年福建省暨福州市食品安全宣传周启动仪式”，省食品药品监督管理局等17个部门具体组织实施启动仪式。现场还举行食品生产经营企业代表诚信承诺、赠送食品安全法律书籍、食品安全咨询、食品农药残留快速检测等活动。宣传周期间，相关部门通过举办系列主题活动、网络有奖竞答、农产品质量安全监督抽检“进村入户”、食品质量安全可追溯专题培训、水产品药物残留快速检测培训、科普宣讲、食品安全教育引导、食品安全执法检查、进口食品安全社区行、“饮食用药安全大讲堂”等活动，进一步弘扬尚德守法的行业风气，普及食品安全法律科普知识。

【首届海峡两岸职业教育食品创新创意大赛】 2017年9—12月，由福建省食品工业协会与泉州市职业教育集团主办、泉州轻工职业学院与黎明职业大学承办、福建省盼盼食品集团赞助的“盼盼杯”首届海峡两岸职业教育食品创新创意大赛在全省有关高职高专院校全面开展。评选出一等奖6项、二等奖12项、三等奖15项、优秀奖34项，同时评选出“优秀指导老师”19名。

【第四届福建省大学生创新创意大赛】 2017年12月17日，由福建省食品工业协会、福建农林大学食品科学学院、福州素天下食品有限公司联合举办的“素天下杯”第四届福建省大学生创新创意大赛评审会在福州召开。该次大赛由福州素天下食品有限公司冠名，收到193项参赛作品。评选出特等奖1项、一等奖20项、二等奖35项、三等奖40项、优秀奖92项。（檀巧斌）

森林工业

【概况】 2017年，福建省林业产业总产值5002亿元，比上年增长8.5%。其中，第一产业901亿元，比上年增长10.4%；第二产业3817亿元，增长7%；第三产业284亿元，增长25.7%。列入全省农业七大特色产业的林竹产业3334亿元，比上年增长15%；花卉苗木产业643亿元，增长14.9%。全省商品材产量533.9万立方米。竹材产量8.49亿根，比上年增长13.7%。新增国家林业产业区域品牌2个，新增上市林业企业3家（累计33家）。

【林工经贸活动】 2017年6月18日，第十五届“中国·海峡项目成果交易会”在福州召开，征集林业企业技术需求95项，对接项目成果71项，总投资16.9亿元。

11月6—9日，第十三届海峡两岸林业博览会暨投资贸易洽谈会在三明市举办，签约项目111个、总投资164.7亿元。其中，台资和外资项目16个，利用台资和外资1.87亿美元；投资亿元以上项目55个，投资5亿元以上项目有大田油茶国际休闲（养老）项目、三元森林小镇建设项目等10个。吸引参展企业558家、展品3195种，评选金奖产品56个。

11月18—22日，“第九届海峡两岸现代农业博览会·第十九届海峡两岸花卉博览会”在漳州花博园举办。20个花卉精品专题展示区，展出20多个专业门类的1500多个品种，近7000盆（件）名特优新花卉，包括水仙花、国兰、洋兰、人参榕、多肉植物等漳州特色花卉，金线莲、铁皮石斛等为代表的食用药用花卉，采用先进技术处理的永生花和干花。评选出花卉精品388件，其中金奖54件、银奖104件、铜奖230件。

（郭　洁）

水产品加工业

【概况】 2017年，福建省拥有水产品加工企业1200多家，其中，国家级农业产业化重点企业12家、省级龙头企业132家，规模以上企业406家，年产值亿元以上企业120多家，年产值10亿元以上企业12家，上市企业3家，省级上市后备企业30家。全省水产品加工产量354.3万吨，实现产值872.1亿元，分别比上年增长4.9%、8.4%。

【水产园区建设】 2017年，福清龙田、东山经济开发区、诏安水产专业加工区、霞浦台湾水产品集散中心、海峡西岸（连江）水产品加工示范基地、平潭综合实验区闽台水产品加工园区、马尾海峡水产品交易中心、石狮海洋生物科技园区等一批现代水产加工园区快速发展，形成闽南、闽中、闽东三大水产加工产业集群。水产品加工年产值超过20亿元的地区有东山、福清、蕉城、连江、马尾、石狮、晋江、福鼎、长乐、诏安、漳浦等11个县（市、区），发展形成蟹肉、对虾、海带、海参、紫菜、大黄鱼等一批特色优势水产品加工区，产业规模居全国前列；藻类、鱼糜制品市场规模分别超百亿元。

【水产品冷链物流】 2017年，福建省以批发市场为核心、集散中心为辅助的水产品流通体系更加完善，建立9个大型水产批发市场，覆盖福州、厦门、泉州、漳州、莆田等中心城市，总面积67万平方米，交易品种包括海淡水鱼类、贝类、甲壳类、藻类等几十个品种，年交易量260多万吨，年交易额约470亿元。全年新增冷库库容量11万吨，全省水产品冷库容量197万吨，水产品冷冻率50%。新型物流装备拓展水产品流通渠道，福建省八达龙水产有限公司2艘循环温控活鱼运输船直达大连、秦皇岛、连云港等地水产品市场，实现活鱼远距离运输。

【水产品电子商务】 2017年，福建鱼多多水产品电子商务交易平台、找鱼网、东山水产品电商产业园、漳州“大渔村”、中国—东盟海产品交易所等实现规模化发展，鲍鱼、南美白对虾、海带、鳗鲡等水产品网上销售规模扩大。渔业企业通过组建专业电子商务运营团队，建立网上销售平台或进入第三方电子商务平台，拓展水产品批发、零售等销售空间。全省已培育水产行业自营电商平台6个，在阿里巴巴、京东等知名第三方电商平台开设专门网店100多个。在“双11”期间，福建金盛水产有限公司“三都港”品牌大黄鱼居京东生鲜鱼类单品销售第一，“三都港”产品通过电商渠道实现年销售额7000万元。

【渔业品牌培育】 2017年，福建省加大区域公共渔业品牌培育，连续打造宁德大黄鱼、莆田南日鲍、晋江紫菜、连江海带等20个渔业公共品牌，在动车、电梯电视、广电网络电视、《福建日报》、微信微博、互联网平台等媒体上进行宣传推介。福州、宁德、漳州等地依托产业优势，举办鱼丸节、海藻节、金鱼节、大黄鱼节、石斑鱼节、鲈鱼节等活动，评选本地特色优势渔业区域品牌。省农业厅、林业厅、海洋与渔业厅联合开展“2017年福建省著名农产品”评选，3家水产企业产品被评为名牌农产品，2家渔业协会品牌被评为十大区域品牌。全省水产行业28个品牌获得省名牌产品称号。全省水产行业获得中国驰名商标、国家注册地理标志商标、国家地理标志保护产品、省名牌产品、省著名商标等448个，无公害产品376个。

2017年6月18日，福建海洋战略性新兴产业项目成果交易会暨第四届福建海洋生物医药产业峰会在海峡国际会展中心举行 （省海洋与渔业厅供稿）

【水产企业发展】 2017年，福建省水产企业通过发展精深加工和冷链物流，完善产业链，提高水产加工品品质和附加值，实现产业转型升级。全年新增精深加工生产线17条，其中全自动紫菜生产线节省劳动力80%以上。企业研发“氨糖胶囊”“壳寡糖胶囊”“鱼皮胶原蛋白肽粉”“DHA藻油微胶囊粉”“DHA藻油”等新产品，提升产品附加值。厦门汇盛生物有限公司研发的“DHA藻油”获福建省科学技术发明二等奖，并成为亚洲首家获欧盟新资源食品认证的产品；石狮华宝集团将海产品下脚料和废弃物转化成甲壳多糖等高科技海洋生化产品，成为中国氨基葡萄糖行业龙头企业，具有国际定价权；厦门安井食品有限公司制定行业标准9项，年产值突破25亿元，被列为福建省供给侧改革及产业转型升级的典型案例。

【海洋渔业贸易合作】 2017年6月，福建省举办福建海洋战略性新兴产业项目成果交易会暨第四届福建海洋生物医药产业峰会，对接海洋与渔业项目155个，项目总投资270.87亿元，比上届增长14.01%。举办第十二届中国（福州）国际渔业博览会·亚太水产养殖展，展馆面积5.6万平方米，34个国家和地区的528家协会、企业参展，展会参观人数达28.5万人次，专业买家9100人以上；现场签约海洋与渔业项目16个，签约金额200亿元；展会现场零售额5000万元，现场贸易配对额3.5亿元，成为全球第三大渔业专业博览会。64家水产企业参加青岛渔博会，布设展位150多个，展销品种涵盖黄鱼鲞、烤鳗、鱼丸、海苔、鲭鱼等精深加工产品，以及水产配合饲料、养殖设施装备等。 （汤兴福）

医药工业

【概况】 至2017年底，福建省有规模以上医药工业企业167家，完成工业总产值403.98亿元，比上年增长10.1%；实现工业增加值135.95亿元，增长9.4%；销售产值385.13亿元，增长10.1%，产销率95.33%；实现利润总额45.1亿元，增长9.7%。从细分行业看，化药制剂、医疗器械、中成药产值位列前三，产值分别为84.69亿元、76.58亿元、75.63亿元，分别占全省医药工业总产值20.96%、18.96%、18.72%。从区域看，福州、厦门、三明医药产业产值分别为89.24亿元、74.49亿元、56.01亿元，位居全省前三，占全省医药工业总产值的54.39%。全省基本形成以福州、厦门、三明为主要支撑、重点区域协同推进的产业发展格局。

【医药产品研发】 2017年，福建省药品注册申报中新药申报比例47%。厦门大学研制的首个国产九价宫颈癌疫苗获准开展临床试验；福建广生堂药业的“福甘定—富马酸替诺福韦二吡呋酯胶囊”成功获批，成为中国首张替诺福韦乙肝适应症批文；力品药业（厦门）盐酸可乐定缓释片ANDA获美国FDA批准上市；厦门特宝生物工程自主研发的一类新药“聚乙二醇干扰素a—2d注射液”获批药品上市许可持有人制度试点品种。

【医药龙头企业】 2017年，福建省医药产业具有一定的特色和发展基础，培育以福抗药业、丽珠集团福兴医药、南方制药等为龙头的化学原料药及中间体制造产业；以海王福药制药、闽东力捷迅药业、福建广生堂药业为龙头的化学药品制剂制造产业；以厦门特宝生物、厦门万泰生物、未名生物医药为龙头的生物技术药物制造产业；以漳州片仔癀药业、厦门中药厂、厦门金日制药等为龙头的中药制造产业；以厦门艾德生物、厦门大博医疗、福州迈新生物、泰普生物等为龙头的医疗器械制造产业。

【医药项目对接】 2017年12月，福建省医药产业政策项目对接专场活动在厦门举办，共梳理汇编新出台的国家和省市县医药产业政策20项，集中推介新谋划医药产业项目40个；现场签约项目8个、总投资23.5亿元；跟进对接项目54个、计划总投资278亿元。

（张菲菲）

烟草工业

【概况】 2017年，福建中烟工业有限责任公司拥有总资产297.63亿元，其中，固定资产55.19亿元、流动资产211.41亿元。是年，全省生产“七匹狼”卷烟147.94万箱（不含出口），其中省外合作生产“七匹狼”卷烟2万箱；生产“金桥”卷烟4.17万箱（不含出口）；生产“万宝路”卷烟2.2万箱。龙岩烟草工业有限责任公司生产卷烟88.1万箱，厦门烟草工业有限责任公司生产卷烟78.1万箱。销售卷烟（含合作加工）170.01万箱。

全年实现卷烟销售收入（不含合作生产、出口）244.82亿元，比上年增长3.04%；实现税利183.48亿元，增长0.28%，其中利润12.93亿元，下降28.09%。

2017年，福建省生产“七匹狼”“金桥”“古田”“石狮”等卷烟品牌，许可生产“万宝路”卷烟品牌，其中，“七匹狼”“金桥”被列为全国烟草行业重点品牌。

全年国内销售“七匹狼”卷烟150.28万箱，比上年下降1.86%，其中，省内市场销售100.66万箱，省外市场销售49.61万箱。销售“金桥”卷烟3.99万箱，增长43.01%。

【烟草市场品牌建设】 2017年，福建省内市场销售卷烟107.6万箱，占省内市场的65.21%，省外市场销售卷烟62.55万箱，部分省外重点市场呈现量价齐升的态势。借助菲莫公司国际市场渠道，出口销售“七匹狼（白）”“七匹狼（蓝）”等卷烟产品，“长寿（两岸）”卷烟落地生产销售。全年出口卷烟0.47万箱，境外加工卷烟0.09万箱。

【卷烟科研技术创新】 2017年，福建省卷烟行业开发七匹狼（金砖中支）、七匹狼（金砖细支）、七匹狼（金砖时代）、古田（红星细支）、古田（光芒）、古田（金中支）、金桥（双爆）、七匹狼（蓝钻）、土楼（1575金中支）等新产品。推进研发模式转变，开展产品模块化设计研究，搭建叶组配方评价模型。开展原料全生命周期研究，确定基于云服务模式的原料质量数据库建设方案。与福建省烟草公司龙岩市公司共建“七匹狼”卷烟闽西清甜香烟叶联合研究中心。实施薄片提质改造，开展卷烟纸试验研究。建立产品感官质量评价的技术标准和管理规范，成立精细化维护技术团队。2017年，卷烟焦油量加权平均值10.45毫克/支，一二类烟焦油量加权平均值10.79毫克/支。

开展新型烟草制品研究。制订新型烟草制品技术领域发展规划，聚焦加热不燃烧卷烟和电子烟两大品类。自主研发茶香、蓝莓香精，并应用于“七匹狼（金砖）”系列和“金桥（双爆珠）”产品。

全年开展各类科技研究项目79项，取得科技成果38项。推荐申报4个烟草行业项目；参与行业标准结项5项，参与中国烟草总公司标准结项5项，推荐申报行业标准立项1项。2017年，申请专利103件，其中发明专利43件；授权专利136件，其中发明专利38件。截至2017年底，公司拥有授权专利1113件，其中发明专利284件。

【卷烟原料采购】 2017年，福建省完成国内烟叶调入量104万担，减少16万担。优化原料基地布局，主动参与烟叶生产技术控制，构建品牌导向型基地保障体系，完善均质化加工运行模式。全年采购烟用丝束9800吨、卷烟纸3497吨、成型纸1351吨。（卢永梅）

电力工业

【概况】 至2017年底，福建省电力装机容量5597万千瓦，比2016年净增387万千瓦，增长7.4%。其中，水电装机1307万千瓦，占福建省电力装机比重23.4%；火电装机3074万千瓦，占福建省电力装机比重 54.9%（其中 LNG 装机 385.8 万千瓦，占福建省电力装机比重 6.9%）；核电装机 871 万千瓦，占福建省电力装机比重 15.6%；其他能源发电装机 344 万千瓦，占福建省电力装机比重 6.2%（其中风电装机 252 万千瓦、光伏发电装机 92 万千瓦）。

2017 年 9 月 5 日，"厦门会晤"期间，电力公司保电人员现场勘查，制订落实保电方案　（省电力公司供稿）

【电力生产】　2017 年，福建省最高发电负荷 3656 万千瓦（出现在 2017 年 9 月 27 日），比上年增长 9.7%；最高用电负荷 3512 万千瓦（出现在 2017 年 9 月 27 日），增长 8.5%；最大日用电量 74618 万千瓦时，增长 11.1%；全年平均用电负荷率 85.5%，降低 0.14 个百分点；日最大峰谷差率 45%，降低 3.2 个百分点；峰谷差率最大日的最大用电负荷 2015 万千瓦。全年发电 2185.6 亿千瓦时，比上年增长 9%。其中，水电完成 416 亿千瓦时，下降 34%；火电完成 1139.2 亿千瓦时，增长 24.5%；核电完成 560.3 亿千瓦时，增长 37.6%。发电设备平均利用小时为 4076 小时，比 2016 年同期增加 114 小时。

【社会用电】　2017 年，福建省全社会用电 2112.72 亿千瓦时，比上年增长 7.3%，提高 1 个百分点。其中，第一产业用电 29.7 亿千瓦时，增长 7.6%，占全社会用电量的 1.4%；第二产业用电 1384.4 亿千瓦时，增长 6.6%，占全社会用电量的 65.5%；第三产业用电 290.5 亿千瓦时，增长 11.1%，占全社会用电量的 13.7%；城乡居民生活用电 408.2 亿千瓦时，增长 7.1%，占全社会用电量的 19.3%。全年工业用电 1357.8 亿千瓦时，比上年增长 6.6%，占全社会用电比重 64.3%；轻、重工业用电增速分别为 6.3%、6.8%。全年国网福建省电力有限公司与外省交易送出电量 72.9 亿千瓦时，比上年增长 102.2%。

【电网建设】　至 2017 年底，福建省电网拥有 110 千伏及以上线路 35736 千米、变电容量 16718 万千伏安。其中，1000 千伏线路 342 千米、变电容量 600 万千伏安；500 千伏线路 5319 千米、变电容量 4140 万千伏安；±320 千伏线路 21 千米、变电容量 212 万千伏安；220 千伏线路 12432 千米、变电容量 6042 万千伏安。　（杨锦辉）

编辑：郑　莱

铁　路

【概况】 2017年，福建省完成旅客发送量11624.2万人次，比上年增长10.8%。其中，快速铁路（动车）完成旅客发送量10516.3万人，占全省旅客发送量90.5%，增长12.9%，平均客座率在70.5%～76.7%；全省旅客周转量完成373.61亿人千米，增长10.3%。全省货物发送量完成3175.4万吨，增长8.8%；全省货物周转量完成135.9亿吨千米，增长5%。是年，福建省完成铁路投资160亿元，完成铁总计划120.98亿元的132%。实现全省铁路运输客、货双增长。厦门北动车组运用所和鹰厦铁路沙县改线工程建成投入使用，福平、南龙、衢宁、浦梅铁路建宁至冠豸山段等在建项目加快建设，兴泉铁路、福厦客专全线开工，双龙铁路完成可研审查，厦漳城际完成可研修编，福建省中长期铁路网规划修编并经省政府批复。

【新开工铁路建设】 2017年3月16日，兴泉铁路宁化至泉州段全线开工建设，线路长度302千米，按国铁Ⅰ级单线，时速160千米标准设计建设，总投资292亿元，计划2022年建成开通。该项目建成后，宁化、清流、明溪、大田、德化、永春等6个原中央苏区县将结束不通客货铁路的历史，对促进福建省原中央苏区振兴发展具有重要意义。2017年9月30日，福厦客运专线全线开工建设，线路长度278千米，按国铁Ⅰ级双线，时速350千米标准设计建设，总投资约530亿元，计划2022年建成开通。该项目的开工，对打通东南沿海高速铁路大通道具有重要意义，是全国第一个以TOD模式推进试点干线的铁路项目。

【干支线铁路建设】 2017年，南三龙、福平、衢宁、浦梅铁路建宁至冠豸山段等多条干线铁路和莆田湄北、漳州港尾等支线铁路加快建设。其中，南三龙铁路站前、站后工程均基本完成，三明、龙岩站房已封顶，高富水、高应力、高难度、高风险的三明荆西隧道实现贯通，该线计划2018年建成通车；福平铁路控制性工程鼓山隧道已贯通，闽江、乌龙江大桥桥墩已完成，该线计划2019年建成通车；衢宁铁路征迁基本完成，站前工程完成约80%，跨温福线特大桥采用“先建后转”转体施工工艺成功实现转体，计划2019年建成通车；浦梅铁路建宁至冠豸山段征地拆迁、施工建设等工作节点也按计划平稳推进，计划2020年建成通车。

【项目开通运营】 2017年1月4日，厦门北动车组运用所正式投入使用。该所的建成，标志着南昌铁路局动车组配属量和检修能力跃居全国前列。2017年12月13日零点，鹰厦铁路沙县改线工程完成站改施工，交南昌铁路局运营管理。改线工程完工后，横穿沙县城区的鹰厦铁路线将拆除，原客运线路车次在三明动车北站停靠。该项目将促进沙县的城市建设，也有利于铁路部门集中整合客货运设施。

正在建设中的永安高铁，摄于2017年　　（永安市政府供稿）

2017 年 5 月 19 日，京台高速通车。图为京台高速公路大目溪互通
（省交通厅供稿）

【铁路项目前期工作】 2017 年 6 月，厦漳城际铁路完成可研修编并报铁路总公司；10 月，省政府批复《福建省中长期铁路网规划》；11 月，龙岩至龙川铁路完成可研审查。 （林任群）

公 路

【公路建设】 2017 年，福建省完成公路建设投资 748.44 亿元，比上年增长 4.8%。其中，新开工宁德沙埕湾跨海通道工程等 12 个项目 239 千米，续建福州东南绕城等 25 个项目 935 千米，建成通车南平联络线等 6 个项目 207.97 千米，完成投资 327.32 亿元，增长 10.4%；普通干线公路累计新开工项目 14 个约 101 千米，完成漳州 G228 沿海大通道漳浦段、三明横六线大焦至上坊段等公路项目 25 个约 293 千米，全年普通公路完成投资 421.12 亿元，增长 0.9%。截至 2017 年底，全省公路通车里程 108012 千米，其中，国道 10625 千米、省道 5340 千米、县道 15067 千米、乡道 41810 千米、专用公路 123 千米、村道 35047 千米，公路密度 88.97 千米/百平方千米。全省等级公路 91297 千米，占总里程的 84.5%，比上年末增长 0.4 个百分点；二级以上高等级公路里程 16868 千米，比上年增加 950.76 千米。水泥沥青路面里程 90678 千米，水泥沥青路占比 84%，提高 0.5 个百分点，路网整体通行能力进一步提升。

【公路养护】 2017 年，福建省交通部门实施国省干线“美丽交通生态公路”工程 244 千米。全年完成国省道路面改造工程 450 万平方米/ 316 千米、生命安全防护工程 550 千米，灾害防治工程 205 千米，排水系统整治 363 千米，危桥改造 31 座，隧道整治 6 座，公路绿化 370 千米，建设服务区（停车区）11 处。全省路况水平、通行能力和服务水平进一步提升。

【“四好农村路”创建活动】 2017 年，福建省交通部门推动省政府出台《关于进一步创新农村公路管理体制机制的意见》，在全国率先全面推行农村公路“路长制”和“乡村道专管员”制度；在全国率先实现全省范围农村公路灾毁保险。全省 72 个县（市、区）8.3 万千米农村公路完成灾毁保险投保，占农村公路总里程的 90%；全省完成农村公路建设改造 2569 千米，危桥改造 281 座，生命安全防护工程 2695 千米，全面超额完成年度目标任务。评选出首批 7 个“四好农村路”省级示范县，三明永安市获得“四好农村路”全国示范县称号。至年底，全省从事农村客运的车辆 5796 辆，全省乡镇通客车率 100%；建制村通客车率 97.8%。

【公路运力结构】 2017 年，福建省完成 7407 辆营运黄标车淘汰任务，营运客货车进一步向低能耗、环保型、高等级方向发展。至年底，全省营运汽车 25.8 万辆，比上年下降 3.3%。其中，载客汽车 1.58 万辆、45.85 万客位，分别下降 4.3%和 3.4%，平均座位 28.99 客位/辆，增长 0.9%（其中，班车客运车辆 1.1 万辆、27.52 万客位，分别下降 7.7%和 8.4%；旅游客车 4400 辆、16.78 万客位，分别增长 3.9%和 4.3%）。全省高、中级客车占总营运客车辆数的 93.7%，比上年提升 1.17 个百分点。拥有载货汽车 24.22 万辆、231.82 万吨位，分别比上年下降 3.3%和 9.3%。其中，厢式载货汽车 7.61 万辆、38.77 万吨位，分别下降 12%和 3.7%；集装箱车运力持续增加，达 2.44 万辆、74.17 万吨位和 4 万 TEU，分别增长 16.7%、19.7%和 18.9%；载货汽车中柴油车 18.05 万辆，占货车和牵引车的比重 92.4%，比上年降低 0.25 个百分点。至年底，全省拥有货物营运车辆（含载货汽车、其他载货机动车）24.29 万辆、231.9 万吨位，比上年下降 3.4%和增长 9.3%，单车平均吨位 9.55 吨，增长 13.1%。

【公路客货运输】 2017 年，福建省加快道路客运转型升级，组建长途客运接驳运输联盟，整合 128 条客运线路，共享 7 个接驳点；创新旅游包车监管方式，推进电子围栏系统建设，推广自主订车等定制服务；加快道路客运运力结构调整，进一步提升客运服务水平和旅客乘车体验。全年全省道路客运线路 4556 条、平均日发 38158.5 班次。其中，跨省客运线路 622 条、平均日发 582.5 班次，跨地（市）客运线路约 1000 条、平均日发 2997.8 班次。全年完成公路旅客运输量 3.76 亿人次、227.83 亿人千米，分别比上年下降 3.8%、9.6%。

2017 年，全省货运物流全面铺开无车承运人试点工作，先后引进好运联联、天地汇、传化物流等全国物流领军企业到福建设立总部或区域中心，引导试点企业通过甩挂运输、共享挂车等先进运输组织方式，提升运输组织效率。在全国率先出台货运无车承运人试点办法，首批培育14家试点企业，试点物流企业与传统的相比平均运费降低10%，单车吨位日产量提升2.5倍，单车利润提高1.5倍，增加税收超亿元，政策虹吸效应逐步显现。至年底，全省有货运物流企业9587家，比上年增长12.7%，其中百辆车及以上企业234家，增长7.3%。全年完成货物运输量9.56亿吨、1214.05亿吨千米，分别比上年增长11.4%和10.9%，其中集装箱运输完成1221.39万TEU、16590.94万吨，增长10.4%和10.6%。

【驾驶员培训】 2017年，福建省驾驶员培训制度改革全面启动，驾驶员培训智能化水平进一步提升，100%驾培机构安装计时培训系统，100%公示收费标准，采用“计时收费、先培后付”新型服务模式的驾培机构占比达98.2%，驾驶员培训服务社会需求的能力不断增强。至年底，全省有各类驾驶培训机构626个（其中开展摩托车驾驶培训机构35个），教学车辆3.79万辆，理论教练员4155人，实操教练员4.7万人，培训能力配置充裕。全年累计118.06万人通过普通机动车驾驶员培训，比上年增长21%，1.55万人参加道路运输驾驶员从业资格考试并取得从业资格证，人数基本与上年持平。

【城市公交运营】 2017年，福建省公共交通累计完成投资15.16亿元，新增、更新公交车4023辆（其中新能源公交车3703辆），新增公交线路113条，延长、优化公交线路245条，建设公交站场25个，基本实现设区市中心城区公交站点500米全覆盖，新能源和清洁能源公交车占比达66%。至年底，全省拥有公交车辆19794辆，拥有公交运营线路1781条；拥有公交专用车道长度212.8千米，比上年增加6.9千米；全年完成公交车客运量22.75亿人次，下降5.7%。

【出租车运营】 2017年，福建省出租汽车行业多项改革工作走在全国前列。率先在省政府层面出台出租汽车行业改革意见，率先实现各地市均出台网约车管理实施细则，颁发全国首本经营许可证，组织全国首场从业资格考试，发放全国首本从业资格证。神州、首汽、滴滴、易到、曹操、元翔、万顺、掌上行、帮邦行、亲亲快车和斑马快马等11家网约车平台公司在省内相应城市取得经营许可。至年底，有26513名驾驶员取得网约车驾驶员证，9461辆网约车取得网约车运输证；全省网约车驾驶员从业资格考试平均通过率75%，比从业资格考试改革新规执行前提高30个百分点。构建多样化、差异化出行服务体系，更好地满足群众出行需求，华威“易行通”、厦门公交“掌上出租”和厦门民营出租“打的吧”网络电召平台正式上线运营，引导巡游出租车企业转型升级，实现与网约车的融合发展。2017年，全省更新巡游出租车3176辆、报废3571辆。至年底，全省拥有巡游出租车24208辆，比上年下降3%，巡游出租车完成客运量6.98亿人次，下降4.4%。

2017年福建省公路里程情况表

单位：千米

项目	总计	等级公路						等外公路
		合计	高速公路	一级	二级	三级	四级	
年底到达数	108011.607	91296.834	5039.020	1160.589	10668.644	8532.008	65896.573	16714.773
国道	10624.840	10624.840	3596.038	495.682	5207.323	890.673	435.124	
其中：国家高速公路	3589.797	3589.797	3589.797					
省道	5340.419	5327.901	1387.160	233.229	1908.402	1022.177	776.933	12.518
县道	15066.646	14153.967	55.822	352.043	2294.911	4447.136	7004.055	912.679
乡道	41809.907	37013.152		75.060	1037.167	1771.875	34129.050	4796.755
专用公路	122.712	116.821			11.396	5.227	100.198	5.891
村道	35047.083	24060.153		4.575	209.445	394.920	23451.213	10986.930

（林伟雯　王　烨　黄为振　陈希阳）

城市轨道交通

【概况】 2017年，福州地铁建设完成投资75.56亿元，其中，1条线路建成试运营、3条线路续建、3条线路新开工建设。

建成线路　1号线（一期）共21个站点，全长24.89千米，2017年1月6日起全线试运营。

续建线路　1号线（二期）完成投资8.83亿元；2号线完成投资38.09亿元；6号线完成投资26.5亿元。

新开工线路　5号线（一期）于9月底开工建设，完成投资2.14亿元；4号线（一期）于年底个别站点前期工程开工；福州至长乐机场轨道交通（下称“滨海快线”）于12月29日先行开工机场站及大数据站。

2017 年福建省福州市地铁线路建设情况表

序号	线路	建设进展
1	1 号线二期	4 个站点全部动工，其中，3 个站点进入主体结构施工，1 个站点进行围护结构施工，火车南站站至安平站区间盾构掘进超 98%。
2	2 号线	完成 12 个站点主体结构（累计 18 个），竹岐停车场主体及鼓山车辆段大型建筑主体结构全部完成封顶；17 个车站出入口或风亭展开施工；14 个车站、车辆段及停车场进入风水电工程；10 个区间实现双线贯通；启动铺轨基地建设及接触网安装，正式步入机电施工阶段。
3	6 号线	全线动工，其中，9 个站点进入主体结构施工、5 个站点进入围护结构施工、1 个车站主体结构完工。
4	5 号线一期	完成总体设计评审、初步审计评审；3 个站点进行围护结构施工，3 个站点完成施工围挡，5 个站点进行管线迁改等前期工程。
5	4 号线一期	完成总体设计评审、初步设计评审；5 个站点完成交通疏解及施工占道、绿化树木移植等审批。
6	滨海快线	完成工可评审；机场站及大数据站先行开工。

【福州地铁 1 号线运营】 2017 年，福州地铁 1 号线一期全线于 1 月 6 日正式试运营。上半年共开行列车 4.5 万列次，运营总里程 107.8 万列千米，运行图兑现率 100%，正点率 99.97%，总客运量 2300.2 万人次；全年开行列车 9.06 万列次，运营总里程 217.02 万列千米，运行图兑现率 100%，正点率 99.98%，总客运量 4930.92 万人次。日均客运量突破 20 万人次；各设备系统的运行可靠度均高于国家标准，未发生运营安全事故。

是年，福州地铁深化“厦航式服务”模式，设立、推广“厦航式”服务示范站。陆续启用站内母婴室、共享雨伞、地铁便利店等设施设备；打造“地铁+共享单车”生态服务圈，在每个地铁站设立共享单车专用停车点。缩短列车行车间隔，延长节假日运营时间。福州地铁码上行 APP 正式上线，实现手机扫码过站，下载用户突破 20 万户，并相继推出 5 折优惠、0.1 元钱乘地铁、全年 8 折优惠等活动。推进地铁志愿者活动，全年到岗服务超过 6000 人次。开展老夫子主题车厢等特色营销活动，推出闽剧等主题票卡名片，推进福州地铁品牌建设。

【地铁运营法规公布施行】 2017 年 1 月 1 日，福建省首部有关轨道交通的地方性法规——《福州市轨道交通条例》正式施行。（陈　强）

2017 年 1 月 6 日，福州地铁 1 号线（一期）全线正式开通试运营
（福州市地铁公司供稿）

民用航空

【概况】 2017 年，福建省 6 个运输机场保障航班起降 33.82 万架次，比上年增长 4.67%。其中，福州长乐国际机场起降 9.89 万架次，增长 1.33%；厦门高崎国际机场起降 18.65 万架次，增长 1.58%；泉州晋江国际机场起降 4.39 万架次，增长 30%；武夷山机场起降 0.58 万架次；龙岩冠豸山机场起降 0.16 万架次；三明机场起降 0.15 万架次。

是年，全省民航运输机场累计完成年旅客运输吞吐量 4313.33 万人次，货邮 52.5 万吨，分别比上年增长 11.22% 和 4.8%。其中，福州机场完成客运 1246.92 万人次，货邮 12.56 万吨，分别比上年增长 7.4% 和 3.2%；厦门机场完成客运 2448.52 万人次，货邮 33.87 万吨，分别增长 7.7% 和 3.1%；泉州机场完成客运 534.06 万人次，货邮 5.93 万吨，分别增长 40.8% 和 19.3%；武夷山机场完成客运 49.35 万人次，增长 8.3%；龙岩冠豸山机场完成客运 14.45 万人次，增长 23.4%；三明机场完成客运 20.03 万人次。

福州航空有限公司累计安全飞行 3.95 万小时，比上年增长 19%；累计完成运输总周转量3.62亿吨千米，增长28.5%。厦航福州分公司累计安全飞行10.9万小时，比上年增长6.6%；累计完成运输总周转量9.3亿吨千米，增长22.3%。民航福建空管分局保障各类飞行23.91万架次；中航油福建分公司保障福州、武夷山和三明机场加油5.31万架次，加油量33.49万吨，分别比上年增长4.7%和8.8%。

【中国民用航空福建安全监督管理局被评为“第五届全国文明单位”】 2017年11月，中国民用航空福建安全监督管理局被中央精神文明建设指导委员会授予“第五届全国文明单位”称号。

【“厦门会晤”航空运输保障任务完成受表彰】 2017年，中国民航福建辖区民航各相关单位将落实“厦门会晤”航空运输保障主备降场的运输安全保障作为首要任务，全面落实主备降场民航反恐、航空运输服务保障等任务，中国民用航空福建安全监督管理局、元翔（福州）国际航空港有限公司、厦航福州分公司配餐部等辖区民航单位被中共福建省委、福建省人民政府评为金砖会晤筹备保障先进单位。（江 辉）

【厦门航空】 2017年，厦航集团（含河北航空、江西航空）安全飞行58万小时，比上年增长12%；旅客运输量3176万人次，收入303亿元，实际完成利润30.5亿元，分别增长17.8%、22.9%、43.8%，实现连续31年盈利。

安全生产。全年安全起落25.8万架次，比上年增长8.6%，未发生人为原因事故征候及以上不安全事件，严重差错万时率0.18，人为差错数量下降35%；获“飞行安全四星奖”，全球首家获颁“IOSA杰出成就奖”，在民航安全保障财务考核中连续9年名列前茅。建立HCC运行模式，提升中转运行保障效率，自身原因不正常航班占比1.5%，位居主要航空公司最优水平；处置2起航班洲际备降，妥善应对巴厘岛阿贡火山喷发和纽约机场暴风雪，并协助阿斯塔纳航空成功处置B757空中突发故障。

经营业绩。2017年，厦航集团利润率和净资产回报率分别为11.4%和17.8%，远高于行业7.7%和11.7%的平均水平；国有资产保值增值率114.8%，累计经济增加值（EVA）11.6亿元（按厦航口径）。国内航线的平均票价802元，座千米收入0.472元，分别比上年增长1.5%和5.9%，国内座千米收入连续12个月高于上年同期。完成货邮收入7.09亿元，小时货运收入1422元，分别比上年增长28.7%和17%。

服务品牌。为两会、“厦门会晤”、十九大的举办提供有力支持，完成多位中外国家领导人的重要航班保障任务。连续23季被旅客票选为中国内地服务“最佳航空公司”，天合联盟高端旅客净推荐值连续三次位列第一。整改68个焦点问题，全年有效投诉率万分之0.056，比行业平均低40%。发布新款专包机制服和地服制服，打造“白鹭常伴”空中服务产品体系，两舱选餐范围扩大至40道，上线“天际酒廊”，推出“爱你一鹭”定制服务和38期空中惊喜活动。成为全球首家与联合国开展可持续发展目标合作的航空公司，开通重疾病患运输绿色通道，与姚明爱心基金合作推出“白鹭筑梦”公益品牌。

航线发展。新开4条洲际航线，新增和加密8条近洋航线，国际及地区航班比重提升至26.9%。与全球44家航空公司签署国际航线SPA协议，新增代码共享国际航班157个，通达航点覆盖全球225个城市，争取到巴黎、伦敦航权。构建福建枢纽，优化航班结构，有效衔接航班从每周6073班增加到7591班，全年承运经福建中转旅客75.4万人次，比上年增长50.3%，厦门已成为国内中转澳大利亚的第三大枢纽和中转东南亚、北美的第四大枢纽。国际货邮收入3.13亿元，比上年增长87.5%，国际中转货增长93%。建成15个海外官网及M网站，实现开航国家及地区全覆盖。

发展实力。投入近6亿元用于基础建设，竣工面积12万平方米，在建面积105.4万平方米，杭州基地A地块、天津基地一期、模拟机二期建成投用，总部大厦等建设进展顺利，在“厦门会晤”前完成厦门机场T3国际头等舱休息室、金雁酒店等升级装修改造工程。设立京津冀协同发展领导小组和北京新机场建设指挥部，与建发集团、兴业银行、中信银行等单位签订战略合作协议。保持厦门机场56个/周的航班时刻动态增量，在21个协调机场新增时刻280个/周。

创新工作。首次取得国家科技政策扶持，获批研发经费补助191万元，完成32个信息研发项目鉴定，获得31个软件项目著作权，其中，《配餐管理系统三期》获评厦门市科技进步三等奖。自主研发新版E鹭飞手机客户端，移动端销售5.78亿元。建成统一电商平台，实现订单、产品、资源、支付、会员五大统一。推动FOC系统集团化版本在全集团范围内投产使用。初步建成两地三中心容灾体系，筑牢公司信息安全防线。与阿里云开展航班智能恢复合作，巧借全球智慧破解航延难题。上线试运行客服机器人，提升旅客全流程自助服务体验。建成飞行员个人中心与掌上乘务系统。获评首批省级台籍青年人才培训和创业基地。（陈宝元）

【福州航空】 2017年，福州航空运营14架飞机，安全飞行3.95万小时，比上年增长19%；完成运输总周转量3.62亿吨千米，增长28.5%。全年飞行班次19058班，旅客运输量260万人次，其中福州旅客运输量143万人次，在福州民航业占市场份额逾13.8%。2017年4—12月，福州航空有限责任公司分别完成5架飞机的引进。截至2017年12月，福州航空机队规模达到14架波音737—800型客机。

2017年12月29日，一架机号为B—1350的波音737—800型客机抵达福州长乐国际机场，福州航空迎来2017年引进的第四架波音737—800型客机

（福州航空公司供稿）

安全运行。2017年是福州航空完成安全飞行任务、实现安全运行的第三年。福州航空全年未发生各类事故和公司责任事故征候，安全形势整体平稳。是年，福州航空成立飞行运行安全专项工作组，结合运行实际，从防空停、飞行偏航、可控飞行撞地以及飞行管理效能提升4个方面制定相应的风险管控工作单和具体各项KPI指标，开展专项风险治理和品质提升工作。通过飞行运行安全的专项提升，福州航空2017年度未发生发动机空停、飞行偏航、飞行撞地等事件，各项风险均得到有效控制。年内福州航空通过IOSA审核，标志着福航未来将以国际航空安全运行标准为依据，实现安全管理水平与国际先进、权威的标准正式对接。

航线网络布局。2017年，福州航空优化航线网络布局，搭建福州基地骨架航线网络，推进哈尔滨基地航线网络建设。至年底，福州航空通航64个城市，开通46条航线，2017年新增福州—珠海、福州—洛阳—兰州、福州—长沙—遵义、福州—桂林—遵义、福州—揭阳—柳州、西安—池州—宁波、西安—南昌、西安—泉州—舟山、宁波—郑州、哈尔滨—唐山—厦门、哈尔滨—石家庄、哈尔滨—青岛等航线，逐渐形成以福州为基点，辐射哈尔滨、西安的“福—黑—陕”大三角网络布局。

2017年，新增航线20条，其中夏秋航季新增14条，冬春航季新增6条。2017年夏秋换季，有36条航线通过审核进入中国民航，2017年夏秋航季飞行计划36条航线，比上年同期增长44%。2017/8年冬春换季，有32条航线通过审核进入中国民航，飞行计划32条航线，比上年同期增长6.67%。

参与地方建设。福州航旅集团通过推动交通、旅游、电商、金融四大板块协同发展，获取滨海新城漳滨大道南侧的项目酒店用地，规划具有国际化品牌的五星级及四星级复合酒店群落。

成立维修公司。2017年10月，海航航空技术股份有限公司与福州航空有限责任公司合作成立海航航空技术（福州）有限责任公司。（陈　康）

水路运输

【概况】 至2017年底，福建省拥有营运船舶1762艘、净载重量972.17万吨位、载客量3.18万客位、集装箱位21.94万TEU、功率276.18万千瓦，分别比上年下降9.2%、增长4.4%、下降0.3%、增长8.2%和增长3.2%。

从船舶类型看，客船拥有436艘、2.99万客位，分别比上年下降6.6%和增长1.7%；客货船拥有7艘、净载重量7538吨位、载客量1830客位，分别下降30%、20.7%和24.7%；货船拥有1316艘、净载重量971.3万吨位、集装箱位21.9万标准箱，分别下降9.5%和增长4.5%、增长8.2%；拖船拥有2艘、0.82万千瓦，分别下降60%、45.1%；驳船拥有1艘、净载重量1128吨位，分别下降75%和82%。船舶运力结构不断优化。

从航区来看，全省拥有海洋船舶1151艘、净载重量947.49万吨位、集装箱位21.94万标准箱位、载客量2.39万客位，分别比上年下降4.6%和增长5.4%、8.2%、0.1%。全省拥有内河船舶611艘、净载重量24.68万吨位、载客量7850客位，分别比上年下降16.8%、23.4%和1.6 %。

【水路运输生产】 至2017年底，福建省有航运企业322家，经营国内航线的有319家（其中25家兼营国际航线及港澳台航线），国内水路运输服务企业414家（其中国内船舶管理企业75家），无船承运人企业660家。全年完成水路旅客运输量1924.64万人、2.78亿人千米，比上年下降4.6%和增长2.4%；水上货物运输量完成3.35亿吨、5429.82亿吨千米，增长5.7%和12%。其中，完成海洋客运量1670.02万人、旅客周转量2.42亿人千米，分别比上年下降5.6%和增长3.6%；完成海洋货运量3.03亿吨、货物周转量5412.68亿吨千米，分别增长7.4%和12.1%。完成内河客运量254.62万人、旅客周转量3665.28万人千米，分别比上年增长3.1%和下降4.8%；完成内河货运量3109.38万吨、货物周转量17.14亿吨千米，分别下降8.6%和增长2.9%。

【闽江航运】 2017年，闽江流域旅客运输量完成52.04万人、1385.32万人千米，分别比上年下降10.9%、14.6%，货物运输量完成2059.82万吨、12.23亿吨千米，分别增长7.5%、10.6%。全年，闽江航运完成投资4.505亿元，闽江干流马尾罗星塔至水口、水口至沙溪口航道整治工程开工建设，闽江沙溪口至三明台江航道整治工程已完成工可批复；闽江水口坝下水位治理与通航改善工程进展顺利；南平港延平新城港区洋坑作业区码头工程完成前期工作。

【对台航运】 2017年，闽台海上客运运营18984航次，比上年增长8.4%，运载旅客195.66万人次，增长2.1%。其中，“小三通”运营18281航次，运载旅客181.55万人次，分别增长7.8%和0.2%。“小三通”客运2001年1月开通至2017年底，累计运营180217航次，运载旅客1795.92万人次。福建沿海地区与台湾本岛地区海上客运直航2017年运营703航次、运送旅客14.1万人次，分别比上年增长26.4%和33.1%。福建沿海地区与台湾本岛地区海上客运直航自2009年9月开通至2017年底，累计运营4132航次，运送88.05万人次。

是年，福建省对台运输服务水平不断提升，闽台车辆互通不断推进，厦门五通码头（三期）、福州琅岐客运码头加快建设，基础设施逐步优化。全年全省沿海港口对台货物吞吐量完成1787.25万吨，比上年下降15.8%；对台集装箱吞吐量73.39万TEU，增长1.1%。

【船检服务】 2017年，福建省船舶检验局检验海船166艘、65.61万载货吨。新开工建造的海船37艘、20.6万载货吨；营运检验的海船53艘、26.3万载货吨，其中外挂回归转入福建省地方船检机构检验的海船85艘、24.7万载货吨。

2017年福建省水路运输运力表

	运输量				运力		运输量比上年增长（%）				运力比上年增长（%）	
	旅客		货物		载客量	净载重量	旅客		货物			
	万人	万人千米	万吨	万吨千米	客位	吨位	万人	万人千米	万吨	万吨千米	客位	吨位
总计	1924.64	27842.69	33453.13	54298194.10	31750	9720530	−4.6	2.4	5.7	12.0	−0.3	4.4
内河	254.62	3665.28	3109.38	171401.22	7850	246792	3.1	−4.8	−8.6	2.9	−1.6	−23.4
海洋小计	1670.02	24177.41	30343.75	54126792.88	23900	9473738	−5.6	3.6	7.4	12.1	0.1	5.4
其中：沿海	1544.70	18045.45	27942.46	46178231.85	20093	7548625	−7.5	−3.4	9.9	16.3	0.8	7.3
远洋	125.32	6131.96	2401.30	7948561.03	3807	1925113	26.2	32.1	−15.3	−7.5	−3.9	−1.6

（林伟雯　郑翠微）

港　口

【港口建设】 2017年，福建省港航固定资产投资开工项目11个，完工项目8个，完成投资106.17亿元，比上年增长3.3%。其中，沿海码头项目完成88.2亿元，比上年下降0.5%；公共航道及防波堤项目完成13.3亿元，增长9.9%；陆岛交通项目完成1.47亿元，下降17.4%；支持系统完成1.7亿元，增长523.6%。全年新增生产性泊位10个，其中万吨级泊位新增3个，新增生产性泊位通过能力2391.5万吨。至年底，全省港口生产性泊位588个，其中全省沿海港口生产性泊位数达502个（万吨级泊位171个，其中10万吨级及以上泊位30个）。

【核心港区建设】 2017年，福建省核心港区（集装箱，厦门湾、福州港江阴港区；干散货，罗源湾港区、湄洲湾北岸；液散货，湄洲湾南岸、古雷港区）港航项目进展总体顺利，全年完成投资56.22亿元，占全省港航固定资产投资的53%，新开工厦门港东渡港区0号～4号泊位改建工程（码头部分）、厦门港古雷航道三期工程等2个项目，完工福州港罗源湾港区将军帽作业区15万吨级泊位工程、国投湄洲湾煤炭码头装船泊位（东吴作业区14号泊位）及二期一阶段工程、福州港罗源湾港区下屿作业区进港航道工程等5个项目。新增通过能力1924万吨，港口生产集中度明显提高。是年，全省核心港区完成的集装箱、干散货、液散货吞吐量分别为1190.7万标箱、6566.3万吨和3643.7万吨，分别占全省沿海的76.1%、27.9%和74.6%。

【海岛交通建设】 2017年，福建省海岛交通完成陆岛码头投资1.47亿元，新开工建设陆岛交通码头5座、建成10座。至年底，全省建成陆岛交通码头264座，基本实现百人以上岛屿建成陆岛交通码头，千人以上岛屿开通班轮和建成码头管理房（候船室），最大限度地消除海岛渡运及陆路交通安全隐患，全面提升海岛交通运输能力。

【港口生产】 2017年，福建省港口生产稳中有升，货物吞吐量完成5.24亿吨，比上年增长2.4%。其中，沿海港口货物吞吐量完成5.2亿吨，比上年增长2.4%；外贸货物吞吐量完成2.04亿吨，增长0.03%。从主要港口看，福州港货物吞吐量完成1.48亿吨，比上年增长2.2%；厦门港货物吞吐量完成2.11亿吨，增长2.7%。从主要货种来看，排名前四的货种保持不变，其中煤炭吞吐量完成7688.47万吨，比上年增长15.1%；石油、天然气及制品吞吐量完成4490.65万吨，增长4.3%；金属矿石吞吐量完成4068.24万吨，下降12%；矿建材料吞吐量完成9573万吨，下降10.1%（其中砂吞吐量5352.06万吨，下降7.4%）。

2017 年福建省沿海港口货物吞吐量情况表

单位：万吨、%

指标	货物吞吐量		比上年增长	
	合计	外贸	合计	外贸
合　计	51995.49	20350.10	2.4	0.0
进　港	34996.68	13796.49	6.5	2.2
出　港	16998.81	6553.61	−5.1	−4.2
福州港	14838.16	6047.81	2.2	2.8
进　港	10076.79	4229.07	8.7	−3.7
出　港	4761.37	1818.74	−9.2	21.9
厦门港	21116.25	9271.07	1.0	−5.4
进　港	12871.10	5085.12	9.0	4.3
出　港	8245.15	4185.95	−9.4	−14.9
泉州港	7809.64	486.83	4.0	32.9
进　港	5814.08	375.05	2.3	22.5
出　港	1995.56	111.78	9.1	86.0
湄洲湾港	8231.45	4544.39	5.0	5.7
进　港	6234.72	4107.25	2.4	4.5
出　港	1996.73	437.14	14.1	18.7

注：1. 福州港包括原福州港和宁德港，厦门港包括原厦门港和原漳州港。

2. 湄洲湾港包括原莆田港和湄洲湾南岸港区；泉州港含泉州湾、围头湾、深沪湾 3 个港区，不含湄洲湾南岸港区。

2017 年福建省沿海港口集装箱吞吐量情况表

单位：万标箱、%

指标	集装箱吞吐量		比上年增长	
	合计	外贸	合计	外贸
合　计	1564.85	933.83	8.7	7.2
进　港	781.28	467.40	8.3	7.2
出　港	783.57	466.43	9.1	7.2
福州港	300.80	174.86	12.2	13.9
进　港	152.91	87.53	12.3	15.2
出　港	147.89	87.33	12.1	12.7
厦门港	1038.14	743.89	8.0	5.7
进　港	515.48	371.60	7.4	5.6
出　港	522.66	372.29	8.5	5.7
泉州港	221.94	13.44	7.5	11.2
进　港	110.74	7.28	7.0	−0.4
出　港	111.20	6.16	8.0	28.8
湄洲湾港	3.97	1.65	−5.0	9.0
进　港	2.15	0.99	−4.0	10.8
出　港	1.82	0.66	−6.1	6.4

注：1. 福州港包括原福州港和宁德港，厦门港包括原厦门港和原漳州港。

2. 湄洲湾港包括原莆田港和湄洲湾南岸港区；泉州港含泉州湾、围头湾、深沪湾 3 个港区，不含湄洲湾南岸港区。

【集装箱吞吐量】 至2017年底，福建省沿海港口集装箱航线总数270条，其中，外贸线121条，内支线36条，内贸线113条。与上年底相比，航线减少57条。其中，外贸线减少17条，内支线减少2条，内贸线减少38条。全年全省集装箱吞吐量完成1564.85万TEU，比上年增长8.7%。其中，外贸集装箱吞吐量完成934.58万TEU，增长7.3%；内贸集装箱吞吐量完成630.26万TEU，增长10.8%。内贸集装箱所占全部集装箱吞吐量的比例为40.3%，比上年提高0.8个百分点，集装箱内贸需求逐步恢复。

【港口腹地拓展】 2017年，福建省继续贯彻落实《促进航运业发展的若干意见》等优惠政策，港口腹地拓展延伸至江西、湖南、湖北、重庆等内陆省份。是年，通过海铁联运方式进出全省港口的外省大宗货物完成601.4万吨，比上年增长41.4%；集装箱方面，通过海铁联运方式进出全省港口的外省集装箱完成26071.5TEU，增长60.4%；国际中转集装箱完成72.36万TEU，增长80.7%。

【陆地港建设】 2017年，福建省4个“陆地港”进出口总额接近70亿美元，主要出口商品有竹木制品、白炭黑、碳酸钙、袋泡茶等，主要进口商品有葡萄酒、医疗设备等。其中，晋江陆地港跃居全国第二大国际陆地港，全年集装箱吞吐量35.89万标箱，比上年增长18.8%；进出口总额57.16亿美元，增长38.9%；获评为2017年省级示范物流园区，冷链物流中心成为福厦两检区进口水产品备案存储冷库，至年底，该港吸引100多家企业进驻、2000多家企业入港开展进出口业务。龙岩陆地港全年进出口外贸集装箱4162标箱，比上年增长17.8%；进出口总额2.86亿美元，增长61.8%。三明陆地港全年进出口集装箱19160标箱，比上年增长27.5%；进出口总额7.86亿美元，增长41.7%。

（林伟雯　于清波）

邮政业

【概况】 至2017年底，福建省有邮政普遍服务网点1360个、快递许可企业686家、分支机构2802个、快递末端网点2997个、公共投递服务站2848个、智能快件箱6527组。全省全面实现邮政普通包裹按址投递，《人民日报》县级以上党政机关当日见报率实现100%。全省从业人员超过10万人。2017年，全省邮政业业务总量完成392.9亿元，比上年增长30.7%，居全国第7位；业务收入完成213.4亿元，增长19.5%，居全国第8位。其中，快递业务量完成16.6亿件，比上年增长28.7%，居全国第6位；快递业务收入完成162亿元，增长20.2%，居全国第7位。福州、厦门、泉州3个城市保持全国城市快递业务量收入前50名。

【邮政发展环境优化】 2017年，福建省不断推进邮政业“十三五”规划实施进程，福建邮政广场、三明惠农电子商务双创园等重点项目建设完成。《福建省人民政府关于支持快递业加快发展七条措施的通知》进一步落地，全年下发扶持资金524万元。福州局为企业争取电子商务与物流快递协同发展试点项目扶持资金1873万元及快递企业租金等补助270万元。泉州市、县两级邮政管理部门及企业获地方奖励补助资金超过750万元。漳州市邮政快递企业获得市级电商快递协同发展财政补助项目资金423.7万元。莆田圆通仓配物流园项目投产使用，莆田火车站货运站片区快递电商园区用地计划获批，7家快递企业签订入园意向协议。莆田市第三批96辆快递电动三轮车挂牌通行。泉州中心城区及晋江辖区590辆电动三轮车获批上路通行。厦门局为邮政业争取到300部电动车牌照配额，并为快递营运车辆申请通行年费减征50多万元。

【邮政监管法治建设】 2017年，福建省政府第90次常务会议审议并通过修改《福建省促进快递行业发展办法》的决定，这是全国首次以省政府规章的形式，对邮政行业委托执法、实名收寄、过机安检、加盟制企业安全管理责任等作出明确规定，有效推动相关工作开展。年内，《福建省邮政业地方性法规规章行政处罚裁量基准（试行）》《福建省邮政行政管理权力清单责任清单和市场准入负面清单》《福建省邮政管理部门随机抽查工作细则（试行）》《关于做好快递市场监督管理委托执法工作的通知》相继印发，法规体系不断完善。

【邮政服务保障】 2017年，福建省新修订的邮政普遍服务标准及《福建省邮政普遍服务保障办法》正式施行。国际业务县一级普服网点基本开办，行政村直接通邮率100%。全省6个设区市建成智能信包箱示范小区。福州智能信包箱升级改造工程持续纳入“福州市城区旧住宅小区综合整治项目”，完成21个小区近100组智能信包箱建设。厦门市政府将智能信包箱建设纳入“智慧城市重点工程”。晋江市政府将智能信包箱建设纳入2018年为民办实事项目，拟投入84万元建设资金。强化监督检查，全年全省开展邮政普遍服务、机要通信、“扫黄打非”等检查2284人次，检查网点1700处，发出检查通报38份、责令改正通知书68份，进行约谈告诫7次，办理行政处罚4起，处罚金额15.1万元。

【快递市场监管】 2017年，福建省邮政管理局新颁发《快递业务经营许可证》40本，办理许可变更197项次。全年全省开展快递市场、集邮市场和邮政用品用具市场检查3955次，纠正和查处违法违规行为842次，下达整改通知354件，办理行政处罚718起，罚款746万元。莆田市邮政管理局参与全市查处“仿冒鞋”和“假海淘”专项行动，有力打击“异地上线”等违法违规行为。南平市邮政管理局联合物价、工商部门共同开展“最后一公里”违规收费问题专项整治。

【邮政行业安全监管】 2017年，福建省加强完善邮政行业安全监管体系。沙县、闽侯、仙游、武夷山、福清邮政管理局相继挂牌成立。福建省邮政业安全中心组建工作持续推进。福州市成立全省首个市级邮政业安全中心，实现全市6区6县全覆盖建立“邮政业发展安全中心”目标。莆田市一县四区邮政业安全中心全部挂牌实体化运作。龙岩市邮政管理局与各县（市、区）交通运输局签订行政执法委托书，各县级交通运输局邮政业安全中心均成立并正常开展工作。泉州市政府发文明确县域快递市场执法委托给交通综合行政执法机构。

【寄递安全监管】 截至2017年12月底，福建省实名收寄系统累计采集收件信息超过3.5亿条，单日实名散件量最高超过200万件；注册企业966家、网点5352个，登记从业人员8.7万多人，市民版注册7.8万多人，监管版注册人员超过4400人。加强过机安检，全省共配备安检设备465台，实现省际、市际处理中心100%配备目标。2016年安检配备省级奖励资金750万元拨付到位，福州、厦门、莆田、南平、宁德等设区市获得市级安检机配套资金补助。

【邮政业务创新发展】 2017年，福建省推动快递融合发展。快递服务农业“一地一品”，形成服务武夷山和安溪的茶叶、漳浦六鳌地瓜、平和蜜柚、莆田四大名果、古田食用菌等知名项目的品牌。漳州推动“农户＋淘宝电商平台＋快递配送”和“农户＋快递企业销售平台＋快递配送”两种服务模式发展。龙岩快快合作“三集中”运营模式在新罗、武平、长汀、永定等地全面铺开，“快供合作”模式逐步落地。南平在建阳、建瓯等地推进“快递超市”“快快合作”模式，整合快递末端网点。宁德探索形成“惠农电商”“蚂蚁驿站”等“快快合作”模式，打造海上“邮包驿站”。快递“向外”步伐加快，福州机场建成福建优购跨境直邮监管中心和国际快件监管中心，厦门出台快递与民航产业协同发展的意见，翔安新机场建设航空邮件快件集散中心纳入“十三五”规划，泉州晋江机场深化与晋江陆地港国际快件业务的合作。全省快递服务制造业重点项目26个，累计产生快递业务量超过2亿件，支撑制造业产值400多亿元，形成泉州顺丰特步云仓、莆田顺丰“仙作”定制化包裹等特色项目。

【邮政快递业务】 2017年，福建省邮政包裹快递业务量1.2亿件，比上年增长108%。其中，电商快包业务量5551万件，比上年增长193%，国际小包业务量5618万件，增长69%。全省建有邮乐购站点近1.4万个、“邮掌柜”有效网点1.7万个，邮政“一市一品”服务农特产品进城示范项目35个，农特产品进城配送量1264吨，交易额7770万元，助力扶贫带动增收人数近2万人。支持邮政服务跨境电商发展，泉州国际邮件互换局兼交换站获批设立，厦门首创两岸协作海空联运的监管模式，厦门跨境电商监管中心设立并成为全国开展“互联网＋保税展销”模式业务的重要监管场所，平潭到台湾“台北快轮”货运滚装航线首航，实现海运快件出口新突破。

（陈梅桂）

【中国邮政集团公司福建分公司】 2017年，全省累计实现业务总收入47亿元，比上年增长9.8%，完成集团公司下达收入预算目标的103.2%；规模列全国邮政第13位。储蓄余额年净增146.7亿元，新增市场占有率达到17.3%；期缴保险实现期缴收入1.1亿元，增长12.7%。包裹快递累计实现业务收入10.8亿元，增长41.3%；建成9个市级农村电商基地、12个县级服务中心、300多个乡镇服务站点、1.7万个村级“邮乐购”站点，行政村覆盖率达90%以上。2017年全省共安排各项投入3.07亿元。全省代理金融实现业务收入24.3亿元，增长4.6%，余额1228.5亿元。新增手机银行激活数50.4万户。全年报刊专业实现业务收入2.9亿元，集邮专业实现业务收入2.2亿元，函件专业实现业务收入2.1亿元。全省邮政加强国际小包质量监控，加大邮乐地方馆、农品馆建设，全省开通邮乐小店15.1万个。全年共新增处理场地2.5万平方米。全省邮件处理场地总面积达10万平方米；新增伸缩及传输皮带机311台、网运和投递PDA设备998台、邮运及投递车辆140辆。2017年，全省邮政共新建“职工小家”97个，累计达到303个，覆盖率达95%。

【全国集邮巡展及纪念邮票首发式在泉州举行】 5月14日，由中国邮政集团公司、中华全国集邮联合会联合主办的“驿路·丝路·复兴路”——“行走新丝路，喜迎十九大”2017全国集邮巡展活动（泉州首站）暨《“一带一路”国际合作高峰论坛》纪念邮票首发式在泉州中国闽台缘博物馆隆重举行。此次泉州首站集邮展览共展出邮集83部200框。

【首届邮政行业职业技能竞赛在福州市举办】 7月27日，福建省首届邮政行业职业技能竞赛在福州市举办。全省各设区市9支优秀代表队共36人参赛。竞赛产生个人一等奖1名、二等奖2名、三等奖3名，团体一、二、三等奖各1支代表队获得。

【《金砖国家领导人厦门会晤》纪念邮票在厦门首发】 8月19日，《金砖国家领导人厦门会晤》纪念邮票在厦门首发。该套邮票以2017金砖国家领导人厦门会晤标识为主要设计元素，结合鼓浪屿、厦门大学、集美学村等最具厦门特点的风光和人文标志，该邮票面值为1.2元。

【“台北快轮”货运滚装航线首航仪式在平潭举行】 12月28日，平潭到台湾“台北快轮”货运滚装航线首舱仪式在平潭金井码头举行，韵达国际快递的7吨快件搭乘这艘万吨货物滚装船从平潭首航驶往台湾。“台北快轮”货船采用集装箱连车架一同运输的方式，一次最大可载运230个集装箱，运力快，单程仅需6小时左右，且每周3个航班常态化往返平潭与台北之间。

（杨文振）

编辑：郑 茉

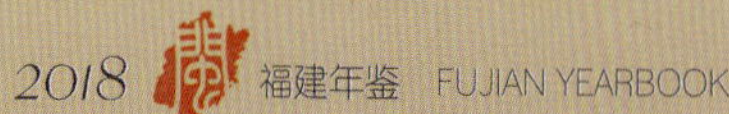

信息业

电子信息制造业

【概况】 2017年，福建省规模以上电子信息制造业完成工业总产值6081亿元，比上年增长11.8%，工业增加值1424亿元，增长11.7%。全省戴尔（中国）、宸鸿、宸美、捷联、友达、冠捷、省电子信息集团、时代新能源和宁德新能源和厦门天马微等10家企业销售收入超百亿元。是年，全省生产计算机1482.2万台、路由器19.8万台、集成电路2.2亿块、锂离子电池12.05亿只、液晶显示屏4.5亿片、液晶电视949.4万台、液晶显示模组8047.7万套、平板显示器2914.4万台。

【新型显示产业】 2017年，福建省新型显示产业主要以中游的模组生产和下游的终端产品应用为主，宸鸿科技保持全球触控组件龙头地位，年产值超过200亿元，冠捷、捷联等下游企业年产值也超过百亿元。为补齐产业链缺失的上游面板环节，福建省近几年引进的厦门天马微、福清京东方和莆田华佳彩等重点项目陆续投产。其中天马微第5.5代低温多晶硅和彩色滤光片项目建成投产，2017年实现收入超百亿元；京东方8.5代面板项目2017年2月投产，创造从打桩建设到点亮投产仅用15.8个月的业界全球最快速度，该生产线实现全球首次43英寸10切设计，大大提高玻璃基板利用率，同时具备业界8.5代线最薄基板直投能力；华佳彩高新技术面板项目一期产品于2017年6月投产，自主研发的5.2寸和5.5寸屏幕新产品实现3项技术的全球首创。

【集成电路产业】 2017年，福建省推动晋华、联芯、三安、福联、福顺微等一批列入国家集成电路“十三五”重大生产力布局规划的重大项目加快建设，逐步健全设计、制造、封测、材料、设备全产业体系。上游IC设计业领域，至年底，全省集成电路设计企业100多家，瑞芯微等少数优势企业达到14纳米国际先进水平。厦门联芯12英寸集成电路项目于2016年12月投产，2017年上半年引进28纳米制程，年底总产能达到1.6万片，填补福建省高端集成电路制造空白。福联砷化镓项目厂房和无尘室施工完成，短短一年内实现动工到试产。总投资达370亿元的泉州晋华存储器项目主厂房2017年底封顶，办公楼、动力车间等配套设施同步建设，项目将于2018年9月完成整体配套建设并投产。三安光电芯片产业化一期项目和砷化镓项目建成投产。

【计算机和网络通信产业】 2017年，福建省计算机制造业产值比上年增长9.8%，通信设备行业产值增长33.2%。戴尔、冠捷、万利达和星网锐捷等龙头企业稳中有升，产值分别增长0.2%、2.3%、14.3%和25.5%。新大陆自主研发全球首颗、国内唯一的二维码解码芯片，成为国内O2O领域最大的条码支付设备供应商。联迪商用的POS产品占国内市场40%以上的份额，居国内首位。

嘉泰数控科技股份公司生产厂间，摄于2017年　　（洛江区政府供稿）

【LED产业】 2017年，福建省LED产业面对日趋激烈的竞争压力，众多LED企业加快转型，寻找各自的高毛利细分“蓝海”市场和特殊应用领域。三安光电持续在上游外延片、芯片领域加大研发投入，2017年产能比上年增长100%，正在将产能扩增目标定在具有高获利的四元LED、MICROLED、植物照明等。强力巨彩从“千店万点”到“旗舰店建设”再到“三公里服务圈”，将触角伸向海外，领跑全国室内全彩和室外全彩行业。立达信、海莱照明、通士达等企业的产品出口居全国前列，其中，立达信和通士达入选中国照明电器行业十强企业，立达信入选轻工百强企业，LED球泡灯和筒灯出口稳居全国第一。

【锂电池产业】 2017年，福建省依托宁德新能源科技、宁德时代新能源等锂电行业的龙头企业，围绕打造锂电新能源千亿产业集群目标，引导上下游产业不断集聚，延伸产业链，促进新能源锂电产业不断发展壮大。全年全省锂电池产业产值比上年增长32.6%。宁德已成为全球最大的聚合物锂离子电池生产基地，两家龙头企业的聚合物锂电池和动力锂电池双双实现全球第一。（龚明明）

软件和信息技术服务业

【概况】 2017年，福建省软件业务总收入2504.99亿元，产业规模位居全国第八位，比上年增长16.1%，比全国平均增速高2.2个百分点。从业务类型分列看，软件产品收入919.8亿元，占软件业务收入的36.7%，比上年增长16%；信息技术服务收入1319.52亿元，占软件业务收入的52.7%，增长16.6%（其中集成电路设计106.98亿元，占软件业务收入的4.27%，增长16.6%）；嵌入式系统软件收入265.67亿元，占软件业务收入的10.6%，增长14.6%。

【产业结构调整】 2017年，福建省软件产业继续向服务化转型调整，信息技术服务整体表现仍优于软件产品。信息技术服务收入占软件业务总收入比重超过52%，信息技术服务迎来持续的高速发展时期。

【区域分布优化】 2017年，福建省得益于福州、厦门两市创建“中国软件名城”和获批“中国服务外包示范城市”。福州市软件产业实现业务收入1175亿元，比上年增长16%；厦门市软件产业实现业务收入1282亿元，增长16.37%。

【软件骨干企业】 2017年，福建省龙头骨干企业发展势头良好，福大自动化、星网锐捷、新大陆科技等3家企业入选2017年（第十六届）中国软件业务收入百强，福大自动化、星网锐捷、网龙、美亚柏科等4家企业入选2017年中国软件和信息技术服务综合竞争力百强，福州的网龙、利嘉电子商务和厦门的四三九九、美图、吉比特、美柚、鑫点击网络等7家企业入选2017年互联网企业百强。全省上市企业累计达136家（含“新三板”）。全省近40家家企业产品或技术在行业应用软件、移动互联网、动漫游戏、大数据、物联网、VR/AR、IC设计等细分领域在全国处于领先地位。（瓮红利）

数字福建

【概况】 2017年，福建省基本完成省直部门数据中心整合。有140个部门近1000个应用系统迁移到数字福建云计算中心，云计算中心累计提供1545台虚拟服务器、365TB存储、371个数据库实例资源。马尾机房所有业务系统平滑安全地迁移至数字福建云计算中心，整个迁移过程没有发生任何一起设备损坏和数据丢失事故，顺利完成搬迁任务。5个应用大集中的省直部门（财政、人社、交通、工商、地税）有24个业务系统迁移入政务云公有区。设区市也启动市级部门数据中心整合工作。

推动政务信息系统整合。以省政府办公厅的名义印发《福建省政务信息系统整合共享实施方案》，福建省被国家发展改革委列为全国政务信息系统整合共享应用试点省份，纳入首批共享数据接入省份。至年底，基本完成省级目录编制任务，目录编制数目排名全国第二；同时，推动省直部门按照目录汇聚数据到省政务数据汇聚共享平台，实现国家和全省数据互联互通。

开通闽政通APP。通过整合全省政务服务资源，建设福建省政务服务APP统一平台；提供办事服务、信息服务和互动服务。APP已接入省网上办事大厅

2017年8月18日，福州国家级互联网骨干直联点开通仪式在长乐举行，标志着福州跻身全国通信网络交换枢纽，福建省互联网正式接入“高速公路”（省电信公司供稿）

和各设区市行政服务中心行政审批、公共服务事项超过11万项，整合政府部门和第三方可信便民服务资源273项，提供环境信息、社会保险、医疗卫生、出境入境、司法公证和纳税缴费等21类服务，首批重点推出“五险一金”、实时路况和掌上公交等精品应用。

整合政府网站。全省加快政府网站集约化建设和整合迁移进度，建设省级和设区市政府网站统一技术平台（1+10个平台），乡镇政府、街道办事处和县级政府部门不再单独开设政府网站，已建的政府网站陆续整合迁移到上级政府网站统一技术平台。全省运行政府网站数由2015年国务院办公厅开展全国政府网站普查时的2757家整合为600家，减幅78.74%。

【大平台建设】 截至2017年底，福建省4G信号覆盖全省市县城区及所有行政村，全省互联网用户4880万户，接入网站20.3万个，全省城市光端口占比达到99.6%，所有设区市和平潭综合实验区均达到光网城市标准，固定宽带家庭、移动宽带用户普及率均在90%以上。NB-IoT（窄带物联网）基本覆盖全省，物联网终端用户800万户。开通运行福州国家级互联网骨干直联点，建设带宽位居10个新增直联点前列，省内互联网网间平均时延降幅达80%，丢包率下降到接近于0，性能跃居全国第六位。

加强公共服务平台建设。加快建设完善数字福建云计算中心等基础公共平台。拓展数字福建（长乐）产业园和中国国际信息技术（福建）产业园，加快建设VR产业基地。启动省政务视频会议公共平台、省级政府网站统一技术平台、省政务数据汇聚共享安全管控平台、政务信息网边界安全接入平台等建设。

推进省电子信息集团通过PPP模式、参控股投资或输出能力等方式，吸引社会资本，带动产业发展。至年底，合作孵化15家垂直行业运营公司，其中近10家产值超亿元。有80多家企业超过200个应用基于公共平台开展。应急通信保障能力示范工程、省优质教育资源共享支撑工程、党员教育管理、电子口岸单一窗口、网格化服务等项目获得国家部委认可，作为全国示范项目，带动省内企业走出去。

【大数据建设】 2017年，福建省启动首批27个数字福建大数据研究院（所）建设，包括2个基础技术研究院和25重点行业研究所，其中基础技术研究院由厦门大学和福州大学牵头建设，研究方向聚焦大数据存储、分析、可视化、安全等方面的基础性和共性技术；重点行业研究所分布于省内17所高等院校，覆盖包括交通、医疗、材料、教育、金融、工业、农林、旅游、社会安全等行业领域，研究方向是本行业的大数据应用关键技术。

启动全省一体化的数字福建大数据中心和行业数据资源分中心建设，汇聚公安、工商、民政、人社等68个省直部门和各设区市50多个市直单位有关法人、自然人、信用、电子证照、传感监测等类别的2800多项共计14亿条数据记录和文件。其中，法人基本信息包括全省100多万家企业及1万多家机关事业单位和社会组织信息，人口基本信息包括了3800多万全省常住人口信息。已面向相关省直部门和设区市在“一照一码、五证合一”、市场协同监管、精准社会救助、公共信用及联合惩戒、反恐、网格管理服务等领域推进数据共享，累计提供数据记录数8亿多条。

推进大数据重点应用平台建设，启动建设省“一品一码”食品安全追溯信息管理平台、“知创中国”知识产权运营服务平台。福建省生态云平台上线运行，高分辨率对地观测系统福建数据与应用中心正式成立。

【互联网大拓展】 2017年，福建省推进“互联网+”行动。是年，福建省互联网重点企业实现营业收入842.2亿元，互联网业务收入530.4亿元，厦门、福州、泉州互联网业务收入规模位居前三。全省互联网经济总规模2121.6亿元，带动GDP增加1581.6亿元。福建省互联网行业综合评价指数为80.5，比2016年提升6.6个点。厦门、福州、泉州互联网行业综合评价指数得分排名前三，均在80分以上。利用省互联网经济新增引导资金扶持10个互联网公共服务平台以及一批创业孵化项目，支持6个县开展“互联网+”区域化链条化试点，推进宁化县开展“数字宁化”试点建设，推动福州市鼓楼区实施“智慧商圈”“数字公民”等应用试点。

发展大数据和VR产业。在企业信用、智慧能源、水资源环境等7个领域开展产业大数据应用示范。支持6个县（区）在文化、旅游等领域开展县域VR应用试点。

发展物联网产业。支持福州市马尾区政府建设NB-IoT窄带物联网开放实验室，扶持建设9个物联网行业重点实验室、5个物联网企业技术创新中心和6个物联网重点行业应用平台，奖励20家物联网和智能硬件创新产品。全年用于扶持物联网产业发展的资金近9000万元。

完善互联网经济发展环境。安排2000万元对互联网经济优秀人才予以创业资金支持，开展2期全省互联网经济培训以及微信公众号创业培训。在第十五届“6·18”期间，举办“数字经济专题展”，支持网龙网络公司举办的VR产业创新创业大赛及福建首届海峡VR开发者交流论坛等活动。

【政策保障】 2017年，福建省出台《福建省关于推进公共信息资源汇聚和开放的实施方案》《福建省促进电子证照应用管理暂行办法》《福建省政务信息系统整合共享实施方案》《数字福建公共平台建设应用指导意见》《加快共享经济发展的实施方案》。研究制订《国家信息经济（福建）示范区建设方案》《福建省物联网应用和产业发展规划（2018－2022）》《福建省人民政府关于进一步加快物联网应用和产业发展六条措施的通知》《福建省促进大数据产业发展行动要点（2017－2020年）》《福建省人民政府关于加快大数据产业发展五条措施》。组织开展《加快发展数字经济三年行动计划（2018－2020年）》《福建省软件业补短板实施方案（2018－2020年）》《福建省加快发展芯片产业三年行动计划（2018－2020年）》《人工智能应用和产业发展三年行动计划（2018—2020年）》等课题研究。推动《福建省信息化促进条例》立法起草和调研工作。

加强政务信息安全保护能力建设。推进政务安全保障公共平台、政务数据汇聚共享安全管控平台建设，实现对关键资源、关键区域进行保护，在汇聚、整理与分析、共享及测试环境各个环节进行针对性的安全防护和监管；推进政务网络边界安全接入平台建设，实现不同网络区域之间的数据安全交换；推进电子认证服务平台建设，统一为福建省政务外网、政务信息网、无线政务专网提供数字证书服务，发放和更新政务数字证书5800余个。

支撑“厦门会晤”工作。依托数字福建无线政务专网、省应急通信基础网络资源，为开展海上巡检、消防隐患排查、铁路安保核查等方面提供移动应用服务。发挥省超级计算中心的计算能力，开展精细化环境空气质量预报。在海陆安保、舆情和宣传管理、医疗保障等方面，通过建设大数据中心、管理系统、应急指挥平台，实时展示和预警金砖安保情况，设置各级各类突发公共事件应急预案，为领导提供决策依据以及远程多方通信手段。

推进标准地址二维码标准化工作。制订《福建省标准地址二维码技术规范》，对地址二维码技术规范、地址二维码扫描链接地址、地址库部署等有关标准进行规定。全省完成2000万个二维码门牌安装工作，覆盖率97%，为社会公众提供基于位置的房屋出租、报警急救等便民服务。

推进电信反诈系统建设。该系统累计拦截诈骗电话423.5万次。福建省通信信息诈骗发案率比上年下降45.6%，为人民群众挽回经济损失1.53亿元。

（王爱萍）

通 信 业

【概况】 2017年，福建省基础电信企业完成业务总量897亿元，比上年增长53.4%；完成业务收入451亿元，增长5.7%（其中非话收入达379亿元，占全部业务收入比重的84%）；完成固定资产投资123亿元，上缴税费22亿元。全省电话用户总数5072万户，其中4G用户3115万户，新增548万户。固定宽带用户1374万户，新增229万户；移动互联网用户3508万户，新增241万户。固定宽带家庭普及率、移动宽带用户普及率均为90%，提前实现“十三五”规划目标，分别居全国第5位、第7位。接入网站数量20.3万个。移动互联网接入流量达71383万GB，比上年增长1.35倍。增值电信企业突破1000家，其中47家在境内外上市。互联网业务收入530亿元，比上年增长23.7%，23家互联网企业收入超亿元，7家互联网企业入围全国百强。

【信息化基础设施建设】 2017年，福建省信息通信业深化“数字福建·宽带工程”建设，全面构建新一代信息基础设施建设，实施信息网络工程包。全省互联网宽带接入端口总量2862万个，比上年增长15.3%。其中，光纤接入（FTTH/0）端口2258万个，占79%。福州、厦门、泉州、莆田、平潭等“宽带中国”示范城市的宽带用户平均接入速率超100Mbps，其他城市宽带用户平均接入速率超60Mbps。移动通信基站23万个，比上年增长5.7%，其中4G基站12.8万个。城市光网覆盖率219%，城市光端口占比99.6%，实现陆上行政村100%通光纤，100 Mbps以上宽带用户占比47%，居全国第5位。取消移动电话国内长途和漫游费，降低中小企业互联网专线接入资费，降低国际长途电话费，提前实现手机上网流量平均单价下降11%、有线宽带平均带宽价格下降13%的目标。完成第一批、第二批试点3868个行政村建设任务，试点行政村宽带平均接入速率超70Mbps。率先将海岛行政村纳入第三批试点，并进入建设阶段。建成福州国家级互联网骨干直联点，建设带宽位居10个新增直联点前列，省内互联网网间平均时延降幅80%，丢包率下降到接近于0。物联网发展势头良好，开通NB－IoT基站约2.5万个，基本实现NB－IoT全覆盖，发展物联网终端用户800万户。会同福州市政府、省经信委共同举办中国物联网大会。举办海峡两岸物联网产业发展及应用论坛。推广“三网融合”，中国电信东南云基地、移动通信网络实训基地等重点项目投入使用，筹建联通（福建）产业互联网公司暨中国联通东南研究院。

【网络与信息安全】 2017年，福建省基础网络运行总体平稳，互联网骨干网络各项监测指标正常，未发生较大及以

2017年7月24日，“中国梦·劳动美”福建省第二届网络安全职业技能竞赛决赛在厦门举办，来自全省信息通信业的80位网安高手现场“比武”

（省通信管理局供稿）

上网络安全事件。完成“厦门会晤”各项保障任务，确保通信网络畅通、网络信息安全、通信服务优质。通信信息诈骗发案率比上年下降77%，挽回经济损失近2.7亿元。建成并优化诈骗电话防范拦截系统，日均拦截诈骗电话约2万次。网站备案率99.99%，网站备案主体信息准确率97.2%。做好网络安全事件监测、通报和处置工作，阻断勒索病毒传播，做到隐患清零、问题清零。发现并通报处置涉及全省政府部门和重要信息系统的网络安全事件1122起，开展25期木马僵尸、13期恶意程序专项整治以及68批网络安全事件专项打击。开展电信和互联网行业网络安全监督检查，通知并督促企业整改安全漏洞3563个。部署做好网上“扫黄打非”工作，关闭违法违规网站286个，组织下架违规APP 1151个。依法加强用户信息保护。举办第二届网络安全职业技能竞赛，成立网络安全专项保障队伍和专家组，举办跨部门跨地区跨网络的应急演练。参与举办福建网络安全高峰论坛、中国福建互联网大会，发布互联网发展报告，开展互联网企业20强评选工作。

【通信行业建设】 2017年，福建省新建基站1.3万个，公共资源站址占比率44.4%、满足率86.3%。宽带接入网业务试点企业9家，发展宽带用户28.4万户；移动通信转售企业31家，发展用户185万户。落实光纤到户国家标准，新建小区100%实现光纤到户，对1.6万个小区、8.5万个单体楼进行光纤到户改造。（吴江波）

【中国电信福建省分公司】 2017年，中国电信福建省分公司营业收入145.06亿元，完成经营指标；服务用户2958万户，包括天翼移动1037万户、宽带787万户、固话721万户、互联网电视（IPTV）413万户。

信息基础设施。2017年，投资近50亿元，推进“数字福建·宽带工程”建设，新一代信息基础设施建设迈出新步伐。光网络提速升级，全省电信光端口占比96%、光宽带用户占比95%，宽带用户平均接入速率达到84M，比上年底增加35M，百兆宽带用户占比达67%，比上年底提升45个百分点。4G网络重耕升级，覆盖所有行政村及高铁、高速、主要景区；在LTE1.8G基础上，实施800M网络重耕，率先建成覆盖全省的窄带物联网NB-IoT网络，基站2.2万个、载扇5.3万个。云计算设施扩容升级，建成并启用中国电信东南云基地——厦门海峡通信枢纽中心，这是省政府与中国电信集团战略合作协议的重点建设项目，拥有集团星级IDC机楼13座，可提供1.2万个机柜，整体IDC出口带宽14.3T。

发展数字经济。在中国电信集团公司与省政府签署“十三五”战略合作协议的基础上，福建分公司与各设区市政府签署“十三五”战略合作协议，推进数字经济发展。深入落实“互联网+”行动，重点聚焦政务、教育、健康医疗、工业等领域，促进互联网经济发展。发展物联网应用，在建成覆盖全省的窄带物联网基础上，将网络技术优势转化为应用实践，应用到智能水务、远程抄表、智能井盖、金融POS、对讲机、车联网等多领域，物联网用户335万户，用户规模居集团第五。推广互联网电视（IPTV）业务，落实三网融合政策，与福建广播影视集团共同启用福建IPTV天翼高清播控平台，IPTV平台上有134路直播频道、7天回看及12万小时点播内容。

履行社会责任。中国电信福建省分公司作为金砖国家领导人“厦门会晤”信息通信和网络安全保障的主责运营商，累计投入6亿多元、3万多人次，完成“厦门会晤”信息通信和网络安全保障工作。建立完善的信息安全体系，服务器防攻击能力3000G，信息系统安全防护达到国家要求的高等级标准。参与建设IDC/ISP信息安全管理系统，对运营商信息安全监管能力延伸开放给ISP企业，增强政府对ISP信息安全监管能力。自主开发一键封堵系统，过滤问题站点流量，阻断不良信息内容传播，简单、高效处置互联网公共安全事件。完善防范打击通信信息诈骗业务管理系统，将重点业务纳入流程进行审批管控，有效监测拦截不规范主叫及黑名单用户，拦截国际、省际以及网间号码超10万个。

（何其钦）

2017年9月3—5日，中国电信福建省分公司为“厦门会晤”提供通信保障

（中国电信福建省分公司供稿）

【中国移动福建省分公司】 2017年，中国移动福建省分公司通信服务收入超过232亿元，比上年增幅超5%，全年净利润超过42亿元，净利润率18.4%。公司服务客户总数超过3000万户，其中4G客户突破1950万户。全年纳税20.56亿元，位居省内国有企业前列。

全年新建4G站点2.4万个，4G基站总数超8万个，实现全省行政村及50

2017 年 9 月 3—5 日，金砖国家领导人第九次会晤在福建厦门举行。“厦门会晤”召开前，福建移动维护人员在闽南大戏院门口架设卫星背包，保证卫星通信畅通　（中国移动福建省分公司供稿）

户以上自然村的 4G 网络全覆盖，人口覆盖率 99%。加快传输网络改造升级和全光网络建设，实现“一张光缆网”支撑全业务，全面部署 OLT 双上联改造、城域网扁平化改造等专项行动，打造“百兆能力、千兆示范”宽带接入网络。完成国家级骨干直联点建设，福建由边缘节点提升为集团 16 个核心节点之一。启动 5G 实验网建设和面向 5G 的传送网架构搭建，推进福州、厦门两个大数据中心建设，完成 NB－IoT 站点一期工程 2577 个站点的建设，实现全省各设区市主城区全覆盖。

利用云计算、大数据、物联网等新技术，推动各行业信息化建设。在全国率先开通无线政务专网业务，建设厦门政务云、闽政通 APP、机要局政务内网等标杆信息化项目，实现“云—管—端”全覆盖的电子政务整体布局，提供政务办公、便民服务、信息公开、在线党建等功能。其中，与省旅发委合建游客流量监测系统，是全国首个旅游行业的大数据项目，覆盖全省星级景区 214 个，2017 年服务来闽游客 1000 万人次。建设智慧医疗新平台。联合省卫计委建设全省居民健康综合服务云平台，覆盖全省县级以上医疗机构 219 个、基层医疗机构 1189 个、乡村卫生所 1.4 万个，为全省 3800 万居民提供便捷的一站式健康医疗信息服务。构建智慧家庭新生态。宽带电视做到 4K 超高清视频“不卡不顿”，在全国率先发布“智慧家庭多屏互动”业务，创新开发八闽视频客户端，注册用户数突破 260 万户。初步构建智慧家庭生态，在内容方面，整合学而思、黄冈名师等优质教育资源，引入腾讯、百灵等娱乐资源；在硬件方面，与省内龙头企业合作研发高端游戏机顶盒、音箱机顶盒及音箱游戏一体机等多款智能硬件产品。

履行社会责任。取消手机客户国内电话长途、漫游通话费（不含港澳台），推出流量不限量套餐，手机上网流量单价较 2016 年下降近 40%。落实手机实名制要求，手机用户实名率 100%。拦截 1306 万次虚假呼叫，拦截 227.79 万次国际诈骗电话，配合公安机关破获伪基站案件 14 件。在全国率先尝试将无线环网技术引入应急通信保障，建立“天上有卫星，空中有无线环网，地上有 FEMTO 基站”的三位一体应急保障体系，并完成十九大、“厦门会晤”、防台抗灾等重要通信保障任务。在莆田罗盘岛等 23 个重点扶贫村开展信息化扶贫行动，为岛上居民开通光纤宽带和互联网电视。　（王　欣）

【中国联通福建省分公司】 2017 年，福建联通实现主营收入近 60 亿元，收入 EBITDA 率排名南方 21 省第 2 位，自由现金流比上年改善 14.7 亿元，市场毛利增加 2.6 亿元，市场成本降低 2.7 个百分点。

福建联通 4G 用户规模突破 450 万户，渗透率 70%，行业第一；流量销售规模 2.1 亿 GB，流量市场份额 30.8%；创新收入比上年增长 27%。在产业互联网领域，参与“数字福建”建设，推出“智慧水利”省级河长制综合信息管理平台、福州市“智慧街区”和基于 NB－IoT 的“智慧水务”等示范工程。开展“客服能力提升年”活动，打造大数据服务、智能客服等四大平台，客户申诉率降至 14.9 人次/百万，行业最优，全国第二；移网 NPS 提升 24 分，实现转负为正；获“全国用户满意企业”称号。

网络运营能力提升。福建联通围绕持续优化 3G 和 4G 网络，全年新建和扩容 3G 站点 1700 多个，建设 4G 基站 3200 多个、室分 2400 余栋，4G 单站日均流量 42.59GB，行业领先。用户使用感知进一步提升。泉州网络优化项目荣获中国通信企业协会“2016－2017 年度通信网络优化样板城市优质项目奖”。通过精细管理，盘活资源，加大合作，加大传输共享及创新建设模式等措施，推进老旧设备退网，提高网络资产运营效率。先后投入保障人员 1500 余人、车辆 120 多辆，完成重大网络保障任务。完成省级互联网骨干直联点建设，优化福建网间互联架构，助力福建成为“一带一路”上互联互通的重要通信枢纽。

网络建设。福建联通建立 337 个社区网格、99 个政企网格和 79 个建维网格，建立起面向客户与市场的快速响应支撑能力。

创新营销模式。福建联通在全省打造线上线下一体化销售体系，推出以腾讯王卡、滴滴王卡为首的互联网合作产品；围绕“线下自有团队交付能力”构建生产组织体系，借助大数据智能化手段，实现 2I2C 订单系统在社区网格的快速配单和配送人员的快速抢单，偏远地区自动审单直接转物流配送。福建联通与腾讯、滴滴等多家互联网企业开展多元化的合作对接，构建属地互联网线上触点渠道，全面推动福建联通互联网化转型。

深化“数字福建”信息化项目建设。

2017年9月3—5日，中国联通福建分公司组成通信应急保障车队，全力做好“厦门会晤”通信保障工作（中国联通福建省分公司供稿）

福建联通参与政府智慧城市建设。推出福建首个“智慧水利”省级河长制综合信息管理平台。结合河道管理和河长制实际特点，福建联通打造河道网格化管理体系，依托GIS、GPS、基站定位、云计算、物联网、大数据、移动通信网等技术，实现静态展现、动态管理、常态跟踪，满足河道管理“看得见、叫得应、用得好”的要求。协同推进河湖系统保护和水生态环境整体改善进程，为全国河长制项目的拓展树立标杆。打造福州市区“智慧街区”示范工程。福建联通基于“福州新型智慧城市标杆市顶层设计”框架，与福州晋安区政府联合打造“智慧街区”示范工程，提升街区在社会治理、民生服务、应急联动、决策分析等方面的信息化建设和发展，让居民真正享受到高效、便捷、绿色的新型智慧城市生活。推进基于NB－IoT的“智慧水务”项目。福建联通推动NB－IoT技术、传感器技术、信息化技术与水务产品紧密结合，与福州市政府联合建设“智慧水务”工程，实现抄表数据的读取、记录、上报等功能，提高抄表效率并降低人力成本。（柯　研）

无线电管理

【概况】 2017年，福建省完成无线电行政审批885件，行业专用无线宽带接入频率需求与可使用频谱资源不足的矛盾日益凸显。2017年底，全省纳入管理的无线电台站37万个，每平方千米约3个，台站数量和分布密度居全国前列（不含手机和公众移动通信终端）。基础电信运营商投入4G公众移动通信网络建设，4G基站数量17.24万个，是2016年的307.8%。2017年，完成台站数据校验系统建设、监测网络布局完善、推进实验室体系建设、边海工程规划，强化预算执行监管，提高资金使用效率。

【无线电频率管理】 2017年，福建省无线电管理委员会以广播业务频段为重点，兼顾公众移动通信频段，开展频谱使用评估专项活动，通过实地核查，监测采集全省县及县以上建成区90%区域的数据。完成1.4吉赫兹（GHz）频段规划，在满足福建省应急通信应用需求的同时，兼顾移动政务、公共安全、社会管理等对宽带数字集群专网无线电频率使用需求，推动宽带数字集群专网新技术在应急通信领域的应用，促进产业发展；配合国家完成载波聚合实验验收，为国家调整223～235MHz频段频率使用规划提供基础数据依据。满足行业频率需求，完成18座气象天气雷达、风廓线雷达、测风雷达和海事雷达的军地协调；为厦门港务、华能港务等港口调度生产需要提供数字集群频率、为福州地铁6号线CBTC系统提供1.8G频段无线接入频率、为海事部门提供50多个（对）水上业务频率等。

【“厦门会晤”无线电安全保障】 2017年，福建省无线电管理委员会完成金砖国家领导人“厦门会晤”无线电安全保障工作，以“一个平台、两个管控、三个防范、四个确保”（一个平台，即建立“厦门会晤”无线电管控指挥中心平台；两个管控，即加强入场设备安检管控和微功率设备精细化管控；三个防范，即防范恶意干扰、插播和“低慢小”破坏；四个确保，即确保会议活动用频、确保元首政要用频、确保安全保障用频、确保民航用频）为重点，进行台站清查整治，开展闽台协调，制订完备预案，做好应急演练，实现电波秩序安全可控、频率有效保障、各类台站正常运行。全省参与“厦门会晤”无线电安全保障的人员193名、固定监测站226座、移动监测车27辆；许可频率479个（对），核发无线电发射设备准入标签1.1万多张；制订应急预案15项、梳理评估重点风险13项、处置和消除无线电安全隐患66处；累计监测时长6.3万余小时，形成监测分析报告54份，为国家安保组成员单位提出技术建议5份。

【无线电监督检查】 2017年，福建省受理各类无线电干扰投诉89起，查处89起，查处率100%；开展无线电监督检查行政执法439天次，出动2301人次，检查设台单位（或个人）1078个次，发出责令改正通知书183份，立案查处3件，没收设备4台（套）。配合公安等部门打击治理电信网络新型违法犯罪，配合公安部门查获“伪基站”案件5件，“黑广播”案件27件，协助公安部门鉴定“伪基站”设备11台（套）。“两会”期间，一次性集中查处9件“黑广播”案件。国庆、十九大保障期间，配合公安等部门查处5个“黑广播”。完善专用频率保护机制。修订保护航空无线电专用频率工作长效机制，深化铁路无线电干扰排查会商机制，建立干扰排查快速联动机制，提高干扰排查效率。联合省新闻出版广电局、民航福建和厦门监管局开展航空无线电专用频率保护专项行动，消除安全隐患。组织保障高考、公务员招录、司法等重要考试15场次，发现可疑作弊信号并实施无线电技术阻断，查获作弊案件1件。（肖经思　陈　沁）

编辑：郑　菜

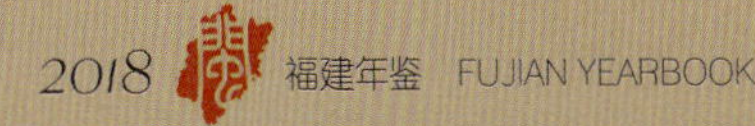

商贸流通服务业

综　述

【概况】　2017年，福建省实现社会消费品零售总额13013亿元，比上年增长11.5%。从商品形态看，餐饮收入额1329.4亿元，比上年增长8.9%；商品零售额11683.6亿元，增长11.8%。从商品结构看，信息消费保持快速增长，限额以上网络零售额835.69亿元，比上年增长56.5%，拉动全省限额以上社会消费品零售总额增加5.1个百分点；通信器材零售额183.5亿元，增长53%；计算机类零售额47.4亿元，增长36.7%。享受型发展型消费持续增长，电子出版物及音像制品类零售额4.1亿元，比上年增长1.23倍；体育娱乐用品类零售额25亿元，增长38.7%；化妆品类零售额71.2亿元，增长34.1%；建筑及装潢材料类零售额257.3亿元，增长25.8%；家用电器和音像器材类零售额326.9亿元，增长23.9%；服装鞋帽类零售额756.8亿元，增长17.7%；家具类174.6亿元，增长13.9%；金银珠宝类零售额186亿元，增长12%。汽车消费市场继续回暖，汽车类零售额1647.5亿元，比上年增长12.2%。石油市场平稳，石油及制品类零售额662.9亿元，比上年增长6.2%。

【内贸流通体制改革】　2017年，福建省出台《内贸流通重点企业转型升级“一对一”帮扶机制》《2017—2018年福建省内贸流通体制改革工作方案》，推动实体零售业创新转型。支持厦门、泉州市在全国率先研究制订老字号保护和发展条例，联合16家单位出台《福建省促进老字号改革创新发展实施方案》，从传承保护、创新发展、宣传服务等3个方面，提出10条措施。出台《福建省商务厅关于做好“十三五”时期商务领域消费促进工作的实施意见》，统筹推进商务领域促消费。建立50家内贸流通企业重点联系机制，建设中小商贸流通企业公共服务平台，入驻服务机构42家，完善中小商贸流通企业服务体系；开展第三届中小商贸流通企业服务节系列活动，年服务企业2000家次，服务人次4432人。推动厦门市、三明市做好第三批全国物流标准化试点城市试点工作，两市成立物流标准化联盟，支持福州市供应链体系建设，依托优势产业，发展供应链平台，推动上下游协同发展。

【主要副食品市场价格】　蔬菜。2017年，福建省蔬菜批发均价约为4.12元/千克，比上年下跌10%；蔬菜批发市场交易量累计305.17万吨，下跌0.28%。是年，全省蔬菜价格整体偏低。一方面，全省天气多数时候晴好，气温适宜，并未遇上大幅降温、寒潮或极端天气，为蔬菜生长提供了良好的生长环境。另一方面，菜农主要是以上年度蔬菜的价格走势为依据。而2016年，由于遭遇寒潮，市面上蔬菜供不应求，蔬菜价格看涨，因此2017年菜农增加了蔬菜的种植量。且2017年冬季，北方也未出现极端天气，当地的蔬菜供应量也随之上升，南菜北调的需求量下降了，最终出现市场蔬菜供过于求的现象。

猪肉。2017年，全省白条猪批发均价20.31元/千克，比上年下跌8.06%。全省猪肉批发市场交易总量12.11万吨，比上年上涨29.93%。2017年，全国多省市相继发布污染防治方案，各地均加大畜禽养殖废弃物处理力度和猪场拆迁整治力度，并陆续完成猪场清拆任务，导致短期生猪出栏集中，市场供应加大，市场价格下跌。随着居民消费方式和消费理念的变化，生猪市场的整体需求也在逐渐下降，市场终端不高，导致生猪收购价格呈现稳中下跌走势。

鸡蛋。2017年，全省鸡蛋批发均价6.72元/千克，比上年下跌13.92%，全省鸡蛋批发市场交易总量8661.61吨，下跌5.93%。2017年，全省蛋类市场价格整体涨跌互现。由于2014年、2015年鸡蛋市场行情较好，刺激不少蛋鸡养殖户集中补栏，2016年全年，蛋鸡存栏量一直较高，鸡蛋产量保持高位，导致2017年上半年蛋价低位运行。下半年，由于前期补栏的蛋鸡逐渐换羽，且因为前期价格低，养殖户补栏积极性降低，导致蛋鸡存栏量开始下降，鸡蛋供应量有所下跌，加之传统中秋、国庆双节的销售旺季推动需求上升，下半年全省鸡蛋价格有所回升。

【市场应急调控保障】 2017年，福建省抓好市场监测分析，夯实应急基础。提升市场运行分析。全年全省发布信息6149条，平均每月发布512条，其中原创1822条，平均每月151条，主站采纳442条，平均每月37条。是年，全省新增样本企业26家，其中重点流通样本企业15家。增加应急商品管理系统样本企业。

推进副食品基地建设，确保日常供应稳定。调整优化基地。2017年协议期内基地361家，其中，生猪、蛋禽、蔬菜、肉牛、肉羊、肉禽基地分别为144家、63家、142家、2家、5家、5家，并按全省城镇肉、蛋、菜需求量的20%下达基地指导性生产计划，督促指导基地做好生产供应，确保日常市场需求。修订出台《福建省城市副食品调控基地管理办法》。增加肉羊、肉牛、肉禽三类基地，并提高生猪、蛋禽、蔬菜基地规模标准要求。全年扶持92个基地规范化改造建设、基地直销体系建设、基地扩品种提品质项目改造建设项目，提高基地生产供应能力和市场调控能力。

【批发零售业】 2017年，福建省批发业销售额24427.7亿元，比上年增长18.6%；零售业销售额13030.5亿元，增长13.2%。完善流通基础设施，提升商品交易市场建设水平，支持农贸市场、生鲜超市、边贸市场等各类商品交易市场共19个项目建设。开展闽货进加油站销售活动，支持推广闽货特色产品，全年闽货特色商品进入全国中石化、中石油加油站便利店终端销售金额2.05亿元，比上年增长80%，销售门店16000多家。 （陈 锋）

粮食市场

【粮食流通】 2017年，福建省将省级粮食储备订单收购计划由26万吨调减为20万吨，发放订单补贴4800万元；继续实行早、中晚籼稻最低收购价政策，根据省内局部地区市场价格低于最低收购价的情况，从2017年12月1日起在三明市启动最低收购价执行预案，保护种粮农民收益。安排粮食产业发展专项补助资金2000万元，认定34家省级粮食应急加工企业；安排2000万元引粮入闽补贴资金补助44家企业。开展“中国好粮油”示范企业和产品评选，全省有6家企业被认定为国家粮食局、中国农业发展银行重点支持的粮油产业化龙头企业，3家企业产品被推荐参加好粮油产品评选。制订完善粮食应急预案，至年底，全省建立粮食应急网点1465个，粮食应急加工企业161家，应急配送中心87个，应急储运企业83家，开展应急演练41次，粮食应急保供能力不断增强。

【粮食储备】 2017年，福建省推进“粮安工程”建设，安全储粮能力进一步增强。加快粮油仓储设施建设，采取“联合建库”“委托建库”“探索民营建库”等新模式，加快建设进度。本轮建库中省级11个项目、市县53个项目在2017年度全部开工，建成标准化仓容140万吨，在建114万吨。抓好粮库智能化改造，被列为国家粮库智能化升级重点支持省份，规划投资1.4亿元，计划建设省级平台1个，粮库智能化升级改造项目46个。抓好储粮管理创新，采取延长储备粮轮换架空期、异地储备就地轮换、储加结合包干轮换等创新措施，减少轮换价差；结合新一轮建库，在省市县粮库应用绿色储粮新技术，管住管好全省储备粮食。

【粮油质量监管】 2017年，福建省加强粮食质量抽查。组织开展治理“餐桌污染”专项检查和军粮、储备粮库存、粮食收购、社会原粮等粮食质量安全的抽查。2017年，全省安排抽查1.3万多批次，合格率超过95%。妥善处置超标粮食。做好河南南阳流入的超标小麦和晋江、石狮等地超标粮食处置工作，防止流入口粮市场。提升监管技术手段。开展粮食质量安全追溯体系建设相关工作，至年底完成第一期建设任务，进入试运行阶段，可实现主要粮食品种（稻谷、小麦）从收购入库（或从省外进入福建省境内）到粮食加工各个流通环节的全过程追溯。

【粮食产销协作】 2017年6月18—21日，由福建省和10个粮食主产省以及中粮集团共同主办的第十三届粮食产销协作福建洽谈会在福州举办。该届福建粮洽会吸引1000余家粮食企业和科研院校，4000多人参会，签订粮食购销合同636万吨，合同金额170多亿元，征集粮食科技项目成果246项。会议期

2017年1月16日，“2017中国·诏安海峡硒都青梅产业推介会暨赏梅周”活动在诏安县红星乡梅园举行。图为推介会现场 （诏安县政府供稿）

间，举办“6·18”粮油产品及技术设备展，分“粮油精品展区”“粮油科技展区”“粮油设备技术展区”三大板块，展出面积9000平方米，有319家企业参展，其中粮油精品展区7家、粮油科技展区9家、粮油设备技术展区24家、省（区）展区11家及中粮集团展区279家。 （廖志松　陈昌炳）

供销合作商业

【概况】 2017年，福建省供销社销售总额1382.46亿元，比上年增长38.52%；利润总额6.21亿元，增长37.2%；资产总额142.5亿元，增长23.2%；所有者权益68.11亿元，增长34.1%。在全国供销社系统综合业绩考核省级优胜单位中位列第六名，获一等奖。

【供销社体制综合改革】 2017年，福建省供销社召开第四次社员代表大会，选举产生理事会、监事会，建立联合社代表大会、理事会和监事会“三会”制度。推动改革政策落地开花。制订出台省社工作方案，在124个单位对全国供销总社提出的11项经验做法进行复制推广。推进长汀专项试点工作。长汀县供销社6月承担全国供销总社“强化基层社合作经济组织属性”专项试点工作以来，吸引农村能人入社，创办农民合作社及联合社，发展农村电子商务，整合组建城乡物流快递企业，全县18个基层社吸纳2074户农民入社，都召开社员代表大会，选举产生理事会和监事会。

【基层基础建设】 2017年，福建省恢复新建和改造发展适应市场经济要求的新型基层社，全省基层社931个，实现乡镇全覆盖，其中符合“有场所、有人员、有制度、有项目、有成效”要求的基层社达64.5%。选聘200多名村“两委”负责人、农村社会能人加入基层社担任正副主任。推进综合维修服务体系规范化、规模化、信息化建设，在14个县（市、区）开展综合维修服务示范创建工作。发展农民合作社及联合社。全省供销社新发展农民合作社2499个，累计发展农民合作社6546个；新发展农民合作社联合社102个，累计发展农民合作社联合社310个。全省供销社农民合作社获年度“全国总社示范社”8个、“省级示范社”16个、“省社示范社”31个。

【供销系统拓展服务领域】 2017年，福建省发展农村电子商务服务。推进县域电商服务体系建设，实现线上线下融合发展。全省供销系统新增电商企业15家，累计75家；网上交易额96.2亿元，比上年增长86.7%。37家电商企业与全国供销总社“供销e家”对接，在淘宝、京东等第三方电商平台开店249个。发展物流新业态。福建供销农业服务有限公司牵头整合龙岩市、长汀县、武平县的中通、申通、百世、韵达等快递企业，创立供销快递品牌，组建3家供销通世达物流有限公司，在社区、乡镇设立快递综合服务站，各村设立快递代办点，打通农村物流配送“最后一公里”。加强农产品流通服务。组建福建供销华埔农产品公司、福建供销（霞浦）农业发展公司等一批农产品流通企业，发动县市供销社组建农产品经营企业。在农产品集散地和重要物流节点，新建改造农产品批发交易市场12家，农产品市场交易额206.9亿元，比上年增长41.8%。建成营运永安供销农副产品批发交易市场，获全国20家“供销社公益性农产品示范市场”称号和第二批18个“省级现代服务业集聚示范区”称号。加强与金融系统战略合作，整合为农服务资源。福建供销农业服务有限公司设立“供销信贷风险补偿基金”，在龙岩市7个县（市、区）全面推广，为农民合作社提供贷款担保2.32亿元。

【供销社企转型】 2017年，福建省推动全省供销系统社有企业改革。推动社有企业人事制度、产权制度和分配制度改革，推行经营层及骨干员工持股。实行全面预算管理，建立健全与绩效挂钩的激励约束机制，严格绩效考评和兑现奖惩，调动企业经营者的积极性，提高经营管理水平。加强社有企业联合合作。推动社有企业横向联合纵向整合，探索发展混合所有制经济。福建供销投资集团优化社有资本布局，促进产业转型升级，已控股参股7家为农服务公司。加快农资企业转型升级。新建省福农庄稼医院总院，带动全省供销社建设新型庄稼医院44家。全年省福农农资集团进出口总额5.19亿美元，比上年增长82.75%。 （刘远征）

物流业

【概况】 2017年，福建省物流业运行呈现较快发展态势。全省物流业业务收入5034.74亿元，比上年增长12.4%，持续保持两位数增长；实现增加值2273.75亿元，增长8.2%，占GDP的比重为7%；全省社会物流总额67236.21亿元，增长8%；完成固定资产投资3628.1亿元，增长15.6%。完成货物发送量13.23亿吨，比上年增长9.9%。其中，铁路完成3175.38万吨，增长8.8%；公路完成9.56亿吨，增长11.5%；水运完成3.35亿吨，增长5.7%；民航完成31.2万吨，增长2.9%。全省沿海港口货物吞吐量完成5.2亿吨，比上年增长2.4%；集装箱吞吐量完成1564.85万TEU，增长8.7%；经过福建港口进出的外省大宗货物完成1263.13万吨，下降18.7%；厦门港集装箱吞吐量突破1000万标箱，成为全省首个千万标箱级国际强港。物流业景气指数均保持在54.5%以上，平均值55.2%，显示全省物流市场持续处于较高景气区间。全省物流企业中，315家获评国家A级物流企业，数量居全国第四；厦门象屿、福建交通运输集团、厦门港务、安通物流进入2017年全国物流企业50强，安通物流在全国内贸集装箱行业中市场运力中排名第二位，居民营企业第一位。

【物流基础设施建设】 至2017年底，福建省高速公路里程5228千米，路网密度、人均密度都进入全国前列，实现与周边省份和中西部的全面对接；港口货物吞吐能力4.89亿吨，现有生产性泊位502个，其中万吨级以上171个，具备停靠30万吨级散货船、30万吨级油轮、20万吨级集装箱船、15万吨级邮轮及2万吨级滚装船的能力；民航拥有福州、厦门两个干线和泉州、武夷山、龙岩、沙县等多个民航机场；铁路运营里程3300千米，实现市市通动车。福州市列为全国首批供应链体系建设重点城市，三明与厦门成立物流标准化联盟。福建省首列冷链集装箱海铁联运专列在福州港江阴港区上线运行；中欧“安智贸”铁路专列正式启动，厦门新开辟中欧（厦门—莫斯科）直达快速货运班列；平潭开通香港—平潭集装箱航线、首条对台散货直航航线及“平潭—台北”滚装货运航线。厦门海沧保税港区汽车整车进口口岸、福建省首个港口大宗散货露天保税堆场（湄洲湾港东吴作业区后方保税堆场）、福建省首个闽赣合作项目——湄洲湾港秀屿作业区8号泊位（5万吨级油品化工码头）工程及福建省首个集海运快件和跨境电商保税备货、直邮购物监管功能于一体的物流中心——平潭两岸快件中心正式启用，福建省最大的专业煤炭码头——国投湄洲湾煤炭码头一期工程通过竣工验收，中国东南沿海最大的矿石码头——湄洲湾港罗屿作业区9号和10号泊位工程完成重载调试。大陆在台湾设立第一个货物仓库——台湾平潭两岸货物公共仓储。联通“一带一路”的厦门东南国际航运中心海铁多式联运示范工程列入国家第二批多式联运示范工程项目。分别有11个物流园区和3个物流园区列入2017年省级示范物流园区和现代服务业集聚示范区。2017年物流园区提升工程包完成投资54亿元，推动35个项目加快建设。物流信息化水平进一步提升，“省级港口危险货物安全监管综合服务平台示范工程”“厦门国际航运中心港口智慧物流平台示范工程”被交通运输部列入智慧港口示范工程项目。

【物流软环境建设】 2017年，福建省相继出台《关于推动交通物流融合发展促进物流业降本增效实施方案（2016—2020年）》《关于进一步规范港口收费降低物流成本的通知》《福建省人民政府关于修改〈福建省促进快递行业发展办法〉的决定》《关于调整高速公路通行费支持物流业发展的意见》《关于福建省创建省级示范物流园区实施细则的通知》《关于加快福建省物流园区发展促进物流业供给侧结构性改革指导意见》《贯彻推进水运供给侧结构性改革实施方案（2017—2020年）》《关于进一步加快推进多式联运工作的通知》等文件，福州、厦门、泉州、三明、莆田、南平、龙岩、宁德、平潭等地也相继制定一系列支持物流业发展的扶持政策。交通运输部与福建省政府签署《关于加快福建省交通运输发展合作协议》。省人大开展物流条例执法检查，省政协开展交通物流融合发展专题协商。开展物流业景气情况调查，按月发布物流业景气情况数据；省经信委、统计局、物流协会联合向社会公布福建省2016年度和2017年每季度物流业运行情况。中物联冷链委在福州举办《冷链运输运营管理与冷藏车选型解析》公益培训活动，省发改委、商务厅、香港贸发局联合举办2017年福建省现代服务业专场对接会系列活动，香港贸发局与省经信委等部门联合主办“创新升级·香港论坛”，交通部门举办全省道路货运物流安全管理培训班。（薛尚泉）

【支持冷链物流产业发展】 2017年，福建省支持冷链物流产业发展，牵头推进冷链物流发展6条措施和5年规划落实，推动厦门市制订实施的食品冷链物流两个标准上升为省级标准，支持16个冷库、农产品批发市场低温专区和零售终端低温专区等冷链设施项目。加强示范建设，继续推进厦门、三明市物流标准化试点建设，支持福州市供应链体系建设，依托优势产业，发展供应链平台，推动上下游协同发展。（陈 锋）

商贸流通

【成品油流通管理】 2017年，福建省销售成品油991万吨，比上年增长22%。中石化、中石油两大集团福建企业成品油库存量可销售天数基本保持在7天以上。规范成品油零售经营资格许可和成品油批发仓储经营资格审核进省商务厅行政服务中心窗口集中办理。推进审批改革，将成品油零售经营资格审批职能下放给漳州市商务局。为加强规划引导，发布《福建省成品油分销体系“十三五”发展规划》，保障全省加油站（点）、加油船、油库建设布局合理，有序发展。加强事中事后监管，制订2017年成品油市场监督管理“双随机一公开”抽查实施方案，建立成品油流通市场主体名录库，并按方案要求对随机抽取的被检市场主体进行商务执法检查，检查结果在商务厅门户网站、散装汽油类“一体化”平台进行公示。

抓好安全检查和市场保供工作。部署各地商务主管部门，落实加油站暂停自助加油和散装汽油销售管理，开展石油库反恐安保督查工作。在“厦门会晤”期间，对全省2848个加油站按照临时管控措施严格检查落实，确保“厦门会晤”期间加油站安全生产和社会稳定。8月中旬，协调省经信委、厦门市经信局等有关部门，落实铁路运输增运车皮计划、中石油福建分公司公路油罐车辆进出厦门岛运输问题。

【酒类流通管理】 2017年，为做好“福建商品总经销”工作，宣传推介以福建红曲酒为代表的中国红曲酒，弘扬其悠久历史文化、酿造工艺和养生价值，扩大企业销售，加快全省红曲酒产业发展步伐，福建省商务厅酒类管理办公室联合中国酒业协会主办，借助“9·8”中国国际投资贸易洽谈会平台，于2017年9月18—20日在厦门国际会展中心举办首届中国（福建）红曲酒节暨福建优质酒展。惠泽龙酒业、沉缸酒业、宏盛闽侯酒业、福矛酒业、福建老酒酒业、屏湖红生物科技、白水洋酒业、中食北山酒业、东平老窖酒业、赤城酒业、宝源酒业等29家全省知名酒企60个展位参展。展会期间，签订575.26万元销售合同，其中，白酒462.9万元、红曲酒112.36万元；签订3300万元销售意向性协议，其中，白酒2180万元、红曲酒1120万元。

【烟草专卖】 2017年，福建省烟草商业系统实现税利171.5亿元（含主业及多元化经营企业），比上年增长2.8%，其中，利润73.75亿元，增长4.7%，利润中卷烟利润51.83亿元、烟叶利润13.3亿元、其他利润8.62亿元。

全年烟叶种植5.03万公顷，收购烟叶218.26万担。烟蚜茧蜂绿色防控和废旧地膜回收实现全覆盖，烟叶质量安全得到有效保障。全省工商交接平均等级合格率70.8%，福建省成为国家烟草专卖局烟叶工商交接首家免检单位。投入资金0.7亿元，建设农田基础设施项目3218个。至年底，国家烟草专卖局累计复函福建省援建水源工程项目39个，援建资金23.34亿元，全部开工建设，其中25个项目完工。发展烟后稻、食用菌等多元化经营，全省烟农售烟收入31.28亿元，户均收入（含补贴）7.59万元，比上年增加0.63万元。

全年销售卷烟165万箱。其中，销售细支烟5.75万箱，比上年增长146.26%，占比3.48%；销售中支烟1.7万箱，增长88.9%；销售短支烟0.78万箱，增长448.1%；销售爆珠烟0.87万箱，增长864.3%；销售雪茄烟2271万支，增长146.8%；单箱销售额3.17万元，提高1200元/箱。全省市场价格基本顺价，社会存销比保持在2周以内，零售户卷烟经营毛利率9%。

专卖管理。全省查获大型制假烟机22台，比上年下降82%；假烟10192件，下降41%；烟叶烟丝322吨，下降40%。开展“清网打非”第四期暨“护航金砖”系列专项行动、违法违规卖烟大户治理专项行动，重点打击违法违规大户和物流寄递渠道涉烟违法行为，全省查获非法流通真烟4036件，比上年下降13.2%。加大破网追刑工作力度，全省向相关执法机关移送涉烟刑事案件568件，其中国际网络案件26件；涉烟犯罪判刑426人，其中判处实刑243人。

（傅积恩）

电子商务

【概况】 2017年，福建省电商交易额超过1.42万亿元，比上年增长39%；实现网络零售2403亿元，增长37.2%（其中，限额以上网络零售额835.7亿元，增长56.5%，高于全省社会消费品零售额增幅45个百分点）。根据2017年5月发布的《中国电子商务发展指数报告》，全省电子商务发展综合水平中全国排名第六，与广东、浙江、江苏、北京、上海一同位列全国电子商务先导省份。2017年8月发布的“中国互联网企业100强”榜单，福建省美图、美柚和利嘉电商3家电商企业入榜。2017年“双十一”期间，福建电商军团在天猫平台网销总额83.9亿元，比上年同期增长72.9%，排名全国第六位，全省10个县（市）进入全国网络零售额百强榜单。

【电子商务示范基地】 2017年，福建省组织开展2017—2018年度国家电子商务示范企业遴选工作，新创建12家国家电子商务示范企业，总数位列全国第六。其中有7家示范企业属实体制造业转型、商贸服务业转型等类型，体现传统产业与电商进一步深度融合。

【农村电商】 2017年，福建省农村网络零售额562.3亿元，排名全国第三位；全省县域电子商务发展指数居全国第三位，电子商务百佳县数量居全国第二位，淘宝村数量上升到189个，排名全国第五位。实施电子商务进农村综合示范，配合商务部完成尤溪县等10个电子商务进农村综合示范县绩效评价工作，示范县绩效评价名列全国前茅，示范推动工作绩效评价被评为优秀等级，总得分90分位列全国第一名。推荐7个县入列第四批电子商务进农村综合示范县。配套创建25个省级农村电子商务示范县，实现全省23个省级扶贫开发工作重点县农村电商示范工作全覆盖。完善农村电商服务（物流）体系，全省有46个县（市、区）建有县级电子商务服务中心，建成投入使用农村电子商务服务站点超过5500个，行政村覆盖率42%。

【跨境电商】 2017年，福建省跨境电子商务交易额超过3000亿元，增幅超过30%。福州完成跨境电商销售单约64万票，销售额2.1亿元，跨境电商进

2017年4月7日，eBay福建跨境电商峰会在福州举办　（省商务厅供稿）

口货值 1.87 亿元。平潭全区实现跨境保税进出口货值 2.16 亿元，比上年增长 3.32 倍。泉州跨境通公共服务平台报关单量 563.64 万件，比上年增长 38.42%，累计货重 14683 吨，增长 86.98%，累计贸易额 1.68 亿美元，增长 89.91%。厦门实现跨境电商零售进出口 4799.1 万件，货值 36.6 亿元，增长 18.7%，其中，出口 31.9 亿元，占比 87.1%，增长 9.3%；进口 4.7 亿元，增长 183.4%。深化与 eBay 的战略合作，4 月，在福州举办 eBay 福建跨境电商峰会，并签署三方战略合作协议，优化跨境电商发展生态。推动菜鸟网络等平台落户福州、平潭。对接国际知名跨境电商 Wish、Facebook 等平台，帮助传统外贸及中小跨境电商企业开拓国际市场。12 月，指导成立福建省电子商务行业职业教育指导委员会跨境电商专业委员会，推动跨境电商专业人才培育工作。 （黄　涛）

餐饮业

【概况】 2017 年，福建省餐饮业年收入额逾 1300 亿元，比上年增长 8.9%，位居全国前十位。抓好闽菜品牌、宣传推广两个基础，加强人才培育、政策支持两个保障，推动全省餐饮行业在闽企、闽菜和食材 3 个方面加快“走出去”，并从打造闽菜品牌、扩大闽菜宣传、推动闽菜“走出去”、重视闽菜人才保障和统筹发挥政策合力等 5 个方面提出 13 条具体措施。组织召开福建省餐饮连锁龙头企业发展研讨会，宣传福建省餐饮连锁品牌，推动全省餐饮连锁企业“走出去”；支持省餐饮烹饪协会和福清市餐饮烹饪协会等组团前往菲律宾、马来西亚等地开展厨艺培训、技术人才交流等活动；指导省餐饮烹饪协会拍摄闽菜教学视频和闽菜文化宣传 U 盘，鼓励和支持各设区市挖掘地方美食、小吃文化，宣传闽菜文化；指导省文化餐饮促进协会举办闽菜“走出去”高峰论坛暨闽菜供应链产品对接会，助推闽菜“走出去”。开展餐饮住宿行业现状分析。与福建省华通市场研究有限公司合作，围绕餐饮行业发展现状、发展特征、存在问题、发展趋势等方面开展行业调查研究，并有针对性地提出对策建议，形成《福建省餐饮行业发展状况调查研究报告》；与省文化餐饮促进协会合作，围绕住宿业的发展状况进行分析研究，并形成《福建省住宿业发展情况调研报告》。

【中国福建南非闽菜宣传推介会】 2017 年 4 月 8 日，由省商务厅主办的“中国福建南非闽菜宣传推介会”在南非立法首都开普敦成功举行。中国驻开普敦总领事康勇、南非西开普省社会发展部长奥博特·弗里茨，以及来自开普敦各界嘉宾和侨界代表百余人齐聚一堂，在聆听推介的同时，品尝闽菜风味。

【“八闽美食，全球共享”为主题的“闽菜走出去”高峰论坛】 2017 年 6 月 30 日，福建省餐饮烹饪行业协会在福州举办“闽菜走出去”高峰论坛。此次论坛以“八闽美食，全球共享”为主题。旨在贯彻落实国家“一带一路”倡议，围绕福建省关于推动闽菜“走出去”工作部署，推进福建省餐饮业提质增效、转型升级，加快闽菜“走出去”步伐，开拓国内外市场，提升闽菜美誉度和影响力。同时，论坛着重围绕福建省商务厅《关于推动闽菜走出去的指导意见》中提出的总体思路、目标和措施，结合闽菜在全国和海外经营发展中取得的经验和遇到的问题，并让有代表性的海内外餐饮经营者、厨师和专家集中共同交流研讨，齐心协力建言献策，为闽菜走出去制定战略发展路线，明确新目标、描绘路线图、规划时间表，努力让闽菜全球行动走得准、走得好、走得快、走得实，以此提振餐饮业持续奋发向上、创新发展的信心和力量。

【“中餐繁荣基地”授牌仪式举行】 2017 年 9 月 11 日上午，国务院侨办“海外惠侨工程——中餐繁荣基地”授牌仪式在“聚焦福建”——媒体见面会上举行，国务院侨办副主任谭天星授予福建商学院“中餐繁荣基地”牌匾。福建商学院由此成为国侨办批复同意设立的全国第二个“中餐繁荣基地”。

“中餐繁荣计划”是国务院侨办海外惠侨工程八项计划之一，是推动海外中餐发展、支持侨胞事业进步、促进中外文化交流的重要举措，也是推进福建省产业链延伸、促进经济发展的重要手段。福建围绕福建菜品牌培育，加强标准体系、培训体系、产业链体系等建设，计划建设 200 个中餐繁荣福建菜示范点，建立 100 个实训基地，培训 2000 名海外厨师，推动成立 100 个海外中餐社团。

2017 年 10 月 4—6 日，中国福城·首届顺昌国际美食文化节在顺昌举办

（顺昌县政府供稿）

周宁美食，摄于2017年（周宁县政府供稿）

组织海外厨师到福建培训，授予新加坡莆田餐厅、菲律宾金海湾酒楼、奥地利SOBA酒店等海外优秀中餐企业“新福建菜示范点”称号。（曾晨妮）

家政服务业

【概况】 2017年，福建省妇联利用财政支持资金300万元实施“巾帼精准脱贫家政培训”项目，福州、漳州、泉州、三明、莆田、南平、龙岩、宁德等8个设区市采取购买服务方式开展培训工作，举办培训班58期，培训建档立卡贫困妇女3000名，帮助建档立卡贫困妇女掌握家政从业技能，提升就业脱贫能力。2017年，撤销省妇女就业服务中心，在省妇女儿童活动中心加挂“福建省妇联家庭关爱服务中心”，拓展家庭服务功能，做大做强妇联系统“闽姐姐”家政服务品牌。是年，省妇联创建20个福建省“闽姐姐”家政培训示范基地。各级妇联依托基地常年开设公益性质的家政岗前培训班，年培训新上岗家政员近2万人。

【家政人员培训】 2017年，福建省妇联依托“闽姐姐”家庭服务有限公司全面实行全公益、无门槛的岗前培训，全年免费培训新上岗家政学员2000余人。通过开班学习、沙龙交流、电话咨询、微信分享等多种岗中培训方式，使家政员不断学习，提升技能。同时，开展职业资格培训，建立家政培训导师库，因地制宜优化课程设置，举办职业资格培训班20期。

【省家庭服务业协会】 2017年，福建省家庭服务业协会与省诚信促进会联合开展“2015—2016年度诚信家庭服务企业”评选活动，评选16家“诚信家庭服务企业”。召开行业自律工作会议，督促家政企业开展内部自查，提升公众对家政行业和家协组织的认可度、信任度。以“新时代下的课后服务规范与发展”为主题，举办首届中国（福建）中小学生课后服务高峰论坛，邀请到来自海峡两岸和日本的课后服务行业的资深研究者、高校专家、课后服务行业从业者500余人参加活动，为学生托管企业搭建学习交流平台。（徐西朋）

广告业

【广告管理】 2017年，福建省工商局出台《关于贯彻落实工商总局〈广告产业发展“十三五”规划〉的实施意见》，明确“十三五”期间福建省广告业发展的指导思想、基本原则和重点任务，提出发展的规划目标。深化国家广告产业园区建设，两家企业被工商总局认定为“广告业创新示范基地”，1家企业获评“福建省文化企业十强提名奖”；积极培育泉州、石狮两个省级广告产业园区，指导龙岩建设闽西红色广告产业园区规划工作，探索建立省内第一个公益广告园区。

【广告监督】 2017年，福建省工商局发挥整治虚假违法广告联席会议制度作用，规范违法广告线索处置工作规程，组织开展食品、保健食品欺诈和虚假宣传、互联网金融广告专项整治工作。是年，工商总局监测全省的违法广告336条，违法率0.95%；违法1347条次，违法率0.15%；违法时长184.6万秒，违法率2.15%。全年查处违法广告案件973件，其中，互联网违法广告案件498件，比上年增长45.19%，互联网成为违法广告发生的主要领域。

（林泉祥）

编辑：郑　茱

对外及港澳台经济贸易

综　述

【概况】 2017年，福建省货物贸易进出口总额11590.98亿元，比上年增长12%。其中，出口7113.92亿元，比上年增长4.1%；出口额在广东、江苏、浙江、上海和山东之后，位列全国第六位。进口4477.06亿元，比上年增长27.5%，进口规模在广东、上海、北京、江苏、山东、浙江、天津之后，居全国第八位。

【利用外资】 2017年，以“厦门会晤”为契机，宣传推介福建省多区叠加优势。全年新设外商投资企业2041家，实际使用外资573.2亿元，比上年增长8.2%。跟踪服务“五个一批”外企项目，以及11个重点吸引外资项目和11个产业招商项目。强化厦洽会等平台功能，推进省级以上开发区创新提升，增强项目承载能力。稳健对外投资，以“海丝”沿线国家和地区为重点开展投资和国际产能合作，全年对“海丝”投资额占全省比重提高45.2个百分点。

（苏志文）

出口贸易

【出口主体】 2017年，福建省有出口实绩的企业18712家，比上年净增1091家。从企业性质看，民营企业出口量最大，全年出口592.4亿美元，比上年下降0.9%，占全省出口总值的56.5%；外商投资企业出口383.4亿美元，比上年增长5.5%，占全省出口总值的36.5%；国有企业出口73.6亿美元，下降3.2%，占全省出口总值的7%。

全省出口规模1500万美元以上的企业1334家，出口719.3亿美元，比上年增长22.1%，占全省出口总值的68.6%。其中，出口5000万～1亿美元的企业287家，出口445.4亿美元，比上年增长16.3%，占全省出口的42.4%；出口1亿～10亿美元的企业112家，出口325.1亿美元，增长18.5%，占全省出口的31%；出口10亿美元以上的有5家，分别为福建捷联电子有限公司（出口21.7亿美元）、冠捷显示科技（厦门）有限公司（出口20.2亿美元）、戴尔（厦门）有限公司（出口12.4亿美元）、友达光电（厦门）有限公司（出口11.9亿美元）、宸美（厦门）光电有限公司（出口10亿美元）。

全省累计出口1500万美元以下的中小企业（含新增出口企业）17378家，比上年增加1088家，出口330.1亿美元，下降6.2%。

2017年福建省出口企业规模结构表（有出口实绩的企业）

项　目	2017年				2016年			
	企业数（家）	企业数占比（%）	出口额（亿美元）	出口额占比（%）	企业数（家）	企业数占比（%）	出口额（亿美元）	出口额占比（%）
合　计	18712	100.0	1049.3	100.0	17621	100.0	1036.8	100.0
1亿美元以上	112	0.6	325.1	31.0	113	0.6	314.0	30.3
5000万～1亿美元	175	0.9	120.3	11.5	203	1.2	141.3	13.6
1500万～5000万美元	1047	5.6	273.9	26.1	1015	5.8	265.5	25.6
1500万美元以下	17378	92.9	330.1	31.5	16290	92.4	315.9	30.5
其中，1000万美元以下	16716	89.3	249.5	23.8	15686	89.0	242.3	23.4

【出口贸易方式】 2017年，福建省外贸出口的最主要方式是一般贸易。全年出口757.2亿美元，比上年下降0.8%，占全省出口总值的72.2%。加工贸易出口239.9亿美元，比上年增长7.4%，占全省出口总值的22.9%。其他贸易方式出口52.2亿美元，比上年增长4.2%，占全省出口总值的5%。

【出口商品结构】 2017年，福建省机电产品出口381.9亿美元，比上年增长5.7%；高新技术产品出口147.6亿美元，增长18.4%；农产品出口88.9亿美元，下降2.3%。全省出口超1亿美元的大宗传统特色商品有32种，累计出口金额723.9亿美元，比上年下降2.8%，占全省出口金额的69%。其中，出口额超过10亿美元的大宗商品有18种，包括服装（129.5亿美元）、鞋类（102.3亿美元）、计算机及电子元器件（82.3亿美元）、纺织品（71.1亿美元）、家具（39.5亿美元）、石材及制品（32.4亿美元）、钢材及其制品（25.7亿美元）、塑料制品（22.5亿美元）、箱包（21.7亿美元）、健身器材（18.7亿美元）、汽车及其零件（17亿美元）、陶瓷制品（16.4亿美元）、冻鱼（16.3亿美元）、灯具（16.1亿美元）、电视机（13.9亿美元）、电机及其零件（12.4亿美元）、珠宝首饰（11.7亿美元）、玩具（10.2亿美元）。出口额在5亿～10亿美元之间的商品有5种，即蔬菜（9.1亿美元）、伞（8.4亿美元）、变压器（7亿美元）、电线电缆（6.8亿美元）、食品罐头（5.7亿美元）。出口额在1亿～5亿美元之间的商品有9种，即轮胎（4.7亿美元）、船舶（4.7亿美元）、烤鳗（3.6亿美元）、钟表（3.6亿美元）、茶叶（2.7亿美元）、音响设备（2.7亿美元）、集装箱（2.6亿美元）、飞机及其零件（1.7亿美元）、电热烤面包器（1.2亿美元）。

高新技术产品包含计算机与通信技术（83.8亿美元）、光电技术（31.9亿美元）、生命科学技术（9.4亿美元）、航空航天技术（9.1亿美元）、电子技术（7.2亿美元）、计算机集成制造技术（4.1亿美元）、材料技术（1.9亿美元）等商品。主要出口市场为欧盟（占此类商品出口额的19.2%）、美国（17.5%）、东盟（13.4%）、日本（8.3%）、韩国（4.5%）。

文化产品出口28.6亿美元，比上年增长12.8%。其中，工艺美术品及收藏品出口16.1亿美元，增长0.4%。

【出口市场分布】 2017年，福建省出口的市场国别（地区）226个，出口5000万美元以上的国家与地区98个，比上年减少1个，出口1036.6亿美元，占全省出口总值的98.8%。其中，出口1亿美元以上的国家与地区76个，比上年减少2个，出口1021.1亿美元，占全省出口总值的97.3%；出口10亿美元以上的国家和地区28个，比上年增加2个，出口879.5亿美元，占全省出口总额的83.8%。从各大洲市场看，对亚洲出口476.7亿美元，比上年下降3.4%；对北美洲出口227.1亿美元，增长6.2%；对欧洲出口207.4亿美元，增长3.1%；对南美洲出口72.8亿美元，增长25.8%；对非洲出口43.3亿美元，下降11.3%；对大洋洲出口22亿美元，增长1%。

对美国、欧盟、东盟、日本等四大传统市场。2017年合计出口704.8亿美元，比上年增长1.6%，占全省出口额的67.2%。其中，美国212.6亿美元，比上年增长5.8%；欧盟186.2亿美元，增长2.4%；东盟178.5亿美元，增长4.4%；日本57.3亿美元，增长1.6%。

对新兴市场。2017年合计出口242亿美元，比上年增长0.7%，占全省出口额的23.1%。其中，对金砖国家出口：巴西19.3亿美元，比上年增长122.2%；印度18.5亿美元，增长27.5%；俄罗斯16.3亿美元，增长35.5%；南非9.1亿美元，增长41.4%。对中东地区出口54.1亿美元，比上年下降21%；对拉美其他国家出口53.1亿美元，增长9.1%；对非洲其他国家出口34.2亿美元，下降19.3%；对澳大利亚和新西兰出口20.5亿美元，增长5.9%；对南亚其他国家出口14.2亿美元，下降11.1%；对独联体其他国家出口2.8亿美元，下降28.8%。

2017年福建省出口与输出1亿美元以上的企业名单

单位：万美元

序号	企业名称	出口额	序号	企业名称	出口额
1	福建捷联电子有限公司	216727.27	8	厦门太古发动机服务有限公司	63357.45
2	冠捷显示科技（厦门）有限公司	201578.32	9	路达（厦门）工业有限公司	57266.21
3	戴尔（厦门）有限公司	124334.87	10	厦门象屿太平综合物流有限公司	55631.42
4	友达光电（厦门）有限公司	119145.48	11	厦门太古飞机工程有限公司	55558.94
5	宸美（厦门）光电有限公司	100403.10	12	漳州立达信光电子科技有限公司	52858.30
6	捷星显示科技（福建）有限公司	83617.52	13	达运精密工业（厦门）有限公司	52538.09
7	福建一达通企业服务有限公司	77801.17	14	宸鸿科技（厦门）有限公司	52110.73

续表

序号	企业名称	出口额	序号	企业名称	出口额
15	厦门嘉联恒进出口有限公司	49463.66	51	厦门亿联网络技术有限公司	18984.75
16	厦门盈趣科技股份有限公司	44781.43	52	贝莱胜电子（厦门）有限公司	18790.52
17	福建福欣特殊钢有限公司	42406.21	53	厦门钢宇工业有限公司	18212.55
18	厦门怡中进出口有限公司	41485.43	54	福建华闽进出口有限公司	17799.78
19	厦门中外运物流有限公司	41352.05	55	漳州中集集装箱公司	17718.09
20	紫金铜业有限公司	39717.65	56	福建省榕江进出口有限公司	17652.61
21	厦门松下电子信息有限公司	39015.40	57	中铝瑞闽板带有限公司	17533.58
22	厦门建发轻工有限公司	38792.90	58	福建省旅游贸易公司	17524.97
23	厦门国贸泰达保税物流有限公司	37262.69	59	玉晶光电（厦门）有限公司	17435.97
24	宇达（中国）投资有限公司	36170.88	60	福州轻工进出口有限公司	17143.35
25	厦门港务物流保税有限公司	36113.70	61	厦门建霖工业有限公司	17051.39
26	际诺思（厦门）轻工制品有限公司	35638.04	62	福建福鼎海鸥水产食品有限公司	16938.60
27	华映光电股份有限公司	31817.62	63	厦门信达股份有限公司	16894.23
28	福建雯峰珠宝有限公司	31128.67	64	泉州阿里一达通企业服务有限公司	16739.11
29	福耀玻璃工业集团股份有限公司	30541.18	65	厦门市首悦精工制造有限公司	15937.79
30	宇达（中国）投资有限公司厦门分公司	29331.03	66	厦门金鹭特种合金有限公司	15798.19
31	宁德新能源科技有限公司	28832.17	67	东山顺发水产有限公司	15554.61
32	厦门蒙发利科技（集团）股份有限公司	28680.36	68	来福太（厦门）塑胶制品有限公司	15373.67
33	厦门厦顺铝箔有限公司	28469.72	69	厦门福慧达果蔬股份有限公司	15215.98
34	厦门外代仓储有限公司	26267.00	70	厦门建松电器有限公司	15185.47
35	福建泉州宝辉珠宝首饰有限公司	26222.49	71	福建省福农农资集团有限公司	14966.82
36	厦门嘉晟供应链股份有限公司	26105.23	72	福州高意通讯有限公司	14959.81
37	厦门市嘉晟对外贸易有限公司	25806.02	73	百得（厦门）工业有限公司	14885.62
38	厦门海投物流有限公司	25476.88	74	厦门通士达照明有限公司	14662.91
39	厦门阳光恩耐照明有限公司	25365.13	75	厦门正新橡胶工业有限公司	14606.07
40	厦门宝拓资源有限公司	25263.59	76	福建福日科技有限公司	14428.13
41	福建佳通轮胎有限公司	25079.40	77	厦门建发铝业有限公司	14140.26
42	漳州灿坤实业有限公司	24202.28	78	厦门宏发电声股份有限公司	13963.85
43	厦门 TDK 有限公司	22351.20	79	福建省优拓贸易有限公司	13762.30
44	昌富利（厦门）有限公司	22300.18	80	福建省晋江市进出口有限公司	13473.57
45	福建泉州市嘉晟供应链有限公司	21677.93	81	厦门金龙旅行车有限公司	13272.09
46	厦门金龙联合汽车工业有限公司	21046.43	82	福建美明达鞋业发展有限公司	13135.15
47	晋江市宝辉工艺精品有限公司	20857.34	83	厦门格拉克听力技术有限公司	13074.26
48	福建省莆田富力进出口有限公司	20575.12	84	福建三都澳食品有限公司	13032.47
49	连江清禄鞋业有限公司	19531.38	85	厦门金华南进出口有限公司	12530.69
50	福建岳海水产食品有限公司	19142.19	86	福建金纶石化纤维实业有限公司	12461.12

续表

序号	企业名称	出口额	序号	企业名称	出口额
87	林德（中国）叉车有限公司	12382.18	100	万利达数码科技有限公司	11003.03
88	厦门嘉鹭金属工业有限公司	12365.86	101	厦门启润实业有限公司	10977.47
89	厦门一达通外贸综合服务有限公司	12181.43	102	厦门钨业股份有限公司	10700.94
90	福建鼎信科技有限公司	12111.87	103	宁德市金盛水产有限公司	10690.16
91	福建协丰鞋业有限公司	11882.24	104	厦门厦杏摩托有限公司	10624.97
92	厦门建宇实业有限公司	11649.70	105	厦门龙胜达照明电器有限公司	10577.81
93	漳州市东好水产食品有限公司	11647.15	106	福建龙峰纺织科技实业有限公司	10486.43
94	恒安（中国）纸业有限公司	11567.70	107	华映科技（集团）股份有限公司	10482.57
95	福建荔丰鞋业开发有限公司	11521.80	108	石狮市外商投资服务中心	10326.55
96	福建顺大运动用品有限公司	11510.86	109	厦门台和电子有限公司	10212.66
97	厦门明承环保科技有限公司	11510.44	110	索萝维芙（福州）商业有限公司	10202.64
98	福建百宏聚纤科技实业有限公司	11174.71	111	厦门金达威集团股份有限公司	10155.81
99	厦门松霖科技有限公司	11038.33	112	福清市恒泰水产食品有限公司	10124.84

2017年福建省大宗特色产品出口与输出情况

单位：万美元

序号	名　　称	出口额	序号	名　　称	出口额
	大宗特色产品出口合计	7241962.19	17	珠宝首饰	116459.88
1	服装	1294603.36	18	玩具	102032.98
2	鞋类	1022908.52	19	蔬菜	90542.65
3	计算机及相关电子元器件	822613.46	20	伞	84140.75
4	纺织品	710857.43	21	变压器	69837.41
5	家具	394694.25	22	电线电缆	68355.44
6	石材及制品	323602.11	23	食品罐头	56623.19
7	钢材及其制品	256657.27	24	轮胎	47076.57
8	塑料制品	224924.98	25	船舶	47041.06
9	箱包	216853.01	26	烤鳗	35983.91
10	健身器材	186769.20	27	钟表	35681.99
11	汽车及其零件	170409.65	28	茶叶	27244.18
12	陶瓷制品	164242.07	29	音响设备	26725.86
13	冻鱼	163009.37	30	集装箱	26138.92
14	灯具	161310.64	31	飞机及其零件	17018.82
15	电视机	138521.11	32	电热烤面包器	11612.92
16	电机及其零件	124226.41	33	竹藤及相关制品	3242.81

2017年福建省出口和输出1亿美元以上的国家与地区

单位：万美元

序号	国别/地区	出口额	序号	国别/地区	出口额
1	美国	2126127.57	39	哥伦比亚	39312.62
2	中国香港	702153.44	40	瑞典	37136.05
3	菲律宾	662452.11	41	秘鲁	35098.15
4	日本	572466.73	42	巴拿马	34478.57
5	中国台湾	435903.89	43	阿尔及利亚	33792.11
6	德国	348072.40	44	捷克共和国	32994.97
7	英国	314547.14	45	丹麦	30274.73
8	越南	304558.79	46	希腊	27973.43
9	荷兰	302238.58	47	缅甸	26707.53
10	韩国	301182.41	48	匈牙利	26471.92
11	泰国	240671.61	49	斯里兰卡	25711.37
12	马来西亚	212591.83	50	约旦	25407.90
13	巴西	193042.73	51	柬埔寨	24906.51
14	印度	184639.50	52	斯洛伐克	24863.79
15	印度尼西亚	182283.52	53	新西兰	24040.80
16	澳大利亚	180825.80	54	加纳	20122.92
17	俄罗斯	162807.56	55	科威特	16930.97
18	墨西哥	159571.51	56	肯尼亚	16110.33
19	阿联酋	159191.16	57	斯洛文尼亚	15569.48
20	加拿大	144578.19	58	利比亚	15239.25
21	意大利	136539.99	59	安哥拉	14967.47
22	波兰	132261.60	60	挪威	14861.12
23	西班牙	131733.12	61	罗马尼亚	14346.61
24	法国	131301.58	62	喀麦隆	13991.17
25	新加坡	128407.28	63	乌克兰	13644.05
26	沙特阿拉伯	122617.84	64	多米尼加	13449.25
27	智利	122184.09	65	苏丹	12631.51
28	南非	91020.46	66	芬兰	12346.46
29	比利时	81424.08	67	马达加斯加	12113.04
30	土耳其	69373.42	68	哈萨克斯坦	11933.32
31	巴基斯坦	65140.20	69	葡萄牙	11581.32
32	以色列	59319.93	70	也门共和国	11393.54
33	伊拉克	59209.14	71	坦桑尼亚	11020.94
34	伊朗	57461.36	72	厄瓜多尔	10895.41
35	埃及	50892.54	73	危地马拉	10803.07
36	孟加拉国	49522.04	74	爱尔兰	10750.90
37	阿根廷	46504.76	75	瑞士	10220.31
38	尼日利亚	41869.46			

【出口地区分布】 2017年，福建厦门、福州、泉州、漳州与莆田等5个沿海设区市出口总额959.3亿美元，占全省出口总额的91.4%。其中，厦门市出口480.1亿美元，比上年增长2.3%，占全省的45.8%；福州市出口218.4亿美元，增长2%，占全省的20.8%；泉州市出口154.5亿美元，下降4.5%，占全省的14.7%；漳州市出口75.7亿美元，增长4.3%，占全省的7.2%；莆田市出口30.6亿美元，增长1.3%，占全省的2.9%。

山区4个设区市及平潭出口在全省占比较低。其中，宁德市出口30亿美元，比上年下降7.4%；龙岩市出口23.3亿美元，增长0.5%；三明市出口21.4亿美元，增长7%；南平市出口13.7亿美元，增长14.1%；平潭出口1.6亿美元，增长43.1%。 （全 毅）

进口贸易

【进口主体】 2017年，福建省有进口实绩的企业8866家，比上年增加239家。其中，新增进口企业（上年没有进口业绩）2666家，净增加进口金额29.6亿美元。

进口规模达1000万～5000万美元的有564家，比上年度增加40家，进口601.9亿美元，占全省进口总额的91%；5000万～1亿美元的有202家，增加39家，进口525.3亿美元，占全省进口总额的79.5%；进口1亿美元以上的企业113家，增加21家，进口465.8亿美元，占全省进口总额的70.5%。

从企业性质看，外商投资企业进口量最大，全年进口261.9亿美元，比上年增长15.6%，占全省进口总值的39.6%。民营企业进口202.8亿美元，增长22.4%，占全省进口总值的30.7%；国有企业进口196.4亿美元，增长41%，占全省进口总值的29.7%。

【进口贸易方式】 2017年，福建省一般贸易进口是全省进口的主要方式。全年进口477.9亿美元，比上年增长30.5%，占全省进口总值的72.3%；加工贸易进口115.1亿美元，增长1.2%，占全省进口总值的17.4%；其他贸易方式进口68.1亿美元，增长31.9%，占全省进口总值的10.3%。

【进口商品结构】 2017年，福建省进口商品种类广泛，涉及海关统计商品目录（HS商品分类）中的22大类98章。进口的大宗商品主要为中间产品和资源性产品。其中，机电产品进口206.4亿美元，比上年增长13%；高新技术产品进口156.9亿美元，增长14.4%；农产品进口75.8亿美元，增长23.1%。进口规模在10亿美元以上的大宗商品有17种，比上年增加3种。分别为铁矿砂47.9亿美元，增长42.1%；原油及成品油36.9亿美元，增长33.6%；液晶显示板31.6亿美元，下降7.4%；黄金27.8亿美元，下降8.2%；煤及褐煤27.1亿美元，增长50.2%；塑料及其制品27.1亿美元，增长3%；大豆23.3亿美元，增长22.4%；钢铁及制品20.6亿美元，增长102.3%；有机化学品19.8亿美元，增长25.9%；木浆、纸及纸板18.7亿美元，增长38.2%；计算机部件17.1亿美元，增长48.8%；铜矿砂14.9亿美元，增长21.3%；飞机及零件13.9亿美元，增长95.8%；纺织原料及制品12.4亿美元，增长37.1%；大理石和石灰石11.6亿美元，增长29.8%；天然气11.5亿美元，增长21.4%；发动机10.4亿美元，增长3.6%。

【进口市场分布】 2017年，福建省与全世界178个国家（地区）开展进口贸易。其中，进口5000万～1亿美元的国家与地区60个，比上年增加4个，进口629.1亿美元，占全省进口总值的95.2%；进口1亿～10亿美元的国家与地区有47个（欧盟和东盟等经济联合体不参加排序），进口619.9亿美元，占全省进口总值的93.8%；进口10亿美元以上的国家和地区有18个，进口520.4亿美元，占全省进口总值的78.7%。

从各大洲市场看：自亚洲进口349.4亿美元，比上年增长23.7%，占全省的52.9%。其中，自东盟进口105.9亿美元，比上年增长37.9%；自中东进口51.6亿美元，增长32.6%；自北美洲进口85.2亿美元，增长28.3%，占全省的12.9%；自欧洲进口77.7亿美元，比上年增长17%，占全省的11.8%（其中，自欧盟进口51.8亿美元，比上年增长19.9%）；自大洋洲进口65.4亿美元，比上年增长52.8%，占全省的9.9%；自南美洲进口54亿美元，比上年增长20.6%，占全省的8.2%；自非洲进口29.3亿美元，比上年增长2.6%，占全省的4.4%。

【进口地区分布】 2017年，福建省厦门、福州、泉州、莆田、漳州5市合计进口622.8亿美元，占全省进口额的94.2%。宁德、龙岩、三明和南平4市合计进口32.2亿美元，占全省进口总额的4.9%。平潭进口6.1亿美元，比上年增长83.3%。

在全省113家进口超亿美元企业中，厦门68家，进口278.1亿美元；福州22家，进口81.5亿美元；泉州8家，进口50.9亿美元；莆田4家，进口20.1亿美元；漳州4家，进口4.5亿美元；宁德4家，进口13亿美元；龙岩1家，进口13.5亿美元；平潭2家，进口4.3亿美元。三明、南平2市没有进口超亿美元企业。

2017年福建省进口与输入1亿美元以上的企业名单

单位：万美元

序号	企业名称	进口额	序号	企业名称	进口额
1	福建联合石油化工有限公司	358061.99	36	联想移动通信科技有限公司	35377.53
2	厦门国贸集团股份有限公司	246011.58	37	厦门中禾实业有限公司	31886.88
3	兴业银行股份有限公司	192225.30	38	福建雯峰珠宝有限公司	31598.98
4	厦门象屿物流集团有限责任公司	166187.50	39	福建省平行进口汽车交易中心有限公司	30461.01
5	建发物流集团有限公司	158766.80	40	宸鸿科技（厦门）有限公司	30271.61
6	厦门信达股份有限公司	136200.81	41	宝钢德盛不锈钢有限公司	28929.15
7	紫金铜业有限公司	135249.72	42	万烽（厦门）能源有限公司	28775.38
8	友达光电（厦门）有限公司	129769.87	43	厦门港务贸易有限公司	28726.26
9	福州京东方光电科技有限公司	119517.09	44	福建力聚物流有限公司	28185.46
10	戴尔（中国）有限公司	117434.47	45	中国抽纱福建进出口公司	27957.24
11	全球物流（厦门）有限公司	90568.53	46	建信鹭五租赁（厦门）有限公司	26947.75
12	中海福建天然气有限责任公司	87511.98	47	中矿（福建）有限公司	26619.18
13	戴尔（厦门）有限公司	80090.96	48	锐珂（厦门）医疗器材有限公司	26058.28
14	厦门建发矿业资源有限公司	79139.33	49	赛得利（福建）纤维有限公司	26006.18
15	福建三钢国贸有限公司	75351.24	50	信达点矿（厦门）矿业有限公司	25503.49
16	厦门建发原材料贸易有限公司	73312.64	51	联芯集成电路制造（厦门）有限公司	25049.95
17	福建华佳彩有限公司	71922.61	52	福建省福能电力燃料有限公司	24299.78
18	冠捷显示科技（厦门）有限公司	68452.77	53	华映光电股份有限公司	23597.55
19	厦门太古发动机服务有限公司	66258.78	54	福建省榕江进出口有限公司	23535.60
20	福建鼎信科技有限公司	65684.75	55	厦门建发能源有限公司	23215.67
21	厦门速传物流发展股份有限公司	62603.45	56	厦门建发股份有限公司	21669.28
22	厦门太古飞机工程有限公司	60964.57	57	厦门银祥油脂有限公司	21110.83
23	福州康宏豆业科技开发有限公司	58228.44	58	福建中景石化有限公司	20904.02
24	福建省石化贸易公司	56308.66	59	福建康宏股份有限公司	20845.76
25	宸美（厦门）光电有限公司	54887.49	60	福建捷联电子有限公司	20396.94
26	厦门市信达安贸易有限公司	51695.66	61	厦门松下电子信息有限公司	20191.98
27	厦门天马微电子有限公司	50927.96	62	厦门建发铝业有限公司	19875.77
28	泉州福海粮油工业有限公司	45656.90	63	福建三安集团有限公司	19564.29
29	厦门市明穗粮油贸易有限公司	43768.21	64	厦门建发农产品有限公司	19555.61
30	捷星显示科技（福建）有限公司	43341.20	65	福州集佳油脂有限公司	19406.49
31	联芯集成电路制造（厦门）有限公司	39828.18	66	宁德时代新能源科技股份有限公司	19378.99
32	厦门建发纸业有限公司	38683.36	67	建信鹭三租赁（厦门）有限公司	19239.40
33	达运精密工业（厦门）有限公司	37976.90	68	厦门古龙进出口有限公司	18996.26
34	福建戴姆勒汽车工业有限公司	37333.91	69	厦门大亮贸易有限公司	18381.52
35	福建省兴大进出口有限公司	35810.34	70	宁德新能源科技有限公司	18339.42

续表

序号	企业名称	进口额	序号	企业名称	进口额
71	福州速传保税供应链管理有限公司	18040.17	93	厦门华特集团有限公司	12710.26
72	厦门昌吉贸易有限公司	17750.92	94	福建福欣特殊钢有限公司	12586.87
73	厦门市首悦精工制造有限公司	16933.67	95	北新集团厦门国际贸易有限公司	12370.23
74	恒安（中国）纸业有限公司	16813.58	96	福清市新宁万达仓储有限公司	12325.20
75	福建泉州宝辉珠宝首饰有限公司	16710.70	97	厦门国贸泰达保税物流有限公司	11944.31
76	厦门夏商国际贸易有限公司	16267.01	98	厦门正新海燕轮胎有限公司	11758.29
77	明达实业（厦门）有限公司	16078.36	99	福建百纳实业有限公司	11718.34
78	厦门航空开发股份有限公司	15954.70	100	电气硝子玻璃（厦门）有限公司	11698.01
79	厦门汉磊供应链有限公司	15692.71	101	厦门海峡投资有限公司	11380.70
80	福建佳通轮胎有限公司	15247.27	102	福建统一马口铁有限公司	11349.65
81	厦门航开保税贸易有限公司	15225.64	103	厦门海翼物流有限公司	11305.29
82	泉州恒义信贸易发展有限公司	15141.81	104	福州旭福光电科技有限公司	11164.87
83	福州翔翔贸易有限公司	14689.11	105	长春化工（漳州）有限公司	10977.78
84	平潭县捷运油料有限公司	14659.00	106	建信鹭七租赁（厦门）有限公司	10600.00
85	贝莱胜电子（厦门）有限公司	14585.25	107	福建匹克能源有限公司	10416.34
86	兴业皮革科技股份有限公司	14531.18	108	厦门象屿兴宝发贸易有限公司	10394.13
87	林德（中国）叉车有限公司	13968.40	109	厦门建发化工有限公司	10302.18
88	福州开发区新电燃料有限公司	13949.52	110	厦门成大进出口贸易有限公司	10273.86
89	浦银三十七号（厦门）飞机租赁有限公司	13720.45	111	厦门国林林产品有限公司	10227.56
90	申拓（福建）实业有限公司	13327.59	112	捷太格特转向系统（厦门）有限公司	10202.50
91	厦门道宇供应链有限公司	13268.31	113	福建省漳州市对外贸易有限责任公司	10096.88
92	厦门新科宇航科技有限公司	12943.79			

2017年福建省大宗特色产品进口与输入情况

单位：万美元

序号	名称	进口额	序号	名称	进口额
	福建省大宗进口商品	6610470.69	10	木浆、纸及纸板	186746.88
1	铁矿砂	479446.12	11	计算机部件	171100.47
2	原油及成品油	368750.49	12	铜矿砂	149012.65
3	液晶显示板	315535.51	13	飞机及零件	138550.58
4	黄金	278259.52	14	纺织原料及制品	124162.56
5	煤及褐煤	271132.00	15	大理石和石灰华	116179.93
6	塑料及其制品	270689.32	16	天然气	114606.27
7	大豆	232459.45	17	发动机	104182.08
8	钢铁及制品	205909.51	18	谷物	94190.41
9	有机化学品	197676.63	19	花岗岩玄武岩砂岩	86814.00

续表

序号	名称	进口额	序号	名称	进口额
20	橡胶及其制品	78988.35	28	镍及制品	22902.46
21	铜及制品	76601.53	29	动植物油	16860.91
22	饲料用鱼粉	71141.94	30	电容器	14286.73
23	生皮及皮革	66194.41	31	铝及制品	13126.21
24	半导体器件	42792.82	32	蓄电池	5674.35
25	镍矿砂	42439.53	33	钨矿砂	1456.51
26	木及木制品	29260.94	34	集成电路及微电子组件	368.79
27	玻璃及制品	23101.39			

2017年福建省进口与输入1亿美元以上的国家与地区

单位：万美元

序号	国别/地区	进口额	序号	国别/地区	进口额
1	美国	709154.88	25	智利	55016.76
2	中国台湾	706974.38	26	伊朗	45818.09
3	澳大利亚	535649.98	27	法国	45281.60
4	日本	409766.57	28	意大利	41136.14
5	印度尼西亚	406743.09	29	西班牙	35027.45
6	沙特阿拉伯	397331.86	30	阿联酋	28573.79
7	韩国	331607.44	31	乌克兰	26086.10
8	巴西	272146.28	32	比利时	25369.88
9	马来西亚	203158.41	33	墨西哥	23189.88
10	南非	201463.87	34	芬兰	22639.02
11	泰国	154662.61	35	赞比亚	21612.72
12	加拿大	142430.42	36	乌拉圭	15792.82
13	德国	133506.23	37	卡塔尔	15071.35
14	秘鲁	133142.23	38	巴基斯坦	14083.35
15	印度	128467.85	39	瑞典	13693.56
16	越南	121946.84	40	葡萄牙	13199.01
17	瑞士	112101.62	41	阿根廷	13088.32
18	俄罗斯	103607.94	42	哈萨克斯坦	12826.81
19	新西兰	98440.57	43	新喀里多尼	12652.35
20	菲律宾	86812.42	44	科威特	12030.32
21	土耳其	85453.88	45	扎伊尔	11224.70
22	新加坡	77540.80	46	委内瑞拉	10895.14
23	英国	63326.85	47	希腊	10667.07
24	荷兰	58244.37			

（崔　毅）

利用外资

【概况】 2017年，福建省全社会固定资产投资26226.6亿元，其中，外资企业投资1232.65亿元，占4.7%。规模以上工业增加值11585.73亿元，其中，外资企业4231.22亿元，占34.8%。规模以上工业销售产值49067.02亿元，其中，外资企业16285.06亿元，占全省的33.2%。全省企业出口总额1049.34亿美元，其中，外资企业出口383.36亿美元，占36.5%。

【外商投资地市分布】 2017年，福建省福州市实际使用外资131.8亿元，比上年增长14.1%；厦门市160.1亿元，增长11.2%；漳州市82.3亿元，增长10.3%；泉州市106.8亿元，增长0.1%；三明市12.4亿元，增长11%；莆田市29.5亿元，增长5.9%；南平市14.9亿元，增长48.8%；龙岩市22亿元，增长18%；宁德市4.3亿元，下降70.7%；平潭综合实验区9.1亿元，增长33.3%。

【利用外资结构】 2017年，福建省一、二产业实际使用外资增速较快。农林牧渔业实际使用外资28.7亿元，比上年增长30.4%。受南平圣农等大项目拉动，农林牧渔业实际使用外资连续4个月增长。其中，农业、畜牧业、渔业分别增长0.6%、80.7%、2.2倍。第二产业实际使用外资358.6亿元，比上年增长23.2%。其中，制造业实际使用外资335.3亿元，增长19.5%，占全省实际使用外资比重58.5%，比上年提高5.6个百分点。高技术制造业实际使用外资74.1亿元，增长38.2%。三大主导产业方面，电子信息业实际使用外资65.1亿元，比上年增长1倍；机械装备业49.8亿元，增长1.5%；石油化工业21.2亿元，下降16.7%。服务业实际使用外资185.9亿元，下降14.3%。其中，增长较快的行业有物流业19.2亿元，增长1.9倍；房地产业40亿元，增长1.3倍；住宿和餐饮业5.1亿元，增长90.9%；金融业37.2亿元，增长0.5%。

【主要外资来源地】 2017年，日本、东盟对福建省投资实际到资大幅增长。受厦门电气硝子等大项目拉动，日本实际到资19.9亿元，比上年增长2.6倍；受国投云顶湄洲湾电力等大项目拉动，东盟实际到资30.4亿元，增长1.3倍；欧盟实际到资30.9亿元，增长18%；美国实际到资1.9亿元，增长5.2%。

【利用外资项目】 2017年，福建省重大项目加快落地，实际使用外资亿美元以上项目占比提高。新增实际使用外资亿元以上项目80个，比上年增加12个；合计金额219.9亿元，增长43.2%；占全省实际使用外资比重由上年的29%提高到38.4%，增加9.4个百分点。拉动全省实际使用外资增长12.5个百分点。全省总投资净增5亿元以上项目73个，累计总投资2160.6亿元，合同外资556.3亿元，分别增长23.7%、61.3%和3.8%。另外，随着对接世界500强等知名跨国公司工作力度的加大，2017年，全省新增华润风电（长汀）、福州宜家家居、福州费森尤斯血液透析中心等世界500强、行业龙头企业投资项目。 （陈国森）

国际经济技术合作

【对外直接投资】 2017年，福建省备案核准对外直接投资项目148个，比上年下降75.6%，中方协议投资额35.14亿美元，下降68.5%。全年对外实际投资额16.65亿美元，增长20.9%，位居全国第九位。全年新设境外企业111家、分支机构2个，中方协议投资额13.31亿美元，比上年下降86.9%；境外企业增资项目35个，中方协议投资额21.83亿美元，增长111.7%。

所有项目中，中方协议投资额超过1亿美元的项目有6个，分别为厦门象盛镍业有限公司19.47亿美元增资印度尼西亚黑色金属冶炼和压延加工项目、神州闪贷（福建）汽车服务有限公司2.9亿美元在开曼群岛新设商务服务项目、福建百宏聚纤科技实业有限公司2.2亿美元在越南新设化纤制造项目、永辉超市股份有限公司1.65亿美元在美国新设商务服务项目、福建省国投海工有限公司1.12亿美元在香港新设商务服务项目、厦门鸿致投资管理合伙企业（有限合伙）1.1亿美元在美国新设商务服务项目。以上6个项目，中方协议投资额合计28.44亿美元，占全省的80.9%。

从投资主体属地看，厦门和福州企业投资项目数量合计119个，占全省的80.4%；合计协议投资额28.83亿美元，占全省的82%。其中，厦门企业对外直接投资项目82个，协议投资额22.77亿美元；福州企业对外直接投资项目37个，协议投资额6.06亿美元。其他设区市情况：平潭综合实验区5个项目，协议投资额3亿美元；泉州11个项目，协议投资额2.41亿美元；宁德4个项目，协议投资额0.86亿美元；龙岩3个项目，协议投资额467.63万美元；漳州4个项目，协议投资额448.16万美元；莆田2个项目，协议投资额76万美元；南平、三明没有对外投资项目。福州、厦门、平潭3个自贸试验区片区内企业对外直接投资项目17个，占全省的11.5%，中方协议投资额4.2亿美元，占全省的12%。

从投资目的地看，亚洲仍为福建省企业境外投资集中地区，2017年，全省企业在亚洲国家（地区）备案投资项目88个，中方协议投资额26.78亿美元，占全省的76.2%；在北美洲投资项目中中方协议投资额7.78亿美元，占全省的22.1%。投向其他地区的情况为：欧洲0.26亿美元，大洋洲0.14亿美元，非洲0.12亿美元，南美洲0.06亿美元。在印度尼西亚投资项目中方协议投资额最多，为19.88亿美元，项目数量8个。全省对“一带一路”沿线国家投资项目31个，中方协议投资额21.99亿美元。

从投资境外行业看，批发和零售业项目、制造业和商务服务业备案核准项目数量居前三位，分别为44个、28个和20个，占比分别为29.7%、18.9%和13.5%；中方协议投资流向最多的行业为黑色金属冶炼和压延加工业，为19.47亿美元，占比为55.4%。

【对外承包工程】 2017年，福建省新签订对外承包工程合同86项，合同金额13.11亿美元，比上年增长125.6%。完成营业额11.32亿美元，增长19.2%，在全国各省（市、区）中排名第19位，较上年提升1位。工程项下派出劳务人员5077人次，比上年增长4.2%，年末在外劳务人员4518人，增长13.9%。

对外承包工程业务分布在38个国家和地区。其中，非洲地区8.23亿美元，占72.6%；亚洲地区1.81亿美元，占16%；欧洲地区0.7亿美元，占6.2%；南美洲地区0.28亿美元，占2.5%；北美洲地区0.19亿美元，占1.7%；大洋洲地区0.11亿美元，占1%。肯尼亚、赞比亚和喀麦隆为完成营业额前3位国家，分别为2.86亿美元、1.62亿美元和1.52亿美元，占比为25.3%、14.3%和13.4%。

2017年，全省有对外承包工程实绩的企业10家。其中，福州7家、厦门2家、南平1家；10家中完成营业额超过1亿美元的4家，比上年增加2家；10家企业平均完成营业额1.1亿美元，比上年增长42%。中国武夷实业股份有限公司完成营业额3.37亿美元，在省内企业中排名第一，该企业连续24年入围ENR全球最大250家国际承包商，2017年排名第131位，比上年提升37位。

【对外劳务合作】 2017年，福建省外派各类劳务人员59726人次（包括工程项下派出人数），比上年增加7553人次，增长14.5%，在全国各省（市、区）中排名第2位。截至12月末，在外各类劳务人员总数75944人，比上年同期增加15585人，增长25.8%。外派劳务人员全年实际收入8.9亿美元，比上年增长26.3%；新签劳务人员合同工资总额6.36亿美元，下降25.2%。

2017年，全省向65个国家和地区派出劳务人员。其中，亚洲地区45725人次，占76.6%；拉丁美洲地区6753人次（以巴拿马和巴哈马外派海员为主），占11.3%；非洲地区3959人次，占6.6%；欧洲地区2856人次，占4.8%；大洋洲地区427人次，占0.7%。

交通运输业、住宿和餐饮业、建筑业为福建在外劳务人员从事的前三大行业，合计在外人数41547人，比上年同期增加10743人，增长34.9%，合计占全省在外劳务总量的54.7%。交通运输业年末在外人数19763人，比上年增长51.1%，其中海员19548人，增长51.4%。

【对外援助】 2017年，福建省承担援外培训方面，5家援外培训单位获批承办商务部援外培训班89期（实际完成87期），培训来自五大洲近100个国家的2380名政府官员和技术人员，承办外交部援外培训任务1期。援外技术方面，援卢旺达农业技术示范中心项目已商业化运作；援斐济菌草技术示范中心项目二期合同于10月27日签订，年底派遣11名专家赴斐济开展菌草种植推广培训工作；援莱索托菌草技术合作项目于2017年7月启动第四期项目合作，4位专家已抵莱开展工作；援巴布亚新几内亚菌草、旱稻技术合作项目，2017年派出5个专家团队共13人次赴东高地省，协助完善技术示范基地建设，开展技术培训。（唐　宁）

开发区　保税区

【概况】 至2017年底，福建省有省级及以上开发区100家，其中国家级27家、省级73家；福州17家、厦门8家、漳州12家、泉州15家、莆田6家、三明14家、南平9家、龙岩9家、宁德10家。全年全省开发区实现规模以上工业产值26851.15亿元、税收收入1098.57亿元、利用外资31.9亿美元、外贸出口3886.74亿元，分别约占全省53%、28.6%、37.2%、54.6%。

【开发区综合发展水平评价】 2017年，福建省商务厅根据《福建省国家级和省级开发区综合发展水平评价暂行办法》，委托第三方评价机构开展2016年度开发区综合发展水平评价工作，从发展业绩、科技创新能力、开放水平、绿色集约发展水平、管理与服务水平等5个方面对全省开发区进行综合评价，形成《2016年度全省开发区综合发展水平评价报告》，通报评价结果，并对全省前10名和各设区市前3名开发区分别给予奖励，督促后3名开发区整改提升。

【招商引资】 2017年，福建省商务厅印发《关于联系支持十大重点开发区创新发展工作的通知》，由区域处和投资促进中心分别挂钩联系重点开发区，优先组织重点开发区参加有关招商活动，推动形成若干在全国有知名度和影响力的国家级开发区，发挥示范引领作用。厦洽会期间，精心组织8家重点开发区和南平市组团参加“福建开发区展馆”推介开发区招商项目，布展规模达80个展位，展位面积720平方米。投洽会期间，有6个开发区签约内外资项目36个，总投资约255亿元。漳州高新区在厦洽会期间引用“VR”科技招商，展示高新区的区位、交通、生态人文、配套设施等优势，接洽各类企业160多家。泉州市重奖招商引资者最高奖励1亿元，通过换项目、换业主、换股权等方式，有效盘活大批土地厂房和企业资源。三明高新区围绕主导产业主办北京、杭州、厦门、深圳4场招商推介会，参加省市10多场招商活动，全年新签约项目16个，签约金额59.69亿元。

【创新驱动】 至2017年底，福建省开发区内省级部门认定的高新技术企业2027家，建成研发机构781个。各开发区进政产学研用合作模式，支持高校、科研院所等社会创新资源与政府、企业在开发区内共建研发平台，实现优势互补、合作共赢。“中国厦门市火炬高新区海外离岸创新基地（硅谷）”在美国瀚海硅谷科技园正式签约揭牌，利用国际创新创业人才和资源驱动经济发展，厦门软件园获评“2017年中国最具活力软件园”；泉州经开区发展2.5产业园，着重为智能科技和互联网经济两个业态提供平台，推动服务业与制造业融合发展，加快园区产业转型升级；福州经开区“基金小镇”已快速集聚116家基金类、股权投资类、资产管理类投资机构，管理规模超千亿元。

【融合发展】 2017年，漳州台商投资区引进康养、文化旅游等项目，培育产城融合的特色小镇，与深圳华侨城文化集团推进龙佳酒店管理和花兮小镇文化旅游综合项目；梅列经济开发区入选成为国家发展改革委、财政部联合发布11家2017年国家园区循环化改造重点支持园区名单，并将获得国家财政循环化改造扶持资金、政策等方面重点支持；龙岩经开区（高新区）枭龙高机动越野车、全向工业机器人（OAGV）等军民融合项目发展较快；东侨经济技术开发区在香港新能源、宁德时代新能源、安发生物科技等龙头企业的带动下，涌现新能源锂电池等多类高新技术产品，形成千亿元规模。

省委农办、省发改委、省经信委、省财政厅、省商务厅联合会审，认定永泰县与鼓楼区共建的永泰智慧信息产业园、清流县与集美区共建的集美（清流）共建产业园、浦城县与湖里区共建的浦潭生物专业园、寿宁县与马尾区共建的马尾—寿宁山海共建产业园、屏南县与海沧区共建的海沧—屏南山海共建产业园等5家共建园区为第四批福建省山海协作共建产业园区。

【绿色开发区建设】 2017年，福建省商务厅与联合国工发组织共同推进“绿色开发区示范区”创建工作，推送首批12家绿色开发区示范区创建单位。2017年6月，省商务厅组织5家“绿色开发区”创建单位赴欧洲学习交流绿色工业发展经验，并在德国、奥地利分别举办招商对接活动，泉州经开区创建工作获得联合国工发组织专家验收通过，于2017年厦洽会期间获得联合国工发组织授予的“绿色开发区”牌匾，成为全国第5家联合国组织授牌的绿色开发区。厦门海沧台商投资区等11家开发区2017年底前通过由省商务厅组织的省直有关部门和专家参加的验收评审会，成为全省第一批“绿色开发区示范区”。

（苏克往）

闽港澳经贸合作

【闽港澳双向投资】 2017年，福建省新设港澳资企业数555家，比上年增长0.2%，占全省同期新设企业总数的27.2%；合同港澳资金（含增资）80.5亿美元，下降20.3%，占全省同期合同外资总额的54.1%；实际利用港澳资金43.5亿美元，下降12.1%；备案投向港澳的项目41个（新批32个，增资9个），下降88.4%；核准对港澳投资额3.8亿美元，下降91.5%，占全省对外投资总额的10.8%。闽港投资方面。2017年，福建省新设港资企业530家，比上年下降0.2%；合同港资80.3亿美元，下降19.2%；实际利用港资43.2亿美元，下降11.7%；备案投向香港的项目40个（新批31个，增资9个），下降88.7%；核准对港投资额3.8亿美元，下降91.5%。闽澳投资方面。2017年，福建省新设澳资企业25家，比上年增长8.7%；合同澳资2034万美元，下降87.2%；实际利用澳资2897万美元，下降47.2%。备案投向澳门的项目1个，核准对澳投资额50.6万美元。

2017年，福建省商务厅走访各类跨国公司167家，在境内外举办17场项目对接会。联合三明市在港澳开展的经贸推介活动，共签约11个合作项目，总投资3.15亿美元，达成4个意向项目，涉及环保能源、基础设施、纺织、中医药、农副产品等领域。协助设区市商务局开展产业链招商，策划生成招商项目。针对新能源、冶金新材料两大产业链缺失环节，通过香港贸发局牵线搭桥，组织招商小分队赴广州、佛山、深圳等地开展产业链招商，达成合作意向4项。

拓展企业融资渠道，与香港特别行政区政府投资推广署、港交所合作，举办“福建省赴港上市暨股权投融资培训班”，邀请香港证券、银行、审计等专业机构专家，对全省企业赴港上市及股权投融资进行辅导培训。在此基础上，组织30家成长性好、融资需求强烈的福建省企业赴港举办“福建企业股权投融资对接会”，吸引香港40多家基金公司、投行、中介服务机构等50多名专业人士到场开展对接洽谈，多家企业达成初步合作意向。同时，组织企业密集走访瑞士联合银行亚太总部、香港联交所，帮助福建省企业接触更多优良投资服务机构。

携手香港贸发局，首次在福州举办以“闽港合作共创一带一路新经济动力”为主题的“创新升级·香港论坛”大型服务业对接活动，逾1500名闽港企业家参加论坛及对接活动。通过举办“海外投资、一带一路贸易合作”等6个专题论坛，开设“设计创新、科技创新、管理创新”3个主题展览和商贸配对及交流活动，推动全省企业利用香港各项专业服务，提升企业形象、管理素质、生产力及整体竞争力。

加快国际产能合作，借助香港贸发局全球网络，先后两次组织全省企业和香港服务业机构联合赴欧洲开展项目考察、品牌合作、投资并购等投资促进活动，举办8场经贸交流对接活动，与当地投资促进、国际合作部门充分接触洽谈，了解当地投资环境和政策，促成全省企业达成20个合作意向，推动怡和集团等多家欧洲企业有意向来闽投资考察，与全省品牌企业开展合作。推动福建省第一电力建设公司与澳门能源基础建设投资公司合作，参与巴西等葡语国家电力基础设施建设。接洽港澳、欧洲、葡语国家各类经贸团组 47 个 522 人次。组织安排香港跨境投资服务业代表团、香港创意服务业代表团 2 个团组共 41 人分别赴福州、泉州考察，安排走访网龙公司、恒安集团、盼盼食品集团等福建省知名龙头企业，开展考察对接洽谈。推动澳门国际绿色环保产业联盟到福安考察，与福安船舶协会达成船舶制造、维修等多个合作意向。推动香港上市公司——中国联塑赴福州和宁德投资考察，推动香港杰峰导电膜技术有限公司赴福州、厦门等地投资考察，达成投资初步意向。

【闽港澳双向贸易】 2017 年，闽港澳往来贸易总额 481.3 亿元，比上年下降 13.8%，占全省贸易总额的 4.2%。其中，对港澳两地输入 477 亿元，比上年下降 13.6%，占全省出口总额的 6.7%；从港澳两地输入 4.3 亿元，下降 36%，贸易顺差 472.6 亿元。其中，闽港贸易方面，闽港贸易总额 479.4 亿元，占全省贸易总额的 4.1%，下降 13.9%。其中，对香港输出 475 亿元，下降 13.6%；从香港输入 4.3 亿元，下降 36%，贸易顺差 470.7 亿元。闽澳贸易方面，2017 年，闽澳贸易总额 1.9 亿元，下降 10.6%。其中，对澳门输入 1.9 亿元，下降 10.4%；从澳门输出 1.4 万元，下降 96.5%，贸易顺差 1.9 亿元。

组织泉州 20 多家企业赴港参加香港时装节和香港国际时尚荟萃展，举办第八届“品牌泉州香江行”活动，宣传推介泉州品牌，扩大企业产品的知名度和影响力。扶持漳州市参加澳门国际家居及美食博览会，举办“漳州味·澳门行”活动，39 家漳州企业上百种优质产品集中展示，意向订单超过 200 万美元，8 家企业获评组委会最优质企业，有效拓展贸易渠道。组织全省企业参加澳门第 22 届国际贸易投资展览会，举办福建—澳门—葡语国家经贸交流会，帮助全省企业了解葡语国家优质产品和市场需求，推动福建省与葡语国家加强交流和贸易往来。“活力澳门推广周·泉州站”活动在晋江成功举办，澳门及葡语国家 100 多家企业参加该次展会，300 多个展位集中展示澳门及葡语国家产品以及文创、旅游产业品牌。通过举办“共生同发展”泉澳“一带一路”合作论坛、泉澳商贸洽谈会等系列活动，深化泉澳企业及其产品的相互了解，促进双方合作。“6·18”海峡项目成果交易会、“9·18”厦洽会期间，香港、澳门设立专馆，推动港澳及葡语国家商会与全省企业开展对接，港澳 7 个项目在厦洽会上签约，涉及医疗、电商、中医药、海洋检测等领域。利用香港贸发局海外代表处资源，共同组织福州、泉州建材、卫浴、纺织服装、箱包等行业品牌企业和香港服务业商赴欧洲，与采购商洽谈，推介相关产品，取得较好成效。利用国家支持澳门大力发展中医药产业的优势，推动福建名优药企水仙药业、新兴药企锡伯尔生物科技公司等企业与澳门投资发展有限公司合作，拓展福建药业品牌的国际销售渠道，建立营销网络。 （苏志文）

闽台经贸合作

【概况】 2017 年，台商来闽投资稳步增长，含第三地转投，全省合同台资 249.4 亿元，比上年增长 25.5%，实际到资 126.6 亿元，下降 2.7%，在大陆各省位居第二，仅次于江苏。全年闽台贸易总额 774.6 亿元、比上年增长 18.3%。其中，对台输出 295.1 亿元、增长 16.3%；自台输入 479.5 亿元、增长 19.6%。2017 年全省对台直接投资项目 11 个，其中增资项目 7 个，对台投资金额 313.4 万美元。全省对台直接投资的项目数和金额保持在大陆各省份前列。

【大项目投资】 2017 年，福建省合同台资（含第三地）增幅较大，重大台资项目拉动作用比较明显，合同台资千万美元以上项目 43 个。随着福建省投资环境的优化，产业配套能力的增强，在全省投资效益较好的台企纷纷增资扩产，加快投资布局。

【台资结构优化】 2017 年，福建省台商实际投资中，服务业占比 45.3%，台商在闽投资高技术产业实现同比增长 13.74%。全省电子信息、石油化工、机械制造三大主导产业，闽台产业合作成为最突出的特点，冠捷电子、友达光电、晋华集成电路、东南汽车、古雷炼化一体化等大型台企成为行业龙头骨干企业。

【政策支持】 2017 年，福建省在商务部的大力支持与协调下，经国务院批准，平潭、厦门大嶝对台小额商品免税交易市场获批扩大原产台湾商品免税经营范围。由省商务厅牵头推动的首届海峡两岸食品交易会于 7 月 22—29 日在晋江市举办。“食交会”展览面积 4 万平方米，1800 个标准展位，境内外 10 多个国家和地区的 400 多家特色食品企业参展，参观人数 6.92 万人次，产品交易合同金额 88.6 亿元。 （全 毅）

编辑：郑 莱

中国（福建）自由贸易试验区·福州新区

中国（福建）自由贸易试验区福州片区

【概况】 2017年，中国（福建）自由贸易试验区福州片区新增企业8113家（其中，内资企业7963家，外资企业150家），新增企业注册资本1750.83亿元，分别占福州市新增企业总数的15.98%、新增企业注册资本的30.94%。区内企业实现税收52.43亿元，比上年增长93.82%；全区港口货物吞吐量3870.47万吨、增长24.99%，集装箱吞吐量完成263.07万标箱、增长25.85%，进出口总额260.14亿元、增长43.81%。

【体制创新】 2017年，中国（福建）自由贸易试验区福州片区在投资、贸易、金融、税务、事中事后监管、对台等领域共推出3批44项创新举措，其中全国首创12项，创新举措复制推广到全国、全省分别有2项、26项；出台《进一步深化中国（福建）自贸试验区福州片区改革开放方案》，新拟订3～5年124项深化改革任务；完善国际贸易“单一窗口”管理制度，实现企业通关申报、物流管理、查验、放行等66个项目全程信息化服务，通关无纸化率97.9%，建立全国直属海关层级第一个手机微信“通关预约服务平台”，进行加班预约和查验预约；全国首创行政审批全流程应用电子证照；制定完善960余项服务标准，成为全省自贸试验区唯一通过省级服务标准验收单位；全省率先开展“证照分离”改革试点，通过“六个一批”方式，梳理确认实施分类改革的行政审批事项170项。

【金融创新】 2017年，中国（福建）自由贸易试验区福州片区推出第三批14个金融创新案例；挂牌成立马尾基金小镇，落地项目178个、产业基金40多只、基金规模1135亿元，成为全省私募基金投资机构最多、管理基金规模最大的区域；全国首创跨境人民币“反向风险参贷”，增进跨境银行间合作，推动跨境人民币使用；融信租赁公司全国首创“新三板快易租”业务，为162家中小企业融资13亿元；全国首创进出口外包金融服务平台，为1.6万家中小进出口企业办理国际结算20亿美元。

【重点产业建设】 2017年，中国（福建）自由贸易试验区福州片区设立整车3C认证服务中心，江阴整车进口口岸成为全国首个提供全方位3C认证服务的试点口岸。全年进口整车10049辆、比上年增长21%，连续4年进口量居全国26个整车进口口岸第六位、新批口岸第二位。

跨境电子商务。福建优购机场跨境监管中心及国际快件监管中心建成投入使用；引进eBay、菜鸟网络等境内外知名跨境电商企业；eBay在区内设立全国首个跨境电商全产业链聚集园区，并联合福建商学院成立eBay跨境电商学院；全国首创跨境电商“海关税收同业联合担保”制度。全年实现跨境电商保税进口64.07万票、比上年增长1.37倍，销售额2.1亿元、增长1.24倍。

物联网产业。挂牌成立全国首个物联网开放实验室和物联网产业促进中心，动工兴建福州物联网产业孵化中心；全国物联网大会永久会址落户区内；在城市供水漏损治理方面启动全球最大规模的NB－IoT商用项目；区内通过认定的物联网企业104家，2017年区内物联网产值610亿元，比上年增长8.9%。

【对台合作交流】 2017年，中国（福建）自由贸易试验区福州片区深化对台交流合作。对输入原产于台湾的一般成套设备及单机实施备案管理，免于现场检验，创新涉台业务“先报、预核、后补”快捷通关模式，提高通关效率40%以上；新设对台离岸金融、国际结算等特色业务中心7个，累计办理对台跨境收支420.15亿元、对台融资169.38亿元；全国率先发行台胞信用卡；率先实施榕台技能工种“一考双证”，推动榕台职业资格互认；挂牌成立在榕台湾居民任职资格评审（试点）办公室，开辟台湾地区人才职称评聘绿色通道，聘请台籍招商专员；创新推行两岸出入境人员“无障碍、零等待”通关；琅岐海峡青年交流营地成功举办第五届“海峡青年节”系列活动；开工建设闽江马尾对台综合客运码头。

【加强“一带一路”贸易往来】 2017年，中国（福建）自由贸易试验区福州片区加强“一带一路”贸易往来。区内56家企业与欧盟、韩国、新加坡等31个国家和地区实现AEO互认；取消“海丝”沿线国家和地区非处方（OTC）药品、非特殊用途化妆品进口经营许可，实行备案管理；全国首创国际航行船舶供水检验检疫“开放式申报＋验证式监管”模式；获批为国际船舶登记船籍港和全省唯一的中资“方便旗”船回国登记船籍港；江阴港新开通“印尼线”“马尼拉线”“越泰线”等3条“海丝”航线；构建福州—营口—满洲里—欧洲海铁联运货物通道，实现市场化运作，拓展“一带一路”市场腹地。

【事中事后监管】 2017年，中国（福建）自由贸易试验区福州片区制定完善行政处罚程序规范、自由裁量权行使标准和案件管理平台，建立健全跨部门、跨区域执法联动响应和协作机制。在全省率先试点行政执法公示制度，推行行政执法事前事中事后全流程公开，打造阳光透明执法体系。推动建立企业自律、行业自治与政府监管协同配合管理模式，率先在跨境电商领域采用第三方信用评级；依托海峡水产品交易中心建设全国首家电子化可追溯水产品交易平台，形成“来源可查、去向可追、责任可究”追溯体系。 （林仕锋）

中国（福建）自由贸易试验区厦门片区

【概况】 2017年，中国（福建）自由贸易试验区厦门片区新增企业11949家，注册资本1506.6亿元，其中，新增外资企业681家，注册资本168.8亿元，合同利用外资130.1亿元。挂牌起至2017年底，厦门片区新增企业超3.2万家，注册资本近5300亿元。是年，厦门片区实现地区生产总值589.59亿元，比上年增长11.9%；进出口贸易总额1598亿元，增长20.7%；税收总收入91.93亿元，增长16.3%，其中，存量企业税收贡献率高达73.9%，新增企业税收贡献率从2015年的6.2%升至26.1%。

【体制创新】 2017年，中国（福建）自由贸易试验区厦门片区持续推进制度创新，营造一流营商环境。推出78项试验任务，在省里通报的2017年60项创新举措中，厦门片区有25项，其中全国首创10项。关检“一站式查验平台＋监管互认”被评定为全国自贸试验区4个“最佳实践案例”之一。2015—2017年，累计实施234项试验任务，集成推出近343项创新举措（其中全国首创49项），向全市、全关区复制推广创新举措256项，彰显“改革创新试验田”作用。

【营商环境建设】 2017年，中国（福建）自由贸易试验区厦门片区营商环境排名从2015年的相当于全球第49位的基础上，前进至第40位。

加强“单一窗口”系统集成。新上线出口退税功能等六大功能。率先在全国实现自然人手机APP自主报关。厦门成为全国第二个加入亚太示范电子口岸网络的成员口岸。平台用户数5700多家，报关率超99%，报检率100%。

推进行政审批制度改革。率先在全市通过取消审批、审批改备案、实行告知承诺制、简化优化审批流程等方式推进工程建设项目和市场准入领域审批制度改革，持续提升营商环境。工程建设项目领域提出20个市级重点民生项目作为扩大试点范围的试点项目、涉及6个区。市场准入领域于2017年10月复制推广全市，至年底办理审批事项2万多件。11月，住建部批复同意在厦门片区开展建筑师负责制试点。

创新人才工作机制。率先实施厦门市航空维修产业职称改革试点，突出“业绩加能力”为导向的人才评价方法，实现职称管理工作对重点发展产业的精准化服务。实施柔性引才引智，出台进一步激发自贸试验区人才创新创业措施16条等系列人才政策。2017年11月，公安部同意福建自贸试验区在现有10项出入境政策基础上，进一步实施吸引高层次及外籍人才来闽来厦创业的5项出入境政策措施。推动设立“厦门片区外国人证件单一窗口”。

探索电力获取便利化改革。片区内用电申请办事流程提速34.5工作日，低压业扩工程客户满意率98.66%。

加强知识产权保护工作。中国厦门（厨卫）知识产权快速维权中心3月启动。建设厦门片区海关知识产权保护展示中心。实施“双自联动”方案15项重点创新试点任务，加快推动自主创新示范区与自贸试验区联动融合发展。

强化事中事后监管。完善自贸试验区信用信息平台联合惩戒、激励等系统功能，建立异常名录库、失信名录库及“黑名单”库，实施分类监管。设立知识产权执法协作互助中心。开展常态化口岸通关联合执法。推进行业信用监管工作。

【“一带一路”桥头堡建设】 2017年，中国（福建）自由贸易试验区厦门片区发挥自贸试验区制度创新优势，从贸易平台、通关协作、设施互联等方面强化与“海丝”沿线国家和地区联系，逐步成为“21世纪海上丝绸之路沿线国家和地区开放合作新高地”。

打造中欧（厦门）班列国家物流新通道。2015年8月16日，厦门率先开通全国首列从自贸试验区始发的中欧班列。2017年3月启动中欧安智贸计划的首条铁路线试点。实现对接“海丝”，越南货物通过海铁联运方式搭乘该班列，运往德国汉堡及波兰波兹南。截至2017年底，已开通厦门—波兰罗兹、厦门—德国汉堡、厦门—哈萨克斯坦阿拉木图和厦门—俄罗斯莫斯科等4条国际线路，通达9个国家13个城市。2017年开行124列，共4370个40尺大柜，货值22亿元。累计发运229列，共

7202个40尺大柜，累计货值37.16亿元。

推动与“海丝”沿线国家和地区、金砖国家建立合作机制。建立厦门市境外投资服务平台和厦门“走出去”服务联盟，推动区域合作常态化。世界500强马来西亚常青集团投资7.3亿元建设东南燕都燕窝产业园项目。举办2017厦门片区“丝路合作”暨菲律宾、格鲁吉亚和波兰投资机遇说明会。新高绵农业公司投资9000万美元建设“柬埔寨厦门现代农业产业园区”。象屿集团投资120亿元建设印度尼西亚不锈钢一体化冶炼项目。空中丝路航空产业投资基金项目落户自贸区，总规模100亿元，首期10亿元。

【重点产业平台建设】 2017年，中国（福建）自由贸易试验区厦门片区以制度改革创新助力产业发展，打造航空维修、融资租赁、进口酒、跨境电商、国际航运中心等一批重大产业发展平台，形成航空维修、融资租赁、航运物流、国际贸易、高端制造、金融服务、创新创业等七大产业。

全年航空维修业产值132.6亿元，比上年增长9%，占全国同业的1/4，拥有太古、新科宇航等14家知名航空维修企业，成为全球重要的一站式航空维修基地。太古起落架增资4620万美元，新增全国领先的E190和A320两项维修能力；新引进熙必、臻探及世界500强企业法国硕达等企业。

入驻融资租赁企业近300家，2017年引进21架飞机，累计完成52架、1台发动机、约51亿美元的飞机租赁业务。拓展船舶、医疗器械等大型设备租赁业务。实现大型设备（码头吊机）和船舶租赁零的突破。

2017年港口集装箱吞吐量1038万标箱，超过台湾高雄港，位居全球第14位；首创“进口直供、保税供船”监管模式，构建邮轮物供快速通道；“海丝”航线45条，新增爱尔兰科克港、澳大利亚阿德莱德为友好港，厦门国际航运中心海铁多式联运示范工程项目列入交通运输部第二批多式联运示范工程项目名单。

2017年，实现跨境电商货物进出口4799.06万件、货值36.64亿元，货值比上年增长18.68%，推动落实复制推广杭州“两平台、六体系”建设经验。

引进金融、类金融企业5000多家。区内飞机融资租赁业务累计完成租赁飞机60架、金额56亿美元，成为全国第三大飞机融资租赁聚集区；将农行厦门分行金库定位为黄金保税交割库并通过验收，推动落实黄金保税交割（国际版）和黄金个人线上代理业务。

2017年5月，厦门海沧保税港区获批整车进口口岸资质。2017年12月底完成验收，实现车辆到港。

2017年5月26日，全球最大集装箱船首靠厦门片区远海自动化码头

（中国（福建）自由贸易试验区厦门片区供稿）

2017年9月，厦门国际酒类交易平台开业，引进国内酒类采购额最大项目1919环球采购（3年200亿元）。全年厦门口岸进口酒总量3.12亿升，比上年增长61.35%，货值4.68亿美元，增长56.2%，进口酒金额占全国9.74%，成为中国第三大进口酒口岸，啤酒进口稳居首位。

厦门机电设备展示交易中心9月开业，入驻全球精密机床标杆品牌山崎马扎克等20多家企业，产品涉及精密数控机床、智能机器人、3D打印等多项品类。

【两岸经贸交流合作】 2017年，中国（福建）自由贸易试验区厦门片区发挥对台战略支点作用，推出一系列对台先行先试的创新举措。拓展两岸合作领域。片区首个受益于负面清单的外资项目、投资1.5亿美元台湾佳格葵花籽油项目5月正式投产。大陆首个全牌照两岸合资证券公司——金圆统一证券有限公司获台湾金管会核准。台湾精准医疗行业龙头企业丽宝生医投建二代测序试剂GMP厂及医学检验室。金圆集团联合台湾蓝涛亚洲集团发起3亿元规模景圆蓝海股权投资基金。

两岸合作机制扩大。两岸AEO互认试点，实现两岸申报信息互换、台湾水果监管互认、对台小额贸易紧急个案舱单验核执法互助、对外公开统计数据互换等合作。推动两岸检验合作机制，7家台湾生产企业列入台湾输大陆商品快速验放计划。建立欧美至台北再空运和海运转至厦门的快件物流通道，对台海运邮快件362.36万件，比上年增长3.37倍。

两岸人员往来更加便利。国家级“海峡两岸青年创业基地”厦门两岸青年创业创新创客基地和云创智谷等入驻台湾企业或团队190个、台湾创客近300人。大陆首家台商独资海员外派机构厦门台塑兴对外劳务合作经营有限公司设立。厦门太古飞机与台湾高校开展两岸飞机维修技能人才培训。（郭立群）

中国（福建）自由贸易试验区平潭片区

【概况】 2017年，中国（福建）自由贸易试验区平潭片区跨境人民币业务成效显著，跨境人民币反向风险参贷业务突破583.32亿元，通过跨境双向人民币资金池业务共为平潭辖内企业办理资金进出17.08亿元。推动跨国公司外汇资金集中运营政策实施，实施资本金及外债意愿结汇，共办理资本金意愿结汇12105万美元。

【制度创新】 2017年，中国（福建）自由贸易试验区平潭片区围绕投资、贸易通关、金融、事中事后监管等领域，推出2批次23项创新举措，其中，全国首创8项，对台举措10条。采认台湾资质证书。采认进出港台籍船舶技术证照，推动台湾船舶快速通关；采认台湾教师从业资格，突破现有教师资格认定限制。便利台胞生活。开通台胞参保直通车，简化台胞参保前置材料；首创“台路通”公共信息服务平台，为台胞提供大陆各项优惠政策资讯及办理台胞证、驾驶证等便利服务。创新对台服务业开放。试行政府购买公共体育服务实行台湾体育运动总会担保制度，突破购买公共体育服务主体的限制，通过此方式引进海峡两岸（平潭）跆拳道交流大赛、两岸职工自行车赛等两岸赛事活动。

【政府职能转变】 2017年，中国（福建）自由贸易试验区平潭片区优化权力运行流程。推进两单融合，全面实施清单管理。持续开展“三减二化一提升”改革，实现申请材料精简及流程再造，80%左右的审批事项进入快速审批模式。全区3批次共有“最多跑一趟”事项1147项、“一趟不用跑”事项33项。

推进审批体制改革。优化投资体制改革2.0版，试点缴费“四个一”，调整优化勘察设计招标流程，推进“互联网＋行政审批”，提升项目审批效率。启用不动产地税联办窗口，产权证登记、契税奖补等业务开启“一窗联办”新模式，率先探索抵押（预抵押）网上审批。实施建设项目用地报批全流程“一口服务”机制，提高用地审批的水平和效率，完成用地审批226.87公顷，涉及用地项目35个。率先打造“24小时政务自助超市”，实现政务服务从8小时到全天候服务的跨越。

深化商事登记制度改革。推进个体注册“全程电子化”，自主研发自助登记打照机，至12月有858户个体工商户自助登记领照。试行个体工商户简易注销，首创“依职权注销”登记制度，完善企业退出机制。推进“多证合一”改革，全面实施企业“五证合一、一照一码”，将银行开户许可证纳入改革试点。

完善事中事后监管制度。组建“智慧岛”管理服务中心，整合六大领域数据基础，实现数据互联互通和共享共用。探索建立“一人一码”信用信息查询机制，形成以“身份证号”为自然人统一管理和查询代码，以“统一社会代码”为机构（含法人）统一的管理和查询代码的管理体制。实行“双随机”抽查机制，减少监管部门对市场活动的过度干预。建立自贸试验区企业送达信息共享机制，打破法院和市场主管部门之间的信息壁垒。实施“双告知”制度，实现商事主体登记与后续监管的无缝对接。建立不动产涉税信息共享平台，实现涉税信息共享，通过平台补缴税款311.38万元。

推进通关航运便利化。创新海关监管模式。实施海关企业注册及电子口岸入网审批全程无纸化，实现海关注册和电子口岸入网审批系统整合。利用无人机、环岛监控指挥系统等技术手段，率先创新环岛监控巡查新机制。创新检验检疫监管模式。实施出口食品企业备案“双免”，缩短企业备案审批时间。试点研发上线检验检疫快件监管系统，联合海关对快件实施X光机“双屏双控”一站式查验模式，实现“即到、即查、即放”。实施出口食品企业备案“双免”，缩短企业备案审批时间。完善对台小额贸易食品的检验检疫监管机制，并在全国首创进口预包装食品“即查即放”快速验放措施。推动航运自由化。开通“香港—平潭—马尾”首航班轮运输，新增平潭—台湾海峡航线。在台北港区设立大陆在台首个海外公共仓，服务两岸快件海空联运。采认进出港台籍船舶技术证照，推动台湾船舶快速通关。建立海事、交通、船检3部门船舶证书联合办理机制，企业办理注册登记时间节约1个月以上。

【金融开放创新】 两岸金融合作深化。依托对台征信查询系统，创新台胞台企融资产品和支付结算便捷方式，办理台企征信查询3笔，台胞个人征信查询123笔，对台胞个人发放贷款2777.5万元，并推出台胞信用卡便捷标准化服务；推进岚台同业往来账户、闽台银团贷款、两岸跨境直贷、新台币特许兑换机构、新台币购买对台直航客运船票等业务，为台企台胞提供多样化的金融服务。

至2017年12月，累计入驻金融及类金融企业1717家，逐步形成以基金、创投、资产、资本等为主的特色两岸金融产业集聚区。

【两岸融合发展】 2017年，中国（福建）自由贸易试验区平潭片区拓宽资质采认范围。采认台湾教师从业资格，突破已有教师资格认定限制，面试招聘台湾籍教师2人。允许台胞凭台胞证申请报检人员备案，便利台湾创业人员自主从事进出口报检业务。至2017年12月，平潭片区率先采认旅游、医疗、教育、建筑、规划等行业管理标准，50多个台湾相关机构、250多名台湾执业人员取得区内执业资格。扶持两岸青年就业创业。建立两岸青年创业载体“一核多点”机制，将台湾创业园优惠扶持政策延伸至入驻实践基地的运营团队，搭建青年创业就业赛事平台。建立两岸青年创业“赛市结合”新模式，为台湾青年来大陆就业创业开辟技术、人才、资金等资源对接新渠道。发布两岸青年特色创业卡，为两岸创业青年提供资金支持。启动台湾专才招聘工作，吸收台湾专业人才在区内行政企事业单位等机构任职，共有15名台湾专才在区内机关企事业单位工作。

【保障机制健全】 2017年，中国（福建）自由贸易试验区平潭片区健全法治保障。建立平潭知识产权网格化管理平台，出台知识产权举报投诉管理办法，实施侵犯知识产权行政处罚案件信息公开，至2017年，查处相关案件21件，罚没18万余元。完善税收环境。推出微信端自然人代开增值税电子普通发票，实现自然人线上申请发票代开、国地税税款扣缴、电子发票线上送达，至12月，开具电子发票1161份，合计总额3486.21万元。

【招商引资】 2017年，中国（福建）自由贸易试验区平潭片区放宽台湾独资物业服务企业资质认定标准，有2家台资物业公司落地。新增1家台资旅行社、2家台资人力资源企业，引进首家台资养老院，借鉴台湾医养结合养老模式。放宽台湾物业服务企业准入条件，至年底发放企业资质证书2家。自自贸试验区挂牌以来，片区招商引资新增企业总数6323家，新增注册资本3238.28亿元（其中，新增内资企业5761家，注册资本2760.06亿元；新增外资企业562家，注册资本478.22亿元）。

【重点项目建设】 2017年，中国（福建）自由贸易试验区平潭片区扩大两岸三创基地规模。台湾创业园累计引进台湾创业企业64家，举办青年创业就业活动70场。澳前台湾小镇累计签约落位商铺314个，输入台湾商品约21.2亿元。

开发平潭国际旅游岛。2017年，入境旅游1.14万人次，旅游外汇收入420万美元；台胞入境2.23万人次，过夜游客105.95万人次，一日游游客176.03万人次；旅行社数量22个，台资旅行社数量7个，共有44名台湾导游在该区执业。

跨境电商基地。截至2017年12月，跨境电商公共服务平台共对接电商企业138家，总署版系统备案企业70家，走货电商企业27家；备案物流企业11家，支付企业14家，报关企业7家。2017年，保税进口入区货值21629万元，比上年增长3.32倍，出区685295票，增长2.93倍；出区货值17411万元；直购进口出区33013票，货值1313万元。海运快件货物申报总数395838件，申报重量总计1021.7吨，货值7538.6万元，跨境电商与海运快件业务皆呈大幅增长趋势。

平潭总部经济。平潭片区财税优惠政策在吸引总部经济企业入驻方面，已有神州租车、东兴证券、天福茗茶等13家总部经济企业注册46家子公司。2017年，平潭片区总部经济企业入库税款12亿元，占比全区税收收入的33%，比上年增长2.52倍，新增地方财政收入7.72亿元。

【融资租赁基地建设】 2017年，中国（福建）自由贸易试验区平潭片区新引入企业36家，对接生成携船网船舶融资租赁交易平台、神州闪贷融资租赁项目。入驻福能（平潭）融资租赁股份有限公司、福建华兴海峡融资租赁有限责任公司等80家融资租赁公司，融资租赁合同余额近16亿元。

【海峡股权交易中心】 截至2017年12月末，海峡股权交易中心累计实现企业融资52.39亿元，累计挂牌企业1957家（其中，挂牌交易企业71家、展示企业1886家）。托管企业58家，青创板挂牌企业66家，挂牌台资企业41家（其中，挂牌交易企业1家、展示企业40家），推动14家挂牌企业到“新三板”挂牌，1家挂牌企业到创业板上市。实现成交排污权3.93万吨，成交金额7.98亿元，成交碳排放权428.28万吨，成交金额突破1.13亿元。

【“一岛两标”融合】 “一岛两标”主要是借鉴台湾地区经济社会领域好的经验和做法，对接台湾各个行业的相关政策规定、制度模式和技术标准，着力推动体制机制政策创新，探索两岸融合发展新模式。推动经济、社会等各领域向台湾同胞基本全面开放，激发台胞从事各项事业的活力，优化台胞在岚宜居宜业环境，建设两岸同胞共同家园。

截至2017年，中国（福建）自由贸易试验区平潭片区“一岛两标”推出相关创新举措包括：放宽台资在建筑、规划、旅游、医疗、人力资源、个体工商户等行业的准入门槛，采认台湾建筑、规划医疗、旅游、教育等行业人员资质标准，有50多个台湾相关机构、250多名台湾职业人员取得区内执业资格；推出台企征信查询，办理台企征信查询3笔，台胞个人征信查询77笔；卡式台胞证“零距离”办理，签发5年期台胞证249009本；台车入闽，有86辆台湾地区机动车从平潭口岸进入福建；与台湾24个里签订交流合作协议；台胞参保直通车有21名台胞参加职工医保，44名台胞参保企业社保；开展台胞公租房配租机制试点等。

【两岸特色金融集聚区】 2017年，中国（福建）自由贸易试验区平潭片区两岸特色金融集聚区有金融及类金融企业1717家。含金融机构42个、类金融企业1675家（其中股权投资及资产管理类企业1490家）。类金融等新兴金融产业发展迅速，正逐步形成以基金、创投、资产、资本等为主的特色金融产业集聚区。福建省首家民营银行华通银行注册于该区，并于2017年8月在金井湾商务营运中心成立平潭办事处，正式开始营业，是年，华通银行在该区完成纳税1700万元。

【两岸海运快件中心】 于2017年5月9日启用。该中心为开展进出口国际快件业务提供必要条件，截至年底，进出口国际快件20.13万件。对台小额商品交易市场重点引进从事对台贸易、物流、旅游、文化创意类企业和个体经营者入驻，截至年底，签约落位308个商铺，累计输入台湾商品价值19.7亿元。在货物通关方面，采信跨境电商货物2149批次、货值2630.1万美元。其中，采信白酒2118批次、货值2621.7万美元，小家电160批次、货值154.45万美元。

【台湾青年人才创就业服务保障平台建设】 2017年，中国（福建）自由贸易试验区平潭片区出台扶持台湾青年来岚创就业新政。赋予在岚台湾各类人才财税、平台支持、创业资金扶持、工作生活保障等优惠，先后向台湾人才发放生活津贴、安家补助300多万元，个税奖励108万元。引进两岸金桥人力资源有限公司、台湾猎头公司TOPTALENT、兆丰世界通教育咨询有限公司等3家台湾人力资源机构以台资独资形式落地平潭片区，实施台湾青年创业就业引领计划，至年底培训台湾大学生287人。

率先在平潭采认台湾地区建筑、规划、医疗、旅游等机构颁发的执业证书。至年底，区内备案的台湾建筑执业人员102名、导游122名、医师执业人员4名，60名台籍规划执业人员参与实验区26个规划项目的建设；48家台湾建筑类企业在实验区备案，12个台资医疗机构和医疗生技企业、6家台资旅行社落户。

两岸影视与新媒体产业发展合作基地。立足两岸，面向世界，发挥平潭国际旅游岛的政策优势和品牌效应，打造一个集影视、新媒体和旅游于一体的影视与新媒体产业基地，培育发展成为平潭最具旅游特色、最具文化内涵、最具经济辐射的产业平台和功能园区。

平潭《邓丽君》电视拍摄基地基本建成，海坛古城影视基地摄影棚投入2000多万元；计划于2018年初由著名舞蹈艺术家杨丽萍导演的大型舞台剧《平潭映象》在福建大剧院举办全球首演，并将在全国巡演后落地平潭。2017年，央视新闻频道、财经频道、音乐频道等先后多次到平潭取景制作节目，芒果TV拍摄的《爸爸去哪儿》等多档娱乐节目选择平潭作为拍摄地，《新龙门客栈》等一批影视剧在平潭取景。

【全国首创“台陆通”】 2017年，中国（福建）自由贸易试验区平潭片区首创“台陆通”。“台陆通”公共信息平台主要功能含有“服务送上岛、资讯发布、空中创业园、免费电话、聚合APP、共享WIFI、电话卡”七大服务板块。其中，“服务送上岛”可预约申办卡式台胞证、大陆临时驾驶证、电话卡、流量卡、租借MIFI（便携式跨带无线装置）、旅游意外险、赴陆船票等；“资讯发布平台”利用台湾居民可自由获取网络信息的特点，搭建向台湾用户宣传推介大陆社会发展现状、对台优惠政策等信息的平台，破解台湾青年了解大陆讯息受到两岸政治因素阻碍问题；“空中创业园”可为来大陆创业台湾居民提供免费公众号商城、移动支付接口、小程序商城系统、微信营销系统等22项服务；“免费电话”可为用户提供免费通话、收发短信等服务，方便刚来大陆的台胞联系亲戚朋友；“聚合APP”汇总大陆淘宝、滴滴、高德地图、美团等网络接口，下载“台陆通”即可安全下载大陆安装常用APP，方便台胞在大陆购物、出行等；“共享WIFI”为来大陆台胞提供WIFI分享器租用服务，台胞落地大陆后即可使用移动WIFI信号。

（平潭片区管委会办公室）

福州新区

【概况】 2017年，福州新区完成地区生产总值1648.17亿元，比上年增长10.1%；固定资产投资1359.69亿元，增长18.4%；规模以上工业增加值819.55亿元，增长10.3%；一般公共预算收入225.94亿元，增长9.9%。

【体制创新】 2017年，福州新区完善“市县协同、两级联运”管理运行模式，成立福州新区福清、长乐、仓山功能区和江阴港城经济区管理机构，组建市级滨海新城、三江口、琅岐岛开发建设指挥部，打造新区开发生力军。

推进“放管服”改革，成立福州新区审批窗口，制定完善审批流程图和办事指南，全面承接省级经济管理权限。推动审批改革，设立滨海新城代批窗口，启用福州新区管委会审批专用2号章，在全省首创审批权限代批模式，推动审批高效运行，实现“新区审批不出区”。

健全银企对接、政银合作等机制，与国开金融合作推动“投贷结合、融建结合”新模式，拓展福州新区投融资渠道。壮大马尾基金小镇，集聚基金类、股权投资类、资产管理类投资机构118个，基金管理规模超1000亿元，成为全省私募基金投资机构最多、管理基金规模最大的区域。

【规划编制】 2017年，福州新区加快落实完善新区上位规划。《福州新区发展规划》获得国家发展改革委备案；《福州新区总体规划（2015—2030年）》完成社会公示和送审稿编制。

加快编制市政公用基础设施规划、水资源配置规划等新区专项规划，邀请国内外知名设计单位开展滨海新城总体规划、核心区城市设计、东南大数据产业园城市设计、滨海新城森林城市规划、琅岐国际文化生态旅游岛全域开发概规等区域规划，形成初步规划成果。

建立规划协调和会审机制，完善“多规合一”信息联动平台建设。推动规划立法的先行工作，《福州中心城区空间发展规划》获市人大常委会审议通过，成为新区建设的基本遵循和重要依据。

【产城融合】 2017年，福州新区基础设施投资超1000亿元。探索以PPP模式推进新区重大交通基础设施建设和城市公共设施建设。推进新区公共交通智能化建设，在滨海新城推广“窄马路、密路网”模式，建设级配合理的城市道路网系统，构建公交优先的绿色交通体系。加快建设滨海大通道、道庆洲大桥、地铁6号线、福平高铁、绕城高速公路东南段等重大交通项目，推动布局电力设施、环保处理、地下管廊等市政公建设施，提升城市综合承载能力。推动建设海峡文化艺术中心、北京师范大学福清附属学校、福州滨海新城医院，马尾沿山棚户区改造等民生保障项目。

产业升级。落实供给侧结构性改革任务，重点推进电子信息、机械装备、石油化工等主导产业提升发展，以及纺织化纤、冶金建材等传统产业转型发展，58个新区“两化”（工业化和信息化）融合项目列入福建省重点项目。培育扶持大数据、物联网、VR产业、现代物流、金融服务等战略性新兴产业和高端服务业。福州经济技术开发区被国家工信部授予“国家新型工业化产业示范基地（电子信息·物联网）”，成为全国第四个、也是福建省唯一的国家级物联网产业示范基地；总投资300亿元的福州京东方第8.5代新型半导体显示器件生产线项目投产；中国东南大数据产业园启动建设，入围第一批健康医疗大数据中心与产业园建设国家试点工程等，东南沿海重要的现代产业基地初具规模。

重点区域开发。结合长乐撤市设区，在福州新区闽江口区域规划建设188平方千米的滨海新城，策划生成两批136个、总投资3000亿元的重点项目，打造以“大数据+”为发展重点的宜居宜业智慧城市。推进三江口片区规划建设，加快疏解老城人口。引进国开金融、海航集团、山水文园集团等琅岐岛全域文旅项目投资方，推动琅岐岛全域整体开发。协同推进江阴湾组团等总面积约185平方千米的7个重点区域和组团的建设，并通过PPP等方式加快建设一批“镇级小城市”项目，加快打造新区现代城市群。

项目建设。安排521个新区重点项目，完成投资2342.09亿元，占年度投资计划的129.97%。加强招商项目对接，引进福建复寅精准医学创新中心、宝湾仓储现代物流园等项目落户新区；推进中欧空中航线、福州机场跨境直邮及快件等项目接洽。

双创示范基地建设。实施《福州新区创建双创示范基地工作方案》，加快高新区海西创业基地、福州外语外贸学院创业创新示范中心等双创载体建设，建成4家国家级、61家省市众创空间。通过福州新区国家级双创示范基地建设和政策落实情况第三方评估，并举办2017年“创响中国”福州站活动。

【绿色发展】 2017年，福州新区建立生态文明绩效考评体系，健全环境治理体系，整体推动生态创建工作。福州新区涉及的4个区、市均成功创建省级生态县（市）区，其中，3个获得国家生态县（市）命名，19个乡（镇）街道获得国家级生态乡镇命名。

实施水系治理、湿地保护、园林绿化提升等生态建设工作。推进三江口“海绵城市”试点建设，设立一批自然保护小区。加快发展非化石能源，推进清洁能源替代，新建福清海上风力发电厂、华龙一号全球首堆示范工程福清核电5号机组等，有效降低能源污染排放量。

【对外合作交流】 2017年，福州新区加快对接国家“一带一路”倡议。在新区举办海丝（福州）国际旅游节、海交会等重大活动，推动与“一带一路”沿线国家的经贸交流。中国唯一面向海外的海产品交易所——东盟海产品交易所已发展境内外会员357家，实现线上交易1574亿元。宏东渔业在毛里塔尼亚建设中国境外投资规模最大的远洋渔业基地。

推进福州新区空港、海港建设，加快建设国际性综合交通枢纽。福州港共有万吨级以上生产泊位55个；江阴港“一带一路”航线达6条；福州国际机场通航点82个，福州—纽约直飞航线实现首航。

【对台交流合作】 2017年，福州新区推进与台湾产业深度交接、融合发展。据不完全统计，新区累计批准台资项目342个（含第三地），新设台资企业337家，注册资本26.79亿元。

促进台湾青年到榕创业就业，设立台湾青年创业中心，入驻台湾青创企业300余家，吸引创业就业台湾青年700多人。成功举办第五届海峡青年节，促进两岸青年常态化交流。

推动平潭海坛岛与新区共建共享、融合发展，加快建设福平铁路、长平高速，推进平潭第三通道前期工作，构建与平潭互联互通的大交通格局。发挥新区、平潭两地比较优势，探索以产业园区为载体的合作共建发展模式，打造对台产业承载腹地。（万　粒）

编辑：郑　莱

旅游业

综　述

【概况】 2017年，福建省接待游客总人数3.83亿人次，比上年增长21.4%，比全国平均增速高9个百分点；全省旅游总收入5083.1亿元，增长29.2%，比全国平均增速高14个百分点；2017年福建省旅游增加值占GDP比重为6.7%，对国民经济综合贡献率为15.6%（比全国高4.6个百分点）。全省累计接待入境游客775万人次，比上年增长13.9%，比全国平均增速高13个百分点，继续保持全国第5位；全省累计接待过夜游客1.96亿人次，增长21.9%，占全省旅游总人数比重51.2%，比上年提高0.2个百分点；全省游客人均花费1218元，增长7.6%。根据人民网2017年3月发布的中国旅游目的地品牌声誉指数，福建位居全国第六位。福建省旅发委获得2017中国全域旅游魅力指数排行榜“最佳全域旅游推进奖”。

【旅游行业规模】 2017年，福建省新增旅行社105家。截至年底，全省有旅行社990家，其中，出国游组团社103家，赴台游组团社19家，国内游入境游旅行社868家。

全年全省减少星级饭店38家。截至年底，全省有星级饭店335家，客房总数52046间（套），床位83925个（其中，五星级饭店50家，四星级饭店141家，三星级以下饭店144家）。全省有国家A级旅游景区280家（其中，AAAAA级9家10处，AAAA级90家，AAA级155家，AA级26家）。观光工厂71家，星级乡村旅游经营单位169家（其中，四星级72家，三星级97家）。

【国内旅游】 2017年，福建省国内旅游收入4570.77亿元，增长30.8%。接待国内游客38309.47万人次，比上年增长21.4%。其中，过夜游客19597.63万人次，增长21.9%，占全省接待总量的51.2%；一日游游客18711.84万人次，增长21.5%，占比48.8%。从游客来源地看，接待省外游客8287.85万人次，比上年增长19.0%，占国内游客的22.1%；接待省内游客29246.22万人次，增长22.4%，占国内游客的77.9%。

【入境旅游】 2017年，福建省入境旅游市场继续保持增长态势，全年接待入境游客775.41万人次，比上年增长13.9%，位居全国第五位。其中，外国游客量292.87万人次，增长15.3%，占全省入境旅游人数的37.8%。亚洲、非洲客源上升显著。俄罗斯、西班牙、越南、瑞士、菲律宾、泰国、日本、印度尼西亚、新加坡游客增幅均超过20%。马来西亚、日本、美国、新加坡、韩国、菲律宾、印度尼西亚、澳大利亚、加拿大和英国位列福建省入境客源国前十名。旅游外汇收入75.88亿美元，比上年增长14.5%。

福州沙滩公园位于洪塘大桥两侧的沿江地块，沿线规划长约3千米，宽度30～200米，总面积约20万平方米，于2017年建成开放　（福州市政府供稿）

【港澳台游客】 2017年，福建省接待港澳地区游客169.26万人次，比上年增长6.1%；台湾地区游客313.27万人次，增长17.2%。

【假日旅游】 2017年，“十一”黄金周与中秋假期期间，全省接待国内外游客3002.19万人次，比上年同期增长23.6%，旅游总收入220.13亿元，增长33.7%。其中，过夜游客681.5万人次，增长16.5%；一日游游客2320.69万人次，增长25.9%，占游客总数的77.3%。

【智慧旅游】 2017年，福建省初步建成全省智慧旅游系统，包括建成基础数据云、景区云、旅行社云等云数据中心，服务监管平台、多语种旅游门户网站、大数据网评、旅游运行监测、入闽旅游奖励、旅游项目管理、双随机一公开等服务与监管平台，“笨游福建”APP、微信微博等自媒体矩阵等应用客户端，整合闸机、视频汇聚系统、游客的住宿数据、电子合同、旅行社ERP、12301与12315投诉系统以及执法系统、气象、地图、美团等感知系统。推动智慧旅游产业发展，在福州落地全国首个国家旅游数据中心分中心，评定数字福建（长乐）产业园等4家“福建省智慧旅游产业示范基地”。初步形成“数据+内容+平台+应用终端+物联网（智能感知）节点”的福建智慧旅游体系。

旅游景区建设

【全域旅游】 2017年，福建省旅游发展委员会推进全域生态旅游发展。印发推进全域生态旅游发展的指导意见，按照“省域即景区、景区即省域”的理念，推进15个国家全域旅游示范区和9个省级全域生态旅游试点县建设。在中国澳门举办的内地与港澳全域旅游暨旅游警察交流座谈会和美国举行的中美旅游高层对话时做全域旅游主题演讲交流。发挥省旅游产业发展工作联席会议的统筹协调作用，携手推进97项旅游产业融合发展任务。年内，联合省文改办、文化厅首批指导评选8家福建标志性文化旅游场馆、3个精品旅游演艺；联合省商务厅指导评定17家优秀旅游商品企业；联合省海洋与渔业厅评定13家“水乡渔村”；联合省环保厅创建2家国家级和18家省级生态旅游示范区；联合省卫计委和省体育局指导评定12家省级养生旅游休闲基地、8家省级体育旅游休闲基地。

【旅游规划】 2017年，福建省旅游发展委员会加快编制《平潭风主题旅游项目规划》《福建省红色旅游发展规划（2018—2022年）》《福建省朱子文化旅游发展专项规划》3个专项规划。经过多次深入实地调研，3项规划在2017年9月前均完成初稿。

【A级旅游景区建设】 2017年，福建省创建完成A级旅游景区68家、省级旅游度假区3家。其中，AAAA级景区5家、AAA级景区62家、AA级景区1家。尤溪朱子文化园景区、永泰百漈沟生态旅游景区、建阳（卧龙湾）武夷花花世界景区、南平印象小密·中国包酒文化博览园景区、平潭综合实验区坛南湾—海坛古城旅游区等5家景区被评为AAAA级旅游景区；福州金鸡山公园等62家景区被评为AAA级旅游景区；厦门天竺山香草园景区被评为AA级旅游景区。截至2017年底，全省有国家A级旅游景区280家，其中，AAAAA级景区9家10处、AAAA级景区90家、AAA级景区155家、AA级景区26家。

【A级旅游景区管理】 2017年，福建省旅游发展委员会在全省持续开展A级景区整治提升工作，针对景区安全管理、厕所革命、市场秩序、景区价格、环境与服务质量等方面存在的问题开展明察暗访。全省大多数A级旅游景区都能够保持国家标准和评定细则规定的旅游服务软硬件要求。全省各级旅游资源规划开发质量等级评定委员会对不达标或存在不同程度问题的27家A级旅游景区分别给予摘牌、降级、严重警告、通报批评等处理。加强A级旅游景区的评定管理，要求AAAA级旅游景区原则上从AAA级旅游景区中产生，被公告为AAA级一年以上的旅游景区方可申报AAAA级旅游景区；AAA级旅游景区从AA级旅游景区中产生，被公告为AA级一年以上的旅游景区方可申报AAA级旅游景区；对获得国家级旅游资源称号的景区可以直接申请创建评定AAA或AAAA级景区。

【旅游公共服务设施建设】 2017年，福建省旅游发展委员会继续推动旅游公共服务设施建设，全年建成5个集散中心。旅游集散服务中心集旅游咨询、交通、宣传、投诉处理等功能为一体，满足旅游出行“无缝对接”需求，为游客提供便捷的基本旅游公共服务。继续开展旅游厕所革命，全省计划建设旅游厕所722座，实际建设完成727座，其中，新建402座、改扩建325座，全省9个AAAAA级景区建成第三卫生间33座。对接省交通厅，推动永泰县青云山服务区、长泰县兴泰服务区、永安市贡川服务区、武夷山市武夷山服务区、上杭县古田服务区等5个服务区向交通、生态、旅游等复合型服务区转型升级，打造“清新福建”休闲驿站。

旅游行业管理

【旅游监督管理】 2017年，福建省旅游发展委员会开展旅游市场秩序综合整治活动，全省开展执法检查2033次，出动检查人员10141人次，检查企业2751家，实施旅游行政处罚78起。其中，处罚旅行社23家，吊销旅行社1家，处罚旅行社直接责任人16人、违规导游15人、无证导游23人，没收违法所得8732.05元，罚款922070元。

【导游人员管理】 2017年，福建省旅游发展委员会加强对导游人员的日常管理，不断健全导游人员的证件管理、培训考核等制度，把好导游办证审核关；加强导游队伍建设，加大对导游员的检查和监督，规范导游人员服务标准和从业行为，在全国省级旅游主管部门中率先出台“金牌导游”评定标准，并率先评定首批“金牌导游”15名。严厉查处无证及使用假证从事导游活动和私自转借导游证等行为，全年查处违规导游15人、无证导游23人。

组织2017年福建省全国导游资格考试，报考总人数3859人，比上年增长8.6%，通过考试1157人，增长18.4%。另有135人报考中级导游等级考试，15人报考高级导游员等级考试，通过考试的人数分别是34人、3人。截至2017年底，全省获得导游资格证书人员32875人，办理导游IC卡的持证导游16144人。

【旅游安全与应急管理】 2017年，福建省旅游发展委员会制定下达2017年度旅游安全管理目标责任和2017年度旅游安全工作要点，制订实施《遏制重特大事故构建双重预防机制工作方案》和《进一步落实旅游企业全员岗位安全生产责任制实施方案》，抓好旅游安全各项工作，全年无责任事故。

应对突发事件。2017年8月，四川九寨沟发生7级地震、新疆发生6级地震。地震发生后的第一时间，福建省旅发委成立工作小组，迅速组织人员开展摸底统计，及时了解掌握福建省在地震地区旅游团队人员情况。

配合保障“厦门会晤”。围绕保障“厦门会晤”和党的十九大胜利召开，成立工作领导小组并印发工作实施方案，开展旅游安全大排查大整治，推动和督促旅行社、星级饭店自查自改，整改问题隐患。全省旅行社组织接待旅游团队所有人员和行程等相关信息，录入省旅游监管服务平台。

加强重大节日、重点时段安全监管。牵头组织公安厅、工商局、安监局、食药局和物价局等产业发展联席会议成员单位，组成检查组开展全国“两会”、春节、国庆中秋假日旅游市场、安全综合督查和暗访检查；制定下发防范自然灾害有关文件，及时发布安全温馨提示和天气预警信息。

【“放心游福建”旅游服务承诺】 2017年，福建省旅游发展委员会牵头联合省物价局、省工商局等24个部门继续创新和深化“放心游福建”旅游服务承诺机制，践行旅游投诉一口受理、简易投诉快速办结、超期办理先行赔付等承诺，在全省完善旅游投诉快速处理、先行赔付工作机制，形成24个部门共同加强旅游市场综合监管的良好态势。联合省工商局开发建设“福建12315旅游投诉管理平台”系统，加快办理实效。自2016年8月15日“放心游福建”服务承诺实施以来至2017年12月31日，12315旅游投诉服务平台登记受理旅游投诉1055件，结案1039件，结案率98.5%。其中，符合快速处理条件的旅游投诉794件，占全部投诉的75.26%，7天内结案率100%。

旅游市场开发

【旅游形象宣传】 2017年，福建省旅游发展委员会持续开展福建整体旅游形象宣传。“清新福建”品牌获国家工商行政管理总局公告批准，成为全国第6个成功注册国家商标的省级旅游品牌。全年在央视《新闻联播》黄金时段投放15秒“清新福建”形象宣传片。自7月31日起至年底在央视四套《远方的家》“一带一路”栏目投放“清新福建”广告。与福建电视台旅游频道合作，创办8档优质旅游节目。与东南卫视合作，制播《好运旅行团》《客从远方来》等专题。在北京首都机场、公交候车亭、户外大屏、福州与厦门机场出入口、贵宾休息区域、国内部分主要高铁站台和南昌铁路局所有高铁动车等投放“清新福建”广告；冠名投放闽江游船“清新福建号”广告；在全国“两会”和十九大期间，投放北京黄金地段位置和各大部委楼宇电视广告，重点覆盖王府井工美大屏等6块城市大屏幕和7500多块楼宇电视。通过移动、联通、电信三大运营商向入闽游客统一发送欢迎短信。策划实施“网络大V说福建”项目，实施“五个一”（一首主题歌曲、一支合成微视频、一个点营销、一场网络推介会、一个媒体大V联盟）网络营销。加强与人民网、新华网、凤凰网、百度、微信朋友圈、人民日报数字屏媒、中国旅游新闻网等网络媒体合作，开设“清新福建”专题，开展“清新福建”定时定向宣传。在《福建日报》《海峡都市报》《中国旅游报》《海峡旅游杂志》开设“清新福建”专栏宣传。编制中、英、俄、葡4种版本“厦门会晤”《福建旅游宣传手册》。联合福州市策划编印福州周边一日游至三日游攻略。优化提升5条精品旅游线路（世遗之旅、海丝之旅、乡村之旅、茶乡之旅、海岛游），通过串联景点、讲故事、应用新媒体和传统媒体相结合的方式开展宣传。

【国内旅游推介】 2017年，福建省旅游发展委员会组织全省旅游部门及企业到南昌、深圳、济南、郑州、西安、兰州、沈阳、哈尔滨、北京、石家庄举行10场“清新福建·游你精彩”旅游推介会，拓展重点客源省份市场。借助国内各类展会平台资源，先后组团参加西北旅游营销大会、河南旅博会、东北旅交会、上海旅博会、山东旅交会、武汉旅博会、北京旅博会、宁波旅展、广东旅博会、四川旅博会、广西旅游展、江西旅博会、云南国际旅交会、厦门文博会、海南休博会、深圳旅博会等16个展会，宣传推介“清新福建”旅游品牌，提升展会城市的营销力度。组织“全国都市报总编清新福建行”大型主题采风活动，邀请全国32家都市报媒体对福建旅游线路开展采风，提升在全国媒体的影响力。

2017年3月28日，“悠然三明四季行”建宁花海跑暨“福源建宁·乐享森林”嘉年华活动在建宁县溪口镇枫源桃梨园举办　　（建宁县政府供稿）

【国际旅游推介】 2017年，福建省旅游发展委员会先后组团或参团赴印度尼西亚、俄罗斯、丹麦、瑞典、澳大利亚、新西兰、哈萨克斯坦、西班牙、希腊、约旦、蒙古、美国、古巴、老挝、柬埔寨、日本等16个国家开展“清新福建”旅游宣传，运用多种形式宣传推介福建旅游。在日本、澳大利亚、美国、菲律宾新设立海外旅游推广中心，并依托推广中心组织日本和马来西亚2批重点旅行商来闽踩线，马来西亚NTV7电视台《籍宝乡》栏目组拍摄播出两集福建旅游专题节目。实行“海丝”推广联盟秘书处服务外包，建立与成员单位及“海丝”沿线国家旅游部门的联络机制，树立联盟整体形象，做大做强做实“海丝”旅游推广联盟。在福建旅游外文网站和Facebook、Twitter、Youtube三大国际新媒体上开展福建“海丝”旅游宣传。外文网站独立IP访问流量超过20万人次。Facebook、Twitter粉丝增加超过7万人，YouTube福建旅游相关视频播放总量超过16万次。还在Google平台进行了推广投放，加大福建旅游在海外目标国家与地区的传播。

【第十三届海峡旅游博览会】 2017年5月11—14日，第十三届海峡旅游博览会在厦门市举办。旅博会主要活动概括为“2+3+4+N”：“2”即两个旅游精品会展，第十三届海峡旅游博览会、2017中国（厦门）国际休闲旅游博览会；“3”即三项展会论坛，2017两岸乡村旅游论坛、2017海峡两岸及港澳地区名导论剑、2017中国（厦门）国际休闲旅游论坛；“4”即四大旅游推介，“清新福建”之夜旅游推介会、全球知名旅行商（福建）旅游产品采购大会、“一对一”买家卖家对接会、专业买家线路考察推介；“N”即N场配套活动，2017厦门尼斯国际嘉年华、2017厦金两门旅游节、闽南（国际）游客节、城市穿越挑战赛、金门馆开馆仪式、各省市旅游推介会等。旅博会展馆面积约5万平方米，展位2000个，比上届增加51%，来自海峡两岸以及东南亚、日韩、欧美等国家和中国港澳地区的万余名客商参会，37个国家和地区参展参会，观展客流超过16万人次，参展与论坛展商、买家及参会嘉宾、观众总消费及交易额突破1.2亿元，创下历届之最。

特色旅游

【乡村旅游】 2017年，福建乡村旅游经济规模持续扩大，乡村旅游产品体系不断丰富。继续推进“百镇千村”工程，开展乡村旅游休闲集镇和特色村创建工作，指导创建10个休闲集镇和235个特色村。推动休闲集镇和特色村创新提升，开展福建省十佳旅游休闲集镇、二十佳旅游特色村评选活动，打造“清新福建”精品旅游项目。创建一批乡村旅游创客示范基地。在全省范围内开展乡村旅游创客示范基地推荐认定工作，共创建13家示范基地。推荐上报宁德市福安市坦洋工夫庄园等4家企业作为国家现代农业庄园创建单位。

【观光工厂】 2017年，福建省旅游发展委员会加快推进旅游产业和工业融合，形成观光工厂特色旅游产品。工业旅游兼具观光性、文化性、知识性、趣味性以及现场感、动态感、体验感而获得游客青睐，成为旅游产业一个新的增长点，也成为创新发展工业、旅游业以及优化产业结构的重要抓手。福建省旅发委从食品、制茶、酒业、玉石、陶瓷、家具、雕刻、鞋服、玩具等企业中筛选出具有旅游观光发展潜力的工厂，开展指导、培育，以工厂生产设施、生产流程、工人作业等工业生产风貌为旅游吸引物，配以相应的解说、导览、DIY体验等服务，让游客获取观光、休闲、科普、手工制作、购物等多元化体验。2017年，新培育“观光工厂”12家，全省“观光工厂”达到71家。

【红色旅游】 2017年，福建省旅游发展委员会编制《福建省红色旅游发展规划（2018—2022年）》，完成“福建省‘重走长征路’红色旅游精品线路现状普查报告”，与全国24个省（区、市）旅游委（局）共同发起成立中国红色旅游推广联盟，加强交流合作、共同推广红色旅游品牌形象。举办“重走长征路”系列文化旅游活动，扶持创建长汀杨成武将军故居等10个红色旅游A级景区，打造龙岩市松毛岭战地遗址等一批红色旅游经典景区，完善红色旅游景区体系。推动下党村旅游“1+6+1”项目建设，推广“下乡的味道”品牌，培育下党村成为全省发展红色旅游、实施精准扶贫的典型。制作并推荐“清新福建，非常红色”红色旅游宣传片，突出强化旅游智力支撑，组织高校师生参加第七届全国大学生红色旅游创意策划大赛，实现一等奖“零”的突破。

（薛从霖）

编辑：郑　菜

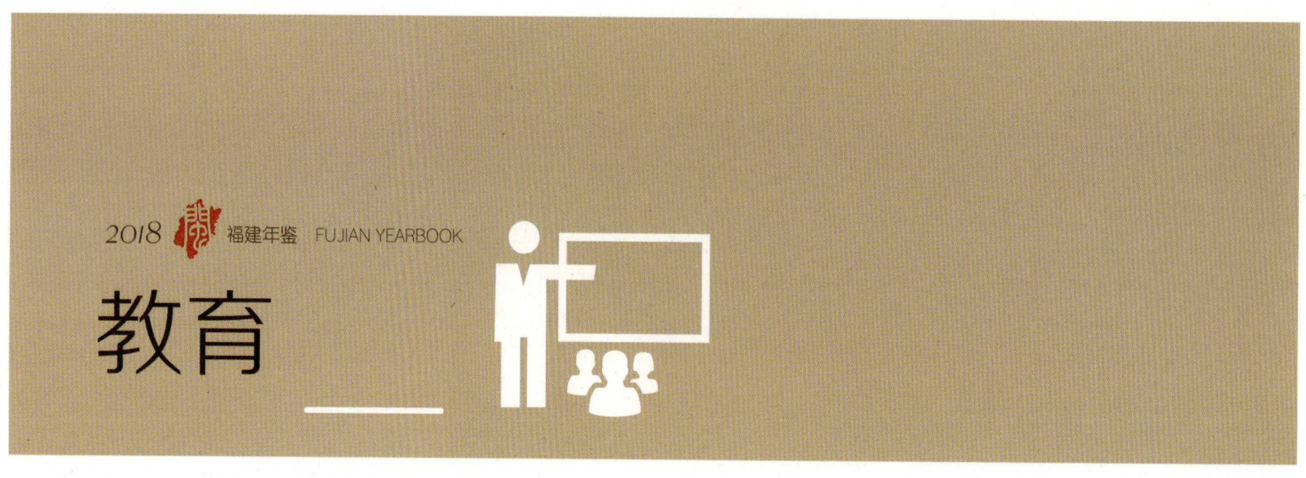

综　述

【概况】 2017年，福建省有各级各类学校（不含技工学校、职业技术培训机构、成人初等学校，下同）1.54万所，比上年增加226所；在校生783.52万人，比上年增加16.77万人，其中，各级各类全日制学校7237所，在校生605.18万人。全省各级各类学校教职工58.61万人，其中专任教师46.9万人；全日制学校教职工43.51万人，其中专任教师38.14万人。8月，省委十届三次全会审议通过《关于加快社会事业发展补齐民生短板确保如期全面建成小康社会的决定》，省委、省政府《关于加快教育事业发展的实施意见》提出明确的教育补短板工作目标、任务和举措，省教育厅制定《加快教育事业发展“六大任务”挂图作战任务分解表》《加快教育事业发展三年行动计划（2018—2020年）》，部署推进教育民生补短板各项工作。

【学校德育教育】 2017年，福建省出台《福建省大中小学德育工作一体化实施意见》，构建纵向学段衔接、横向融通校内外、梯次推进社会主义核心价值观落细落小落实的工作体系。分类制定省级文明校园（大中小学、幼儿园）测评细则，推荐43所高校为首届省级文明校园，14所学校入选首届全国文明校园。成立共青团福建省教育工作委员会，加强教育系统共青团工作。开展大中专学生暑期“三下乡”、中小学生“少年传承中华传统美德”等主题实践活动，遴选确定第五批25个省级大学生社会实践基地，100余万名学生参加各类社会实践活动，近60%在校大学生注册志愿者。举办首届全省校园微拍大赛，确定获奖作品331件。190件作品在全国中职学校“文明风采”大赛中获奖。遴选确定15个省高校中华优秀传统文化教育示范基地、5个福建红色文化教育研究基地和83所省中小学心理健康教育特色学校，8所学校被列为第二批全国中小学心理健康教育特色学校。遴选3100项省级德育研究课题、“十佳”“百优”中小学德育省级示范项目，开办《家长讲坛》12期。汇编出版《立德树人的福建探索》系列丛书，12个案例入选全国中小学德育、高校思政课建设工作优秀案例，《班主任：我的教育故事》获华东地区第三十八届优秀教育图书二等奖。中小学科技创新活动获奖数居全国第四，青少年机器人竞赛取得总成绩和一等奖全国三连冠，福州一中钟知闲同学在国际信息学奥赛摘金，实现全省2013年以来中学生五学科国际奥赛金牌零的突破。

【学校体育卫生艺术教育】 2017年，福建省政府办公厅印发《关于强化学校体育促进学生身心健康全面发展的实施意见》，在“对县督导”“教育强县”督导评估体系中增设体育、美育专项指标，制定实施《福建省体育美育工作专项督导评估办法》，部署推进全省学校体育改革发展工作。实施省委、省政府2017年为民办实事项目“全省中小学美育设施设备补缺提质工程”。分别为1870所和1700所农村中小学配备美术、音乐教学设备，完成学校美育“4个100”计划，即培育建设普及型和示范性高水平学生乐团、中小学美育实践基地、中小学“校园文化美育环境示范（培育）学校”、中小学中华优秀文化艺术传承学校（艺术特色校）各100所（个）。同时完成学校美育和“2个300”质量提升计划，即开展“一师一优课、一课一名师”美育专项活动、遴选地方文化艺术教学资源和美育校本课程开发项目各300门。举办全省中小学普及型乐团指挥培训班、美育专项课题负责人培训班。举办2017年“有福之春”新春音乐会、“福满金秋”庆祝教师节文艺晚会、第二届大学生戏剧节、第五届全省大学生艺术展演，推进高雅艺术和优秀传统（乡土）文化进校园520余场次。向教育部、中国教育电视台选送弘扬中华优秀传统文化成果《传承的力量》节目500余件，南靖高新区小学《鼓韵龙腾》等10余所中小学的7个节目入选全国展播。获评国家2013—2016年度群众体育先进单位。获评国家级青少年校园足球试点县（区）1个、国家级青少年校园足球特色学校209所，在全国率先创建62所足球特色学校示范学校。第十三届全国学生运动会获团体总分第10名，获6金9银9铜及“优秀组织奖”。创建首批国防教育特色学校46所，全国第四届学生军事训练营活动获全部5个单项3个一等奖、2个二等奖和总成绩一等奖。举办首届“爱我国防”全省大学生演讲比赛，福建师范大学代表队参加全国总决赛获第一名。

【语言文字教育】　2017年，福建省持续推进国家“语保工程”，在19个县（市、区）开展方言和口头文化调查采集工作，连续2年100%通过国家验收。推进“中华经典诵写讲”行动，举办首届全省中小学生规范汉字听写、书写大赛，全省经典诵读大赛等活动。举办全省农村教师普通话培训班、中小学书法骨干教师培训班、省级普通话水平测试员资格考核培训班，受训人数近500人。

【教育交流合作】　2017年，福建省与澳门教育部门签署《闽澳教育交流与合作协议》。厦门理工学院密苏里学院与福州墨尔本理工职业学院的设立先后获得教育部审批、备案，实现中外合作办学机构零的突破。全省中外合作办学专业累计63个，比上年增加2个，5所高校在海外共设立73所（个）孔子学院（课堂）、孔子课堂比上年增加3个，福建医科大学《病理学》获教育部第二期来华留学英语授课品牌课程。闽台高校联合培养人才项目调增“4＋0”（“4＋0”是指该专业的学生，只需在中国高校学习4年，毕业后就可以拿到中外双学位和毕业证）招生规模、调减“3＋1”（“3＋1”是指在国内全日制学习3年，国外学习1年，获得国外大学本科学位）和“校校企”（闽台高校与行业企业联办共建专业）招生规模，2017年共招生5431人，其中“4＋0”模式招收2476人、“3＋1”模式招收2545人、“校校企”招收410人。举办第四届海峡两岸应用技术类大学校长论坛、第五届海峡两岸学前教育论坛、第二届福建省高校国际及港澳台侨学生才艺展演、第十一届海峡两岸百名中小学校长论坛、第五届闽台中小学生八闽文化之旅、闽港澳中小学生夏令营等活动；参加各类论坛、夏令营等活动的港澳台师生超过1000人次，比上年增长20%。承办国家汉办“汉语桥—美国中小学校长”、香港福建中学访闽交流团等团组来闽参观，接待英国、日本、德国等国家及中国港澳台地区团组30余批次、近200人次。

【考试招生】　2017年，福建省改革完善高职招考制度，在全国率先启动中等职业学校学业水平考试试点工作。1月，高职招考录取3.66万人，其中本科录取0.15万人；6月，普通高考录取16.9万人，其中本科录取12.03万人、比上年增加0.19万人、录取率63.92%，“985”“211”高校在闽招生录取人数稳中有升，北大清华录取率位居全国前列。开展“百人千场”高考志愿填报咨询活动，指导考生科学合理填报升学志愿。组织开展“考务管理建设年”活动，强化全省教育考试组织管理。推进高考系统三级等保测评备案，完成云中心二期建设验收和巡视监控系统升级建设，开发高中学业水平考试信息管理系统、证书考试查询系统，升级高考、成人高考等各类考试管理系统，基本实现网上缴费。首次组织实施全省统一中考，考生72.7万人。完成全省569个中考标准化考点建设任务，遴选建设新的扫描阅卷基地。修订完善普通高考报名条件，强化报名资格审核，防范和打击“高考移民”，维护考试招生公平公正。

【教育依法行政】　2017年，福建省印发《福建省教育厅关于建立健全学校法律顾问制度的通知》，推动各级各类学校提高办学治校法治化水平。推动中小学制订实施章程，截至年底，全省有公办中小学6381所，其中，5098所完成章程制定、占总数的79.8%；对高校实施章程情况进行专项检查，推动高校落实章程。举办学习《民办教育促进法》培训班，联合省检察院、司法厅开展“法治进校园”巡讲活动，在闽南师范大学举办“百名法学家百场报告会”漳州地区高校专场活动。举办全省学校“学宪法讲宪法”演讲比赛活动，参加全国比赛获二等奖2人、三等奖2人。

【教育信息化建设】　2017年，福建省出台中小学智慧校园建设标准，建设省级教育行业网络安全监控平台，福建省教育数据开放共享平台建设试点通过验收，深化与省内龙头企业、电信运营商战略合作，创建123个基础教育省级名师网络工作室、认定260个省级示范教师网络空间。

【教师队伍建设】　2017年，福建省开展首届福建“最美教师”寻访活动，评选表彰省优秀教师、优秀教师工作者和实事杰出教师946名。出台福建省首个针对教师队伍建设的专门规划《福建省教师队伍建设发展规划（2017—2020年）》，整体部署推进教师队伍建设。出台《关于坚持正确导向确保教育系统优秀人才合理有序流动的通知》，建立规范有序的人才流动机制。新招收免费师范男生478人，在校生1324人，莆田、漳州、三明等率先开展“本土化”乡村教师定向公费培养工作。全省补充中小学教师近7000人，其中紧缺学科占35%、乡村教师占40%。完成高校、

2017年3月，中共福建省委教育工委、省教育厅在全省各级各类学校组织开展首届“最美教师”寻访活动。9月9日，福建省首届“最美教师”寻访结果发布式在福建省电视台直播　（省教育厅林劼　摄）

中小学和幼儿园教师资格证认定3.8万人，民办幼儿园教师持证率52%、比上年提高10个百分点。

【教育经费投入】 2017年，福建省教育经费总投入1139.1亿元，比上年增长8.76%，其中，国家财政性教育经费911.5亿元，增长8.47%。全省教育经费总投入中，学前教育占9.97%、义务教育占48.11%、高中教育占10.64%、职业教育占10.75%、高等教育占15.2%、其他占5.33%。省级专项资金54.26亿元、比上年增长10.67%，新增专项资金主要用于加大"双一流"建设、现代职业教育发展、基础教育质量提升、师资队伍建设和美育，安排各类教育精准扶贫资金17.6亿元。

【校园安全教育与督导】 2017年，福建省制订实施《福建省中小学（幼儿园）安全工作专项督导实施方案（试行）》《福建省教育系统防范和遏制重特大事故工作实施方案》，完成省安委会各项工作任务，全年未发生较大以上责任事故，师生非正常死亡比上年下降9.4%，获"福建省年度安全生产目标责任管理考核优秀单位"称号。"平安福建"建设2014—2017年目标创建率95%、实际创建率97.5%。组织师生及家长参加全国"在线安全教育"和"网络知识竞赛"，囊括"两项教育"10个专项全国第一名。开设应急疏散演练实操培训福建专场，共222人参训、为上年的6倍。《公共安全教育》于秋季学期正式投入全省义务教育学校使用，督促各地纳入学校课程表，保障安全教育课时落到实处。

基础教育

【概况】 2017年，福建省有幼儿园8041所，比上年增加250所，在园幼儿165.49万人，增加8.89万人，学前三年入园率98%，提高0.5个百分点。全省有小学5190所，比上年增加2所，在校生307.09万人，增加8.42万人，小学学龄人口入学率99.97%。全省有普通初中1240所，比上年减少5所，在校生121.57万人，增加6.1万人，初中学龄人口入学率98.9%，降低0.31个百分点。九年义务教育巩固率98.1%，比全国平均水平高4个百分点。全省有普通高中534所，比上年增加1所，在校生63.71万人，增加0.24万人，高中阶段毛入学率95.8%，提高0.91个百分点。全省有特殊教育学校71所（不含幼儿园），在校生2.51万人，比上年减少434人。

【学前教育】 2017年，福建省新增公办幼儿园116所、学位4.3万个，全省普惠性学前教育资源占比扩大到66%、比上年增加1个百分点，各级示范性幼儿园增加307所。农村学前教育巡回支教试点稳步推进，支持21个试点县、513个支教点开展工作，5100多名偏远山区幼儿受益。推进公办园划片区、自主报名、电脑派位的招生改革试点，试点范围扩大到42个县（市、区）、824所公办园。全省遴选100所公办幼儿园建设项目列为省委、省政府为民办实事项目，省级财政安排4.5亿元予以补助，实际开工建设131所、累计完成投资11.18亿元；吸引社会资本投资建园办园，引入社会资本投资建设幼儿园开工97所、累计完成投资8.25亿元。联合省住建厅、国土厅对各地2011年以来出让的住宅小区配套幼儿园建设和使用情况进行专项检查，督促各地回收幼儿园103所。2017年，永安市燕南中心幼儿园被评为"省级示范性幼儿园"。该园在全省率先出台"学前一年保教经费减免""阳光招生"等多项惠民政策，建立健全学前质量检测体系，成为全省学前教育工作的亮点。

【义务教育】 2017年，福建省全面启动县域义务教育城乡一体化建设，印发《关于制定实施"十三五"中小学布局规划的指导意见》，研制《消除义务教育阶段大班额专项规划》，部署推进义务教育优质均衡发展。加快推进义务教育学校管理标准化建设，评估认定第二批义务教育管理标准化学校557所，比上年增长42%。城区义务教育"小片区管理"实现全覆盖，农村薄弱学校"委托管理"试点拓展到64个县、512所农村义务教育学校、覆盖15.3万名学生，集团化办学扩大到65个、覆盖13.6万名学生。恢复实施全省统一中考，考试的科学性、安全性和竞争性明显提高。

【普通高中教育】 2017年，福建省达标高中在校生占比81.6%。落实高中阶段教育普及攻坚项目遴选，完成2017—2020年全省普通高中建设改造项目审核。做好2017年中央预算内基础薄弱县高中项目补助，支持10所高中改造提升。修订《福建省达标高中评估办法》，启动达标高中动态管理新机制，完成60所省一级达标高中首轮复查。

永安市燕南中心幼儿园儿童活动区，摄于2017年　（永安市政府供稿）

2017年福建省学前教育基本情况

项目	单位	按城乡分				按办学部门分			
		合计	城区	镇区	乡村	合计	教育部门和集体办	其他部门办	民办
幼儿园	所	8041	2828	3161	2052	8041	2338	103	5600
入园幼儿	万人	63.82	24.72	25.57	13.53	63.82	29.32	1.13	33.37
在园幼儿	万人	165.49	66.09	65.97	33.43	165.49	72.83	3.29	89.37
教职工	人	148157	73087	55804	19266	148157	42933	3941	101283
专任教师	人	85310	40896	33236	11178	85310	28971	2212	54127

2017年福建省小学教育基本情况

项目	单位	按城乡分				按办学部门分			
		合计	城区	镇区	乡村	合计	教育部门和集体办	其他部门办	民办
学校	所	5190	1076	1576	2538	5190	5095	3	92
毕业生	万人	43.82	17.35	17.54	8.93	43.82	41.87	0.05	1.90
招生	万人	53.40	21.90	20.70	10.80	53.40	51.23	0.10	2.07
在校生	万人	307.09	124.54	120.66	61.89	307.09	294.05	0.49	12.55
教职工	人	167482	57648	66578	43256	167482	162561	142	4779
专任教师	人	168867	59575	65397	43895	168867	161905	251	6711

2017年福建省初中教育基本情况

项目	单位	按城乡分				按办学部门分			
		合计	城区	镇区	乡村	合计	教育部门和集体办	其他部门办	民办
学校	所	1240	233	526	481	1240	1172	5	63
毕业生	万人	36.09	14.32	16.51	5.26	36.09	31.48	0.08	4.53
招生	万人	43.27	17.95	19.23	6.09	43.27	37.86	0.11	5.30
在校生	万人	121.57	49.76	54.53	17.28	121.57	106.18	0.29	15.10
专任教师	人	99880	34011	47606	18263	99880	90414	217	9249

2017年福建省普通高中教育基本情况

项目	单位	按城乡分				按办学部门分			
		合计	城区	镇区	乡村	合计	教育部门和集体办	其他部门办	民办
学校	所	534	208	285	41	534	459	1	74
毕业生	万人	19.65	9.13	9.80	0.72	19.65	17.53	0.08	2.04
招生	万人	20.89	9.93	10.09	0.87	20.89	18.47	0.08	2.34
在校生	万人	63.71	29.89	31.23	2.59	63.71	56.34	0.22	7.15
专任教师	人	50720	22755	25793	2172	50720	45425	180	5115

注：专任教师按办学部门分，只分普通中学专任教师，无法分初中、高中类别情况。

启动示范高中培育新机制，完成60所申报学校的实地评估。完成省级高中综合素质评价管理系统建设，建立高中毕业班质检测试规范命题、分市实施的新机制。依托电子学籍管理平台，严格规范普通高中跨区域招生，有效遏制招生乱象。

【特殊教育】 2017年，福建省安排专项资金支持建设10个市级、48个县级随班就读资源中心，以及50个普通学校特殊教育资源教室。强化特殊教育片区教研省级统筹，开展5场片区教研活动，有500余人次参与。

【课程教材教学】 2017年10月，福建省全面启动从学前教育到普通高中的课程改革推进机制，坚持逐级递进、过程培育，构建“教学开放—优质课评选—课改建设学校培育—优质学科课程项目—教学成果奖励”品牌孵化体系，首次评选中小学幼儿园优质课282节、保教改革建设幼儿园245所、义务教育教改示范建设学校492所、高中优质学科课程67个、基础教育教学成果105项。全省4000所中小学校开展县级以上教学开放活动，开课4.5万节，参与观摩交流人数近50万人次，其中7所高中面向全省开放教学。有753节入选教育部“一师一优课”，入选率位居全国前列，有10节实验教学说课入选教育部全国展示，居全国第二。研制完成《地方课程教材建设规划》，会同省委宣传部、省新闻出版广电局印发《关于进一步加强中小学校本课程建设与管理的指导意见》，规范校本课程建设。

【研学实践活动】 2017年，福建省印发《关于认真做好中小学生研学旅行工作规划的通知》，规划建设一批研学实践教育活动课程、基地和线路，泉州市示范性综合实践基地入选首批全国中小学生研学实践教育营地（占全国的7.1%），中国船政文化景区等4个单位入选首批全国中小学研学实践教育基地（占全国的3.7%），获教育部4200万元资金支持，入选数居全国前列。24个中小学校外活动场所获教育部2520万元资金支持，项目数和资金量均比教育部计划下达的额度提高30%。

【教育督导】 2017年3月31日，福建省人大常委会审议通过《福建省教育督导条例》，6月1日开始实施，成为全国第四个出台督导地方性法规的省份。8月18日，出台以加强内涵建设、推进教育现代化为重点的“两项督导”“教育强县”新标准。9月、11月，举办全省中小学责任督学师范培训班、全省督学高级研修班。12月，建立由教育行政管理、教育督导、教育教学、教育科研各领域500多名专家组成的省级教育督导评估专家库，为“双随机”开展督导评估工作创造条件；福州市鼓楼区等19个县（市、区）首批接受新标准“两项督导”省级督导评估，其中12个县（市、区）同时接受“教育强县”督导评估；全省14个县（市、区）接受“全国中小学责任督学挂牌督导创新县”国家评估认定，实现零的突破；对全省92个县（市、区）1246所样本小学37744名学生实施省级义务教育质量监测，首次实现县域全覆盖。

【教师培训】 2017年，福建省出台教师进修院校建设意见，启动教师进修校标准化建设，建立教师培训机构资质准入和质量评估制度，推进教师培训信息化管理，发布教师培训年度质量报告。出台中小学校长教师培训工作意见，实施新一轮名师名校长培养工程，遴选1300余名培养对象、建设57个省级名师名校长工作室。新增初中“壮腰”（壮大初中骨干校长和教师队伍，着力打造一支师德高尚、业务精湛、结构合理、充满活力的创新型初中校长教师队伍）专项培训等项目，通过双基地培养、双导师指导、双渠道交流、双岗位示范，提升培训质量。首次组织中小学骨干校长、教师出国研修。全面实施乡村教师“两贴、两训、一荣誉、一休假”政策，落实乡村教师享受乡镇工作人员津贴和生活补助，省级安排6100多万元对重点县予以奖补；实施乡村校长助力和乡村教师素质提升培训，省级完成培训2800人；为在乡村学校从教30年教师颁发荣誉证书；实施新一轮教育援疆工程。针对23个重点县选派445名优秀教师“支教跟岗”，组织名师“送培下乡”活动。

【教学经费保障】 2017年，福建省小学、初中生均公用经费标准分别提高100元，每生每年分别达到750元、950元，农村义务教育阶段公办寄宿制学校公用经费标准提高100元，每生每年达到400元，均比国家标准高100元；特殊教育学校公用经费提高800元，每生每年达到7600元，比国家标准高1600元；省级以上财政增加投入2.8亿元。

高等教育

【概况】 2017年，福建省有普通本科院校37所，其中独立学院7所。全省研究生在校生4.76万人，比上年增加0.49万人；招生1.76万人，增加0.35万人；毕业生1.2万人，增加5人。普通本科在校生49.74万人，比上年减少0.17万人；招生12.58万人，增加0.11万人；毕业生12.18万人，增加0.98万人。普通高校毕业生21.64万人，就业率97.26%，比上年提高1个百分点。普通本科院校教职工5.08万人，比上年增加0.11万人，其中，专任教师3.32万人，增加0.02万人。高等教育毛入学率50.7%，比上年提高4个百分点。全省高校台港澳在校生5099人，其中，台生1820人（约占全国总量的16%）、港生2296人、澳生983人。批准福建师范大学福清分校分设为福建应用技术学院、泉州理工职业学院升格为泉州理工学院、福建师范大学闽南科技学院转设为闽南科技学院。

【高水平大学建设】 2017年，福建省制定出台《关于建设一流大学和一流学

2017 年福建省普通本科教育基本情况

单位：人

项目	在校学生	招生	毕业生
合计	497440	125798	121774
女性	268787	69196	65205
哲学	157	18	46
经济学	39518	10525	10531
法学	15963	3364	4199
教育学	16618	4601	3630
文学	44496	11330	11900
外语	20657	5395	5386
历史学	1413	312	407
理学	28564	6544	7006
工学	171578	43450	39465
农学	9958	2481	2111
医学	26677	5956	5596
管理学	101017	26500	27062
艺术学	41481	10717	9821

科的实施意见》，组织高校编制“双一流”建设方案，确定厦门大学、华侨大学、福州大学、福建师范大学、福建农林大学 5 所高校为省级“双一流”建设高校，建设“高峰”学科 43 个、“高原”学科 68 个；厦门大学、福州大学列入国家建设名单，入选建设学科 6 个。在全国第四轮学科评估中，全省高校 141 个学科进入全国前 70%，其中 11 个学科进入 A 档，与上轮相比，有 32 个学科绝对进步、24 个学科相对进步，进步学科占比 91.8%。全省 1 个自主审核单位、1 个硕士授予单位、17 个博士点、29 个硕士点进入国务院学位办审核结果公示，入围与申请比率 72.7%。全省硕、博士年度招生计划总量增幅居东部沿海 11 省（市）前 3 位，博士生招生计划增幅首次超 10%，硕士生招生计划规模首次超万人。中国科学院大学福建学院落户福州。

【高等教育分类管理】 2017 年，福建省高水平大学世界排名持续提升，全球 ESI 前 1%学科比 2014 年增长 2.28 倍，新增国家基金项目 2600 多个、国家级科研创新平台 10 个、高层次人才近 300 人、校企合作实训基地 800 多个，获得国家级学科技能竞赛 2000 多项，“双师双能型”教师比例提高 25%，打破核心竞争指标长期由少数重点高校包揽的格局。

【应用型高校转型发展】 2017 年，福建省打造“四位一体”转型发展体系，形成 18 所转型高校、143 个专业群、200 个服务产业特色专业、112 个应用型学科的转型发展格局，应用型办学规模达 75%。提前启动转型标杆建设，遴选确定 8 所示范性高校、30 个示范性专业群，奠定应用型办学未来 3 年发展格局。率先开展省级示范性产业学院建设，高校建有各类型产业学院 40 多个，从中遴选 5 个省级示范性产业学院，形成校企合作、校地合作、校行合作、闽台合作等 4 种典型模式。

【高校资源共享】 2017 年，福建省开展高质量在线课程建设，组建由 41 所高校、17 家企业和 3 个知名平台组成的“福课联盟”，建成 243 门在线开放课程，19 门课程被认定为首批国家精品在线开放课程，其中，省属高校 11 门、占全国的 1/7，位居第二；确立“名校名师建课程、其他高校用课程”的思路，62 所高校分两批次跨校选修 228 门在线开放课程，每学年参与选课学生 10 万人次，跨校选修学生达 7 万人次。率先建成省级高校数字图书馆，实现所有本科高校全覆盖全共享，形成三大图书馆联盟、可提供高水平便捷信息资源的一站式服务。

【创新创业教育】 2017 年，福建省创建国家级创新创业教育改革示范高校及典型经验高校 8 所，有 30 所高校成立创新创业学院。建设 7 个省级大学生创新创业校外基地，三明市、漳州市基地正式挂牌运营，全省高校已建园区 80 个、26 万平方米，入驻团队 3582 个。成立首家省级高校创新创业投资和孵化器服务联盟，推动闽台高校共建海峡两岸大学生创新创业基地，建成福建省大学生创新创业就业服务平台。印发《福建省教育厅关于进一步加强高校创新创业教育课程体系建设的指导意见》，全省 88 所高校设立 861 门相关课程，其中，必修 286 门、选修 575 门。开展创新创业与就业服务公益导师服务团进校园活动，设立省级大学生创新创业优秀项目扶持奖补资金，扶持奖补大学生创业项目 398 个。第三届全国“互联网＋”大学生创新创业大赛获 4 金 8 银 16 铜，总成绩居全国第二，省教育厅获“优秀组织奖”，争取获得 2018 年第四届全国大赛主办权。组织 10 多个大赛优秀项目团队赴陕西延安和福建宁化开展“青年红色筑梦之旅”助力扶贫脱贫活动，省教育厅获“优秀组织奖”。

【高校科技创新】 截至 2017 年 12 月，福建省本科高校有国家级科研创新平台 37 个、部级科研创新平台 40 个、省级科研创新平台 508 个。全省高校新增教育部国际合作联合实验室 1 个、教育部国别与区域研究中心 8 个、省级科研创新平台 92 个。遴选 295 名省高校“新世

2017年福建省研究生教育基本情况

单位：人

项目		毕业生			招生			在校生		
		合计	硕士	博士	合计	硕士	博士	合计	硕士	博士
合计		11973	11194	779	17620	16134	1486	47587	41331	6256
其中：女		6362	6073	289	9509	8861	648	24718	22147	2571
学术型学位	小计	6602	5826	776	8178	6704	1474	25729	19566	6163
	哲学	63	52	11	76	54	22	261	165	96
	经济学	442	391	51	462	382	80	1648	1225	423
	法学	480	446	34	514	425	89	1603	1207	396
	教育学	260	241	19	239	207	32	773	655	118
	文学	388	348	40	426	353	73	1458	1127	331
	历史学	107	91	16	125	96	29	421	281	140
	理学	1568	1310	258	2225	1680	545	6798	4793	2005
	工学	1475	1337	138	2037	1734	303	6185	4917	1268
	农学	295	262	33	461	385	76	1406	1057	349
	医学	789	699	90	773	674	99	2344	1973	371
	管理学	601	526	75	692	582	110	2356	1750	606
	艺术学	134	123	11	148	132	16	476	416	60
专业学位	小计	5371	5368	3	9442	9430	12	21858	21765	93
	经济学	233	233	—	410	410	—	955	955	—
	法学	274	274	—	607	607	—	1190	1190	—
	教育学	705	702	3	1108	1096	12	2135	2042	93
	文学	212	212	—	282	282	—	627	627	—
	历史学	12	12	—	15	15	—	42	42	—
	工学	1191	1191	—	2496	2496	—	5065	5065	—
	农学	280	280	—	496	496	—	893	893	—
	医学	865	865	—	1279	1279	—	3212	3212	—
	管理学	1457	1457	—	2483	2483	—	7148	7148	—
	艺术学	142	142	—	266	266	—	591	591	—

纪”和“杰青”人才。厦门大学“台湾研究中心”等5个智库入选2017年中国社科院、中国社会科学评价研究院“中国智库综合评价核心智库榜单”。征集省内外高校5000多项科技成果参加第十五届“6·18”中国·海峡项目成果交易会，44项成果与企业对接签约，总投资7亿元。

【高校思想政治教育】 2017年，省委、省政府召开全省高校思想政治工作会议，出台《关于加强和改进新形势下高校思想政治工作的实施意见》，提出33条具体措施。出台《关于加强和改进新形势下高校思想政治工作的实施方案》，

2017年8月3日，由福建省教育厅联合省委网信办、省发改委、省经信委、省科技厅、省人社厅、省科协、团省委、省知识产权局、省广播影视集团和省电子信息集团等部门主办，福建农林大学和网龙网络公司共同协办的以“搏击‘互联网+’新时代，壮大创新创业生力军”为主题的“网龙杯”第三届福建省“互联网+”大学生创新创业大赛在福建农林大学落幕（省教育厅刘广锋　摄）

细化分解87项任务分工，对30所省属高校贯彻落实全国、全省高校思想政治工作会议精神情况开展专项督查。联合省委宣传部、省社科联出台《关于推进高校以马克思主义为指导的哲学社会科学学科基础理论建设的意见》，召开工作推进会，组织开展70项重大和重点课题研究，遴选培育20个创新团队。推动具有一级博士、硕士点的马克思主义理论学科列入省一流学科建设项目。推动22所高校成立马克思主义学院，实施“1+N”建设马克思主义学院引航计划，推动公民办高校结对帮扶共建。培育建设30个省级大学生思想政治教育创新示范项目、30个高校辅导员工作精品项目。

【高校教师队伍建设】　2017年，福建省修订高校高层次人才培养资助项目，资助高校引进和培养各类优秀人才374名，实施高校学科（专业）带头人国内外访学研修。资助高校从台湾引进全职教师252人。全省高校新增中科院院士1人、长江学者奖励计划6人、“千人计划”14人、“万人计划”22人、国家百千万人才工程4人、中宣部文化名家暨“四个一批”人才6人，新增“国字号”人才53名，比上年增加55%。6个团队获评“全国高校黄大年式教师团队”。

【高校经费保障】　2017年，福建省建立高校财政生均拨款逐年增长机制，“十三五”期间，省属本科学校生均拨款标准每年提高500元，到2020年达到8000元。

职业教育与成人教育

【概况】　2017年，福建省有普通高职高专52所，在校生25.35万人，比上年减少0.37万人，招生8.8万人，增加0.11万人；毕业生8.26万人，减少0.48万人；教职工1.75万人，减少0.03万人，其中，专任教师1.22万人，减少0.08万人。全省有中等职业学校184所，比上年减少23所；在校生34.55万人，减少3.5万人；招生11.65万人，减少2.06万人；毕业生11.78万人，减少1.39万人；教职工1.98万人，减少0.08万人（其中，专任教师1.65万人，减少0.03万人）。全省有独立设置的成人高校3所，成人高等学历在校生10.34万人，比上年减少3.33万人；招生2.48万人，减少0.89万人；毕业生5.29万人，增加0.91万人。中等职业学校、高职院校毕业生就业率分别保持在97.9%、97.1%以上。

【职业教育资源优化配置】　2017年，福建省实施“省级示范性现代职业院校建设工程”，确定培育项目职业院校60所；建立动态管理机制，激发项目院校内生动力，形成良性竞争环境。启动中等职业学校布局规划调整，三明市建成职业教育园区，泉州、莆田、漳州启动筹建职业教育园区；开展中等职业学校达标建设，八成以上学校达标。

【职业教育品牌建设】　2017年，福建船政交通学院入围全国质量奖提名奖（职业院校仅一所），黎明职业大学入选全国服务贡献50强，福州职业技术学院入选全国“双创”教育改革示范校。建立省、市、校三级竞赛制度，省赛设

2017年9月23日，第二季全省高校大学生学习马克思主义理论“一‘马’当先”知识竞赛总决赛在省广播影视集团演播厅举行　（省教育厅刘广锋　摄）

2017 年福建省普通高等职业教育生员基本情况表

单位：人

项目	在校学生	招生	毕业生
合计	253547	88001	82643
女性	127615	45760	43085
农林牧渔大类	3671	1395	942
资源环境与安全大类	2281	816	548
能源动力与材料大类	2116	887	578
土木建筑大类	29259	8850	12337
水利大类	1300	420	428
装备制造大类	19018	6431	5775
生物与化工大类	1384	484	445
轻工纺织大类	2372	1136	754
食品药品与粮食大类	6207	2324	2194
交通运输大类	11255	3984	2732
电子信息大类	30233	11609	8025
医药卫生大类	30226	10510	10087
财经商贸大类	56025	17009	20487
旅游大类	8108	2902	2546
文化艺术大类	15976	5855	4890
新闻传播大类	2917	1203	920
教育与体育大类	28891	11281	8270
公安与司法大类	106	31	25
公共管理与服务大类	2202	874	660

133个赛项，基本覆盖所有专业，全省有15.3万名学生参加各级竞赛。是年，在全国职业院校技能大赛中获一等奖23项、二等奖50项、三等奖121项，居全国第六，福建船政交通职业学院获奖数量居全国第二、福建信息职业技术学院居全国第四；在全国职业院校信息化教学大赛中获一等奖3名、二等奖17名、三等奖16名，获奖数量是上年的1.8倍，获最佳组织奖（全国仅8个）；在中华职业教育创新创业全国决赛中获4金（占总奖项的一半）2银，居全国第一。

【职业教育产教融合】 2017年，福建省有30所高职院校、130家企业、86个专业参与“二元制”（以行业或企业与学校二元主体、学徒与学生二元身份、师傅与教师二元教学、企业与学校二元管理、企业与学校二元评价、毕业证与职业资格证二元证书、全日制与非全日制二元学制为主要特征，以全面提升劳动者技术技能水平和职业素养为主要目标的现代职业教育人才培养新模式）技术技能人才培养模式改革试点，比上年均有大幅增加，招收企业员工2546名，是上年的2.2倍。推动“二元制”改革从普通教育向成人教育延伸，在省电大8个专业开展“开放教育二元制”试点；将“二元制”延伸到农民工教育，联合省总工会实施“求学圆梦行动”，每年帮助1万名农民工接受继续教育、提高学历层次，省总工会安排500万元专项经费予以支持。遴选5个多元投资主体职教集团培育项目，制定省级示范性职业教育集团建设标准。新增10个省级行业教育指导委员会，累计成立21个省级行指委，实现对福建省重点发展产业的全覆盖。依托教育园区、工业园区、龙头企业立项建设14个公共实训基地，立项建设40个省级专业群实训基地；联合网龙公司共建33个省级VR/AR实训基地，争取企业赞助价值近1亿元的实训设备和软件，形成开放共享、优势互补的职业院校实训平台。

【终身教育】 2017年，福建省出台《福建省老年教育发展规划》，理顺老年教育管理体制机制，在经费投入、高校老年大学、老年开放大学等方面在全国率先实现突破。联合10部门制定《加快发展社区教育的实施意见》，有5人入选全国百姓学习之星、10个入围全国终身学习品牌项目。印发《关于完善继续教育体系提升继续教育质量的若干意见》，实施继续教育“3+1”质量工程，遴选26个社区教育示范基地、48个社区教育特色品牌、26个继续教育示范教学点、128门优质网络课程。开展终身教育学分银行试点工作。

【职业教育精准扶贫】 2017年，福建省出台闽宁协作实施方案，安排28所职业院校“一对一”帮扶宁夏职业院校，是年，派出212名教师、干部到宁夏帮扶，接收255名宁夏教师、干部挂职交流，联合招收852名中职学生。同时，与西藏昌都市、新疆昌吉州签订新一轮协作协议。

【职业教育经费保障】 2017年，福建省建立高职学校财政生均拨款逐年增长机制，“十三五”期间，省属高职院校生均拨款标准每年提高500元，到2020年达到6000元。安排省级职业教育专项资金6.95亿元，比上年增长33.65%。

（刘辉雄）

2017年福建省中等职业教育基本情况表

单位：人

	毕业生		招生			在校生	专任教师
	小计	其中：获得职业资格证书	小计	其中：应届毕业			
				小计	初中毕业生		
合计	117763	109951	116477	104173	102533	345500	16479
农林牧渔类	26950	26522	6505	3088	2897	24675	275
资源环境类	6	6	21	21	21	51	39
能源与新能源类	133	52	242	242	242	753	8
土木水利类	9372	9106	6053	5094	4879	19178	463
加工制造类	7818	7370	9230	8358	8101	28484	978
石油化工类	262	239	280	242	242	991	65
轻纺食品类	1492	1400	1576	1436	1426	5232	142
交通运输类	12027	11655	11900	10859	10844	34154	503
信息技术类	13542	12523	21257	19152	19002	57987	1916
医药卫生类	6433	5947	7276	6793	6658	22908	335
休闲保健类	1233	1148	1628	1585	1579	4875	32
财经商贸类	16289	15342	18351	17119	16885	57356	1419
旅游服务类	5322	4848	8502	7433	7112	22057	586
文化艺术类	5704	5087	6943	6428	6426	22447	1162
体育与健身	616	326	1012	1012	1012	3237	450
教育类	8545	7522	14799	14444	14346	38082	799
司法服务类	51	20	—	—	—	356	37
公共管理与服务类	832	525	565	530	524	1725	61
其他	1136	313	337	337	337	952	7209

2017年福建省成人高等教育基本情况表

项目	学校（所）	毕业生（人）	招生（人）	在校生（人）	教职工（人）	专任教师（人）
合计	3	52860	24778	103410	469	241
广播电视大学	2	4483	2239	8431	230	109
职工高等学校	—	—	—	—	—	—
管理干部学校	—	—	—	—	—	—
教育学院	1	3258	3932	15517	239	132
夜大学（业余）	—	10924	3060	16282	—	—
函授部	—	34195	15547	63180	—	—
成人脱产班	—	—	—	—	——	—

编辑：郑　菜

综　述

【概况】 2017 年，福建省科技系统以落实全国科技创新大会部署和省委、省政府关于实施创新驱动发展战略建设创新型省份的决定为主线，以发展新产业、新技术、新平台、新业态、新模式为重要抓手，同步推进科技创新、制度创新，进一步激发创新主体活力。制订出台《福建省企业研发经费分段补助实施办法》，对企业研发经费投入给予分段补助、增量奖励，引导企业加大技术创新投入。制订出台培育省级高新技术企业扶持办法，成立省级高新技术企业培育库，设立省级高新技术企业培育专项资金，完善高新技术企业培育长效机制。全省有高新技术企业 3054 家，科技小巨人领军企业 1304 家。根据《中国区域科技创新评价报告》研究显示，福建省综合科技创新水平指数居全国第 12 位，经济发展方式转变指数居第 6 位，科技促进经济社会发展指数居第 8 位，知识产权综合实力居第 8 位。全省每万人口发明专利拥有量 8.004 件。

【高新技术企业】 2017 年，福建省有 84%的高新技术企业和 68%的科技小巨人领军企业在福厦泉成长，86%的授权发明专利在福厦泉产生。促进高校院所创新能力有效提升，新增 23 人（团队）入选国家创新创业领军人才和重点领域创新团队。推行科技特派员制度，选认省级科技特派员 1358 名。

【研发平台构筑】 2017 年，福建省增强区域科技创新能力，支持“固体表面物理化学国家重点实验室”等 127 个高水平研发创新平台建设。全省拥有国家重点实验室 10 个、省级重点实验室 204 个、国家级工程技术研究中心 7 个、省级工程技术研究中心 527 个。探索“引才投建”“联姻共建”“筑巢引凤”“借船出海”等接地气的产学研协同创新平台建设和人才引进方式。全省落地建设 21 个引进重大研发机构、30 个省级产业技术重大研发平台、22 个产业技术公共服务平台和 31 个省级产业技术创新战略联盟；科技企业孵化器备案总数达 165 家，其中，省级孵化器 39 家、国家级孵化器 14 家。强化转化应用的目标导向，构建科技成果转化新格局。与中科院签订新一轮“深化科技合作协议”，推动中科院“STS 计划”在福建实施；与上海市科委签署“上海市—福建省科技创新合作框架协议”，深化与上海等先进地区的技术转移合作。全年完成技术合同成交额 103 亿多元，连续两年保持百亿元以上。加大金融支持科技创新力度，采取风险补偿、“助保贷”等方式，支持商业银行在 8 个设区市设立科技支行或科技金融服务中心，发放科技型企业贷款近 11 亿元；发放科技保险补贴 1700 多万元，支持 300 多家次高新技术企业获得近 300 亿元的风险保障；筹备成立福建省科技成果转化创投基金 3.75 亿元。拓展对外技术转移合作，组织参与科技部双边和多边科技合作项目，举办海丝科技创新合作暨科技外交官跨国技术转移专场对接活动，拓展“一带一路”科技创新合作，并获科技部、国家发展改革委共同支持开展 21 世纪海上丝绸之路核心区创新驱动发展试验。

（郑雨芊）

科技计划管理

【概况】 2017 年，福建省科技厅研究制订并推动出台《福建省企业研发经费投入分段补助实施办法（试行）》《福建省企业研发经费分段补助实施细则（试行）》《贯彻落实〈关于建立正向激励机制促进有效投资的八条措施（试行）〉的实施办法》等政策文件，研究修订省科技计划项目管理办法和验收管理办法，为推进全省科技创新发展进一步营造良好的政策环境，提供强有力的制度保障。

【科技项目资助】 2017 年，福建省科技厅改进科技计划项目的资助方式，强化科技经费的引导作用，鼓励企业加大研发投入。是年，在组织申报 2018 年度省级科技计划项目时，针对区域发展项目、对外合作产业化项目、科技型中小企业技术创新资金项目（技术创新项目）、星火项目等4类项目，将资助方式从原来的事前补助改为“事前立项、事后补助”，在项目验收之后根据任务完成情况和项目投入情况给予项目补助。

【科技报告制度】 “福建科技报告服务系统”于2016年5月开通运行，面向全省科技人员和社会公众提供福建省承担的国家科技计划及本省科技计划项目科技报告信息共享服务。2017年，福建省科技厅加快推进科技报告制度，举办科技报告培训会6场，培训相关人员600多人次；在省科技计划项目管理信息系统中，开发省属公益类科研院所专项项目科技报告撰写与呈交系统；累计将500多份科技报告导入福建科技报告服务系统。2017年，省科技报告管理中心发放科技报告收录证书160多份。

【科技计划项目与经费】 2017年，福建省坚持项目带动，发挥科技支撑引领作用。编制新型显示、新能源汽车、石墨烯等29个战略性新兴产业领域技术发展报告和创新态势图，组织实施科技计划项目，突出重大项目带动、突出企业主体、产学研协同创新、突出前沿基础研究。全省累计下达省级各类科技计划经费48525万元，年度预算指标42245.33万元全部安排完毕，超出部分从省科技厅筹集经费和结余经费等指标中安排。其中，下达各类省级科技计划项目30批次1952项（含省自然科学基金项目1037项），年度经费43564.8万元；下达科技金融专项、省部共建重点实验室和福州新区省级重点实验室运行费、省级扶贫开发工作重点县专项、资助省属学院等其他专项资金4960多万元。同时，争取国家科技项目经费支持，全年争取获得新立项国家科技计划项目963个，资助经费90390万元，其中，在蛋白质机器与生命过程调控、战略性先进电子材料、七大农作物育种、生物医用材料研发与组织器官修复等领域，牵头获得新立项国家重点研发计划项目13个，资助经费26177万元。

（郑雨苹）

高新技术与工业科技

【概况】 2017年，福建省在高新技术与工业领域，省科技厅计划立项扶持109项，项目总投资46435.78亿元，计划经费7254万元，其中，引导性项目49个、产学合作项目22个、区域重大项目28个、科技创新平台项目1个、重大专项专题项目9个。是年，通过验收的高新技术与工业科技项目110个，通过项目实施，在相关领域研发一批重大产品、开发一系列重要工艺、突破一批关键共性技术、取得一批发明专利、造就一批科技创新领军人才和新创创业团队、培育和发展一批具有竞争性的科技企业。

【高新技术企业】 2017年，福建省科技厅牵头制订《省级高新技术扶持办法》及操作细则，建立省级高企培育库，整合资金着力扶持有潜力、高成长性科技型企业成长为高新技术企业。各设区市、县（市、区）也陆续出台一些高企奖励和扶持政策，如福州、厦门、泉州和晋江等市县在创新奖励、平台建设和融资支持等领域给予高企倾斜支持。省、市、县三级协同推进格局和合力不断增强，为高企认定工作有效推进提供坚实组织保障。省科技厅会同财政、税务等部门借助“互联网+”、政策汇编、微博和微信公众号等多元化途径，提升企业知晓率，并组织专家巡回宣讲，精准辅导企业4000多人次。制订《省高新技术企业认定管理工作规程》，明确评审专家和中介机构选定、认定（复审）流程、税收优惠政策落实等重要内容，使认定工作更加公平、公正。全省新增高新技术企业519家，总数3054家。同时，培育科技型企业3204家、省级创新型试点企业904家、科技小巨人领军企业1304家等创新型企业队伍，为高企认定培育好苗子。据相关统计，2017年，全省高企享受企业所得税减免36.8亿元，比上年增长16%。

2017年，福建省制订出台《企业研发经费分段补助实施办法》，全省统筹13.96亿元，对企业研发经费投入给予分段补助、增量奖励，有431家企业享受补助1.14亿元，带动企业研发投入81.4亿元。2017年全省企业研发费用加计扣除额124.87亿元，比上年增长1.11倍，惠及企业2442家、增长61.6%。针对企业知识产权薄弱环节，通过实施“1+10”专利导航、培育知识产权优势企业等专项行动，借助专利辅导、专利保险、专利质押贷款等多举措，支持企业加强专利研发、运用和管理；针对企业研发管理不足，加强分类指导，开展“手把手”辅导、“点对点”扫盲等活动，开展个性化服务，指导企业健全研发和财务制度，规范科研成果管理，帮助企业查漏补缺，提高认定申报率。

【福厦泉国家自主创新示范区】 2017年，福厦泉国家自主创新示范区创新改革先行效应逐步彰显，出台一批创新政策措施，首批18项创新改革举措在全省复制推广。福州片区出台支持房地产项目配建人才公寓、支持各类园区自建人才公寓等创新举措；厦门片区创新技术先进型服务企业认定办法；泉州片区创新科技金融结合方式，扩大续贷无须还本业务规模。推进特色产业园区发展，福州片区加快建设大数据产业园，完成数字福建云计算中心一期并投入使用；厦门片区集成电路产业基地已完成投资60.5亿元，开工建设清华紫光科技园，签约入驻两岸集成电路自创区产业基地及翔安电子育成中心的科技企业150多家，2017年，规模以上集成电路企业产值居全国第5位；泉州片区加快建设泉州“芯谷”，入驻网商虚拟产业园的市场主体超过7000家，微波通信产业基地成为国内最大的民用微波通信射频组件生产基地，泉州半导体等3个产业园区获省政府批准建设省级高新技术产业园区。加快科技基础平台建设，完善自创区科技创新体系。福州片区建设全国首个物联网开放实验室落户；厦门片区石墨烯工程及产业研究院引进一批高层次人才、形成40项可产业化成果；泉州片区海西研究院泉州装备制造研究所、泉州华中科技大学智能制造研究院、福建（泉州）哈工大工程技术研究院成效显现。实施重大科技创新项目，启动一批制造业智能升级、电子信息“增芯强屏”等重大创新项目。福州京东方8.5代新型半导体显示器件、厦门天马二期第6代低温多晶硅及彩色滤光片项目实现量产，厦门联芯集成电路制造、东旭光电8.5代玻璃基板项目正式投产，安溪光生物研究院与植物工厂完成投资14亿元。在自创区建设带动下，全省7个国家高新区完成工业总产值7415.1亿元、比上年增长12.8%。

【“数控一代”和智能制造工程】 2017年，福建省精心实施“数控一代”和智能制造工程。支持泉州市打造“数控一代”应用示范样板，省、市累计投入财政科技扶持资金24亿元，吸引泉州市1800多家规模以上企业参与，撬动社会资金投入1260亿元。争取列入国家实施2030—智能制造和机器人重大项目成员。重点支持龙头企业联合高校、院所，加快高档专用数控机床及功能部件、智能传感器与控制装备等技术研发，推进“智能一代”创新应用，结合物联网、大数据、云计算等信息技术，促进跨界融合创新，提升产业创新发展水平。（郑雨苹）

社会发展科技

【社会发展科技项目】 2017年，福建省安排社会发展科技领域的省级科技计划项目236个，计划经费8677.45万元。其中，引导性项目86个、高校产学合作重大项目13个、区域重大项目6个、重大专项专题4个、创新联合资金项目127个。同时，在社会发展科技领域，获得国家科技计划项目立项12个，获资助经费11877.85万元。是年，通过验收的省科技计划各类项目96个，其中全省承担实施的首个国家科技惠民计划“九龙江北溪流域农村生活污水处理技术应用示范”项目通过专家验收，取得显著应用成效。

【食品安全】 2017年，福建省科技厅安排食品安全科技计划经费330万元，提升全省食品安全检测、预警、溯源、控制技术水平，新立项扶持“畜禽肉及其制品主要化学危害因子的快速检测新技术与方法”等食品安全科技项目15个，重点开展畜禽肉及其制品主要化学危害物、海产品中重金属和生物毒素、谷物及制品中生物毒素、掺伪植物油、非法添加物等快速检测新技术研究及便携式仪器研制、农产品安全生产及质量控制等技术研究。由福建师范大学牵头承担的省科技重大专项专题“市政污泥及餐厨垃圾资源化综合利用技术研究与示范”通过验收，该项目申请发明专利30件、实用新型专利13件，获授权发明专利9件、实用新型专利12件；获得省级新产品登记1项，完成示范工程/样机设计图纸5份。由福建农林大学牵头承担的省科技重大专项专题“主要海洋生物毒素检测技术研究与检测试剂盒及仪器研制”通过验收，该项目制备腹泻性贝毒等主要海洋生物毒素高亲和力的单克隆抗体4种，研制出主要海洋生物毒素的基因工程单链抗体4个；研制出ELISA检测试剂盒4种，检测时间在2小时以内；研制出金标快速检测卡4种、海洋生物毒素检测仪器1种；申请国家专利8件，其中，获授权发明专利2件、实用新型专利3件；获登记集成电路布图设计权1项。

【新药研发】 2017年，福建省科技厅加强生物医药领域关键技术与产品研发，新立项“海洋来源化合物YXY211抗三阴性乳腺癌新药临床前研究”“名优中成药片仔癀治疗肝癌二次开发研究”2项省科技重大专项专题，以及“艾滋病毒抗原抗体联合检测试剂盒的研制”“钩吻素子口服缓释微球制剂的中试制备及其体内外评价研究”等28项生物医药类科技重大、引导性研发项目，安排省级科技经费1555万元，主要涉及海洋创新药物、名优中成药二次开发、体外诊断试剂、康复医疗器械等生物医药研发关键技术研究，提升全省生物医药产业的技术水平。在生物医药领域，通过组织实施“创新疫苗成药性评估和改进关键技术重大研发平台”“国家一类化药抗过敏新药卢帕替芬的研发”等5个重大科技创新平台、5个重大专项专题，以及一批科技重大项目、引导性项目，在技术研发能力、科技服务、资源共享、科技成果转化和人才团队培养等方面取得良好成效。其中，抗乙肝药富马酸替诺福韦酯获得生产注册批件，盐酸缬恩替卡韦获得药品注册临床受理通知书，数字口腔颌面全景X线机获得国家医疗器械产品注册许可证。

【可持续发展实验区建设】 2017年，福建省科技厅以民生专项支持龙岩市、南平市、东山县、永安市、泰宁县开展可持续发展实验区示范项目建设，计划经费100万元。组织开展龙岩市、南平市、厦门市思明区、东山县、惠安县、漳平市和将乐县等7个国家可持续发展实验区创新能力监测数据调查，编制完成2012—2016年《国家可持续发展实验区创新能力监测数据调查表》，为提升实验区科技创新能力和可持续发展能力提供科学依据。加强可持续发展实验区宣传，在省科技厅政务网上“可持续发展实验区”专栏，刊登10期系列宣传全省可持续发展实验区建设成就，如南平市“水美城市”建设、龙岩市“长汀经验”推广、将乐县“美丽中国·深呼吸第一城”称号等。组织全省7个国家可持续发展实验区，认真落实国务院《关于印发中国落实2030年可持续发展议程创新示范区建设方案的通知》的精神，结合当地建设国家可持续发展实验区的发展实际，努力创造条件创建“国家可持续发展议程创新示范区”。至2017年底，全省建有可持续发展实验区18个，其中，国家可持续发展实验区7个、省级可持续发展实验区11个，把可持续发展实验区建设作为生态文明示范区发展的重要形式，在生态省建设中发挥重要作用。

【全省首个国家科技惠民计划项目通过验收】 2017年，福建省首个国家科技惠民计划项目“福建省龙岩市九龙江北溪流域农村生活污水处理技术应用示范”通过验收。该项目由龙岩水发环境发展有限公司牵头承担，重点针对九龙江北溪流域主要污染源之一的农村生活污水，开展综合治理技术集成与示范，消减农村生活污水排放。项目建成6个农村生活污水处理示范点，集中建设独立雨污分流污水收集管网，应用脱氮功能工艺处理取得成效，打破农村生活污水处理系统建设“重设施轻管网”传统，惠及2.3万多人。项目实现年处理生活污水124.5万吨，削减CODCr排放量224.1吨、削减$NH_4{+}{-}N$排放量19.92吨、削减TN排放量31.13吨和消减TP排放量5.98吨，技术实用性与产业化水平达到预期目标。

【西部对口科技协作支援】 2017年，福建省科技厅分别组织实施“清真食品产业科技创新公共服务平台”“西藏昌都市闽昌众创空间建设”“闽宁现代食用菌产业技术公共服务平台建设”“万州枇杷提质增效关键技术研发示范”等项目，合计资助经费535万元。主办“2017年新疆昌吉州科技创新人才培训班”和“西藏昌都科技创新人才福建首期培训班”，合计培训两地的管理人员和技术人员近70人次。 （郑雨苹）

基础研究与软科学

【自然科学基金项目】 2017年，福建省自然科学基金受理申请1990项，正式立项资助1037项7244万元。其中，面上项目860个6047万元（含卫生联合资助项目228个1817万元，高校联合资助项目461个3573万元），青年创新项目149个432万元，杰出青年项目23个经费565万元，杰出青年滚动资助项目5个200万元。获资助的申请者中，具有博士学位的占63.5%，具有硕士学位的占24.1%，45岁以下青年科技人员占84.9%。

【促进海峡两岸科技合作联合基金】 2017年，国家自然科学基金委员会—福建省人民政府促进海峡两岸科技合作联合基金，立项资助“大黄鱼抗内脏白点病性状的遗传解析和育种基础研究”等项目20个，资助直接经费4090万元，涉及农业、人口与健康、新材料与制造、电子信息等4个研究领域，其中，省内单位主持承担项目13个，省外单位主持、省内单位参与承担项目7个。至2017年底，促进海峡两岸科技合作联合基金共安排经费2.7亿元，资助立项107个重点项目，吸引台湾地区50多所高校和研究机构的900多名科研人员参与项目申请，其中，100多人参与联合基金项目的研究。

【省自然科学基金联合资助试点工作】 2017年，福建省自然科学基金联合资助试点工作的开展，加大省自然科学基金的资助规模和资助强度，提高项目立项率，调动科研人员开展基础研究的积极性。省科技厅为发挥省自然科学基金支持福建省基础研究的主渠道作用，于2014年从卫生行业入手，遴选15家科研实力较强的三甲医院开展省自然科学基金卫生联合资助试点；在2016年将联合资助试点深化拓展到高校系统（17所高校）。至2017年底，参加卫生联合资助试点医院20家，参加联合资助试点的高校18所，引导社会资金3000多万元投入基础研究。

【软科学研究】 2017年，福建省软科学项目开展涉及推动科技、经济和社会发展的重大战略、政策、热点、难点和焦点问题研究，重点支持精准扶贫、21世纪海上丝绸之路核心区发展、闽台科技合作、中国制造2025、云计算大数据、大众创业万众创新、生态保护、绿色创新等领域的研究与探索，为福建省科技发展、经济产业转型升级提供决策依据。全年受理省软科学计划申报项目227个，正式立项123个，财政资助金额500万元。是年，完成软科学验收结题112项。

【鼓岭科学会议】 2017年，福建省科技厅举办6次鼓岭科学会议，聚集国内外知名专家和高水平人才，为福建省重点产业创新发展重大问题把脉诊断，提出新思路和对策建议。1月8日，第19次鼓岭科学会议在漳州召开，以“食物安全与农业工业化”为主题，对共同推动农业工业化，坚决守护好人民群众“舌尖上的安全”等重大问题形成共识，并向全省发出加强食物安全的倡议书。6月22日，第20次鼓岭科学会议在闽南理工学院举办，围绕“智能技术创新，合作共赢发展”主题，邀请国内外相关领域知名专家作主旨报告。7月17日，第21次鼓岭科学会议暨2017年Pin1与信号转导国际研讨会在福建医科大学召开，围绕Pin1基因开展生物医学从基础向临床的转化研究主题，邀请17位相关研究领域权威专家作主题报告，就Pin1以及细胞信号通路研究领域的最新进展及应用进行深度交流与探讨。10月21日，第22次鼓岭科学会议在厦门召开，围绕“光伏行业技术路径的突破和规范化建设”主题，邀请国内相关领域的院所高校企业等20多位专家进行研讨。11月11日，第23次鼓岭科学会议在三明召开，以“高能电池关键材料的现状与展望”为主题，邀请国内外电池材料领域的知名专家、企业代表等参加研讨。11月28日，第24次鼓岭科学会议在安溪县召开，围绕“光生物技术应用与植物工厂产业化”主题，邀请10多位国内相关领域知名专家作主题报告。 （郑雨苹）

农业科技

【概况】 2017年，福建省农业科技进步贡献率提高到59%。农业“五新”加快进村入户，主要增产技术入户率超过90%。种业创新工程取得新进展，闽台种业合作进一步拓展，杂交水稻制种面积居全国第三位，全省农作物和畜禽良种覆盖率达96%以上。29个产业列入国家现代农业产业技术体系建设范围，受聘岗位科学家31名，设立综合试验站36个；省级同时开展现代农业水果、食用菌、鸡、生猪、茶叶、水稻等6个产业技术体系建设，聘请首席专家6名、岗位专家22名，设立综合试验站60个。农业科技创新能力持续加强，全省获2016—2017年度神农中华农业科技奖6项（其中，二等奖3项、三等奖3项）；获农业部重点实验室建设项目1个、投资1488万元；获省发改委农业“五新”推广工程项目1个、资助经费120万元；获省属公益类科研院所基本科研专项5个、资助经费104万元；获省自然科学基金项目1个、资助经费4万元。基层农技推广补助项目覆盖全省70个农业县（市、区），遴选推介农业技术849项次，培育科技示范户32803户，轮训县乡农技推广骨干3998人次。招聘311名涉农专业高校毕业生充实到县乡两级农技推广机构。农技服务实现移动全程服务，全省8292名农技人员安装使用中国农技推广APP和12316手机农务通APP。农产品电子商务加快发展，农产品在淘宝平台交易额位居全国前列。 （李富生）

【农业科技项目】 2017年，福建省科技厅立项资助各类省级农业科技计划项目经费6589.99万元，其中，引导性项目75个（含科技扶贫项目8个）、科技平台建设项目5个、区域发展项目16个、高校产学合作项目13个、重大专项专题5个；当年验收结题省级农业科技计划项目78个，取得一批重要成果。“现代智能设施农业系统关键技术研究与示范”项目，完成6种类型温室研究，建造彩色漫射玻璃温室1200平方米；开发一套智能温室控制系统，建立远程数据采集系统和生产过程在线检测专家系统；筛选出设施栽培专用品种34个，育苗基质配方3个；构建种苗嫁接生产线，全自动高速滚筒式播种生产线和果蔬自动化分级包装线各一条；研制无土栽培控制仪、扁平式NFT无土栽培槽、可移动泵式肥料溶解混匀机、闭合式的营养液膜（NFT）栽培系统、开放式的椰糠基质条栽培系统、育苗的潮汐式栽培系统和大田灌溉水肥一体灌溉施肥机等温室系统装备样机13台套；完成设施农业物联网总控系统建设，获授权发明专利9件。“智能森林资源生态管理系统开发与应用”项目，利用移动互联网应用技术，融合林火识别、云存储、3S及北斗导航等技术，全面支持森林资源立体应急感知、安全监控预警、生态环境感知等业务的创新应用；建成基于4G技术的森林数据采集与传输平台，开发智能森林资源生态管理系统，包括森林气象监测、野生动植物监测、林区智能烟火识别3个子系统。

【星火计划项目】 2017年，福建省科技厅通过技术示范和引导，培育农业产业新业态。安排实施省级星火计划重点项目58个、投入财政经费1500万元，以优良新品种、高效优质种养技术、设施农业、农产品高值化加工、特色产业开发、资源化利用技术等为重点，其中安排企业和合作社承担项目43项，重点支持农业经营主体发挥示范作用，强化产学研合作，为农民提供专业化、标准化、社会化服务。安排三明市农业科学研究院和福州市蔬菜研究所等地方科研院所推广优质、高产水稻、蔬菜等新品种新技术15项，解决当地农业生产关键技术问题，提升农业生产水平。据验收项目统计，通过项目实施共获授权专利63件，开发新产品、新技术、新工艺112个，制定新标准35件，建立示范片2000多公顷，辐射推广5万多公顷，新增产值15.9亿元、利税3.4亿元。

【科技特派员】 2017年，福建省科技厅选认省级科技特派员1358名，其中，省农科院水稻研究所等法人科特派41家，从中科院和北京、上海、江苏、浙江等地选认省外科特派53名。根据《福建省科技特派员专项资金后补助办法》组织遴选一批科技特派员创办、领办经济实体，或与经济实体开展实质性技术合作的项目68个；采用以奖代补的方式，设立每年4800万元的科技特派员专项资金，支持经认定的省级科技特派员和法人科特派（团队科特派），围绕县域特色优势产业开展先进成熟适用的科技成果转化和产业化示范。

【农业科技园区建设】 2017年，福建省科技厅组织有关专家对9个省级农业科技园区（连城、漳平、平和、永安、邵武、武夷山、泉州、永春、仙游）开展验收和评估工作，对泉州、漳平、平和省级农业科技园区以及武夷山、永安、连城省级农业科技园区给予200万元的经费支持。农业科技园区建设成效明显。保存农作物优良种质资源3325种，引进或自主选育农作物新品种（系）96个；研发新技术295项、新产品289个、新装备92台（件）；获授权各类专利2420件（其中，发明专利168件）；制定实施各类标准61项，发表科技论文421篇，获得各级各类科技成果123项。农业科技园区产业促进一二三产业深度融合。平和省级农业科技园区的蜜柚产业，已成为平和县的支柱产业，创下种植面积、产量、产值、市场份额、品牌价值、出口量6项全国第一，被誉为“世界柚乡、中国柚都”。农业科技园区帮扶带动各园区结合核心区、示范区、辐射区的功能布局，强化政企联合、产业拉动、项目带动、积极开展科技服务和技术培训，统筹谋划精准扶贫工作，开创“三区互动”精准扶贫新模式。2017年，各园区组织开展各类技术培训和讲座999场次，培训人数14.93万人次，接待参观人数94.35万人次，推动新品种、新饲料、新肥料、新农药、新材料、新能源等“六新”技术在“三区”的示范、推广及应用。至2017年底，全省有国家级农业科技园区7个（含厦门市），省级农业科技园区9个。

【农村科技培训与信息化服务】 2017年，福建省加强农业技术培训，省科技厅以科技示范基地、星火学校、农业科技园区和“12396”服务平台为载体，围绕区域性支柱产业培育、农业“五新”推广等，通过专家授课、现场指导、远程培训等多种形式，培训农民工2.8万多人次。推进农业农村信息化建设，加强“12396”科技信息服务平台的推广应用，支持南平市和莆田市、漳州市开发农业微视频、地方特色数据等新型农业农村科技信息数据资源在移动终端上的应用。南平市集成慧农信、农技员助手、专家系统等3个移动应用系统软件，开发一套农技服务网络支撑系统，组建食用菌、葡萄、茶叶等14个行业专家队伍、畜禽疾病诊疗中心等3个法人专家团队，在延平、邵武等5个县（市、区）建立移动信息服务示范区和茶叶、葡萄、竹荪等7个应用示范行业，举办技术推广培训班75期，培训农民19550人次。组织拍摄《林下竹荪栽培技术》等13部农业微视频，发布市场信息1100多条、病虫害数据5659条。支持企业与科研院所合作开发“互联网＋现代农业”技术示范，支持省农科院联合福建容益菌业科技研发有限公司，建设绣球菌工厂化生产环境物联网融合监控系统、安全生产管理与溯源体系、生产信息管理云平台等先进生产技术与装备，提升产量及产品品质，并减少人工投入，降低管理成本，对周边食用菌企业起到良好的示范作用。

【科技扶贫】 2017年，福建省科技厅为23个省级扶贫开发工作重点县的经济社会发展提供科技人才服务和智力支持，选派360人开展科技服务工作，资助经费720万元；培训本土创新创业人才50人，资助经费54万元；累计服务乡镇155个，服务村庄389个，服务企业、合作社、农民协会等机构356个。规划《福建省科技厅和福州市马尾区政府挂钩帮扶福安市坂中畲族乡第五轮挂钩帮扶实施总体方案（2016—2020年）》。立项实施挂钩帮扶项目“福安市坂中畲族特色美丽乡村建设及农业产业开发”，资助计划经费400万元，完善仙源农场、大大福果蔬专业合作社山地现代农业综合示范基地建设，铜岩村村民人均年收入增收1873元，彭家洋村村民旅游项目人均年收入增收500多元，廉岭村村民旅游项目人均年收入增收600多元，组织实施“将乐县特色产业（百香果及光伏发电）精准扶贫示范”等7个定向科技扶贫项目。2017年，平和县霞寨镇和安厚镇2个挂钩帮扶科技扶贫项目通过结题验收。霞寨镇内坑村通过实施科技计划帮扶项目，农民人均纯收入从2013年的3600元增至2016年的11000元，贫困户从36户减少到8户，贫困人口从117人减少到19人；村财收入实现零的突破，2016年收入达到7万元；获得“平和县富美乡村”“平和县文明村”“农村信息化试点村”称号，被评为“2016年福建省美丽乡村”平和县第二名。安厚镇双马村通过实施科技计划扶贫项目，使村集体收入和村民收入得到显著提高，2016年村民年人均收入7600元，比2014年增长1.37倍；村财收入实现零的突破，2016年收入达到5万元。

【省农业科学院科研工作】 2017年，福建省农业科学院新增立项省级以上科技项目224个，经费1.28亿元，其中，科技部、农业部、国家自然科学基金委等国家部委项目52个、经费5499万元，省级科技项目172个、经费7348万元。是年，经评审的科技成果27项。获2016年度福建省科学技术奖一等奖2项、二等奖4项、三等奖7项，2016—2017年度神农中华农业科技奖科研成果三等奖2项，2016年度福建省标准贡献奖三等奖1项，2014—2016年度神农福建农业科技奖一等奖1项、二等奖6项、三等奖3项，评选出2017年度福建省农业科学院科学技术奖一等奖4项、二等奖9项。全年发表科技论文742篇，其中，国外发表95篇；出版专著16部。16个农作物新品种通过福建省农作物品种审（认）定，其中，第一完成单位9个；8个农作物新品种通过专家组鉴评。申请专利268件，其中，发明专利191件、实用新型75件；获授权专利137件，其中，发明专利62件、实用新型专利73件；植物新品种保护授权12项；授权软件著作权14件；成果技术转让19项，金额1016万元；华龙集团29%股权转让收益5468万元。2个农业行业标准和8个福建省地方标准获批准颁布实施。

福建省漳州国家闽台特色作物种质资源圃建设获得农业部批复，福建省农产品发酵加工工程技术研究中心、福建省特色旱作物品种选育工程技术研究中心和福建落叶果树工程技术研究中心获福建省科学技术厅正式授牌。至2017年底，建有国家（部）级重点实验室4个、农业部农作物改良中心4个、省级重点实验室11个、省级工程（技术）研究中心20个。全院科研仪器设备总值17633.1万元，其中，单台（套）100万元以上的仪器设备价值共1185.4万元。纸质藏书7.96万册，其中，外文文献4500册。主办自然科学类（农业科技）公开出版刊物7种。

组织举办省科协重点学术活动“农业绿色发展与科技扶贫学术研讨会”和学术年会分会“科技创新与茶叶发展”；与福建农林大学、晋江市政府、台湾朝阳科技大学联合主办“海峡杯”现代农业创意创新大赛；承办第二十二届全国农科院系统外事协作网会议暨中国农科院国际合作会议。组织派出12批27人次的科技人员赴美国、新西兰、匈牙利、捷克、泰国等国家和中国台湾地区（其中，出国8批18人次，赴台4批9次）进行合作项目洽谈、交流访问、研修等任务；接待来自以色列、罗马尼亚、几内亚比绍、泰国等国家和地区6批80多人次外宾来访。与莆田市政府协作开展特色水果、设施蔬菜、生态养殖等39个科技项目合作，助力莆田现代农业发展；与华祥苑公司、超大集团、闽中有机食品公司、晋江乐隆隆公司、福建星源农牧公司等企业对接，共建企业研发中心，协同科技创新和产业开发。

以科技助推农业供给侧结构性改革为主线，实施科技下乡“双百”行动计划，在全省54个县（市、区）示范推广168个项目，服务企业127家、农民专业合作社和家庭农场81家，在企业合作社建立30个示范带动作用强、显示度高的科技示范基地；示范推广新品种新技术350项，农作物面积0.91万公顷、畜禽800多万头（只），解决技术难题213个；科技人员下乡累计5900多天，培训指导乡镇农技人员、农民8000余人次，促进农业企业、农民合作社增加社会经济效益1.36亿元，辐射带动社会经济效益2.85亿元。以屏南、云霄、政和、长汀等9个挂钩扶贫县为重点，实施精准扶贫，组织科技人员下乡3528人次，实施科技扶贫项目184个，推广优良品种、实用技术216项，建立示范点、片、基地136个，示范面积0.26万公顷、畜禽水产养殖3万余头、食用菌栽培120余吨，促进重点县特色农业产业发展，带动农民增收5000余万元。开展“福建省农村实用技术远程培训”，通过视频、电视、电话、网络等形式，涉及粮食、特色果蔬、花卉、海洋渔业、水肥一体化等领域，全年培训人数105.3万人次。（仇秀丽）

知识产权管理

【概况】 2017年，福建省申请专利128079件，比上年增长6.59%。其中发明专利26460件，增长10.48%，实用新型专利76724件，增长5.99%，外观设计专利24895件，增长4.48%。福建省专利电子申请率跃居全国第一。全省获授权专利68304件，比上年增长1.1%。其中，发明专利8718件，增长22.22%；实用新型专利39608件，下降6.31%；外观设计专利19978件，增长10.04%。全省PCT国际专利申请577件，比上年增长42.91%。至2017年底，全省有效发明专利拥有量31006件，比上年增长30.32%；每万人口拥有发明专利8.004件，增长29.14%，提前3年完成“十三五”科技发展专项规划目标。全省有24项专利获第十九届中国专利奖，获奖数量创历史新高；评选出省专利奖33项，其中，一等奖3项、二等奖10项、三等奖30项。据国家知识产权局统计，福建省知识产权综合发展指数位居全国第八位，专利管理实力指数位居全国第六位，专利保护社会满意度居全国第五位，专利创造实力指数位居全国第十位，专利运用实力指数位居全国第七位。

【专利转化运用】 2017年，福建省推进知识产权金融合作，全省专利权质押融资成效明显，有219家企业获金融机构专利权质押贷款，质押金额32.49亿元，位居全国第八位；有80家企业获得省级贴息资金1357万元；组织开展专利权质押贷款专利质押贷款专利评估费补贴申报工作，降低企业业务成本。各设区市也积极推动专利权质押融资工作开展，福州、厦门、泉州、龙岩共为相关企业贴息437.5万元。同时，支持全省国家知识产权示范企业和优势企业核心发明专利购买专利执行险，为77家企业的630件发明专利投保，保额1680万元。

【知识产权宣传保护】 2017年，福建省知识产权工作领导小组办公室召开知识产权宣传周活动新闻发布会，发布《2016年福建省知识产权发展与保护状况》白皮书，部署和动员各成员单位及各设区市开展宣传周活动。省知识产权局借力《中国知识产权报》、《福建日报》、新华网、东南网以及福建电视台等媒体，开设专栏、播出知识产权公益宣传片和系列专题片，并运行维护“福建知识产权”公众微信号，加大宣传力度；加强知识产权培训基地建设；举办全省知识产权行政管理人员业务培训班；推进“互联网＋培训”，举办知识产权远程培训班101期，参训学员3.8万多人次，远程教育平台综合考评成绩居全国第一；面向全省征集知识产权师资177名，纳入知识产权培训师资信息库管理。加强知识产权保护。召开全省专利行政执法与维权援助工作会议；创新省、市、县（区）三级专利行政执法模式，在全省范围内实施跨地方行政区划行政执法资源组织调配，通过省知识产权智库执法维权专家库提供法律支持；围绕商品流通市场及展会、电子商务等重点领域，推进打击侵犯专利权和假冒专利违法行为专项行动；建立健全知识产权领域守信激励与失信惩戒机制；以政府购买服务的方式，发挥民营企业和新型平台作用，面向企业免费提供网上知识产权侵权行为的预警和发现、侵权主体调查、电子证据保存与鉴证等服务，探索知识产权的公力保护与私力救济相结合的高效保护模式。全年办理专利行政执法案件2057件，比上年增长43.7%，开展展会专利执法保护服务活动30多场次。由国家知识产权局批复设立的中国厦门（厨卫）知识产权快速维权中心在厦门自贸片区正式启动运作。

【知识产权管理服务】 2017年，福建省推进“知创中国”与“知创福建”双平台建设，通过线上资源与线下实体有机结合，构建知识产权“大服务＋大保护＋大运营”全新模式；遴选确认中知（北京）认证有限公司福州分公司等一批中高端服务机构首批入驻“知创福建”平台。是年，推进国家专利审查协作福建中心建设；依托福建省知识产权新型智库，利用知识产权公共服务包资源，对全省产业龙头企业进行专利大数据分析和导航评议，服务企业转型升级和政府决策；开展专利代理资格证书挂靠行为集中治理行动，对专利代理违规行为进行查处；依托海西专利受理服务中心，负责受理台湾申请人提交的非PCT专利申请、收缴专利费用等业务，全年受理台湾申请人提交的专利电子申请4595件。全省有专利代理机构37家（是年新增12家），专利代理分支机构45家。此外，完成“2017年全国专利代理人资格考试”福州考点工作，全省通过考试的人数107人、比上年增长40%，创历史新高，其中，台湾地区考生报名28人，有8人获得资格证书。

【“1＋10”专利导航产业发展创新计划】 2017年，福建省创新性开展专利导航工作。在全国首创以省市联动的方式实施“1＋10”专利导航产业发展创新计划，即以“1个重点产业＋10个核心主导企业”的组合模式开展产业专利导航，与设区市政府形成导航产业创新、推动转型升级的有效合力，促进导航成果的运用和转化，促进产业整体素质和竞争力提升，加快产业结构调整，助力产业外向型发展，加快培育知识产权密集型产业和形成一批核心竞争力强、能够引领产业发展的专利密集型企业，推动全省产业做大做强。全年导航范围覆盖全省11个产业领域和近百家企业，为产业企业创新发展和政府科学决策提供有效服务；对符合条件的专利导航试点企业及自创区区域导航进行资助。是年，举办福建省数控一代自主知识产权竞争力暨产业专利导航成果发布会；构建福建省自主知识产权竞争力产业导航大数据中心及福建省数控一代产业专利导航数据中心等分数据中心，面向全省企业提供创新方向引导及高质量、低成本的专利信息共享共用服务。

【知识产权专员制度】 2017年2月7日，福建省知识产权局印发《关于推行福建省知识产权专员制度的通知》，在全国建立起全面覆盖企业、高校和科研院所的知识产权专员制度，明确知识产权专员的条件、职责以及管理机制，努力在知识产权服务创新方面先行一步，积极探索，不断开拓知识产权工作新领域，打开新局面，增添新动能，发挥知识产权对供给侧结构性改革的制度供给和技术供给的双重作用。全省近2000人被确认为首批专员，并纳入专员库管理。

【军民知识产权双向融合】 2017年，福建省知识产权局举办“6·18”军民知识产权融合专题展，以“军民知识产权融合助力建设新福建”为主题，展出50多项技术含量高、经济社会效益显著、有广阔的市场应用前景的军转民、民参军优质专利项目。“6·18”期间，省知识产权局与相关单位共同举办“军民知识产权融合论坛暨项目对接交流会”。省知识产权局和龙岩市政府分别与中国和平利用军工技术协会签署战略合作框架协议，通过项目对接交流，达成初步合作意愿项目20多个。支持成立“福建省军民融合知识产权联盟（福州）”，建立起长效的军民知识产权双向融合对接机制。

【全国首个两岸知识产权调解仲裁中心成立】 2017年11月15日，“福建省知识产权局和海峡两岸仲裁中心知识产权纠纷多元化解工作机制签约仪式”在福州举行。省知识产权局与海峡两岸仲裁中心共同签署《关于共建知识产权纠纷多元化解工作机制实施意见》，决定在福州自贸片区共建全国首个两岸知识产权调解仲裁中心。 （郑雨苹）

科技成果与技术市场

【科技成果奖励】 根据《福建省科学技术奖励办法》，经福建省科学技术奖励委员会、专利奖评审委员会分别评审，福建省政府决定：授予2017年度福建省自然科学奖9项、福建省技术发明奖7项、福建省科技进步奖174项。在省自然科学奖获奖成果中：“过渡金属催化的原子经济性反应”等2项成果获一等奖，“无机发光材料电子结构、光学性能及应用”等4项成果获二等奖，“无线网络物理层安全博弈研究”等3项成果获三等奖。在省技术发明奖获奖成果中：“三元动力电池和系统关键技术的开发及应用”等5项成果获二等奖，“大型建筑金属结构关节轴承节点工作机理研究”等2项成果获三等奖。在省科技进步奖获奖成果中：“多场调控化合物半导体量子结构关键技术及其固态光源应用”等16项成果获一等奖，“高端干式机制砂生产装备关键技术开发及产业化”等51项成果获二等奖，“新型动力锂电池成膜添加剂的研发”等107项成果获三等奖。

全省7个单位（企业）参与完成的项目成果获2017年度国家科学技术奖。其中，厦门雅迅网络股份有限公司陈典全参与的“远海域定位导航与通信融合关键技术”获国家技术发明奖二等奖；华侨大学参与的“超高层建筑钢骨高强混凝土结构体系抗震关键技术及其应用”、福州大学参与的“食品和饮水安全快速检测、评估和控制技术创新及应用”、福建农林大学参与的“食用菌种质资源鉴定评价技术与广适性品种选育”、国家电网福建省电力公司参与的“支撑大电网安全高效运行的负荷建模关键技术与应用”、福建省三钢（集团）有限责任公司参与的“热轧板带钢新一代控轧控冷技术及应用”、福建省林业科学研究院参与的“竹林生态系统碳汇监测与增汇减排关键技术及应用”等6项成果获国家科学技术进步奖二等奖。

【科技成果登记】 2017年，福建省完成省级科技成果登记443项。其中，应用技术类达到381项、占86.01%，基础理论成果39项、占8.8%，软科学成果23项、占5.19%。登记的科技成果仍以各级财政支持的各类计划项目成果为主，自选项目成果占有较大的比重，其中，来源于各级科技计划项目的成果288项、占65.01%，自选项目成果72项、占16.25%。在各级科技计划项目中，国家科技计划项目成果占登记总量的17.83%，部门科技计划项目成果占10.61%，地方科技计划项目成果占36.57%。在国家科技计划项目成果中，自然科学基金项目36个，占登记总量的8.13%；科技支撑计划项目9个，占2.03%；科技型中小企业技术创新基金项目7个，占1.58%。

【技术合同交易】 2017年，福建省认定登记技术合同6008项，比上年增长15.1%；合同成交金额103.28亿元，下降2.31%，平均每项技术合同成交额171.9万元，下降15.12%。其中，技术开发合同3717项，成交金额46.01亿元，平均每份合同成交金额为123.78万元；技术转让合同326项，成交金额40.22亿元，平均每份合同成交金额为1233.82万元；技术咨询合同260项，合同成交金额0.27亿元，平均每份成交金额为10.29万元；技术服务合同1705项，合同成交金额16.78亿元，平均每份成交金额为98.41万元。2017年，全省技术交易主要特点为技术开发和技术转让仍是技术交易的主要形式。全省技术开发合同成交金额46.01亿元（比上年下降37.12%），技术转让合同成交金额40.22亿元（增长99.41%），两类技术合同占全省成交总金额的83.49%。全省成交的技术合同中电子信息、先进制造、新能源与高效节能技术位居前三位，三者成交金额占全省成交总金额的87.55%。吸纳技术强于输出技术。吸纳技术7775项，成交金额178.36亿元；输出技术5896项，成交金额76.11亿元。企业是技术交易的主体。企业输出技术5170项，成交金额72.31亿元，占输出总额的95%；企业吸纳技术5814项，成交金额154.92亿元，占吸纳总额的86.86%。

【上海—福建技术转移圆桌会议】 2017年6月18日，由福建省科学技术厅和上海市科学技术委员会主办，国家技术转移东部中心与国家技术转移海峡中心联合承办的“上海—福建技术转移圆桌会议”在福州市举行。这是福建省与上海市深入贯彻全国科技创新大会精神、联合打造科技创新合作平台、实现互利双赢、推动创新驱动发展战略实施的一项具体举措。国家技术转移海峡中心与国家技术转移东部中心签订战略合作框架协议，双方将在科技成果发布、技术交流、技术贸易、知识产权服务等工作方面开展合作，实现互联互通、优势互补和资源共享。会议采用“主题演讲+圆桌会议”的全新形式，有关专家分别作“上海科技创新中心建设”“中科院海西研究院促进科技成果转移转化探索与实践”“上海技术转移服务特色剖析”“推进闽台产业对接的建议”等主题演讲；在圆桌会议交流环节，与会领导和专家们齐聚一堂，就打造沪闽两地技术转移供需链条以及沪闽两地联手加强“一带一路”技术转移合作事宜进行交流探讨。 （郑雨苹）

科技交流与合作

【科技合作计划项目】 2017年，福建省聚焦产业发展，通过整合各类项目资源，开拓对外科技合作的空间和内容。开展科技部政府间国际科技创新合作重点专项的组织申报工作。福建农林大学与加拿大安大略省布鲁克大学生物科学系“农业土壤治理与改良关键技术的联合研发”、华侨大学与新西兰维多利亚大学研究中心“基于适体传感器检测水体有机污染物的研究”、福州大学与台湾大学高可信分散式系统与网络实验室“基于人体通信的穿戴式垂足治疗仪合作研发”、福建师范大学与澳门大学“PD－L1表达与KRAS信号通路相关性及其临床应用”等4个项目获得科技部立项支持，争取经费支持410.6万元。组织推荐福建师范大学、福建仙芝楼生物科技有限公司等14家单位的18个项目申报国家重点研发计划政府间国际科技创新合作重点专项；征集推荐政府间科技合作委员会例会交流项目8项；推荐福建奔驰汽车有限公司建设的福建奔驰汽车国际科技合作基地申报科技部示范型国合基地。组织实施引进重大研发机构资助项目。根据技术专家现场核实意见和会计师事务所审计报告等综合评审意见，由宁德时代新能源科技股份有限公司引进中国科学院物理研究所成立的“宁德时代新能源—中国科学院物理研究所联合研发中心”、由正兴车轮集团有限公司引进北京机电研究所成立的“汽车轻量化车轮研发中心”、由漳州科华技术有限公司引进中国人民解放军军械工程学院成立的“军事工程装备特种电源关键技术研究开发中心”、由福建农林大学引进美国加州大学河滨分校成立的“园艺植物生物学及代谢组学研究中心”等4家研发机构获得立项资助，资助经费3130万元。组织实施省对外合作产业化和重点项目。组织开展2017年福建省对外合作产业化项目，重点支持省内企业引进国（境）外科技成果，解决全省产业发展的重大技术瓶颈问题，共有“高性能混合结构烧结钕铁硼磁体的开发及产业化”“中缅优质水稻新品种联合研发及产业化”等12项获立项扶持，涉及环保技术、光电、生物技术、电子信息等领域，资助经费1080万元。组织实施2017年福建省对外合作重点项目，主要支持高校、科研院所及企业开展探索性研究，“肌原纤维蛋白乳状液作为功能因子传递体系的建立及在鱼糜制品中的应用”等27项获立项扶持，资助经费400万元。

【“一带一路”建设科技创新合作】 2017年，福建省加快推进“海丝”核心区创新驱动发展试验，推动“海丝”核心区建设取得更大成效，在服务国家“一带一路”倡议大局中贡献更多力量。以产业对接为导向，实施科技人文交流行动，服务产业和企业技术创新。组织中科院物质结构研究所与省内医药、信息、环保行业龙头企业，赴波兰、捷克和匈牙利，着重开展合作项目对接、“一带一路”政策落实执行、海外优秀人才引进宣介等工作，形成“中波科技产业园合作”等13项合作意向，并签署“糖尿病智能管理平台研发和联合开展教育与卫生领域人才培养、科研合作”“清洁能源联合研发中心建设”等3项合作协议；组织赴印度参加“第二届中国—印度技术转移、创新合作与投资大会”；参加中英科技创新合作系列活动；组织赴坦桑尼亚、肯尼亚、卢旺达等国洽谈科技合作项目，就“海水养殖及海产品加工”“中国援助卢旺达农业技术示范中心食用菌栽培和加工技术转移”等项目达成合作协议。依托福建海洋研究所执行中国对外援助培训项目，举办“2017年桑给巴尔渔业和水产养殖技术海外培训班”“2017年哥斯达黎加海洋渔业技术海外培训班”“2017年柬埔寨海水水产养殖技术与发展海外培训班”等境外科技培训班。以优势产业为依托，开展联合实验室共建。组织优势产业龙头企业和科研院所赴“一带一路”沿线国家开展科技创新合作洽谈，取得良好成效，为搭建长期稳定的科技创新合作平台打下基础。福建鸿博集团与波兰奥波莱工业大学就“清洁能源联合研发中心建设”达成合作，福建医科大学与捷克圣·安娜大学医院布尔诺国际医疗研究中心就“心血管治疗和移植技术研究合作”达成实验室共建合作意向，石狮展耀纺织科技有限公司与俄罗斯科学院院士、俄罗斯国际系统工程院院士涅夫斯基亚历山大及其团队成立“石狮市展耀纺织科技有限公司院士专家工作站”。以增进了解为途径，初步推动科技园区合作，成为国际科技创新合作的亮点。发挥省内企业在沿线国家的产业园区和项目中的带动作用，总结和推介科技园区建设发展的经验和理念，加大宣传“海丝”核心区建设的进展和成效，提升“海丝”核心区品牌影响力和中国福建形象。组织企业、高新园区等机构赴沿线国家开展推介对接，福建鸿博集团与波兰奥波莱省就波兰中波科技产业园合作达成合作意向，福建农林大学菌草工程技术研究中心与中国援助卢旺达农业技术示范中心将就食用菌栽培和加工技术在卢旺达建立示范园。以对接平台为桥梁，加强技术项目转移和合作。组织省内企业、科研机构参与科技部双边和多边科技合作项目，筹办“海丝”科技创新合作暨科技外交官跨国技术转移专场对接活动，推进福建农业、纺织、海水养殖、信息等先进技术对外转移；组织参加“第十四届满洲里中俄蒙科技展暨高新技术产品展览会”“南亚—东南亚技术转移对接洽谈会”“第五届中国—东盟技术转移与创新合作大会”“第八届中意创新合作周”等活动，借助展会优势资源以及对外吸纳和辐射功能，增进福建省与俄、蒙、东盟、南亚国家科技、经贸等多领域的交流与合作。

【“一带一路”科技合作联络站】 2017年，福建省在组织实施“一带一路”建设科技创新合作中，依托闽籍华人华侨资源，与坦桑尼亚中华福建同乡会建立科技工作联络站和“一带一路”科技合作联络站，筹备落实“匈牙利福建商会”“印度尼西亚晋江同乡会”两个联络站。科技合作联络站的建立为福建省企业与沿线国家开展科技创新合作提供信息、政策等咨询和帮助，推进与住在国互联互通、产能合作、经贸往来、金融合作和人文交流。福建省科技代表团在匈牙利华人社团的协助下，与东欧就科技人才供需进行座谈洽谈，共同举办匈牙利发明专利对接会，取得明显成效。

【泛珠三角科技创新合作】 2017年，福建省深化区域合作，推进与泛珠三角区域内其他各方科技创新合作。以科技项目为抓手促进与泛珠区域内其他各方的科技合作。在省级对外科技合作项目申报指南中增加“重点支持引进国（境）外重大关键技术成果在福建省落地转化，以及为企业‘走出去’提供科技支撑”的项目；与泛珠三角区域其他各方开展的科技合作项目。合作地区覆盖香港、澳门、四川、广东、广西、海南、云南、贵州、江西、湖南。共享泛珠区域内各方之间的科技平台资源，拓展福建省科技产业与东盟地区国家对外科技交流合作的深度和广度。6月13—14日，由中国—南亚技术转移中心和云南省科技厅共同主办的“2017南亚东南亚技术转移对接洽谈会”在云南昆明举行，福建省组织省内18家单位32人参加活动，并遴选电子、农业、装备制造等领域的6项高新技术项目参加大会展览。9月12—15日，由科技部和广西壮族自治区政府共同主办的“第五届中国—东盟技术转移与创新合作大会”在南宁举行，福建省组织近40人的代表团参展。强化闽港、闽澳间科技合作。香港特别行政区政府驻福建联络处及投资推广署在福州举办“一带一路·共创新思路——闽港创新科技交流会”，香港特别行政区政府投资推广署创新与科技行业主管，以及香港科学园、香港应用科技研究院、香港物流暨供应链管理应用技术研发中心的代表出席会议，并在会上介绍香港创新科技行业的最新发展和商业机会，省内科技创新型企业代表近100人参会交流。澳门福建科普考察团第四次到闽考察，此次为教师考察团，共计团员24人，考察主题为“福建人文地理科普考察”，加强闽澳在科普领域的合作，澳门特别行政区政府经济财政司顾问、澳门投资集团股份有限公司董事会主席、粤澳合作中医药科技产业园董事长吕红一行到访，就召开“首届闽澳中医药产业科技创新合作大会”进行第一次筹备会，并与省内中医药行业相关企业进行闽澳中医药产业合作座谈。（郑雨苹）

科技创新平台建设

【重点实验室】 2017年，福建省新增21个省级重点实验室（其中，企业重点实验室20个、学科类重点实验室1个）。全年安排省级重点实验室运行经费1140万元，分别拨给考核优秀和良好的42个省级重点实验室。至2017年底，全省有国家重点实验室10个，国家重点实验室省部共建培育基地2个，省级重点实验室193个（其中，企业重点实验室74个）。

【工程技术研究中心与科技创新公共服务平台】 2017年，福建省新评估认定省级（企业）工程技术研究中心55个。至2017年底，全省有省级以上工程技术研究中心534个，其中，国家级7个、省级527个；有省级产业技术重大研发平台18个、产业技术公共服务平台22个。

【科技企业孵化体系建设】 2017年，福建省引进清华启迪等先后落户福建，设立孵化基地。促进一批启达、大闽孵化器等本土品牌发展壮大，在全省乃至全国连锁经营，为当地创业企业、入驻团队提供优质的创业服务，助力全省创业企业成功孵化。至2017年底，全省科技企业孵化器备案总数165家，其中，省级孵化器39家（是年新增3家）、国家级孵化器14家（含2家大学科技园）；孵化面积261万平方米，在孵企业4549家（是年新增1111家），创造岗位7.86万个。全省孵化器培育的企业主要涉及电子信息、生物医药、材料等领域，在孵企业中高新技术企业264家，毕业企业中高新技术企业300多家，总计培育高新技术企业600家左右。科技企业孵化器作为孵化链条中的重要一环，在促进产学研创新、科技成果转化和培养高新技术企业及企业家等方面取得显著成效，服务全省产业转型升级。2017年，在孵企业总收入123.79亿元，研究与试验发展（R&D）经费支出17.18亿元；知识产权申请4733件，获知识产权授权2891件，其中，发明专利454件；承担国家级科技计划项目61个，获省级以上奖励333项。

【“星创天地”建设】 2017年，福建省科技厅开展第二批国家级星创天地备案推荐工作暨省级星创天地第二批试点建设工作。围绕县域农业产业发展需求，依托具有独立法人资格的农业科技园区开发公司、农业科技型企业、涉农科研院所以及农民专业合作社或专业服务组织等，根据科技部《关于启动第二批国家级星创天地备案工作的通知》要求，组织遴选“大田乌山头休闲生态农业星创天地”等20家“星创天地”报送科技部备案，作为福建省第二批国家级“星创天地”。开展省级“星创天地”第二批建设试点，打造一批适应农业农村科技创新需要，集科技示范、创业孵化、平台服务于一体的新型服务平台，为大学生、返乡农民工、农村青年致富带头人、乡土人才等提供良好的创业环境。2017年，启动实施星创天地建设后补助项目，遴选18家运行成效优良的星创天地给予立项支持，安排项目经费700多万元。至2017年底，全省（不含厦门市）获国家备案星创天地39家。

【“双创在福建”主题活动】 2017年6月9日，由省委宣传部、省发改委、省科技厅会同福建日报社、省广播影视集团，联合福建省人民政府网等各大新闻媒体发起的“双创在福建”大型系列主题活动第四站走进龙岩，活动由龙岩市政府承办。主办单位代表，媒体记者，龙岩市直单位、县市区和企业代表，以及创客、创业导师、众创空间运营者等200多人参加活动。活动旨在通过线上线下结合的方式，挖掘和宣传省内创新创业故事，推动形成“创客进空间、资本进空间、政策进空间”热潮，示范推广“双创”优秀典型，激发创新创业活力，打造经济社会发展新引擎。

【大型科学仪器设备共享】 2017年，根据科技部网络平台建设标准，福建省科技厅组织省测试所按时完成福建省大型科研设施仪器管理服务平台建设工作，实现仪器管理单位与省级管理平台、国家网络管理平台的无缝连接，实现仪器管理单位在线服务功能，实现全省统一平台分级管理目标。截至2017年10月，平台收录30万元以上大型仪器1343台，原值12.57亿元，入网仪器管理单位达176家。2017年，委托第三方专业机构开展重大科研基础设施和大型科研仪器向社会开放服务绩效评价工作，按照绩效评价计分办法，对申报的21家入网成员单位、322台入网仪器进行绩效评审，并依据评审结果对11家仪器管理单位、59台科研仪器进行运行费奖励补助，奖补金额83.5万元。开展技术交流培训工作，委托福建省科洪高技术开发中心举办“氨基酸分析技术推广应用”和“质谱技术和食品安全分析应用”培训班，来自省内各科研院所高校和企业的实验室管理和专业技术人员 120 多人参加培训。试点开展科技计划项目拟购置大型科研仪器设备查重评议工作，组织专家对 2018 年度省科技计划项目拟购置的 14 台科研仪器设备和预算 1148 万元的必要性、适用性、同类仪器存量情况、开放共享情况、预算合理性及安装条件等要素进行评议，并将评议结果作为科技计划项目采购预算编制审核的依据。

【科技金融服务】 2017 年，福建省推进科技金融结合，出台《关于促进科技和金融结合的实施意见》，分别从鼓励银行对科技型中小微企业放贷，加大设立创投机构力度和加强对科技型中小微企业的投资引导，鼓励企业进入证券和债券市场直接融资，推动科技保险、科技担保、科技金融结合试验区等创新工作，完善科技和金融结合公共服务体系，加强科技金融结合的组织和资金保障等 6 个方面着手，促进科技和金融结合工作。2017 年，组织在福州市开展促进科技和金融结合试点工作，指导福州市科技局制订试点工作方案，选择福州高新区开展试点，发挥示范效应，并争取科技部支持兴业银行在福厦泉国家自主创新示范区开展投贷联动试点。开展科技型中小微企业无抵押贷款试点，安排风险补偿金 1000 万元，支持人保财险公司开展科技型中小微企业贷款保证保险。支持科技创投业务，组织成立福建省科技成果转化创投基金，规模 3.75 亿元，其中，省财政科技经费安排 0.5 亿元、募集社会资本 2.5 亿元、争取国家科技部成果转化引导基金 0.75 亿元出资支持。支持科技保险业务，新发放省内 63 家高新技术企业的科技保险保费补贴 336 万元，累计发放科技保险补贴 1700 多万元，带动省内 300 多家次高新技术企业投保科技保险 6000 多万元，为高新技术企业提供近 300 亿元的风险保障。

【第五届福建创新创业大赛】 2017 年，福建省举办“第六届中国创新创业大赛（福建赛区）暨第五届福建创新创业大赛”。大赛在 4 月启动，历经资格审查、初赛、复赛、尽职调查、决赛等环节的层层选拔，于 11 月结束，吸引全省 538 家企业报名参赛，有 63 家企业成绩优异、获得奖项，其中，成长企业组一等奖 2 名、二等奖 6 名、三等奖 10 名、优胜奖 24 名，初创企业组一等奖 1 名、二等奖 2 名、三等奖 3 名、优胜奖 15 名。大赛一、二、三等奖及优胜奖的企业分别获得 15 万元、10 万元、5 万元、2 万元的奖金。福建赛区推荐 24 家企业晋级全国行业赛，有 1 家企业获得二等奖、7 家企业获得优秀奖。此外，有 1 家企业获得专业赛（国际第三代半导体创新创业大赛）一等奖。（郑雨苹）

科学技术普及

【科技活动周】 2017 年 5 月 20 日，由省委宣传部、省科技厅、省科协、福州市科技局、福州市委宣传部和福州市科协联合主办的“2017 年福建省暨福州市科技活动周主会场启动仪式”在福建农林大学举办。科技活动周主题为“科技强国　创新圆梦”，300 多人参加启动仪式。全省（不含厦门）共有 2455 个单位、2.4 万名科技人员参加科技周活动，组织各类活动 1239 场（次），参与活动群众 147.7 万人次，投入经费 518.8 万元。其中，举办科技报告会（讲座、研讨会）454 场；开展科技培训 341 期，受训人数 11.3 万人次；提供科技咨询服务 16.1 万人次；开展科技下乡服务 1426 次；放映科普影视 479 场；对社会开放高校、科研院所 39 家；开放科普基地 213 个；参与“万名科学使者进社区（农村、企业、军营）”601 人；提供义诊服务 3.5 万人次。

【福建省第一届科普讲解大赛】 2017 年 5 月 21 日，由省委宣传部、省科技厅、省科协共同主办，福建农林大学、省科技厅团委和福建省对外科技交流中心共同承办的“福建省第一届科普讲解大赛暨 2017 年全国科普讲解大赛选拔赛”在福建农林大学开赛，来自 13 个单位的 19 名参赛选手同台竞技。大赛评出一等奖 3 名、二等奖 4 名、三等奖 5 名，并在“科学之夜”晚会上举行颁奖典礼，为获奖选手颁发奖状和奖杯。其中，获得省科普讲解大赛一等奖的 3 名选手，代表福建省首次参加“2017 年全国科普讲解大赛”，获得三等奖 2 名、优秀奖 1 名。同时，省科技厅还获得科技部颁发的 2017 年全国科普讲解大赛优秀组织奖。（郑雨苹）

气　象

【防灾减灾与气象服务】 2017 年，省气象部门运用现代化建设成果，强化监测预报预警，有效应对 4 次寒潮、8 个台风（2 个登陆）、12 次高温、14 次强对流、21 场暴雨过程和夏秋气象干旱。与水利、国土、海洋与渔业等部门紧密联动，预警信息覆盖面超过 93%，双台风服务满意度高达 91 分。

融入“清新福建”体系。与旅游部门合作，在武夷山、屏南白水洋、永定土楼、古田会址建成 4 个气象旅游清新指数自动站，开展“清新福建”清新指数监测预报。试点建设武夷山国家公园观象台，探寻生态环境长序列监测机制。与环保部门联合制作“城市空气质量预报”产品。与林业部门联合建设林业火险监测预警项目。与国土部门联合完成地质灾害精细化风险预警试点建设。印发农业气象业务发展 3 年行动计划，推进“一网一园一中心二平台三站”重点项目建设。开展蔬菜、食用菌、果树、中药材和花卉等设施农业气象服务，为用户增加经济效益，减少气象灾害损失。实施人工影响天气作业，年增有效降水 3.1 亿立方米，保护烟草种植面积 5.8 万公顷。

【气象现代化建设】 2017 年，福建省优化完善综合监测系统，加强数据质量控制和分析应用，基础业务质量保持高质量稳定。台风、暴雨和强对流天气的监测以及数据分析应用能力进一步提高，双偏振雷达评估和研发应用全国领先。33个主要业务平台有序迁入资源池，省级主要业务资源实现在线统一监控管理。漳州地面气象观测无人值守业务改革试点取得初步成效。全省国家级地面观测站完成观测场标准化升级改造。在罗源建成实训观测场和技能保障实训室投入培训应用。网格气象预报实现业务化运行，获评中国气象局创新工作。省市县一体化短临预报预警服务系统投入业务试运行，实现强天气的实时监测及预警产品的快速制作、发布和共享。延伸期格点化预报技术投入业务应用。

全省所有设区市和53个县级政府成立预警信息发布中心，预警信息发布系统与20个部门顺利对接，完成10余种发布渠道整合应用。建设公共气象服务一体化业务平台。精心打造“知天气”“农气宝”气象服务品牌，“知天气”用户数超300万户。省气象防灾中心顺利封顶。

【气象科研与人才】 2017年，福建省深化闽台气象科技交流，海峡两岸民生气象论坛办出品牌。开展局校合作，促进科研与业务融合。应用多普勒天气雷达进行林火自动监测和预警，龙岩地区探测准确率达90%以上。“福建省气象工程技术研究中心”建设融入地方科技创新平台管理。主持国家级科研项目7个、省部级科研项目26个，获得省部级科研奖励1项、软件著作权7项；完成课题研究82项，发表科技论文113篇；科技成果中试3项、转移转化6项12次。贯彻增强气象人才科技创新活力的若干意见，确定26项具体措施任务，出台70个配套政策。新建创新团队3支，续聘和新聘领军人才5人、首席专家15人，6人通过正研高工评审，骨干和一线人才总量分别为43人和106人。强化分级培训管理，面授培训2475人次、远程培训2683人次。罗源实训基地初步建成。

【气象法治建设】 2017年，福建省落实《国务院关于优化建设工程防雷许可的决定》，召开建设工程防雷管理协调会议，行政审批时限压缩至50%以内。制订安全生产权责清单和《安全监管指导手册》，建设监管对象库，建立336名专兼职人员组成的安全监管队伍。发布实施7个地标，《气候年景评估方法》获省标准贡献奖三等奖。（孙雁冰）

地　震

【概况】 2017年，福建及其近海地区发生 M_L2.0级以上地震35次。其中，2.0～2.9级33次，3.0～3.9级2次，最大地震为7月21日南平 M_L3.0级和12月25日安溪 M_L3.0级地震。2017年，福建及近海地区2级以上地震活动频次和强度水平较2016年均有所下降。

是年，台湾海峡地区发生 M_L3.0级以上地震4次，其中3.0～3.9级地震4次，最大地震为1月9日台湾海峡中部 M_L3.8级。2017年，台湾海峡地区3级以上地震频次水平较2016年略有上升。

2017年，台湾地区发生 M_S5.0级以上地震7次，其中，5.0～5.9级7次，最大地震为2月11日高雄 M_S5.6级和5月16日台东 M_S5.6级地震，地震活动频次和强度水平较2016年显著下降。

【防震减灾科技创新】 2017年，福建省完善地震预警与烈度速报处理系统，推广晋江预警示范区、泉州市的经验，召开地震预警信息发布推进工作会议，完成电信等4家企业的地震预警发布授权工作，实现地震预警的行业服务和示范区的社会服务。向省政府提请转发《福建省地震预警信息发布实施指导意见》，提交向社会发布的地震预警信息的请示，做好地震预警信息向全省社会公众发布各项准备工作。出台加快推进地震科技创新的实施方案，加强与国家海洋局系统科研院所、中国科技大学、厦门大学等合作，打造地震预警与烈度速报、主动源陆海探测两个地震科技创新平台。获批国家自然科学基金重大项目1个，面上项目2个，项目经费436万元；获批地震星火科技项目2个；“探测地下构造的人工震源技术系统及其应用”获中国地球物理学会科技进步一等奖。

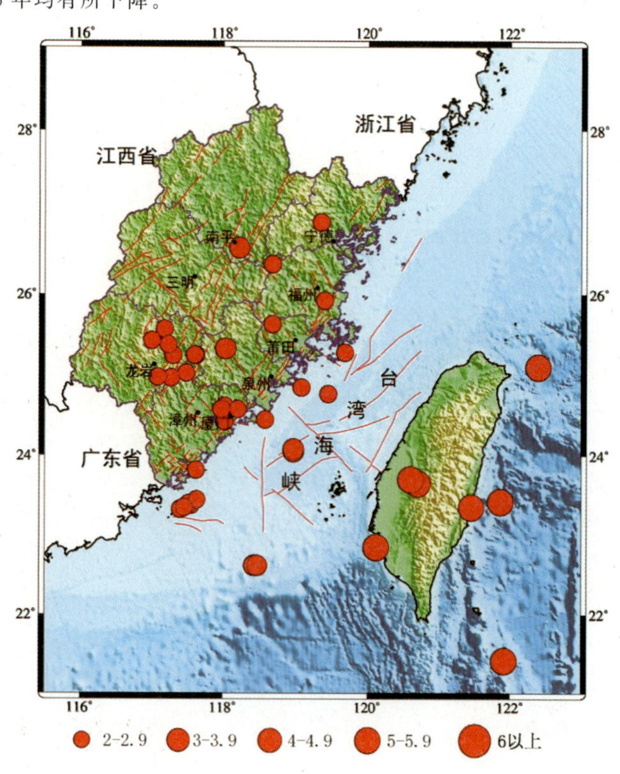

2017年度闽台地区地震震中分布图（福建地区 $M_L \geq 2.0$，台湾海峡地区 $M_L \geq 3.0$，台湾地区 $M_S \geq 5.0$）

【震害防御与应急救援队伍】 2017年，福建省建成农居地震安全示范点350多处，建成46个防震减灾科普教育基地（其中，国家级6个）；创建科普示范学校150所（其中，省级87所）；创建国家级地震安全示范社区132个；制订各级政府地震应急预案1058部、各级政府相关部门预案2184部、重点企事业单位预案7830部，以及学校、医院等人员密集场所预案7210部；建成符合地方标准的地震应急避难场所752处，组建各级地震救援志愿者队伍268支，注册地震应急救援者14462人，可动员志愿者7万余人。

【地震科普宣传与教育】 2017年，福建省利用平面媒体、公益广告、宣传挂图、网络媒体等，开展地震科普宣传活动。5月12日，召开福建地震预警系统建设进展新闻发布会，就福建省地震预警系统建设情况、福建省地震预警信息发布试点示范工作开展情况和福建省地震预警规章、标准建设情况等进行发布；创作《户外遇到地震该如何逃生呢?》《不要轻易让地震摧毁我们的家园》动画宣传2分钟短片等宣传材料；组织专家前往1007交通与应急广播、987私家车广播和宁德师范、屏南一中、福州教育学院附属第一小学等开展防震减灾科普宣讲活动；组织中国地震局第二届防震减灾公益设计大赛组织与宣传推广工作，获中国地震局组织优秀奖；创作录制《2分钟告诉你什么是地震预警》、制作《认识地震预警》挂图，联合福州地铁公司从5月5日至6月5日在福州地铁1号线29个站点的LCD屏和车厢内首播地震预警科普视频动画片《2分钟告诉你什么是地震预警》，每天滚动播放10次，以活泼的语气和画面，向公众介绍什么是地震预警、地震预警的原理是什么、地震预警为什么能够发挥防震减灾实效等知识，覆盖约300万人次；设计制作图解展板60余幅，主要有《图解2017年福建省地震系统工作会议》《图解福建省地震局事业单位改革方案》《图解福建省地震局砥砺奋进的五年》；拍摄并制作陆海联测宣传片《开拓创新兴科技　攻坚克难促发展——福建及台湾海峡地壳深部构造探测工作纪实》《2017年福建及台湾海峡三维地壳结构陆海联测》；运用H5技术制作《2017年福建及台湾海峡三维地壳深部构造陆海联测》。

【闽台地震科技交流与合作】 2017年，福建省与台湾地区有关单位联合开展2017年度福建及台湾海峡陆海联测工作，完成福建及台湾海峡探测区域南部Ⅱ区块三维地壳结构陆海联合探测实验。陆域采用移动式水库气枪震源系统在三明安砂水库进行5个工况试验，正式激发506次；在泉州山美水库进行4个工况试验，正式激发503次，科学实验激发201次；海上利用“延平2号”震源船6杆气枪，开展大容量气枪走航式和固定点的多次重复激发探测工作。“延平2号”气枪震源船，沿北东向4条测线，走航约800千米，激发2589枪；沿北西向7条测线，约420千米，激发约1350枪；6个固定点，激发约480枪；开展多道地震电缆探测，6条主测线和1条联络测线，长度约720千米；由121个流动加密台、391个固定测震台、海上47个OBS、陆上100套PDS组成的观测系统，形成规范化的运维体系，实现实时数据汇集与服务。实时入库近200万道记录；通过震相快速拾取、三维快速建模、三维正演、三维反演模块拾取近十万条震相数据，测试近30个棋盘模型，提升对福建滨海断裂带深部构造的认识；组织召开2017年福建及台湾海峡陆海联测闽台研讨会，闽台地震科技人员探讨2017年实验工作成果及2018年研究合作方案。

（郑小菁　王　林）

编辑：郑　菜

社会科学

社会科学规划

【国家社科基金项目】 2017年，福建省国家社科基金项目立项133个，资助资金3045万元。其中，年度项目与青年项目110个，西部项目8个，重大项目3个，后期资助项目8个，重大转重点项目1个，中华学术外译项目1个，特别委托项目2个。

【省社科规划项目】 2017年，福建省社科规划年度项目立项265个，投入经费1492万元。其中，重大项目13个，一般项目136个，青年项目101个，西部扶持项目15个，完成《习近平治国理政中的社会治理思想研究》等部门委托项目149个。对省社科规划项目管理进行改革，制定出台《福建省社会科学规划后期资助项目管理办法》，与省财政厅联合修订《福建省社会科学规划项目资金管理办法》。

【哲学社会科学研究规划】 2017年，福建省组织实施福建省第十二届社会科学优秀成果评奖工作，收到申报成果1219项，按程序做好评审工作。编发23期应用对策研究成果要报，6期被《八闽快讯》刊登。宣传推介国家社科基金和省社科规划项目优秀成果，《内地高校香港学生思想政治教育亟待加强四点建议》《农业企业海外生存与风险防范》《完善海外新华侨华人社团，提升国家软实力的政策建议》《深化两岸社会组织融合发展的阻力与对策》《两岸两会协议的落实与效应问题研究》《福建省侨资企业发展环境调研报告》《台湾自由经济示范区的建设进展与面临的问题》等一批阶段性研究成果获得中央及省部级领导的重要批示。福建师范大学郭培贵、颜桂堤，华侨大学薛秀军、杨少涵，武夷学院张品端等5位专家学者撰写的5篇国家社科基金项目阶段性成果分别入选《中国社会科学报》与《光明日报》的“国家社科基金”专刊、专栏。全国社科规划办以《福建省国家社科基金项目成果宣传推介的几点做法》为题，专题介绍福建省的经验做法。

【省社科研究基地建设成果】 2017年，福建省首批16个省级社科研究基地经过3年建设，累计承担国家级项目124个，省部级项目407个，发表论文1434篇，出版专著244部，获省部级以上各类奖项120项。围绕国家和福建省经济社会发展的大局建言献策，提交212篇有分量的资政建言报告，其中47篇获得中央和省级领导批示肯定。（郭胜鑫）

政策咨询与发展研究

【概况】 2017年，福建省政府发展研究中心做好政策咨询研究工作，打造“学习有道、调研有方、成果有用、工作有为”新型智库，各项工作取得新成效。全年向省领导报送30份《专报件》、23份《研究报告》和60期《发展研究内参》。2017年11月，研究中心被中国社会科学院中国社会科学评价研究院评选为中国核心智库，成为位列地方政府发展研究中心系统十家核心智库之一。

【政策咨询研究】 2017年，福建省政府发展研究中心开展现代服务业专题研究，编印出版《现代服务业新业态新模式案例选编》。开展实施赶超目标的GDP增速预测分析，形成专报件呈送省领导参阅。定期做好福建经济形势分析工作，为省委、省政府每季度召开经济形势分析会和研究部署全省经济工作提供书面汇报材料。为更好地反映科学发展和生态保护要求，调整优化县域经济评价指标体系，发布2017年福建省县域经济“十强”“十佳”评价结果。会同省国土厅编制《福建省国土规划（2016—2030年）》，会同省数字办编制《加快发展数字经济三年行动计划（2018—2020年）》，会同省数字办指导宁化县编制《数字宁化行动计划》，支持开展“数字宁化”建设。

首次参与国研中心在福建等8个省份开展的“中国民生关切点入户调查”工作，会同省农信社就清华大学专家组随机抽取的10个县（市、区）共计1280个家庭涉及的工作与就业、收入与消费、子女教育、医疗卫生、养老保障、住房保障、生活环境、食品安全、政府服务等9个领域民生关切问题开展入户调查工作，形成《经济发展新常态背景下的民生关切——我省2017年度民生发展入户调查结果简析》报送省领导参阅。根据党的十九大关于“推进生态文明体制改革”要求，国研中心资源与环境政策研究所调研总结福建等6个省份生态文明建设的做法和经验。

重点课题研究。召开2017年福建省政策咨询工作会议，并在年中召开全省发展研究工作座谈会，加强对年度政策咨询研究工作的谋划部署。围绕强化正向激励机制、发挥金砖国家领导人厦门会晤后续效应、“海丝”核心区建设、福州新区发展、平潭国际旅游岛建设、福厦泉创新发展、自贸试验区与自主创新示范区联动发展、新兴产业发展、发展大数据产业、发展科技服务业、加快养老服务业发展、做好外贸出口工作、拓展投资工程包、提高社会资本参与PPP项目积极性、推进投贷联动工作、提升特色小镇创建水平、农村生活污水垃圾治理、农药包装废弃物无害化处置、加快补齐民生短板、生态产品价值实现、加快学前教育发展、老年教育发展、人才公寓建设、独角兽企业发展、自由贸易港、区块链技术、人工智能、硬科技、量子通信等开展专题研究，形成一批具有较高质量的研究成果。研究人员在各类媒体发表文章40多篇，编辑出版《解读新福建》和《福建发展研究（2016）》。研究人员为地方、部门和高校作专题宣讲40多人次，以专家身份参加政策解读、接受媒体专题采访30多人次，参与省政府工作报告等重要文稿起草工作。

【新型智库建设】 2017年，福建省推进新型智库建设。围绕福建经济社会发展，筛选11个决策咨询研究课题列入年度省社科规划应用研究后期资助重大项目，向社会公开招标开展研究。密切与高等院校、研究机构等智库的交流合作，与华侨大学等高校和省农信社、福州市发展研究中心等单位签订交流合作协议，深化与厦门大学、福州大学、福建师范大学、福建医科大学等高校智库的交流。加强省市县三级研究中心的交流与合作，在开展调研、课题研究、业务培训等方面加强协同配合，形成更加紧密的联动机制。通过设立产业调研观察点和信息共享等方式，为开展研究工作奠定良好基础，已设立调研观察点50个，涉及制造业、现代服务业等领域。举办福建省政策咨询研究系统“实施创新驱动，推进转型升级”专题培训班，召开“干部论坛”5期，持续提升政策研究系统工作人员的学习能力、研究能力和新型智库建设能力。所属事业单位咨询服务中心更名为智库服务中心，编辑出版《发展研究》杂志12期，刊发社会各界和专家学者相关研究成果239篇。建成省社会科学决策咨询信息系统，收录省国资委、省社科联、福州大学、华侨大学、集美大学等单位的课题研究资料，促进决策研究成果资源的互联互通和在线共享。

顾问服务工作。邀请省政府顾问来闽调研或作专题报告、开展学术交流，为福建经济社会发展提供支持。诺贝尔奖获得者、石墨烯的发明者之一、英国曼彻斯特大学名誉教授诺沃肖洛夫院士来闽，就能源与石墨烯创新平台建设及石墨烯产业发展等进行交流；荷兰经济部支柱产业联盟农副产品委员会主席戴克豪森和欧中科技发展中心主任朱望钊来闽，提议在福建建立全球首个国际绿色蛋白中心；中国人民大学常务副校长王利明教授来闽在省政府作《民法总则》专题讲座。全年组织召开8次省政府顾问、专家学者专题座谈会，参加座谈研讨活动的省政府顾问、专家学者共计70人次。组织省政府顾问、专家学者开展漳州行、南平行和莆田行等调研活动，为“再上新台阶、建设新福建”和推进区域经济社会发展建言献策。以座谈会和书面征求意见等形式，征集省政府顾问对政府工作报告及其他相关工作的意见建议80多条，形成《省政府顾问建言》9期。

拓展智库对外交流合作。参加国研智库论坛2017年会、2017年中国发展高层论坛、国研智库论坛·新年论坛并作主题发言，参加“一带一路”国际合作高峰论坛、丝路国际智库网络2017年会、中蒙俄智库国际论坛2017年会、“十月革命与二十一世纪的社会主义”论坛等活动，赴德国、捷克有关地方政府机构、智库和大学等开展交流，签订交流合作备忘录。在第九届海峡论坛期间举办“共谋发展、共创未来”为主题的两岸智库论坛，来自海峡两岸的100多位专家学者和各界人士围绕新形势下推进两岸关系和平发展、深化两岸经济社会融合发展及闽台先行先试等议题，进行交流研讨。配合在福州市举办金砖国家政党、智库和民间社会组织论坛，组织赴台湾地区开展智库交流和文化创意产业专题调研。 （黄昌华）

社会科学研究与成果

【概况】 福建社会科学院是省政府直属事业单位，是福建省唯一省级综合性社会科学研究机构。2017年，全院在编人员160人，省委编办核定的内设机构17个，其中，职能机构有办公室、人事处、科研组织处、对外合作处、机关党委5个；研究机构有经济、亚太经济、华侨华人、现代台湾、文学、历史、哲学、社会学、精神文明、法学研究所10个；另有《福建论坛》杂志社、文献信息中心（福建省台湾文献信息中心人文社科馆）。下设2个直属事业单位：福建省海峡文化研究中心、福建社科院·中国社科院哲学研究所宋明理学研究中心。出版4种刊物：《福建论坛》（人文社科版，月刊）、《学术评论》（双月刊）、《亚太经济》（双月刊）、《现代台湾研究》（双月刊）。其中，《福建论坛》被国家新闻出版总署评为“国家期刊百种重点期刊”；《福建论坛》《亚太经济》入选中国社科院“中国人文社会科学核心期刊”、教育部“中文社会科学引文索引来源期刊”。编辑呈送省领导参阅的内部决策咨询专报件——《福建社会科学院专报》，编有《台情要报》《台湾文献信息中心社科信息专报》等内部资料及简报。

【研究成果】 2017年，福建社会科学院组织研究课题150余项，出版著作28部，发表论文、文章500余篇，提交研究报告100余份；科研成果总字数1674.6万字。其中，权威期刊发表论文21篇，《人民日报》《光明日报》发表文章7篇，核心期刊发表论文130篇，《福建日报·理论周刊》发表文章35篇；有13份研究报告获省级以上领导批示；有50余篇政策建议被中办、中宣部专报件和省"两办"《福建信息》《政讯专报》等采用。

【社会科学研究工作】 2017年，福建社会科学院加强习近平新时代中国特色社会主义思想和党的十九大精神研究宣传阐释工作。由院长、党组书记牵头，设立院重大专项课题"2017党的重要理论阐释性研究"。领导带头撰写阐释性理论文章，以福建省中国特色社会主义理论体系研究中心名义，在《人民日报》《光明日报》发表阐释性理论文章7篇。《福建日报·理论周刊》开辟的"理论专家谈十九大"专栏，先后多期整版发表社科院专家学者撰写的阐释性理论文章，有10余篇有关十九大报告亮点解读被省委办公厅《福建信息》《八闽快讯专报件》、省政府办公厅《政讯专报》采用。开展"习近平在闽工作期间重要思想观点研究"，在《福建论坛》《学术评论》开设"习总书记'5·17'重要讲话""习总书记'7·26'重要讲话"等专栏，刊发多组阐释性理论文章。

福建经济社会发展问题研究。围绕省第十次党代会精神和省委、省政府中心工作，发布年度研究指南，组织开展课题研究。抓实80余项决策咨询课题研究，完成280余篇论文和研究报告，其中，83篇在权威和核心期刊发表。开展十八大以来重大成就和经验总结宣传，迎接党的十九大召开。根据省委宣传部统一部署，组织全院精干力量，重点结合福建省改革开放生动实践，提炼十八大以来党和国家事业发展的非凡历程和辉煌成就，研究阐释中国特色社会主义在福建的实践探索和经验成果，多篇理论文章在《福建日报》刊登。

服务党和国家工作大局，加强重大理论与现实问题研究。开展金砖国家领导人会晤跟踪研究，成立"金砖国家研究"课题组，一些研究成果上报中央。助力决胜全面小康精准脱贫攻坚战，参与中央马克思主义理论研究和建设工程重大项目、国家社科基金特别委托项目"福建省精准扶贫精准脱贫实践研究"，调研报告上报中宣部。组织开展深化供给侧结构性改革、实施乡村振兴战略、构建"海丝"核心区、加快自贸试验区建设、打造生态文明先行示范区、加强闽台经贸合作、促进闽台深度融合发展、华侨华人与"一带一路"等重要课题研究，取得系列研究成果。承担的"对接国家'一带一路'倡议，打造福建对外开放新优势"获省重点课题优秀调研成果一等奖。

文艺理论研究与福建特色文化研究。落实省领导指示精神，成立"福建社会科学院马克思主义文艺理论与批评研究中心"。推进闽派批评建设，主编出版"闽派批评新锐丛书"引起学界关注，《光明日报》刊发《文艺批评空间重塑"四步走"——以"闽派"新锐批评实践为例》，对该丛书的价值、意义给予全面评介，被评为海峡出版发行集团2016年度十大好书；出版《福建思想文化大系》（八闽名家读本系列）；专著《无名的能量》获第七届吴玉章人文社会科学奖。加强对台湾社会文化思潮尤其是文艺思潮研究，完成"十二五"国家重点图书出版规划项目"当代台湾文化研究新视野丛书"。

按照《〈福建红色文化保护、传承和弘扬工程实施方案〉工作任务分解》精神，成立"福建红色文化研究中心"。挖掘红色文化内涵，组织专家赴相关县市开展红色文化资源保护传承课题调研。承担省委宣传部课题"福建红色文化保护传承弘扬的现状分析与对策建议"。落实省委领导批示精神，开展"中央苏区红色交通线"调研工作，研究报告获时任省委领导肯定性批示。

落实省委领导在政协提案"关于加强闽江流域历史文化资源的挖掘与整合的建议"上的批示精神，形成调研报告上报。承担省中国特色社会主义理论体系研究中心2017年重大委托项目"习近平关于传承和弘扬中华优秀传统文化重要思想研究"、省重点调研课题"打造福建特色文化品牌研究"子课题——"福建优秀传统文化的现代转化研究"，主编出版《八闽古城古镇古村》丛书。加强福建历史文化特别是朱子文化、船政文化、闽南文化、客家文化及文化产业研究，专著《家祭：两岸祭祖习俗及其社会基础》获第六届中华优秀出版物奖图书奖。

【新型智库建设和哲学社会科学创新工程】 2017年11月10日，由中国社科院评价研究院发布的《中国智库综合评价AMI研究报告（2017）》中，福建社科院入选"核心智库榜单的综合性智库"。2017年10月12日，由推进"一带一路"建设工作领导小组办公室指导、国家信息中心"一带一路"大数据中心发布的"一带一路"地方性智库影响力排名中，福建社科院名列第六。

（黄莹杰）

学术活动

【省社科界重要学术研讨活动】 2017年，福建省社科联举办首届红色文化高端论坛，策划制订论坛方案，收到论文100多篇，来自中央和省直有关部门、主要媒体负责人、省内外高校和社科机构专家学者100多人参加论坛。与会人员围绕"中国革命历史与红色文化传承"主题展开研讨，对加强红色文化遗存保护、研究、宣传等提出许多富有建设性的意见建议。联合省科协共同主办第二届哲学社会科学专家与自然科学专家对话交流活动，以“实施创新驱动优先战略　打造创新发展‘福建范本’”为主题，为“再上新台阶、建设新福建”建言献策。中国社科院经济所原党委书记、所长裴长洪应邀作《创新驱动下的经济发展模式》专题报告。省内10位来自社会科学界与自然科学界的专家学者分别围绕“全面认识全球创新环境的重大变化”“如何在新一轮科技革命中抢占高地”“把科技创新融入供给侧结构性改革，加快实现福建产业结构迈入中高端”“推动战略性新兴产业规模化发展”“以科技创新带动全面创新，激发福建发展新活力”“网络对社会发展的作用”“智能机器人对人类社会的影响”等议题进行深入对话交流。

【全省社科界学术年会】　2017年，福建省全省社科界学术年会以“新使命　新机遇　新发展——哲学社会科学的责任担当”为主题，举办学习贯彻党的十九大精神主题报告会，设立“学习贯彻党的十九大精神与习近平治国理政思想研究”“治国理政与社区协商”等21个分论坛和“中国特色社会主义政治经济学与福建‘十三五’发展创新研究”“文艺的人民性与人民美学的再出发”等4个青年博士论坛，收到论文和调研报告1000多篇，有关单位领导、专家学者和高校师生3000多人参加学术年会活动。（郭胜鑫）

【省政府发展研究中心参加的学术活动】　2017年5月，“一带一路”国际合作高峰论坛在北京国家会议中心开幕，29位国家元首和政府首脑齐聚北京，1500多名代表参会，共商“一带一路”建设合作大计。论坛期间，国家发展改革委、国务院发展研究中心召开“加强政策沟通和战略对接”平行主题会议，来自70多个国家的180多位部长级官员和国际组织负责人以及智库、企业界负责人共360多位代表，分享双边多边开展政策沟通和发展战略对接的实践经验，提出许多关于进一步推进“一带一路”建设的意见和建议。省政府发展研究中心主要负责人应邀参加“一带一路”国际高峰论坛“加强政策沟通和发展战略对接”平行主题会议。《中国经济时报》刊发研究中心主要负责人接受记者专访的报道。

2017年6月，全国省区市经济形势分析座谈会在贵阳召开。会议分析当前全国经济形势的总体情况，对全年经济形势作出研判。省政府发展研究中心主要负责人参加会议并作大会发言，介绍福建经济社会发展情况和省委、省政府推进经济工作的举措，特别是中国（福建）自由贸易试验区、21世纪海上丝绸之路核心区、国家生态文明试验区、福厦泉国家自主创新示范区、福州新区和平潭综合实验区建设取得的成效。

2017年11月，“国研智库论坛·2017年会”在北京举行，主题是“新时代、新思想、新方略、新征程”，是为深入学习贯彻党的十九大精神举办的一项活动。来自中央部委、地方政府、智库机构、企业界和新闻界代表共300余人参加论坛。省政府发展研究中心主要负责人应邀参加论坛并作《贯彻绿色发展理念推进生态文明建设》的主题发言。（黄昌华）

【省社科院学术交流】　2017年，福建省社科院举办高层论坛。参与主办“红色文化高端论坛”“第九届海峡论坛·两岸智库论坛”和“文艺的人民性与人民美学再出发”学术研讨会；院舆情研究中心主办“全国舆情研究与智库建设研讨会”；与泉州市委宣传部联合主办“邻里文化与和谐社区建设”高峰论坛。举办专题讲座，分别邀请国家社会科学基金重大项目首席专家、清华大学华商研究中心主任龙登高教授和《光明日报》理论部主任李向军等专家作专题讲座。举办读书会，以“福建社会科学院马克思主义文艺理论与批评研究中心”名义主办马克思主义文论读书会，全年举办6场。全年安排科研人员赴港澳台地区学术交流6批13人次、赴国外学术交流4批4人次。邀请及接待境外专家学者8批24次，组织召开对外学术交流合作研讨会8次，境内外学者107人次参加。

【学术刊物】　2017年，福建省社科院努力提高办刊水平，《福建论坛》（人文社科版）全年出刊12期，《学术评论》全年出刊6期，刊发学习习近平总书记“7·26”重要讲话精神、马克思主义理论研究、“一带一路”建设、金砖国家经贸合作研究等方面论文数十篇。全年刊发的名家稿件约占文章总数的26%，刊发的全国社科基金和教育部课题项目论文约占46%，全年被中国人民大学《复印报刊资料》全文转载22篇，《新华文摘》全文转载1篇，《中国社会科学文摘》全文转载2篇。《亚太经济》全年出刊6期，发表文章142篇。《现代台湾研究》围绕台海局势，刊发一批深入研究两岸关系和台湾问题的文章。（黄莹杰）

编辑：郑　莱

公共文化

【艺术创作生产与展演】 2017年，福建省实施“福建省舞台艺术精品工程”和“福建戏曲保护传承弘扬工程”。着力抓红色历史、推进改革、扩大开放、生态省建设、效能建设、文化遗产保护、传统文化传承发展、海峡两岸交流合作、精准扶贫等9个方面的现实题材创作，精心创排大型舞剧《望海》、歌剧《松毛岭之恋》《与妻书》和话剧《县委书记廖俊波》等。创立艺术精品，策划论证“火花茶会”新机制，每月组织一次以上专家、剧团研究精品创作，全年举办16次。排演拍摄国家京剧电影工程项目《大闹天宫》，中央电视台现场录制舞台版首场演出并在戏曲频道播放，是中国京剧电影工程的唯一武戏。高甲戏《大稻埕》获“五个一工程”奖。闽剧《双蝶扇》入选文化部2017年度“国家舞台艺术精品创作扶持工程”10部重点扶持剧目，为全省第一部入选该工程剧目；闽剧《双蝶扇》、南音《凤求凰》入选“2017年度全国舞台艺术重点创作剧目名录”。歌剧《松毛岭之恋》入选文化部“中国民族歌剧传承发展工程”9部重点扶持剧目。莆仙戏《踏伞之后》、平讲戏《马匹卜驳妻》入选文化部2017年度剧本扶持工程“整理改编剧本”项目。福州市闽剧院演员吴则文获第28届中国戏剧梅花奖。高甲戏《大稻埕》获第22届曹禺剧本奖。杂技《竹林欢歌——抖杠》获得莫斯科“偶像——2017”国际马戏艺术节比赛银奖和组委会特别奖。歌剧《松毛岭之恋》入选第三届中国歌剧节，京剧《赵武灵王》、折子戏《武松打虎》入选第八届中国京剧艺术节，闽剧《苏秦还乡》入选全国基层院团戏曲会演，高甲戏《大稻埕》入选全国地方戏曲南方会演，高甲戏《大稻埕》和闽剧《双蝶扇》入选第十五届中国戏剧节。木偶戏《施公案》、南音《钗头凤》等8个节目入选2017年全国曲艺、木偶剧、皮影戏优秀剧（节）目展演。10部作品获福建省第八届百花文艺奖。18个项目入选国家舞台艺术基金年度扶持立项资助、1个项目获滚动资助，资助总额2295万元。完成福建省承担、历经两年的全国地方戏曲剧种普查工作，全国有348个剧种，福建有23个剧种。《福建艺术》由双月刊改为单月刊，连续出版4期，反响良好。

2017年12月9日，国家京剧电影工程项目《大闹天宫》舞台版在福州凤凰剧场首演
（省文化厅供稿）

重大文艺活动。完成省委、省政府交办的“金砖国家领导人厦门会晤”“金砖国家政党、智库和民间社会组织论坛”等重大活动文艺演出任务，舞剧《丝海梦寻》精华版在福州“三合一”论坛精彩献演，得到国外嘉宾的盛赞和中联部的高度评价。芗剧现代戏《谷文昌》片断和梨园戏《董生与李氏》片断两个节目入选国家2018年新年戏曲晚会。举办第七届福建艺术节暨第27届戏剧会演剧本征文活动，征集到104部作品。举办福建省第九届青年演员比赛，全省有590名青年演员参赛，有339名选手进入决赛，荟萃戏剧、声乐、器乐、舞蹈、杂技等艺术门类；以第九届青年演员比赛获奖选手的获奖节目为

2017年6月11日，舞剧《丝海梦寻》在福州举办的“金砖国家政党、智库和民间社会组织论坛”专场文艺晚会上演出　　（省文化厅供稿）

主体举办汇报演出，集中展示近年来福建省精心培育优秀青年文艺人才的成果。在晋江举办由文化部和省政府主办的全国曲艺、木偶剧、皮影戏优秀剧（节）目展演，全国80多个优秀曲艺、木偶、皮影剧目参演。开展送戏进乡村、进校园、进社区、进军营等文化惠民演出活动，省属六院团全年演出1200多场。扶持47个基层文艺院团开展免费或低票价演出，全年演出2000多场。

文艺展演。党的十九大召开后，利用文化资源和文化阵地，迅速组织文艺工作者创造性地将理论宣讲和文艺演出融为一体，紧贴十九大报告创排一批文艺节目，赴全省各地开展“新时代新风采”党的十九大精神宣讲文艺巡演，推动省市县三级联动开展十九大精神文艺巡演进乡村、进校园、进社区、进企业等，创新以艺术形式系统解读、宣传十九大精神。不到2个月时间，省市县三级巡演近300场。巡演体现宣讲式特点，小制作紧扣大主题、小节目宣讲大道理、小分队形成大联动、小阵地发挥大作用。

【公共文化服务体系建设】 公共文化基础设施建设。2017年，福建省贯彻落实《公共文化服务保障法》和《关于加快构建现代公共文化服务体系的实施意见》，协调省财政等部门制订《福建省基层综合性文化服务中心建设以奖代补方案》，推进公共文化服务标准化、均等化建设和科学化布局。对接各地需求建设特色化文化设施，促进特色化与针对性有机组合。启动县级文化馆图书馆总分馆制建设，全省确定15个县（市、区）的11个图书馆、8个文化馆试点建设。推进图书馆法人治理结构工作，组建首届福建省图书馆理事会，陈吉任首届理事会理事长。福州市、古田溪山书画院创建第三批国家公共文化服务体系示范区、示范项目通过国家中期督查。加快重点文化项目基础设施建设进度，海峡演艺中心项目完成工程投资近2亿元。

公共文化服务效能。加强公共文化服务供需对接，出台《关于进一步加强我省公共文化服务供需精准对接的实施方案》，建立“福建省公共文化服务供需对接信息平台”，明确公共文化服务对接内容。制订公共文化服务信息发布工作机制，向社会发布15批各类文艺演出、文化展览展示、文化讲坛讲座等信息1000多条。文化部“公共数字文化大数据实践基地——福建重点实验室”落户福建。创新公共文化服务方式，实施一县一品、一乡一品文化品牌创建，依托民间民俗文化和非物质文化遗产开展特色文化活动，组织民营文艺院团层层会演。推动文化场馆和文艺院团“联盟合作”，实现不同门类的文化资源互联互通、共建共享。建立“全省公共文化服务志愿者联盟”，根据基层群众需求，开展多类型多形式的文化志愿服务。建设“西湖文化主题公园”文化惠民项目。在福州组织举办学习宣传公共文化服务保障法系列活动和现代公共文化服务体系建设推进会暨区域文化联动活动。

群众文化惠民活动。打造“百姓大舞台”品牌，开展公益演出。建设（提升）1000多个地方戏台、541个非遗传习场所及一批文化村史馆、小型特色博物馆、宗祠文化场所、农民文化小公园等，让广大群众共享文化改革发展成果，实现公益演出常态化。实施福建省文化厅·闽籍书画名家抢救工程。为贯彻党的十九大精神，落实中办、国办《关于实施中华优秀传统文化传承发展工程的意见》和《福建省优秀传统文化传承发展工程实施方案》，省文化厅组织实施“闽籍书画名家抢救工程”，先后举办章友芝、朱棠溪、沈觐寿、陈子奋、赵玉林、谢义耕、伊秉绶、沈耀初、周哲文等名家的书画艺术作品展，形成福建特色文化品牌，在社会上、在全省乃至全国书画界产生良好影响。“福建省文化厅·闽籍书画名家抢救工程”通过收集、整理、汇总全国各博物馆和散落在社会与民间的福建历史上书画大家的作品，进行集中展示和数字化记录，再现闽籍书画名家的艺术成就和人格风骨，弘扬福建优秀传统文化，传承福建历史文脉，为研究福建省美术书法发展史提供第一手、有规模的珍贵历史资料。“闽籍书画名家抢救工程——伊秉绶书法艺术展”获文化和旅游部“2017年度全国美术馆优秀展览提名项目”。推进福建戏曲进乡村、进校园工作。举办5期“全国农民画创作群体漆画技艺实验班”，培训150多人，来自全国26个农民画乡的30名学员完成漆画作品60幅；编制《建设农民漆画示范（福建）基地规划纲要》。省文化厅、省教育厅、省文联、省总工会联合主办的第十三届福建音乐舞蹈节，有89个作品进入决赛，并举办第十三届福建音乐舞蹈节优秀节目汇报演出。省图书馆全年接待读者221万人次、建立公共服务网点102个，“闽图大学堂”“东南周末讲坛”“作家讲坛”共面向社会举办讲座、展览、阅读推广活动等200多场，加强正谊书院“中华优秀传统文化实践基地”建设并发挥作用。省艺术馆开展群文、非遗等各类活动26项，举办6期文化惠民非遗专题展演，组织群文业务培训9期、培训学员653人次，接待参观群众70万人次。

【文化产业和文化市场】 2017年，福建文化产业加快发展。举办第十届海峡两岸（厦门）文博会、第十二届海峡两岸（莆田）艺博会等重点文化展会，签约项目、订单金额、参观人数等再创新高。一批文化创意产业园集聚发展，闽江学院漆艺家孵化基地、海峡两岸龙山文化创意产业园入围文化部“双创”服务体系建设扶持计划，中国动漫集团在泉州设立“国家动漫创意研发中心分中心”。培育壮大龙头文化企业，评选第十一批省级文化产业示范基地13个，全省共有国家级、省级文化产业示范基地148个。加大数字创意产品开发和服务力度，运用VR、AR等现代科技手段，建设省图书馆VR数字阅读体验厅、福建博物院VR体验中心等9个VR体验中心，开发《绚丽多彩的福建文化》《海峡梦·五缘情》等12部VR应用宣传片。开展2017年度国家动漫企业认定和年审工作，全省44家动漫企业获文化部认定，40家通过年审。印发《福建省扶持发展营业性演出市场低价票补贴办法（试行）》，引进一批高雅艺术演出。全省600多家民间职业剧团年演出1万多场、演出收入5亿多元。制订《促进闽台文化产业合作发展实施方案》，吸引中国台湾创意人才来闽创业，创建两岸青年创客基地。积极争取2017年中央财政文化产业发展专项资金810万元，对全省特色文化、创意融合等16个项目予以扶持。

拉动提升文化消费。制订《特色文化文物示范村镇建设项目实施方案》，首批打造10家文化文物示范村镇，发挥文化艺术、文化遗产、工艺美术、传统戏曲等在乡村文化旅游产业融合中的作用，提高乡村文化消费水平。推进福建博物院、福建省图书馆、闽台缘博物馆3家国家级文化文物文创开发试点单位开发文创产品53种，确定福建省昙石山遗址博物馆等15家单位为首批省级试点单位。启动福建文创（西湖）市集，支持福州“宜夏榕城艺术季”、厦门“文化艺术周”、泉州“文化惠民卡”等一批创新文化消费项目，扩大文化产品和服务的有效供给。推进歌舞娱乐场所、游戏游艺场所转型升级，15家转型升级示范点带动全省相关市场经营主体改进服务、转变形象、扩大消费群体、培育新型业态。

文化市场规范有序。围绕党的十九大、金砖国家领导人“厦门会晤”、福州“三合一会议”、香港回归20周年等重大节点和重要活动，在全省范围深入开展文化市场安全检查和生产经营秩序监管。落实文化市场省级行政许可事项，完善行政审批制度改革，演出经纪机构、经营性互联网文化单位设立和营业性演出、艺术品进出口经营活动审批稳妥有序。强化“双随机一公开”制度，严格文化产品内容审查制度，成立游戏游艺设备内容审查专家委员会，举办全省互联网文化单位内容自审培训班。加强对经营性演出活动、城乡接合部及边远农村各类流动搭台大棚非法演出活动的监管巡查力度；针对影响范围大且社会关注度高的互联网文化、艺术品市场、网络直播表演等违法违规行为开展专项整治。印发《关于进一步深化全省文化市场综合执法改革的实施意见》，文化市场综合执法领导体制机制和信用体系建设、信息化建设、综合执法队伍建设等工作稳步推进。制订《福建省文化市场警示名单管理规定（试行）》。全省6家剧团、6家演出经纪公司、4家演出场所经营单位获评“中国演出行业协会诚信经营单位”称号。

【文化交流】 2017年，由文化部和福建省政府主办、省文化厅和泉州市政府等承办的第三届海丝国际艺术节在泉州举行。分别组织省实验闽剧院、省歌舞剧院等艺术团组赴新加坡、缅甸和菲律宾参加“欢乐春节”演出活动。做好文化部与泰国国家旅游局共同主办的“澜沧江——湄公河文化行”福建境内参访活动。推动“海丝”文化精品走出去，配合“厦门会晤”系列活动，面向俄罗斯、南非、印度、巴西等金砖国家开展文博和文化艺术等展览展示活动；组织福建非遗展演团参加哈萨克斯坦世博会。

拓展对外文化交流渠道。融入“一带一路”建设，创新人文交流方式和对外文化交流机制，策划在“海丝”沿线国家建设“福建文化海外驿站”，打造富有福建特色的对外文化交流阵地，推动福建文化、中华文化“走出去”。

2017年8月24日，福建省首家“福建文化海外驿站”在马来西亚马六甲市设立

（省文化厅供稿）

2017年8月，在马来西亚马六甲设立首家“福建文化海外驿站”，集专题图片展、“非遗”精品展、“非遗”传承人技艺展示与教学培训以及文艺表演为一体。第二家“福建文化海外驿站”在菲律宾建设运行。“丝路帆远——中国海上丝绸之路文物精品图片展”受邀参加“一带一路”北京国际合作高峰论坛和“博鳌亚洲论坛2017年年会”，并赴阿根廷、巴西、智利三国展览。

开展对台文化交流。组织南词戏“朱子之歌”、畲族歌舞及闽剧赴台湾实践大学等19所院校巡演，“福建文化宝岛校园行”活动完成福建文化5年入台湾100所学校交流的计划。“海峡杯”闽台少儿歌手赛部分获奖选手赴台湾校园举办“音乐交流演唱会”。组织福建省非遗传承人入岛开展交流讲座，举办“福建非遗文化进金门”交流活动。在福州举办第九届“海峡论坛”分论坛——“海峡两岸书院实践与发展论坛”和“匠心·意蕴——台湾工艺美术精品大展”。搭建台湾实习生来闽进驻文创产业实习平台，邀请25名台湾青年来闽实习交流。邀请从未到过大陆的台湾同胞127人来闽交流。

【国家公共文化服务示范区（项目）创建活动】 截至2017年，福建省有厦门、三明、福州、泉州4个市列为国家公共文化服务体系示范区创建城市。厦门在2013年、三明在2016年通过国家验收，获国家公共文化服务体系示范区称号；福州市通过国家中期督查评估，正在根据国家中期督查意见抓紧整改，争取以优异成绩通过国家的验收；泉州市获批列入第四批国家公共文化服务体系示范区创建城市。共有艺术扶贫机制建设、村级文化协管员队伍建设、福州市激情广场大家唱活动，以及宁德古田县溪山书画院建设、管理、服务模式等4个项目列入国家公共文化服务体系示范项目创建行列。艺术扶贫机制建设、村级文化协管员队伍建设、福州市激情广场大家唱活动均通过国家验收，获国家公共文化服务体系示范项目称号；宁德古田县溪山书画院建设、管理、服务模式通过省级验收。

福建省在公共文化服务体系示范区创建过程中，大胆探索，取得丰硕成果，摸索积累了一些可复制可推广的经验。厦门市总结“全面落实、着重补短、突出特色、长效管理”的创建经验，在全省全国发挥着示范带动作用。三明市形成“六联六创”的工作经验，即设施联建，创网络化服务体系；活动联抓，创多样化服务路径；部门联动，创集聚化服务平台；组织联盟，创社会化服务环境；培训联办，创专业化服务队伍；机制联立，创常态化服务格局。该经验被列入福建省全面深化改革第一批复制推广典型经验。厦门、三明在示范区后续建设过程中，组织实施公共文化服务标准化和基层综合性文化服务中心国家试点，取得明显成效。（江建国）

文学艺术

【概况】 2017年，福建省推进文艺创作繁荣发展，取得丰硕成果。文学创作：杨少衡的短篇小说《亲自遗忘》获《小说选刊》2016年度小说大奖；须一瓜的短篇小说《灰鲸》获第十七届百花文学奖短篇小说奖。南帆的散文《一个人的地图》获第二届丰子恺中外散文奖；小山的散文《绝望与柔情》获第二届“书城杯”全国散文大赛特等奖。陈志泽的散文诗《掇拾的雨珠》（十四章）获“《诗潮》2016年度诗歌奖·散文诗单项奖”。詹旋江的微电影剧本《暗影》获“检察题材优秀影视剧本征集活动”一等奖。戏剧创作：闽剧原创反腐大戏《兰花赋》获“梅花表演奖”，福建省取得梅花奖“八连胜”等佳绩；由厦门市台湾艺术研究院院长曾学文创作的高甲戏剧本《大稻埕》获“曹禺剧本奖”；高甲戏《大稻埕》、闽剧《双蝶扇》入围由中国文联、中国剧协主办的第十五届中国戏剧节，两部剧目双双获“优秀入选剧目”称号。音乐创作：参与选送的《爱国之恋》《幸福少年》（组歌）等2件歌曲作品获第十四届全国“五个一工程”优秀作品奖；歌曲《海峡月光曲》《心永在，梦常在》获第八届百花文艺奖荣誉奖，《从七月开始》获一等奖，《丝路琴声》《当奉献成为一种习惯》获二等奖，《家贫子读书》获三等奖。美术创作：《范仲淹〈岳阳楼记〉》等5件作品获得第八届百花文艺奖荣誉奖，占获奖总量的19%，《冰心》等4件作品获二等奖，《旧时光》等11件作品获三等奖；福建省美术家张永海、赵胜利、文亚坤共同创作的中国画作品《最美中国人——廖俊波》入选“最美中国人——庆祝中国共产党第十九次全国代表大会胜利召开大型美术作品展”。书法创作：福建省书法家柯云瀚获第六届中国书法兰亭奖铜奖，艾青、林志明的作品在该届兰亭奖成功入展，创出优异成绩。舞蹈创作：选送的4个原创少儿舞蹈获第九届“小荷风采”全国少儿舞蹈展演一金三银的好成绩；舞蹈《香扇春情》《厝里艺人》分别获第八届百花文艺奖荣誉奖、二等奖，《喜娘》《筑梦围家》《呛呛滚来好年冬》获三等奖。曲艺创作：选送的曲艺作品福州评话《孝子》获第八届百花文艺奖三等奖。摄影创作：《留守父母》《造船女工》《高速建设》等摄影作品获百花文艺奖二等奖；福建省有30名摄影家、32件作品入选第26届全国摄影艺术展（该届展览不设等级奖），占全部入选作品总数的7.61%，位列团体会员单位成绩第四位。2017年，福建省摄影人在国际赛事中，收获181枚金牌、97枚银牌、111枚铜牌。电视艺术创作：第十届中国旅游电视周优秀旅游节目评选中，《山乡奇构——尤溪土堡》等5件作品（主持人）获“最佳作品”（主持人）奖，《大美漳州之“印象古村落”》等5件作品获“优秀作品”奖，《水墨村庄——画境白溪》等9件作品获“好作品”奖；在“人文中国第六季——家园”纪录片、专题片作品推选中，获得短篇二等奖1件、中篇三等奖1件、系列篇一等奖1件、三等奖1件。民间文艺创作：在第八届百花文艺奖中，《风吹芦花鱼满篓》等5件作品获荣誉奖，《仿宋木雕观音》获一等奖，《印八仙（明·暗八仙十六件套）》获三等奖。《沁园春》等3件作品获中国（广东）民间工艺博览会铜奖；《醉翁亭记》《兰若藏珑》2件作品入选首届中国民间工艺精品双年展。杂技创作：选送节目《竹林欢歌——抖杠》参加莫斯科《偶像——2017》国际马戏艺术节比赛，获“银奖”和唯一“特别奖”。

【重大文艺活动】 2017年，第二届福建省大学生戏剧节在榕收官。2017年4月27日，第二届福建省大学生戏剧节决赛在福建农林大学举行。福州大学短剧《兄弟》、福建师范大学话剧《莫德》、福建农林大学话剧《我们的严院长》、福建医科大学短剧《实习课间》和福建船政交通职业学院短剧《人生》等6部作品依次亮相。以“激扬·青春·风采”为主题的本届活动，由省文联、省教育厅、省戏剧家协会联合主办，共有58部作品应征，并有15所大学院校25部作品入围决赛。

“苏区胜地　红色之约”庆祝建军90周年走进建宁文化之旅成功举办。2017年7月10日，由中国作家协会创联部、中国电影家协会、福建省文学艺术界联合会、三明市人民政府主办的“苏区胜地　红色之约——庆祝建军90周年走进建宁文化之旅”系列活动在三明建宁拉开帷幕，并展开为期5天的探寻建宁红色文化活动。该次活动接受红色文化洗礼，寻访红色文化印记，开启红色文化之旅。活动期间，举办红色题材文学和电影创作研讨会、长篇小说《建莲古事》新书发布会暨作品研讨会、电影创作经验交流会等多项研讨活动。开展多场红色文艺惠民演出、红色电影惠民展映、“苏区健康快车”下乡义诊活动等公益惠民活动，并组织红色文化采风活动。

福建省庆祝建军90周年走进军营慰问演出举行。2017年7月22日，由中共福建省委宣传部、福建省文联、福建省双拥办等主办，福建文艺志愿者艺术团、福建省音协承办的福建省庆祝中国人民解放军建军90周年走进军营慰问演出，在中国人民解放军驻榕某部举行。来自省市歌舞剧院、省杂技团、省榕树合唱团、福州小茉莉合唱团等文艺团体的文艺志愿者，表演精彩的节目。省内知名书画艺术名家还赠送画作《雄峙八闽》、书法作品《七律·军民情》等。

“艺海泛舟　同心筑梦”福建省自由职业艺术家喜迎十九大主题艺术展开幕。2017年10月10日，“艺海泛舟　同心筑梦”福建省自由职业艺术家喜迎十九大主题艺术展在福建省海丝艺术馆开幕。参展的200余件来自80名中青年自由职业艺术家，书法作品有行书、隶书、楷书、草书、篆书，美术作品有国画、油画、漆画、民间工艺和摄影作品等。

第二届福建省曲艺“丹桂奖”大赛举行。2017年10月26—28日，第二届福建省曲艺“丹桂奖”大赛决赛在福州举办。该次大赛6月启动，全省106个曲艺作品参赛，350余名参赛者演绎的42个曲艺佳作脱颖而出，入围决赛。大赛按照南曲专业组、南曲业余组、北方曲艺组3个组别分别进行比赛和评审。

“贯彻十九大精神、向新时代献礼”福建省原创优秀舞蹈汇报演出在福州举行。由福建省文联、福建省文化厅主办的“贯彻十九大精神、向新时代献礼——福建省原创优秀舞蹈汇报演出”，于2017年11月12日在福州举办。参加晚会演出团队的有福建省歌舞剧院、福建师范大学、福建艺术职业学院、福州市歌舞剧院、厦门市思明区青少年宫、宁德市畲族歌舞团等13个单位的12个节目，涵盖专业舞蹈、少儿舞蹈、群文舞蹈等。

鲁迅文学院海峡青年作家高研班在福州开班。2017年11月21日，由鲁迅文学院、福建省文联、福建省作家协会联合主办的鲁迅文学院海峡青年作家高研班在福州开班。该届高研班学员48名，都是由台湾和福建省各地选拔而来的有创作潜力的青年作家，学员中有近1/4是网络作家。

“讴歌新时代　共筑中国梦”学习宣传贯彻党的十九大精神福建文艺志愿者艺术团走进平和大溪文艺惠民演出。2017年12月18日在漳州市平和县大溪镇举行。来自福建的文艺名家和福建省杂技团、福州歌舞剧院、福建省舞蹈家协会街舞分团等院团的优秀青年文艺志愿者汇聚在大溪镇吴凤故里，把丰富优质的精神食粮奉献给当地群众。活动期间，福建省著名书法家陈奋武、李木教、余端照、黄坤生和当地书法家在大溪镇文化广场挥毫泼墨，为村民义务书写新春对联。

庆祝香港回归20周年闽港青少年优秀舞蹈展演在厦门举办。2017年5月1日，由福建省文联、省舞协主办的“爱我中华——庆祝香港回归20周年闽港青少年优秀舞蹈展演”在厦门海沧区举办。来自闽港两地的13个优秀青少年舞蹈节目、300多名港青少年舞者，以舞蹈的方式，庆祝香港回归20周年。晚会上，来自香港代表团的29名青少年舞者，分别表演时尚、飘逸、清新的现代双人舞《往日时光》，高雅的少儿芭蕾舞《Waltg of the Honrs》和当代舞《行·舞》；福建代表团表演具有浓郁福建特色的优秀民间舞《海上民谣》和反映“一路一带”的舞剧《丝海梦寻》片段《盼》，展现金砖五国中的巴西、俄罗斯、印度、南非国家的文化风俗和异域风情的舞蹈《四海风情》，激情四射、充满青春活力的街舞《木兰从军》等。展演活动在闽港青少年舞者共同演绎的舞蹈“爱我中华”中落下帷幕。

“海峡两岸青少年舞蹈艺术交流研习基地”落户闽南师范大学。2017年5月21日，由福建省政协教科文卫体委员会和福建省舞蹈家协会主办、闽南师范大学等单位承办的“海峡两岸青少年舞蹈艺术交流研习基地”授牌仪式活动在闽南师范大学举行。各级领导以及来自全省的舞蹈工作者、闽南师范大学师生代表等近80多人参授牌仪式。“海峡两岸青少年舞蹈艺术交流研习基地”系列活动于2015年启动，在台湾体育运动大学、台湾台中文华高级中学、福建艺术职业学院等闽台两地 9 个单位设立基地。

海峡两岸暨港澳地区青年文学作品交流研讨会在福州举行。2017 年 7 月 26 日，由福建省文联、福建省作家协会主办，福建社会科学院、福建师范大学联办的海峡两岸暨港澳地区青年文学作品交流研讨会在福州八闽书院举办，来自港澳台地区以及北京、上海、福建等地的青年作家 30 多人参加。与会的作家和评论家，就华文文学创作的现状、各种文体的写作经验、自身创作体会及对未来青年文学的前景各抒己见。活动期间，由参加海峡两岸暨港澳地区青年文学作品交流研讨会的青年作家组成的采风团，先后到三坊七巷、冰心文学馆和永定进行采风活动。

“中国·闽派书画名家作品展”在毛里求斯开幕。2017 年 9 月 19 日，“文心翰墨——中国·闽派书画名家（毛里求斯）作品展”在毛里求斯路易港中华文化宫开幕。这是闽派书画名家海外推广工程的第一站。随团书画艺术家现场创作书画作品，与当地艺术家面对面切磋交流，并将创作的作品当场赠送给相关机构和当地民众，受到与会者的欢迎。活动在当地引起良好的社会反响，以艺术为纽带，促进中毛两国的友好往来和文化交流。

“闽派书画名家作品展”在马达加斯加取得圆满成功。2017 年 9 月 22—25 日，“文心翰墨——中国·闽派书画名家作品展”在马达加斯加首都塔那那利佛市国际会展中心举行，这是福建省文联响应习近平总书记提出的“一带一路”加强人文交流的倡导，组织闽派书画走进非洲的第二站。马达加斯加共和国文化部部长在开幕式上致辞，马达加斯加驻华大使、中国驻马达加大使馆参赞以及马达加斯加文化部相关机构负责人、马国画家代表、华人社团代表以及各界人士约 200 人参加开幕仪式。

【艺术交流活动】 第七届海峡两岸曲艺欢乐汇在漳州成功举办。2017 年 11 月 8—11 日，第七届“海峡两岸曲艺欢乐汇”在漳州举办。该届欢乐汇以“说唱青春　共筑梦想”为主旨，由中国文联、中国曲协、福建省文联共同主办。通过曲艺展演、座谈交流、采风创作等形式，展示两岸曲艺发展优秀成果，探索两岸曲艺发展之路。

第九届海峡两岸电视主持新人大赛系列活动在福州举办。2017 年 11 月 20—25 日，由中国电视艺术家协会、福建省文联主办的“第九届海峡两岸电视主持新人大赛”系列活动在福州举办。该次大赛吸引海峡两岸 2 万多名选手参加海选，最终产生 5 名金奖、9 名银奖、19 名铜奖。该届赛事题目内容以传播中华优秀文化为宗旨，突出“青春”“海峡”。11 月 20—23 日，举办第三届海峡两岸电视主持人高峰论坛。该次论坛分为主题报告会、高峰论坛分论坛和福建分论坛等。来自海峡两岸的著名媒体人、电视台主持人、播音主持专业院校专家学者、青年学生等近 300 人参加。共同探讨全媒体语境下的电视主持。

“海丝圆梦——首届海上丝绸之路国际舞蹈艺术交流周”活动在福建成功举办。2017 年 12 月 1—6 日，由中国舞蹈家协会与福建省文联主办、福建省舞蹈家协会承办的“海丝圆梦——首届海上丝绸之路国际舞蹈艺术交流周”系列活动，分别在福州、泉州两地举办。来自新加坡、马来西亚、印度、印度尼西亚、柬埔寨、俄罗斯、乌克兰等国家和中国大陆“海丝”沿线部分省市及福建的优秀舞蹈团队共计 20 支 500 多人参与。“海丝圆梦——首届海上丝绸之路国际舞蹈艺术交流周”系列活动内容包括开幕式演出、中印当代舞剧《贝玛·莲》走进高校交流演出、海上丝绸之路国际街舞精英交流展演、海上丝绸之路国际舞蹈发展与合作研讨会、中国经典民族民间舞教学课堂、海上丝绸之路优秀舞蹈交流研习课堂、海上丝绸之路舞蹈创作采风走进海丝起点城市等。

（方　毅　郑泽鸿）

文化产业

【概况】 2017 年，福建省规模以上文化企业实现营业收入 3946.15 亿元，比上年增长 15.4%，增幅比全国高 4.6 个百分点。文化制造业、文化批发和零售业、文化服务业分别实现营业收入 2889.86 亿元、591.74 亿元和 464.55 亿元，分别比上年增长 11.8%、32.3% 和 19.7%。

【做优做强骨干文化企业】 通过抓龙头、铸链条，培育一批文化产业重点企业，海峡出版发行集团实现营业收入 31.01 亿元，利润总额 3.05 亿元，比 2012 年增长 72%，综合实力进入全国省级出版发行集团中上游。福建广电网络集团获第九届全国“文化企业 30 强”提名。厦门文广集团实现营业收入 8.83 亿元，比 2016 年增长 21.4%。德艺文创、厦门吉比特等新型文化业态企业快速成长，入选福建省文化企业十强。发展壮大民营文化企业，全省超过 50 家挂牌上市文化企业绝大多数为民营企业，福建网龙、福州葫芦弟弟、厦门美图网络、咪咕动漫等企业在全国有较大影响力。

【加快建设文化产业发展平台】 推进文化产业园区、文化产业展览展示平台建设，增强全省文化产业集聚效应，全省文化产业园区规模逐步壮大，运营模式趋于多元。全省文化产业园区近 90 家，总批准规划面积约 8000 万平方米，总投资额超过 1200 亿元。新认定的 13 个省级文化产业重点园区，实现总投资额 163 亿元，入驻文化企业 925 家，2017 年，园区企业实现营业收入超过 200 亿元。扩大文化展览展示平台，组织全省近 40 个企业和单位参加深圳文博会，福建馆以“再上新台阶　建设新福建”为主题，打造融合红色文化、传统文化与科技展示于一身，集展示与商贸于一体的福建文化产业展示平台。第十届海峡两岸文博会设置 27 个分会场，签约投资额320.29亿元、现场交易额10.83亿元、观展人数27.87万人，均创历史新高；中国台湾地区参展商家388家、展位数907个，占总展位数近1/3的比例。

【扩大区域产业集群效应】 福州、厦门、泉州、莆田四个地区产业集中度较高，福州形成以漆器、珠宝、寿山石为主的工艺美术集聚区，以福建网龙等为代表的动漫游戏产业集聚区。厦门动漫游戏发展基础较好，集聚咪咕动漫、美图网络科技、4399等一批比较有特色的平台和企业，厦门龙山文创园、厦门软件园等园区集聚大量影视文化、文化创意、动漫游戏企业。泉州形成德化陶瓷、安溪滕铁、惠安石雕等产业集群。莆田工艺美术形成黄金珠宝首饰、油画、红木古典家具等比较优势产业，在全国具有较高的影响力。

【深化文化产业融合发展】 把培育“文化＋”为核心的产业融合新业态作为文化产业转型升级和延伸文化产业链的重要举措。深化文化和旅游融合，实施文化与旅游融合示范工程，打造清新福建文化旅游品牌，推动历史文化资源保护与开发、文化旅游题材创作生产、文化旅游产业基地（景区）培育等，形成三坊七巷、马尾船政学堂、鼓浪屿等重点文化旅游景点，以及闽南传奇、印象大红袍等文化旅游演艺项目。深化文化和科技融合，制订出台《福建推进“互联网＋文化产业”行动实施方案》，推动重点企业培育和发展新兴业态，中科亚创、福昕软件、厦门飞鱼科技等文化科技企业具备较强竞争实力。深化文化和相关产业融合，各地通过举办文创大赛、创意创业沙龙、创意市集等，推动文化创意和设计服务与相关产业融合发展。开展“福建文创奖”评选活动，收到参评作品2343件，规模、层次和产业对接实效较上届有较大提升。福建文化企业创意研发设计能力突出，福建全省文化企业有国家级工业设计中心5个，数量位居全国首位。

【提升文化贸易水平】 2017年，福建文化贸易总额29.2亿美元，其中，文化产品出口28.6亿美元。福建出口位居前四的文化产品主要为工艺美术和收藏品、文化用品、出版物、文化专用设备，2017年分别出口16亿美元、10亿美元、1.4亿美元、0.9亿美元。

【健全文化产业工作机制】 组织召开全市文化改革发展工作推进会。建立文化人才常态化培训机制，与全国双一流高校合作，组织各设区市及平潭综合实验区分管文化改革发展工作的领导、省文化产业重点园区、省文化企业十强及提名企业、省重点上市后备文化企业等负责人赴浙江大学集中学习培训，获得一致好评。组织开展文化产业重大评审专家库征集工作，收录专家15类270人。加大专项资金支持文化产业发展力度，提高省文化产业发展专项资金规模，制订《福建省文化产业发展专项资金管理办法》《福建省文化产业发展专项资金项目申报评审工作实施细则》，完善专项资金管理办法，发挥专项资金的引导和撬动作用。出台鼓励基金投资政策，加大对文化企业的投资力度。2017年，省文化产业发展专项资金安排1.3亿元，支持53个文化产业项目发展。

（娄孝钦）

文化场馆

【图书馆】 2017年，福建省建成公共图书馆90家（其中，77家达到国家等级馆）。全省公共图书馆积极开展延伸服务，2017年新增分馆51家，分馆总数824家。

全省公共图书馆总藏量3322.262万册，人均拥有公共图书馆藏量0.87册（件），高于全国平均水平；新增办证数29.69万个，累计有效借书证234.73万个，有效持证读者占全省常住人口的6.18%；接待读者达2970.12万人次，人均年到馆次数0.78次；书刊文献外借册次3350.67万次，年人均借书0.88册；拥有流动图书车19辆，流动服务书刊借阅人数57.3万人次，流动图书馆书刊借阅106.98万册次。省图书馆坚持每年举办“读吧！福建”阅读推广系列活动，2017年与《福州晚报》合作主办“福州诗词状元大赛”，与新浪福建合作开展“寻找‘最美悦读者’”和“晒出你的　二十三页第四行”活动，吸引577.1万人次网友参与、线下2万余人次参与。

数字资源服务网络基本形成。建立省级分中心1个，设区市级支中心9个，县级支中心83个，乡镇基层服务网点929个，村级基层服务网点15003个；全省数字图书馆虚拟网络基本完成，可实现各级公共图书馆、各基层图书阅览室（图书流通点）通过虚拟网络与国家图书馆、福建省图书馆等中心馆联网，传送和接收数字资源。省图书馆已建成涵盖外购数字资源、自建特色资源、文化共享工程和数字图书馆推广工程资源的数字资源库，包括电子图书272万余册、大型数据库64个、视频资源26万件，总量超228TB，年电子资源点击量愈2000万次。

推进公共文化服务机构法人治理结构改革，省图书馆、福州市群艺馆和泉州市图书馆上报文化部作为国家试点单位。省图书馆理事会于2017年12月底建立，全省有6家公共文化机构建立理事会。

【文化馆（站）】 2017年，福建省建成文化馆（艺术馆、群艺馆）97家（其中，80家达到国家等级馆）；乡镇（街道）综合文化站1125家；村（社区）基层综合性文化服务中心9851家（其中，村6677家，社区3174家），占全省村（社区）总数的65%；实现服务功能整合的有4255家，占总数的25%。省文化厅加强指导，鼓励各地建设特色化文化设施，建设或提升地方戏台、文化村史馆、乡贤文化馆、小型特色博物馆、非遗传习场所、农民文化小公园等。宁德市重点建设100个示范村镇，制订“一栏一场一点五室”建设标准，设计全市基层综合性文化服务中心LOGO，统一室外标识牌；三明市组织开展文化祠堂建设，利用“小祠堂”培育“大文明”，变“客家宗祠”为“村文化活动中心”，变“祭祀祠堂”为“宣传文化阵地”，变“姓氏祠堂”为“闽台文化交流平台”，变“纪念祠堂”为“红色教育课堂”，建成一批集学教型、礼仪型、娱乐型于一体的文化祠堂。全省各综合文化服务中心在建成后，把重点放在完善功能、提高服务能力和水平上。2017年，全省基层综合性文化服务中心向群众提供公共文化服务次数41476次，文化服务惠及人数1287.73万人次；组织文艺活动次数18651次，参加人数741.52万人次；组织展览个数4301个，参观人数378.57万人次；组织公益讲座757场，参加人数14.29万人次。

打造品牌，开展丰富多彩的群众性文化活动。组织举办第13届音乐舞蹈节，有36个作品获优秀节目奖、45个作品获节目奖、31个作品获创作奖、3人获优秀指挥奖、3人获优秀伴奏奖、7个单位获优秀组织奖、5个单位获组织奖。组织开展“新时代新风采”党的十九大精神宣讲省、市、县三级联动文艺巡演活动，在社会各界群众中产生广泛反响和积极影响。艺术扶贫工程持续推进，2017年全省受训学生1万人次；拓展艺术扶贫内涵，举办农民漆画培训班，学员作品的IP产权被文创企业购买用于开发相关产业，大大提升农民漆画的艺术价值和市场价值，从而带动农民画家走上脱贫致富奔小康之路。福建农民漆画工程还获2017全国文化馆（站）优秀群众文化品牌。

【总分馆制建设】　2017年，福建省推进文化馆、图书馆总分馆制建设。印发《福建省县级文化馆图书馆总分馆制建设的实施方案》《关于确定2018年县级文化馆图书馆总分馆制建设试点县（区）的通知》，确定福州市鼓楼区等15个县（区）作为2018年福建省县级文化馆图书馆总分馆制建设试点县区。截至2017年，福建省图书馆共设立分馆50家，福建省艺术馆共设立分馆1家，福建省美术馆共设立分馆2家，福建省少儿馆共设立分馆156家。

【博物馆】　截至2017年，福建省有博物馆125个（其中，国有博物馆100个，非国有博物馆25个），国家级别博物馆31家，其中，国家一级博物馆5家，国家二级博物馆9家，国家三级博物馆17家。2017年，完成3家国有博物馆和2家非国有博物馆的设立备案工作。出台《福建省文化厅关于进一步促进福建省非国有博物馆发展的实施意见》。

全省馆藏文物总量46.9万余件（套），计76万余件。全省所有国有博物馆全年免费开放，2017年，举办各种展览活动980余场，免费参观人数2800余万人次。开展全省博物馆讲解员优秀讲解案例选拔比赛、闽台大学生博物馆文创艺术设计大赛等活动。组织全省博物馆参与“5·18国际博物馆日”和“中国文化遗产日”活动，“国际博物馆日”期间，全省博物馆举办各类活动200余项。

纪念建军90周年全省文物联展获选国家文物局推荐的十大主题展览，福建博物院举办“福建省纪念中国人民解放军建军九十周年大型展”“福建省第一次全国可移动文物普查成果展”“福建考古成就展”等30多个大型展览，全年观展人数113.6万人次。在北京故宫博物院举办“严复书法特展”。

福建省昙石山遗址博物馆、福建闽越王城博物馆、厦门市博物馆等10家国有博物馆和福建省源古历史博物馆、福建省九朝汇宝博物馆、厦门奥林匹克博物馆等3家非国有博物馆被列为省级文创产品开发试点单位。（江建国）

广播　影视

【概况】　2017年，福建省广播电视人口综合覆盖率分别为99.01%、99.15%。全省有广播电台4座、电视台4座、广播电视台67座、教育电视台1座；播出公共广播节目91套，开办公共电视节目43套；东南卫视、海峡卫视、厦门卫视等3套节目上星。

全年全省播出广播节目时间52.07万小时，制作广播节目时间28.87万小时；播出电视节目时间39.18万小时，制作电视节目时间7.84万小时。全年电影放映291.55万场次、观影5268.88万人次、票房18.75亿元，分别比上年增长29.49%、12.88%、17.55%。全省有线广播电视用户727.02万户，数字化率100%。全省广播影视实际创收收入93.58亿元，其中，广告收入17.07亿元、网络收入30.39亿元、新媒体业务收入5.3亿元、广播电视节目销售收入5.23亿元、电影发行放映收入15亿元、其他创收收入34.8亿元。

【广播电视宣传】　2017年，福建省各级新闻媒体围绕迎接宣传贯彻党的十九大这条主线，唱响主旋律，发出主流强音，推出《砥砺奋进的五年》等系列专题专栏。福建网络广播电视台（海博TV）十九大报道传播指数位居“十九大报道——全国省级电视台自有新闻资讯APP传播榜”第二位。围绕中国梦、社会主义核心价值观、中华优秀传统文化等重大主题，围绕“厦门会晤”、全国全省两会和建军90周年、香港回归20周年等重大会议活动，围绕“再上新台阶、建设新福建”等重大专题，组织宣传报道，运用新技术、新手段、新载体，增强主题报道和正面宣传的吸引力和感染力。福建省广播影视集团“广电哥”微博传播力位列全国四强，新媒体产品《两会“微”观察》被中宣部新闻局列为全国“两会”报道亮点。十九大后，在全省城市院线、农村院线开展“学习贯彻党的十九大精神优秀国产影片展映”，组织770余支电影放映队，奔赴全省1.44万个行政村，放映前先加映统一制作的十九大宣传短片，使电影放映队成为十九大的宣传队；统一制作一批“十九大精神和惠民政策”广播节目，在全省“村村响”有线广播中统一定时播出。

举办全省新闻出版广电系统“喜迎十九大、我说新福建”活动，省市县三级电台、电视台的主持主播记者近5000人参与，采写上百个作品，通过音视频、现场演绎、情景再现等多种表现形式，讴歌“再上新台阶、建设新福建”的辉煌业绩，展现全系统良好精神风貌。开展建军90周年优秀影视剧展映展播活动、“八闽军旗红”系列主题活动、“红星耀古田——全国广播媒体人走进古田”大型采访活动、“中国梦·福建故事”全省短纪录片评选展播活动以及“弘扬社会主义核心价值观、共筑中国梦”主题原创优秀网络视听节目作品评选等主题活动。

注重把握新闻宣传的时度效。落实新闻宣传纪律和采编播制度，强化导向管理，严把出版、播出关口，全省新闻媒体舆论导向总体平稳有序。以改革公益广告制作推送刊播为切入点，重点围绕社会主义核心价值观、新闻出版广电行政职能等专题，统一制作，统一刊播，推出“读好书、做好人、圆好梦”等一系列公益广告反响良好。组织开展公益广告扶持资助项目评选工作，扶持34个优秀作品（机构）106.5万元。开展“社会主义核心价值观”“树文明新风、迎金砖宾客”等公益广告展播活动，全省广播电视播出机构共制作公益广告8295条，播出公益广告168.31万条次、时长142.49万分钟，居全国第6位。

【影视精品创作生产】 2017年，福建省实施繁荣文艺创作“510计划”，重点打造推进“10部电影”“10部电视剧”，重点扶持“10家影视创作机构”，安排资金扶持11个影视剧本、10个栏目节目、15部短纪录片、10家影视创作机构、39个网络文艺作品。学习借鉴经济项目招商办法，搭建信息交流、资源共享、文化与资本、制作与投资、人才与项目的良性互动平台，激活国有和社会民营创作生产机构，激发全社会创作活力。邀请省外传媒、影视、投资机构来福州举办“推进福建影视创作项目对接会”，现场推介20个重点影视项目；在龙岩举办“福建红色文化题材影视创作推进会”，梳理发布25个红色文化题材影视创作重点项目；组织29家企业参加第21届香港国际影视展，并首次设立“福建馆”，向海内外推介福建影视创作重点项目，达成合作意向14项；在北京举办“福建影视创作重点项目推介会”，88家省内外影视机构、投资机构参加，现场推介重点项目36个、签约项目8个，15名国内影视界知名人士受邀担任福建影视文化发展高级顾问。

电视剧《绝命后卫师》《彭德怀元帅》获第十四届“五个一工程”奖。电影《京城81号Ⅱ》票房2.19亿元。新闻广播《泰宁泥石流紧急救援》、电视节目《为85岁爷爷拍照》分别获得2017年中国新闻奖广播直播、访谈类节目一等奖。东南卫视大型政论类节目《中国正在说》被总局评为“2016年度广播电视创新创优节目”，电视剧剧本《烽火抗大》入选总局重点宣传期推荐剧目，《红蜻蜓》获2016年度全国少儿节目精品及国产动画发展专项资金扶持；《天下妈祖》等3部记录片被总局评为优秀国产纪录片，动画片《彩虹宝宝2》被评为全国优秀动画片。17部广播电视公益广告作品（机构）入选全国优秀公益广告作品奖。微电影《廖俊波》等4部作品入选总局2017年度“弘扬社会主义核心价值观共筑中国梦”主题原创网络视听优秀作品，网络电影《回家的路》入选网络视听节目精品创作传播工程，《人类实验室——你会帮助走失的老人回家吗?》入选总局2017年优秀网络视听综艺节目。

【影视事业建设】 2017年，福建省广播电视节目无线数字化覆盖工程实施。全省67座电视发射台站、7座广播发射台站基本完成工程建设，并开播试运行。制订《福建省地面数字电视广播覆盖网乡镇补点规划方案》，适时启动无线数字化乡镇补点台站建设，协调落实中央补助资金。推进高山发射台站基础设施改造，督促相关台站加快工程建设进度。实施精准扶“屏”助力精准扶贫，拨付460万元扶持23个省级扶贫县广播电视台提升节目制播能力。

“村村响”提升工程取得实效。推进省市县三级联合制作广播节目，每周六定时开播，实现农村有线广播“平时会响，应急能响”。制作宣传党的十九大精神的专题广播节目《迈进新时代》9期2338分钟，并在全省70个县（市、区）开播，效果良好。福州市、漳州市、莆田市、南平市、龙岩市、平潭综合实验区实现全市（区）范围内定时播出。

农村电影优化提升。继续选取50个具备条件的乡镇所在地或行政村开展室外转室内固定放映试点，改善农村群众观影条件。全年全省完成农村电影放映18.04万场。其中，公益片8.83万场、商业片9.21万场，分别完成年计划数的101.74%、106.1%，累计观影人数1471.98万人次。

【广电产业发展】 截至2017年底，福建省有广播电视节目制作经营机构353家。全年73家电影制作企业申报电影剧本备案106部，获批拍摄64部，创作生产影片9部；国产电视剧获批发行3部119集；动画片获批发行9部236集2857分钟。全省可统计票房影院278家、银幕1504块（其中IMAX影厅21个）、座位21.18万个，全年新增影院44家、银幕239块、座位2.95万个。

媒体融合初显成效。推进“一报一台一网（端）”等媒体融合建设。福建省广播影视集团完成IPTV集成播控省级平台与福建电信公司IPTV传输平台对接，发展高清用户400万户；深化内部改革，推进制播分离改革，构建“产业+广告”联动运营模式。福建广电网络集团发挥广电网络数字电视传输网的优势，面向社会需求拓展服务产品，构建“雪亮工程·社区综合服务平台”、福建省地震预警信息公布平台、福建广电网络智慧酒店门户平台等十大信息化创新服务平台。

产业集聚加速形成。探索创新服务产业发展新方式，举办全省广播影视产业基地（园区）建设现场推进会，召开全省影视产业基地座谈会，推动成立福建影视产业基地（园区）战略联盟，实现资源整合、信息共享、项目合作；举办企业上市融资辅导培训班、重点项目投融资对接会，推介 31 个重点项目，推动项目与资本有序结合。全省完成省、市级电视台 6 个频道和 24 个县级广播电视台高清化改造，实现高标清同播。

【影视重要节展活动】 2017 年，福建省举办第四届丝绸之路国际电影节，设置九大板块活动、30 个剧组见面会、138 个电影市场项目，42 个国家和地区近 2000 人次嘉宾参加，百部影片展映 1300 多场。2017 菲律宾·福建（泉州）电视周在菲律宾举行，一批泉州特色的节目在菲播出，宣传展示福建和泉州的历史文化。首次举办厦门金砖五国电影展，搭建金砖五国电影文化交流新平台。

举办第九届海峡影视季，举办颁奖典礼、台湾电影展映、两岸青年微电影展等多场活动，两岸业界嘉宾 200 多人出席。举办第二届“青春最强音”两岸高校音乐大赛，覆盖 40 万名两岸在校大学生，全台湾 158 所高校参与。第八届海峡两岸媒体峰会、第十一届两岸广播春节大联播、第五届两岸广播媒体“清新福建行”等重点品牌实施。

【广电行业管理】 2017 年，福建省完成行政审批“三集中”改革，80%以上省级审批服务事项实现“一趟不用跑”“最多跑一趟”；进驻行政服务中心审批服务事项 71 项，占全部事项 94.6%，落实即办事项 11 项。全面梳理权力清单、公共服务清单和责任清单，编制权责清单。加强事中事后监管，全面推行“双随机一公开”。进一步简化办事流程、申请材料和办事时限，推进审批服务首席代表制度，最大程度利企便民。全省全年办理行政审批服务 77563 件（其中行政许可 2819 件），查办行政处罚案件 212 件，比上年增长 47.2%。

加强广播电视播出管理、节目监管，督促落实“三审”制度和重播重审制。规范广告播出秩序，发出核查整改通知 65 件，查处虚假违法广告 202 条。加强广播电视播出机构、影视制作机构、网络传输机构监管，加强广播电视节目制作持证机构年度业绩审核工作，查处违规开办运营频道频率、制作发行节目、传送节目、播放广告行为。坚持网上网下“一个标准、一把尺子”，强化网络视听日常监管，落实总编辑负责制和“自审自播、先审后播、不审不播”节目备案等制度。（郑　勇）

新闻出版

【概况】 2017 年，全省共有图书出版社 11 家，共出版图书 4289 种，增长 8.47%。其中，新出图书 2545 种，下降 2.86%；总印数 10808.7 万册，增长 11.32%；总印张 856126.28 千印张，增长 7.9%；定价总金额 16.4 亿元，增长 14.32%。

全省共有音像电子出版社 5 家，共出版录音制品 44 种，增长 37.5%；出版数量 8.41 万盒张，下降 12.39%。出版录像制品 50 种，增长 19.05%；出版数量 18.55 万盒张，增长 149.66%。出版电子出版物 22 种，下降 57.69%；出版数量 10.09 万盒张，下降 55.24%。

全省共有报纸 42 种（不含 3 种副牌报纸），较上年减少 1 种；总印数 8.4 亿份，下降 12.5%；总印张 30.43 亿印张，下降 10.89%；总金额 9.5 亿元，下降 0.31%。

全省共有期刊 176 种，与上年持平；总印数 3031.81 万册，下降 28.06%；总印张 149110.84 千印张，下降 25.89%；总金额 2.38 亿元，下降 13.35%。

全省共有印刷企业 2985 家，其中：出版物印刷企业 193 家，专项印刷企业 63 家，包装装潢印刷企业 1933 家，其他印刷企业 766 家。全省印刷企业实现印刷工业总产值 608 亿元，增长 7.2%。

全省共有出版物发行网点 4161 个，其中新华书店系统发行网点 120 个、从业人员 3365 人。全年新华书店系统实现出版物批发零售 3.67 亿（册、份）、33.6 亿元，分别增长 3.21%和 4.57%。

全省共引进版权 94 种，增长 25.3%；输出版权 450 种，增长 61.3%。受理版权登记作品 67203 件，同比增长 40.9%，其中美术作品 64010 件，占登记总量的 95.2%。

【出版宣传】 2017 年，福建省引导报刊、出版单位围绕迎接宣传贯彻党的十九大这条主线深化主题宣传，推出一系列专栏专题和重点出版物。举办“十九大文件及学习辅导读物首发式”，组织做好宣传展销、征订发行工作，其中，《十九大报告》单行本、《十九大文件汇编》《中国共产党党章》《十九大报告辅导读本》等发行 250 多万册，《习近平谈治国理政（第二卷）》发行 12.1 万册。在全省范围内选聘 130 名“十九大文件阅读推广人”，组织开展“读十九大报告　向往美好生活”阅读推广活动。及时为全省农家书屋配送十九大相关书籍，并以农家书屋为平台，由各地组织学习宣传活动。在全省实体书店门店醒目位置设立“十九大书籍专柜”，开展系列读书沙龙活动。

【出版物创作生产】 2017 年，福建省扶持 1800 万元启动《八闽文库》出版工程。图书《谷文昌》获第十四届“五个一工程”奖。1 人获第四届中国出版政府奖优秀出版人物奖，《中国历史上的腐败与反腐败（上、下册）》《近百年儒学文献研究史（上、下册）》获图书奖提名奖，《台湾音画》获音像电子网络出版物提名奖。《林纾集》等 7 个出版项目获国家出版基金资助 994 万元。《小火炬》《青年博览》被总局列入 2017 年度向全国少年儿童推荐的百种优秀报刊，《邮票上的人民军队》入选总局向全国老年人推荐优秀出版物，《法国经典少儿百科全书》系列获 2017 年全国优秀科普作品奖。

推动数字出版创作生产。向国家新闻出版广电总局上报网络游戏 66 款，其中客户端游戏2款、网页游戏3款、通过网络下载的单机游戏1款、移动游戏60款。2款网络游戏入选2016年度“中国原创游戏精品出版工程”，3款网络游戏获评2017年度中国游戏十强“十大最受欢迎原创移动单机游戏”，1款网络游戏获评“十大最受欢迎移动单机游戏”。

【新闻出版产业】 2017年，福建省新闻出版广播影视产业基地（园区）及集聚区14个，实现营业收入超百亿元。网络文学、网络游戏等新业态发展势头强劲，网龙、4399等数字出版龙头企业不断壮大。推动印刷业向“绿色化、数字化、智能化、融合化”方向发展，全省印刷业工业总产值突破600亿元，数字印刷企业41家、绿色印刷企业35家。龙头骨干印刷企业加快培育，9家企业入选2017年中国印刷包装企业百强榜（其中厦门合兴包装印刷股份有限公司居全国第2位），入选数位居全国第5位；4家企业入选全国印刷业最佳雇主20强。

推动实体书店发展。联合省委宣传部等14个部门出台《贯彻落实〈关于支持实体书店发展的指导意见〉的实施意见》，召开全省实体书店建设工作推进会。推进实体书店多元化经营，福建新华发行集团加快向以图书连锁经营为核心的复合型体验式经营业态转型。福州鳌峰坊书城等3家书店被评为全国“最美新华书店”，福州安泰新华图书城等3家书店入选全国“新华书店80周年百佳文化地标”。

【出版体制改革】 2017年，福建日报社强化内部管理体制改革，推动组建传媒集团公司取得实质进展。海峡出版发行集团建立健全社会效益和经济效益相统一的评价考核机制，完善所属企业负责人薪酬与经营业绩考核结果挂钩的管理机制。

【图书惠民工程】 2017年，福建省“书香八闽”深入人心。全年全省共开展第三届“世界读书日·海峡读者节”、第十一届“书香八闽”读书月活动启动仪式暨“读好书、做好人、圆好梦”诵读晚会、少儿报刊阅读季等各类全民阅读活动630多项，参与人数650多万人次。全民阅读立法工作稳步推进，出台《福建省全民阅读2017—2020年发展规划》《福建省全民阅读“七进”示范点建设标准》，各地逐步建立健全全民阅读工作组织领导机构。建立“一报一刊一网一台一号”立体宣传平台，“书香八闽”知名度与影响力不断扩大。

农家书屋提升效益。部署服务提升工程，组织开展“我的书屋，我的梦”农村少年儿童阅读实践活动、“农家书屋读书乐”、“情暖寒冬、乐在书屋”及写对联、猜灯谜等形式多样的活动，鼓励引导农民走进书屋、读书用书。全省13篇农村少儿优秀征文获总局表彰。依托农家书屋，组织开展党的十九大精神学习宣传、交流辅导等专题活动。开展深化农家书屋延伸服务工作，加强媒体宣传，扩大影响。全省2个集体、3名个人被总局评为农家书屋全面建设十周年先进集体、先进个人，15个农家书屋被评为全国示范农家书屋，15名农家书屋管理员被评为全国优秀农家书屋管理员。

印刷文化保护深入开展。开展传统印刷文化保护项目扶持评选工作，安排资金资助重点项目16个。福建印刷文化保护基地建设加快推进，中国印刷博物馆建阳、连城、宁化分馆建设进展顺利。举办首届福建省建本文化学术研讨会、福建传统印刷文化精品展等活动，进一步宣传和保护福建传统印刷文化。组织拍摄电视纪录片《建本留香》，推动《福建印刷文化研究丛书》《福建传统印刷图鉴》等图书出版。

【图书文化交流】 2017年，福建省举办第十三届海峡两岸图书交易会，500多家两岸出版机构、20万种70多万册图书参展，现场订购、销售总码洋4600万元，达成版权交易352项。在泰国、缅甸、老挝、柬埔寨等4个国家举办首届东南亚中国图书巡回展，中国图书首次通过境外跨国巡回展的形式在湄公河流域国家展出。艾派集团等5家企业和中国（福建）图书展销会被商务部、国家新闻出版广电总局等评为2017—2018年度国家文化出口重点企业和重点项目。

《你好，福建》（中英文版）等外宣品作为“厦门会晤”文化礼品书，受到与会外宾肯定，取得良好反响。中国（福建）图书展、“清新福建”“美丽福建”图片展在泰国、柬埔寨、美国、加拿大、法国、德国、捷克、葡萄牙等8个国家举办。

【版权宣传保护】 2017年，福建省制订实施《2017年福建省推进使用正版软件工作实施方案》《福建省推进企事业单位使用正版软件工作规划》。会同有关部门对71家省直机关使用正版软件工作进行现场检查、对省属国有企业软件正版化工作督查验收，组织做好迎接和配合全国人大常委会执法检查组开展的著作权法执法检查、国家督查组对福建省软件正版化工作实地督查相关工作。

组织开展打击网络侵权盗版“剑网2017”专项行动，全省巡查网站1768家，查办网络侵权案件63件，关闭侵权网站21家。主动监管198家重点网站，组织100家互联网企业开展版权自查自纠，下架未经授权作品7万余件，公布网络文学、影视、游戏、动漫等重点作品版权保护白名单465件。全省120家互联网企业平台按要求设置版权举报投诉窗口。全省7家单位和8名个人（专案组）被国家版权局评为2016年度全国查处侵权盗版案件有功单位和个人。

“福建省作品自愿登记系统”投入使用，实现全程网办、无纸化运作。推动版权示范，开展第三批省级版权示范单位和园区评选，泉州顺美集团有限公司、福建三福家具有限公司获“全国版权示范单位”称号。

【“扫黄打非”】　2017年，福建省深入开展“清源”“净网”“护苗”“秋风”等专项行动。深化“扫黄打非”进基层，召开全省“扫黄打非”进基层巩固提升现场会。开展省级“扫黄打非”进基层示范点活动，8个点位被评为全国示范点，福州军门社区获评全国“扫黄打非”进基层示范标兵，92个点位获评省级示范点。全年全省出动执法人员4万余人，检查出版物批发、零售店（档、铺）1.5万多个次、印刷企业1万多家次，收缴各类非法出版物14万余件，监测网站2.5万家次，处置各类有害信息4.7万余条。查办各类案件478件，其中4件案件被全国“扫黄打非”办公室和公安部治安管理局挂牌督办。

（郑　勇）

历史文化遗产

【文物保护】　申报世界文化遗产。2017年，厦门鼓浪屿成功列入《世界遗产名录》，习近平总书记对鼓浪屿保护管理上的探索和取得的成绩作出批示，给予肯定，福建省出台《中共福建省委、福建省人民政府关于认真学习贯彻习近平总书记重要指示精神进一步加强文化遗产保护利用传承工作的通知》；全面推进古泉州（刺桐）史迹申遗工作，接受国际古迹遗址理事会专家的现场考察评估。实施武夷山、福建土楼世界遗产保护工程，继续推动海上丝绸之路、闽浙木拱廊桥、万里茶道等文化遗产保护和申遗前期工作。

文物保护利用。省委、省政府召开全省文物工作会议，出台《福建省人民政府关于加强文物工作的实施意见》。实施全国重点文物保护单位、世界文化遗产、涉台文物和传统村落等一批文物保护利用重点工程。启动革命文物保护利用五年行动计划，重点做好中央苏区（闽西）革命旧址保护规划和项目实施。《南平市朱子文化遗存保护条例》《龙岩市红色文化遗存保护条例》和《三明市红色文化遗址保护办法》先后出台。抓好历史文化名城名镇名村保护工作，实施国保省保集中成片传统村落文物保护利用工程。省政府公布第二批省级历史文化街区11个，会同省住建厅公布2017年重点改善提升15个历史文化名镇名村和传统村落。启动“文物保护单位数字化平台”和“文物保护单位在线监控平台”建设，建设省级以上文物保护单位安全监控系统，开展“福建省文物安全状况大排查行动”。“福州市不可移动文物洗银营27号案”入选“2017年度文物行政执法指导性案例”。非国有博物馆建设发展取得了新的成效。

大遗址保护。三明万寿岩成功列入国家考古遗址公园名单，实现福建省国家考古遗址公园零的突破。实施武夷山城村汉城遗址本体保护工程，基本完成三明万寿岩遗址本体保护和环境整治工程。结合申报国家考古遗址公园立项工作，推进漳平奇和洞遗址、明溪南山遗址保护工程。“永春苦寨坑原始青瓷窑址”考古获2016年度全国十大考古新发现称号，成为福建省第五个列入年度全国十大考古新发现的项目。

【考古挖掘与科研】　2017年，明溪南山遗址获中国社会科学院2017年度“六大考古发现”。举办“中国南方宋元青白瓷国际研讨会”“中国东南及环太平洋地区史前考古国际学术研讨会”，系统梳理福建考古近十年外销陶瓷、史前考古等领域的重要成果，提升福建在南方考古乃至全国、国际上的学术地位。出版《将乐良地古村》《将乐擂茶考古与研究》《福建沿海水下考古调查报告》《漳平奇和洞发掘报告》4部学术专著。

2017年度主要考古发掘项目有平潭综合实验区平原镇东花丘青铜时代遗址、邵武市水北镇李家山六朝墓、将乐县南口乡下瑶窑址。

【重要陈列展览】　2017年，福建省举办各种展览活动980余场，同时，博物馆多个陈列展览走出福建，走出中国，促进文化交流。其中，联合28家博物馆举办的“八闽军旗红——福建省纪念建军90周年暨喜迎十九大革命文物联展”获国家文物局公布推介的“纪念建军90周年、抗战爆发80周年”全国十大主题展览。

福建博物院、福建省昙石山遗址博物馆、福建民俗博物馆等分别在北京、辽宁、江苏、新疆、内蒙古等10余个省（市、区）举办建盏和德化瓷等专题展览。与故宫博物院合作举办“梵天东土　并蒂莲华：公元400～700年印度与中国雕塑艺术大展”和严复书法特展。

【国家级文物保护单位遗产保护】　2017年，福建省争取到国家重点文物保护专项补助资金13344万元，实施75个全国重点文物保护单位保护项目。启动实施鼓浪屿监测预警和鼓浪屿申遗核心文化价值阐释与展示规划、传统村落连城县中南村和雾阁村四堡书坊建筑群整体保护利用、长汀革命旧址群等革命旧址保护工程，以及明溪南山遗址本体及载体加固、天一总局旧址抢险加固、凤岐吴氏大宅、九头马民居（一期）、平和城隍庙、建瓯东岳庙、集美学村和厦门大学早期建筑群等文物保护修缮工程等项目；继续推进古田会议旧址群等革命旧址保护工程，屏南县漈下村漈下建筑群、培田村培田古建筑群、南安市漳州寮村蔡氏古民居建筑群等传统村落整体保护利用项目，福建土楼和鼓浪屿建筑群等保护修缮工程。

启动实施林则徐宅与祠、官田李氏大宗祠、李光地宅和祠和九日山摩崖石刻和尚书第建筑群等13项安防工程，永定—洪坑土楼群、蔡氏古民居建筑群、西陂天后宫、南安中宪第和狮峰寺等5项消防工程，施琅宅祠与墓、南天寺、陈埭丁氏宗祠等3项防雷工程。

编制上报龙岩市革命旧址保护利用总体规划，以及西资寺石佛造像、闽东北廊桥之东源桥、古田临水宫等文物保护规划。组织编制福建土楼之平和庄上大楼、赵家堡（诒安堡、积玉堂、孝堂）、蓝廷珍府第等修缮方案和正顺庙展示利用方案。

【非物质文化遗产保护与利用】 2017年，福建省推进《福建省非物质文化遗产保护条例》立法工作，立法工作进入省人大工作程序。总结推广闽南文化生态保护实验区10周年建设经验，推动项目保护单位完善省级以上名录保护规划，推进重点区域保护工作；客家文化（闽西）生态保护实验区获文化部批准设立为国家级。国际遗产日期间，举办“首届福建省非遗传统工艺精品大展”等系列活动；组织福建省非遗项目赴北京参加“中国共产党的故事——绿色发展”专题宣介会，得到中联部和省委主要领导的充分肯定；组织开展福建非遗精品展示展演活动，为“三合一”论坛营造良好文化氛围。其中，博览苑接待中外宾客600余人次，包括国外参观团9支，计312人次。推进实施传统工艺振兴计划，组织开展系列调研活动，完善福建省的实施方案。组织开展“民间文化艺术之乡”创建活动，有68个基层单位申报创建“民间文化艺术之乡”，其中，表演艺术类21个、造型艺术类7个、民间技艺类19个、民俗活动类21个。弘扬书院文化，依托正谊书院常态化组织开展“国学经典”“中华国粹”“中华礼仪”“中华典籍”“中华雅艺”“传统节庆”系列活动。4月，正谊书院被国家古籍保护中心正式授予“中华优秀传统文化实践基地”称号。开展第四批省级非遗项目代表性传承人评审，中国台湾地区和中国香港地区首次参评并各有1人通过评审，新增省级非遗传承人183人。举办14期中国非遗传承人群研培计划培训班，参加培训人数744人。 （江建国）

档　案

【概况】 2017年，福建省有档案行政管理机构95个，含省级1个、设区市9个、平潭综合实验区1个、县（市、区）84个。全省各级各类档案馆120个，其中，国家综合档案馆95个、国家专门档案馆14个、部门档案馆5个、企业档案馆2个、事业单位档案馆4个。截至年底，各级各类档案馆有馆藏档案1762.5万卷、542.5万件，资料138.8万册；开放档案202.2万卷、12万件，开放案卷级档案目录209.7万条、文件级档案目录1161.6万条。2017年，接待利用档案106.1万人次，提供利用档案112.7万卷（件）次。

【档案管理与服务】 民生档案工作。2017年，福建省档案局出台《关于进一步加强政府信息查阅场所建设工作的实施意见》。配合省社保局、省医保中心、省城乡居民社会养老保险管理中心，对社会保险业务档案规范化管理实施“回头看”。联合省教育厅在福州、马尾、南安、大田等档案馆设立省级中小学档案教育社会实践基地。各级档案部门开展档案查阅利用、政府公开信息查阅服务，推行双休日预约查档、开放档案数据自助查询、电话信函咨询和委托查档、寄件上门等便民服务措施，方便社会公众查档利用。福州、厦门、龙岩市档案馆入驻市民服务中心。福州、龙岩等地继续推行“就近查档、跨馆服务”，福州推行与温州等地“异地查档、跨馆服务”，泉州出台城市社区档案管理规范性文件，莆田持续规范企业档案、教育资助档案管理工作，三明利用微信公众号平台服务民生取得实效。

经济领域档案工作。省档案局成立省重点建设项目档案验收专家委员会，对36个省重点项目进行档案专项验收，提前完成福州地铁1号线工程项目档案验收任务及厦门地铁1号线工程档案预验收工作。宁德与福清核电一期工程档案分别通过国家档案局验收和预验收。联合省物价局制订《福建省价格认定档案管理办法》，联合省民政厅印发《福建省第二次全国地名普查档案验收规范》。各设市区和平潭综合实验区档案局主动对接做好重点建设项目档案归档和管理工作。

农业农村档案工作。省档案局联合省扶贫开发领导小组办公室出台《精准扶贫档案实施办法》，联合省农业厅、省国土资源厅出台《关于进一步做好农村土地承包经营权确权登记颁证档案工作的通知》，各地协调推进土地确权和精准扶贫档案工作。57个“乡村记忆档案”示范项目全部完成验收，形成各具特色的好经验、好做法。三明、莆田等地“村档乡（镇）管”工作模式持续深化，宁德创新开展农民专业合作社建档试点工作。

重大活动档案工作。省档案馆围绕服务金砖国家领导人“厦门会晤”，整理福建省与俄罗斯、印度、巴西等国家友好交往的相关档案，为省金砖筹备办提供专题档案服务。福州、厦门市档案局主动对接金砖会晤筹备办，指导做好金砖会晤档案工作，厦门市档案局2人分别受到省委、省政府和厦门市委、市政府表彰。省档案局（馆）在第九届海峡论坛主会场举办“文脉流长——科举制度在台湾”展览，召开“台湾进士后裔与学者座谈会”。福州市档案局完成市政府系统重点调研课题《重点建设项目档案工作的现状与思考》，出台《福州市土地房屋征收档案管理办法（试行）》。厦门市档案局为鼓浪屿成功申报世界文化遗产工作提供档案服务。泉州市档案局积极服务“古泉州（刺桐）史迹”申遗工作。福州、厦门自贸片区和泉州台商投资区等档案工作有效推进。

全面深化改革档案工作。梳理并公布档案部门权责事项清单32项，其中“一趟不用跑”事项3项、“最多跑一趟”事项2项，权力运行进一步规范。采用“双随机一公开”方式在全省联动开展依法移交和依法接收档案执法检查，其中省档案局检查25个单位，并书面反馈整改意见。受理省级网上办事大厅办件100件，服务评价满意率100%。

机关档案工作。成立省直机关档案业务规范化评价专家委员会，推行监督内容标准化、监管手段信息化、监管方式规范化、监管队伍专业化，实现档案监督指导创新和工作提质增效。推动“互联网＋监督指导”工作模式，实施福建省档案工作网上监督指导平台建设，探索推进立档单位档案整理质量检查、目录数据检验报送、业务指导交流等工作网络化、信息化。在马尾海关召开省直机关所属二级机构档案规范化建设现场会。

档案法制建设。2017年12月1日，《福建省数字档案共享管理办法》（简称《办法》）公布，省档案局印发《关于学习宣传贯彻〈办法〉的实施意见》，推动《办法》的贯彻落实。启动《福建省档案条例》修订工作，形成《条例（修订）》征求意见稿。对全省100家档案服务机构备案登记情况进行清理，取消30家不符合要求的档案服务机构的备案资格，并对10家档案服务机构备案情况开展督查。福州市实现机关、园区、服务机构执法检查全覆盖。漳州、泉州、龙岩、宁德等地开展档案执法检查。以纪念《档案法》颁布30周年和《福建省档案条例》颁布15周年为契机，落实“七五”档案法制宣传教育规划，提升社会档案法治意识。组织3万多名机关工作人员和档案工作者参加全国档案法治知识竞赛活动，省档案局获全国档案法律法规知识竞赛宣传优秀组织奖。

【档案信息资源开发利用】 2017年，福建省开展涉台档案开发宣传。省档案局（馆）主办的“闽台关系档案图片展览”系列活动列入第九届海峡论坛活动项目，在省档案馆举办“文脉流长——科举制度在台湾”专题展。国家出版基金资助项目——《馆藏民国闽台关系档案汇编》（100册）完成20册书稿编辑任务，编辑出版《明清宫藏闽台关系档案汇编》（30册）和近百万字的《闽台寻根大典》，完成《抗日复台档案选编》（6册）、《文脉流长——科举制度在台湾》、《明清宫藏闽台关系档案图录》编研工作。组织参访团赴台湾开展“两岸档案工作之比较与借鉴”的业务交流与合作活动。厦门市档案局编辑出版《厦台交流档案资料选编》。

侨批档案开发宣传。经争取，国家档案局和联合国教科文组织同意在省档案馆设立“世界记忆项目福建学术中心”。省档案局在国家档案局主办的“中国与世界记忆项目”论坛上，作侨批文化品牌建设经验交流。省档案馆（福建侨批文化研究中心）被中国侨联授牌命名为“中国华侨国际文化交流基地”。由国家档案局和印度尼西亚国家档案馆主办、省档案馆协办的“中印尼社会文化关系档案展”在北京首都博物馆展出。省档案馆赴新西兰举办“百年跨国两地书——福建侨批档案展”，开展档案文化交流活动；完成《福建侨批档案文献汇编》第一辑（25册）、《民国福建华侨档案目录汇编》的编纂工作；举办“世界记忆遗产里的中华根脉——侨生读侨批”活动。泉州市档案局拍摄侨批微电影《回家的路》。

“红色”档案开发宣传。筹划联合国家档案局、中央档案馆在省档案馆举办“不忘初心、牢记使命”档案文献展，推进“党性教育主题教室”建设。省档案馆为全国人大图书馆开展中华苏维埃政权建设档案收集、中央电视台拍摄大型文献纪录片《蔡廷锴》、福建电视台拍摄历史文献纪录片《从井冈山到闽西》、省老促会拍摄大型纪录片《项南》等提供档案服务。三明市做好闽西北中央苏区党的宣传工作档案资料图片展，龙岩市完善闽西籍老一辈无产阶级革命家档案专题数据库，并举办革命历史档案专题展览。

【档案馆基础业务建设】 2017年，福建省档案馆业务建设评价迎检工作。按照国家档案局《关于开展副省级以上综合档案馆业务建设评价工作的通知》部署，以省档案馆2018年9月受检为节点，制订《福建省档案馆业务建设评价考核实施方案》，明确任务分工、工作内容、责任分工以及完成要求和时限，将96个指标项按照难易程度分为三个阶段实施。成立省档案馆业务建设评价迎评工作领导小组，协调解决工作中存在的困难和问题，有力推动迎评工作科学、规范、有序开展。

档案资源建设。省档案局制订出台《福建省省直单位纸质档案数字化成果移交与接收暂行办法》。召开全省国家重点档案保护与开发项目绩效编报与资金管理专题会议，出台《国家重点档案专题开发项目验收办法》。做好“馆藏习近平与晋江经验档案”和馆藏长征档案资料等普查工作，建立专题数据库。做好档案接收前的审核把关，依法接收省直单位、省级重大活动、省级重点建设项目、公务礼品等各门类各载体档案1.56万卷、3.67万件。组织开展第二批全省珍贵档案评选工作，21项珍贵档案入选《福建省珍贵档案文献名录》，征集到侨批等珍贵档案资料近4000件。福州市档案局建立市委重要档案收集机制，福州、龙岩、宁德市档案局做好习近平同志在闽工作期间珍贵档案资料收集、整理、汇编工作；厦门市档案馆接收全市抗击“莫兰蒂”台风特色档案；南平市档案馆建成廖俊波同志实物档案陈列室和事迹影像室。

档案信息化建设。省档案局制订《福建省民国档案文件级目录著录实施细则（试行）》，省档案馆优化完善“公共档案馆综合管理平台”功能，开发档案鉴定管理系统。省档案馆全部完成民国档案资料全文数字化工作。省公安厅档案室通过“全国示范数字档案室”预评价，南平、平潭、马尾、石狮、上杭等加快推进数字档案馆（室）建设。福州市直单位实现电子档案、纸质档案同步归档和定期移交进馆工作，厦门市财政票据会计档案电子化管理试点工作通过财政部、国家档案局验收，龙岩市出台《龙岩市行政电子文件归档及电子档案管理操作规范》。漳州、泉州、马尾等档案馆实现馆藏档案数字化率100%。

档案安全管理工作。省档案局召开全省档案安全工作座谈会，组织检查组赴各设区市、平潭综合实验区及26个县（市、区）开展档案安全工作专项检查，督促责任落实。检查并通报全省档案网站集群、档案数字化外包安全管理情况。部署开展汛期档案安全工作，完善档案信息网络发布制度。实行档案数据异地异质备份，启动馆藏档案数转模工作。省档案馆连续3年开展“安全消防月”系列活动，连续7年执行库房管理制度无违规、库房管理安全无事故。厦门、漳州和平潭综合实验区档案馆建立微型消防站，南平市档案馆开展安全隐患排查治理活动，宁德市档案局与保密局联合出台《档案安全保密保管保护条件建设指引》。

【档案馆馆库建设】 2017年，福建省上报国家的10个中央投资计划项目全部获批，获得中央支持资金4134万元。省档案局召开全省综合档案馆项目建设暨数字档案馆（室）建设推进会，推动新馆项目建设。截至年底，福建省列入国家规划的51个县级综合档案馆建设项目中，建宁、周宁等18个项目投入使用，建阳、上杭等10个项目在二次装修，寿宁、永安等9个项目完成土建施工，荔城、松溪等7个项目在优化设计或办理前期手续，云霄、古田等7个项目尚未启动。据统计，中央预算内投资累计支持福建省项目40个，到位资金19470万元，占51个项目国家支持预算资金22727万元的85.7%，完成率居全国第5位；省级累计下拨以奖代补资金4660万元（封顶后下拨）。南平市在武夷新区建设新档案馆，预计2018年底封顶。

【档案科研和学术研究】 2017年，福建省档案局申报的“档案信息资源服务与共享的制度性保障研究”课题获国家档案局立项。

【政府信息公开查阅利用】 2017年，福建省各级国家综合档案馆切实履行《政府信息公开条例》赋予的职责，通过现场、网络、电话、信函等查阅方式，为社会公众提供政府信息查阅利用服务，在服务领导决策，以及为群众落实政策、办理社保、确认工龄、解决纠纷等方面发挥积极作用。据统计，全年省档案馆政府信息查阅中心接收整理省政府及其39个工作部门主动公开信息纸质文本11520份、电子文本11520份；政府信息查询管理平台全年点击率10.2万人次。 （叶建强）

地方志工作

【依法治志】 2017年，福建省方志委先后召开三次全省设区市地方志机构主任会议，举办全省方志系统行政管理培训班。三明、厦门先后印发本地区地方志事业发展规划纲要，部分县（市、区）出台县级地方志事业发展规划纲要。宁德、三明等地以多种形式开展地方志法规宣传活动。

【第二轮志书编纂】 2017年，《福建省志·青年运动志》出版，《水利志》《电力工业志》《铁路志》交付出版社，《台湾同胞联谊会志》《船舶工业志》《华侨志》《发展计划志》《卫生志》《知识产权志》报送验收，《建设志》《福州海关志》等完成二审，《审判志》《红十字会志》《政协志》进入二审，《冶金工业志》等完成一审。12月1日，举办第二轮福建省志分志编纂业务培训班。截至年底，第二轮省志分志已出版和交付出版38部，占总数的45.8%；报送验收9部，占总数的10.8%；进入一审、二审15部，占总数的18.2%；正在总纂4部，占总数的4.8%；处于编纂初稿阶段16部，占总数的19.2%；处于篇目制订阶段1部，占总数的1.2%。

2017年，福清市、仓山区、思明区、诏安县、永安市、屏南县志书出版。1月4—6日，举办福建省城市区志编纂研讨培训会。8月28—31日，举办福建省第二轮市、县（区）志编纂业务培训班。截至年底，第二轮市县（区）志已出版或交付出版49部，占总数的52.7%；进入审查验收阶段或开过评稿会的30部，占总数的32.3%；正在撰写初稿的14部，占总数的15%。

【综合年鉴编纂】 2017年2月28日至3月2日，《福建年鉴》2017卷撰稿人业务培训班举办。5月9—12日，举办福建省地方综合年鉴主编业务培训班。6月28—29日，举办福建省地方综合年鉴编辑培训班。10月25日，召开福建省第一次地方综合年鉴评稿会。8月，福建省选送的16部年鉴在第四届全国地方志优秀成果（年鉴类）评审中取得佳绩。

【方志书库与信息化建设】 2017年8月22—23日，福建省部分市、县（区）

2017年9月20日，“与历史同行”——喜迎十九大“方志之夜”文艺晚会在福建大剧院举行 （省方志委供稿）

方志馆（书库）建设工作推进会在泉港召开。10月，省方志委完成第四次向全省各市、县（市、区）地方志工作机构配送志鉴地情书籍，共99种9972册，总金额246.9万元。福建省在“中国梦·方志情”全国首届方志馆讲解员大赛中获得佳绩，2人分别获“全国方志馆十佳讲解员”“全国方志馆优秀讲解员”称号，省方志委获得“优秀组织奖”。3月15日，省方志委举办在线编纂系统专项培训，由福建省“数字方志”二期承建公司技术人员对部分省直单位修志人员和本委业务干部进行授课，现场模拟修志流程。“方志福建”微信公众号运行良好，基层方志委（办）积极开通微信公众号，完善信息发布工作。省方志委进一步加大指导力度，推动各设区市加快地情网及方志馆（书库）建设。

【特色志编纂】 2017年，《福建寿山石志》《福建茶志》《闽学志》《妈祖文化志》等特色志书编纂出版工作稳步推进。《闽商志》《漆艺志》《闽宁扶贫协作志》等项目展开。

【镇村志编纂出版】 2017年1月，福建省首部入选“中国名镇志文化工程”首批《中国名镇志丛书》15部之一的《永宁镇志》出版发行。12月29日，在“首届全国名村论坛暨中国名村志丛书出版座谈会”上，霞浦县《大京村志》被列入首批中国名村志丛书，是福建省唯一入选中国名村志文化工程的村志。

2017年9月22日，《中国影像志·福建名镇》暨《八闽历史文化名镇名村影像志》开机仪式在上杭县古田镇举行 （省方志委供稿）

【喜迎十九大“方志之夜”文艺晚会在榕举行】 2017年9月20日，由福建省方志委主办的“与历史同行”——喜迎十九大“方志之夜”文艺晚会在福建大剧院举行，在全国首开用文艺晚会形式表现方志文化的先河，让写在方志典籍里的文字“活”起来，1300多人现场观看演出，通过网络在线观看人数达21.3万人。新华社、新华网、人民网、《福建日报》等多家省内外主流媒体高度关注并跟进报道。

【《中国影像志·福建名镇》暨《八闽历史文化名镇名村影像志》开机仪式在古田举行】 2017年9月22日，由中国地方志指导小组办公室、福建省地方志编纂委员会主办的《中国影像志·福建名镇》暨《八闽历史文化名镇名村影像志》开机仪式在龙岩市上杭县古田镇举行。人民网以《〈中国影像志·福建名镇〉开启地方志拍摄红色文化先河》为题进行报道，新华社等媒体也进行报道。

【方志科研与学会、期刊工作】 2017年，在第二次全国地方志科研工作会议暨中华一统志编修可行性论证会议上，福建省方志委作为科研工作先进单位获得通报表扬。省方志委“南海命名问题”研究小组在“南海主权与地方志论坛”上作题为《越南南海命名之变与历史源流》的发言，得到与会专家学者的肯定。7月6—7日，召开2017年福建省地方志学会常务理事（扩大）会议。年内，《福建史志》被中国最大的纯学术性期刊引文数据库——中国社科院中国社会科学评价中心《中国人文社会学期刊评价报告（AMI）》引文数据库收录为来源刊。 （孙洁斐）

编辑：林丹英

卫生和计划生育 体育

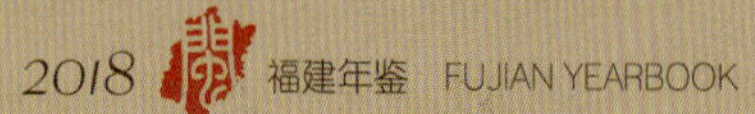

卫生和计划生育

【概况】 2017年底，福建省孕产妇死亡率、婴儿死亡率、5岁以下儿童死亡率分别为12.41/10万、3.63‰、4.74‰，人口出生率15‰、自然增长率8.8‰，反映居民健康的主要指标在全国处于中上水平。全省拥有卫生计生机构27217个，比上年减少441个。其中，各级各类医院608个［综合医院361个，中医医院（含中西医结合医院、民族医院）91个，专科医院154个］，比上年增加18个；疾控预防控制机构96个，与上年持平；妇幼保健机构89个，增加2个；卫生监督机构87个，增加1个；采供血机构9个，与上年持平；社区卫生服务机构676个（社区卫生服务中心223个，社区卫生服务站453个），增加121个；乡镇卫生院881个（中心卫生院224个，一般卫生院657个），增加1个；村卫生所18609个，减少336所。全省医疗机构床位总数18.34万张，比上年增长2.52%；全省每千人口医疗机构床位4.69张。全省各级各类卫生机构人员30.19万人，比上年增长3.86%，其中，卫生技术人员23.16万人，增长4.82%，占卫生人员总数的76.93%。卫生技术人员中，执业（助理）医师84045人（其中，执业医师73377人），比上年增长4.88%，占卫技人员的36.30%；注册护士10.13万人，增长5.23%，占卫技人员的43.74%；药剂、检验等其他卫技人员46216人，占卫技人员的19.96%。全省每千常住人口卫技人员5.92人、执业（助理）医师2.15人、注册护士2.59人，分别比上年增加0.22人、0.08人和0.11人。乡村医生和卫生员25261人。

健康福建建设全面实施。省委、省政府印发《“健康福建2030”行动规划》，召开全省卫生与健康大会，对推进健康福建建设作出全面部署。坚持“大健康、大卫生”的基本理念，将健康融入所有政策，发动各级各部门共同参与健康福建建设，实施健康促进、健康服务、健康扶贫、健康环境、健康产业等五大工程，构建健康信息服务、科技创新、对外交流等三大平台，强化体制机制、筹资、人才、食品药品安全、法治等五大保障，形成共建共享的工作格局。

医疗卫生补短板加快推进。省委、省政府印发《关于加快医疗卫生事业发展的实施意见》。省儿童医院建设项目、省疾控中心迁建项目开工，省妇产医院、精神卫生中心（脑科医院）前期工作有序推进。福建省立医院、福建医科大学附属协和医院、福建医科大学附属第一医院与北京协和医院、上海交通大学医学院附属瑞金医院、复旦大学附属华山医院“一对一”合作共建取得初步成效。实施中医“名医名药名科名院”战略，中医药服务能力进一步提升，基层医疗卫生机构中医药服务量占总服务量的比例为22%。杨春波获第三届国医大师称号，陈民藩、杜建、吴熙获首届全国名中医称号。落实社会办医的各项优惠政策，开展闽台医疗服务合作交流，社会办医床位占医院床位总数18.72%。

公共卫生保障持续加强。落实省防治重大疾病工作厅际联席会议制度，制订实施艾滋病、慢性病、精神卫生等一批重大疾病防治规划，防控H7N9流感、黄热病、登革热、手足口病等疫情。爱国卫生运动深入开展，城乡环境整洁行动扎实推进，全省农村卫生户厕普及率93.9%、居全国第5位；创建国家和省级卫生城市19个、卫生县城（乡镇）134个。推进食品安全风险监测，监测点覆盖所有县（市、区），哨点医院覆盖全省二级以上医院，省市两级疾控机构食品安全风险监测实验室设备达到国家配置标准。制订酿造用红曲等3个福建特色食品安全地方标准，填补福建省食品安全地方标准空白。建成首支国家级应急救援队伍，组织“健康使命—2017”系列卫生应急救援演练，提升全省卫生应急救援水平。组织全省卫生应急技能竞赛活动，完成各类重大会议保障活动30余场，高质量完成“厦门会晤”医疗卫生保障各项工作。

深化医改取得新突破。医改顶层设计基本形成体系，推进医疗、医药、医保“三医联动”综合改革。公立医院综合改革全面推开，全省公立医院全部取消药品耗材加成，省属及部分市、县公立医院实行院长目标年薪制，人事薪酬等制度改革取得突破。基层综合改革进一步深化，所有三级医院参加医联体建设，家庭医生签约工作平稳起步，村卫生所一体化管理扎实推进，为分级诊疗制度建设打下坚实基础。在国家组织的医改效果评价考核中，福建省连续两年蝉联全国第一。

群众获得更多健康实惠。实施改善医疗服务三年行动计划，创新方便群众看病就医举措，改善群众就医体验，实现全省范围内就诊“一卡通”应用，全省三级医院自助服务设备覆盖100%、优质护理服务病房覆盖100%。全省二级以上公立医院第三方调查整体满意度达到86.68分，比2016年提高1.86分，呈逐年提升态势。基本公共卫生服务项目政府补助标准提高到每人每年50元，基层医疗卫生机构向城乡居民免费提供14类55项基本公共卫生服务，2017年基本公共卫生服务项目考核排在全国前列。省政府在全国率先出台精准扶贫医疗叠加保险政策，将大病救治病种由国家规定的9种增加到13种，建档立卡贫困人口大病患者个人负担比例从16.5%下降到2%，有效解决人民群众因病致贫、因病返贫问题。

计生服务管理水平不断提高。创新计生服务管理，构建鼓励按政策生育的制度环境，全面两孩政策稳妥实施。2017年出生人口58.4万人，比2016年增加2.5万人，出生率15‰。落实妇幼公共卫生项目和免费计划生育技术服务，针对两孩累积生育需求集中释放、高龄孕产妇比例增高的新形势，扩大产科、儿科等服务供给，优化整合妇幼资源。创建3个全国妇幼健康优质服务示范县（区）和2个国家级儿童早期发展示范基地，强化妊娠风险评估管理，实行高危孕产妇全程追踪随访，保障母婴安全。

【医改推进会】 2017年8月25日，中共中央政治局委员、国务院副总理刘延东在省委书记尤权、省长于伟国等陪同下，考察福建省医改工作。刘延东先后深入三明市尤溪县总医院和西城镇七尺村卫生所、三明市医保管理中心尤溪管理部、福建省医保办实地考察，并在福州主持召开综合医改试点省负责人和各省医改办主任等参加的医改推进会。

【海峡论坛—2017海峡两岸中医药发展与合作研讨会】 2017年6月17—18日在厦门召开。国家卫计委副主任、国家中医药管理局局长王国强出席并讲话。会议围绕“传承创新，共融发展”主题进行研讨。中医药界和企业界450余人参加会议，其中台湾嘉宾200余人。

【世界银行贷款中国（福建）医改促进项目】 2017年，世界银行决定贷款3.1亿美元支持福建医改。该项目从2017年7月启动实施，2020年项目执行结束，实施周期4年。该项目采用的是结果导向型规划贷款工具，通过设置评价指标，并根据项目执行期内支付关联指标值完成情况进行资金拨付，所有支付关联指标都有对应的资金支付额度，其目标值的实现程度直接影响项目贷款。项目范围覆盖不包括厦门的各设区市和平潭综合实验区的公立医院和基层医疗卫生机构。项目资金计划重点用于支持县域医疗服务能力提升、县域医疗服务信息系统建设和县域医疗卫生人才队伍建设等三大领域。

【“厦门会晤”医疗卫生保障】 2017年9月3—5日，金砖国家领导人第九次会晤在福建厦门举办。按照省委统一部署，省卫生计生委牵头组建医疗保健部，确定“厦门会晤”重要贵宾定点医院、外方人员定点医院、医疗救治后备医院。组建由临床、疾控、卫生监督等专业专家组成的医疗卫生保障省级专家队伍。组织制定《厦门会晤医疗卫生保障总体方案》和21个子方案以及《厦门会晤医疗卫生保障应急处置手册》（“一点一册”）39册，开展业务培训43场次，组织应急演练35场次，开展2轮公共卫生风险评估和9轮爱国卫生运动，开展3轮集中式供水出厂水抽检、7轮重点接待场所饮用水卫生与室内空气卫生监督检查。“厦门会晤”服务保障工作期间，医疗保障点全覆盖，实现不发生重要保障对象医疗保健工作不到位、不发生伤病员延误救治事件、不发生相关重要活动场所重大突发公共卫生安全事件、不发生重大传染病疫情流行事件的“四个不发生”目标。

【“健康使命—2017”福建省地震海啸灾害卫生应急综合演练】 2017年12月3—5日在福建省平潭综合实验区举行。由福建省卫计委、福州市卫计委、莆田市卫计委、宁德市卫计委和平潭综合实验区卫计局联合主办，邀请交通部东海第二救助飞行队和上海金汇通航参与演

2017年12月3—5日，“健康使命—2017”福建省地震海啸灾害卫生应急综合演练在平潭综合实验区举行　　（省卫生厅供稿）

练。全省11支地方和军队卫生应急队伍，2架救援直升机，40余辆卫生应急车，339名卫生应急队员参加演练。演练以某海岛发生6.2级近海底地震，引起的海啸袭击海岸地带造成沿海大量人员伤亡为背景，省、市、县三级联动，演练场景为野外生存、紧急医学救援、海上伤员救援转运、伤员航空后送、核泄漏卫生应急处置、灾后心理应急干预救援、灾后防疫及突发疫情处置等内容。此次演练在福建省卫生应急演练上实现3个首次：首次展示海、陆、空立体医疗救援，首次将灾后心理应急干预救援纳入演练内容，首次三级卫生应急队伍［国家队、省级队到市（县、区）级队］联合演练。

【医药卫生体制改革深化】 2017年，福建省以体制机制改革为重点，健全和完善医改领导体制和推进机制，以“药价保”职能整合为特点的医保体制改革顺利推进。巩固破除以药补医改革成果，进一步调整理顺医疗服务价格，公立医院新的补偿机制逐步建立，各试点城市和大部分县公立医院价格平移总体到位，医疗收入结构有所优化；落实政府投入责任，推进医保支付方式改革和C－DRG试点，科学控制医疗费用不合理增长，看病贵问题得到一定程度缓解；稳步推进院长目标年薪制、工资总额核定、财务管理制度等改革，激励与约束并重的公立医院内部运行机制初步建立。

破除以药补医，完善公立医院补偿机制。进行医疗服务价格调整。下发《福建省定价目录》，将医疗服务价格调整权限下放给设区市。做好价格平移。以设区市为单位进行精细测算，并坚持全面调整（调整面不低于50%）、有升有降、先平移后理顺、“四个拉开”（拉开不同等级医院、不同等级地域、不同难度诊疗项目、不同诊疗水平医生诊费的价格差距）等四项价格调整原则。建立价格动态调整机制。利用药品招标、医院控费所腾出的空间，在统筹考虑医保基金支付能力的情况下，逐步调整理顺医疗服务价格。截至2017年底，按分类先后对省级医疗项目进行4次价格调整，金额5亿多元。同步做好医保政策衔接。考虑到患者负担问题，将调整后的医疗服务项目按规定纳入医保报销范围。同时，针对如尿毒症、放疗等特殊患者群体，为减轻经济负担，另外制定医疗费用减免政策。

整合医保体制，解决管理碎片化问题。是年全省完成医保管理体制整合工作。合并重组优化职能。将分散在6个部门的8项医保相关职能进行整合，尤其是药品招标和医疗价格管理职能的合并，实现主导医院经济运行“药、价、保”三大要素的统一；明确医保监管医院、医生、药品流通和医疗价格的四大责任，形成对医药行为监管的合力优势。实行相对独立运作模式。成立省医疗保障管理委员会（简称医保会），主任由省政府分管领导担任；医保会下设办公室（简称医保办），挂靠在省财政厅，业务独立运作；医保办内设“四处”（医疗保障综合处、药械采购配送监管处、医疗服务价格处、医保基金管理处），下设“三中心”（省医疗保障电子结算中心、省药械联合采购中心、省医疗保障基金管理中心）。理顺市县医保体系。各设区市参照省级模式，成立市医疗保障管理局，挂靠市财政局。同步推进“三保”基金市级统筹，并将县级医保机构并入市级医保中心，实现市县机构垂直管理，全省医保机构从167个整合为11个。

抓好合理控费，强化公立医院公益性质。以医保支付为手段，加大挤压药价虚高力度。2017年3月，福建省启动新一轮药品采购，采用医保支付结算价方式，按药品分类进行限价和限量采购，同时建立医院参与药品采购谈判药价的激励机制，激发主动节约成本的内生动力。据医改监测快报数据，2017年度全省公立医院药品费160.97亿元，比上年减少8.53亿元，下降5.03%。全面实施费用监控。按照《关于控制公立医院医药费用过快增长的实施意见》要求，从成本控制、患者负担、管理效率和社会效益等方面加强行政监管，督促公立医院完善内部控费机制。利用“福建省医改效果监测管理平台”，采取多种方式，从医疗服务、运行效率、分级诊疗、医疗保障、患者负担等方面，对全省公立医院综合改革情况进行分析评价并通报，在为领导提供决策参考的同时，对改革进展缓慢地区提前预警。同时把公立医院药品耗材费用控制、医保支付方式改革等重要指标纳入省政府对各设区市政府及平潭综合实验区管委会的绩效考评内容。2017年，全省医药费用增幅总体控制在10%以内。规范医疗服务行为。各设区市结合实际对辅助性、营养性等高价药品进行监管，通过处方点评、双十排名等方式，促进临床合理用药。同时，组织制订《支气管扩张症等100个病种临床路径（县级医院版）》，规范县级医疗机构临床诊疗行为。推动医保支付方式改革。出台《按病种收费工作暂行规定》，全省首批实施100个按病种收费（支付）项目，明确医保支付和医院向患者收费的标准；逐步建立“结余留用、超支自负”激励约束机制，强化医院成本管控意识，调动公立医院主动控费、规范管理的主动性。三明市及福建医大附属协和医院、福州市第一医院、厦门市第一医院成为国家C－DRG收付费改革试点。

改革运行机制，加大对医务人员的激励约束。改革医院工资总额核定办法，明确医院收入结构。医院人员工资总额的测算仅与医疗服务收入挂钩，不与药品耗材收入挂钩，不直接与检查化验收入挂钩，最大限度避免医院的逐利行为。实行院长目标年薪制。明确院长年薪由政府全额负担，体现院长代表政府管理医院；建立院长年度绩效考核体系，考核结果与院长薪酬、任免及医院工资总额、医保支付、医院评审评价等挂钩，调动全体员工参与改革的积极性。改革内部绩效分配制度。在核定的工资总额内，医生（医技）、护士、行政后勤三个团队按比例进行自主分配，突出服务质量和以技术劳务价值为导向，破除以科室为单位、以经济指标为主的分配机制。三明市实现全员目标年薪制、年薪计算工分制。改革用人制度。探索以实际开放床位为基数核定人员总量，合理增加工资核拨人员基数，促进同工同酬。将公立医院编制使用审批制改为备案制，促进身份管理向岗位管理转变。落实公立医院用人自主权，出台允许公立医院对紧缺、高层次人才实行自主招聘政策，推动建立能进能出、能上能下的灵活用人机制。推进医院精细化管理。出台《福建省公立医院总会计师管理暂行办法》，推动三级公立医院设置总会计师岗位。截至2017年底，设区市三级公立医院中约有一半设置总会计师岗位，其中三明等地的医院总会计师薪酬由财政承担。积极推行全面预算管理和全成本核算，健全财务报告和财务信息公开制度；全省所有三级公立医院均实现全面预算管理，各级政府或卫计部门通过门户网站公开公立医院医疗服务价格、医疗费用等财务信息。

加快构建分级诊疗制度。在省级层面实施医疗“创双高”，推进福建省立医院、福建医科大学附属协和医院、福建医科大学附属第一医院与北京协和医院、上海交通大学医学院附属瑞金医院、复旦大学附属华山医院建立“一对一”合作共建，加强全省21个临床医学中心、60个临床重点专科人才队伍、临床技术以及科研能力建设，着力提高疑难重症诊疗水平，发挥龙头作用。在县域以实施世行贷款医改促进项目为契机，重点推进县域医疗服务技术、协作和信息三大平台建设，支持69所县（市、区）综合医院建设县域消毒供应、临床检验、病理检查、医学影像、心电诊断和远程会诊等六大中心，以及重症监护室、手术室等关键科室，以提升县域综合医疗服务能力，保障基本医疗服务供给。同时，突出“补短板”，重点加强产科、儿科、精神科等卫生领域补短板项目，改善薄弱学科的基础设施和服务条件。推进医疗联合体建设，促进医疗资源下沉。全省所有三级公立医院全部参与医联体建设，每个设区市开展1个以上县域紧密型医联体建设试点。其中，三明市以总医院形式推进县域紧密型医共体建设，打破县域内医疗机构横向纵向行政壁垒，对县、乡、村医疗机构的人、财、物实行统一管理，初步形成责任、服务、管理、利益共同体，并发挥医保打包支付作用，建立“总额预付、超支不补、结余留用”机制，有效推动医疗卫生服务向“以健康为中心”转变。完善配套政策、激发基层活力。发挥“药价保”联动作用，放宽基层临床用药目录，适当拉开基层医疗卫生机构、县级医院和城市大医院间报销水平差距，增强居民在基层看病就医吸引力。强化分级诊疗信息化支撑，实施“互联网＋医疗”创新服务，开发预约诊疗、双向转诊、家庭医生网上签约服务、远程协同诊疗等应用，促进优质医疗资源纵向流动。

【公共卫生】　2017年，福建省加强疾病预防控制。省政府办公厅印发《“十三五”福建省结核病防治规划》《福建省遏制与防治艾滋病“十三五”行动计划》《福建省防治慢性病中长期规划（2017—2025年）》，省卫生计生委联合省直有关部门印发《“十三五”福建省血吸虫病防治规划》《福建省贯彻落实〈“十三五”全国地方病防治规划〉实施方案》。围绕做好“厦门会晤”等重大活动疾病防控保障工作，建立广东、浙江和江西省等环闽传染病防控联席机制，加强周边地区传染病监测预警，控制人感染H7N9流感、登革热等疫情。组织开展全省法定传染病报告质量和管理现状调查，共调查全省医疗机构法定报告传染病5354例，未发现漏报病例。开展城市饮用水用户水龙头水质监测工作并及时公布结果。在全省所有县（市、区）开展碘缺乏病监测工作，开展生活饮用水水碘、水氟含量调查工作，为地方病防治工作提供科学依据。省政府办公厅印发《关于进一步加强疫苗流通和预防接种管理工作的实施意见》。全年新建预防接种卡74.79万人、接种疫苗1387.15万剂次，以乡镇为单位，11种免疫规划疫苗报告接种率保持在95％以上。落实传染病和重大疾病防控工作。2017年新发现艾滋病病毒感染者和病人2516例，继续落实艾滋病免费抗病毒治疗政策，新增免费抗病毒治疗2517例，至年底，累计在治9199例，全年干预重点人群56.9万人次。全年发现并治疗肺结核患者1.48万例，治疗成功率86.9％。在全省推开新的结核病防治模式，建立以疾病预防控制机构、结核病定点医疗机构和基层医疗卫生机构“三位一体”的新型结核病防治服务体系，印发《福建省结核病综合防治服务工作规范》。龙岩市开展结核病分级诊疗及综合防治服务试点，鼓楼区、思明区、集美区3个区创建国家级慢性病综合防控示范区通过国家卫生计生委验收，新增龙海市、鲤城区、晋江市、石狮市4个省级慢性病综合防控示范区创建单位。加强严重精神障碍患者救治管理工作。至年底，全省累计在册严重精神障碍患者16.5万人，检出率4.28‰；患者管理率、规范管理率、服药率、规范服药率等关键指标分别达93.2％、82.42％、79.21％、39.08％，继续保持在全国前列。

爱国卫生工作。开展以“历史与展望——为了人民健康的65年”为主题的爱国卫生运动65周年宣传活动，激发全社会广泛参与爱国卫生运动的热情，巩固爱国卫生运动的群众基础。组织开展“爱国卫生月”活动，在全省范围内集中开展以清除蚊虫滋生地为主的环境卫生整治。推进卫生创建工作，泉州市通过全国爱卫会复审重新确认为国家卫生城市，龙海市被命名为国家卫生城市；2017年全省创建71个省级卫生乡镇、694个省级卫生村、125个省级卫生社区。在福州、厦门、三明、泉州、漳州5个国家卫生城市开展省级健康城市试点，厦门市被全国爱卫办确定为国家健康城市试点；确定省级健康村镇试点21个。

妇幼健康工作。出台《关于加强生育全程基本医疗保健服务的实施意见》，推广使用《母子健康手册》。出生医学证明实现全程信息化管理，建立卫生计生与公安部门间双向共享的信息核查机制。启动妇幼保健机构眼和口腔保健专科门诊规范化建设试点。健全母婴安全保障制度，推进孕产妇妊娠风险评估与分级管理。组织全省危重症孕产妇救治培训，完善危重症孕产妇和新生儿救治网络运行机制。开展孕产妇死亡个案月报，完善孕产妇和新生儿死亡个案评审，加强全流程影响因素分析；定期对指标波动较大、薄弱环节突出的地区专项督导，通报约谈。2017年，省级助产技术执法检查覆盖9个设区市和平潭综合实验区43所助产机构，现场组织产科快速反应团队实战演练。加强出生缺陷综合防治，组织实施遗传代谢病和先天性结构畸形救助试点项目。2017年，全省产前筛查率73.5%，新生儿遗传代谢病筛查率99.7%、新生儿听力筛查率95.3%。

卫生应急工作。制订《福建省防汛防台风卫生应急预案》《福建省突发化学中毒事件卫生应急预案》。省级参与制订泛珠九省（区）卫生应急合作框架协议。福州、莆田、宁德和平潭综合实验区共同签订《福莆宁岚卫生应急区域合作框架协议》，完善省内跨区域的协调联动机制。修订《省级卫生应急队伍管理办法》，组织开展以“健康使命—2017”为主题的系列演练，全省25支省级卫生应急队伍在卫生应急处置、重大活动保障和实战演练中不断提高人装结合力。省立医院承建的省级紧急医学救援队跻身国家队行列，提升福建省卫生应急综合实力。省级和厦门、三明、南平等设区市相继与民用通用航空有限公司签订战略合作协议，省立医院、福建医科大学附属第一医院等省属医院开展航空医学救援演练和培训，共同推动构建全省紧急医学救援一体化模式。与红十字会合作开展应急救护知识“六进”活动。

综合监督工作。以整合卫生计生综合监督行政执法资源为抓手，省卫生计生委会同省委编办、省财政厅等五部门联合下发《关于进一步加强卫生计生综合监督行政执法工作的实施意见》，明确各级卫生计生监督所为行政执法机构，着力构建省、市、县、乡、村五级卫生计生监督网络。确定宁德市和9个县（区）监督机构作为行政执法全过程记录试点单位，探索卫生计生监督执法全程记录和全方位监督。制定“双随机”抽查工作规则和“一单两库”，规范随机抽查行为。以“双随机”方式对公共卫生、传染病防治、医疗卫生、计划生育等6方面11类开展监督抽检，监督抽检完结率97.68%。开展传染病防治法等“一法四规”执法检查。部署医疗机构依法执业、打击非法行医、医疗服务新业态、餐饮具集中消毒服务单位等8个专项整治。完成《福建省职业病防治规划（2017—2020年）》，以省政府名义印发各地实施。组织4个督查组对各地职业卫生放射卫生监测和职业健康检查质控情况进行督导检查。2017年，全省查处违法违规案件1725件，比上年增长49.4%；罚没款1047万元，比上年增长43%；吊销《医疗机构执业许可证》12份。

食品安全监测评估与标准管理工作。争取省财政逐年加大对风险监测的投入。投入2581万元用于疾控机构风险监测设备补短板，省、市两级疾控机构实验室风险监测设备配置达到国家要求。牵头组织农业、海洋与渔业、食品药品监管等7个部门联合下发全省食品安全风险监测以及食源性疾病监测等4个方案。监测食品样品1.1万份，监测样本量由2012年的0.2份/千人口提高到2017年的0.5份/千人口。风险监测覆盖全省所有县（市、区），24%的样品采自乡镇，本地产品比例高于80%。确定食源性疾病监测哨点医院248家，覆盖所有二级以上医院，并延伸到38家乡镇卫生院和社区卫生服务中心。省政府办公厅印发《福建省居民营养计划（2017—2030年）》。省食品安全地方标准主任会议审议通过《酿造用红曲》《连城地瓜干系列产品》《红曲黄酒》3个地方标准。加强基层食品安全企业标准备案工作指导，2017年完成食品安全企业标准备案2424件。

【医政管理】 2017年，福建省推进分级诊疗试点。全省9个设区市和所有县（市、区）全部出台试点工作实施方案，县域内就诊率、基层诊疗量占比、家庭医生签约率等分级诊疗考核指标纳入政府绩效考核。全年全省县域就诊率（不含市辖区）82.34%，其中南平市、龙岩市县域内就诊率90%以上。

医联体建设。省政府制订出台《福建省推进医疗联合体建设和发展的实施方案》。截至2017年底，全省构建各级各类医联体302个，覆盖医疗机构总数719个，三级公立医院100%参与医联体建设。全省22个县（市、区）率先开展县域紧密型医联体建设试点，尤溪县、将乐县率先开展县域紧密型医联体医保总额打包支付试点。

医疗“创双高”建设。推动福建省立医院、福建医科大学附属协和医院、福建医科大学附属第一医院等3所省属医院创建高水平医院和全省20个临床医学中心创建高水平临床医学中心，在7所省属医院遴选14个省级临床重点专科建设项目，首次在19所设区市级医院推荐的142个专科中遴选51个省级临床重点专科建设项目。3所创建高水平医院落实合作共建协议，开展“对标国家队、管理上台阶”等一系列活动，学习国家3所高水平医院发展理念、管理方式、医疗技术“真经”，呈现学术交流增加、科研项目增多、科研投入增长、平台建设增速的“四增”态势。3所创建高水平医院开展新技术项目60余项，Ⅲ、Ⅳ级手术比例分别达61.29%、62.4%和63.37%，比上年提高9.14%、2.33%和9.25%。20个临床医学中心开展新技术项目150余项，

Ⅲ、Ⅳ级手术量及Ⅲ、Ⅳ级手术比例，分别比上年增加12.7%和3.2%。

医疗服务体系建设。省政府办公厅印发《福建省医疗卫生服务体系规划（2016—2020年）》，从优化资源布局、加强人才队伍建设、加强系统整合与分工协作、发展社会办医以及大力发展健康服务业等方面，提出“十三五”期间进一步完善医疗卫生服务体系建设的重点任务。加快推进儿童医疗服务体系建设。省卫生计生委联合省发改委、教育厅、财政厅、人社厅、医保办等部门出台《关于加强儿童医疗卫生服务改革与发展的实施意见》。省儿童医院项目动工建设，省妇产医院项目建设前期工作有序推进。各地儿科床位建设持续加强，2017年全省新增儿科床位1263张。加快推进社会办医。省政府办公厅印发《福建省支持社会力量提供多层次多样化医疗服务的实施意见》，细化落实社会办医各项优惠政策，促进社会办医向多层次、差异化发展。截至2017年底，全省社会办医床位2.51万张，占医院总床位数的18.04%。血液透析中心、医学检验实验室、病理诊断中心等第三方检验检查机构申请设置明显增加。

医疗质量监管。省、市两级医疗质量控制体系进一步完善，全省建立40个省级质控中心和139个市级质控中心。省、市两级分别开展三级医院和二级医院的评价检查，组织质控中心进行专项检查。省卫计委组织撰写《福建省2016年度医疗服务效率与质量安全报告》，首次对福建省二级以上医院医疗服务效率与质量安全情况进行多维度分析。开展医疗质量安全专项督查，全省督查404个医疗机构。省卫生计生委制订出台259个病种临床路径，其中适用于县级医院的临床路径125个，实现按病种收付费与临床路径管理的全面结合。至年底，全省实施临床路径管理的二级以上医院198家，占二级以上医院86.3%；实施临床路径管理的出院病例数62.29万例，占医院同期出院例数的34.7%。加强药物临床使用管理。开展临床短缺药品监测，指定15家公立医疗机构作为短缺药品监测点，逐步建立短缺药品监测预警机制。严格执行《抗菌药物临床应用管理办法》，全省门诊患者抗菌药物使用率10.5%，住院患者抗菌药物使用率39%，呈现持续下降趋势。三级综合医院门诊（儿科除外）已经全部停止静脉使用抗菌药物。

采供血管理。严格采供血机构准入管理，开展全省血液安全技术核查，推进无偿献血工作，提高血液供应保障能力。2017年，全省采集血液34万余人次，比上年增长6.5%；采血总量56.39万单位，增长9.7%。全省献血率13‰，有效保障临床用血基本需求。

医疗行风建设。开展大型医院巡查工作。2017年完成省立金山医院和三明、南平、宁德市属医院等6所三级甲等综合医院的巡查工作，第一轮（2015—2017年）33家大型医院巡查工作完成，提出整改问题清单645条。福州、厦门、漳州、莆田、南平、龙岩、宁德等设区市对辖区内其他80所二级以上医院开展巡查工作，提出整改问题清单1348条，推动医院党建工作、纪检工作和行风建设与医疗服务及医疗质量管理同步推进。开展医药购销和医疗服务中不正之风专项治理长效机制建设，健全行风建设工作体系，保持红包专项整治高压态势。2017年，省卫生计生委通报7起收受患者红包的典型案例，处理收受红包医务人员9人，追究科室负责人责任4人，处罚科室4个。第三方满意度调查显示，治理收受红包回扣措施满意度91.75分，比2016年提高1.89分，医疗行风呈现好转态势。

【中医药工作】　2017年，福建省贯彻实施《中华人民共和国中医药法》，加强中医医疗服务体系建设，推动永安市、石狮市、仙游县、长泰县新建中医类医院。推进基层医疗机构中医馆建设，加强中医“名医名药名科名院”建设，制订《福建省名优中医院建设方案》，结合国家中医药传承创新工程重点中医医院建设项目、医疗“创双高”建设项目，支持省人民医院、省第二人民医院、厦门市中医院开展名优中医院建设。加快中医药改革发展。省政府印发《福建省贯彻国家中医药发展战略规划纲要（2016—2030年）》，推动落实财政补偿、医保支付、价格形成、绩效评估、人事薪酬制度等中医药倾斜政策。推进“互联网＋中医药”、县乡中医药一体化管理和国家中医药综合试验区改革试点，探索可复制可推广的中医药改革经验，切实发挥中医药在医改中的作用。

加强中医药服务体系建设。部署实施基层中医药服务能力提升工程“十三五”行动计划。调研督导4个中医院空白县（市），推动当地政府尽快设立县级中医院。同时关注三明、南平等地开展的区域医疗资源整合工作，开展省内外调研考察，推动基层中医药改革良性发展。继续加大基层中医馆的建设力度，2017年支持175家基层医疗机构开设中医馆。与江西省中医药管理局联合开展中医药适宜技术培训推广项目。加强中医药信息化建设，成立省级中医药数据中心，安排400万元项目资金支持5家县级中医院探索开展“互联网＋中医药”试点工作。

推进中医药健康产业发展。开展中医药健康文化推进行动。举行中医中药中国行——福建中医药健康文化启动仪式，启动2017年中国公民中医药素养调查工作，开展福建省中医药文化教育基地遴选工作。创建一个中医药健康旅游示范区、若干个中医药健康旅游基地、一批中医药健康旅游项目，打造更多片仔癀、灵源万应茶饼、老范志万应神曲等中医药健康服务“百年老字号”。鼓励各地将传统医药项目申报，列入各级非物质文化遗产名录。继续推动泛珠区域福建、云南、贵州、四川、广西5省区合作，召开泛珠三角区域道地药材合作开发会议，促进区域间道地药材产业的经验交流和合作开发。开展中药资源普查工作，完善中药资源动态监测信息和技术服务体系。支持省属和9个设区市医疗机构建设中医药制剂平台，研发使用院内中药制剂。

【计生服务管理】 2017年，福建省继续落实全面两孩政策。加大政策宣传力度，省卫计委门户网站开设八闽动态、喜迎十九大等专栏，利用“互联网+”，宣传计划生育成就、人口形势和全面两孩政策等。加强妇幼健康服务体系建设，实施妇幼健康保障工程，扩增产科床位1300张，加强生育全程基本医疗保健服务，推广使用母子健康手册，强化出生缺陷综合防治管理，做好高龄和危重症孕产妇服务管理和临床救治工作，创建全国妇幼健康优质服务示范县（区）3个。加快推进母婴设施建设，省卫计委、省总工会等9个部门联合出台加快推进母婴设施建设的实施意见，泉州市将母婴设施建设纳入政府为民办实事项目，2017年新增母婴设施100个；全面两孩政策成效显现，2017年新增符合全面两孩政策生育20.2万人，比2016年增加7.3万人。

优化计生服务管理。加强出生人口性别比治理，把出生人口性别比综合治理作为年度计生考核重要内容，将出生人口性别比偏高县（市、区）列为重点指导对象，加强考核与专项治理。2017年，全省“两非”案件结案1163件，其中，重大案件89件、判处有期徒刑（缓刑）30人、吊销医疗机构执业许可证9本。加强流动人口服务管理，2017年创建国家级均等化示范县（市、区）3个、社会融合示范社区12个，在8个县（市、区）接力举办“新市民健康城市行”活动。改革计划生育服务管理，推行网上生育登记服务，精简规范计生证明，方便群众办事。厦门市依托“i厦门”一站式便民服务平台开展网上生育登记，办理再生育审批和积分入学计生积分等。加强出生人口监测预警，省卫计委等5个部门联合加强出生人口信息管理，促进部门间信息共享。

促进计生家庭发展。加大计生特殊家庭帮扶力度，落实紧急救助制度，提高再生育服务补助，为计生特殊家庭中完全失能的老人发放护理补贴。计生特殊家庭（独生子女死亡或伤残、手术并发症人员）参加城乡居民基本养老保险、基本医疗保险的个人缴费由政府资助，并实施住院和特殊门诊救助。实施“生育文明幸福家庭”促进计划，推进健康家庭活动，推荐三明市参与全国创建幸福家庭活动示范市评选，7个集体被全国老龄委评为“敬老文明号”。建立完善生育支持、幼儿养育、青少年发展、老人赡养、病残照料等家庭发展政策。2017年，全省（除厦门市外）发放各类计生奖励扶助金65615.51万元，其中省财政支付40863万元，奖励扶助对象超过91万人。

推进医养深度融合。强化医养政策引导，将老年人医疗、健康、养老服务纳入全省卫生计生事业总体规划，制订《福建省2018—2020健康老龄化行动计划》，鼓励医疗机构与养老机构开展签约服务，完善健康养老“1+N”政策体系。开展医养结合试点，取消养老机构内设诊所的设置审批，实行备案制，开工建设一批医养结合项目。厦门市爱心护理医院、长庚护理院、福建医大附一康复医院建成使用。2017年，养老机构与医疗机构签订合作协议638家，比2016年增长379%，基本实现基层医疗卫生机构与当地养老服务机构“养”与“医”对接。全省医疗机构设立老年护理院2家、老年康复医院4家、医养结合机构71家、纳入医保定点单位38家。全省选择33个试点单位先行先试医养结合，厦门、三明、漳州被遴选为国家级医养结合试点单位。（陈　涌）

体　育

【群众体育】 2017年，福建省城乡体育设施日臻完善。全年投入体彩公益金7950万元，新建120个多功能运动场、60个笼式足球场、50个室内健身房和30个门球场；争取中央彩票公益金转移支付地方支持全民健身项目8个；城市社区15分钟健身圈逐步完善。

群众性健身活动蓬勃开展。完成第十三届全运会群众体育项目参赛任务，获得6枚金牌、7枚银牌、4枚铜牌。继续办好福建省全民健身运动会，举办各类群众性比赛活动3200场次，直接参与人数160万人次。围绕“践行健康中国战略和乡村振兴战略”，以“村跑、村运、村游”为载体，创新开展“全民健身百村行”品牌系列活动，其做法被国家体育总局在全国推广。

体育社会组织日趋健全。建立健全第三方机构对社会办体育活动的绩效评价机制；落实党对体育社会组织的领导，省局主管的80家体育社会组织实现党的组织和党的工作全覆盖。

科学健身指导服务更加深入。完成年度各级社会体育指导员培训任务，全省社会体育指导员注册人数7.4万余名。健身气功“五进”活动蓬勃开展，全省国民体质测试与健身指导站已全部挂牌并对外开放。

【竞技体育】 2017年，福建省完成全运会参赛任务。在天津全运会上，福建省有467名运动员、149名教练员参加24个大项201个小项竞技体育项目决赛，获得17.5枚金牌、15.5枚银牌、20枚铜牌，创造福建省参加历届全运会的最好成绩。

足球改革发展步伐加快。联合省发改委全面启动足球场地建设，制订下发足球场地发展规划，筹划建立资金补助保障机制。

省运会筹备工作有序推进。宁德市重视第十六届省运会筹备工作，会徽、吉祥物、主体口号、火炬传递方案以及建设场馆、竞赛组织、开闭幕式大型活动都在按计划推进。各设区市对参赛备战工作抓得紧，以省运带动全民健身氛围浓厚。

体育赛事亮点纷呈。制订出台《福建省体育赛事管理办法》，各地举办的

2017年4月22日，福建省全民健身运动会国际跳棋公开赛在福州举行。图为赛场一角　　（省体育局供稿）

2017年10月29日，2017福州米高杯速度滑轮赛在福州举行　　（省体育局供稿）

2017年12月24日，福州国际马拉松暨全国马拉松竞标赛（福州站）在福州举行。图为运动员跑过福州台江闽江游码头　　（林忠玉　摄）

2017年3月28日，“328全民运动健康公益活动健身气功展示活动”在福州金山举行　　（省体育局供稿）

体育赛事逐步规范。厦门国际马拉松、福州环永泰国际自行车赛、莆田国际羽毛球公开赛、泉州环泉州湾国际公路自行车赛等赛事，规格高、影响力大。

【青少年体育】　2017年，福建省完成年度青少年体育竞赛任务。举办年度竞技类竞赛36场次，参赛青少年运动员1万多名；举办省级中学生联赛12场次、14项省级青少年体育竞赛活动，承办4项全国青少年竞赛活动。组队参加全国比赛20多场，获得9金、6银、6铜的成绩。

后备人才建设取得新进展。国家高水平体育后备人才基地和省级体育传统项目学校创建工作提前超额完成“十三五”规划任务，全省20所体校被国家体育总局命名为新周期“国家基地”，其中7所体校为重点“国家基地”；287所学校通过新一轮省级体育传统校认定。青少年体育后备人才储备不断增长，新注册运动员5500多人，总注册人数3.66万人。

抓好文化教育和培训工作。实施赛前运动员文化测试，及格率88.6%。重视提升教练员业务水平，全年完成3期400名教练员和传统校师资培训。

【体育产业】　2017年，福建省产业政策更加完善。相继出台《关于加快发展健身休闲产业的实施意见》《福建省体育用品制造业行动计划》《福建省体育产业基地管理办法》《体育产业发展专项资金评审指导意见》等一系列引导和支持产业发展的政策文件。2017年，全省体育产业总产出3341.57亿元，增加值1141.94亿元，占同期省内生产总值比重为4%。

专项资金扶持作用发挥更加明显。全年安排体育产业专项扶持资金7570万元，补助项目193个，带动投资约19.5亿元；有22个场馆获得中央财政补助资金562万元，省级配套补助562万元。加快推进中型体育场馆免费低收费开放，补助52个中型场馆835万元。

产业基地建设更加规范。推荐申报并获批的国家示范基地1个、示范单位2个、示范项目1个；命名省级示范基地2个、特色基地5个、示范单位14个、示范项目7个。建立体育产业重点项目库200余个项目，总投资近千亿元。

招商引资更加到位。组团参加2017年中国体育用品博览会、中国体育文化·体育旅游博览会，10个项目入选中国体育旅游精品项目。协助体育总局召开全国体育产业发展大会，推介福建省体育产业项目100个，总投资约520亿元。

彩票销量取得重大突破。全年销售体育彩票106.46亿元，比上年增长32.11%，实现新的历史突破，成为全国第6个跨入“百亿俱乐部”的省份，为构建福建省公共体育服务体系、服务和改善民生、提升福建省竞技体育实力、推动经济社会发展作出重要贡献。

2017年福建省运动员获世界冠军、亚洲冠军、全国冠军名单表

类别	项目	姓名	比赛名称	比赛小项	时间	地点
国际	射击	林月美	射击世界杯分站赛印度站	女子10m气手枪个人	2	印度
国际	帆板	卢云秀	美国迈阿密帆板世界杯分站赛	女子RS：X级	1	迈阿密
国际	帆板	卢云秀	美国迈阿密帆板世界杯分站赛	女子RS：X级	1	迈阿密
国际	帆板	叶兵	日本帆板世界锦标赛	男子RS：X级	9	日本
国际	射击	林月美	射击世界杯分站赛阿塞拜疆站	女子运动手枪个人	6	阿塞拜疆
国际	射击	张靖婧	射击世界杯分站赛德国站	女子运动手枪个人	4	德国
国际	摔跤	周张婷	国际摔联古巴站A级赛	女子自由式58kg	2.17—26	古巴
国际	武术套路	陈惠颖	第十四届世界武术锦标赛	女子南拳	9.26—10.3	俄罗斯喀山
国际	武术套路	林慧敏	第十四届世界武术锦标赛	女子56kg	9.26—10.3	俄罗斯喀山
国际	羽毛球	黄东萍	常州大师赛	混双		江苏常州
国际	羽毛球	田厚威	常州大师赛	男单		江苏常州
国际	羽毛球	洪炜	瑞士公开赛	男双	3.14—19	巴塞尔
国际	羽毛球	黄凯祥	泰国黄金赛	男双	2.12—20	曼谷
国际	羽毛球	何济霆	泰国黄金赛	混双	6.1—6.5	曼谷
国际	羽毛球	谌龙	中国公开赛	男单	11.14—19	福建福州
国际	帆板	叶兵	日本帆板世界锦标赛	男子RS：X级	9	日本
国际	羽毛球	刘成	羽毛球世界锦标赛	男双	8.20—28	格拉斯哥
国际	蹦床	刘灵玲	第32届蹦床世界锦标赛	女子蹦床团体	11	保加利亚
国际	蹦床	黄婧怡	第32届蹦床世界锦标赛	女子单跳团体	11	保加利亚
亚洲	激流	郑家欣	亚洲皮划艇激流回旋锦标赛	男子单人划艇团体	2.24—27	泰国
亚洲	激流	郑家欣	亚洲皮划艇激流回旋锦标赛	男子双人划艇团体	2.24—27	泰国
亚洲	激流	许燕茹	亚洲皮划艇激流回旋锦标赛	女子单人皮艇团体	2.24—27	泰国
亚洲	激流	吕敏贞	亚洲皮划艇激流回旋锦标赛	女子单人划艇团体	2.24—27	泰国
亚洲	激流	吕敏贞	亚洲皮划艇激流回旋锦标赛	女子单人划艇	2.24—27	泰国
亚洲	举重	黄闽豪	亚洲成年举重锦标赛	男子62kg抓举	4.21—29	土库曼
亚洲	举重	袁程飞	亚洲成年举重锦标赛	男子77kg抓举	4.21—29	土库曼
亚洲	举重	袁程飞	亚洲成年举重锦标赛	男子77kg挺举	4.21—29	土库曼
亚洲	举重	袁程飞	亚洲成年举重锦标赛	男子77kg总成绩	4.21—29	土库曼
亚洲	举重	赵永超	亚洲成年举重锦标赛	男子85kg总成绩	4.21—29	土库曼
亚洲	羽毛球	谌龙	亚洲羽毛球锦标赛	男单	4.25—34	湖北武汉
亚洲	田径	汤星强	亚洲田径锦标赛	男子4×100m接力	7.8	印度
国内	击剑	陈海威	全国击剑冠军赛（第三站）暨十三运会击剑预赛（第二站）	男花团体	4.16—23	江苏苏州
国内	击剑	施嘉洛	全国击剑冠军赛（第三站）暨十三运会击剑预赛（第二站）	男花团体	4.16—23	江苏苏州

续表

类别	项目	姓名	比赛名称	比赛小项	时间	地点
国内	击剑	黄梦恺	全国击剑冠军赛（第三站）暨十三运会击剑预赛（第二站）	男花团体	4.16—23	江苏苏州
国内	击剑	杨志锋	全国击剑冠军赛（第三站）暨十三运会击剑预赛（第二站）	男花团体	4.16—23	江苏苏州
国内	击剑	乐慧林	全国击剑冠军赛（第三站）暨十三运会击剑预赛（第二站）	女花个人	4.16—23	江苏苏州
国内	击剑	乐慧林	全国击剑冠军赛（第三站）暨十三运会击剑预赛（第二站）	女花团体	4.16—23	江苏苏州
国内	击剑	陈冰冰	全国击剑冠军赛（第三站）暨十三运会击剑预赛（第二站）	女花团体	4.16—23	江苏苏州
国内	击剑	刘咏诗	全国击剑冠军赛（第三站）暨十三运会击剑预赛（第二站）	女花团体	4.16—23	江苏苏州
国内	击剑	傅依婷	全国击剑冠军赛（第三站）暨十三运会击剑预赛（第二站）	女花团体	4.16—23	江苏苏州
国内	拳击	吴愉	十三运会拳击第三次资格赛暨全国18—22岁拳击锦标赛	女子51kg	5.14—19	天津
国内	击剑	陈敏	全国击剑冠军赛（第二站）暨十三运会击剑预赛（第一站）	男花团体	3.7—14	云南曲靖
国内	击剑	黄梦恺	全国击剑冠军赛（第二站）暨十三运会击剑预赛（第一站）	男花团体	3.7—14	云南曲靖
国内	击剑	施嘉洛	全国击剑冠军赛（第二站）暨十三运会击剑预赛（第一站）	男花团体	3.7—14	云南曲靖
国内	击剑	杨志锋	全国击剑冠军赛（第二站）暨十三运会击剑预赛（第一站）	男花团体	3.7—14	云南曲靖
国内	击剑	戴慧莉	全国击剑冠军赛（第二站）暨十三运会击剑预赛（第一站）	女花个人	3.7—14	云南曲靖
国内	击剑	陈冰冰	全国击剑冠军赛（第二站）暨十三运会击剑预赛（第一站）	女花团体	3.7—14	云南曲靖
国内	击剑	傅依婷	全国击剑冠军赛（第二站）暨十三运会击剑预赛（第一站）	女花团体	3.7—14	云南曲靖
国内	击剑	蔡苑廷	全国击剑冠军赛（第二站）暨十三运会击剑预赛（第一站）	女花团体	3.7—14	云南曲靖
国内	击剑	刘咏诗	全国击剑冠军赛（第二站）暨十三运会击剑预赛（第一站）	女花团体	3.7—14	云南曲靖
国内	举重	李琳芳	全国举重冠军赛	女子58kg挺举	10.26—28	陕西宝鸡
国内	举重	肖世杰	全国举重冠军赛	男子62kg抓举	10.21—24	陕西宝鸡
国内	举重	肖世杰	全国举重冠军赛	男子62kg挺举	10.21—24	陕西宝鸡
国内	举重	肖世杰	全国举重冠军赛	男子62kg总成绩	10.21—24	陕西宝鸡
国内	举重	张容	全国举重冠军赛	女子48kg抓举	10.26—28	陕西宝鸡
国内	举重	肖媛	全国举重冠军赛	女子53kg抓举	10.26—28	陕西宝鸡
国内	举重	柴丽娜	全国举重冠军赛	女子58kg挺举	10.26—28	陕西宝鸡
国内	举重	柴丽娜	全国举重冠军赛	女子58kg总成绩	10.26—28	陕西宝鸡

续表

类别	项目	姓名	比赛名称	比赛小项	时间	地点
国内	举重	乌天琪	全国举重冠军赛	女子 75kg 抓举	10.26—28	陕西宝鸡
国内	举重	乌天琪	全国举重冠军赛	女子 75kg 总成绩	10.26—28	陕西宝鸡
国内	举重	李佳琪	全国举重冠军赛	女子 75kg 抓举	10.26—28	陕西宝鸡
国内	举重	袁程飞	全国举重冠军赛	男子 77kg 挺举	10.21—24	陕西宝鸡
国内	举重	袁程飞	全国举重冠军赛	男子 77kg 总成绩	10.21—24	陕西宝鸡
国内	赛艇	段静莉	全国赛艇冠军赛	女子 2000m 单人双桨	3.22—26	江苏镇江
国内	赛艇	王欢	全国赛艇冠军赛	女子 2000m 单双人单桨	3.22—26	江苏镇江
国内	赛艇	夏珂珂	全国赛艇冠军赛	女子 2000m 单双人单桨	3.22—26	江苏镇江
国内	皮划艇	黄志鹏	全国皮划艇静水春季冠军赛	男子 1000m 双人皮艇	3	上海
国内	技巧	丁一鸣	全国技巧冠军赛	4 级少年丙组男双平衡套	11.8	江苏沛县
国内	技巧	谢喆轩	全国技巧冠军赛	4 级少年丙组男双平衡套	11.8	江苏沛县
国内	技巧	丁一鸣	全国技巧冠军赛	4 级少年丙组男双动力套	11.8	江苏沛县
国内	技巧	谢喆轩	全国技巧冠军赛	4 级少年丙组男双动力套	11.8	江苏沛县
国内	技巧	丁一鸣	全国技巧冠军赛	4 级全能丙组男双动力套	11.8	江苏沛县
国内	技巧	谢喆轩	全国技巧冠军赛	4 级全能丙组男双动力套	11.8	江苏沛县
国内	射箭	戴小祥	全国射箭奥项锦标赛	男子反曲弓个人 70m 双轮	6.30—7.4	安徽合肥
国内	射箭	戴小祥	全国射箭奥项锦标赛	男子反曲弓个人第一 70m 轮	6.30—7.4	安徽合肥
国内	射箭	戴小祥	全国射箭奥项锦标赛	全国射箭奥林匹克锦标赛男子个人淘汰赛决赛	6.30—7.4	安徽合肥
国内	射箭	王文选	全国射箭奥项锦标赛	全国射箭奥林匹克锦标赛男子团体淘汰赛决赛	6.30—7.4	安徽合肥
国内	射箭	戴伟斌	全国射箭奥项锦标赛	全国射箭奥林匹克锦标赛男子团体淘汰赛决赛	6.30—7.4	安徽合肥
国内	射箭	戴小祥	全国射箭奥项锦标赛	全国射箭奥林匹克锦标赛男子团体淘汰赛决赛	6.30—7.4	安徽合肥
国内	射箭	戴小祥	全国射箭冠军赛	男子个人 70m 双轮	3.25—30	福建莆田
国内	射箭	戴小祥	全国射箭冠军赛	男子个人第一 70m 轮	3.25—30	福建莆田
国内	射箭	戴小祥	全国射箭冠军赛	男子个人第二 70m 轮	3.25—30	福建莆田
国内	射箭	戴小祥	全国射箭冠军赛	男子团体第一 70m 轮赛	3.25—30	福建莆田
国内	射箭	王文选	全国射箭冠军赛	男子团体第一 70m 轮赛	3.25—30	福建莆田
国内	射箭	戴伟斌	全国射箭冠军赛	男子团体第一 70m 轮赛	3.25—30	福建莆田
国内	田径	吴佳佳	全国短跑、跨栏、跳跃项群赛	女子 400m	7.07—08	辽宁大连
国内	田径	王国忠	全国短跑、跨栏、跳跃项群赛	男子 400m 栏	7.07—08	辽宁大连
国内	田径	张逸帆	全国短跑、跨栏、跳跃项群赛	男子撑竿跳高	7.07—08	辽宁大连

续表

类别	项目	姓名	比赛名称	比赛小项	时间	地点
国内	田径	傅冰玲	全国室内田径锦标赛（1）	女子跳远	2.19—20	江苏仙林
国内	田径	王乌品	全国室内田径锦标赛（1）	女子三级跳	2.19—20	江苏仙林
国内	田径	王庆铃	全国室内田径锦标赛（2）	女子五项全能	2.23—24	江苏仙林
国内	田径	郑幸娟	全国室内田径锦标赛（2）	女子跳高	2.23—24	江苏仙林
国内	田径	雷振辉	全国室内田径锦标赛（3）	男子 400m	2.27—28	江苏仙林
国内	田径	汤星强	全国室内田径锦标赛（3）	男子 60m	2.27—28	江苏仙林
国内	田径	郑幸娟	全国室内田径锦标赛（3）	女子跳高	2.27—28	江苏仙林
国内	田径	蔡俊奇	全国田径大奖赛（2）	男子 400m 栏	4.11—13	河南郑州
国内	田径	林慧君	全国田径大奖赛（2）	女子 200m	4.11—13	河南郑州
国内	田径	郑幸娟	全国田径大奖赛（2）	女子跳高	4.11—13	河南郑州
国内	田径	蔡俊奇	全国田径大奖赛（3）	男子 400m 栏	5.09—11	山西太原
国内	田径	王乌品	全国田径大奖赛（3）	女子三级跳远	5.09—11	山西太原
国内	田径	郑幸娟	全国田径大奖赛（3）	女子跳高	5.09—11	山西太原
国内	田径	葛曼棋	全国田径冠军赛暨大奖总决赛	女子 200m	6.25—27	贵州贵阳
国内	田径	王乌品	全国田径冠军赛暨大奖总决赛	女子三级跳远	6.25—27	贵州贵阳
国内	武术散打	王文忠	全国运动会武术散打锦标赛	男子 90kg	4.14—20	河南焦作
国内	武术套路	黄嵩苑	全国武术套路冠军赛（传统项目）	女子南棍	9.19—22	重庆荣昌
国内	武术套路	高浩楠	全国武术套路冠军赛（传统项目）	男子杨式太极拳	9.19—22	重庆荣昌
国内	武术套路	童心	全国武术套路冠军赛（传统项目）	女子孙式太极拳	9.19—22	重庆荣昌
国内	武术套路	张黎	全国武术套路冠军赛（传统项目）	女子 42 式太极拳	9.19—22	重庆荣昌
国内	武术套路	高浩楠	全国武术套路冠军赛（传统项目）	混合双人太极拳	9.19—22	重庆荣昌
国内	武术套路	童心	全国武术套路冠军赛（传统项目）	混合双人太极拳	9.19—22	重庆荣昌
国内	武术套路	孟祥飞	全国武术套路冠军赛（传统项目）	双人南拳	9.19—22	重庆荣昌
国内	武术套路	巩鑫杰	全国武术套路冠军赛（传统项目）	双人南拳	9.19—22	重庆荣昌
国内	武术套路	童心	全国武术套路锦标赛（太极拳赛区）	女子 42 式太极剑	11.2—5	浙江舟山
国内	武术套路	江凡	全国武术套路锦标赛（太极拳赛区）	女子孙式太极拳	11.2—5	浙江舟山
国内	武术套路	张黎	全国武术套路锦标赛（太极拳赛区）	女子杨式太极拳	11.2—5	浙江舟山
国内	武术套路	张黎	全国武术套路锦标赛（太极拳赛区）	女子双人杨式太极拳	11.2—5	浙江舟山
国内	武术套路	郑丽娥	全国武术套路锦标赛（太极拳赛区）	女子双人杨式太极拳	11.2—5	浙江舟山
国内	武术套路	江凡	全国武术套路锦标赛（太极拳赛区）	女子双人孙式太极拳	11.2—5	浙江舟山
国内	武术套路	童心	全国武术套路锦标赛（太极拳赛区）	女子双人孙式太极拳	11.2—5	浙江舟山
国内	武术套路	陈洲理	全国武术套路锦标赛（太极拳赛区）	团体项目	11.2—7	浙江舟山
国内	武术套路	黄颖祺	全国武术套路锦标赛（太极拳赛区）	团体项目	11.2—8	浙江舟山

续表

类别	项目	姓名	比赛名称	比赛小项	时间	地点
国内	武术套路	高浩楠	全国武术套路锦标赛（太极拳赛区）	团体项目	11.2—9	浙江舟山
国内	武术套路	黄志坤	全国武术套路锦标赛（太极拳赛区）	团体项目	11.2—10	浙江舟山
国内	武术套路	庄莹莹	全国武术套路锦标赛（太极拳赛区）	团体项目	11.2—11	浙江舟山
国内	武术套路	郑丽娥	全国武术套路锦标赛（太极拳赛区）	集体项目	11.2—12	浙江舟山
国内	武术套路	江凡	全国武术套路锦标赛（太极拳赛区）	集体项目	11.2—13	浙江舟山
国内	武术套路	童心	全国武术套路锦标赛（太极拳赛区）	集体项目	11.2—14	浙江舟山
国内	武术套路	刘芳芳	全国武术套路锦标赛（太极拳赛区）	集体项目	11.2—15	浙江舟山
国内	武术套路	庄莹莹	全国武术套路锦标赛（太极拳赛区）	集体项目	11.2—16	浙江舟山
国内	武术套路	肖异	全国武术套路锦标赛（太极拳赛区）	集体项目	11.2—17	浙江舟山
国内	武术套路	高浩楠	全国武术套路锦标赛（太极拳赛区）	集体项目	11.2—18	浙江舟山
国内	武术套路	黄颖祺	全国武术套路锦标赛（太极拳赛区）	集体项目	11.2—19	浙江舟山
国内	武术套路	黄志坤	全国武术套路锦标赛（太极拳赛区）	集体项目	11.2—20	浙江舟山
国内	武术套路	陈洲理	全国武术套路锦标赛（太极拳赛区）	集体项目	11.2—21	浙江舟山
国内	皮划艇	林文君	全国皮划艇静水春季冠军赛	女子200m双人划艇	3	上海
国内	皮划艇	陈汪婷	全国皮划艇静水春季冠军赛	女子200m双人划艇	3	上海
国内	体操	施益民	第十届华东区体操交流协作赛	男子跳马	3	山东济南
国内	体操	林超攀	第十届华东区体操交流协作赛	男子自由操	3	山东济南
国内	体操	虞琳敏	第十届华东区体操交流协作赛	女子跳马	3	山东济南
国内	现代五项	刘畅	全国现代五项冠军赛总决赛	男子接力	4.19—22	广东广州
国内	现代五项	刘兴隆	全国现代五项冠军赛总决赛	男子接力	4.19—22	广东广州
国内	现代五项	徐卓成	全国现代五项冠军赛总决赛	男子接力	4.19—22	广东广州
国内	OP帆船	欧宏滨	全国OP帆船冠军赛	男子丙组场地赛	11.2—8	四川西昌
国内	帆板	黄先婷	全国帆板冠军赛	女子RS：X级场地赛	12.4—11	广东深圳
国内	帆板	杨敏海	全国帆板冠军赛	男子RS：X级长距离	12.4—11	广东深圳
国内	帆板	黄依丹	全国帆板冠军赛	女子RS：X级长距离	12.4—11	广东深圳
国内	帆板	林志伟	全国帆板冠军赛	男子RS：X级障碍赛	12.4—11	广东深圳
国内	帆板	黄依丹	全国帆板冠军赛	女子RS：X级障碍赛	12.4—11	广东深圳
国内	帆板	王雅妮	全国翻波板锦标赛	女子RS：X级长距离	4.8—13	广西北海
国内	帆板	陈秋斌	全国翻波板锦标赛	女子RS：X级场地赛	4.8—13	广西北海
国内	帆板	黄依丹	全国翻波板锦标赛	女子RS：X级障碍赛	4.8—13	广西北海
国内	武术套路	陈洲理	全国武术套路锦标赛	男子太极拳、太极剑全能	5.13—18	江苏无锡
国内	武术套路	陈洲理	全国武术套路锦标赛	男子太极拳	5.13—18	江苏无锡
国内	武术套路	陈洲理	全国武术套路锦标赛	男子太极剑	5.13—18	江苏无锡

续表

类别	项目	姓名	比赛名称	比赛小项	时间	地点
国内	武术套路	陈惠颖	全国武术套路锦标赛	女子南拳	5.13—18	江苏无锡
国内	武术套路	陈惠颖	全国武术套路锦标赛	女子南拳、南刀、南棍全能	5.13—18	江苏无锡
国内	武术套路	郑少谊	全国武术套路锦标赛	女子刀术	5.13—18	江苏无锡
国内	武术套路	郑少谊	全国武术套路锦标赛	女子团体	5.13—18	江苏无锡
国内	武术散打	王文忠	全国运动会武术散打锦标赛暨全运会预赛	男子 90kg	4.14—20	河南焦作
国内	武术套路	陈洲理	全国武术套路锦标赛暨全运会预赛	太极拳、太极剑全能	5.13—18	江苏无锡
国内	武术套路	陈惠颖	全国武术套路锦标赛暨全运会预赛	南拳、南刀、南棍全能	5.13—18	江苏无锡
国内	武术套路	陈洲理	全国武术套路锦标赛暨全运会预赛	太极拳	5.13—18	江苏无锡
国内	武术套路	陈洲理	全国武术套路锦标赛暨全运会预赛	太极剑	5.13—18	江苏无锡
国内	武术套路	陈惠颖	全国武术套路锦标赛暨全运会预赛	南拳	5.13—18	江苏无锡
国内	武术套路	郑少谊	全国武术套路锦标赛暨全运会预赛	刀术	5.13—18	江苏无锡
国内	武术套路	郑少谊	全国武术套路锦标赛暨全运会预赛	团体	5.13—18	江苏无锡
国内	田径	王庆铃	2015—2017 年全运会田径项目积分排名	女子七项全能		
国内	激流	全鑫	第十三届全运会皮划艇激流回旋预赛	男子单皮艇	5.18—22	天津
国内	激流	叶泳涛	第十三届全运会皮划艇激流回旋预赛	男子双划艇	5.18—22	天津
国内	激流	黄永泽	第十三届全运会皮划艇激流回旋预赛	男子双划艇	5.18—22	天津
国内	赛艇	段静莉	第十三届全国运动会赛艇资格赛	女子 2000m 单人双桨	5.21—27	天津
国内	激流	全鑫	全国皮划艇激流回旋锦标赛	男子单皮艇	5.18—22	河南洛阳
国内	激流	叶泳涛	全国皮划艇激流回旋锦标赛	男子双划艇	5.18—22	河南洛阳
国内	激流	黄永泽	全国皮划艇激流回旋锦标赛	男子双划艇	5.18—22	河南洛阳
国内	赛艇	王浩宇	全国赛艇锦标赛	男子成年组轻量级四人单桨	7.14—19	北京顺义
国内	赛艇	李天旗	全国赛艇锦标赛	男子成年组轻量级四人单桨	7.14—19	北京顺义
国内	赛艇	郝鑫	全国赛艇锦标赛	男子成年组轻量级四人单桨	7.14—19	北京顺义
国内	赛艇	王凯普	全国赛艇锦标赛	男子成年组轻量级四人单桨	7.14—19	北京顺义
国内	赛艇	许超	全国赛艇锦标赛	男子成年组单人双桨	7.14—19	北京顺义
国内	射击	苏玉玲	全国射击团体、个人锦标赛	女子 25m 手枪团体	7.19	天津
国内	射击	林月美	全国射击团体、个人锦标赛	女子 25m 手枪团体	7.19	天津
国内	射击	张靖婧	全国射击团体、个人锦标赛	女子 25m 手枪团体	7.19	天津
国内	射击	蔡晓雪	全国射击团体、个人锦标赛	女子 10m 气手枪团体	7.19	天津
国内	射击	林月美	全国射击团体、个人锦标赛	女子 10m 气手枪团体	7.19	天津
国内	射击	苏玉玲	全国射击团体、个人锦标赛	女子 10m 气手枪团体	7.19	天津
国内	射击	苏玉玲	全国射击团体、个人锦标赛	女子 25m 手枪团体	7.19	天津
国内	射击	林月美	全国射击团体、个人锦标赛	女子 25m 手枪团体	7.19	天津

续表

类别	项目	姓名	比赛名称	比赛小项	时间	地点
国内	射击	张靖婧	全国射击团体、个人锦标赛	女子25m手枪团体	7.19	天津
国内	射击	蔡晓雪	全国射击团体、个人锦标赛	女子10m气手枪团体	7.19	天津
国内	射击	林月美	全国射击团体、个人锦标赛	女子10m气手枪团体	7.19	天津
国内	射击	苏玉玲	全国射击团体、个人锦标赛	女子10m气手枪团体	7.19	天津
国内	跆拳道	陈思颖	全国跆拳道锦标赛	女子46kg	3.12—16	山东莱芜
国内	跆拳道	王美纯	全国跆拳道锦标赛	女子53kg	3.12—16	山东莱芜
国内	跆拳道	黄建南	全国跆拳道锦标赛	男子80kg	3.12—16	山东莱芜
国内	激流	全鑫	全国皮划艇激流回旋锦标赛	男子单皮艇团体赛	5.18—22	河南洛阳
国内	激流	黄存光	全国皮划艇激流回旋锦标赛	男子单皮艇团体赛	5.18—22	河南洛阳
国内	激流	苏剑艺	全国皮划艇激流回旋锦标赛	男子单皮艇团体赛	5.18—22	河南洛阳
国内	激流	陈芳佳	全国皮划艇激流回旋锦标赛	男子单皮艇团体赛	5.18—22	河南洛阳
国内	激流	王晓东	全国皮划艇激流回旋锦标赛	男子单皮艇团体赛	5.18—22	河南洛阳
国内	激流	郑家欣	全国皮划艇激流回旋锦标赛	男子单皮艇团体赛	5.18—22	河南洛阳
国内	帆船	罗仁焕	全国帆船帆板锦标赛	男子芬兰人长距离	11.11—19	广东珠海
国内	帆船	陈惠超	全国帆船帆板锦标赛	男子激光级长距离	11.11—19	广东珠海
国内	帆船	陈惠超	全国帆船帆板锦标赛	男子激光级场地赛	11.11—19	广东珠海
国内	举重	张容	全国举重锦标赛暨十三运会预赛	女子48kg抓举	4.8—11	广东惠州
国内	举重	陈晓婷	全国举重锦标赛暨十三运会预赛	女子53kg抓举	4.8—11	广东惠州
国内	举重	陈晓婷	全国举重锦标赛暨十三运会预赛	女子53kg挺举	4.8—11	广东惠州
国内	举重	陈晓婷	全国举重锦标赛暨十三运会预赛	女子53kg总成绩	4.8—11	广东惠州
国内	举重	邓薇	全国举重锦标赛暨十三运会预赛	女子63kg挺举	4.8—11	广东惠州
国内	举重	邓薇	全国举重锦标赛暨十三运会预赛	女子63kg总成绩	4.8—11	广东惠州
国内	举重	李发彬	全国举重锦标赛暨十三运会预赛	男子56kg抓举	4.15—18	浙江江山
国内	举重	李发彬	全国举重锦标赛暨十三运会预赛	男子56kg挺举	4.15—18	浙江江山
国内	举重	李发彬	全国举重锦标赛暨十三运会预赛	男子56kg总成绩	4.15—18	浙江江山
国内	举重	黄闽豪	全国举重锦标赛暨十三运会预赛	男子62kg抓举	4.15—18	浙江江山
国内	拳击	杨晓丽	十三运会女子拳击第一次资格赛暨全国女子拳击锦标赛	女子75kg	3.19—24	河北迁安
国内	摔跤	周张婷	十三运会女子自由式摔跤资格赛暨全国女子自由式摔跤锦标赛	女子58kg	4.6—9	广西南宁
国内	击剑	陈海威	全国击剑锦标赛暨十三运会击剑预赛（第四站）	男花团体	6.28—7.5	福建宁德
国内	击剑	陈敏	全国击剑锦标赛暨十三运会击剑预赛（第四站）	男花团体	6.28—7.5	福建宁德
国内	击剑	黄梦恺	全国击剑锦标赛暨十三运会击剑预赛（第四站）	男花团体	6.28—7.5	福建宁德

续表

类别	项目	姓名	比赛名称	比赛小项	时间	地点
国内	击剑	施嘉洛	全国击剑锦标赛暨十三运会击剑预赛（第四站）	男花团体	6.28—7.5	福建宁德
国内	体操	林超攀	全国体操锦标赛暨全运会预赛	男子个人全能	5.9	湖北武汉
国内	体操	林超攀	全国体操锦标赛暨全运会预赛男子全能	男子全能	9.4	天津
国内	田径	蔡俊奇	全国田径锦标赛	男子400m栏	5.16—19	山东济南
国内	田径	王庆铃	全国田径锦标赛	女子七项全能	5.16—19	山东济南
国内	击剑	陈海威	全国击剑锦标赛暨十三运会击剑预赛（第四站）	男花个人	6.28—7.5	福建宁德
国内	击剑	乐慧林	全国击剑锦标赛暨十三运会击剑预赛（第四站）	女花个人	6.28—7.5	福建宁德
国内	马拉松游泳	韩栎都	全国马拉松游泳冠军赛暨全运会预选赛	男子团体	5.23—24	湖北鄂州
国内	击剑	蔡明圳	十三运会击剑预赛（第三站）	男花团体	5.16—26	上海
国内	击剑	陈伟全	十三运会击剑预赛（第三站）	男花团体	5.16—26	上海
国内	击剑	黄东荣	十三运会击剑预赛（第三站）	男花团体	5.16—26	上海
国内	击剑	刘伟健	十三运会击剑预赛（第三站）	男花团体	5.16—26	上海
国内	击剑	陈海威	十三运会击剑预赛（第三站）	男花个人	5.16—26	上海
国内	击剑	戴慧莉	十三运会击剑预赛（第三站）	女花个人	5.16—26	上海
国内	击剑	戴慧莉	十三运会击剑预赛（第三站）	女花团体	5.16—26	上海
国内	击剑	陈冰冰	十三运会击剑预赛（第三站）	女花团体	5.16—26	上海
国内	击剑	乐慧林	十三运会击剑预赛（第三站）	女花团体	5.16—26	上海
国内	击剑	刘咏诗	十三运会击剑预赛（第三站）	女花团体	5.16—26	上海
全运会	击剑	陈海威	第十三届全运会击剑比赛	男子花剑个人	8.29	天津
全运会	击剑	乐慧林	第十三届全运会击剑比赛	女子花剑团体	9.1	天津
全运会	举重	柴丽娜	第十三届全国运动会举重比赛	女子58kg总成绩	8.28—9.5	天津
全运会	举重	邓薇	第十三届全国运动会举重比赛	女子63kg总成绩	8.28—9.5	天津
全运会	举重	李发彬	第十三届全国运动会举重比赛	男子56kg总成绩	8.28—9.5	天津
全运会	跆拳道	黄建南	第十三届全运会跆拳道比赛	男子80kg级	9.6	天津
全运会	田径	葛曼棋	第十三届全运会田径比赛	女子4×100m接力	9.7	天津
全运会	田径	林慧君	第十三届全运会田径比赛	女子4×100m接力	9.7	天津
全运会	田径	王庆铃	第十三届全运会田径比赛	女子七项全能	9.3	天津
全运会	田径	王乌品	第十三届全运会田径比赛	女子三级跳远	9.8	天津
全运会	羽毛球	刘成	第十三届全运会羽毛球比赛	男子双打	9.9	天津
全运会	帆板	叶兵	第十三届全运会帆船帆板决赛	男子RS：X级	8.28—9.6	天津

（冯松鹏）

编辑：林丹英

劳动就业管理

【就业】 2017年，福建省城镇新增就业人数60.49万人，其中城镇失业人员再就业人数19.96万人，就业困难人员就业4.77万人，期末城镇登记失业率3.87%，就业局势总体保持稳定。

实施积极就业政策。完善“就业创业政策超市”，出台《关于做好当前和今后一段时期就业创业工作的实施意见》《关于创业担保贷款借款人资质审核有关事项的通知》《关于印发〈福建省失业保险支持参保职工提升职业技能实施办法〉的通知》等政策文件。省人力资源和社会保障厅组织开展全省企业用工调研，建立健全省市两级就业形势月度分析报告制度，加强就业形势分析预测。

推进各类群体就业。实施高校毕业生就业创业促进计划，高校毕业生就业率96.28%，离校未就业高校毕业生实名登记率92.8%。推进精准就业扶贫，全年为16.05万名贫困家庭劳动力发放就业创业证，为2.2万名有就业意愿的农村贫困劳动力推送4.2万次岗位信息，帮助贫困家庭劳动力就业脱贫。做好2017年度化解过剩产能企业职工分流安置工作，全省36家煤炭化解过剩产能企业共平稳分流职工6668人。加强改进公共就业服务，组织开展“就业援助月”“春风行动”等活动，重点帮扶残疾人、就业困难人员等就业。继续推进充分就业星级社区建设工作，全省新增7个国家级充分就业社区。

加强创业扶持。开展互联网创业从业人员培训，全年完成培训16.94万人次。支持创业载体建设，组织创业大本营专家巡回服务，评选7个全省创业孵化示范基地，全省累计扶持创业大本营64个，支出补助资金1642万元。实施大学生创业引领计划，资助评审95个优秀创业项目，分别给予3万～10万元的资助，共计资助金额435万元。扶持建设18个高校毕业生创业孵化基地（大学生创业园），每个给予20万元或40万元补助经费，合计补助金额420万元。面向全省各行各业征集创业导师，新评选省级创业导师142名，组织开展创业帮扶700余人次。

开展职业培训。组织实施“春潮行动”——农民工职业技能提升培训22.35万人次。推进扶贫开发实训基地建设，全面完成23个省级扶贫开发工作重点县职业技能实训基地建设，累计开展职业技能培训6万多人次。开发互联网在线培训课程，搭建福建省公共就业培训服务平台。与中国国家培训网签署战略合作协议，为城乡各类劳动者提供免费课程38门。

【和谐劳动关系构建】 2017年，福建省强化政府构建和谐劳动关系责任考评，将非公有制企业构建和谐劳动关系情况纳入社会管理综合治理考评内容。建立健全协调劳动关系三方机制，省、市、县均成立由政府分管领导担任主任的协调劳动关系三方委员会。实施劳动合同制度，以小微企业和农民工为重点，提高劳动合同签订率和履行质量；组织开展集体合同“要约行动月”活动，推进集体合同制度建设。至年底，全省各类企业劳动合同签订率97.31%，集体合同签订率87.64%。规范劳务派遣用工，做到“高效审批、严格监管”。加强劳动标准管理，做好省级劳动关系和谐企业评价规范的起草、论证和申报工作，完善特殊工时管理办法和工作流程，维护职工的休息权益。开展和谐劳动关系创建活动，推广厦门“1118”和谐劳动关系示范工程，助力小微企业和谐发展；推动福州市建立劳资纠纷预警机制，运用大数据防范劳动关系风险；总结莆田“1+N”矛盾多元调解模式，发挥民间组织力量参与和谐劳动关系创建；选取省内部分地区开展和谐劳动关系综合实验区建设试点。全省有4个工业园区、27家企业分别被评为全国劳动关系和谐工业园区与和谐企业；66个工业园区、1325家企业、20个乡镇、14个街道分别被评为省级劳动关系和谐工业园区、和谐企业、和谐乡镇（街道）。

【劳动工资】 2017年，福建省推进国有企业负责人薪酬制度改革。印发《关于做好2016年度省属国有企业负责人薪酬审核有关工作的通知》等7份文件，确保省管国有企业负责人薪酬制度改革平稳实施。同时，组织开展设区市负责人薪酬制度改革落实情况调研督查，指导督促地市全面推进改革工作。在全省开展企业工资内外收入检查工作，全省组织874家企业完成自查，重点抽查227家企业，涉及建筑、制造、批发零售等7个行业。调整福建省最低工资标准，调增幅度13.86%（扣除物价影响后调增幅度12%）。建立企业薪酬调查和信息发布制度，对全省3914家企业、61.38万名职工的薪酬数据开展调查，按季度对7个制造业行业共151家企业开展人工成本监测工作；全省发布3436条通用工种价位信息，各地发布的企业人工成本信息均覆盖12个以上行业。省、市两级工资指导线均发布，省级工资指导线上线12%，基准线8%，下线3%，引导企业合理确定工资水平。

机关事业单位工资调整。在2016年调标基础上，按照国家文件要求继续抓好六类人员基本工资标准调整实施工作，并对三项特岗津贴进行调整。根据福建省纪委“1+X”专项督查要求，完成省直部门及单位第一轮津补贴专项督查全覆盖交叉检查工作。推进福建省公立医院薪酬制度改革，会同相关部门完成省属公立医院工资总额核定工作；组织省属事业单位绩效工资总量申报核定。

【劳动争议仲裁】 2017年，福建省各级劳动人事争议调解仲裁机构处理劳动人事争议案件4.2万件，其中立案受理2.38万件，涉及劳动者3.87万人，结案2.41万件，仲裁结案率95.21%。全省各类调解组织调解劳动人事争议案件1.36万件，其中调解组织达成调解协议及和解案件数1.2万件，调解成功率70.48%，32.38%以上案件在基层一线得到化解。全省乡镇街道和规模以上企业调解组织建设基本实现全覆盖，985个乡镇、街道劳动就业社会保障服务平台建立调解组织，4896家大中型企业成立劳动争议调解组织。加大仲裁委员会的调整组建力度，全省调整组建劳动人事争议仲裁委员会95个，调整组建率100%。推进“互联网+调解仲裁”信息化建设，从2017年1月10日起，全省仲裁机构案件逐步实现调解仲裁办案信息系统网上同步办理。

【劳动监察】 2017年，福建省出台《福建省治欠保支三年行动计划（2017—2019）》，制订8条具体行动措施，力争到2020年实现农民工工资基本无拖欠。规范和完善工资保证金制度，工程建设领域工资保证金实行差异化缴存。深化创建“无欠薪项目部”活动，2017年，全省有2686个项目部参与创建，其中，政府投资的1660个工程建设项目全部参与创建。推进工资支付诚信体系建设，落实用人单位工资支付行为守信激励和失信惩戒、企业劳动保障守法诚信等级评价、重大劳动保障违法行为向社会公布等制度。加强劳动保障监察执法，强化行政执法与刑事司法衔接机制，开展专项整治、专项检查等。2017年，检查用人单位2.95万个，涉及劳动者121.68万人，督促补签劳动合同10.12万份，办结各类劳动保障违法案件1336件，协调处理案件11815件，为8.26万名劳动者追回工资待遇5.77亿元。 （郑婉菁）

人力资源管理

【公务员队伍建设】 2017年，福建省公务员局开展修订公务员法基础调研，提出16个方面47条修改意见。公务员职位管理。完善公开遴选制度，首次将中央垂管部门设区市级以下机构的年轻干部纳入福建省公开遴选范围。推进县以下机关公务员职务与职级并行制度常态化实施。配合省委组织部等部门制订出台法官、检察官单独职务序列改革试点实施办法。落实宪法宣誓制度，制订《福建省人民政府及其各部门任命的国家工作人员宪法宣誓实施办法》，组织实施福建省政府任命的国家工作人员宪法宣誓仪式。会同相关部门做好2017年公务员信息采集和统计工作。

公务员考试录用。省公务员局实施公务员“四级联考”，推动分级分类差异化面试，全年招录公务员3936人。开展公安机关人民警察招录培养制度改革，组织公安院校公安专业应届毕业生专项招考工作，落实艰苦边远地区的招考政策，服务扶贫攻坚大局。出台《福建省公务员局关于在福建省录用和公开遴选公务员中加强对失信被执行人惩戒的通知》，推进社会诚信体系建设。紧盯考务安全，严肃考试纪律，严格考风考纪，坚决打击作弊行为。

公务员考核奖励。出台《关于进一步做好公务员考核工作的通知》，促进公务员平时考核、年度考核与效能建设绩效考评相互促进。贯彻落实《国家功勋荣誉表彰条例》，启动开展市、县级党委政府表彰奖励工作。2017年，推荐受中央国家部委表彰候选对象先进集体77个、先进个人175名；表彰省级系统先进集体660个，先进工作者2425名；汇总核对福建省受国家部委表彰并享受省部级劳动模范和先进工作者待遇人员70名。

公务员培训与监督。整合资源，创新省级调训模式，实施“境外培训境内办”“重点培训联合办”“扶贫培训省市办”等模式，聚焦供给侧结构性改革、生态文明建设、产城融合、依法治国等专题，全年调训2500人。省级调训带动全省培训，全省各地各部门培训38万人次。部署脱贫攻坚公务员培训。举办全省应急管理公务员网络培训，培训20万人，实现“多、快、好、省”。召开公务员职业道德建设座谈会，推进公务员职业道德建设工程。

【人才智力引进】 2017年，福建省引进高层次人才2000多名，其中，省引进高层次A类9人、B类299人、C类189人。全年获国家外专局批准立项国家高端引才引智项目计划103个、地方高校学科创新引智基地1个，实施57个省级引才引智项目，资助引才引智项目经费3513万元，支持福建省龙头企业、重点高校和研究机构全职或柔性引进重点产业领域的国（境）外高层次或急需紧缺人才500多名。其中，诺贝尔生物学奖和物理学奖专家2名，国家外专“千人计划”专家1名，国家首席外国专家3名，国家高端外国专家33名，省“外专百人计划”专家18名，省“高端外国专家团队引进计划”团队7个。

推进引才引智政策创新。省委、省政府出台引进国（境）外人才的“二十条措施”，创新引才方式、突出引才重点，建立健全国（境）外人才在闽创业扶持、合法收益、工作条件、人才资源共享机制，以及便利出入境和居留、医疗、社保、住房和子女教育、服务机制等外专服务保障制度体系。创新人才准入政策，在全国率先取消对来华工作外籍高层次人才年龄限制，为外国高端人才来华工作开辟“绿色通道”，免办学历认证，简化申请材料和程序，可一次性给予最高5年的《外国人来华工作许可证》。省人社厅会同有关部门制定实施引进台湾高层次人才系列政策，支持用人单位引进聘用台湾人才。

对接需求搭建人才智力交流平台。印发《2017—2018年度紧缺急需人才引进指导目录》，涵盖紧缺急需人才分布的重点产业（行业）25个，主要涉及91个领域、233个岗位、940个专业。征集发布高层次人才岗位需求，共征集发布853个岗位、需求人数2200多人。会同省委组织部、宁德市委市政府在宁德举办国家“千人计划”专家与产业项目对接洽谈会，达成项目对接意向或合作协议127项；组织22名北京医疗专家来龙岩开展“师带徒”活动，开创健康扶贫的新模式；组织10批73人次专家赴新疆和全省各地，围绕精准扶贫、医疗专家巡诊、帮扶大学生创业、人才培训等内容开展服务活动。

多形式开展引才引智活动。省人社厅会同省委组织部首次赴京开展“人才福建周”活动，累计接洽人才1517人，达成初步意向740人。组织参加第十五届中国国际人才交流大会，为福建省收集、储备600多个符合福建省重点产业发展需求的国（境）外人才和项目信息。组团赴英国、德国、加拿大、日本、韩国招聘人才，与200多名外国高层次人才进行洽谈，与海外机构签订50多个人才项目合作协议。举办“2017年中国·福建海外人才创业周”活动，达成人才引进和项目合作对接意向或协议313个。开展第六批“留学人员来闽创业启动支持计划”，共资助28个创业项目。福建省2家留学人员企业入选“中国留学回国人员创业启动支持计划”，1名留学人员入选“高层次留学人才回国资助”，累计获人社部70万元资金资助。

服务在闽工作外国专家。组织和推荐7名在闽工作高端外国专家赴京参加国庆招待会、中央领导同志会见座谈等活动。举办首届福建省高端外国专家新春座谈会，省政府主要领导听取外国专家建言献策。举办2017年在闽工作高端外国专家服务基层龙岩行活动，组织20名高端外国专家在龙岩开展项目和技术指导、咨询、培训、交流等活动，服务当地经济社会发展。做好外国专家表彰奖励工作，1名外国专家获得2017年度中国政府“友谊奖”，15名外国专家获得第十届福建省“友谊奖”。

服务全省各类人才队伍建设。全省获得国家外专局批准因公出国培训项目34个，选派392名各类人才出国培训。开展福建省2017年中国国际化人才外语考试（BFT），组织300多人参加。开展首批国际工程师资质认证工作，福建省14名工程技术领域的工程师和专业教师通过认证。开展引进ABC类高层次人才评价认定及工科类青年专业人才支持补助工作，全省全年认定高层次人才497人，工科类青年专业人才1473人。

【技能人才队伍建设】 2017年，福建省推进高技能人才队伍建设。实施高技能人才振兴计划，全省组织开展职业技能鉴定29.09万人次，取得国家职业资格证书24.1万人。组织开展机关事业单位工勤人员升级考核6606人，取得证书1635人。至年底，全省技能劳动者总量600万人，其中，高技能人才102.6万人。全年新增高技能人才6.99万人，其中，新增技师、高级技师6478人。开展“福建省技能大师”选拔工作，评审遴选第三批福建省技能大师30人，累计遴选89人。评审遴选2016—2017年度国家级高技能人才培训基地9个、国家级技能大师工作室10个。各设区市普遍建立市级技能大师制度，开展名师带徒培养，福州市在16家重点企业开展设立首席高级技师试点。

开展职业技能竞赛。组织实施省级赛19项、市级赛30项，带动岗位练兵和技能比武20多万人次。有4名选手

2017年1月8日，由省人社厅举办的2017年春季大中专毕业生供需见面双向选择会在福建江夏学院大学城校区举办 （省人社厅供稿）

入围第44届世界技能大赛全国集训，受到人社部通报表扬。组织开展海峡两岸青年职业技能竞赛成果展。

推进技工教育改革发展。加大技工院校招生力度，推动落实技工院校与中职学校同政策、同待遇、同发展，下发加强招生工作文件，建立月报制度，强化招生管理，完成招生33274人，实现稳中有升。深化一体化课程教学改革，在4所技师学院推进7个专业的一体化教学改革试点，组织举办全省技工院校“一体化”课程教学能力竞赛，参赛技工院校教师73人。制订出台开展企业新型学徒制试点实施方案和新型学徒制职业培训补贴标准，在福州市首批安排5家企业与4所技工院校开展4个专业的新型学徒制试点，招收中级工班300人，高级工班100人。深化技工院校职称改革，完善技工院校职称评审制度，评审正高级职称5人、副高级职称36人。

【专业技术人员队伍建设】 2017年，福建省深化职称制度改革。省委办公厅、省政府办公厅印发《福建省深化职称制度改革的实施意见》，全面贯彻落实中央关于深化职称制度改革精神，健全职称制度体系，完善职称评价标准，创新职称评价机制，完善不拘一格选拔人才办法，促进职称评价与人才培养使用相结合，改进职称管理服务方式。组建第一届杰出人才认定委员会，开展首次高层次人才直接认定正高职称资格工作，对获得国家科学技术奖二等奖（排名前3）、国家“千人计划”“万人计划”、福建省“百人计划”人选直接确认相应专业最高级别专业技术资格，认定享受教授、研究员待遇高级工程师15人，高级经济师1人。加强职称评价标准建设。省人社厅会同省科技厅修订出台《福建省自然科学研究系列专业技术职务经常化评审工作实施意见》，会同省财政厅修订《福建省享受教授研究员待遇高级会计师评审办法（试行）》。组织开展2017年度各系列职称评审和专业技术资格考试工作，完成20多个系列（专业）高级职务任职资格评审工作和37项职业资格、职称考试任务。在省内13家龙头企业开展职称申报改革试点，简化申报流程，拓宽继续教育学时登记验证范围，方便流动申报人员。支持平潭综合实验区自主开展高级职称评审，52人取得中学高级教师资格。

巩固职业资格清理改革成果。全部停止国务院决定取消的434项职业资格许可认定，开展“回头看”活动，梳理福建省职业资格目录清单，下发职业资格改革方案，出台实施《国家职业资格目录》贯彻意见，建立目录清单动态更新机制，确保省内不自设职业资格。职业资格改革通过国务院“放管服”改革专项督查。

基层专业技术人才队伍建设。印发《关于加强山区专业技术人才队伍建设十条措施的通知》，鼓励技术人才投身山区建设。出台《关于加强全省基层专业技术人才队伍建设的实施意见》，突出加强基层科技、教育、工程、农业、卫生等行业急需紧缺人才队伍建设，创新基层专业技术人才评价和引进培养机制，健全基层事业单位岗位管理机制，引导人才向新兴产业和农村基层一线、艰苦边远地区流动。

专业技术人才继续教育。推进实施专业技术人才知识更新工程，加强专业技术人员继续教育基地建设，推荐福建农林大学申报国家级基地。围绕12个重点领域和9个现代服务业领域，以及电子、石化、机械等主导产业，组织实施专业技术人才知识更新工程国家级高研班5期，参加研修高、中级专业技术人才近400人，组织实施省级高研班89期。选送100多名高、中级专技人员参加省外举办的国家级专业技术人员高研项目。

【事业单位人事管理】 2017年，福建省完善事业单位工作人员聘用合同制度和岗位管理制度，调整优化专业技术岗位结构比例，做好岗位设置的政策指导、宏观调控和监督管理工作。启用人事信息平台岗位管理模块，推进事业单位岗位设置信息化进程，至年底，有206个事业单位纳入人事信息平台岗位管理。完善事业单位工作人员考核制度，完成省属事业单位年度考核的备案审核工作。会同省委组织部组建福建省事业单位工作人员申诉公正委员会，完善权益保障机制。会同省委组织部出台《福建省事业单位领导人员管理办法（试行）》，明确事业单位领导人员任职条件、选拔程序、考核评价、监督约束等。深化支持专业技术人员创业创新鼓励措施，全省有80多名科研人员申请离岗创业。

事业单位人员招聘。完善事业单位公开招聘制度，做好政策指导和监督管理工作。2017年，全省通过公开招聘服务平台发布省直、中央在闽事业单位招聘方案186个，招聘2000人。省人社厅转发人社部《关于做好港澳居民到内地事业单位就业工作的通知》，制定贯彻意见，促进闽港澳人才交流合作。落实人社部《关于事业单位公开招聘违纪违规行为处理规定》《关于事业单位公开招聘岗位条件设置有关问题的通知》，加强工作指导监督，开展省直、中直事业单位公开招聘笔试、面试巡察，规范公开招聘行为。会同省教育厅开展全省中小学幼儿园新任教师公开招聘工作，招聘教师9000多人；会同教育、卫生、农业、林业等部门组织实施特殊行业和基层事业单位急需紧缺人才专项招聘；配合医改工作，指导基层医疗卫生机构采取有效措施补充医学专业人才。会同有关单位修订完善《机关事业单位招考专业指导目录》。

【高层次人才培养】 2017年，福建省组织开展百千万工程国家级人选选拔工作。经人社部等部委评选，7人入选。开展第三批省青年拔尖人才和百千万工程领军人才遴选工作，产生省百千万工程领军人才建议人选20人、省青年拔尖人才建议人选30人（其中，创新人才26人、创业人才4人）。会同省委组织部组织完成对首批10个企事业人才高地建设单位实地考评。完成第一批省“特支计划”百千万工程领军人才、青年拔尖人才中期考核评估工作，拨付后续补助资金756.97万元。选送百千万工程人选、博士后、青年优秀人才等71名高层次人才赴国（境）外开展访问研修、联合技术攻关等工作。选派4名百千万工程国家级人选参加延安、井冈山、浦东国情研修班。发放百千万人才工程国家级人选年度科研经费86人258万元，省内“两院”院士科研经费17人85万元，为高层次人才开展科学研究、技术攻关等提供有力保障。

博士后创新平台建设取得新突破。出台《海峡博士后交流资助计划（试行）》和《海峡博士后交流资助计划专项资金管理办法（试行）》，审核资助培养博士（博士后）30人，其中引进培养台湾博士12人。实施“海峡博士后交流资助计划”，引进或选送一批承担有重要科研创新和产业化价值项目的优秀博士来福建省或赴台湾地区从事博士后研究工作。举办“首届海峡博士人才交流合作会”，10名台湾博士生与福建省流动（工作）站洽谈并签订进站意向书。与全国博士后管委会办公室、中国博士后科学基金会共同举办“2017年海峡两岸植物保护博士后论坛暨青年学术研讨会”。开展省财政资助招收博士后工作，资助招收博士后研究人员63名，给予每人一次性8万元资助。先后推荐6名博士后申报“香江学者计划”、1名博士后申报派出项目、9名博士后申报“中国博士后科学基金特别资助”。征集汇总福建省博士后科研流动站博士后人员（项目）招收需求767个，工作站招收需求185个，参加福建人才招聘周活动，推介宣传设站单位和招收博士需求。

【军转干部安置】 2017年，福建省完成中央下达军转干部安置任务。做好自主择业军转干部管理服务工作，推进自主择业工作信息平台开通工作，各设区市均入网运行，完成第九次退役金调整。开展军转干部教育培训，落实中央关于军转干部进高校专项培训的意见，在泉州师范学院开展试点工作。

【人力资源市场建设管理】 2017年，福建省出台《闽台人力资源服务机构互设分支机构支持办法（试行）》，鼓励闽台优质人力资源机构互设分支机构。组织开展全国人力资源诚信服务示范机构推荐工作，福建省3家机构入选。成立中共福建省省属民办非企业人力资源服务机构第一党支部，做好机构党员学习教育活动。开展清理整顿人力资源市场秩序专项行动，福建省14家单位在专项行动中取得突出成绩，获人社部表彰。新建立12个农村实用人才服务站，资助60万元。 （郑婉菁）

社会人群

【妇女儿童概况】 2017年，福建省常住人口有女性1914万人，占总人口比重48.9%。其中0～14岁女性儿童301万人。

提升妇女儿童医疗保健服务水平。2017年，福建省组织实施加快医疗卫生事业发展的八大工程，筹建福建省儿童医院和省妇产医院，开展产儿科床位扩增建设，完善全省危重症孕产妇监护救治、新生儿和儿童医疗救治网络建设，建立出生缺陷防治服务体系，提升妇女儿童健康服务水平。全年全省新增产科床位1300张，免费孕前优生健康检查累计检查34.5万人，检查覆盖率84%，适龄儿童免疫规划疫苗接种率保持在99%以上。全省女性人均预期寿命78.64岁。

提升妇女儿童平等接受教育水平。全省义务教育各项指标继续保持在全国较高水平。2017年，全省92%随迁子女在公办义务教育学校就读。全省幼儿入园率97.99%，小学和初中学龄人口入学率分别为99.9%、99%。女性高中阶段毛入学率95.28%。普通高校在校生中女性比例连续8年保持在50%以上。2017年，省财政下达专项奖补资金2.2亿元，支持各地实施政府购买普惠性民办幼儿园教育服务。福建省学前3年毛入园率98%，每万人口在园幼儿数连续10年位居全国前列。小学、初中、高中等各类教育性别差异基本消除。

提升妇女参政水平。加大女干部培养和选拔力度。2017年，省委选配的省管干部中有69名女干部，占总数的15.1%。县级以上领导班子中女干部的配备数均达到中央配备要求。省委组织部选派41名女干部参加省直单位与设区市中青年干部双向交流挂职，选派28名女性人才参加对口援疆工作。“省市县乡”公务员四级联考过程中，除专门职位外，普通职位女性招收比例53%。福建省十九大代表中女性占比34.2%，十三届全国人大代表中女性比例31.9%，均高于全国平均水平。

提升妇女儿童维权和社会保障水平。发挥省人大常委会妇女儿童工作组暨省维护妇女儿童合法权益联席会议机制的优势，推动妇女儿童权益保障法治体系建设。多措施保障女性就业权益，2017年，企业女职工权益特殊保护集体合同覆盖17986家企业，涉及86.3万人。全省执行《女职工劳动保护特别规定》的企业比重均保持在80%以上，达到《妇女纲要》目标。推进养老保险从制度全覆盖向人员全覆盖发展，至年底，全省参保2505.8万人，参保率89.1%，其中女性参保人员1572.5万人，占62.8%。各项社会保险中女性参保人数逐年增加，规模不断扩大，比重也保持上升趋势。2017年，农村低保省定最低标准提高到3000元。落实兜底保障，关爱农村留守儿童、流浪未成年人。全省有儿童福利机构15个，流浪未成年人救助保护中心53个。

提升贫困妇女和困境儿童生存发展水平。2017年，福建省安排1444.7万元直接扶持残疾妇女5497人。开展残疾人康复服务，0～6岁残疾儿童抢救性康复覆盖率100%。在中国公益研究院发布的“中国残疾人政策进步指数”中，福建省位列全国第五位。落实提标工作，福利机构孤儿和社会散居孤儿基本生活保障标准分别从每人每月 1000 元、600 元，提高到每人每月 1500 元、900 元。举办第三届“为爱奔跑·母亲健康 1+1”公益募捐活动，发放救助金 980 万元，救助 2996 名“两癌”（宫颈癌、乳腺癌）贫困妇女。（魏　玮）

【青年人概况】　2017 年，福建有 14～28 周岁青年 626.5 万人，其中，团员 199.5 万人，占 31.84%。团员分布情况：农村占 15.73%，城市社区占 3.17%，学校占 67.54%，机关事业单位占 3.89%，国有企业占 4.58%，“两新”组织（新经济组织、新社会组织）占 5.09%。

第十五届海峡青年论坛。6 月 17 日，第十五届海峡青年论坛主旨论坛在厦门大学举办。该届论坛以“互联网与两岸青年文化共识”为主题，来自海峡两岸的青年社团负责人、青年企业家代表、金融青年代表、青年学生代表及专家学者等 1000 余人参加论坛。该届青年论坛由主旨论坛、两岸青年社团负责人圆桌会议、两岸青年金融峰会、台湾青年来闽就业创业见习现场对接会、台湾青年代表座谈会组成，采取线上线下同时呈现方式，突出网络渠道运用，在两岸青年中引起较大反响。

福建省青年创新创业板启动暨首批企业挂牌仪式在福州举行。于 6 月 19 日挂牌的福建省青年创新创业板（简称福建青创板）是由共青团福建省委与海峡股权交易中心合作共建，并作为海峡股权交易中心的特色板块，内设展示板、股改板、交易板三大板块。福建青创板旨在引导社会资本、投资基金、天使基金等为福建省各级团组织推荐的初创企业、成长型企业和省市级青年创新创业比赛获奖的优秀青年创业项目（企业）提供股权融资、股权交易、债权融资、股份制改造、登记托管、并购重组及对接更高层次资本市场等一系列金融服务，加强青年创新创业成果转化，优化青年创业融资环境。

全省大学生志愿者暑期社会实践“河小禹”专项行动。7 月 6 日，全省有 67 所高校、109 支实践队、1346 名志愿者参与“河小禹”专项行动，实现全省 84 个县（市、区）主干河段巡查的全覆盖。在暑期的两个月内，各“河小禹”专项行动社会实践队深入基层开展“六个一”活动：开展一次县域河段巡查，开展一系列宣传河长制主题活动，挖掘一个实行河长制过程中的优秀案例，帮助成立一支长期青年志愿护河队，开展一次“我与河长面对面”活动，撰写一篇调研报告或社会实践总结。

“青春扶贫”项目与计划大赛。2016 年 12 月，共青团福建省委、福建省青年联合会启动福建省“青春扶贫”项目与计划大赛，挖掘选树一批优秀扶贫项目，跟踪培育一批优秀扶贫计划。经过 2 个月的时间，收到 989 个项目，其中，项目类 471 个、计划类 518 个、产业扶贫类 340 个、人才扶贫类 116 个、公益扶贫类 533 个。经过网络初赛、网络公示、现场决赛和网络点赞，评出一等奖 6 名、二等奖 14 名、三等奖 27 名、优秀奖 64 名。同时，评选出网络人气奖 11 名、优秀组织奖 11 个。

“创青春”青年创新创业大赛。6 月 16 日，第四届“创青春”中国青年创新创业大赛（福建赛区）暨海峡两岸（漳州）青年创业交流大会在漳州台商投资区举行。大赛由团省委、省委网信办等单位主办，漳州团市委和漳州台商投资区管委会承办。大赛设置商工成长组、现代农业初创组、互联网创业组、APP 专项赛创意组等 10 个组别。漳州台商投资区还专门制订资金奖励、科技奖励等一系列优惠政策，扶持在该区落地的优质项目，提高赛事的吸引力。

福建省优秀青年人才成长营。8 月 7 日，2017 年福建省优秀青年人才成长营在福建省团校举行开营仪式。该次成长营组织开展《解读海西与福建战略发展规划》讲座、与引进生代表交流、参观福建省博物院、福清核电厂、走访网龙网络公司等 10 项活动。同时，还开展国情省情教学、创新创业体验、人才政策解读、专家学者交流等活动。为加强闽籍优秀青年人才队伍建设，团省委、省委人才办和省教育考试院联合实施“福腾 200”福建省优秀青年人才成长计划，从 2017 年开始对每年全省高考成绩前 200 名（含文科前 150 名、理科前 50 名）的优秀高三毕业生进行战略性跟踪培养。（汤建红）

【老年人概况】　2017 年，福建省常住人口 3911 万人，其中，60 周岁及以上老年人口 555 万，比上年净增 23 万人，占总人口的 14.19%；65 周岁及以上老年人口 344 万，净增 11 万人，占总人口的 8.8%。全省户籍人口中，80 周岁

2017 年 8 月 7 日，福建省优秀青年人才成长营在福州举行开营仪式。图为学员参观福清核电厂（团省委供稿）

及以上高龄老人91.46万人，占户籍人口总数的2.4%。全省老年人口抚养比为20.5%。全省有百岁及以上老年人口2181人，比上年净增174人，占全省人口总数的十万分之5.58，比上年提高十万分之0.4个点。其中，男性418人，占19.17%；女性1763人，占80.83%；城镇456人，占20.9%；乡村1725人，占79.1%。地区分布情况：泉州市376人，福州市355人，漳州市344人，莆田市272人，龙岩市246人，宁德市181人，厦门市127人，南平市122人，三明市108人，平潭综合试验区50人。全省最长寿老人为三明市三元区中村乡杜水村邓发姬（女），2017年为120岁；全省最高龄的男性为福州市连江县浦口镇的郑传梓和龙岩市长汀县莲峰镇新兴村的范必祯，2017年均为107岁。

（颜全驰）

【残疾人概况】 据第二次全国残疾人抽样调查，福建省有残疾人221万，占总人口的6.25%。其中，视力残疾35.6万人，听力残疾61.3万人，言语残疾2.7万人，肢体残疾49.9万人，智力残疾19.1万人，精神残疾16.3万人，多重残疾36.2万人。

残疾人康复。通过实施精准康复服务，16.05万名残疾儿童及持证残疾人得到基本康复服务。实施0～6岁残疾儿童康复训练补助和人工耳蜗手术补贴制度，5222名残疾儿童享受康复训练补助；推进残疾人基本型辅具适配补贴全覆盖政策，为残疾人提供盲杖、助视器、假肢、矫形器、人工耳蜗、助听器等各类辅具适配服务近1.54万件；在87个县（市、区）开展社区康复工作，配备12566名社区康复协调员，为20.16万人次残疾人提供社区康复服务。

残疾人扶贫。残疾人脱贫攻坚成效明显，贫困残疾人生产生活状况得到进一步改善。6627名建档立卡贫困残疾人、4715名因病致（返）贫残疾人得到基本康复服务，28701名农村建档立卡贫困残疾人在就业创业、托养、就学、家庭无障碍改造、意外伤害保险等方面得到特别扶持和资助。贫困残疾人得到有效扶持，其中21800人通过扶贫开发实际脱贫。

残疾人社会保障。落实困难残疾人生活补贴和重度残疾人护理补贴政策，63.25万人次获得补贴；落实残疾人参加居民养老保险政府代缴补助政策，68.69万名残疾人参保，17.76万名残疾人纳入城乡低保。残疾人托养服务工作规范推进，2万多名残疾人得到机构托养或居家托养服务。

残疾人教育和就业。全省残疾儿童少年学前至高中阶段15年免费教育稳步推进，1.7万名残疾学生和残疾人子女获得就学资助，135名残疾考生参加高考、中考获得合理便利政策支持。全省残疾人新增就业12299人，13050人次残疾人获得职业技能和实用技术培训。盲人按摩事业稳定发展，盲人保健按摩、医疗按摩机构分别为322个和33个。

残疾人文化体育。开设省、市级电视手语栏目、广播电台残疾人专题节目14个，省、市、县三级公共图书馆设立盲文及盲人有声读物图书室41个，建设省、市级残疾人群众体育活动示范点188个。开展残疾人文化进家庭“五个一”、残疾人艺术团进基层巡演、残疾人健身周等活动。选派185人（次）残疾人参加全国、国际残疾人体育赛事，获得120枚奖牌。

（杨瑞芳）

【志愿者概况】 2017年，福建有青年志愿者300万人，“志愿中国”信息系统注册青年志愿者210万人，累计有5000多万人次青年志愿者为社会提供超过3.8亿小时的志愿服务。

“厦门会晤”志愿服务。2017年9月3—5日，金砖国家领导人会晤在厦门召开。“厦门会晤”志愿服务工作坚持“举办地团组织为主、上级团组织协调支持、各地团组织参与配合”的大型活动志愿者工作协调机制。“厦门会晤”录用会场志愿者（来自厦门大学、华侨大学、集美大学、福建师范大学、福建医科大学、闽江学院等16所在闽高校）3297名，服务岗位2572个，服务点1125个，累计服务时长14.62万小时，服务嘉宾3.4万人次。

第十五届中国·海峡项目成果交易会志愿者。6月10日，第十五届中国·海峡项目成果交易会（简称“6·18”）志愿服务总队成立仪式在福建农林大学举行。会后，省青年志愿者协会对志愿者们进行为期一个月的专业培训，包括志愿服务理念、解说技巧、常用英语口语、应急措施、急救知识、新闻信息采集等专业知识培训。“6·18”录用福州大学、福建农林大学、福建工程学院的志愿者400名，为“6·18”提供解说咨询、会务接待、礼仪引导、采访摄影、LED编辑、证件管理等志愿服务。

2017年福建省希望工程支教服务团。7月13日，“2017年福建省希望工程支教服务团志愿服务培训暨2016年福建省希望工程支教服务团志愿服务总结会”在福州举行。会上，省青少年发展基金会和希望工程办公室为2016年福建省希望工程支教服务团颁发荣誉证书，并对即将开展支教活动的20名志愿者进行授旗和培训。该次支教服务团专门前往福建省扶贫开发工作重点县希望小学和农村学校，开展为期1～2年的音乐、体育、美术支教志愿服务。

2017年，福建省大学生志愿服务西部计划、欠发达地区计划表彰会。7月14日，由团省委、省教育厅、省财政厅、省人社厅联合举办的“2017年福建省大学生志愿服务西部计划、欠发达地区计划表彰会暨志愿者出征仪式”在福州举办。会上，表彰72名2015—2017年度福建省大学生志愿服务欠发达地区计划服务期满优秀志愿者，并为参加福建省2017年大学生志愿服务西部计划、欠发达地区计划的373名大学生志愿者送行。

启动“志愿中国”信息系统。12月5日，省青年志愿者协会在福州省团校举办“志愿中国福建站启动仪式”，开启福建省全面推广“志愿中国”的序幕。“志愿中国”为志愿服务组织和个人提供一个线上志愿服务活动发布和参

与的平台，可以实时记录志愿服务时长，方便组织和个人志愿服务活动的开展、记录、保障等。（汤建红）

社会保障

【城镇企业职工基本养老保险】 截至2017年底，福建省城镇企业职工基本养老保险参保人数（含离退休）883.35万人，其中离退休人员135.91万人。全省城镇企业职工基本养老保险月人均缴费工资基数2798元，比2016年底增加206元；离退休人员月人均养老金2456元，比2016年底增加107元。全省企业职工基本养老保险基金收入（不含上解下拨）499.53亿元，基金支出405.59亿元，当年收支结余93.94亿元，累计结余667.51亿元。2017年7月底，全面完成全省企业退休人员定期待遇调整工作。做好老年生活保障金待遇发放工作，全年为23027名县以上无力参保集体企业退休人员、未参保70岁高龄职工发放老年生活保障金1.53亿元。养老保险经办管理服务体系基本建立，并逐步向乡镇、行政村延伸。至年底，全省纳入社会化管理服务的企业退休人员131.58万人，纳入社区管理人数114.29万人，社会化管理率96.81%，社区管理率84.09%。

改革创新社会保险经办服务。通过养老金领取资格人脸识别认证技术的推广使用、“五证合一”社会保险登记制度改革有效落实、窗口服务标准化、服务清单公开化、“互联网+社会保险经办服务”进一步深化等一系列“放管服”改革措施、创新举措的实施，塑造机构品牌形象。2017年，福建省社会劳动保险局被授予全国人社系统先进集体称号。

【机关事业单位养老保险】 截至2017年底，福建省机关事业单位养老保险（简称“机关保”）参保138.72万人（其中，在职92.61万人，退休46.11万人）。全省机关事业单位实现100%参保征收和100%待遇发放。先后出台《关于全省参加机关事业单位养老保险退休人员死亡后丧葬费和抚恤金待遇发放问题的通知》《关于机关事业单位养老保险制度改革后有关事项进一步明确的通知》《关于调整机关事业单位养老保险制度改革实施时点之后职务升降工作人员养老金预发标准的通知》等配套文件。全省机关保信息系统建设稳步推进，新经办系统在全省各级经办机构基本实现上线全覆盖。开展职业年金投资运营准备工作。制订出台《福建省职业年金基金管理实施办法》，明确福建省职业年金基金归集、赎回方式和投资运营有关制度；选定全省职业年金基金开户银行，开展征收工作；职业年金信息系统完成多阶段测试，多项核心功能基本实现。至年底，全省累计征收职业年金91.76亿元。

【城乡居民基本养老保险】 截至2017年底，福建省城乡居民基本养老保险（简称“居民保”）参保人员1493.74万人，参保率97.96%，平均缴费率95.29%。2017年，各县（市、区）做到养老金均按时足额完成社会化发放，全省平均养老金待遇水平约每人每月123元。自2009年“新农保”试点至2017年底，全省累计征缴保费103.48亿元，支出养老金287.1亿元，个人账户累计滚存143.97亿元。采用微信开展全民参保登记入户调查，至2017年8月，各县（市、区）全民参保登记工作完成，全省入户调查880万人，数据入库3917万人。2017年底，各市、县（区）全面完成老农保遗留问题清理任务，全省125.78万名老农保人员中，转居民保和退保104.36万人（占83%），封存到居民保系统21.59万人，实现人社部限期清零的工作目标。居民保便民服务水平进一步提升，建成28个村级信息化经办省级试点村，在晋江市所有村（社区）全面铺开试点，全省村级信息化经办平台累计435个。

【失业保险】 截至2017年底，福建省参加失业保险612.33万人，其中农民工参保人数207.82万人。落实阶段性降低失业保险费率政策，会同省财政厅、地税局下发《关于阶段性调低福建省失业保险费率有关问题的通知》，明确从2017年1月1日起将失业保险费单位缴交部分由1%降至0.5%（总费率从1.5%降至1%，个人缴费0.5%不变），减轻企业负担，增强参保积极性。调整失业保险金标准，月人均领取失业保险金标准上调至1144元。2017年，失业保险基金支持企业稳定就业岗位补贴支出3.78亿元，惠及企业4.12万家、职工146.08万人。落实《福建省失业保险支持参保职工提升职业技能实施办法》，至年底，补贴支出3.8万元，惠及职工20人。完成失业动态监测扩面工作，全省失业动态监测企业国家样本从844家增至2150家，监测岗位数从64.3万个增至121万个。

【工伤保险】 2017年，福建省工伤保险参保人数798.72万人，其中农民工参保人数360.12万人。突出重点开展建筑业按项目参加工伤保险工作，完成人社部部署三年“同舟计划”，全省住房和市政工程建设在建项目参保率99.14%，新建项目参保率100%。完善工伤保险制度，修订《福建省工伤职工停工留薪期管理办法》和《福建省工伤职工辅助器具配置目录和价格限额》，发布《关于福建省机关事业老工伤人员纳入工伤保险有关问题的通知》。工伤职工待遇水平进一步提高，全省工伤职工定期待遇普遍提高，工伤职工停工留薪期限待遇得到保障，工伤保险辅助器具配置目录明显增加，老工伤人员能够依法享受工伤保险待遇。工伤认定和鉴定工作进一步加强，全省受理工伤认定案件3.28万件，劳动能力鉴定1.65万例，保障工伤职工合法权益。按照国家四部委印发的工伤预防费使用管理暂行办法，工伤预防工作制度建立，由试点转入全面展开。

【社会保险基金监督】 2017年，福建省开展社保经办风险管理专项行动、养老保险重点指标专项检查和城乡居民养老保险经办机构内部控制专项检查，查找廉政风险点和薄弱环节，督促市、县社会保险经办机构健全完善内控制度，规范经办管理工作和服务行为。加强警示教育，增强干部职工风险管理意识，防范各类贪污挪用、欺诈骗取、侵占社保基金的行为，保障基金安全。

（郑婉菁）

社会救助

【最低生活保障】 2017年，福建省各级民政部门以强化兜底保障、推进精准救助为主线，健全完善政策制度。下发《关于全面开展符合低保条件建档立卡贫困人口排查认定工作的通知》，推进开发式扶贫与兜底式扶贫有机结合，将符合条件的建档立卡贫困家庭全部纳入低保范围。出台《关于进一步增强低保制度惠民实效六项措施的通知》，从加强工作分类指导、推进城乡一体化、完善对象认定条件、简化审核审批程序、完善延保渐退机制、确保举措落地见效等6方面，增强低保制度惠民实效。截至年底，福建省城市低保平均标准590元/月，比上年提高75元；全年月人均补助429元，增加31元。全省农村低保平均标准5054元/年，比上年提高1213元，各县（市、区）全部达到或超过省定扶贫标准3550元/年；全年月人均补助279元，增加57元。有26个县（市、区）实现低保标准城乡一体化。全年下达省级补助资金9.09亿元，发放城乡低保金17.5亿元，其中城市低保金3.82亿元、农村低保金13.68亿元。

强化对象精准识别。完善救助申请家庭经济状况核对机制，省级核对平台实现14个部门、21家商业银行共24类信息的横向比对。各地综合运用信息核对、入户调查、邻里访问等方式，全面建立低保对象年度复核认定机制。同时，配合纪检机关和审计、财政等部门做好扶贫领域精准监督工作，促进救助精准化和管理规范化。截至年底，全省有城乡低保对象45.89万人，其中，城市6.82万人、农村39.07人。

（林晓渊）

【特困供养】 2017年，福建各级民政部门贯彻落实省政府《关于进一步健全特困人员救助供养制度的实施意见》，建立健全城乡统筹、政策衔接、运行规范、与经济社会发展水平相适应的特困人员救助供养制度，保障特困人员基本生活。实施特困供养新政策。各地于5月底前全部出台具体实施办法，完成原农村五保供养制度、城市“三无”人员救济制度的整合并轨，制定出台特困人员供养标准，全面完成特困人员生活自理能力评估、供养形式确认等工作，实现政策落实到人。截至年底，全省城乡特困供养平均标准分别为15216元/年、13560元/年，比上年提高7515元、5579元。49个县（市、区）实现城乡特困供养标准一体化。全省有特困人员71234人，其中，城市4183人、农村67051人，集中供养率8%。全年下达省级补助资金4.96亿元，发放特困供养金6.78亿元。

推动乡镇敬老院管理运营工作。省政府年初把“盘活用好乡镇敬老院”写入政府工作报告，予以“立项挂牌办理”，并将敬老院床位使用率纳入设区市绩效考核指标。省政府办公厅下发《关于进一步促进养老机构健康发展十条措施的通知》，明确提出乡镇敬老院限时完成安全达标、推动运营主体多元化、完善奖补激励机制等政策措施。选定10个县（市、区）开展乡镇敬老院社会化改革试点工作，探索市场化、连锁化运营模式。截至12月底，全省乡镇敬老院平均床位使用率47.2%。

（林晓渊）

【临时救助】 2017年，福建省临时救助工作以有效解决城乡群众突发性、紧迫性、临时性基本生活困难为目标，进一步完善政策措施，健全工作机制，加快形成救助及时、标准科学、方式多样、管理规范的工作格局。

各地建立完善主动发现、分级审批、先行救助、个案会商、转介服务等工作机制，根据不同急难程度，按照不同标准给予分类施救，增强临时救助时效性和可及性。泉州市泉港区作为全国“救急难”综合试点单位之一，从加强部门协同、推进信息共享、整合救助资源、优化救助流程、创新服务模式等方面开展探索实践，做到救助速度快、救助方式灵活、救助对象精准，发挥临时救助兜底保障作用。

截至12月底，全省各地按户籍人口每人每年不少于7元的标准筹集临时救助资金，省级财政下达年度补助资金1.64亿元，各地配套1.11亿元。全省实施临时救助14.23万人次，其中主动发现并实施救助5767人次；以召开部门联席会议、提请县（市、区）政府审批等方式，救助急难个案389件。全省支出临时救助金2.04亿元，资金使用率78.2%，平均救助水平1437元/人次，比上年提高181元/人次。

（林晓渊）

【减灾救灾】 2017年，福建省先后经历5次风雹、1次山体滑坡、10场暴雨洪涝和5次台风灾害。据统计，全省83个县（市、区）61.31万人受灾，紧急转移安置26.06万人，倒塌房屋862间，严重损房1140间，直接经济损失23.01亿元。灾情发生后，省民政厅及时启动应急响应，下拨救灾应急资金1550万元、救灾物资25万元，农村住房保险兑现理赔资金6837万元。为做好低温冰冻灾害救助工作，省民政厅组织开展“冬日暖阳、送爱到家”活动，下达冬春生活救助及慰问资金6000万元，调拨3万床棉被、1万套绒衣裤等大批御寒防冻物资，保障人民群众温暖安全过冬。

救灾管理。发布《福建省自然灾害防范与救助管理办法》，规范灾害防范、应急救助、过渡安置和灾后重建等相关工作；省委、省政府印发《关于推进防灾减灾救灾体制机制改革的实施意见》，对体制机制改革提出11项改革任务；省民政厅、财政厅联合制订《福建省自然灾害生活救助资金管理办法》，明确自然灾害生活救助资金申请、分配和使用办法，为救灾资金使用管理确立行为规范。

减灾基础不断夯实。成立福建省减灾中心。省级补助76个市县救灾物资储备库建设，竣工64个。省级救灾物资储备库智能调度与仓储管理一期工程建成并正式运行，初步实现救灾物资管理信息化。省级补助560万元资金，支持各地提升建设112个自然灾害避灾点。

基层能力逐步提升。全年培训灾害信息员近800人次，“全国综合减灾示范社区”新增54个，省级购买100台救灾专用无人机配发至所有市、县（区），利用科技手段进一步提升基层防灾减灾救灾能力。泉州市及所属县（市、区）自筹1000万元提升改造200个避灾点，福州、莆田市分别下达160万元、158万元避灾点建设维护资金，厦门市将753个自然灾害避灾点信息录入城市安全公共管理平台。

减灾宣传有效开展。突出社区重点，体现福建特色，有针对性地开展以“普及防灾减灾知识和技能”为基础的宣传教育、以“推进风险隐患排查治理”为重点的排查治理和以“提升应急避险能力”为目的综合演练等活动。据不完全统计，“5·12”防灾减灾宣传周期间，全省发放家庭应急包2万个、宣传资料6万余份，悬挂（张贴）宣传标语近3000条，宣传图片38000多张，组织近百场宣传讲座，开展近万人次风险隐患大排查，近400所中小学校、企事业单位和城乡社区开展应急综合演练。

（刘　灵）

【救助管理】 2017年，福建省救助流浪乞讨人员39421人次，其中未成年人931人次，智障和精神病人1493人次，返乡救助1126人次。开展主动救助。开展“寒冬送温暖”“炎热送清凉”等专项救助行动，发挥部门联动作用，对陷入困境、居无定所、流落街头的各种生活无着人员进行救助。建立长效机制。建立健全“以规范化建设为抓手，寻亲服务为主线，临时照料为常态，长期安置为保障”的流浪乞讨人员照料安置长效机制，强化寻亲服务，为所有无法查明身份信息的受助人员在全国救助寻亲网发布寻亲公告并报请公安机关采集DNA。联合省公安厅出台《关于开展救助管理机构长期滞留无户口人员户口登记工作的指导意见》。提升规范化水平。开展流浪乞讨人员救助管理工作检查整改活动，落实救助管理工作规程，强化托养机构的监督与管理，规范站内救助和站外托养程序，提升风险防控能力。指导各地通过政府购买服务、志愿服务、公益合作等方式，引入社会力量参与救助管理工作。（周希妍）

居民生活

【城镇居民生活】 收入水平。2017年，福建省城镇居民人均可支配收入39001元，比上年增长8.3%，增幅上升0.1个百分点，扣除价格因素实际增长6.9%，增幅提高0.6个百分点。全省城镇居民人均工资性收入23886元，比上年增长7.5%，增幅上升0.3个百分点，占可支配收入比重的61.2%，拉动可支配收入增长4.6个百分点。全省城镇居民人均经营净收入5159元，比上年增长4.9%，增幅回落2.7个百分点。全省城镇居民人均财产净收入4579元，比上年增长9.1%，增幅回落0.8个百分点。全省城镇居民人均转移净收入5377元，比上年增长14.8%，增幅提高2.4个百分点，占可支配收入的13.8%。

消费水平。福建省城镇居民人均生活消费支出25980元，比上年增长3.9%，增幅回落2.4个百分点，扣除价格因素后实际增长2.6%，增幅回落1.8个百分点。城镇居民人均食品烟酒支出8552元，比上年增长3%，增幅回落4个百分点，占人均生活消费支出比重的32.9%，拉动生活消费支出增加1个百分点。全省城镇居民人均衣着消费支出1438元，比上年下降0.4%。城镇居民人均居住支出6829元，比上年增长4.6%，增幅回落7.8个百分点，占人均生活消费支出比重的26.3%，拉动其增加1.2个百分点。城镇居民人均生活用品及服务支出1478元，比上年增长6.1%，增幅上升1.9个百分点。城镇居民人均交通通信支出3353元，比上年增长4.6%，增幅回落1.5个百分点。城镇居民人均教育文化娱乐支出2483元，比上年增长0.9%，增幅回落5.5个百分点。城镇居民人均医疗保健支出1235元，比上年增长4.8%，增幅上升3.7个百分点。城镇居民人均其他用品和服务支出612元，比上年增长24.2%。

（张凤园）

【农村居民生活】 收入水平。2017年，福建省农村居民人均可支配收入16335元，比上年增长8.9%，增幅上升0.2个百分点，扣除物价因素实际增长8%，增幅上升0.9个百分点。全省农村居民人均工资性收入7416元，比上年增长9.3%，增幅回落0.4个百分点，占农村居民人均可支配收入比重的45.4%，拉动农村居民人均可支配收入增加4.2个百分点，是农村居民收入增长的首要带动因素。全省农村居民人均经营净收入6276元，比上年增长7.8%，增幅上升1.1个百分点，占农村居民人均可支配收入比重的38.4%。全省农村居民人均财产净收入290元，比上年增长13.4%，增幅上升3.4个百分点，占农村居民人均可支配收入比重的1.8%。全省农村居民人均转移净收入2353元，比上年增长10.1%，增速回落1.3个百分点，占农村居民人均可支配收入比重的14.4%。

消费水平。2017年，福建省农村居民人均生活消费支出14003元，比上年增长8.5%，增幅上升0.6个百分点，扣除物价因素实际增长7.6%，增幅上升1.3个百分点。农村居民人均食品烟酒支出5162元，比上年增长7.1%，增幅回落0.1个百分点，占人均生活消费支出比重的36.9%，拉动其增加2.7个百分点。全省农村居民人均衣着消费支出631元，由上年下降7.1%转为增长11.2%。农村居民人均居住支出3548元，比上年增长10.7%，增幅上升0.5个百分点，拉动生活消费支出增加2.7个百分点。农村居民人均生活用品及服务支出721元，比上年增长4.8%。农村居民人均交通通信支出1555元，比上年增长7.1%，增幅回落9.2个百分点。农村居民人均教育文化娱乐支出1175元，比上年增长9.6%，增幅上升2.9个百分点。农村居民人均医疗保健支出907元，比上年增长4.6%，增幅回落0.2个百分点。农村居民人均其他用品和服务支出305元，比上年增长25.8%。（李　君）

基层组织建设

【村民自治】　2017年，福建省完善村民自治机制。开展乡镇政府服务能力建设调研，厘清乡镇政府和村（居）民委员会、农村集体经济组织的权责边界。建立健全村党组织领导的村民自治机制，建立健全村民自治章程和村规民约，完善村民会议和村民代表会议、村务公开、民主评议等制度，发挥好基层群众性自治组织的作用。开展基层群众性自治组织特别法人统一社会信用代码赋码工作，确保村（居）委会法人主体地位。

推进农村社区建设。以示范创建为抓手，推进农村社区建设。福州市长乐区百户村、漳州市长泰县十里村、三明永安市霞鹤村、龙岩市新罗区新祠村等4个单位被民政部确定为全国首批农村幸福社区建设示范单位。省民政厅确定第2批265个村作为农村社区建设省级示范单位，全省有5487个村开展试点工作。加强造福工程安置区服务管理工作，现有和新建500户（含）以上的集中安置区（点），依法设立社区居民委员会。

开展城乡社区协商。落实《城乡社区协商基本规范》和《城乡社区协商具体制度》，明确协商内容、培育协商主体、丰富协商形式、规范协商程序，推进农村社区协商制度化、规范化和程序化。开展农村社区协商示范活动，确定农村社区129个协商示范点，通过典型示范、抓点促面，带动整体工作的开展。

强化村务监督工作。加强村务监督委员会建设，明确村务监督委员会职责，完善村务监督委员会工作机制和村务监督委员会的监督程序，防止出现监督不规范或流于形式。根据新情况新问题，探索村务监督的方式方法，强化监督成果的应用，把监督结果作为考核评价村委会工作的重要依据。

加强基层队伍建设。加大村级组织干部队伍的培训力度，于2017年11月在福州举办农村社区建设省级示范单位负责人培训班，200多名农村社区负责人参加培训。同时按照分级培训的原则，各地加强对村“两委”班子成员的培训，提高其履职能力和工作水平。

（魏金鲜）

【社区建设】　截至2017年底，福建省有城市社区2515个，其中，福州市475个，厦门市362个，漳州市318个，泉州市447个，三明市184个，莆田市122个，南平市253个，龙岩市146个，宁德市188个，平潭综合实验区20个。

总结提炼形成军门社区工作法。省市区三级对军门社区工作经验做法进行总结提炼，形成军门社区工作“13335”经验做法（坚持一个引领，即党建引领，健全政社互动、居民自治、社区共治三项机制，搭建社区工作、诉求、服务三个平台，强化队伍、设施、经费三项保障，打造安居、友爱、和谐、欢乐、幸福“五在社区”）。12月2日，民政部在福州市召开军门社区工作法研讨会。12月5日，省委、省政府出台加强和完善城乡社区治理的实施意见，要求深入总结推广军门社区工作经验做法。12月22日，省委办公厅、省政府办公厅印发军门社区工作“13335”经验做法。

举办第四届海峡两岸社区治理论坛。论坛以“多方参与，共治共享”为主题，于6月17日在厦门市举办，来自海峡两岸的社区工作者和专家学者200余人参加。两岸城乡社区工作者和专家学者围绕社区养老发展、美丽社区建设两个议题进行务实研讨；12对两岸城乡社区签订交流合作协议。（林　振）

双拥　优抚　安置

【双拥】　2017年，福建省双拥工作继续走在全国前列。在全国省（区、市）双拥办主任会议、东部战区拥军支前军地联席会议第一次会议上作经验介绍。福建省双拥模范张富英被评为“全国十大最美拥军人物”之一。

支持军队改革强军备战。全省各级各部门支持实弹演习、演训任务300多场次，投入资金13亿元支持驻闽部队基础设施、训练设施、文化设施、生产生活设施建设。省、市相继成立停止有偿服务军地协调领导小组，协助部队推进停偿工作。省政府常务会议原则通过《福建省拥军优属条例修正案（草案）》并提请省人大常委会审议。围绕驻闽部队关注、官兵关切的问题开展调研，出台《军人子女教育优待办法》的补充通知。

提升双拥创建水平。出台《关于开展新一轮全国双拥模范城（县）创建活动的实施意见》，修订《双拥模范城（县）创建命名管理办法实施细则》和《福建省双拥模范城（县）考评标准》。经省委常委会研究决定，命名77个双拥模范城（县）、表彰103个双拥模范单位和70名双拥模范个人。

开展拥政爱民活动。驻闽部队出动兵力完成“厦门会晤”安保任务。驻闽部队筹措资金5000多万元，帮扶409个乡村，帮助贫困乡村脱贫致富。继续组织驻闽部队官兵分赴龙岩长汀、上杭等地开展水土流失治理及植树造林活动。

（陈　宇）

【优抚】　2017年，福建省优抚信息化建设得到加强。建立优抚对象数据核查规范化、常态化工作机制。通过对优抚对象实时入户采集二代身份证、社保、医保、年度照片等档案信息，确保优抚对象信息材料的完整性和准确性，年度入户核查71401人。贯彻落实《福建省实施〈军人抚恤优待条例〉办法》，按时足额兑现优抚对象抚恤补助和医疗待遇。全面落实抚恤补助标准自然增长机制，各地保持不低于3%的增长幅度，地方标准均高于部颁标准。全省有优抚对象188970人，全年下达抚恤补助经费60352万元，医疗补助经费4754万元。推进烈士褒扬工作及优抚事业单位建设。2017年评定宁德市、龙岩市上报的3例4人为烈士。指导各地开展“9·30”烈士纪念日公祭活动，下达500万元用于支持县级以上烈士公祭活动场所维修改造。核对申请换补发烈士证明书信息350条，换补发烈士证明书287份。规范伤残评定工作。执行《伤残抚恤管理办法》《福建省伤残人员等级评定工作规范（试行）》有关规定，按照程序开展评残工作，全省有126名对象申报评残资料；对246名部队退役人员进行换证并完成抚恤关系转移。

（林如锦）

【安置】　2017年，福建省接收安置复退军人13584人，其中复员干部39人、自主就业退役士兵12886人，符合政府安排工作条件退役士兵648人（含转业士官637人），计划移交残疾退役士兵11人，安置率100%。全省发放自主就业退役士兵地方经济补助金3.9亿元。加强退役士兵教育培训。按照“城乡一体、省内跨区、免费培训、自愿参加”的原则，完善退役士兵职业教育和技能培训机制。2017年新组织参训退役士兵5826人。提升军供应急保障能力。全省7个军供站（福建省军供站，厦门、来舟、泉州、邵武、永安、漳平军供站）被民政部、中央军委后勤保障部评为第二批全国重点军供站。做好军休服务管理工作。全年接收安置军休干部154人、无军籍职工41人。

（林如锦）

社会福利和慈善事业

【养老服务】　截至2017年底，福建省养老机构1046个，养老床位17.8万张，每千名老年人拥有床位32.1张。

加快设施建设。以实施省委、省政府为民办实事项目为抓手，带动城乡养老设施建设，全省养老服务工程包完成投资25.84亿元，占年度任务（13亿元）的198.8%。新增养老床位1.3万张，新建635个农村幸福院、114个居家社区养老服务照料中心，改造提升307个社区居家养老服务站。

提升服务质量。养老机构服务质量建设专项行动取得阶段性进展，对纳入整治范围的649家养老机构开展整治，不合格机构整治率100%；整治不合格的基础指标7336项次，整治合格率71.11%。省级实地抽查检查养老机构80家，占11.3%，曝光33家。

完善补贴制度。落实高龄津（补）贴制度和养老服务补贴制度。新增建立养老护理补贴制度，对低保对象、计划生育特殊家庭中的完全失能老年人，按照每人每月不低于200元的标准，以老年人服务券（卡）的方式发放护理补贴。省级安排1217.85万元，专项用于2016年度非营利性养老机构一次性开办补助和床位运营补贴。

推进医养结合。全省能够以不同形式为入住老年人提供医疗卫生服务的养老机构占比51%，独立设置医疗卫生机构的有35家，养老机构内设诊所、医务室、护理站的有95家，养老机构与医疗卫生机构签订合作协议的有404家。65周岁以上老年人健康管理率超过70%。

（高予希）

【儿童福利】　2017年，福建省加强农村留守儿童关爱保护。开展《福建省农村留守儿童关爱保护办法》立法调研工作。各地普遍建立农村留守儿童关爱保护的领导协调机制和联席会议制度，制订具体实施办法。组织开展农村留守儿童“合力监护、相伴成长”关爱保护专项活动。截至12月底，全省50590名农村留守儿童、2218名无人监护及父或母无监护能力儿童全部落实监护责任。其中，30名儿童由民政部门福利机构、救助机构和村（居）民委员会实行临时监护，97名失学辍学儿童93名返学，1717名无户籍儿童1428名落实户口登记。

健全困境儿童保障制度。贯彻《福建省人民政府关于加强困境儿童保障工作的实施意见》，各地均出台具体实施办法，把困境儿童纳入困难群众基本生活保障范畴。机构供养、社会散居孤儿基本生活保障标准分别从每人每月1000元、600元提高到1500元、900元，将事实无人供养儿童和年满18周岁仍在高中（含中等职业教育）就读的孤儿纳入保障范围。

（连　峰）

【残疾人福利】　2017年，福建省做好残疾人两项补贴制度政策指导、资金发放、数据统计，惠及30.4万名困难残疾人、33.4万名重度残疾人。联合省财政厅、省残联出台《关于做好残疾人两项补贴提标工作的通知》，2018年1月起，补贴标准提高至困难残疾人生活补贴每人每月70元，一级重度残疾人护理补贴每人每月110元，二级重度残疾人护理补贴每人每月60元。

加强严重精神障碍患者救治救助。莆田市慈康医院围绕发现、管理、衔接、救助等“四难”问题，实施“一历五单”衔接机制，遏制严重精神障碍患者肇事肇祸易发态势。

推进康复辅助器具产业发展。制订

出台《福建省人民政府关于加快康复产业发展八条措施的通知》，建立福建省加快发展康复辅助器具产业厅际联席会议制度，由民政厅牵头，26个单位和部门作为成员单位。做好国家康复辅助器具产业综合创新试点申报工作，谋划建立中国海峡（连江）康复辅具产业园区，协助做好园区招商工作。（王舒凌）

【慈善事业】 2017年，福建省慈善总会募集善款21.34亿元（含物折款），比上年增长17.3%。

健全慈善政策体系。会同相关省直单位下发《关于支持慈善公益力量参与养老发展的指导意见》《关于引导和鼓励港澳台胞、海外侨胞参与慈善事业发展的意见》等文件，推动各类慈善公益力量参与养老服务业发展，引导和鼓励港澳台胞、海外侨胞参与慈善事业发展。

做好慈善项目策划。联合省级8家群团组织实施“八闽幸福养老”慈善助老公益系列活动。协调上海远大心胸医院在福建省开展“心动八闽”贫困家庭0～18岁先心病患儿免费医疗救治项目。推进慈善超市建设，指导三明市建设“邮爱民生”慈善超市，委托省慈善服务协会开展社区慈善超市试点工作。组织做好第十届“中华慈善奖”评选推荐工作，经评审推荐上报12个候选对象。

加强慈善宣传培训。举办全省慈善工作者提升扶贫攻坚能力培训班。联合省慈善总会、省广电集团开展福建省首次《中华人民共和国慈善法》电视知识竞赛。编印省内首部慈善领域工具书《聚焦慈善——福建省慈善公益组织名录和实务工作指引》。（王舒凌）

红十字会

【概况】 截至2017年底，福建省红十字会共有基层组织2880个，会员826559人，志愿者136975人。

【生命救护】 2017年，福建省贯彻省委、省政府《“健康福建2030”行动规划》，联合省卫计委在全省范围开展应急救护知识和技能进社区、进农村、进学校、进企业、进机关、进家庭的“六进”活动。全年全省举办救护师资培训班9期，培训师资400人；举办普及公益讲座1843场，受益22万人；举办救护员培训班1065期，有52597人取得救护员证，提升了应急救护知识在普通群众中的覆盖面。推动无偿献血和造血干细胞捐献工作，超额完成年度入库征募任务，全省累计库容资料7.7万人份，全年有27名志愿者成功捐献造血干细胞、累计捐献189例，是历年来实现捐献数量最多的一年，特别是其中1例为福建省首次向美国捐献造血干细胞，另外1例为中国首次向以色列捐献造血干细胞，使许多白血病患者的生命得到延续。遗体和人体器官捐献工作取得新进展，全年实现34例器官捐献，捐献大器官65个，挽救许多器官衰竭患者的生命。

【应急救援】 2017年，福建各地结合实际制订与自然灾害应急救助有关的专业预案30个，并纳入同级政府应急体系。全省红十字会启用中国红十字会灾害管理信息系统，形成“网上报灾、网下救灾”的应急工作体系。新增福州、龙岩市红十字备灾救灾仓库建成投入使用，全省红十字会设立救灾物资储备库（点）38个，仓储面积1.5万平方米，储备价值300多万元的应急用品。加强中国红十字（福建）水上救援队建设，组织或联合地震、民政、卫生等部门开展自然灾害紧急救助演练10场次，模拟台风、地震、火灾等灾害逃生救援过程。

【人道救助】 2017年，福建省各级红十字会连续第19年在元旦春节期间开展“红十字博爱送万家”活动，募集爱心款物价值1033万元，有1.45万户的贫困家庭、5.35万人受到救助。争取中国红十字基金会“小天使”项目款625.5万元，救助福建省白血病、先心病患儿202人次。省红十字会筹集红十字永生天使基金264万元，向33个捐献者困难家庭发放人道救助款156.12万元。持续开展爱心助学行动，向100名高考寒门学子发放助学金50万元。争取福建恒安集团捐赠500万元开展精准扶贫救助，组织参加“全国红十字系统首届众筹扶贫大赛”，获得大赛三等奖。

【交流交往】 2017年，福建首次邀请50名台湾大学生来闽参加人道之旅夏令营。举办第七届海峡两岸红十字博爱论坛。依据《金门协议》，配合总会做好

2017年8月2日，闽台红十字大学生人道之旅夏令营在厦门市开营

（省红十字会供稿）

海峡两岸双向遣返见证工作3批次。通过福州、厦门红十字生命救助绿色通道，协助31名患病台胞及时返乡。首次组团赴港澳红十字会开展交流活动，学习先进经验，建立交流机制。联合开展闽粤琼三省红十字水上应急救援交流演练活动，探索建立区域合作模式。

（林　东）

老区建设

【老区扶建工作机制完善】 2017年9月1日，福建省革命老区扶建领导小组全体成员会议召开。印发《福建省革命老区扶建领导小组进一步完善成员单位会议制度的通知》，进一步明确各成员单位职责和工作规则。修订《福建省革命老区发展专项资金管理办法》，规范项目申报、资金拨付、跟踪监督和绩效评价办法。

【扶持老区建设与发展】 2017年，福建省下达中央财政老区专项扶贫资金3000万元，下达省级老区发展专项资金1210万元，用于补助51个以农产品生产加工为主的老区生产性项目和补助50个革命遗址维修维护项目。下达省级革命“五老”人员生活定补经费5416万元、医疗补助经费260万元。从2017年10月1日起，革命“五老”人员生活定补从每人每月970元提高到1070元。

【老区宣传和调研工作】 2017年，福建省与新华网福建频道合作，制作发布《老区村·新长征》专题，形成涵盖所有老区村的“福建省老区村地图（网上地图）”。在《福建日报》刊发以“老区村·新长征”为主题的系列报道。办好《福建革命老区网站》，协办、联办《红土地》《滴水缘》等刊物，提高老区宣传的社会影响力。省老区办、老促会调研组从5月起，围绕福建省老区村脱贫攻坚情况开展调研，形成《关于革命老区村脱贫攻坚情况的调研报告》，提交省委、省政府参阅。

（肖　繁）

婚姻家庭

【婚姻登记】 2017年，福建省有婚姻登记机关116个，其中，市级婚姻登记机关6个，区县级婚姻登记机关85个，乡镇婚姻登记机关25个。是年，全省结婚登记300159对，补领结婚证68392对，共368551对；离婚登记90428对，补领离婚证6262对，共96690对。

【婚姻登记机关规范化建设】 根据《民政部办公厅关于做好停征婚姻和收养登记费有关工作的通知》，自2017年4月1日起，福建省停征婚姻和收养登记费。根据民政部《关于加强婚姻登记信息化建设工作的通知》要求，全省婚姻登记机关大部分完成1994年以来历史婚姻登记信息补录工作。

【婚姻登记延伸服务】 2017年，福建省推广结婚登记颁证服务，倡导“重登记、强责任、崇节俭”的现代婚俗新风。45个婚姻登记机关开设“婚姻家庭辅导室”，为7300对离婚当事人排忧释疑、贴心服务，调解家庭纠纷2300例。特别是长泰县为426对离婚当事人服务，成功劝和146对，调解率34%。

【家庭文明建设】 2017年，福建省常态化开展第四轮寻找“最美家庭”活动，25户家庭获评全国“最美家庭”，100户家庭获评全省“最美家庭”。开展现代家书家信、社会主义核心价值观进家庭优秀案例征集活动。在主流媒体开设宣传专栏，与全国妇联联合在尤溪举办“梦想启航——中国好家庭好家风巡讲活动”走进福建专场，线上线下30多万名干部群众同步收看。

【家庭教育】 2017年，福建省实施家庭教育新一轮五年规划，推进家庭教育社会化、专业化、网络化。举办2300多场次省、市、县、乡、村（居）家庭教育公益大讲堂，组织百场“好家风好家训好家教进基层巡讲”，受益家长近30万人次。举办全省家庭教育骨干研修班，选举产生省家庭教育研究会新一届理事会。发挥网上家长学校、“好父母训练营”微课群等平台作用，开展线上家庭教育宣传和家庭亲子阅读活动。以“家风与家教——现代家庭教育发展与中华优秀传统文化传承”为主题，举办海峡两岸家庭教育高峰论坛，加强两岸家庭教育互学互鉴。

【家庭服务和关爱】 2017年，福建省妇女儿童活动中心加挂“省妇联家庭关爱服务中心”牌子，建设完善家政信息平台、闽姐姐家政公益线上培训平台，打通服务家庭“最后一公里”。总结推广柘荣县妇联关爱留守儿童“133”工作模式，协助开展农村留守儿童“合力监护、相伴成长”关爱保护专项行动。举办第三届“为爱奔跑·母亲健康1+1”公益募捐活动，募集救助金1043.76万元，发放救助金979.95万元，救助2996名“两癌”贫困妇女。实施“春蕾计划”，募集春蕾助学金217.9万元，资助贫困儿童1652人。近千户爱心家庭参与“百万家庭亲情一线牵”为新疆儿童编织毛衣活动。做好中国儿童少年基金会300万元捐赠物资接收分配和42个省级“儿童快乐家园”项目后续资助工作。

（连　峰　马梦晓）

老龄事业

【养老保障】 2017年，福建省制订《福建省职业年金基金管理实施办法》。实施全民参保计划，扩大基本养老保险覆盖范围，基本建成全民参保登记基础数据库。至年底，全省基本养老保险参保人数2515.81万人，比上年增加58.84万人。全省参加机关事业单位养老保险138.72万人。其中，参保在职职工92.61万人，参保离退休人员46.11万人。全省缴纳职业年金的人数92.61万人，职业年金基金累计结余93.25亿元。全省参加企业职工基本养老保险人数883.35万人。其中，参保在职职工747.44万人，参保离退休人员135.91万人。按照总体上调幅度5.5%左右的标准，全省企业退休职工月人均增加养老金135.54元，调整后月人均养老金2460.62元，比上年增加101.62元。全省城乡居民养老保险参保人数1493.74万人，比上年增加4.63万人，参保率97.96%。2017年，省级（含中央）财政共筹集补助资金39.75亿元，为全省446.27万名60周岁以上的老年居民发放每月不低于100元的基础养老金。此外，全省有242.5万人纳入被征地农民养老保障制度，其中有83.48万人领取被征地农民养老保障金，月人均210元。老年人社会救助方面。到2017年底，全省有老年人特困供养对象50428人，占特困供养对象总数的70.8%。其中，城市特困供养标准15216元/年，农村特困供养标准13560元/年。全省有60周岁以上老年人低保对象132378人，占全省低保对象总数的29%。其中，城市老年人低保对象16560人、占城市低保对象总数的24%，城市低保生活保障标准为家庭人均7080元/年、比上年度增加900元；农村老年人低保对象115818人，占农村低保对象总数的30%，农村最低生活保障标准为家庭人均5054元/年。

【医疗保障】 福建省全年参加城镇职工基本医疗保险819.34万人，比上年增加27.22万人，其中，退休人员155.09万人。全省职工政策范围内统筹基金住院费用支付比例稳定在81.47%以上。全省参加城乡居民基本医疗保险2949.27万人，其中，老年居民483.66万人。筹资标准为每人每年600～650元，其中，个人缴费150～180元，政府补助不低于450元。政策范围内统筹基金住院费用支付比例稳定在62%以上。到年底，全省有老年医院5家，开设老年科室的医院55家。同时，针对97%的居家养老和社区养老群体，通过深化基层医疗卫生机构管理体制、补偿机制、药品供应、人事分配等方面综合改革，提升基层医疗机构的卫生服务能力。开展主要对象以高血压、糖尿病等慢性病患者和老年人等特殊群体的家庭医生签约服务，为老年人提供便捷的基本医疗服务和国家规定的免费基本公共卫生服务，以及健康咨询评估等服务。至年底，全省建立并管理65周岁及以上老年人健康档案319.01万份，高血压、糖尿病患者健康规范化管理率分别为77.5%和73.6%，全年为老年人开展免年费健康体检227.39万人次。同时，推进医疗保障异地就医结算建设，建立全省统一的医疗保障异地就医结算系统，与全国所有省份互联互通。全省有157家医疗机构对接全国异地结算系统，实现对接省外8485家医疗机构。在签约备案的医疗机构实现即时结算，对符合条件的跨省就医参保患者全面实现直接结报。同时，实现省本级省内异地就医购药即时刷卡结算，各设区市参保人员备案后省内异地就医即时结算。此外，福建省还以引导性项目、软科学项目和自然科学基金项目等各类科技计划项目为支持，开展“老年慢性病患者社区—居家护理适宜技术研究”“闽台养老服务业跨界金融与包容性发展研究”“基于PPP模式的福建省城乡社区居家养老服务设施规划布点友华研究”等8个项目的老年人身心健康科研。

【养老服务】 2017年，中共福建省委召开的十届三次会议研究养老事业发展议题，在全国尚属首例。省政府召开全省养老工作会议部署养老补短板工作。省委、省政府出台《关于加快养老事业发展的实施意见》，明确按照保基本、托底线、补短板、调结构、惠老年的要求，加快实施居家社区养老服务、机构养老服务、兜底保障、医养结合、精神关爱、智慧养老、养老产业培育、养老服务队伍建设等“八大工程”的建设目标，全省新供应养老服务设施用地30.55公顷。居家养老方面。省政府办公厅印发《关于加快推进居家社区养老服务十条措施的通知》。全年全省新建100个社区老年人日间照料中心和300个农村幸福院。在实现每个城市社区建立一个居家养老服务站的基础上，建设196所居家社区养老服务照料中心、34个社区老年人日间照料中心，覆盖全省38.6%的街道和中心城区乡镇。此外，全省有农村居家养老服务站、农村幸福院等养老服务设施6685所，农村养老服务设施覆盖率47%。至年底，全省所有县（市、区）均落地居家社区养老服务专业化服务组织，有160余家。机构养老方面，省政府办公厅出台《关于进一步促进养老机构健康发展十条措施的通知》。全省有养老机构1046家，其中，公办养老机构710家，民办养老机构336家（公办民营109家）。全省拥有各类养老床位17.8万张，每千名老年人拥有床位32张。医养结合方面。出台《关于推进医疗卫生与养老服务相结合的实施意见》和《福建省卫生计生委深化“放管服”改革激发卫生计生领域活力实施方案》，取消养老机构内设诊所的设置审批，实行备案制；鼓励养老机构根据不同规模和实际需求，开办老年医院、康复医院、护理院、中医医院和临终关怀医院等医疗机构，或内设医务室或护理站。到年底，全省医疗机构设立老年护理院2家，老年康复医院4家，医养结合机构（兼具医疗与养老资质的机构）71家，纳入医保定点单位的38家。全省养老机构独立设置医疗卫生机构的有35家，养老机构内设诊所、医务室、护理站的有95家，养老机构与医疗卫生机构签订合作协议的有404家，全省能够以不同形式为入住老人提供医疗卫生服务的养老机构占比达51%。养老服务人才方面，2008—2017年底，全省开展养老护理员职业资格鉴定26877人次，有25852人次获得职业资格证书。其中，初级工2867人、中级工18516人、高级工及以上4469人。全省有各类养老服务管理人员4012人、护理服务人员6341人。到2017年底，全省有7所本科高校、17所高职院校、35所中职学校开设与老年护理或管理相关的专业，在校学生2.51万人。其中，本科高校0.36万人、职业院校2.15万人。2017年向社会输送0.75万名相关专业学员。

【涉老保险】 2017年，省政府办公厅出台《关于加快发展商业养老保险的实施意见》。全省（不含厦门）各类保险公司共有涉老保险产品32个，比上年增加10个。全省购买保险的老年人269080人次，累计销售保单46123单，累计保费6721.84万元，当年获得理赔529人，理赔总金额2718万元。其中，各类保险公司销售老年人意外伤害保险26828份，保费总额1188万元，为249412名老人提供65亿元意外伤害保障，当年获得理赔296人，理赔总金额161万元。各类保险公司累计承保91笔养老机构责任险，支付赔款57.42万元。

【老年权益】 2017年，福建省第十二届人民代表大会第五次会议高票通过《福建省老年人权益保障条例》，于3月1日起施行，这是福建省首部由人代会审议通过的实体性地方法规。条例中，独生子女“带薪护理假”的规定，为地方立法首创，引起社会舆论的广泛关注，全社会好评如潮，成为当年全国地方最受关注的老龄新闻事件。2017年，省人大常委会开展老年人权益保障工作调研2次，开展老年人权益保障工作督查1次；全省司法部门有普法宣传教育队伍127支、队员1076名，开展《中华人民共和国老年人权益保障法》和《福建省老年人权益保障条例》普法宣传教育活动485场次。全省受理涉老诉讼案件61629件，其中，刑事案2145件、民事案55158件（含赡养纠纷案249件）、行政案4326件。全年为生活困难老年人减免、缓交诉讼费案21件，累计免交、缓交诉讼费9218元。全省司法部门受理老年人法律援助案2022件，获得法律援助的老年人2022名。全省公安机关受理侵害老年人人身权案816件，侵害老年人财产权案6632件；破获受害者为70岁以上老年人的刑事案件1881件，其中，虚假信息诈骗案件247件、故意伤害案件118件。全省老龄办系统接待老年人信访6063人次，办结5892人次，办结率97.18%。

【敬老优待】 2017年，全省发放《福建省老年人优待证》17.22万张。其中，60～69周岁老年人优待证7.31万张，70周岁及以上老年人优待证9.91万张。已开通城市公交线路的所有县（市、区）均落实70周岁及以上老年人免费乘坐市内公交车优待（其中，厦门市、晋江市、大田县、尤溪县将免费乘公交车优待年龄降低到65周岁，泉港区、安溪县降低到60周岁，泉州其余各县区、华安县实行60～69周岁老年人乘公交车半价的优待）。福州地铁对70周岁及以上老年人实行错峰免票优待，厦门地铁对65周岁及以上老年人实行免票优待（早、晚高峰实行半价优待）。2017年，全省老年人享受免费（优惠）乘坐城市公交、地铁约9700万人次，累计减免交通费1.26亿元。此外，全省公共汽车、轨道交通等公共交通工具设置老年人专用座椅率20%。到2017年末，全省所有280个A级旅游景区（点）均向70周岁及以上老年人实行首道门免票优待，其中有AAAAA级景区9个。全省有960个城市公园，其中有8个收费公园（主要为动物园）均向老年人免费或优惠开放。全省84个县（市、区）均落实高龄津贴制度。其中，落实70周岁及以上高龄津贴制度的区1个，落实80周岁及以上高龄津贴制度的县（市、区）75个（含泉州市台商投资区），落实90周岁及以上高龄津贴制度的县（市、区）9个。从2015年1月起，福建省建立80周岁以上低保老年人高龄补贴制度，2017年为28265名高龄低保老年人发放每人每年1200元的高龄补贴。全省所有县（市、区）均建立百岁老人长寿营养补贴制度。其中，每人每月补贴1100元的有6个、1000元的1个、900元的1个、800元的1个、500元的7个、400元的2个、350元的6个、300元的43个（含泉州市台商投资区）、200元的18个。在老年节期间，各级政府均为百岁老人发放数额不等的慰问金，其中省政府为每位百岁老人发放1000元。此外，全省有3238个村（居）建立老年人固定生活补贴制度，受惠老人51万人；继续为全省17.7万名重点优抚对象老人发放补助金，其中革命“五老”人员3767名。

【老年文体】 到2017年末，全省出版涉老图书379种，共计179万册。全省有老年合唱团体260个，参加老年人1.3万人。全省有相对固定的激情广场群众性文化活动点2000多处，经常参加活动的老年文化队伍1万支、约10万人。2017年，全省组织老年人文化艺术活动30场次，开展闽台老年文化交流15场次，参加老年人1.5万人次。到2017年末，全省创办各类老年大学（学校）5397所。其中，省级1所、设区市10所、县（市、区）级85所、乡镇（街道）级620所、村（居）级4660所、部队1所、企事业单位20所。全省累计在校学员60.66万人，占全省老年人口总数的10.93%。2017年，全省各级体彩公益金投入老年体育场所建设资金1.47亿元（其中，省级投入3277万元），新建或修缮老年人体育活动场所598处，面积62.9万平方米。至年底，全省拥有老年人健身活动中心（室）10377座（间），比上年新增798座（间）；老年体育活动场地27139处，新增7813处。20人以上纳凉点3.8万余处，新增2170处。全省有77.25%的县（市、区）建有老年人活动中心，78.53%的乡镇（街道）和58.6%的村（社区）建设老年文体中心（室）及活动场地；88.1%的机关、事业单位建有离退休人员文体活动中心（室）。全年经常参加体育锻炼的老年人口340万人，占全省经常参加体育锻炼居民的61.26%。2017年，全省组织老年体育活动14872场次，参与活动的老年人298.3万人次。

【老龄服务】 2017年，有30多家中央、境外和省市主要媒体共刊发福建省老龄原创报道400多条，百度搜索关键词显示相关信息35.7万个，覆盖报纸、广播、电视、网络、微信、微博、新闻客户端等全媒体平台。其中，省主要媒体刊播老龄原创新闻报道140余条，全省通信企业发送尊老敬老公益信息219.5万条。全省有5类精神文明测评设置与老龄事业发展相关的考核指标，具体项目有省级文明城区、省级文明县城、省级文明村镇、省级文明单位、省级文明校园、省级文明城市（设区市级、县区级）、省级文明社区、省级文明行业。2017年，评选的福建身边好人、中国好人、省级道德模范中有老年人31人，占获奖总数的16%。全年开展“孝亲敬老”类评选2项，表彰7人。全省文明办系统组织开展为老服务11万次，志愿者服务队伍500多支，注册为老服务志愿者3.2万人，受益老年人7万人次。全省共青团组织开展为老志愿服务1868次，参与志愿服务人数41673人，服务老年人10万余人次。全省妇联组织开展为老志愿服务177次，参与人数3380人，服务老年人2500名。全省还有中老年妇女志愿者队伍1800支，人数5万余人。

【老年党建】 到2017年末，全省有离退休干部党委119个，离退休干部党总支167个，离休干部单独成立党支部86个，退休干部单独成立党支部1246个，离休干部和退休干部合编党支部1500个，社区离退休干部党支部533个。全省有离退休党员251553人。其中，离休党员6596人，退休党员244957人。

【老年群团】 到2017年末，全省有基层老年协会14670个，会员223.5万人。其中，乡镇（街道）老年协会1013个、22.8万人，城市社区老年协会2261个、51万人，农村社区老年协会11396个、149.7万人。有规范化基层老年协会5633个，规范化建设率为38.4%。全省有老年体育协会组织17573个，会员298.2万人。其中，省、设区市及行业系统18个，县（市、区）级108个，乡镇（街道）和村（居）老年体育协会13926个，机关、企事业单位3521个。全省有各级关心下一代工作委员会组织34551个，在关心下一代委员会中发挥余热的老年人约42万人。2017年，各级关心下一代工作委员会累计开展关心帮扶工作20777次，关心帮扶少年儿童20.3万人次，赠送图书等各类实物11.3万件，发放慰问金1.99亿元。

【社会管理】 到2017年末，全省企业退休人员进入社会化管理人数131.58万人，社会化管理率96.81%。其中，纳入社区管理的人员114.3万人，社区化管理率84.1%。 （颜全驰）

地名 界线

【地名管理】 2017年，福建省基本完成地名普查工作。全省采集地名信息463269条，并对1064条不规范地名进行标准化处理。建设县级地名数据库84个，编辑图录典志8种。争取中央补助资金1914万元，全部下拨普查县（市、区）。

落实地名文化遗产保护工作。沙县、建阳区获批“中国地名文化遗产千年古县”。挖掘地名文化资源、保护地名遗产，组织全省各地收集一批“千年古县（镇、村落）”地名，形成《福建省地名文化遗产名录》，并向有关省直单位征求意见。

转化普查成果。在全国率先出台省级地方标准——《人文地理实体地名通名使用规范》（DB35/T1644—2017）。编辑福建省《中华人民共和国标准地名词典（福建省）》词目表，收录词条3420条，第一批通过编写组审核。编制出版《福建省政区图》，同时指导各地结合实际，编制各具特色的地名图、录、典、志等。联合省公安厅在全省开展地址清理及二维码门牌换发工作，清理采集标准地址2090万余条，新增地址1428万条，注销、修改地址2837万条，换发安装二维码门牌947万面，基本解决历史遗留的错、漏问题。

（彭艺来）

【界线管理】 2017年，福建省完成1条省级（浙闽线）、21条县级和130条乡级界线联检任务，如期完成界线联检五年工作计划。组织开展边界纠纷隐患排查活动，完善应急处置预案，及时处理矛盾隐患，全省没有发生因界线实地位置认定不一致引发的纠纷。开展平安边界创建考评活动，福建省平安边界创建考评连续多年被民政部评为满分。组织开展市间、市内县级平安边界共建协议签订活动，全省192条县级界线全部签订平安边界共建协议书。 （周希妍）

殡葬管理

【殡葬改革】 2017年，福建省实行全境火化，全省火化率99.8%，居全国前列。出台《关于推行节地生态安葬的实施意见》，全省节地生态安葬率71.7%。确定厦门市、平和县作为全国殡葬综合改革试点单位。移风易俗、墓地生态整治工作持续开展。福州市举办“移风易俗进村居”活动，莆田市对未经审批公墓、违建豪华墓进行集中整改，宁德市殡改绩效考核机制实现常态化、长效化。

【公益性殡葬设施建设】 2017年，福建批准石狮市新建城市公益性公墓，指导南平市武夷新区、建阳区、邵武市筹建城市公益性公墓。安排144万元专项资金支持沙县、泰宁县、政和县、漳平市和福鼎市殡仪馆对基础设施设备进行改造更新。

【惠民殡葬均等化水平提升】 2017年，福建省各地因地制宜扩大惠民殡葬覆盖范围，适度拓宽惠民殡葬项目。28个县（市、区）免除本辖区户籍城乡居民的殡葬基本费用，推动惠民殡葬从救助型向适度普惠型转变。 （连 峰）

社会组织管理

【概况】 截至2017年底，福建省经民政部门登记的社会组织 28469 个，其中，社会团体 17397 个、民办非企业单位 10763 个、基金会 309 个。

【行业协会、商会脱钩】 2017 年，福建省按照“五分离，五规范”要求，在基本完成第一批试点单位 105 个省级行业协会、商会脱钩工作基础上，继续开展第二批试点单位 139 个省级行业协会、商会脱钩工作。注重加大对各地指导力度，会同省委组织部、省发改委等单位进行督查，整体推进全省脱钩工作，得到中央专题调研组肯定。开展省级行业协会、商会专题调研工作，通过实地调研行业协会、商会，了解其发展现状、脱钩后如何转型、发展过程中面临的困难问题等情况，为培育扶持提供依据。

【社会组织发展环境】 2017 年，福建省注重对社会组织进行资金扶持，实施 2017 年中央财政支持社会组织参与社会服务项目 11 个，计资金 479 万元；实施 2017 年省财政支持社会组织参与社会服务项目 29 个，计 470 万元。注重以信息化提升服务水平，启动社会组织信息化二期建设，设立慈善信息网，开设“福建社会组织”微官网和微信公众号，运行社会组织网上年检系统。

社会组织依法管理更加有力。约谈 57 个省级社会组织负责人。双随机抽查 120 个省级社会组织。通告 192 个符合撤销条件的省级社会组织。针对社会组织未按期换届、期末净资产不足等情况，发出 41 份整改通知书责令限期整改。评估省级社会组织 60 个，获评 AAAAA 级 16 个、AAAA 级 19 个、AAA 级 25 个。推进社会组织信用体系建设，完成全省社会组织存量代码转换和省级新增信用代码公示工作。收集核对全省社会组织基本信息，报送民政部校验导入全国社会组织统一社会信用代码信息系统。福建省被列入全国第一批部署系统的省份之一，通过纠正校验，正确导入、新增登记社会组织信息计 2.8 万条。

（李锋华）

民族事务

【民族政策措施制订】 2017 年 5 月 9 日，《福建省人民政府关于贯彻国务院“十三五”促进民族地区和人口较少民族发展规划的实施意见》印发实施。实施意见共 7 个部分，从明确指导思想和工作目标、加快民族乡村全面建成小康社会步伐、保护发展少数民族特色村寨、不断推进民族团结进步事业、加强少数民族人才队伍建设、明确责任强化组织实施等方面，提出一系列支持全省少数民族和民族地区发展的政策措施。

【民族乡村经济社会发展】 2017 年，福建省继续开展挂钩帮扶民族乡工作。全省各挂钩帮扶单位和各级财政投入帮扶资金 8241 万元，扶持项目 96 个，拉动社会资金投入 4.48 亿元。继续开展精准脱贫工作，将全省少数民族年人均可支配收入低于 4500 元的 23 个少数民族贫困村全部纳入全省整村推进扶贫开发实施范围，每村 20 万元。落实民族乡村差别化支持政策，全年下达省级少数民族补助资金 1800 万元和中央少数民族发展资金 3920 万元，支持 23 个省级扶贫开发工作重点县中的 148 个民族村和 23 个少数民族贫困村。扶持民族乡村发展现代农业、农副产品加工业、民族手工业、旅游业等特色产业，支持农民合作组织。青水、霍口和官畲等 20 个民族乡村旅游产业登上“清新福建”2017 新晋品牌红榜。开展人口 200 人以上少数民族自然村相关资料统计。据初步统计，2017 年全省 19 个民族乡农村经济总收入 180.58 亿元，比上年增长 8.8%；民族乡农民人均纯收入 15637.4 元，增长 10.3%，其中，少数民族农民人均纯收入 14196 元，增长 10.8%。民族乡主要经济指标连续 6 年超过全省平均增长速度。实施特色村寨建设，推进第三批 47 个少数民族特色村寨的保护与建设，全年下达资金 2155 万元，支持民族乡村依托特色村寨、特色文化资源发展旅游等产业。继续实施少数民族“造福工程”搬迁工作，全省有少数民族人口 7227 人列入省级造福工程搬迁对象，落实少数民族叠加补助资金 722.7 万元。继续扶持人口较少民族发展，全年下达国家扶持人口较少民族发展资金 175 万元，用于扶持到户和集体性项目发展。福建省发改委下达中央预算内投资资金 690 万元，扶持华安县仙都镇云山村、下林村、送坑村、大地村和平和县小溪镇坑里村等高山族聚居村的公益性基础设施建设。

【少数民族教育文体事业】 2017 年，福建省教育厅公布全省中小学创建中华优秀文化艺术传承学校入围名单 112 所，宁德市民族中学、霞浦县民族小学、宁德市蕉城区民族实验小学、永安市民族中学等 4 所民族中小学位列其中。继续在福建农林大学、集美大学、福建工程学院、闽江学院、宁德师范学院 5 所高校举办民族预科班，招收少数民族学生 374 名；继续在宁德师范学院和福建卫生职业技术学院举办民族班，招收 39 名。从 2017 年开始，少数民族农村考生享受高校单独招生政策。1 月 11 日，省政府印发《关于公布第五批省级非物质文化遗产代表性项目名录的通知》，新增 5 项省级少数民族非遗项目名录。其中，畲族民间舞蹈（龙头舞、铃刀舞、猎捕舞）和畲族斗笠制作技艺入选第五批省级非物质文化遗产代表性项目名录，畲族武术（福安金斗洋畲族拳）、畲族乌饭制作技艺（福安）以及畲族服饰（霞浦）入选第一批至第四批省级非物质文化遗产代表性项目名录扩展项目名录。2 月 27 日，中华一家亲·“二月二”（福鼎双华）会亲节暨佳阳第二届农旅文化节在福鼎市佳阳乡双华村举办，集中展示畲族传统的对歌、畲族婚礼、畲族服饰、畲族提线木偶、畲族特色美食、畲族传统工艺等传统习俗。7 月 8—11 日，第二届全国少数民族优秀舞蹈作品展演在内蒙古呼和浩特市举办。福建省华安县高山族表演队表演的高山族传统舞蹈《竿球》是福建省唯一入选的舞蹈作品，也是全国唯一入选的高山族舞蹈作品。设立福州市民族中学蹴球、陀螺训练基地，厦门集美大学体育学院武术、高脚竞速、板鞋竞速训练基地，漳州市华安县高山族表演队表演项目训练基地，泉州市安溪县官桥镇善坛畲族村射弩基地等12个省级少数民族传统体育项目训练基地。8月23日，第九届全省少数民族传统体育运动会选拔赛在霞浦县民族中学举行，比赛设蹴球、射弩、陀螺、武术、高脚竞速、板鞋竞速6个项目，4个县市、5个代表队、近60名运动员参赛。9月19—21日，泉州师院体育学院、宁德市民族中学共同组成的福建省代表队参加在广西民族师范学院举行的2017年“民体杯”全国板鞋竞速比赛，取得女子2×100米接力项目1个二等奖，以及男子60米、男子100米、女子100米、男女4×100米混合接力等项目4个三等奖。11月23—24日，霞浦民族中学陀螺队代表福建省参加在贵州省荔波县举行的“2017年民体杯全国陀螺比赛”，获得竞技陀螺女子团体一等奖（第一名）、女子单打二等奖（第二名）、男子团体三等奖。

2017年3月30日，中华一家亲·2017海峡两岸各民族欢度“三月三”节暨福建省第六届“三月三”畲族文化节、第十届海峡两岸少数民族丰收节在福州市连江县举行。图为台湾原声文化艺术团表演民俗节目《伊娜阿祃奥》

（省民宗厅供稿）

【民族团结进步创建活动】 2017年8月12日，福建省畲家企业商会“凤凰计划”济困助学金发放暨捐赠仪式在福州举行，发放助学金30万元，受助畲族困难学生60名，并向全省民族系统、民族乡村捐赠《畲族源流研究》书籍1100册。8月30日，省委宣传部、省委统战部、省民宗厅开展以“中华民族一家亲，同心共筑中国梦”为主题的民族团结进步宣传月活动，有近30万人参与“学习贯彻十九大精神、民族政策知识竞答”网络宣传活动。12月26日，国家民委印发《关于命名第五批全国民族团结进步创建示范区（单位）的决定》，宁德福安市、永安市青水畲族乡、厦门市思明区前埔南社区被命名为第五批全国民族团结进步创建活动示范区（单位）。

【闽台少数民族交流交往】 2017年5月26日，国家民委、国台办同意在福建省连江县设立海峡两岸少数民族交流与合作基地。这是继漳浦县、福鼎市后，福建省第三个经国家民委、国台办批准的“海峡两岸少数民族交流与合作基地”。11月8—10日，省民宗厅、省茶叶学会在宁德市举办2017海峡两岸少数民族茶产业交流会，海峡两岸的少数民族茶农、企业代表以及茶叶评审专家等参加活动，其中，来自台湾地区阿里山的代表17人。12月8日，首届海峡两岸少数民族青年创新创业交流活动在连江举办，来自国家民委港澳台办、福建省委统战部、福建省民宗厅、福州市和连江县领导和海峡两岸少数民族青年创业代表、中国台湾盘氏宗亲会代表、首次来福建的少数民族代表以及民族乡村群众300多人参加。3月29—31日，中华一家亲·2017海峡两岸各民族欢度“三月三”节暨福建省第六届“三月三”畲族文化节、第十届海峡两岸少数民族丰收节在连江县举办。（郑　铤）

宗教事务

【宗教政策学习贯彻与培训】 2017年，中央统一战线工作领导小组对福建省贯彻落实中央关于宗教工作重大决策部署开展调研检查。选派49名干部参加国家宗教局学习培训，举办全省民族宗教局长和全省分管民族宗教工作党政领导培训班，198名分管领导、民族宗教局长参训，举办8期宗教界人士培训班，全省各宗教团体和重点寺观教堂负责人得到培训教育。全省各级民族宗教部门和宗教界举办《宗教事务条例》专题培训148班次，1.3万人次受训。举办“互联网+宗教事务”福州论坛，260余名专家学者、宗教工作干部、宗教界人士和新闻媒体代表参加研讨。省民宗厅在“今日头条”建立“福建民族宗教”政务号。

【宗教界发展建设】 2017年，福建省佛教协会完成换届。首次建立全省性宗教团体联席会议制度，召开成立大会暨第一次会议。天主教闽东教区主教府建设完成土建工程，厦门教区主教府建设完成招投标。省基督教两会举办中国首次基督教中国化原创圣乐优秀作品音乐会。福建神学院推动基督教中国化理念入课堂的做法在全国宗教院校工作座谈会上作典型发言。福建佛学院（男、女众部）、福建神学院、海峡道教学院（筹）宗教教育用地建设均取得突破性进展。莆田申办第五届世界佛教论坛获国务院正式批复。

【宗教交流活动】 2017年，福建省举

办“海丝佛教论坛——纪念宏船老和尚赴新加坡弘法80周年”系列活动和2017年中国大红袍国际禅茶文化节，增进与东南亚国家及世界各地佛教法谊。闽南佛学院在泰国摩诃朱拉隆功大学、斯里兰卡佩拉德尼亚大学、印度尼西亚雅加达西禅寺、新加坡竹林寺、加拿大湛山精舍、美国纽约西方寺等地成立6个校友会海外分会。组织毕业学僧开展“重走海上丝绸之路”活动，对泰国、新加坡、马来西亚、印度尼西亚、斯里兰卡等五国的寺院古迹及佛教院校等进行参访交流。省民宗厅代表团赴澳门、香港参加“佛诞2561年嘉年华浴佛法会暨澳门佛教总会成立20周年庆典”“香港佛教联合会庆祝香港回归20周年系列纪念”等活动，加强与港澳佛教界代表人士的联系。省道教协会赴中国台湾、新加坡，省基督教两会赴马来西亚交流访问。伊斯兰教界服务“厦门会晤”及“中国—小岛屿国家海洋部长圆桌会议”获得各方好评。（高　静）

库区移民

【概况】 2017年，福建省完成大中型水利水电工程、小型水库工程、防洪防潮及引调水工程建设征地移民搬迁安置2.82万人。投入移民资金12.64亿元，为近49万名大中型水库直补移民发放直补资金2.79亿元；在移民村实施后期扶持扶助项目1220个，移民人均可支配收入达15185元，比上年增长10.1％。

【移民搬迁安置】 截至2017年底，福建省拟建、在建水利水电工程项目122个，省移民开发局推进移民搬迁安置工作。

移民安置补偿政策。对8个拟建水利水电项目建设征地补偿由按统一年产值和区片综合地价相结合的补偿方式调整为全面实行征地区片综合地价补偿方式。修订《福建省水利水电工程移民建房困难户认定及基本用房复建补助办法》，把农村移民人均居住面积由原来的25平方米提高到35平方米；把困难补助对象由原来的经当地民政部门核定在册的农村移民低保户、五保户或丧失劳动力等低收入移民家庭调整为经公示无异议、生活较为困难的移民户。统筹考虑工程建设区、水库淹没影响区和移民安置区影响人口生产生活问题，把漳浦朝阳水库蓄水影响区过于分散居住、民生社会事业设施受到重大影响的4个自然村的600余人纳入移民安置规划，统一搬迁到集镇规划区予以妥善安置。

移民安置规划编制。把听取移民群众意见作为移民安置规划编制的刚性门槛。把安置点选择与新型城镇化、生态省建设、城乡公共服务均等化等布局要求有机结合起来，高起点规划，高标准建设。因地制宜采取二三产业安置、置业安置、货币补偿等多元安置方式。

移民安置规划实施管理方面。在前期工作阶段，指导项目法人、设计单位做好8个水利工程项目的移民安置规划编制工作，完成7个水利工程项目的移民安置规划审核工作。在规划实施阶段，完成在建大中型水利水电工程、小型水库工程和防洪防潮及引调水工程生活安置移民0.93万人、生产安置移民1.89万人。在安置验收阶段，完成3个水利工程项目导（截）流阶段移民安置验收工作、4个水利工程项目下闸蓄水阶段移民安置验收工作、1个水利工程项目移民安置竣工验收工作。

移民安置监管。对全省33个大中型水利水电工程、50个小型水库工程、39个防洪防潮及引调水工程项目建设征地移民安置工作开展集中专项督导。采取驻点跟踪等方式对13个在建的重大水利水电工程项目建设征地移民安置进度、质量、资金等进行监督评估。每季度对122个在建、拟建水利水电工程项目建设征地移民安置情况进行分析通报。

【移民后期扶持】 2017年，在福建省库区实施“五大工程”，改善库区民生。

实施移民致富增收工程。投入移民资金2.69亿元，在9个县（市、区）购置商业店面4793平方米，在13个县（市、区）建设移民商贸创业园、工业创业园、旅游创业园6.34万平方米，在3个县建设种植大棚7.52万平方米，在56个县（市、区）修建改建生产区道路213千米，在4个县（区）建设生产码头7座。

实施库区美丽家园建设工程。投入移民资金2.31亿元，对移民人数较多的100个移民村，整村推进环境综合整治工作；对移民人数较少的442个移民村，按照什么问题突出解决什么问题的原则实行单项治理；对10个库区移民乡镇开展特色小镇建设。

实施移民就业创业帮扶工程。投入移民资金2463.65万元，为1200户移民提供创业小额贷款贴息702万元，带动贷款1.19亿元；举办电子商务、家政服务、生态养殖等各类实用技术和技能培训班122期，培训移民8080人次；以福建工程移民职业技术学校为平台，招收200多名移民及移民子女开展招生即招工、入校即入厂、校企联合培养工作，发放移民助学补助资金47.2万元。

实施移民脱贫解困工程。对全省列入扶贫部门建档立卡的3542名贫困移民开展脱贫帮扶。2017年，帮助1968名贫困移民实现脱贫，占核定数的55.56％。筹措资金2.21亿元，采取搬迁安置、完善设施、产业扶持、培训就业等系列措施，对全省11个县（市、区）的1636户5732名居住在地质灾害易发区域、生存条件恶劣不搬迁难以摆脱困境的特殊困难移民进行帮扶，完成建购房1600户5607人，占计划数的97.82％。投入扶助资金5500万元，在63个县（市、区）的196个小型水库移民村实施项目235个，受益人口19.55万人。

实施库区基础设施配套工程。投入移民资金5609.32万元，建设、改造移民村文化室21个3287平方米；在303个移民建制村实施平安库区视频监控系统项目289个，安装监控探头近6000个；在76个移民村安装LED全彩显示屏101面；建设移民村停车场2.33万平方米。

【移民资金和项目监管】 2017年，福建省移民开发局推进“放管服”改革，强化移民资金和项目事中事后的监管。

机制创新。对拟列入年度计划的项目，如当年不具备实施条件、责任主体不明确的，严格予以剔除；对2015年及以前年度项目尚未实施完成的移民村，暂停安排2017年度项目。2017年起，后期扶持工程类项目责任主体原则上由乡镇政府担任。对平安库区视频监控系统、阳光库区LED全彩显示屏等项目，由设区市移民管理机构统一组织委托招投标。

监督管理。对19个县（市、区）的库区资产型生产开发项目、11个县（市、区）的移民避险解困项目实施管理情况进行专项检查。对26个县（市、区）后期扶持扶助政策实施管理情况开展稽查，对38个县（市、区）稽查问题整改情况进行“回头看”，审查审核移民资金10.78亿元。对9个设区市本级2014—2016年度移民资金管理使用情况，对47个移民村环境综合整治项目资金使用管理情况开展内部审计，审查审核移民资金4.12亿元。对2016年度中央水库移民后期扶持基金、大中型水库库区基金和小型水库移民扶助基金使用管理情况进行绩效自评，水利部检查组对自评情况进行现场复核后，评价为优秀。

制度建设。出台《阳光库区LED全彩显示屏和视频监控系统项目实施流程》《福建省库区生产开发项目出租程序》《福建省大中型水库移民创业小额贷款贴息管理办法》，印发《关于开展大中型水库移民后期扶持资金绩效评价工作的通知》等政策性文件。

优化服务。举办移民安置管理、项目管理、资金管理等培训班28期，培训移民干部750多人次。清理整合移民管理机构权力清单、公共服务事项清单、责任清单，形成“权责清单”。发挥“福建省水利水电工程移民网”和“福建省水库移民后期扶持管理信息系统”在线服务作用，促进政务全流程电子化。 （郭正福）

灾害事故

【自然灾害】 2017年，福建省经历4次寒潮、8个台风（2个登陆）、12次高温、14次强对流、21场暴雨过程和夏秋气象干旱。主要天气气候特点：冬季气温异常偏高，出现有气象记录以来最强“暖冬”，超8成县市平均气温突破当地冬季历史纪录。早春3月雨日多，遭遇多场低温阴雨，对春播造成不利影响。雨季开始早、结束迟、历时长，降水前少后多、旱涝急转；5月，超8成县市出现气象干旱，6月上旬和中旬，分别出现两次降水高峰，多地出现洪涝灾害。登陆和影响台风个数多，但整体影响偏弱；7月30—31日，台风“纳沙”和“海棠”21小时内先后登陆福清，历史未见。高温次数多、范围广、时间长、极值高；高温过程达12次，并列历史最多；7月19—29日的高温过程，持续时间和高温范围均为近十年之最；连江、长乐、仙游和南安最高气温破当地历史极值。8月下旬至11月中旬，全省降水量较常年同期偏少4成，多地出现夏秋连旱，严重时有13个县市达气象重到特旱。 （孙雁冰）

【道路交通事故】 2017年，福建省道路交通事故死亡人数比上年下降8.2%，较大道路交通事故起数比上年下降36.8%，未发生较大以上道路交通事故。 （林东阳）

【火灾】 2017年，福建省发生火灾8165起，死亡67人，受伤31人，直接经济损失1.1亿元，未发生重大以上和有影响的火灾事故。全省接警出动44790次，出动消防车73017辆次，出动警力42.4万人次，抢救被困人员6598人，疏散被困人员21997人，抢救财产价值61988万元。 （郭成传）

【内河水上交通】 2017年，福建省内河水上安全应急救援能力建设进一步完善，基本建成“一个中心（福建省内河航运搜救协调中心），六个分中心（福州、南平、三明、龙岩、宁德、漳州分中心），七个救助站（九曲溪、金湖、龙湖、翠屏湖、闽湖、水口坝区、邵武天成奇峡水上救助站）”；并推进“智慧海事”建设，实现省、市、县三级应急资源信息整合，建成闽江航运数字化安全监管平台。系列安全监管措施到位，确保全年内河交通安全生产形势良好，全年未发生责任事故，全年无死亡、无事故损失。 （刘映熹）

【海上交通事故】 2017年，福建沿海发生运输船舶一般等级以上水上交通事故10起，沉船6艘，死亡失踪12人，直接经济损失约1680万元，分别比上年下降33.1%、33.3%、45.5%和49.5%。全年组织实施海上搜救行动170次，协调专业救助船61艘次、海事船艇150艘次、军队舰船15艘次、商船及其他社会船舶1066艘次、专业救助飞机32架次。搜救遇险人员1237人，成功救助遇险人员1188人，人命救助成功率96.04%（比上年提高1.2个百分点）；抢救遇险船舶146艘，成功救助遇险船舶122艘，船舶救助成功率83.56%（比上年提高0.61个百分点），挽回直接经济损失约4亿元。

（袁小亮）

编辑：林丹英

福州市

【基本情况】 福州简称“榕”，位于福建省东部、闽江下游，与台湾隔海相望，是福建省省会，首批对外开放沿海港口城市，全国著名的侨乡和台胞祖籍地，素有“有福之州”的美誉。福州是国家历史文化名城，建城至今已有2200多年历史，形成以昙石山文化、船政文化、三坊七巷文化、寿山石文化等为代表的闽都文化，和海纳百川、有容乃大的城市精神。总面积1.2万平方千米，市区面积2444平方千米，其中建成区面积290.82平方千米。全市常住人口766万人，户籍总人口693.35万人。

【经济社会概况】 2017年，福州市实现地区生产总值7085.52亿元，比上年增长（下同）8.7%。其中，第一产业增加值461.22亿元，增长3.8%；第二产业增加值2913.41亿元，增长6.7%；第三产业增加值3710.89亿元，增长11.1%。全市一般公共预算总收入1005.73亿元，增长7.7%，其中，地方一般公共预算收入634.16亿元，同口径增长10.4%。全年固定资产投资5823.39亿元，增长12.3%。社会消费品零售总额4193.87亿元，增长11.4%。进出口总额2336.03亿元，增长12.0%。农村居民人均可支配收入17865元，增长9.3%；城镇居民人均可支配收入40973元，增长8.3%。完成省下达的减排降碳任务。实现全国文明城市“三连冠”，获国家森林城市、中国领军智慧城市等称号。

产业转型。出台推动新一轮经济创新发展10项政策49条措施，扶持实体经济发展壮大，新增上市企业11家，培育总部企业20家，6家企业进入中国民营企业500强，新增福建名牌产品49个、省级企业技术中心10家，完成技改投资870亿元，增长40.2%。国家自主创新示范区福州片区建设扎实推进，新增国家级高新技术企业161家，新认定省级重点实验室4家、省级（企业）工程技术研究中心9家、省市众创空间61家，通过国家创新型城市评估。工业经济稳步增长，规模以上工业增加值2202.69亿元、增长8.2%，京东方8.5代面板、经纬新纤等92个重大项目建成投产。新兴产业蓬勃发展，国家互联网骨干直联点正式开通，全国首家物联网开放实验室正式揭牌，全球规模最大的窄带物联网智慧水务商用项目进展顺利，中国物联网大会成功举办。农业基础继续夯实，农林牧渔业总产值914.87亿元，比上年增长3.7%，新增市级农业产业化龙头企业60家、“三品一标”认证农产品53个，福州茉莉花茶品牌位居2017中国茶叶区域公用品牌价值第6位，粮食安全省长责任制考核位居全省第1位。

深化改革。福州新区完成重点项目投资1915亿元，占年度计划的112%，对福州市经济增长贡献率超过25%。自贸试验区福州片区新增企业8113家，推出3批44项创新举措，其中，全国

福州西禅寺，摄于2017年　　（福州市政府办供稿）

首创12项。江阴口岸集装箱吞吐量增长25%、整车进口突破1万辆。推进“三去一降一补”，全面取缔“地条钢”企业，商品房库存比上年下降27.2%，减税降费73亿元，33个补短板工程包完成投资257亿元。加快“放管服”改革，取消行政审批事项68项、下放22项，在全省率先开展“证照分离”改革和“减证便民”专项行动，获中国“互联网+政务服务”创新奖、全国行政服务大厅典型案例“综合十佳”。国企改革稳步推进，组建地铁集团、金控集团、电子信息集团，海峡环保公司成功上市。对外开放步伐加快，新批千万美元以上外（台）资项目140个、境外投资项目26个。举办金砖国家政党智库和民间组织论坛、世界城地组织2017年亚太区执行局和理事会会议、第九届世界华文传媒论坛、第十九届海交会、2017渔业周·渔博会、第三届海丝国际旅游节、第四届丝路国际电影节等重大会议和活动，发起成立“21世纪海上合作委员会”。举办第五届海峡青年节、海峡两岸合唱节等41项特色对台交流活动，海峡青年交流营地正式启用。

城市建设。进入国家15个城市总体规划编制试点行列，制订实施《福州中心城区空间发展规划》。城区水系综合治理全面展开，完成晋安河扩河、清障、清淤以及生态驳岸改造，新建井店湖、桂后溪湖、义井溪湖、洋下海绵公园等，整治城区易涝点45个，城市防涝能力大幅提升。埋设沿河截污管道70千米，清除内河淤泥211万立方米，清疏排水管网1020千米，打通断头河5条，城区有43条内河基本消除黑臭。新建滨河绿道20千米、串珠公园70个，水系周边环境得到改善，西湖的水质和周边环境明显改善。地铁建设全面铺开，在1号线投入运营、2号线加快建设的同时，1号线延伸段、4号线、5号线、6号线、滨海快线等5条线路同步建设。组织实施第一批缓解城区交通拥堵软硬件项目252个，城区平均车速提高6.83%，日均堵情下降34%。新改扩建市政道路203千米，增加公共停车泊位1.06万个，新建无害化公厕336座，拆除路面围挡24.5万平方米。完成火车南北站、城区13个出入口沿线环境整治和“一江一轴一线三中心”城区亮化提升工程。“全民动员、绿化福州”深入开展，造林绿化5933.33公顷，种植大树21万棵，建成12条生态休闲步道、12个生态主题公园，鼓岭成为国家级旅游度假区，左海公园—金牛山城市森林步道获年度国内唯一的“国际建筑大奖”。滨海新城建设全面启动，长乐顺利撤市设区。

社会事业。新改扩建40所中小学、13所公办幼儿园，启动55个智慧校园建设，普惠性幼儿园学额覆盖率提高至74.87%，省级达标中职学校实现全覆盖。市图书馆新馆建成开放，完成70个乡镇（街道）综合文化站和499个村（社区）综合文化服务中心达标改造，上下杭、烟台山、冶山历史文化街区（风貌区）保护修复进入实质性实施阶段。在福建省率先实现医联体基层医疗机构全覆盖。举办中华龙舟大赛、中国羽毛球公开赛、环福州·永泰国际公路自行车赛、福州国际马拉松赛等大型体育赛事。新建农村幸福院261所、社区居家养老服务照料中心37个，提升居家养老服务站24个。城镇新增就业13.5万人，转移农业富余劳动力3.8万人。

【“攻坚2017”行动】 2017年，福州市“攻坚2017”行动破解阻碍项目落地的各类矛盾和问题4158个，交地9673.33公顷，拆迁1341.55万平方米，动建项目448个，竣工项目238个，1.87万户逾期安置户得以回迁，2313.33公顷批而未供土地、960公顷供而未建土地得以处置。“招商2017”行动成绩斐然，落地招商项目2647个、总投资6212亿元，其中，投资30亿～100亿元的项目35个，投资100亿元以上的项目2个，吸引“回归工程”项目83个、总投资746亿元。“海上福州”建设行动亮点纷呈，落实172个支撑项目，完成投资406亿元。服务业跨越发展行动卓有成效，出台配套政策23项，动建项目55个，竣工项目34个，完成投资537亿元，新增省级服务型制造示范企业9家、省级服务型制造公共服务平台4个，成为全国第三个设立无现金联盟的城市。

【滨海新城建设】 2017年，福州滨海新城启动建设以来，主动对标雄安新区，全力推进新城加快建设，编制完成滨海新城核心区概念性总体规划和重点区域城市设计等30余项规划成果。完成1600公顷农用地修编核减工作，实现征交地733.33公顷，拆除建筑面积60.9万平方米。推动实施东南快速通道、地铁6号线、滨海新城综合医院、国家健康医疗大数据中心等136个重点项目建设，总投资2300亿元，2017年度完成投资约83亿元。启动临空经济区提升建设，依托数字福建产业园，建设国家东南大数据中心，引进133家大数据企业落地，并成功申办2018年数字中国峰会。 （林 炽）

【鼓楼区】 2017年，鼓楼区实现生产总值1433.42亿元，比上年增长8.8%。一般公共预算总收入66.29亿元，增长1.1%，其中，地方一般公共预算收入41.4亿元，同口径增长8.1%。社会消费品零售总额1067.7亿元，增长8.6%。规模以上工业增加值71.4亿元，增长6.1%。固定资产投资525.5亿元，增长14.5%。外贸出口331.73亿元，增长0.5%。城镇居民人均可支配收入4.81万元，增长8.4%。继续荣膺全国综合实力百强区、全国投资潜力百强区称号，分别位居全国第35位、第24位。

服务业。实现社会消费品零售总额1067.7亿元，比上年增长8.6%。全区三产增加值占GDP比重达84%，比上年提高3.6个百分点。福大怡山文化创意园、高新区洪山园列入第二批省级现代服务业集聚示范区，总数占全市一半，4家企业纳入首批省级家政服务业标准化试点。建成海西商务大厦5A商

福州东街口商圈，摄于2017年　　（鼓楼区政府办供稿）

务楼宇，税收超亿元、超千万元楼宇分别增至25栋和118栋。市级总部企业、上市企业和“新三板”挂牌企业分别增至29家、24家和43家。32家基金类企业成功落户，资管规模超200亿元。

招商引资。实际利用外资3.92亿美元，比上年增长23.9%。“招商2017”成绩斐然，全员招商大格局有效形成，引进福建高铁综合开发、经纬行动东南区域总部、古雷石化股权投资等445个项目，总投资749.12亿元，新增世界500强、中国500强企业12家，综合排名福州市第三。

社会事业。新增学前教育普惠性学额约7300个，普惠率87.1%，居福建省前列；建成温泉小学、旗汛口幼儿园教学综合楼，基本建成屏山小学、琼河小学等项目，新增小学及幼儿园班级59个、学位1800个；区非物质文化遗产互动体验厅、数字图书馆、网上博物馆建成投用，10个街镇综合文化站全部达到国家二级以上标准；区疾控中心实验室、五凤街道湖前社区卫生服务中心及医养结合项目建成投用，率先推行分级诊疗、双向转诊服务，家庭医生签约服务实现69个社区全覆盖，居民签约率31.4%。

社会保障。全年精减的一般性支出和新增收入全部用于民生补短板，民生支出占一般公共预算支出比重的79%，52项为民办实事项目有效落实。鼓楼区新增就业2.5万人，失业人员实现再就业2210人，甘肃岷县劳务对接工作有效开展。社会保障体系日益健全，低保户、优抚对象等困难群体生活补助标准不断提高，临时救助、医疗救助等政策落实到位，发放各类补助资金4463.92万元。在福建省率先试行为辖区60周岁以上老年人购买意外伤害险和第三者财产损失险，惠及老年人10.8万人。省级居家和社区养老服务示范区建设加快推进，在全省率先建成10个五星级街镇社区养老服务照料中心，提升8个社区居家养老服务站，获评“全国养老服务业发展典型案例”。

高新技术产业　2017年，鼓楼区“海西硅谷”规划启动实施，福州软件园创业创新新城加快建设，引进华为云开发平台、闽台软件与集成电路合作基地等项目，园区实现技工贸总收入648亿元，比上年增长25%。高新区洪山园与金牛山互联网产业园有效整合，鼓楼金牛“互联网+”小镇列入省级第二批特色小镇创建名单；华润城市综合体二期加快建设，园区实现技工贸总收入300亿元，比上年增长15%。

（吴锦地　张兴荣　俞文龙）

【台江区】　2017年，台江区实现生产总值433.47亿元，比上年增长3%。规模以上工业增加值32.2亿元，增长6.2%。一般公共预算总收入22.87亿元，下降5.2%，其中，地方一般公共预算收入13.86亿元，同口径下降1.2%。实际利用外资1.79亿美元，增长12%。社会消费品零售总额406.03亿元，增长6%。固定资产投资完成171.27亿元。城镇居民人均可支配收入44381元，增长7.9%。

现代服务业。第三产业占79.9%，其中商贸、金融、总部经济、文化休闲等产业增加值占50%。上下杭酒吧一条街开街运营。引进中投信安、周大生金融等一批成长性企业，落地运营金融、类金融企业突破850家，13个金融总部项目入驻运营，外资银行数量占全市数量50%。新增公司类经济主体5534家。阿里巴巴众创空间开业运营，全区众创空间13家、创业团队224个。出台扶持企业创新发展13项政策72条优惠措施，惠及企业114家次，申请及兑现各类奖励金3.6亿元。顶点软件登陆A股主板，利嘉电子商务获评“国家电子商务示范企业”称号，新增新中冠等8家省级上市后备企业、智恒科技等3家市级总部企业，新申报“五上”企业147家。

社会事业。民生社会事业支出13.94亿元，占一般公支出73.74%。年度投资4.4亿元的24项为民办实事项目有效落实。外贸职专通过全省达标校评估，鳌峰学校新建工程正式动工，育智学校加固及附属设施改造全面完成。第二实验幼儿园通过省级示范园评估，宁化园、凤乐园、福机限价房配套幼儿园改扩建工程基本完工，新增学位510个。推进国家公共文化服务体系示范区创建工作，成功打造宁化街道文化站等4个基层文化阵地示范点，全面提升区级“三馆”、游泳馆及8个街道、41个社区文化站（室）功能，新增30条健身路径。义洲、茶亭、鳌峰街道社区卫生服务中心完成改造，推行家庭医生签约服务，“家庭医生工作站”建设项目得到全面推广；瀛洲、宁化街道社区卫生服务中心获评“全国百强社区卫生服务中心”称号；每门诊人次药品费用降低10.87%。

“攻坚2017”专项行动　2017年，台江区38个市级重大建设项目累计完成投资128亿元，超年计划41.4%。34个市级攻坚征迁项目实现交地33公顷、征迁面积21万平方米、征收户数3702户。凯捷集团地块收储交地，4个逾期安置项目、2个逾期交地项目全面完成年度任务。招商项目落地275个，总投资382亿元；引进福中集团、新盒网络科技等项目，“海西第一高楼”世茂“108大楼”落户闽江北岸中央商务区，“两区”入驻企业突破2000家。重点项目建设同步推进，33项市级重点项目完成投资245亿元，超年度计划36个百分点；96个“五个一批”项目完成投资205亿元，超年度计划41个百分点。科技电子商务中心、富力中心等41个项目竣工交付使用；郑和大厦、天御城等15个项目主体结构封顶。

（台江区政府办公室）

【仓山区】 2017年，仓山区完成生产总值559.35亿元，比上年增长9.9%。地方一般公共预算收入32.49亿元，增长9.7%。社会消费品零售总额507.95亿元，增长16.1%。固定资产投资658.41亿元，增长17.9%。居民人均可支配收入37797元，增长8.8%。

招商。2017年，共报送项目501个，总投资额1143.94亿元，聚焦现代服务业、高新技术产业等领域；引进落地度也实业、锟泰投资等项目485个，总投资达787亿元，其中，30亿元以上大项目5个，5亿～30亿元项目33个，综合排名位居全市前列。

工业。推动福州市政府出台创新型产业用地（M1）政策，全市第一个适用新政策的荧鸿地块即将挂牌出让。利用旧厂房嫁接招商取得实效，石墨烯产业园、恩歌实业等29个项目落地园区。企业技改力度加大，推动骏鹏科技等企业实施“机器换工”，全年完成工业固定资产投资22.5亿元，比上年增长26.3%。加快推进制造业主辅分离，浩达智能获评“福建省服务型制造示范企业”称号。全年列入省级、市级上市后备工业企业分别达13家、19家，数量位居全市前列。

现代服务业。利嘉进口商品保税展示交易中心入驻企业300余家。eBay跨境电商产业园启用，将打造成中国首个跨境电商全产业聚集园区。福建省第一家体育类产业园——福州体育科技园投入运营，入驻企业40家，注册资本近2亿元。全年新增（提升）限上商贸业、规模以上服务业企业156家。

社会保障。全年财政用于民生支出29.9亿元，占地方一般公共预算支出的81%。8大类36项为民办实事项目全面完成，其中市级项目19个。新增城镇就业15089人、失业人员再就业1540人。城乡居民养老保险参保5.4万人，缴费率97.2%；被征地农民养老保障参保12万人，城乡居民基本医疗保险参保28万人。全年累计发放各类救助资金3608万元。启动区社会福利中心建设，建成5个以上星级居家养老照料中心、15个农村养老服务设施，实现13个镇街全覆盖。

社会事业。新增10所普惠性民办幼儿园，6所小区配套幼儿园移交区教育部门办学，提供普惠学位4500个。6所中小学通过省级义务教育管理标准化评估认定，10所中小学被认定为全省首批“义务教育教改示范性建设学校”。推行文化馆总分馆制度，做好国家公共文化服务体系示范区验收工作。加大淮安、阳岐、林浦等历史风貌区和历史文化名镇名村保护开发力度。金山街道（葛屿）社区卫生服务中心主体竣工，下渡街道社区卫生服务中心获评“全国优质服务示范社区卫生服务中心”；13所基层卫生院全部加入医联体，家庭医生签约覆盖率达30%；全区社区卫生服务中心、乡镇卫生院和70%以上村卫生室均可提供中医药诊疗服务。

（陆范欣怡）

【晋安区】 2017年，晋安区实现生产总值642.62亿元，比上年增长10.2%，三次产业比例为0.8∶33.3∶65.9。一般公共预算总收入42亿元，增长8.2%，其中，地方一般公共预算收入28.15亿元，同口径增长15.6%。实现农林牧渔业总产值9.01亿元。固定资产投资额659.89亿元，增长17.7%。自营出口135.42亿元，增长8%。城镇居民人均可支配收入41357元，增长7.5%；农村居民人均纯收入18054元，增长8.1%。

工业。实现规模以上工业总产值490.2亿元，比上年增长12.6%；规模以上工业增加值129.3亿元，增长7.9%。工业品质持续提升，茶花家居、海峡环保在上海主板A股上市，18家企业列入省（市）重点上市后备企业。高意科技、华科光电等重点企业新增投资15亿元，7家企业列入市级新增长点企业，8个项目列入省（市）重点技改项目，先进制造业产值增长12.4%，战略性新兴产业产值增长14.5%。

服务业。实现服务业增加值423.36亿元，比上年增长12.4%；实现社会消费品零售总额720.09亿元，增长12%。东二环泰禾广场二期项目全面建成，洲际智选、铂尔曼等高端酒店相继开业。规模以上信息传输、计算机服务和软件业营业收入增长11.1%，洁丽家政公司入选省级家政服务示范站。新增金鸡山公园、寿山石馆等4个AAA级旅游景区，鼓岭获评国家级旅游度假区。

招商引资。实际利用外资1.14亿美元，比上年增长7.8%。“招商2017”行动综合考评位列福州市第一，引进落地项目431个、投资总额920.9亿元，其中，5亿～30亿元项目48个、30亿元以上项目2个，西门子技术研发中心、宜家集团等项目先后落地。第十九届海峡两岸经贸交易会签约项目13个，内资总投资87.4亿元，利用外资1.88亿美元。2017年，厦门国际投资贸易洽谈会签约项目9个，总投资8.6亿美元，拟利用外资5.6亿美元。总部企业增至8家，新增税收超千万元楼宇5栋、超亿元楼宇2栋。

项目建设。“攻坚2017”行动期间，开工项目77个，竣工项目34个，完成投资374.4亿元，交地933.33公顷，征收房屋412.7万平方米，回迁安置房

福州牛岗山公园，摄于2017年5月17日　　（晋安区政府办供稿）

屋7447套、60.2万平方米，攻坚行动综合考评位列全市第一。重大项目建设全面推进，54个省（市）级重大项目完成投资256.3亿元，230个省“五个一批”项目完成投资440亿元，2次获得省级投资正向激励奖励。

社会保障。各级财政用于民生支出27.5亿元，占一般公共预算支出80%。新增就业2.1万人、失业再就业1500多人，象园街道连辉社区获得“国家级充分就业社区”称号。晋安区城乡社区居家养老综合服务中心建成启用，3家社区居家养老服务照料中心、新店镇多功能嵌入式养老机构相继建成。

社会事业。新增23家高新技术企业、9家省科技小巨人领军企业、7家省（市）知识产权优势企业，5家企业通过省科技型企业备案，11个项目成果获评省（市）科技进步奖、市专利优秀奖。东山中学等5所学校开工建设，战坂小学等8所新校投入使用，福州中加国际学校开学招生，全区新增学位6480个。12所学校获评全省首批义务教育教改示范性建设学校，鼓山中心幼儿园获评省级示范性幼儿园，鼓山中心小学代表队勇夺工信部举办的世界机器人大赛小学组总冠军。区医院与省附一医院建立医疗联合体。新建提升4个乡镇（街道）综合文化站、27个村（社区）综合文化服务中心。“寿山石”作为福州市唯一地理标志商标参加世界地理标志大会。首批31个笼式球场免费开放，区少体校再次入选省体育后备人才基地。通过全国文明城市测评、第五届省级文明城区总评。（周碧云）

【马尾区】 2017年，马尾区完成地区生产总值491.38亿元，比上年增长9.1%。一般公共预算总收入35.12亿元，增长2.2%，其中，地方一般公共预算收入23.94亿元，增长11.3%。固定资产投资353.76亿元，增长14.2%。社会消费品零售总额184.61亿元，增长14.6%。出口总额193.8亿元，增长5.3%。实际利用外资3.14亿美元，增长7.1%。城镇居民人均可支配收入45152元，增长9%；农村居民人均可支配收入23153元，增长9%。

农业。第一产业增加值4.05亿元，比上年下降5.9%。11家市级以上农业产业化龙头企业实现销售收入172.6亿元，增长5.2%。新增市级休闲农业示范点2家，各类休闲农庄、农家乐等23家，引进总投资1.5亿元的福建恒水股份公司。全区完成水利投资1.7亿元。发放机动渔船油价补助、生态公益林补偿基金等各类惠农资金919.6万元。

工业。实现规模以上工业总产值978.84亿元，比上年增长8.9%。新兴产业产值在全区工业产值中的比重继续提高，2017年，61家先进制造企业、35家高技术企业、24家物联网企业和27家战略新兴产业企业分别实现工业总产值602.13亿元、454亿元、430.97亿元和528.34亿元。出台扶持政策12项54条，兑现各类企业扶持资金5.1亿元。34个技改项目完成投资32.8亿元，增长66.5%。每万人有效发明专利拥有量增至34件，位列全省第1位。福州开发区荣获第一批省级绿色开发区称号。

服务业。第三次产业增加值200.98亿元，比上年增长12.1%。互联网游戏产业园新入驻企业15家，营业额突破10亿元。引入菜鸟网络、中海仓供应链等60多家电商及其关联企业，拓展跨境电商直购进口业务，进口商品总额1.12亿元。全省首个由政府主导的基金小镇揭牌运营，集聚投资机构177家，基金管理规模达1133亿元。区内基金在全省范围内投入新大陆智能支付研究中心等29个优质产业项目，投资规模达130亿元。华映科技、天晴数码获评福州市总部企业，星云电子在创业板上市。新增限额以上商贸企业46家、规模以上服务业企业38家。全年接待旅客361万人次，比上年增长28.1%；旅游总收入33.51亿元，增长35.9%。

招商引资。建立健全小分队招商、产业链招商、央企招商等模式，超额完成年初既定的招商任务。全年通过市里认定的招商项目246个，总投资498.3亿元。其中，5亿元以上的大项目、好项目24个，总投资328.6亿元。

社会事业。投入27.1亿元财政资金用于民生支出，增长23.2%。引入三牧中学落户马尾，市属船政小学入驻办学，凤窝小学等5个重点教育项目基本建成，马尾实验小学等4所小学入选省级义务教育教改示范性建设学校，师大二附中等7所学校通过省义务教育管理标准化学校评估验收。莲花医院一期建成投用，罗星街道社区卫生服务中心基本建成，马尾区医院新增精神疾病和心理健康门诊。完成4个镇（街）文化站、75个村（社区）文化服务中心达标改造，新改建健身路径30条。马尾船政入选中国20世纪建筑遗产名录，船政衙门及学堂复建工程获2017年度全国优秀建筑工程设计三等奖、福建省优秀建筑工程设计一等奖，船政文化景区被教育部授予第一批“全国中小学生研学实践教育基地”称号。

社会保障。完成沿山佳园等5个新建小区一户一表接水工程，建成保障性安居工程7223套，新增公租房配租231套。落实就业扶持政策，新增城镇就业人口9324人，城镇登记失业率降至1.14%。加强低保动态管理，确保应保尽保、应退尽退，城乡居民低保补助金标准提高至每人每月700元。城乡居民医保财政补助标准提高至每人每年480元，城乡居民养老补助标准提高至每人每月130元，企业退休人员养老金提高至人均每月2586元。推进养老服务事业发展，动建区社会福利中心，罗星街道居家社区养老服务照料中心、琅岐镇星辉村农村幸福家园等一批养老服务设施投入使用。

物联网产业　2017年，马尾区获中国物联网产业发展先进城市称号。全国首家物联网开放实验室揭牌，全球最大规模的窄带物联网智慧水务商用项目启动，中国（福州）物联网产业孵化中心开工建设，物联网促进中心投入使用，福建省物联网产业联盟、海峡物联网应用促进中心落户马尾区，引进华为（福州）物联网云计算创新中心等物联网相关项目208个、物联网企业26家。全国微电子物联网品牌创建示范区获国家质检总局批准筹建。参与举办第八届中国物联网大会，成功举办福建省首届物联网项目创新大赛。新认定物联网企业39家，全区物联网企业总数达104家。物联网产业产值达610亿元，占规模以上工业总产值62.3%。（吴向都）

【长乐区】　2017年，长乐区实现生产总值740.31亿元，比上年增长11%，增幅位列全省第一，三次产业结构比例为6.6∶63.6∶29.8。一般公共预算总收入（不含基金）65.03亿元，增长17.5%，其中，地方一般公共预算收入42.43亿元，增长11.9%。固定资产投资605.61亿元，增长21.7%。出口总值50.49亿元，增长12.3%；进口总值72.36亿元，下降12.3%。城镇居民人均可支配收入42304元，增长7.8%；农村居民人均可支配收入20304元，增长7.8%。2017年11月6日，长乐撤市设区。

农业。实现农林牧渔业总产值87.78亿元，比上年增长7.3%，省级农民创业园完成投资2.26亿元。完成农村土地承包经营权确权登记颁证工作合同签订。飞思农庄获全国农业农村信息化示范基地称号，茂丰休闲农庄获省级休闲示范点称号。组建农民专业合作社201家，其中，市级15家；家庭农场49家，其中，省级示范4家、市级示范8家。

工业。实现规模以上工业总产值2357亿元，比上年增长11.5%，其中，规模以上纺织业完成产值1729.22亿元，增长11.2%。“百亿企业”2家（福建省金纶高纤股份有限公司、长乐恒申合纤科技有限公司），福建省金纶高纤股份有限公司、福建永荣控股集团有限公司上榜2017中国民企500强，长乐恒申合纤科技有限公司入围中国民企制造业500强。“互联网＋纺织”区域化链条化省级试点“乐纺云”平台和中国建筑钢材电商平台上线运营。推进泰铭新世纪不锈钢卷板、吴航不锈钢拉丝深加工等项目和鑫海冶金公司破产重整工作。上市后备资源库企业50家，福建闽威科技股份有限公司在“新三板”挂牌。105个重点技改项目完成投资225.06亿元。

第三产业。实现社会消费品零售总额212.64亿元，比上年增长12.4%。引进红星美凯龙项目，推进佰翔海景酒店主体工程建设，中天恒基广场、莱法州文化商业中心封顶，鹤上汽车商务项目开工。

招商引资。全年内资实际到资237.27亿元，比上年增长167.5%；实际利用外资3563万美元。开展“招商2017”行动，落地项目219个，总投资889.62亿元。中国东南大数据产业园对接招商项目212个，其中落地项目94个，注册企业134家，注册总资本98.06亿元。

城乡建设。2017年2月13日，福州滨海新城建设启动暨大数据项目签约仪式举行，福州滨海新城建设正式启动。长乐区完成滨海新城核心区、启动区、大数据产业园等3大城市设计，以及基础设施工程规划等16个专项规划编制，征交地733万平方米，拆除建（构）筑物面积60.98万平方米，策划生成总投资约3000亿元的两批136个重点项目，其中，总投资1242亿元的42个项目开工建设。推进地铁6号线、东南快速通道、福平铁路、长平高速、东绕城高速、长福高速、道庆洲过江通道长乐段、综合医院、国际双语学校、研发楼二期等项目建设。购置滨海新城人才公寓135套。开通从福州市区到产业园定制公交线路6条以及长乐城区、

2017年4月25日，数字福建云计算中心在长乐启动运营　（长乐区政府办供稿）

人才公寓到产业园往返巴士，建成公交智能IC卡收费系统，实现与榕城一卡通系统联网。东湖一路、三路通车，滨海快线、租赁房一期动建，漳港至滨海新城供水干管完工。

社会事业。新增福建省知识产权优势企业5家、福建省企业重点实验室2家、福建省科技小巨人领军企业9家、2017年第一批省科技型企业8家，认定省级重点实验室2家、省级工程技术中心3家。投入8970万元实施校安工程31项，长乐一中首占校区、长乐四中、金峰中学、玉田坑田小学和鹤上中心幼儿园等新改扩建校舍投入使用。区文化馆获国家二级文化馆称号。古槐中心卫生院新院启动建设。区社会福利中心投入使用。

社会保障。民生支出51.96亿元，占公共财政支出比重79%。147个民生补短板项目完成投资86.74亿元，7大类33个为民办实事项目完成投资20.8亿元。新增城镇就业7560人，再就业211人，转移农村富余劳动力5532人。建成公租房366套。开展社区居家养老政府购买服务试点4个，建成并投用营前街道长安村、马头村和松下镇松下村等幸福院。

移风易俗。2017年，长乐区聚焦婚丧喜庆大操大办、铺张浪费等陋习，通过建章立制、压实责任、分类施策、宣传引导，开展移风易俗专项整治。在全国首创移风易俗智能管理系统，全区260个村（社区）《移风易俗村规民约》和红白理事会实现全覆盖，各类红白喜事累计节约资金约2.62亿元，引导婚丧事主捐赠公益慈善事业800余万元。

（林　熙）

【福清市】 2017年，福清市实现生产总值993.41亿元，比上年增长9.9%。一般公共预算总收入100.3亿元，增长13.1%，其中，地方一般公共预算收入62.3亿元，增长11.5%。社会消费品零售总额427.41亿元，增长14.3%。固定资产投资1009.5亿元，增长16.4%。出口总额400.1亿元，增长6.5%。城镇居民人均可支配收入41585元，增长9.2%，农村居民人均可支配收入21095元，增长9.7%。

农业。实现农林牧渔业总产值159.89亿元，比上年增长1.9%。完成全市59家保留的规模化生猪养殖场标准化改造，成为全国首个同时获批2个畜禽数字农业建设试点项目的县市。建成100公顷江镜省级蔬菜现代产业园。“福清花蛤”“福清白对虾”注册为国家地理标志证明商标，新增“三品一标”认证产品7个、省级农业物联网示范点2个，新增福州市级以上农业示范合作社5家、示范家庭农场7家。

工业。规模以上工业总产值1862.5亿元，比上年增长16.8%。福耀玻璃进入中国品牌价值500强。天马科技、坤彩科技2家企业主板上市。鸿生科技被住建部认定为第一批装配式建筑产业基地。京东方液晶面板项目正式投产，填补全省高世代液晶面板的空白。福清核电一期1～4号机组全部建成商运，5号机组“华龙一号”全球示范首堆进入设备安装阶段。三峡海上风电国际产业园及园内金风科技、中车株洲等4个项目动工。中江石化等12个重大产业项目建成投产，新福兴新能源汽车玻璃产业园等35个重大项目开工建设。

服务业。利嘉国际物流园建成10万平方米保税仓，360网络小额贷款公司投入运营；推进东壁岛滨海旅游度假区等重点项目建设；星泰安物流园区、华强山庄酒店、黄檗文化旅游园等一批现代服务业项目动工建设。年内福清市获“全国休闲农业和乡村旅游示范县”称号。

招商引资。开展“招商2017”行动。健全产业链招商、小分队招商、异地商会委托招商等精准招商工作机制，推进常态化全员招商。举办2017年福清商会工作交流会，新签约引进京东方显示科技新项目等85个总投资1233亿元的项目。注册楼宇经济企业371家，入库税费2.6亿元。元洪国际食品园获批国家水果和肉类进境指定口岸，签约落地产业项目18个、总投资164亿元。胜田食品等5个项目已挂牌或动工建设。玉融国际创业小镇嘉元温德姆至尊豪廷大酒店和一期12栋企业中心动工建设。旅游产业策划生成22个总投资117亿元的重点项目，三山东龙湾花蛤小镇等6个项目已签约或动工建设。全年实际利用外资4亿美元，比上年增长20.7%。

社会事业。新培育高新技术企业12家、省科技小巨人领军企业9家。与中科院海西研究院签订战略合作框架协议。全市专利申请量2109件，其中，发明专利641件；授权专利825件，其中，授权的发明专利123件。新建、改扩建公办中小学18所、幼儿园9所，新增学位3500个。福建师大福清分校申办独立本科院校——福建应用科技学院已经公示，德旺中学通过省二级达标高中评估验收。文化馆获评“国家一级文化馆”，市图书馆、科技馆建成正式启用。完成一都东关寨等文物修缮工程。侨乡合唱团、融声合唱团获中国第14届合唱节金奖。福清市医院升为三级综合性医院，福清市中医院完成搬迁，120急救指挥中心建成启用，福清南方医院、海西口腔医院等社会力量办医项目动工建设。

社会保障。民生支出64.44亿元，占一般公共预算支出73.3%。完成全民参保登记入户调查，提高企业退休人员养老金、城乡居民基础养老金、城乡低保和特困人员救助供养标准。开展政府购买社区居家养老服务试点，建成37个居家养老服务站、2个日间照料中心，引进6个社会养老项目，健全多层次养老服务体系。新增城镇就业2.76万人，转移农村富余劳动力4904人。新开工各类保障性住房180套，基本建成332套。

（薛偕玲）

【闽侯县】 2017年，闽侯县实现生产总值560.07亿元，比上年增长9.6%，三次产业结构优化为6.2∶58.1∶35.7。一般公共预算总收入112.14亿元，其中，地方一般公共预算收入71.09亿元，均位居全省县（市）第2位。固定资产投资561.42亿元，增长21.6%。社会消费品零售总额276.74亿元，增长16.1%。出口100.64亿元，增长7.5%。城乡居民人均可支配收入26875元，增长8.3%。全国县域经济基本竞争力百强县（市）排名第51位，连续八年入选全省县域经济实力“十强县”。连续六届蝉联省级“双拥模范县”，获评“国家知识产权强县工程示范县”。

农业。农林牧渔业总产值60.78亿元，比上年增长5.0%。划定永久基本农田2.48万公顷，新增耕地93.6公顷、设施农业90.67公顷、省市级休闲农业示范点3个。南通海峡蔬菜批发市场农产品“批批检测”“一品一码”可追溯系统在全省率先建立。

工业。实现工业总产值1149亿元，比上年增长13.4%，其中，规模以上工业产值突破1000亿元，完成1048.99亿元，增长14%。东南汽车DX系列、祥鑫铝业特种铝材等11个工业技改项目和闽森源电力、晶华生物等12个工业建设项目建成投产。新培育规模以下转规模以上企业43家，创合电器、东亚环保等企业成功上市。新增建材产业为百亿产业集群，汽车产业产值增长31%，福建奔驰成为全市首家纳税超10亿元工业企业。

第三产业。实现服务业增加值200.12亿元，比上年增长11.2%。普洛斯物流、金港赛道等项目投产运营，新增限额以下转限额以上企业65家。闽越水镇项目加快建设，凤翔首邑温泉度假村建成开业，闽都民俗园、奥莱时代获评国家AAA级旅游景区，全年接待游客510万人次，比上年增长16%，实现旅游收入10亿元，增长17%。

社会事业。县教师进修校附属幼儿园、尚干中心小学新校区、昙石山中学等12个项目建成投用，新增学位3700个；闽侯六中及上街、祥谦中心小学通过省级学校管理标准化评估验收，县实验幼儿园获评省级示范性幼儿园。“文化市场管理”和“群众体育”两项工作获全国先进，县图书馆通过国家一级馆评估定级，青橄榄合唱团再获全国金奖。洋里、大湖卫生院建成投用，家庭医生签约率达30%。人口自然增长率6.48‰。31个乡镇敬老院和农村幸福院建成投用。

民生保障。财政用于民生支出72.4亿元，占公共财政预算支出76.6%。433项民生补短板项目加快实施，53项省市县三级为民办实事项目办结完成。城镇居民医保和新农合并轨运行，城乡居民医保补助受益53.8万人次、增长17.5%；城乡居民医保政府补助标准、农村低保标准、城镇低保标准分别提高14.3%、28.6%、22.8%。精准脱贫稳定机制全面落实，造福工程搬迁、雨露计划培训、财政资金投入等工作均超额完成市下达任务；扶贫小额信贷覆盖率68.4%，全市第一；20个建档立卡贫困村全部退出。新增城镇就业9503人，转移农村富余劳动力4588人，城镇登记失业率在2%以下。

闽侯千家山生态公园　公园位于闽侯县青口镇中心区，面积38.31公顷，总投资1.04亿元。整个公园以自然山林资源为依托，按照“一轴一环多节点”的布局，融入汽车特色元素，打造形成东入口文化广场园、传统休闲园、汽车趣味艺术园、田园赏花拾趣园、森林康体园等五大功能区，是一座集山体健康、揽城观景、休闲娱乐于一体，兼具汽车文化展示、生态环境教育功能的区域综合性山地公园。（林　通）

【连江县】 2017年，连江县实现生产总值430.36亿元，比上年增长6.8%，三次产业结构为29.6∶43.3∶27.1。一般公共预算总收入46.1亿元，增长7.1%，其中，地方一般公共预算收入31.53亿元，增长15%。规模以上工业增加值174.81亿元，增长7.2%。固定资产投资441.96亿元，下降6.8%。城乡居民人均可支配收入22743元，增长8.9%。

农业。实现农林牧渔业总产值228.65亿元，比上年增长5.7%。完成粮食播种面积0.93万公顷，年产量5.03万吨。完成土地流转面积0.68万公顷，涉及农户2.93万户。完成农村土地确权登记颁证工作。苔菉中心渔港动工建设。被列为全国水产品质量安全示范县。

工业。申远新材料一期、法液空、福建建工、华电供热改造一期等项目竣工投产，推进金榕废润滑油还原提纯等项目建设。福建世纪电缆有限公司被认定为省级企业技术中心，神华煤港电一体化等16个项目实施技术改造。中国海峡（连江）康复辅具产业园在连江挂牌。

服务业。实现社会消费品零售总额156.55亿元，比上年增长14.5%。万星广场、时代广场建成，安顺达物流园动工建设，中农城投电商产业园签约落地，环马祖澳旅游集散服务中心建成投用，晓澳牛头山休闲渔业基地等6个项目获评三星级乡村旅游经营单位。

连江县望江园生态休闲农庄，摄于2017年　（福州市政府办供稿）

社会事业。投入4.28亿元推进农村薄弱学校改造、城区学校扩容等17个教育民生工程，消除危旧校舍2.5万平方米，新改扩建校舍11.5万平方米，新增各类学位6830个。达标提升乡镇综合文化站9个、村级综合文化服务中心74个，新改扩建乡村文体公园58个。被授予“海峡两岸少数民族交流与合作基地”“福建省双拥模范县城”。县、乡公立医院全部加入市级医疗联合体。新增东岱、苔菉等8个乡镇卫生院配套工程。人口自然增长率5.76‰。

社会保障。全县城镇新增就业2917人，新增农村劳动力转移就业5050人，提供就业岗位19348个。城乡居民养老保险参保率达到99.65%。全年建档立卡贫困户158户475人实现脱贫，贫困村50个全部退出，脱贫攻坚成效考核位居福州市第一。设立罗山畲族社区居委会。全年实现异地搬迁23户107人。创新社区居家养老服务，9个乡镇敬老院投入使用。

申远新材料一期项目正式投产　2017年7月1日，福建申远新材料有限公司一期年产40万吨聚酰胺一体化项目在连江县试投产。申远年产100万吨聚酰胺一体化项目总投资400亿元，其中一期投资150亿元。（王　宇）

【闽清县】　2017年，闽清县实现生产总值166.23亿元，比上年增长7%，三次产业结构为17.0∶45.5∶37.5。一般公共预算总收入17.3亿元，增长12.5%，其中，地方一般公共预算收入9.7亿元，增长10.3%。固定资产投资91.97亿元，增长18.5%，其中，工业固定资产投资30亿元，增长32.1%。出口总额8.3亿元，增长2%。建筑业总产值550亿元，增长27.1%。城镇居民人均可支配收入28955元，增长8.1%；农村居民人均可支配收入13482元，增长10.8%。全年实施120项重点项目，完成投资57.6亿元。

现代农业。农林牧渔业总产值46.19亿元，比上年增长5.3%。新增“三品一标”认证农产品11个、新型农业经营主体49家，15家农业产业化龙头企业在股权交易中心挂牌。凯达生态农业获评省级物联网示范企业，源凤家庭农场、施恩织和农公司培育为市级物联网应用示范点。水口坝下水位治理工程等12个重点水利项目完成年度投资5.8亿元，葫芦门水库正式下闸蓄水，建成30千米城乡供水一体化主干网，除险加固19座山塘水库。

美丽乡村——闽清县霞溪村，摄于2017年　（闽清县政府办供稿）

工业。规模以上工业增加值57.8亿元，比上年增长7.3%。引进金泉机械等19个项目，加快建设民天食品等21个项目，建成投产中建科技、青龙管业、礼恩电缆等项目。5家企业实施节能项目改造，工业技改投资15.5亿元，增长90%。白金工业园区新会审落地项目13个，总投资35亿元；新投产企业5家，实现产值4.6亿元。中建（福建）绿色产业园招商取得新成效，新合发建材科技、中建经纬护栏等产业链项目落地建设。

第三产业。第三产业增加值62.29亿元，比上年增长48.3%；社会消费品零售总额51.23亿元，增长11.9%。恒大足球特色小镇、青马部落等一批旅游项目签约落地。七叠温泉获评国家四星级温泉企业、国家AAA级旅游景区，新增省级乡村旅游特色村4个。全年接待游客120.7万人次，增长27.5%。

招商引资。全年引进永杰鱼天下、九龙生态园、启德行五星级酒店等111个项目，总投资203.5亿元。其中引进外资项目3项，总投资3.2亿美元。

社会事业。投入2.48亿元实施农村薄弱学校改造等10个教育民生工程，投入6500万元建成4个乡镇中心幼儿园。投入1.2亿元实施县乡医疗卫生基础建设，完善县级公立医院院长年薪制，组建县域医共体，挂牌成立“闽清县总医院”，分级诊疗制度初步构建。完成7个乡镇综合文化站和59个村（社区）综合文化服务中心达标改造。人口自然增长率6.21‰。

社会保障。12大类民生支出29.2亿元，完成26项63件为民办实事项目。城乡养老、医保、低保及失地农民保障财政补助标准持续提高。新建限价房708套9.98万平方米，基本建成保障性安居工程267套，改造提升10个乡镇敬老院，新建24所农村幸福院，县福利中心、8个乡镇敬老院实现公建民营。

首届中国·福州橄榄节　2017年12月16日，首届“中国·福州橄榄节”在闽清县举办。通过“金橄榄”评选、橄榄集市、橄榄清新游、橄榄音乐节、橄榄“生活馆”等活动搭建全省乃至全国橄榄产业交流合作平台，打造特色农业品牌，助力乡村振兴。（吴承辉）

【罗源县】　2017年，罗源县实现生产总值224.22亿元，比上增长8.8%。一般公共预算总收入20.79亿元，增长45.4%，其中，地方一般公共预算收入

12.72亿元，增长47.9%。固定资产投资167.64亿元，增长21.6%。出口总值3.81亿元，增长10.9%。社会消费品零售总额58.32亿元，增长12.5%。城镇居民人均可支配收入30295元，增长7.7%；农村居民人均可支配收入13736元，增长7.4%。

农业。农林牧渔业总产值72.04亿元，比上年下降0.3%。井水村白对虾智能工厂化养殖、海洋牧场一期等设施渔业项目竣工投产，启动实施生春源茉莉花茶示范工程一期、西兰七境堂茶业等一批农业精深加工项目。新增“三品一标”认证农产品9个，罗源秀珍菇入选中欧地理标志互认产品清单。

工业。规模以上工业产值450.93亿元，比上年增长32.2%；规模以上工业增加值91.63亿元，增长7.8%；工业固定资产投资68.49亿元，增长25%。罗源县135个“攻坚2017”建设项目完成投资105.1亿元，其中，34项市级攻坚建设项目完成投资71亿元。华能火电厂一期通过满负荷试运行，南铝铝材二期、德胜喷墨薄型高档墙地砖一期、中网电气等一批重大产业项目建成投产。

服务业。第三产业增加值49.49亿元，比上年增长15.7%。闽光钢铁物联云商园、融道创意园、吕洞畲族风情休闲度假园、福湖畲风、牛澳湾休闲渔业旅游开发等项目动工建设。全年接待游客157万人次、比上年增长31%，实现旅游收入15亿元、增长31.6%。

招商引资。全年共对接招商项目279个，落地招商项目196个，总投资额514.77亿元。实际利用外资3635万美元，比上年增长7%。注册企业达656家，注册资本108.47亿元，其中，私营企业567家，注册资本91.5亿元。引进宝武钢铁炉卷轧机生产线、高品质不锈钢深加工、金属铝制品、绿色新型建筑材料循环经济产业园、数字罗源湾创意园、新型聚合物离子动力电池研发生产基地等一批大项目落地。

社会事业。建成创业创新示范园区，完成专利申请310件，授权190件，新增省科技小巨人领军企业培育名单2家、省级高新技术企业1家、省级科技型企业2家。县特殊教育学校和进修校二附小民族班开班办学，动建县第三实验幼儿园、洪洋中心幼儿园、职业中学实训基地综合楼和碧里中心小学教学综合楼，职业中学通过省级示范性职业院校评估验收。成立县域医疗联合体，动建县医院病房大楼，通过全国基层中医药工作先进单位复审，开展家庭医生签约服务，落实计划生育服务管理和计生惠民各项政策。成立全省首个非物质文化遗产传承人之家，新增省级非物质文化遗产代表性项目1项和代表性传承人省级5名、市级7名，公布第六批县级文物保护单位5家。

社会保障。2017年，县财政用于民生支出23.9亿元，占一般公共预算支出的75.1%，基本完成15项年度为民办实事项目。新增城镇就业2918人，转移农业富余劳动力5545人，城镇登记失业率1.47%。完成191户592人建档立卡扶贫对象全部脱贫，31个贫困村实现摘帽退出。建成农村幸福院10座、慈善助老安居楼9座、社区老年人日间照料场所2个，为500名老人无偿提供居家养老服务。完成农村危房改造52户、残疾人“安居工程”45户、“造福工程”搬迁514人和公租房配租97套。

深化改革　深化“放管服”改革，创新推行园区建设项目审批监管模式，实行重点项目行政审批区域化评估评审和联合验收等定制服务。组建县公共资源交易服务中心，全面推行电子化招投标。推进“互联网＋政务服务”，实行全流程电子证照、电子印章应用和标准地址二维码管理。推进“多证合一”、企业名称登记便利化改革，新增注册市场主体3244户、注册资本112.9亿元。推广PPP等融资模式，首创农村人居环境治理“社团＋企业”运作模式，有效解决基础设施建设财政资金不足问题。强化增收节支，政府性债务风险降低至警戒线以内，被省财政厅确定为财政系统内部控制制度示范县。

（陈新强　兰克辉）

【永泰县】　2017年，永泰县实现生产总值165.86亿元，比上年增长9.6%。一般公共预算总收入13.9亿元，增长21.4%，其中，地方一般公共预算收入9.1亿元，增长20.9%。固定资产投资111.6亿元，增长25.3%。社会消费品零售总额60.2亿元，增长14.3%。城镇居民人均可支配收入28562元，增长9.3%；农村居民人均可支配收入13205元，增长12%。

农业。实现农林牧渔业总产值72.78亿元，比上年增长3%。稳定粮食播种面积2.15万公顷。完成20个乡镇254个村土地确权，引进农业项目94个。发展名特优水果400公顷，创建李果绿色食品原料基地县。实施51个村的幸福家园工程创建。全县新增家庭农场16家、合作社14家。新增县级示范合作社4家、县级家庭农场示范场7家、市级家庭农场示范场4家、省级家庭农场示范场4家。

工业。完成规模以上工业增加值15.97亿元，比上年增长7.5%。工业固定资产投资完成15.8亿元，增长222.8%。提升规模以上工业企业3家，新增一级建筑企业6家。永泰建筑工程公司晋升特级建筑企业，实现零的突破。完成建筑业总产值438.4亿元，比上年增长21.9%，建筑业和房地产业税收入库7.42亿元，增长75.33%。

第三产业。全年接待游客806万人次，比上年增长23.7%；旅游业收入29.1亿元，增长28.3%。海洋极地世界、极乐汤等文化旅游项目动工建设。举办第六届环福州·永泰国际公路自行车赛、首届大青云越野赛等旅游赛事和国际温泉旅游节、世界华文媒体永泰行等活动。百漈沟景区晋级AAAA级景区，全县AAAA级景区4家，占全市28.6%。新增11个省市旅游特色村和1个乡村旅游精品示范点。深圳至上海动车永泰旅游站点开通。旅游集散中心投入使用。

招商引资。实际利用外资2116万美元，比上年增长15%；出口总值51562万元，增长33.2%。组建21个招商小分队，赴北京、上海、山东等地开展招商工作，共引进乾景园林、今日头条、东华软件、功夫小镇、新农创文创园、蓝城康养、北京巅峰文旅等218个大项目好项目，总投资540.7亿元，招商排名全市第七。

社会事业。全年专利申请量359件，专利授权量87件。全县通过省级认定高新技术企业3家，实现零的突破。原实验小学和城关幼儿园恢复办学，第三实验幼儿园建成使用，赤锡等5所公办幼儿园启动建设。福建农林大学东方学院开学，首批招生4000人。图书馆、博物馆和文化馆对外开放。小汤山文化公园顺利开园。县中医院主体工程完工，妇幼保健院迁建项目动工建设，组建永泰总医院。成立专家工作站。

社会保障。全年民生支出26.77亿元，占公共财政预算支出的83.8%。全省扶贫攻坚现场会在永泰召开，“合作社+”模式、“惠民资金网”在央视播出推广。贫困户脱贫、56个贫困村退出和省级扶贫开发重点县摘帽工作有序推进。出台教育、医疗、养老、基础设施4项民生补短板方案，完成58项省市县为民办实事项目。“尼伯特”台风灾后重建140个项目全部完工。实现农村富余劳动力转移就业4330人，新增城镇就业2585人，下岗失业人员再就业148人，城镇登记失业率1.92%。推进农村敬老院建设，在建乡镇敬老院4个，已建乡镇敬老院15个。城镇职工基本养老保险覆盖19512人，城乡居民养老保险参保率98.9%，城镇基本医疗合计参保率95.7%。

全省脱贫攻坚现场推进会走进永泰　2017年9月28日，全省脱贫攻坚现场推进会与会人员赴永泰县进行现场参观。各设区市、平潭综合试验区、23个省级扶贫开发工作重点县有关领导等120余人实地走访参观永泰扶贫项目。参观人员一行先后查看梧桐镇春光村茉莉花产业扶贫项目和坵演村蜜蜂扶贫项目，嵩口镇（古街）产业联盟、农业合作社、扶贫产品线上线下销售平台，并结合实地看点，了解近年来永泰脱贫攻坚事业的工作亮点。

永泰自然来品牌发布　2017年12月18日，在“清新福建自然永泰——永泰自然来品牌发布会”上，上海景域公司对永泰打造全新旅游品牌的内容进行讲解，对青云山、云顶、天门山、百漈沟景区和嵩口古镇等永泰旅游资源进行了招商推介，北京巅峰文旅、乾景园林、福州优空间商业管理等公司与永泰县现场签约。发布会的召开，进一步提高了永泰旅游的影响力。（李　康）

厦门市

【基本情况】　厦门是中国东南沿海著名的港口风景旅游城市，由厦门岛、鼓浪屿、内陆九龙江北岸沿海部分地区以及厦门湾沿岸组成，位于九龙江入海口，背靠漳州、泉州平原，与台湾和金门岛隔海相望。全市现有土地面积1699.39平方千米，海域面积约390平方千米。下辖思明、湖里、集美、海沧、同安、翔安6个行政区。全市常住人口401万人，户籍人口229.98万人，是著名的侨乡和台胞的主要祖籍地，通行闽南方言。厦门是国内最具综合竞争力的城市之一，是经济特区、计划单列市、副省级城市，被授予地方立法权。先后获得联合国人居奖、国际花园城市、国家园林城市、国家环境保护模范城市、国家生态市、全国绿色交通城市、中国十大低碳城市等称号。

【经济社会概况】　2017年，厦门市实现生产总值4351.72亿元，比上年增长7.6%。第一产业增加值23.46亿元，比上年增长1.2%；第二产业增加值1812.24亿元，增长6.7%；第三产业增加值2516.02亿元，增长8.3%，三次产业结构为0.5∶41.6∶57.9。按常住人口计算，人均生产总值109753元，比上年增长5.6%。万元地区生产总值耗电572.05千瓦时，减少35.63千瓦时；耗水9.32吨，减少0.6吨。固定资产投资2381.46亿元，比上年增长10.3%。实现一般公共预算总收入1187.5亿元，增长9.6%，其中，地方一般公共预算收入696.87亿元，增长11%。城镇居民人均可支配收入50019元，比上年增长8.1%；农村居民人均可支配收入20460元，增长8.3%。居民消费价格指数102，城镇登记失业率3.47%，常住人口自然增长率13.5‰。获批建设国家十大知识产权强市创建市，成为中国智慧城市发展示范城市，赢得创建全国文明城市五连冠。

先进制造业。全市规模以上工业企业1726家，完成工业总产值5914.97亿元，实现工业增加值1437.16亿元，比上年增长8.1%；实现利润总额340.13亿元，增长20.4%。实施“中国制造2025”、促进工业稳增长和转型升级获国务院表扬。电子、机械两大支柱产业产值4031.27亿元，占规模以上工业总产值68.2%。全市高新技术企业1425家，实现规模以上高新技术产业产值4241.38亿元，实现工业增加值976.28亿元，占规模以上工业增加值67.9%，比上年增长8.4%。拥有视听通信、钨材料、软件、半导体照明、电力电器、生物与新医药6个国家特色产业基地，建成全球最大的触控屏组件研发和生产基地、全球最大的高端LED球泡灯制造和出口基地以及亚太最大的航空维修基地。新认定国家级工业设计中心3家，新增国际、国家、行业标准153项。全市国家、省市级重点实验室121家，工程技术研究中心131家。国内专利授权量14678件，其中，发明专利授权2333件，每万人拥有有效发明专利23.5件。

现代服务业。服务业实现增加值2512.03亿元，比上年增长7.9%，对经济增长的贡献率58.7%。获评中国旅游休闲示范城市、最佳会展奖营销目的地，进入世界会展城市50强。举办展览205场，展览总面积219万平方米，比上年增长1.9%，会展经济总体效益

381.29亿元，增长4.3%；全年接待国内外游客7830.52万人次，增长15.7%；旅游总收入1168.52亿元，增长20.7%。空港开通运营城市航线170条，含国际（地区）航线34条，其中，洲际航线8条；旅客吞吐量2448.52万人次，增长7.7%；货邮吞吐量33.87万吨，增长3.1%。厦门港有生产性泊位165个（含漳州），其中，万吨级以上泊位76个；货物吞吐量2.11亿吨，比上年增长1%；集装箱吞吐量1038.14万标箱，增长8%，全球排名上升至第14位。中外资金融机构本外币存、贷款余额分别为10598.32亿元和9742.3亿元，增长8.3%和13.1%。新批境内上市公司11家、“新三板”挂牌企业37家，总数均为全省第一。

现代农业。农业产业集群实现销售收入739亿元，比上年增长10.3%；农林牧渔总产值43.8亿元，增长2%。32家省级农业产业化龙头企业实现产值477.96亿元。农民合作社2025家，家庭农场382家。新建74个设施农业项目、农业“五新”成果示范基地和标准化生产基地。

城市管理。集美、环东海域、马銮湾等新城基地建设加快，完成固定资产投资826亿元。地铁1号线开通运营，2、3、4、6号线累计开工64个车站，区间掘进37千米。拆除“两违”面积672万平方米。新增优化公交线路97条，港湾式改造公交站点38座，新增公共停车位7500个。建成500千伏厦门变电站三期等电力设施。在全国率先确立海绵城市建设管理标准体系，地下综合管廊绩效评价全国第一。

外经外贸。全年实现进出口总额5816.04亿元，比上年增长14.3%。其中，出口3253.65亿元，增长5.2%；进口2562.39亿元，增长28.3%。新批外商投资项目1145个，合同外资328.12亿元，下降34.3%；实际使用外资160.11亿元，增长11.2%。对“海丝”沿线国家贸易额2083亿元，增长12.8%；投资额22亿美元，增长106.4%。新增合作项目30个，设立全国首支地方政府主导的“海丝”投资基金。

对台交流。2017年，对台输出94.71亿元，增长4.2%；对台输入293.22亿元，增长9.9%。新批台资项目668个，合同使用台资13.5亿美元，实际使用台资5.5亿美元。台资企业完成工业增加值425.39亿元，占全市规模以上工业增加值的29.6%。对台海运快件5.3万件，比上年增长34.9倍。厦金航线运送旅客161.4万人次。

社会事业。新改扩建中小学项目60个，建成中小学校20所，新增学位2万个；开建公办幼儿园22所，新增学位6500个。复旦大学中山厦门医院建成投用，新增床位800张。厦门市运动员在天津全运会获得奖牌7金6银4铜，厦门马拉松赛实现国际田联路跑金牌赛事十连冠。高甲戏《大稻埕》获国家“五个一”工程奖，故宫鼓浪屿外国文物馆正式开馆。成功举办世界铁人三项赛等30项国际和国家级赛事。

民生保障。新增就业18.64万人，发放2.2亿元企业稳岗补贴。基本养老、基本医疗、工伤、失业、生育5项保险参保人数分别比上年增长7.6%、8.7%、9.9%、9.7%和10.1%。巨灾保险顺利开展。城乡低保和特困人员基本生活标准分别提高到每人每月720元和1080元。企业退休人员月人均基本养老金提高到3422元，最低工资标准提高到1700元。全市共有养老服务机构35家、床位9304张，养老机构床位中护理型占比为83.7%。开工及续建保障性住房4.1万套。

生态建设。获全省党政领导生态文明目标责任考核三连冠。全年空气优良率99.18%，环境空气质量在全国74个重点城市中排名第四。集中式饮用水源地水质达标率100%。城镇污水集中处理率95.76%，生活垃圾无害化处理率100%。主要污染物二氧化硫、氮氧化物、化学需氧量和氨氮分别削减8.93%、12.19%、4.57%和9.8%。全市拥有公园130个，建成区绿化覆盖率42.95%，人均公园绿地面积13.1平方米。全面推行河长制，基本消除6处水体黑臭现象，实现9条溪流465千米河道养护全覆盖。完成营造林2733.33公顷，海沧湾整治成为蓝色海湾国家示范工程。

【金砖国家领导人厦门会晤】 2017年9月3—5日，金砖国家领导人第九次会晤在厦门举行，共有3271名嘉宾与会、85个国家和地区257家媒体2833名记者前来报道。会晤以“深化金砖伙伴关系，开辟更加光明未来”为主题，通过《金砖国家领导人厦门宣言》。习近平总书记在会上发表一系列重要讲话，提出引领金砖合作第二个“金色十年”的中国倡议、中国方案。其间，习总书记赞誉厦门是“高素质的创新创业之城、高颜值的生态花园之城”，对厦门在新时

2017年9月，金砖国家领导人会晤在厦门举行　　（思明区政府办供稿）

代的改革发展指明了方向，寄予了殷切期望。

【鼓浪屿申遗成功】 2017年7月8日，“鼓浪屿·历史国际社区”正式列入《世界遗产名录》，成为中国第36项世界文化遗产、第52项世界遗产。在鼓浪屿30年科学保护、9年申遗过程中，厦门市委、市政府始终秉承做好鼓浪屿保护管理的责任担当，精心守护文化瑰宝，举全市之力推进申遗工作。系统保护文化遗产。出台鼓浪屿文化遗产保护条例等20多部规范性文件，制订文化遗产地保护管理等专项规划，对100多栋历史风貌建筑、53处遗产核心要素、4条历史道路、30多处园林景观进行修复修缮，设立遗产监测管理中心等保护机构。充分挖掘文化价值。先后邀请数百位国内外专家学者深入梳理鼓浪屿文化内涵，形成15万字申遗正式文本，全面实施“全岛博物馆”计划。大力提升岛上环境。完成8处公共空间、14个路段、26个重要节点改造提升，拆除违建383处1.3万平方米；实行市民游客交通分流，实施每日上岛游客最高限额，启动噪声整治和无声导览，开展垃圾不落地和垃圾分类。着力保护群众利益。改造提升29项基础设施，建成市民服务中心等平台，出台爱岛公约等文明公约，启动洁净家园等志愿行动，成立公共议事理事会，引导群众自治共管。

（丁　超）

【思明区】 2017年，思明区完成生产总值1323.1亿元，比上年增长7.8%。一般公共预算总收入93.1亿元，增长3.2%，其中，地方一般预算收入52.97亿元，增长7.2%。固定资产投资294.4亿元，增长7.3%。合同外资89.44亿元，实际使用外资16.88亿元，合同内资973.77亿元。城镇居民人均可支配收入60233元，增长7.9%。城镇登记失业率3.47%。完成年度节能减排任务。

产业发展。启动十大产业重点领域提升行动。第三产业占GDP比重达87.9%，财政总收入连续两年位居福建省各县（市）区第一。修订出台企业上市等扶持政策，累计兑现各项优惠奖励10亿元。65家总部企业纳税贡献率22%，“亿元楼”22幢。建成全省首个政企合作型基金空间，赛伯乐众创大厦项目落户。美亚柏科、鑫点击等6家企业入选行业全国百强。“五个一批”综合考评位居省、市前列，获全省正向激励奖。雀氏营运中心、海峡明珠广场等项目竣工。保障地铁1号线顺利开通，2、3号线征收工作基本完成。投入1.4亿元用于科技创新与研发，新增科技小巨人领军企业30家。光莆电子、吉比特成功上市，点触科技等14家企业在“新三板”挂牌。龙山文创公司入选国家级科技企业孵化器，“北创营”两岸青年创客空间吸引20个团队入驻。获评福建省第二批产业人才聚集基地。

2017年7月，厦门鼓浪屿被列入世界文化遗产名录　（思明区政府办供稿）

社会民生。2017年，思明区民生和社会事业占财政支出比重76.4%。兑现就业补贴1.67亿元，新增就业5.2万人，失业人员再就业4.7万人。提高低保标准，发放圆梦助学、安康计划等各类救助款6600万元，惠及群众超过10万人次。加快区级养老服务综合体和街道级日间照料中心建设。推进第二实验小学改扩建、金桥幼儿园等项目，新增学位1080个。新培育省名校长后备人选16名，省教学名师、省学科带头人培养对象12名，兑现教育人才奖励金111万元，非编教师待遇比上年增长23%。新建梧村、筼筜等基层综合性文化服务中心。国家级非遗保护项目送王船成为厦门民俗文化重要名片。建成龙山、龙山桥、万寿北社区卫生服务站。通过国家慢性病综合防控示范区建设工作验收。

助力鼓浪屿申遗成功　2017年7月8日，在第41届世界遗产大会上，中国申遗项目——“鼓浪屿·国际历史社区”获准列入世界文化遗产名录。申遗过程凝聚多方力量。作为属地政府，思明区开展立面整治、“两违”整治行动，提升绿化景观及配套设施，创新房屋搬迁“鼓浪屿模式”，再现摩崖石刻等经典景观；成立鼓浪屿公共议事会，举办鼓浪屿诗歌节等特色活动，引导群众、社会组织共同参与提升全岛风情风貌。2017年，率先试点开展城管体制改革，整合城管、市政、绿化、环卫等资源，构建行政执法条块联动协作平台，巩固拓展整治提升成果，鼓浪屿面貌焕然一新。

（陈霜霜）

【湖里区】 2017年，湖里区实现生产总值956.25亿元，比上年增长8.7%。规模以上工业增加值347亿元，增长8.3%。一般公共预算总收入78.05亿元，增长12.3%。完成固定资产投资359.43亿元。城镇居民人均可支配收入49248元，增长7.4%。

产业转型。自贸试验区湖里片区成为亚洲第一的“一站式”航空维修基地。联合火炬高新区引进智原科技等三家台湾排名前十的集成电路企业。引进东海蓝玉蓝宝石晶体材料等战略性新兴产业项目。有1609家股权投资、资产管理、融资租赁企业落户湖里区，厦门两岸股权交易中心挂牌企业1700多家。“特区·1980”湖里创意产业园入驻企业382家。打造以游艇帆船体验为特色的现代休闲度假旅游品牌。亿联网络成功上市，博游旅游等7家企业挂牌新三板。

社会事业。开工建设湖边小学、特教学校、金林湾幼儿园，支持天地公司开办九年一贯制天地学校和天地幼儿园，新增义务教育和学前教育学位2670个。复旦中山厦门医院建成投用。启用兴华社区等5个社区卫生服务站，探索开展小区卫生服务站试点，家庭医生签约覆盖率31%。提升16个社区综合文化服务中心，建成投用新老年活动中心。建成蔡塘社区老年人日间照料中心。

民生保障。发放各类社会救助金2991万元。新增就业22098人，智慧就业综合管理服务系统获人社部肯定。推进社会保险扩面，5个基本险种参保人数均超过38万人。改造提升18个老旧小区，神山三航小区被列为全国老旧小区改造试点工作座谈会观摩点。新开通4条社区公交线路。推动厦门市首批地下空间建设公共停车设施项目公开出让，建成五缘湾湿地公园停车场等13个公共停车设施项目，新增公共停车泊位3275个。精准扶贫甘肃东乡和广河县，对口帮扶福建浦城、长泰、连城县，拨付资金3200万元，开展协作项目31个。

项目建设。推进征地拆迁，完成征地40.73公顷，海域退养127.47公顷；房屋征收106万平方米，省市重点项目房屋征收总量居全市各区第一。东宅安置房开工建设，分批实施投资工程包，住宅集团办公大楼等15个项目如期开工，鼎丰国际广场等37个项目全面竣工，西海湾邮轮城等62个项目顺利推进。环五缘湾高星级酒店群加快建设，凯悦酒店、牡丹港都酒店、佰翔五通酒店相继竣工开业。加强联动招商，中海外国际邮轮城商场、金洲黄金资产管理、厦门黄金投资、厦门金融租赁等一批优质项目签约落户。（蔡培育）

【集美区】 2017年，集美区实现生产总值618.5亿元，增长6.5%。规模以上工业总产值885.9亿元，增长11.3%。全社会固定资产投资375.53亿元。财政总收入112.35亿元，区级财政收入31.27亿元，分别增长5.4%和4.2%。合同利用外资31717万美元，实际利用外资22136万美元。社会消费品零售总额123.39亿元，增长13.2%。三次产业比例为0.38：48.41：51.21。

工业。规模以上工业增加值完成226.01亿元，增长9.3%，创三年来最高增速。工业利润增长34.3%，高出全市5.4个百分点。新认定高新技术企业89家、企业技术中心2家、工程技术研究中心15家。至年底，全区有重点实验室29家、企业技术中心37家、工程技术研究中心45家、博士后科研工作站7家、国家级高新技术企业207家。规模以上高新技术产业增加值占规模以上工业73.69%，完成工业增加值166.88亿元，累计增长9.9%。修订出台7项工业转型升级扶持奖励政策措施，兑现9000万元扶持奖励资金。深化与台湾中国生产力中心合作，推动建霖工业等10余家企业降低成本2700万元。全区获工信部“两化”融合管理体系评定证书企业11家，占全市28%。金龙客车产品全生命周期管理入选工信部制造业与互联网融合试点示范项目，金越电器入选省级智能制造试点示范企业，福大厦门工艺美院服务型制造公共服务平台入选首批省级平台。代表国内智能制造产业最高水平的“机器人超市”落户，吸引西门子、ABB等41家企业入驻。全省首个国际化离岸孵化器落户，新设立5家校企联合实验室与中试基地，承办第三届海峡工业设计大奖赛。新引进国家“千人计划”等各类高层次人才70人，新增2家市级院士专家工作站，中科院城环所研究员贺泓获评中国工程院院士。中科院厦门稀土研究所建成投用。36家众创空间成功孵化微沃时刻等340多家企业。

农业。支持国企参与村居集体发展项目，西亭人才公寓、三李城商业中心等集体发展项目开工，溪西村项目签约。在全省率先基本完成农村土地承包经营权确权登记工作。全面推行“河长制”，遏制生猪养殖回潮，清退流域200米范围内的养殖场，55个分散式污水治理工程建成投用，138个自然村实现污水集中纳管。

服务业。杏林湾商务营运中心入驻企业490家，纳税约3.3亿元。厦门北站商务营运中心入驻企业106家，纳税约1700万元。市级总部企业增至6家。商贸物流发展态势强劲。国贸美岁天地建成试运营，尚柏奥特莱斯签约落地。

集美新城全景，摄于2017年　（集美区方志办供稿）

13家4S店完成汽车销售28.1亿元，增长24.8%。集美物流园、前场铁路大型货场等载体集聚物流企业400余家。嘉晟供应链、海翼工业物流中心等4个物流项目一期试投产，中马（普洛斯）冷链物流等3个项目开工。软件园三期新增入驻企业352家，入驻员工5021人。至年底，累计入驻企业672家，入驻企业员工12038人，落地企业注册资本金45.69亿元。全年营业收入125.1亿元，比上年增长61.77%。其中，限额以上软件信息业20家，实现产值74.39亿元，同比增长45.32%；软件信息业税收总收入2.15亿元，同比增长92.15%。园区三期建成研发办公楼、公寓楼23栋，面积130万平方米，在建260万平方米。雅马哈信息研发中心投用，吉比特科技、罗普特（厦门）科技园等4个项目启动建设，软件百强企业宇信科技、人工智能领军企业云知声等签约落户。推动互联网和零售业、生活服务业紧密融合，好慷家政实现营收约4.2亿元。全域旅游加快推进，鳌园景区免费开放，灵玲马戏大酒店开业，全年旅游接待总人数突破1300万人次，增幅全市第一。“集美集”影视产业总部园区获评省级重点文化产业园区。引进128家股权投资类企业，注册资本94.1亿元；区产业引导基金累计投资45个项目，撬动57.7亿元社会资本，参股子基金数量及规模全市第一。

城乡建设与管理。“一心四片”（“一心”指杏林湾核心区，“四片”指后溪片区、集美片区、杏林片区、灌口片区）加速融合，城市建成区超过80平方千米。推进集美新城161个基础设施、社会事业及产业项目建设，全年投资超200亿元。马銮湾新城规划修编入库，投资8.3亿元推动54个公建项目建设。集美汽车小镇超额完成年度投资计划，集美动漫小镇列入省级第二批特色小镇创建名录。轨道1号线试运营，福厦客专开工。同集路、集灌路、杏滨路等“两环八射”城市快速路完成改造。长泰枋洋水利枢纽一期工程通水，成为厦门第二水源。杏滨小学地下停车场建成。全年完成征地5495亩，拆迁75.5万平方米。

重点实施“六线六片”（“六线”即集美大道至孙坂北路沿线、集灌路沿线、国道324线沿线、高速公路沿线、田集连接线、铁路沿线。“六片”即集美大桥桥头片区、杏林大桥桥头片区、厦门大桥桥头片区、集美学村片区、鳌园片区、集美新城片区）景观提升工程，绿化提升320万平方米，立面改造967栋房屋，岛外第一高楼、月光环“灯光秀”等216处夜景工程建成投用，嘉庚建筑景观获中外游客点赞，在“厦门会晤”报道中备受关注。厦门大桥、集美大桥、杏林大桥三大桥头片区完成整治提升。全年拆违104万平方米，引进“无人机航拍＋地面跟拍”模式。拆除集美旅游商城，取缔学村无牌证三轮车，整治拆除杏滨铁路沿线、杏林片区海岸线餐饮船及砂场违章建筑。

做好中央环保督察整改工作。累计投入大气污染治理资金近9000万元。全面完成锅炉整治任务，实现对28家大型餐饮单位油烟在线监控，关停拆除全区机砖厂。加强水环境治理和水资源保护，饮用水源地水质稳定达标。日东湖生态修复工程成为全省黑臭水体整治成功案例。强化土壤污染防控，在57个小区和7个行政村推行生活垃圾分类工作，建成区垃圾分类覆盖率达56.4%。

社会事业。2017年，集美区民生支出43.37亿元，占一般公共预算支出的76.87%。通过全国中小学校责任督学挂牌督导工作创新县（区）省级验收。新改扩建中小学2所，新开办3所公办幼儿园，与中科院合作开办幼儿园，新增中小学学位2070个、幼儿园学位990个。出台义务教育阶段民办学校扶持补助政策。集美学村获评省级历史文化街区，厦门（集美）对台研学旅行基地获评福建省首批对台交流基地，首次举办海峡论坛两岸特色庙会，举办集美·阿尔勒国际摄影季、2017中国综艺峰会等大型活动。市妇幼保健院集美院区、第一医院杏林分院新项目开展前期工作，家庭医生签约覆盖率达30%，集美街道社区卫生服务中心获评全国百强，集美区获评省计生工作创新奖。补贴新创经营实体340个，核发就业补助奖励约1.5亿元，城镇失业人员再就业1.3万余人，职业技能培训1.2万余人次。扩面提质全民参保工作，全区社保参保总数55.7万人，增长14.4%。新办安置房个人产权证459套。围绕服务保障“厦门会晤”，开展基础信息大排查，实现“一标四实三清”（“一标”是统一地址信息和房屋编码，“四实”是全面掌握实有人口、实有房屋、实有单位、实有物品等基础信息底数，“三清”是实现情况清底、问题清理、治安清平），实施“雪亮工程”（即社会治安视频防控系统）。推行“小案快打”，刑事警情下降43%，降幅全市第一。建成城市公共安全管理平台。开展“黑油黑气”“三合一”场所等专项整治，实现社区微型消防站全覆盖，全区未发生较大以上生产安全事故。全面深化文明创建，后溪镇获评全国文明乡镇，银亭社区、鳌园景区再次获评全国文明单位，在册志愿者占户籍人口10%。田头等3个社区入围全国综合减灾示范社区，民间公益救援组织“福建省蓝天救援防灾减灾中心”挂牌，救灾志愿者组织“飞鹰救援队”成立，财政出资实现“巨灾保险”全覆盖。

政府自身建设。取消行政审批事项19项，承接下放事项68项。实现“双随机一公开”监管全覆盖，全面落实“一单两库一细则”。修订《区政府工作规则》，建立和完善土地开发管理、第三方评议等机制，机制创新纳入政府各单位年度效能工作要点和绩效考评。推进“两学一做”学习教育常态化制度化。全面开展政府系统“效率提升年”活动，效能约谈19人次、效能问责51人次。推进“互联网＋政务服务”，实现“一趟不用跑”和“最多跑一趟”事项1318项，占总事项的86%。在全市率先实现自助终端一体机在镇街、村居全覆盖，推动67项区级便民服务事项向基层延伸。严格落实中央八项规定，完成首批公车拍卖。严格落实重大行政决策合法性审查等6项制度，完成区政府规范性文件清理。办理区人大代表议案1件、建议125件，区政协提案140件。（张燕红）

【海沧区】 2017年，海沧区实现生产总值602.28亿元，比上年增长5.2%。第一产业增加值1.95亿元，增长31.1%；第二产业增加值358.3亿元，增长5%；第三产业增加值242.03亿元，增长5.5%，三次产业增加值的比重为0.3∶59.5∶40.2。一般公共预算总收入179.4亿元，比上年增长9.3%，其中，地方一般公共预算收入38.83亿元，增长14.1%。固定资产投资（不含农户）431.46亿元，增长0.3%。城镇居民人均可支配收入45728元，增长8.5%；农村居民人均可支配收入25403元，增长7.9%。

产业发展。全年海沧区实现工业总产值1099.88亿元，比上年增长7%（现价，下同）；实现工业增加值321.18亿元，增长5.2%；规模以上工业总产值1058.88亿元，增长5.5%。产值超亿元的企业有140家，实现产值984.35亿元，占规模以上工业总产值的93%。集成电路产业高效推进，士兰微电子、通富微电子等项目成功签约，EDA设计服务公共平台投入运营，绿芯半导体、集微网等10个项目相继落户。举办集微半导体峰会。规模以上生物医药企业完成工业总产值122.45亿元，占全区规模以上工业总产值的11.6%。厦门生物医药港入选国家级小微企业创业创新基地；新获批第二类、第三类医疗器械产品分别占全省的38.5%、62.5%；特宝等4个项目入选国家“十三五”重大新药创制项目；力品药业生产场地通过美国FDA检查、高端制剂产品获得FDA批准，均为全省首例。三元正极材料、石墨烯浆料项目顺利投产。佳格葵花油、法拉电子等11个项目竣工投产，新增产能超过100亿元。以威迪亚、松霖、钢宇、盈趣为龙头的智能家居产业，以及金龙、捷太格特、厦钨新能源等汽车及其配件产业集聚效应更加明显。

创新驱动。新认定国家高新技术企业24家，比上年增长80%，至年底，资格有效国家级高新技术企业146家，高新技术产业占规模以上工业产值比重达67%。创新创业空间有效扩展，孵化面积近4.5万平方米，累计为930家初创企业（团队）提供孵化服务，创客人数累计超过3600人。据不完全统计，众创空间入驻企业共吸引投融资4560万元，拥有授权专利76件、计算机软件著作权17项。率先全省开展生物医药职称评审改革。新入围国家“千人计划”创业人才数占全省近一半，入选第五批省“百人计划”人数占全市近一半。

对台交流。石室书院被国台办授牌为海峡两岸交流基地，青礁开台文化园奠基。举办第十届保生慈济文化节和2017年海峡两岸（厦门）乐活节、2017海峡两岸汉字节等活动。举办海峡论坛“传家训 振家风——两岸宗亲海沧行活动”，两岸300多名宗亲代表参加，增进同胞的认同和亲情。举办“乐业两岸，创享未来”青创先锋汇活动，促进两岸青年的交流合作和产业落地生根发展，两岸青创基地新入驻台资项目47个。

社会事业。完成40个为民办实事项目。推进12个续建学校项目，新增学位10020个，成立教育基金会，发放第一批奖教奖学金。率先在福建省推行户籍人口大病医疗救助保险全覆盖；建立城乡一体低保制度和特困供养模式，城乡低保、特困人员基本生活标准分别提高至每人每月720元和1080元。新增1957套安置房，启动地铁社区建设。石塘、嵩屿社区卫生服务中心入选全国百强，海虹、兴旺获评全国流动人口社会融合示范社区。分级诊疗改革不断深化，基层门诊首诊量增长20%。军民融合深度发展，连续4年荣获省级双拥模范区称号。“两岸义工志愿行”获评全国青年志愿服务示范项目。

获评全国首批生态文明建设示范区 2017年9月7日，海沧区通过国家生态文明建设示范区评估和考核验收，成为环保部授牌表彰的全国第一批46个国家生态文明建设示范县市（区）之一，为福建省5个之一、厦门市唯一。近年来，海沧区牢固树立“绿水青山就是金山银山”理念，把生态文明建设放在突出地位，发挥生态文明建设的引领示范作用，从生态格局、生态环境、生态经济、生态人居、生态意识、生态制度等6个方面全面推进生态文明示范区建设，健全生态文明建设制度体系，为群众厚植“生态福利”。实施小流域综合治理及系列海洋生态修复行动，深度推广垃圾分类试点工作，完成1800公顷生态风景林建设，海绵城市建设全面铺开，绿道等慢行系统建设已见成效，群众满意度和获得感不断提升。《国家生态文明建设示范县市指标（试行）》规定的37项指标全部达到国家考核要求，生态环境状况指数等多项指标均远优于国家考核标准，公众对生态文明建设的满意度96.2%。

士兰微电子项目签约 2017年12月18日，海沧区与国内集成电路芯片设计与制造一体（IDM）的龙头企业——杭州士兰微电子股份有限公司签署战略合作框架协议。士兰微电子拟在海沧信息消费产业园投资约220亿元，规划建设两条12英寸特色工艺晶圆制造生产线和一条4/6英寸先进化合物半导体器件生产线，达产后将形成产能74亿元、税收1.5亿元。其中，第一条12英寸特色工艺生产线规划产能8万片/月，初期规划产能4万片/月，预计将于2021年投产。（蔡秋娟）

【同安区】 2017年，同安区实现生产总值399.06亿元，比上年增长9.2%。固定资产投资334.29亿，增长23%。批发零售贸易销售总额、社会消费品零售总额分别突破500亿元、200亿元大关，分别比上年增长40%和109%。一般公共预算总收入32.78亿元，下降22.8%，其中，地方一般公共预算收入20.03亿元，增长20.7%。城镇居民人均可支配收入 42330 元，增长 9.4%；农村居民人均可支配收入 18935 元，增长 8.6 %。

工业。500 家规模以上企业完成产值 800 亿元，比上年增长 15%，拉动地区生产总值增长 5.6 个百分点；175 家高新技术企业实现增加值 86 亿元，增幅全市第一。食品医药、光电照明、水暖厨卫、机构制造四大传统产业支撑作用明显，实现产值 509 亿元，占全区规模以上工业产值 64%。“国家级出口健身器材质量安全示范区”通过验收。金牌厨柜、鹰君药业等 6 家企业在多层次资本市场挂牌，上市公司增加到 17 家。建立招商引资“三个一”工作机制，批准设立项目 35 个、累计投资 4.4 亿美元。合同利用外资 4.4 亿美元，实际利用外资 2.3 亿美元。盘活利用低效厂房 8.2 万平方米，“零地”引进企业 20 多家。

第三产业。网络消费高速增长，限额批零企业通过互联网实现商品销售额增长 100%。全年接待游客 1130 万人次，旅游总收入 34.8 亿元，比上年增长 16%。方特东方神画等 3 个项目获评“福建省创意旅游产品”。加快构建现代物流体系，搜于特供应链、日清结算中心正式运营，16 家规模以上运输、仓储、邮政服务企业实现营业收入 5.3 亿元，比上年增长 10.5%。

现代农业。严守耕地保护红线，3620 公顷永久基本农田完成划定。完成农村土地承包经营权确权登记颁证工作。推动国家级农村产业融合试点，全年实现农林牧渔业总产值 19.07 亿元，比上年增长 2.5%。新建和灾后重建设施农业项目 22 个，累计投入 4600 万元建成面积近 40 公顷。12 家区级以上农业龙头企业实现年销售收入 137 亿元。新增市级休闲农业示范项目 3 个，西坑、白交祠等 4 村创建省级特色旅游村。正心精致、鑫美园等都市农业项目投入运营，19 家“互联网+”农业合作社等实现线上销售 1.4 亿元。省级休闲农业示范点增至 12 个。30 个“一村一品”专业村加快培育，“三品一标”产品达到 24 个。新成立农民专业合作社 39 家，注册登记家庭农场 46 家，新定市级示范社 3 家。

重点项目。99 个省、市、区重点项目完成投资 248 亿元。33 个涉及征拆的省市重点项目中，官浔溪中上游河道治理工程、地铁社区一期等 12 个项目按序时完成年度任务，同翔大道、同集路提升改造工程等 15 个项目全面交地。历时 8 年的莲花水库下闸蓄水。联通城际的国道 324 复线、同安大道（海翔大道—同南路段）全线贯通。

民生保障。城乡居民基本医疗、基本养老保险人数分别达 23.49 万人、7.16 万人，参保率均达 100%。发放各类就业补助资金 1.6 亿元，实施救助 4.09 万人次、支出各类社会就助资金 5697.4 万元，累计落实被征地人员和退养渔民养老保障等补助 1.93 万元。开展农村劳动力培训 1574 人次，转移农村劳动力 4500 人，指导失业人员再就业 8000 人。养老服务不断完善，区福利中心年内投入运营，28 个城市社区推行居家养老信息化服务，8 个农村幸福院建成投用。推进移民造福工程，一期 1607 套安置房完成建设，二期 1318 套启动实施，开展 190 个地质灾害与高陡边坡治理项目。发放城乡低保金 2236 万元，办理医疗救助 3.2 万人次。累计投入 1.5 亿元完成老年人幸福安康险、老旧小区环境改善等 10 个为民为实事项目。省级双拥模范城创建实现“六连冠”。

社会事业。累计投入 3.26 亿元，新改扩建官浔小学、城东幼儿园等中小学、幼儿园 13 所，增加学位 8220 个，务工人员随迁子女入读公办学校比例 98.7%；城乡教师交流轮岗 245 人次；高分通过“全国中小学责任督学挂牌督导创新区”省级评估。医卫条件持续改善，改扩建各类医院、卫生院 12 家；工业集中区社区卫生服务中心完成改造，标准化村卫生所增至 93 个。保持省级“计划生育工作先进区”称号。梧侣社区获评全国第一批流动人口社会融合示范社区。2 个镇、26 个村（居）综合性文化服务中心和梧侣文体中心运动场完成改造。581 处古民居完成普查。王审知信俗等 5 个项目被列入全省非遗代表性项目名录。现存最早的同安县志——康熙版《大同志》启动点校。连续 3 届保持“全国文化先进区”称号。

同安保障房地铁社区动工　2017 年 6 月 30 日，同安区祥平保障房地铁社区一期工程正式动工。该工程由 3 个地块组成，住房建设用地 9.86 公顷，容积率 3.26，绿化率 35%，总建筑面积 51 万平方米，一期规划建设保障房 4516 套，计划 2019 年底竣工，2020 年 6 月投入使用。该工程是厦门市岛外大力建设的 4 个地铁社区之一，地段南接同安新城，北靠同安老城，毗邻滨海西大道，距离地铁 6 号线卿朴站仅数百米，周边有医院、中小学等公共服务配套设施，是一个生态宜居花园小区。

同安莲花水库正式下闸蓄水　2017 年 9 月 29 日，省、市重点工程同安莲花水库正式下闸蓄水。莲花水库工程于 2010 年 11 月 3 日开工，项目总投资概算 86365 万元，其中工程动态投资概算 24210 万元，资金来源为市财政统筹。总库容为 3286 万立方米，集雨面积 157 平方千米，是以防洪为主，兼有向下游供水和农业灌溉作用的中型水库。主要建筑物由主坝、副坝组成，设计洪水标准为 100 年一遇，校核洪水标准为 1000 年一遇。年平均可向同安城区供水 8736 万立方米。

2017 厦门第二届国际朱子文化节　2017 年 10 月 15 日，以“四海同安，家园天下”为主题的 2017 厦门（同安）第二届国际朱子文化节暨《朱子家礼》与东亚世界国际学术研讨会在同安县衙旧址厦门朱子学院举办。来自德国、韩国、新加坡、马来西亚等国家和中国台湾地区的专家学者、朱氏宗亲及各界代表 300 多人参加。该届文化节首次复原朱熹的绍熙州县释奠仪，同时聘请德国著名汉学家、特里尔大学汉学系主任苏费·翔等 5 位知名学者为朱子学院第二批学术顾问。文化节期间，还举行电视访谈栏目《文话同安》，歌仔戏《朱熹点化鳄鱼精》开播和演出。　（陈成裕）

【翔安区】 2017年，翔安区完成生产总值452.52亿元，比上年增长7.8%。规模以上工业增加值291.5亿元，增长8.2%。固定资产投资586.36亿元，增长33.7%。限额以上批发零售业销售总额226.7亿元，增长37.3%。社会消费品零售总额63.89亿元，增长13.6%。一般公共预算总收入26.46亿元，增长12%，其中，地方一般公共预算收入17.98亿元，增长12.1%。城镇居民人均可支配收入35649元，增长8.1%；农村居民人均可支配收入18489元，增长8.8%。

工业。规模以上工业企业增至246家，完成规模以上工业总产值1220亿元。翔安高新技术产业基地市头片区拉开框架。美日丰创、乾照光电半导体等开工建设。实施科技创新驱动，微电子产业基地建成运营，海洋三所科考基地、南方海洋研究中心选址落地。专利申请超过1400件。国家健康医疗大数据产业（翔安片区）规划启动编制。“云卫监”大数据平台荣膺全国发明展金奖。

农业。胡萝卜出口连续8年保持农残“零通报”。如意情等6家农业经营主体获评首批市级农业标准化示范基地，与市属国企合作开发大帽山休闲农业文旅、香山乡苑，新增3个市级休闲农业示范点、3个市级家庭农场示范场。农民专业合作社增至1015家。组建新圩小作坊联盟并作为经验典型在全市推广。启动农村集体产权制度改革，划定永久基本农田2566.67公顷，农村土地经营权确权登记颁证合同签订率位居全省第一。

第三产业。第三产业增加值比上年增长10.7%，高于GDP增速2.7个百分点。企业总部会馆园区企业增至50家，年贡献税收2.4亿元。企业上市实现突破，新增境内上市公司3家、两岸股权交易中心挂牌企业17家。实施商贸服务业、电子商务扶持政策，悦华酒店签约入驻，闽篮城市综合体开业运营，电子商务销售收入比上年增长25.5%。接待游客532万人次，旅游收入超过10亿元。

基础设施建设。2017年，翔安机场完成工程可行性研究报告，立项取得实质进展，市政配套同步开工。轨道交通3、4号线翔安段开建16个车站主体结构；区间掘进2千米。美上路建成通车，滨海东大道一期全线贯通，第二东通道前期加快。汀溪水库群至翔安原水输水管道全线铺设。翔安污水处理厂二期、新圩污水处理厂并网通水。104个自然村分散式污水处理、33个自然村截污纳管建成，26个自然村雨污分流启动实施。新增、优化公交线路16条，新建2个公交首末站。后山岩公园、出米岩公园动工建设。海绵城市建成1.3平方千米，地下综合管廊推进17千米。

民生保障。2017年，翔安区财政投入24.4亿元用于民生事业，比上年增长17.6%。首批506套区级公共租赁房投放市场，九溪小区建成封顶，新店地铁社区在全市率先动建。城乡居民基本医疗保险参保率连续8年保持99%以上，46周岁以上城乡居民养老保险参保率连续7年保持100%，被征地人员基本养老保险参保新增4342人。建立困境儿童分类保障机制，为59个社区购买居家养老服务，发放各类补助、救济近亿元。开发公益性岗位819个，开展技能培训78期，农村富余劳动力转移就业5690人。马巷同美公寓、小嶝转产就业基地通过立项。

厦门翔安区洋唐居住区，摄于2017年 （翔安区政府办供稿）

社会事业。在全省率先成立区属普惠性教育集团，推行“集团化管理、集群化办学”，克服编制不足难题。对接全市名校出岛战略，辖区第一所市属小学开学招生，新一轮合作办学协议签订。增强教师队伍综合素质，提高非在编合同教师等人员工资待遇。立足缓解“城区挤、农村弱”现状，建成新圩学校等10所中小学、幼儿园，新开办10所公办园，新增2所市级示范园，6所农村小学升格为区直属校，增加学前教育、义务教育学位5580个。科技中学翔安校区初高中部交付在即，双十中学、厦门实验小学翔安校区具备开工条件，厦大附属学校选址确定。区教育基金会募集基金2.6亿元。南洋学院列入省“十三五”期间重点支持“升本”院校。医疗供给短板加快补齐，第五医院门急诊大楼投入使用，翔安医院建成封顶并进行内部装修，区妇幼保健院新院区确定选址。分级诊疗加快实施，新店中心卫生院开展区域医疗联合体试点，家庭医生签约率达35%，引进高层次医学人才5名。第五医院成为全省第二家通过HIMSS EMRAM（美国医疗信息与管理系统学会电子病历应用成熟度模型）六级认证评审的医疗机构，并获评全国“人文爱心”医院。文体事业蓬勃发展，成立2家文化产业园，设立农民漆画研习中心，评选首批15名区级民俗文化人才，内厝中心小学《小圣斗巨蟒》获全省木偶戏展演大赛金奖。

生态文明建设。开展守护蓝天百日

攻坚专项行动，提前完成黄标车、高污染锅炉淘汰任务，严控工地扬尘、秸秆焚烧、夜间烧烤，全年空气质量综合指数排名位居厦门市第一。全面推行河长制，加快小流域综合治理、畜禽退养，排查719家排污小作坊，完成莲溪上游23千米整治及九溪、东溪、龙东溪60千米河道清淤疏浚，摘掉浯溪黑臭水体“帽子”。严格落实节水限水措施，抗旱工作取得初步成效。加强重点区域土壤污染监控，25家重点企业签订土壤污染防治目标责任书，治理恢复2公顷矿山生态。完成银鹭食品重油锅炉拆除及三荣陶瓷“煤改气”，19家企业投保环境污染责任险。（马海平）

漳州市

【基本情况】 漳州位于福建省南端，与台湾隔海相望，是一座具有1300多年历史的文化名城。2017年，全市土地面积1.29万平方千米，海域面积1.86万平方千米，辖8县2区1市和4个开发区、1个国家级高新区，常住人口510万人。漳州自然条件优越，山、海、江、平原兼备，拥有全省最大的平原——九龙江下游冲积平原，森林覆盖率64.58%，是全国有名的水果之乡、花卉之都、水产基地。全市海岸线长715千米，拥有厦门湾南岸和东山湾两大深水港湾，可供建设万吨级以上码头130多个，已建成万吨级以上码头12个，有三个港区被列为国家一类对外开放口岸。漳州是台胞主要祖籍地、台湾文化重要发祥地和台商投资密集区。台湾总人口中祖籍漳州的有近1000万人，台湾四大民间信仰中，开漳圣王、保生大帝、关帝信仰祖庙都在漳州。漳州历史遗存丰富，南靖、华安土楼群被列入世界文化遗产名录，“台湾路—香港路街区”入选首批中国历史文化街区。漳州是谷文昌创业精神、龙江大局精神、110服务精神和女排拼搏精神的发祥地。漳州城市环境优美，是全国文明城市、国家森林城市、国家园林城市、国家卫生城市、中国优秀旅游城市、中国食品名城和省级生态市。

【经济社会概况】 2017年，漳州市完成生产总值3528.53亿元，比上年增长9.2%。一般公共预算总收入318.08亿元，增长10.6%，其中，地方一般公共预算收入204.04亿元，增长8.7%。规模以上工业增加值1621.31亿元，增长8.7%。固定资产投资3328.1亿元，增长17.7%。外贸出口512.6亿元，增长7.1%。实际利用外资82.26亿美元，增长10.3%。社会消费品零售总额982.43亿元，增长12.2%。城镇居民人均可支配收入33359元，增长8.6%；农村居民人均可支配收入16676元，增长8.9%。

项目建设。全年落实“五个一批”项目2625个，新开工亿元以上项目260个、建成或部分建成150个，金龙汽车、中海油LNG、古雷石化炼化一体化等重大项目相继落地开工。腾龙翔鹭项目重组方案获省委、省政府批准，PTA项目整改修复工程有序推进。古雷石化园区获评“中国化工潜力园区十强”。福厦（漳）高铁、云平高速、漳武高速（南靖段）正式开工，沿海大通道（漳浦段）建成通车。龙海入选全省县域经济实力“十强”县（市），云霄、诏安、长泰、东山入选全省县域经济发展“十佳”县（市）。

工业经济。全力帮扶实体经济渡难关、促生产。发放工业企业扶持资金1.3亿元，为155家工业企业补办不动产权登记证。新增、新上规模工业企业166家、高新技术企业20家、科技小巨人50家，完成技改投资680亿元，3项成果获省科技进步一等奖。设立中小企业贷款风险补偿基金，新增上市企业2家，实现民企A股主板上市“零”的突破。产业升级。发展现代服务业，入选中国“电子商务百佳城市”，诏安、平和入选国家级电子商务进农村综合示范县。打造全域旅游，举办“花样漳州”十佳系列活动，南靖土楼获“中国最佳乡村旅游项目奖”，片仔癀中药工业园获首批“国家工业旅游示范基地”称号，旅游业接待游客人数、旅游收入分别比上年增长22.9%和30.9%。加快发展现代农业，获批国家农业可持续发展试验示范区、农业绿色发展试点先行区，新增设施农业1870公顷，新建现代化粮食储备仓容35万吨，11个产品入选全国名优新农产品名录。龙海获“中国休闲食品名城”称号。

城乡建设。建成城区停车楼（场）38个。基本建成博物馆、艺术馆、规划展示馆，圆山文化中心基本形成。市区生活垃圾清洁直运全面开展。完成拆违面积超700万平方米。启动“安得广”惠民安居工程，新建保障性安居工程1.5万套。出台城市既有住宅增设电梯

漳州古城一角，摄于2017年　（芗城区政府办供稿）

指导意见和补助政策。解决历史遗留办证难问题，补办房地产不动产权证4814份。蝉联第五届全国文明城市称号，漳州古城保护建设（一期）项目获“2017年中国人居环境范例奖”。

生态建设。推行“生态＋”模式，实施中心城区“五湖四海”、南山水岸、“双百”绿化工程、圆山林下生态园等一批“生态＋”先行示范项目，“一城花海半城湖”独特风光初步形成。将352.67公顷土地列为中心城区重要生态空间保护范围。完成国土绿化1.33万公顷、水土流失综合治理2.01万公顷。

深化改革。持续深化简政放权，年度各项改革任务如期完成，构建开放型经济新体制综合试点试验工作取得突破。“会审制”改革、商务110、国地税联合办税、“即报即放”出口食品检验检疫方式等经验做法在全国推广。在全国首创食品农产品检验检疫“四检合一”，台商投资区保税物流中心（B型）获批设立。成立供给侧改革服务中心、台胞台商服务中心，营商环境持续优化，获“2017中国十佳最具投资营商价值城市”称号。对台对外合作成效彰显，实际利用台资34亿元，与东盟贸易额80亿元。

社会事业。20项为民办实事项目基本完成，“十大惠民特色工程包”完成投资190亿元。开展精准脱贫攻坚竞赛，推广平和“养鸡生蛋”工程，2.28万人、79个贫困村实现脱贫，完成造福工程搬迁3642户、1.2万人。公立医院综合改革成效显现，新增床位1031张、卫技人员1089名。新建57所公办幼儿园，新增幼儿园学位1.34万个、中小学学位6989个。成功举办第十三届市运会、第十届老健会，新增3个国家高水平体育后备人才基地。长篇报告文学《谷文昌》获评中宣部“五个一”工程奖。

【“五湖四海”建设】 “五湖”即碧湖、西湖、西院湖、九十九湾湖、南湖，“四海”即荔枝海、香蕉海、水仙花海、四季花海。2017年，漳州市启动西湖湖体建设，西院湖完成湿地公园园林景观和公园景观建设。南山文化生态园项目完成蜈蚣湖、南山湖及配套景观建设。荔枝海完成观景平台景观工程改造，香蕉海建成林语堂文化园故里游览园。水仙花海和四季花海在水仙花产业的基础上，发展各类花卉，打造七彩花田，成为市民休闲观光的城市生态空间。

（谢王辉）

【芗城区】 2017年，芗城区实现生产总值592.44亿元，比上年增长8%。农林牧渔业总产值14.22亿元，增长3.8%。规模以上工业总产值820.07亿元，增长8%；规模以上工业增加值216.23亿元，增长7.7%。固定资产投资236.21亿元，增长25.4%。一般公共预算总收入28.72亿元，增长12.6%，其中，地方一般公共预算收入15.14亿元，增长8.7%。实际利用外资3.5亿元，增长12.14%。外贸出口51.57亿元，增长0.4%。社会消费品零售总额200.85亿元，增长9.3%。城镇居民人均可支配收入36968元，增长8.7%；农村居民人均可支配收入16630元，增长8.3%。

工业。新增新上规模以上工业企业21家，完成45个工业技改升级项目，新增省名牌企业2家、名牌产品2个、专利授权598件。科华公司获省科技进步一等奖，漳州市英格尔获省科技进步奖二等奖。被评为“国家知识产权强县工程试点县（区）”。

项目建设。组织实施“五个一批”项目170个，新开工亿元以上项目35个，建成或部分建成35个。141个市级竞赛项目完成年度投资计划的241.23%。举办4场大型招商推介会和8场项目签约活动，成功签约54个项目、总投资321.83亿元。

第三产业。4家企业入选省百家服务制造示范企业培育名单，福建鑫展旺物流一体化供应链服务标准化试点通过国家级验收。红星广场、万科里开业，填补城西大型商超的空白；全区电子商务交易额87.87亿元，占全市比重72%。旅游产业年接待游客突破800万人次。

农业。新增农业产业化省级重点龙头企业8家，天宝镇被列为省级农村产业融合发展试点示范镇。培育新型经营主体，新增农民专业合作社20家、家庭农场26家。

社会事业。实施新改（扩）建学校7所，新建公办幼儿园5所，增加中小学、幼儿园学位8100个，完成康山小学等5所学校765名适龄儿童分流入学工作。全区药品材料占比和药占比分别下降11.44和8.97个百分点。新建33所标准化公办村卫生所，家庭医生签约服务工作成为全市典型，分级诊疗格局初步形成。帮助3900名困难群众参加城乡医疗保险，医疗救助11743人次，支出医疗救助金356.07万元。举办公

漳州芗城区——西院湖，摄于2017年 （芗城区政府办供稿）

共文化演出30场、全民健身赛事30场，新增市级以上文化产业示范基地7家。

民生改善。民生支出占一般公共预算支出的74%。全区新增就业人数5963人，城镇登记失业率控制在2.45%。全年发放养老、失业保险金、失地农民保障金和城乡低保金9.15亿元。完成造福工程202户255人。累计为贫困户发放小额贴息贷款812.5万元。新建漳州市福利中心及1个老年人日间照料中心、2个农村幸福院，提升4所居家养老服务站，引进居家养老专业服务机构，为14817名60周岁以上特殊老年人购买居家养老服务。

区行政服务中心首创全省“扫码办件”新模式　2017年，芗城区在全区所有进驻部门的窗口单位全部实现扫二维码在线申报及移动手机端申报办件。申办人可通过登录区行政服务中心网站获取二维码或者手机扫描服务指南和窗口台面上的二维码，即可用手机在线申报业务，窗口可即时受理办件，实现一事一码，即扫即办。此外，也可登录微信公众号办件。申办人可通过手机端微信公众号自助办件系统在线申请办件、实时查询办件进度，可以24小时查询所需办理事项的申请材料、办理流程、常见问题等相关信息。

实现社区居家养老服务全覆盖　2017年，引进社区专业化养老服务项目，在全市率先实现“互联网+智慧养老”，信息采集“零遗漏”。全面摸底调查，收集重度残疾老人等7类人员信息，发放服务手机8103部；线上对接“全天候”，建成9个话务席并配备闽南语系话务员4名，通过服务热线、手机APP、网站等方式实现24小时在线接收求助信息；线下服务“马上到”，建立社区服务站点，在小区及自然村配备紧急救助人员，可在15分钟内上门服务。至年底有救援人员279名、助老员32名、加盟商家5375家，提供家政服务、康复护理和精神慰藉等8项服务。

（张振拓）

【龙文区】　2017年，龙文区完成生产总值222.38亿元，比上年增长10.5%。规模以上工业总产值335亿元，增长8.9%；规模以上工业增加值95.5亿元，增长9.2%。一般公共预算总收入15.7亿元，与上年持平，其中，地方一般公共预算收入9.3亿元，比上年下降12.2%。固定资产投资261.25亿元，增长7.5%。社会消费品零售总额133.89亿元，增长15.1%。外贸出口34亿元，增长4.9%。城镇居民人均可支配收入37907元，增长8.1%；农村居民人均可支配收入18005元，增长7.9%。

项目建设。全年落实“五个一批”项目560个，其中，有95个新开工、68个新投用。开展主题招商、外出招商14场，洽谈签约项目28个，计划总投资75.2亿元。完成征地180公顷、拆迁125万平方米。

服务业。兑现扶持资金8100万元，新增注册企业和资本金分别比上年增长39%、36%。第三产业完成增加值100亿元，增长12.5%。引进民生银行等7家金融总部、漳州移动等4家企业总部。限上零售、餐饮、住宿业分别比上年增长20%、30%和100%。快递行业实现收派件量7040万件。阿里巴巴·漳州产业带入驻企业947家。全区电商交易额45.2亿元，增长26.2%。

工业。英博雪津增资3.5亿元建成全球速率最快的啤酒生产线，年产能105万吨；大闽食品收购康师傅旗下5家灌装厂，加快向全产业链迈进；金霸龙建成轻型载货汽车整车生产线，获工信部商用车整车生产牌照。为22家次企业办理应急周转金、助保贷1.2亿元，处理企业不良贷款4.8亿元。46家企业完成技改投资28亿元。新增3家高新技术企业、6家科技小巨人领军企业、9家省级创新型企业和1家院士工作站，思特电子院士工作站获评全国示范站。

民生事业。全年民生事业支出14.5亿元，为民办实事项目完成年度投资计划110%。市公共卫生服务中心竣工，建成29个公办村卫生所。区文化中心建成，全国沙画艺术考评管理中心落户龙文区。发放基础养老金和被征地农民养老保障金5170万元。

城市配套。闽南水乡一期建成，人民广场、英桥和朝阳（一期）四季花海等项目投用。绿化闲置地块27个、面积60公顷，完成造林197.27公顷。新修成龙文南路、石仓南路、龙腾南路等14条城市道路和15条农村水泥路，分别新增里程11.6千米和18千米。公开配租公租房385套，新开工安置房1779套、交付967套。新运行内林双向泵站等水利工程。新增新划4个公共停车场和7534个停车位，新建17座公厕、4座农贸市场。投入5500万元开展19个

2017年2月22日，“漳州旅投杯”第二届中国沙画艺术创意大师赛开幕式在漳州龙文举行　　（龙文区政府办供稿）

村庄污水截污工程和3个“美丽乡村”建设。（林宝卿）

【龙海市】 2017年，龙海市实现生产总值518.56亿元（不含漳州高新区，下同），比上年增长8.5%。固定资产投资273.90亿元，增长17.4%。规模以上工业总产值781.64亿元，增长8.2%。农业总产值107.47亿元，增长4.6%。一般公共预算总收入30.27亿元，增长8.2%，其中，地方一般公共预算收入20.63亿元，增长17.3%。社会消费品零售总额103.49亿元，增长9.7%。出口总值31.58亿元，增长11.6%。实际利用外资5.95亿元，增长2.1%。城镇居民人均可支配收入34435元，增长8.9%；农村居民人均可支配收入17469元，增长8.5%。县域经济实力入选全省十强。

区域发展。市区“一江滨两新区”实施项目63个，完成投资30.2亿元。漳州市最大的民生项目“四馆一中心”开工建设，龙江文化生态园、龙翔路改造一期竣工投用。“南太武南溪湾”实施项目34个，完成投资68.9亿元。重新组建龙海经济开发区管委会。完成南太武滨海新城核心区控制性规划和城市设计，启动基础设施及安置小区规划。龙海汽车产业园基础设施PPP项目一期开工建设，南溪湾创业园“六路三河”完成总工程量75%。

重点项目。实施重点项目94个，完成投资154.4亿元；纳入漳州“十项竞赛”项目72个，完成投资83.1亿元；全市89个“十项竞赛”征迁项目完成征地568.47公顷、拆迁102万平方米。工业项目取得新突破，金龙汽车和中海油LNG项目正式开工，正新橡胶二期投产。实施投资2000万元以上工业项目65个，竣工投产30个；实施重大交通项目11个，完成投资31亿元；省道208复线、沿海大通道龙海段春节前全线贯通。获批土地农转征457.1公顷，依法清理盘活闲置土地72.2公顷。

民生事业。全年民生支出36.9亿元，占财政总支出的81.6%，26件为民办实事项目较好完成。开展精准脱贫攻坚竞赛，低保标准提高到4050元，实现低保线与扶贫线“两线合一”，全市21个贫困村和779名建档立卡贫困人口全部脱贫。建立大病保险制度，发放各类社会救助资金1.7亿元。建成保障性住房1511套，完成107户农村贫困户危房改造。第一医院晋升三级综合性医院，第二医院综合楼、榜山新卫生院建成投用，建成3个农村幸福院。大型现代剧《生命》获田汉戏剧奖、百花文艺奖。

全省第一个获国家卫生城市的县级市 2017年，龙海市通过加大投入、系统整治，城市面貌持续改观，市区“五乱”治理、“六小”行业管理和环境污染整治成效明显，城市生活污水集中处理率达到88.66%，道路机械化清扫率达到60%以上，城市生活垃圾无害化处理率达到98.6%。城市景观明显提升，一条江滨（锦江大道江滨带）、两个新区（紫云新区、月港新区）、三个景点（龙江颂歌主题项目、月港海丝、石码旧城历史街区）建设全面推进。群众对卫生状况满意率达到94.7%。12月，通过全国爱卫办的综合评审，接受社会公示。（陈 宽 邹俊炜）

龙海市南溪湾创业园，摄于2017年（龙海市政府办供稿）

【漳浦县】 2017年，漳浦县实现生产总值376.51亿元，比上年增长8.6%。固定资产投资379.28亿元，增长3.6%。规模以上工业总产值463亿元，增长9.9%；规模以上工业增加值130亿元，增长9.9%。一般公共预算总收入29.26亿元，增长16%，其中，地方一般公共预算收入19.97亿元，增长14.5%。社会消费品零售总额113.99亿元，增长12%。实际利用外资1.03亿美元。出口总值39.8亿元，增长14%。城镇居民人均可支配收入33573元，增长9.4%；农村居民人均可支配收入18106元，增长9.5%。

工业。被确定为全省唯一的“全国重大市政工程领域PPP创新工作重点城市”，新增PPP项目8个，总投资80.96亿元。完成工业投资115亿元，增长47.4%。赤湖工业园首批11家皮革企业全部投产，实现产值超30亿元。联创光电、绿泉食品等27个项目开工建设，中电光伏、致易电子、敏捷动漫等21个项目竣工投产。净增规模以上企业11家、高新技术企业4家。开展外出招商220场次，促成签约项目96个、总投资231.9亿元，落地项目36个、总投资64.1亿元。

农业。实现农林牧渔业总产值126.9亿元，比上年增长1.7%。石榴田园综合体完成投资1亿元，引进扬基铁皮石斛、康华芦荟等7个特色项目；赤土立体现代农业核心示范园建成光伏农业大棚60万平方米；海峡花卉集散中心入驻花木企业152家，实现交易额30亿元。投入3.4亿元，虎头山一级渔港投入使用。建成3335公顷高标准农田。新增农业龙头企业21家、国家地理标志产品1个、省级名牌4个、省级示范家庭农场6家。基本形成六鳌地瓜、佛昙河鲀等“一地一品、一地多品”的特色产业格局。

第三产业。实现第三产业增加值166.26亿元，比上年增长11.8%。全年接待旅游总人数突破435万人次，实现旅游收入44.8亿元，分别比上年增长22.1%、31.7%。龙美湾旅游区开工建设，古雷欢乐岛入选全国优选旅游项目和国家AAA级景区，六鳌被评为省级乡村旅游休闲集镇，佛昙轧内跻身全省二十佳旅游特色村。电商服务中心和互联网经济产业园正式运营，建成201个村级服务站，实现电子商务交易额25亿元、比上年增长22.7%，国家电子商务进农村综合示范县通过考核验收。

城乡建设。实施城建项目119个，完成投资45亿元。龙湖公园、蓝理路、滨江大道等市政项目开工建设。初步建成南浦大坪、佛昙人坪等一批新的美丽乡村。海峡花木小镇入围第二批省级特色小镇。佛昙湾、旧镇湾跨海特大桥建成通车。新建农村水泥路120千米。强化“两违”治理，完成拆违58.9万平方米。完成造林绿化1067公顷。关闭拆除养猪场2449家。

社会事业。全年民生投入43.6亿元，占财政总支出85.5%。落实产业扶贫项目19个、造福工程扶贫搬迁195户820人，全县4219户12390人和5个贫困村全部脱贫脱帽。基本建成绥安中学科学楼和佛县第二中心幼儿园、万安中心幼儿园等一批中小学幼儿园项目，新招聘教师200人，推出首批人才公寓29套。武庙重建，文庙、旧县衙和锦江楼修复相继完成，举办首届孔子文化节。新招卫技人员257人。全县城乡居民养老保险参保率超过95%，11189名低保对象实现应保尽保，发放农村低保金和高龄补贴3990万元。（陈　晨）

【云霄县】 2017年，云霄县实现生产总值200.46亿元，比上年增长10.7%。农林牧渔总产值46.99亿元，增长5.6%。规模以上工业总产值364.42亿元，增长9.9%；规模以上工业增加值84.99亿元，增长9.6%。出口总值44.77亿元，增长14.4%。实际利用外资5.9亿元（验资口径），增长2.3%。固定资产投资309.72亿元，增长26.2%。一般公共预算总收入9.1亿元，增长11.9%，其中，地方一般公共预算收入6.18亿元，增长8.1%。社会消费品零售总额70.9亿元，增长14.6%。城镇居民人均可支配收入29905元，增长8.4%；农村居民人均可支配收入15353元，增长8.9%。

产业发展。新增农民专业合作社7家、家庭农场118个，新建高标准农田0.15万公顷、设施农业53.33公顷，实施高效节水灌溉面积339.06公顷，成为首批省级现代蔬菜产业园创建县。通过粮食安全省长责任制考核。新增规模以上工业企业8家、规模产值5亿元。云星电子等6家企业列入省级高成长企业名单。电子商务发展迅猛，完成县级电商服务中心、供应链仓储中心、县镇村三级物流体系建设，实现农村电商服务站点全覆盖。

民生事业。投入教育领域资金6.52亿元，云霄职校、第二实验小学、第二实验幼儿园等一批学校相继投用，获评“漳州市中考教育教学质量先进县”。投入卫生领域资金3.76亿元，深化公立医院改革，实行按病种（组）总额包干，建设分级诊疗平台；启动新县医院建设项目，开工建设全县首家精神病专科医院，81个村级卫生所完成规范化建设。和平路入选第二批省级历史文化街区。全年发放城乡低保、特困人员供养金3819万元，发放医疗救助金4166万元、重度残疾人补贴710万元，发放慈善物资252万元。建成7所乡镇敬老院，县社会福利中心、颐园服务中心陆续竣工投用。城镇新增就业3360人，转移培训农村富余劳动力8800人。

精准扶贫扎实推进　2017年，云霄县实施139个扶贫项目，累计投入资金3.3亿元，全年净脱贫人口4393人，40个贫困村顺利脱贫摘帽。完成“雨露计划”培训955人，解决贫困人口就业1000多人。实施造福安居工程，搬迁安置建档立卡单人户、因病因残户125户1405人。实施低保线、贫困线“两线合一”，财政全额支付贫困对象“新农合+保险”费用。深化干部结对帮扶，再成立8支社会扶贫志愿队，累计进村入户13000多人次，解决帮扶资金2380万元。（张煌辉）

【诏安县】 2017年，诏安县完成生产总值249.55亿元，比上年增长10.7%，三次产业比例18.2∶43.6∶38.2。规模以上工业总产值396.14亿元，增长8.9%；规模以上工业增加值116.04亿元，增长8.6%。固定资产投资312.21亿元，增长28%。一般公共预算总收入9.28亿元，增长13.3%，其中，地方一般公共预算收入6.16亿元，增长7.4%。实际利用外资（验资）3.54亿元，增长13.9%。出口总值30.3亿元，增长2.4%。社会消费品零售总额109.27亿元，增长16.4%。城镇居民人均可支配收入27619元，增长8.6%；农村居民人均可支配收入14749元，增长7.6%。蝉联福建省经济发展十佳县。

产业发展。新增规模以上工业企业9家，总数达到165家；工业税收3.24亿元。猛狮新能源科技入选省级智能制造试点示范企业，锂离子电池项目（一期）正式量产。基本完成工业园区整合工作，白洋、深桥、西潭54家企业整合归并到诏安工业园区，林头、东湖39家企业整合归并到金都工业集中区。实施九侯山风景区改造提升工程和西潭山河村古村开发项目。电子商务交易额15.4亿元，比上年增长18.5%，成功入选“国家级电子商务进农村综合示范县”。西潭镇山河村获评漳州市“十佳最美古村落”，四都镇西梧村、梅岭镇腊州村获评漳州市“十佳最美渔村”，红星乡西埔村获评“省级乡村旅游特色村”。

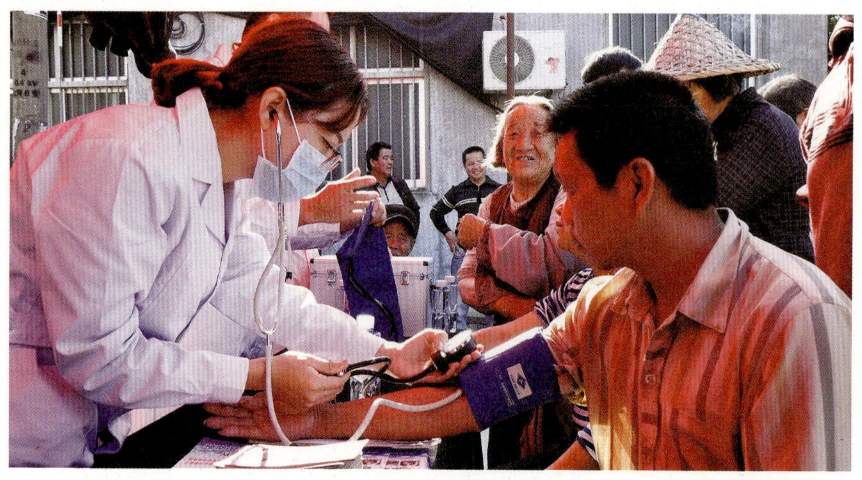

诏安县推进医疗服务走进乡镇卫生院，摄于2017年　（诏安县政府办供稿）

农业。出台青梅、八仙茶、富硒蛋鸡三大产业发展扶持政策，安排3000万元扶持产业发展。出台《诏安县富美乡村建设实施方案》，推进50个富美乡村建设，安排5000万元补助资金，实施项目264个，涌现出四都镇西梧村、太平镇雄鸡村、霞葛镇司下村等富美乡村新亮点。新增13个省级、市级家庭农场示范场，新认证“三品一标”15个。建成富硒农产品检测中心，完成造福工程搬迁390户1600人，农村危房改造竣工610户。2997户8606人实现脱贫，15个贫困村摘帽。

社会事业。全年财政民生支出27.4亿元，比上年增长17.59%，占公共财政支出83.67%。城区文化体育配套、垃圾处理场改造等15个为民办实事项目完成投资9.6亿元。获评“漳州市高考教育教学质量先进县”，江滨教育配套工程、第二实验小学、南诏中心小学等项目开工建设。建成四都中心卫生院公共卫生大楼、西潭中心卫生院门诊综合楼。城乡居民医保参合率保持100%。完成城乡养老保险制度衔接，全民参保登记完成100%，被省人社厅作为典型经验加以推广。农村低保标准由2800元提高到3930元。在漳州市第十三届运动会中获22枚金牌。

入选“国家级电子商务进农村综合工作示范县”　截至2017年底，诏安县有电商企业170多家，电商网商总数近2400家，农村淘宝村级电商服务网点79个，电商从业人员1.5万余人，拥有配套服务“诏安品牌”产业链上下游企业40多家。网销产品涉及农副产品、食品、服装、水产品、婴童用品等品类，基本形成县、乡、村三级服务体系。全年全县电子商务交易额15.4亿元，比上年增长18.5%；网络零售额12.73亿元，增长21.8%。成功入选“国家级电子商务进农村综合工作示范县”。（许渊彪）

【东山县】　2017年，东山县完成生产总值202.7亿元，比上年增长8.6%。农林牧渔业总产值70.77亿元，增长5.7%。规模以上工业总产值355.4亿元，增长8.8%。规模以上工业增加值96.9亿元，增长8.6%。固定资产投资223.94亿元，增长27.2%。社会消费品零售总额44.31亿元，增长13.7%。一般公共预算总收入17.07亿元，增长3%，其中，地方一般公共预算收入11.4亿元，增长4%。城镇居民人均可支配收入33343元，增长8.1%；农村居民人均可支配收入19336元，增长8.1%。

旅游发展。中驰生态农庄成为旅游新热点，谷文昌纪念馆入选全国红色旅游经典景区名录。《谷文昌》影视、热播综艺节目等在东山拍摄录播，关帝文化旅游节、企业家帆船赛、国际风筝冲浪公开赛等大型活动或赛事成功举办。全年游客人次、旅游收入分别比上年增长6.8%和8.8%。

工业。协助办理企业应急周转金7亿元，落实政银企对接资金近50亿元，履约率超93%。全县产值上亿元企业52家、上5亿元企业17家。旗滨玻璃1线完成技术改造，新福、东兴被认定为省级工业龙头企业，海源等6家企业产品被授予省名牌产品称号，辉永泰获评“国家体育产业示范单位”。

农业。陈城镇入选福建省农村产业融合发展试点示范乡镇，“东山亲营紫菜”获“地理标志证明商标”认定。新增农民专业合作社13家、家庭农场29家。建成宫前一级渔港、下西坑二级渔港。全县水产品总产量43.5万吨。

社会事业。第5次获评福建省县域经济发展十佳县，实现全省双拥模范县“八连冠”，连续4届上榜全国百佳深呼吸小城，入选2017中国候鸟旅居小城，获评“全国平安建设先进县”“国家卫生县城”，铜陵镇被评为“国家卫生乡镇”。产业帮扶带动贫困户239户、就业400多人，造福工程扶贫搬迁93户256人，提前一年完成790个建档立卡贫困户、1855人脱贫任务。建成厦门大学太古海洋中心一期，科技创新奖励117.9万元。成立教育发展基金会，奖教奖学超180万元，获评市高中教育教学质量先进县。东山关帝庙成为全省首批对台交流基地。建成10家示范公办村卫生所。新增城镇就业3521人。

重点项目。112个县级重点项目完成投资81亿元，5000吨级对台客货码头等40个项目开工，谷文昌干部学院综合教学楼主体建成。恒大滨海休闲旅游综合体等31个项目签约，总投资127亿元，旅拍综合文创园等20个项目投建，科拓等11个项目实现当年投产或运营。（李剑卿）

【平和县】　2017年，平和县实现生产总值202.43亿元，比上年增长9.6%。固定资产投资214.31亿元，增长19.3%。一般公共预算总收入8.46亿元，增长9.7%，其中，地方一般公共预算收入5.91亿元，增长2%。城镇居民人均可支配收入29623元，增长7.5%；农村居民人均可支配收入16147元，增长8.9%。

工业。完成规模以上工业产值245.4亿元，比上年增长9.2%；规模以上工业增加值69.6亿元，增长9%。戎堃军用后勤保障设备、佑康企业、佳亿纸业二期等开工建设，工业固定资产投资完成80亿元。超优陶瓷、领峰食品等建成投产，新增规模以上工业企业8家。

农业。完成农林牧渔业总产值77.75亿元，比上年增长1.5%。推广商品有机肥0.67万公顷、测土配方施肥2.27万公顷，生草覆盖推广2.13万公顷，建成琯溪蜜柚出口基地66个、面积1.47万公顷。成立福建省蜜柚产销联盟，举办第十三届平和蜜柚节、第十届白芽奇兰茶王赛。全县“三品一标”认证使用达35个，位列福建省前列。琯溪蜜柚入选2017年中国百强农产品区域公用品牌。白芽奇兰品牌评估价值24.86亿元，位居全国第13位，平和县被定为“全国重点产茶县”，高峰生态谷茶园被评为“全国最美茶园”。

第三产业。高峰生态谷入选全国优选旅游项目。坂仔镇“七星土楼”、南胜镇“神摇漂流”、九峰镇“印象半径”等乡村旅游迅速崛起，全县旅游接待人数268万人次，比上年增长18%，旅游总收入26亿元，增长22%。实施“互联网＋蜜柚产业”试点项目，初步形成“一网四平台、一园三体系”。电子商务交易额完成13亿元，比上年增长15.25%；完成社会消费品零售总额58.2亿元，增长10.5%。

社会事业。平和一中教学楼、广兆中学教学综合楼等竣工投用，添置一批实验仪器设备。规范城区学前教育、义务教育招生，平和一中恢复初中办学，育英小学分校独立办学。教育质量持续提升，再获评市高中、初中教育教学质量达标县。推进医疗改革，有效落实分级诊疗制度。加快县疾控中心业务用房、城关社区卫生服务中心等项目建设，建成秀峰卫生院门诊综合楼，完成209家村卫生所标准化建设。加快县文博中心配套、陈列布展工程，县综合档案馆建成投用。持续推进“海丝申遗”，实施南胜窑申遗点的保护修缮、遗产展示、环境整治等工程。

民生保障。推进挂钩帮扶工作，实现贫困村摘帽39个、贫困人口脱贫5568人。实施产业扶贫发展项目21个，完成投资4.72亿元，开拓百香果、桑葚等新产业，带动建档立卡贫困人口近4000人增收。推进774户、2400人造福工程，建成秀峰乡坪东村易地扶贫搬迁集中安置区。发放扶贫小额贷款3698万元，带动880户贫困户发展生产。做好新老农保衔接和全民参保工作，城乡居民社保参保27.18万人，参保率95.44%、续保率94.71%。城镇居民住房保障逐步提升，226户中低收入住房困难家庭如愿获得保障性住房。

平和县南胜窑遗址公园，摄于2017年　　（平和县政府办供稿）

克拉克瓷—南胜窑址　克拉克瓷名字的由来已有400多年。南胜窑址是平和县域明清时期生产漳州窑系瓷器的窑址，代表窑址主要分布在平和南胜、五寨两乡镇，至2017年底发现的窑址包括南胜花仔楼窑、洞口陂沟窑、田中央窑等6处，以生产青花瓷、彩绘瓷和素三彩瓷为主。南胜窑址通常也称平和窑或平和“漳州窑”，2006年5月被公布为全国重点文物保护单位，2016年5月被国家文物局确定为“海丝”申遗遗产点。2015年12月开始，依托古窑址融入海上丝绸之路文化，着力打造克拉克瓷文化休闲旅游区。

第十三届平和蜜柚节　2017年9月27日，第十三届平和蜜柚节在平和县举行。现场签约项目17个，总投资34亿元，现场签订鲜果18.3万吨，签订蜜柚订货协议32万吨。　（罗春兰）

【南靖县】　2017年，南靖县完成生产总值286.48亿元，比上年增长10.6%；三产结构优化为20.4∶47.3∶32.3。固定资产投资315.5亿元，增长28%。一般公共预算总收入11.7亿元，增长3.5%，其中，地方一般公共预算收入8亿元。规模以上工业总产值525.5亿元，增长9.4%。外贸出口16.6亿元。实际利用外资4.5亿元。城镇居民人均可支配收入30430元，增长7.9%；农村居民人均可支配收入15744元，增长10%。年度节能减排任务全面完成。

工业。完成规模以上工业增加值146.4亿元，比上年增长9.1%；净增规模以上工业企业15家，全市排名第一；全年完成工业投资173亿元，增长30.6%；工业技改投资124.9亿元，增长28.7%。新认定高新技术企业3家，2家企业入选省级创新型试点企业。挂牌成立闽台精密机械产业园管委会，全县41家规模以上精密机械企业产值达110亿元。企业帮扶力度加大，全面落实各项惠企政策，共拨付涉企奖励、扶持资金7025万元；为28家工业企业补办68宗不动产权属登记证书，为20家工贸企业办理应急周转金3.9亿元。

农业。全年完成农林牧渔业总产值115.77亿元，比上年增长6.2%。投入1.7亿元，完成一批农田、水利项目建设，农业基础设施不断完善。投入3000万元，建成农业标准化生产示范基地110个。新引进农业企业35家，新增县级以上农业龙头企业12家。实施高标准基本农田建设903.08公顷，补充耕地207.07公顷。基本完成农村土地承包经营权确权登记颁证工作，流转土地0.57万公顷，流转率37.7%。完成兰花交易展示中心建设，兰谷小镇创建规划通过专家评审。茶叶、香蕉、兰花等产业年产值分别达16亿元、10亿元、15亿元。

第三产业。完成第三产业增加值92.54亿元，比上年增长17.4%。土楼AAAAA级景区通过国家复核验收；在漳州市率先成立旅游警察大队，设立南靖土楼院士专家工作站，土楼景区入选2017年全国AAAAA级景区网络口碑十强。南靖土楼获中国最佳乡村旅游项目奖，梅林镇入选全省十佳旅游休闲集镇，书洋镇被列为省乡村旅游创客示范基地。全县电子商务交易额8.6亿元，入选全国农产品电商销售50强县。全年新增限上贸易企业33家，完成社会消费品零售总额46亿元，比上年增长13.3%。

民生事业。全年财政用于民生支出19.2亿元，22项为民办实事项目得到有效落实。累计投入9900万元，推进脱贫攻坚工作，实现1892个贫困人口脱贫、22个贫困村摘帽，提前完成脱贫目标。实施贫困村旧村复垦14.13公顷，增加村财收入7000多万元。推进安居工程，落实造福工程扶贫搬迁1639人。开展金融扶贫，建立南靖资金整合平台，为928户贫困户提供信贷资金2470万元。全年新增城镇就业人员3300人，城镇登记失业率在3%以内。发放企业稳岗补贴、社保补贴、被征地农民养老保障金等各项资金2674.7万元。农村低保标准从每人每年3100元提高到4050元。配租保障房1241套。发放移民资金753.1万元。动工建设县残疾人康复中心，完成山城镇日间照料服务中心和江滨社区居家养老服务站建设。

社会事业。教育投入1.8亿元，加快推进8个重点教育项目建设，第三实验幼儿园、金山河坨幼儿园建成投用；连续10年获漳州市教育质量先进县表彰。土楼青少年社会实践活动中心入选全国中小学生研学实践教育营地。投入4200万元，完善医疗卫生基础设施建设。完成县中医院搬迁，110家村卫生所实现标准化建设和乡村一体化管理。新增东溪窑遗址、靖城文昌塔等8个省级文物保护单位。新公布11处县级文物保护单位和6个县级非物质文化遗产项目。档案馆建成投用，东溪窑博物馆建设加快推进。兰谷众创空间挂牌运营。新增研发投入大于500万元以上的企业30家，三德利入选省知识产权优势企业，3家企业被列入省科技小巨人领军企业培育名单。全年专利申请436件，获得专利授权176件。

举办海丝·东溪窑国际学术研讨会 2017年3月18—19日，海丝·东溪窑学术研讨会在南靖召开。这是南靖县举办的第一场国际性学术研讨会。来自国外的专家学者100多人参加该次研讨会。南靖东溪窑有着悠久的历史，是明清时期东南沿海著名的外销瓷产地。2016年7月，南靖东溪窑遗址被国家文物局列为“海上丝绸之路·中国史迹”首批申遗遗产点。（廖盛林）

【长泰县】 2017年，长泰县实现生产总值241.5亿元，比上年增长10.8%；三次产业比例为5.7∶62.2∶32.1。固定资产投资270.2亿元，增长17.6%。社会消费品零售总额35亿元，增长14.4%；限额以上消费品零售额18.9亿元，增长21.8%。出口总额61.6亿元，增长4.9%。实际到资8.558亿元，增长6%。一般公共预算总收入20.1亿元，增长9.4%，其中，地方一般公共预算收入12.7亿元，增长8.1%。城镇居民人均可支配收入34638元，增长9.6%；农村居民人均可支配收入17701元，增长9.7%。获评国家卫生县城、全省“四好农村路”示范县，连续十一年获评福建省县域经济发展十佳县。

产业经济。规模以上工业产值575.9亿元，比上年增长9.8%；规模以上工业增加值160.8亿元，增长9.5%。文体用品、光电照明、造纸包装、新型建材等四大主导产业产值273亿元，占规模以上工业产值的48%。培育省级高成长型企业12家、省级科技型企业18家、省级智能制造示范企业2家，产值超10亿元企业扩大到7家。完成技改投资70.5亿元。创建清华大学研究生社会实践基地。立达信获评国家级工业设计中心。农林牧渔业总产值25.55亿元，比上年增长3%。建设高标准农田243.33公顷，完成补充耕地42公顷，新增设施大棚49.67公顷，划定永久基本农田12466.67公顷，推广测土配方施肥12000公顷、绿色防控技术2200公顷，建立13个标准化栽培示范点。新认证2个“三品一标”，合缘茶道获福建省名牌产品，新泰种植获评省级家庭农场示范场，大湖山蜜柚、福源绿化苗木专业合作社获评省级农民专业合作社示范社，鸿森蛋鸡建成福建省最大设施化畜禽养殖基地，诚毅生态农业青茶、红心火龙果获第十八届中国绿色博览会金奖。获评国家农业可持续发展试验示范区。第三产业增加值77.59亿元，比上年增长16.7%。全年接待游客237.27万人次，增长25.7%，旅游总收入为24.15亿元，增长28.3%。马洋溪生态旅游区获评省级现代服务业集聚示范区，十里蓝山景区获评省级旅游示范基地，漂流龙凤谷小黄山列入中国体育旅游精品项目。成立电商协会，电商交易额6.5亿元，比上年增长18%，林墩乐动谷小镇入选全国首批运动休闲特色小镇试点。

城乡建设。联五线、京坂大桥及连接线等路桥工程建成通车。新开通县城

2017年12月21日，长泰县大通互惠集团有限公司工人在调试机械手

（长泰县政府办供稿）

至枋洋、林墩、台湾工业园、岩溪工业集中区等4条公交路线。改造工业园区污水管网29.7千米，完成11条4.8千米县城区管网及道路改造，启动建设城西公园，龙津园二期、国泰路人行天桥便民设施建成投用，新增公共停车位270个。打造18个美丽乡村示范点，拆旧6.2万平方米，绿化4.9万平方米，立面改造2.1万平方米，道路硬化3.6千米。"垃圾不落地"做法得到全省推广，获评全国第一批农村生活垃圾分类和资源化利用示范县、省级首批农村垃圾减量化资源化试点。珪后村入选中国传统古村落，林溪村入选福建历史文化名村，古农村、上蔡村入选省乡村旅游休闲度假村，赤岭村、林溪村、后坊村、石室村入选省级传统村落。

民生保障。县财政民生支出18.9亿元，占公共财政支出的80.3%。开展千名干部"精准扶贫、结对帮扶"活动，对2016年退出的贫困人口，持续开展县镇村三级结对帮扶，建设3个造福工程集中安置区，造福工程易地扶贫搬迁290户1080人，农村危房改造竣工306户。配租配售保障性住房1082套。城镇职工医保、城镇居民医保、新农合实现"三保合一"。农村低保补助标准从254元提高到310元，城市低保补助标准从350元提高到420元。建设岩溪中心小学教学综合楼、欧山村幼儿园等15个教育项目，一中新校区、陈巷文教新区建成投用，新增中小学、幼儿园学位8000个。完成10家示范公办村卫生所标准化建设，获评全国计划生育优质服务先进单位。文博馆（文庙）三期建成投用，完成7个乡镇综合文化站、15个村级综合文化服务中心标准化建设。气排球男子中年组、青年组连续三年获得"超级杯全国气排球联赛"冠军。

枋洋水利枢纽工程成效显著　枋洋水利枢纽工程是全国172个节水供水重大水利项目之一，工程永久占地470.67公顷，需迁移人口289户1406人，工程概算总投资23.02亿元，2013年开工建设。2017年移民搬迁工作取得突破性进展。8月16日，溪口大坝试通水；10月1日，上洋库区移民进行第一批选房；11月16日，289户移民全部签订搬迁安置补偿协议；12月8日，已有273户移民完成选房，选房安置率94.46%。

长泰一中新校区正式投用　2017年，长泰一中新校区正式投用，新校区于2014年开工建设，占地面积10.39公顷，总投资4.06亿元，建有教学楼、实验综合楼、图书馆、艺术馆、体育馆等配套设施，总建筑面积近13万平方米，可容纳72个班级、3600多名学生。其中，图书馆藏书86687册，采用微机化管理，被评为"福建省中小学示范图书馆"。

（柯书荣）

【华安县】　2017年，华安县生产总值131.48亿元，比上年增长7.9%。一般公共预算总收入7.21亿元，增长13%，其中，地方一般公共预算收入4.6亿元，增长14.4%。规模以上工业总产值231.5亿元，增长9.8%；规模以上工业增加值66亿元，增长9.7%。固定资产投资125.7亿元，增长25.1%。外贸出口1.6亿元，增长18.5%。实际利用外资6390万元，增长5%。社会消费品零售总额29.55亿元，增长13.1%。城镇居民人均可支配收入3.13万元，增长9%；农村居民人均可支配收入1.64万元，增长9.3%。

产业发展。全年工业投资70.6亿元、工业税收3.5亿元，完成技改投资41.3亿元。新增产值亿元以上企业4家，总数71家。开发区税收突破3亿元。盘活闲置土地68.73公顷，对接企业15家；新入驻企业33家，新开工企业17家，新投产企业11家。全县茶叶总产量1.5万吨，创产值16亿元，新建标准化生态茶园0.13万公顷。组织参加第四届海峡（漳州）茶会茶王赛，获茶王2个、金奖3个。实施坪山柚产业复兴5年计划，新增柠檬、茂谷柑、百香果面积613.33公顷。完成造林绿化1400公顷，森林抚育、封山育林1780公顷，全县森林覆盖率提高到72.72%，成为全市唯一碳汇资源开发试点县。完成农村土地承包经营权确权登记。收回华安土楼景区经营权，景区运营平稳交接。举办土楼新年音乐会、山地马拉松、村跑、山地自行车赛等活动。全年接待游客181万人次，实现旅游收入12.7亿元。投入2000万元，设立乡村旅游示范村专项补助资金，收租五凤楼50栋。农村淘宝订单达25万单、成交金额2500万元。

民生事业。全年民生事业支出13.1亿元，占公共财政总支出的80%；实施为民办实事项目30个，完成投资8.2亿元。成立扶贫协会，全县96户333人、19个贫困村全部脱贫摘帽。完成地质灾害点和造福工程易地扶贫搬迁481户1841人。新建校舍工程7个，吉翔希望小学等9座综合楼竣工投用。建成标准化公办村卫生所 50 所、标准化预防接种门诊 4 所。建成保障性住房 572 套，配租到户 421 套。第三次全国农业普查顺利通过验收。农村低保标准提高到每人每年 4050 元，城镇低保标准提高到每人每月 580 元，全年发放补助金 638 万元，1757 人受益。组织参加全国和省青少年举重锦标赛、十三届市运会，获得金牌 17 枚、银牌 15 枚、铜牌 18 枚。新增城镇就业 2400 人，转移农村劳动力 3800 人。（郑雪慧）

【漳州台商投资区】 2017 年，漳州市台商投资区完成生产总值 267 亿元，比上年增长 8%。财政总收入 33.16 亿元，增长 13.9%，其中，地方级财政收入 19.97 亿元，增长 9.6%。规模以上工业总产值 700.8 亿元，现价增长 8.3%；规模以上工业增加值 175.2 亿元，增长 8%。固定资产投资 305.3 亿元，增长 13.1%。外贸出口 71.6 亿元，增长 19.3%。实际利用外资 11 亿元，增长 18.4%。社会消费品零售总额 30.2 亿元，增长 15.3%。城镇居民人均可支配收入 34435 元，增长 8.9%；农村居民人均可支配收入 17469 元，增长 8.5%。

发展后劲持续增强。140 个重点项目完成投资 305.3 亿元，其中，44 个省市级重点项目完成投资 153.3 亿元。新引办项目 38 个，总投资 151.9 亿元。新注册各类市场主体 4005 户，增长 61.4%，其中，新注册企业 805 家，增长 48.3%。新增规模以上工业企业 22 家，占全市 13.3%。11 家企业列入省重点上市后备，太龙照明成为全市第一家在 A 股上市的民营企业。

转型升级。一二三次产业结构优化为 3∶69∶28。规模以上工业产值突破 700 亿元，五大主导产业比上年增长 16.3%。兑现各类扶持资金 3520 万元，帮助企业争取技改资金 1 亿元、融资 20.4 亿元。69 个技改项目完成投资 92 亿元。引进（注册）施工总承包企业 19 家，建筑业产值 22.5 亿元，比上年增长 113.5%；年底贷款余额 219 亿元，增长 37.8%，设立首期 1 亿元的蘑菇产业基金。全市唯一的“福建省外贸转型升级示范县”。淘汰“十小企业” 125 家。

民生事业。全年民生支出 16.42 亿元，占财政支出 80.7%。7 个项目竣工投用。总投资 25 亿元的泰禾国际医院开工，第五医院病房综合楼封顶，新增床位 70 张、卫技人员 100 名。安置房和棚户区完成投资 9.5 亿元。精准扶贫资金支出 2856 万元，全区 649 户 1272 名贫困人口由政府兜底，提前脱贫摘帽。

改革开放持续深化 2017 年，漳州台商投资区简化 27 项前置审批，328 项审批事项全部进入网上办事大厅。不动产登记办理时限由 30 个工作日缩短为 5 个工作日。保税物流中心（B 型）获海关总署等四部委批准设立。对台贸易额 19.3 亿元、比上年增长 44.4%，实际利用台资 8.2 亿元（含境外长期贷款）。新设立外资企业 25 家，增资企业 8 家。23 个台湾创业团队入驻两岸青年创业基地。（李志军）

泉州市

【基本情况】 泉州古称刺桐城，北承福州，南接厦门，东望台湾，西毗漳州、龙岩、三明，是福建三大中心城市之一。现辖鲤城、丰泽、洛江、泉港 4 个区，晋江、石狮、南安 3 个市，惠安、安溪、永春、德化、金门（待统一）5 个县和泉州经济技术开发区、泉州台商投资区，陆地面积 11015 平方千米，海域面积 11360 平方千米。2017 年末全市常住人口 865 万人。泉州文化积淀深厚，是国务院首批历史文化名城、闽南文化生态保护区的核心区、“海上丝绸之路”重要起点城市、全国著名侨乡、台湾汉族同胞主要祖籍地。泉州保留着以南戏、南音、南少林、南建筑为代表的文化遗产和梨园戏、高甲戏、打城戏、提线木偶等全国特色剧种。现有世界级、国家级“非遗”名录 38 个，被联合国教科文组织确定为“世界多元文化展示中心”，有“世界宗教博物馆”的美誉。拥有各级文物保护单位 800 多处，其中，国家级 31 处，主要有开元寺东西塔、清源山老君岩、洛阳桥、伊斯兰清净寺和圣墓、草庵摩尼教佛像、安平桥、崇武古城等。泉州是全国著名侨乡和台湾汉族同胞主要祖籍地之一，分布在世界 130 个国家和地区的泉籍华侨华人 950 万人，旅居香港同胞 70 万人，旅居澳门同胞 6 万人，44.8%的台湾汉族同胞、约 900 万人祖籍泉州。泉州先行先试优势明显，是全国首批沿海开放城市之一，被列为全国 18 个改革开放典型地区之一。民营经济约占 GDP8 成、工业增加值 9 成。先后获批建设国家金融服务实体经济综合改革试验区、“民综改革试点”、“综合保税区”、福厦泉国家自主创新示范区、“中国制造 2025”城市试点示范、质量强市示范城市等。在国家“一带一路”规划中被列为“21 世纪海上丝绸之路先行区”“海上合作战略支点”。

【经济社会概况】 2017 年，泉州市实现生产总值 7547.83 亿元，按可比价格计算，比上年增长 8.4%，经济总量连续 19 年保持全省第一。其中，第一产业增加值 192.78 亿元，增长 0.9%；第二产业增加值 4372.93 亿元，增长 7.2%；第三产业增加值 2982.13 亿元，增长 10.6%，三次产业比例为 2.6∶57.9∶39.5。一般公共预算总收入 788.76 亿元，其中，地方一般公共预算收入 442.3 亿元。按常住人口计算，人均地区生产总值 87613 元，增长 7.5%。荣膺国家森林城市、全国未成年人思想道德建设工作先进城市，蝉联全国文明城市、国家卫生城市。

农业。农林牧渔业完成总产值 348.44 亿元，增长 1.6%。粮食种植面积 13.64 万公顷，减少 713.33 公顷，下降 0.5%；粮食总产量 71.12 万吨，增加 1.99 万吨，增长 2.9%，其中，稻谷 42.1 万吨，增加 0.97 万吨，增长

2.4%。农业“一区两园”完成投资15.3亿元，安溪获批创建国家级现代农业产业园。拥有国家级、省级农业产业化龙头企业8家和107家；无公害农产品509个、绿色食品132个、有机食品12个、农产品地理标志产品10个；福建十大农产品区域公用品牌1个、福建名牌农产品132个。基本完成农村土地承包经营权确权登记颁证工作。全市远洋渔船57艘，捕捞产量8万吨。

工业。全部工业实现增加值3901.34亿元，增长7.7%，工业对经济增长的贡献率达48.6%。其中，规模以上工业增加值3328.1亿元，增长8.3%；规模以上工业实现销售产值13626.35亿元，增长13.6%，其中，出口交货值2178.45亿元，增长10.2%。拥有超亿元企业2523家，增加215家，其中，超10亿元企业246家，增加57家。政府出台稳定工业、奖励用电、扶持外贸等专项政策，减轻企业负担42.6亿元；举办全国性特色商品博览会7场，开展泉州品牌“中国行”“境外行”展销活动52场。深化国家自主创新示范区建设，完善“1+X”政策体系，首创31项新举措，新认定高新技术企业169家、科技小巨人领军企业198家。整合晋江集成电路、南安半导体、安溪湖头光电等3个园区，获批设立省级半导体高新技术产业园。实施“中国制造2025”城市试点示范，完成“百千5311”工程，培育“数控一代”示范产品138个，列入国家级智能制造项目5个、服务型制造示范项目3个、工业设计中心2家。实施重点技改项目238个，完成技改投资990亿元。加强商标品牌建设，获评“中国商标金奖”企业1家、国家质量标杆企业1家，制（修）订标准132项。新增中国专利奖优秀奖4项。丰泽区入选国家双创示范基地。实施“人才港湾”计划，认定高层次人才2415人，新增院士工作站12家；设立“一站式”人才服务平台，建成人力资源服务产业园。

第三产业。开展“第三产业提升年”活动，培育认定百强企业。交通运输、仓储和邮政业实现增加值506.06亿元，增长8.8%；港口完成货物吞吐量12986.18万吨，增长3.4%，其中，外贸货物吞吐量3865.25万吨，增长6.2%；集装箱吞吐量224.26万标箱，增长7.2%；泉金航线运送旅客14.06万人次，泉州晋江国际机场旅客吞吐量534.06万人次、增长40.8%。新增AAA以上物流企业15家，快递业务量7.3亿件；国际邮件互换局获批设立，石狮国际快件监管中心投入运行。电商交易额4000亿元、增长42%，网商（虚拟）产业园集群注册发照1万多家，泉智汇、泛家居等平台投入试运行。共接待国内外游客5474.49万人次，增长21.4%；实现旅游总收入843.81亿元，增长28.7%。其中，旅游国内收入752.55亿元，增长29.6%。列入全国优选旅游项目5个。启动“泉州老字号振兴计划”。

对外经贸。进出口总额达1567.6亿元，增长2%。其中，出口1046.6亿元，下降2.1%；进口521.1亿元，增长11.3%。新签外商直接投资合同项目196项，增长58.1%，投资总额16亿美元，下降31.9%；合同外资金额6.88亿美元，下降49.3%；按验资口径，实际利用外资15.92亿美元，下降2.2%。新批外商投资超千万美元（含增资）的项目由上年的55家下降到30家。在新签利用外资合同中，投向第二产业的合同金额4.33亿美元，下降45.9%，投向第三产业的合同金额2.37亿美元，增长55.6%。外商投资企业当年累计开业投产28家。全年签订对外经济技术合作合同金额10996万美元，增长44.5%；完成营业额5031万美元，增长5.4%。派出劳务人员5704人，年末在外劳务人员共有4483人。批准境外投资企业12家，境外投资金额29352万美元。

固定资产投资。固定资产投资4123.8亿元，增长10%。其中，工业投资1620.74亿元，增长19.6%，占固定资产投资的比重为39.3%；基础设施投资1018.78亿元，下降3.5%，占固定资产投资的比重为24.7%；高技术产业投资279.36亿元，增长16.5%，占固定资产投资的比重为6.8%。组织开展“项目攻坚年”活动，泉州市396个市级在建重点项目全年完成投资1271.3亿元，占固定资产投资的30.8%，建成（或部分建成）投产86个项目，新开工98个项目。其中，厦沙高速公路德化段、厦沙高速安溪至永春达埔段、惠安县中化泉州100万吨/年乙烯项目回填工程、德化县彭村水库工程、湄洲湾南岸铁路支线等一批项目建成投产；安溪县2025产业园附属及配套设施建设项目、福建天电光电湖头光电基地项目、晋江市快速通道东石连接线工程项目、泉州火车站综合交通枢纽项目、安溪县中国国际信息技术（福建）产业园数据中心建设改造项目等一批项目开工建设。

财政金融。地方一般公共预算收入442.3亿元，增收18.22亿元，增长4.3%，加上上划中央“三税”收入346.46亿元，一般公共预算总收入合计完成788.76亿元，增收18.9亿元，增长2.5%。一般公共预算支出637.81亿元，增加40.14亿元，增长6.7%。其中，教育支出138.19亿元，增长7.4%；科技支出14.91亿元，增长12.6%。政府性基金收入159.7亿元，政府性基金支出156.84亿元。政府落实金融风险防控属地责任，创新困难企业帮扶措施，坚决打击、联合惩戒恶意逃废债，不良贷款率控制在较低水平。年末金融机构本外币各项存款余额6891.8亿元，比上年末增长1.5%，其中人民币各项存款余额6777.69亿元，比上年末增长2.1%；本外币各项贷款余额6070.6亿元，比上年末增长3.5%，其中，人民币各项贷款余额6041.91亿元，比上年末增长4.4%。全年证券市场通过发行、配售股票共筹集资金18.7亿元，新发行A股1只，增发4只；境外新发行上市2只。累计境内上市公司（A、B股）数量由上年末的19家增加到20家，境外上市公司数量由上年末的82家增加到84家。保险业实现各项保费收入 197.22 亿元，增长 9.9%；赔款及给付支出 59.9 亿元，增长 4%。新增“新三板”挂牌企业 8 家；海峡股权泉州交易中心设立“青创板”，累计挂牌企业 606 家。

改革开放。创新供应链融资模式，小微企业贷款 2100 亿元，增长 10.7%。“无间贷”模式成为全国典型。新兴产业、集成电路等基金为企业提供融资 59 亿元。建立 PPP 项目审批绿色通道，落地项目 26 个、总投资 316 亿元，其中，纳入财政部示范项目 8 个。率先启动“多证合一”，实行工商简易注销，“双随机”抽查实现全覆盖，工商注册便利化工作获国务院通报表扬。市场主体总量达 68 万家，位居全省首位。深入推进晋江自然资源资产统一确权登记、永春空间规划编制等省级试点；完成林权收储、环境治理市场主体培育等 8 项改革任务。泉州开发区被联合国工发组织授予“绿色开发区”称号。整合 40 家国有企业，组建城建、文旅、金控、交通发展、水务 5 家市级国资集团。与“海丝”沿线国家和地区贸易额 720 亿元。与马来西亚古晋南市建立友好城市关系。石井口岸正式对外开放。

城乡建设。环湾建成区面积达 220 平方千米，比上年末增加 6 平方千米。开展全国“生态修复、城市修补”试点，完成环泉州湾城乡一体化规划，全面推行城市设计。西街东段、中山中路实施分时段交通限行和精细化管理。开展“社区营造”试点。完善城市交通体系，兴泉铁路、福厦客专开工建设，泉厦漳城市联盟路、城东至北峰快速通道、动车站综合交通枢纽等项目加快推进，厦沙高速泉州段建成通车。市区建设公共停车设施 33 个，新增停车泊位 5000 多个。推行公交一元票价制。市区公共自行车“小黄人”累计建设站点 470 多个，骑行总次数 3200 多万人次。“点线面”推进绿化提升，精心打造高速出入口、动车站等一批关键节点绿化工程。改建特色树种景观路 14 条；山线绿道示范段，以及沉洲、汀洲、白水营等水线绿道公园建成开放。完成绿化改扩建面积 65 万平方米。结合“创城”“创卫”开展环境综合整治，启动生活垃圾强制分类试点，大件垃圾处理站投入运行。疏堵并举治理占道经营等城市乱象，环境卫生考评实现城乡全覆盖。标准化改造中心市区农贸市场 7 个。拆除“两违”557.5 万平方米。整治市区内涝积水点 54 处。

环境保护。泉州市和 10 个县（市、区）先后建成国家生态市、县、区并获命名；建成 111 个国家级生态乡镇，1659 个市级以上生态村。全年共投入重点流域（含近海水域）整治资金 13.63 亿元，其中，重点流域投入整治资金 8.55 亿元，近海水域投入整治资金 5.08 亿元。全面推行河长制，所有集中式饮用水源地和主要干流水质达标率保持 100%。实施农村饮水安全巩固提升工程，受益人口 16.42 万人，其中，本年新增 11 万人；启动农村污水垃圾治理三年行动，266 个行政村新建污水处理设施，建设改造三格化粪池 6.5 万户，新增 480 个行政村实现垃圾常态化治理，持续开展生猪养殖和农业面源污染整治。辖区各城市、县城空气质量达到国家二级标准，泉州市区空气质量一、二级优良天数 345 天，占总天数的 94.5%。完成植树造林 12 万亩、水土流失治理 31 万亩、矿山生态修复 313 万平方米。永春流域综合治理荣获中国人居环境范例奖，成为全国典型案例。

社会事业。新增公办幼儿园学位 1 万个、中小学学位 1 万个。实施“领航团队”培养工程。启动技能名师工作室建设，壮大“双师型”教师队伍，现代学徒制试点基本覆盖主要产业，建成福建省大学生创新创业基地（泉州）。抓好关心下一代工作，发挥好青少年社会教育活动中心的校外阵地作用。深化公立医院改革，推行目标管理责任制和院长年薪制，启动“名医带徒”工作。实施基层医疗卫生服务能力三年提升工程。全市新增医疗机构床位 2512 张。建立统一的城乡居民基本医保制度。加大妇幼医疗资源配置，服务“全面两孩”政策。新建农村居家养老服务站 135 个，建设提升农村老年体育活动中心 30 个，市社会福利中心开工。全市新增养老床位 1460 张，享受政府购买信息化养老服务的人数超 3 万人。推进“古泉州（刺桐）史迹”申遗，高标准实施 16 个申遗点文物本体修缮和周边环境整治，完成国际专家现场考评阶段性任务。公共文化中心主体工程完工，市少儿图书馆正式开放。建成 24 小时街区自助图书馆 46 个、村（社区）文化服务中心示范点 24 个。成功举办泉州市第九届全民健身节。成功举办联合国教科文组织青年创意与遗产研习班、“中国白”国际陶瓷艺术大奖赛、环泉州湾国际公路自行车赛。第十三届全运会收获金牌 8 枚，金牌和奖牌数均居全省首位。

民生保障。新增城镇就业人员 12.64 万人，有 2574 名下岗人员实现了再就业；培训农村劳动力 6.07 万人，转移就业 3.9 万人。城镇登记失业率为 1.28%。居民人均可支配收入 33256 元，增长 7.8%；人均消费支出 21538 元，增长 4.5%；人均住房建筑面积 66.8 平方米。城乡居民家庭恩格尔系数分别为 33.4% 和 41.2%。参加养老保险人数 523.94 万人，新增 15.61 万人。参加失业保险人数 68.4 万人，领取失业保险金人数 4.06 万人。参加工伤、生育保险人数分别为 113.38 万人和 97.93 万人。参加职工基本医疗保险人数 116.35 万人。参加城镇居民基本医疗保险居民 41.59 万人；参加新型农村合作医疗人数 563.7 万人，参合率达 99.97%。确定 30 个市级扶贫开发重点帮扶村，市级投入资金 1.59 亿元。10 个省级扶贫开发帮扶村共争取各类资金达 22216 万元，实施帮扶项目 214 个。组织实施“造福工程”，落实搬迁安置 10808 人。

【金砖国家治国理政研讨会在泉州举行】 2017 年 8 月 16－18 日，由中共中央宣传部主办，国家行政学院、中国外文出版发行事业局承办，以“开放包容、互利共赢，共建人类命运共同体”为主题的治国理政研讨会在泉州市成功举办。共有18个国家143名正式代表出席，主要活动有开幕式大会、三个平行会议。三个平行会议的主题分别为："深化改革 携手促进共同发展""交流互鉴 倡导文明多样繁荣""合作共赢 完善全球治理体系"，共有72名中外方代表发言。

【晋江成功申办2020年世界中学生运动会】 2017年5月27日，副省长黄琪玉率团出访法属波利尼西亚，正式向国际中体联递交申办报告。6月21日，申委会经批准成立，由福建省省长任主席，福建省、教育部、国家体育总局领导担任执行主席；申委会下设执委会，由泉州市政府主要领导担任执委会主任。7月9—13日，国际中体联主席劳伦特·佩楚卡率团来晋江开展评估考察活动。经与国际中体联沟通，拟设14个比赛设项，推进39个比赛场馆改造建设（24个场馆位于学校，占总数61.5%）。10月8—17日，副省长黄琪玉率团参加国际中体联执行委员会会议。当地时间10月15日下午，代表团在会上做陈述答辩，以绝对优势胜出，成功赢得2020年第18届世界中学生运动会的举办权。11月1日，国际中体联、中国中体协、晋江市政府签署举办城市协议。（黄景顺）

【鲤城区】 2017年，鲤城区深入开展"促进项目落地、帮扶企业发展""工业项目竞赛"等活动，大力开展高新企业和龙头企业培育行动，深入"项目攻坚年"活动。2017年，全年实现生产总值494.96亿元，同比增长7.5%。一般公共预算总收入18.33亿元，同比上升7.8%。全社会固定资产投资132.03亿元，同比增长5.8%。合同利用外资2911万美元，同比下降62.6%；实际利用外资（按验资口径）5084万美元，同比增长1.6%。出口商品总值5.21亿美元，同比下降2%。实现社会消费品零售总额356.87亿元，同比增长11.3%。城乡居民人均可支配收入4.11万元，同比增长6.3%。

农业。全年农林牧渔业总产值2625万元，粮食油料总播种面积1199亩，蔬菜产量6894吨，肉蛋奶产量160吨，水果产量165吨。现有农业部"三品一标"农产品认证品牌6个，无公害农产品产地认定基地、企业4家，获得绿色食品标志使用权农业企业2家、有机食品标志使用权农业企业1家，获得农业部农产品地理标志登记1个。

工业。规模以上工业产值363.66亿元，同比增长4.5%；规模以上工业增加值86.53亿元，比增4.5%；规模以上工业三大支柱行业累计完成产值319.04亿元，比增2.3%，纺织鞋服、机械汽配、电子信息分别完成产值182.2亿元、45.1亿元和91.7亿元，分别比增0.7%、8.1%和2.9%。6家上市企业完成产值87.5亿元，比增−2.7%；4家挂牌工业企业完成产值13.5亿元，比增6.6%。产值超亿元企业达92家，实现总产值319.7亿元，比增13.6%。高新技术产业实现产值179.78亿元，增长4.1%，占规模以上工业产值比重48.5%。全区有16个"数控一代"示范项目、8家市级以上智能制造试点示范企业（其中，国家级1家、省级4家）、5家企业正式通过工信部两化融合贯标管理体系评定。海天、鸿星尔克（包含鸿荣轻工）、铂阳3家省级龙头企业实现产值71.4亿元，比增1.5%。规模以上工业产值增幅5%以上121家，负增长63家（包含16家停产）。工业产销率98.2%；新增高新企业8家，企业获市专利奖10个，占全市总数的20%；培育国家级、省级、市级知识产权优势企业及试点示范单位15家。

第三产业。深入开展"第三产业提升年"活动；第三产业增加值实现198.59亿元，同比增长8.7%，楼宇总部经济创税2.3亿元，增长7.3%；限额以上电子商务企业实现网上零售额34.36亿元，增长38%；全区第三产业增加值占地区生产总值比重近60%。积极帮助企业申请各级项目资金和荣誉，先后呈报"东亚之窗"、新门文旅街区、源和1916四期麻纺厂等多个项目参评2017年省级、市级现代化服务业集聚示范区以及申请两个批次省级服务业发展引导资金。其中，新门文旅街区项目获评第一批泉州市现代服务业集聚示范区；源和1916四期麻纺厂、"东亚之窗"分别获290万元、200万元省级服务业发展引导资金。

城市建设。紧抓城市"双修"建设、美丽乡村建设、文明城市建设，城市品位加快提升。全区城建项目共18个，总投资89.38亿元。全区年度计划投资20.37亿元，累计完成投资20.15亿元，占年度计划的98.92%。第一批试点项目30多个，总投资超20亿元。配合抓好"七个一"示范工程：一园（小山丛竹公园建设工程）、一区（龙头山片区改造提升工程）、一河（八卦沟及两岸地区综合提升工程）、一街（西街综合提升工程）、一路（中山路综合提升工程）、一厝（老范志大厝展示提升工程）、一站（旧车站改造提升工程）。策划实施站前大道西侧、兴贤路中段、田中石结构房屋等片区改造项目，建成新天城市广场、建发珑璟湾、尚好家园、盛世城品等一批商住楼宇。投入1200万元实施市政设施建设：完成金鱼巷、礼让巷、县后街二院北侧等2017年"XIN"行动改造，整治提升进出城通道景观，启动南环路道路及景观提升改造、笋江路兴贤路五岔路口和江滨北路鲤城段景观与立面改造，2号污水提升泵站正式运行。建设江南新区公共自行车站点50个、投入微笑自行车1600辆。

城市管理。在全市率先出台《鲤城区关于深入推进城市执法体制改革改进城市管理工作的实施方案》，进一步改革和完善城市执法体制，实施西街东段、中山中路分时段交通限行和精细化管理。开展泉州市"美丽古城、家园共造"社区营造活动，启动政府、社会、群众互动联系、共同参与的城市治理工作体制。启动城市垃圾分类处理试点。强化学校、车站、医院、景点等重要区域周边管理，综合治理占道经营，推进农贸市场标准化改造。开展新一轮深化“两违”（违法占地、违法建设）综合治理三年行动，完成市下达“两违”整治任务140%以上。完成各级环保督察整改工作，环保目标责任书和污染物减排工作在全市考核中获得“六连优”，环保网格化管理经验在全省推广。投入4000多万元完善配套设施，推进市容卫生整治，高分通过国家卫生城市复检。

社会事业。实施总投资近80亿元的民生社会事业补短板专项工程，稳步解决供需矛盾突出、塔尖资源不足、老城新区不均等问题。民生支出占一般公共预算支出比重达66%，全面完成总投资近1.5亿元的26个为民办实事项目。新增就业9000多人，城镇登记失业率在0.87%以内。社会保险继续提标扩面，职工基本养老、城镇居民养老、失业、工伤等各类保险参保人数分别增至9.41万、4.18万、5.63万和7.88万人。完成全民参保登记试点工作，参保登记入户调查完成率100%，登记信息入库率100%。建成浮桥街道延陵安置小区保障性安居房170套，辖区石结构房屋改造项目顺利推进，完成市下达拆除和投资任务的106%。加快实施中小学校布局及建设五年规划，泉州七中江南校区全面开工，泉州十五中图书馆等9个“薄改扩容”项目竣工或部分竣工，泉州实验中学附属学校落户江南新区，新增公办幼儿园和中小学学位5500个。高质量通过教育部国家义务教育监测和全国中小学校责任督学挂牌督导创新区省级评估，获评省级安全教育示范区，7所中小学被确认为省义务教育管理标准化学校。实施基层医疗卫生服务能力提升工作三年行动，引入一批社会办医项目，万祥医院开工建设，新增医院床位40张。获评全国首批健康促进示范区、省级妇幼健康优质服务示范区、省市计生先进区。江南街道社区卫生服务中心获评国家百强社区卫生服务中心。实施居家社区养老和机构养老工程；累计建成一站式社区服务站76个。

文化事业。紧抓古城发展的历史机遇，全力打造文化升级版。成功举办2017年泉州灯会暨鲤城区第十九届元宵花灯展，圆满完成第三届海上丝绸之路国际艺术节工作，区保生大帝信俗成功入选民俗类省级非物质文化遗产代表性项目名录，火鼎公婆等6个项目7名传承人入选第七批市级非物质文化遗产代表性项目代表性传承人名录，7名非遗传承人入选市高层次人才，新增2家市级文化产业示范基地，泉州源和创意产业园运营有限责任公司获评国家小微企业创业创新示范基地，功夫动漫旗下“漫客工场”被认定为2017年度福建省“创客空间”，泉州新门文旅街区获评市第一批旅游休闲集聚示范区，区运动员吴德琳、刘咏诗在第十三届全运会三人制篮球公开赛和击剑团体项目上各夺一金，慢生活创意产业园运营有限公司被评为2016年度市“十佳”体育服务企业。2017年，鲤城区获“全国首批健康促进区”和省双拥模范城（七连冠）称号，海滨街道金山社区、临江街道伍堡社区获评第五届全国文明单位。完成泉州“古泉州（刺桐）史迹”申遗项目辖区5个申遗点周边环境整治任务，顺利通过联合国教科文组织专家现场考察。

政风建设。坚持依法行政、提效减政、廉洁从政，有效加强党的政风建设。全年组织6轮巡察共巡察32个单位党组织，占全区总巡察目标的34.8%，完成设置派驻纪检组11家（其中综合派驻纪检组8家、单独派驻纪检组3家），实现向区一级党政机关派驻监督全覆盖。严格落实中央八项规定精神，完成公车改革任务，“三公经费”下降27.7%。2017年12月30日，揭牌成立区监察委员会，实现对全区所有行使公权力的公职人员监察全覆盖。行政机关法律顾问制度基本建立，行政审批事项缩短至法定时限的40%以内，群众满意率达99%，依法行政绩效考评在全市名列前茅。认真接受区人大及其常委会监督，依法执行区人大及其常委会决定、决议，办理人大代表建议115件。主动接受民主监督，充分发挥政协作为协商民主重要渠道和专门协商机构的重要作用，办理政协提案135件。

（刘浩淼）

【丰泽区】 2017年，丰泽区实现生产总值590.96亿元，比上年增长8.6%。工业总产值434.9亿元，增长9.2%，其中规模以上工业产值392.4亿元，增长9.9%。一般公共预算总收入33.9亿元，增长13.4%，其中，地方一般公共预算收入20.7亿元。固定资产投资222.23亿元，下降24.7%。社会消费品零售总额248.74亿元，增长13.2%。实际利用外资（验资口径）7.6亿元，增长7.4%。海关出口商品总值81.6亿元，增长3.7%。三次产业比重调整为0.2∶32.2∶67.6。城镇居民人均可支配收入50330元，增长7.1%。

重点项目。固定资产投资完成222.23亿元，77个在建重点项目完成投资181.7亿元，完成年度计划103%，征收土地130.87公顷，征收房屋面积65万平方米。组织实施51个三产重点项目和53个旧厂房改造项目，完成投资110.82亿元。

产业提质增效。拓展线上线下二维空间，讯网网络获评国家级电子商务示范企业，新增市级电商十佳企业3家，即泉州市网商（虚拟）产业园、华大电商产业园、海西国家广告产业园区（泉州园），累计引进电商企业3782家。实施“互联网＋制造”行动，涌现出匹克、虎都等一批“互联网＋定制化”生产制造典型，科立讯电子获评“两化”融合贯标企业。推动生产性服务业与传统产业深度融合，打造工业设计、检验检测、服务型制造三大公共服务平台，2家企业公共服务平台项目入选国家级服务型制造示范平台项目。推广应用数字化生产线6条，建成智能制造示范生产线2条，12项产品入选市级“数控一代”示范项目，数控装备制造产业实现产值18.3亿元，增长23.7%。

社会事业。全年民生支出16.5亿元，占一般公共预算支出72.7%。开展就业培训2.3万人次，城镇登记失业率为0.82%。城镇居民养老保险参保率达

99.43%。发放各类补助资金1371.1万元。新增省级社区老年人日间照料中心2个，提升省级社区居家养老服务站6个，新建家庭综合服务中心6个，4个社区引进专业养老服务机构。新增公办幼儿园2所，3所基层学校升格为实验性小学，14所学校通过省、市级义务教育管理标准化认定。成立全省首家少年宫教研中心。新增医疗机构床位110张，成立泉州市正骨医院专家工作站，丰泽、北峰街道社区卫生服务中心蝉联全国百强。完成家庭医生签约服务17.34万人，签约率30.36%。东凤、源淮社区获评全国流动人口社会融合示范社区。新增省级社区多功能运动场3个，建成（提升）各类群众性文体活动设施41处。

海丝先行区建设　2017年，丰泽区融入泉州“海丝”先行区建设。做好省、市、区等各级政策落实和配套，特别是将部分“海丝”沿线国家的展会列入丰泽区重点支持展会，对参展企业给予补助，加大政策宣传，组织政策宣讲会，帮助企业用好用足政策，及时兑现有关扶持。2017年1—11月，共引进香港、澳门、台湾等来丰泽区投资项目16个，涉及进出口、教育咨询、网络科技、鞋服研发和销售、酒类销售、投资咨询、企业管理咨询及工程建设等领域。1—10月，丰泽区对“海丝”沿线国家进出口总额累计21.58亿元。其中，出口17.48亿元，占全区出口总量的28.5%；进口4.1亿元，占全区进口总量的55.3%。（卢承志）

【洛江区】　2017年，洛江区实现生产总值175.95亿元，比上年增长9.7%。一般公共预算总收入17亿元，其中，地方一般公共预算收入10.15亿元，增长7.4%。工业生产总值461.96亿元，增长12.7%，其中，规模以上工业生产值447.54亿元，增长13%。第三产业增加值44.31亿元，增长14%。农林牧渔业总产值7.2亿元，增长1.3%。全年完成出口总额41.11亿元，固定资产投资117.23亿元，增长16.8%。农村居民人均可支配收入1.57万元，增长7.6%。实现社会消费品零售总额40.25亿元，增长22.3%。

工业。2017年，新增规模以上工业企业22家。嘉泰数控二期、铁拓机械改扩建工程、精镁机械、机器人检测试验研发中心等重点项目动工建设，投资3.85亿元实施省市重点技改项目16个。7家高新技术企业、4家院士（专家）工作站通过认定，8家企业入选省级科技小巨人领军企业培育库，1家列为中国制造业单项冠军培育企业，3家列为省级服务型制造示范企业。建筑业增长势头强劲，新增建筑业企业30家、新增资质105项，产值139.73亿元、建筑纳税3.06亿元。

第三产业。30个重点三产项目完成投资11.26亿元，第三产业增加值增长14%，占GDP比重提高1.8个百分点。汽车销售额、电商营业额分别增长41%、12%，社会消费品零售总额增长22.3%。尚东国际、现代华城、方圆建设大厦等商务楼宇共引进90多家企业入驻。全年接待游客突破155.68万人次，增长30%，旅游总收入19.16亿元，增长32.03%。

现代农业。2017年，以项目化发展设施农业，建设蔬菜、花卉等各类智能温室大棚2.4万平方米，扩大鲜切花、九品莲花基地等观赏农业规模，设施花卉种植面积居全市前三位，获得中国花卉博览会银奖1项、铜奖4项。新增林下经济项目3个，获批市级农民林业专业合作社示范社、家庭林场示范场2家，林下仿生态种植石斛、金线莲面积达到8.6万平方米，建成全省最大鼓槌石斛生产基地。全面完成土地承包经营权确权登记颁证，引导流转土地26.67公顷。改善农业基础设施，完成河市、虹山片区小型农田水利工程项目，除险加固重点山围塘，建设高标准基本农田366.67公顷。

城乡建设。2017年，完善规划体系，洛江片区单元控规审查工作加快推进，组织编制阳江片区修建性详规和城市设计。完善城区主干路网体系，洛江区西环路加速建设。继续推进塘西、后埭、新南等片区城市化改造，启动阳江片区首期支路网、水系和阳江学园建设前期工作。完善城市通行微循环体系，打通万兴街等城市断头路，实施路面硬化和“白改黑”工程；城区新增停车泊位634个，完成万安片区公共自行车系统建设；实施无线城市建设、百兆光纤入户工程，新建4G基站138个；建设10KV配电线路40千米，改造升级配变台区40台。

社会事业。实施民生补短板项目91个，完成为民办实事项目53件。所有建档立卡贫困人口收入达到市定贫困线以上；鼓励扶持村财薄弱村因地制宜发展壮大集体经济，完成10个村光伏发电项目；在全市率先出台精准扶贫医疗补助方案，城镇新增就业6000多人。发放养老金近4000万元。新建农村幸福院（居家养老服务站）4个、城乡社区服务站4个。投入近1亿元建设闽南师大附属小学、泉州第十一中学等9所中小学、幼儿园校舍及配套设施，7所中小学义务教育管理标准化通过市级评估；落实“三免一补”与助学政策资金1700多万元；获评全国书法教育示范区。出台深化基层医药卫生体制改革方案，建立合同制卫技人员招聘使用管理制度，推动分级诊疗；加强基层卫生机构学科和设施设备建设，马甲中心卫生院通过二级综合医院评审，河市卫生院获评全国“群众满意乡镇卫生院”。新建体育休闲公园、多功能运动场3个，优化提升基层综合文化服务中心示范点18个、全民健身示范中心10个。

智能制造业发展　2017年，洛江区加快新一代信息技术、新材料、高端装备制造等战略性新兴产业发展，对接引进西人马联合测控、久信石墨烯等产业项目落地。建立战略性新兴产业重点项目库，铁拓机械、维盾电气等4家企业项目被评定为省级战略性新兴产业项目。引导企业运用“互联网+”战略助推信息化和工业化深度融合，组织维盾电气等5家企业合计6个项目被评定为省级两化融合重点项目。持续探索以标

2017年6月15日，泉州洛江区嘉泰数控科技股份公司技术人员在作业
（洛江区政府办供稿）

准引领两化深度融合的发展新模式，新维电子、嘉泰数控等3家企业获得市级两化融合贯标补助。“数控一代”工程项目取得新进展。2017年，组织嘉泰数控、培新机械等7家企业共计20项产品成功列入2017年市级“数控一代”示范项目产品，数量创3年来新高。贯彻实施“百千5311”工程，通过嘉泰智能、华数机器人等智能制造项目的示范作用，以点带面，引导各相关领域企业积极参与智能制造发展。（赖云鹏）

【泉港区】 2017年，泉港区实现生产总值526.89亿元，比上年增长8.6%。工业增加值360.77亿元，增长9.1%。第三产业增加值114.81亿元，增长10.5%。一般公共预算总收入111亿元，增长1.09%，其中，地方一般公共预算收入32.5亿元，增长8.33%。固定资产投资264.62亿元，增长16.2%。出口商品总值（海关口径）6.1亿元，增长4%。实际利用外资（验资口径）7.4亿元，增长2%。社会消费品零售总额89.4亿元，增长11.5%。城乡居民人均可支配收入24013元，增长7%。

经济建设。253个区级重点项目完成投资245亿元，增长39%；聚氨酯汽车材料、百川彩纱超市等90个项目新开工建设，福海三期、建华管桩等55个项目建成投产。清理批而未供用地130.67公顷、盘活闲置土地167.8公顷；获批项目用地60公顷、组织土地出让79.27公顷。深化平台招商、定向招商，引进闽南数据湖产业园等重大项目23个，总投资295亿元。鼓励引导民间投资，推出总投资42.29亿元PPP项目包8个，七镇连通管网工程、民生综合工程、新能源公交车和充电站设施等3个项目落地实施。出台航运、物流、金融、旅游等10多项稳企助企政策措施，兑现奖补资金7000万元。成立石化行业协会，实现规模以上工业产值增长10.3%。强化口岸开放服务，实现福建省航煤首船出口。实施纳川管材、中平神马等12个技改项目，完成投资12.2亿元。13家企业获评省级高新技术企业、科技小巨人、知识产权优势企业。2家企业项目列入省战略性新兴产业重点项目，23家企业列入市产业集群龙头企业。

城乡建设。实施城建重点项目126个、宜居建设项目125个，分别完成投资168亿元、15.5亿元，福厦高铁泉港段（站）、坝头溪流域综合整治等一批城建精品开建，植物园景观改造提升、玉笏朝天公园一期、科技馆等补短板项目完工。投放120部新能源公交车、1650辆小黄人自行车。完成30千米主干道绿化提升，水系绕城、绿网交织的城市景观风貌初步形成。68个小城镇项目完成投资18.9亿元，新创建省级美丽乡村7个，惠屿、东张、小坝分别入选全国最美渔村、文明村、少数民族特色村寨。投入1805万元用于园林、管网、路灯等市政设施市场化管养，完成80千米城区雨污水管网清淤检测。完成植树造林118.67公顷、水土流失治理220公顷、矿山生态恢复治理13万平方米，森林覆盖率41.41%。

社会事业。投入1.37亿元，完成8项35件为民办实事项目。民生支出27.14亿元。整合政策、资金、项目和挂钩力量，帮扶183户657人脱贫。坚持拆、改、建相结合，拆除两违建筑61万平方米，改造石结构房屋281万平方米、棚户区8328套，审批个人建房1500宗。城镇新增就业6098人、农村劳动力转移就业6136人。新建成7个老年服务中心、6个居家养老服务站、26个避灾点。荣获省级双拥模范城（五连冠）称号。率先实行普通高中免费教育，入选国家义务教育教师队伍“县（区）管校聘”管理体制改革示范区；投入1.7亿元，实施益海实小、锦川实幼等10个新改扩建项目。深化医联体建设，实行自主招聘、院长年薪制，建设名医工作室4个；推行分级诊疗、家庭医生签约服务模式，通过国家基层中医药先进单位评审，基本公共卫生服务绩效考核获国家优秀奖。改造提升15个村（居）综合文化服务中心，新建2个文明礼堂、10个百姓书房，打造书香泉港。新增市级非遗传承人6人，“涂岭红”红茶制作技艺入选省非遗名录。

石化安征迁项目　泉港石化安征迁项目是近年来泉州市规模最大、投入最巨、搬迁群众最多的单体征迁项目，计划用5年时间（2016—2020年）基本完成3个镇17个行政村约5.27万人、约553.7万平方米房屋搬迁，进一步推进石化工业区周边的绿化隔离带建设。2017年3月组建项目指挥部，制定安征迁推进“路线图”、年度“任务书”和分阶段“时间表”，累计完成测量评估7490栋、完成54.1%，协议签订5925栋、236.3万平方米。（陈小燕）

【石狮市】 2017年，石狮市实现生产总值772.72亿元，比上年增长8.5%。

石狮市祥芝渔港，摄于2017年　　（石狮市政府办供稿）

动社会福利中心养老院“公建民营”，全市农村幸福院增至13个、村（社区）居家养老服务中心增至99个。

获评全国文明城市　2017年，石狮获评全国文明城市。石狮市获“全国文明城市县级提名城市”后，石狮市创建全国文明城市工作指挥部办公室被确定为常设机构，在体制机制上使创建全国文明城市工作常态化。开展“十大文明新风行动”和“十个专项整治提升工作”，城市文明程度和市民文明素质有新提升。石狮市3年测评总成绩位居福建省参评各县级市和县首位。（王家超）

一般公共预算总收入60.11亿元，其中，地方一般公共预算收入41.6亿。全体居民人均可支配收入46782元，增长7.5%。

纺织服装产业。2017年，石狮市出台促进纺织服装产业创新转型、降低实体经济企业成本等一系列政策措施，兑现惠企资金4.8亿元，实现纺织服装产业产值566亿元，增长9.5%。石狮市与中纺联、中国纺织工程学会、中国纺织信息中心合作建设“一馆一院一中心”；石狮市成立纺织服装产业联盟，组建供应链管理、外贸服务等产业集群服务平台，进一步聚合全产业链资源优势，保障产业发展要素供给，帮助企业解决资金、信息、招工等难题。突出印染、辅料两个在国内具有重要市场地位的行业，出台专项行动方案，推动印染集控区循环化改造和五金辅料企业整合提升。出台智能产业发展规划和配套扶持政策，组建智能产业技术创新战略联盟，以通达、科达、富达、飞通为龙头的智能产业迅猛发展，实现产值123亿元、增长33%。

第三产业。2017年，实现增加值356.77亿元，增长11.6%。新增商业销售企业74家、规模以上服务业企业24家，电商年交易额超600亿元、日均发货量超30万件；接待游客459万人次，增长14.8%，旅游总收入99.1亿元，增长10%。石湖港5号6号泊位开工建设，进口肉类指定口岸获批筹建，两岸海运快件监管服务中心、石材交易市场建成投入运营，全年港口货物吞吐量3515万吨，增长5.5%，集装箱吞吐量164万标箱，增长2.5%。新批及增资外资项目60个，实际到资2.2亿美元，增长2.5%，出口商品总值138.8亿元，增长4%。

海洋经济和特色农业发展。2017年，石狮市启动建设海洋生物食品园，推进祥芝、东埔、永宁渔港经济区建设，实现海洋渔业深加工产值28亿元，增长6%。建设现代休闲农业项目5个，引进推广农作物新品种25个，创建农业标准化示范基地2个。

社会事业。新建村（社区）综合文化服务中心26个，打造“百姓书房”示范阅读点10个，持续开展“书香狮城”、文化惠民剧场、广场文化艺术节等活动，组织评选首届“醒狮”文艺奖。加强文化传承保护，公布第四批市级非遗名录5个、第二批市级非遗项目代表性传承人20人。市财政投入教育事业11.5亿元，新建、改扩建学校42所，厦外石狮分校附属小学等10所学校建成投入使用，新增学位4000个；复办华侨中学高中部，引进山东271教育集团合作办学；利用公共资源改建幼儿园，投入1000万元购买普惠性幼儿园学位，惠及9729名学龄前儿童。市财政投入医疗卫生事业6.2亿元，公立医院药占比降至32%；新农合复合支付模式补偿比例提高至80%。建成残疾人康复中心、鸿山镇东埔三村敬老院，推

【晋江市】　2017年，晋江市实现生产总值1981.5亿元，比上年增长8.2%。按常住人口计算的人均地区生产总值94470元，增长7.6%。其中，第一产业增加值完成19.88亿元，下降1.4%；第二产业增加值完成1195.33亿元，增长6.6%（其中，工业增加值完成1123.36亿元，增长6.8%）；第三产业增加值完成766.29亿元，增长11.3%。一般公共预算总收入212.23亿元，增长5.6%，其中，地方一般公共预算收入126.77亿元，增长5%。全市社会消费品零售总额667.28亿元，增长12.3%。实际利用外资（验资口径）5.63亿美元，增长3.1%。城镇居民人均可支配收入45883元，增长7.7%；农村居民人均可支配收入21870元，增长10%。

农业。实现农林牧渔业总产值43.2亿元，下降1.2%。其中，农业产值8.85亿元，增长7.7%；农林牧渔服务业产值1.71亿元，增长4.5%；畜牧业受畜禽养殖退出影响，完成产值2.76亿元，下降22.7%；渔业受限制近海捕捞影响，完成产值29.84亿元，与2016年持平。

工业。实现工业总产值4809.98亿元，增长10.7%，规模以上工业产值4420.36亿元，增长11.3%。五大优势产业完成规模以上工业产值3479.16亿元，增长11.7%。其中，纺织服装业、制鞋业、建材陶瓷业、食品饮料业、纸

制品及包装印刷业分别增长11.2%、8.4%、12.8%、15.3%、18.9%。五大新兴产业完成规模以上产值488.82亿元，增长13%。其中，新材料业、智能装备及机械制造业、海洋生物业、汽车制造及零部件业分别增长12.1%、14.7%、37.6%、12%。龙头企业全年产值超亿元工业企业达822家，比上年增加92家，累计实现工业产值4064.53亿元，增长15%，比全部规模以上工业产值增幅高出3.7个百分点，对规模以上工业产值的贡献率达118.1%，拉动规模以上工业产值增长13.3个百分点。

社会事业。统筹投入民生资金74.65亿元、占本级财政支出6.56%，加快补齐民生短板，办成22件为民办实事项目，建成65个补短板项目。实施186个教育项目，新增公办幼儿园学位2370个、中小学学位10540个，养正中学完成搬迁，拔萃双语学校、泉州五中桥南校区开工，晋江一中与法国约翰夏科中学缔结姊妹学校。实施19个医疗卫生项目，设立院士工作站、名医工作室，区域医学检验中心和疑难病远程会诊平台投用，晋南分院通过国际JCI认证，陈埭卫生院获评全国“百佳”乡镇卫生院。实施35个养老项目，建成居家养老服务站20个，6个村级敬老院投用。抓好保障性安居工程，落实石结构危房改造7856宗。投放200部纯电动公交车，公交出行分担率提高到15%，行政村公交覆盖率92%。

（林荣国）

【南安市】 2017年，南安市完成生产总值977.38亿元，比上年增长8.5%。一般公共预算总收入70.29亿元，增长6%，其中，地方一般公共预算收入41.1亿元，增长6.8%。社会消费品零售总额440.3亿元，增长12.3%。规模以上工业产值2070.3亿元，增长10.3%。农林牧渔业总产值46.45亿元，与上年持平。城镇居民人均可支配收入42541元，增长8.8%；农村居民人均可支配收入19864元，增长8.8%。

产业提级。完成技改投资240亿元，新认定高新技术企业23家、省“科技小巨人”领军企业18家，授权发明专利360多件，万人有效发明专利拥有量5.42件。建成福建省首个国家水暖洁具产品质检中心，水暖厨卫产业入围全国第四批产业集群区域品牌建设试点名单。“泛家居”产业实现线上平台线下体验营销闭环，率先成为中国电子商务服务总部基地，与美国硅谷Z－wave联盟达成战略合作，“泛家居”产业年产值超900亿元。推广“数控一代”、智能化改造，明匠智能制造项目落地建设，省级智能制造试点示范企业数量居全省第2位。推进“泉州芯谷”南安高新技术产业园区建设，累计投入建设资金21.17亿元，并获批省级半导体高新技术产业园区，总投资333亿元的三安系列高端半导体项目落地建设。“第三产业提升年”69个实施项目完成投资99.5亿元。新增1个国家级服务型制造示范项目、2个省级现代服务业集聚示范区。中国水暖城蝉联“全国诚信示范市场”称号。全市电商交易额突破215亿元。接待游客586万人次，旅游总收入96.5亿元，分别增长20.3%和26.8%。五里桥文化公园获评国家AAAA级旅游景区。

社会事业。全年80%以上的本级财力用于民生改善，累计投入40.5亿元，完成12件44项为民办实事项目。落实扶贫资金1.6亿元，完成农村危房改造160多户、造福工程搬迁1600多人，推动5796人实现脱贫。新增公办幼儿园学位2300个、中小学学位2000个，教育投入20.69亿元。在全省率先成立健康南安发展促进会，滨海医院、康宁医院、妇幼保健院新院区投用，启动建设市医院新院区。举办“建海丝新路·展南安风姿”等大型文化活动10场、公益演出160多场。《海丝商报》正式创刊。市图书馆、李成智图书馆通过国家一级馆复评，九日山列入“古泉州（刺桐）史迹”首批遗产点。侨捐社会公益资金连续24年超亿元。获评省级平安县（市、区）。开展军民融合试点项目，实现省级双拥模范城“八连冠”。

第十三届中国（南安）国际水暖泵阀暨消防器材交易会 2018年1月30日至2月1日，第十三届中国（南安）国际水暖泵阀暨消防器材交易会在南安成功国际会展中心举办。交易会参展产品突出泵类产品、阀门产品、管道类产品、水暖洁具及消防器材。参展企业659家，设展位1470个，参观人数12万人次，签订意向合同金额78亿元。

第十八届中国（南安）水头国际石材博览会 2018年11月8－11日，第十八届中国（南安）水头国际石材博览会在南安石材产业展示中心举办。本届石博会设11个展区，包括1个主展区及10个常年展区，设置展位28661个，展示面积91.1万平方米，参观人员10

2017年10月，晋江获得2020年第18届世界中学生运动会举办权。图为庆祝活动现场
（晋江市政府供稿）

万多人次。签订购销合同 1951 个，增长 7%；贸易总额 113.7 亿元，增长 8.5%；签订外贸订单 4.49 亿美元，增长 3.5%；外贸订单占比 26.2%。

（李清梅）

【惠安县】 2017 年，惠安县实现生产总值（不含泉州台商投资区，下同）688.76 亿元，比上年增长 8.1%，其中，第一产业增加值 25.59 亿元，第二产业增加值 452.03 亿元，第三产业增加值 211.14 亿元，三次产业比例为 3.7∶65.5∶30.7。完成一般公共预算总收入 67.7 亿元，其中，地方一般公共预算收入 35.29 亿元，增长 3.6%。全体居民人均可支配收入 30111 元，增长 8.2%。县域经济居全国中小城市综合实力“百强县”第 35 位、连续 24 年进入福建“十强”县行列。

工业。兑现扶持资金 4.85 亿元，实现工业增加值 8.8%。实现全社会固定资产投资 320.59 亿元，增长 17%。中化泉州炼化一体化（二期）开工投建，石化中下游项目竣工投产 3 个、启动建设 4 个，石化产业实现产值 535.87 亿元、增长 13.6%。雕艺产业完成产值 228.76 亿元。引进建设 2 家装配式建筑生产基地，新增钢结构装配式建筑面积 3.4 万平方米，建筑企业完成施工产值 519.5 亿元，回乡缴纳所得税 3.9 亿元。新增限上商贸企业 15 家，400 家企业入驻电商虚拟产业园。获评“2017 中国金牌旅游城市”，全年接待游客 780.3 万人次、实现旅游收入 71 亿元，分别增长 21%和 29%。

农业。兑现各类涉农补贴 1408.6 万元，实施省级农民创业示范项目 5 个，创建农业标准化生产基地 15 个，新建设施温室大棚 68.27 公顷。引进台湾农业新品种 25 个，1.8 万公顷粮食生产任务顺利完成。喆畋、中田等一批现代农业项目初具规模，成为生态体验、观光休闲和农民增收新亮点。崇武国家中心渔港顺利通过竣工验收，出台扶持发展大吨位大马力外海远洋捕捞渔船实施意见，新建钢质渔船 43 艘，改造水产工厂化养殖设施 5560 平方米，实现水产品总产量 25 万吨。

城乡建设。成立闽南古建筑研究院。禹洲、万盛综合体等 9 个重点城市项目完成投资 17.09 亿元，聚龙君悦山庄等 17 个重点城镇建设项目完成投资 13.92 亿元，黄塘人民公园等 44 个试点小城镇项目完成投资 10.18 亿元。启动美丽乡村建设第二个五年行动计划，完成投资 2419 万元。改造石结构危旧房 500 万平方米，创建农村社区建设示范村 12 个。入选“全国新型城镇化质量百强县”。螺城镇、崇武镇上榜“全国综合实力千强镇”。

社会事业。统筹投入 43.93 亿元用于社会民生建设，办好 45 件为民办实事项目。城镇新增就业 10215 人、农村转移劳动力就业 2595 人。城市低保、农村低保、居民保基础养老金标准分别提高到每人每月 568 元、420 元和 130 元，帮助 1796 户家庭脱贫解困。开工建设县社会福利中心，建成 12 个农村居家养老服务站，为 6347 名 70 周岁以上老年人购买居家养老服务。教育代建工程包项目竣工 4 个、开工 11 个，新办 4 所公办幼儿园，创建 5 所“智慧校园”试点校。通过省级“全面改薄”评估验收，“全国基层中医药工作先进单位”创建工作通过国家评估，德诚医院成为华侨大学附属医院。新建标准化篮球场 13 个和健身路径 36 条。

2017 年中国（国际）惠安雕刻艺术品博览会　2017 年 11 月 9—12 日，2017 年中国（国际）惠安雕刻艺术品博会在惠安雕艺文创园举行。本届雕刻艺术品博会以“共聚世界石雕之都，共襄产业发展盛会”为主题，更加突出“展与销”“展与会”“展与赛”相结合，更加突出惠安雕艺与世界各地的技术交流、产业对接和商务合作。同时，首次启用永久性展馆“世界石雕之都”展示中心，规划场馆面积 5 万平方米，并在不同企业设立 5 个主题展馆作为分会场，吸引了来自中国、美国、法国、意大利等 20 多个国家和地区的 260 余家企业参会。展会期间，签约订单突破 60 亿元，展会规模、参观人数和成交金额均创历史新高。

（刘晓平）

2017 年 11 月 9 日，2017 年中国（惠安）国际雕刻艺术品博览会在惠安县举办

（惠安县政府办供稿）

【安溪县】 2017 年，安溪县完成生产总值 516.29 亿元，增长 8.9%。一般公共预算总收入 40.49 亿元，增长 8.8%，其中，地方一般公共预算收入 26.57 亿元，增长 9.3%。城镇居民人均可支配收入 29767 元，增长 9.2%；农村居民人均可支配收入 15145 元，增长 8.1%。综合实力提升至全国百强县第 65 位、最具投资潜力中小城市百强县第 25 位。荣获 2017 全国百佳生态文明城市、全国电子商务进农村综合示范县、全国电商百佳县等称号。

项目攻坚。303 个县级重点项目完

成投资250亿元，全年新引进法国玛尚新材料、印度尼西亚PPI国际贸易、香港国泰达鸣等170个产业项目，总投资220亿元。在不断推进茶业、家居工艺业等传统产业转型发展的基础上，以现代专业产业园区为载体，持续推进光电、信息技术、生物科技、文化旅游、高端装备制造、水产物流加工、机电阀门卫浴等新兴产业发展，安溪2025产业园、南方水产城、卫浴新城等3个新产业园区已分别有11家、6家和18家企业入驻。

城乡建设。新增休闲广场2.2万平方米、公园绿地13.5万平方米。推进湖头新城和南翼新城“两个新城”建设，湖头镇、龙门镇入围“全国重点镇”，湖头镇建成全省首个镇级博物馆——阆湖博物馆。龙门镇入选全国首批运动休闲特色小镇，黄岭村获评国家级美丽乡村示范村。建成清水岩景观大道。农村公路改造提升工程开工505千米、建成200千米。

社会事业。24件为民办实事项目完成投资8.9亿元。在全省率先实现镇级扶贫开发协会全覆盖，筹集超1.25亿元社会资金，完成5475人造福工程易地扶贫搬迁任务，实现4339名贫困人口脱贫。全年投入教育建设资金4.98亿元，改造41个农村薄弱学校，新改扩建8所城区学校，新增学位5000个。启动县医院门诊医技大楼等13个卫生项目建设，完成县医院、中医院和12家乡镇卫生院院长公选，推进医联体建设，设立省人民医院安溪分院。建成低保户安居工程90户，建设保障性安居工程690套、农村幸福院7所、居家养老服务中心18所，2400名老人享受政府购买居家养老服务。

第十届世界安溪乡亲联谊大会　2017年12月5—6日，安溪县举办第十届世界安溪乡亲联谊大会，来自世界各地的500多名安溪籍乡亲代表参加。本届大会以“根脉相连 共融发展”为主题，签约9个处于行业高端、产业前沿的项目。

第二届中国（安溪）家居工艺文化博览会　2017年12月12—15日，以“艺术家居·品质生活”为主题的第二届中国（安溪）家居工艺文化博览会在安溪家居工艺城盛大开幕。本次活动借助“海丝国际艺术节”平台，设置展览展示、工美竞赛、文化论坛、商贸对接四大主题板块。共设973个标准展位和353间商铺，来自海内外客商纷纷参展。活动期间，还开展海峡两岸青年人才文创设计邀请赛、“安溪工匠”（藤铁工艺类）选拔暨技艺挑战赛组装、包装、焊接、刷漆、编织、创意六大篇全门类集中式比赛、泉州传统工艺美术大师文化沙龙等多元活动。（李江城）

【德化县】　2017年，德化县实现生产总值221.05亿元，比上年增长7.7%。一般公共预算总收入16.45亿元，增长5.2%，其中地方一般公共预算收入11.02亿元，增长0.6%。工业总产值296.4亿元，增长9%。实现农林牧渔业总产值18.05亿元，增长10.6%。居民人均可支配收入26145元，增长7%。

农业。全年支农支出4.99亿元。新增市级以上家庭农（林）场示范场7家、合作社示范社13家。建设县级农产品质量安全检验检测中心，新增“三品一标”认证9个，纳入市级以上农产品质量安全可追溯体系试点建设单位10家。棘胸蛙全营养粉片项目成功落地。

工业。规模以上工业产值269.71亿元，增长9.4%；陶瓷业产值227.42亿元，增长14%；规模以上矿业产值35.9亿元，增长23.9%；规模以上电业产值8.2亿元，增长4.3%。工业纳税6.42亿元，其中陶瓷纳税3.61亿元。工业技改投资12.5亿元，兑现涉企资金1.39亿元，争取上级补助14.45亿元。新增市场主体4912家，规模以上工业企业8家。列入省市级龙头企业17家、省级两化融合项目6个、省级技术创新重点项目2个、省级科技创新项目3个、省级“专精特新”中小企业6家，新增高新技术企业、省工程技术研究中心、科技小巨人领军企业、科技型企业、众创空间等科技企业（平台）73家，列入省重点上市后备企业2家、市级场外市场挂牌后备企业5家，华夏金刚在新三板挂牌上市。

第三产业。实现第三产业增加值82.29亿元，增长12.3%。全县接待游客398.77万人次，旅游总收入38.42亿元，银瓶湖列入省级水利风景区，九仙山景区入选首批省级露营公园，桃仙溪生态旅游区获评省三星级乡村旅游单位，洞上陶艺村荣获省乡村旅游创客示范基地。新增全国淘宝村1个、省农村电商示范村10个，连续三年跻身全国大众电商创业最活跃县十佳，全县电商销售额达85.2亿元。

品牌建设。32件德化陶瓷在法国汇流博物馆展览；出版《德化白瓷艺术作品集》，58件（套）作品被国家博物馆收藏；18件（套）德化白瓷入选“厦门会晤”国礼瓷和国宴瓷；成功举办“中国白”国际陶瓷艺术大奖赛、中国陶瓷行业技能竞赛、“收藏德化”系列活动；组织参加德国法兰克福礼品展、香港家庭用品展、敦煌国际文化博览会等境内外知名展会，在广交会设立“世界陶瓷之都—中国德化”专区；“世界陶瓷之都”LOGO正式启用，品牌影响力进一步扩大。

社会事业。财政民生支出22.71亿元，占一般公共预算支出比重80.5%。新增城镇就业5138人，农村劳动力转移就业3012人。列入全省均衡性财力转移支付补助县。推进26个教育项目，新增校舍面积2.5万平方米、学位3400个，县老年大学获评全国示范老年大学。实现乡村卫生服务一体化全覆盖，全国基层中医药工作先进县通过省级评审。造福工程易地搬迁2958人、地质灾害搬迁99户332人，924户2645人实现脱贫，48个省定建档立卡贫困村成功摘帽。获评中国全面小康十大示范县。

国家生态文明建设示范县　2017年8月22日，德化县通过国家环保部技术评审，9月获环保部命名国家生态文明建设示范县，是全国首批、全市唯一获此殊荣的县。近年来，德化县加大生态文明建设力度，在全县范围内铺开生态文明试点示范县建设，明确各单位建设任务和责任分工，协同推进生态文明各项工作。着力完善生态保护制度，改善生态环境质量，发展生态经济，倡导绿色生活，生态文明建设取得了良好成效。

（林礼彪）

【永春县】 2017年，永春县实现生产总值373.31亿元，比上年增长8.7%。工业增加值191.11亿元，增长8.5%。农林牧渔业总产值36.03亿元，增长4.7%。一般公共预算总收入16.59亿元，增长2.8%，其中，地方一般公共预算收入11.1亿元，增长3.3%。固定资产投资150.01亿元，增长16.3%。社会消费品零售总额87.41亿元，增长10.4%。全体居民人均可支配收入23046元，增长7%。

产业转型。新招引工业企业46家。博纯二期、永燠制药正式投产，汇源集团新增3条生产线并在永春设立华南总部，修正药业在永春设立福建区域总部，新奥集团投建综合能源服务项目。万家美、南德针织、永春老醋、津源醋厂等83家企业完成技改，福源锌业达成重组合作框架。香产业园二期投用，新入驻香企2家。达盛香业在海峡股权交易中心挂牌交易，国家级燃香类产品质量监督检验中心通过省级验收。完成省级农民创业园建设投资3亿元，绩效考评全省第一，蛋鸡农业智慧园获评省级现代农业智慧园。“岵山荔枝”入选国家地理标志保护产品，“永春白番鸭”获得国家农产品地理标志保护认证。建设芦柑标准示范园100公顷、生态茶园143.33公顷、百香果园57.33公顷。新增农民专业合作社、家庭农场等新型经营主体178家，新增示范社6家、示范场5家。全域旅游取得初步成效，全年接待游客480万人次，旅游总收入39.6亿元。成立全域旅游投资开发公司，加快整合盘活全县旅游资源。云河谷、东关桥完成修复。一都酒香古街、横口船山岩玻璃栈道等项目投入使用，天沐温泉试运营。

民生保障。全年民生项目资金支出25亿元，占一般公共预算支出的79%，44个县级为民办实事项目完成投资14.66亿元。脱贫攻坚成效明显，建档立卡815户贫困户全部脱贫，36个省定贫困村全部摘帽。深化公立医院综合改革，完成县中医院改扩建工程项目。成功举办第九届海峡论坛·海峡两岸传统武术大赛，荣膺全国群众体育先进单位、全国武术之乡。综治“三率”稳居全市前列，获评全省平安县、全市综治考评名列第一。

全域旅游　2017年，永春县贯彻落实全域旅游“1+3+N”综合管理模式，分别设立旅游警察、市场监管局旅游分局、旅游巡回法庭，开通全国首个旅游警务云平台，体制改革走在全省前列。完成云河谷、东关桥恢复重建，天沐温泉、一都酒香古街、横口玻璃栈道等一批新建旅游项目投入运营。七匹狼高端休闲度假村项目正式签约，与泉州雪山风雅颂旅游公司就呈祥旅游小镇项目达成框架协议，分别与省投集团、镖行天下、泉州云旅公司就五里古街、岵山古镇、智慧旅游平台等项目的合作达成初步合作意向。

（黄培坦）

【泉州台商投资区】 2017年，泉州台商投资区实现生产总值260.54亿元，比上年增长8.6%。工业增加值175.3亿元，增长8.1%。固定资产投资完成202.85亿元。一般公共预算总收入13.37亿元，其中，地方一般公共预算收入8.25亿元。社会消费品零售总额增长11.5%。第三产业增加值63.43亿元，增长12.5%。实际利用外资完成3.11亿元。出口商品总额增长15.1%。农村居民人均可支配收入19014元，增长9.7%。

农业。全年农业总产值8.53亿元。划定基本农田保有量1070公顷，粮食播种面积6800公顷，总产量2.96万吨，出栏生猪2.12万头、家禽100.76万羽，水产品总产量3.5万吨。推进土地确权工作，全区78个村全部完成权属调查，合同签订完成率97.44%。实行农业“三项补贴”改革，兑现农业支持保护补贴资金410万元。完成造林绿化299公顷。民生水利项目12个，总投资约3.9亿元。

工业。全年实现规模以上工业增加值159.98亿元，增长8.7%。25个工业大类行业中有23个保持同增长，支柱产业继续保持两位数增长。全区共有规模以上企业217家，其中，产值超亿元企业175家。重点税源户纳税增长65%，其中，51%的重点税源户纳税增幅20%以上。加大企业技改力度，玖龙纸业、嘉德利电子等7个项目列入2017年省重点技术改造项目名单。30家企业列入2017年市产业龙头企业名单。争取上级各类扶持资金2904万元，兑现

2017年9月8日，第20届“9·8厦门投洽会”上，泉州台商投资区展出的产品

（泉州台商投资区供稿）

区级奖励资金3147万元。

第三产业。第三产业增加值63.43亿元，增长12.5%。14个区级第三产业重点项目完成年度投资34.38亿元。八仙过海项目新增投资计划30亿元。全区接待游客总人数、旅游总收入分别增长23.2%和30%。加快培育和引进电子商务龙头企业，2017年电子商务销售额超5.5亿元。培植规模以上木雕企业42家，创造产值1.8亿元。

社会事业。坚持把保障和改善民生放在首位，全年财政民生支出11.36亿元，占地方一般公共预算支出比重86.1%。完成33件区级为民办实事项目，总投资2.5亿元。建成标准化农村居家养老服务站（农村幸福院）27个，创建17个省级和33个市级“康乐家园”，新农保续保率超过98.3%。为全区5700户农村住户办理自然灾害险及叠加保险，为近21万名群众办理自然灾害责任险。创建3所义务教育管理标准化学校。培育省级文明村3个，乡镇综合文化站达标建设4个。开展家庭医生签约服务，全区共组建家庭医生签约团队20个，已签约6.57万人，签约率达31.23%。（李圣炜）

【泉州经济技术开发区】 2017年，泉州经济技术开发区实现生产总值157.27亿元，增长9.7%。工业增加值138.18亿元，增长9%。第三产业增加值18.34亿元，增长15.6%。全社会固定资产投资24.84亿元，增长22%。社会消费品零售总额60.41亿元，增长16.9%。一般公共预算总收入13.37亿元，增长5.5%，其中，地方一般公共预算收入7.37亿元，增长4.8%。实际利用外资（验资口径）4.48亿元，增长7.6%。出口商品总值35.76亿元，增长4.9%。

产业转型。组织实施技术改造，推进智能制造，帮助企业应用“数控一代”实现改造升级，不断提高供给质量和效率，促进供需有效对接。新增省级科技小巨人领军企业7家、高新技术企业3家，两项科技创新企业累计已经分别达到15家和26家，高新技术产业产值占全区工业总产值的62.8%；九牧王服装个性化服装智能生产线自动化率达65%以上；黑金刚研发的柔性智能制鞋生产线实现传统鞋业制造向智能化、个性化、自动化、平台化转变。利用政府招商平台，有效盘活资源。一批占用土地、厂房资源但未能产生效益的企业成功置换华景、舒柏锐、聚慧丰、开心米奇等优质项目，并快速投产达效，实现产值10亿元，税收5000多万元。中关村盛世光明集团、全球酒店行业综合排名第二的维也纳国际酒店、万科、世界500强企业协鑫集团等一批优质项目先后签约。洽谈对接投资额20亿元的京东集团京东云。

抓智慧建设，管理服务全面升级。推进“千兆进楼宇、百兆到桌面”，区内基本实现光纤网络、4G网络、无线局域网、高清数字电视网络全覆盖。大力推进OA系统建设，构建互连、互通、互动的“互联网＋政务”平台；建设多个网上办事系统。智能图书馆、共享单车、小黄人等智慧民生工程相继建成并投入使用。对所有列入省、市、区的重点项目开辟“绿色通道”，推行快递式上门服务，打造“指尖上”的政务服务，做到客商与审批部门、客商与被征地群众两个“不见面”。在全省率先推行负面清单管理，推行“审批备案制”，审批时限压缩在法定时限的12.5%，当场即办率达到87%以上。

新园建设　完成进区大道南段及东西主干道东段竣工验收和北三路工程预验收及西三路工程建设；北八路完成雨污水管网及水泥稳定层施工，占工程量的45%；园区中路一期项目顺利开工。停工长达5年之久的B1地块土石方平整工程已基本完工，完成年度计划投资100%。F地块土石方平整竣工验收及C－1－01地块土石方平整也已完成。完成起步区道路绿化工程。采用PPP模式实施园区下洋溪整治及周边配套项目，启动再生水厂建设。引进联东U谷、平安物流、保利协鑫、金榕纸桶等行业龙头企业，储备意向入驻项目34个。（徐勤友）

三明市

【基本情况】 三明市地处闽中，土地面积2.29万平方千米，辖12个县（市、区），户籍总人口287万人，常住人口257万人。三明是生态之城。森林覆盖率76.8%，森林面积约占福建省的1/4，活立木蓄积量占全省的1/3，是中国最绿省份的最绿城市之一，被誉为“中国绿都”“绿色宝库”。三明是工业之城。20世纪50年代末，“小三线”建设让三明迅速成为新兴的工业城市，并且成为福建省重要的重工业基地，到20世纪80年代初，三明的GDP曾一度占到福建省的1/4，仅次于福州，产业基础扎实。截至2017年，三明汇聚福建省最大的钢铁、水泥、化纤、人造板、重型卡车等生产企业。三明是红色之城。全市12个县（市、区）都是原中央苏区县，宁化县是红军长征出发地之一，毛泽东、朱德、周恩来等老一辈无产阶级革命家都曾在三明从事过重要的革命实践。三明是文明之城。从20世纪80年代起，三明大力开展“五讲四美三热爱”活动，创造群众性精神文明建设样板，2014年、2017年连续获得第四届、第五届“全国文明城市”称号。同时，三明还是国家森林城市、国家卫生城市、国家园林城市、国家双拥模范城、中国优秀旅游城市，并蝉联全国综治“长安杯”。

【经济社会概况】 2017年，三明市实现生产总值2102.64亿元，比上年增长8%。规模以上工业增加值847.18亿元，增长8.1%。地方一般公共预算收入100.76亿元，增长6.4%。固定资产投资2498.5亿元，增长16.7%。外贸出口146.9亿元，增长12.1%。实际利用外商直接投资1.84亿美元，增长

7.9%。社会消费品零售总额533.43亿元，增长11%。城镇居民人均可支配收入32261元，增长8.7%；农村居民人均可支配收入15212元，增长9.3%。居民消费价格总水平上涨0.7%。

工业。规模以上工业增加值847.18亿元，比上年增长8.1%。推进供给侧结构性改革，全市关闭退出煤矿11处，压减煤炭产能61万吨。实现商品房销售275.95万平方米，库存去化周期降至13个月。出台稳定工业增长、扶持高成长性企业发展等系列政策，帮助企业降低各类成本15亿元。推动产业转型升级，完成技改投资948.2亿元，冶金及压延、汽车及机械装备、林产加工、纺织4个传统产业实现产值2258亿元，比上年增长16%。制定稀土、氟化工、石墨（烯）、生物医药“一业一策”扶持政策，设立氟化工产业技术研究院、石墨（烯）产业技术研发平台、新能源材料产业技术研究院等一批科技研发平台，稀土、氟化工、石墨（烯）、生物医药4个战略性新兴产业实现产值650亿元，比上年增长20.3%。

农业。农林牧渔业总产值467.35亿元，比上年增长4.3%。茶叶、水果、食用菌、蔬菜等特色农产品普遍增产。其中，茶叶产量4.75万吨，比上年增长10.1%；果品产量128.77万吨，增长5.5%；食用菌产量12.13万吨，增长6.1%；蔬菜产量285.58万吨，增长3.6%；肉蛋奶产量21.73万吨，增长5.7%；水产品产量11.81万吨，增长6.2%；收购烟叶89.81万担，种植面积2.12万公顷。开展粮食高产创建活动，全年完成粮食总产量121.99万吨，增长4.5%。发展品牌农业、智慧农业、生态农业，新增“三品一标”农产品68个，289家市级农业龙头企业产值373.5亿元，7个农产品获福建名牌产品称号。新培育11家省、市级农业物联网技术应用示范企业，六三种业、旺穗种业被认定为福建省高新技术企业。泰宁成为全国首个“国家级出口杂交稻种质量安全示范区”，尤溪县被认定为全国休闲农业和乡村旅游示范县。

服务业。服务业增加值758.38亿元，比上年增长11.1%。实施100个服务业重点项目，完成投资108.9亿元，占年度计划的110.3%，建成或部分建成梅列齐创工场项目、三元毅君机械检测平台、永安粮食储备库等32个服务业项目。宁化、大田成为国家级电商进农村示范县，在全市率先实现农村电商示范县全覆盖。全市8个公路港带动公路货运周转量年均增长10%以上、总量超过100亿吨千米，三明陆地港建年出口货物近1万个标箱，货值2亿多美元。开展三明“深呼吸”旅游联盟、三明南平“大武夷”旅游联盟协作，推动泰宁、永安、建宁、尤溪等县（市）全域旅游试点建设。全市122个村列入全国乡村旅游扶贫重点村，培育形成20多个省级乡村旅游特色村。三明沙县机场旅客运输量突破20万人次。

项目建设。组织开展“五比五晒”项目竞赛活动，全市列入省级“五个一批”项目管理库2975个、总投资8500.3亿元，其中，2017年新入库项目2125个、总投资3815.5亿元。推进464个省行动计划重大项目和185个省级重点项目建设，130个项目开竣工，中国化工集团双轮化机智能注塑机、省电子信息集团智能化车载模组、三钢物联云商、厦钨三元正极材料、致格锂电池、泰达铝硅合金、翔丰华石墨负极材料二期、东莹化工新型环保制冷剂、明一国际高新科技园等一批产业项目开工或投产。厦沙高速建成通车，兴泉铁路、浦梅铁路、莆炎高速三明段全线开工。建宁、将乐、宁化获得省级“五个一批”项目正向激励奖励。成立7个招商项目工作组，全年签约亿元以上项目433个、总投资1297.5亿元，与三钢集团签订17个、总投资85亿元的产业转型升级项目。实施30个补短板工程包，完成投资118.5亿元，教育、医疗卫生、养老和城乡民生基础设施4个领域策划实施补短板项目2037个、总投资1738亿元。

改革创新。被确定为公立医院综合改革首批国家级示范城市，完成以总医院为载体的紧密型医联体组建工作；获得世行贷款资金支持，启动住院按病种收付费改革试点工作；在尤溪、将乐开展“全民健康四级共保”试点。全国、全省林业改革现场会在三明市召开，率先在全省核发林地经营权证，国有林场改革全面完成；推出“福林贷”普惠制林业金融产品，累计林权抵押贷款112.1亿元、约占全省的一半。开展信贷风险化解攻坚行动，全年化解不良贷款96.9亿元，信贷不良率从年度最高的5.42%降至2.7%，发放园区企业资产按揭贷款23.74亿元，开展农村林、地、房“三权”抵押贷款业务，累计为农户贷款15亿元，在永安开展“福田贷”试点。出台国有企业改革发展实施意见，启动市属国有企业资产重组工作。试行市区基础教育“总校制”办学模式，实施三明医学科技职业学院托管职教园改革。推进全国小微企业创业创新基地城市示范工作，新增各类市场主体3.24万户，比上年增长12.1%。复制推广福建自贸试验区创新成果60项。举办第十三届林博会、闽浙赣皖协作区第十九次市长联席会。

城乡发展。实施国道205线市区过境线至三明南站连接线、列东污水处理厂搬迁扩建、市区公共自行车道、新市路道路提升和交通改善工程等一批重点项目。推进市区9个专业特色工业园区建设，195个市区经济重点项目完成投资126.59亿元。开展市区“和谐征迁”百日攻坚行动，累计征收土地面积184.67公顷；策划107个、总投资95.5亿元的“城市双修”试点项目全面启动，20个示范项目进展顺利。北大附属实验学校、欢乐大世界水上乐园等一批项目建成投入使用，清华启迪医养、铁路冷链物流等项目有序推进。永安保持全省县域经济实力“十强”县（市），宁化、建宁入选全省县域经济发展“十佳”县。5个省级扶贫开发工作重点县和永安、大田新型城镇化试点工作有序推进，明溪药谷小镇、永安石墨小镇等省级特色小镇建设进展顺利。

社会民生。25个省市为民办实事项

目全面完成。全市新增城镇就业 1.85 万人，城镇登记失业率 2.35%；完成全民参保登记任务，市区和永安、沙县、大田率先实现城乡低保标准一体化；保障性安居工程新开工 4361 套，基本建成 4136 套。开展精准脱贫攻坚行动，全年脱贫 2.8 万人；推进国家扶贫改革试验区建设，全市完成造福工程 2623 户 10972 人，累计发放扶贫小额信贷 4.15 亿元，在梅列、三元两区开展“城市困难家庭精准帮扶试点”。发展文教卫体事业，新增中小学学位 6225 个、幼儿园学位 9310 个，普惠性学前教育资源覆盖面达 76%；全省基础教育现场会在三明市召开，三明厦门教育山海协作不断深化。与省里高水平医院建立协作关系，启动开展家庭医生签约服务，市医养结合服务中心投入运营。获评全国创建幸福家庭活动示范市，万寿岩获国家考古遗址公园称号，宁化、清流、明溪列入国家级客家文化（闽西）生态保护实验区。举办红色文化高端论坛以及泰宁世界华人马拉松赛、大田全国健美操冠军赛等赛事，三明市运动员在第十三届全运会上获得 5 金 2 银 4 铜的历史最好成绩。巩固全国文明城市创建成果，开展市区“二手车”占道经营、“僵尸车”清理等专项整治。荣获全国青少年普法教育示范区称号，全市综治“三率”居全省前列。

生态治理。“河长制”实现四级河（段）长全覆盖，闽江流域山水林田湖草生态保护修复工程试点项目获批，重点生态区位商品林赎买、生态执法改革等工作有序推进。启动生态环境综合治理攻坚行动，中央环保督察反馈问题有效整改，市区空气质量状况优、良天数比例 98.9%，10 个县（市）环境空气质量均达到或优于国家二级标准，被评为全国生态保护与建设典型示范区。县级以上集中式饮用水源地水质达标率 100%，辖区三条主要水系国（省）控断面水质达标率 96.4%。

【生态环境综合治理攻坚行动】 2017 年 10 月 25 日，三明市启动以治理工业污染、畜禽养殖污染、涉沙污染、城乡生活垃圾污染、小水电污染为主的 5 项环境综合治理攻坚行动。深化河长制体制机制改革，提升治河管河护河水平，取得阶段性成效。2017 年，全市 110 个小流域考核断面中Ⅰ～Ⅲ类水质断面占 97.3%、较上年提高 11.8 个百分点，Ⅰ～Ⅱ类水质断面占 61.8%、比上年提高 43.6%，并在全省率先消除Ⅴ类和劣Ⅴ类水体。

【市区和谐征迁“百日攻坚”行动】 2017 年 2 月 24 日，三明市启动实施市区和谐征迁“百日攻坚”行动。成立市“百日攻坚”指挥部，在 4 个月内完成 24 个地块征迁工作，征收土地面积 184.67 公顷、房屋 2172 户，一批困扰多年的征迁难题得到解决。活动期间，没有发生征迁户集体上访事件，有效保障市区“南拓北扩”发展战略对建设用地的需求。 （朱元震）

【三元区】 2017 年，三元区完成生产总值 147.08 亿元，比上年增长 8.7%。规模以上工业总产值 389 亿元，增长 14%；规模以上工业增加值 82 亿元，增长 7.7%。农林牧渔业总产值 21.64 亿元，增长 3.7%。固定资产投资 234.8 亿元，增长 17.8%。城镇居民人均可支配收入 35074 元，增长 8.6%；农村居民人均可支配收入 17716 元，增长 9.6%。社会消费品零售总额 42.63 亿元，增长 11.8%。地方公共预算收入完成 4.12 亿元，增长 5.5%。出口总值 11.03 亿元，增长 12.9%。

城乡建设。三元区拓展城市空间。省道 306 改线、国道 205 过境线建成通车。省一建下洋棚改、东霞 B 等 7 个地块先后摘牌，全年出让经营性用地面积 20.4 公顷，城市建设存量盘活。严守控违高压线，拆除违法占地、违章建筑 137 处，腾出土地面积近 8.8 万平方米。累计完成征地面积 69.07 公顷。

重点项目。成立三明市首家富硒产业发展协会，打造 2300 亩“中国三元生态硒谷”产业基地；新增农业“三品一标”4 个、新型农业经营主体 58 个。毅君机械工业 CT 无损检测平台建成运行，金氟化工精细氟盐等 5 个重点项目建成投产，三农含氟新材料及配套中间体等 4 个重点项目陆续开工。三元区列入省、市“五个一批”项目 173 个，年度新增省级项目 78 个，总投资 84.5 亿元，完成投资 43.8 亿元，76 个项目开（竣）工。举办招商活动 38 场次，签订合同项目 44 个，总投资 30 亿元。争取技改专项基金 3.84 亿元，落实各级专项补助资金 3100 万元，惠及企业 154 家。

产业发展。全年开发矿产 13 种。已建和在建水电站 13 万千瓦 42 处。区内有中央、省、市属各类国营工业企业 300 多家，全区发展规模以上工业企业 111 家，初步形成以机械铸造、木竹加工、精细化工、生物医药、矿产品加工为主的工业产业体系。三元经济开发区被列为省级工业开发区，规划面积 0.47 万公顷，形成荆东生物、汇华机械、台江轻工电子、渡头坪化工、大坂物流、岩前台商投资区、荆西家具等八大产业园，开发工业用地 547.33 公顷，入驻企业 93 家。三元区培育货物运输企业 85 家，建成蔬菜、水果、糖酒、粮油、服装、建材等一批产值亿元以上专业批发市场。发展农村经济专业合作社 11 个、无公害农产品认证企业 11 个，培育无公害产品 18 个，拥有省市级农业产业化龙头企业 7 个。

社会事业。三元区筹措资金 6400 多万元，实施各类教育项目 10 个。通过国家语言文字督导评估。完成医联体组建工作，率先出台乡村医生养老保障政策，开展家庭医生签约服务，重点人群签约率 75%。完成区文化馆搬迁改造工程，实现“农家书屋”和社区电子阅览室全覆盖。推出全省首部征迁题材微电影《真情迁动》。万寿岩国家考古遗址公园正式挂牌，忠山古建筑群和西际红色文化遗址群获批省级文保单位。运动员叶兵在世界男子帆板锦标赛为三元区夺得首个世界冠军。土地确权颁证工作基本完成。国有林场改革全面完成。

实施行政审批和服务事项目录清单动态调整机制，取消区级行政审批和公共服务事项168项，新增100项，调整527项，承接32项。

社区居家养老服务　2017年，三元区打好扶贫攻坚战，实施造福工程扶贫搬迁30户110人；张坑、米洋2个贫困村成功摘帽，61户120人成功脱贫。启动城市困难家庭精准帮扶试点工作。城镇新增就业1660人，城镇失业登记率2.5%。全民参保登记率100%，率先实现城乡低保标准一体化，城乡标准分别提高到3120元/年、720元/年。“乐龄家园”模式由点及面向全区推广，富兴社区“乐龄家园”获第二届全国“敬老文明号”称号。　（凌汉荣）

【梅列区】　2017年，梅列区实现生产总值306.18亿元，比上年增长8.4%。农林牧渔业总产值7亿元，比上年增长3.9%。规模以上工业总产值536.91亿元，增长34.4%。一般公共预算总收入10.06亿元，增长4.2%，其中，地方一般公共预算收入7.66亿元，增长3.9%。固定资产投资205.71亿元，增长18%。实际利用外资1614万美元，增长8.9%。城镇居民人均可支配收入37182元，增长10%；农村居民人均可支配收入16840元，增长9.4%。完成单位生产总值能耗降低和主要污染物减排年度任务。

工业。全年完成规模以上工业增加值93.89亿元，比上年增长8.3%。融光智能化车载模组、百特智能装备、钢管束生产等工业项目开工建设或建成投产，冶金压延、机械装备、装配式建筑、电子信息等主导产业全年实现产值432.75亿元，比上年增长40.8%，占全区规模以上工业总产值的80.6%。实施千万元以上技改项目25个，完成投资20.2亿元。辖区企业研发费用投入8.54亿元，华丰机械公司通过国家高新技术企业认定。

第三产业。全区社会消费品零售总额83.37亿元，比上年增长11.4%；限额以上批发业销售额189.17亿元，增长11.9%。徐碧中央商务区聚集各类企业260余家。三明惠农电子商务双创园、齐创工场主题楼宇共入驻企业47家，“云创工坊”成为全市唯一国家级众创空间，全区完成电商交易额50多亿元。

项目建设。全区新储备“五个一批”项目197个，总投资337.3亿元，其中，新谋划项目73个，签约项目69个。三钢80兆瓦煤气高效发电工程、装配式建筑生产基地等31个项目开工建设，三明生物科技孵化中心、智能化开关设备等18个项目竣工，台明铸管、三钢一高线改造等6个项目增资扩产。

生态建设。完成植树造林306.67公顷。全区主要河流水质保持优良，饮用水源地水质100%达标，全年空气质量优良天数比例达98.5%以上，未发生重特大环境污染事件。

梅列工业新城　梅列工业新城是省级经济开发区、三明市九大专业特色工业园区之一，规划面积350公顷，全部完成土地收储，入驻企业71家。2017年，完成规模以上工业总产值122.67亿元，比上年增长29.2%，其中，规模以上工业增加值23.4亿元。园区新城大道全线贯通，小微企业创业园建成投入使用。被国家发展改革委、财政部确定为2017年度全国11家循环化改造重点支持园区之一，是全省唯一获评的工业园区，获得中央补助资金7000万元。　（杨俊辉）

【永安市】　2017年，永安市完成生产总值380.52亿元，比上年增长7.6%。规模以上工业增加值188.1亿元，增长8.1%。地方一般公共预算收入17.61亿元，增长1%。全社会固定资产投资314.93亿元，增长10.7%。实际利用外资2112万美元，增长7.7%。社会消费品零售总额95.9亿元，增长11.8%。城镇居民人均可支配收入33362元，增长8.3%；农村居民人均可支配收入16374元，增长8.5%。继续保持全省县域经济实力“十强县（市）”。

产业转型。帮助企业降低各类成本1.48亿元。实施114个补短板工程包，完成投资13.2亿元。传统产业焕发生机，五大主导产业加快技术提升，完成技改投资20.9亿元；新增高新技术企业7家，吸引带动一批汽车配套零部件企业落户永安。新兴产业加速发展，石墨和石墨烯产业园管委会正式成立，被定位为全省石墨烯产业“两核三区”发展布局中的“一区”；福迪公司、中科动力专用车生产资质获得国家工信部批准，科宏生物代糖新型甜味剂研发走在全国前列。现代服务业提速发展，万竹云公共服务平台正式启动上线，永安市闽笋交易市场被列入全省第二批现代服务业集聚示范区。全年接待游客539万人次，总收入31.6亿元。初步建成市级标准产业村15个。永安笋干、洪田脐橙、安贞雪蔗获国家地理标志商标认定，安砂渔场被评为全国精品休闲渔业

永安市燕江河岸清波荡漾，摄于2017年　（永安市政府办供稿）

示范基地、全国休闲渔业主题公园，被列为全国首批“互联网+”经济林、竹藤花卉产品营销模式示范单位和全省林业碳汇交易试点县。

项目发展。全年新增3000万元谋划项目84个，签约项目50个，开工建设项目49个，建成投产项目22个，增资项目10个。滚动实施“五个一批”项目303个，完成投资68亿元。21个省级重点项目、68个2014—2018年省重大项目、38个三明市级重点项目和218个市级重点项目均超额完成年度投资计划，泉三高速贡川互通正式运营通车。全年签约项目74个，总投资99.5亿元，其中签约亿元以上项目36个。完善争取资金管理办法，累计争取上级专项资金8.95亿元、债券资金22.88亿元。

城乡建设。33个城市建设重点项目完成投资63亿元。霞鹤村被评为首批全国农村幸福社区建设示范单位。全市乡镇垃圾转运系统实现全覆盖。全市新建通村公路58千米，获评福建省唯一的首批全国“四好农村路”示范县。拆除养殖场（户）245家，改造规模养殖场12家，淘汰黄标车440辆；“森林永安”建设持续深化，筹集3413万元赎买重点区位商品林面积679.73公顷，完成提升林分质量134公顷；“河长制”工作全面推行，实现河道管护市乡村三级全覆盖，河流水质得到明显改善。

社会事业。总投资10.24亿元的10类32项为民办实事项目顺利推进。实现城乡低保标准一体化，标准提高到每人每年6624元。通过全国中小学校责任督学挂牌督导“创新县”省级验收，北塔学校、南门小学新校投入使用，三中、十二中初高中完成整合，永安职专挂牌设立福建水利电力职业技术学院永安分院，老年大学获全国示范老年大学称号。吉山村被列入全省首批十个特色文化文物村，永安抗战遗址被列入《全国红色旅游经典景区三期总体建设方案》。获评国家群众体育先进单位，蝉联省双拥模范城“八连冠”。

永安市石墨和石墨烯产业园 2017年4月，永安市石墨和石墨烯产业园管委会获三明市政府批复正式成立。园区主基地位于永安市贡川镇，距永安城区16千米，总规划面积31.83平方千米，分3期建设，一期已基本建成。2017年，全市石墨和石墨烯产业实现产值5.1亿元，实现利税4400万元。承办福建省石墨烯产业产学研对接会，吸引400多人参会，对接产业成果60多项。石墨和石墨烯产业园被中国石墨烯产业技术创新战略联盟授予全国首批11个石墨烯产业示范基地之一。（苏程斌）

【清流县】 2017年，清流县实现生产总值104.95亿元，比上年增长7.7%。农林牧渔总产值28.79亿元，增长3.9%。规模以上工业增加值32.01亿元，增长8.5%。完成固定资产投资115.58亿元，增长16.9%。实现社会消费品零售总额23.96亿元，增长13%。一般公共预算总收入5.89亿元，其中，地方一般公共预算收入3.62亿元，税性收入比重由64.5%提高到76.7%。全县居民存款余额首次突破60亿元。城镇居民人均可支配收入28266元，增长9.3%；农村居民人均可支配收入14403元，增长9%。

农业。全年粮食播种面积1.79万公顷，粮食产量9.15万吨。种植烤烟面积2446.67公顷，收购烟叶5110吨，烟农收入1.65亿元。新增种植花卉苗木80公顷，实现渔业产量2.73万吨。全年造林面积2820公顷、治理水土流失面积1563.33公顷。新增农民专业合作社82个、家庭农场88个、专业大户10个。新增无公害、绿色和有机农产品认证12个，省级副食品基地1个，6家企业列入省市农产品质量安全可追溯体系建设。

工业。全年完成工业固定资产投资36.7亿元。投入1.5亿元，实施福宝氟新材料产业园、集美（清流）山海协作共建产业园等基础设施建设；年产3万吨R32和3万吨R410a环保型制冷剂、汽枪厂新型连发电动枪、世际环球塑胶弹等一批项目落地或投产。投资22.6亿元，实施技改项目46个。新增省级科技型企业、市级“两化融合”（以信息化带动工业化、以工业化促进信息化，走新型工业化、可持续发展道路，实现信息化和工业化的高层次的深度结合）重点企业6家。新上规模以上工业企业7个，总数111个，实现工业产值142.8亿元。

第三产业。清流温泉国家地质公园博物馆竣工。投入2.56亿元实施赖坊生态文化旅游、林畲乡村游、中华桂花文化园等旅游项目。全年主要景区（天芳悦潭生态旅游景区、中华桂花文化园、灵台山及各重点旅游乡镇）接待人数21.6万人次，比上年增长21.1%，旅游收入3506万元。全年新增入驻正统网电商企业14家，实现电子商务交易总额9.8亿元。

项目建设。新增亿元以上“五个一批”（谋划一批、签约一批、开工一批、投产一批、增资一批）入库项目127个。实施县重点建设项目110个，累计完成投资45.54亿元，占年度投资计划101.1%，超序时进度1.1个百分点，建成投产或部分投产项目28个。新增签约千万元以上项目133个，环保型制冷剂扩建、塑料BB弹、活性石灰生产等67个项目落地开工。

城乡建设。投资2.3亿元，完成水东路、桥下沿河景观工程二期等一批项目建设。开工建设铜锣山绿道休闲公园，新改建雨（污）水管道20千米，新增公共停车位345个。完成汶溪至东坑、新桥板至芹溪等乡村公路建设20千米及红联桥、太山工区桥等危桥改造6座。实施12个省级美丽乡村示范村、整治村建设。

民生保障。总投资5.9亿元的15大项37小项为民办实事项目基本完成，造福工程易地搬迁230户1094人，49个贫困村（空壳村）、206户贫困户光伏电站建成并网发电，全县1840名贫困人口实现脱贫、12个贫困村退出、12个空壳村摘帽。新增就业1209人，城镇登记失业率控制在2.5%。城乡居民参保率95.31%。4所日间照料中心和农村幸福院建成投入使用。

社会事业。完成清流一中整体搬迁，实验幼儿园雁塔分园、余朋幼儿园、长校中心幼儿园竣工投入使用。县总医院、13个乡镇分院挂牌运营，71个村卫生所完成标准化改造，开启医疗资源一体化管理模式；完成县总医院东院区和龙津社区卫生服务中心改造，县妇幼保健院综合楼、疾控卫生监督综合楼和温郊、里田卫生院竣工投入使用。获“创建国家公共文化服务体系示范区先进集体”称号。

招商引资　2017年，清流县实现签约总投资1000万元以上的项目154个（其中，亿元以上40个），总投资118.92亿元，落地76个（其中，亿元以上15个），引进境内资金6.68亿元。资产盘活方面，盘活闲置项目用地18公顷和厂房8.2万平方米，招商入驻3个项目，投资总额4.03亿元。精准扶贫方面，实施税收分成、合作造林、林地赎买、资源开发、股份合作、项目带动等帮扶举措，以“基金站+村委会+农户”股份制模式，实现“集体林地入股，集约经营增效”绿色富村合作造林，全年在3个村开展第一批试点，推动合作造林46.67公顷。（邱道钢）

【宁化县】　2017年，宁化县完成生产总值128.96亿元，比上年增长8.1%。固定资产投资201.95亿元，增长15.2%。一般公共预算收入6.25亿元，增长7.6%。社会消费品零售总额39.29亿元，增长11.6%。城镇居民人均可支配收入25653元，增长7%；农村居民人均可支配收入13911元，增长11%。入选全省县域经济发展“十佳”县。

农业。宁化县完成农林牧渔业总产值49.08亿元，增长4.3%。发展河龙贡米基地0.2万公顷，种植薏米0.2万公顷，新植茶叶133.33公顷、油茶120公顷，建立杂交水稻制种基地0.16万公顷，河龙贡米被选为“厦门会晤”主会场指定用米，烟叶收购量连续27年居全省第一。不断培育新型经营组织，新增市级以上农民（林业）专业合作社示范社7家、示范家庭农（林）场6家、“三品一标”农产品认证5个，孔坑茶获农产品地理标志登记保护。发展林下经济，经营面积2.53万公顷，全年实现林下经济总产值6.1亿元。

工业。新增规模以上工业企业6个，全县产值亿元以上企业15个，其中，5亿元以上3个；全年完成规模以上工业总产值143亿元，比上年增长8.3%，规模以上工业增加值36.68亿元，增长8.2%。完成行洛坑钨矿、鸿丰纳米等72个技改项目。加强科技创新，新增授权专利65件，其中，发明专利6件。福特科光电入选“省科技小巨人领军企业培育发展库”，鸿丰纳米科技、福特科光电被认定为高新技术企业。

第三产业。全年实现第三产业增加值46.57亿元，比上年增长12.1%。新增电商企业35家，完成电子商务交易额11.52亿元，增长35%，入选“国家电子商务进农村综合示范县”。天鹅洞旅游基础设施提升项目和客家祖地二期开工建设，“宁化客家寻源——探石壁·访苏区”线路入选全国36条精品自驾游线路。全年游客接待量、旅游总收入分别比上年增长18%和20%。成立宁化客家小吃集团，新增县外小吃店603家，培育精品店127家，在福州新开设宁化客家小吃城。

基础设施建设。新建城区路网8千米，江下路、江背路、边贸东路、文博路等一批路网工程竣工或部分竣工使用。新改建农村公路22千米，纵八线竣工通车，兴泉、浦梅铁路宁化段全线动工，莆炎高速宁化段开工建设。新建农村供水管网31千米，解决1.7万人安全饮用水问题。全市首个竣工验收烟草援建水源工程东坑水库全面建成试运营，瓦庄变电站建成投用。

城乡建设。新建污水管网3.6千米，小溪河水体治理、城区餐厨垃圾收集及无害化处理项目基本完成。拆除“两违”建筑面积28.43万平方米。石壁客家文化小镇入选省级特色小镇创建名单，推进20个美丽乡村示范村建设，实施客家风格立面改造230栋，危房改造400户。开工建设6个乡镇和17个行政村污水处理设施，新改建三格化粪池8077户；建立健全农村垃圾治理常态化机制。完成旧村复垦65.63公顷。

生态环境。完成植树造林0.08万公顷、扩区范围0.49万公顷林权签订，森林覆盖率74.6%。淘汰黄标车207辆，新建城区空气自动监测站一座，关闭机砖厂36家，淘汰、升级改造燃煤锅炉23台。完成水土流失综合治理5540公顷，拆除关闭生猪养殖场（户）12万平方米。完成土壤污染点位及污染地块核查，确定控制点位51个，污染控制地块3块。宁化县入选中国候鸟旅居小城。

精准扶贫。年内脱贫7013人，全面完成省市下达的年度脱贫任务。实施易地搬迁扶贫，完成国定扶贫标准搬迁对象35户114人、省定对象73户274人。为994名贫困学生发放助学金418.9万元，实现建档立卡贫困学生资助全覆盖。帮助贫困患者解决就医资金156万元。按80元/人·年的保费标准，为建档立卡贫困人口办理农村小额团体意外伤害保险。完成扶贫小额信贷担保贷款5652万元，扶持贫困户1587户。完成“雨露计划”培训2128人次。

社会保障。全年城镇新增就业1728人，失业人员再就业1139人，城镇登记失业率为2.34%。加大医疗救助、临时救助力度，救助金额达500余万元。开工建设棚户区改造65套，分配公租房200户。新增城区公交线路2条，更新新能源公交大巴车28辆，建设公交智能化系统。

社会事业。第二实验幼儿园扩建项目和新建水茜、曹坊中心幼儿园投入使用；全面完成校园校舍改薄建设，“全面改薄”工程开工率、竣工率全省第一；创建“国家级书法教育示范学校”8所、全国首批“数字化教学示范校”1所，宁化县获评全国首批“数字化教学实验区”。电视剧《大南迁》、中篇小说《寻找慈恩塔》获省第八届百花文艺奖三等奖；新增3处省级文物保护单位，县革命纪念馆入选全国爱国主义教育基地，石壁历史文化名镇建设列入国家文化和自然遗产保护利用设施建设规划项目库，木活字印刷术入选省第四批非物质文化遗产代表性项目名录。县公共卫生服务中心投入使用，引进并建成湖村大生民营专科医院。（刘建军）

【建宁县】 2017年，建宁县实现生产总值95.31亿元，比上年增长8.3%。规模以上工业增加值30.87亿元，增长8.5%。一般公共预算总收入4.28亿元，增长9%，其中，地方一般公共预算收入3.18亿元，增长6.1%。实际利用外资1107万美元，增长8.7%。社会消费品零售总额24.12亿元，增长11.8%。城镇居民人均可支配收入26647元，增长9.7%；农村居民人均可支配收入14094元，增长9.7%。获评全省县域经济发展“十佳县”。

农业。建莲、水果、食用菌等各项作物增收5%以上。贡莲小镇入选福建省第二批特色小镇创建名单。68家农产品经营主体进入福建省农产品质量安全可追溯体系平台。“溪源明笋”获国家农产品地理标志保护产品认证，“建宁通心白莲”“建宁黄花梨”通过国家级农产品地理标志评审，获评“中国木本油料特色区域示范县”。全年新增市级以上农业龙头企业11家。农村集体产权制度改革和国有综合农场办社会职能改革全面启动，土地流转面积5670公顷。

工业。全年新增规模以上工业企业3家，实现规模以上工业增加值30.87亿元，比上年增长8.5%；实施省重点技改项目6个，省级工业新增长点项目6个，市级投资千万元以上工业项目35个。启动饶山纸业集团公司重组项目，饶山纸业集团公司两化融合项目通过国家“两化融合管理体系贯标评定”。县经济开发区新增入园企业2家，新开发面积14公顷。帮助30个挂包重点企业协调解决问题60个，协调解决资金1.9亿元。全年有效注册商标626件、驰名商标2件、省著名商标14件、市知名商标21件、地理标志证明商标3件、马德里国际注册商标5件；专利申请量425件，授权164件。

第三产业。再次入选“2017中国候鸟旅居小城榜”，“建宁贡莲小镇”入选福建省第二批特色小镇，金饶山以“八闽屋脊”名号入选“2017中国避暑名山百佳榜”；游客接待量和旅游总收入分别比上年增长17.2%、18.7%。莲产业公共服务、莲产业VR展示、莲产业大宗交易、莲产业旅游管理及莲产业文创众包等平台基本建成。全县电子商务交易额17.2亿元，比上年增长73.1%，其中，网络零售额11.29亿元，增长88.8%，新注册电商企业108家，新增电商创业就业4992人。

2017年7月15日，“为荷而来”2017第二届中国建莲文化旅游嘉年华开幕式暨“万象太极”展演活动（建宁县旅游局供稿）

项目建设。实施“五个一批”重点项目269个，项目总投资332.5亿元，年度实际完成投资68.3亿元，为近年投资规模最大、建设速度最快的一年。甘家隘风力发电等73个项目开工建设，均伊公路、禾丰种子科技产业园等70个项目建成投入使用。全年签约项目54个，总投资63.5亿元；实际利用外资1107万美元，比上年增长8.7%。全年争取到位各类项目资金补助和转移支付16.5亿元，争取国家专项建设基金项目12个。完成固定资产投资（不含农户）131.52亿元，比上年增长17.4%。获批全省第二批综合治水试验试点县。

城乡建设。实施宜居环境项目113个，完成荷花路、闽江源路等城区重要节点绿化、花化、彩化改造，实施建莲南路“白改黑”及“一河两岸”休闲健身步道、夜景工程提升等一批市政工程。完成城区生活垃圾填埋场三期和县污水处理厂二期扩建，新建（改造）排水（污）管网20千米，建成通组公路25.3千米。完成13个美丽乡村整治村建设；40个行政村污水治理、3846户三格化粪池新建（改造）全面完成。

社会事业。基本建成棚改房76套，新增保障性住房76套，完成危旧房改造123户，落实造福工程搬迁1210人。实现961户2781人贫困对象、22个贫困（空壳）村和1个市级扶贫开发工作重点乡（黄埠乡）脱贫脱帽。全年民生支出占财政总支出的83.93%。城关幼儿园通过“省级示范幼儿园”评估，城关小学、第二实验小学、第三实验小学通过省义务教育管理标准化学校评估验收；城关小学被评为“福建省义务教育教研示范学校”。深化“三医联动”改革，组建县总医院和乡镇分院。2017年获创建国家公共文化服务体系示范区品牌项目创新奖。实现城镇新增就业1161人、农村劳动力转移就业1800人，城镇登记失业率2.56%，全县1912户5490名贫困人口均纳入省公共就业服务信息系统。通过定向委培招收紧缺型人员13人，组织2417名专业技术人员参加公共课培训，2384 人参加专业课培训，培训总学时达 71773 学时。

（吴俊伟）

【泰宁县】 2017 年，泰宁县实现生产总值 94.45 亿元，比上年增长 7.7%。地方一般公共预算收入 2.76 亿元，增长 4%。农林牧渔业总产值 27.75 亿元，增长 4.7%。规模以上工业增加值 23.11 亿元，增长 7.9%。固定资产投资 121.06 亿元，增长 18.2%。社会消费品零售总额 24.01 亿元，增长 8.9%。城镇居民人均可支配收入 29490 元，增长 8.5%；农村居民人均可支配收入 14347 元，增长 9.5%。

旅游产业。获 2017 年中国全域旅游魅力指数榜（区县级）第七名。上青桥灯入选上海大世界吉尼斯纪录。尚书第建筑群修缮工程基本完工，设立省非物质文化遗产博览苑分苑。建成全省县级首个智慧旅游平台，新增省级乡村旅游特色村 3 个。与全国 115 家院校达成合作意向，吸引写生师生 4.1 万人次。全年接待游客 457 万人次，比上年增长 17.1%；旅游总收入 36.77 亿元，增长 12.2%。

农业经济。成为中国首个国家级出口杂交稻种质量安全示范区，入选第二批国家农产品质量安全创建试点单位和全省 20 个林业碳汇交易试点县。注册“寻找泰味”公共商标，祥鑫笋业系列产品、晟境高山乌龙茶荣获中国特色旅游商品称号，同兴菌业通过无公害农产品认证。粮食播种面积 1.27 万公顷，烟叶种植面积 0.18 万公顷，水稻制种面积 1730 公顷，新增农民专业合作社 126 家。

工业。落实企业政策奖补 500 余万元，帮助 32 家企业对接银行贷款 8.15 亿元，推动 13 家停产半停产企业复工生产。三凯建材入选省科技小巨人领军企业。池潭水电厂扩建工程复工，13 个工业项目竣工投产，7 家重点工业企业实现重组重整。

城乡建设。完成 217 辆黄标车淘汰工作任务，造林绿化 0.08 万公顷。全面落实“河长制”，拆除生猪养殖场 38 家、改造 45 家，治理中小河流 4.3 千米、水土流失 0.25 万公顷，新建乡（镇）污水处理设施 3 个、三格化粪池 4615 个。实施美丽乡村建设 11 个，新建防洪堤 10.1 千米、雨污管网 3.7 千米、供水管网 5.2 千米、天然气管网 14 千米。成为国家生态文明建设示范县，生态文明建设做法获得环保部肯定。

民生事业。2515 名贫困人口、11 个贫困村实现贫困退出。10 件为民办实事项目顺利实施，建成保障性安居工程 212 套，完成造福工程 68 户，解决 1275 人饮水安全问题。开发公益性岗位 134 个，全年新增城镇就业 1180 人，城镇登记失业率 2.33%。通过“全国中小学校责任督学挂牌督导创新县”省级督导评估。上青古乐入选第五批省级非物质文化遗产代表性项目名录。家庭医生签约服务率 39.5%。

2017 年 9 月 1—3 日，“2017 年中国静心泰宁垂钓大赛”在泰宁县举办

（泰宁县政府办供稿）

国家生态文明建设示范县　2017 年 9 月 21 日，泰宁县被授予国家生态文明建设示范县称号，是全省 5 个获此称号的区县之一，也是三明市唯一获此称号的县。近年来，泰宁县践行“绿水青山就是金山银山”理念，开展大气、水、土壤污染防治行动计划，Ⅰ～Ⅲ水质比例 100%，森林覆盖率 77.53%，空气质量稳居全省前列，先后成为国家级生态县、国家重点生态功能区。

国家级出口杂交稻种质量安全示范区　2017 年 9 月，泰宁成为全国首个“国家级出口杂交稻种质量安全示范区”。泰宁县现有备案基地 2038.67 公顷，2017 年出口杂交稻种 1258.2 吨、565.5 万美元，分别占全省 89.3%、91.8%，出口单价高于同期全省出口平均单价，是福建省最主要的出口杂交稻种基地县之一。

（李巧珍）

【明溪县】 2017 年，明溪县生产总值完成 73.53 亿元，比上年增长 7.4%。第一、二、三产业增加值分别为 17.94 亿元、31.14 亿元、24.45 亿元，分别比上年增长 3.3%、6.1%、12.3%。三次产业结构为 24.4∶42.3∶33.3。固定资产投资完成 106.5 亿元，比上年增长 17%。规模以上工业总产值完成 128.27 亿元，增长 15%；工业增加值完成 28.75 亿元，增长 7.6%。地方一般公共预算收入完成 3.02 亿元，比上年增长 6.7%。实际利用外资 1149 万美元，比上年增长 7.5%。社会消费品零售总额 17.2 亿元，比上年增长 11.5%。城镇居民人均可支配收入 27651 元，比上年增长 8.2%；农村居民人均可支配收入 13839 元，增长 7.6%。

产业发展。特色现代农业加快发展，明溪国家淮山种植综合标准化示范区项目通过国家标准化管理委员会考核认定；建成硒锌猕猴桃基地 96.67 公顷，发展林下经济 408.4 公顷，新增各类新型农业经营主体 113 家。实施服务业重点项目 16 个，电子商务交易额突破9亿元。明溪火山口地质公园被列为省级地质公园。

扶贫扶教。落实扶贫政策和措施，建成易地搬迁集中安置区9个，完成造福工程易地搬迁736户2754人，集中安置368户1221人，全部分房到位。实施菜单扶贫、光伏扶贫、就业扶贫等帮扶模式，发放菜单扶贫补助689.5万元，扶持贫困户1425户，引导1359户入股10兆瓦光伏扶贫项目，贫困户年均增收4000元以上。出台教育助学帮扶政策，设立3支教育助学基金，累计资助贫困学生368人62.37万元。

城乡建设。城建、交通、园区征迁板块全年征收土地150.8公顷，征迁房屋243户建筑面积3.8万平方米。持续拓展北部片区，链条厂周边、水泥厂片区完成征迁26.07公顷。改扩建市政道路6.7千米、供水管网10千米、雨污管网18.4千米、燃气管道4千米、绿道12千米。完成省级美丽乡村创建12个，实施6个乡镇污水处理设施提升工程，完成村庄三格化粪池建设3462户，8座乡镇垃圾转运站基本建成，沙溪乡农村生活垃圾分类试点工作全面完成。国省干线横六线大焦至上坊段建成通车。2017年，明溪被评为“中国候鸟旅居小城”，盖洋镇通过首届“福建省十大长寿之乡”考评验收，御帘村获评“2017年中国最美村镇50强”，紫云村获评福建省“二十佳旅游特色村”，狮窠村获省“美丽乡村示范村”称号。

社会事业。实小附属幼儿园、夏坊初级中学综合楼等7所校舍建成投用，新增幼儿园学位560个、中小学学位540个；城关中学、第二实验小学等4所学校通过省市义务教育学校管理标准化验收。县总医院挂牌运营，胡坊镇、沙溪乡等13个乡村卫生院（所）提升改造项目建成投用。家庭医生服务签约率达35%。建成农村幸福院45所、社区居家养老服务中心（站）7个，社会福利中心、残疾人康复中心实现社会化运营。明溪被文化部列入国家级客家文化（闽西）生态保护实验区，南山遗址入选“2017年中国考古六大新发现”，闽王牌宝剑制作工艺列入省级非物质文化遗产保护名录。全县新增城镇就业1215人，失业再就业875人，建成保障性住房280套。通过省级食品安全社会共治示范县考评验收。

“五比五晒”项目竞赛　2017年，明溪县深化“五个一批”项目工作机制，建立县领导挂包服务、专项工作组以及正向激励机制。组织实施“五个一批”项目337个，62个项目开工，58个项目建成或部分建成。全县列入市级“五比五晒”项目库项目267个，其中，亿元以上项目128个，42个项目实现开工，19个项目竣工投产。成立广东招商服务站，举办57场专场招商推介会，邀请22批次重要客商到明溪考察，全年新签约合同项目155个。　（李桂花）

【将乐县】　2017年，将乐县实现生产总值121.22亿元，比上年增长7.5%。一般公共预算总收入8.48亿元，增长7.9%，其中，地方一般公共预算收入6.45亿元，增长4%。农林牧渔业总产值31.69亿元，增长4.8%。规模以上工业增加值50.67亿元，增长8.7%。实际利用外资（验资口径）1278万美元，增长8.5%。社会消费品零售总额25.26亿元，增长11.7%。城镇居民人均可支配收入30790元，增长8.6%；农村居民人均可支配收入14943元，增长9%。获“美丽中国·深呼吸第一城”称号。

农业。玉源春酵素、蜜饯芙蓉李、琼脂、旭牧联生物科技饲料添加剂等一批农产品深加工项目签约落户。新建200公顷水稻制种基地，86.67公顷百香果、火龙果等绿色果蔬基地，33.33公顷食用菌基地以及24公顷花卉苗木基地。建成福州、厦门“将乐农产品特色体验馆”。完成高标准农田建设0.13万公顷，土地适度规模经营比重38%，综合机械化率70%。福建金森参与的“林木良种细胞工程繁育技术及其产业化应用”项目获得国家科技进步二等奖，将乐国有林场参与的“杉木速生优质高产新品种定向选育研究与应用”项目获得省科技进步一等奖。

工业。33个工业经济项目攻坚完成投资10.75亿元。集聚形成轻合金上下游企业8家，新增规模以上工业企业5家。轻合金成形先进制造产业园完成投资1.09亿元。宏和鞋业新增3个橡胶鞋底生产车间；泰达高新材料、缘福木素质等一批重点项目投产或部分试产。全年实施技改项目97个，完成投资46.1亿元，比上年增长19.8%。引进华鸿污水预处理项目，建成集中供热项目。

第三产业。将乐县电商交易额9.5亿元，比上年增长22.8%，智慧家园电子商务被评为全国农业农村信息化示范基地。全年实现旅游收入15.2亿元，

2017年11月11日，2017中国·将乐国际皮划艇马拉松公开赛在将乐县举行
（将乐县政府办供稿）

接待旅游人数220万人次，引进闽越渔村等旅游项目。

项目经济。将乐县储备3000万元以上项目344个，总投资827.02亿元。21个省、市重点项目，完成投资27.29亿元，有10个项目建成或部分建成；38个省行动计划重大项目，完成投资40.21亿元。列入省、市“五个一批”项目库313个，总投资788.41亿元，谋划项目107个，签约项目85个，签约项目转开工61个。

城乡建设。实施66个、总投资11.6亿元的宜居环境建设项目。打造伍坊、小王等12个美丽乡村，修缮改造良地、肖坊等传统村落，新建乡镇垃圾压缩转运站8个，完成三格化粪池改造近6000个，新建或改造13座乡镇公厕。取缔“十小”企业2家，拆除养殖场53家、升级改造32家，关停取缔非法洗沙、制沙点31处，重新编制河道采沙规划，扩大禁采区，控制采沙量。新改建城镇污水管网10千米。对全县152座水电站实施最小生态下泄流量。

社会事业。投入民生资金14.5亿元，占全县一般公共预算支出74%。建成保障性住房86套，完成棚户区和危旧房改造389户，百花社区日间照料中心投入使用。有序推进家庭医生签约服务，累计签约6.4万人。万全和大源卫生院改造、余坊卫生院周转房等项目建成。44.7千米农村公路竣工投入使用；城区公交线网覆盖率提高至66%，累计投放12辆纯电动公交车。

文化与体育。先后召开史前考古国际学术研讨会、宋元青白瓷学术研讨会等活动。举办全国蹼泳锦标赛、中国极限职业联赛、国际越野挑战赛、国际皮划艇马拉松公开赛等20多场赛事，将乐县游泳馆创造三明第一项世界纪录；在将乐训练的国家蹼泳队在2017年的世界杯、世运会、亚洲锦标赛、全国锦标赛中累计获得31金23银15铜。

（陈泽炜）

【沙县】 2017年，沙县生产总值完成228.01亿元，比上年增长7.8%。农林牧渔业总产值50.86亿元，增长4.6%。规模以上工业增加值120.2亿元，增长8.4%。地方一般公共预算收入9.71亿元，增长7.5%。固定资产投资269.49亿元，增长17.6%。出口总值16.6亿元，增长27.2%。实际利用外资2082万美元，增长8.1%。社会消费品零售总额54.61亿元，增长7.6%。城镇居民人均可支配收入33083元，增长8.4%；农村居民人均可支配收入17190元，增长9.2%。

项目攻坚。推进233个县级重点项目建设，有121个项目建成投产或部分投产。加大招商引资力度，签约项目269个，总投资350.89亿元。盘活海能新材、诚达机械、众诚机械等停产半停产企业13家，帮助企业协调解决资金5.1亿元。防控金融风险，累计化解不良贷款12.55亿元。

产业转型。金沙园小微企业创业创新示范基地获批国家级双创基地，加快海西高端装备产业园、节能环保产业园、马铺化工园等平台建设，总投资10亿元的双轮化机克劳斯玛菲注塑机项目开工建设，青山纸业超声波制浆项目试产，引进太阳能空中轨道及产业园项目。共实施工业技改项目30个，新增规模以上工业企业10家。以现代农业科技示范园为依托，培育发展种业、花卉、生态养殖等农业产业，鼓励企业发展“互联网＋”，实现农产品线上线下销售。成立金古空港经济开发区，发展电商企业156家，入驻“三通一达”等物流企业110家，汽车总吨位1.78万吨，日均处理快递40万件。游客接待量、旅游总收入分别比上年增长15.3%和16.1%。建成海外惠侨工程中餐繁荣基地和沙县小吃科技创新展览馆，成立沙县小吃产业发展中心，成立沙县小吃易投资和易传媒2家公司，发展子公司21家、标准连锁店800多家。

民生保障。全年民生支出18.7亿元，占公共财政总支出的77.3%。实现脱贫1744人。在全市率先实现城乡低保标准一体化，养老、医疗、失业、工伤、生育等社会保险参保人数达52.1万人次，发放养老金4.8亿元、城乡居民医疗保险补助1.37亿元、城乡低保金1582万元。培育专业养老机构4个，福利中心社会化运营，建成城北、城西等社区日间照料中心4个、社区医养结合卫生服务站8家、农村幸福院32家。

沙县获全国文明城市称号　2017年11月14日，沙县被授予第五届“全国文明城市”称号。沙县文明城市创建始于1997年。2009年以来，沙县已连续三届获评“全国文明县城”称号。2015年，沙县入选“全国文明城市提名城市”，投入4.5亿元，建成沙县一中、三官堂小学、县三幼等一批公办学校；投入1.3亿元，建成县医院门诊综合大楼，组建沙县总医院，建成城东、翠绿等9个社区医养结合卫生服务站，实现“家门口”养老就医；实施“送、种、养”文化惠民工程，开展“半台戏”配送下乡活动100多场次；成立城市管理110联动指挥中心，实行多部门联动协调，累计解决市民反映的各类城市管理问题1.9万件。

中国地名文化遗产千年古县　2017年8月21日，沙县被确认为中国地名文化遗产千年古县，东门古街入选第二批福建省级历史文化街区。沙县悠久的历史孕育了厚重的地名文化，为保护好地名文化遗产，县委、县政府进一步挖掘地名文化，打造地名文化品牌，努力把历史文化资源优势转化为品牌优势和发展优势，并从人力、物力和财力等方面加大“千年古县”申报工作力度。

林改“四共一体”共享经营模式　2017年，沙县以承担全国农村改革深化集体林权制度改革试验任务为契机，在全省率先推行县国有林场与乡镇、村集体林场合作的混合所有制“四共一体”共享经营新模式，即“股权共有、经营共管、资本共享、收益共盈”的模式，以规模化、集约化、组织化、专业化管理带动森林经营水平进一步提升。3月22日，县国有林场与高桥镇林场举行万亩林地合作经营签约仪式，开启林业合作经营新模式。2017年，县国有林场与高桥镇林场、新桥村和夏茂镇月邦村等

开展合作经营1067.47公顷。(张云仙)

【尤溪县】 2017年，尤溪县完成生产总值220.06亿元，比上年增长7.9%。一般公共预算总收入11.52亿元，增长8.5%。社会消费品零售总额49.4亿元，增长10.8%。城镇居民人均可支配收入30845.78元，增长8.3%；农村居民人均可支配收入15849.48元，增长9.8%。居民消费价格指数（CPI）为100.5%，上涨0.5%。

工业。规模以上工业总产值339.46亿元，实现增加值62.99亿元，比上年增长8%。染整集控区建设获省里批复，鑫森二期、隆源二期、顺源三期、宏伟经编等项目投产或部分投产，纺织业实现产值203.89亿元。启动食品生物医药产业园建设，完成园区控制性详规修编。盘活5家企业闲置资产，启动金东矿业、奥翔塑胶主板上市工作。成功化解德为聚纤3.03亿元等一批不良贷款，不良率降至1.85%。

农业。全县农林牧渔业总产值84.86亿元，比上年增长4%，沈郎油茶成功在“新三板”挂牌上市，台溪茶叶、洋中食用菌、光华百斯特、福之羊黑山羊等4个项目入选省级现代农业产业园“3211工程”，97家企业纳入农产品质量安全追溯平台。竹业、茶叶、食用菌、金柑、油茶五大特色农业实现产值51.6亿元；推广测土配方施肥技术面积3.67万公顷；完成农产品产地土壤环境调查347个，建立监测点118个；完成新植茶园75.33公顷，改造茶园280公顷，茶叶产量1.5万吨，产值6.16亿元；食用菌种植3.6亿袋，鲜品产量12.5万吨，实现产值7.8亿元；完成蔬菜种植面积2.39万公顷，总产量68.69万吨，产值17亿元。

服务业。全县服务业增加值79.85亿元，比上年增长12.4%。全域旅游示范区创建工作有效推进，联合梯田申报全球重要农业文化遗产获联合国粮农组织原则通过，桂峰古民居、朱子文化园获评国家AAAA级景区，九阜山生态旅游区、高春山庄、枕头山通过国家AAA级景区评审验收。全年接待游客147万人次，实现收入9.1亿元，分别比上年增长42.72%、47.13%。引进电商企业24家，开通全省首个农村淘宝乡村旅游中心，实现电商交易额11.9亿元、网络零售额7.2亿元，分别增长27.1%、27.3%。全省单体规模最大的农贸综合市场（闽中农贸综合市场）开业运营。

深化改革。在全省率先实施全民健康四级共保试点工作，组建县总医院医联体，构建县乡村一体化管理模式，县总医院被评为中国县域医改样板医院。深化林业改革，新型林业经营组织覆盖面占集体商品林面积的55%，在全国首创“油林贷”金融产品，大力推广“福林贷”，为896户农户提供贷款1.1亿元。融入“一带一路”倡议，出口国家和地区增加至39个，出口总值2.3亿美元，实际利用外资1900万美元，分别增长9%、10%，被确定为省级加工贸易梯度转移重点承接地。

项目投资。举办首届尤商大会，召开45场专场招商会，签约项目132个，总投资285亿元，其中，亿元以上项目33个。兑现惠企政策补助资金240.3万元，解决企业“两证”办理等问题73个，提供21家次应急转贷周转金9396万元，促成17家企业获得银行授信8.17亿元。全年生成产业发展、城乡基础和民生设施项目109个，推出投资工程包19个，完成投资11.3亿元。争取预算内补助资金1.87亿元、地方政府债券2.68亿元，库存3000万元以上“五个一批”项目369个，完成投资73亿元，建成或部分建成项目50个。实施省级重点项目17个、市级重点项目32个，分别完成投资36亿元和76亿元。

城乡建设。拆除违建面积31.6万平方米，腾出土地面积29.9万平方米。推进14个省级美丽乡村建设、19个库区移民环境综合整治项目。实施2条高速公路、3条“镇镇有干线”公路、4条国省干线公路、5条农村路网建设，累计完成投资27.6亿元，厦沙高速、洋中至汤川公路等建成通车。

民生保障。完成造福工程易地搬迁521户2000人，实现1046户3142人脱贫、17个贫困村摘帽。13个为民办实事项目顺利实施，全年公共财政民生支出22亿元，占公共预算支出的80%。发放各类创业担保贷款3470万元，新增城镇就业1612人，城镇登记失业率为2.41%。

生态建设。落实残疾人“两项补贴”、农村留守儿童关爱等救助措施，发放各类救助惠民资金5282万元。完成造林绿化0.24万公顷，被评为全国首个“中华水松保护地”，实施88个宜居环境建设项目，完成投资25.8亿元。推进中小河流治理、闽江上游防洪二期、汶潭水利枢纽等项目建设，完成投资6亿元。

社会事业。文公小学、东城小学二期等项目投入使用。成立朱子教育发展基金会，推动朱熹祭祀大典申报国家级非遗项目、纳入国家级朱子文化生态保护区。开展全民健身行动，尤溪籍运动员柯丽婷在2017年世界残奥游泳锦标赛获得1金2铜，获“全国群众体育工作先进单位”称号。

首届尤商大会 2017年9月28日，尤溪县首届尤商大会在尤溪召开，300多名尤溪在外乡贤欢聚一堂，共话尤溪发展。大会期间，举行“文公奖”颁奖、“共话尤溪发展”论坛、招商引资项目推介及项目签约仪式等一系列活动，签约项目25个，总投资34亿元。

(余乐时)

【大田县】 2017年，大田县实现生产总值202.38亿元，比上年增长8.6%。其中，第一产业增加值37.55亿元，增长4.1%；第二产业增加值101.36亿元，增长7.3%；第三产业增加值63.46亿元，增长13.6%。第三产业占GDP的比重由上年的31.2%提高到31.4%。三次产业比例为18.6∶5.1∶31.4。固定资产投资319.13亿元，增长17.3%。一般公共预算总收入10.44亿元，增长10.7%，其中，地方一般公共预算收入7.42亿元，增长7.4%。实际利用外资2120万美元，增长9.5%。社会消费品零售总额53.69亿元，增长11%。城镇居民人均可支配收入3.25万元，增长9.5%；农村居民人均可支配收入1.54万元，增长9.4%。

农业产业。农林牧渔业总产值56.26亿元，比上年增长4.2%。完成粮食播种面积2.64万公顷。建成科技农业富硒产业园、霓上精制高山茶、大田肉兔产业化等项目。新增农民专业合作社272家、家庭农场76家、“三品一标”认证农产品23个，列入全省首个国家茶叶公园创建试点，“大田高山茶”获国家地理标志证明商标，“大田槐猪”获国家农产品地理标志认证。优特水稻新品种应用院士专家工作站落户济阳。

工业产业。全年完成工业总产值434.07亿元，比上年增长7.8%；规模以上工业增加值95.62亿元，增长7.8%。机械铸造产业集聚区动工建设，被列为中国铸造产业集群试点县。卫斯特环保院士工作站获评全国示范院士专家工作站。科华石墨负极材料、大圣日用陶瓷等项目动工建设，中工塑胶、海诚新能源等项目建成投产。全面淘汰铸造行业落后炼铁设备，压减水泥产能29万吨、煤炭产能14万吨，新增高新技术企业3家、科技小巨人领军企业2家。

第三产业。实施“快乐大田”重点项目23个。中国·桃源里旅游度假区、永兴达机动车驾考中心等项目动工建设。全县新增限额以上商贸企业8家、电商企业50家，电商交易额、旅游总收入、社会消费品零售总额分别比上年增长14.4%、15.7%和11%。被列为省级VR产业发展和技术应用试点县，获批创建国家级电子商务进农村综合示范县，大仙峰·茶美人景区获评省级生态旅游示范区，灵动济阳景区获批国家AAA级旅游景区，东坂村成功创建省级乡村旅游创客示范基地。

项目建设。实施“五个大田”重点项目160个，完成投资78.42亿元，61个项目开工建设、42个项目建成或部分建成。取消县级涉企行政事业性收费12项，兑现企业扶持资金8094万元，协调金融机构向小微企业增贷2.39亿元。开展净化金融生态“三大攻坚”行动，妥善处置和化解诚通地产金象温泉城、四方置业龙腾盛世等一批重点风险项目，不良贷款率控制在3%的目标值以内。

基础设施。国道“纵五”（大田段）一期正式通车，兴泉铁路（大田段）、莆炎高速（大田段）、国道“纵五”（大田段）二期动工建设，莆炎高速至泉南高速大田联络线列入国高网莆炎高速支线。城区生活垃圾无害化处理厂技改工程竣工，新建改造城区给排水管网19.33千米、天然气管道7.2千米，新增城市停车位225个。新建提级改造农村公路72.8千米，实施农村公路指路系统工程800千米。建成建设镇35千伏输变电工程，完成新一轮农村电网改造升级工程286千米。

民生工程。15个为民办实事项目基本落实，民生支出比上年增长10.3%，占公共财政支出的84.4%。实施造福工程200户、危房改造91户，光伏扶贫覆盖全县86.8%的贫困（空壳）村和65%的贫困户，建成屏山扶贫客栈、武陵扶贫产业园等示范点，全县脱贫人口8402人，占贫困人口的98.6%。推进小微企业创业创新基地城市示范工作，全县新增城镇就业1600人、农村劳动力转移就业3213人，城镇登记失业率2.3%。新开工保障性住房719套。县行政服务中心在第二届全国行政服务大厅典型案例展示活动中获“综合十佳”称号，“山区养老”服务模式入选国家养老服务业发展典型案例。

社会事业。推进27个城乡教育项目，建成实验幼儿园开发区分园、太华第一中心幼儿园等7个项目，新增学位3340个。县总医院组建运营，改扩建乡镇卫生院4所，延伸设立村级卫生所186家，创建省级妇幼健康优质服务示范县。新建改造乡镇敬老院15个，被列为省级农村幸福院建设试点县。建成闽中戏曲文化创意产业园一期、居敬书院，县文化馆获评国家一级馆，文江“杂剧作场戏”列入省级非物质文化遗产保护名录。连续两届获评省级“双拥模范县”。

大田县河长协会成立　大田县是福建省境内闽江、九龙江、晋江三大水系支流的发源地之一。2009年，大田县开始探索实施河长制，创新探索立体巡河、生态环境保护指挥中心、生态综合执法制度等经验做法，初步实现“河畅、水清、岸绿、景美”的目标。2017年9月15日，大田县成立河长协会，成为全国首家经社团登记的以河长制为工作内容的专业协会。大田县河长协会成立后不断向“最后一公里”延伸，在全县19个乡（镇、场）均成立河长协

2017年11月12日，2017全国健美操冠军赛在大田县举行。图为开幕式
（大田县政府办供稿）

会分会，另有 243 个村居设立村级分会。

乡镇住村特派员制度推行 2017 年 9 月起，大田县委组织部选派 79 名乡镇干部分两批担任“住村特派员”，实行吃住在村，全天候服务。住村特派员坚持引导不领导、参与不干预、献策不决策、搭台不唱戏、督查不监察、服务不增负等 6 条原则，履行做好宣传引导、参与村级事务、献策村级发展、搭建服务平台、督促规范管理、开展帮扶服务等 7 项职责任务，推动乡镇职能转变，提升基层政务水平，实现村民自治和乡镇管理服务职能的有效衔接和良性互动。

（陈 妮）

莆田市

【基本情况】 莆田，史称“兴化”，位于福建省沿海中部，北连福州，南接泉州，西依戴云山，东南濒临台湾海峡，与台中市仅距 72 海里。年均气温 18℃～21℃，属亚热带海洋性季风气候。现辖仙游县，荔城、城厢、涵江和秀屿四区，以及湄洲岛国家旅游度假区管委会和湄洲湾北岸经济开发区管委会。拥有陆域面积 4200 平方千米，海域面积 1.1 万平方千米。居住有汉、回、畲、壮、苗等 33 个民族，常住人口 290 万人。盛产鲍鱼、鳗鱼、对虾、梭子蟹、丁昌鱼等海产品，龙眼、荔枝、枇杷、文旦柚“四大水果”驰名中外。文化底蕴深厚，拥有风景名胜和文物古迹 250 多处，有湄洲岛旅游胜地、九鲤湖等景点。留存以妈祖、莆仙戏、南少林、三清殿为代表的文化遗产，历代涌现出 2482 名进士、21 名状元、17 名宰相，98 人在《二十四史》中立传，是福建省“历史文化名城”之一。莆商足迹遍天下，在全国及旅外经商从业的乡亲有 220 万人。

【经济社会概况】 2017 年，莆田市完成地区生产总值 2024.66 亿元，比上年增长 8.4%。一般公共预算总收入 205.2 亿元，增长 13.9%，其中，地方一般公共预算收入 136.37 亿元，增长 17.8%。固定资产投资额（不含农户）2274.65 亿元，增长 17.4%。社会消费品零售总额 695.41 亿元，增长 11.6%。外贸出口总额 207.71 亿元，增长 4.3%。实际利用外资 4.54 亿美元，增长 13.5%。全体居民人均可支配收入 2.57 万元，增长 8.8%。城镇登记失业率 2.5%。居民消费价格总水平上涨 0.9%。

经济保持平稳增长。完善产业分析推进机制，出台工业稳增长正向激励、鞋业转型升级等措施，因企施策、因企帮扶，对接省级企业技改基金 12.8 亿元，减轻企业负担 30 亿元，规模以上工业企业增加值比上年增长 8.2%，规模以上工业企业利润总额比上年增长 13.7%。发展平台经济、共享经济，新增规模以上服务业企业 206 家，第三产业增加值比上年增长 10.7%。加快发展现代农业，成立放心食品联盟，创新天桂食品“品牌＋联盟”产业融合模式，农业增加值增长 3.2%。新增“五个一批”项目 1657 个，25 个投资超亿元制造业项目实现投产，480 个重点项目和 30 个美丽莆田重点攻坚项目分别完成投资 1046 亿元、414 亿元。

产业优化升级。出台电商发展九条等措施，开展打击“仿冒鞋”“假海淘”专项行动。在全省率先成立高层次人才交流协会，设立兴莆人才基金。中科院海西研究院莆田中心竣工投用，新增一批省级智能制造试点示范企业、省科技型企业和省级工程研究中心。

城乡面貌明显提升。冰雪小镇方案亮相世博会，三江口镇列入全国第二批特色小镇，妈祖国际医疗健康小镇等 4 个小镇列入全省第二批特色小镇。实施“十个一”（重点整治一条城市主街、主攻一个棚户区改造、抢救保护一个古村落、保护修缮一座古桥、贯通一条道路、打造一个特色产业小镇、整治一条示范小流域、打造一批美丽乡村示范点、新增一个 AAAA 景区、新建一个主题公园）工程，新改建城市道路 78.46 千米、农村公路 128 千米，新建城市绿道 75.9 千米、口袋公园 50 个。全面推行河长制，创出企业河长“莆田模式”，建成市第三水厂，基本完成东圳水库水环境综合治理。生态绿心保护修复项目获评“中国人居环境范例奖”，木兰溪获评全国十大“最美家乡河”。美丽乡村建设加快推进，农村生活垃圾实现日产日清，186 个村庄完成污水整治。

改革开放不断深化。在全省率先建成政务数据平台，“最多跑一趟”清单占总审批数量 92.6%，新增市场主体 5.4 万户。基本完成农村土地承包经营权确权登记。在全省率先试点建设社区综合受理平台和网格化社会服务管理信息平台，严重精神障碍患者网格化“一历五单”（“一历”指患者病历，“五单”指《患者家属通知单》《乡镇（街道）卫生院（社区卫生服务中心）对接单》《公安（边防）派出所告知单》《乡镇（街道）综治中心提示单》《村（社区）跟踪单》）救治机制在全国推广。莆田港口岸扩大对外开放获国家批复。举办第二届世界妈祖文化论坛，开展妈祖千年首巡东南亚、二十年赴台再巡安等活动，妈祖文化再耀“海丝”。承办第三届中欧城市可持续发展论坛，入选中国国际城市发展联盟，与澳大利亚朗塞斯顿市建立友好城市关系。

人民生活更加殷实。2017 年，莆田市民生支出 173 亿元，比上年增长 10.7%。为民办实事项目 19 项。新增城镇就业人数 1.88 万人，转移农村劳动力 2.06 万人，造福搬迁 3051 人，现行标准下的贫困人口、贫困村实现脱贫。完成全民参保登记，城乡居民养老保险参保缴费率居全省前列。全市新建幼儿园项目 17 个、中小学项目 93 个，新增中小学学位 8500 个，启动东南医学院筹建工作，莆田学院、湄洲湾职业技术学院迁建加快推进；在全省率先成立药联体，实现药品阳光采购、医保管办分离和业务同城通办；建成首批 11

个市级临床重点专科，改造提升100家村卫生所，千人均病床位达5.16张。开展“美丽莆田”系列文艺会演，建成投用市博物馆、图书馆、非遗展示馆。举办金砖国家少年足球邀请赛、“妈祖杯”海上丝绸之路国际羽毛球挑战赛、市第四届运动会等重要赛事。

【福建华佳彩高新面板项目一期产品投产】 2017年3月31日，福建华佳彩有限公司举行投产仪式。该项目是莆田引进单体投资额最大的高新技术产业项目，总投资240亿元，华佳彩高新技术面板项目主要生产金属氧化物背板TFT-LCD为主的中小尺寸显示器件，一期投资120亿元，建设一条6代IGZO中小尺寸面板生产线，投产后产值可达105亿元。

【第二届世界妈祖文化论坛在莆田召开】 2017年10月31日至11月2日，第二届世界妈祖文化论坛系列活动在妈祖故乡莆田市湄洲岛举行。论坛以“妈祖文化 海丝精神 人文交流”为主题，旨在弘扬“立德、行善、大爱”的妈祖精神，推动妈祖文化在世界范围内的传播与发展，展示中国和平发展、合作共赢的真诚愿望，促进“一带一路”沿线国家和地区经贸文化交流合作。国家有关部委领导、部分外国国家官员和驻华使节、联合国教科文组织专家及海内外专家学者等共1300多人参加。

（黄清煌　刘剑星）

【仙游县】 2017年，仙游县实现生产总值359.9亿元，比上年增长8.3%。规模以上工业增加值157.01亿元，增长8.1%。固定资产投资（不含农户）403.25亿元，增长22.9%。一般公共预算总收入32.01亿元，增长15.1%，其中，地方一般公共预算收入21.77亿元，增长18%。实际利用外资5000万美元。外贸出口总额22.2亿元，增长16.6%。社会消费品零售总额95.06亿元，增长9.7%。农林牧渔业总产值32.77亿元，增长5.5%。全体居民人均可支配收入20425元，增长8.8%。

工业。完成工业投资98.72亿元、技改投资45亿元。指导企业争取上级惠企政策补助3986万元，为82家企业办理应急转贷27.86亿元。新增中国驰名商标1枚和省级科技小巨人领军企业2家、高新技术企业1家、省级科技型企业8家、服务型制造示范企业2家。工艺产业园入选福建省文化产业重点园区，古玩城主体竣工，“中国古典工艺家具之都”通过复评。设立百亿红木基金，与中国进出口银行福建分行签订额度300亿元的战略合作框架协议。“仙作”商标成为全国红木家具行业首枚集体商标，防伪标识芯片推广应用。三福集团、鲁艺集团挂牌成立。

现代农业。策划生成农业、林业、旅游业三大类57个重点项目。县中心粮库主体完工。台湾农民创业园建设发展考评获得“优秀”等级；国家现代农业示范区、省级农民创业园项目建设考评均居全省第一。新增设施蔬果2001公顷，新植和改造文旦柚3241.62公顷、油茶12006公顷。书峰枇杷获批国家地理标志商标认定，获得“三品一标”农产品认证20个。

第三产业。规模以上其他营利性服务业营业收入、限额以上批发零售业销售额分别比上年增长91.7%、24.7%。新增规模以上服务业企业31家、限额以上商贸企业23家。入选全国电商百强县，全县限额以上电商企业23家，实现网上销售额3.35亿元；中国网库平台上线运行，入驻企业389家。九鲤湖景区获评省级旅游度假区，菜溪岩景区获评省级生态旅游示范区。全年旅游接待580万人次，比上年增长8.4%。

民生保障。16件为民办实事项目完成投资20.4亿元。精准扶贫成效显著，推动20456人建档立卡贫困户脱贫、16个贫困村摘帽，完成416户1674人易地扶贫搬迁任务。开发公益性岗位1028个，建立扶贫产业基地103个，带动1300多户贫困户实现增收。筹资4500万元投资入股污水处理厂、垃圾焚烧发电厂，收益用于增加贫困村、空壳村村财收入和无劳动能力的贫困户兜底。城镇新增就业5529人，城镇登记失业率为2.91%。完成全民参保登记，城乡居民基本医疗保险参保缴费率98.83%、养老保险参保率95.67%。

社会事业。2017年，仙游县加大社会事业民生补短板力度，策划实施教育、医疗卫生、养老、城乡民生基础设施、公共文体服务等补短板项目180个，总投资133亿元。实验小学分校、第三实验小学、实验幼儿园新校区实现招生，改扩建校舍3.7万平方米，新增学位5450个。全国中小学责任督学挂牌创新县通过省级验收。考取“双一流”高校学生258名，其中考入清华、北大3人。县级公立医院改革顺利推进，分级诊疗试点单位扩大到11个；开展医共体试点，设立县医院医共体度

仙游动车站蔡襄广场，摄于2017年　（仙游县政府办供稿）

尾片区凤山分站；防院迁建项目主体竣工，德安医院二期投入使用，完成鲤南、钟山镇卫生院改造提升和25个村居卫生所一体化建设。社区居家养老服务试点取得成效，建成幸福院10家。举办首届文化旅游节，推出“仙游十大文化品牌”，编演大型舞台剧《九仙传奇》、莆仙戏《林龙江》，出版《仙游传奇故事》，评选“仙游十大旅游形象大使”、文化旅游歌曲。组建文化集团。成立蔡襄茶文化研究院。鲤南镇玉塔村获“第五届全国文明村镇”称号。承办第四届市运会武术、击剑、举重项目。评选香樟为“县树”、桂花为“县花”，完成植树造林18009公顷。获省级“双拥模范县”称号。

仙游县获“国家园林城市”称号

2017年，仙游县获住建部授予“国家园林县城”称号。全县城区有绿地面积720公顷、绿化覆盖面积742公顷、公园绿地面积208公顷，绿地率38.71%、绿化覆盖率39.89%，人均公园绿地12.2平方米，主要园林绿化指标达到或超过国家园林县城标准。（陈开枝）

【荔城区】 2017年，荔城区实现生产总值408.79亿元，比上年增长8.8%，其中第三产业增加值占比37.9%。一般公共预算总收入39.28亿元，增长10.8%，税性比例达91.7%，其中，地方一般公共收入24.73亿元，增长10.2%。固定资产投资（不含农户）362.41亿元，增长22%。规模以上工业产值197.32亿元，增长8.1%。社会消费品零售总额188.7亿元，增长12.5%。外贸出口62.72亿元，增长0.1%。实际利用外资6130万美元，增长0.2%。农林牧渔业总产值27.36亿元，增长2.1%。全体居民人均可支配收入31986元，增长9%。

农业。闽中、来康家等17家市级以上龙头企业完成销售收入58.9亿元，比上年增长16.5%，带动5.4万名农民增收11.2亿元。新建4个农民专业标准化生产示范合作社。建成高标准农田1600.8公顷，主要粮食作物生产机械化综合水平80.2%。新增流转耕地6670公顷，全区耕地流转率42%。新建冷藏库30座，储藏量3000吨。

工业。新增规模以上工业企业11家。组建莆田市鞋业产业供应链平台，首批483家供应商入驻，带动鞋革企业降本增效、抱团转型。为33家企业办理16.5亿元过桥担保资金，化解19家企业8.03亿元信贷风险。推动工业企业转型升级，实现“机器换工”1500台。发展服务型制造，双驰鞋业、三棵树涂料、华峰工贸、闽中食品加快主辅分离。出台工业项目招商落地优惠暂行办法，准入工业新项目4个。实施品牌战略，新增有效注册商标2175件、累计达10840件。促进建筑业发展壮大，巨岸建设公司晋升“建筑工程施工总承包特级”资质。

第三产业。引进现代服务业项目，盘活总部办公面积31.6万平方米。创研智造、青春之家等众创空间成功孵化项目37个。至年底，全区限上电商贸易企业83家。金融、物流、交通运输等服务业持续发展，新增限上商贸企业60家、规模以上服务业企业47家。

脱贫攻坚。发放扶贫小额信贷1498万元，启动运行区级建档立卡贫困户社会保障兜底体系，486户1680位贫困人口基本脱贫。实施五大类贫困村扶贫行动，4个贫困村全部脱贫出列。

社会事业。新建、改扩建中小学、幼儿园18所，区第一实验幼儿园总园、区第四实验小学附属幼儿园等9个项目投入使用，新增学位超过3000个。实施全面改薄项目27个，兜底改善黄石屏南小学、北高院后小学、北高美兰小学等63个学校办学条件，新增市级示范性幼儿园2所、市级以上“义务教育管理标准化”学校18所。荔城区持续深化与市级医疗集团合作，6家基层医疗机构加入莆田学院附属医院医疗集团。加快医疗资源布局调整，拱辰社区卫生服务中心完成搬迁，区妇幼所投入使用。15个村卫生所完成改造提升，农村基本公共卫生、基本医疗服务更有保障。认真落实全面两孩政策，计划生育服务管理改革创新加快推进。获“省级慢性非传染性疾病综合防控示范区”“省级妇幼健康优质服务示范区”称号。加大文物保护力度，公布两批区级非物质文化遗产名录。改造提升5个敬老院，建设3个农村幸福院。积极发展居家养老、智慧养老，建设社区居家养老服务站15个，引进社区居家养老专业化服务组织1家。（翁建伟）

【城厢区】 2017年，城厢区实现地区生产总值356.36亿元，比上年增长8.4%。三次产业比例由2016年的3.7∶42.9∶53.4调整为2.4∶41.1∶56.5。农林牧渔业总产值完成16.59亿元，比上年下降10%。规模以上工业增加值99.77亿元，比上年增长8.3%。固定资产投资（不含农户）完成250.56亿元，增长18.7%。一般公共预算总收入完成31.74亿元，增长11.9%，其中，地方一般公共预算收入完成21.27亿元，增长8%。社会消费品零售总额完成214.56亿元，增长13%。外贸出口总额完成51.59亿元，增长0.5%。全体居民人均可支配收入完成32453元，增长8%。

第三产业。三产增加值连续6年占GDP比重过半。“三转一市”（即个体工商户转企业、规模以下企业转规模以上企业、有限责任公司转股份有限公司，企业上市）累计实现“个转企”18家、小规模企业承包升为规模企业88家，易汇融（福建）网络服务有限公司在前海股权交易中心挂牌，富力进出口公司列入省重点上市后备企业。全区有电商企业1000多家，其中，龙头电商企业145家，年销售额突破142亿元。跨境电商生态园列入市试点单位，逐步形成以安福电商城为基础，以跨境电商生态园、联发电商城和双洋电商产业园为载体的电商集聚发展商贸圈。莆田莫蕾蔻蕾贸易有限公司、范特华特（福建）贸易有限公司等6家企业获得省著名商标认定，赶淘、鑫富来等17个自主品牌获得市知名商标称号。福建纳云川新能源有限公司和电桩网运营总部项目落地。

2017年7月4日，城厢区举办第二届“传递爱心，扶志助学”公益夏令营活动。图为小学生在演练 （城厢区政府办供稿）

新增百盛跨境、众望众创2家省级众创空间，42家企业入驻华友实业医疗总部楼。

工业。新增8家规模以上企业，总数达167家。华源纺织城一期、赛博思钢结构竣工投产，福建东南艺术纸品股份有限公司、锐马（福建）电气制造有限公司等8家企业列入省重点上市后备企业，福建省亚明食品有限公司、莆田市城厢区诚味食品有限公司、福建东南艺术纸品股份有限公司3家企业通过工信部体系认证。新增莆田市嘉辉光电有限公司、莆田市力奴鞋业有限公司等11家科技型企业，莆田市金日兴生物科技开发有限公司、中科华宇（福建）科技发展有限公司等7家省科技小巨人领军企业，杰讯光电（福建）有限公司、溢通环保科技（莆田）有限公司等2家省级“专精特新”企业，蛤老大（福建）食品有限公司、莆田萨拉曼户外用品有限公司等5家市级知识产权试点企业。

现代农业。实施一批重点设施农业、休闲农业项目。华亭花卉世界二期、利农蔬菜种植示范基地等25个重点农业设施项目加快建设。推广名、特、优、新水果品种，新增晚熟龙眼基地66.7公顷。加快农业与电商产业融合发展，创新农产品直销模式，引导壕鲜生、鲜果达等30家农业电商企业共同打造“莆阳农夫市集”农产品直销特供模式，吸引100多家企业参与。

民生保障。全年区财政用于社会事业、民生保障等方面支出达16.1亿元，占地方公共财政预算支出的65.5%。投入12.6亿元，为民办实事共15件。全区建档立卡贫困户778户2338人，五云、岭下等7个贫困村实现脱贫。鲤鱼山二期、洋西二期等6个安置房实现回迁。建成4个乡镇养老院、24个农村幸福院和18个社区居家养老服务站，常太养老院在全市率先完成公建民营改革。发放低保补助、医疗救助、临时救助等各类社会救助资金2.29万人次、1949.01万元。城镇新增就业人员2603人。太平小学二期、逸夫实验小学、东沙中学等一批改扩建项目竣工投入使用。常太镇马院村被评为第五届全国文明村。建成郑春辉民间非遗综合性展示馆，新建刘志高“留青竹刻”、林庆森“闽台送王船”2个非遗项目传习所，新增9处区级文物保护单位，公布第一批97处区级非物质文化遗产项目保护名录。推进家庭医生签约服务，启动区医院与3个街道社区卫生服务中心组建城区医联体建设试点；完成43个村卫生所一体化建设，并纳入医保定点单位，同步落实药品、耗材零差率销售和一般诊疗费政策；在全省率先实现18个村卫生所与区级医院远程视频诊疗服务，实现老百姓在家门口享受城市医疗服务。

电子商务　2017年，城厢区有限额以上电商企业137家，实现限额以上网上零售额69.6亿元，比上年增长24%。全区形成安福电商城、百盛跨境电商大楼、双洋商务楼等多个电商集聚区。辖区有“沃特”“祥冠”“萨拉曼”3个自主品牌。百盛跨境电商中心以服务跨境电商为主营业务，专注国外第三方电商平台，获得省级众创空间并与莆田学院签署合作协议，是福建省内第一批经教育部批准的跨境电子商务专业院校实践课程培训基地；中心入驻跨境企业28家，批发零售类企业23家，服务配套企业5家；实现销售额18亿元。

远程视频诊疗　2017年，城厢区财政拨付视频诊疗信息化建设专项经费30万元，由莆田移动公司建设视频诊疗信息平台。5月在全省首家实现区级医院与村卫生所远程视频会诊上线。项目主要由一体化村卫生所设立远程视频诊疗室，区医院设立远程视频诊疗中心，村卫生所指定一名业务熟悉的村医作为远程视频诊疗接诊医生。区医院每天安排专科副主任及以上的医师，组成会诊专家团队，采取轮班制形式在线服务。患者通过村卫生所乡村医生提供信息平台，对接区医院专家在线问诊和预约问诊，在线医生利用信息系统查阅患者基本健康档案、上传诊疗记录和影像资料，远程诊断病情，并与乡村医生会诊提出治疗建议，完成远程就诊活动，实现老百姓在家门口享受城市医生服务。是年，远程视频诊疗服务上线的村卫生所18个，接受远程会诊患者1600余人次，患者远程视频就诊意愿呈上升趋势。

（林育帆）

【涵江区】　2017年，涵江区完成生产总值477.22亿元，比上年增长8.1%。

固定资产投资（不含农户）485.73亿元，增长25.3%。一般公共预算总收入36.4亿元，增长10.1%，其中，地方一般公共预算收入22.12亿元，增长9.2%。城镇居民人均可支配收入3.27万元，农村居民人均可支配收入1.6万元。

优化产业结构。三次产业结构调整为2.8∶60.8∶36.4。11个重大工业项目实现投产，305家规模以上工业企业完成增加值296.69亿元。高新技术企业超30家，莆田高新区入选全省十大重点开发区。华佳彩自主研发的5.2寸和5.5寸屏幕新产品实现量产，福联砷化镓民用芯片实现试生产，抢占新型显示和高端芯片技术制高点，打破省内“缺芯少屏”的行业格局。云度新能源汽车通过国家发展改革委核准、工信部审核，纳入“车辆生产企业及产品公告”目录。亚太地区最大的百威英博雪津世界级工厂竣工投产，创建绿色食品品牌。128家外贸企业完成出口额33亿元，54家房地产企业累计销售商品房84.91万平方米。开展全国第三次农业普查，农村土地承包经营权确权面积66033公顷。红色游、生态游、乡村游方兴未艾，累计接待游客358.4万人次，旅游总收入超30.2亿元。

社会事业。在全市率先启动总投资15亿元的教育工程包，推动9所学校校安、改薄工程建设，城乡义务教育基本实现均衡发展。与国药集团签订战略合作协议，实现精神病医院整体托管，涵江医院新院封顶。落实就业政策，新增就业3600人，转移就业2310人，妥善处置欠薪案件27件。扩大社会保障覆盖面，城乡居民基本养老保险参保率、新农合参保率分别达96.8%和100%，政府性投资公租房分配率达99.8%。顶铺社区获第五届全国文明单位称号。

百威英博雪津工厂竣工 2017年12月6日，百威英博雪津工厂在莆田竣工投产，是百威英博在亚太地区产能最大的啤酒工厂，满负荷每年可以生产150万吨啤酒，包括百威、雪津等啤酒品牌。百威英博莆田新厂采用全球领先的生产设备、环保技术，拥有尖端品控管理的国际一流啤酒生产线，并配套超6000平方米的啤酒工业旅游观光项目，集高科技、绿色环保、工业旅游等标签于一身。

云度新能源纯电动汽车SUV下线 2017年1月25日，位于涵江区的云度新能源获得国家发展改革委的核准批复，并在6月15日获得纯电动汽车生产资质。8月29日，云度新能源汽车的首款纯电动SUV—云度π1在厂区总装车间下线。云度新能源还举行首批战略采购客户的签约仪式，签约采购的π1产品总数为22000辆。π1新车将按照电池容量的不同分成“城市版”与“城际版”两款产品。云度新能源是由福汽集团、莆田市国有资产投资公司、公司管理层和海源机械4方共同出资，于2015年底成立。（范 将）

【秀屿区】 2017年，秀屿区实现生产总值422.39亿元，比上年增长8.4%。规模以上工业增加值增长9.1%。固定资产投资（不含农户）770.13亿元，增长9.1%。农林牧渔业总产值104.22亿元，增长4.2%。一般公共预算总收入31.82亿元，增长8.1%，其中，地方一般公共预算收入22.28亿元，增长28.7%。外贸出口总额28.94亿元，增长12.5%。实际利用外资6000万美元，增长7.1%。社会消费品零售总额75.48亿元，增长10%。农村居民人均可支配收入17064元，增长9.4%。

经济发展稳中向好。第三产业增加值连续三年保持两位数高增长。80个省市重点项目完成投资235亿元，比上年增长25.8%，降低企业成本4500万元，帮助1489家小微企业发放贷款1.4亿元。鞍钢冷轧恢复生产、中粮华港完成重组，风力发电容量62万千瓦，占全市的72%，木材进口量、锯材出货量分别比上年增长8.7%、16.6%。新增三产市场主体749户，增长14.4%，新增限上电商企业27家。新招引总部企业210家，永荣CPL、上海电气风机设备、中闽平海湾海上风电等103个项目实现开工，华锦纺织、中海油LNG5#6#罐等45个项目竣工。全年新对接三棵树高新材料综合园、佳通轮辋、特兴科技、丰树物流等签约项目43个，总投资663亿元。

产业结构。三次产业比重优化为13.3∶53.6∶33.1，第三产业比重比上年提高4个百分点。先进制造业加快发展，能源、化工新材料产值分别达125亿元、135亿元，纺织新面料产值增幅达46.5%。完成技改投资62亿元，佳通轮胎通过“机器换工”智能化改造，成型机日产轮胎由600条提高至1200条。引进高层次创新人才2名、壶兰英才9名，秀屿区临港产业人才聚集基地成为莆田市首个省级产业人才聚集基地。新增限额以上商贸企业60家、规模以上服务业企业45家。全区电商企业交易额突破50亿元，比上年增长

秀屿区平海嵌头村沙滩，摄于2017年 （秀屿区政府办供稿）

30%。全省首家第三方药械仓储物流项目栢合冷链投入运营，带动入驻药械企业80家。华信能源入股中原港务，发展石化、石油储备交易，年贸易额超60亿元。设立农村淘宝村级服务站60个，开业首日交易额居全国第六、全省第一。莆田盐场被评为省级旅游观光工厂，天云洞、后海休闲渔村被评为AAA级旅游景区。“南日紫菜”“南日海带”等被认定为国家地理标志保护产品，在全省首创“购大苗、养中鲍”生产模式。新建种植基地333.5公顷，新增楼房养殖3万多平方米。

社会事业。公共财政支出80%以上用于民生保障，达20.4亿元。落实挂钩帮扶事项32件、各类帮扶资金2200多万元，引导20个贫困村参资入股风电项目开发，建档立卡贫困户全部脱贫。实施城区校扩容、农村薄弱校改造，改扩建校舍面积7.8万平方米，新增学位2630个。落实住宅小区配套幼儿园建设，改造教师周转房104套。成立区妇幼保健所，建成区医院中医康复项目，新建15个一体化村卫生所。依托普天药械网在全市率先推行公立医院药品器械网上采购，降低成本近20%。推进分级诊疗建设，区医院、盛兴医院分别与省三甲医院组成专科联盟。完成26个农村幸福院、7个日间照料中心和4个社区居家养老服务站建设。开展电商孵化等各类培训1332人次，新增就业岗位1516个，转移农村剩余劳动力3905人。实现省级双拥模范城“二连冠”。

（林　伟）

【湄洲湾北岸经济开发区】 2017年，湄洲湾北岸经济开发区实现生产总值73.49亿元，比上年增长9.3%。规模以上工业增加值15.73亿元，增长21.2%。三产比例为14.2∶58.2∶27.6。固定资产投资（不含农户）283.27亿元，下降9.2%。社会消费品零售总额12.45亿元，增长21.3%。一般公共预算总收入8.01亿元，增长12.8%。实际利用外资（验资口径）4400万美元，增长10%。农林牧渔业总产值18.23亿元，

湄洲湾国投煤炭码头，摄于2017年　　（湄洲湾北岸经济区供稿）

项目建设。全年安排重点项目138个，累计完成投资283.27亿元。5个项目列入市30项重点攻坚项目，完成投资9.86亿元。一批龙头产业项目取得重大突破，湄洲湾火电厂二期正式投入运营，国投湄洲湾煤炭码头及二期下水码头工程投产运营，闽润粮食物流基地码头工程顺利开工建设，哈纳斯LNG接收站项目完成核准前所有前期准备工作。妈祖国际健康城正式上马，并启动申请“两岸医疗合作先行区”工作。妈祖国际医疗健康小镇列入全省第二批特色小镇创建名单，一批高端专科医院、中关村医学工程转化中心、东南医学院等项目落地健康城。

基础设施。东吴作业区获国务院批准正式开放，投资3亿元的东吴口岸联检中心正式动工建设。罗屿作业区9#、10#泊位完成重载调试，八方港口4～6#泊位复工建设。可堆存40万吨煤炭的全省首个港口大宗散货露天保税堆场正式启用，实现东吴港口中转枢纽功能由国内向国际拓展。集疏运体系更加完善，东吴西大道一期工程交工验收，东吴中大道二期绿化工程完成初步验收，国投、罗屿铁路支线以及荔港大道东吴段二期、金湖大道、海滨大道、纵一线G228项目（平海至山亭段）等项目加快推进。城乡污水整治工程加快推进，污水管网1号、5号泵站加快建设，建成污水配套管网88.6千米，新建、改造标准化三格式化粪池1945户。

社会事业。全区68户240人全部实现脱贫，落实造福工程扶贫搬迁39户167人。实施区级9大类30小项为民办实事项目，累计投入1.32亿元。区第二实验小学和北江新城幼儿园2017年秋季开学。完成忠门镇中心卫生院数字化预防接种门诊建设。投入55万元提升改造11个基层综合文化服务中心。投资426万元建设全民健身体育设施，开展10场全民健身活动。组织参加2017年“舞动乡村”全国农民健身操（舞）大赛并获全国一等奖。4个村纳入首批居家养老专业化组织落地试点村。农村低保标准从215元提升到231元，发放低保、五保金355.21万元。城乡居民基本养老保险参保率97.32%。

妈祖国际健康城　2017年，妈祖国际健康城总规划面积168平方千米，其中核心区13平方千米，计划总投资约500亿元。以妈祖国际健康城为龙头，建立“两岸医疗合作先行区”，加快形成“一心（妈祖国际健康城）、两岛（忠门半岛、湄洲岛）、四区（国际高端医疗区、现代生态康养区、妈祖文化医旅区、智能药械制造区）”构架，建成国际一流专科医院集群，整合国内外优势医疗资源。建成JCI标准全面认证的医疗高地，弥补国内高端医疗产业空白。建成中国东南健康产业第一镇——莆田妈祖国际医疗健康小镇，改变国内日益增长的大健康消费需求对外依附度。建成中国规模最大的两岸医疗合作先行区，承接台湾健康产业转移。

（许伟斌）

南平市

【基本情况】 南平市位于福建北部、闽江源头，俗称“闽北”，是福建北上西进的战略通道。下辖2区3市5县，户籍人口319万人，面积2.63万平方千米，是福建面积最大的设区市。有4000多年的历史，福建的“建”字就出自南平建瓯，10个县（市、区）建县都在千年以上，是闽越文化、朱子文化、武夷茶文化的发源地，被誉为“闽邦邹鲁”和“道南理窟”。历史上人才辈出，出过19位宰相和2000多位进士，特别是著名理学家朱熹在南平“琴书五十载”，后人有“东周出孔丘，南宋有朱熹。中国古文化，泰山与武夷”之说。境内资源丰富，被誉为“福建粮仓”“南方林海”“中国竹乡”，有林地216.71万公顷，竹林40.63万公顷；境内有1江3溪176条支流，水域面积11.01万公顷，水资源总量325.25亿立方米，水能资源理论蕴藏量387.4万千瓦，居全省首位；已知矿产76种，已探明储量46种，其中钽铌矿、萤石矿蕴藏量居全国前列。是国家级生态示范区，森林覆盖率77.3%，森林蓄积量1.65亿立方米，空气中负氧离子含量最高达每立方厘米48.8万个，地表水质功能达标率和城市饮用水源达标率均达100%，是地球同纬度生态环境最好的地区之一。旅游资源密集，拥有12个国家AAAA级以上景区，境内的武夷山是全国4个“双世遗”地之一。

【经济社会概况】 2017年，南平市实现生产总值1620.54亿元，比上年增长7.6%。固定资产投资1990.15亿元，增长17.5%。一般公共预算总收入129.84亿元，增长10.35%，其中，地方一般公共预算收入87.08亿元，增长9.49%。外贸出口95亿元，增长20%。实际利用外资2.34亿美元，增长44.3%。社会消费品零售总额615.26亿元，增长10.5%。城镇居民、农村居民人均可支配收入分别为30070元、14558元，分别增长8.1%、9.2%。旅游接待总人数4130万人次，增长20%；旅游总收入602亿元，增长30%。

重点项目。实施重大项目、重点工作“百日攻坚战”，谋划、招商、开工、竣工的项目总数超过1000个，完成征地0.4万公顷、拆迁102.19万平方米，解决项目推进过程中一批长期没有解决的困难和问题。巩固攻坚成果，每月集中签约和开工、竣工一批项目，全市172个在建行动计划重大项目完成投资369.1亿元，382个重点项目完成投资600.9亿元，32个工程包完成投资165亿元。新增列入省级“五个一批”项目3267个，总投资9206亿元，前三季度建阳、建瓯、顺昌、光泽、政和等5个县（市、区）的固定资产投资增幅先后位居全省前十名，南平市在全省“五个一批”项目正向激励综合考评中位居第二名。一大批重大项目提速提效，南平联络线高速公路、太阳电缆建筑用线智能化改造、南纺高新材料产业园、圣农食品深加工等项目建成投产运营，顺邵高速公路、南三龙铁路南平段、衢宁铁路南平段等项目加快推进，武夷山茶旅小镇、延平新城港区、闽江航道整治工程等项目开工建设。举办绿色发展创新大会以及绿色农业、生物和旅游等产业项目与资本技术对接会、第十一届海峡两岸茶业博览会和首届武夷食品博览会、南平市首届旅游产业发展大会暨旅游产品交易会。推行招商专员制度，采取“一把手”招商、产业链招商、第三方招商和以商引商等方式，引进370个总投资超亿元项目。

特色产业。新增省级“小巨人”企业23家、知识产权优势企业5家，实施126个工业投资技改项目、35个智能制造和85个两化融合项目，开展“百名局长帮扶百家企业”活动，精准服务实体经济，新增产值超亿元企业75家。实施品牌和质量标准战略，获中国驰名商标2件，绿康生化在中小板上市。有效调动金融资源支持企业发展，推广无间贷、流水贷、税贷通等创新信贷产品和服务模式，解决企业融资难题。南平高新技术产业园区获省政府审批，市本级三大产业组团、各县（市、区）产业园区基础设施和公共服务设施不断完善，园区产业发展承载能力进一步提升。发展旅游产业，与兄弟地区组建大武夷旅游联盟，建成邵武花千谷庄园、武夷山马场洲湿地公园、顺昌洋口红色旅游小镇等一批旅游精品，新增2家AAAA级、15家AAA级旅游景区，新建和改建旅游厕所120座，开展5场旅游专项推介，大武夷旅游品牌进一步打响。发展健康养生产业，武夷山荣昌汇、国际健康小镇等一批养生项目加快推进。发展文化创意产业，建瓯武夷根艺城获批省重点文化产业园区，印象大红袍在“新三板”挂牌。推进商贸物流产业，武夷新区城市商贸综合体、光泽冷链物流园等一批商贸物流项目有序推进。加快电子商务产业发展，建瓯电商园、南纸电商园等一批电商园区相继建成投入使用。

城市建设。加快武夷新区开发建设和武夷新区、建阳区同城化发展，加快建设轨道交通1号线、303快速通道、绕城高速、水资源配置工程、文化中心、艺术中心、云谷小区一期、武夷文旅广场和市民广场等一批项目。加快建设“十纵十横”交通路网、体育中心等项目，策划梳理出市政道路和景观风貌等方面97个、总投资200亿元的互联互通共享项目，促进武夷新区与建阳区同城融合发展。推进延平城区建设，完成“三横四纵五片”42条道路“白改黑”31.2千米，以及南平城区至西芹道路改造；完成主要街区建筑立面改造96幢；更换新建公交站点50座，改造28座；改造提升城市公厕69座，新建2座；改造整治昼锦市场等老旧市场4个；改造社区公园19个，新建2个，建成高铁北站站前广场公园；完成文体路、九峰路天桥建设。实施滨江路地下通道、九峰和杨真隧道、“三江六岸”景观工程、城市重要节点绿化景观提升以及一批停车场、农超市场项目。开工建设中学岭道路改造工程、316 国道快速通道、马头山—九峰山公园等项目。整治胜利街、鼓楼街等地占道经营、车辆秩序混乱等不文明现象。

农业农村。申报“三品一标”农产品 39 个，注册地理标志商标 10 件。加快实施“天空地”农业大数据项目，建成农产品质量安全检验检测中心。建设改造高标准农田 2.39 万公顷，建成省级以上农业标准化示范区 6 个，制订产业标准体系 5 个。新增省级农民专业合作社 32 个、省级以上农业产业化龙头企业 94 家。获得第十四届中国茶业经济年会承办权，获批国家农业可持续发展试验示范区和武夷山国家级田园综合体试点。加快建设 3 个国家级特色小镇，实施美丽乡村建设项目 905 个，完成千村整治村庄 133 个、百村示范村庄 11 个。邵武和平、政和石圳获“中国人居环境范例奖”。

精准脱贫。强化脱贫责任，深化挂钩帮扶机制，逐户落实精准脱贫措施。加大产业扶贫、就业扶贫力度，“百企帮百村”活动扎实开展，“雨露计划”“春潮行动”培训贫困人口 1.6 万人次。建立精准医疗扶贫慈善救助、精准扶贫医疗叠加保险等制度，8.97 万农村贫困人口得到医疗补助。加强兜底保障，农村低保标准由家庭年人均收入 2650 元提高到 3750 元。加快造福工程易地扶贫搬迁进程，建设集中安置区 41 个，完成建房人数 1.34 万人。完成贫困村的旧村复垦项目 36.55 公顷，加快贫困村水利设施、路网工程建设，贫困村生产生活条件明显改善。全年脱贫 3.77 万人，光泽县以及全市 178 个贫困村实现脱贫摘帽。

生态环境。推进国家生态文明试验区建设各项试点任务，武夷山国家公园体制工作取得新进展，乡镇党政领导干部自然资源资产离任审计工作在全省推广。加快建设总投资 215.3 亿元的国家储备林质量精准提升工程，成功申报国家山水林田湖草生态保护修复试点，超额完成年度能源消耗总量和强度“双控”任务，通过财政部节能减排综合示范三年总评。实施水污染防治行动计划，落实“河长制”，全市设区域河长 150 名、流域河长 525 名；开展畜禽养殖污染专项整治行动，全市拆除生猪养殖场 7180 家，削减生猪 293.86 万头；着手采取 PPP 工程包的模式启动推进城乡污水、垃圾治理，主要水系水质状况为优；严厉打击河道非法采沙，取缔非法采沙点 185 个；开展排污权有偿使用和交易工作，实现排污权交易出让 8405 万元。实施大气污染防治行动计划，提前超额完成黄标车淘汰任务，淘汰燃煤锅炉 426 台，荣华山产业组团合成革企业“煤改气”和 DMF 回收取得阶段性成效，顺昌、邵武、建阳、政和以及洋口国有林场纳入全省林业碳汇交易试点。积极实施土壤污染防治行动计划，治理水土流失 2.64 万公顷，推进建阳和邵武土壤污染治理与修复试点示范工程。严厉打击非法违法采矿，关闭取缔非法采矿点 3 个，完成矿山治理面积 41.48 公顷。实施高铁、高速公路及江河沿线的环境整治和景观提升工程，生态环境明显改善。

深化改革。推进城市执法体制、旅游管理体制、安全生产领域以及供销社改革，启动环保机构监测执法垂直管理制度改革。深化“放管服”改革，前置审批事项精简 18%，中介服务事项精简 42%；实施“双随机一公开”监管，实现权责清单市、县、乡三级政府全覆盖；在全省率先开展“一窗受理、集成服务”工作，建设“五级一体”放管服“云平台”，93.46% 的审批服务事项实现“最多跑一趟”和“一趟不用跑”。着手设立产业发展基金、股权投资基金、PPP 引导基金，从资金上支持不同发展阶段的企业。分类推进市属国有企业改革，注入有效资产提高国有企业信用等级，实施经营性项目、非经营性项目分类考核，促进国有企业做强做优做大。制定人才工作 10 条措施和 6 份配套政策文件，出台激发本土人才干事创业活力 20 条措施，开展“人才·南平校园行”专场招聘等活动，破解人才紧缺瓶颈。稳妥实施农村土地“三权分置”，加快推进土地确权颁证，1645 个村完成权属调查。

社会民生。基本完成 24 个为民办实事项目。优先发展教育，实施五大提升工程。入选省中小学学科教学带头人培养计划 56 人、省名师名校长培养计划 13 人，建立健全学生综合素质评价体系，加强学生科学文化素质培养，成立市教育科学研究院，加快建设三级教研网络；新建公办幼儿园 13 所，创建省级义务教育管理标准化学校 59 所；遴选 3 所高中校申报 2017 年度省级普通高中课程改革基地建设学校，中职学校 100%完成标准化创建。加强医疗卫生工作，推进医药卫生体制改革，建立医疗联合体 15 个，新审批社会资本医疗机构 15 个；成立市医保局，完成“三保合一”工作，公立医院医疗费用平均增幅控制在 10%以内，家庭医生签约服务覆盖率超过 30%。加强乡村卫生服务，完成设置一体化管理村卫生所 1464 所。实施卫技人才储备，招录医学院校定向委培生 225 名。完善社会保障服务，实施全民参保计划，全市城镇职工基本养老、失业、工伤和职工居民医疗保险参保分别为 65.1 万人、37.15 万人、53.5 万人、294.13 万人。新增城镇就业 2.06 万人，城镇登记失业率在 2.99%以内，劳动保障监察“两网化”管理实现全覆盖。基本建成各类保障性住房 4261 套，配租配售 1983 套。连续七届被评为省级双拥模范城。

【全国首创建设“水美城市”】 2017 年，南平市在全国率先提出“水美城市”建设理念，按照“城市提升、产业发展、生态保护、水利防洪相融合”的原则，以水为脉、以水为带，将水面景观与岸上景观相结合、白天景观与夜间景观相结合、历史文化景观与现代文明景观相结合，注重“留白、留绿、留旧、留文、留魂”；通过引进社会资本和联合体融资建设及运营，统筹做好城市基础市政设施、公共服务设施建设、景观风貌提升、人文历史塑造和业态培育等工作，从而带动“山、水、城、业、人”融合发展。水利部水规总院以南平“水美城市”实践为蓝本，编制全国《“水美城市”建设规划导则》。

【学习廖俊波先进事迹】 2017年3月18日傍晚，时任中共南平市委常委、常务副市长廖俊波出差途中遭遇车祸，经抢救无效因公殉职，年仅49岁。4月，习近平总书记对廖俊波先进事迹作出重要指示：“廖俊波同志任职期间，牢记党的嘱托，尽心尽责，带领当地干部群众扑下身子、苦干实干，以实际行动体现了对党忠诚、心系群众、忘我工作、无私奉献的优秀品质，无愧于‘全国优秀县委书记’的称号。广大党员、干部要向廖俊波同志学习，不忘初心、扎实工作、廉洁奉公，身体力行把党的方针政策落实到基层和群众中去，真心实意为人民造福。”廖俊波先后被中共中央追授“全国优秀共产党员”、被中宣部追授“时代楷模”，并获第六届全国道德模范（敬业奉献类）称号。

（林　立　罗旭东）

【延平区】 2017年，延平区完成生产总值339.47亿元，比上年增长5.8%，三次产业比重为10.2∶48.1∶41.7。一般公共预算总收入11.2亿元，比上年增长13%，其中，地方一般公共预算收入7.2亿元，增长8%。城镇居民人均可支配收入31071元，比上年增长7.2%；农村居民人均可支配收入16102元，增长8.6%。

产业发展。太阳电缆、海川药业等技改项目建成投产，2家企业列入省科技小巨人领军企业培育库，规模以上工业总产值348亿元，比上年增长4.5%。新增农业产业化市级龙头企业9家、农民专业合作社87家、家庭农场41家，新申报“三品一标”农产品14个。举办中国（南平）游乐产业发展论坛系列活动，创建国家AAA级旅游景区2个、省级乡村旅游特色村4个。新申报限上商贸企业16家。

投资拉动。谋划亿元以上项目134个，总投资780亿元。签约亿元项目53个，其中智慧城市、天空地农业大数据等一批大项目落地。新增“五个一批”入库项目346个，总投资1455亿元；73个重点项目完成投资80亿元，占年计划127%。南平联络线高速公路、樟湖库区大桥接线路、南山岭兜至巨口公路建成通车。完成重点项目征地800公顷、拆迁29.3万平方米。

延平区360安全城市一角，摄于2017年　　（延平区政府办供稿）

水美城市。完成60幢楼房立面改造、21条城区道路白改黑、12个示范社区建设和11个农贸市场、3个公园、58个城区公厕、79个公交站点提升改造工程；启动实施九峰山—马头山片区开发和杨真隧道、九峰隧道、城区停车场、棚户区改造、“两桥一通道”等城市补短板项目建设。开展中心城市环境综合整治，拆除“两违”建筑面积44.8万平方米。

美丽乡村。王台百合小镇入选全省第二批特色小镇创建名单，茫荡镇入选全省农村产业融合发展试点示范乡镇。炉下镇斜溪村被评为第五届全国文明村镇，6个村入选第二批省级传统村落。优化农村公路建设项目5项，整治道路交通安全隐患44.5处；完成危桥改造2座，8座水库除险加固通过竣工验收。

民生保障。实施“雨露计划”培训1868人，落实造福工程易地扶贫搬迁1707人，完成危房改造145户，29个贫困村实现摘帽，年度脱贫4790人，2017年建档立卡贫困户全面脱贫。新增城镇就业2359人，城镇失业人员再就业1662人，城镇登记失业率3.25%。10个在建教育工程加快实施。3个乡镇卫生院扩建项目投入使用。人口自然增长率4.68‰。完成3个农村幸福院和7个社区居家养老服务站提升项目建设。

畜禽养殖污染整治攻坚战　2017年，延平区坚持市区联动，多措并举，举全区之力打好畜禽养殖污染整治攻坚战。全区拆除养殖场5722家，面积381.3万平方米，削减生猪310.4万头，帮助5224户畜禽养殖退养户转产转业。辖区劣Ⅴ类水质全部消除，水环境质量明显改善。

360延平安全城市　2017年，延平区与360公司合作项目，计划投资3.93亿元，重点打造“一届峰会（即首届中国青少年网络安全峰会）”“一个基地（即国家级青少年网络安全示范基地）”“一座城市（即全国首个信息化安全城市）”三大板块。至年底，完成国家青少年网络安全科普教育基地、培训中心建设。

（李月光）

【建阳区】 2017年，建阳区实现生产总值186.92亿元，比上年增长7.6%。一般公共预算总收入16.12亿元，增长10.8%，其中，地方一般公共预算收入11.71亿元，增长6%。规模以上工业增加值77.5亿元，增长6.8%。固定资产投资344.17亿元，增长24.8%。外贸出口1.5亿美元，增长17%。社会消费品零售总额60.16亿元，增长

12.4%。城镇居民人均可支配收入30587元，增长9%；农村居民人均可支配收入14645元，增长9.6%。生态环境质量保持全省前列。

项目建设。百个重点项目完成投资57.8亿元，27个省、市重点项目完成投资36.6亿元，27个列入省行动计划重大项目完成投资21.4亿元。投资1亿元以上行动计划项目27个，总投资152.6亿元。新引进2000万元以上招商引资开工项目65个，总投资83.1亿元；亿元以上招商引资合同项目40个。

产业发展。完成徐市片区场平工程40公顷、回瑶片区场平工程42.33公顷，洽谈企业20家，签约企业9家。武夷味精谷氨酸绿色制造集成技术项目获得中央财政工业转型升级资金补助1200万元。新增科技"小巨人"企业3家，新增高新技术企业1家，新认定市级企业技术中心1家。卧龙湾武夷花花世界成功创AAAA级景区，黄坑镇获评第一批省级养生旅游休闲基地和省级生态旅游示范区。全年接待游客395.1万人，实现旅游收入52.2亿元。聚融电子商务产业园获"省第二批现代服务业集聚示范区"称号，永康五金商贸城、万商红商贸城、建盏文化旅游街区建成投运。新增限（规）上企业17家，实现服务业增加值55亿元。

农业。发放各类惠农补贴3.5亿元。参与全省再生稻高产高效关键技术创新与推广项目建设，建成连片33.33公顷以上粮食产能区32片。获"福建省食用菌产业发展示范县"称号，"小湖水仙"获国家地理标志商标。全面完成194个应确权村3.39万公顷耕地确权，加快土地流转，实现农村承包耕地流转1.9万户0.89万公顷。发展农民专业合作社52家，打造曾雄香家庭农场、俱丰葡萄专业合作社、科力种业等10个农业科特派示范点。发放扶贫小额信贷3802.8万元，实施"春潮行动"及"雨露计划"培训3294人。完成造福工程易地扶贫搬迁207户892人，危房改造622户。实现25个贫困村退出，1455户3320人脱贫。

城乡建设。水美城市建设初具成效，完成投资4.1亿元。环湖栈道一期、栈道入口广场基本建成，实施回瑶污水处理厂等94项城乡基础设施补短板项目，总投资251.2亿元。完成东入城口二期、水西桥拓宽改造、五福桥等项目，新增城市公共绿地11万平方米，停车位365个。建成将口西岸、莒口东山等15个美丽乡村示范村，溪源村被评为"第一批省级农村社区示范单位"。

社会事业。26项为民办实事项目全面落实，134个民生事业补短板项目有序推进。加快公租房建设，建成惠民花苑四期680套，完成棚户区改造520套。开展职业技能培训2569人次，新增就业2216人，城镇登记失业率在2.9%以内。建成社会福利中心，以政府购买服务方式引进金太阳居家养老专业服务机构。建成外国语学校、实验小学、实验幼儿园、机关幼儿园新校区，新建校舍3.4万平方米，新增学位3000个。完成第一医院医技楼主体工程及民营福建厚生眼科医院建设。获评"千年古县"，获"中国建窑建盏之都"称号。

建窑建盏文化传承　2017年9月29日至10月2日，第九届海峡论坛·首届建窑建盏（建阳）文化博览会在建阳区举办。中国陶瓷工业协会授予建阳"中国建窑建盏之都"称号。该届文博会通过博览交易、开展建盏文化和产业发展研讨会，推出建盏文化艺术采风、建盏工艺精品奖评选、"中国建窑建盏之都"授牌仪式、龙窑开窑仪式直播等系列活动。（范振福）

建阳潭山公园市民在休闲锻炼，摄于2017年　（建阳区政府办供稿）

【邵武市】　2017年，邵武市实现生产总值230.44亿元，比上年增长8%。农林牧渔业增加值25.32亿元。规模以上工业增加值111.8亿元。一般公共预算总收入15.84亿元，其中，地方一般公共预算收入11.55亿元。固定资产投资386.82亿元。社会消费品零售总额120.18亿元。外贸出口3.02亿美元。实际利用外资1900万美元。城镇居民人均可支配收入31691元，增长8.7%；农村居民人均可支配收入16788元，增长9.8%。

工业。实施工业重点投资（技改）项目32个、总投资56.7亿元，永太科技锂电池新材料、远翔高性能纳米硅、现代家用乳胶枕头等项目建成投产。润华化工、桥兴机械制造被评为省级科技型企业，永晶科技、绿农食用菌列入省级科技小巨人领军企业培育发展库。帮助企业争取省政府贴息技改贷款2.35亿元。金融机构为企业发放贷款12.46亿元，处置化解不良贷款3.9亿元。经济开发区和金塘工业园区完成征地287.61公顷，平整土地92.93公顷。

农业。落实粮食播种面积3.89万公顷、产量20.6万吨，种植烤烟0.36万公顷、产量14.85万担，种植食用菌0.09万公顷、产量3.15万吨，养殖鳗鱼86.67公顷、1200万尾，种植优质水果0.32万公顷，建设标准化生态茶园0.3万公顷。城郊农业光伏项目并网发电，顺鑫鑫源公司引进澳洲安格斯种牛1.1万头。发展中药材0.23万公顷、特色苗木0.08万公顷、林下经济280公顷。新增农业龙头企业8家、农民专业合作社74家、家庭农场26个。新建高标准农田0.29万公顷。新增国家地理标志商标1个（邵武和平豆腐），新增各类现代农业品牌11个、无公害农产品认证3个、绿色食品认证1个。

第三产业。武夷温泉度假村重组开业。水北大乾村、大竹洋坑村、和平坎头村被评为省级乡村旅游特色村，大埠岗竹源村被评为全省二十佳旅游特色村，全年旅游接待人次、旅游收入分别比上年增长18.2%、20.2%。全市物流企业194家，年运输总吨位520万吨，到发集装箱6000余个。邵武海关监管堆场（闽北首个）正式启用。新增注册电商企业37家，“橙客优购”电商平台入驻企业和农民合作社47家，全市电商交易额9.3亿元，被评为首批“百县百品”中国农产品百强县，省级电子商务进农村综合示范项目考评获第4名，和平镇和平村被评为“福建省农村电子商务示范村”。

项目建设。全年策划储备项目263个，总投资1900亿元。引进各类项目151个，总投资323.42亿元，其中，亿元以上项目87个，5亿元以上项目13个，7家上市企业项目落户邵武。实施省、南平市、邵武市三级重点项目184个，总投资561亿元。专门预算安排1000万元项目前期经费，完成征地538.8公顷、拆迁18.07万平方米，争取上级各类项目补助资金13.08亿元、地方政府债券资金4.03亿元。

城乡建设。梳理策划城建补短板项目81个、总投资190.66亿元。全年实施水美城市（一期）和城乡补短板项目35个，总投资50.7亿元。新建（改造）城区公厕20座、停车位1500个。创建宜居小区8个。优化延伸公交线路6条，增设公交站点20个，新投入运营新型电动公交车30辆。和平特色小镇建设项目获评中国人居环境范例奖。城市新饮用水源大乾水库供水工程建成投入使用。

民生事业。全年民生支出22.7亿元，占财政总支出的82.56%。推进21个重点贫困村脱帽工程，实施贫困村脱贫项目58个。全年完成建档立卡贫困户造福工程易地扶贫搬迁74户226人，实现脱贫617户1695人，完成农村危房改造313户。设立300万元教育质量奖金。连续8届被评为省级双拥模范城。新建保障性安居工程514套。新增城镇就业2573人，城镇登记失业率2.97%。刑事案件比上年下降10.1%，信访总量下降8.6%。

和平特色小镇建设项目获评中国人居环境范例奖 2017年10月，邵武和平特色小镇建设项目获评中国人居环境范例奖。近年来，素有“田园古堡”之美誉的和平镇按照科学规划、适度超前、镇村统筹、分步实施的思路，谋划小城镇及旅游保护与开发建设项目200多个，再现原汁原味的古镇风貌。

邵武海关监管堆场挂牌运营 2017年7月5日，邵武综合性货运海关监管堆场挂牌运营，邵武及周边县市的外贸出口企业实现“家门口”报关出关。邵武海关监管堆场总面积1.16公顷，建有监管堆场12000平方米、监管仓库1500平方米以及海关智能卡口设施，具有集装箱堆存、装拆箱、报关报检、海关查验等功能，为闽北首个海关监管堆场。

（潘淑云）

【武夷山市】 2017年，武夷山市实现生产总值167.37亿元，比上年增长5.8%。一般公共预算总收入10.93亿元，增长11.2%，其中，地方一般公共预算收入8.02亿元，增长10.3%。固定资产投资267.79亿元，增长3.2%。全社会消费品零售总额51.83亿元，增长10%。旅游接待总人数1283.11万人次，增长17.3%；旅游总收入240.66亿元，增长24.9%。规模以上工业产值138.27亿元，增长8.1%。农林牧渔业总产值39.48亿元，增长1.9%。城镇居民人均可支配收入31043元，增长7.2%；农村居民人均可支配收入15848元，增长8.4%。

产业经济。被授予国家级生态旅游示范区，列入省级现代服务业集聚示范区、低碳旅游示范区试点。组建旅游发展委员会、全省首支县级旅游警察大队。大安源生态旅游区入选省级生态旅游示范区，香江茗苑通过“国家养生旅游休闲示范基地”验收，中国健身气功协会武夷山国际养生基地正式落户，印象大红袍公司挂牌新三板，“武夷山大红袍”2015—2017年连续三年获区域品牌价值十强，武夷岩茶获“中国十大茶叶区域公用品牌”称号；完成武夷山肉桂、武夷山岩茶地理标志商标注册；在德国设立首个海外“武夷茶馆”；新增农民专业合作社72家，创建省级农民合作社示范社5家、省级家庭农场示范场3家。五夫镇成为全省首个田园综合体建设国家级示范点、福建省乡村旅游创客基地、福建省十佳旅游休闲集镇，星村镇成为省级农村产业融合示范镇。

项目建设。实施大项目驱动战略，悦华酒店、嘉元干禧酒店等项目竣工，茶旅小镇、香江茶工场、海丝基金小镇等项目开工建设。全市“五个一批”项目425个，总投资1565.4亿元，其中，本年新增项目326个，总投资1045.94亿元。实施重点项目85个，完成投资97.8亿元。保障建设用地34宗，完成征地986.67公顷，拆迁6.42万平方米。

城乡建设。改造武夷山机场国际候机楼。首批城市危房改造安置项目完工。完成百花路（学院路口至战备路段）、战备路（百花路至武夷大道段）、旗山路、五坑公路、高星生态公路改造。新建停车位535个。保持拆违控违高压态势，拆除违建677处，面积35.34万平方米。12个村列入全省“千村整治、百村示范”美丽乡村建设工程，成功申报国家级传统村落2个、省级传统村落3个。

精准扶贫。全年市本级安排扶贫资金3016万元，实现666户1590人脱贫，7个贫困村摘帽，完成易地扶贫搬迁96

2017年12月29—30日，南平市首届旅游产业发展大会暨旅游产品交易会在武夷山市召开 （武夷山市政府办供稿）

户329人，完成危房改造259户。落实帮扶责任人1341人，实现贫困户结对帮扶全覆盖。全市在读普通高中及初中三年级建档立卡贫困户子女全部列入帮扶对象。实施产业扶贫，通过“公司＋贫困户”“合作社＋贫困户”模式发展特色种养殖业，带动贫困户432户，帮扶贫困人口1728人。“雨露计划”“春潮行动”培训人员3317人次，其中贫困户507人，提供公益性岗位97个。加大小额信贷扶贫力度，发放扶贫小额担保贷款3974.2万元，贫困户覆盖面93%。

民生事业。完成全面深化改革9个专题13项任务。实施旅游职业中专新校区、一中二中教学楼、就业和社会保障服务中心等民生补短板项目。完成社会福利中心二期主体工程，建成农村幸福院2所、城市社区居家养老综合服务中心1所、社区老年人照料中心1所，建设社区综合服务站、社区养老服务站。

生态建设。2017年，武夷山市通过中央、省环保督查。完成国家生态文明试验区重点改革任务16项，重点生态功能区产业准入负面清单已上报国家发展改革委。开展生态系统价值核算试点工作。完成国有林场改革；拨付生态公益林补偿资金2191.26万元，收储商品林1020公顷，完成造林绿化面积1000公顷，获评“全国森林旅游示范县”。拨付重点流域生态省级补偿资金2950万元，综合治理水土流失2550公顷、河道10千米。整治违规开垦茶山308.4公顷，打击森林违法犯罪288起；完成矿山生态环境恢复治理面积2万平方米；全面完成畜禽养殖污染整治任务，拆除面积11.78万平方米，削减生猪2.7万头；淘汰黄标车193辆。新增城区绿化面积36.5公顷，新增乡镇、村污水治理设施95套，配套污水管网97千米，新增污水处理能力4293吨/日，实现乡镇建成区污水收集治理全覆盖。（曾　伟）

【建瓯市】 2017年，建瓯市完成生产总值237.2亿元，比上年增长8.7%。农林牧渔业总产值75.48亿元，增长4.8%。一般公共预算总收入11.81亿元，增长14.8%，其中，地方一般公共预算收入8.3亿元，增长8%。固定资产投资313.95亿元，增长19.7%。社会消费品零售总额86.07亿元，增长13.1%。外贸出口2.1亿美元，增长18%。实际利用外资538万美元，增长34.5%。城镇居民人均可支配收入29998元，增长7.8%；农村居民人均可支配收入15951元，增长9.3%。

重点项目。全年新增“五个一批”项目362个，总投资1023.4亿元。实施行动计划重大项目37个，总投资180.2亿元；投资工程包项目81个，总投资49.04亿元。省、南平市重点项目37个，完成投资44.2亿元。市妇幼保健院整体搬迁、市立医院内儿科病房大楼等15个项目开工建设，全众文化体育场馆、采育场林业棚户区危旧房改造等8个项目竣工。完成征地514.35公顷，拆迁21.21万平方米。争取中央、省级补助资金19.4亿元以及预算内投资补助资金1.91亿元，争取新增地方政府债券资金3.99亿元，争取政策性银行贷款30.7亿元。

精准扶贫。全年投入扶贫资金5258万元。3119名公职人员与贫困户结对帮扶。安排产业扶贫项目28个，总投资2.97亿元。设置公益性就业岗位214个。36个贫困村建成光伏发电站。完成造福工程170户735人。完成农村危房改造257户。发放小额扶贫信贷资金7516.5万元。全市18个贫困村脱贫摘帽，5468人脱贫。

农业。全年播种粮食面积40220公顷。新增南平市级龙头企业18家。被农业部等9部委评为首批建瓯笋竹中国特色农产品优势区。特色小镇加快建设，徐墩镇引进12家根艺企业，武夷根艺城获“福建省文化产业重点园区”称号；小松镇入选首批国家级运动休闲特色小镇。完成15个村庄整治，迪口可建村、房道吴大元村被评为南平市“四星级”美丽乡村，南雅房村、顺阳江墩村被评为南平市“三星级”美丽乡村。启动10个乡镇污水处理厂建设，建成2个乡镇污水处理厂和7个乡镇垃圾转运系统，实现乡镇垃圾转运系统全覆盖。新建乡村污水处理设施30个，新建改造10738户村庄三格化粪池。

工业。启动省级高新技术产业园区创建。完成万新能源、昌隆公司等7家企业重组。源光电装新增生产线投产，芝星活性炭年产1万吨磷酸法生产活性炭项目竣工。设立10亿元闽招绿色发展产业股权投资基金（首批5亿元）、2.5亿元产业发展基金（首批5000万元），通过增资入股、股份定增等形式扶持华宇集团、利树股份等龙头企业做强做大。鸿志兴股份被认定为省级高新技术企业，双龙戏珠酒业等3家公司被认定为省级科技小巨人企业，富晶宝等2家公司被认定为南平市知识产权优势企业。建瓯锥栗被认定为中国驰名商标，新增国家地理标志商标1件、省著名商标3件、省名牌产品2件。

民生建设。2017年初确定的20项为民办实事项目年度目标基本完成。被确立为国家义务教育质量监测样本县。竹海学校初中部、顺阳中学教学楼和高铁实验学校综合楼竣工，7所中小学长效扩容项目建设完成。社会福利中心一期竣工。公共卫生服务中心一期、4个卫生院中医馆投入使用。新建农村幸福院9所，提升改造乡镇敬老院13所、社区居家养老服务站3个。完成市新区体育中心改造、朱子文化遗址“五经博士府”保护修缮，建成1个社区多功能运动场、1个笼式足球场。市图书馆通过国家二级馆评估。全省首部县级茶志《建瓯茶志》、全市首部美食百科《建瓯食典》正式出版。福矛窖酒和高炉光饼制作技艺被省政府列入第五批省级非物质文化遗产名录，张木芳等3人被认定为第四批省级非物质文化遗产代表性项目传承人。发放城乡低保、特困人员供养救助金3410万元。新增就业2576人，农村富余劳动力转移就业8123人，城镇登记失业率2.91%，参加社会养老保险27.08万人。建设保障房880套。

“水美城市”建设　2017年，建瓯市推进“水美城市三江六岸”和城市基础设施建设，北环路、较场路、水南二路东段、上峰景城到高铁西站连接线建成通车。汽车东站、20座公交站亭、3座港湾式客运站建成投入使用。完成城区地形测绘和地下管网综合普查、城市道路及人行道整治、公园绿地及公厕改造等，更换节能路灯1.06万盏。拆除违法建筑面积45.37万平方米。全面实施“河长制”，境内15条小流域水质均达III类水以上，饮用水达标率100%。造林绿化3760公顷，收储重点生态区位商品林面积280.47公顷。（黄　凯）

【顺昌县】　2017年，顺昌县实现生产总值109.87亿元，比上年增长9.3%；三次产业结构调整为15.7∶38.3∶46.1。固定资产投资106.11亿元，增长47.6%。一般公共预算总收入6.68亿元，增长16%，其中，地方一般公共预算收入4.7亿元，增长11.9%。社会消费品零售总额33.02亿元，增长7.9%。外贸出口1.26亿美元，增长26.5%。实际利用外资2251万美元，增长30.3%。城镇居民人均可支配收入27375元，农村居民人均可支配收入13883元，分别增长8.1%和9%。

顺昌县富金湖慢道，摄于2017年　（顺昌县政府办供稿）

重点项目。实施省市县重点项目113个，完成投资59.92亿元，其中，31个省市在建重点项目完成投资40.31亿元，占年计划144.75%。争取上级补助资金12.14亿元，地方政府债券3.66亿元。新征土地538.4公顷，完成土地林地报批121.2公顷。徐大线二期、华阳山旅游公路建成通车，西门立交互通、528国道城区段改线、建西大桥及引线工程开工建设。

产业发展。工业攻坚实施增资扩产项目14个，完成投资6.5亿元，欧浦登、神农菇业、升升木业等企业增资扩产项目投产。完成总投资2000万元以上招商引资新开工项目30个。园区新征土地73.33公顷，新建平台122.33公顷，实施基础设施建设项目17个。新增规模以上工业企业12家。宝山获评省级生态旅游示范区，洋口红色旅游小镇获评国家AAA级旅游景区，洋墩乡洪地村获“中国景观村落”称号。全年旅游接待总人数179.53万人次、旅游总收入19.04亿元，分别比上年增长24.5%和27.8%。

现代农业。全年播种粮食1.31万公顷，产量7.6万吨。种植烟叶0.17万公顷，产量5.5万担。栽培食用菌2.37亿袋，鲜菇产量9.33万吨，郑坊食用菌现代产业园被列入省级食用菌现代产业园。“顺昌芦柑”“顺昌海鲜菇”列入2017年度国家名特优新农产品名录。建立丰产示范片87片、面积956.2公顷。完成127个行政村土地承包经营权确权登记颁证，全县流转土地2470公顷。农业综合机械化率达61%。实施闽江上游南平九期顺昌段防洪工程、富屯溪水南至洋口段安全生态水系、张源水库等重点水利项目11个，完成投资1.36亿元。

城乡建设。以富金湖18滨水景观带为主线，谋划实施十大工程33个项目，总投资38.7亿元，建成富金湖环湖慢道。延顺高速连接线、城南路、龙山支路、东门复桥、华阳大桥、西岗小区道路、中山路改造等项目顺利完工。建成公共停车场3个，新增公共泊车位400个。被评为“省级森林县城”“省级园林县城”。12个省级“千村整治，百村示范”项目基本完成，郑坊镇榜山村、大干镇武坊村列入福建省传统村落名录。

社会事业。实现735户2165个建档立卡贫困人口脱贫，7个贫困村脱帽。落实造福工程易地扶贫搬迁204户789人；完成建档立卡贫困户危房改造128

户。22 项为民办实事项目基本完成，基本建成保障性住房 284 套。城镇登记失业率为 2.9%。实施教育、卫生与健康、养老、城乡民生基础设施“四大领域”补短板项目 169 个，总投资 149 亿元。实施中小学、幼儿园新建项目 16 个，建成 6 个。县精神病专科医院、疾病预防控制中心等项目开工建设。顺昌木拱廊桥营造技艺列入省非遗名录。

首届国际美食文化节　2017 年 10 月 4—6 日，中国福城·顺昌首届国际美食文化节在顺昌举行。组委会从全县 12 个乡镇（街道）和 14 家特色农产品企业的 259 个顺昌美食中，筛选、评比、推选出 78 种顺昌特色小吃、42 个备选美食共 120 个品种的“顺昌小吃”在该届美食节上集体亮相。首届国际美食文化节评出十大特色美食（锅巴、灌蛋、畲家竹筒饭、烧馒、黄金蛋、米羹、香酥芋、米冻、扁肉、煎包）和十大特产（海鲜菇、闽北花猪、顺昌芦柑、竹荪、红肉脐橙、红心柚、红地球葡萄、乌饭、宝山红菇、状元红酒）。

顺昌首届国际柑橘艺术节暨年货乐淘汇　2017 年 12 月 30 日至 2018 年 1 月 1 日，顺昌首届国际柑橘艺术节暨年货乐淘汇在埔上镇张墩村开锣。该次活动为“南平市旅游产业发展大会·顺昌分会场”活动，集中展示、展销顺昌柑橘及境内特色产品。首日开幕式上，还现场开展柑橘优质果评选大赛，评选出柑橘优质果并授牌，启动“醉美·印象顺昌”首届全国摄影大赛。同时举办福建名宴（菜、点、小吃）颁奖仪式。

（吴建桥）

【浦城县】　2017 年，浦城县实现生产总值 144.26 亿元，比上年增长 8.9%。规模以上工业总产值 189.51 亿元，增长 7.8%。农林牧渔业总产值 60.24 亿元，增长 10.3%。固定资产投资 165.85 亿元，增长 23.9%。一般公共预算总收入 7.96 亿元，增长 11.3%，其中，地方一般公共预算收入 5.83 亿元，增长 12.4%。社会消费品零售总额 48.62 亿元，增长 8.9%。实际利用外资 1300 万美元，增长 10.6%。外贸出口总值 8992 万美元，增长 5.1%。城镇居民人均可支配收入 28340 元，增长 8.7%；农村居民人均可支配收入 13260 元，增长 9.3%。城镇登记失业率 3%，人口自然增长率 3.75‰。

产业发展。全县规模以上工业企业 111 家，其中产值亿元以上的企业 40 家。荣华山产业组团完成新征用地面积 28 公顷，完成投资 35 亿元，规模工业企业 33 家，实现产值 97 亿元；浦潭生物专业园新征土地面积 142.1 公顷。获评农业部粮食绿色高产高效创建标兵县和省级农产品质量安全监管示范县，粮食产量 25.6 万吨，收购烟叶 7.36 万担；种植薏米 0.19 万公顷，发展灵芝 66 万平方米，抚育低改油茶 0.18 万公顷，培育丰产竹林 0.16 万公顷，新植香榧 221.87 公顷。完成高标准基本农田建设 0.48 万公顷，补充耕地 72.42 公顷。流转土地面积 1.32 万公顷，农村土地承包经营权确权工作合同签订率 96.85%。小密包酒文化博览园创建为国家 AAAA 级旅游景点，际岭绿乐园通过国家 AAA 级旅游景区评定，双同村被评为省十佳“森林人家”、首批国家森林旅游示范区试点单位。

项目带动。完成征地 548.978 公顷、拆迁 43210 平方米，强化项目建设要素保障。全县“五个一批”项目 274 个，总投资 698.88 亿元。永芳香料搬迁扩建（一期）、乔宝陶瓷扩建、旭禾米业 10 万吨标准化仓库等项目建成投产，鑫浦光伏并网发电，圣农（浦城）项目累计完成投资 33.13 亿元、年度实现产值 32.5 亿元。205 国道余乐至仙阳升级改造一期和二期、渔梁岭隧道、302 省道改线等工程基本完工，龙浦高速浦城南互通连接线改造工程启动建设，5 条县道升级改造工程陆续开工，完成农村公路建设 41 千米，撤渡建桥项目开工 2 处，改造危桥 10 座（5 座在建）。柘溪安全生态水系建设项目一期和永兴、上同等 3 个 35 千伏变电站建成。全年新策划项目 143 个，总投资超 2000 万元。招商引资新开工项目 59 个，新引进总投资超亿元签约项目 53 个。

城乡建设。落实城建项目 116 个，完成投资 63.34 亿元。丹桂城市广场、“水美城市”南浦溪示范段等建成使用，梦笔大道、四贤大道等城市道路完成白改黑 9.2 千米。新建绿道 25.3 千米，新改建供水管网 12.3 千米、雨水管网 16 千米、污水管网 11.4 千米、燃气管网 9.3 千米。拆除违法建筑面积 25.15 万平方米，省级园林县城通过验收。24 个重点美丽乡村完成投资 7284 万元，15 个乡镇饮用水提升工程和 14 个乡镇污水处理设施加快建设，12 个乡镇垃圾转运系统全部建成。

社会事业。投入 7507 万元落实教育项目建设，光明小学扩容、濠村中心幼儿园等建成使用，新华小学扩容、浦城一中新校区、实验幼儿园新园等项目启动建设，862 位务工人员的随迁子女进城就读。建立省、市、县三级医联体，县妇幼保健院综合大楼建成启用，县中医院搬迁重建（一期）项目建成；引进价值 5000 万元的 MR、CT 等国外先进大型医疗设备。“浦城包酒酿造技艺”被列为第五批省级非物质文化遗产名录，“智慧城市——美丽浦城”免费公共 WiFi 覆盖全县主要区域。

民生保障。完成 106 套保障性安居工程住房建设。加大脱贫攻坚力度，投入扶贫资金 1.42 亿元，发放扶贫小额贷款 3815.15 万元，造福搬迁 2433 人，危房改造 749 户，5474 户 10536 贫困人口和 20 个贫困村实现脱贫。全年新增城镇就业人员 1928 人，就业困难对象和下岗失业人员再就业 2278 人，新增农村劳动力转移就业 7013 人。县社会福利中心、民营医养结合型万家福托老院和 24 个农村幸福院建成。为 80 周岁以上高龄老人投保意外伤害险和意外伤害医护保险，发放 80～99 周岁无退休工资老人生活补贴，农村低保标准由年人均 2650 元提高到 3750 元。获得新一届“省级双拥模范县”称号。

绿康生化公司上市　2017 年 5 月 3 日，绿康生化股份有限公司在深交所挂牌上市，成为浦城县第一家主板上市企业。该公司本次发行人民币普通股（A股）3000万股，每股发行价15.2元，募集资金4.56亿元，募集资金净额3.68亿元将用于2400吨/年活性杆菌肽系列产品扩建项目、技术中心扩建项目及补充流动资金。

科技大市场建成使用 2017年，浦城县建成集众创、孵化、电商、科技、检测产业于一体的“科技产业园”，入驻科技服务中介机构及在孵企业28家。举办2017海峡技术转移专场——现代农业技术成果对接会，设立科技特派员工作站，培育3家国家高新技术企业，授权专利144件。同年，被确定为国家知识产权强县工程试点县（区）。

（姜骁鹏）

【光泽县】 2017年，光泽县实现生产总值91.18亿元，比上年增长8.5%。农林牧渔业总产值74.24亿元，增长10%。规模以上工业总产值96.14亿元，增长7.5%。固定资产投资64.47亿元，增长31.4%。社会消费品零售总额21.79亿元，增长9%。出口总值6520万美元，增长8.3%。实际利用外资4410万美元，增长47%。一般公共预算总收入6.06亿元，增长7.6%，其中，地方一般公共预算收入4.33亿元，增长12.8%。城镇居民人均可支配收入27193元，增长8%；农村居民人均可支配收入12574元，增长9.9%。2017年，光泽县被评为省级文明县城、省级食品安全社会共治示范县、省级双拥模范县。

产业发展。突出做强以圣农肉鸡加工为主，水饮料加工、淡水鱼养殖加工、中药材种植加工为辅的“1+3”食品产业。2017年，全县规模以上食品加工产业企业增至15家，实现产值81.6亿元，占规模以上工业总产值84.9%。圣农集团在同行业率先推行农业4.0模式，白羽肉鸡养殖规模跃居亚洲首位。承天集团入选“2016年度中国医药行业最具影响力”榜单，圣农熟食品六厂、圣农技术研发中心、中科渔业一期等一批重大项目建成投产。新开工总投资2000万元以上招商项目68个。

城乡建设。建成集中连片水美景观带5.3千米。推进城市绿化亮化，实施部分城区主干道、橘子洲片区、城南片区夜景灯光工程，建成九龙峰森林公园入口处景观带，新增城市绿地32.23公顷。建成光明大道、仙华洲路、武林东路、顺安桥，新改建城市道路11.93千米，实施农村安保工程72.2千米，改造农村道路22.5千米、危桥5座。完善农田水利设施，肖家坑水库完工验收。实施农村饮水安全工程7处，15个村通过省级“千村整治、百村示范”验收，4个村获评省级乡村旅游特色村。

生态建设。2017年，光泽县在全国率先建立“绿水维护补偿”机制，推行全流域水质考核管理，完成全国首个县域生态文明建设水利总体方案编制。完成县属国有林场改革，推进国家储备林质量精准提升，收储商品林440.53公顷，完成森林抚育0.48万公顷。加强环境整治，拆除或关闭生猪养殖场78家，削减生猪存栏2.7万头。落实测土配方施肥15330公顷次，推广种植紫云英670公顷，在全市率先完成黄标车淘汰任务。完成水土流失治理1027公顷，建设万里安全生态水系综合治理工程10千米，清淤河道6千米，新改建污水管网17.5千米，布设水质断面监测点29个，建成城区第二空气自动监测站，完成百石水质自动监测站及机动车尾气检测线建设。县域空气质量优良天数比例达99.7%，全流域水环境质量达二类以上标准。

（李锦杰）

【松溪县】 2017年，松溪县实现生产总值52.21亿元，比上年增长8.6%。农林牧渔业增加值12.23亿元，增长3.2%。规模以上工业增加值20.08亿元，增长3.5%。三次产业比重为23.4∶38.7∶37.8。一般公共预算总收入3.28亿元，增长16.8%，其中，地方一般公共预算收入2.43亿元，增长12.6%。固定资产投资66亿元，增长20.3%。社会消费品零售总额26.73亿元，增长10.6%。城镇居民人均可支配收入26435元，增长8.5%；农村居民人均可支配收入11206元，增长9.1%。

产业经济。“3+1”（竹木加工、绿色食品、机电制造，新型轻纺）主导产业完成产值79.11亿元，比上年增长14.2%，占规模工业总量的89.07%。竹木加工、机电制造新增产值5.34亿元，龙头企业闽瑞纤维5、6条生产线投产。全年引进项目66个，总投资122.25亿元，落地开工项目42个。全县建成省级农业龙头企业8家、市级5家，新增市级3家，培育中国绿色食品原料（茶叶）标准化生产基地有机认证533.33公顷，湛卢山AAAA景区启动开发，创建诰屏山、招沙甲AAA景区。引进华东水利集团开发梅口古村落。通过省级电子商务示范县验收，建成松溪电商孵化园、村淘服务站40个，累计完成线上商品交易5.5亿元。

项目建设。列入省、市重点项目26个。总投资61.99亿元，其中，在建项目21个，完成投资32.07亿元，占年度计划的149.2%。列入省“行动计划”重大项目21个，总投资129.04亿元。其中，在建项目4个，当年计划投资4.9亿元，完成投资5.24亿元，占年度计划的106.9%。新开工项目6个，当年计划投资4.5亿元，完成投资5.72亿元，占年度计划的127.1%。全年入库“五个一批”项目233个，总投资520.82亿元。

城乡建设。建成樟树林湿地公园，新增停车位300多个。东升商城、东大广场、象城龙庭等一批城市综合体基本建成，基本建成城区绿水1号坝及南岸河东乡政府至红旗桥、红旗桥至塔下大桥两岸的滨水景观。新增五星级美丽乡村1个、四星级1个、三星级2个。

社会事业。投入12.71亿元用于民生社会事业，占财政支出总数的79%。基本完成25项为民办实事项目。建成实小城东分校，新增学位1620个。建成县医院病房楼主体工程和中医院康复楼，实施县医院由南平市立医院托管，启动中医院（国医馆）医养结合迁建项目。建成农村幸福院62个，在全省率先完成幸福院普及目标。策划松溪版画晋京展，建成33个村基层文化活动中心。完成中央广播电视节目无线数字化覆盖工程。

脱贫攻坚。全县991户3149名建档立卡贫困户全部脱贫。完成造福工程易地搬迁1461人。完成农村危房改造365户。"雨露计划"培训1000人。落实扶贫小额信贷贷款2565万元，惠及贫困户514户。筹集资金1500万元，支持31个贫困村发展"以村带户"光伏扶贫项目。

特色发展 2017年，松溪县贯彻省、市绿色生态发展要求，打造具有松溪特色的产业发展。重点推进"3+1"(竹木加工、绿色食品、机电制造，新型轻纺)主导产业，引进上游荣轩、瑞松、创盈3家聚酯瓶片企业，下游维幅精工、雷尔新材料，基本形成较为成熟的新型轻纺产业链。在城乡建设方面，在南平市内率先启动"一溪两岸"水美城市建设，打造"在岸上看水是景，在水上看岸是景"的宜居小城。（高 巍）

2017年，政和四平戏——《御赐县名》在政和朱子书院牌楼前演出

（政和县政府办供稿）

【政和县】 2017年，政和县实现生产总值63.63亿元，比上年增长8.8%。农林牧渔业总产值27.37亿元，增长8%。固定资产投资增长5.8%。一般公共预算总收入、地方一般公共预算收入分别增长6.8%、10.5%。社会消费品零售总额增长10%。城镇居民人均可支配收入26911元，增长8.3%；农村居民人均可支配收入11452元，增长8.5%。

重点项目。全年新增"五个一批"项目323个，其中开竣工项目149个，完成投资48亿元，占年度计划投资的142%。220千伏变电站、大中石油天然气等一批重点项目开工建设。

产业发展。全年新增规模以上企业7家，总数113家，完成产值87.6亿元，比上年增长7.9%。实施技改项目29个，完成投资10亿元。认定中国驰名商标1件、省名牌产品3件，格绿木业、祥福工贸被评为高新技术企业。开发区完成工业产值20亿元，比上年增长42%。第二污水处理厂、文体中心等项目建成投入使用，公租房二期、高层标准化厂房等项目启动建设。蔬菜面积稳定在2000公顷，高标准毛竹示范基地1.33万公顷，烟叶收购3.8万担，茶业税收增长43%。全年培育市级以上农业产业化龙头企业16家、省级农民专业示范社1家、全国休闲渔业基地1个。全县新增电商类企业250家，总数980家，交易总额10.7亿元，增长32.1%，列入全国第四批电子商务进农村示范县。

城乡建设。万里安全生态水系城区段全面完成。新建改造供水管网、污水管网20千米，大庙桥段急弯改造、汽车站综合改造、中心城区立体停车场建成投入使用。全年拆除"两违"建筑面积27.5万平方米。石圳获中国人居环境范例奖，念山国家湿地公园通过专家评审，东平酿造小镇列入第二批省级特色小镇创建名单，佛子山外屯游客服务中心、国家地质公园博物馆基本建成，创建AAA级景区1个、省级乡村旅游特色村5个。2个村被命名为全国生态文化村，4个村入选第二批省级传统村落，5个村成功创建美丽乡村精品示范村。4个乡（镇）污水处理厂基本建成，城区垃圾处理场渗滤液处理工程建成投入使用。全县完成水土流失治理面积2700公顷、造林绿化1000公顷。连续三年被评为全国百佳深呼吸小城。

脱贫攻坚。全县1150名干部结对帮扶1811户贫困户，帮助协调解决问题3880个。累计为881户贫困户提供扶贫小额贷款8846万元。开展"百企帮百村""巾帼扶贫""慈善募捐"活动，募集基金172万元。完成"雨露计划""春潮行动""新型职业农民培训"3380人次，引导1629名贫困户转移就业或发展产业，为134名贫困户提供公益就业岗位，4131个贫困人口全面脱贫，10个贫困村如期退出。资助建档立卡贫困学生514人，资助金额106万元。免费为所有贫困户购买商业保险，公立医院住院实行先诊疗后付费制度。1333位完全丧失或部分丧失劳动能力的贫困对象纳入低保。建成造福工程集中安置点5个，完成危房改造1023户，贫困群众住房安全问题得到基本解决。

社会事业。28件为民办实事项目基本完成。新增城镇就业、城镇失业再就业、困难人员再就业2532人，城镇登记失业率2.99%。完成社会福利中心一期工程，建成农村老人幸福院8个。选派科技扶贫专员、特派员84名，成立全省首个乡镇"博士专家工作点"。22所中小学扩容及幼儿园建设项目全面完成，县中职校被确定为省级达标校。建立市县级廖俊波先进事迹教学点10个。4个项目被列入省级非物质文化遗产名录，5人被评为省级非遗代表作传承人。五人足球争霸赛获福建赛区亚军。国医馆正式投入运行。（陈诗豪）

龙岩市

【基本情况】 龙岩市地处福建省西部，通称闽西，与广东梅州、江西赣州相邻。现辖新罗区、永定区、漳平市和上杭、武平、长汀、连城4县，134个乡（镇、街道），1927个村（居）委会，人口313.2万人。土地面积1.9万平方千米，占全省土地面积的15.7%。龙岩年平均气温21℃、年均降雨量1600毫米，是福建三大江——闽江、九龙江、汀江的发源地，拥有3个国家级自然保护区和4个国家级森林公园，森林覆盖率77.91%，居福建首位。有两个国家AAAAA级旅游景区和10个国家AAAA级旅游景区，长汀是国家级历史文化名城，连城冠豸山是国家自然遗产和国家地质公园。龙岩还是原中央苏区核心区，1929年12月在上杭古田召开的红四军第九次党代表大会，通过《古田会议决议》。2014年10月，习近平总书记在上杭古田主持召开全军政治工作会议，被誉为“新古田会议”。是全国文明城市、国家园林城市、国家森林城市、全国森林旅游示范市、全国绿色模范城市、全国生态文明建设试点地区。

【经济社会概况】 2017年，龙岩市完成地区生产总值2153.13亿元，比上年增长8.2%；人均生产总值8.2万元，增长7.6%。第一产业增加值227.88亿元，比上年增长2.9%；第二产业增加值1126.66亿元，增长6.8%；第三产业增加值898.59亿元，增长11.8%。三次产业结构由上年的11.8∶51.0∶37.2调整为10.6∶47.7∶41.7。一般公共预算总收入274.2亿元，比上年增长3.1%，其中，地方一般公共预算收入138.8亿元，增长5.6%。财政支出301亿元，增长9.7%。城镇居民人均可支配收入33022元，增长8.6%；农村居民人均可支配收入15698元，增长8.8%。

工业。规模以上工业增加值632.5亿元，比上年增长8.1%；企业利润总额增长80.7%。机械装备、有色金属两大主导产业增长24%，有色金属产业产值突破600亿元、机械装备产业产值接近350亿元；六成以上企业保持两位数增长，新增亿元以上企业42家，总数达到442家；成功创建国家应急产业示范基地。高新技术产业增加值比上年增长26.6%，新增国家高新技术企业18家、省级以上研发机构10家。龙工集团成功研发挖掘机高压液压元件，在行业内率先实现国产替代进口，龙净环保入选工信部制造业单项冠军。“制造+服务”等新模式进一步推广，龙马环卫获评国家服务型制造示范企业，新培育4家省级服务型制造示范企业。成功创建国家军民融合新型工业化产业示范基地，军民融合项目新开工17个、新投产13个；军民融合企业超50家，实现产值587亿元，比上年增长33.5%。

第三产业。社会消费品零售总额813.2亿元，比上年增长11.5%；限额以上批发和零售企业实现网上零售额11.05亿元，增长21.6%；“正统网”入驻电子商务企业933家。全年销售商品房315.2万平方米，比上年增长13.7%。全年接待旅游总人数3784万人次，比上年增长23.7%；旅游总收入332.8亿元，增长31.3%。年末公路通车总里程14421千米，其中，高速公路662千米。年末铁路通车里程486千米。年末机动车保有量96.8万辆，比上年增长3.1%。年末互联网用户84.06万户，增加8.61万户；固定及移动电话用户315.67万户，减少1.51万户。

农业。农林牧渔业完成总产值395.46亿元，比上年增长2.9%。粮食播种面积17.84万公顷，粮食总产量109.2万吨，比上年下降0.5%；蔬菜产量205.5万吨，增长1.5%；肉蛋奶总产量52.8吨，增长3.2%；水产品总产量8.6万吨，增长6.7%；林下经济经营面积62.31万公顷，实现产值169.4亿元，增长17.2%；林下经济合作组织700个，惠及林农15.7万户。

人民生活。全体居民人均可支配收入24097元，比上年增长8.8%。城镇登记失业率2.48%，城镇新增就业1.86万人。居民人均生活消费支出16502元，比上年增长5.8%。年末参加城镇基本养老保险人数（不含退休）45.7万人，比上年增加0.49万人。年末养老机构总床位数1.22万张。城乡居民享受最低生活保障救助人数分别为0.3万人、3.75万人。

城乡建设。中心城区建成区面积新增2平方千米，达58平方千米。实施中心城区畅通工程，主干道路、拥堵节点改造、停车设施等一批重点城建项目加速推进，新建及改造城市道路17.8千米。罗龙西路改造提升、“三桥一路”改造等12个项目新开工建设，东肖南路二期改造提升、北三环等4个项目竣工通车；新建人行天桥4座；新开通公交线路3条，延伸优化公交线路18条，开通中心城区至永定高新区城际公交；新增公共停车位3000多个，新投放一批新能源公共汽车、共享单车。城市污水集中处理率90%，城市生活垃圾无害化处理率99.6%。实施新型城镇化和美丽乡村建设三年行动计划，新增1个国家级特色小镇、2个省级特色小镇、1个田园综合体省级示范点和13个中国传统村落；124个美丽乡村和122个省级“千村整治、百村示范”工程全部开工建设；农村家园清洁行动深入开展，完成380个农村垃圾治理任务。完成国省干线建设改造81千米、农村路网提级改造450千米，建成S205线“生态公路”110千米。

社会事业。出台加强基础教育工作十条措施，建立以教绩为导向的职称评聘管、教师教绩考核激励等机制，实施“名校带动工程”，推动基础教育组团式办学，扩大优质教育资源覆盖面，推进教育教学质量提升。统筹规划、土地、建设、财政及社会资源，推进城区基础教育扩容，中心城市新增中小学学位近1万个、幼儿园学位1.5万个。通过政府购买服务方式，由本校教师兼任辅导员，先行在中心城区29所小学开展课后1小时服务活动。推进城乡义务教育一体化改革发展，推行“阳光招生”。持续深化医药卫生体制改革，全面推行分级诊疗、医联体试点。提高城乡低保标准，实行城乡居民基本医疗保险市级统筹。成功入选全国居家和社区养老服务改革试点地区。在全国率先通过地方立法保护红色文化遗存，获批设立国家级客家文化（闽西）生态保护实验区。长汀县全国涉麻制毒警示通报地区实现降级。安全生产治理能力和监管水平有效提升。食品药品安全放心市建设扎实推进。成功举办龙岩市第十五届运动会、第二届环永定土楼国际山地马拉松赛等大型体育旅游赛事。龙岩市及7个县（市、区）连续三届被评为全省双拥模范城（县），国防动员和后备力量建设成效明显。

重点领域改革。全国集体林权制度改革现场会在武平县召开，林改“武平经验”进一步推广。漳平市被确定为全国农村集体产权制度改革试点县。顺应“互联网+”发展趋势，建设“e龙岩”网上公共服务平台，整合资讯信息、网上办事、政民互动、数字图书馆等功能，努力让政务服务像网购一样方便。开展“减证便民”专项行动，审批服务事项全部进驻网上办事大厅，“一趟不用跑”“最多跑一趟”事项83.1%。龙岩市主导制订的《“一趟不用跑”“最多跑一趟”政务服务规范》，成为全国首个“一趟不用跑”政务服务标准。不动产登记实行“一窗办理、集成服务”，办证速度全省首位、全国领先。国资国企改革有序推进，市属国有企业总资产规模突破1000亿元。

“三大战役”全面推进。2017年，龙岩市制订实施“三大战役”奖励问责办法、正向激励机制促进有效投资等9条措施，着力突破发展的薄弱环节。项目攻坚战役。出台加强项目工作20条等措施。实行领导挂钩，推进一线考察干部。开展征迁攻坚，“五个一批”项目、重点项目、“重中之重”项目、投资工程包均超额完成年度目标任务，龙工“四轮一带”、中石油催化裂化剂、市委新党校等一批重大项目开工建设或建成使用，杭广高铁双龙段等项目前期取得重大进展。坚持真招商、招真商，求实求效办好“11·8”大型招商活动，全年新签约项目257个、总投资665亿元。脱贫攻坚战役。组织开展脱贫攻坚季度攻势行动，突出抓好健康扶贫、搬迁扶贫、金融扶贫等工作，开展激励性扶贫试点。完善精准扶贫信息平台，建设“惠农资金信息平台”，全面实时反映贫困户基本信息、挂钩帮扶情况、脱贫政策落实、脱贫措施实施等，对脱贫攻坚全过程指导、推动和监管。发挥农业龙头企业带动作用，引导扶持1.6万贫困户发展生产。年度脱贫5.72万人，比年初计划多近1000人，1个贫困县（长汀）如期摘帽，80个贫困村、7个贫困乡镇退出。生态环保战役。组织实施清新水域、洁净蓝天、清洁土壤、绿满青山“四大提升”工程，推进河长制，突出抓好水流域污染治理。全市重点流域Ⅰ～Ⅱ类水质比例36.4%，比上年提高4.6个百分点，汀江（含梅江）流域优良水比例100%；小溪河水质从长期的劣5类提升至Ⅲ类水标准，登高桥断面部分时段20年来首次达到Ⅱ类水标准。城市空气质量优良天数比例99.2%，空气质量综合指数排名全省第二。全市完成水土流失治理面积3.2万公顷，占年度任务120%；新增矿山恢复治理面积98.02公顷；淘汰黄标车4809辆。关闭拆除生猪养殖场10.1万户、342万平方米，完成可养区生猪标准化改造2658家。获评全国森林旅游示范市，龙岩地质公园入选世界地质公园推荐名单，长汀县获评首批国家生态文明建设示范县。

【第八届海峡两岸机械产业博览会暨第十届中国龙岩投资项目洽谈会】 2017年11月8—10日，第八届海峡两岸机械产业博览会暨第十届中国龙岩投资项目洽谈会在龙岩举行。该届“机博投洽会”展览面积2.4万平方米，吸引462家机械企业参展。近1000家采购商参加展会，90家企业现场达成交易，成交额近1300万元，签订意向订货合同金额近1亿元，现场成交额及意向订货合同总额均创历届新高，意向成交1亿元。新签约项目76个，总投资267亿元，拟利用客方资金251亿元；展会期间，举办中国·龙岩“创业、创新、创投”发展论坛、海峡两岸（龙岩）青年文化创意产品交流展、海峡两岸机械产业人才交流合作大会、中国·福建海外人才创业周（龙岩）人才与项目对接洽谈会、第二届龙岩机械达人比赛、龙岩专用车现场演示推介等特色活动。

（胡晓萍）

【新罗区】 2017年，新罗区实现生产总值790.65亿元，比上年增长7.9%。第一产业增加值37亿元，比上年增长2.5%；第二产业增加值429.75亿元，增长6.4%；第三产业增加值323.9亿元，增长10.9%；三次产业结构调整为4.6：54.4：41.0。一般公共预算总收入32.3亿元，比上年增长11.6%，其中，地方一般公共预算收入21.9亿元，增长8.6%。规模以上工业增加值320.3亿元，比上年增长7.3%。固定资产投资846亿元，比上年增长11.4%。社会消费品零售总额355.1亿元，比上年增长13.4%。城镇居民人均可支配收入36736元，比上年增长8.2%元；农村居民人均可支配收入18919元，增长8.1%。获全省首个国家畜牧业绿色发展示范区、全省双拥模范城、第五届全国文明城市等称号，入选“中国工业百强区”，居第80位。再次跻身“中国综合实力百强区”，居第60位。

产业发展。推进工业提级转型，技改投资累计完成222亿元，新增亿元企业40家。全年电商交易量突破120亿元。设立1000万元产业发展基金，评选奖励“双十佳”“新罗老字号”等46家企业。新创1家国家AAA级旅游景区、4家省级旅游特色村，实现旅游收入86.1亿元，增长35%。新增农业龙头企业23家、示范家庭农场18家、农

新罗区推出公益书屋——趣读吧，摄于2017年　（新罗区政府办供稿）

民专业合作社示范社15家。斜背茶获得国家级农产品地理标志商标认证。

项目成效。全力攻坚项目落地战役，龙泰新能源、紫金山体育公园等31个省重点项目完成投资76.6亿元；50个区"重中之重"项目、315个"七大领域"项目实现数量、投资量"双量提升"，分别完成投资78.9亿元、486.1亿元。威士忌酒文化产业园、北大附属实验学校元培校区等一批项目落地。先后引进并签约红炭山健康养老、国际康旅等75个项目，对接"军民融合"合同或协议项目5个。

城乡建设。新增环城森林景观美化造林面积130公顷，新建社区停车场15个、新增车位1026个。治理水土流失面积0.37万公顷，完成造林绿化0.18万公顷，森林覆盖率78.4%。新增矿山生态环境恢复治理面积37.8公顷。持续推进养殖业污染综合整治，关闭拆除养猪场1034户、面积48.4万平方米，清栏生猪21.8万头，16个"养治分离"综合治理示范点完工并运行。严格落实"河长制"，4个省控内河断面水域、中心城市生活饮用水源地水质达标率均为100%。全年淘汰黄标车2205辆，淘汰燃煤锅炉9台，年度节能减排降碳任务全面完成。

民生保障。全面完成26项为民办实事项目，建成一批公益性城市书吧并投入使用。城乡居民基本养老保险续保率达95%，登记失业率2.5%。紫金山实验学校、卧龙幼儿园等5所学校开班招生，增加学位1198个，龙岩侨中被省教育厅批准为第二批"现代学徒制"项目建设学校。建成并投入使用社区老年人日间照料中心5个、农村幸福院8个、居家养老服务站20个。全面实施"七大扶贫工程"，8个造福工程集中安置点全部完工，易地扶贫搬迁竣工238户；发放小额贷款4831万元。实现1个扶贫开发重点镇、10个贫困村摘帽任务，完成脱贫5249人。

第二批国家应急产业示范基地创建　2017年11月，新罗区龙州工业园区成功创建第二批"国家应急产业示范基地"，也是全省首家获此殊荣的园区。龙州工业园区是福建省机械制造产业特色园区，2017年园区产值突破300亿元，园内应急产业发展初具规模，全年应急产业实现产值128亿元，主要形成现场保障、排水、环保、矿山救援、医疗处置及自然灾害监测预警等产业集群，拥有应急产业企业41家，其中海德馨、侨龙、天泉药业等龙头骨干企业21家；拥有移动应急电源车、瞬时大排水量车"龙吸水"、环保机械及清洁车等拳头产品。

新罗"趣读吧"引领市民文化"新阵地"　"趣读吧"公益书屋是由新罗区委、区政府为推广"全民阅读"设立的面向全体市民开放、集阅读休闲和文化交流于一体的公益性开放式多功能书屋。全区开放书屋14家，通过不定期开展各类讲座、学习论坛、沙龙等各类文化交流活动丰富广大市民精神文化生活。

（吕文靓）

【永定区】　2017年，永定区实现生产总值242.01亿元，比上年增长7.8%。一般公共预算总收入13.9亿元，增长12%，其中，地方一般公共预算收入9.2亿元，增长12.4%。固定资产投资290.3亿元，比上年增长19.1%，其中，工业投资117.5亿元，增长22.3%。农林牧渔业总产值49.79亿元，增长2.3%。规模以上工业总产值178.7亿元，增长12.6%。社会消费品零售总额87亿元，增长12.3%。城镇居民人均可支配收入34645元，比上年增长7.8%；农村居民人均可支配收入16626元，增长8.3%。

项目建设。招商签约项目103个、总投资85.7亿元，分别比上年增长35%、12.8%，其中，工业项目占比52.4%。重点项目开工34个、竣工29个，40个"重中之重"项目完成投资45.14亿元。有31个产业项目签约入驻永定工业园区，其中10个项目实现投产。

产业结构。全年旅游人数837.82万人次，比上年增长23.7%；实现旅游总收入81.46亿元，增长32.3%；过夜游人数227.8万人次，增长24%。能源产业稳健运行，煤炭销售154万吨，装机4.8万千瓦的华润湖坑风电8台机组并网发电，光伏发电容量扩大到1.6万千瓦。新型建材实现产值6.1亿元，比上年增长16%。光电信息产业聚集13家企业，实现产值23.4亿元。金丰酒文化创意产业园开工建设，三堡高粱、土楼酿酒实现产值1.9亿元，比上年增长39%。现代农业力推"客家土楼"品牌，成立土楼农业公司。

城乡建设。下洋、龙潭新型城镇化建设重点镇实施一批民生项目。湖坑镇入选国家级第二批特色小镇。常住人口城镇化率47%，提高1.7个百分点。湖坑镇南江村获评全国文明村。完成交通基础设施投资10.8亿元，比上年增长18%。靖永高速永定段实现开工。8座危桥改造工程实现竣工。投资4.7亿元实施水利项目，汀江防洪工程（一期）西溪段开工、培丰段竣工，南溪万里安全生态水系项目全面完工。

民生保障。全年投入22.6亿元发

永定区客家小镇夜景，摄于2017年　　（龙岩市政府办供稿）

展民生事业。合溪乡、岐岭乡、金砂乡、堂堡乡4个省级贫困乡扶贫成效明显，其中，堂堡乡实现整乡脱贫，14个贫困村实现摘帽，2437户8210人如期脱贫。7个易地搬迁集中安置区全面竣工，709户2372人搬入新居。社会事业加快发展。总投资5.7亿元的“六校联建”工程已开工建设5所学校，城关中心小学、龙凤幼儿园建成投入使用。投入1.25亿元实施一批医疗卫生项目，湖坑、下洋卫生院综合大楼竣工落成。机关事业单位和企业退休人员人均月增资分别为196元、136元，1052名原公办、民办、代课教师享受养老补助。城乡就业更加充分，组织500多名工人到工业园区就业，城镇登记失业率2.6%。

永定客家家训馆提升改造　2017年1月6日，全国首家客家家训馆——永定客家家训馆完成提升改造，重新对外开放。家训馆位于洪坑土楼群的“庆成楼”，于2014年建成开放，先后接待海内外游客近200万人次。改造后的家训馆展板面积757平方米，展线长度303平方米，比改造前增加一倍。

首批“永定十大名菜”“永定十大名小吃”评选　2017年3月10日，永定区分别评选出首批“永定十大名小吃”：牛肉兜汤、大肉圆、鸡肠面、猪肠粄、油炸子、高陂晒花生、牛肉巴、珍珠粉（老鼠粄）、艾糍、泡鸭爪。首批“永定十大名菜”：酒酿鸡、永定菜干扣五花、爆炒牛八脆、客家四大盘（猪肉、线面、浮豆腐、芋卵粄）、羊肉煲、盐水鸭、鸭肉炖牛丸、客家香肉、晒猪头皮、溪黄炖鱼头。

永定红石材循环经济产业园开工建设　2017年6月30日，永定红石材循环经济产业园项目在洪山乡田梓村开工建设。该项目总投资15亿元，总建筑面积46.1万平方米，项目一期建设周期9个月，计划于2018年3月实现石材加工企业入园加工生产。

华润永定（湖坑）风电场首台机组并网发电　2017年11月28日，全省内陆第二个、龙岩市第一个风电项目——华润永定（湖坑）风电场首台机组成功并网发电。该项目计划总投资4.2亿元，建设规模为48兆瓦，包括24台2兆瓦级风力发电机组、1座110kV升压变电站。　（林添茂）

【上杭县】　2017年，上杭县实现生产总值316.8亿元，比上年增长8.8%。一般公共预算总收入33.3亿元，增长4.9%，其中，地方一般公共预算收入25.1亿元，增长9.6%。固定资产投资312.1亿元，增长21.3%。社会消费品零售总额85.6亿元。实际利用外资4099万美元，增长6.6%。城镇居民人均可支配收入35991元，增长9%；农村居民人均可支配收入15355元，增长9.1%。三次产业结构比从上年的12.9∶54.8∶32.3调整为13.2∶46.6∶40.2。首次入选“全国投资潜力百强县”，再次被评为“福建经济实力十强县”“福建县域经济发展十佳县”。

工业。实现规模以上金铜工业总产值523.3亿元，比上年增长30.5%。竣工投产思康有机氟/硅新型合成材料产业化项目、铭麟过硫酸盐生产、紫金铜业生产末端物料综合回收扩建、紫金佳博键合金丝生产等7个项目；开工建设太阳铜业22万吨连铸连轧低氧铜杆生产等8个项目，签约落地鑫昌龙石墨烯和改性PE新材料、金山锂科锂离子电池高性能储能材料等一批成长性好、科技水平高的项目。

农业。实现农林牧渔业总产值71.7亿元，比上年增长3.3%。新增市级龙头企业1家、示范企业4家、农民专业合作社17家、家庭农场50家。新增“三品一标”认证产品30个，增量位居福建省第一。27家规模以上农副产品加工企业实现总产值14.3亿元，比上年增长10.2%。农村土地承包经营权确权登记颁证工作完成合同签订336个行政村，完成率99.41%。

服务业。实现服务业增加值127.39亿元，比上年增长12.7%；新增规模以上服务业企业21家，总数39家。成立全省首个县级家庭服务业协会。电子商务实现交易额40.1亿元。旅游业快速增长，接待游客700.9万人次，比上年增长21.4%，实现旅游收入49.4亿元，增长26%。承接各类红色教育培训2540期12.7万人次。

城乡建设。新建、续建53个城建项目，累计完成投资18.8亿元。张滩大桥及接线工程二期、上杭大道（建设路段）、江滨中路、人民路西段、振兴路改造基本完成，城区新增停车位571个，杭川公园、水上运动中心综合楼、城乡规划展示馆、博物馆新馆等项目建成投入使用。推进17个省级“千村整治、百村示范”工程示范点、21个市级美丽乡村路网一期工程和两个新型城镇化重点镇建设，启动古田红色小镇三年提升行动。新增两个中国少数民族特色村寨、两个全国文明村镇。

上杭县汀江绿道工程，摄于2017年 （龙岩市政府办供稿）

脱贫攻坚。2017年，实现3075户9896人脱贫，蓝溪镇和10个贫困村实现脱贫摘帽。实施“企业+合作社+贫困户”等帮扶模式，269家经营主体带动946户贫困户，解决贫困户就业2295人。实施激励性扶贫项目63个，受益贫困户907户3433人。全县累计发放扶贫小额信贷资金2222户6144.4万元，覆盖面31.72%；举办47期“雨露计划”培训班、培训贫困户4640人次。实施造福工程946户2984人，危房改造1407户，完成4个造福工程集中安置点建设。4417名次贫困户子女享受各类教育助学补助544.031万元，发放贫困户参合参保和健康扶贫保险补助2332.9万元。

民生事业。20项重点为民办实事项目基本完成。新开工建设3所幼儿园，推进10所学校“全面改薄”（改善贫困地区义务教育薄弱学校基本办学条件）和校安长效机制项目。继续推行普通高中教育免费政策，受益学生1.3万人次。所有行政村实现广电光纤全覆盖，完成30个薄弱村文体设施提升改造。县图书馆获批国家一级馆，县少儿业余体校获评国家重点高水平体育后备人才基地。实现城乡居民基本医疗保险和社会养老保险参保全覆盖；实现城镇新增就业1813人、促进下岗失业人员再就业1306人，城镇登记失业率2.68%。实施城市棚户区改造357户，配租配售各类保障住房228套。被评为2017年中国候鸟旅居小城，被确定为全省乡镇敬老院社会化改革试点示范县。

优化创新环境 2017年，上杭县科技创业园基本建成，入园孵化企业5家。培育省、市级科技小巨人领军企业8家。创新投融资机制，设立规模为5亿元的兴杭纳斯特产业基金，引进总规模30亿元的兴源私募股权基金。人才战略深入推进，大力推进科技特派员制度，对重点产业人才实行“一事一议”。引进各类人才288人，其中，省级以上高层次人才18人、重点产业人才158人、教育卫生人才130人。

经济合作 2017年，中国证监会挂钩帮扶上杭县，与兴业证券签订为期5年的战略合作协议。与海军装备部、中电科集团等建立共建关系，签订军民融合项目23个，新开工4个，带动投资24.9亿元。政银企校产学研合作对接和“百名教授博士下基层”活动成果丰硕。实施杭商“回归工程”，签约落地索利普先进制造与智慧城市公共服务平台、伊维菌素医药研发生产等项目。外向型经济日益拓展，古田海关、国检工作机构正式设立，生产性出口首次突破4亿美元，被评为省外贸转型升级示范县。

（刘昌发）

【武平县】 2017年，武平县实现生产总值181.29亿元，比上年增长8%。第一产业增加值29.37亿元，增长2.1%；第二产业增加值72.72亿元，增长6.4%；第三产业增加值79.2亿元，增长12.5%。固定资产投资280.8亿元，增长8.3%。社会消费品零售总额75.8亿元，增长12.3%。一般公共预算总收入11.7亿元，增长12.2%，其中，地方一般公共预算收入8亿元，增长8.8%。城镇居民人均可支配收入31027元，增长9.1%；农村居民人均可支配收入14852元，增长8.6%。

项目攻坚。新签约亿思达激光显示产业园、岳凯电子智能穿戴设备等38个项目，新开工普集农光互补光伏发电等45个项目，新建成宇田汽配智能技改、嘉喜不锈钢餐厨用品生产等41个项目。109个省、市、县重点项目完成投资74.5亿元。县级财政多渠道筹集资金20.1亿元，投入重点项目建设。全县获批项目建设用地71.2公顷、林地66.93公顷，完成土地征收156.67公顷、房屋征收2.2万平方米。

脱贫攻坚。全年投入扶贫资金1.8亿元，实现1个贫困乡、12个贫困村摘帽，9913名贫困人口脱贫。贫困户实现干部挂钩帮扶全覆盖，100%落实脱贫措施。发放农业产业扶持资金1965万元，扶持5708户贫困户增加生产性收入。为1028户贫困户发放扶贫小额担保贷款3633万元。实施激励性扶贫项目58个。举办“雨露计划”培训班69期，培训3806人次。建设造福工程易地扶贫搬迁安置点6个，全年完成建档立卡贫困户搬迁620户2003人。全面落实贫困人口医疗保险叠加政策，补助1699人次。解决1279名建档立卡贫困人口的饮水安全问题。投入2180万元扶持58个贫困村建成分布式光伏发电项目，投入1260万元实施21个贫困村集体经济扶贫试点，努力增强造血功能。投入2000万元实施贫困乡村道路提升工程，完成湘店店下至羊牯、民主至岭下公路改造。

产业发展。实现农林牧渔业总产值52.5亿元，比上年增长2.1%。新增市级农业产业化龙头企业2家、省级农民专业合作社示范社4家、省级示范家庭农场4家、市级示范家庭农场6家；新增绿色食品认证企业1家、无公害农产品认证企业1家、市知名商标8件。“梁野翠芽”获评第四届海峡两岸茶王赛“茶王”。新增岳凯科技、世能科泰等7家规模以上工业企业和合信创展等3家亿元企业，实现规模以上工业增加值44.6亿元，比上年增长8.9%。矿产品加工、不锈钢加工、机械制造、新型显示与智能制造、农林产品精深加工5个产业实现产值155.5亿元，占规模以上工业总产值的89.5%。创建福建省首个县域省级高新技术产业园区。尧禄、新礤等5个村被评为省级乡村旅游特色村。全年接待旅游人数215万人次，比上年增长31%；实现旅游收入22亿元，增长32%。新增注册电商企业78家，实现电商交易额40亿元。

城乡建设。改造农村公路57千米、危桥11座。完成水利投资4.8亿元。实现移动4G网络、电信光纤网络全覆盖。新增城区绿地面积15.3万平方米。新建城区供水管网12.5千米，排污管网10千米，燃气管网15千米。城区建筑垃圾处理场（一期）建成投入使用。拆除“两违”建筑面积72.5万平方米。平川镇再次获评全国文明乡镇，城厢镇园丁村、中堡镇远富村获评全国文明村。

社会事业。鼓楼幼儿园、文山幼儿园、第三实验小学建成投入使用。县中医院业务配套用房项目投入使用，妇幼保健院完成整体迁建，东留、中山、中堡卫生院业务用房建成投入使用。客都汇文化创意产业园被确定为福建省13家、龙岩市唯一一家省级文化产业重点园区。大型古装汉剧《百姓镇轶事》获福建省百花文艺奖。农村低保每人每年提高到3960元，城市低保每人每年提高到5700元。建成河东、东城社区日间照料中心。新建11个村级幸福院，新增城镇就业1472人，农村转移就业2028人。获评第五届全国文明城市。

全国深化集体林权制度改革现场经验交流会　2017年7月27日，全国深化集体林权制度改革现场经验交流会在武平县召开。武平是习近平总书记在福建任省长时亲手抓起、亲自主导的集体林权制度改革的发源地，经过15年的接力奋斗，实现生态环境改善和农民脱贫致富协调发展，为全国林改探索路子、树立标杆，被誉为“全国林改第一县”。

武平县定光佛文化园区获批设立“海峡两岸交流基地”　2017年5月，国台办批复同意在武平县定光佛文化园区设立海峡两岸交流基地。12月3日，海峡两岸交流基地授牌仪式暨第六届海峡两岸定光佛文化旅游节开幕式在武平县岩前均庆院广场举行。定光佛被称为“客家人的保护神”，位于武平县岩前镇的定光佛祖庙均庆院是海内外客家人的朝圣之地。（冯建川　林上添）

【长汀县】　2017年，长汀县实现生产总值208亿元，比上年增长7.9%。一般公共预算总收入10.9亿元，增长16.1%，其中，地方一般公共预算收入7.2亿元，增长11.4%。固定资产投资272.9亿元，增长17.7%。规模工业增加值60.9亿元，增长8.9%。社会消费品零售总额78.8亿元，增长13.3%。实际利用外资4616万美元，增长6.6%。城镇居民人均可支配收入23330元，增长9.7%；农村居民人均可支配收入13991元，增长9.6%。

产业发展。稀土产业实现产值80亿元，比上年增长66%，拉动规模以上工业增加值增速14个百分点，贡献率99%。中石油裂化催化剂、金龙稀土钛酸钡粉体项目开工建设，金龙稀土钕铁硼永磁元器件项目竣工投产。纺织服装产业实现产值86亿元，比上年增长2%，占全县规模以上工业总产值的43.6%。宏鑫纺织等8个项目完成技改，亿来实业5万纱锭等4个项目竣工投产。全年接待游客263.6万人次、实现旅游收入30.2亿元，分别比上年增长20.6%和36.9%。现代特色农业建成22个示范基地。粮食总产21万吨，烟叶收购16.3万担，农副产品加工业实现产值19.8亿元、比上年增长8.8%。新增设施农业15.23公顷、市级龙头企业2家、“三品一标”农产品11个，新培育农民专业合作社71家、家庭农场198家。

项目建设。签约一批能够延伸产业链、增强发展后劲的好项目，其中亿元以上企业30家。上海比路电子、中电科11所激光（闪烁）晶体等项目签约落地。33个省市重点项目、37个省行动计划重大投资项目、51个重中之重项目、24个投资工程包项目，分别完成投资76.5亿元、107亿元、135.4亿元、45.3亿元，分别占年度计划的137.8%、138%、137.8%、171.3%，阿美龙生物科技医疗器械等项目开工建设，盼盼二厂食品生产线、谊美吉斯光电新材料等项目竣工投产。

生态文明。完成水土流失治理9530公顷、植树造林2500公顷，分别占年

长汀县策武镇李田村花卉种植基地，摄于2017年　（长汀县政府办供稿）

度任务的124%、224.8%。长汀县南方水土流失治理典型案例被列为全国典型模式案例推广。全面推行河长制，关闭拆除生猪养殖场7.8万平方米，升级改造416家。通过全国水生态文明城市建设试点县评估验收。排查问题企业70家，督促30家企业限期整改，突出环保问题整改完成率达100%。全县集中饮用水源水质达标率100%，环境空气质量优良天数比例99.4%。成为首批国家生态文明建设示范县和“绿水青山就是金山银山”实践创新基地。

城乡建设。河田镇入选省级特色小镇创建名单。河田蔡坊、馆前黄湖、羊牯吉坑被列为第二批省级传统村落。完成319国道策武黄馆至城关改扩建、省道205线新民—李城及梅林大道路面“白改黑”工程，建成农村公路129千米、安保工程147千米，完成危桥改造12座。铺设城市天然气管道100千米。第二污水处理厂投入使用，实现城乡垃圾污水处理设施全覆盖。完成电网改造189千米、高标准农田改造0.45万公顷、补充耕地100公顷、除险加固病险水库3座，建成烟草援建水库4座。

社会事业。新增财力主要用于改善民生，公共财政用于各类民生支出29.6亿元，比上年增长7.1%，占地方公共预算支出的80.1%。10件为民办实事项目基本完成。1个贫困乡、16个贫困村、10543名贫困群众实现脱贫摘帽。52个竞争激励性扶贫项目带动贫困户1071户3842人脱贫增收。新建10个造福工程集中安置区，完成造福工程易地扶贫搬迁2543户9152人。发放小额扶贫贷款8215.2万元，覆盖面40%。帮助无生产劳动能力的464户贫困户申请小额信贷资金，投资县医疗器械产业园，每户每年可分红3000元。新增农村劳动力转移就业7533人，新增城镇就业3052人，城镇就业率97.9%。城市低保标准每人每月提高至538元。城乡居民基本医疗保险“三保合一”全面完成，城乡居民养老保险续保率96.8%。新开工12个中小学及公办幼儿园项目，新增中小学及公办幼儿园学位1152个，9所中小学通过省级标准化学校验收。汀州医院、妇幼保健院院长公开竞聘上岗，完成河田医养康复大楼和涂坊、古城、庵杰卫生院主体工程建设。歌剧《松毛岭之恋》被列入文化部“中国民族歌剧传承发展工程”，长汀客家九连环、汀州客家酿酒技艺被列入第五批省级非物质文化遗产目录。成为全省首批食品安全社会共治示范县。

医疗器械产业初具规模　2017年，长汀县出台医疗器械产业发展招商引资专项政策，投资10.6亿元建设长汀县医疗器械产业专业园区（腾飞园区及工业新区园区），力争将其打造成为福建省首个医疗器械产业集聚地。2017年1月14日，省食药监局专门出台8条扶持长汀医疗器械产业发展的具体措施。腾飞园区一期于2017年9月底竣工投入使用，医用耗材、体外诊断系列、数字超声系列等医疗器械生产企业陆续入驻腾飞园区。全县签约引进医疗器械企业20家，其中，生产企业12家，贸易企业8家，实现贸易额及产值5.1亿元。

（丘　辉）

【连城县】　2017年，连城县完成生产总值183.36亿元，比上年增长9.1%。规模以上工业增加值43.4亿元，增长9.5%。固定资产投资263.09亿元，增长19.5%。社会消费品零售总额60.3亿元，增长13.9%。一般公共预算总收入7.4亿元，增长15%，其中，地方一般公共预算收入4.78亿元，增长10.8%。城镇居民人均可支配收入28708元，增长9.3%；农村居民人均可支配收入14091元，增长10%。

工业。规模以上工业企业128家，实现产值176.7亿元，比上年增长22.9%；亿元企业达55家，其中，产值超5亿元企业3家。光电新材料产业、生物医药产业、矿冶化工产业分别实现产值32亿元、8.2亿元、33亿元，分别比上年增长45.5%、12.5%和26%。允升复合材料年产10万吨复合不锈钢管、赛特新材年产660万平方米真空绝热板等一批优质项目开工建设；爱的电器年产200万台高性能直流水泵（一期）、全国最大电池级硫酸锰等项目竣工投产。冠睿电子成为全县首个产值突破10亿元企业，富润建材成为全县首个“新三板”挂牌企业。

农业。全年实现农林牧渔业总产值52.26亿元，比上年增长3.4%。获评“中国客家硒都”，打造富硒农产品生产示范基地12个，完成产值5.5亿元。加工地瓜干12万吨，产值32亿元。出栏白鹜鸭288万羽，产值3.6亿元。获评“世界兰花之乡”，创建首个国家级出口兰花质量安全示范区。

现代服务业。实现增加值76.36亿元，比上年增长13.3%。通过省级农村电子商务示范县验收，列入国家级电子商务进农村综合示范县创建名单，莲冠电商物流产业园建成投入使用。全县电子商务交易额42.5亿元，比上年增长86.7%。全年接待游客966.5万人次，实现总收入46.5亿元，分别比上年增长30%和31%。冠豸山国家地质公园被评为福建省最美（十佳）地质公园。县旅游集散服务中心和松毛岭纪念广场建成投入使用。

城乡建设。浦梅铁路连城段全线动工，完成冠豸山火车站站前广场改造提升工程（一期）。铁路客运量93.1万人次，比上年增长48%。冠豸山机场旅客吞吐量14.45万人次，增长23.37%，增开“昆明—连城—南京”和“北京（南苑）—连城”航线并实现稳定运营。新增县道8千米、村道59千米。建成城乡公园8个、公厕21个，新增停车位450个。完成朋口等6个乡镇污水处理厂主体工程建设，实现乡镇垃圾转运站全覆盖。实施新泉红色旅游公路、朋口市场综合体等各类重点镇建设项目25个。新培育省级示范村2个、市级试点村17个，初步打造北团石丰等5个“精品村”和曲溪美丽乡村“景观带”。曲溪冯地村被评为第五届全国文明村镇，宣和培田村入选全国第四批美丽宜居村庄示范名单，罗坊富地村被评为“2017福建最美乡村”，赖源黄宗、四堡田茶等7个村获评第二批省级传统村落。

民生保障。实施民生社会事业和产业发展补短板项目127个。基本完成12项惠民工程为民办实事项目。建成县职业中专实训楼、慈济幼儿园和朋口中心幼儿园。开工建设县微创治疗中心（县医院二期病房楼），改造提升8个乡镇卫生院，完成县疾控中心整体搬迁。新建7个农村幸福院和4个社区居家养老服务日间照料中心，改造提升5个社区居家养老服务站，建成莲峰社区福利中心。全年新增城镇就业1185人、再就业845人，转移农村劳动力就业5109人，城镇登记失业率2.33%。新建保障性住房955套，分配公共租赁住房146套。发放城乡低保金1568万元、特困供养保障金1318万元、医疗救助金732万元、残疾人两项补贴资金980万元。城乡居民基本养老保险参保率99.5%，城乡居民基本医疗保险参保率100%。

扶贫攻坚。落实干部挂钩和帮扶措施全覆盖，实现2016年建档立卡贫困户全部脱贫，赤岭、上琴等13个村和林坊镇完成脱贫摘帽。发放小额扶贫贴息贷款2053户、6928万元，创建产业扶贫示范点42个、竞争性产业扶贫示范点36个，47个贫困村光伏扶贫总投资1677万元、带动贫困户793户，贫困户“造血”脱贫能力持续增强。建成67个集中安置点。

连城征迁工作实现历史性突破 2017年，连城县构建新常态下征迁新机制，在产权认定、征后管理、绩效考评等方面勇探新路。创新产权认定机制。产权认定小组集中办公，避免群众多头跑、来回走。创新土地征后管理机制。出台《连城县中心城区集体土地征收交地后管理办法（暂行）》，明确由县城市管理行政执法局统一管理，避免土地“二次征收”。创新征迁工作考评机制。实行征地拆迁绩效管理考评，以业绩论英雄，以作为论地位。创新任务包干机制。实行依法征收与入户工作“两腿走路”，破解“征地难、拆迁难”问题。2017年，一批重点城建项目征迁工作在征迁机制改革后取得突破性进展。全县征收土地432.67公顷，房屋544户，其中，城区重点项目土地征收37.73公顷，房屋征收235户，保障重点城建项目建设。如商贸物流园项目建设，2个月完成近40公顷用地征迁，创造出“连城征迁速度”。（余兴辉　曹雪芳）

【漳平市】　2017年，漳平市实现生产总值231.02亿元，比上年增长8.8%。农林牧渔业总产值49.28亿元，增长3.1%。规模以上工业增加值50.03亿元，增长9.3%。一般公共预算总收入10.57亿元，增长11.1%，其中，地方一般公共预算收入6.81亿元，增长9.7%。固定资产投资253.88亿元，增长17.3%。社会消费品零售总额70.64亿元，增长13.6%。外贸出口23.72亿元，增长8.2%。实际利用外资3412万美元，增长6.6%。城镇居民人均可支配收入31497元，增长8.4%；农村居民人均可支配收入15902元，增长9.7%。

工业。2017年，全市工业固定资产投资127.61亿元，工业技改投资82.01亿元。规模以上工业28个大类行业中，有25个行业总产值同比实现增长，增长面89.3%；规模以上工业效益指数261.3，增长34.1%。轻纺、建材、矿冶、机械四大主导产业产值95.4亿元，增长20.9%；能源、化工、农产品加工三大优势工业产值97.1亿元，增长24.1%。49家亿元以上工业企业产值131.1亿元，增长23.4%，其中，红狮水泥、天守超纤、木村林产等3家省级龙头企业完成产值39.9亿元，增长37.5%。市本级23家重点新增长点企业新增产值20亿元。列入省级高成长型企业2家、工业新增长点企业3家。拥有高新技术企业11家、省级知识产权优势企业7家，具有省级以上工程技术研究中心的企业3家。全年工业用电量8.4亿千瓦时，增长2.4%。

农业。2017年，粮食作物播种面积1.28万公顷，产量7.7万吨。省粮食储备库漳平直属库建成使用，高标准基本农田建设0.19万公顷，耕地补充86.47公顷。“木、竹、花、茶、菜”特色产业产值21.2亿元，比上年增长5.8%。漳平水仙茶获得第十五届中国国际农产品交易会地标展金奖。制订林下经济发展规划，林下经济产值25亿元，比上年增长10%。全市经工商注册登记的家庭农场总数2382家，其中，培育龙岩市级示范家庭农场28家、省级示范家庭农场12家。2017年，新增4家省级示范家庭农场、3个省级农民合作社示范社。

第三产业。第三产业增加值107.62亿元，比上年增长12.0%；限上商贸企业零售额33.3亿元，增长25.8%。有农村淘宝村级服务点47个，列入省级农村电子商务示范村2个。永福台品樱

2017年1月19日，漳平市举办第六届樱花节。图为茶田边盛开的樱花
（漳平市政府办供稿）

花茶园被评为全省首批优秀创意旅游产品。全年接待游客310万人次、旅游总收入16.6亿元，分别比上年增长15%、16%。

项目攻坚。2017年，安排财政资金15.9亿元推进项目落地。全市谋划项目82个、签约项目57个、开工项目42个、投产项目25个，完成增资11亿元。市本级重点项目116个，完成投资81.8亿元，其中，省、龙岩市重点项目31个，完成投资68.1亿元。完成林地报批65.13公顷、土地报批80公顷；盘活闲置厂房18万平方米，收回闲置用地33.33公顷。完成征地拆迁157.5万平方米、交地136.7万平方米。帮扶企业解决用工1894人，其中漳平市农民进工业园区务工621人。

脱贫攻坚。全年投入扶贫资金1.1亿元，贫困人口脱贫5421人，达到退出贫困村条件的村8个。完成易地扶贫搬迁2460人、危房改造305户，“雨露计划”培训2855人次，发放扶贫小额贷款3236万元，新型经营主体带动贫困户脱贫增收465户。实施村集体经济稳定增收改革，在28个贫困村开展折股量化试点。助力就业扶贫，政府购买公益性岗位122个，实施激励性扶贫项目49个、参与2265人。落实政策兜底扶贫，贫困人口享受低保3890人、医疗救助4222人、教育资助1058人。

社会事业。2017年，全市实施10个为民办实事项目，合计投资5.5亿元；民生支出19亿元，占一般公共预算支出比重达82.1%。教育补短板项目完成投资3.2亿元，城关小学改扩建和第二实验小学、第二附属小学建成使用，“一校多区”管理学校增至13所，薄弱初中学校整体委托漳平三中和漳平二中管理的有3所，获得“全省安全教育示范市”“全国义务教育发展基本均衡市”称号。卫生补短板项目完成投资3000万元，完成西园卫生院、20个村卫生所规范化建设，通过全国基层中医药工作先进单位评审。实施4个文体惠民工程，开展4项群文、17项文艺、14项全民健身赛事等活动。新增城镇就业1654人、农村劳动力转移4758人，城镇登记失业率2.2%。建成乡镇人力资源和社会保障平台14个，失业保险扩面参保人数3.2万人。有乡镇敬老院12个、社区居家养老服务站25个、村级幸福院33所、社区日间照料中心2个、民办养老机构3家。

漳平市农民漆画亮相金砖国家“三合一”论坛 2017年6月11日，金砖国家政党、智库和民间社会组织论坛在福州召开。漳平市农民漆画作为福建省非遗项目展示内容之一亮相会场。

龙岩首个团体标准《漳平水仙茶》制定发布 2017年11月，龙岩首个茶叶团体标准《漳平水仙茶》制订发布，并于12月1日实施。该标准规定漳平水仙茶产品的术语和定义、分级、要求、试验方法、检验规则、标志标签、包装、运输、贮存，适用于漳平市行政区域内种植、加工的紧压四方形漳平水仙茶产品。

福建省首个台生农业教学实践基地在漳平设立 2017年，福建省农业厅和省台办同意在漳平台湾农民创业园设立台湾高校学生农业教学实践基地，这是福建省首个台湾高校学生农业教学实践基地。2月，台盟中央在漳平台创园设立台湾青年产业融合示范基地。

（陈龙林　陈波秀）

宁德市

【基本情况】 宁德俗称闽东，东望台湾，西邻南平，南连福州，北接浙江省温州市。东西横距235千米，南北纵距153千米。全市陆地面积1.35万平方千米，海域面积4.46万平方千米。辖9个县（市、区）、1个国家级经济技术开发区，乡（镇、街道）125个。年末人口3507151人，是全国最大的畲族聚居地（畲族人口占全国畲族人口总数的1/4、全省的1/2），人口出生率18.1‰，人口自然增长率1.2‰。

全市分布有三都澳、赛岐、三沙、沙埕等著名良港，规划可建设港口泊位167个。其中，天然良港三都澳口小腹大、水深港阔，掩护条件好、地质结构稳定，拥有水域面积714平方千米，10米以上深水域面积174平方千米，深水岸线110.36千米，主航道水深30～115米，无碍航暗礁，水道优良。根据《福州港总体规划》，三都澳内规划泊位数129个，其中，深水泊位105个，规划形成年货物通过能力2.522亿吨。

宁德依山傍海，有丰富的林竹资源，盛产晚熟荔枝、晚熟龙眼、无核柿、四季柚、东魁杨梅、脐橙、水蜜桃等水果；有金属、非金属矿43种（优势矿种为银和钼）。淡水储量150亿立方米，可开发水电资源250万千瓦。大陆岸线长1046千米，居全省首位。浅海滩涂面积约2700平方千米，盛产大黄鱼、对虾、二都蚶、牡蛎及海带、紫菜等。

宁德拥有世界地质公园1个、国家AAAAA级景区2个、国家AAAA级景区2个。拥有中国驰名商标46件，居全省第四位；地理标志商标65件，居全国设区市前列，其中，地理标志驰名商标8件，居全国首位。

【经济社会概况】 2017年，宁德市生产总值1756.26亿元，比上年增长（下同）5.3%。第一产业增加值272.65亿元，增长4.2%；第二产业增加值867.39亿元，增长2%；第三产业增加值616.22亿元，增长11.1%。一般公共预算总收入176.85亿元，增长14%，其中，地方一般公共预算收入110.38亿元，增长9.3%。固定资产投资1287.42亿元，增长5.1%。进出口总值305.9亿元，增长20.6%。实际利用外资0.67亿美元，下降71%。社会消费品零售总额565.09亿元，增长10.3%。居民消费价格总水平上涨0.7%。城镇居民人均可支配收入30502元，增长8.3%；农村居民人均可支配收入14722元，增长8.9%。税性总收入143.91亿元，增长20.5%；地方级税性收入77.45亿元，增长18.5%，以上两项税性收入和一般公共预算总收入增幅均居全省首位。

环三核心区域开发。三都澳新区规划建设有序推进。完成总体城市设计及重点地段详细设计国际咨询。建设资金保障取得突破。收储海域面积0.12万公顷。后湾、铁基湾两个片区先行启动，金蛇山填海造地加快推进，金后湾、跨海湾围填海项目基本完成。锂电新能源特色小镇获批建设。漳湾疏港公路东侨一二标段实现通车，赤鉴湖公园二三期、北区污水处理厂二期和东侨网球中心竣工投用。湾坞溪尾组团控规完成编制。白马港区口岸联检中心、湾坞污水处理厂建成投用。不锈钢新材料特色小镇获批，一期项目开工建设。溪南半岛产业区重启建设。宁上高速霞浦至福安段线路规划延伸至东冲半岛下浒镇，溪南傅竹至霞塘段动工建设。

工业。实现规模以上工业增加值706.73亿元，比上年增长1.8%。出台促进锂电新能源、不锈钢新材料产业发展政策，设立新能源产业基金，两大产业集群实现增加值311.34亿元，增长34%，对规模以上工业增长贡献率635.8%。宁德新能源和宁德时代新能源分别成为全球第一的消费类聚合物锂离子电池和锂离子动力电池制造企业。青拓集团完成全国首例跨省钢铁产能置换，400系不锈钢项目启动建设，成为全球最大的不锈钢生产基地，产量占全球10%、全国20%。中铜40万吨铜冶炼项目加快实施，漆包线等深加工项目深入对接。宁德核电5号、6号机组具备国家核准条件，霞浦核电示范快堆项目开工建设。广生堂药业获得全国首张替诺福韦乙肝适应症批文，成为唯一拥有两大乙肝一线用药的国内药企。取缔“地条钢”企业18家，关停石材企业221家。亚南电机、时代新能源与福汽集团联手发展新能源汽车电机电控系统，实现批量化生产。企业微观运行态势总体良好，扣除去产能因素影响，工业用电量增长14.52%，增幅居全省首位。新增高新技术企业11家、国家级星创天地1家和省级重点实验室2家、企业工程技术研究中心1家，发明专利授权227件。

农业。实现农林牧渔业增加值272.65亿元，比上年增长4.2%。粮食产量64万吨、地方粮食储备15万吨，省市区三级联建的宁德国家粮食储备库迁建项目投用。宁德国家农业科技园区通过验收。新增全国农村创业创新园区5个和省级家庭农场示范场21家、农民合作社示范社16家，新认定农业产业化龙头企业323家。建成高标准农田1.14万公顷。

现代服务业。实现服务业增加值616.22亿元，比上年增长11.1%。全域旅游发展迅速，年接待游客2653万人次，比上年增长20.1%；旅游总收入254.29亿元，增长30.2%。第七届宁德世界地质公园文化旅游节成功举办。九龙漈获评为国家级风景名胜区，闽东红色旅游系列景区列入全国红色旅游经典景区名录，白水洋、九鲤溪获批国家体育旅游示范基地（项目），寿宁获评全国休闲农业和乡村旅游示范县。消费市场稳定繁荣，新增限上贸易企业141家。电子商务交易额528亿元，增长26%。商品住房销售面积326.48万平方米，增长16.1%，增幅居全省首位。港口物流加快发展，集装箱吞吐量8.58万标箱，增长16.8%，增幅居全省首位。水陆联运中心开工建设。

城乡建设。闽东路中段实现双向通车，长期困扰市民的“卡脖子路”问题得到解决。金马北路、金漳路、福利路建成通车，鹤峰路完成“白改黑”。新增公共停车位434个、新能源汽车充电桩240个。署前路棚改一期、金兰小区安置房等棚改项目完成安征迁。市博物馆、档案馆、科技馆和青少年宫开工建设。人民公园等一批园林项目加快改造提升，环东湖慢行道二期建成开放，东湖核心景观区逐步完善。曲尺塘、古溪溪防洪排涝工程建成投用。东湖塘北港完成清淤治理，新建改建一批供水和雨污管网。官昌水库完成主体工程建设。29个省市小城镇综合改革试点实施项目350个，赛岐、太姥山“小城市”试点经济社会管理和行政执法权限有序下放。福安穆阳、福鼎点头列入全国特色小镇，新入选省级特色小镇创建名单4个。全市完成“两违”综合治理477.77万平方米。完成939个行政村、3.72万户改厕改水，受益农民41.6万人。沙埕湾跨海公路通道工程、宁古高速六都复合式枢纽互通动工建设。八尺门作业区3号、4号泊位建成投用。

改革开放。“放管服”改革深入推进，公布“一趟不用跑”和“最多跑一趟”事项819项。调整清理95项市级行政审批和服务事项，市县乡三级权责清单体系基本建立。涉企证照登记备案等事项实现“45证合一”。以管资本为主深化改革转变职能有效推进，取消、下放监管事项18项。湾坞—漳湾工业园区成为国家首批增量配电业务改革试点，福鼎工业园区、东侨经济技术开发区列入全省首批购售电业务改革试点。连续五届获评省级双拥模范城。招商引资签约合同项目198个，总投资1226.6亿元，增长5.6%。实体企业出口实现回升，增长17.4%，其中，电机电器、食用菌、锂电池、不锈钢产品及生产设备出口分别增长7.5%、23.3%、62.8%、453.7%。第九届海峡论坛·陈靖姑文化节成功举办，古田临水宫祖庙列入全省首批对台交流基地。

生态环境。实施水污染防治项目247个，完成安全生态水系建设126.89千米，新建乡镇污水集中处理设施27个、垃圾中转系统48个，主要流域水质优良比例100%。年度能耗总量和强度“双控”目标基本实现，大唐火电超低排放改造通过验收。黄标车淘汰任务超额完成。农用地污染状况详查全面启动，省里下达的工业危废贮存量削减任务顺利完成。领导干部自然资源资产离任审计等4项先行先试改革任务取得初步成果。4个国家重点生态功能区产业准入负面清单完成编制。蕉城水韵九都、霞浦杨家溪入选国家水利风景区，水利风景区创建工作在全国水利风景区建设与管理工作会议上作典型发言。寿宁杨梅洲峡谷晋级国家森林公园、古银硐矿山公园获评国家矿山公园。全市植树造林6440公顷，治理水土流失9264公顷，清理海上违规养殖1900公顷。

社会民生。全市民生支出237.97亿元，增长17.6%，占公共财政支出80.2%。完成30件为民办实事项目。实现脱贫3.45万人，实施造福工程1.68万人，分别超年度计划7%、18%；完成贫困户危房改造1095户。向1.07万贫困户发放小额贷款5.03亿元，总量居福建省首位。为8359名贫困群众报销医疗费用4355.13万元，发放贫困家庭子女助学金和补助6198.35万元、惠及3.25万人次。新增城镇就业3.09万人、农村劳动力转移就业4.06万人，城镇登记失业率2.73%。农村低保标准从每年2650元提高到4000元，惠及7.82万人。2.3万名特定对象享受政府购买居家养老专业化服务。发放城乡居民养老金5.51亿元、高龄津贴4980万元。6250户职工家庭获得公积金贷款27.5亿元。新开工保障性安居工程5198套，基本建成4097套，累计配租配售2.88万套，2025户农村危房完成改造。新改扩建公办幼儿园、中小学项目43个，新增学位8896个。改善农村义务教育薄弱校358个，新创义务教育管理标准化学校34所。建立宁德民族中学省市县三级共建机制。宁德职业技术学院通过教育部第二轮高职院校人才培养工作评估。宁德师院增设本科专业4个，整合闽东卫校设立二级医学院。分级诊疗制度实现全覆盖，县域内就诊率75.18%，增长14.7%。公立医院院长目标年薪制全面实施，医保管理体制基本理顺。实施医疗机构项目98个，新增床位266张，建成达标一体化村卫生所677个。新改扩建市社会福利中心等养老项目70个，新增养老床位1598张，改造护理型床位2845张。畲族原创舞剧《山哈魂》获省百花文艺奖一等奖。新增国家级少数民族特色村寨15个。18个比赛场馆和市老年活动中心改造提升工程基本完工。网格化服务管理中心指挥大厅建成投用。

宁德成为全球最大聚合物锂离子电池生产基地　2017年，宁德新能源科技有限公司（简称ATL）和宁德时代新能源科技股份有限公司（简称CATL）两家龙头企业总产值358.3亿元，分别成为全球第一的消费类聚合物锂离子电池制造企业和全球第一的锂离子动力电池制造企业。宁德市成为全球最大的聚合物锂离子电池生产基地，消费类聚合物锂离子电池产品供应苹果、华为、小米、OPPO、魅族等知名品牌，动力电池产品在国内唯一量产配套宝马、大众等国际著名车企。自2008年3月宁德新能源科技有限公司成立后，宁德市锂电新能源产业产值年均增长170%，成为工业经济新引擎。

宁德市青拓集团完成全国首例跨省钢铁产能置换　2017年8月7日，宁德市青拓集团与河北省保定市奥宇钢铁108万吨炼铁、90万吨炼钢（不锈钢）的产能置换方案，获福建省经信委正式批复，这是全国首例跨省钢铁产能置换。是年，宁德市初步形成以青拓集团为龙头，甬金、宏旺、海利、克虏伯等为配套的不锈钢新材料产业集群。青拓集团所在的湾坞工业集中区具备年产镍铁130万吨、不锈钢粗钢380万吨、热轧不锈钢钢板380万吨、不锈钢冷轧板带115万吨、棒线材50万吨、不锈钢无缝管材20万吨、不锈钢高速线材30万吨的生产能力。2017年实现产值862亿元，其中，不锈钢粗钢产能占全球的1/10。

（周小迟）

【蕉城区】　2017年，蕉城区实现生产总值390.61亿元，比上年增长10.5%。三次产业结构调整为9.9：51.2：38.9。一般公共预算总收入24.4亿元，增长17.6%，其中，地方一般公共预算收入14.2亿元，增长17.3%。固定资产投资328.65亿元，增长10.8%。农林牧渔业总产值76.07亿元，增长2.6%。规模以上工业增加值104.5亿元，增长23.1%。社会消费品零售总额136.7亿元，增长12.4%。出口总值62.9亿元，增长9.7%。实际利用外资754万美元，下降91.6%。城镇居民人均可支配收入31790元，增长9.1%；农村居民人均可支配收入14843元，增长9.4%。居民消费价格总指数100.8。

现代农业。宁德国家粮食储备库迁建项目竣工。宁德国家农业科技园区核心区通过科技部验收。新增福建省科技小巨人领军企业两家，市级以上农业产业化龙头企业14家、专业合作社6家、家庭农场示范场5家。再次获评全国重点产茶县，列入全国茶叶有机肥替代化肥示范县。“水韵九都”获评国家水利风景区，“官井洋及图”获评中国驰名商标，新增无公害农产品13个、绿色食品9个。新建环保型“塑胶渔排”4.8万平方米。

工业。宁德新能源企业实现产值358亿元。新能源湖西数码项目一期实现试生产，动力电池项目部分投产。宁德时代新能源完成上市辅导，并与青拓集团跨界协同发展三元材料，与省汽车集团加快发展新能源汽车动力电机电控系统。宁德思客琦机器人智能装备、莱普汽车冲压件等8个产业链配套项目动工建设，引进总投资10亿美元的新能源科技公司生产扩能项目。中铝铜冶炼基地项目启动建设，完成投资约22亿元，引进3个产业链配套项目。联德企业4条生产线全部投产。

旅游商贸。黄鞠灌溉工程入选“世界灌溉工程遗产”名录；三都岛红色革命遗址获评国家级红色旅游经典景区，三都镇获评全国摄影小镇；支提山闽东独立师成立地获评国家级红色旅游经典景区。新增4个省级旅游特色村，完成10个乡村示范村（点）规范化建设。全年接待游客401.57万人次，实现旅游收入42.05亿元，分别增长18.1%、26.3%。全区新增限上商贸企业41家。电商企业完成交易额11.3亿元，增长94.8%。

项目建设。全区81个区级在建重点项目完成投资111.3亿元，24个市级重点在建项目完成投资54.54亿元，12个省行动计划在建项目完成投资37.09

宁德蕉城区上金贝村村景，摄于2017年　　（蕉城区政府办供稿）

亿元，推出24个投资工程包，完成投资15.67亿元。启动总投资约1000亿元的三都澳城澳临港工业区及深水码头连片开发项目前期工作。全年招商引资14个项目，总投资170亿元。

交通配套。全年交通基础设施建设完成投资17.2亿元。省道纵三线霍童至周宁段建成通车。实施农村公路升级改造工程，对新建和拼宽至6.5米的农村公路分别给予每千米30万元、10万元补助。完成农村公路安全生命防护工程30千米。

城乡建设。新增城区停车泊位448个。新建城市污水管网11.48千米、雨水管网8千米。曲尺塘、古溪溪防洪排涝工程建成投用，官昌水库、南漈溪河道整治项目完成主体工程建设。拆除违建面积62.35万平方米。小城镇综合改革建设项目44个，完成投资4.7亿元。赤溪获评全国美丽宜居示范小镇，八都猴盾、霍童邑坂、金涵上金贝获评第五届“全国文明村镇”，全年建设美丽乡村18个、美丽乡村景观带3条。完成农村改水102个村、改厕1731户。

民生保障。全年财政民生支出24.06亿元，比上年增加2.87亿元。41个为民办实事项目稳步实施。新开工保障性住房678套。七都官昌水库安置房建设基本完工，三峡移民安置点危房改造项目开工建设。新增城镇就业4633人，农村劳动力转移就业5018人。全年发放城乡低保金1881.36万元，特困供养金1517.94万元，医疗救助和临时救助1182.5万元，残疾人补助799.7万元。全年实现脱贫3621人，“造福工程”搬迁2103人，发放小额贴息信贷2470万元。赤溪由知等4个村被评为市级精准扶贫典型培育示范村。

社会事业。区第一实验学校扩建工程、蕉城中学教学综合楼、二中学生宿舍楼竣工验收。漳湾溪口、虎贝、金溪3所公办幼儿园投入使用，新增学位900个，洪口幼儿园动工建设。“海云工程”项目133个村卫生所开通普通门诊新农合补偿业务。区综合体育馆交付使用。蕉南鹏程街区被认定为省级历史文化街区，洋中东山柳州祠等7个文物点被评为省级文物保护单位。区居家养老服务中心平台投入运营，完成2个居家养老服务站改造，建成4个农村幸福院，赤溪黄田、八都溪池慈善幸福院被列为省级示范点，建成35个老年人康乐家园。

（巫洪李　杨　涛）

【福安市】 2017年，福安市生产总值414.86亿元，比上年增长7.1%，总量居福建省第十位。其中，规模以上工业总产值1035.80亿元，增长8.5%；规模以上工业增加值219.38亿元，增长6.6%。固定资产投资231.99亿元，增长13.3%。社会消费品零售总额84.34亿元，增长8.8%。一般公共预算总收入34.76亿元，增长18.7%，其中，地方一般公共预算收入20.67亿元，增长10.9%。出口总值54.4亿元，增长1.2%。实际利用外资1686万美元，下降70.6%。城镇居民人均可支配收入32557元，增长8.2%；农村居民人均可支配收入15391元，增长8.8%。

工业。组建“163”平台，重组福安电机工程研究院，成立电机电器进出口商会，设立2亿元产业并购基金，推动传统产业转型升级。不锈钢千亿产业集群加快建设，不锈钢产业实现产值859.86亿元，增长39.6%，拉动福安市规模以上工业增长的贡献率达272%。甬金、宏旺、青拓镍铬铁合金、青拓上克、海利、大成电机等重点项目相继投产。实施在建工业项目69个、省宁德市重点技改项目20个，分别完成投资68亿元和22亿元。31家新增长点企业产值880亿元，增长13.7%。新增国家、省高新技术企业等51家。

农业。基本建成赛湾万亩设施葡萄休闲观光园、白云山生态休闲园、社口优质茶叶示范园等三大产业核心区，建成闽吴休闲农庄、泉山休闲农场、温室温控大棚栽培等3个国家现代农业示范区。新增宁德市级、省级重点农业龙头企业78家。被列为首批国家农业可持续发展试验示范区创建县、省首批现代农业产业园。坦洋工夫入选全国茶叶品牌价值十强，穆阳水蜜桃获2017年最受消费者喜爱的中国农产品区域公用品牌价值十强，福安巨峰葡萄、穆阳水蜜桃、福安芙蓉李获第十八届中国绿色食品博览会金奖，福安巨峰葡萄获2017年全国优质鲜食葡萄金奖。基本建成茜洋溪和磻溪流域2条省级美丽乡村景观带及21个省级美丽乡村。新增重点党建示范点14个、中国少数民族特色村寨11个、第二批省级传统村落12个、省第二批农村社区建设示范单位6个。穆云乡被命名为第四批全国民族团结进步创建活动示范单位。

服务业。第三产业实现增加值117.34亿元，增长13.8%。连续4年入选中国“电商百佳县”。建成乡、村两级“民富分中心”“民富便利店”22个、农村淘宝服务站58个。成功举办

福安市穆云畲族乡南山村桃花盛开，摄于2017年　（福安市政府办供稿）

2017年中国旅游日、第七届福安畲乡桃花节等系列活动，溪柄柏柱洋景区通过国家AAA级旅游景区验收。全年接待游客256万人次，旅游综合收入26亿元，增长18%。

重点项目。实施“五大竞赛”重点项目314个，完成投资133.56亿元。省、宁德市重点项目48个，在建重点项目25个，完成投资91.65亿元。新开工重点项目65个，新竣工重点项目59个。房地产完成投资21亿元，交通基础设施完成投资8.63亿元，电网项目完成投资2.3亿元。各类招商活动签约项目8个，总投资135.59亿元。争取各类项目融资11.04亿元。

生态环境。实施宜居环境建设项目138个，完成投资37.8亿元。完成绿化造林307.2公顷，补充耕地110.28公顷。建成10座乡镇污水处理厂、14个乡镇垃圾转运系统和一批城区生活垃圾填埋场、垃圾中转站治理。完成农村改厕132个村13486户、改水136个村、生活垃圾治理167个村。成立城市管理指挥中心，治理“两违”“两乱”拆除建筑物、构筑物484处，建筑面积105.09万平方米、占地面积156.57万平方米。关停8家“地条钢”企业，拆除禁养区内畜禽养殖场161户，淘汰黄标车575辆。赛江流域防洪二期、穆阳溪生态水系一期全面建成，“河长制”深入推行，被列为省第二批综合治水试验县。溪邳村入选第一批全国最美渔村，南岩村被评为全国环境整治示范村，溪塔村获全国文明村镇称号。

民生保障。市财政民生支出34.96亿元，占全市公共财政预算支出的81.0%，增长14.1%。全力推进149个民生补短板项目建设，41个为民办实事项目基本完成。福安市居家养老服务中心等养老服务站投入运营，穆云乡中岙村等6个幸福院基本建成。新建保障性住房919套，基本建成674套，配租配售415套。新增就业及下岗失业人员再就业9000人，农村劳动力转移就业6700人。1306户5067人实现脱贫。实施造福工程665户2857人，完成边远自然村整村搬迁41个、农村贫困户危房改造528户、建档立卡易地扶贫搬迁295户1162人。新建农村公路97千米，其中，“四好公路”9.7千米。改造农村危旧桥4座，新建港湾式客运站15个，建成公共停车泊位452个。

社会事业。新增国家高新技术企业6家，以及省科技型企业、科技小巨人领军企业、知识产权优势企业、工业和信息化产业龙头企业45家，获工信部“两化”融合贯标试点证书企业3家。闽东中小电机产业集群国家创新基金项目全面完成建设任务，两个省科技重大专项和8个计划项目落地实施。建立科普中国乡村e站50个。市科协获评全国科协系统先进集体，市葡萄协会获评中国农村专业技术协会科普奖。41个教育民生项目完成投资2.02亿元。组建福安师范附小教育集团、福安第一实验幼儿园教育集团。福安一中溪北洋新校区被列为省首批普通高中课改基地校，附小溪北洋新校区主体工程完工，上白石中心小学入选全国少先队改革示范校。启动基层医疗机构基本设备基本设施“双达标”建设，上白石和溪潭卫生院门诊综合楼竣工投入使用。福安选手荣获全国和全省青少年科技创新大赛4个全国奖项、37个省级奖项。奥体中心、福安大剧院、青少年宫基本建成，新增23个市级以上非遗传承人。陈嘉伟获得全国少年田径锦标赛100米第一名。

女子护学岗中队获“全国三八红旗集体”称号　2011年6月，福安女子护学岗中队成立。这是福建第一支专职护卫学生交通安全的女子护学队伍。6年来，福安女子护学岗中队探索创建“1235”工作机制（打造一支校园交通宣传警察队伍，推广两个网络宣传载体，拓展三大交通安全宣传平台，实践“五心天使玫瑰温暖特色行动”），并在全国推广，守护城区6万多名学生的交通安全。2017年获“全国三八红旗集体”“全省先进基层党组织”称号。

（郑尧光　敖荣增）

【福鼎市】　2017年，福鼎市完成生产总值347.48亿元，比上年增长3.4%。规模以上工业增加值下降2.6%。固定资产投资283.8亿元，增长4%。社会消费品零售总额114.84亿元，增长11.4%。实际利用外资233万美元，增长25.3%。一般公共预算总收入25.5亿元，增长0.1%。城镇居民人均可支配收入32646元，增长9%；农村居民人均可支配收入15063元，增长8.3%。居民消费价格总水平上涨2%。

现代农业。市级以上家庭农场示范场5个，农民合作社示范社3个。推广应用农作物新品种30个，种植面积1.47万公顷，农作物良种覆盖率98.2%，品种优质率85.4%。完成产值45.1亿元，增长5.5%，初步形成全国最大的坛紫菜粗加工市场。福鼎白茶位列中国茶叶区域公用品牌价值第三，连续8年进入十强，福鼎白茶文化系统列入中国重要农业文化遗产名录。福鼎市被授予第一批国家农产品质量安全县称号。

工业。完成工业投资75亿元、增长47.6%，发放技改补助资金1462万元。安排工业专项资金3544万元，实现工业税收10.1亿元，比上年增长13.7%。合成革、汽摩配、食品加工等重点行业完成产值694.5亿元，占全市规模以上工业总产值79.4%。龙安热电一期、双岳污水处理厂、文渡污水管网改造等项目相继建成。汇得新材料、百能数控、东岭纺织等22个项目动工建设，鼎坤电子、辉伦婴童、大立通用等10个项目竣工投产。科技创新成效明显，7个项目列入省技术创新重点项目库，新增省级科技型企业9家，省、市级知识产权优势企业3家，发明专利授权27件。

旅游经贸。实现服务业增加值99.33亿元，比上年增长8.3%。太姥山旅游集散中心投入使用，赤溪旅游集散中心二期开工建设，嵛山岛景区经营权依法收回。九鲤溪体育旅游项目获评国家体育产业示范项目。全年接待游客693.1万人次，旅游收入36.6亿元，分别比上年增长20.3%、23.1%。限上商贸企业销售额44亿元，增长15%。限上电商企业销售额15.5亿元，增长55%。

城市建设。新改扩建城市道路16千米。综合配套日趋完善，新增城市绿道、慢道9千米，完成人行道降坡改造5千米，建成公共停车场5个，新增城区停车位350个。处置违建80.5万平方米。

镇村建设。完成水库除险加固3座，新增高效节水灌溉面积333.33公顷，新改建农村电网451千米、农村路网58千米，农村公路列养里程1398千米。完成86个建制村改厕改水，实现乡镇垃圾转运系统全覆盖。溆城上榜第五届全国文明村，双华、赤溪、瑞云、才堡列入“中国少数民族特色村寨”，柏洋入选全省第十批“水乡渔村”。

项目投资。全市新增“五个一批”项目147个、总投资947亿元，其中，谋划项目62个、总投资642亿元，签约项目30个、总投资130亿元，开工项目30个、总投资90亿元，竣工项目20个、总投资74亿元，增资项目5个、总投资11亿元。投资拉动成效明显，151个市级以上在建重点项目完成投资138亿元，40个省、宁德市级在建重点项目完成投资74亿元，22个省行动计划在建重点项目完成投资40亿元。动工实施造福工程搬迁、农网改造升级、蓄引调水等16个工程包，完成投资8.3亿元。沙埕湾跨海公路通道、纵二线、宁德核电应急通道、文渡机械锻造园等项目全面开工，东南引水工程一期、黄岐陆岛交通码头等项目主体竣工。引进鼎盛钢铁、锂离子电池电解液、祥源旅游、紧固件小微园等超亿元项目22个。推进东扩主干线、滨海大道、龙安合成革产业园等6个PPP项目，总投资30.3亿元。

社会事业。增设福鼎一中桐城校区，全年新增学位5000个。11所中小学通过省级义务教育学校管理标准化评估，责任督学挂牌督导创新县通过省级验收。分级诊疗试点全面铺开，家庭医生签约覆盖率39%。市疾控中心、突发公共卫生事件应急处置中心、磻溪卫生院赤溪分院建成投用，新增床位106张。太姥书画院建成投用，福鼎二中获评全国校园足球特色学校。

民生保障。2017年，民生支出34.8亿元，比上年增长12.7%，占公共财政支出83%。28个为民办实事项目基本完成。城乡居民社会养老保险综合参保率95.3%，续保率94.9%，累计发放高龄老人生活津贴791万元，城乡居民医保人均年补助标准提高到450元，农村低保标准提高到4000元，城市低保标准提高到6480元。新增城镇就业5736人、转移农村劳动力7312人，城镇登记失业率2.6%。新增居家养老服务照料中心2个、农村幸福院4个，增加养老床位97张。福鼎市入选全省乡镇敬老院社会化运营试点示范单位。

精准扶贫。对接国开行落实造福工程易地搬迁低息专项贷款2.9亿元，年内到位4500万元，完成搬迁399户1517人，建成磻溪新村省级造福工程集中安置点。全年完成脱贫1166户3801人，建档立卡贫困户就地危房改造121户346人，发放扶贫专项资金4237万元，累计完成扶贫小额贷款5326万元。实现方家山、乾头、硋窑、斗门头、江南、后洋、车洋、樛树岔、蒋阳、举州等10个扶贫开发重点村脱贫摘帽。获评2017年度中国茶业扶贫示范县。

第六届福鼎白茶开茶节 2017年3月25日在福鼎市点头镇洋中茶叶街开幕。开茶节现场进行开幕启动仪式、传统祭茶典礼、民俗踩街表演等活动，展现白茶文化的独特魅力。

中广核宁德核电基地正式启动“工业旅游”项目 2017年8月7日，中广核宁德核电基地正式启动“工业旅游”项目，宁德核电工业旅游项目以宁德核电公司与地方旅游公司合作的形式，由宁德核电公司免费提供核电站的观光路线及对应服务，旅游公司策划推出核电站以外，包括太姥山、牛郎岗、嵛山岛、杨家溪、九鲤溪等重点景区的旅游套餐。

太姥山旅游集散中心投入使用 2017年9月8日，太姥山旅游集散中心正式投入使用。太姥山旅游集散中心项目坐落于太姥山镇洋里，紧邻温福铁路太姥山站和沈海高速太姥山镇互通枢纽，项目总投资1.45亿元，占地面积11.07万平方米，建筑面积1.45万平方米，按照一级城市旅游集散中心和国家AAAAA级景区游客中心标准建设。

福鼎市召开《蓝姑与白茶》新编木偶京剧剧本研讨会 2017年10月28日，福鼎市召开《蓝姑与白茶》新编木偶京剧剧本研讨会。《蓝姑与白茶》剧本是福鼎市木偶戏剧表演艺术家姚义炳主创的大型地方戏，通过对太姥娘娘的刻画描写，充分展示太姥文化与白茶文化碰撞的传奇故事，阐述茶与人生、人生与茶的真谛。 （张　潇）

【霞浦县】 2017年，霞浦县完成生产总值212.51亿元，比上年增长5%。一般公共预算总收入12.2亿元，增长2%，其中，地方一般公共预算收入9.1亿元，同口径增长2.65%。固定资产投资（不含农户）149.5亿元，增长15.1%。城镇居民人均可支配收入30472元，增长7.9%；农村居民人均可支配收入15151元，增长10.3%。

农业。全年实现农林牧渔业总产值107.76亿元，比上年增长5.5%。实现粮播面积1.48万公顷，产量6.9万吨。新增设施农业20公顷，标准化生态茶园250.67公顷，林下经济173.33公顷。5个现代渔业生产发展项目通过验收，建成松山海区翻转式紫菜养殖等4个示范基地，海葡萄工厂化养殖获得成功；全年水产品总量43万吨，比上年增长4.5%。基本完成农村土地确权登记颁证工作，新增农村土地流转520公顷。新增市级以上农业产业化龙头企业6家、“三品一标”认证企业4家、家庭农场11家、农民专业合作社151家。

工业。新增规模以上企业12家，实现规模以上工业增加值26亿元。实施省市重点技改项目14项，完成投资2.1亿元。获2016—2017年度“全国食品工业强县”称号，东吾洋食品公司在“新三板”挂牌，万丰水产公司和钦龙食品公司成功创建“全国水产养殖示范场”。浮鹰岛风电项目竣工，马耳山风电并网发电，中核600MW示范快堆工程土建开工。

第三产业。全年接待游客381万多人次，旅游收入34.11亿元，分别比上年增长19.9%和30.3%。杨家溪景区获评“国家水利风景区”，牙城镇获评“省级乡村旅游休闲集镇”，大京村获评“福建省最受欢迎水乡渔村”，崇儒上水村、北壁东冲村和沙江小马村、竹江村获评“省级旅游特色村”，钦龙公司获评“全省旅游观光工厂”。新增限上商贸企业12家，实现零售额78.7亿元，比上年增长9%。电子商务产业园开园，累计完成交易额4亿多元。

基础建设。长春闾峡、海岛浮鹰等5座陆岛码头投入使用。大毙里水库竣工，大京、长门、外海湖3条海堤完成除险加固。建成110千伏长兴输变电站，新建或改造10千伏线路23.9千米，配电变压器83台，低压线路46千米。

城乡建设。3个省市小城镇综合改革试点完成项目投资5.95亿元。海岛乡列入省级农村产业融合试点示范乡创建名单。农村环境卫生治理投入2750多万元，沙江、长春、北壁、柏洋4个乡镇垃圾处理设施建成运营。溪南半月里村入选“全国美丽宜居示范村”，水门茶岗村、三沙东山村、崇儒上水村入选第二批“中国少数民族特色村寨”，长春武岐村、沙江沙塘街村被列为“全省美丽乡村”示范村。

生态环保。国家和省环保督查问题整改扎实推进，黏土砖厂、畜禽养殖等一批突出环境问题得到解决。“河长制”有效落实，建设安全生态水系项目3个30千米、小流域综合整治项目3个18.9千米。黄标车、生猪养殖污染整治行动完成年度任务，海漂垃圾治理工作有序开展。盐田工业集中点煤改工程加快推进。建设沿海基干林带420公顷，植树造林150公顷，维持生态公益林保有面积4210公顷。

脱贫攻坚。投入1.22亿元，实施精准帮扶项目183个，完成造福工程搬迁665户2580人、农村危房改造88户。发放贫困户小额贴息贷款9371万元，为4125户发展“短平快”项目的贫困户和86家专业合作社下拨资金1250多万元。新成立51个集体经济组织和专业合作社，吸纳贫困户820多户，安排公益岗位吸纳贫困户341户。全年实现脱贫6200人左右，退出贫困村52个。

社会保障。全县民生支出25.4亿元，占公共财政支出73.1%。城乡居民社会养老保险参保率97.8%；发放各类补贴5747万元；福乐家园康复托养服务中心投入运营，4332名特定对象享受政府购买居家养老专业化服务。新开工保障性安居工程699套，基本建成292套。新增城镇就业3700人、城镇失业人员再就业1400人、农村劳动力转移就业6122人，城镇登记失业率2.7%。大学生创业园建成使用，120多名高校毕业生实现自主创业。

社会事业。松港长沙村获评第五届“全国文明村镇”。县第四小学、特教校宿舍楼和柏洋、水门等幼儿园建成使用。实验小学等14所学校被评定为福建省首批“义务教育管理标准化学校”。完成乡镇卫生院业务用房改扩建工程4个、村卫生所标准化建设71个。盐田中心小学图书馆被评为“全国2017年最美校园书屋”。霞浦中国海洋文化基因库项目列入福建省优秀传统文化传承发展工程。霞浦一中男子足球队和实验小学女子足球队分别荣获U13男子组国际青少年校园足球赛、“2017年‘人教杯’全国校园足球赛”亚军。霞浦籍运动员王庆玲蝉联第十三届全国运动会女子七项全能冠军。（林承怡）

【寿宁县】 2017年，寿宁县实现生产总值67.13亿元，比上年增长1.5%。第一产业增加值14.11亿元，比上年增长4.3%；第二产业增加值28.18亿元，下降2%；第三产业增加值24.84亿元，增长5.3%。三次产业结构比为21∶42∶37。一般公共预算总收入5.46亿元，比上年下降3.1%，其中，地方一般公共预算收入3.66亿元，下降13.5%。固定资产投资58.78亿元，比上年下降9.7%。全社会消费品零售总额24.55亿元，比上年增长7.6%。城镇居民人均可支配收入23739元，比上年增长8.4%；农村居民人均可支配收入12698元，增长8.6%。

工业。全面落实惠企政策，设立园区企业服务中心，新增规模以上工业企业2家。际武工业集中区新引进企业3家，新投产企业6家，产值增长15%，税收增长50%。南阳工业园区盘活“僵尸”企业4家、闲置用地18公顷、闲置厂房3.8万平方米。全年实施新建、技改项目27个，完成工业投资13.5亿元。新增省级科技型企业、科技小巨人领军企业各1家，恒力汽车空调配件有

2017年3月30日，福建省农村信用社在寿宁下党乡举办普惠金融“垄上行”金融服务队出征仪式 （寿宁县政府办供稿）

限公司申获国家级高新技术企业，高新技术产业增加值占全县规模以上工业增加值的10%。

农业。完成旧村复垦12.67公顷，新增耕地64公顷，建成高标准基本农田866.67公顷。硒锌产业加快发展，完成县级硒锌农产品检测中心建设，新建特色农业核心示范片7个，新增硒锌农产品种植面积218.67公顷，106个硒锌农产品达到绿色有机食品标准。茶产业巩固壮大，投入扶持发展资金1500万元，新植改植高优茶树品种120公顷，新增市级茶业龙头企业2家。新增农业龙头企业12家、农民专业合作社50家、家庭农场30家。

第三产业。全年实现旅游综合收入10.8亿元，比上年增长30.3%。培育休闲农业与乡村旅游点107个。麻竹坪水库入选福建省第一批重要湿地名录，芎坑省级水利风景区通过专家评审。消费市场持续繁荣，新增规模以上服务业企业3家。青年创业园、“双创”中心、电子商务平台“三位一体”项目建成投用，获评省级众创空间。

重点建设。2017年实施省市在建重点项目30个，全年完成投资35.63亿元，占年度投资计划的110%。新建农村公路安全生命防护工程209千米，改造升级县乡村道46千米。完成蟾溪安全生态水系项目建设，修复冬春水利水毁工程60处，赛江防洪工程、斜滩镇区自来水改造等项目加快实施。电网建设竣工项目269个，完成投资1.01亿元。

城乡建设。清源完成撤乡设镇。“中国老年宜居城市”花落寿宁，犀溪廊桥文旅小镇列入第二批省级特色小镇。创建美丽乡村15个，入选省级传统村落9个。治理水土流失2380公顷，造林绿化252公顷，森林抚育1200公顷，新增自然保护小区8700公顷，森林覆盖率71.5%。强化生态环保整治，淘汰黄标车139辆。关闭拆除禁养区生猪养殖场138家。

社会事业。新建续建全面改薄、公办幼儿园等项目13个，完成投资8250万元。县中医院住院综合楼完成建设，县妇幼保健所实现整体搬迁。县体育馆基本建成，北路戏剧院竣工投用。获评“中国木拱廊桥文化之乡”，黄山公信俗列入第五批省级非物质文化遗产名录，车岭古道、黄阳隘等4处遗迹遗址列入省级文物保护单位。

社会保障。落实产业扶贫资金1529万元，发放小额贴息贷款7508万元，完成惠及4262人的异地搬迁和造福工程搬迁，实现5939人脱贫。30件为民办实事项目基本完成。新增城镇就业1306人，转移农村劳动力3001人，城镇登记失业率在2.97%以内。发放城乡居民养老金4562万元，老年人高龄津贴实现全覆盖。新建居家养老服务运营中心1个、居家养老服务站1所、农村幸福院5座、老年人健身康乐家园26个、综合文化服务中心55个、多功能运动场2个。新开工保障性安居工程150套，基本建成106套，完成农村危房改造578户。发放各类救助金4897万元。

寿宁杨梅洲峡谷晋级国家森林公园 2017年1月19日，福建杨梅洲峡谷国家森林公园获得国家林业局批准授牌。杨梅洲峡谷国家森林公园位于寿宁县北部，由杨梅洲景区和仙岩景区组成，规划面积3322.73公顷，森林覆盖率96.28%。杨梅洲峡谷隐藏于群山深处，仙岩景区完整地保存着福建省规模最大的高山杜鹃林，素有“万亩杜鹃，十里长廊”之称。

古银硐矿山公园获评国家矿山公园 2017年，寿宁县古银硐矿山公园晋级国家矿山公园。寿宁古银硐矿山公园位于寿宁县东北部，分为官台山、太监府两个园区，规划面积2580公顷，是一座以展示宋明银矿开采遗迹景观为主体，兼有炭山深切峡谷、岩石地貌、湖沼等自然景观，融合官台山矿工起义、太监府遗址、炭岔头革命旧址等人文景观于一体的综合性矿山公园。

下党“扶贫定制茶园”助力富民强村 2017年，寿宁县下党村依托“下乡的味道”品牌，推出40公顷可视化扶贫定制茶园，以“每亩茶园每年租金2万元，合同期5年”的形式，面向全国招募爱心茶园主定制茶园，茶园主可通过APP客户端随时查看茶园茶叶种植、管理和加工等各个环节，每年每亩可获得50千克高山生态茶叶回报。通过“扶贫定制茶园”模式，2017年茶农每亩茶园增收4000元，村财收入23万元。

（李　宁）

【周宁县】 2017年，周宁县实现生产总值49.59亿元，比上年下降2.4%。其中，第一产业增加值6.72亿元，比上年增长5%；第二产业增加值24.04亿元，下降11.9%；第三产业增加值18.82亿元，增长10.4%；三次产业结构比为13.5∶48.5∶38。固定资产投资57.31亿元，比上年增长13.2%。规模以上工业增加值5.52亿元，下降

国家级传统古村落——周宁县陈峭村，摄于2017年 （周宁县政府办供稿）

65.8%。一般公共预算总收入5.64亿元，增长0.3%，其中，地方一般公共预算收入4.17亿元，增长13.2%。城镇居民人均可支配收入26355元，增长8%；农村居民人均可支配收入13685元，增长8.4%。

农业。实现农林牧渔业总产值12亿元，比上年增长5%。粮食播种面积0.82万公顷。县级3万吨粮食储备库建成投用。新建标准化生态茶园256.67公顷。新增省市级农业产业化龙头企业8家、农民专业合作经济组织12家。"周宁高山云雾茶""周宁玛坑宝岭花生"注册国家地理标志商标。

工业。实现工业增加值18.24亿元，工业用电量1.82亿千瓦时。完成工业技改投资1.37亿元，新增规模以上工业企业3家。

第三产业。九龙漈景区获批国家级风景名胜区，"宁德世界地质公园周宁第四园区"完成科考路线规划、科考报告、标识标牌、地质博物馆工程建设。陈峭、仙风山等46个全域旅游点全面对外开放。全年接待游客192.36万人次、旅游综合收入9.62亿元。新增市场主体1321家、限额以上批零住餐企业15家、规模以上服务业企业16家，完成社会消费品零售总额18.6亿元，比上年增长9.4%。

重点项目。25个省市在建重点项目完成投资32.43亿元。周宁抽水蓄能电站主厂房、施工支洞及下水库导流洞全面开工，完成投资5.5亿元。东洋溪生态治理暨景观提升工程入选全省首批县城流域景观打造工程示范点。

生态文明。完成国家重点生态功能区产业准入负面清单编制工作。全年实施旧村复垦36.93公顷，造林总面积388.8公顷，全县森林覆盖率72.86%。礼门、泗桥、玛坑3个乡获国家级生态乡镇命名。强化生态环境保护，依法拆除23家黏土砖厂、18家不合格生猪养殖场，淘汰145辆黄标车。全面推行"河长制"，完成"一河一档一策"编制，生态修复36条河道，综合治理水土流失5平方千米。农村生活污水垃圾治理成效明显，改厕5299户，基本完成三年目标任务；改水101千米，2万多人受益，乡镇污水处理设施实现全覆盖。

社会事业。教育、卫生与健康和城乡基础设施等77个民生补短板项目完成投资6.6亿元。动工建设职业成人教育学校，中医院门急诊大楼和妇幼保健院迁建工程基本完成。工程治理地灾隐患点42个，惠及1350人。禾溪"三仙桥"和国民小学、芹溪宝丰古矿业遗址获评省级文物保护单位。

脱贫攻坚。2017年，周宁县争取上级财政扶贫专项资金1.52亿元，县本级投入财政扶贫专项资金2268万元。全年脱贫3204人，造福工程搬迁1848人，贫困发生率降至0.03%。启动第五轮整村推进扶贫开发，村集体经济收入10万元以上村37个。

周宁九龙漈获评国家级风景名胜区 2017年3月29日，周宁县九龙漈景区通过国务院审定，成为国家级风景名胜区。九龙漈国家风景名胜区总面积13.5平方千米，分为九龙漈、鲤鱼溪两大核心景区。其中，九龙漈境内森林覆盖率达到92.4%，拥有长约5千米、宽500～1000米的九龙峡谷，长约1000米、总落差达300多米的九级瀑布群，被誉为"华东第一瀑"；鲤鱼溪景区则拥有古村落古民居建筑景观，稀有的八百年"人鱼同乐"鲤鱼文化以及世界上独一无二的"鱼塚""鱼祭文""鱼葬礼俗"，是人与自然和谐相处的典范。

周宁人鱼小镇列入第二批省级特色小镇 2017年，周宁人鱼小镇列入福建省第二批特色小镇创建名单。周宁人鱼小镇总规划面积4.91平方千米，核心区面积0.99平方千米，依托中华奇观鲤鱼溪，以"中华鲤鱼文化"传统为核心，集文化传承、生态保护、产业培育、扶贫开发于一体，打造宜旅宜创、宜居宜业的特色功能区块。 （黄力杰）

【柘荣县】 2017年，柘荣县实现生产总值47.58亿元，比上年增长2.8%。一般公共预算总收入3.76亿元，其中，地方一般公共预算收入2.43亿元。城镇居民人均可支配收入2.49万元，增长8%；农村居民人均可支配收入1.32万元，增长9%。

脱贫攻坚。完成第四轮、启动第五轮整村推进扶贫开发，498名副科级以上干部挂钩帮扶835户贫困户，123个单位与117个村（社区）结对共建，22名机关干部驻村蹲点，共协调解决发展难题3780个，实施项目1670个，多渠道投入帮扶资金500多万元。村企合作带动明显，培育精准扶贫示范社16家、示范村8个，推介小额信贷410户1659万元，新增市级以上农业产业化龙头企业28家、农民专业合作社示范社13家、家庭农场7家。完成113户446人国定贫困户和59户260人省定贫困户搬迁。落实社会保障兜底，发放教育、医疗、低保等政策性补助资金 2176.6 万元。全年 405 户 1493 人建档立卡贫困对象实现脱贫，贫困发生率低于 2%。

工业。新增规模以上企业 12 家，全县完成规模以上工业总产值 92.4 亿元、增加值 16.16 亿元。广生堂在全国率先获批生产“替诺福韦酯”，成为国内拥有抗乙肝病毒一线用药最全的企业，旗下新增一个中国驰名商标。力捷迅太子参口服液正式投产，今古通天蓝草牌韵茶实现试生产。全县规模以上药企实现税收 7399 万元，占规模以上工业税收的 52.5%。传统制造业焕发生机，4 个省市级重点技改项目完成投资 2800 万元。

项目建设。87 个在建重点项目完成投资 35 亿元，其中 22 个省市在建重点项目完成投资 22 亿元，40 个项目实现竣工或部分竣工。招商引资有效对接，18 个项目正式签约，16 个项目落地建设，总投资内资 50.6 亿元、外资 3620 万美元，与省属企业对接合作项目 8 个。争取转移支付资金 8.27 亿元、争取地方政府债券资金 2.76 亿元；为企业提供应急保障资金 2423 万元。完成城乡建设用地增减挂钩 18.46 公顷、报批建设用地 62.11 公顷、审批林地 30.93 公顷。园区配套持续完善，省级经济开发区完成投资 2 亿元。

农业。全县农林牧渔业总产值 12.8 亿元，增长 1.9%。现代农业稳步发展，统筹安排 1000 万元现代农业发展资金，1.5 万吨粮食储备库项目启动建设，太子参土传病害土壤消毒试验获得成功、追溯体系平台试运行。全县粮播面积 8500 公顷，发展中药材 3700 公顷（其中太子参 1500 公顷），改良茶树品种 136.67 公顷，新建油茶高产示范基地 158 公顷、毛竹高产示范基地 66.67 公顷，发展林下经济 800 公顷，新增 24 个百亩以上农业基地、25 个市县级山地农业开发示范基地，新增流转土地 95.67 公顷，赎买商品林 800 公顷。

第三产业。新增限额以上企业 20 家，全县实现社会消费零售总额 13.7 亿元，比上年增长 7.5%，与省旅游投资集团合作、总投资 10 亿元的鸳鸯草场旅游开发项目正式启动，东狮山、九龙井等景区配套持续完善，东源、黄柏、湾里、溪口等一批旅游特色村创建通过验收。全年接待游客 139.6 万人次、旅游收入 9.9 亿元，分别比上年增长 15%、18%。柘荣县连续 4 年入选全国“电商百佳县”。

城乡建设。新建改造城区主干道 28 万平方米、雨污管网 25 千米、供水管网 9 千米、燃气管网 6 千米，新增停车泊位 201 个。完成棚户区改造 163 套（户）。农村面貌焕然一新，11 个“千村整治、百村示范”美丽乡村实施项目 86 个，完成投资 6000 万元。打造了上黄柏、溪口、英山、仙岭等省级历史文化名村、传统古村落、美丽乡村示范村。

社会事业。全年民生支出 10.2 亿元，占财政支出的 73.7%。累计投入 82.66 万元为 1148 名特定对象购买居家养老专业化服务。城乡居民养老保险缴费率 92%、医疗保险参保率 99.9%。实现城镇新增就业 907 人、城镇失业人员再就业 362 人、农村劳动力新转移就业 1110 人，城镇登记失业率 2.7%。县学生资助中心标准化建设通过省级验收并获“最佳学生资助单位”称号。完成县体育中心主体工程。建成 3 个乡镇、33 个建制村的综合文化服务中心，三坊七巷柘荣剪纸文创馆正式开馆，完成广播电视台高清化改造。《烟雨溪口》微电影荣获省级广播电视文艺节目一等奖。完成 20 个卫生院、卫生所改造建设。顺利通过全国健康促进县终期验收，被评为省级计划生育工作先进县。

广生堂新药“富马酸替诺福韦二吡呋酯胶囊”　2017 年 5 月 24 日，福建广生堂药业股份有限公司取得国家食品药品监督管理总局颁发的富马酸替诺福韦二吡呋酯原料药及富马酸替诺福韦二吡呋酯胶囊的药品生产注册批件，公司研究开发的富马酸替诺福韦二吡呋酯获授权发明专利 6 项、授权外观设计专利 1 项。其临床研究以恩替卡韦作为对照的非劣效临床研究方案，具全球乙肝临床研究最先进水平。同年 7 月 7 日取得福建省食品药品监督管理局核准签发的替诺福韦原料药《药品 GMP 认证证书》，成为国内第一家获批生产国产替诺福韦的药企。

杨梅山中国生态休闲养生城　2017 年 6 月 28 日，杨梅山中国生态休闲养生城开工建设，计划总投资 10 亿元，其中第一期项目柘荣盛丰新城由柘荣天裕盛丰房地产开发有限公司开发建设，建设用地面积 3.83 万平方米，总建筑面积 11.02 万平方米，2017 年累计完成投资 2.21 亿元。（游旺斌）

【古田县】　2017 年，古田县生产总值 162.98 亿元，比上年增长 1.9%。一般公共预算总收入 11 亿元，增长 11.5%，其中，地方一般公共预算收入 7.4 亿元，增长 6.5%。外贸出口 11.4 亿元，增长 21.4%。实际利用外资 710 万美元，增长 7.3%。社会消费品零售总额 72.4 亿元，增长 10.1%。固定资产投资 66.3 亿元，下降 7.8%。城镇居民人均可支配收入 28597 元，增长 8.3%；农村居民人均可支配收入 15538 元，增长 9.4%。

精准扶贫。全年投入扶贫专项资金 3.2 亿元，累计帮助贫困户解决困难 1450 个、落实帮扶项目 1560 个。实现干部结对帮扶全覆盖，帮扶抽样满意率 99.38%。全年为 639 户贫困户发放贷款 2825.1 万元，为 299 名贫困户发放小额信贷贴息资金 51.2 万元，兑现率 100%。完成 1986 人造福工程易地扶贫搬迁、30 个偏远自然村整村搬迁。实现家庭经济困难学生资助全覆盖，发放补助资金 195.9 万元、受益贫困学生 1476 名。将贫困人口纳入城乡医疗救助制度，建档立卡农村贫困人口获医疗叠加保险补助 761 人次。实现家庭医生签约服务全覆盖。贫困人口由 493 户 1585 人减少到 34 户 106 人，贫困发生率由年初的 0.48%下降至 0.038%。

农业。农林牧渔业总产值 69.23 亿元，比上年增长 4.8%。古田县被列为省食用菌产业发展示范县，县现代食用菌产业园入选首批省级现代农业产业园。食用菌精深加工与营养健康中心投入运营，益禾、晟农等银耳工厂化项目建成投产。引进超大集团联合建设无公害蔬菜生产基地，新增现代农业示范基地4个、市级农业龙头企业3家、“三品”认证4个。

工业。古田县工业增加值48.7亿元，比上年下降13.1%，其中，规模以上工业增加值16.8亿元，下降44.5%。出台促进锂电新能源产业链发展、培育规模企业等扶持政策，培育工业发展的增长点与潜力点。大甲、凤都、城西园区配套逐步完善，杉杉科技锂电池负极材料项目动工建设，吉发、屏湖红等5个技改项目建成投产，新增规模以上企业4家、省级创新型企业5家，新备案外贸出口企业13家。古田县被列为省外贸转型升级示范县。签约内外资项目20个、总投资102.6亿元。

第三产业。第三产业增加值66.63亿元，比上年增长13.6%。策划生成6大类55个健康产业项目，与融侨集团、蓝城集团签订“古田翠屏湖国际颐养小镇”战略框架协议。全年接待游客人数、旅游收入分别比上年增长63.1%、69.2%。“蘑菇部落”通过AAA级旅游景区考评验收。新增限上商贸企业24家，淘系电商零售额突破3亿元，入选全国农产品电商销售县域50强。

项目建设。新增“五个一批”项目141个，总投资194.1亿元。实施县级在建重点项目164个，完成投资43.6亿元，其中，27个省市级重点项目完成投资26.8亿元，超年度计划13.2%。环湖生态运动休闲旅游公路、110千伏凤亭变二期等55个项目开工建设，谷口溪安全生态水系建设一期、红曲博物馆等35个项目竣工投用，海西网屏古联络线路基土建工程基本完成。

城乡建设。被列为全国第三批结合新型城镇化开展支持农民工等人员返乡创业试点县。新增4个城市专项规划、5个乡镇控规和38个村庄规划。新型城镇化宜居建设有序铺开，完成松台路口等小片区改造，新改建供水管网11.5千米、雨污管网13.7千米、燃气管网16千米，新建绿化景观3万平方米，新增停车位392个。增设城关至古田高铁北站精品公交线路，投放新能源公交车15辆，新建智能公交站28座、充电桩12个。3个小城镇综合改革试点稳步推进，新增13个“千村整治、百村示范”试点，改水改厕77个村。“两违”治理持续深化，拆除违建53万平方米。

社会事业。在宁德市率先出台机关事业单位“未休年休假报酬”工资福利性政策。农村五保对象、城市“三无”人员统一纳入特困人员救助供养制度适用范围，农村低保标准提高到4000元/年，城镇登记失业率在3%以内。开工建设保障房500套，分配保障房273套，改造农村危旧房120户。成立全省首家县级人才综合开发有限公司。

第九届海峡论坛·陈靖姑文化节 2017年6月12—14日，第九届海峡论坛·陈靖姑文化节在宁德市古田县临水宫祖庙举行，来自台湾、澳门、香港和福建、浙江、江西等地的信众300多人参加此次活动。活动期间，通过举办欢迎晚宴、开幕式、顺天圣母祭祀典礼和两岸文化交流表演，举行“千年临水 健康古田”研讨会和宁德古田投资环境考察，组织部分学者、台湾来宾参观考察黄田镇凤亭村金翼之家、古田极乐寺、天王寺及平湖红曲博物馆等活动。

（曹其金）

【屏南县】 2017年，屏南县完成生产总值63.51亿元，比上年增长3.4%。固定资产投资58.84亿元，增长21.1%。社会消费品零售总额21.17亿元，增长8.2%。一般公共预算总收入6.09亿元，增长13.4%，其中，地方一般公共预算收入4.07亿元，增长11.6%。外贸出口总值6.51亿元，增长87.2%。实际利用外资（验资口径）1676万美元，增长26.8%。城镇居民人均可支配收入25301元，增长9.6%；农村居民人均可支配收入13304元，增长9.6%。居民消费价格总体水平上涨0.3%。

农业。实现农林牧渔业总产值20.17亿元，比上年增长5.8%；农林牧渔业增加值11.79亿元，增长5.9%。新增设施农业33.33公顷、省级农民合作社示范社2家、省级示范家庭农场2家、市级山地农业综合开发示范基地5家、“三品一标”认证2个。“岩头云雾”小种红茶、“绿凤凰”绿茶在第十二届“中茶杯”全国名优茶评比中分别获红茶类特等奖、绿茶类一等奖。岭下千亩高优农业园区入选全国首批农村创业创新园区，秋田农牧现代产业园入选全省现代畜禽产业园。

工业。实现规模以上工业增加值18亿元。新能源新材料产业园、精细化工园等园区建设加快推进，时代新能源、中源新能源等新兴产业项目落地建设。完成技改投资6.5亿元。惠泽龙酒业成为国内首家登陆“新三板”挂牌上市的红曲黄酒企业，红曲酒入选“厦门会晤”接待指定专用黄酒。新增高新技术企业2家、科技型企业8家。

第三产业。服务业实现增加值28.5亿元，比上年增长8.8%。全年接待游客406万人次，增长22%；旅游综合收入31.68亿元，增长30.5%。开发出“屏南有礼”旅游商品50余种，推出大型音舞诗画《水韵屏南》，完成电商线上交易额18.8亿元，网络零售额3.95亿元，实现百户以上建制村现代物流全覆盖，成为全市首个省级县域VR内容开发试点县，省级电子商务进农村示范县创建工作通过验收，双溪镇乾源村、长桥镇长桥村入选省级农村电子商务示范村。

城市建设。实施宜居环境建设项目56个，完成投资9.72亿元。东区旅游生态城建设初具规模。完成城区燃气管线建设10千米，新增和改造城区供水管网9.79千米，新增城区污水管网8.1千米，配置城市公共自行车600辆，新增停车位800个，新建改建公厕12座，城市综合承载能力显著增强。拆除“两违”面积24.37万平方米、腾出土地面积20.29万平方米。代溪镇福善村被评为全国文明村，甘棠乡漈下村入选全省首批文化文物示范村镇。完成农村改厕

屏南县千乘桥风光，摄于2017年　（屏南县政府办供稿）

14704户，新增农村污水管网262.05千米。

社会事业。国家义务教育发展基本均衡县通过评估验收。屏县医院医技综合楼投入使用，县医院整体搬迁及疾控中心、精神病院二期、乡镇卫生院等医疗卫生提升工程全面启动。全县分级诊疗制度实现全覆盖，“海云工程”项目覆盖65个村，家庭医生签约服务覆盖率38.5%。养老体系不断完善，县孝心养老服务中心投入运营，12349服务平台正式启动，完成服务对象入户和建档2000多人，新建农村幸福院5个。县科技馆投入使用并对外开放。新编拍摄《甘小侠》《虎将甘国宝》等甘国宝系列作品。省级、市级非物质文化遗产项目代表性传承人达17人。

民生保障。全年完成造福搬迁394户1606人，占省市年度任务119%。建成产业扶贫示范基地66个，培育精准扶贫示范社21家，完成培训2300人次；发放扶贫小额贷款1035户5273万元，贷款覆盖率50.3%，户均增收8000元以上。实现脱贫904户3311人。新开工棚户区改造517套，完成农村危房改造145户。农村低保标准从3050元提高至4000元，惠及6444人。新增城镇就业1100人，城镇登记失业率2.6%。城乡居民养老保险参保率97.1%，新农合参合率99.9%。发放城乡养老金2811万元，在全市率先为80周岁以上农村老年人购买意外伤害险。

（林承龙）

平潭综合实验区

【基本情况】 平潭简称“岚”，位于福建省东南沿海，由126个岛屿和702个礁石组成，素有“百屿千礁”之谓。主岛海坛岛面积324.13平方千米，为全国第五大岛、福建第一大岛。全区陆域总面积392.92平方千米，海域面积6064平方千米，年平均气温20.9℃，降水量1186.1毫米，年日照时数1722.4小时，属亚热带海洋性季风气候。岸线长408.73千米，海滨沙滩总长约70千米。全区户籍人口443235人。2017年，已探明石英砂储量16亿吨、花岗岩储量7.7亿立方米，森林、药材、海洋生物资源多样，风能、潮汐能等清洁能源储量丰富。东部牛山岛与台湾新竹港相距68海里，是大陆距台湾本岛最近的地区。平潭历史上是东南沿海对台交流和海上通商中转站，是改革开放以来全国最早设立台轮停泊点和开展对台小额贸易的地区之一。2009年7月，设立平潭综合实验区。2011年11月，国务院正式批复《平潭综合实验区总体发展规划》。2014年7月，平潭全岛正式封关运作，成为全国最大、政策最优的海关特殊监管区。2014年12月，国务院批准设立中国（福建）自由贸易试验区平潭片区。2016年，国务院批准设立平潭国际旅游岛。

【经济社会概况】 2017年，平潭综合实验区实现生产总值226.28亿元，比上年增长7.2%。一般公共预算总收入51.11亿元，增长35.6%，其中，地方一般公共预算收入29.67亿元，增长11.7%。固定资产投资464.82亿元，增长17.1%。进出口总额52.7亿元，增长79.3%。实际利用外资1.2亿美元，增长14.3%。城镇居民人均可支配收入35738元，增长7.3%；农村居民人均可支配收入14643元，增长7.6%。

重点建设。推出重点项目292个，完成投资380亿元。在建产业项目72个，建成社会福利中心、生活垃圾焚烧发电厂等项目49个，新开工大练海上风电、平潭高铁中心站综合交通枢纽及站前城市综合体等项目45个。

产业发展。立足平潭资源禀赋，优先发展旅游文化康体、航运物流、总部经济等产业。加大产业扶持力度，出台“5+2”产业政策，全年兑现产业奖补资金9.3亿元。新落地特色产业项目67个，新增特色产业企业1254家。三次产业中第三产业占比首次突破60%，航运物流业对经济增长的贡献率超过70%。招商引资注重“走出去”和“引进来”。加强旅游、物流、金融等产业政策推介，提升精准招商实效。在北京、台湾、香港、武汉等地开展产业精准招商推介，与20余家企业签订战略框架合作协议，项目计划总投资额1340亿元。

服务“三农”。推动农村改革发展。完成农村土地承包经营权确权登记颁证，启动农村产权制度改革。加快建设8个美丽乡村，改造农村路网总里程66千米，推进防洪防潮等一批水利工程建设。落实粮食安全省长责任制，完成粮食园区项目主体工程。稳定农渔业生产，完成高效节水灌溉项目333.33公顷，建成高标准农田300公顷，种植粮食作物3646.67公顷，鲍鱼年产值20亿元。增强村民自治能力。强化村级组织建设，制定村干部绩效考评办法，加强村级财产管理，提高村（社区）干部报酬待遇。试点7%预留地征迁款购置店面、发展乡村旅游等壮大村集体经济发展模式。

城市建设。实施基础设施项目178个，完成投资149.36亿元。建成麒麟大道等城区主次干道，新建、续建及改造市政道路46条，总里程38千米。全面实施城市绿化、美化、花化、亮化工程，110千伏桥锦头变电站和220千伏上澳变电站投入运营。污水、环卫、燃气管道、公交场站、停车场、充电桩等市政配套设施建设全面推进。推进市容市貌专项整治，拆除处置“两违”661宗、18.8万平方米。

精准扶贫。落实精准扶贫举措，出台精准脱贫实施方案，投入财政扶贫资金5400余万元。清退不符合条件的农村低保户1285户2457人。实施政府兜底保障5795人、医疗救助2462人、教育资助930人、转移就业1415人。农村低保标准由3600元提高到3960元，保障水平稳步提高。

社会事业。建成公共WiFi、背街小巷改造（一期）等一批为民办实事项目，完成投资2.12亿元。福建师大平潭附中、平潭一中新校区投入使用，新增普惠制幼儿园2家，新增公立中小学学位3810个。正式启用卫生信息化平台（一期），15家基层医疗卫生机构医疗服务能力持续提升。全国首个国际南岛语族考古研究基地正式挂牌，区博物馆设立。成功举办国际风筝冲浪节、全国沙滩排球赛、泳动平潭公开水域邀请赛、“海洋杯”国际自行车赛等体育赛事。

【岚台经贸与文化】 2017年，平潭综合实验区率先实施“一岛两标”，加快构建台胞“第二生活圈”。率先采认台湾建筑、规划、旅游、医疗、教育等行业资质资格，备案台湾相关机构和企业49家、从业人员281人。推动实施台湾同胞享受平潭公民同等待遇，持台胞证可直接办理社会保险、报检通关、信用卡相关业务。

打造两岸快件物流基地。打好政策“组合拳”，从仓储、航线、通关、补贴等方面综合扶持物流业发展。“台北快轮”货运航线获批并实现运营，全国首个“三合一”（集海运快件、跨境电商保税备货、直邮购物监管功能于一体）两岸快件中心启用。大陆首个海外公共仓在台北港设立，港口货物吞吐量比上年增长60%，其中两岸货运量增长5倍；跨境电商保税进口入区货值2.1亿元，增长3.19倍；出区票数42.35万票，增长4.16倍。海运快件、跨境直购自开通以来保持较快增长，累计达到7071万元、1300万元。对台小额贸易市场全年销售额达7.12亿元。

推进两岸交流。举办第六届共同家园论坛、第四届中医科学大会及第十三届海峡两岸中医药学术交流论坛、首届两岸数字创意产业论坛等系列品牌交流活动。实施台湾青年创业就业引领计划，举办第二届两岸青年创新创业大赛，吸引800多名台湾青年落地。聘请20名台湾专才参与公共事务管理。与台湾208个村里建立联系，率先聘请4名台湾村里长担任试点村（居）执行主任，引进台湾村里长治理经验，改善村容村貌，提升农村公共服务水平。

【自贸试验区建设】 中国（福建）自由贸易试验区平潭片区是福建自贸试验区的核心片区之一，实施范围43平方千米，包括港口经贸园区、高新技术产业园区和旅游商贸休闲园区3个功能园区。

推进“优服务”创新。围绕投资、贸易、金融和人员往来便利化，推出23项创新举措，其中，全国首创8项，18项列入可复制创新成果，数量居全省前列。“关检一站式查验平台+监管互认”被商务部评为4个“最佳实践案例”之一，“市场主体名称登记便利化”入选第三批全国复制推广改革试点经验。上线两岸海关电子信息交换系统，实现两岸原产地证书信息互换和AEO互认。推动设立检验检疫综合试验区，率先试点对台检验检测认证结果采信。

推进“放管服”改革。全面深化综合执法体制改革，基本实现“一支队伍管执法”。实施行政服务中心标准化提升工程，全面推进“三减二化一提升”（减前置、减环节、减时间，模块化、标准化，提升政府机关效能），24小时政务自助超市正式运行，运转效率普遍提升30%～60%。持续深化商事登记、行政审批、项目投资“三项体制”改革。新增注册企业2509家，注册资本1077亿元。依托“智慧岛”服务中心，构建与公共资源分配挂钩的社会诚信管理体系。

推进“新平台”建设。完善提升总部经济基地、跨境电商产业园等一批功能性平台。两岸特色金融集聚区初具规模，截至2017年12月，累计入驻金融及类金融企业1717家，逐步形成以基金、创投、资产、资本等为主的特色两岸金融产业集聚区。融资租赁基地入驻企业65家，隧道产业平台“贝易网”、海运电商平台“携船网”投入运营。平潭自由贸易数字港项目获国家发展改革委批复立项，完成两岸唯一的综合性动植物检疫隔离处理中心（一期）项目建设。

推进金融开放创新。跨境人民币业务成效显著，跨境人民币反向风险参贷业务突破583.32亿元，通过跨境双向人民币资金池业务，共为平潭辖内企业办理资金进出17.08亿元。外汇试点改革成果丰硕，简化外汇收入办结手续，推动跨国公司外汇资金集中运营政策实施，实施资本金及外债意愿结汇，办理资本金意愿结汇12105万美元。

扶持两岸青年就业创业。建立两岸青年创业载体“一核多点”机制，将台湾创业园优惠扶持政策延伸至入驻实践基地的运营团队，搭建青年创业就业赛

2017年6月11日，2017"海洋杯"中国·平潭国际自行车公开赛在平潭综合实验区举行　（省体育局供稿）

事平台。建立两岸青年创业"赛市结合"新模式，为台湾青年来大陆就业创业开辟技术、人才、资金等资源对接新渠道。发布两岸青年特色创业卡，为两岸创业青年提供资金支持。启动台湾专才招聘工作，吸收台湾专业人才在区内行政企事业单位等机构任职。

持续推进对外开放。举办中国—小岛屿国家海洋部长圆桌会议，向世界发布《平潭宣言》并签约6个国际产业合作项目，总投资11.85亿美元。举办海洋海岛"三项活动"（2017平潭国际海岛论坛、平潭国际海洋旅游与休闲运动博览会、"海洋杯"中国·平潭国际自行车公开赛），提升品牌影响力。与阿联酋拉斯海马自贸区签署合作框架协议。全年接待重要外宾20批146人次，积累外事接待经验。

【国际旅游岛建设】 2017年，平潭综合试验区接待游客387.22万人次，旅游总收入29.04亿元，分别比上年增长27.2%、46.6%，增速均居全省首位。全年接待入境游客1.42万人次，比上年增长31.8%；接待过夜游客159.81万人次，占比41.27%。2017年旅游外汇收入638.6万美元，全年旅游总收入占GDP比重12.4%。

培育特色旅游产品体系。编制《海坛湾国家级海洋公园总体规划》，海坛湾获批国家级海洋公园。依托海岛资源，举办平潭国际海岛论坛、博览会、"海洋杯"国际自行车赛三大盛会并形成长效品牌。出台《关于加快推进旅游文化康体产业发展的实施意见》，启动平潭全域文物保护规划编制，完成平潭全岛史前遗址普查。组织国际自行车公开赛、最美乡村越野跑（平潭站）、拳胜格斗、海峡两岸跆拳道大赛、两岸职工自行车赛、两岸垒球赛、荧光夜跑马拉松等体育交流赛事。获评"全国十佳体育旅游目的地"。培育以古石厝为特色的乡村旅游，出台《石头厝保护与开发管理暂行办法》，启动编制《石头厝保护专项规划》。建成流水镇、白青乡、东庠乡等3个休闲集镇和芦北村、国彩村、红卫村等8个旅游特色村。重点打造北港文创村、杨武楼咖啡村、己湖边茶养生村、白沙海钓村及"风韵古村"特色主题村等旅游品牌。

完善旅游基础设施体系。金井湾旅游集散中心主体完工，完成坛南湾、石牌洋、将军山等重点景区游客服务中心及其生态停车场、游步道、购物场所服务设施建设。完成自驾车营地选址。开展"美在平潭"旅游优质服务月集中行动，发布"'美在平潭'旅游优质文明服务倡议书"，成立平潭蓝旅游志愿者服务驿站，动员平潭各级各界、各行各业共同参与，提升旅游服务质量。加强能源供应建设，编制完成《平潭综合实验区"十三五"配电网规划方案》，制订《关于加快风能产业发展的实施意见》，大练、长江澳海上风电项目有序推进前期工作，建成冷热电三联供临时冷站立体工程并开始供气。

构建旅游开放合作平台。加强两岸各领域交流，举办华侨大学台生联谊、金门大学创业就业交流、台湾青年社区体验式交流等活动。有6家台资医疗机构、7家台资旅行社落户平潭，20余名台湾民宿业者、111名台湾导游在平潭通过换证培训。推进"经认证的经营者（AEO）互认"试点，让两岸受认证企业在进口货物时获得通关便利权益，提高通关效率。新增"台北快轮"岚台直航航线。出台支持台胞创业发展优惠政策，开辟台胞子女上学"绿色通道"，台胞子女享受自主择校、就近入学、义务教育阶段免学费等政策。开通"台胞参保直通车"，台胞持《台湾居民来往大陆通行证》办理社保相关服务享受平潭公民同等待遇。　（林扬国）

编辑：林丹英

闽籍和在闽工作院士

孙世刚 男，1954年7月出生，重庆万州人。物理化学家，历任厦门大学物理化学研究所副所长、化学系系主任、校长助理、副校长。1974毕业于四川省万县农业学校；1982年毕业于厦门大学化学系，随即考取国家教委出国研究生，赴法国巴黎居里大学攻读博士学位；1986年获法国巴黎居里大学授予的博士学位，进入法国科学院界面电化学研究所做博士后研究；1987年回国，进入厦门大学物理化学博士后流动站；1989年出站留校工作；1993年获得国务院政府特殊津贴。兼任 *J. Electroanal. Chem.*，*Func. Mater. Lett.*，*ACSEnergyLett.*，*J. Solid State Electrochem.* 和《应用化学》等学术刊物编委，*Electrochim. Acta*，《光谱学与光谱分析》《化学学报》和《化学教育》副主编，《电化学》主编。

孙世刚长期从事电化学和表界面科学研究。他提出电催化活性位的结构模型，揭示了表面原子排列结构与电催化性能的构效关系；发展了高灵敏度、高时间分辨的电化学原位红外反射光谱方法，系统研究电催化过程，阐明了多种有机小分子与铂电极表面相互作用的机制；创建了电化学结构控制合成方法，成功破解高表面能纳米晶制备的难题，首次制备出由高指数晶面围成的高表面能铂二十四面体纳米晶，显著提高了铂催化剂的活性。推动了我国该学科的发展。

他在 *Science*，*J. Am. Chem. Soc.*，*Angew. Chem. Int. Ed.*，*Chem. Soc. Rev.*，*Acc. Chem. Res.*，*J. Phys. Chem.*，《中国科学》等刊物发表SCI收录论文500篇，他引13500余次，获发明专利授权14项（含1项国际发明专利）。他主编出版Elsevier英文科技著作 *In-Situ Spectroscopic Studies of Adsorptionatthe Electrode and Electrocatalysis* 和《电催化》专著，应邀为18本科技著作撰写20专章。他获得中国电化学会首届“中国电化学贡献奖”、中法化学讲座奖、国际电化学会授予的“Brian-Conway”奖章。

2015年当选为中国科学院院士。

孙颖浩 男，1961年5月出生，福建福清人，泌尿外科专家。曾任长海医院泌尿外科副主任、主任，长海医院副院长、院长。1978年考入广州第一军医大学，毕业后进入第二军医大学附属长海医院泌尿外科；1995年11月至1996年5月赴美国约翰·霍普金斯医学院访问学习，师从著名前列腺癌专家沃什PatrickC. Walsh教授；2000年获第二军医大学研究生院医学博士学位；2011年7月晋升少将军衔。

他创办 *Asian Journal of Urology*，并担任《中华泌尿外科杂志》和《中华腔镜泌尿外科杂志》主编。2008年担任第26届世界腔道泌尿外科大会主席，2009年任第30届国际泌尿外科大会主席。他擅长前列腺癌和微创泌尿外科技术的应用，在国内率先开展解剖性前列腺癌根治术，结合中国人特点，创新多项关键技术。首次提出中国人与欧美人群不同的前列腺癌诊断策略。首次发现2个中国人前列腺癌高度相关多态性位点，以此建立了具有中国人特征的遗传风险评分，发现中国人前列腺癌特异的融合基因等多个早期诊断指标并进行临床转化。首次描绘中国人前列腺癌的基因组特征，并揭示SPOP、PLXNA1等蛋白在前列腺癌进展305中的分子机理。首创经皮肾镜大功率钬激光治疗复杂性肾结石，发明了自有知识产权的“孙氏输尿管肾镜”，获国家医疗器械注册认证并上市销售。他主持“973”、国家杰出青年基金、教育部“创新团队”等科研项目26项；以第一完成人获国家科技进步奖一等奖、二等奖、科普奖各1项；以第一或通讯作者在 *Nat. Genet.*，*Nat. Med.* 等SCI收录期刊上发表论文163篇；主编专著14部；获国家发明和实用新型专利共45项；荣获全国抗震救灾模范、全军抗震救灾优秀共产党员、国际抗癌协会“Alex-anderSavchuk 肿瘤研究奖”等荣誉。

2015 年当选为中国工程院院士。

黄如　女，1969 年 11 月出生，福建南安人，微电子专家，现任北京大学信息科学技术学院院长、教授，美国电气电子工程师学会院士。1991 年毕业于东南大学电子工程系，1994 年获该校硕士学位，1997 年获得北京大学博士学位。现为国家自然基金委创新群体带头人，入选教育部长江特聘教授、国家杰出青年、国家百千万人才工程国家级人选等，担任《中国科学：信息科学》副主编、*Nanotechnology* 编委、*IEEEEDS* 副主席（*VP*）、*IEEEEDS ElectedBoG* 委员，曾担任多个国际会议大会主席、程序委员会主席和委员等。

黄如主要从事微电子低功耗器件及工艺研究。她提出并研制出面向低功耗高可靠电路应用的准 SOI 新结构器件和面向超低功耗电路应用的肖特基隧穿混合控制新机理器件；发展了适于 10 纳米以下集成电路的围栅纳米线器件理论及技术，系统揭示了器件关键特性的新变化及其物理根源，她提出了可大规模集成的新工艺方法，成功研制出低功耗围栅纳米线器件及模块电路；发现了纳米尺度器件中涨落性和可靠性耦合的新现象及其对电路性能的影响，提出了新的涨落性/可靠性分析表征方法及模型。她已合作出版著作 5 本，发表学术论文 250 余篇，迄今在微电子器件 307 领域标志性国际会议 IEDM、VLSI 和标志性期刊 *EDL*、*TED* 上发表 70 余篇论文（自 2007 年以来至今连续 11 年在 IEDM 上发表论文 29 篇），多项研究成果连续被列入 4 个版本的国际半导体技术发展路线图 ITRS。她应邀做国际会议大会和特邀报告 40 余次；获 240 余项授权发明专利（其中授权美国专利 49 项）。曾获国家技术发明二等奖、国家科技进步二等奖等。

2015 年当选为中国科学院院士。

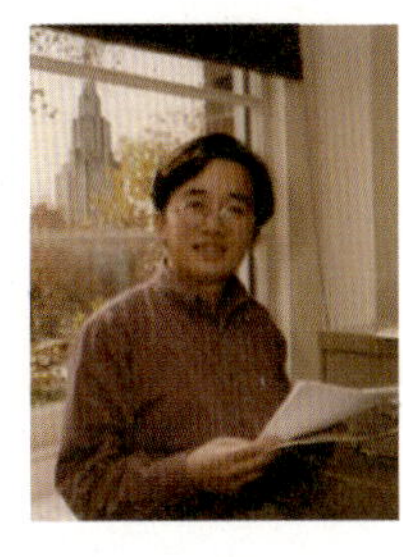

黄永刚　男，1962 年 11 月出生，黄克智院士之子，福建福州人，固体力学家，现任美国西北大学冠名讲席教授。1984 年毕业于北京大学；1990 年毕业于哈佛大学，获博士学位；2010 年当选欧洲科学与艺术院院士；2017 年当选美国国家工程院院士和欧洲科学院院士。

黄永刚研究材料和电子器件的力学行为。他开创了可延展无机电子器件领域：可延展电子器件能更好适应下一代电子产品便携性、形状可变性、人体适用性等需求，在健康医疗、军事国防等领域有战略性应用，是现代信息领域革新性发展方向。无机微电子材料虽可突破有机半导体材料性能瓶颈，但受变形易损和刚性基底制备的限制，其可延展化极具挑战。他基于力学原理原创出可延展无机电子器件的分形互联导线、硅应变隔离设计等新概念，创立定量化设计理论和制备方法，使功能无机材料在器件大变形时保持很小应变，实现超过 300%的器件延展率，极大拓展了器件应用范围，开辟出电子眼相机、表皮电子等多种全新器件，相关专利被工业界用于研发生产多种柔性健康监测产品。他创立了基于微观机制的应变梯度理论：传统塑性理论无法解释材料硬度在微纳米尺度的变化。他创立基于微观机制的应变梯度理论体系，成功解释纳米压痕实验尺度效应，成为该类实验的技术标准，被来自 54 个国家几百所大学、研究机构和公司所采用并广泛应用于微纳米力学性能测定。上述成果奠定并拓展了现代力学研究前沿，产生广泛而重要的学术影响。他为我国力学学科和柔性电子学科的发展做出了重要贡献，为国内培养和输送了一批固体力学和柔性电子科研骨干。

他每年在国内工作 3 个月，同国内学者联合发表 380 余篇 SCI 论文，其他引超过 23000 次，含《科学》6 篇（其中以清华大学为第一或通讯作者 2 篇）及其子刊 3 篇，《自然》1 篇及其子刊 14 篇。筹划建立了清华大学“先进力学与材料研究中心”和浙江大学“软物质研究中心”并任主任，已获批两项“973”项目（首席单位），引领了国内可延展无机电子器件的发展。

2017 年当选为中国科学院外籍院士。

贺泓　男，1965 年 1 月出生，河北邯郸人，环境催化和非均相大气化学专家，现任中国科学院生态环境研究中心副主任、研究员；兼任京津冀协同发展专家咨询委员会委员，中国科学院大学岗位教授，中国化学会催化委员会委员，中国化学会环境化学专业委员会委员。

他于 1981 年考入河北师范大学化学与材料科学学院，1985 年获理学学士学位；1988 年获河北师范大学理学硕士学位；1994 年获日本东京大学理学博士学位；1997 年赴美国南加州大学化学系任博士后研究员；2000 年任多伦多大学化学系诺贝尔奖获得者 JohnC. Polanyi 教授研究室高级研究员；2001 年底回国工作。他是国家杰出青年科学基金获得者、国家万人计划领导人才入选者等，兼任 Catalysis Surveys from Asia 共同主编，《环境工程学报》副编委，*Catalysis Letters*，*Topics in Catalysis*，*Journal of Environmental Science*，*Jour nal of Energy Chemistry*，*Chinese Journal of* Catalysis、《工业催化》、《环境化学》等编委。他多次组织国际和双边会议，6 次客座编辑 CatalysisToday 国际会议特刊。

贺泓主要研究环境催化和非均相大气化学过程。他系统研究大气复合污染形成机制、催化剂与催化反应体系设计和大气污染物催化净化新原理、新方法及其应用，取得了柴油车排放污染控制、室内空气净化和大气灰霾成因研究方面的系列成果。他为“大气灰霾追因与控制”专项研究首席科学家，该专项计划用5年的时间，以环渤海、长三角、珠三角为研究区域，阐明区域灰霾形成的机制，研发致霾关键污染物的控制技术，为控制灰霾污染提供科学可行的技术和政策解决方案。他著有《环境催化—原理及应用》专著1部，发表学术论文350篇，其中有296篇被SCI所收录。获国家发明专利40余项，获国家科学技术进步奖等奖。

2017年当选为中国工程院院士。

戴民汉　男，1965年4月出生，浙江杭州萧山人，化学海洋学家，现任厦门大学教授，兼任厦门大学学术委员会副主任、地球科学与技术学部主任、近海海洋环境科学国家重点实验室主任。1987年毕业于厦门大学；1995年在法国皮埃尔玛丽居里大学获博士学位，随后在美国伍兹霍尔海洋研究所从事博士后研究；国家自然科学基金委员会第11、12届专家评审组成员，*Biogeoscience*，*Marine Chemistry*等国内外权威学术刊物编委。

戴民汉是两期海洋碳循环“973”计划首席科学家，主要从事海洋生源要素、放射性核素的生物地球化学研究，专长于海洋碳循环研究，注重海洋观测、多学科交叉综合研究。他系统研究了中国近海与主要河口碳循环，揭示其CO_2源汇格局、关键控制过程与机理。提出物理生物地球化学耦合诊断方法定量解。他分析边缘海CO_2源汇格局，建立了大洋主控型边缘海碳循环理论框架。他多次应邀在重要国际会议作大会或特邀报告。他与国内外同仁共同发起并推动成立“中国海洋科学卓越教育伙伴计划（COSEEChina）”，为推广海洋科学与文化教育、向公众普及海洋知识、提高全民的海洋意识作了不懈的努力。

2017年当选为中国科学院院士。

陈杰　男，1965年7月出生，福建福清人，控制理论与控制工程专家，现任同济大学校长，“复杂系统智能控制与决策”国家重点实验室主任等。1982年就读于北京理工大学（原北京工业学院）自动控制系控制理论与应用专业；1986年、1996年、2001年分别获得北京理工大学学士、硕士和博士学位；1986年在北京理工大学任教；1988年被聘为教授；2014年任北京理工大学副校长。兼任《系统与控制》丛书副主编、*IEEE Trans. on Cybernetics*，*Associate Editor*，*International Journal of Robustand Nonlinear Control*，*Associate Editor*，*Journal of Systems Science & Complexity*，*Managing Editor*，*Science China—Information Sciences*，*Associate Editor*，*Control Theoryand Technology Associate Editor*，《火力与指挥控制》副主任编委，《信息与控制》编委，“工业控制技术”国家重点实验室学术委员会委员等。

陈杰一直从事控制科学与工程等相关学科领域的教学与科研工作，主要研究方向是动态环境下复杂系统的多指标优化与控制、多智能体协同控制等。他提出并建立了分布式协同控制的混合智能优化与稳定性的理论与方法；突破了数字化阵地信息快速自主获取与控制的技术难题；突破了多运动平台的分布式协同控制的技术难题，成功研制出装备并列装。他先后承担“973”计划、国家自然科学基金、预先研究、型号研制等多项科研任务。他将该领域的研究成果与装备系统建设密切结合，所研制出的装备已得到大量列装，产生了显著的社会效益和经济效益。以第一完成人获国家自然科学二等奖1项、国家科技进步二等奖2项、教育部自然科学一等奖1项、教育部技术发明一等奖1项、国防科技进步一等奖2项。发表SCI收录论文80余篇，以第一发明人获授权发明专利40多项。他是国家杰出青年科学基金获得者、教育部长江学者奖励计划特聘教授、国家自然科学基金委“复杂陆用运动体的优化、控制与决策”创新研究群体学术带头人、教育部“强约束条件下复杂运动体的协同与控制”长江学者创新团队带头人、973计划项目首席专家、某重点型号项目总设计师、新世纪百千万人才工程国家级人才、全国优秀科技工作者。

2017年当选为中国工程院院士。

李儒新　男，1969年10月出生，福建建瓯人，光学家，现任中国科学院上海光学精密机械研究所所长，强场激光物理国家重点实验室主任。1990年毕业于天津大学光电子技术专业，获学士学位；1995年毕业于中国科学院上海光机所光学专业，获博士学位；1996—1998年在瑞典乌普萨拉大学和日本东京大学做博士后；1998年，入选中科院“百人计划”与“引进国外杰出人才计划”；2017年4月起任中国科学院上海高等研究院副院长。

李儒新主要研究方向包括超高峰值功率超短脉冲激光技术、激光高能电子与质子加速及其应用、激光聚变能源基础科学问题研究、阿秒激光脉冲的产生与应用等。自1990年起主要从事X射线相干辐射、激光等离子体光谱学与光谱技术、超快强场激光物理与技术研究，研究成果得到国内外同行的重点引用与高度评价。他目前的主要研究方向是强场（高功率和超短脉冲）激光物理与技术、高功率激光与物质相互作用，飞秒与亚飞秒超快激光物理与技术等。5年来他作为负责人承担了“973”项目课题、“863”项目、国家杰出青年基金项目、中国科学院重要方向项目、上海市基础研究重大项目、中国科学院百人计划项目等10余项科研项目。发表论文100余篇，获批准和被受理发明专利

20项。作为主要完成人之一，他曾获国家科技进步奖一等奖、国家自然科学奖二等奖及中科院青年科学家奖、首届全国优秀博士学位论文奖等诸多奖项。

2017年当选为中国科学院院士。

（沙中然）

先进人物

【2017年“全国五一劳动奖章”福建省获得者】

林玉登　福建上润精密仪器有限公司
黄身端　永泰县霞拔中学
俞章龙　福清市总工会
丁　凯　厦门仁新建筑劳务有限公司
林智勇　国网福建漳浦县供电有限公司
潘铭云　福建华橡自控技术股份有限公司
许元潘　上塘珠宝玉石学院
吕兴旺　福建省南平第一中学
饶虹燕　福建龙洲运输股份有限公司出租客运分公司
周道福　宁德金宏宇科技有限公司
谢　熙　福建省妇幼保健院妇四科
李　春　国网福建省电力有限公司厦门供电公司
黄国辉　厦门航空有限公司
蔡金鑫　福建省晋江福源食品有限公司
王　科　福州建工（集团）总公司
方　祥　福建省云霄县委组织部
张元镐　福建省泉州市住房和城乡建设局
庄海滨　厦门太古飞机工程有限公司
黄家焱　福建龙岩金磊律师事务所
罗　颀　福建省厦门市公路局
胡建军　厦门市公安局地铁分局
薛支川　福建省公安厅办公室研究室
陈文强　福建省厦门双十中学
柯亦文　泉州太平洋集装箱码头有限公司
刘国文　福建豪翔园林建设有限责任公司
曾旭晴　泉州市实验小学
张志锋　厦门经济特区房地产开发集团有限公司

【2017年“福建省五一劳动奖章”获得者】

黄秀泉　王以星　陈松敏　赵亚娟
张廷君　赵　玲　朱　龙　林文优
谢明辉　郭　鹏　张荣城　吴雪晶
许晓熙　刘必伟　薛晓云　陈梅香
陈秀麟　邢立文　王　玫　林泽平
毛文韬　谢慧琳　林义鹏　王思颖
黄俊成　俞　峰　汤　锋　于秋波
陈宇航　林兴铭　卢诗鸿　刘佳灵
郑建伟　罗明伟　张学明　付重先
黄明松　毛丽华　林水成　林遵华
潘彪龙　刘健平　吴凤珠　黄声统
陈思号　刘并玉　施　丹　郑跃华
方　颖　谢维辉　林　榕　林发明
杨孝敏　林　莎　郭永新　陈江榕
苏桂铁　邵东生　郑伯禄　朱建忠
严幼铭　周　林　牟明阳　邱善根
尤　兵　邱闽川　刘永波　周文俊
张　毅　谢毅蓉　陈坤明　黄庆永
蔡文辉　朱栩焕　王铭凤　林志宽
简辉顺　黄冰心　李　琳　王细彬
杨忠发　吴文法　林月珠　黄艺伟
肖金树　胡建林　姚育晓　张达斌
许茵茵　叶取龙　蔡志颖　郭银铉
白丽静　吕珍妹　陈俊超　王新武
朱小英　郑玉珍　连细春　庄丽榕
吴李全　章　琳　高超巧　林丽钗
詹丽娟　连　俊　吴剑伟　吴秀兰
姚晓锁　许家豪　陈剑星　谢　群
陈丽洪　王卫东　魏　梅　李金树
陈　辉　林天生　黄吕威　王登辉
孙开彦　徐荣华　颜　磊　王　梅
黄喜珍　范　琴　吴依炜　叶继宏
黎本武　石小琼　陈国强　兰林金
张泳莲　王仰华　邓　雁　张满鸿
周彩霞　杨汉东　罗梅英　吕成柱
简满娘　王盛文　余志福　李求炎
吴锦心　张统为　李继荣　刘珏玲
李剑虹　郑艺兵　黄国超　陈志伟
陈君恩　陈红兵　王浩召　刘宗斌
郑芳友　林开雄　邹定锋　赖启兰
王晓华　袁致忠　郑爱琴　江银强
林夏生　苏琳伟　郑奎城　王喜瑛
苏永权　陈春泓　张　磊　刘　涛
陈　峰　张　杨　范杨志　王　森
王冰维　陈　生　李华木　郭宁宁
刘元建　余　城　孙清泉　刘　晴
苏绍锦　姚晓亮　张君梅　郑　伟
庄航兵　江风阁　江正发　谢锦育
许华端　林添智　王维娜　黄彬玉
高小燕　孙丽琴　陈庞斌　刘雪霞
刘蓉辉　刘静雯　洪丽娇　张南峰
吴明芳　曾凤蓉　许丽英　洪丽尚
林振清　邱刚毅　高芙蓉　吴文海
林少安　温银南　曾秀华　陈成业
李建强　蔡水花　吴志成　曾清华
陈少清　卢清泰　罗新荣　张世袍
姜东明　张海丽　黄　财　胡安煦
张自霖　朱明辉　孙黎平　吴仲凯
陈玉金　陈良毅　江元堂　林　杰
陈　敏　李　英　郭卫华　刘建堃
曹丽平　林　峰　吴伟智　曾　辉
陈应辉　许育良　陈崇龙　陈愉生
陈庆河　柯焕章　黄永言　王建勇
路文斌　王心晨　周大明　冯　伟
陈汉杰　黄卓青　张剑平　林　榕
李　英　乐慧林　刘咏诗　陈冰冰
陈海威　黄建南　陈惠颖　王乌品
葛曼棋　叶　兵　叶泳涛　黄永泽
全　鑫　许燕茹　柴丽娜　李发彬
胡守文　黎照强　黄宝挺　刘朝旭
关咏梅　柳敏芳　陈修言　朱文霞
毛登文　张文忠　许伊旋　吴　玮

【2016年度“全国优秀共青团员”获得者】

林　敏　林文佳　高　昕　陈　珊
王　欢　廖章怀　王娅湉　洪启展
王　利　王效志　宋　琳

【2016年度“全国优秀共青团干部”获得者】

李琦山　袁利华　邱雪亮　倪志华
许思颖　林　真

【2016年度“福建省十佳共青团员”获得者】

王　刚　江建烽　余梦圆　林　莉
范凯玥　洪启展　胡泽明　胡银莹
郭彬彬　黄　方

【第十四届“福建青年五四奖章标兵”

获得者】

上官伟 王 清 叶东星 江 涛
张 明 陈伟琳 陈雷雷 林 敏
林孔亮 郭东圣

【2016 年度“全国三八红旗手”获得者】

刘艳侠 许阳阳 林洪英 王 艳
林映华 黄晓蓉 林少红 胡秋莲
陈丽霜

【2016 年度“福建省三八红旗手标兵”获得者】

崔蕊芬 卢清霞 柯志华 陈继红
庄彩男 林爱萍 李斌华 林桃秀
林金娇 方桂芳

【2016 年度“福建省三八红旗手”获得者】

金建琳 李 娟 李曦瑜 郑东平
董锦菁 林逸芳 陈 清 林 黎
林 云 陈艳芳 杨锦清 林素琴
董玉英 严文妃 陈飞莺 高小平
沈 翎 王 菁 林秀榕 池小霞
池超洋 蔡梅兰 余 蕊 林 莉
王春燕 陈丽娜 汪家妹 林银玲
林巧清 蔡月英 翁莉萍 王 萍
纪幼治 彭梅芳 罗 颀 连芬燕
许秀萍 张 羽 杨淑满 张蔚琼
陈婧怡 苏素虹 余玉梅 张明理
沈秀好 林子昀 赖玉春 王木英
黄 艺 李 娟 黄 琴 陈瑞珠
杨舒萍 王 琼 施彩珍 黄志梅
何君虹 张克曼 王少容 杜冬粉
陈 冰 陈惠盈 蔡旋旋 黄冰心
蒋清兰 黄连贵 王艳凤 曾映雪
黄爱华 邱敏蓉 黄雪玉 苏惠莲
郭 瑜 王丹丹 庄丽芬 李小玲
谢丽红 范晓燕 伍 英 黄 霞
王林香 林青霞 陈爱华 周 玲
卓美兰 张冬秀 陈丽萍 张 敏
高金华 陈美花 林秋妹 陈 皓
张桂玲 郑淑珍 许素珍 傅丽芳
薛秀琴 林雨娇 郑 红 方华玉
郑丽萍 田秀娥 陈爱平 蔡 群
蔡晶晶 闵美蕙 刘彩英 黄智萌
吴春花 张桂枝 黎 榕 黄柳金
钟桂华 顾国欣 郑 怡 李秀妃
周冬梅 章琼华 阮金凤 暨旭梅
许晓梅 金春梅 曾林军 赵秋悦
刘丽珠 易小贞 杨立敏 翁 敏
赖菊英 徐月华 郭丽蓉 陈桂莲
张丽华 李京竹 龚惠卿 黄梅发
张慧敏 陈肖婷 冯晋勤 林阿玲
郑连香 曾柳娟 谢青云 高丽辉
吴崇榕 何奕敏 邱丽霞 温联凤
朱 玮 钟凌云 占海燕 郑诗斌
李黄芬 柯婉萍 吴锦心 张碧颖
王 莉 张麟凤 陈秀华 吴则英
白婉红 陈 颖 颜建英 杨丽丽
陈 静 程翔云 陈少莺 陈淑容
陈 伟 何小宁 刘 懿 孙秀艳
李慧颖 江丽玲 吴文秀 李爱清
王春兰 陈春妹 吴华英 王赛华
黎嵚华 彭娟华 彭雅萍 张肖蓉
黄政慧 傅慧玉 尤芬蕾 陈 颖
陈健榕 叶 芬 邱媛媛 曹丽平
李 林 王 红 刘 霞 裴雅乐
马志慧 王 瑜 王海钦

【第十四届“福建青年五四奖章”获得者】

王亮亮 朱大凯 陈 健 林文佳
郭 斌 高小勇 黄灿明 黄卿雄
游幼华 熊嗣武 戴嘉添 刘剑锋
杨 新 林志强 王振东 连李辉
林浩华 武明俊 赖庆辉 魏晨曦
林文勇 郑泽新 何凌琳 汪 非
饶文福 郭恒禄 戴白燕 王苗苗
王润斌 李云龙 李栋伟 李美娟
陈 旭 陈晓菊 徐 焱 黄林昊
谭景予 王海钦 吴安秋 吴海珠
肖芳菲 翁建锋 郭良锋 高 戈
谢伟昇 熊 奕 王晓东 卢东升
吴胜荣 张 亮 张文池 林跃武
林鸿阳 许卫锋 张玉树 张林垚
张洵君 杨 臣 陈国华 姜 超
笪贤流 江浩清 李夷民 李西海
林先童 修文龙 胡蓉芳 刘彦昕
张得意 陈 杰 林新金 罗明芳
雷晓琴 叶 添 龙 敏 黄戎杰
丁晓征 王 波 吴伟智 张金油
肖基富 林 云 姚丽芳 胡 楠
高铭霖 盖 凌 傅汉镭 曾 刚
游丽香

【2017 年度福建省“十大感动人物”】

翁建忠 生死瞬间，拼死拽回跳轨女孩

涂崇禹 21 年免费为农民工打官司

福建省建新医院传染病区团队 7 年收治 2000 重症犯人

涂颜淼 28 年解救数百人的消防“兵王”

泉州台商投资区海上见义勇为工作室 3 年救起 43 人的海上救援队

游玉棋 17 年捐 260 万的农民孤儿慈善家

黄思林 带着瘫痪父亲出嫁的孝女

蔡加渐、陈省华 缔造“净滩神话”的七旬夫妇

曾婧芳 车轮下勇救男童的“福建戴碧蓉”

爆燃中救下一个家的火海三勇士

【2017 年度福建省“十大感动人物”提名奖获得者】

余成彪和谢秀珠 38 载坚守山区小学的教师夫妻

闵庆昌 鞠躬回礼斑马线前让行司机的八旬老人

邹宗勤 坐板车创业带乡亲致富

范先弟 30 年摆渡接送超 10 万人的“最美摆渡人”

橄榄树志愿者团队 十年坚守带盲人“看”世界

边找恩人边行善的黄文庆及救他的恩人史玉阳

陈谦 上山建起周宁“百草园”的老医生

陈实生 搜集两万多块古砖只为修旧如旧

苏文忠 身中数刀仍勇斗歹徒的五旬保安

江奇峰和饶理飞 凶徒刀下勇救女同事

（省总工会、团省委、省妇联供稿）

逝世人物

蔡载经　中国人民政治协商会议第六、七、八届全国委员会委员，民建第四、五、六届中央委员会常委，中华全国工商业联合会执行委员，中国人民政治协商会议第一届与第四届福建省委员会委员、第七届福建省委员会副主席，中国民主建国会第一届福建省委员会副主委、第二届福建省委员会常务副主委兼秘书长、第三与第四届福建省委员会主委、第五届福建省委员会名誉主委，福建省工商业联合会副主任委员、常务副主任委员蔡载经同志，因病于2017年5月27日0时18分在福州逝世，享年97岁。

蔡载经同志1920年8月24日出生于厦门市鼓浪屿。1938年起，历任小学教师、新闻记者、泉州电灯公司会计主任等职。1942年，与中共晋江地下组织取得联系，参加党的外围组织“友丝读书会”，从事新闻及统战工作。1949年11月起任晋江县第一届各界人民代表会议常务委员会副主席，1951年2月任泉州市（县级）各界人民代表大会副主任，1952年10月至1967年1月任泉州市（县级）副市长。其间，曾担任泉州市政协副主席、泉州电厂厂长、泉州市工商业联合会主任委员、民建泉州市委员会主任委员，先后担任过晋江下游防洪堤、福建省701工程、金鸡拦河闸工程等指挥部副指挥，国营泉州清源农场场长。1983年调入民建福建省委员会、福建省工商联工作，历任秘书长、副主任委员，1988年10月至1997年6月任民建福建省委员会主委，1996年4月至1998年1月任福建省政协副主席，1997年6月至2002年4月任民建福建省委员会名誉主委，1999年1月离职休养。

高胡　中共福建省委原常委、省委组织部原部长、省纪委原书记，福建省政协原副主席，离休干部高胡同志于2017年10月16日上午10时10分在福州逝世，享年91岁。

高胡同志原籍江苏省金湖县，1927年1月出生。1940年7月参加革命工作，历任新四军战士、见习医生、医务员，1942年3月加入中国共产党；解放战争时期，历任华东军区第三后方医院室长、所长，华东军区卫生部第一重伤医院所长、队长，福建省福州市军管会卫生处军代表等职。中华人民共和国成立后，历任福建省卫生厅医学教育科、医学预防科副科长，福建卫生干校校长、党总支书记，福建省委政策研究室干部，福建医学院马列主义教研室主任、党委办公室主任，福建医科大学教务处处长，中国援塞内加尔医疗队队长，福建医科大学党委副书记、副校长等职。1981年8月调福建省委机关工作，历任省委组织部副部长，省委常委、组织部部长，省委常委、省纪委书记，福建省政协副主席等职。1998年12月离职休养。

王贵德　原铁道兵顾问王贵德同志，因病于2017年4月7日在北京逝世，享年103岁。

王贵德，福建上杭人，1930年加入中国共产主义青年团，1931年参加中国工农红军，1932年加入中国共产党。土地革命战争时期，他历任班长、连政治委员、团总支书记、团政治处主任、团政治委员等职；抗日战争时期，他历任股长、团政治处主任、团政治委员、旅政治部主任，分区副政治委员、政治委员等职；解放战争时期，他历任分区副政治委员、旅副政治委员、师政治委员等职；中华人民共和国成立后，他历任军政治部主任、川北军区副政治委员、军副政治委员，贵州军区副政治委员、第一副政治委员、政治委员，铁道兵党委常委、副政治委员兼政治部主任等职。

王贵德是中国共产党第八次全国代表大会代表、第五届全国政协委员，1955年被授予少将军衔，曾荣获二级八一勋章、一级独立自由勋章、一级解放勋章和一级红星功勋荣誉章。

地方文献、法规选登

关于福建省2017年国民经济和社会发展计划执行情况及2018年国民经济和社会发展计划草案的报告

——2018年1月26日在福建省第十三届人民代表大会第一次会议上

福建省发展和改革委员会

各位代表：

受福建省人民政府委托，现将福建省2017年国民经济和社会发展计划执行情况及2018年国民经济和社会发展计划草案提请省十三届人大一次会议审议，并请省政协各位委员和其他列席人员提出意见。

一、2017年国民经济和社会发展计划执行情况

2017年，面对复杂变化的国内外形势，在以习近平同志为核心的党中央坚强领导下，全省各级各部门坚持以习近平新时代中国特色社会主义思想为指导，坚定不移贯彻落实新发展理念，认真执行省十二届人大五次会议审议通过的国民经济和社会发展计划，着力稳增长、促改革、调结构、惠民生、防风险，全省经济社会保持平稳健康发展。初步统计，全省生产总值32298.28亿元，增长8.1%。

一年来国民经济和社会发展成效主要体现在六个方面：

（一）深化供给侧结构性改革，转型升级持续向好

坚持以供给侧结构性改革为主线，持续推进产业转型升级，经济结构进一步优化。第一、二、三产业分别完成增加值2442.44亿元、15770.32亿元和14085.52亿元，增长3.6%、6.9%和10.3%。

供给侧结构性改革重点任务有效落实。去产能稳步推进，依法取缔“地条钢”产能535万吨，完成煤炭去产能244万吨。房地产库存持续减少，商品房库存比上年初减少819万平方米，去化周期13个月，比上年初减少2个月。企业杠杆率有所降低，54家次企业境内外上市融资再融资626.3亿元，11月末规模以上工业企业资产负债率下降0.2个百分点。降成本成效显著，全省共降低企业成本687亿元，1—11月规模以上工业企业利润总额增长19.8%。补短板有序推动，瞄准重点短板领域特别是省委十届三次全会聚焦的民生社会事业，实施年度29个补短板投资工程包，全年完成投资1460亿元、占年计划的150.2%；卫生、教育、水利等短板领域投资分别增长17.5%、12.6%、16%。

农业生产保持增长。品牌农业、生态农业、数字农业加快发展，农林牧渔业总产值4302.44亿元，增长3.7%；粮食总产量665.4万吨，绿色优质蔬菜、水果、茶叶、肉蛋奶比重提高，肉蛋奶、水产品产量分别增长4.2%、4.5%。现代农业产业园加快创建，农产品加工转换率提高到68%。

工业转型升级加快。出台工业稳增长调结构、企业研发经费投入分段补助等政策举措，规模以上工业增加值增长8%，高于上年0.4个百分点。电子、机械、石化三大主导产业增加值增长8.5%。新一代信息技术、新能源、石墨烯、不锈钢、稀土产业发展势头良好，高技术产业增加值增长12.5%，高于规模以上工业4.5个百分点。古雷炼化一体化（一期）、中化乙烯和炼油改扩建、厦钨镍钴锰正极材料等项目开工建设，联芯12英寸集成电路、京东方8.5代面板、华佳彩高世代面板、天马TFT平板显示、云度纯电动乘用车等

项目投产。

服务业发展持续向好。服务业增加值占地区生产总值比重为43.6%，比上年提高0.7个百分点。物流、金融、旅游等现代服务业发展势头良好，物流业增加值增长9%，全年新增3A级物流企业40家，国家级示范物流园区1个。金融业规模持续扩大，本外币各项存贷款余额分别增长8.9%、10.9%。“清新福建”旅游品牌影响力持续提升，率先实施“放心游福建”服务承诺，旅游总收入增长29.2%。分享经济、平台经济、体验经济等新业态新领域不断拓展，培育行业垂直自营电商平台118个。主辅分离和服务型制造加快推进，传统优势产业服务化趋势明显，涌现出三棵树、科华恒盛、龙净环保、九牧厨卫、雪人股份等一批典型企业。

创新驱动引领新动能加速成长。出台建设国家创新型省份实施方案、省级高新技术企业扶持办法等政策措施，规模以上战略性新兴产业增加值占规模以上工业增加值22.8%，比上年提高1.6个百分点。全省各类科技创新平台超过2600个，福厦泉国家自主创新示范区有序推进，首批18项创新改革举措在全省复制推广，泉州“中国制造2025”城市试点示范持续推进。“数字福建”建设加快，电子证照共享工程列入国家“互联网+政务服务”示范工程，一批物联网重点实验室、物联网企业技术创新中心、大数据研究院（所）加快建设，国家级互联网骨干直联点开通运行，“互联网+”行动深入推进，获批成为国家大数据综合实验区，数字经济规模、信息化综合指数居全国前列。第十五届中国·海峡项目成果交易会对接合同项目6317项、总投资1691亿元。

（二）积极扩大有效需求，供需结构持续优化

投资保持较快增长，固定资产投资26226.6亿元，增长13.5%。投资结构调整优化，工业投资增长12.6%，其中改建和技术改造投资增长14.9%，机械装备制造业投资增长30%。信息传输、软件和信息技术服务业投资增长17.2%。民间投资增长18.6%，其中制造业民间投资增长17.5%。

重大工程、重大项目支撑有力。强化项目正向激励，截至12月底，全省入库“五个一批”项目24222个、总投资16.02万亿元，其中签约、开工、投产项目分别4458个、6844个、4106个；产业项目14106个、总投资7.65万亿元，基础设施项目6201个、总投资5.76万亿元，民生社会事业项目2126个、总投资8629亿元，“五个一批”项目对扩投资稳增长的作用日益显现。在建省重点项目完成投资4745.9亿元，超额完成年度目标，西气东输三线闽粤支干线、闽江防洪工程福州段（四期）、连城县福地水库等一批项目前期工作加快推进，福厦客专、兴泉铁路、中海油漳州LNG接收站等200个项目开工建设，厦沙高速公路、连江申远聚酰胺一体化、平潭社会福利中心等200个项目建成或部分建成。

新型城镇化建设取得成效。常住人口城镇化率、户籍人口城镇化率分别为64.8%、47.8%，比上年分别提高1.2个、2.3个百分点，居住证制度实现全覆盖。建立完善城镇化人地钱挂钩政策，国家级、省级新型城镇化试点稳步推进，经济发达镇行政管理体制改革深入推进。宁德锂电新能源小镇、晋江“芯”小镇等27个特色小镇列入第二批省级创建名单。

消费升级步伐加快。出台进一步扩大旅游文化体育健康养老教育培训等领域消费实施意见，新消费引领促进产业转型升级效应初显，社会消费品零售总额13013亿元，增长11.5%。网络消费以及信息、体育、文化、养老等升级类消费高速增长，通过互联网实现的商品零售额增长56.5%，体育娱乐用品类商品零售额增长38.7%。

（三）深化重点领域改革，发展活力持续增强

市场运行机制进一步完善。出台完善产权保护制度依法保护产权实施方案和创新政府配置资源方式实施意见，实施工商登记“多证合一”改革，开展“证照分离”试点并将试点范围扩大到自贸试验区及国家级开发区，实现全省企业设立登记全流程网上办理，建立全省统一的名称网上申报系统，有效激发市场主体活力。社会信用体系加快建设，政务诚信、个人诚信、电子商务领域诚信等法规制度相继出台，省公共资源交易电子行政监督平台与省投资项目在线审批监管平台、省信用信息平台以及部分省直监管系统、交易系统实现横向连接，建立了行政监督的联动机制。

国企国资和重点行业改革进一步深化。省属企业集团层面和权属企业公司制改制全面完成，通过上市等多种形式推进混合所有制改革，省属企业并购重组后减少到17户。电力体制改革全面启动，出台售电侧改革10个配套文件，推进增量配电网试点，启动首批购售电业务改革试点园区工作。

“放管服”改革持续深化。全面推行“一趟不用跑”和“最多跑一趟”办事清单，推进“三集中”改革，实施审批服务标准化，全面推进政务公开。进一步减权放权，承接落实国务院取消调整事项，共取消59项行政审批事项、34项中介服务事项和18项证明材料。修订形成全省统一的政府核准的投资项目目录，修订后核准事项省级31项，设区市16项，市、县（区）5项。建成闽政通APP平台，接入省网上办事大厅和各设区市行政服务中心行政审批、公共服务事项超过11万项，变“群众来回跑”为“部门协同办”。基本完成全省党政机关公务用车制度改革，推进各级企事业单位公车改革。

社会民生保障进一步健全。教育综合改革稳步推进，构建与常住人口规模相适应的中小学布局，全省首次统一中考顺利实施。医药卫生体制改革进一步深化，“药价保”深度融合，建立了新的药品供应保障机制，按病种收付费改革面进一步扩大，实行差别化的医保支付政策，在基层医疗机构就医报销比例平均达95%。社会保障机制进一步健全，全面实施特困人员救助供养制度，全面推动养老服务业改革发展，机关事业单位养老保险制度改革稳步推进。

（四）着力构建对外开放新格局，开放型经济水平持续提升

外经贸平稳发展。全省进出口总额11590.8亿元，增长12%，其中，出口7114.1亿元，增长4.1%。出台落实国务院关于扩大对外开放积极利用外资若干措施实施方案，促进利用外资转型提质，吸引外资项目和产业招商取得新进展，新设外商投资企业2041家，实际使用外资573.2亿元，增长8.2%，其中亿元以上大项目实际使用外资增长43.2%，第二产业实际使用外资增长23.2%。国际产能合作有序推进，备案境外投资项目148个、投资额35.1亿美元，其中鼓励类境外投资项目占比超80%。

“海丝”核心区建设稳步推进。持续拓展互联互通，加强港区、航线和联运通道建设，集装箱外贸航线达到138条，空中国际航线达到53条。对“海丝”沿线国家和地区投资备案项目30个、22.9亿美元，39个项目纳入“一带一路”国家重大项目储备库，贸易额3098.5亿元，中国·福建周、“福建品牌海丝行”等平台作用有效发挥。成功举办“海丝”相关艺术节、电影节等大型活动，厦门大学马来西亚分校在读学生超过2600人。

福建自贸试验区建设效应显现。总体方案181项重点试验任务已实施177项，实施率达97.8%。制度创新和复制推广工作扎实开展，挂牌以来累计推出实施创新举措285项，其中全国首创103项。福州、厦门、平潭片区重点业态、平台发展态势良好，跨境电商、物联网、整车进口、融资租赁等快速发展。

平潭开放开发迈出新步伐。大力推进国际旅游岛建设，旅游产业项目正式列入企业所得税优惠目录，中国—小岛屿国家海洋部长圆桌会议成功举办，成功入选全国首批“健康旅游示范基地”。加快培育优势产业，一批旅游文化康体、总部经济、航运物流、金融等产业项目落地建设。

闽台合作领域进一步扩大。一批重大闽台合作项目加快推进。两岸“三创”基地共吸引台湾青年4000多人入驻。闽台双边贸易额774.6亿元，增长18.3%。实际使用台资（含第三地转投）126.6亿元。成功举办第九届海峡论坛。

（五）全力保障和改善民生，人民群众获得感持续增加

脱贫攻坚深入推进。不断创新产业扶贫、就业扶贫、健康扶贫、科技扶贫和资产收益扶贫机制，扶持建档立卡贫困户发展种养业、农产品加工、休闲农业、电子商务等产业项目，实施精准扶贫医疗叠加保险方案，全省脱贫20万人。大力推进造福工程易地扶贫搬迁，全年完成搬迁任务11.2万人。23个省级扶贫开发工作重点县和2201个建档立卡贫困村加快发展，三明国家级扶贫改革试验区、屏南全国农村改革试验区、长（汀）连（城）武（平）扶贫开发试验区建设稳步推进。

25项为民办实事项目全面完成年度目标任务。农村居民最低生活保障标准提高，食品放心工程、养老服务工程、助残工程加快推进。民生相关支出占一般公共预算支出比重为74.3%。城镇新增就业人数60.49万人，新增农村劳动力转移人数33.32万人，城镇登记失业率3.87%。居民收入保持增长，城镇居民人均可支配收入39001元，增长8.3%；农村居民人均可支配收入16335元，增长8.9%。稳妥实施全面二孩政策，人口自然增长率8.6‰。

公共教育服务体系更加均衡。持续扩大学前教育资源，131所公办幼儿园开工建设，实施政府购买普惠性民办园教育服务。实施县域内城乡义务教育一体化建设。首次启动遴选培育示范性普通高中建设学校，首次实施省一级达标高中分批复查、动态管理机制，“全面改薄”工程开工面积276.59万平方米。推进省级示范性现代职业院校建设，推进地方本科高校向应用型转变。

卫生服务保障能力得到增强。实施全民健康保障工程，加快提升健康扶贫、妇幼健康保障、公共卫生服务能力。推动精神卫生防治体系促进工程建设，提高医疗机构对精神疾病患者的诊疗服务水平。3所中医医疗机构列入中医药传承创新工程项目储备库，3所省属医院列入疑难病症诊治能力提升工程项目。

社会服务保障体系加强。实施健康与养老服务工程建设行动计划，推进实施社会服务兜底工程，新建养老服务机构（含社区老年人日间照料中心）128个、完善提升居家养老服务站307个、新建农村幸福院624个。

保障性安居工程开工7.7万套、开工率111.8%，基本建成10.8万套，超额完成任务。实施农村饮水安全巩固提升工程，受益人口33万人。持续治理“餐桌污染”，建设“食品放心工程”。居民消费价格总水平上涨1.2%，控制在预期目标以内。

文化旅游服务体系进一步健全。实施文化旅游提升工程、乡村旅游扶贫工程，一批旅游基础设施、公共文化服务设施、国家文化和自然遗产保护利用设施项目加快建设。实施公共体育普及工程，足球场地设施和全民健身活动中心项目加快建设，不断满足人民群众日益增长的体育健身需求。

（六）扎实推进生态文明建设，生态环境持续优良

生态环境保护持续推进。完成植树造林133.9万亩，森林覆盖率继续保持全国首位。市县污水处理率达91%、生活垃圾无害化处理率达97.5%。水、大气、土壤污染防治持续深化，全省所有的河流都有了河长，12条主要河流优良水质比例为95.8%，9个设区城市空气质量优良天数比例为96.2%，福州、厦门在全国74个重点城市空气质量排名中分别列第5位、第4位。

国家生态文明试验区建设取得积极进展。扎实推进年度17项重点改革任务，培育发展农村污水垃圾处理市场主体方案、绿色金融体系建设方案、党政领导干部自然资源资产离任审计实施方案、自然资源统一确权登记办法等一批改革方案在全国率先出台、先行探索实施。自然资源资产负债表编制试点、重点生态区位商品林赎买改革试点等改革举措在全省复制推广。

节能减排降碳和资源节约工作取得成效。建立能源消费总量和强度双控制度，预计可完成节能减排降碳年度目标任务。继续实施节能技术改造和合同能源管理财政奖励政策，抓好燃煤工业锅炉（窑炉）改造等重点领域节能重点工程项目建设。排污权交易和碳排放权交易市场稳定运行，用能权交易试点工作有序推进。实施水资源消耗总量和强度双控行动，建立健全省市县三级行政区域用水总量和强度控制指标体系，出台建设用地总量控制和减量化管理方案。

总的看，全省经济运行总体保持平稳态势。但也要清醒地看到，由于国内外经济环境仍然错综复杂，经济发展方式转变、经济结构优化、增长动力转换正处于攻关期，地区生产总值增速、固定资产投资增速、出口总额仅在年度预期目标左右，发展不平衡不充分的一些突出问题尚未解决，经济社会发展还面临不少困难和问题。一是实体经济发展仍较困难。受产能过剩、市场需求不足等因素影响，银行贷款趋于谨慎，民营、中小企业资金投放相对较少，部分企业资金趋紧，12月末工业企业贷款余额仅占各项贷款余额的18%；受原材料价格上涨、用工用地成本上升等因素影响，企业成本存在上升压力，1－11月规模以上工业每百元主营业务收入中的成本86.58元，同比增加0.15元。二是新动能培育有待加强。新兴产业体量仍然较小，创新能力不够强，近几年来新产业、新业态保持较高增速，但许多新兴产业尚处于“施肥灌溉”、培育发展阶段，规模总体偏小，全省战略性新兴产业增加值占GDP比重12%，占比仍然偏低。高端产业发展不够快，高技术产业和代表先进制造业的装备制造业增加值增速低于全国平均水平。三是出口增长压力依旧较大。出口增长4.1%，低于全国平均水平。传统劳动密集型产品出口优势弱化，受成本上升、关税等因素影响，部分传统产业和中低端订单向东南亚、中西部等地转移，七大类劳动密集型产品出口仅微增0.7%。四是补齐教育、医疗、养老、城乡民生基础设施等领域短板任务仍然较重，居民收入保持较快增长难度加大，脱贫攻坚还有很多任务。面对这些困难和问题，我们一定要高度重视，主动作为、敢于担当，着力加以解决。

二、2018年国民经济和社会发展主要预期目标和任务

政府工作报告提出的2018年经济社会发展主要预期目标包括：

一是经济保持稳定增长。预期全省生产总值增长8.5%左右，固定资产投资增长13%左右，社会消费品零售总额增长10.5%，出口增长3%。主要考虑：经济结构进一步优化、转型升级和新动能日益成为经济发展的重要支撑力，发展基础总体比较牢固；中央高度重视福建发展，出台系列支持福建加快发展的有力举措，为经济社会发展奠定坚实基础；与“十三五”年均增长8.5%目标相衔接，以及进一步加快福建发展战略需要。

二是现代化产业体系加快构建。供给侧结构性改革进一步深化，创新驱动、产业转型升级步伐加快，新经济新动能加快培育，先进制造业和现代服务业加快发展；城乡区域协调性增强，农业农村现代化和新型城镇化建设加快推进；改革开放深入推进，市场经济体制机制进一步完善，全面开放新格局加快形成。

三是民生福祉继续增加。城乡居民收入差距继续缩小，预期城镇居民人均可支配收入增长8%，农村居民人均可支配收入增长8.5%；公共服务供给能力进一步提升，预期地方一般公共预算收入增长7%左右；城镇新增就业55万人，城镇登记失业率控制在4.2%以内；居民消费价格总水平涨幅3%左右；生态文明进一步提升，完成节能减排降碳任务。

为实现上述目标，我们要以习近平新时代中国特色社会主义思想为指导，全面贯彻落实党的十九大精神，加强党对经济工作的领导，坚持稳中求进工作总基调，坚持新发展理念，紧扣当前社会主要矛盾变化，按照高质量发展的要求，统筹推进“五位一体”总体布局和协调推进“四个全面”战略布局，加快建设现代化经济体系，坚持以供给侧结构性改革为主线，把高质量发展与实现赶超有机统一起来，着力强产业提后劲，着力增创新优供给，着力促改革添动力，着力补短板惠民生，着力美生态固优势，着力防风险守底线，进一步强化压实责任，强化正向激励，强化工作抓手，推动质量变革、效率变革、动力变革，坚决打好防范和化解重大风险、精准脱贫、污染防治三大攻坚战，促进经济社会持续健康发展，推动“再上新台阶、建设新福建”迈出新步伐。要重点组织实施好9个方面工作：

（一）加快产业转型升级

推进制造业转型升级，培育壮大重点产业。支持传统产业优化升级，继续开展新一轮技术改造专项行动，组织实施一批重点技改项目。推动智能制造加快发展，落实国家新一轮增强制造业核心竞争力三年行动计划（2018－2020年），争创“中国制造2025”国家级示范区。实施军民融合发展战略，推进军民融合深度发展，加快创建一批省级军民融合协同创新中心，推动融合产业集聚、区域示范。加大力度支持现有企业健康发展，推动产业龙头培育壮大，制定新一轮龙头企业发展促进计划，重点培育壮大百家以上工业和信息化领域产业龙头，在细分领域培育一批有竞争力的单项冠军企业或科技“小巨人”企业。集成电路产业要培育发展集成电路设计、制造、封装测试产业，完善产业链条，高起点、高标准建设福建（泉州）半导体高新技术产业园区和国家自主可控的国产化存储器芯片生产基地，推动成为东南沿海集成电路产业发展新高地。精细化工业力争在高档功能涂料、含氟聚合物、氟硅精深加工产品、环保型水处理剂、环保型塑料添加剂、高性能电子化学品等领域有所突破。新能源汽车要扶持重点企业发展，壮大电控及核心材料产业，发挥各方力量，加快充电桩（站）建设。纺织服装业要发挥化纤、棉纺、服装、纺机产业链优势，着力发展功能性差别化纤维、高档面料、高性能产业用纺织品，加快打造一批旗舰企业和国际国

内品牌。

深入推进新兴产业倍增计划，围绕新一代信息技术、高端装备制造、新材料、新能源等战略性新兴产业重点领域，集中资源支持重点项目、龙头企业和示范工程，继续组织实施一批产业化专项，加快培育一批省级制造业创新中心，争创国家级制造业创新中心。高端装备制造业重点发展智能化专用装备、高档数控机床等具有较好发展基础的重大技术装备，培育发展先进轨道交通、通用航空、工业机器人及维护、增材制造等高端新兴装备。石墨烯产业要用好现有规划和政策扶持作用，发挥好石墨烯技术创新联盟和石墨烯产业基金作用，支持厦门、晋江、永安等石墨烯产业园引进高端项目，围绕石墨烯“料、材、器、用”4个环节，加快石墨烯材料规模化制备共性关键技术和产业链关键环节突破。新能源产业重点推动大功率、高能量动力锂电池核心技术研发和产业化，加强正负极材料、电解液和电芯等电池核心件配套生产，打造国内新型环保型动力电池制造和研发中心。海洋新兴产业要推进海洋生物医药、海洋工程装备等海洋新兴产业规模化发展，培育一批海洋特色产业园区。支持“智慧海洋”重大示范工程项目加快建设，争取列入国家“智慧海洋”工程区域试点。

加快现代服务业创新发展。加强服务创新，提升服务品质，更好满足生产性和生活性服务多层次、多样化需求。积极发展“互联网＋”高效物流，加快完善省交通物流公共信息平台，提高供应链管理水平，推动物流、制造、商贸等联动发展；全面铺开15个国家全域旅游示范区和9个省级全域生态旅游试点县建设；发展以老年人康复服务和护理服务为主的专业组织，引导养老与医疗、旅游、文化等产业融合发展。抓好服务型制造示范企业培育，积极推动主辅分离，支持省内大中型制造业企业整合资源、组建工业设计中心，创建省级和国家级工业设计中心。推动一批国家级、省级服务业标准化试点项目建设，打造一批知名品牌。

下大力气振兴实体经济。加大金融服务力度，大力发展普惠金融，加快建设覆盖省市县三级的政策融资担保机构体系，推动金融更好地为企业服务。支持企业市场化、法治化债转股，加大股权融资力度，加快发展各类投资基金，推动有条件的企业通过发行债券、上市融资、并购重组等方式扩大直接融资，降低企业杠杆率。大力支持民营企业发展，完善公平竞争的市场环境。不折不扣落实国家和省里已出台各项减税降费措施，全面落实涉企收费目录清单制度，全面清理违规中介服务收费。加强产权保护，激发和保护企业家精神，鼓励更多社会主体投身创新创业。大力弘扬劳模精神和工匠精神，营造劳动光荣的社会风尚和精益求精的敬业风气。

（二）积极扩大有效需求稳增长

以“五个一批”项目为抓手，发挥产业项目的直接支撑作用和基础设施、社会事业项目的基础支撑作用，大、中、小项目配套，政、民、外项目齐抓，壮大总量优化结构，夯实重点领域有效投资。促进产业投资比重提高，把扩大有效投资着力点放在实体经济上，扩大工业投资、现代服务业投资和农业领域投资，大力推进产业链缺失项目、延伸项目建设，加快形成上下游配套的产业集群。加快城乡基础设施建设，加快构建适度超前、功能配套、管理科学、安全高效的现代化城乡基础设施体系，加大交通、能源、市政、水利、环保、信息等基础设施建设投资。拓展社会事业补短板投资，在提升现有工程包的基础上，进一步谋划生成一批新的工程包，充分发挥工程包捆绑实施的规模效应和政策效应，通过创新完善“一包一策”“一地一策”，增强补短板的系统性、惠民生的针对性、扩投资的实效性。

加快推动重大项目建设。进一步完善重大项目工作推进机制，积极招商引资，加强与央企、民企、外企洽谈对接，促进项目落地。强化要素保障，加强协调服务，全面提高重大项目开工率、建成率。2018年在建省重点项目1150项，年度计划投资4308亿元，计划开工项目155项，建成或部分建成155项。突出产业项目带动，推进京东方柔性面板、莆田HDT高效太阳能电池、福州国家医疗健康大数据中心、厦钨永磁电机等项目完成前期工作并尽快开工；促进晋华集成电路生产线、宁德时代新能源锂离子动力电池、厦门英蓝国际金融中心等一批项目加快建设；争取永荣石化己内酰胺、华佳彩高世代面板、天马TFT平板显示二期、厦门三安LED等项目建成、投产或达产。夯实基础设施保障能力，力争新增铁路通车里程253公里、港口吞吐能力463万吨，建成高速公路225公里（含扩容工程）。其中，铁路重点抓好福厦客专、兴泉铁路、福平、衢宁、建宁至冠豸山铁路等工程续建，湄洲湾北岸支线主体工程建成、南三龙铁路通车；城市（际）轨道交通方面，福州重点推进地铁2号线、1号线二期、6号线工程续建，4号、5号线一期全面开工。厦门继续抓好地铁2号、3号、4号线工程续建，开工建设地铁6号线及漳州角美延伸段工程。加快推进厦门新机场、福州机场二期、龙岩至龙川铁路、沈海高速福厦扩容二期等项目前期工作，力争取得重大突破。加快建设社会事业重大项目，推进省疾控中心迁建、省老年医院、省儿童医院、省妇产医院、福州软件职业技术学院、厦大翔安校区、厦门体育中心、泉州大剧院、福建海峡健康养老中心等项目建设，增强人民获得感。

激发民间有效投资活力。落实进一步激发民间有效投资活力促进经济持续健康发展的政策措施，着力解决好民营企业不能投、不愿投、不敢投的问题。规范有序推进政府和社会资本合作，适时调整发布省级PPP项目库清单，有针对性地完善相关领域PPP政策措施，加大项目推介和对接力度。

积极扩大消费需求。实施“促升级扩消费十大行动”，拓展旅游、文化、体育、健康、养老、教育培训、信息、汽车等消费热点。开展加快内贸流通创新推动供给侧结构性改革扩大消费专项行动，引导扩大传统产业的绿色制造、绿色采购和绿色消费，推进全域生态旅游，打响“清新福建”品牌。

推动实体零售转型升级，支持企业创新商业模式，完善快递配送和冷链物流体系。加快农村电商综合服务网点建设。

促进出口稳定增长。争取列入国家“市场采购”试点，努力引进和培育外贸综合服务企业，积极促成重点企业在建设跨境电商运营中心，推动泉州（晋江）国际邮政交换局尽早运作，扩大跨境电商出口规模。启动外贸企业主体培育和助力万企成长方案，对品牌企业、高新技术企业、小微企业实施分类辅导，推动有潜力的企业扩大出口。

（三）推动创新驱动发展

加快高水平创新平台建设。主动对接国家“科技创新2030—重大项目”和国家实验室建设，积极参与国家科技重大项目攻关。推动中科院海西研究院、国家专利审查福州分中心等“国字号”科研机构加快建设。支持福厦泉自主创新示范区在光电显示、集成电路、新能源汽车等领域，打造具有较强创新实力的产业基地。围绕产业发展重点领域，再建设一批国家级和省级创新平台，着力构建国家级、国地共建、省级合理分布的创新平台体系。突出科技成果转化应用，加快建立覆盖全省、服务企业的技术转移网络和技术市场体系，促进技术转移转化。

强化知识产权创造、保护和运用。加快知识产权强省建设，健全知识产权运用机制。完善高层次和紧缺人才来闽工作的激励机制。进一步落实税收优惠政策、扩大投贷联动试点范围，支持福州新区、泉州丰泽区和厦门火炬高技术产业开发区等国家“双创”示范基地加快建设。依托互联网建设全省科技资源共享平台，构建重大科研基础设施和大型科研仪器向社会开放服务新机制。

大力发展数字经济。加快推进国家大数据（福建）综合试验区建设，推动国家数字经济（福建）示范区建设，实施国家健康医疗大数据试点，推进福州和厦门健康医疗大数据中心及产业园建设，发展“互联网＋健康医疗”服务。实施产业大数据应用示范工程，深化“互联网＋”区域化链条化试点，扶持一批行业应用互联网平台，加快培育大数据、物联网、云计算、人工智能、共享经济等新业态，壮大数字经济规模。人工智能要加快研发攻关、产品应用和产业培育“三位一体”推进，强化创新链和产业链深度融合、技术供给和市场需求互动演进，以应用示范推动技术和系统优化。围绕行政管理、司法管理、城市管理、环境保护等社会治理的热点难点问题，促进人工智能技术应用，推动社会治理现代化。物联网要加强关键技术攻关和核心产品研发，完善物联网公共支撑平台和技术研发平台。实施“物联网＋”应用计划，在车联网、船联网、智能家居、人体感知、智慧城市等领域开展规模化集成应用。大数据要研发分布式文件系统、海量存储数据库、大数据搜索引擎、大数据分析挖掘、数据可视化等软件产品，开发海量数据存储设备、大数据一体机等硬件产品。加快打造重要民生服务领域的大数据行业应用平台。

（四）实施乡村振兴战略

加快粮食生产能力建设。继续推进农田水利、山垄田复垦改造和高标准农田建设，依靠科技提高粮食单产，加快划建水稻生产功能区，努力实现粮食总产量稳定在650万吨以上。

加快推动现代特色农业发展。坚持质量兴农、绿色兴农，促进农业发展从增产到提质，继续实施农业“五新”工程，支持七大优势特色产业优先发展，建设特色现代农业产业园、创业园和田园综合体等农业发展平台。实施种业创新与产业化工程。推进国家级、省级农林水产原良种场建设，加强适合种养的品种选育、引进、研发、繁殖与示范推广。大力发展休闲渔业。开展畜禽养殖场规模化标准化养殖，全面推进畜禽废弃物资源化利用，年底畜禽养殖废弃物综合利用率达到80%以上。

提升农业农村现代化水平。推动城乡融合发展，引导城市资金、技术、人才等现代化要素向农业农村流动，改善农村生产生活环境。增强城市发展对农业转移人口的吸引力和承载力。因地制宜打造特色小镇、美丽乡村。促进一二三产业融合发展，加强试点示范工作，做好产业融合试点示范县（市、区）、乡镇典型经验推广，开展创建国家农村产业融合发展示范园工作。延伸农业产业链条，发展农产品加工业和休闲农业，支持鼓励农民就业创业，拓展增收渠道。

深化农业农村重点领域改革。巩固和完善农村基本经营制度，深化统筹推进农村土地制度改革试点，探索建立农村土地所有权承包权经营权“三权”分置有效机制。深化农村集体产权制度改革。构建现代农业产业体系、生产体系、经营体系，完善农业支持保护制度，发展多种形式适度规模经营，培育新型农业经营主体，健全农业社会化服务体系。

（五）持续深化重点领域改革

深入推进“放管服”改革。进一步减权放权，完善清单管理制度，规范权力运作。推进社会信用体系建设，完善信用信息平台，推进信用示范城市建设，加强信用服务市场培育。全面推动实施市场准入负面清单制度。纵深推进商事制度改革，落实“多证合一”、企业全程电子化登记、企业名称登记便利化、先照后证、证照分离、简易注销等改革举措，加快电子营业执照核发。加强事中事后监管，探索实行“互联网＋监管”新模式，完善公平竞争审查制度，加快打造包容创新的监管环境、公平普惠的政策环境和公平竞争的市场环境。

继续深化投融资体制改革。深入贯彻落实关于深化投融资体制改革的实施意见。畅通投资项目融资渠道，支持有真实经济活动支撑的项目资产证券化，引导设立各类专业基金。落实精简企业投资前置条件的实施方案，加大前置审批事项精简力度。加快完善投资项目在线审批监管平台，推进审批各环节信息全流程联网共享。

深化国企国资和重点行业改革。推进国企国资产权制度改革，开展混合所有制改革，鼓励国有资本与非国有资本双向投资。开展员工持股、国有资本投资公司和运营公司等试点。深入推进企业兼并重组。推进国企公司制改革，完善法人治理结构，推进董事会规范建设，开展所出资企业外部董事试点和出资人委派总会计师试点。推进电力体制改革，加快推进增量配电业务改革试点，实现试点项目设区市级全覆盖。推动中小用户通过售电公司参与电力市场交易。

推动财税价格改革。深化预算管理制度改革，完善全口径预算编制，加大政府性基金预算、国有资本经营预算与一般公共预算的统筹力度，科学调整国有资本收益上缴比例。完善跨年度预算平衡机制。完善专项资金清单管理制度，建立动态评估清理机制。加快推进财政事权和支出责任划分，加大省对市县转移支付力度，促进区域间均衡发展。深化价格改革，推进水电天然气等要素价格改革。

完善主体功能区战略和制度。调整优化全省主体功能区格局，健全各类主体功能区空间发展长效机制，实施国家重点生态功能区县市产业准入负面清单。统筹建立资源环境承载能力监测预警协调机制，推进全省监测预警大数据平台建设。深化空间规划试点，推进主体功能区战略格局在市县层面精准落地。推进实施福建省海洋主体功能区规划。

（六）提升开放发展水平

促进开放型经济稳定增长。充分利用金砖会晤效应和“多区叠加”政策优势，全面落实促进外资增长的各项政策措施。对标先进地区，进一步改善营商环境，推进投资便利化，创新招商方式，开展精准招商，完善总部经济服务机制，加快发展总部经济。加强与世界500强、全球行业性龙头企业对接，承接高端产业转移。引导有条件的企业依法依规参与国际产能合作，鼓励优势产能境外合理布局，支持高新技术领域海外并购，开拓优势装备高端市场。

深入推进海丝核心区建设。以“五通”为抓手，持续拓展国际合作新伙伴、新项目、新平台。实施互联互通建设行动，持续加密海上、空中航线，提升台闽欧国际班列运营成效，加快打造联接“一带一路”的国际运输大通道。实施投资贸易促进行动，支持优势产业合理布局、拓展国际市场，推动能源资源开发和优势装备出口。实施海洋合作提升行动，加快中国—东盟海洋合作中心建设，完善中国东盟海产品交易所功能，支持企业建立远洋渔业基地，推动创建国家海洋经济示范区。实施人文交流深化行动，持续办好各类活动，讲好福建故事、“海丝”故事，有效促进民心相通。

加快福建自贸试验区、平潭综合实验区建设。加快落实深改方案，注重制度创新系统集成，持续推进复制推广工作。着力培育发展功能，扶持重大产业平台，积极吸引外资参与重点业态发展，推进福州、厦门、平潭片区加快发展。深入推进平潭开放开发，用好用足所得税优惠等特殊政策，加快建设国际旅游岛。

加强闽台、闽港澳侨合作。推动闽台经济文化深度交流合作、融合发展，深化先进制造业和现代服务业合作，加强祖地文化传承交流，吸引台湾青年就业创业。继续深化闽港澳金融、物流、旅游、文化、教育、科技等领域合作，拓展闽港、闽澳招商平台。加强与侨界更紧密合作，密切与侨团、商会交往，大力推进侨务引资引智工作，拓展与闽籍新华侨华人、海外留学人员和华裔新生代的联络，培养侨界新生力量。

（七）全面提升生态文明建设水平

加快国家生态文明试验区建设。试验区38项重点改革任务全部形成改革成果，并抓好实施落地和创新推广。稳步推进自然资源资产管理体制改革试点，有序实施环保机构监测监察执法垂直管理制度，探索推进环境治理监管职能整合，在全省范围实施领导干部自然资源资产离任审计制度，推进生态保护红线、永久基本农田、城镇开发边界三条控制线划定。

持续打好污染防治攻坚战。深入实施水污染防治行动计划，深化河长制，加强重点流域水污染综合整治，强化入河排污口监管，持续推进城市黑臭水体治理、近岸海域防治、农村及小流域水环境整治。推进大气污染防治，持续实施优化产业结构和能源结构、治理工业废气、治理城市扬尘污染、治理移动源污染等措施，开展臭氧污染防治。实施土壤污染防治行动计划，加强对工矿企业、农业面源等重点污染源的监管，推进土壤污染治理与修复试点示范工程，加快推进危险废物处置项目建设。

加快推进绿色发展。建立健全绿色低碳循环发展的经济体系，发展绿色金融，壮大节能环保产业、清洁生产产业、清洁能源产业。完善能源消费总量和强度双控目标责任制，健全节能预警调控机制，持续推进用能权交易试点，加快重点企业能源管理体系和能耗在线监测系统建设，实施一批重点节能工程。完善碳排放权交易市场体系，积极对接全国碳市场。倡导绿色低碳的生活方式，推进实施生活垃圾分类制度。

（八）进一步加强扶贫和民生社会事业建设

坚决打好精准脱贫攻坚战。强化因人因户施策、因贫困原因施策、因贫困类型施策，瞄准特殊贫困人口精准帮扶，实施“造血式减负式兜底式”扶贫。注重扶贫同扶志、扶智相结合，继续抓好各类专项扶贫工程，巩固提升脱贫成果。落实对23个省级扶贫开发工作重点县支持政策，进一步支持苏区老区发展，强化挂钩帮扶、山海协作，整村推进扶贫开发。推进扶贫开发与低保兜底有效衔接，确保现行国定标准的农村贫困人口稳定脱贫。

提高就业质量和人民收入水平。以经济发展带动就业，以就业促进居民增收。拓宽高校毕业生、就业困难人员、农村转移劳动力、退役士兵等就业渠道和方式，拓宽创业投融资渠道，提高经济发展对就业的拉动能力。加强政府对基层就业服务基础设施的供给能力和信息化、现代化、规范化建设水平，进一步发挥基层就业服务设施效能。

持续提升社会保障水平。以促进城乡居民增收为契机，不断优化社会收入分配结构，缩小不合理的收入分配差距，实现收入水平的共同提升。持续优化与岗位技能相匹配的收入水平，力争做到同工同酬。加大转移支付力度，着力提高低收入者收入。完善城乡统筹、多层次的社会救助体系，确保各类困难群体获得相应救助。

优先发展教育。扶持一批普惠性幼儿园，新建一批公办幼儿园。统筹实施城镇中小学扩容和义务教育学校提升工程，高质量完成“全面改薄”收官年工程，改造提升有办学基础的薄弱高中，全面加强基础教育内涵建设。深化实施产教融合发展工程，继续推进示范性现代职业院校、中等职业学校、示范性应用型本科高校的发展。组织实施一流大学和一流学科建设，重点建设111个“高峰”“高原”学科。

加快健康福建建设。推进健康扶贫建设工程、精神卫生防治体系促进工程、妇幼健康保障工程、公共卫生能力促进工程、中医药传承创新工程、疑难病症诊治能力提升工程、人口健康信息平台建设。继续推进健康与养老服务工程建设行动计划和体育健身设施建设。

加快补齐城乡民生基础设施短板。持续推进城市道路交通文明畅通提升行动，加快推进公交、地铁等公共交通建设，提高公共交通分担率。完善普通国省道网建设布局，深入实施交通惠民工程，推进“四好农村路”建设，实施“百乡千村”公路提升计划。完善城乡物流配送网络。持续推进城市内涝防治行动，大力推进福州、厦门等海绵城市试点建设。推进城乡公厕改造建设。

推动文化事业和文化产业发展。加快各级重点文化设施建设，提升基层文化基础设施整体水平。继续完善现代公共文化服务体系，完善市县级档案馆、广播电视高山发射台和城乡电影公共服务一体化建设。推进出版业转向高质量发展，促进文化创意和设计服务与相关产业融合发展。加快福建省优秀传统文化传承，振兴福建传统工艺，举办第七届福建艺术节。

（九）严密防范重点领域风险隐患

积极防范稳妥化解金融风险。加强风险排查和监测预警，落实属地监管责任，坚决守住不发生系统性金融风险的底线。加强地方政府债务管理，梳理排查地方政府债务风险点，及时制定有效防范措施。落实企业信贷风险防控责任，坚持“控新化旧”两手抓，做好重点风险企业资金链、担保链监测预警，“一企一策”“一链一策”，分级分类化解。依法合规开展市场化债转股等工作，坚决打击恶意逃废债和非法集资犯罪行为，切实防范互联网金融领域风险。

保持房地产市场稳定。牢牢把握住房的居住属性，保持房地产调控政策的延续性和稳定性，坚持调控手段不放松，严格防控投机炒房，确保热点区域房价总体可控；因城分类施策优化住房供给，建立健全租购并举住房制度，积极发展租赁市场，加大租赁住房和共有产权住房建设力度，增加住房市场有效供应，稳定市场预期；热点城市及库存少、去化周期短的三四线城市和县城，要落实年度供地计划，加快土地出让节奏。

加强和创新社会治理。推进安全生产领域改革发展，严格落实安全生产责任制，坚持问题导向，盯紧重点行业领域和重要基础设施，加大安全生产排查整治力度，有效遏制重特大生产安全事故，全面完成安全生产责任目标。加强食品药品安全基层监督力量。妥善解决社会矛盾和问题，高度重视社会风险的评估和化解，加强社会治安综合治理，防范经济问题引发社会稳定风险。

各位代表！做好2018年经济社会发展各项工作，任务艰巨，意义重大。我们要更加紧密团结在以习近平同志为核心的党中央周围，全面贯彻中央和省委的决策部署，认真落实省十三届人大一次会议决议，自觉接受省人大及其常委会的法律监督、工作监督和省政协的民主监督，高度重视省人大代表和政协委员的意见建议，锐意进取，埋头苦干，努力完成本次会议通过的各项目标任务，为建设机制活、产业优、百姓富、生态美的新福建，为决胜全面建成小康社会、实现中华民族伟大复兴的中国梦、实现人民对美好生活的向往继续奋斗。

关于福建省2017年预算执行情况及2018年预算草案的报告

——2018年1月26日在福建省第十三届人民代表大会第一次会议上

福建省财政厅

福建省财政厅各位代表：

受福建省人民政府委托，现将福建省2017年预算执行情况及2018年预算草案提请省十三届人大一次会议审议，并请省政协各位委员和其他列席人员提出意见。

一、2017 年预算执行情况

全省各级各部门以习近平新时代中国特色社会主义思想为指导，认真贯彻落实省委省政府的决策部署，坚持新发展理念，深化财税改革，加强财源建设，创新支持方式，提升管理绩效，着力推动供给侧结构性改革和创新驱动，促进经济提质增效和民生改善，圆满完成年度预算任务。

（一）落实省人大及其常委会有关决议情况

财政部门强化预算法治意识，积极发挥职能作用，认真落实省十二届人大五次会议关于 2017 年预算草案的决议、审查报告和省人大常委会第二十九次会议关于省级预算调整方案的决议、审查报告，精心组织预算执行，扎实推进财政各项工作。

1. 有效落实积极财政政策

一是支持实体经济发展。落实“三去一降一补”重点任务，推进供给侧结构性改革。巩固全面营改增试点成果，落实小微企业增值税优惠政策与所得税减半征收扩围政策，继续实施失业、工伤保险费阶段性降费。取消、减免、暂停征收行政事业性收费和政府性基金 50 项。在 2016 年减税降费 370 亿元的基础上，全省新增减税降费 260.1 亿元。通过贷款贴息、风险补偿、担保代偿补偿等方式，引导金融加大服务实体经济力度。利用多双边国际金融组织等贷款 5 亿美元，支持清洁能源、交通等项目。创新财政培训方式，变财政政策内部培训为对外宣讲，省级共举办 7 期，累计参加人数约 2300 人，提高惠企财税政策知晓度。二是推动产业转型升级。落实提高科技型中小企业研发费用加计扣除比例、固定资产加速折旧等所得税优惠政策，制定实施企业研发经费分段补助办法，支持新一轮企业技改专项行动计划，提高科研经费绩效支出比例，激发企业和科研主体创新创造活力。新增高新技术企业 519 家，完成年初计划的 148.3%。统筹整合各类资金，综合运用财政贴息、奖补、基金等方式，支持化解钢铁煤炭行业过剩产能，加大对新能源汽车、集成电路、新型显示、物联网等重点企业重点项目的支持，落实军民融合发展战略，推动工业稳增长调结构，促进三大主导产业做大做强，传统产业转型升级，新兴产业、现代服务业加快发展。落实外经贸发展资金，鼓励发展贸易新业态新模式。圆满完成金砖国家领导人厦门会晤经费保障任务。落实优势特色农业财政奖补政策，推进农业综合开发和农村综合改革。修订进一步促进总部经济发展的指导意见，鼓励引进总部、扶持现有总部、促进职能总部设立以及鼓励知识产权成果转化等。三是支持扩大有效投资。围绕交通、市政、民生、环保、水利、信息网络、新型城镇化等重点领域，建立正向激励机制促进有效投资，通过财政贴息、补助、政府和社会资本合作（PPP）等方式，支持补短板工程包实施，发挥财政资金引导和杠杆作用，带动社会资本扩大有效投资。四是积极争取中央支持。2017 年，中央对福建省税收返还和转移支付补助 1284.81 亿元，增长 8.1%，其中，均衡性转移支付、县级基本财力保障、加快原中央苏区和革命老区发展以及支持生态文明建设等方面的补助力度持续加大。首次给予福建省民生政策托底保障阶段性财力补助 6.02 亿元。争取福建省新增债务限额 585 亿元，比上年增加 166 亿元，增长 39.6%。平潭综合实验区企业所得税优惠目录获批增列七类有关旅游产业项目。晋华、三安、联芯、福顺微、福联等 5 家重点集成电路生产企业自用生产性原材料、消耗品享受免征关税和进口环节增值税优惠政策。

2. 注重优化财政支出结构

一是优先保障重点支出。认真落实中央八项规定精神和厉行节约反对浪费要求，压缩一般性支出，集中财力用于保障省委省政府重大战略决策部署和重点项目支出。二是加大财政民生投入。全省民生相关支出 3505.44 亿元，增长 10.8%，占一般公共预算支出的 74.3%，持续保持在七成以上。省级财政下达省委省政府为民办实事 25 个项目资金 100.45 亿元，完成计划的 102.2%。三是转变财政支持方式。全省累计落地 PPP 项目 148 个，引入社会投资 1686 亿元；已启动和正在筹备的省级政府投资基金共 9 只，已投资 103 个项目，带动项目总投资 1840 亿元；全省政府购买服务金额 106.04 亿元，增长 118%，购买项目数 7101 项，增长 41%，其中购买基本公共服务 78.19 亿元，占购买总额的 73.7%。

3. 重视加强预算执行管理

一是加快预算执行进度。制定省对市县区财政收支考核暂行办法，强化支出进度通报和约谈机制，支出进度进入全国中上水平。提前谋划做好债券资金项目筛选、规划、方案制定和项目评审等各项工作，加快形成实际支出。加大结转结余清理力度，全省共盘活财政存量资金 265.46 亿元，其中省级 84.86 亿元，盘活财政存量资金考核排名全国第 10 位，较上年提升 13 个名次。二是强化预算绩效评价。省级专项资金全部编制绩效目标，建立半年一次专项资金使用绩效评估机制。省级预算部门绩效自评项目资金占本部门专项预算总额的比例，在 2016 年 50%的基础上再提高 10 个百分点。省级财政重点评价涉及 21 个专项资金、88.84 亿元。三是加大财政监管力度。制定省级国库现金管理操作实施办法、省级财政专户资金定期存款管理办法以及 20 项专项资金管理办法。加快推进全省统一的政府采购网上公开信息系统建设，在全国率先实现政府采购全流程在线运行，电子化开评标省、市、县三级全覆盖，2017 年全省在线运行采购项目金额 540.17 亿元。加强扶贫资金精准监管，开展中央和省级财政扶贫资金专项检查以及教育扶贫专项资金“最后一公里”督查，推进扶贫资金在线监管系统建设。推行“双随机一公开”财政监督检查。完善厉行节约制度建设，开展落实中央八项规定精神“1+X”专项督查。推动行政事业单位内部控制自我评价，促进内部控制规范实施。开展政府资产报告试点和省级行政事业单位资产配置检查。四是认真落实审计整改。

按照省十二届人大常委会第三十次会议对《2016年省本级预算执行和其他财政收支的审计工作报告》提出的审议意见，对同级审计以及稳增长、债务、扶贫等审计报告反映的问题逐条抓好整改。

4. 扎实推进财税体制改革

一是深化预算管理制度改革。新增建设用地土地有偿使用费等3项政府性基金项目转列一般公共预算并统筹使用。省国资委监管企业利润上缴比例提高到13.5%。281个省级一级预算部门全部公开本部门预决算，实现应公开范围全覆盖。制定预决算公开操作规程，实现政府预决算和部门预决算信息在省级统一平台上集中公开。建立专项资金管理清单目录，省级财政专项资金数量清理整合压减为278项。积极稳妥清理规范重点支出挂钩事项，完善重点支出保障机制。二是落实税收制度改革。落实简化增值税税率政策，将增值税税率从四档简并至三档。全面推开商业健康保险个人所得税试点。组织做好环境保护税福建省适用税额和应税污染物项目数研究制定工作，在全国率先通过省人大常委会审定。三是稳步开展财政体制改革。根据中央部署，出台《福建省省与市县财政事权和支出责任划分改革实施方案》，明确2017—2020年改革目标、职责分工、实施步骤。将省以下法院检察院经费上收省级统一管理，并做好省以下法院检察院收支基数上划以及监察体制改革涉及收支基数下划的衔接工作。印发并实施《武夷山国家公园试点区财政体制方案》。完善省对市县均衡性转移支付办法，制定农业转移人口市民化奖励办法，继续加大县级基本财力保障力度。出台《关于对促进经济社会发展和落实有关重点工作成效明显地区给予激励支持的意见》，加大正向激励力度。

5. 规范地方政府债务管理

一是完善债务管理制度。省政府成立地方政府性债务管理领导小组，出台全省土地储备专项债券管理办法、政府性债务风险应急处置预案等制度办法，将政府债务管理纳入省政府对设区市的绩效考核。强化债务限额管理和预算管理，截至2017年底，福建省地方政府债务余额5467.86亿元，其中：一般债务余额2783.96亿元、专项债务余额2683.9亿元，全省债务余额控制在财政部核定的限额之内，政府综合债务率低于警戒线。二是组织做好债券发行。债券发行总规模1539.49亿元，发行方式实现银行间市场和交易所市场全覆盖，进一步促进地方政府债券投资主体多元化，提高债券二级市场流动性。按债券存续期与银行贷款利差测算，共节省各级政府融资成本约78.52亿元。三是加强政府债务风险防控。组织开展政府举债融资行为摸底排查，对存在不规范的举债行为分门别类提出整改措施，督促各级做好分类整改。加强债务风险统计监测，实行风险预警提示通报。选取20个高风险市县开展债务风险防控督导，及时清理整改不规范举债融资。

2017年，省财政厅改进和加强服务省人大代表、政协委员工作。认真办理建议提案，全年承办人大代表建议184件、政协委员提案138件，办结率100%。加强与代表委员沟通交流，积极听取和吸纳代表委员提出的意见建议，进一步改进预算管理和财政工作。

（二）2017年预算收支情况

1. 一般公共预算

省十二届人大五次会议通过的2017年地方一般公共预算收入2787.52亿元，全省财力预算为3928.66亿元，相应安排全省一般公共预算支出3928.66亿元。

全省一般公共预算总收入4603.85亿元，增长7.2%，完成预算的101.9%。其中，地方一般公共预算收入2808.7亿元，同口径增长8.7%，完成预算的100.8%。全省一般公共预算支出4719.29亿元（含中央专款、上年结转和新增债券安排的支出，下同），增长9.9%。

省级一般公共预算收入258.08亿元，同口径增长4.9%，完成预算的99.6%。省级一般公共预算支出490.85亿元，增长4.3%。中央税收返还和转移支付补助1284.81亿元，增长8.1%。省对市县税收返还和转移支付补助1163.52亿元，增长7.4%。

2. 政府性基金预算

全省政府性基金收入1993.08亿元，增长23.5%，完成预算的122%。全省政府性基金支出1988.1亿元，增长30.5%。

省级政府性基金收入28.76亿元，增长3.8%，完成预算的105.8%。省级政府性基金支出18.02亿元，下降7.5%。

3. 国有资本经营预算

全省国有资本经营收入76.31亿元，下降11.5%，完成预算的118.8%。全省国有资本经营支出91.51亿元，增长88.5%。

省级国有资本经营收入46.66亿元，下降18%，完成预算的100.8%。省级国有资本经营支出70.1亿元，增长137.9%。

4. 社会保险基金预算

全省社会保险基金收入1382.45亿元，增长10.3%，完成预算的105.2%。全省社会保险基金支出1150.1亿元，增长9.5%。全省社会保险基金滚存结余1838.88亿元。

省级社会保险基金收入401.47亿元，增长10.9%，完成预算的103.8%。省级社会保险基金支出377.44亿元，增长6.5%。

5. 地方政府债务

财政部核定福建省2017年新增债务限额585亿元（含厦门市97亿元），其中：新增一般债务限额480亿元、新增专项债务限额105亿元。全省发行新增地方政府债券582.8亿元，发行置换债券956.69亿元。

根据省人大常委会第二十九次会议批准的2017年省级预算调整方案，增加省级一般公共预算收入462亿元，相应增加支出462亿元，其中：省级支出13.09亿元，转贷市县支出448.91亿元；增加省级政府性基金收入26亿元，全部用于转贷市县支出。省级一般公共预算还本付息支出5.43亿元，其中，还本支出2.6亿元，付息支出2.83亿元。

以上快报数在决算编制中可能还会有所变动，决算编成后再按规定报省人大常委会审批。

（三）2017年主要支出政策落实情况

2017年，按照省人大及其常委会有关决议要求，在保运转的基础上，加强四本预算统筹，切实保障省委省政府确定的各项支出政策落实。

支持供给侧结构性改革和创新驱动。下达工业企业结构调整专项奖补资金4.78亿元，推动化解过剩产能。下达科技经费16.78亿元，增长10%，支持福厦泉国家自主创新示范区建设，实施科技计划项目，推进科技创新平台建设，培育高新技术企业和科技小巨人领军企业，引进新型研发机构。省级筹集4.5亿元，实施企业研发经费投入分段补助，采取基础补助与增量补助相结合的方式，引导企业加大研发投入。优化财政科技计划设置管理，提高科研经费绩效支出比例。建立促进以“用”为导向的产学研结合和科技成果转移转化的激励机制，财政资金投向逐步转变为满足产业和企业创新需求。深化人才发展体制机制改革，支持实施“海纳百川”高端人才聚集计划。

推动现代农业发展。下达8.1亿元，支持打造茶叶、蔬菜、水果、畜禽、水产、林竹、花卉苗木等七大优势特色产业。下达3.58亿元，支持安溪国家现代农业产业园、8个省级现代农业产业园、6个国家级台湾农民创业园、16个福建农民创业园和50个省级农民创业示范基地等“一区两园”平台建设。下达2.21亿元，用于增加省农业信贷担保公司资本金及开展农户生产性贷款担保机构风险补偿金，解决新型农业经营主体贷款难、贷款贵问题。下达4.6亿元，支持农田水利基础设施建设。下达农业综合开发专项资金12.3亿元，积极推进高标准农田建设，在全国率先开展田园综合体项目试点。

支持脱贫攻坚。按上年地方一般公共预算收入的2‰筹集资金，并从一般性转移支付、专项扶贫资金、相关涉农资金等多渠道筹集75亿元，用于精准扶贫精准脱贫。全面落实产业、就业、搬迁、金融、健康、教育、低保兜底等扶贫措施。在全国率先开展精准扶贫医疗叠加保险救助工作，每年筹集2.4亿元，为全省建档立卡农村贫困人口构建多层次医疗保障体系。筹资4.5亿元，在750个贫困村开展扶持村级集体经济发展试点。加大对下转移支付力度，支持原中央苏区、革命老区和省级扶贫开发工作重点县加快发展。

促进教育发展。下达110所公办幼儿园建设资金4.5亿元，增加3万个学位。下达民办幼儿园教育省级奖补资金2.2亿元，扩大普惠性学前教育资源供给。下达义务教育阶段中小学生均公用经费转移支付资金20.15亿元，小学每生每年从650元提高到750元，普通初中每生每年从850元提高到950元。下达改善义务教育薄弱学校基本办学条件资金11.14亿元和中小学校舍安全保障长效机制建设资金8.67亿元，切实改善中小学办学条件。下达普通高中生均公用经费省级奖补资金1.86亿元，推进普通高中优质特色发展。下达职业教育资金12亿元，提升现代职业教育质量。下达16亿元用于高校实施“双一流”建设，推动高等教育上层次上水平。下达学生资助经费17.71亿元，建立健全从学前教育到研究生教育阶段全覆盖的学生资助政策体系。

加快医疗卫生事业发展。下达4亿元，统筹用于开展福建省创建高水平医院、高水平临床医学中心和重点专科工程。下达4.27亿元，建立健全基层医疗卫生财政补偿机制和服务体系，持续推进基层医药卫生体制综合改革。统一城乡居民医保政策，整合医疗保障信息系统，建立统一的城乡居民大病保险和城乡医疗救助制度，推动基本医保、大病保险、医疗救助设区市统筹。推进医保支付方式改革和药品联合限价阳光采购，实施医保窗口前移，建立派驻公立医院医保服务站制度。

提高社会保障水平。机关、企事业单位退休人员养老金标准按总体水平5.5%的幅度调整提高，城乡居民基本医疗保险财政补助从每人每年420元提高到450元，基本公共卫生服务项目财政补助标准从45元提高到50元，农村居民最低生活保障省定最低标准由家庭年人均收入2650元提高到3000元。下达2.78亿元，落实困难残疾人生活补贴和重度残疾人护理补贴制度。从省级福彩公益金中筹集资金5100万元支持300个农村幸福院建设，对非营利性养老机构给予一次性开办费和床位补贴。下达5.44亿元，支持各地向常住居民提供均等的就业创业基本公共服务。下达22.86亿元奖补资金，支持各地推进保障性安居工程建设。全省保障性安居工程累计完成投资439.47亿元，占年度计划投资的117.2%，各类棚户区改造项目超额完成国家下达的年度目标任务。

推动文化体育事业发展。下达省级文化产业发展专项资金1.72亿元，推动文化产业投资基金加快投资进度，促进福建省重大文化产业项目建设和重点文化企业做大做强。下达2.68亿元，支持公共文化服务体系建设。下达9000万元，加大文化遗产保护力度。下达1.38亿元，支持重点文物修缮和国家级非遗代表性重点项目保护。下达2900万元，扶持文化精品创作生产和人才培养。下达5.8亿元，推动群众体育和竞技体育全面发展。

支持生态文明建设。争取并新增纳入国家重点生态功能区转移支付补助县（市）7个，总共20个，获中央转移支付补助17.88亿元，比上年增加4.75亿元，增长36.2%。修订完善生态保护财力转移支付办法，扩大补助范围，优化激励指标，下达19.01亿元，引导市县加大生态保护力度。修订完善福建省重点流域生态保护补偿办法，筹集流域生态保护补偿资金11亿元。下达4.67亿元，积极推进汀江－韩江流域跨省横向生态补偿试点。下达小流域省级“以奖促治”资金5亿元，对水质类别达到考核要求、水质有提升的市县予以奖励。争取中央将福建省纳入重点流域水污染防治资金支持范围，获得中央补助资金1.72亿元。闽江流域山水林田湖草生态保护修复项目列入全国第二批山水林田湖草生态保护修复试点，财政部已下达福建省首批基础性奖补资金10亿元。下达造林绿化及森林生态效益补偿资金16亿元，水土保持资金3.34亿元、美丽乡村建设资金8亿元。在全国率先开展重点生态区位商品林赎买等改革试点工作，持续支持推进集体林权制度改革。

回顾本届政府的五年，财政部门坚决贯彻落实省委省政府决策部署，围绕中心、服务大局，财政“十二五”规划圆满完成，“十三五”规划顺利实施。一是财政实力不断壮大，一般公共预算总收入由2012年的3008.88亿元提高到2017年的4603.85亿元，年均增长8.9%，一般公共预算支出由2012年的2607.5亿元提高到2017年的4719.29亿元，年均增长12.6%。二是财政政策积极有效，集中财力支持经济社会发展的关键环节和重点领域，减税降费、PPP、政府投资基金等调控手段对稳增长调结构发挥了重要作用。三是民生保障稳步提升，按照“坚守底线、突出重点、完善制度、引导预期”的原则，优化财政支出结构，建立健全民生投入长效机制，民生支出五年累计达1.4万亿元，占财政支出比重每年均超过七成。四是财税改革深入推进，预算管理制度改革取得决定性进展，强化预算绩效管理，促进财政资金精准滴灌。营改增试点改革全面推开，累计减税568.6亿元。积极稳妥推进省与市县财政事权和支出责任划分改革，建立正向激励机制，财政转移支付体系不断健全。地方政府债券实现自发自还，地方政府债务管理更加规范。五是财政管理持续加强，法治财政建设步伐加快，依法行政依法理财水平进一步提高。财政信息化建设深入推进，财政管理一体化信息系统建成。国库管理、资产管理、会计管理和财政监督等财政管理基础进一步夯实。

五年来财政工作取得的成绩，是省委省政府科学决策、正确领导的结果，是省人大、省政协以及代表委员们加强监督、有力指导的结果，是各级各部门以及全省人民艰苦奋斗、共同努力的结果。同时，福建省财政经济运行中仍然存在着一些困难和问题，主要是：财政收入增速趋缓，持续增长压力较大，收支矛盾仍较为突出；区域发展不平衡问题依然存在，省级转移支付压力较大；部分专项资金使用不规范、资金沉淀的现象仍然存在，资金使用效率有待进一步提高；局部市、县（区）负债率较高，隐性债务风险不容忽视。我们将高度重视这些问题，认真听取各位代表、各位委员的意见和建议，研究采取有力措施逐步加以解决。

二、2018年预算草案

2018年是贯彻党的十九大精神的开局之年，是改革开放40周年，是决胜全面建成小康社会、实现赶超目标的关键一年。做好预算编制和财政工作，要全面贯彻习近平新时代中国特色社会主义思想和党的十九大精神，加强党对财政工作的领导，坚持稳中求进工作总基调，坚持新发展理念，按照高质量发展的要求，统筹推进“五位一体”总体布局和协调推进“四个全面”战略布局，以供给侧结构性改革为主线，把高质量发展与实现赶超有机统一起来，全力支持打好防范化解重大风险、精准脱贫、污染防治攻坚战，落实积极的财政政策，继续实施减税降费，培育创新环境，支持实体经济发展和产业转型升级；调整优化支出结构，控制一般性支出，突出保基本、抓重点、补短板、强弱项，提高保障和改善民生水平；深化财税体制改革，完善预算管理制度，全面实施绩效管理，加强地方政府债务风险防控，增强财政可持续性，为建设“机制活、产业优、百姓富、生态美”新福建提供坚实的财力保障。

（一）2018年预算编制原则

1. 积极稳健，量力而行

收入预计，既综合考虑全省经济基本面回暖、企业效益持续向好的积极因素和福建省主要经济指标预计增幅以及“十三五”规划财政收入目标增幅要求，又充分考虑贯彻落实减税降费、加大房地产市场调控力度对短期财政收入的影响，实事求是，合理确定全省财政收入增幅。支出预算，既全力保障省委省政府部署的改革任务的支出需要，充分考虑可能的增支因素，保持必要的支出强度，又结合财力情况，合理评估，适当控制支出标准或提标幅度，做到有保有压，确保财政综合平衡。

2. 统筹兼顾，突出重点

加强预算统筹协调，加大政府性基金预算、国有资本经营预算与一般公共预算的统筹力度，能够通过政府性基金预算和国有资本经营预算安排的项目，优先从政府性基金预算和国有资本经营预算安排。加大结转结余等各类存量资金盘活整合力度，对于结转结余规模较大且暂时无需使用的资金，收回并用于其他亟需安排的领域。调整优化财政支出结构，确保对重点领域和项目的支持力度，严控一般性支出，推动高质量发展。突出问题导向，尽力而为、量力而行，精准施策，保障和改善民生，确保教育、科技、农业领域投入只增不减，文化领域投入持续加大，医疗卫生领域投入稳步增加。

3. 改革创新，约束有力

完善中期财政规划管理，硬化中期财政规划对年度预算的约束。推动财政事权和支出责任划分改革，逐步建立起权责清晰、财力协调、标准合理、保障有力的基本公共服务体系和保障机制。突出绩效导向，提高绩效目标编制质量。推进支出经济分类科目改革。顺应国家监察体制和司法体制改革，做好省检察院和省监察委的经费划转和预算安排，完善审计制度改革经费保障，确保改革顺利进行。创新补短板资金筹集方式和保障机制，有效调动社会力量共同参与民生社会事业发展。

（二）2018年全省代编和省级一般公共预算

1. 全省代编一般公共预算

在汇总各设区市和征管部门经济财政预测情况的基础上，结合2018年全省生产总值、固定资产投资等经济社会发展主要预期目标，2018年，全省一般公共预算总收入按4939.93亿元编制，比上年增加336.08亿元，增长7.3%，其中：税收收入4144.38亿元，增长7.7%。地方一般公共预算收入按3005.31亿元编制，比上年增加196.61亿元，增长7%，其中：税收收入2209.76亿元，增长7.7%。

地方一般公共预算收入加预计中央体制净补助989.98亿元、调入预算稳定调节基金199.08亿元，全省总财力预计为4194.37亿元，比上年增加198.53亿元，增长5%。按照收支平衡原则，相应安排全省一般公共预算支出4194.37亿元，增长5%。其中：教育支出748.93亿元，增长5.3%；科学技术支出76.49亿元，增长5.2%；文化体育与传媒支出69.03亿元，增长5.1%；社会保障和就业支出359.88亿元，增长5.2%；医疗卫生与计划生育支出371.45亿元，增长5.2%；节能环保支出105.72亿元，增长4.8%；农林水支出355.92亿元，增长5.1%。

2. 省级一般公共预算

省本级一般公共预算收入按259.1亿元编制，与上年基本持平，主要是受营改增收入划分体制调整和银行业非保本理财产品免征增值税政策翘尾，以及房地产宏观调控契税减少等影响。省本级一般公共预算收入加中央税收返还和转移性收入961.5亿元、市县财政上解收入286.84亿元、调入预算稳定调节基金70亿元和调入其他资金6.29亿元后，省级预算收入1583.73亿元，比上年增加70.17亿元，增长4.6%。按收支平衡原则，相应安排省级一般公共预算支出1583.73亿元。

省级主要支出项目安排情况：教育支出137.68亿元，增长6.3%；科学技术支出19.07亿元，增长12.9%；文化体育与传媒支出18.04亿元，增长11.9%；社会保障和就业支出117.24亿元，增长11.8%；医疗卫生与计划生育支出151.31亿元，增长5.2%；节能环保支出69.23亿元，增长17.2%；农林水支出166.82亿元，增长16.6%。

省级一般公共预算支出扣除应上解中央支出以及对市县的税收返还和补助支出972.71亿元、地方政府一般债务还本支出4.69亿元，省本级财力预计606.33亿元，比上年增加7.38亿元，增长1.2%。省本级一般公共预算支出按606.33亿元编制。

（三）其他三本预算

1. 政府性基金预算

全省政府性基金收入按1996.18亿元编制，比上年增加3.1亿元。全省政府性基金支出按1996.18亿元编制。

省级政府性基金收入按24.1亿元编制，比上年减少3.33亿元，主要原因是：根据财政部规定，2017年4月起取消新型墙体材料专项基金；2017年7月起将国家重大水利工程建设基金征收标准降低25%；经省政府同意，2018年至2019年暂停征收小型水库移民扶助基金。加上中央提前下达专项转移支付12.88亿元，调入省广电集团专项债券付息资金0.11亿元，合计37.09亿元。按照预算法规定，以收定支，相应安排支出37.09亿元。

2. 国有资本经营预算

全省国有资本经营收入按69亿元编制，比上年减少40.4亿元，下降36.9%。全省国有资本经营支出按69亿元编制。

省级国有资本经营收入按38.95亿元编制，其中，动用上年结转收入1.85亿元，比上年减少35.6亿元。主要是：一是省国资委监管企业国有资本利润上缴比例从13.5%提高到19%，增加2.39亿元；省国资委监管企业动用结转结余资金1.85亿元；二是省属文化企业海峡出版发行集团从2018年开始编制国有资本经营预算，增加0.22亿元；三是受2017年一次性将收回的兴业基金资产管理计划本金及投资收益缴库影响，省级金融企业国有资本经营预算减少40.06亿元。按照预算法规定的收支平衡原则，调出3.84亿元用于地方一般债券还本付息后，省级国有资本经营支出按35.11亿元编制，比上年减少38.56亿元，下降52.3%。

3. 社会保险基金预算

全省社会保险基金收入按1451.15亿元编制，比上年增加68.7亿元，增长5%。全省社会保险基金支出按1262.37亿元编制，比上年增加112.27亿元，增长9.8%。

省级社会保险基金收入按423.17亿元编制，比上年增加21.7亿元，增长5.4%。省级社会保险基金支出按413.66亿元编制，比上年增加36.22亿元，增长9.6%。

（四）省级重点支出安排情况

2018年，省级全口径预算统筹安排支出2069.59亿元，其中：一般公共预算支出1583.73亿元、政府性基金支出37.09亿元、国有资本经营预算支出35.11亿元、社会保险基金预算支出413.66亿元。省级通过增加均衡性转移支付、城乡居民医疗保险转移支付、基本养老金转移支付、县级基本财力保障机制奖补等进一步提高一般性转移支付的规模和比重，加大对包括原中央苏区、革命老区和重点生态功能保护区域在内的市县财力性转移支付，推进地区间基本公共服务均等化。除保运转支出外，重点保障五个方面的支出：

1. 在支持创新发展方面，安排231.92亿元，增长9%

重点用于：做大做强主导产业，改造提升传统产业，培育高成长性企业和高新技术企业，培育壮大新兴产业，大力提升现代服务业，加快推动产业转型升级。支持办好首届“数字中国”建设峰会，加快建设数字福建，推动互联网、物联网、大数据人工智能和实体经济深度融合，做大做强数字经济。推进特色农业现代化建设，积极发展设施农业，加快现代农业产业园建设，做强做优做大七大优势特色产业，实施农产品质量安全行动计划，打响“清新福建·绿色农业”品牌。支持投资工程包推介实施，进一步激发民间有效投资活力。推进人才强省战略实施和创新型省份建设，注重引进高层次人才，打造良好人才生态。支持福厦泉国家自主创新示范区建设，落实企业研发经费投入分段补助等惠企政策，引导全社会加大科技研发投入，更好发挥科技创新对经济社会发展的引领作用。

2. 在支持协调发展方面，安排201.15亿元，增长3.4%

重点用于：缩小市县财力差距，促进城乡区域协调发展。实施区域和产业相结合的财政激励政策，支持各地发挥资源禀赋优势，发展特色区域经济。落实山区专业技术人才队伍建设十条措施，鼓励人才向山区、革命老区和基层一线流动。支持海洋经济重点项目实施，促进海洋经济一二三产业融合。支持实施乡村振兴战略，促进农业农村优先发展，支持发展品牌农业、生态农业、数字农业。巩固提高粮食产能，注重农产品质量安全。支持培育农村新产业新业态，促进农业转型升级。深入推进“农村四好路”建设，支持实施农村人居环境整治三年行动方案。推动军民融合深度发展，支持驻闽部队改革与建设，切实保障复退军人待遇。支持闽藏、闽疆、闽宁帮扶协作。

3. 在支持绿色发展方面，安排117.7亿元，增长12.6%

重点用于：加快国家生态文明试验区建设，落实生态文明体制改革任务。健全多元化生态补偿机制，开展综合性生态保护补偿试点，推进武夷山国家公园试点，支持自然资源资产管理体制改革试点。加快淘汰落后产能，稳妥处置“僵尸企业”，完善绿色生产、绿色消费政策，推进资源全面节约和循环利用，培育绿色发展新动能。支持打好污染防治攻坚战，持续实施“清新水域”“洁净蓝天”“清洁土壤”三大工程。支持完善河长制、落实湖长制，加强重点流域治理和小流域环境整治，提升危险废物处置能力。加强农村人居环境整治，持续推进高标准农田建设，因地制宜打造美丽乡村。支持植树造林、森林抚育，推进水土流失综合治理，推进矿山生态环境修复治理。加强生态系统保护，推进闽江流域山水林田湖草保护修复试点。支持实施环保机构监测监察执法垂直管理制度。

4. 在支持开放发展方面，安排16.6亿元，增长0.4%

重点用于：支持加快建设21世纪海丝核心区，推动对外经贸文化交流，搭建、完善合作平台。支持建设高质量的自贸试验区，推动通关便利改革创新。稳定外贸增长，支持企业打造出口品牌、开拓国际市场和外贸产业转型升级，培育贸易新业态新模式。坚持引进来和走出去并重，精准对接世界500强、台湾百大企业、行业龙头企业，支持企业开展海外并购。推进闽台深度融合发展，深化闽台经贸合作，支持平潭加快开放开发，加强闽台经贸文化交流合作，支持台湾青年来闽就业创业和学习生活，深化两岸民间基层交流交往。

5. 在支持共享发展方面，安排962.92亿元，增长7.7%

重点用于：支持打好精准脱贫攻坚战，加大对原中央苏区、革命老区、省级扶贫开发工作重点县、民族地区以及贫困村扶持力度，落实城乡低保、医疗救助、危房改造等扶贫兜底措施，实施扶持村级集体经济发展试点、扶贫小额贷款贴息等扶贫拓展提升项目。加快补齐教育、卫生与健康、养老、城乡民生基础设施等社会事业短板。扩大普惠性学前教育资源供给，推动义务教育优质均衡发展，配足配好高中教育资源，强化职业教育产教融合，推动高等学校内涵式发展，办好人民满意教育。加紧解决产儿科供给不足和精神科建设滞后问题，集中力量推进医疗“创双高”建设，加大医疗保障体制改革力度，提高城乡居民基本医保和基本公共卫生服务财政补助标准，完善全科医生培养与使用激励机制，加快健康福建建设步伐。深入推进医养融合发展，积极培育壮大养老产业，有效保障老年人服务需求。加快城乡民生基础设施建设，支持实施交通畅通、水环境治理、供水安全、防洪防涝、城乡洁净、管网建设、景观提升、配套服务和智慧城市等9大工程。支持公共文化设施建设。支持开展“厕所革命”专项行动，新建、改建城乡公共厕所2100座。完善社会保障，将农村居民最低生活保障省定最低标准由家庭年人均收入3000元提高到3350元，健全优抚对象等人员抚恤和生活补助标准体系，提高困难残疾人生活补贴和重度残疾人护理补贴。加大对就业困难人员就业的帮扶力度，促进农民工、高校毕业生等人员返乡就业创业。加快建立多主体供应、多渠道保障、租购并举的住房制度。落实棚户区改造税费优惠和贷款贴息政策，推进棚改货币化安置和政府购买棚改服务，支持棚户区改造和农村危房改造。支持打好防范化解重大风险攻坚战，坚决防范化解金融风险，坚决防范化解房地产风险，切实维护公共安全，深化司法体制综合配套改革，完善社会治安防控体系建设，加快建设更高水平的“平安福建”。

三、切实抓好2018年预算执行

2018年，我们将围绕上述预算安排，坚持依法理财，加强财源建设，提高资金绩效，推进深化改革，强化财政监管，重视从源头上防范化解债务风险，努力提高财政管理效能，确保全年预算目标顺利完成。

（一）加强财源培植，强化收入组织

一是优化财源结构。继续实施减税降费政策，引导金融加大服务力度，推动政府投资基金加快运营，促进产业转型升级和实体经济高质量发展，壮大财源基础。支持培育大数据、物联网、垂直电商平台等新业态，加快数字经济发展，培植更多财源增长点。完善正向激励政策，支持开发区提档升级，增强园区承载力，促进项目集中、财源集聚。完善自然资源有偿使用制度，推进行政事业单位资产优化配置、有效利用，挖掘潜在财源。二是调动市县培育财源积极性。整合财政专项资金，优化扶持重点，引导市县注重行业税收贡献分析，提高产业投资在固投中的比重，选准产业、选好项目、扶好实体，做大做强各自特色的产业集群，培育壮大财源，增强财政可持续发展能力。三是加强财政收入组织。抓重点税源，强化财税部门收入协调工作机制，落实总部经济

政策，强化对重点企业的跟踪服务、政策指导。盯流动税源，主动适应网络经济、共享经济等新业态成长和营改增、结构性减税等税制调整，靠前做好跨地区经营企业的税源服务工作。防空转虚收，推进非税收入收缴电子化和财政电子票据管理改革，规范财政收入核算和缴库管理。

（二）保障重点支出，提高资金绩效

一是优化支出结构。盘活存量，用好增量，厉行节约，严控一般性支出，集中财力保障供给侧结构性改革和创新驱动、脱贫攻坚、生态文明建设等重点领域支出。做好省委十届三次全会补短板和2018年为民办实事项目资金筹措工作。二是整合专项资金。在现有清理整合的基础上，建立动态评估清理机制，逐步减少资金使用绩效较差、没有完成绩效目标以及支出进度严重滞后的专项资金，并推动专项资金实质性整合。三是加快支出进度。严格按照省对市县区财政收支考核暂行办法，进一步强化财政存量资金盘活、支出进度通报和约谈机制。推动项目库建设，提高年初预算到位率，细化到具体项目，减少资金沉淀，尽快形成实物支出。四是强化绩效管理。实行分类绩效管理，不同项目和资金类型，逐步采取不同评价方式。强化绩效目标管理，省级所有专项资金都要对照省委省政府确定的工作目标和任务，进一步细化2018年度绩效目标管理，制定相应的资金管理办法，对逾期未按要求制定绩效目标的，暂不批复专项资金预算。加强绩效评价结果运用，建立预算安排与绩效目标、资金使用效果挂钩的激励与约束机制。五是改进支持方式。继续规范推广运用政府和社会资本合作（PPP）模式，加强监督管理和示范引领，加快项目落地实施。促进政府投资基金健康发展，通过基金服务平台等信息化手段，实现对基金的审核监管和对资金投放的“穿透式”管理。完善政府购买服务指导性目录，规范政府购买服务行为。

（三）推进财税改革，健全激励约束

一是推进财政体制改革。根据中央改革进程，推进省与市县财政事权和支出责任划分改革，选取基本就业服务、社会保险、基本生活保障、住房保障、公共文化体育和残疾人服务等共同财政事权领域开展试点。密切跟踪中央与地方收入划分总体方案进展，加强信息研判，提前做好政策应对。将符合条件的基本公共服务领域专项转移支付转列为一般转移支付，逐步提高省级一般转移支付比例，以正向激励为导向，进一步完善转移支付体系。二是完善预算管理制度改革。加紧研究制定福建省划转部分国有资本充实社保基金的实施方案，继续提高国有资本收益上缴比例。滚动编制2018－2020年中期财政规划，逐步构建支出规划约束年度预算、年度预算以项目库为基础的管理架构。继续完善专项资金清单管理制度，建立动态评估清理机制。按照中央部署，落实涉农资金统筹整合。开展综合性生态保护补偿试点，对不同类型、不同领域的生态保护补偿资金进行统筹整合，加大对重点生态功能保护区域的补偿力度。三是落实中央税制改革部署。落实完善增值税制度。认真组织实施环境保护税开征工作，做好分析与策应。密切关注个人所得税改革动态，跟进房地产税、消费税等税种的立法进程以及地方税体系建设相关工作。做好创业投资企业和天使投资个人税收优惠政策试点以及个人税收递延型商业养老保险试点政策落地前期准备工作。

（四）加强债务管理，强化风险管控

一是强化风险源头管控。开展债务投资项目清理，强化审批管理，控制新增债务规模。加强中长期支出责任事项的审核与评估，对未经财政部门评估债务风险或项目总投资无法落实、资金来源不明确的，不合规定的，建议不予立项，强化财政约束。对上年隐性债务梳理结果，开展再核实再排查，夯实底数，建实台账。二是落实限期化债计划。督促市县制定降低债务风险的工作方案和分年度隐性债务消化计划，通过控制项目规模、压缩公用经费、统筹政府收入、处置存量资产、引入社会资本等方式，鼓励以市场化、法治化手段稳妥推进存量债务化解，实现债权人、债务人合理共担风险，同时，注意防范“处置风险的风险”。建立覆盖所有市、县（区）的地方政府债务风险应急处置机制。督促各地对尚未置换的存量政府债务进行再梳理，倒排工期，理清置换程序和通道，确保按期完成置换工作。三是健全风险防控机制。继续对高风险地区实行债务风险预警提示通报制度和债务风险防控督导制度。将债务风险化解情况与新增债务限额分配挂钩，对提前完成债务风险化解目标的给予奖励，对未完成目标或风险加剧的予以扣减。四是保障合理融资需求。坚持地方政府债务限额不破这条红线，积极争取中央加大对福建省新增债务特别是专项债券的支持。引导市县在住建、交通、海事、旅游、文化、教育、医疗卫生等领域，做早做细做实项目盈亏平衡方案，积极争取项目收益与融资自求平衡的专项债券发行试点。

（五）加强监督检查，严肃财经纪律

一是把握监督重点。重点抓好政府债务风险、资金安全、财政收入质量和支出规范等方面检查，并选择扶贫、涉农涉企、生态环境保护等社会关注度较高的专项资金领域开展检查。推进落实中央八项规定精神“1＋X”专项督查常态化，重点对“三公”经费、会议费、培训费、差旅费支出情况开展检查。二是规范执法监督。实施《省财政厅关于加强和规范执法监督检查工作的实施意见》，完善“双随机一公开”，严格规范执法监督检查、审理等程序，推进执法监督检查信息化，加大违法行为惩处力度，推进执法监督检查成果有效运用。三是加强内控建设。深化财政“放管服”改革，落实权责清单制度。推广运用财政管理信息一体化系统，建设全省财政数据中心。建立覆盖各级财政的预算执行动态监控体系。推动国库集中支付电子化管理向县级延伸。加强内部控制信息化建设，强化财政业务全流程监控，实现过程留痕、责任可追溯。积极推动行政事业单位内部控制建设。

各位代表、各位委员，新的一年我们将紧密团结在以习近平同志为核心的党中央周围，在省委、省政府的领导下，自觉接受省人大监督，虚心听取省政协意见建议，不忘初心，牢记使命，改革创新，真抓实干，认真做好财政各项工作，奋力为谱写新时代福建发展新篇章作出更大的贡献。

2017年福建省地方性法规（目录）

制定法规：

《福建省老年人权益保障条例》

《福建省人民代表大会常务委员会关于授权省及设区的市人民政府为保障重大国际性活动筹备和举办工作规定临时性行政措施的决定》

《福建省历史文化名城名镇名村和传统村落保护条例》

《福建省教育督导条例》

《福建省水资源条例》

《福建省食品安全条例》

《福建省城乡供水条例》

《福建省工会劳动法律监督条例》

《福建省海岸带保护与利用管理条例》

《福建省行政事业性收费管理条例》

《福建省促进科技成果转化条例》

《福建省违法建设处置若干规定》

《武夷山国家公园条例（试行）》

《福建省法治宣传教育条例》

《福建省多元化解纠纷条例》

修改法规：

《福建省人民代表大会常务委员会关于修改〈福建省森林和野生动物类型自然保护区管理条例〉的决定》

《福建省森林和野生动物类型自然保护区管理条例》

《福建省人民代表大会常务委员会关于修改〈福建省人口与计划生育条例〉的决定》

《福建省人口与计划生育条例》

批准法规：

《福建省人民代表大会常务委员会关于批准〈福州市闽菜技艺文化保护规定〉的决定》

《福州市闽菜技艺文化保护规定》

《福建省人民代表大会常务委员会关于批准〈福州市人民代表大会常务委员会关于修改〈福州市闽江河口湿地自然保护区管理办法〉的决定〉的决定》

《福州市人民代表大会常务委员会关于修改〈福州市闽江河口湿地自然保护区管理办法〉的决定》

《福州市闽江河口湿地自然保护区管理办法》

《福建省人民代表大会常务委员会关于批准〈厦门市海上交通安全条例〉的决定》

《厦门市海上交通安全条例》

《福建省人民代表大会常务委员会关于批准〈漳州市市容和环境卫生“门前三包”责任区管理若干规定〉的决定》

《漳州市市容和环境卫生“门前三包”责任区管理若干规定》

《福建省人民代表大会常务委员会关于批准〈泉州市市区内沟河保护管理条例〉的决定》

《泉州市市区内沟河保护管理条例》

《福建省人民代表大会常务委员会关于批准〈三明市万寿岩遗址保护条例〉的决定》

《三明市万寿岩遗址保护条例》

《福建省人民代表大会常务委员会关于批准〈南平市朱子文化遗存保护条例〉的决定》

《南平市朱子文化遗存保护条例》

《福建省人民代表大会常务委员会关于批准〈南平市市容和环境卫生管理办法〉的决定》

《南平市市容和环境卫生管理办法》

《福建省人民代表大会常务委员会关于批准〈龙岩市红色文化遗存保护条例〉的决定》

《龙岩市红色文化遗存保护条例》

《福建省人民代表大会常务委员会关于批准〈宁德市畲族文化保护条例〉的决定》

《宁德市畲族文化保护条例》

《福建省老年人权益保障条例》

《福建省教育督导条例》

《福建省水资源条例》

国民经济和社会发展结构指标

单位：%

项　目	1978	1990	2000	2010	2016	2017
一、人口						
（一）性别结构						
男	51.7	51.4	51.5	51.4	50.9	51.1
女	48.3	48.6	48.5	48.6	49.1	48.9
（二）城乡结构						
城镇			42.0	57.1	63.6	64.8
乡村			58.0	42.9	36.4	35.2
二、就业产业结构						
第一产业	75.1	58.4	46.8	28.4	22.0	21.7
第二产业	13.4	20.6	24.5	36.6	36.0	35.5
第三产业	11.5	21.1	28.7	35.0	42.0	42.8
三、国民经济核算						
地区生产总值产业结构						
第一产业	36.0	28.2	17.0	9.3	8.3	6.9
第二产业	42.5	33.4	43.3	51.0	48.5	47.7
第三产业	21.5	38.4	39.7	39.7	43.2	45.4
四、固定资产投资						
（一）产业结构						
第一产业				1.6	3.1	3.7
第二产业				35.8	34.1	33.7
第三产业				62.6	62.8	62.5
（二）登记注册类型结构						
#国有企业				32.9	19.0	18.8
集体企业				2.8	4.1	3.5
私营企业				24.5	27.7	30.5
外商及港澳台投资企业				13.3	5.2	4.7
五、能源						
能源消费结构						
#煤炭	63.7	67.0	54.4	55.4	43.6	45.9
石油	12.9	12.1	23.3	24.8	23.7	24.1
天然气				4.2	5.2	5.2
水电	23.4	20.9	22.3	15.2	15.3	10.5
核电					9.9	13.0
六、农业						
（一）农林牧渔业产值结构						
农业	77.7	52.1	40.6	40.4	39.0	38.7
林业	6.4	9.5	7.9	8.5	8.4	8.3
牧业	10.5	22.9	20.1	18.6	20.3	19.0
渔业	5.5	15.6	31.4	28.8	28.8	30.5
农林牧渔服务业				3.7	3.5	3.5
（二）农作物播种面积						
粮食作物	81.9	75.8	65.5	55.3	52.0	51.9
非粮作物	19.1	24.2	34.5	44.7	48.0	48.1

续表

项　目	1978	1990	2000	2010	2016	2017
七、工业						
规模以上工业企业资产结构						
大型企业			22.0	23.7	38.7	37.4
中型企业			13.5	40.9	29.9	30.4
小微企业			64.5	35.4	31.4	32.3
规模以上工业增加值						
大型企业			20.6	20.1	31.8	32.4
中型企业			14.4	39.3	30.3	29.8
小微企业			65.0	40.6	37.9	37.8
八、建筑业						
建筑业总产值经济类型结构						
国有企业	56.8	41.06	48.6	14.6	6.1	5.1
集体企业	39.88	34.73	33.0	2.0	1.1	0.9
港澳台商投资企业				1.1	1.0	0.9
外商投资企业				0.1	0.0	0.1
其他				82.2	91.8	92.9
九、交通运输业						
（一）货运量结构						
铁路	25.89	9.36	8.4	5.7	2.4	2.4
公路	54.83	82.23	77.8	68.9	71.2	72.3
水运	19.07	8.41	13.8	25.4	26.3	25.3
民航			0.02	0.02	0.02	0.02
（二）客运量结构						
铁路	9.1	3.1	3.2	4.7	19.4	21.5
公路	79.3	92.8	94.3	91.7	72.2	69.5
水运	11.65	3.97	1.6	1.9	3.717	3.557
民航	0.01	0.14	0.8	1.8	4.8	5.5
十、国内贸易						
社会消费品零售总额结构						
按销售单位所在地分组						
城镇				89.0	90.0	89.8
乡村				11.0	10.0	10.2
按商品形态分						
餐饮收入额					10.5	10.2
商品零售额					89.5	89.8
十一、海关货物进出口						
（一）进口货物总额						
初级产品			12.29	27.47	42.4	46.4
工业制成品			87.71	72.53	57.6	53.6
（二）出口货物总额						
初级产品			10.6	7.41	9.26	9.14
工业制成品			89.4	92.6	90.7	90.9
十二、国际旅游						
来华旅游人数结构						
外国人		14.89	30.8	31.3	37.3	37.8
台湾同胞		51.25	29.6	42.6	39.2	40.4
港澳同胞		33.86	39.54	26.06	23.42	21.83
十三、科技						
（一）研究与试验发展经费来源						
＃政府资金			14.6	10.3	11.0	11.3
企业资金			74.5	86.9	86.0	86.2
国外资金			1.7	0.8	0.3	0.2
（二）研究与试验发展经费支出						
基础研究			3.1	2.5	2.6	3.5
应用研究			6.7	5.6	6.6	7.2
试验发展			86.4	92.0	90.8	89.3
十四、居民消费						
（一）城镇居民消费结构						
食品烟酒			44.7	39.3	33.2	32.9
衣着			8.7	8.7	5.8	5.5
居住			9.4	10.89	26.12	26.29
生活用品及服务			8.6	6.59	5.57	5.69
交通通信			8.6	14.9	12.8	12.9
教育文化娱乐服务			10.4	12.1	9.8	9.6
医疗保健			4.7	4.2	4.7	4.8
其他用品及服务			4.9	3.4	2.0	2.4
（二）农村居民消费结构						
食品烟酒			48.7	46.1	37.3	36.9
衣着			4.9	5.6	4.4	4.5
居住			14.6	15.7	24.8	25.3
生活用品及服务			4.57	5.32	5.33	5.1
交通通信			8.6	11.6	11.3	11.1
教育文化娱乐服务			10.6	8.4	8.3	8.4
医疗保健			3.6	4.6	6.7	6.5
其他用品及服务			4.6	2.6	1.9	2.2

国民经济和社会发展总量及速度指标

项　目	总量指标						平均增长速度(%)				2017年比上年增长(%)
	1978	1990	2000	2010	2016	2017	1979—2017	1991—2017	2001—2017	2011—2017	
人口与就业											
年末总人口(万人)	2446	3037	3410	3693	3874	3911	1.21	0.94	0.81	0.82	0.96
＃城镇人口		642	1432	2108	2464	2534		5.22	3.41	2.66	2.84
年末从业人员(万人)	924.41	1348.38	1660.19	2241.59	2797.03	2805.74	2.9	2.8	3.1	3.3	0.3
城镇登记失业人员(万人)	20.82	9.00	9.10	14.49	16.25	17.15	−0.5	2.4	3.8	2.4	5.5
城镇单位在岗职工平均工资(元)	567	2162	10584	32647	63138	69029	13.1	13.7	11.7	11.3	9.3
国民经济核算											
地区生产总值(亿元)	66.37	522.28	3764.54	14737.12	28519.15	32182.09	12.3	12.6	11.3	10.0	8.1
第一产业	23.93	147.01	640.57	1363.67	2363.22	2215.13	5.7	5.2	3.7	4.0	3.7
第二产业	28.19	174.47	1628.45	7522.83	13844.96	15354.29	14.8	15.6	13.2	10.9	6.8
第三产业	14.25	200.80	1495.52	5850.62	12310.97	14612.67	12.8	12.0	11.1	9.9	10.2
主要行业											
工业	23.85	150.55	1422.34	6397.71	11449.29	12674.89	15.2	15.9	13.2	10.9	7.4
建筑业	4.34	23.92	206.11	1125.12	2421.34	2707.82	8.7	13.3	12.8	11.0	3.9
人均地区生产总值(元)	273	1763	11194	40025	73951	82677	10.9	11.5	10.4	9.1	7.1
固定资产投资											
固定资产投资(亿元)	9.45	90.51	995.38	8067.33	23107.49	26226.60	22.5	23.4	21.2	18.3	13.5
项目投资		77.04	788.01	6248.48	18518.66	21432.37		23.2	21.4	19.3	15.7
房地产投资		13.47	207.37	1818.86	4588.83	4794.23		24.3	20.3	14.9	4.5
能源生产与消费											
一次能源生产总量(万吨标准煤)	461.00	966.52	1654.17	3260.42	4490.80	4227.77	5.8	5.6	5.7	3.8	−5.9
能源消费总量(万吨标准煤)	688	1458.30	2942.60	9189.42	12357.75	12889.97	7.8	8.4	9.1	5.0	4.3
财政											
一般公共预算总收入(亿元)	15.13	57.06	369.67	2056.01	4295.36	4604.69	15.8	17.6	16.0	12.2	6.9
地方一般公共预算收入(亿元)			234.11	1151.49	2654.83	2809.03			15.9	14.0	8.7
一般公共预算支出(亿元)	15.14	68.45	324.18	1695.09	4275.40	4684.15	15.8	16.9	17.0	15.6	9.1
金融											
金融机构人民币各项存款余额(亿元)	25.95	359.45	3114.32	18309.45	39275.82	42794.79	20.9	19.4	16.7	12.9	9.0
＃财政存款			39.59	678.08	1230.32	1361.81			23.1	10.5	10.7
储蓄存款		183.26	1767.59	8101.02	14366.68	15213.62		17.8	13.5	9.4	5.9
金融机构人民币各项贷款余额(亿元)	31.43	381.93	2438.82	15231.36	36356.06	40484.93	20.2	18.9	18.0	15.0	11.4
＃短期贷款			1728.01	6594.50	12620.98	14040.45			13.1	11.4	11.2
中长期贷款			510.32	8372.64	21631.79	25317.11			25.8	17.1	17.0
保险公司赔款及给付金额(亿元)			17.76	102.90	317.56	325.66			18.7	17.9	2.6
价格指数(上年＝100)											
居民消费价格指数	100.20	99.30	102.10	103.20	101.70	101.20	4.9	3.8	2.0	2.4	1.2
工业生产者出厂价格指数			100.50	103.22	99.10	104.10			0.0	−0.1	4.1
工业生产者购进价格指数			112.40	107.66	98.00	105.30			2.4	0.2	5.3
固定资产投资价格指数			100.2	103.3	100	105.6		2.6	1.8	1.5	5.6
农业											
农林牧渔业总产值(亿元)	36.33	227.12	1037.3	2226.4	3784.2	3947.2	5.9	5.5	3.3	3.5	3.7
主要农产品产量(万吨)											
粮食	744.9	879.64	854.7	584.7	477.3	487.2	−1.1	−2.2	−3.3	−2.6	2.1
油料	13.8	17.66	25.79	22.08	19.41	19.55	0.9	0.4	−1.6	−1.7	0.7
甘蔗	288.03	344.28	82.71	55.69	28.83	26.37	−5.9	−9.1	−6.5	−10.1	−8.5
烤烟	1.23	4.26	9.14	11.52	11.8	11.62	5.9	3.8	1.4	0.1	−1.5
茶叶	2.03	5.82	12.60	25.83	37.29	39.49	7.9	7.3	7.0	6.3	5.9

续表

项　目	总量指标						平均增长速度(%)				2017年比上年增长(%)
	1978	1990	2000	2010	2016	2017	1979—2017	1991—2017	2001—2017	2011—2017	
园林水果	10.10	75.78	356.44	510.75	593.10	601.14	11.0	8.0	3.1	2.4	1.4
肉类	24.27	71.83	145.92	192.61	279.97	264.91	6.3	5.0	3.6	4.7	−5.4
禽蛋		12.94	40.69	30.54	40.65	46.50		4.9	0.8	6.2	14.4
奶类	0.93	4.87	9.91	13.24	13.36	13.49	7.1	3.8	1.8	0.3	1.0
水产品	54.44	145.59	527.89	587.42	711.33	744.57	6.9	6.2	2.0	3.4	4.7
食用菌		18.24	46.25	76.27	118.19	123.16		7.3	5.9	7.1	4.2
造林面积(万亩)	292.06	455.86	36.75	44.81	15.45	12.14	−7.8	−12.6	−6.3	−17.0	−21.5
工业											
工业总产值(亿元)	63.14	531.49	3994.86	23805.32	47275.84	50061.66	18.1	18.8	15.6	12.0	7.8
规模以上工业主要产品产量											
原煤(万吨)	423.05	925.37	375.03	2442.73	1346.68	1107.00	2.5	0.7	6.6	−10.7	−17.8
原盐(万吨)	94.67	67.21	28.37	33.39	12.50	22.61	−3.6	−4.0	−1.3	−5.4	80.8
罐头(万吨)	4.10	14.41	26.78	203.21	303.18	328.93	11.9	12.3	15.9	7.1	8.5
布(亿米)	1.12	2.26	5.59	31.20	81.60	90.88	11.9	14.7	17.8	16.5	11.4
纱(万吨)	1.84	5.48	14.36	184.74	484.67	522.64	15.6	18.4	23.5	16.0	7.8
机制纸及纸板(万吨)	20.08	52.09	85.07	432.06	727.00	779.90	9.8	10.5	13.9	8.8	7.3
农用化肥(万吨)	16.40	43.64	61.38	57.87	51.83	24.01	1.0	−2.2	−5.4	−11.8	−53.7
烧碱(万吨)	4.32	8.70	15.64	20.11	36.65	37.95	5.7	5.6	5.4	9.5	3.6
水泥(万吨)	120.45	540.04	1513.64	5921.20	8091.20	8444.19	11.5	10.7	10.6	5.2	4.4
平板玻璃(万重量箱)	43.59	66.06	479.87	2765.35	5403.59	4739.27	12.8	17.1	14.4	8.0	−12.3
生铁(万吨)	26.57	62.60	149.37	558.81	980.44	937.92	9.6	10.5	11.4	7.7	−4.3
钢材(万吨)	13.82	56.28	283.79	1340.56	2859.58	2725.74	14.5	15.5	14.2	10.7	−4.7
彩色电视机(万台)		123.14	204.19	903.10	1015.57	953.30		7.9	9.5	0.8	−6.1
微型电子计算机(万台)			88.77	738.27	847.36	998.42			15.3	4.4	17.8
汽车(万辆)	0.09	0.07	2.96	19.50	22.02	28.12	15.9	24.9	14.2	5.4	27.7
发电量(亿千瓦小时)	40.69	136.65	403.73	1356.32	1812.95	2062.63	10.6	10.6	10.1	6.2	13.8
规模以上工业企业主要经济指标(亿元)											
资产总计			3368.64	16058.70	32081.30	34591.63			14.7	11.6	7.8
主营业务收入		352.56	2468.69	21479.37	42537.24	45658.46		19.7	18.7	11.4	7.3
利润总额	6.75	16.09	110.80	1754.18	2889.26	3221.82	17.1	21.7	21.9	9.1	11.5
建筑业											
建筑业企业从业人员(万人)	4.54	30.98	41.37	229.57	360.63	464.50	12.6	10.5	15.3	10.6	28.8
建筑业总产值(亿元)	3.31	32.54	271.15	3062.17	8986.78	10478.31	23.0	23.8	24.0	19.2	16.6
房屋施工面积(万平方米)	416.57	969.35	4085.40	28406.86	62920.69	65711.82	13.9	16.9	17.8	12.7	4.4
房屋竣工面积(万平方米)	183.40	499.30	1729.00	9095.78	18121.20	16895.04	12.3	13.9	14.3	9.2	−6.8
交通运输邮电											
铁路营业里程(公里)	1009.00	1021.00	1454.00	2110.00	3197.00	3187.00	3.0	4.3	4.7	6.1	−0.3
公路通车里程(公里)	29109.00	41011.00	51073.00	91015.00	106757.00	108012.00	3.4	3.7	4.5	2.5	1.2
#高速公路			351.00	2351.00	4831.00	5039.00			17.0	11.5	4.3
内河通航里程(公里)	3629	3888	3701	3245	3245	3245	−0.3	−0.7	−0.8	0.0	0
客运量(万人)	7928	39495	44203	77153	54237	54118	5.0	1.2	1.2	−4.9	−0.2
铁路	718	1234	1428	3640	10496	11624	7.4	8.7	13.1	18.0	10.7
公路	6285	36639	41696	70714	39137	37585	4.7	0.1	−0.6	−8.6	−4.0
水运	924	1567	726	1444	2016	1925	1.9	0.8	5.9	4.2	−4.5
民航	1.15	55.49	353.25	1356	2587	2984	22.3	15.9	13.4	11.9	15.3
货运量(万吨)	4871	20321	29483	66159	120379	132252	8.8	7.2	9.2	10.4	9.9
铁路	1261	1902	2475	3765	2918	3175	2.4	1.9	1.5	−2.4	8.8
公路	2671	16710	22924	45575	85770	95599	9.6	6.7	8.8	11.2	11.5
水运	939	1708	4078	16803	31668	33453	9.6	11.6	13.2	10.3	5.6
民航	0.02	0.83	5.84	15.81	23	25	20.1	13.4	8.9	6.8	8.7

续表

项　目	总量指标						平均增长速度(%)				2017年比上年增长(%)
	1978	1990	2000	2010	2016	2017	1979—2017	1991—2017	2001—2017	2011—2017	
沿海主要港口货物吞吐量(万吨)	408	1497	6944	32687	50776	51995	13.2	14.0	12.6	6.9	2.4
邮电业务											
函件(万件)	8790	16228	24163	25199	10868	11565	0.7	−1.2	−4.2	−10.5	6.4
互联网用户(万户)			70.70	2388.00	4412.12	4882.36			28.3	10.8	10.7
移动电话年末用户(万户)			441.00	3022.00	4159.04	4295.03			14.3	5.2	3.3
固定电话年末用户(万户)	5.88	22.82	562.7	1046	815.7	781.75	13.4	14.0	2.0	−4.1	−4.2
国内贸易											
社会消费品零售总额(亿元)	31	208	1320.80	5310.03	11674.54	13013.00	16.8	16.6	14.4	13.7	11.5
进出口											
海关进出口总额(亿美元)	2	43	212	1087.8	1568.19	1710.35	18.9	14.6	13.1	6.7	9.1
出口总额	1.9	24.49	129.08	714.93	1036.73	1049.32	17.6	14.9	13.1	5.6	1.2
进口总额	0.13	18.90	83.15	372.87	531.47	661.03	24.5	14.1	13.0	8.5	24.4
旅游											
接待入境游客人数(万人次)		70.79	161.33	368.14	680.79	775.41		9.3	9.7	11.2	13.9
外国人		10.54	49.75	115.27	254.12	292.87		13.1	11.0	14.2	15.3
台湾同胞		36.28	47.79	156.92	267.20	313.27		8.3	11.7	10.4	17.2
港澳同胞		23.97	63.80	95.94	159.47	169.26		7.5	5.9	8.4	6.1
国际旅游外汇收入(亿美元)			8.94	29.78	66.26	75.88			13.4	14.3	14.5
教育											
在校学生数(万人)											
普通高等学校	2.05	5.56	13.14	64.78	75.64	75.10	9.7	10.1	10.8	2.1	−0.7
普通中等学校	119.98	120.69	269.46	260.22	222.91	226.83	1.6	2.4	−1.0	−1.9	1.8
普通小学	370.23	337.08	369.10	238.89	298.7	307.1	−0.5	−0.3	−1.1	3.7	2.8
科技											
研究与试验发展经费内部支出(亿元)			21.19	170.89	454.29	543.09			21.0	18.0	19.5
技术市场成交额(亿元)		0.44	17.26	38.12	105.71	103.28		22.4	11.1	15.3	−2.3
专利情况(项)											
申请量		540	4211	21994	130376	128079		22.5	22.2	28.6	−1.8
授权量		276	3003	18063	67142	68304		22.6	20.2	20.9	1.7
文化											
图书出版总印数(万份)	6818	16312	20298	7749	9709	10809	1.2	−1.5	−3.6	4.9	11.3
期刊出版总印数(万份)	388	3157	4463	2940.41	4215	3032	5.4	−0.1	−2.2	0.4	−28.1
报纸出版总印数(万份)	14784	41455	68897	99982	90608	83957	4.6	2.6	1.2	−2.5	−7.3
电视节目制作时间(小时)			16519	55424	68977	78353			9.6	5.1	13.6
公共图书馆(座)	23	74	81	86	90	90	3.6	0.7	0.6	0.7	0.0
博物馆(个)	13	58	81	94	98	123	5.9	2.8	2.5	3.9	25.5
居民生活											
城镇居民人均可支配收入(元)	371	1749	7432	21781	36014	39001		12.7	11.0	10.1	8.3
城镇居民人均消费支出(元)	285	1431	5639	14750	25006	25980	12.3	11.3	9.4	8.4	3.9
城镇居民人均住房建筑面积(平方米)		18.1	28	38.52	42.7	43.4		3.3	2.6	1.7	1.6
农村居民人均可支配(纯)收入(元)	137.54	764.41	3230.49	7426.86	14999	16334.79	13.0	11.9	9.9	11.6	8.9
农村居民人均生活消费支出(元)	112.73	707.97	2409.69	5498.33	12910.84	14003.4	13.2	11.7	10.9	14.3	8.5
卫生											
卫生机构数(个)	3809	4885	9807	6999	8713	8608	2.1	2.1	−0.8	3.0	−1.2
♯医院、卫生院	1111	1198	1323	1325	1470	1489	0.8	0.8	0.7	1.7	1.3
卫生技人员数(人)	54855	86772	97569	140133	220889	231546	3.8	3.7	5.2	7.4	4.8
医生	22097	35696	41461	55402	80131	84045	3.5	3.2	4.2	6.1	4.9
卫生机构床位数(张)	51505	68073	90091	112334	178902	183418	3.3	3.7	4.3	7.3	2.5
♯医院、卫生院	45331	60664	82389	103933	165177	170440	3.5	3.9	4.4	7.3	3.2

主要年份地区生产总值

单位：亿元

年份	地区生产总值	第一产业	第二产业	第三产业	工业	建筑业	人均 GDP（元）
1952	12.73	8.39	2.42	1.92	2.17	0.25	102
1957	22.03	12.31	5.20	4.52	4.23	0.97	154
1962	22.12	10.26	5.12	6.74	4.00	1.12	137
1965	28.81	13.48	8.31	7.02	6.55	1.76	166
1970	34.70	15.34	10.64	8.72	8.56	2.08	173
1975	46.48	19.43	17.81	9.24	14.29	3.52	203
1978	66.37	23.93	28.19	14.25	23.85	4.34	273
1979	74.11	27.97	31.37	14.77	26.20	5.17	300
1980	87.06	31.95	35.68	19.43	29.55	6.13	348
1981	105.62	39.30	39.75	26.57	33.16	6.59	416
1982	117.81	44.24	42.92	30.65	35.25	7.67	457
1983	127.76	47.27	46.05	34.44	37.76	8.29	487
1984	157.06	55.72	56.39	44.95	44.47	11.92	591
1985	200.48	68.13	72.56	59.79	62.09	10.47	737
1986	222.54	72.24	82.19	68.11	67.06	15.13	809
1987	279.24	89.24	101.28	88.72	82.69	18.59	999
1988	383.21	118.16	141.82	123.23	120.45	21.37	1349
1989	458.40	135.77	163.82	158.81	142.45	21.37	1589
1990	522.28	147.01	174.47	200.80	150.55	23.92	1763
1991	619.87	168.64	217.74	233.49	188.29	29.45	2041
1992	784.68	194.87	291.60	298.21	241.78	49.82	2557
1993	1114.20	254.36	455.79	404.05	381.95	73.84	3556
1994	1644.39	362.90	720.97	560.52	618.06	102.91	5193
1995	2094.90	464.82	882.34	747.74	748.92	133.42	6526
1996	2484.25	537.38	1026.64	920.23	875.50	151.14	7646
1997	2870.90	576.63	1214.81	1079.46	1039.62	175.19	8775
1998	3159.91	610.04	1335.05	1214.82	1132.79	202.26	9603
1999	3414.19	628.86	1434.30	1351.03	1230.22	204.08	10323
2000	3764.54	640.57	1628.45	1495.52	1422.34	206.11	11194
2001	4072.85	651.11	1803.50	1618.24	1586.48	217.02	11691
2002	4467.55	664.78	2036.97	1765.80	1808.95	228.02	12739
2003	4983.67	692.94	2340.82	1949.91	2061.31	279.51	14125
2004	5763.35	786.84	2770.49	2206.02	2438.62	331.87	16235
2005	6554.69	827.36	3175.92	2551.41	2801.88	374.05	18353
2006	7583.85	865.98	3695.04	3022.83	3230.49	464.56	21105
2007	9248.53	1002.11	4476.42	3770.00	3896.76	579.66	25582
2008	10823.01	1158.17	5318.44	4346.40	4593.24	725.20	29755
2009	12236.53	1182.74	6005.30	5048.49	5106.38	898.92	33437
2010	14737.12	1363.67	7522.83	5850.62	6397.71	1125.12	40025
2011	17560.18	1612.24	9069.20	6878.74	7675.09	1394.11	47377
2012	19701.78	1776.71	10187.94	7737.13	8541.94	1646.00	52763
2013	21868.49	1874.23	11329.60	8664.66	9455.32	1895.48	58145
2014	24055.76	2014.80	12515.36	9525.60	10426.71	2112.03	63472
2015	25979.82	2118.10	13064.82	10796.90	10820.22	2268.86	67966
2016	28519.15	2363.22	13844.96	12310.97	11449.29	2421.34	73951
2017	32182.09	2215.13	15354.29	14612.67	12674.89	2707.82	82677

注：2017 年第一产业增加值数据为全省第三次农普后修订数，下同。

主要年份地区生产总值指数

单位：以 1952 年为 100

年 份	地区生产总值	第一产业	第二产业	第三产业	工业	建筑业	人均 GDP
1952	100.0	100.0	100.0	100.0	100.0	100.0	100.0
1957	172.0	137.1	226.0	233.3	200.7	452.0	150.0
1962	159.8	86.4	259.5	317.5	193.1	885.4	122.3
1965	215.1	132.1	363.8	348.9	319.7	759.5	153.2
1970	255.9	146.5	480.3	400.0	425.5	969.2	157.4
1975	331.5	171.0	810.3	423.9	723.4	1495.8	179.7
1978	451.2	188.5	1207.1	698.2	1197.8	1095.1	229.5
1979	476.1	197.7	1324.7	690.9	1282.1	1505.1	238.3
1980	563.9	225.3	1564.4	868.4	1455.1	2334.6	279.3
1981	651.1	244.4	1725.4	1183.8	1655.8	2124.0	318.2
1982	711.6	261.1	1866.4	1351.6	1731.0	2865.6	342.1
1983	755.3	273.2	2002.4	1439.1	1858.8	3057.8	357.2
1984	890.7	300.8	2408.9	1788.3	2321.9	2865.6	415.3
1985	1047.5	316.7	2968.2	2207.8	2884.7	3318.8	477.4
1986	1107.3	323.4	3354.0	2194.6	3033.9	5873.0	498.8
1987	1257.9	357.5	3689.9	2674.7	3554.0	4426.5	557.7
1988	1437.6	366.7	4616.0	2933.4	4716.4	2993.7	627.7
1989	1549.3	402.3	4842.1	3246.6	5118.2	1533.5	665.9
1990	1665.8	409.0	5233.3	3615.6	5595.3	975.0	696.9
1991	1902.8	446.1	6384.1	4030.9	6919.7	1084.3	776.4
1992	2288.8	492.8	8205.4	4835.4	8776.3	1524.9	924.1
1993	2806.2	539.0	11153.4	5720.9	12245.5	1719.7	1109.8
1994	3375.7	589.0	14790.3	6461.8	16402.4	2097.4	1320.9
1995	3869.0	644.9	17347.3	7376.8	19090.2	2625.3	1493.2
1996	4384.0	701.5	19836.0	8455.2	21987.4	2824.9	1671.7
1997	4998.3	757.7	23037.7	9679.2	25605.2	3204.0	1893.1
1998	5538.0	808.3	25890.5	10720.4	28798.0	3576.2	2085.4
1999	6086.9	854.3	28860.0	11777.1	32407.2	3644.2	2279.9
2000	6653.7	876.2	32080.0	12954.3	36372.6	3660.4	2451.1
2001	7229.8	906.9	35339.6	14150.5	40308.3	3865.7	2570.9
2002	7964.4	931.4	40210.4	15453.7	46395.4	4029.4	2805.6
2003	8877.3	962.2	46501.5	16958.1	53537.1	4741.1	3108.2
2004	9927.7	1004.9	53417.5	18784.7	61744.0	5276.4	3455.0
2005	11079.3	1031.5	59968.7	21357.2	69361.6	5892.1	3831.0
2006	12719.0	1039.4	69938.6	25010.5	80438.8	7160.7	4371.8
2007	14652.3	1079.5	82670.5	28655.6	95284.9	8335.3	5004.6
2008	16557.1	1133.2	95139.3	32174.5	109593.1	9632.7	5619.0
2009	18595.9	1186.5	108138.7	36143.2	123788.4	11444.8	6272.6
2010	21180.7	1225.7	127711.8	39974.4	146008.6	13655.5	7101.4
2011	23785.9	1279.6	148401.1	43612.1	170392.0	15471.7	7925.2
2012	26497.5	1333.3	169622.5	47580.8	193906.1	18163.8	8757.3
2013	29412.2	1390.6	192012.7	52053.4	218726.1	20924.7	9650.5
2014	32324.0	1451.8	214862.2	56269.7	245191.9	23226.4	10529.0
2015	35233.2	1505.5	230762.0	63190.9	262355.3	25572.3	11371.3
2016	38192.8	1559.7	246453.8	70331.5	280195.5	27336.8	12224.1
2017	41286.4	1617.4	263212.7	77505.3	301210.2	28402.9	13092.0

主要年份农林牧渔业总产值和指数

年份	农林牧渔业总产值（亿元）					农林牧渔业总产值指数（1952年=100）				
	总产值	#农业	#林业	#牧业	#渔业	总指数	#农业	#林业	#牧业	#渔业
1952	11.07	8.44	0.65	1.42	0.56	100.0	100.0	100.0	100.0	100.0
1957	17.05	11.32	2.16	2.35	1.22	143.8	126.6	283.6	165.0	189.6
1962	14.81	11.23	0.63	1.75	1.20	93.6	94.5	91.7	69.8	142.2
1965	18.80	13.50	1.23	2.84	1.23	140.4	130.7	188.5	162.6	175.8
1970	21.12	15.49	1.49	2.66	1.48	153.6	147.4	186.8	152.3	213.3
1975	27.06	20.45	1.86	3.24	1.51	181.6	166.0	249.8	209.6	237.0
1978	36.33	28.22	2.31	3.82	1.98	217.3	204.2	280.3	216.8	282.8
1979	43.11	29.29	3.27	7.00	3.55	232.0	214.5	301.1	257.0	304.1
1980	45.49	31.13	3.41	7.38	3.57	244.0	227.8	313.6	260.3	305.7
1981	56.11	37.93	4.62	8.75	4.81	258.2	239.4	366.3	276.5	312.2
1982	63.73	42.74	4.90	10.38	5.71	277.8	257.5	382.4	300.2	343.6
1983	68.08	44.11	5.57	11.48	6.92	292.0	259.8	447.7	339.8	403.8
1984	80.66	50.81	7.07	14.39	8.39	332.6	286.6	593.6	410.9	447.4
1985	99.05	59.34	9.13	19.62	10.96	360.6	302.9	644.5	478.7	515.5
1986	107.07	60.76	10.29	22.02	14.00	368.7	300.3	642.8	529.3	581.8
1987	132.97	72.08	13.57	27.75	19.57	402.1	324.6	703.0	553.0	722.2
1988	182.00	94.08	17.50	39.65	30.77	433.1	341.2	789.5	609.7	826.0
1989	209.92	108.10	18.41	51.95	31.46	461.4	360.9	834.4	646.9	926.3
1990	227.12	118.31	21.54	51.93	35.34	478.9	368.4	911.6	675.4	991.7
1991	253.51	133.34	25.40	54.36	40.40	517.7	398.6	974.0	722.0	1089.9
1992	295.24	150.64	29.21	61.75	53.63	560.7	424.1	1076.1	784.1	1212.8
1993	386.34	190.28	36.39	74.86	84.82	621.8	453.6	1220.0	838.2	1482.3
1994	574.05	260.69	46.95	113.35	153.06	710.1	493.1	1370.9	950.5	1882.9
1995	738.63	340.48	59.24	144.45	194.47	806.7	547.3	1510.7	1062.7	2288.2
1996	850.67	383.18	66.94	165.50	235.05	893.0	599.8	1654.2	1122.2	2613.1
1997	925.56	391.30	75.80	193.66	264.80	1002.8	645.4	1819.6	1268.1	3138.3
1998	973.37	410.96	78.35	200.18	283.78	1064.0	667.3	1874.2	1373.4	3439.6
1999	1010.82	425.19	80.16	201.99	303.48	1132.1	726.7	1932.3	1421.5	3642.5
2000	1037.27	420.98	82.29	208.18	325.82	1167.6	714.3	2046.2	1499.1	3907.6
2001	1061.61	433.25	82.34	215.50	330.52	1213.7	752.0	2021.9	1556.7	4073.3
2002	1125.29	450.75	78.49	213.08	332.92	1256.2	775.3	2064.4	1623.6	4236.2
2003	1170.54	461.72	79.25	234.54	341.40	1284.4	786.8	2095.5	1691.1	4307.6
2004	1315.10	514.53	86.18	284.86	374.26	1326.3	807.9	2217.0	1773.1	4438.7
2005	1373.01	552.74	96.92	266.81	396.78	1368.8	820.7	2383.3	1874.9	4539.3
2006	1449.78	602.00	105.78	266.75	410.75	1389.6	833.0	2500.1	1891.7	4554.2
2007	1672.67	670.95	120.81	342.47	468.06	1435.6	860.9	2696.7	1878.0	4754.9
2008	1931.36	731.60	150.00	439.87	534.94	1496.3	883.7	2927.6	1990.4	4965.7
2009	1957.62	776.16	162.59	398.00	543.86	1556.9	907.6	3127.5	2098.4	5159.9
2010	2226.41	899.39	190.13	414.49	640.19	1603.7	914.5	3350.6	2210.6	5325.6
2011	2614.57	1025.03	239.00	527.12	733.83	1653.8	938.9	3589.4	2290.9	5443.2
2012	2843.47	1119.42	258.06	533.56	836.57	1713.8	960.0	3703.6	2442.9	5630.8
2013	3057.36	1196.59	296.02	558.67	902.18	1777.1	982.5	3911.8	2573.9	5832.3
2014	3247.11	1307.63	326.31	574.60	926.08	1843.4	1017.5	4136.9	2636.9	6054.3
2015	3399.30	1358.58	317.70	633.83	967.02	1905.9	1051.9	4315.3	2649.0	6324.7
2016	3784.24	1474.49	318.28	768.11	1091.29	1965.6	1068.5	4484.7	2782.5	6540.0
2017	3947.16	1527.00	327.73	750.49	1202.05	2039.3	1110.3	4667.9	2841.9	6827.0

注：1. 2003年起采用国民经济行业分类GB/T 4754—2002，其他年份均采用GB/T 4754—94。2. 2002—2007年数据根据2006年农普结果进行了调整。

主要年份固定资产投资

单位：亿元

年 份	固定资产投资	项目投资	房地产开发投资	固定资产投资比上年增长（%）	房地产开发投资比上年增长（%）
1952	0.39			39.4	
1957	1.87			−56.1	
1962	2.15			−28.2	
1965	3.39			10.8	
1970	4.86			101.3	
1975	6.78			2.9	
1978	9.45			44.5	
1979	11.27			19.3	
1980	13.58			20.5	
1981	16.19			19.2	
1982	19.56			20.8	
1983	22.42			14.6	
1984	29.48			31.5	
1985	48.77			65.4	
1986	52.81	49.24	3.57	8.3	
1987	66.69	63.45	3.25	26.3	−9.1
1988	79.46	72.33	7.13	19.1	19.7
1989	80.20	69.20	11.01	0.9	54.3
1990	90.51	77.04	13.47	12.9	22.4
1991	117.28	96.21	21.07	29.6	56.4
1992	193.21	152.18	41.03	64.7	94.8
1993	320.45	259.52	60.93	65.9	48.5
1994	472.49	370.51	101.98	47.4	67.4
1995	594.45	443.08	151.37	25.8	48.4
1996	696.91	545.22	151.69	17.2	0.2
1997	794.33	646.00	148.33	14.0	−2.2
1998	941.25	775.62	165.63	18.5	11.7
1999	952.22	773.61	178.62	1.2	7.8
2000	995.38	788.01	207.37	4.5	16.1
2001	1053.84	828.35	225.49	5.9	8.7
2002	1148.76	899.78	248.99	9.0	10.4
2003	1411.45	1049.38	362.07	22.9	45.4
2004	1798.38	1320.59	477.79	27.4	32.0
2005	2241.70	1701.31	540.39	24.7	13.1
2006	2998.45	2211.09	787.36	33.8	45.7
2007	4186.67	3054.18	1132.49	39.6	43.8
2008	5148.31	4019.21	1129.09	23.0	−0.3
2009	6180.94	5044.59	1136.35	20.1	0.6
2010	8067.33	6248.48	1818.86	30.5	60.1
2011	9885.67	7483.06	2402.61	22.5	32.1
2012	12452.24	9628.12	2824.12	25.9	17.4
2013	15245.24	11542.26	3702.97	22.4	31.1
2014	18141.37	13573.97	4567.40	19.0	23.3
2015	21300.91	16831.30	4469.61	17.4	−2.1
2016	23107.49	18518.66	4588.83	8.5	2.7
2017	26226.60	21432.37	4794.23	13.5	4.5

注：1950—1980年固定资产投资为城镇以上集体投资；1981年后为正式定义口径。

房地产开发企业（单位）主要指标

年　份	本年完成投资（亿元）	#住宅	商品房销售额（亿元）	#住宅	商品房销售面积（万平方米）	#住宅
1986	3.57				73.14	
1987	3.25				51.33	
1988	7.13				92.88	
1989	11.01				102.55	
1990	13.47				107.79	
1991	21.07		9.16		111.44	
1992	41.03		16.77		134.99	
1993	60.93		26.61		248.91	
1994	101.98	69.96	39.37	26.03	241.31	188.96
1995	151.37	88.51	66.16	46.14	368.65	309.44
1996	151.69	75.29	48.59	37.61	273.51	234.28
1997	148.33	72.49	83.50	62.04	426.88	346.14
1998	165.63	85.44	105.10	78.71	515.20	441.67
1999	178.62	105.08	123.75	92.54	599.68	511.64
2000	207.37	125.07	168.96	119.39	810.65	675.73
2001	225.49	145.22	199.08	150.75	987.81	843.00
2002	248.99	160.78	225.28	153.95	1047.05	882.92
2003	362.07	237.67	287.16	222.46	1250.10	1083.79
2004	477.79	308.45	354.47	281.26	1384.83	1224.61
2005	540.39	363.72	605.09	481.90	1913.84	1720.56
2006	787.36	511.68	807.46	637.34	2021.69	1743.39
2007	1132.49	778.39	1134.53	938.33	2421.97	2096.39
2008	1129.09	735.93	712.61	562.26	1625.67	1250.00
2009	1136.35	743.27	1477.83	1299.09	2723.23	2420.83
2010	1818.86	975.13	1611.32	1300.13	2575.62	2139.26
2011	2402.61	1591.56	2101.58	1649.34	2706.72	2213.30
2012	2824.12	1751.98	2817.70	2293.90	3258.94	2741.96
2013	3702.97	2402.08	4232.08	3410.57	4676.16	3957.46
2014	4567.40	2917.17	3763.52	2939.58	4119.48	3324.10
2015	4469.61	2864.95	3585.81	2839.76	4037.76	3315.69
2016	4588.83	2999.29	4530.79	3793.41	4915.35	4134.46
2017	4794.23	3236.51	5705.19	4202.00	5854.05	4526.13

房地产开发投资完成情况

年　份	企业个数（个）	本年完成投资（亿元）	施工面积（万平方米）	竣工面积（万平方米）	商品房销售面积（万平方米）	商品房销售额（亿元）
1986	102	3.57	220.84	133.25	73.14	
1987	118	3.25	216.38	98.74	51.33	
1988	174	7.13	368.04	154.12	92.88	
1989	168	11.01	413.56	183.73	102.55	
1990	190	13.47	427.57	193.92	107.79	
1991	241	21.07	561.56	215.98	111.44	9.16
1992	391	41.03	842.30	258.48	134.99	16.77
1993	856	60.93	1258.69	307.55	248.91	26.61
1994	1279	101.98	1889.94	470.78	241.31	39.37
1995	1256	151.37	2506.77	732.63	368.65	66.16
1996	1407	151.69	2283.80	526.28	273.51	48.59
1997	1465	148.33	2401.24	662.77	426.88	83.50
1998	1783	165.63	2748.79	578.74	515.20	105.10
1999	1909	178.62	3166.96	788.82	599.68	123.75
2000	1922	207.37	3422.88	1009.36	810.65	168.96
2001	1941	225.49	3717.31	1280.79	987.81	199.08
2002	1869	248.99	4114.64	1323.49	1047.05	225.28
2003	1900	362.07	4891.04	1362.95	1250.10	287.16
2004	2433	477.79	5795.69	1523.91	1384.83	354.47
2005	2596	540.39	6107.75	1576.16	1913.84	605.09
2006	2755	787.36	6992.74	1408.32	2021.69	807.46
2007	2693	1132.49	9651.58	1711.33	2421.97	1134.53
2008	3268	1129.09	11459.72	1906.15	1625.67	712.61
2009	3316	1136.35	11668.17	2240.26	2723.23	1477.83
2010	3634	1818.86	14189.73	2242.47	2575.62	1611.32
2011	3576	2402.61	18937.98	2651.71	2706.72	2101.58
2012	3140	2824.12	21121.50	2232.78	3258.94	2817.70
2013	3187	3702.97	26287.28	3369.76	4676.16	4232.08
2014	3280	4567.40	30051.77	3583.57	4119.48	3763.52
2015	3151	4469.61	30891.14	3436.56	4037.76	3585.81
2016	3177	4588.83	31064.14	3665.25	4915.35	4530.79
2017	3240	4794.23	31939.55	4266.69	5854.05	5705.19

主要年份城镇居民家庭基本情况

年　份	平均每户家庭人口（人）	平均每户就业人数（人）	平均每户就业面（%）	平均每一就业者负担人数（人）	平均每人全年可支配收入（元）	平均每人消费性支出（元）	平均每人住房建筑面积（平方米）
1952					106	96	
1957					165	131	
1959	4.72	1.40	29.7	3.37	206	190	
1962	5.46	1.72	31.5	3.17	203	186	
1963	5.40	1.50	27.8	3.60	207	189	
1964	5.33	1.53	28.8	3.48	211	194	
1965	5.13	1.65	32.2	3.12	217	201	
1966	5.00	1.40	28.0	3.40	223	186	
1975	4.97	2.05	41.3	2.42	333	297	
1978	3.87	2.40	62.0	1.61	371	285	
1980	4.53	2.32	51.2	1.95	450	392	11.3
1981	4.51	2.40	53.2	1.88	452	405	11.7
1982	4.44	2.48	55.9	1.79	520	466	12.1
1983	4.36	2.41	55.3	1.80	573	504	13.2
1984	4.27	2.37	55.5	1.80	582	494	14.3
1985	4.06	2.25	55.4	1.81	733	675	15.3
1986	4.00	2.23	55.8	1.79	929	790	15.7
1987	3.97	2.25	56.6	1.77	1021	893	16.5
1988	3.77	2.10	55.7	1.79	1236	1077	17.2
1989	3.70	2.09	56.5	1.77	1555	1340	17.6
1990	3.64	2.09	57.4	1.74	1749	1431	18.1
1991	3.43	2.00	58.3	1.72	1953	1659	19.5
1992	3.39	2.03	59.9	1.67	2351	1942	20.9
1993	3.35	2.01	60.0	1.67	2923	2418	21.5
1994	3.29	1.92	58.4	1.71	3935	3351	24.1
1995	3.27	1.93	59.0	1.69	4853	4132	24.3
1996	3.25	1.94	59.7	1.68	5574	4568	24.5
1997	3.28	1.96	59.8	1.67	6144	4936	25.6
1998	3.23	1.90	58.8	1.70	6486	5181	26.8
1999	3.22	1.90	59.0	1.69	6860	5267	27.2
2000	3.23	1.80	55.7	1.79	7432	5639	28.0
2001	3.20	1.80	55.3	1.78	8313	6015	28.2
2002	3.13	1.73	55.3	1.81	9189	6632	28.4
2003	3.08	1.72	55.8	1.79	10000	7356	29.8
2004	3.05	1.58	51.8	1.93	11175	8161	31.1
2005	3.04	1.60	52.6	1.90	12321	8794	31.4
2006	3.04	1.64	53.9	1.86	13753	9808	32.1
2007	3.01	1.60	53.2	1.90	15505	11055	33.5
2008	3.14	1.69	53.8	1.86	17961	12501	37.5
2009	3.12	1.72	55.1	1.81	19577	13451	37.5
2010	3.08	1.71	55.5	1.80	21781	14750	38.5
2011	3.12	1.68	53.8	1.86	24907	16661	37.9
2012	3.10	1.68	54.2	1.85	28055	18593	38.2
2013	2.97	1.58	53.2	1.88	28174	20565	38.7
2014	2.99	1.61	53.8	1.86	30722	22204	40.7
2015	3.08	1.59	51.7	1.93	33275	23520	42.5
2016	3.13	1.62	51.8	1.93	36014	25006	42.7
2017	3.14	1.62	51.6	1.94	39001	25980	43.4

注：2012 年及以前为老口径数据。

主要年份农村居民家庭基本情况

年　份	调查户数（户）	平均每户常住人口（人）	平均每户整半劳动力（人）	平均每个劳动力负担人口（人）	农村居民人均住房使用面积（平方米）	农村居民人均住房建筑面积（平方米）	农村居民人均可支配（纯）收入（元）	农村居民人均生活消费支出（元）
1952				2.20			69.97	67.52
1957				2.39			112.13	101.60
1962				2.38			154.57	131.36
1965				2.87			128.74	114.15
1970				2.71			120.70	107.87
1978		6.50	2.22	2.92			137.54	112.73
1979		6.38	2.16	2.88			142.20	132.57
1980		6.25	2.06	3.03			171.74	157.67
1981		6.23	2.10	2.97	8.30		231.65	199.25
1982		6.27	2.27	2.76	7.67		268.16	231.14
1983		6.29	2.60	2.42	10.44		301.84	261.86
1984	1820	6.19	2.66	2.32	11.73		344.94	287.87
1985	1820	5.74	2.95	1.94	14.47		396.45	350.57
1986	1820	5.69	2.99	1.90	15.10		418.51	394.10
1987	1820	5.51	3.08	1.82	15.86		484.88	442.83
1988	1820	5.56	3.09	1.80	16.18		613.41	570.73
1989	1820	5.54	3.09	1.79	16.65		697.34	652.58
1990	1820	5.50	3.03	1.81	18.47		764.41	707.97
1991	1820	5.37	3.03	1.77	19.14		850.05	746.99
1992	1820	5.31	3.05	1.74	19.64		984.11	820.74
1993	1820	5.24	3.10	1.69	22.38		1210.51	1069.79
1994	1820	5.17	3.13	1.65	24.62		1577.74	1439.53
1995	1820	4.91	3.02	1.62	22.88		2048.59	1793.68
1996	1820	4.87	2.98	1.63	23.37		2492.49	2033.54
1997	1820	4.77	2.96	1.61	23.74		2785.67	2119.56
1998	1820	4.70	3.00	1.57	24.87		2946.37	2192.35
1999	1820	4.62	2.95	1.56	26.40		3091.39	2252.09
2000	1820	4.24	2.70	1.57	32.14		3230.49	2409.69
2001	1820	4.17	2.68	1.56	33.82		3380.72	2503.07
2002	1820	4.07	2.57	1.58	35.68		3538.74	2583.16
2003	1820	4.08	2.83	1.44	35.96		3733.93	2717.92
2004	1820	4.02	2.71	1.48	38.18		4089.38	3015.22
2005	1820	4.05	2.77	1.47	40.15		4450.36	3292.63
2006	1820	4.03	2.77	1.45	42.35		4834.75	3591.40
2007	1820	4.00	2.77	1.44	44.50		5467.08	4053.47
2008	1820	3.98	2.78	1.43	46.13		6196.07	4661.94
2009	1820	3.98	2.78	1.43	46.76		6680.18	5015.72
2010	1820	3.94	2.77	1.43	47.54		7426.86	5498.33
2011	1820	3.84	2.73	1.40	49.82		8778.55	6540.85
2012	1820	3.84	2.71	1.41	50.80		9967.17	7401.92
2013	1859	3.29	2.22	1.48		63.71	11404.85	9986.15
2014	1848	3.25	2.21	1.47		60.83	12650.19	11055.93
2015	1883	3.20	2.20	1.45		63.48	13792.70	11960.79
2016	1917	3.21	2.24	1.43		66.47	14999.19	12910.84
2017	1940	3.17	2.21	1.43		68.00	16334.79	14003.40

注：2012年及以前为老口径数据。

居民消费价格指数

单位：以上年为100

项　目	全　省	城　市	农　村
居民消费价格指数	**101.2**	**101.3**	**100.8**
一、按商品和非商品分			
消费品价格指数	100.3	100.4	100.2
服务项目价格指数	102.6	102.8	101.9
二、按类别分			
食品烟酒	99.0	99.2	98.5
衣着	100.6	100.4	101.2
居住	102.4	102.7	101.3
生活用品及服务	101.2	101.2	101.1
交通和通信	100.9	100.8	101.4
教育文化和娱乐	102.3	102.4	101.8
医疗保健	103.0	103.1	102.7
其他用品和服务	107.4	107.1	108.6

主要年份地方一般公共预算收入

单位：万元

项　目	2000	2005	2010	2016	2017
收入合计	**2341061**	**4326003**	**11514923**	**26548324**	**28090332**
1. 增值税	353461	731267	1411033	5456801	7518247
2. 营业税	582053	1246076	3197000	2982682	25616
3. 企业所得税	321959	542646	1569118	3500153	3818226
4. 个人所得税	247517	274137	563374	1234985	1505525
5. 资源税	7007	21436	64550	92544	98863
6. 城市维护建设税	97646	185544	431149	1120416	1122772
7. 房产税	95496	169576	317362	637394	790149
8. 印花税	18309	55267	171193	313218	361797
9. 城镇土地使用税	15746	29400	263343	361271	444121
10. 土地增值税	4326	40785	628057	2158728	2742467
11. 车船税	6055	12662	59863	175927	193766
12. 烟叶税			32896	65560	69528
13. 耕地占用税	13474	32003	181050	164345	159598
14. 契税	55799	209093	770908	1363181	1675678
15. 国有资本经营收入			219530	537896	491163
16. 国有资源（资产）有偿使用收入			414662	2098405	2437360
17. 行政性收费收入	74946	290876	481761	971389	1017189
18. 罚没收入	101764	213993	292226	558375	640673
19. 专项收入	64036	120693	352274	2146263	2491669
20. 其他收入	127716	48254	93574	608791	485925

主要年份地方一般公共预算支出

单位：万元

项　目	2010	2013	2014	2015	2016	2017
支出合计	**16950906**	**30688006**	**33066986**	**40015778**	**42754043**	**46841517**
1. 一般公共服务	2119124	3270569	2934031	3080207	3382106	3808446
2. 外交				10646	3000	
3. 国防	32680	76108	65557	68544	63361	51409
4. 公共安全	1206017	1894405	1916303	2252409	2573245	3300205
5. 教育	3277681	5749113	6345984	7575096	7891067	8422065
6. 科学技术	323057	606228	673956	766007	802823	994414
7. 文化体育与传媒	271014	578796	641780	848159	812542	873406
8. 社会保障和就业	1482366	2406553	2587105	3417705	3489923	3945581
9. 医疗卫生	1175835	2242313	2921356	3511905	3775786	4204356
10. 环境保护	397865	586029	617958	955694	1303491	1206481
11. 城乡社区事务	1076788	2597774	2697434	3786992	5722395	7280802
12. 农林水事务	1603355	3122226	3203234	4418607	4105751	4477013
13. 交通运输	1252071	2793122	3109307	3461952	2876640	2636805
14. 工业商业金融等事务	1044916	2316137	2459730	4080809	4768708	4895770
15. 其他支出	1688137	2448633	2893251	1781046	1183205	744764

进出口总额

年份	进出口总额（万美元）	出口	进口	进出口总额（万元）	出口	进口
1981	60827	40127	20700	108272	71426	36846
1982	55067	37023	18044	106279	71454	34825
1983	56366	36995	19371	110477	72510	37967
1984	66472	39167	27305	185457	109276	76181
1985	90084	55718	34366	263946	163254	100692
1986	134771	68647	66124	501348	255367	245981
1987	184500	90400	94100	686340	336288	350052
1988	284300	141600	142700	1057596	526752	530844
1989	342200	182800	159400	1611762	860988	750774
1990	433908	244906	189002	2265000	1278409	986591
1991	574776	314746	260030	3115286	1709071	1406215
1992	805873	438666	367207	4633770	2522330	2111440
1993	1004181	515874	488307	5814208	2986911	2827297
1994	1218953	643020	575933	10397669	5484961	4912708
1995	1444569	790806	653763	12105488	6626954	5478534
1996	1551972	838239	713733	12881368	6957384	5923984
1997	1795280	1025560	769720	14861328	8489586	6371742
1998	1716065	996387	719678	14205586	8248092	5957494
1999	1761956	1035193	726763	14585472	8569328	6016144
2000	2122332	1290828	831504	17568664	10685474	6883190
2001	2262601	1392232	870369	18729811	11524896	7204915
2002	2839882	1737086	1102796	23508543	14379598	9128945
2003	3532551	2113173	1419378	29242457	17492846	11749611
2004	4752704	2939476	1813228	39338131	24330043	15008088
2005	5441130	3484195	1956935	44572105	28541480	16030625
2006	6265921	4126174	2139747	49375457	32514251	16861206
2007	7445081	4994039	2451042	56612396	37974673	18637723
2008	8482094	5699184	2782910	58908991	39581403	19327588
2009	7964937	5331902	2633034	54408483	36422225	17986258
2010	10878027	7149313	3728715	73638807	48397273	25241534
2011	14352244	9283779	5068465	92698273	59962074	32736199
2012	15593796	9783259	5810536	98435836	61756825	36679010
2013	16932174	10647442	6284731	104864338	65941740	38922598
2014	17740784	11345229	6395555	108973325	69689226	39284099
2015	16884593	11268011	5616582	104783887	69917645	34866242
2016	15681939	10367250	5314689	103449561	68336561	35113001
2017	17103482	10493177	6610305	115909803	71139158	44770645

实际利用外商直接投资金额

单元：万美元

年份	合计	合资企业	合作企业	独资企业
1979	83	15	68	
1980	363	288	75	
1981	150	40	110	
1982	121	5	16	100
1983	1438	1026	158	254
1984	4828	3526	1179	123
1985	11782	8566	2950	266
1986	6149	4121	1913	115
1987	5139	3097	1479	563
1988	13017	9273	2369	1375
1989	32880	13814	6384	12682
1990	29002	12617	2780	13605
1991	64449	22682	14775	26992
1992	141633	48528	26132	66973
1993	286745	98484	33498	154763
1994	371200	145518	34469	191213
1995	403881	124872	54073	224936
1996	407876	129778	50497	227601
1997	419666	112293	60175	247198
1998	421211	90295	50778	280138
1999	402403	99542	42121	260180
2000	380386	74548	13263	291365
2001	391804	74092	7248	309068
历史可比口径				
2002	424995	84669	11587	316240
2003	499329			
2004	531802			
2005	622984			
2006	718489			
2007	813093			
2008	1002556			
2009	1006481			
2010	1031552			
2011	1104447			
2012	1218541			
全口径				
2004	222120	41952	4324	163490
2005	260775	31021	670	222422
2006	322047	49684	2327	268789
2007	406058	68686	4670	332015
2008	567171	137758	2284	416441
2009	573747	104761	1372	458815
2010	580279	97974	2126	475199
2011	620111	94469	774	479782
2012	633774	130747	1325	399721
2013	667896	93411	3349	554906
2014	711499	136702	1200	558117
2015	768339	176361	2010	504258
2016	819465	191096	307	515657
2017	857672	265543	1306	471358

主要年份各类运输总量

年　份	客运量（万人）	旅客周转量（亿人千米）	货运量（万吨）	货物周转量（亿吨千米）
1952	251	1.72	156	1.44
1957	1966	8.81	1553	10.07
1962	2634	16.97	1845	21.65
1965	3226	16.22	2948	39.47
1970	3324	17.59	2862	40.92
1975	5887	28.36	3747	53.73
1978	7928	35.73	4871	74.03
1979	9996	43.71	5149	80.63
1980	16676	62.37	7979	100.34
1981	20013	73.45	8302	103.34
1982	22570	82.01	9077	120.39
1983	24620	91.50	10175	131.78
1984	29155	109.50	11479	151.61
1985	33984	130.33	13317	161.97
1986	34426	137.09	16931	195.48
1987	35693	159.38	18231	225.02
1988	37216	175.91	20131	242.02
1989	39622	173.66	19859	270.06
1990	39495	175.40	20321	272.71
1991	34038	186.70	12124	267.26
1992	36283	205.17	19836	347.28
1993	40465	232.27	25824	434.02
1994	36416	240.56	28447	577.73
1995	40080	247.65	28922	608.61
1996	42956	267.20	30593	590.58
1997	43658	253.15	30496	605.78
1998	42047	279.76	30010	661.61
1999	41413	301.58	28637	746.71
2000	44203	333.97	29483	687.65
2001	47393	372.72	30547	779.92
2002	49134	392.00	31837	827.44
2003	48097	386.19	33422	1223.82
2004	53950	441.40	37279	1401.26
2005	55615	477.82	40400	1576.12
2006	59369	524.99	44304	1904.36
2007	64244	587.90	50500	2083.72
2008	72742	561.77	57254	2401.41
2009	76121	597.75	58231	2477.46
2010	77153	648.76	66159	2983.52
2011	81082	723.83	75272	3404.11
2012	83725	771.93	84417	3877.73
2013	56965	785.01	96718	3943.77
2014	60765	902.36	111779	4783.48
2015	54031	915.21	111063	5450.96
2016	54237	987.52	120379	6074.83
2017	54118	1086.22	132252	6785.16

注：2013年客运量数据因交通运输业统计范围变化有调整。

金融机构人民币各项存款和贷款余额

单位：亿元

年 份	各项存款	#城乡居民储蓄存款	财政存款	各项贷款	#短期贷款	中长期贷款
1990	359.45	183.26		381.93		
1991	477.45	245.60		453.10		
1992	667.01	327.00		589.74		
1993	824.37	394.06		774.65	554.06	153.33
1994	1101.81	558.97		954.73	698.86	180.89
1995	1451.68	795.43		1176.63	860.09	221.09
1996	1901.71	1106.33		1467.79	1060.12	294.42
1997	2192.74	1324.37	15.40	1750.38	1279.40	329.60
1998	2557.30	1565.18	28.11	1942.78	1423.39	368.87
1999	2924.61	1739.01	41.24	2255.50	1612.59	476.85
2000	3114.32	1767.59	39.59	2438.82	1728.01	510.32
2001	3614.26	2030.94	45.94	2864.76	1656.70	902.35
2002	4253.07	2430.46	55.21	3110.05	1809.88	1065.11
2003	5178.29	2924.65	51.74	3837.51	2039.25	1422.42
2004	5984.32	3322.26	92.63	4367.05	2213.05	1799.83
2005	7248.40	3903.05	128.33	5068.68	2366.93	2350.80
2006	8836.26	4478.26	219.38	6447.72	2956.98	3203.04
2007	10040.15	4711.23	328.32	8065.67	3555.92	4318.81
2008	11804.40	5861.17	457.26	9585.92	3895.16	5146.37
2009	14702.34	7078.81	549.46	12360.32	5215.58	6625.53
2010	18309.45	8101.02	678.08	15231.36	6594.50	8372.64
2011	21055.49	9068.62	834.38	18165.19	7836.03	9906.51
2012	24283.68	10507.39	741.75	21209.82	9451.96	11133.74
2013	28043.82	11847.25	905.62	24487.53	10752.70	13137.82
2014	30747.61	12578.95	1450.40	28417.70	11785.72	15861.63
2015	35576.06	13243.35	1169.62	32132.96	12209.64	18530.82
2016	39275.82	14366.68	1230.32	36356.06	12620.98	21631.79
2017	42794.79	15213.62	1361.81	40484.93	14040.45	25317.11

注：2004年起含外资银行。

主要年份年末常住人口及人口变动

年　份	常住总人口（万人）	按性别分类		按城乡分		人口出生率（‰）	人口死亡率（‰）	人口自然增长率（‰）	人口密度（人/平方千米）
		男	女	城镇	农村				
1952	1270					37.92	13.32	24.60	102
1957	1461					37.56	9.80	27.76	118
1962	1602					41.14	11.65	29.49	129
1965	1759					41.19	7.92	33.27	142
1970	2020					34.23	6.98	27.25	163
1975	2297					29.19	6.58	22.61	185
1978	2446					25.35	6.31	19.04	197
1979	2487					22.91	6.28	16.63	201
1980	2519					18.68	6.27	12.41	203
1981	2563					23.40	6.25	17.15	207
1982	2620					27.91	6.35	21.56	211
1983	2668					24.53	6.31	18.22	215
1984	2720					25.68	6.25	19.43	219
1985	2769					23.88	6.18	17.70	223
1986	2820					24.02	5.85	18.17	227
1987	2875					24.91	5.79	19.21	232
1988	2929					24.34	5.81	18.53	236
1989	2984					24.67	6.10	18.57	241
1990	3037					24.44	6.71	17.73	245
1991	3079					20.03	6.26	13.77	248
1992	3116					18.18	6.02	12.16	251
1993	3150					16.72	5.62	11.10	254
1994	3183					16.24	5.95	10.29	257
1995	3227					15.20	5.90	9.30	261
1996	3261					13.22	5.94	7.28	263
1997	3282					12.41	6.09	6.32	265
1998	3299					11.53	6.20	5.33	266
1999	3316					11.06	5.85	5.21	267
2000	3410	1757	1653	1432	1978	11.60	5.85	5.75	275
2001	3445	1775	1670	1473	1972	11.56	5.52	6.04	278
2002	3476	1790	1686	1587	1889	11.35	5.57	5.78	280
2003	3502	1805	1697	1624	1878	11.43	5.58	5.85	282
2004	3529	1818	1711	1681	1848	11.58	5.62	5.96	285
2005	3557	1793	1764	1758	1799	11.60	5.62	5.98	287
2006	3585	1810	1775	1807	1778	12.00	5.75	6.25	289
2007	3612	1824	1788	1856	1756	12.00	5.90	6.10	291
2008	3639	1830	1809	1929	1710	12.20	5.90	6.30	293
2009	3666	1848	1818	2019	1647	12.20	6.00	6.20	296
2010	3693	1900	1793	2109	1584	11.27	5.16	6.11	298
2011	3720	1912	1808	2161	1559	11.41	5.20	6.21	300
2012	3748	1927	1821	2234	1514	12.74	5.73	7.01	302
2013	3774	1938	1836	2293	1481	12.20	6.01	6.19	304
2014	3806	1936	1870	2352	1454	13.70	6.20	7.50	307
2015	3839	1949	1890	2403	1436	13.90	6.10	7.80	310
2016	3874	1970	1904	2464	1410	14.50	6.20	8.30	313
2017	3911	1997	1914	2534	1377	15.00	6.20	8.80	316

地区生产总值

单位：亿元

地区	地区生产总值	第一产业	第二产业	第三产业	工业	建筑业	人均GDP（元）
全省	**32182.09**	**2215.13**	**15354.29**	**14612.67**	**12674.89**	**2707.82**	**82677**
福州市	**7085.52**	**461.22**	**2913.41**	**3710.89**	**2227.15**	**698.20**	**93047**
福州市辖区							
鼓楼区	1433.42		229.82	1203.60	65.20	169.88	195957
台江区	433.47		87.06	346.41	25.23	62.38	90212
仓山区	559.35	1.22	289.92	268.21	266.78	24.54	68255
马尾区	491.38	4.05	286.35	200.98	262.25	24.90	191199
晋安区	642.62	5.32	213.94	423.36	137.23	77.22	74680
长乐区	740.31	49.15	470.67	220.48	439.54	31.24	102112
福清市	993.41	88.29	508.28	396.84	410.94	97.35	76475
闽侯县	560.07	34.86	325.09	200.12	288.33	38.19	78884
连江县	430.36	127.19	186.44	116.73	166.67	20.35	73566
罗源县	224.22	40.11	134.62	49.49	126.60	8.37	106769
闽清县	166.23	28.26	75.68	62.29	60.17	15.60	69553
永泰县	165.86	44.41	66.01	55.44	21.04	44.98	65558
平潭县	226.28	33.72	65.34	127.22	6.64	58.70	50850
厦门市	**4351.72**	**23.46**	**1812.24**	**2516.02**	**1547.34**	**285.14**	**109753**
厦门市辖区							
思明区	1323.10	1.74	159.08	1162.28	83.01	76.07	131914
海沧区	602.28	1.95	358.30	242.03	314.79	43.51	172574
湖里区	956.25		408.56	547.70	378.19	50.61	92976
集美区	618.51	2.34	299.41	316.76	250.05	49.36	93008
同安区	399.06	9.78	252.29	136.98	229.50	22.79	70256
翔安区	452.52	7.65	334.60	110.27	291.80	42.80	128740
莆田市	**2024.66**	**110.23**	**1075.56**	**838.87**	**863.63**	**220.12**	**69936**
莆田市辖区							
城厢区	356.36	8.46	146.38	201.52	101.69	45.66	82396
涵江区	477.22	13.35	289.97	173.89	261.56	31.04	98092
荔城区	408.79	14.75	239.23	154.80	195.76	45.21	78313
秀屿区	422.39	56.00	226.34	140.05	159.84	67.97	71229
仙游县	359.90	17.66	173.64	168.60	144.78	30.24	41800
三明市	**2102.64**	**250.04**	**1095.15**	**757.45**	**895.62**	**199.54**	**82135**
三明市辖区							
梅列区	306.18	4.07	167.58	134.53	153.38	14.20	167588
三元区	147.08	9.38	78.83	58.87	64.79	14.03	72630
永安市	380.52	28.13	223.34	129.05	199.84	23.50	107460
明溪县	73.53	17.94	31.14	24.45	23.38	7.75	71669
清流县	104.95	20.75	49.84	34.37	34.99	14.84	76719
宁化县	128.96	23.02	59.66	46.28	41.22	18.45	45249
大田县	202.38	37.55	101.36	63.46	88.72	12.64	63741
尤溪县	220.06	41.16	99.00	79.90	76.47	22.53	61204
沙县	228.01	25.09	126.15	76.77	107.74	18.41	98556
将乐县	121.22	16.11	66.46	38.65	48.16	18.30	79961
泰宁县	94.45	11.70	43.13	39.62	31.44	11.69	83179
建宁县	95.31	15.15	48.67	31.49	25.49	23.18	77645
泉州市	**7547.83**	**192.78**	**4372.93**	**2982.13**	**3901.34**	**474.19**	**87613**
泉州市辖区							
鲤城区	464.96	0.12	266.25	198.59	244.98	21.42	106582
丰泽区	590.96	1.24	190.43	399.29	124.62	65.82	102775

续表

地　区	地区生产总值	第一产业	第二产业	第三产业	工业	建筑业	人均GDP（元）
洛江区	175.95	3.66	127.98	44.31	114.84	13.14	82411
泉港区	526.89	9.29	402.79	114.81	360.77	42.02	158940
石狮市	772.72	25.45	390.50	356.77	349.06	41.58	112070
晋江市	1981.50	19.88	1195.33	766.29	1123.36	74.06	94470
南安市	977.38	26.73	576.41	374.25	529.58	46.92	65421
惠安县	949.31	29.60	644.90	274.81	559.61	85.32	94177
安溪县	516.29	46.94	263.87	205.48	230.02	33.89	50841
永春县	373.31	20.60	212.93	139.78	191.11	21.82	80716
德化县	221.05	9.27	128.49	83.29	100.29	28.20	76224
漳州市	**3528.53**	**397.89**	**1695.87**	**1434.77**	**1425.19**	**270.73**	**69528**
漳州市辖区							
芗城区	592.44	8.02	257.43	326.99	214.56	42.87	99737
龙文区	222.38	6.27	113.07	103.05	86.38	26.69	115825
龙海市	822.61	66.78	456.94	298.89	377.46	79.48	87118
云霄县	200.46	26.81	97.79	75.87	84.99	12.80	47502
漳浦县	376.51	69.80	140.44	166.26	105.08	35.40	45234
诏安县	249.55	45.37	108.70	95.48	92.87	15.83	40442
长泰县	241.50	13.80	150.11	77.59	143.52	6.59	107812
东山县	202.70	34.08	94.92	73.70	84.37	10.55	91325
南靖县	286.48	58.30	135.64	92.54	123.09	12.55	82677
平和县	202.43	41.44	70.17	90.82	53.47	16.70	39247
华安县	131.48	27.23	70.67	33.59	59.39	11.28	79662
南平市	**1620.54**	**278.97**	**699.12**	**642.44**	**522.24**	**176.89**	**60694**
南平市辖区							
延平区	339.47	34.67	163.24	141.56	100.97	62.27	71241
建阳区	186.92	34.46	91.22	61.24	75.60	15.61	59434
邵武市	230.44	25.32	111.45	93.67	95.02	16.43	83494
武夷山市	167.37	23.73	66.66	76.98	40.01	26.65	71068
建瓯市	237.20	44.33	97.06	95.81	71.83	25.23	52247
顺昌县	109.87	17.21	42.05	50.60	33.91	8.14	57672
浦城县	144.26	32.35	54.51	57.39	44.14	10.37	48327
光泽县	91.18	38.95	28.78	23.45	25.66	3.12	67293
松溪县	52.21	12.23	20.23	19.75	14.53	5.70	42969
政和县	61.63	15.73	23.93	21.97	20.57	3.35	36794
龙岩市	**2153.13**	**227.88**	**1026.66**	**898.59**	**802.49**	**224.17**	**81713**
龙岩市辖区							
新罗区	790.65	37.00	429.75	323.90	349.56	80.19	108382
永定区	242.01	28.54	115.12	98.35	92.80	22.32	66669
漳平市	231.02	29.73	93.66	107.62	70.77	22.90	95463
长汀县	208.00	30.25	92.00	85.76	66.03	25.96	51741
上杭县	316.80	41.82	147.60	127.39	108.14	39.46	84593
武平县	181.29	29.37	72.72	79.20	51.31	21.41	65448
连城县	183.36	31.17	75.82	76.36	63.88	11.94	74235
宁德市	**1756.26**	**272.65**	**867.39**	**616.22**	**709.43**	**158.85**	**60665**
宁德市辖区							
蕉城区	390.61	38.71	199.86	152.03	144.18	55.82	87385
福安市	414.86	46.36	251.16	117.34	229.36	22.07	72118
福鼎市	347.48	50.51	197.65	99.33	178.49	19.41	64289
霞浦县	212.51	57.37	63.57	91.58	42.16	21.46	45530
古田县	162.98	39.94	56.41	66.63	45.48	10.99	49092
屏南县	63.51	11.79	23.23	28.50	16.95	6.31	45205
寿宁县	67.13	14.11	28.18	24.84	16.49	11.72	37191
周宁县	49.59	6.72	24.04	18.82	17.33	6.73	40727
柘荣县	47.58	7.14	23.29	17.16	18.99	4.32	52435

地区生产总值指数

单位：以上年为 100

地 区	地区生产总值	第一产业	第二产业	第三产业	工业	建筑业	人均 GDP（元）
全 省	**108.1**	**103.7**	**106.8**	**110.2**	**107.5**	**103.9**	**107.1**
福州市	**108.7**	**103.8**	**106.7**	**111.1**	**107.7**	**104.4**	**107.6**
福州市辖区							
鼓楼区	108.8	0.0	104.9	109.7	105.9	104.5	107.7
台江区	103.0	0.0	104.5	102.6	105.9	103.2	101.6
仓山区	109.9	74.8	106.3	114.4	106.6	104.2	108.5
马尾区	109.1	94.1	107.5	112.1	107.9	104.2	107.4
晋安区	110.2	105.0	106.3	112.4	107.5	104.3	108.8
长乐区	111.0	107.4	106.8	121.1	106.9	105.1	109.9
福 清 市	109.9	101.7	109.3	112.7	110.4	104.6	109.1
闽 侯 县	109.6	104.7	109.3	111.2	110.0	104.5	108.6
连 江 县	106.8	105.8	107.5	106.6	108.0	104.2	106.1
罗 源 县	108.8	104.5	107.7	115.7	107.9	105.7	108.0
闽 清 县	107.0	105.4	106.7	108.6	106.9	105.7	106.6
永 泰 县	109.6	103.0	105.5	120.2	106.5	105.2	109.1
平 潭 县	107.2	101.5	101.7	111.7	85.0	104.2	104.8
厦门市	**107.6**	**101.2**	**106.7**	**108.4**	**107.8**	**104.0**	**105.6**
厦门市辖区							
思明区	107.8	123.3	105.8	108.1	107.7	103.3	106.9
海沧区	105.2	131.1	105.0	105.5	105.1	103.8	101.6
湖里区	108.7		106.4	110.6	108.3	111.5	107.8
集美区	106.5	85.6	107.3	105.9	108.6	100.5	104.1
同安区	109.2	103.9	108.9	110.2	110.6	94.6	105.7
翔安区	107.8	98.1	107.2	110.6	107.3	107.0	104.0
莆田市	**108.4**	**103.2**	**107.4**	**110.7**	**107.7**	**106.2**	**107.8**
莆田市辖区							
城厢区	108.4	90.9	107.7	109.9	107.6	107.9	107.9
涵江区	108.1	104.9	107.4	110.4	107.6	105.9	107.8
荔城区	108.8	102.5	107.2	112.0	107.5	106.1	108.2
秀屿区	108.4	104.5	107.6	111.5	108.4	105.4	107.8
仙 游 县	108.3	105.3	107.2	110.2	107.5	105.9	107.7
三明市	**108.0**	**104.2**	**106.8**	**111.2**	**107.7**	**102.8**	**107.2**
三明市辖区							
梅列区	108.4	103.5	107.4	109.7	107.8	104.0	107.0
三元区	108.7	103.0	106.3	113.1	107.1	102.6	107.6
永 安 市	107.6	104.6	107.1	109.3	107.7	101.9	106.9
明 溪 县	107.4	103.3	106.1	112.3	107.2	102.8	106.9
清 流 县	107.7	103.4	107.1	111.5	108.2	104.5	107.3
宁 化 县	108.1	104.4	106.3	112.2	107.7	103.4	107.1
大 田 县	108.6	104.1	107.3	113.6	107.7	105.1	107.6
尤 溪 县	107.9	103.6	106.3	112.4	107.4	102.5	107.0
沙 县	107.8	104.7	107.2	109.9	107.9	103.0	107.3
将 乐 县	107.5	105.2	106.9	109.5	108.3	103.2	106.8
泰 宁 县	107.7	104.5	105.9	110.9	107.2	102.2	106.7
建 宁 县	108.3	105.4	104.2	116.8	107.9	100.4	107.8
泉州市	**108.4**	**100.9**	**107.2**	**110.6**	**107.7**	**103.5**	**107.5**
泉州市辖区							
鲤城区	107.5	96.4	106.7	108.7	107.0	103.0	106.8
丰泽区	108.6	98.8	104.6	110.8	105.1	103.3	107.3
洛江区	109.7	98.9	108.7	114.0	109.3	103.7	108.2
泉港区	108.6	100.5	108.2	110.5	109.1	103.1	107.1

续表

地　区	地区生产总值	第一产业	第二产业	第三产业	工业	建筑业	人均 GDP（元）
石　狮　市	108.5	93.2	106.9	111.6	107.2	103.3	107.8
晋　江　市	108.2	98.6	106.6	111.3	106.8	103.6	107.6
南　安　市	108.5	103.2	108.0	109.8	108.3	103.4	107.7
惠　安　县	108.3	101.4	107.9	109.8	108.6	103.9	107.3
安　溪　县	108.9	102.3	107.9	111.8	108.5	103.6	108.1
永　春　县	108.7	104.5	107.9	110.6	108.5	103.2	107.8
德　化　县	107.7	104.3	105.2	112.3	105.7	103.4	106.1
漳州市	**109.2**	**103.9**	**107.5**	**112.8**	**108.1**	**104.4**	**108.1**
漳州市辖区							
芗城区	108.0	103.8	105.0	110.7	107.7	93.4	107.2
龙文区	110.5	100.9	108.8	112.9	108.7	109.0	108.8
龙　海　市	108.4	105.6	107.5	110.3	107.5	107.2	107.4
云　霄　县	110.7	105.5	108.7	115.6	108.9	107.5	110.1
漳　浦　县	108.6	101.5	108.4	111.8	109.2	106.1	107.5
诏　安　县	110.7	106.0	107.2	117.5	107.6	104.8	109.6
长　泰　县	110.8	102.6	108.8	116.7	108.7	109.4	109.2
东　山　县	108.6	105.3	106.7	112.8	107.9	98.2	107.7
南　靖　县	110.6	106.0	108.3	117.4	108.3	107.6	109.6
平　和　县	109.6	100.9	108.0	115.2	107.9	108.3	108.1
华　安　县	107.9	101.5	108.7	112.0	109.1	106.9	107.0
南平市	**107.6**	**104.8**	**106.6**	**110.2**	**107.5**	**103.7**	**106.8**
南平市辖区							
延平区	105.8	100.1	104.3	109.6	107.7	99.2	105.1
建阳区	107.6	103.0	107.8	110.4	108.0	106.7	106.1
邵　武　市	108.0	105.5	106.2	111.3	106.3	105.2	107.1
武夷山市	105.8	101.6	106.3	106.9	109.8	101.3	104.7
建　瓯　市	108.7	104.6	109.0	110.5	108.4	110.6	108.2
顺　昌　县	109.3	105.7	108.5	111.6	107.5	112.7	108.4
浦　城　县	108.9	109.4	104.8	113.1	107.4	95.0	108.5
光　泽　县	108.5	109.1	106.8	109.6	107.1	104.2	107.7
松　溪　县	108.6	103.2	109.2	111.7	104.1	125.3	107.3
政　和　县	108.8	107.1	109.4	109.6	107.2	126.1	108.2
龙岩市	**108.2**	**102.9**	**106.8**	**111.8**	**107.6**	**103.8**	**107.6**
龙岩市辖区							
新罗区	107.9	102.5	106.4	110.9	107.1	103.1	106.4
永定区	107.8	102.3	106.1	112.3	106.3	105.2	107.5
漳　平　市	108.8	103.1	107.3	112.0	108.4	103.6	108.5
长　汀　县	107.9	103.5	107.0	111.0	107.9	104.7	107.7
上　杭　县	108.8	103.3	107.9	112.7	108.9	104.5	108.4
武　平　县	108.0	102.1	106.4	112.5	107.8	102.9	107.8
连　城　县	109.1	103.4	107.7	113.3	108.3	104.1	108.9
宁德市	**105.3**	**104.2**	**102.0**	**111.1**	**102.1**	**101.8**	**104.8**
宁德市辖区							
蕉城区	110.5	102.6	108.9	114.4	113.0	101.9	110.0
福　安　市	107.1	102.9	105.1	113.8	105.9	97.7	106.7
福　鼎　市	103.4	104.6	101.1	108.3	101.0	102.1	103.1
霞　浦　县	105.0	105.5	102.1	107.0	103.5	99.2	104.8
古　田　县	101.9	104.9	90.0	113.6	86.9	109.1	101.2
屏　南　县	103.4	105.9	97.8	108.8	95.2	110.0	102.3
寿　宁　县	101.5	104.3	98.0	105.3	97.7	98.6	100.7
周　宁　县	97.6	105.0	88.1	110.4	83.0	106.8	96.0
柘　荣　县	102.8	101.8	100.5	107.3	99.4	107.5	101.9

年末户籍统计人口数

单位：万人

地区	年末户籍统计总人口	按城乡分		按性别分	
		城镇	乡村	男	女
全省	**3807.58**	**1819.35**	**1988.23**	**1960.09**	**1847.49**
福州市	**693.35**	**393.21**	**300.14**	**354.05**	**339.30**
福州市辖区	279.23	233.45	45.78	140.01	139.22
鼓楼区	57.92	57.92		28.63	29.29
台江区	32.08	32.08		15.87	16.21
仓山区	57.56	57.56		28.25	29.31
马尾区	17.56	12.64	4.92	8.74	8.82
晋安区	40.46	37.09	3.37	19.91	20.55
长乐区	73.66	36.17	37.49	38.62	35.04
福清市	136.68	57.92	78.76	70.45	66.23
闽侯县	68.22	30.08	38.14	34.90	33.32
连江县	67.29	29.09	38.20	34.87	32.42
罗源县	26.83	9.77	17.06	13.99	12.84
闽清县	32.45	10.52	21.93	17.07	15.38
永泰县	38.32	9.91	28.41	20.33	17.99
平潭县	44.32	12.46	31.86	22.42	21.90
厦门市	**229.98**	**195.91**	**34.07**	**113.80**	**116.18**
厦门市辖区	229.98	195.91	34.07	113.80	116.18
思明区	77.70	77.70		37.94	39.76
海沧区	19.23	19.23		9.44	9.79
湖里区	31.69	31.69		15.87	15.82
集美区	28.66	21.32	7.34	14.15	14.51
同安区	37.80	19.03	18.77	18.92	18.88
翔安区	34.90	26.94	7.96	17.48	17.42
莆田市	**354.67**	**155.51**	**199.16**	**181.27**	**173.40**
莆田市辖区	238.67	112.34	126.33	121.41	117.26
城厢区	42.27	20.50	21.77	21.27	21.00
涵江区	44.55	28.75	15.80	22.15	22.40
荔城区	57.68	34.88	22.80	28.95	28.73
秀屿区	94.17	28.21	65.96	49.04	45.13
仙游县	116.00	43.17	72.83	59.86	56.14
三明市	**287.19**	**104.21**	**182.98**	**150.16**	**137.03**
三明市辖区	28.10	22.51	5.59	14.11	13.99
梅列区	14.41	13.12	1.29	7.18	7.23
三元区	13.69	9.39	4.30	6.93	6.76
永安市	33.13	18.25	14.88	17.03	16.10
明溪县	11.84	3.76	8.08	6.14	5.70
清流县	15.58	4.68	10.90	8.14	7.44
宁化县	37.64	9.10	28.54	19.73	17.91
大田县	40.96	12.32	28.64	22.25	18.71
尤溪县	45.01	11.69	33.32	24.13	20.88
沙县	26.98	9.47	17.51	13.87	13.11
将乐县	18.60	5.33	13.27	9.65	8.95
泰宁县	13.77	3.55	10.22	7.12	6.65
建宁县	15.58	3.55	12.03	7.99	7.59
泉州市	**742.33**	**368.59**	**373.74**	**384.61**	**357.72**
泉州市辖区	112.45	76.66	35.79	56.54	55.91
鲤城区	25.86	25.86		12.69	13.17
丰泽区	25.69	25.69		12.47	13.22
洛江区	19.69	5.56	14.13	10.26	9.43
泉港区	41.21	19.54	21.67	21.12	20.09

续表

地区	年末户籍统计总人口	按城乡分		按性别分	
		城镇	乡村	男	女
石狮市	33.71	24.91	8.80	17.15	16.56
晋江市	114.71	64.42	50.29	58.67	56.04
南安市	163.50	87.42	76.08	85.91	77.59
惠安县	102.23	46.80	55.43	51.48	50.75
安溪县	121.46	28.84	92.62	65.02	56.44
永春县	60.14	28.74	31.40	31.75	28.39
德化县	34.13	10.81	23.32	18.09	16.04
漳州市	**514.41**	**223.06**	**291.35**	**263.97**	**250.44**
漳州市辖区	61.57	46.64	14.93	30.39	31.18
芗城区	46.14	36.28	9.86	22.71	23.43
龙文区	15.43	10.36	5.07	7.68	7.75
龙海市	88.51	36.61	51.90	44.47	44.04
云霄县	46.21	17.79	28.42	24.34	21.87
漳浦县	92.86	35.96	56.90	47.75	45.11
诏安县	67.27	22.26	45.01	35.11	32.16
长泰县	21.03	9.44	11.59	10.67	10.36
东山县	21.88	12.24	9.64	11.02	10.86
南靖县	36.17	12.31	23.86	18.49	17.68
平和县	61.99	22.57	39.42	32.97	29.02
华安县	16.92	7.24	9.68	8.76	8.16
南平市	**319.04**	**112.03**	**207.01**	**164.54**	**154.50**
南平市辖区	85.63	36.42	49.21	43.91	41.72
延平区	49.98	24.53	25.45	25.65	24.33
建阳区	35.65	11.89	23.76	18.26	17.39
邵武市	30.64	13.03	17.61	15.67	14.97
武夷山市	24.30	10.22	14.08	12.34	11.96
建瓯市	55.14	17.44	37.70	28.44	26.70
顺昌县	23.57	8.50	15.07	12.12	11.45
浦城县	43.06	9.78	33.28	22.18	20.88
光泽县	16.30	4.51	11.79	8.49	7.81
松溪县	16.79	4.87	11.92	8.74	8.05
政和县	23.61	7.26	16.35	12.65	10.96
龙岩市	**315.89**	**139.64**	**176.25**	**163.81**	**152.08**
龙岩市辖区	104.07	56.21	47.86	53.17	50.90
新罗区	53.40	38.44	14.96	26.74	26.66
永定区	50.67	17.77	32.90	26.43	24.24
漳平市	29.67	11.59	18.08	15.60	14.07
长汀县	54.52	22.60	31.92	28.81	25.71
上杭县	52.92	20.72	32.20	27.18	25.74
武平县	40.07	16.10	23.97	20.76	19.31
连城县	34.64	12.42	22.22	18.29	16.35
宁德市	**350.72**	**127.19**	**223.53**	**183.87**	**166.85**
宁德市辖区	49.40	22.58	26.82	25.15	24.25
蕉城区	49.40	22.58	26.82	25.15	24.25
福安市	66.70	25.79	40.91	35.09	31.61
福鼎市	59.59	19.91	39.68	30.91	28.68
霞浦县	54.47	19.08	35.39	28.67	25.80
古田县	42.98	13.69	29.29	22.67	20.31
屏南县	19.05	5.79	13.26	10.17	8.88
寿宁县	26.52	8.94	17.58	14.18	12.34
周宁县	21.13	7.32	13.81	11.35	9.78
柘荣县	10.88	4.09	6.79	5.68	5.20

年末常住人口数

单位：万人

地　区	常住人口数	城镇人口	乡村人口	城镇化水平（%）
全　省	**3911.00**	**2534.87**	**1376.13**	**64.8**
福州市	**766.00**	**532.34**	**233.66**	**69.5**
福州市辖区	389.70	347.46	42.24	89.2
鼓楼区	73.50	73.50		100.0
台江区	48.30	48.30		100.0
仓山区	82.50	82.50		100.0
马尾区	25.90	19.37	6.53	74.8
晋安区	86.60	86.17	0.43	99.5
长乐区	72.90	37.62	35.28	51.6
福清市	130.50	66.16	64.34	50.7
闽侯县	71.50	40.04	31.46	56.0
连江县	58.80	27.11	31.69	46.1
罗源县	21.10	9.60	11.50	45.5
闽清县	24.00	9.70	14.30	40.4
永泰县	25.40	10.49	14.91	41.3
平潭县	45.00	21.78	23.22	48.4
厦门市	**401.00**	**357.30**	**43.70**	**89.1**
厦门市辖区	401.00	357.30	43.70	89.1
思明区	100.70	100.70		100.0
海沧区	35.60	32.43	3.17	91.1
湖里区	103.30	103.30		100.0
集美区	67.40	58.84	8.56	87.3
同安区	58.10	40.96	17.14	70.5
翔安区	35.90	21.07	14.83	58.7
莆田市	**290.00**	**172.85**	**117.15**	**59.6**
莆田市辖区	203.70	133.15	70.55	65.4
城厢区	43.30	30.53	12.77	70.5
涵江区	48.70	38.28	10.42	78.6
荔城区	52.30	37.97	14.33	72.6
秀屿区	59.40	26.37	33.03	44.4
仙游县	86.30	39.70	46.60	46.0
三明市	**257.00**	**151.73**	**105.27**	**59.0**
三明市辖区	38.80	35.72	3.08	92.1
梅列区	18.40	18.09	0.31	98.3
三元区	20.40	17.63	2.77	86.4
永安市	35.50	24.57	10.93	69.2
明溪县	10.30	5.40	4.90	52.4
清流县	13.70	6.59	7.11	48.1
宁化县	28.60	12.67	15.93	44.3
大田县	31.90	16.11	15.79	50.5
尤溪县	36.10	16.17	19.93	44.8
沙县	23.20	14.96	8.24	64.5
将乐县	15.20	8.33	6.87	54.8
泰宁县	11.40	5.75	5.65	50.4
建宁县	12.30	5.46	6.84	44.4
泉州市	**865.00**	**568.25**	**296.75**	**65.7**
泉州市辖区	156.70	131.41	25.29	83.9
鲤城区	43.90	43.90		100.0
丰泽区	57.90	57.90		100.0
洛江区	21.50	12.38	9.12	57.6
泉港区	33.40	17.23	16.17	51.6

续表

地区	常住人口数	城镇人口	乡村人口	城镇化水平（%）
石狮市	69.10	54.66	14.44	79.1
晋江市	210.30	139.01	71.29	66.1
南安市	149.90	87.84	62.06	58.6
惠安县	101.30	58.55	42.75	57.8
安溪县	101.90	47.38	54.52	46.5
永春县	46.50	27.48	19.02	59.1
德化县	29.30	21.92	7.38	74.8
漳州市	**510.00**	**294.29**	**215.71**	**57.7**
漳州市辖区	79.00	71.45	7.55	90.4
芗城区	59.70	54.27	5.43	90.9
龙文区	19.30	17.18	2.12	89.0
龙海市	94.90	55.23	39.67	58.2
云霄县	42.40	21.62	20.78	51.0
漳浦县	83.70	43.36	40.34	51.8
诏安县	62.00	27.53	34.47	44.4
长泰县	22.50	12.17	10.33	54.1
东山县	22.30	12.93	9.37	58.0
南靖县	34.80	17.68	17.12	50.8
平和县	51.80	23.62	28.18	45.6
华安县	16.60	8.70	7.90	52.4
南平市	**268.00**	**149.53**	**118.47**	**55.8**
南平市辖区	79.50	50.71	28.79	63.8
延平区	47.80	32.55	15.25	68.1
建阳区	31.70	18.16	13.54	57.3
邵武市	27.70	18.92	8.78	68.3
武夷山市	23.70	13.58	10.12	57.3
建瓯市	45.50	22.98	22.52	50.5
顺昌县	19.10	9.45	9.65	49.5
浦城县	29.90	14.08	15.82	47.1
光泽县	13.60	6.32	7.28	46.5
松溪县	12.20	5.71	6.49	46.8
政和县	16.80	7.78	9.02	46.3
龙岩市	**264.00**	**147.04**	**116.96**	**55.7**
龙岩市辖区	109.70	69.87	39.83	63.7
新罗区	73.40	52.41	20.99	71.4
永定区	36.30	17.46	18.84	48.1
漳平市	24.20	13.21	10.99	54.6
长汀县	40.20	20.66	19.54	51.4
上杭县	37.50	18.11	19.39	48.3
武平县	27.70	13.43	14.27	48.5
连城县	24.70	11.76	12.94	47.6
宁德市	**290.00**	**161.54**	**128.46**	**55.7**
宁德市辖区	44.80	28.90	15.90	64.5
蕉城区	44.80	28.90	15.90	64.5
福安市	57.60	36.46	21.14	63.3
福鼎市	54.10	31.97	22.13	59.1
霞浦县	46.70	22.09	24.61	47.3
古田县	33.30	15.65	17.65	47.0
屏南县	14.10	6.25	7.85	44.3
寿宁县	18.10	8.63	9.47	47.7
周宁县	12.20	6.08	6.12	49.8
柘荣县	9.10	5.51	3.59	60.5

城镇单位在岗职工平均工资

单位：元

地　区	在岗职工平均工资	国　有	城镇集体	其　他	在岗职工平均工资比上年增长（%）
全　省	**69029**	**91651**	**65427**	**61790**	**9.3**
福州市	**75133**	**97418**	**53574**	**68077**	**11.1**
福州市辖区	77147	103504	49693	68896	11.8
鼓楼区	81460	107685	56308	1118	15.8
台江区	73728	109903	58088	1550	6.3
仓山区	74169	93138	46469	1788	9.3
马尾区	72754	98075	50022	1989	8.3
晋安区	73550	97501	39226	1306	10.3
长乐区	69527	85725	37111	1652	7.2
福清市	71704	82988	60295	1789	6.7
闽侯县	78315	102391	50736	1810	14.6
连江县	70212	84410	72756	2165	14.9
罗源县	68340	84283	66515	2171	6.1
闽清县	70558	78551	56395	1879	18.0
永泰县	68720	71977	51382	1430	9.6
平潭县	79158	103068		1252	17.7
厦门市	**75452**	**124800**	**80711**	**68079**	**9.0**
厦门市辖区	75452	124800	80711	68079	9.0
思明区	83163	132581	76406	70878	8.6
海沧区	75433	96488	85204	74135	9.1
湖里区	73534	109923	65758	70847	10.2
集美区	69662	112224	90928	63011	11.7
同安区	66481	115284	105599	58156	9.8
翔安区	65031	143961	40774	58682	8.9
莆田市	**59358**	**86642**	**60865**	**53439**	**5.0**
莆田市辖区	59785	90048	56630	53819	4.0
城厢区	68057	102255	62859	51482	6.6
涵江区	55407	82693	55233	52260	9.7
荔城区	57564	83497	62668	55047	1.6
秀屿区	60029	74113	44707	56617	−2.5
仙游县	57404	75149	69328	51759	11.0
三明市	**71555**	**80737**	**55085**	**62316**	**14.1**
三明市辖区	81084	93648	55026	74469	16.9
梅列区	82910	92013	54506	81296	20.7
三元区	68719	75725	61822	67569	11.2
永安市	72924	90205	37228	56725	14.5
明溪县	63826	67400	52153	56282	10.1
清流县	53464	74964	63822	41800	4.2
宁化县	68305	74472	50622	46796	5.4
大田县	60596	70388	49647	39572	12.9
尤溪县	72378	77896	59658	58690	15.8
沙县	71087	81801	63737	59535	18.2
将乐县	69075	71470	95795	57492	18.6
泰宁县	72437	72915	72028	70549	19.9
建宁县	63577	69969	58912	54603	9.8
泉州市	**61253**	**90460**	**74612**	**54793**	**7.2**
泉州市辖区	66063	91993	78727	54943	9.8
鲤城区	52609	63410	86575	45244	5.2
丰泽区	63918	85117	87399	60270	4.0
洛江区	52686	97264	79341	47011	8.3
泉港区	67576	77491	48701	63021	9.1

续表

地区	在岗职工平均工资	国有	城镇集体	其他	在岗职工平均工资比上年增长（%）
石狮市	56384	79146	40664	54976	−5.0
晋江市	61299	105391	91816	55013	15.6
南安市	61089	81468	63594	55934	3.8
惠安县	56423	81347	61527	53795	2.2
安溪县	61161	89979	94449	55452	3.8
永春县	55790	86755	76541	47403	0.3
德化县	63488	83394	59130	51633	19.7
漳州市	**66483**	**88539**	**85733**	**56744**	**8.8**
漳州市辖区	69713	104791	53763	53717	9.8
芗城区	71413	107524	52847	52560	10.1
龙文区	63679	88762	91444	57073	8.1
龙海市	70433	86381	119686	66158	9.0
云霄县	63954	77846	89891	53344	12.1
漳浦县	60403	74930	79804	52200	5.5
诏安县	58689	75144	49221	49108	12.3
长泰县	60531	90658	123106	54096	4.8
东山县	71269	89881	113960	48077	9.8
南靖县	63819	81344	57966	54263	7.2
平和县	63975	72640	107425	53876	10.0
华安县	68798	86151	74116	61094	6.0
南平市	**64347**	**76274**	**58667**	**52684**	**8.1**
南平市辖区	68324	83257	61343	57039	7.2
延平区	68198	83748	58101	57947	5.1
建阳区	68748	82027	65167	52935	15.7
邵武市	60387	79481	66448	49553	9.8
武夷山市	66955	71381	59216	61781	16.9
建瓯市	64632	71673	50026	50892	6.7
顺昌县	60799	71191	48455	44709	8.8
浦城县	59359	75606	68645	43007	2.4
光泽县	62465	70110	52810	41068	8.7
松溪县	66806	75191	54455	43366	15.6
政和县	52618	60764	50443	44810	4.7
龙岩市	**64211**	**76581**	**65742**	**55179**	**8.2**
龙岩市辖区	71591	82027	71365	61339	8.6
新罗区	74613	86528	75220	64048	8.4
永定区	62121	70196	67068	50110	9.0
漳平市	55492	68880	87189	47915	6.1
长汀县	54915	77053	57799	45534	8.3
上杭县	67805	74631	40595	64747	8.5
武平县	56385	72531	49945	42442	10.4
连城县	56889	62993	61303	46382	5.2
宁德市	**68669**	**71291**	**66928**	**66863**	**12.0**
宁德市辖区	77503	82108	180892	75122	15.6
蕉城区	77503	82108	180892	75122	15.6
福安市	75092	73998	37179	77612	15.6
福鼎市	60327	73967	70739	54615	4.3
霞浦县	59675	61754	68078	60090	6.7
古田县	56985	66812	54176	44942	8.6
屏南县	61221	65119	98065	44193	12.3
寿宁县	60472	66789	62824	48397	12.2
周宁县	57978	58783	62085	54332	9.9
柘荣县	57938	56204	83071	60423	2.1

城乡居民人均可支配收入

单位：元

地　区	城镇居民人均可支配收入		农村居民人均可支配收入	
	数值	比上年增长（%）	数值	比上年增长（%）
全　省	**39001**	**8.3**	**16335**	**8.9**
福州市	**40973**	**8.3**	**17865**	**9.3**
福州市辖区				
鼓楼区	48091	8.4		
台江区	44381	7.9		
仓山区	37797	8.8		
马尾区	45152	9.0	23153	9.0
晋安区	41357	7.5	18054	8.1
长乐区	42304	7.8	20304	7.8
福　清　市	41585	9.2	21095	9.7
闽　侯　县	38445	8.2	16976	8.5
连　江　县	33593	8.6	16374	9.4
罗　源　县	30295	7.7	13736	7.4
闽　清　县	28955	8.1	13482	10.8
永　泰　县	28562	9.3	13205	12.0
平　潭　县	35738	7.3	14643	7.6
厦门市	**50019**	**8.1**	**20460**	**8.3**
厦门市辖区				
思明区	60233	7.9		
海沧区	45728	8.5	25403	7.9
湖里区	49248	7.4		
集美区	44777	8.9	24681	7.3
同安区	42330	9.4	18935	8.6
翔安区	35649	8.1	18489	8.8
莆田市	**34490**	**8.4**	**16492**	**9.0**
莆田市辖区				
城厢区	39325	8.0	18376	8.1
涵江区	32716	8.1	16006	9.0
荔城区	38915	8.7	18475	9.5
秀屿区	28871	9.0	17064	9.4
仙　游　县	29571	8.3	14937	8.9
三明市	**32261**	**8.7**	**15212**	**9.3**
三明市辖区				
梅列区	37182	10.0	16840	9.4
三元区	35074	8.6	17716	9.6
永　安　市	33362	8.3	16374	8.5
明　溪　县	27651	8.2	13839	7.6
清　流　县	28266	9.3	14403	9.0
宁　化　县	25653	7.0	13911	11.0
大　田　县	32532	9.5	15413	9.4
尤　溪　县	30846	8.3	15849	9.8
沙　　县	33083	8.4	17190	9.2
将　乐　县	30790	8.6	14943	9.0
泰　宁　县	29490	8.5	14347	9.5
建　宁　县	26647	9.7	14094	9.7
泉州市	**42696**	**7.7**	**18606**	**8.3**
泉州市辖区				
鲤城区	41105	6.3		
丰泽区	50330	7.1		
洛江区	37392	7.1	15709	7.6
泉港区	32562	8.5	18081	7.2

续表

地　区	城镇居民人均可支配收入		农村居民人均可支配收入	
	数值	比上年增长（%）	数值	比上年增长（%）
石　狮　市	54457	7.3	22803	8.1
晋　江　市	45883	7.7	21870	10.0
南　安　市	42541	8.8	19864	8.8
惠　安　县	40232	7.2	19014	9.7
安　溪　县	29767	9.2	15145	8.1
永　春　县	29795	6.8	14476	7.1
德　化　县	31337	8.5	14253	9.5
漳州市	**33359**	**8.6**	**16676**	**8.9**
漳州市辖区				
芗城区	36968	8.7	16630	8.3
龙文区	37907	8.1	18005	7.9
龙　海　市	34435	8.9	17469	8.5
云　霄　县	29905	8.4	15353	9.3
漳　浦　县	33573	9.4	18106	9.5
诏　安　县	27619	8.6	14749	7.6
长　泰　县	34638	9.6	17701	9.7
东　山　县	33343	8.1	19336	8.1
南　靖　县	30430	7.9	15744	10.0
平　和　县	29623	7.5	16147	8.9
华　安　县	31333	9.0	16366	9.3
南平市	**30070**	**8.1**	**14558**	**9.2**
南平市辖区				
延平区	31071	7.2	16102	8.6
建阳区	30587	9.0	14645	9.6
邵　武　市	31691	8.7	16788	9.8
武夷山市	31043	7.2	15848	8.4
建　瓯　市	29998	7.8	15951	9.3
顺　昌　县	27375	8.1	13883	9.0
浦　城　县	28340	8.7	13260	9.3
光　泽　县	27193	8.0	12574	9.9
松　溪　县	26435	8.5	11206	9.1
政　和　县	26911	8.3	11452	8.5
龙岩市	**33022**	**8.6**	**15698**	**8.8**
龙岩市辖区				
新罗区	36736	8.2	18919	8.1
永定区	34645	7.8	16626	8.3
漳　平　市	31497	8.4	15902	9.7
长　汀　县	23330	9.7	13991	9.6
上　杭　县	35991	9.0	15355	9.1
武　平　县	31027	9.1	14852	8.6
连　城　县	28708	9.3	14091	10.0
宁德市	**30502**	**8.3**	**14722**	**8.9**
宁德市辖区				
蕉城区	31790	9.1	14843	9.4
福　安　市	32557	8.2	15391	8.8
福　鼎　市	32646	9.0	15063	8.3
霞　浦　县	30472	7.9	15151	10.3
古　田　县	28597	8.3	15538	9.4
屏　南　县	25301	9.6	13304	9.6
寿　宁　县	23739	8.4	12698	8.6
周　宁　县	26355	8.0	13685	8.4
柘　荣　县	24868	8.0	13193	9.0

固定资产投资

单位：亿元

地区	固定资产投资					
	投资额	比上年增长（%）	项目投资		房地产开发	
			投资额	比上年增长（%）	投资额	比上年增长（%）
全省	**26226.60**	**13.5**	**21432.37**	**15.7**	**4794.23**	**4.5**
福州市	**5823.39**	**12.3**	**4129.21**	**17.8**	**1694.18**	**0.9**
福州市辖区						
鼓楼区	525.49	14.5	460.11	21.4	65.38	−18.4
台江区	171.27	−34.4	97.97	−37.4	73.30	−30.0
仓山区	658.41	17.9	311.11	91.3	347.30	−12.2
马尾区	353.76	14.2	177.25	13.9	176.50	14.6
晋安区	659.89	17.7	407.15	16.9	252.74	19.0
长乐区	605.61	21.7	468.91	20.5	136.70	26.1
福清市	1009.52	16.4	845.41	13.2	164.10	36.3
闽侯县	561.42	21.6	277.39	31.1	284.03	13.6
连江县	441.96	−6.8	377.10	−3.7	64.86	−21.5
罗源县	167.64	21.6	158.65	21.4	8.99	25.4
闽清县	91.97	18.5	73.78	22.3	18.19	5.3
永泰县	111.63	25.3	83.80	93.5	27.83	−39.2
平潭县	464.82	17.1	390.58	31.9	74.25	−26.3
厦门市	**2381.46**	**10.3**	**1501.60**	**7.7**	**879.86**	**14.9**
厦门市辖区						
思明区	294.40	7.3	209.54	47.8	84.86	−35.9
海沧区	431.45	0.3	275.25	−2.9	156.21	6.4
湖里区	359.43	−2.1	308.18	9.7	51.25	−40.4
集美区	375.53	−0.6	206.93	16.2	168.60	−15.7
同安区	334.29	23.0	168.71	7.9	165.57	43.4
翔安区	586.36	33.7	332.99	−5.8	253.37	197.9
莆田市	**2274.65**	**17.4**	**1885.83**	**19.0**	**388.82**	**10.1**
莆田市辖区						
城厢区	250.56	18.7	146.03	53.2	104.54	−9.7
涵江区	485.73	25.3	402.15	23.5	83.58	35.0
荔城区	362.41	22.0	243.96	28.2	118.45	11.0
秀屿区	770.13	9.1	742.00	7.7	28.14	68.0
仙游县	403.25	22.9	349.14	26.5	54.11	3.7
三明市	**2498.50**	**16.7**	**2389.29**	**17.3**	**109.21**	**4.6**
三明市辖区						
梅列区	205.71	18.0	174.08	22.8	31.63	−2.9
三元区	234.80	17.8	228.17	17.2	6.63	43.5
永安市	314.93	10.7	303.23	11.9	11.70	−12.5
明溪县	106.50	17.0	105.00	17.8	1.50	−23.0
清流县	115.58	16.9	114.60	16.8	0.98	43.4
宁化县	201.95	15.2	179.95	10.0	22.00	86.8
大田县	319.13	17.3	313.02	17.0	6.11	38.5
尤溪县	258.69	17.1	254.25	17.0	4.44	23.3
沙县	269.49	17.6	260.43	21.5	9.06	−38.4
将乐县	142.99	16.8	132.76	18.3	10.23	0.4
泰宁县	121.06	18.2	118.58	20.5	2.48	−37.3
建宁县	131.52	17.4	129.07	17.9	2.46	−2.7
泉州市	**4123.80**	**10.0**	**3423.15**	**12.5**	**700.66**	**−0.8**
泉州市辖区						
鲤城区	156.87	8.1	112.91	−0.7	43.96	40.0
丰泽区	222.23	−24.7	111.45	−3.2	110.79	−38.5

续表

地区	固定资产投资					
	投资额	比上年增长（%）	项目投资		房地产开发	
			投资额	比上年增长（%）	投资额	比上年增长（%）
洛江区	117.23	16.8	84.42	5.5	32.81	61.2
泉港区	264.62	16.2	239.20	14.9	25.41	30.8
石狮市	512.31	14.1	446.42	15.8	65.89	3.6
晋江市	1028.86	12.5	863.80	20.0	165.06	−15.3
南安市	659.07	18.1	609.00	18.0	50.07	19.0
惠安县	523.44	6.8	447.68	4.3	75.75	24.4
安溪县	362.76	11.1	267.54	3.6	95.22	39.6
永春县	150.01	16.3	138.30	16.6	11.70	12.3
德化县	126.41	13.2	102.42	5.6	23.99	63.5
漳州市	**3328.10**	**17.7**	**2823.55**	**19.4**	**504.55**	**9.0**
漳州市辖区						
芗城区	236.21	25.4	147.64	20.5	88.58	34.7
龙文区	261.25	7.5	127.68	−4.7	133.57	22.4
龙海市	638.11	11.7	454.89	6.3	183.22	27.6
云霄县	309.72	26.2	303.04	29.8	6.69	−44.1
漳浦县	379.28	3.6	352.07	16.5	27.20	−57.3
诏安县	312.21	28.0	300.28	29.0	11.93	7.0
长泰县	270.16	17.6	245.88	15.3	24.28	48.2
东山县	223.94	27.2	214.60	28.7	9.35	0.1
南靖县	315.50	28.0	306.58	31.7	8.92	−34.0
平和县	214.31	19.3	204.20	23.5	10.11	−28.9
华安县	125.70	25.1	125.00	29.7	0.70	−83.0
南平市	**1990.15**	**17.5**	**1827.88**	**19.0**	**162.27**	**2.8**
南平市辖区						
延平区	200.66	13.4	166.49	15.3	34.17	5.1
建阳区	344.17	24.8	292.67	30.4	51.50	0.1
邵武市	386.82	13.8	365.54	12.4	21.28	44.8
武夷山市	267.79	3.2	250.92	2.9	16.86	7.2
建瓯市	313.95	19.7	295.51	19.5	18.44	23.1
顺昌县	106.11	47.6	104.20	53.6	1.92	−52.7
浦城县	165.85	23.9	163.88	25.3	1.97	−36.9
光泽县	64.47	31.4	57.43	30.6	7.04	38.5
松溪县	66.00	20.3	59.21	33.6	6.79	−35.7
政和县	74.33	5.8	72.04	11.4	2.30	−58.9
龙岩市	**2519.13**	**15.1**	**2334.09**	**16.2**	**185.05**	**2.7**
龙岩市辖区						
新罗区	845.98	11.4	711.13	13.2	134.86	3.2
永定区	290.31	19.1	281.02	19.1	9.29	18.9
漳平市	253.88	17.3	246.00	18.0	7.88	−1.4
长汀县	272.94	17.7	264.56	17.6	8.38	20.1
上杭县	312.15	21.3	307.46	21.2	4.69	29.6
武平县	280.77	8.3	272.54	8.8	8.23	−5.5
连城县	263.09	19.5	251.38	22.1	11.72	−17.9
宁德市	**1287.42**	**5.1**	**1117.78**	**6.9**	**169.64**	**−5.2**
宁德市辖区						
蕉城区	328.65	10.8	267.91	11.0	60.74	9.9
福安市	231.99	13.3	210.60	32.2	21.39	−52.8
福鼎市	283.80	4.0	259.18	2.6	24.62	22.2
霞浦县	149.49	15.1	123.88	8.3	25.60	64.3
古田县	66.27	−7.8	44.86	−2.6	21.41	−17.0
屏南县	58.84	21.1	51.11	15.6	7.73	75.5
寿宁县	58.78	−9.7	58.69	−7.1	0.09	−95.4
周宁县	57.31	13.2	51.05	20.8	6.26	−25.2
柘荣县	52.30	16.1	50.50	17.8	1.80	−16.4

注：本表数据由各设区市上报。

地方一般公共预算收入

单位：万元

地　区	地方一般公共预算收入	#增值税	#营业税	#企业所得税	#个人所得税
全　省	**28090332**	**7518247**	**25616**	**3818226**	**1505525**
福州市	**6341633**	**1525483**	**5044**	**898991**	**441560**
福州市辖区	2257894	461041	2407	308909	246293
鼓楼区	413965	89813	768	105550	
台江区	138636	45549	29	29629	
仓山区	324859	73116	161	48660	
马尾区	239417	56170	5	35198	1678
晋安区	281456	64933	94	49021	
长乐区	424251	123109	47	34265	34321
福清市	623074	166999	384	86927	54602
闽侯县	710941	183726	822	88809	15801
连江县	315343	75045	19	37251	8718
罗源县	127210	56821	176	11823	3938
闽清县	96860	44314	85	11929	8978
永泰县	91019	25382	－35	12110	2929
平潭县	296708	59465	82	38910	64302
厦门市	**6968660**	**1830454**	**2711**	**1126908**	**536575**
厦门市辖区	4919626	1289002	1888	756894	382868
思明区	529680	143919	500	95728	73264
海沧区	388345	89591	69	59512	11902
湖里区	438218	123275	81	102466	41641
集美区	312708	76991	38	58491	12939
同安区	200286	63757	39	32907	8078
翔安区	179797	43919	96	20910	5883
莆田市	**1363665**	**316772**	**4223**	**157101**	**44441**
莆田市辖区	241958	23502	－3	13476	6903
城厢区	212700	49363	1182	27370	8695
涵江区	221174	63213	96	33969	5580
荔城区	247326	74921	1561	37773	7414
秀屿区	222759	54785		22397	4659
仙游县	217748	50988	1387	22116	11190
三明市	**1007599**	**304294**	**1214**	**55803**	**31930**
三明市辖区	211417	100333	19	8496	7305
梅列区	76561	13813	－13	3387	3401
三元区	41181	10769	62	2931	1231
永安市	176108	46211	196	11069	4436
明溪县	30195	8998	24	1926	1868
清流县	36169	14703	161	4180	1015
宁化县	62502	12957	39	3548	1349
大田县	74247	22866	323	3037	1587
尤溪县	78222	24958	57	5337	2439
沙县	97123	22460	167	4656	4527
将乐县	64493	14071	165	2754	1277
泰宁县	27568	5963	14	2075	702
建宁县	31813	6192		2407	793
泉州市	**4422979**	**1542345**	**2347**	**560826**	**244711**
泉州市辖区	751276	211362	297	72963	34927
鲤城区	104270	42735	130	18416	5484
丰泽区	207122	63057	152	30363	13832
洛江区	101520	39145	53	15993	3280
泉港区	324303	189015	347	38534	5005

续表

地区	地方一般公共预算收入	#增值税	#营业税	#企业所得税	#个人所得税
石狮市	415967	97004	326	37847	20600
晋江市	1267697	457512	—96	182394	82176
南安市	410996	146104	217	44569	52238
惠安县	352939	146668	134	71381	12589
安溪县	265695	82591	30	29628	5884
永春县	111028	34300	125	9564	3974
德化县	110166	32852	632	9174	4722
漳州市	**2040408**	**579618**	**1689**	**246482**	**65806**
漳州市辖区	820030	200123	534	117511	25691
芗城区	151367	53707	86	18804	8466
龙文区	93265	31116	115	17102	2752
龙海市	225806	61649	439	25103	5850
云霄县	61800	16917	22	5248	2417
漳浦县	199737	49228	496	23115	5620
诏安县	61589	18353	4	6370	1582
长泰县	127488	45411	80	12161	6241
东山县	114020	40390	—82	9081	1835
南靖县	80213	26009	—10	5026	2438
平和县	59127	16225	3	4254	1886
华安县	45966	20490	2	2707	1028
南平市	**870769**	**237891**	**2697**	**71296**	**32723**
南平市辖区	195585	68027	321	27897	11089
延平区	71919	22936	257	7118	4304
建阳区	117092	25515	142	8242	3654
邵武市	115456	30183	—25	5562	2922
武夷山市	80166	18183	377	4292	2738
建瓯市	83040	23434	402	4949	2044
顺昌县	46951	14265	373	2467	1018
浦城县	58271	12523	448	4020	1526
光泽县	43285	9032	324	3183	2075
松溪县	24257	5946	78	1285	383
政和县	34747	7847		2281	970
龙岩市	**1387501**	**412479**	**1464**	**108494**	**47230**
龙岩市辖区	557094	197717	423	38528	14005
新罗区	219365	60076	294	19927	9219
永定区	91889	31437	63	6919	3372
漳平市	68075	23278	28	6006	3516
长汀县	72159	20170	27	8244	2924
上杭县	251308	44746	406	15597	8500
武平县	79817	20520	194	7670	3532
连城县	47794	14535	29	5603	2162
宁德市	**1103835**	**354877**	**999**	**117955**	**60540**
宁德市辖区	270910	70063	253	37140	28561
蕉城区	141850	49073	207	27739	7429
福安市	206674	101455	29	19407	6511
福鼎市	176343	48893	209	12120	7490
霞浦县	91102	23591	177	2585	2464
古田县	73614	22945	—24	6284	2643
屏南县	40710	11793	46	4666	931
寿宁县	36577	8464	70	3463	2835
周宁县	41716	9198	28	2918	752
柘荣县	24339	9402	4	1633	924

地方一般公共预算支出

单位：万元

地区	地方一般公共预算支出	#一般公共服务支出	#教育支出	#科学技术支出	#农林水事务支出
全省	**46841517**	**3808446**	**8422065**	**994414**	**4477013**
福州市	**9388572**	**684847**	**1557755**	**196765**	**914002**
福州市辖区	2657879	141344	337669	43319	297549
鼓楼区	392872	42520	100990	10975	7026
台江区	189943	26486	47843	3673	24
仓山区	368621	35496	88092	23820	6974
马尾区	427875	41348	72496	11528	26871
晋安区	343262	29122	59076	3302	13550
长乐区	658720	42920	121330	6321	59695
福清市	880935	84791	207434	13631	80005
闽侯县	945671	60969	126257	20535	65044
连江县	653191	50110	150805	4258	101286
罗源县	317661	27414	39608	837	72353
闽清县	351524	21271	55504	889	58197
永泰县	314271	24690	56096	8864	60494
平潭县	886147	56366	94555	44813	64934
厦门市	**7970976**	**710814**	**1231528**	**237386**	**228758**
厦门市辖区	4287893	422652	363373	145133	86643
思明区	842450	51011	199763	20793	800
海沧区	679123	54384	154168	20052	17449
湖里区	655546	60193	121044	5649	3394
集美区	564315	44840	159549	21457	41211
同安区	548935	33680	136746	19928	51643
翔安区	392714	44054	96885	4374	27618
莆田市	**2281087**	**192912**	**550779**	**31558**	**208829**
莆田市辖区	552562	54669	77348	9651	30842
城厢区	248452	19414	64157	3330	25836
涵江区	270492	30656	74374	3538	17993
荔城区	304208	22588	89671	10325	22763
秀屿区	369438	32775	104883	1556	38252
仙游县	535935	32810	140346	3158	73143
三明市	**2909650**	**275999**	**569187**	**46013**	**448711**
三明市辖区	471755	39598	68246	3760	32728
梅列区	144656	11389	25456	1964	29321
三元区	88995	7771	23082	1226	9510
永安市	291511	51593	66490	13119	31888
明溪县	156960	13272	23397	655	33162
清流县	173833	15917	33781	2494	45355
宁化县	254661	17737	51433	3154	43151
大田县	238702	17290	69372	7033	26571
尤溪县	288677	20274	71940	653	60760
沙县	248196	31688	48270	4746	36179
将乐县	206007	23477	39069	5042	34242
泰宁县	158815	12645	23757	409	30973
建宁县	186882	13348	24894	1758	34871
泉州市	**6378085**	**465942**	**1381903**	**149060**	**602470**
泉州市辖区	1024873	94616	190341	33532	50745
鲤城区	127210	12210	40636	2919	2101
丰泽区	226010	24901	56537	4367	6600
洛江区	148118	14447	37228	4218	14443
泉港区	350199	24988	75760	9621	32442

续表

地　区	地方一般公共预算支出	#一般公共服务支出	#教育支出	#科学技术支出	#农林水事务支出
石狮市	530581	43699	78494	10883	46753
晋江市	1458274	75646	288511	35900	140961
南安市	741801	46264	171031	14257	77613
惠安县	540869	35158	132912	10500	59974
安溪县	630659	44846	174511	15730	73409
永春县	320637	28951	78149	2831	51379
德化县	278854	20216	57793	4302	46050
漳州市	**4291903**	**331454**	**738449**	**76713**	**432268**
漳州市辖区	907064	83896	125341	49489	26491
芗城区	220659	22166	38919	1386	5806
龙文区	174660	17390	30347	4634	8364
龙海市	470071	42894	85850	2042	63585
云霄县	307561	19473	66075	979	40260
漳浦县	571957	22124	96283	7580	54004
诏安县	327484	26447	64154	1245	52303
长泰县	236359	19935	43620	2591	24360
东山县	279392	18698	36848	1639	37268
南靖县	267082	22733	56548	1229	42062
平和县	355690	20243	69366	2962	56283
华安县	173924	15455	25098	937	21482
南平市	**2836435**	**193655**	**501458**	**31004**	**481513**
南平市辖区	429057	38924	59367	5505	15088
延平区	236838	15595	53048	3210	54082
建阳区	293976	19626	57920	2454	48601
邵武市	290450	19436	58779	515	50536
武夷山市	264683	16660	38945	2781	52857
建瓯市	323013	17310	62801	10368	45913
顺昌县	207138	13171	38493	686	40385
浦城县	279948	15221	48940	1599	59116
光泽县	174716	11651	26994	519	44972
松溪县	176802	16622	27643	2300	33582
政和县	159814	9439	28528	1067	36381
龙岩市	**2998149**	**247493**	**601554**	**84419**	**436297**
龙岩市辖区	603171	58169	94143	5754	27820
新罗区	406798	38062	97680	36326	58576
永定区	290544	26560	66295	5406	45375
漳平市	239271	21960	50131	5418	49958
长汀县	371521	21389	80582	987	64905
上杭县	474009	38984	89162	8687	61788
武平县	354123	22900	67392	18639	76550
连城县	258712	19469	56169	3202	51325
宁德市	**2970803**	**263129**	**558140**	**25757**	**454190**
宁德市辖区	413495	59279	56875	17127	32853
蕉城区	326152	33913	67998	715	42811
福安市	432587	31059	94873	2438	65985
福鼎市	408002	25738	80570	1074	61386
霞浦县	368761	24460	72366	441	82979
古田县	288156	22271	54800	479	39322
屏南县	206404	16484	41881	771	42247
寿宁县	208151	13835	37358	467	35232
周宁县	174292	13938	30798	1258	26740
柘荣县	144803	22152	20621	987	24635

普通教育专任教师及在校学生数

单位：人

地区	专任教师数			在校生数		
	普通高中	普通初中	小学	普通高中	普通初中	小学
全省	**50720**	**99880**	**168867**	**637102**	**1215717**	**3070865**
福州市	**8743**	**17482**	**29673**	**109929**	**232223**	**576464**
福州市辖区	3997	6988	12805	53311	106383	275546
鼓楼区	1369	1724	2896	18380	26448	54534
台江区	484	664	1250	6685	10830	25305
仓山区	751	1587	3156	11005	25144	75336
马尾区	286	579	898	3804	6488	16032
晋安区	415	946	2035	5254	16886	51029
长乐区	1743	3680	5990	20909	49033	117810
福清市	692	1488	2570	8183	20587	53310
闽侯县	647	1528	2640	8331	22361	53841
连江县	716	1675	2610	8439	17420	46841
罗源县	284	645	1194	2915	5985	16098
闽清县	346	971	1444	3900	9643	18910
永泰县	366	880	1307	4499	8634	18953
平潭县	644	1115	1683	7625	12764	28465
厦门市	**3732**	**7680**	**16645**	**48481**	**106538**	**310453**
厦门市辖区	3732	7680	16645	48481	106538	310453
思明区	1603	2295	4002	20459	33584	73509
海沧区	215	697	1762	2965	9599	32461
湖里区	199	1104	2984	2804	17288	58566
集美区	696	1310	2995	8443	18388	59900
同安区	678	1469	3217	9050	19007	57138
翔安区	341	805	1685	4760	8672	28879
莆田市	**4899**	**8551**	**15171**	**63551**	**111936**	**255434**
莆田市辖区	3424	5786	10582	44737	75703	184005
城厢区	889	1389	2242	10551	18824	37853
涵江区	596	1135	2002	8407	12241	32166
荔城区	1151	1445	2646	15397	23890	57405
秀屿区	788	1817	3692	10382	20748	56581
仙游县	1475	2765	4589	18814	36233	71429
三明市	**3806**	**7591**	**12011**	**47836**	**78547**	**193051**
三明市辖区	637	983	1431	9830	11888	25775
梅列区	256	555	756	4132	6756	14164
三元区	381	428	675	5698	5132	11611
永安市	522	1020	1551	5987	10753	24799
明溪县	149	279	440	1641	2194	5694
清流县	169	361	680	2052	3906	9959
宁化县	475	792	1339	5851	8541	21836
大田县	375	969	1658	4265	9329	29578
尤溪县	566	1221	1574	6878	9846	22530
沙县	368	874	1323	4742	9994	23593
将乐县	246	458	771	2902	4947	12195
泰宁县	149	281	566	1800	3603	8109
建宁县	150	353	678	1888	3546	8983
泉州市	**10548**	**20633**	**34391**	**137366**	**266179**	**740033**
泉州市辖区	2689	3990	6436	33936	53733	130297
鲤城区	1298	1411	1912	16898	23804	46498
丰泽区	542	948	1851	7448	14078	37891
洛江区	283	515	887	3941	6389	16728
泉港区	566	1116	1786	5649	9462	29180

续表

地区	专任教师数			在校生数		
	普通高中	普通初中	小学	普通高中	普通初中	小学
石狮市	701	1245	2304	11201	22171	62188
晋江市	1799	3894	6852	26766	62781	178680
南安市	1881	3855	5499	21459	41005	120962
惠安县	1169	2761	3900	16064	27239	76438
安溪县	1243	2686	5984	14297	35008	112287
永春县	664	1418	2137	8237	14544	36184
德化县	402	784	1279	5406	9698	22997
漳州市	**6816**	**13478**	**20939**	**86207**	**158159**	**358362**
漳州市辖区	1466	2286	3292	19755	34306	66233
芗城区	1192	1768	2258	16692	26731	47252
龙文区	274	518	1034	3063	7575	18981
龙海市	1359	2237	3596	15565	23790	64728
云霄县	615	1339	2159	7718	15235	30841
漳浦县	996	2322	3128	13635	25356	61100
诏安县	640	1430	2418	8421	16861	42547
长泰县	256	566	910	2612	5188	15929
东山县	311	483	791	3213	5263	13819
南靖县	393	843	1338	4804	8414	18869
平和县	614	1560	2570	8921	19358	34797
华安县	166	412	737	1563	4388	9499
南平市	**3629**	**7905**	**13086**	**48906**	**90862**	**205094**
南平市辖区	1006	2197	3666	13306	26318	57331
延平区	604	1335	2156	7854	15372	32818
建阳区	402	862	1510	5452	10946	24513
邵武市	350	855	1238	4622	8074	18498
武夷山市	211	660	1116	3598	7491	18740
建瓯市	553	1264	2146	7086	15012	37350
顺昌县	457	703	916	6305	5564	11372
浦城县	382	1027	1598	5746	13883	24422
光泽县	218	403	830	2812	5356	10401
松溪县	184	349	664	2310	3865	10919
政和县	268	447	912	3121	5299	16061
龙岩市	**4325**	**8243**	**12733**	**46268**	**80561**	**192928**
龙岩市辖区	1583	3022	5133	17542	33023	81122
新罗区	896	1681	3095	11403	21679	54827
永定区	687	1341	2038	6139	11344	26295
漳平市	298	841	1275	4139	7304	17856
长汀县	718	1215	2012	8689	13829	32839
上杭县	746	1201	1634	6642	11077	25620
武平县	474	983	1411	5006	8345	18721
连城县	506	981	1268	4250	6983	16770
宁德市	**4222**	**8317**	**14218**	**48558**	**90712**	**239046**
宁德市辖区	714	1281	2487	7884	14604	44259
蕉城区	714	1281	2487	7884	14604	44259
福安市	922	1601	2840	10892	21797	52865
福鼎市	658	1413	2203	8497	15014	40564
霞浦县	514	1175	2069	7112	12510	38203
古田县	491	1053	1501	4541	8669	20533
屏南县	222	449	812	2221	3947	10098
寿宁县	300	673	1005	3334	6668	13594
周宁县	258	467	788	2426	4723	11058
柘荣县	143	205	513	1651	2780	7872

规模以上工业企业主要财务指标

单位：亿元

地　区	固定资产合计	流动资产合计	主营业务收入	利润总额	利税总额
全　省	**10530.68**	**17494.17**	**45658.46**	**3221.82**	**4715.68**
福州市	**2529.64**	**3315.86**	**8249.26**	**515.38**	**725.04**
福州市辖区	1053.02	1685.63	4472.28	235.73	331.57
鼓楼区	155.90	132.10	249.14	11.06	18.67
台江区	129.42	31.17	156.16	1.83	5.98
仓山区	73.54	291.73	762.83	37.68	69.79
马尾区	107.12	384.62	698.55	29.26	43.26
晋安区	30.14	106.63	456.13	15.68	27.41
长乐区	556.90	739.38	2149.47	140.22	166.46
福　清　市	927.15	864.66	1614.01	112.86	154.91
闽　侯　县	126.82	356.80	917.63	47.11	86.96
连　江　县	198.00	199.69	578.35	78.35	90.73
罗　源　县	111.65	122.36	420.83	20.49	30.03
闽　清　县	56.52	51.46	163.45	19.37	26.39
永　泰　县	24.15	21.06	58.72	2.03	3.96
平　潭　县	32.34	14.19	23.98	−0.55	0.50
厦门市	**1300.07**	**3475.20**	**5588.71**	**350.93**	**516.69**
厦门市辖区	1300.07	3475.20	5588.71	350.93	516.69
思明区	170.59	202.09	273.94	16.34	23.44
海沧区	257.87	685.99	971.40	82.62	170.82
湖里区	123.14	961.02	1669.19	112.19	139.08
集美区	174.70	616.17	838.72	72.57	91.65
同安区	191.63	490.85	736.23	51.92	70.36
翔安区	382.14	519.08	1099.23	15.30	21.34
莆田市	**592.16**	**833.80**	**2925.05**	**245.55**	**319.53**
莆田市辖区	516.93	681.86	2409.79	214.28	276.26
城厢区	73.52	88.24	341.47	20.16	26.91
涵江区	148.04	205.70	906.70	102.06	125.03
荔城区	40.70	164.20	585.77	35.44	47.75
秀屿区	254.67	223.73	575.86	56.62	76.57
仙　游　县	75.24	151.94	515.27	31.27	43.27
三明市	**641.10**	**725.36**	**3671.97**	**147.54**	**215.00**
三明市辖区	224.60	214.11	878.30	75.93	105.12
梅列区	124.71	164.86	504.83	60.57	78.85
三元区	99.89	49.25	373.46	15.36	26.27
永　安　市	133.10	172.20	848.01	11.44	21.73
明　溪　县	19.13	16.71	106.74	4.20	5.89
清　流　县	28.32	19.97	111.65	9.07	12.78
宁　化　县	30.82	17.02	126.28	4.09	6.07
大　田　县	34.48	38.91	282.25	4.97	11.23
尤　溪　县	38.23	59.40	257.17	3.85	6.37
沙　　县	60.30	122.51	671.20	21.39	27.40
将　乐　县	30.79	36.25	166.59	4.35	7.24
泰　宁　县	21.06	14.38	89.44	3.28	4.70
建　宁　县	20.25	13.90	134.35	4.97	6.48
泉州市	**2402.43**	**4473.66**	**13324.38**	**1118.02**	**1625.33**
泉州市辖区	597.99	925.56	3015.33	264.67	459.86
鲤城区	59.32	375.36	791.68	57.27	78.25
丰泽区	166.12	117.05	360.36	13.23	22.49
洛江区	44.74	100.57	450.32	48.64	58.14
泉港区	327.80	332.58	1412.97	145.52	300.97

续表

地　区	固定资产合计	流动资产合计	主营业务收入	利润总额	利税总额
石　狮　市	229.87	376.25	1066.42	75.68	97.28
晋　江　市	476.57	1740.31	4006.61	264.57	386.93
南　安　市	212.75	641.26	2019.74	156.14	196.68
惠　安　县	575.63	503.48	1651.79	172.64	255.64
安　溪　县	221.05	141.52	708.93	105.62	127.64
永　春　县	50.12	92.94	600.04	68.57	82.77
德　化　县	38.45	52.33	255.53	10.13	18.53
漳州市	**942.40**	**1773.18**	**4880.54**	**437.53**	**635.04**
漳州市辖区	184.66	327.76	1045.19	96.69	133.65
芗城区	139.13	217.60	774.31	77.40	102.04
龙文区	45.54	110.16	270.87	19.29	31.61
龙　海　市	311.02	544.52	1289.15	109.22	162.18
云　霄　县	35.83	72.51	281.11	25.34	35.76
漳　浦　县	79.08	208.41	319.04	18.09	28.38
诏　安　县	41.93	107.93	306.77	36.12	48.98
长　泰　县	93.04	169.12	568.35	49.59	78.31
东　山　县	51.05	98.82	294.68	20.84	40.19
南　靖　县	67.52	142.01	411.09	46.69	57.74
平　和　县	28.66	31.29	177.95	15.26	23.43
华　安　县	49.60	70.79	187.21	19.69	26.42
南平市	**524.39**	**713.82**	**2073.09**	**108.19**	**163.68**
南平市辖区	155.55	183.88	551.11	25.22	40.28
延平区	113.01	104.29	290.15	12.43	20.97
建阳区	42.54	79.58	260.96	12.79	19.31
邵　武　市	143.17	299.51	615.34	41.63	63.50
武夷山市	19.69	22.31	118.38	5.50	7.79
建　瓯　市	32.33	54.27	253.79	12.61	19.19
顺　昌　县	23.36	26.85	126.22	2.38	4.11
浦　城　县	48.73	37.90	170.98	7.88	11.70
光　泽　县	57.63	52.37	91.64	1.96	2.83
松　溪　县	9.46	15.34	66.87	7.44	9.29
政　和　县	34.47	21.40	78.76	3.56	5.00
龙岩市	**556.28**	**996.83**	**2305.39**	**122.29**	**282.29**
龙岩市辖区	273.47	526.82	1052.07	50.01	174.04
新罗区	198.61	473.21	895.13	47.00	165.45
永定区	74.86	53.60	156.94	3.01	8.59
漳　平　市	77.17	61.66	172.37	8.07	12.31
长　汀　县	30.87	58.34	190.89	21.25	34.78
上　杭　县	107.89	281.62	561.24	24.43	33.73
武　平　县	38.77	38.20	157.51	11.57	17.61
连　城　县	28.10	30.20	171.30	6.97	9.81
宁德市	**1042.20**	**1186.47**	**2640.08**	**176.38**	**233.08**
宁德市辖区	253.43	523.97	563.09	97.18	103.04
蕉城区	253.43	523.97	563.09	97.18	103.04
福　安　市	176.34	353.82	1083.87	18.82	38.15
福　鼎　市	527.64	189.49	671.07	47.51	70.17
霞　浦　县	20.93	46.46	123.69	3.74	5.01
古　田　县	18.03	19.41	53.68	2.02	3.33
屏　南　县	15.61	17.93	47.01	2.21	4.72
寿　宁　县	11.65	13.86	36.93	2.87	4.34
周　宁　县	8.50	5.88	12.37	0.44	0.82
柘　荣　县	10.07	15.64	48.37	1.59	3.49

城镇单位从业人员平均劳动报酬

单位：元

项 目	单位从业人员	在岗职工	其他从业人员
合 计	**67420**	**69029**	**48662**
按企事业机关分			
企业	62649	63578	52196
事业	86544	90614	31665
机关	89565	93891	29752
按国民经济行业分			
农、林、牧、渔业	40543	58068	15580
采矿业	48460	49690	24076
制造业	59131	59015	66044
电力、热力、燃气及水生产和供应业	93073	94194	46586
建筑业	56160	55685	58673
批发和零售业	61504	62996	30985
交通运输、仓储和邮政业	77536	79143	42300
住宿和餐饮业	41429	41577	36277
信息传输、软件和信息技术服务业	98427	99928	53149
金融业	109757	144584	36123
房地产业	69166	70538	39823
租赁和商务服务业	62848	63361	46126
科学研究和技术服务业	91712	94477	46523
水利、环境和公共设施管理业	59204	63164	29735
居民服务、修理和其他服务业	49646	49694	48953
教育	84471	88435	30963
卫生和社会工作	96333	99249	45504
文化、体育和娱乐业	73532	77528	29642
公共管理、社会保障和社会组织	89047	93216	29002
按三次产业分			
第一产业	40543	58068	15580
第二产业	58581	58517	59339
第三产业	80853	84573	35497

主要年份社会保险情况

项　目	2010	2016	2017
养老保险			
城镇企业职工养老保险			
期末参加基本养老保险职工人数（万人）	466.88	709.62	747.44
期末领取基本养老保险离退休人数（万人）	93.33	129.23	135.91
基本养老保险基金收入（亿元）	149.55	442.63	456.04
基本养老保险基金支出（亿元）	135.85	370.80	405.59
基本养老保险基金累计结余（亿元）	104.63	573.57	667.51
机关事业单位养老保险			
期末参加基本养老保险职工人数（万人）	54.93	85.84	92.61
期末领取基本养老保险离退休人数（万人）	20.13	43.15	46.11
基本养老保险基金收入（亿元）	55.32	202.94	209.26
基本养老保险基金支出（亿元）	52.65	214.10	260.88
基本养老保险基金累计结余（亿元）	36.60	127.56	152.49
城乡居民社会养老保险			
期末参加基本养老保险人数（万人）		1489.10	1493.74
基本养老保险基金收入（亿元）		78.98	85.78
基本养老保险基金支出（亿元）		57.86	65.81
基本养老保险基金累计结余（亿元）		123.93	143.90
医疗保险			
期末参加基本医疗保险人数（万人）	1226.25	1297.90	3768.61
城镇职工	554.67	792.12	819.34
城镇居民	671.58	505.78	2949.27
基本医疗保险基金收入（亿元）	113.72	331.72	480.02
城镇职工	106.22	259.97	292.07
城镇居民	7.50	71.75	187.95
基本医疗保险基金支出（亿元）	96.01	274.68	383.84
城镇职工	88.96	207.77	221.52
城镇居民	7.05	66.91	162.32
基本医疗保险基金累计结余（亿元）	174.86	497.27	630.99
城镇职工	169.99	464.13	534.68
城镇居民	4.87	33.84	96.31
基本医疗保险基金收缴率（%）	99.29	99.40	99.46
失业保险			
期末参加失业保险人数（万人）	374.18	575.52	612.33
期末领取失业保险金人数（万人）	3.17	5.17	4.93
失业保险基金收入（亿元）	11.63	29.23	24.27
失业保险基金支出（亿元）	5.60	16.82	16.57
失业保险基金累计结余（亿元）	52.25	163.90	171.59
工伤、生育保险			
期末参加工伤保险的城镇企业职工人数（万人）	417.74	733.77	798.72
工伤保险基金收入（亿元）	5.90	17.78	20.02
工伤保险基金支出（亿元）	2.86	13.54	15.86
工伤保险基金累计结余（亿元）	22.37	58.13	62.29
期末参加生育保险的职工人数（万人）	374.41	625.50	634.49
生育保险基金收入（亿元）	4.32	12.46	14.16
生育保险基金支出（亿元）	2.95	14.99	20.14
生育保险基金累计结余（亿元）	8.18	20.94	14.96

（省统计局供稿）

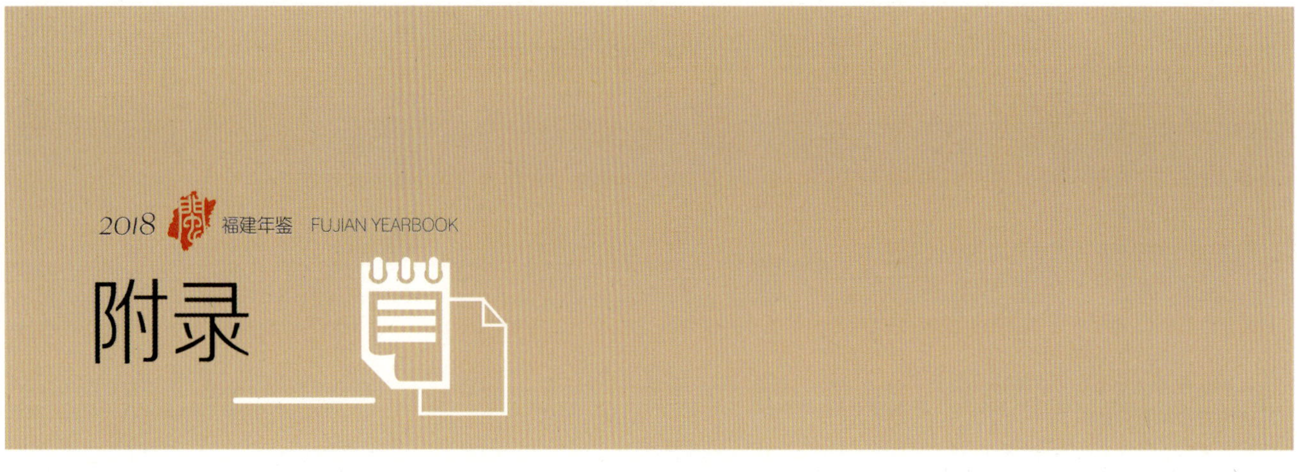

八闽大地，文化春天别样红

——福建保护传承红色文化纪实

治国理政新思想新实践·新战略带来新气象

在福建省革命历史纪念馆，在古田会议旧址，一队队游人接踵而来；在银幕荧屏，在书店剧院，一部部红色题材作品相继问世；在网上展厅，在VR体验馆，拿起鼠标、戴上头盔，一幕幕逼真的革命历史场景在身边鲜活再现。

红色文化是历史、是记忆、是传统，是中华人民共和国的重要文化基因，也是中华民族文化自信的底色与底气。福建大力实施保护、传承和弘扬红色文化工程，经过一年来的努力，一批优秀的红色文化项目与作品赢得了市场，生机勃发，使得福建的红色文化如彩虹般闪耀八闽天空。

弘扬红色文化的福建担当

“福建作为红色文化资源大省，老区苏区多、党史上的重大事件多、重要人物多，为革命作出的牺牲和贡献大。”党史研究专家钟兆云认为，红色文化是福建历史文化的重要品牌，其影响力位居全国前列。

福建老区苏区分布广泛，全省84个县（市、区）中，有70个老区苏区县（市、区）。据统计，福建有2500多处革命遗址，全省有3600多个革命基点村一直坚持革命斗争到全国解放，赢得“红旗不倒”的赞誉。

2016年6月，福建省委宣传部制定了《福建红色文化保护、传承和弘扬工程实施方案》，方案从加强红色文化保护传承、深化红色文化研究整理、推进红色文化弘扬传播、创作红色文化文艺精品、培育红色文化旅游品牌等5大方面，明确了福建红色文化保护、传承和弘扬工程的重点工作。

在2016年11月召开的福建省委第十次党代会上，福建省委书记尤权在报告中正式提出“实施福建红色文化保护、传承和弘扬工程”。针对如何进一步提升福建红色文化知名度和影响力，福建省委常委、宣传部部长高翔表示，要组织策划有节奏、有声势、有影响的宣传推介，推出一批有重大价值的文化文艺精品，把福建红色文化传开来，打响福建红色文化品牌，为推动福建文化强省建设作出更大贡献。

市场化法治化的福建创新

在新时期，如何讲好红色故事，让群众爱听爱看、产生共鸣？福建宣传文化战线进行了不少有益探索。

福建始终坚持市场化运作，以市场力量推动红色影视精品创作生产和推广传播，《彭德怀元帅》《绝战》《我的军号》等高水平的红色题材影视作品，逐渐形成了福建红色影视市场化运作的小高潮。如今，与时代接轨的福建红色题材文艺作品创作呈现出一派繁荣景象。

与此同时，福建将红色文化保护纳入法治化轨道。3月1日，《福建三明市红色文化遗址保护管理办法》正式实施，这是福建首部专门针对红色文化遗址保护制定的政府规章。同时，福建龙岩市正在探索制定当地红色文化遗产保护条例，这将是福建关于红色文化保护的第一部地方性法规。

“福建目前拥有革命文物971处，其中，全国重点文物保护单位9处，省级文物保护单位41处。”福建省文物局局长傅柒生告诉记者，目前，福建正在着手制定《中央苏区（闽西）红色文物整体保护方案》，该方案把整个闽西中央苏区红色文物统合起来，打破了以往红色文物保护单一的局面。

以科技赢得未来的福建启示

借力新技术、新科技、新兴传媒，福建近年来重点推进一系列红色文化展示项目，吸引了越来越多的人体验感受红色文化。

2016 年 12 月 13 日，福建红色文化网上展示馆上线，福建红色文化 VR/AR 实体体验馆也在福建省革命历史纪念馆正式启动。这是目前全国内容最丰富的红色文化网上展示平台，它通过虚拟现实技术、裸眼 3D 等技术，实现远程、实时参观红色文化遗存遗迹，让人们在家就可以了解各地丰富多彩的红色文化。

传承红色文化要依靠青年。如今，福建开发的一系列红色文化娱乐展示方式深受年轻人的热捧。红色文化游戏《冲锋吧！红军》让玩家亲身经历红军反“围剿”战斗、两万五千里长征中耳熟能详的红色战斗历程；在手机等移动设备上，通过下载“红色福建 AR”APP，手指一点便可了解福建及中国的红色文化内容。

福建省文化厅厅长石建平表示，今后还将在福建各地重点博物馆、纪念馆、展览馆等复制推广红色文化 VR/AR、裸眼 3D 等技术形式，鼓励各相关设区市建立自身的红色文化网上展示馆分馆。同时，将红色文化娱乐产品纳入福建红色文化旅游项目，推出一批具有红色文化内涵的创新、创意文旅产品，让红色文化在各个群体中产生更大的影响力。

根植八闽红土地，这里的文化春天别样红。

本文转载自《光明日报》2017 年 3 月 28 日 01 版

光明日报记者　高建进

福建晋江：让群众自我教化成自觉

移风易俗·树立文明乡风　系列调研报告之四

“生在江南水乡，死在泉州晋江。”这是外地人曾经用来嘲讽闽南沿海地区红白喜事大操大办的说法。过去，福建晋江市办婚丧喜庆讲排场、比阔气、争规格，攀比挥霍之风盛行，助长了不良社会风气，影响了农村社会稳定。近年来，晋江市长期坚持和不断深化移风易俗工作，加强精神文明建设，城乡居民素质和精神境界不断提升，社风民俗日益向上，社会风气不断优化。

记者近日走访晋江市及其所辖的安海镇、磁灶镇、深沪镇、龙湖镇、英林镇、金井镇等十余个村镇，深入调研晋江市推动移风易俗、树立文明乡风的新实践新气象。

坚持人的城镇化，助力城市品质与人的素质同步提升

晋江是首批国家新型城镇化综合试点城市，在推进城镇化进程中，该市深刻认识到陈规陋习之所以盛行，根本上是由于人的素质提升没有跟上城镇化、新农村建设的步伐。近年来，该市坚持把人的城镇化和移风易俗工作一体推动，全力破除大操大办、炫富摆阔等陈规陋习，着力解决农村向城市、农民向市民转变过程中的各类问题，实现城市品质与人的素质同步提升。

这几年，晋江结合新型城镇化建设，持续完善功能配套，新建一批文体中心、城市书屋、养老机构、公园绿地、美丽乡村，建成城市慢道和公共自行车系统，市民休闲生活有了更多好去处，市民精神追求有了更多好选择。同时，晋江市文明办先后举办了“倡喜事简办、创文明城市”“文明餐桌行动”等主题活动，让文明新风融入人们生产生活各个方面。

让群众在文化参与、文化享受中转变观念。在长期实践中，晋江市深刻领会到移风易俗不是一蹴而就的刻板要求，而是循序渐进的文化活动。文化问题最终还要靠文化的办法来解决。结合新型城镇化建设，大力开展文化惠民工程，建设“书香城市”，开设“国学讲堂”，打造“15 分钟文化生活圈”。2017 年春节前，一场“文明新风进万家”的社区巡回演出火遍晋江城乡，《厚养薄丧才有孝》《嫁妆》《赴宴》等一系列以移风易俗为主题的原创小品、小戏，引起了群众的共鸣。在调研期间，记者观看了“文明新风进万家”青阳街道专场演出。节目中设置了互动问答环节，把移风易俗的相关政策融入其中，群众参与热情很高。

善用村规民约，让自我教化成为一种文化自觉

村规民约孕育于民间、遵循于乡里，千百年来在构建和维护乡村秩序中发挥着极其重要的作用。近年来，晋江市大力推行婚丧喜庆改革的村规民约，全市 392 个村、社区都制定了相关的村社规范，用这一群众自我教育、自我管理、自我约束的办法，把喜事新办、丧事简办、神事省办等理念变成行动。

把群众意愿转化为全村共同意志。在调研过程中，多数群众反映大操大办使他们不堪重负，但是碍于面子，又不得不隆重举办婚丧喜庆事宜。有群众讲到当地一个风俗：女方婚后第二天回门，男方要给参与宴席的每个人分发“女婿烟”，每包动辄四五十元，一场宴席下来，就得支出几万元，村民苦不堪言。晋江市鉴于群众这种“想变又不愿出头，盼改又不敢主动”的从众心理，倡导各村制定村规民约，帮助群众打破心理障碍。村规民约大都经过公议、公订、公示、公行等程序，做到了内容量化具体、措施奖罚分明、监督主

体明确，让群众切实感受到移风易俗带来的获得感。

影响一群人、带动一片人。在晋江当地流传着一句话："村看村、户看户、群众看干部。"党员干部在推进村规民约实施中的作用尤其明显。晋江市充分发挥"关键少数"的作用，让党员领导干部率先垂范，主动作为，使移风易俗从"小气候"成为"大气候"。龙湖镇浦头村老党员施宣阔简办八十大寿，捐资20万元修村路，当地群众特意为他撰制一副对联，称"六旬党龄再修村路，八秩华诞喜庆金婚"，施宣阔的行为也带动了全村自觉改变大操大办的陋习。

从共同约定的既定规矩到自我教化的文化自觉，经过几年实施，村规民约已经内化于村民心中，变成了他们的自觉行动。在调研的村镇中，95%的村民都反映很少大操大办，简办婚丧喜庆已经成为一种习惯，"能少宴请就少宴请，把节约下来的钱用于开展文体活动"。"过去比操办，现在比文化"已经成为晋江群众的新风尚。

引导慈善公益，推进移风易俗与公益发展同频共振

晋江人有"输人不输阵"的面子情结，又有扶贫济困、乐善好施的优良传统。针对这一特点，晋江市因势利导，把大操大办、铺张浪费等陋习的转变，与发展慈善公益事业结合起来，推动移风易俗与公益发展同频共振。

早在2003年，晋江市就向全市企业界发出"简办俗事，多行善事"的倡议，2015年又发出"最炫公益，不炫嫁妆"的倡议，号召全市人民丧事简办、喜事新办、神事省办，把节约下来的礼俗开支捐赠给公益事业。据不完全统计，慈善总会成立15年来，累计募集善款超过28亿元，仅移风易俗捐款就占一半以上。

当前，晋江市简办红白喜事、捐赠公益事业已经从"富人的修为"进入寻常百姓家，形成了独特的慈善文化。2016年以来，磁灶镇28个村简办婚丧喜庆节约资金用于支持公益事业、新农村建设、助困扶老累计超过3000万元。龙湖镇仑上村老人洪我界一直热心公益事业，他经常自制簸箕免费送给村民。今年4月，洪我界老人去世，按照他的遗嘱，他的儿子简办丧事捐出20多万元给村里做公益。该村党支部书记洪元元介绍说，老人的爱心在村里得到接力，现在很多村民自发捐款，有捐几十万元的，也有捐几百块的。从2016年1月到现在，村民捐资已达180万元。"不比排场比慈善"在晋江市已逐渐形成新的文化基因，扩展成新的文化风尚。

本文转载自《光明日报》2017年4月21日04版

光明日报记者　刘江伟　高建进

福建省闽侯县试水农村集体资产股份权能改革：改革给农民带来了什么

一本证标明一户股份，全村2550个股民，每股可分红近1200元。这是福建省闽侯县甘蔗街道昙石村村集体经营性资产2016年产生的红利。这些年，这一红利年年在增长，可当股民，分红利，在2017年才成为村民人生里的头一次。

在汹涌的城镇化浪潮中，农村土地等生产要素从沉睡中被唤醒，变成抢手的"大蛋糕"。可"蛋糕"谁能分？怎么分？怎么做大？事关广大农民能否同步共享村集体经济发展的成果。在"分蛋糕"的过程中，闽侯县作为全国29个农村集体资产股份权能改革试点单位之一，经历了一番波折。一本红皮小本，"股权证"三个大大的字印在封面最中央，38岁的村支书黄金栋小心翼翼地把它递给记者。

资源如何变资产？村民因啥成股民？

地处闽侯县城关，随着城镇化的发展，昙石村现在一点也不像个村：村部门口就是县城最大的公园，隔壁是昙石山博物馆，再远点则是一排排30层以上的高楼。

村不像村了，本该是好事。可也因此给黄昭生和黄金栋带来无穷无尽的烦恼，因为"资源变资产，人人都想沾"。

"二黄"一老一小，前后脚都是昙石村村支书。在2005年闽侯城镇化还没"化"到昙石之前，村集体收入仅有20万元，来自村集体土地上的鱼塘和果林租金。2008年，征地告一段落，村里得到一块边角剩余地，虽说不大，但再把周边群众的菜地凑凑，刚好可以搞出一座2000平方米的农贸市场。

资源变资产的过程，就从这里开了头。几年下来，老黄以此为思路，村里从此有了市场、店铺。当年昙石村土地租金收入就达60多万元，2016年，昙石村集体的经营性资产收益已增至550万元。

其实不只是昙石。闽侯2000多平方千米，紧紧包围着福州城。全县279个村，一半山区一半平原，平原乡镇在最近10年间，个个都被福州市的快速城镇化进程所影响。2016年，闽侯县财政首次突破百亿元，30%以上来自土地出让金。城镇化开始前，全县七成以上的村，村集体收入都少于10万元；城镇化下，如今已有93个村有了像昙石一样的经营性固定资产，收入千万元以上的村有12个，最多的达到6000万元以上。

问题来了：收益有了，可谁有资格享受这些收益呢？

答案看似很好回答，全体村民嘛。“其实远非如此简单。”闽侯县委副书记叶仁佑介绍，早在2015年5月，在这场名为“全国农村集体资产股份权能改革”中，闽侯被确定为福建唯一试点县时，资格之论最终被交给了地方——难点从来由地方先突破。

“真是难！”小黄书记接手的就是这个活。“比如，外嫁、入赘、抱养、出国、曾被判刑的……全村2703人，最终核定出来的身份有52种。”复杂程度，可见一斑。

最后按照“尊重历史、照顾现实、程序规范、群众认可”的原则，又在村成员界定小组和村户代表两轮投票基础上，再经过三轮审验，2550人的数字如此得来。“昙石村人员界定方法”如今不仅是闽侯县还是农业部屡屡推广的经验。

“2550人就是2550股，还有个原则，生不增、死不减。”第一道难关，小黄闯过了。可紧接着，第二道难关又横在了面前，是什么呢？

“蛋糕”怎么切？“均富”如何均？

自打2008年村集体有较多收入后，老黄和昙石村村委会把集体收入一方面用于全村各项公益和基础建设，另一方面用于村里“特殊村民”的福利补贴：包括被征地后的失地农民、履行计生国策的独生和双女户、男60岁和女55岁以上老人……累计460来人，如今这部分开支每年约120万元。剩余的400多万元村集体收入则用于村基建、干部工资和村集体积累。

这就好像一架跷跷板——前者过轻，“你们把钱花哪去了？”群众不干；后者不足，“你们干什么吃的？”村容难变。能连续当3届村支书，老黄这个“支点”“摆”得还挺让村里人信服——2014年，昙石村被评为全国文明村。可即便如此，老黄也有自己的小心思：七攒八攒，当年一年村集体收入不足20万元的穷村，如今竟让他攒出了1000万元的积累。“想着为村里再投资个更赚钱的项目呗。”

股份权能改革，改的就是这个——收益分配不再福利化而要股份化、收益投入不再个人决定而要制度决定。

具体到昙石村，2016年550万元的经营性资产收益扣除120万元以往既得利益，按照股份权能的规定，七成股民分红、三成发展提留。算下来，七成是301万元，2550股则每股1180元，村委凑了个整，结果2017年村民（股民）人均分红1200元。

相比昙石，闽侯县上街镇岐安村在分“蛋糕”时，可就没那么容易了。

上街镇是福州市大学城所在地。自2002年这个占地两万亩的大项目进入这里后，这座近3000人口、以往村集体收入不到1万元的村子便发生了难以想象的改变——至今全村土地全部被征完、生产方式也全部改为以商贸为主。

因为拆迁按进度，所以受影响的也有先有后。最先的一批6个自然村中60多户被征迁群众，借大学城项目办起“学生街店面”，10多年来，每年每户收入暴增：村民集资230股，到2015年每股收益1.05万；后面再被征迁的群众也借鉴他们的思路，又办起了“商业街店面”，1900股，但由于位置不佳，每股收益只有1300元。7倍之差！

2016年，这个小村集体收入超过1000万元。要是均分“蛋糕”，显然对先富者们就有些不合理了；可不均分，股份权能改革岂不空谈？恰好包括村支书、村主任共4名村委，又均属“先富者”。“头疼呀！”村支书沈行钟告诉记者。

最终是以村两委干部“改革之刀，先砍自己”的方式突破了——两块蛋糕合二为一，但先富的60多户在未来的第一个5年内，一股算两股。第二个5年则是按1.5股计。10年后双方回到同一起跑线。“也就是用10年时间，稀释掉先富与后富者之间的差距。”老沈们的方案获得了全村通过。

2016年岐安村每股分红2600元。先富者比以前让步了近5000元，后富者则增加了700元。没有绝对的公平，只有相对的和谐。

因为和谐之后，无论是“二黄”还是老沈，股份权能改革还给他们带来一样令他们意想不到之喜，是什么呢？

“蛋糕”要做大，关键在心齐。

“老侯这次居然主动让地了。”小黄的头瞬间就“不疼了”。

老侯叫侯仁生，是昙石村民，今年50岁，家有5口人。当初刚做农贸市场时，涉及老侯家40多平方米菜地。“说什么也不行。”掰开了又揉碎，又讲道理又算账，虽然最后让出来了，老侯还是耿耿于怀：“除了补偿，也没见到你们说的好处呀？”

小黄也委屈：“改革前，村里只有福利，老侯家人口结构哪边都不靠。想给也给不出来呀。”

不过股份权能改革破解了这种“两头尴尬”。按分红原则，老侯家5口人就是5股，一年分红获利可达6000元。“这还差不多，那点菜地一年收入也就几百元。”

改革红利，让群众触手可及，由此激发出积极性，也就水到渠成。

昙石村眼下又要新建一片公寓楼用于招租。早前包括老侯等十几户家境相对不好的农户，都想让村委把公寓楼批给自己租用。这不，老侯不仅不争了，还主动帮着村里参谋应该怎么建。

岐安村的情况也一样，稀释股权的做法虽然在闽侯县已经试点的14个村中独一份，但带来的效果是一样的：村民盼“蛋糕”赶紧做大，村委盼群众多理解支持村里工作，村干部盼自己的辛苦和委屈也能得到体谅。“眼下更关键的，股份权能改革不能只停留在现有的土地资产简单的商铺化上，一旦用光了就没有发展空间了。最好应该和城镇化发展带来的发展转型捆绑起来，提升土地的资产效益。”闽侯县农业局农经站站长程金泉的理解，颇具深度。

闽侯“农村集体资产股份权能改革”一年来的收获与启示在于：城镇化已是不可逆转的方向，深受城镇化影响的农民，通过股份权能改革要获得改革红利；城镇化又是一次转型的机遇，参与城镇化进程的农村，通过股份权能改革又迎来新的发展空间。这个空间究竟能有多大？就得看从县到村，每一级干部们对改革理解的空间能有多大了。

本文转载自《人民日报》2017 年 4 月 23 日 10 版

人民日报记者 赵 鹏 林 蔚

厦门下沉优质资源，专科医师、家庭医师和健康管理师共管一个病人
“三师”组团看病不难（关注改革最后一公里）

厦门鼓浪屿的 76 岁市民李道，患有多年的糖尿病、心脏病，每两周要进行一次抽血检查。搁在以前，每到复诊日，他和老伴儿柳亚英就要起早到大医院排队，一等就是几个小时。医改后，检查当天上午 9 点，家庭医生张建全准时上门，不到 30 分钟，检查、消毒、换药全部完成。而对张建全医生来说，成为家庭医师后，签约多了，收入长了，医术也有了提升，成就感也更强了。

作为国家首批公立医院改革试点城市，厦门开创大医院专科医师、基层全科医师（家庭医师）和健康管理师“三师共管”的服务模式，引导优质医疗资源向基层下沉。自 2016 年 9 月开展家庭医生签约服务以来，48 万厦门人有了自己的家庭医生，户籍人群签约覆盖率达 22.86%，签约家庭约 26 万户，家庭覆盖率达 38%。

厦门医改，让患者和医生都成了受益者，有了获得感。医改以来，基层医院和大医院的医生工作分别发生了哪些变化？

更有成就感——

基层医院患者多了，医生积极性高了。

上午 10 点半，厦门大学附属第一医院鼓浪屿医院一层的中医理疗康复科，“明星”张建全被病人团团围住。“今天来看病的人还不算多，正常一天得接待约 100 人。”鼓浪屿医院副院长杨彩虹笑着打趣道，“一段路正常人走 10 分钟，张医生走 30 分钟都过不去，很多人拉着让他上家随访。”

“分级诊疗之前，免费体检居民都不愿来。有点头疼、拉肚子都会跑到对面的市区医院看。”回忆起当年的门可罗雀，杨彩虹很是感慨，“我们有住院楼，可看不到病人，来这边的基本都是开药，开完就走。”

张建全对如今的高人气有点意外，但在杨彩虹看来，这意外却在情理之中：“三师共管”后，要求大医院的专科医师下社区，沉下来带徒弟。以前，专家下来都是看看门诊开开药，现在他们和社区全科医师结成师徒关系传帮带。

厦门第一医院内分泌糖尿病科主任医师宋海曲，是第一批下基层的专家，也是张建全的师傅，“记得第一回带教，我坐在张建全后头看他接诊，他紧张得手都在抖，特别没自信。现在通过反复的带教、培训，张建全已经能很好地判断和处理病情，水平提高很快。”

“为了调动积极性，我们在基层的财政补助、考核和绩效激励机制中，重点考核延时服务、‘三师共管’分级诊疗和家庭医生签约等指标，给予奖励增量。”厦门市卫生计生委副主任洪丰颖介绍。目前家庭医生的签约服务费按 120 元/人/年标准确定，其中签约居民个人承担 20 元/人/年，医保基金承担 70 元/人/年，基本公共卫生服务经费承担 30 元/人/年，签约服务费主要用于激励签约服务团队。

“以前拿固定工资，现在如果签约多、服务好，加上双月评比的奖金，每个月能拿到 1 万多元。”张建全说，“如今，精神上、物质上都比以前更加有成就感。”

更有人情味——

三师共管医患结对，服务更精细了。

老伴儿李道患病在身，子女又不在身边，72 岁的柳亚英以前得每周 3 趟从鼓浪屿去市区医院替老伴儿开药。鼓浪屿对游客而言是个浪漫的栖居地，可对柳阿姨而言却有许多“现实的烦恼”。“岛上没有汽车，像我年纪大、腿脚又不好，光走到码头就得 20 多分钟，再乘船接着倒公交，去医院既费时又费力！”

“自从签约了家庭医生，家门口就能开药，不用老往大医院跑了。”让柳阿姨感到更贴心的是，还有专门的全科医生和健康管理师跟他们“结对子”。有时散步就能遇到医生，聊聊天、治治病，医患关系更加和谐。

鼓浪屿医院院长张晓良介绍：“签约家庭医生后，老百姓足不出户就有健康管理师上门提供服务，量血压、测血糖这些基本项目在家就可以完成。”需要转诊时可以通过家庭医生提前 3 天预约厦门各大医院的普通门诊和专家门诊。同时，免除在基层医疗机构就医进入统筹前的 500 元起付线，转诊到大医院住院时免除二次及以上起付线。

“目前，我们给居民提供的是可选择的服务，所有的居民都可以直接去三甲医院看病，但越来越多老百姓被社区医院精细化的服务吸引，自觉自愿到基层去看病。”时任厦门市卫生计生委主任杨叔禹说，“像高血压、糖尿病这类常见慢性病，根本没必要挤大医院找医生。”

自2014年以来，厦门以慢性病为突破口，进行“三师共管”式签约服务，由此带动其他一般常见病、多发病等共计192万诊疗人次下沉到基层。

更多精品店——

公立医院不再追求规模，专治疑难症。

尝到甜头的还有大医院。据厦门市卫计委统计，目前签约居民基层首诊的意愿达到91%，分级诊疗的成效正在进一步凸显。

“过去，医生平均每天接待的门诊人数都超过100人。”厦门第一医院院长姜杰从医近40年，谈起“看病难”问题，也显得格外无奈，“病人过多、大小病混杂，也常常把真正有问题的大病耽误了。”

“我们何尝不想把一部分病人分流下去。但另一方面又有点舍不得。”姜杰的“舍不得”，来自过去大医院过度依靠和追求门诊规模的经营模式。但与分级诊疗配套出台的公立医院激励和考核机制，让姜杰悬着的心放下了。“财政将门诊的补偿从11块下调到7块，把急诊补偿从7块调整到20块钱。同时，对于住院病人的补偿也有所提高。”

“原来我们科每天看500个患者，现在看300个，单纯来开药的人少了。”厦门第一医院内分泌糖尿病科副主任医师刘长勤告诉记者，慢性病患者因为有了基层全科医生和健康管理师的长期指导，明显控制更好了。

实行分级诊疗后，医务人员可以抽出更多的时间，腾出手脚来救治危重症及罕见病、疑难杂症的患者。姜杰说，“分级诊疗撬动了公立医院的转型和重新定位，未来咱们大医院要逐步向解决疑难重危疾病的‘精品店’转型。”

本文转载自《人民日报》2017年4月21日04版

人民日报记者　蒋升阳　何　璐

廖俊波：好干部的典范

1. 舆情综述

近日，习近平总书记对福建省南平市委原常委、副市长，武夷新区党工委原书记廖俊波同志先进事迹作出重要指示强调，廖俊波同志任职期间，牢记党的嘱托，尽心尽责，带领当地干部群众扑下身子、苦干实干，以实际行动体现了对党忠诚、心系群众、忘我工作、无私奉献的优秀品质，无愧于“全国优秀县委书记”的称号。

舆论指出，党员干部学习贯彻习近平总书记的重要指示精神，关键是要以廖俊波同志为榜样，学习他对党忠诚、心系群众、忘我工作、无私奉献的优秀品质，以扎扎实实的实际行动，把“忠诚、干净、担当”落实到具体工作之中，为我们党筑牢执政之基，汇聚无穷力量。

人民网舆情监测室监测数据显示，从4月14日至4月21日，共有与“廖俊波”相关的网络新闻5964篇，报刊报道956篇，博客、论坛帖文3214篇，微博评议832条，微信订阅号文章2072篇。

2. 对党忠诚方能俯仰无愧

《光明日报》、人民网、新华网等媒体指出，以廖俊波为榜样，就是要对党忠诚，不忘初心，始终把人民群众装在心中，做老百姓的贴心人。

入党25年来，廖俊波同志始终以党和人民的事业为最高追求，旗帜鲜明讲政治，无论是在乡镇、园区、县委，还是市里，他都牢记党性原则，严守政治纪律和政治规矩，用生命和行动诠释了对党的无比忠诚。

廖俊波同志曾说：“能够当一个领头人，让23万政和百姓过上更好的生活，这是一件美妙的事情。”只有心中有党、心中有人民的好干部，才会始终将忠诚摆在第一位，把人民的利益放在第一位，对党的事业高度负责，将人民的冷暖记在心头，用最质朴的真心，最果敢的行动，为群众尽心尽力尽责，践行一位共产党员对党和人民的无限忠诚。

对标廖俊波，党员干部要时刻牢记党旗下的誓言，在党言党、在党忧党、在党为党，把爱党、忧党、兴党、护党落实到工作生活各个环节，敢于同形形色色违反党内政治生活原则和制度的现象作斗争，无愧于共产党人这个光荣称号。

3. 敢于担当方显公仆本色

《北京日报》、《福建日报》、中国网等媒体认为，以廖俊波为榜样，就是要有一颗勇于担当、奋发有为的干事创业之心，扑下身子、苦干实干。

廖俊波的一生，是宗旨闪烁的一生，架起的是一座与群众心连心的桥梁。对标廖俊波，党员干部要时刻牢记全心全意为人民服务的宗旨，把群众呼声作为第一信号，把群众需要作为第一选择，把群众满意作为第一标准，在赢得群众口碑中唱响人民公仆心系群众的主旋律。

当下，领导干部已经成为区域经济发展的中坚力量、决定因素，实现“一子落而全盘活”的发展目标，需要更多“廖俊波式”的好干部。作为党的领导干部，必须坚决杜绝“为官不为”现象，怀着对人民赤子般的情怀，以敢于担当的品格和勇气，敢为人先，锐意进取，真抓实干，善作善成，像廖俊波那样“任凭外面红尘满天，我自静心如故”，以高度的责任感和使命感，创造出无愧于人民、无愧于时代的业绩。

4. 风清气正方能政通人和

《人民日报》《南方日报》《福州日报》等媒体表示，以廖俊波为榜样，就要清正廉洁、率先垂范、无私奉献，永葆政治本色。

一把手作为全面从严治党的领导者和实践者，是正风肃纪的表率和带头人。廖俊波同志担任政和县委书记以来，该县无一例党员领导干部严重违法犯罪案件，党风政风、政治生态焕然一新。作为一把手的廖俊波在从严修身律己中实现了“认真干事、干净做人”，树立了新时期党员干部的良好形象。

廖俊波同志严格遵守党员领导干部廉洁自律规范，自觉把权力关进制度的笼子里，秉公用权、修身齐家，从不搞特殊，从不假公济私，用实际行动彰显了共产党人的高尚情操和先进本色。

向廖俊波同志学习，就是要以廖俊波同志为镜，做政治上的明白人，做到理想信念不动摇、律己用权不任性、小事小节不放任，把对党忠诚、廉洁自律真正内化于心、外化于行，永葆党员干部清正廉洁的政治本色。

5. 网民点赞廖俊波是人民的好干部

近日，有关“廖俊波”的话题成为舆论的焦点。为了解网民对此话题的关注度，以新浪微博、论坛、网页跟帖为样本随机抽取950条评论并进行归类总结，结果如下：

@湘水一方

逝去的是生命，不灭的是精神。广大党员干部向廖俊波致敬的同时，更要以楷模为标杆，向先锋看齐，多俯下身子倾听百姓的声音，多沉下身子为群众谋利益。

@秋岚民声

廖俊波用生命诠释了当代共产党员对初心的坚守，留下了宝贵的精神财富，必将激励更多的“樵夫”披荆斩棘、砥砺前行。

@清廉如水

廖俊波短暂的一生，无愧于党，无愧于人民。他用生命兑现了对党的忠诚，对人民的担当。这样的好党员、好干部，人民自然也会永远把他铭记在心中。

@人间四月天

廖俊波身上的“六大魔力”既让我们深省，又让我们振奋。只有发扬这种“撸起袖子加油干”的精神，才能得到群众的认可和爱戴。

@廉洁明溪

学习廖俊波先进事迹，党员干部都应进一步加强宗旨意识，认真做好工作中的每一件事，妥善处理群众的每一件诉求，用实绩换真心。

@赣西一隅

廖俊波不忘初心，一心为民，用实际行动践行着共产党人的忠诚、干净、担当。他像一盏明灯，照亮我们前行的方向，激励广大党员干部心中有党、心中有民、心中有责、心中有戒。

@百花争妍

廖俊波虽死犹生，他身体力行、廉洁奉公、一心为民的精神值得我们每位党员干部学习发扬。

@小薛说事儿

廖俊波用实际行动有力诠释了一名优秀共产党员应有的党性修养、责任担当，广大党员干部要向先进学习，与先进对标，这不仅是一项政治任务，更是一门自我净化的必备功课。

@灌云柳斌

党员领导干部学习廖俊波先进事迹，要身体力行、率先垂范，在实际工作中，切实做到为民服务、廉洁奉公。

本文转载自《中国纪检监察报》2017年4月22日04版

人民网舆情监测室　郑光魁

改革向前推　企业往外走

——福建做大发展空间

盈盈一水间，发展两相牵。海上丝绸之路核心区的福建，一方面加快自身体制机制创新，另一方面不断助推企业出海，在“走出去”与“引进来”并举中，不断做大发展空间。今年前三个月，福建与海上丝绸之路参与国家和地区贸易额达695亿元，同比增长13.7%。

先行优势积经验。福建充分发挥自贸试验区改革先行优势，将区内企业境外投资项目备案管理权限下放到片区管理机构，实现企业网上申报境外投资项目备案。截至2016年底，总体方案确定的186项试验任务，已实施并取得初步成效172项，落实率达94.5%；同时还推出“一照一码”、国际贸易“单一窗口”、“投资体制改革四个一”等一批创新成果，在全国得到复制推广或学习借鉴。

深化改革强合作。福建在探索与粤港澳“三互”（信息互换、监管互认、执法互助）合作的同时，探索与台湾地区、新加坡等的互联互通和信息互换。福建对输入台湾农产品实行“源头管理、口岸验放”快速检验检疫模式，检验放行时间从5至7天缩短为1至2天；福建企业通过“经认证经营者”（AEO）和美国海关—商业伙伴反恐计划（C—TPAT）外国制造商安全标准认证，降低出口产品查验率，提高通关效率。

资金项目走出去。福建积极推动企业参与沿线国家和地区的重大基础设施和产业项目。2016年，福建对沿线国家和地区投资备案项目96个，对外投资额22.3亿美元，增长61.6%。中国武夷、紫金矿业、旗滨集团等一批企业加大对外投资力度，建设了中肯（尼亚）东非经贸合作区、旗滨集团马来西亚工业园、福隆盛中柬工业园、紫金矿业刚果（金）铜矿等境外投资产业园区和项目；与此同时，福建企业在沿线国家实施一批接地气、“小而美”的民心工程，通过开展援外农业技术培训、修建当地饮水设施等促进当地增加就业，消除贫困。

贸易交流朋友多。福建鼓励省内企业到海上丝绸之路参与国家和地区投资设立展销中心、营运中心和跨境电商配送中心，开展建材、轻纺、机电产品与资源性产品的互换贸易，贸易往来的国家和地区不断扩大。2016年，全省建材、纺织、机械等工业产品出口快速增长，金龙客车出口马来西亚、巴基斯坦、埃及、俄罗斯等多个国家。

本文转载自《人民日报》2017年6月1日01版

人民日报记者 赵 鹏

中共中央关于追授廖俊波同志“全国优秀共产党员”称号的决定

2017年3月31日，习近平总书记对福建省南平市委原常委、副市长、武夷新区党工委书记廖俊波同志先进事迹作出重要指示强调，廖俊波同志任职期间，牢记党的嘱托，尽心尽责，带领当地干部群众扑下身子、苦干实干，以实际行动体现了对党忠诚、心系群众、忘我工作、无私奉献的优秀品质，无愧于“全国优秀县委书记”的称号，广大党员、干部要向廖俊波同志学习，不忘初心、扎实工作、廉洁奉公，身体力行把党的方针政策落实到基层和群众中去，真心实意为人民造福。

廖俊波，男，福建浦城人，1968年8月出生，1990年8月参加工作，1992年7月加入中国共产党，生前系福建省南平市委常委、副市长、武夷新区党工委书记，历任邵武市拿口镇镇长、党委书记，邵武市副市长，政和县委书记，南平市副市长等职务。2015年荣获“全国优秀县委书记”称号。2017年3月18日晚，廖俊波同志在赶往武夷新区主持召开会议途中不幸发生车祸，因公殉职，年仅48岁。

廖俊波同志以党和人民事业为最高追求，以干事创业、造福百姓为最大快乐，始终做到心中有党、心中有民、心中有责、心中有戒，是“两学一做”学习教育中涌现出的先进典型，是新时期县委书记的好榜样，是用生命践行忠诚、干净、担当要求的好干部。他入党25年来，始终信念坚定、不忘初心，对党和人民无限忠诚，在每一个工作岗位都倾心尽力为党和人民事业奋斗，直至生命最后一刻。他担任政和县委书记期间，时刻想着“如何让老区人民尽快脱贫增收”，带头深入贫困村蹲点调研，分类推进精准扶贫，坚持“赚钱的事让群众干，不赚钱的事让党委政府干”，政和县3年多时间累计减少贫困人口3万多人，连续3年进入福建省县域经济发展“十佳”。他当事不推责、遇事不避难，抓工作“能在现场就不在会场”，以“背石头上山”的劲头带领干部群众苦干实干，常年奔忙在项目建设、园区开发、脱贫攻坚工作一线。他严守廉洁底线，做人光明磊落，从不利用权力、地位为自己和亲属谋取私利，时常叮嘱家人多付出、多奉献，不搞特殊，以良好的形象和口碑赢得了党员、干部和群众的广泛赞誉。

为深入学习贯彻习近平总书记重要指示精神，表彰先进、弘扬正气，引导广大党员、干部对标先进、见贤思齐，凝心聚力、开拓奋进，在促进改革发展稳定中当先锋、作表率，党中央决定，追授廖俊波同志“全国优秀共产党员”称号。

党中央号召，广大党员、干部特别是领导干部向廖俊波同志学习。要像廖俊波同志那样坚定理想信念、对党绝对忠诚，深入学习贯彻习近平总书记系列重要讲话精神和治国理政新理念新思想新战略，切实增强政治意识、大局意识、核心意识、看齐意识，坚决维护以习近平同志为核心的党中央权威，始终做到政治信仰不变、政治立场不移、政治方向不偏。要像廖俊波同志那样践行全心全意为人民服务的根本宗旨，真心实意为百姓谋福祉，始终做到权为民所用、情为民所系、利为民所谋，让群众有更多获得感。要像廖俊波同志那样扑下身子真抓实干，敢挑最重的担子、敢啃最硬的骨头，始终做到敢担当、敢负责、敢作为，努力创造经得起实践、人民、历史检验的实绩。要像廖俊波同志那样清清白白做人，干干净净做事，自觉践行共产党人价值观，始终做到一身正气、两袖清风，坚守共产党人精神家园。

各级党组织要把学习廖俊波同志先进事迹纳入推进“两学一做”学习教育常态化制度化重要内容，与学党章党规、学系列讲话结合起来，与做好改革发展稳定各项工作结合起来，采取多种形式广泛开展学习宣传。要引导党员、干部以先进典型为榜样，自觉践行“三严三实”要求，努力做到“四个合格”，更加紧密地团结在以习近平同志为核心的党中央周围，奋发有为，扎实工作，身体力行把党的方针政策和各项工作任务落实到基层和群众中去，为统筹推进“五位一体”总体布局和协调推进“四个全面”战略布局，贯彻落实新发展理念，实现“两个一百年”奋斗目标、实现中华民族伟大复兴的中国梦作出新的更大贡献。

本文转载自《人民日报》2017年6月7日01版

传导压力守牢底线 形成合力深度治理 福建夯实生态大格局

（砥砺奋进的五年·绿色发展 绿色生活）

八闽大地，群山披绿绵延天际，城市像一颗颗珍珠点缀其间，焕发着蓬勃生机。

2016年6月，福建省被确立为全国首个生态文明试验区。一年多来，生态文明建设领域的38项改革任务中，有15项重点改革任务在2016年取得阶段性成果，有17项重点改革任务在今年全面启动，其中12项已经取得初步成果。行走福建，探访这些改革进展，令人欣喜，更给人启示。

探索体制机制性解法

生态文明试验区的一项重要任务，就是种好“试验田”，探索体制机制性解决之道，为全国提供可复制、可推广的经验。

“生态环境保护能否落到实处，关键在领导干部。”试验区确立后，福建省成立了省委书记任组长、省长任常务副组长的领导小组，统筹推进试验区建设。省委、省政府细化任务分工方案和分年度任务清单，形成纵向到底、横向到边的工作推进机制，将责任落实到具体单位。

如何实现压力层层传导，让各项改革举措落地生根？

福建在仙游县、光泽县等地开展了党政领导干部自然资源资产离任审计试点，并作为领导干部考核、任免、奖惩的重要依据。“这项改革传导给基层领导干部强烈的环保意识，发现问题立即整改。”仙游县委常委、常务副县长张福清表示。截至目前，仙游县拆除机砖瓦窑行业68家、石材加工产业221家、废旧塑料加工作坊171家，对21家到期矿山完成生态环境恢复治理，督促8家持证矿山“边开采、边整治”。

福建还注重生态环境司法保护机制创新。“通过推进环境资源类案件审理，达到判决一个人、恢复一片林、教育一批群众的效果”。长汀县人民法院生态资源审判庭庭长丘成发说，“破坏生态的违法行为越来越少了，生态保护的观念明显增强了。”福建省高级人民法院先后出台21份指导意见，建立16项工作机制，形成了比较完善的司法保护机制。

释放绿色产业潜能

截至2016年底，福建省12条主要河流水质整体保持为优，Ⅰ—Ⅲ类水质占比达96.5%，所有设区市空气质量优良天数比例达98.4%，$PM_{2.5}$浓度比全国平均水平低42%。

“绿水青山”是否能变为“金山银山”，“绿水青山”如何变成“金山银山”？福建用自己的探索释放生态产业大潜能。

家住武夷山风景区星村镇的孙硷有，自家作坊制茶已10多年。“生态好，虫害少，茶叶质量好，价格高不少。”老孙深有感触。

好生态的红利如何在更大范围释放出来？“生态产业化、产业生态化，通过产业化运作挖掘生态价值，探索一种双赢的发展模式。”福建省发改委相关负责人介绍。种粮大户傅木清在长汀县河田镇牵头组建合作社，流转承包近3000亩土地，进行规模化种植。“以前这里都是‘望天田’，靠天吃饭。现在生态好了，水源充足，种地有了保障。”如今，傅木清每年能生产2000多吨稻谷，质优价高。

福建省积极创造条件，充分挖掘生态资源优势，让好生态释放发展红利，让老百姓增强获得感。2016年，福建单位GDP能耗下降至0.439吨标准煤每万元，主要经济指标持续平稳增长，GDP总量进入全国前十，人均GDP列全国第七，实现了经济社会发展与生态文明建设齐头并进。2017年上半年，福建省通过举办农业、旅游业等与资本的对接会，签订30多个农业项目、14个旅游产业项目，涉及资金300多亿元，助力绿色发展。

调动生态保护积极性

海沧区是厦门市的工业区，环境负荷较重，面临较大的环保压力。海沧区将环境监管事务下沉，推进网格化环境监管。

分好责任田，选好网格员。“网格员就像移动的摄像头，及时发现并反馈问题，一般性问题现场解决，当面宣传教育。”海沧区社会治理联动中心主任黄素玉介绍，海沧区所辖的4个街道，现设有40个社区（村）网格、447个单元网格，共593名网格员。“网格员与居民接触多，能带动亲邻好友，自觉参与环境保护。”厦门市环境保护海沧分局副调研员陈榕说，“政府的规范和监管很重要，而群众的参与能在更大范围内培育生态文明理念。”随着群众参与度提高，2016年海沧区的空气质量优良率也大幅提升到98.09%。

如何让老百姓愿为生态保护作长线投资？武夷山市、永安市等地创新开展了重点生态区位商品林赎买试点。李新凤是永安市西洋镇吉岭村村民，家里140亩重点生态区位商品林限制采伐了，林木变现和银行贷款都成了难题。

两难之际，商品林赎买试点解决了她家的难题。“赎买让我不仅得到了一笔不菲的收入，而且以后每年还会有林地使用费。”不仅如此，她家山林深处的竹林也直接受益，“林子深，生态好，竹林病虫害也少了，品质上去了，价格自然高了。”

让利群众，群众参与生态保护的积极性就增强了。目前，福建正多措并举进一步激发群众的热情，让人人都参与进来，形成环保合力，激发生态活力。

本文转载自《人民日报》2017年8月14日01版

人民日报记者　宋静思　何　璐

平潭两岸海外公共仓在台北揭牌

平潭两岸海外公共仓储有限公司10月31日在台北揭牌，这是大陆在台湾设立的首个海外仓，为两岸跨境电商开辟了一条新通道。“海外仓”指的是在海外建立的仓储设施。在跨境贸易电子商务中，企业将商品通过大宗运输的形式运往海外目标市场，在当地建立仓库储存商品，然后根据当地的销售订单，第一时间从当地仓库直接进行分拣、包装和配送。

当前，中国大陆是全世界最大的跨境电商出口方，也是全世界最大的跨境电商进口方，大型电商企业如阿里巴巴、京东、苏宁易购和郑州、南京、杭州等城市在世界各地设立了海外仓。

平潭两岸海外公共仓是首个大陆在台湾设立的海外仓。这个海外仓主要服务于两岸货物中转，包括福建、广东及香港地区货物到台和提供信息对接、追踪往来货物等。据介绍，因为平潭到台北港只有3.5小时的海运航程，成本低于空运，又可以通过桃园机场实现海空联运，节省了物流成本，可吸引跨境电商货物在台中转。预计营运初期每日发货量至少1000单，日均交易金额5000美元以上。

转发自微信公众号“福建新闻联播”

第三届“海上丝绸之路”（福州）国际旅游节开幕　共享海上丝路旅游新商机

第三届“海上丝绸之路”（福州）国际旅游节11月19日开幕，同时举行境内外旅行商采购大会和国家旅游局数据中心福州分中心揭牌仪式。国家旅游局、福建省和福州市有关负责人，菲律宾、新加坡驻厦门总领事馆总领事、泰国驻厦门总领事馆副总领事，以及俄罗斯、澳大利亚、新西兰、缅甸等“一带一路”沿线国家和地区的旅游业界人士300多人参加启动仪式。本届旅游节由国家旅游局和福建省人民政府共同创办、福州市人民政府和福建省旅游发展委员会承办，活动于12月31日落幕。

福州是一座伴海而生、因海而兴、拓海而荣的港口城市，是“海上丝绸之路”的重要发祥地和重要门户。2015年以来，福州抓住建设21世纪海上丝绸之路战略枢纽城市的机遇，打造并连续举办“海上丝绸之路”（福州）国际旅游节，围绕“海丝路上有福州”的主题，积极探讨与“海上丝绸之路”沿线城市新的合作方式和途径。连续两届海丝旅游节的成功举办，在促进旅游交流合作、打造旅游盛事的同时，实现了“节庆搭台、经济唱戏”。

联手推进海上丝路旅游

“我叫钟雪平，是畲族人。旅游应该能够让我们看到世界的多样性，并且一起帮助保护和完善这种多样性。欢迎到福州来，欢迎到畲乡来！”在境内外旅行商采购大会上，来自福州市罗源县的畲族姑娘钟雪平这样推介自己的家乡。

和她一样，开展本国旅游资源推介的还有旅居福州的美国人高登、福州市社科联前主席林山以及来自泰国国家旅游局、澳大利亚塔斯马尼亚洲旅游协会的官员等。

据主办方介绍，境内外旅行商采购大会，是本届旅游节的重点活动之一，旨在为“一带一路”沿线国家、城市的旅行商搭建交流合作平台，架设互送客源的桥梁。希望参会旅行商借此机会展示各地丰富的旅游资源，推广各具特色的旅游产品，也把福建、福州的旅游资源推向全国、推向世界。

此外，启动仪式上，10家国内旅游企业与美国、埃及、新西兰、约旦、俄罗斯等10家境外旅游企业共同签署了《海丝旅游发展战略合作协议》，缅甸还将借本届海丝旅游节契机在福州设立旅游办事处，推动旅游业交流协作，共同谱写21世纪“海上丝绸之路”旅游业互利共赢新篇章。

与上届相比，本届旅游节“海丝”色彩更浓郁，邀请到世界旅游组织、亚太旅游协会专家，来自“一带一路”沿线国家和城市的旅游部门官员、境内外旅行商；内涵更丰富，囊括了第三届“海上丝绸之路”（福州）国际旅游节启动仪式暨境内外旅行商采购大会、国际旅游高峰论坛、第八届福州温泉国际旅游节、第二届福州民俗旅游节等四大活动。此外，蓝海豚见面会、下水仪式、全城集照大行动、蓝海豚号夜游闽江等主题惠民活动，以及2017（福州）国际旅游摄影展、第三届“海上丝绸之路”国际导游（讲解）员邀请赛等配套活动也将逐一亮相。

海丝国际旅游节已成为福州旅游腾飞的重要引擎。据统计，2016年，第二届海丝旅游节共邀请到30多个国家和地区近千名嘉宾参加，约667.6万人次参与了相关活动，全市累计接待旅游总人数5522.34万人次，同比增长18.3%，累计实现旅游总收入663.30亿元，同比增长23.5%，仅11—12月，福州市共接待游客1072.35万人次，同比增长24.7%；实现旅游总收入134.05亿元，同比增长26.5%；2017年1—8月，福州累计接待游客3964.64万人次，同比增长22.5%；实现旅游总收入500.18亿元，同比增长30.9%；国内游和入境游接待人数、旅游收入双线飙红。

“景点游”转向“全域游”

全民共享旅游惠民发展新成果也是本届海丝国际旅游节的一大看点。三坊七巷、云顶、百漈沟等全市28家重点景区，以及全市22家酒店面向全体游客和市民联合推出一系列最低至3折的门票、住宿、餐饮等优惠措施，此外还有厦门、南昌、成都、武汉等地的旅游企业也同步推出针对福州市民的优惠折扣。

作为中国优秀旅游城市，福州名山、名寺、名园、名居繁多，独具滨江滨海和山水园林旅游城市风貌，坐拥三坊七巷、鼓山、青云山等15家AAAA级以上旅游景区及2个国家级生态旅游示范区，已基本形成以闽都文化游、温泉养生游、滨江滨海游、绿色生态游等旅游品牌为主，乡村旅游、体育旅游、会展旅游、工业旅游等新业态共同发展的多元化旅游产品体系。

在旅游建设逐步升级的过程中，福州旅游由原来的“景点旅游”向“全域旅游”转变，从孤立的点向全社会、多领域、综合性的方向迈进，试点建设成果丰硕。

在城区，福州首批28个串珠公园已经完工，市旅发委随即推出了结合新公园和老景点的5条串珠精品线路。同样让外地游客点赞的还有荣获2017年“国际建筑大奖”的福道，全国首创的钢架镂空设计、环线总长约19千米，也成为福州全域旅游的一张新名片。

在县区，走进森林覆盖率居全市首位的永泰县，东方园林、八仙过海、极乐汤、嵩口千年古渡口、嵩口旅游特色小镇、同安福寨文化旅游项目、闽商生态园等一系列全域旅游建设重点项目均已落地生根。

作为福州旅游的金字招牌，今年，福州市围绕“温泉古都　有福之州”的城市形象，出台了温泉资源综合开发利用工作方案，围绕“一区三带”发展格局，建成了一批高品位、特色化、成规模的温泉休闲旅游景区，为福州市打造全域生态旅游提供了产业支撑。

推动旅游实现跨界对接

在本届旅游节启动仪式上，国家旅游局数据中心福州分中心正式揭牌。据了解，这是全国第一家挂牌成立的分中心。该中心承担着“海丝”沿线旅游专项数据采集、挖掘、分析及相关数据应用，以及海峡两岸特色旅游数据采集、分析等任务，通过汇聚各地旅游要素信息，构建“大数据＋旅游＋互联网＋相关产业”的国家级旅游信息综合大数据中心。

推进旅游产业融合，是推进旅游产业发展的重要举措。几年来，福州在“旅游＋工业”“旅游＋中医药”“旅游＋交通”“旅游＋农业”等方面均有突破。

“旅游＋工业”方面，福建省神蜂科技开发有限公司、福建春伦茶业集团有限公司、明一国际营养品集团有限公司三家企业获批福建省观光工厂；“旅游＋中医药”方面，闽清七叠温泉景区等多个项目正在申报国家中医药健康旅游示范区（基地、项目）；“旅游＋交通”方面，福州已建成房车露营地1处，福建省露营公园也正在创建中。

对山村、莲宅村……下半年来，几乎每个周末都有满载游客的扶贫旅游专线从市旅游集散中心出发。今年来，福州实施旅游精准扶贫，启动了28个对口旅游扶贫村建设。

旅游产业的转型升级，对旅游公共服务设施也提出了全新的要求。8月5日，福州旅游集散服务中心正式落户三坊七巷。同时，福清市中旅旅游集散中心已顺利通过省三级旅游集散服务中心评审验收，并正式投入使用；永泰县、闽清县旅游集散中心等建设正持续推进。

此外，今年福州在智慧旅游方面也迎来突破，升级了“遇见福州”手机APP，在原有功能的基础上，增加了GPS定位地图、景区720度全景导览图、景区趣味地图、景区导览、语音讲解、旅行社信息、自助导游等多功能的实用模块，方式上从为游客提供信息，转变为替游客解决问题。

本文转载自《人民日报》2017年11月22日14版

索　引

说　明

一、本索引为内容分析索引

二、本索引按汉语拼音字母（同音字按声调）顺序排列。

三、每一词条后的数字表示该词条所在页码；页数后字母A、B、C分别表示所在页码的左、中、右栏。

四、前空2格的词条为上一主题的“附见”条；同一主题的“参见”，则注参见条所在页栏。

五、本卷中“特载”“八闽视点”“大事记”“地方文献、法规选登”“统计资料”及“附录”，不列入本索引检索范围。

H

J

K

R

S

T

W

Z

福建建设成就图片选辑

福州市

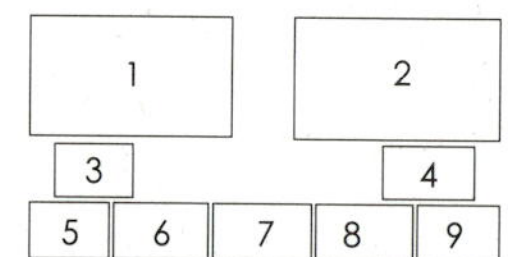

1. 南台岛自贸片区建设日新月异
2. 闽江两岸
3. 花道迎宾
4. 飞凤山公园
5. 光明港一支河景观带

6. 海峡奥体生态片区
7. 连江三附小实景图（校内）
8. 上下杭历史文化街区加快修复改造
9. 西湖公园

福州市

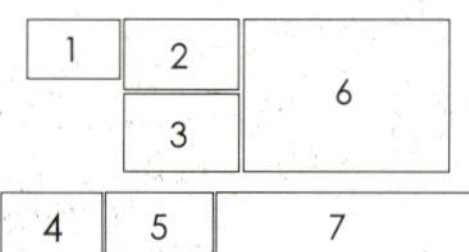

1. 2017 环福州 · 永泰自行车赛
2. 连江县溪山温泉度假村
3. 2017 福州国际马拉松赛
4. 2017 年 8 月，海峡青年交流营地建成启用
5. 海峡两岸合唱节
6. 金牛山公园福道
7. 2017 年 8 月 12 日，第五届海峡青年节之 2017 年海峡青年（福州）峰会举行

创新 融合 共享
2017年海峡青年（福州）峰会

漳州市

1. 福建文艺志愿者艺术团宣传党的十九大精神文化进万家，走进龙海惠民演出
2. 传统剪纸舞台展魅力
3. 博物馆艺术馆规划展示馆
4. 华安经济开发区正兴车轮生产线
5. 漳州金龙客车生产流水线
6. 豪氏威马海工产品
7. 大通互惠集团阀门生产车间
8. 古雷石化基地

大梦想！

漳州市

1	2	7	8	9
	3	10		11
6	4	12		
	5			

1. 南湖生态文化园
2. 长泰扶助贫困户养鸡生蛋脱贫
3. 鸿浦豪园安置房
4. 荔枝海公园
5. 人民广场四季花海
6. 九十九湾湖闽南水乡
7. 云霄县棪树村
8. 飘带桥
9. 漳浦县后坑村
10. 西院湖生态园
11. 水仙花苑安置房
12. 南山桥夜景

Zhangzhou

泉州市

1	3	4
2	5	6
	7	

1. 3月29日，木棉花开，满树火红，扮靓了泉州市区临漳门环岛
2. 海丝艺术公园亚洲园
3. 蓝蓝泉州湾
4. 泉州江滨路
5. 洛江虹山美丽乡村
6. 泉州的小城镇建设——南安水头镇
7. 晋江的城市马拉松

泉州市

1. 开元寺
2. 姑嫂塔
3. 九日山
4. 洛阳桥
5. 清净寺
6. 真武庙

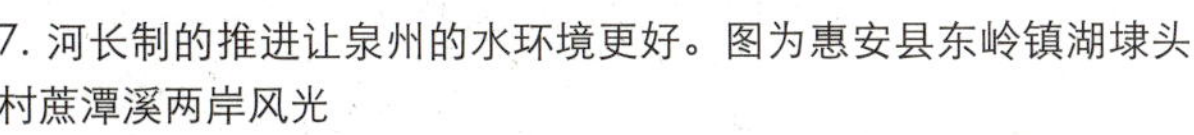

7. 河长制的推进让泉州的水环境更好。图为惠安县东岭镇湖埭头村蔗潭溪两岸风光

8. 美山渡

9. 六胜塔

10. 草庵全景

11. 圣墓

12. 林銮渡石湖码头

13. 府文庙

14. 安平桥是中国现存古代最长的石桥，是古代汉族桥梁建筑的杰作

15. 江口码头

三明市

1	2	6
3	4	
5	7	8

1. 2017 年 12 月 18 日，三明市新建行政服务中心正式对外办公

2. 2017 年 10 月 11 日，建宁县客坊乡水尾村的闽赣基干游击队司令部旧址，三明市举行第二批 13 个“中央红军村”命名大会暨授牌仪式

3. 万寿岩遗址博物馆

4. 三明援藏电力职工冒雪勘测供电线路走廊

5. 建设中的三明南站综合枢纽

6. 2017 年 7 月 12 日，商飞飞机抵三明沙县机场试飞

7. 省重点跟踪项目——建新轮胎第一条年产 30 万套全钢子午线轮胎已实现竣工投产

8. 2017 年 11 月 30 日，三钢 80 兆瓦煤气高效发电工程竣工投产

三明市

1 4 5
2
3 6

1. 2017年10月27日至11月3日，尤溪县组织开展朱子文化周系列活动，纪念朱熹诞辰887周年。图为“朱子礼乐·儒风雅韵”大型歌舞情景剧之“祭祀吉礼”

2. 三明沙溪十里闽学文化长廊——四贤文化廊

3. 三明籍运动员柯丽婷在 2017 年世界残奥游泳比赛获一金二铜

4. 永安国家地质公园

5. 2017 年 12 月 31 日，清新福建 · 悠然三明四季行——宁化 · 客家寻味记

6. 2017 年 2 月 10 日，泰宁上青板桥龙灯以总长 1543.2 米的长度成功申报上海大世界基尼斯纪录

莆田市

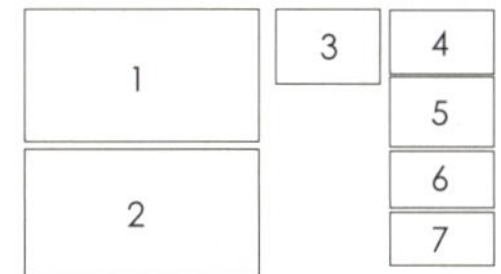

1. 2017 年 12 月 2 日，第二届世界妈祖文化论坛在莆田湄洲岛举行

2. 2017 年 4 月 24 日，在建的“世界妈祖文化论坛”永久性会址项目

3. 2017 年 9 月 29 日，第三届城市新动力电商高峰论坛在莆田举行

4. 2017 年 1 月 5 日，澳大利亚塔斯马尼亚交响乐团在莆田莆仙大剧院演出

5. 2017 年 7 月 1 日，莆田市在马来西亚开展“妈祖下南洋 重走海丝路”的活动

6. 2017 年 10 月 28 日，中央电视台“心连心”艺术团在莆田湄洲岛慰问演出

7. 2017 年 4 月 24 日，在建的湄洲岛集散广场地下配套及景观工程项目

莆田市

1	4	6
2		
3		7
5		8

1. 2017 年 10 月 25 日，莆田市荔城区黄石镇木兰溪三期防洪工程安置户回迁

2. 2017 年 9 月 17 日，莆田市创第五届全国文明单位志愿者

3. 2017 年 2 月 5 日，莆田市春季大型公益人才（大中专毕业生）交流会在莆田市政府南广场举行

4. 2017 年 12 月 25—28 日，“妈祖杯”海上丝绸之路国际羽毛球挑战赛在莆田举办

5. 2017 年 3 月 2 日，荔城区玉湖荔浦改造片区一角

6. 2017 年 9 月 29 日，莆田市城厢区霞林街道在木兰陂畔举行龙舟赛活动

7. 2017 年 3 月 25 日，全国射箭冠军赛在莆田市体育训练基地开赛

8. 2017 年 8 月 21 日，“双驰杯”金砖国家少年足球赛在莆田举行

南平市

Nanping

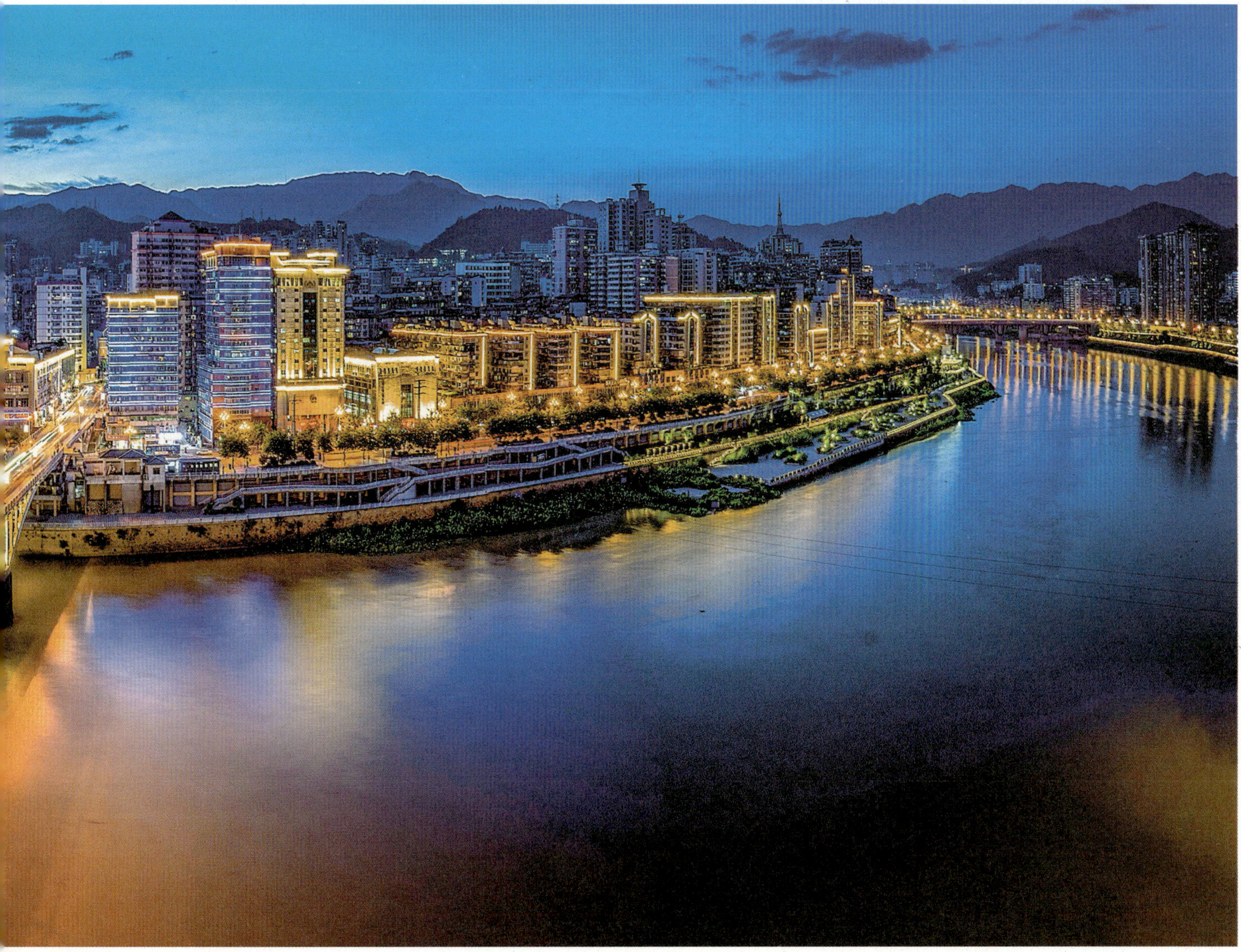

1. 建阳考亭书院修复中
2. “天圆地方”（南平市城市规划展示馆及南平市绿色发展馆）
3. 南平夜景

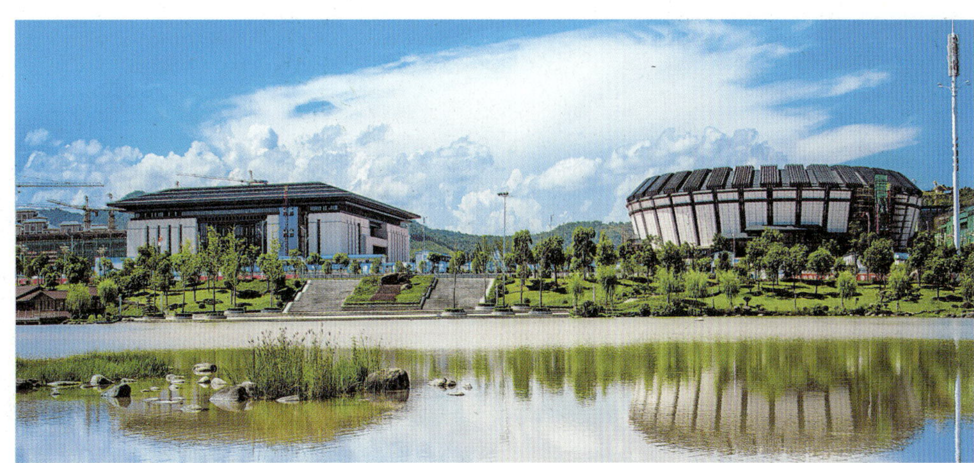

南平市

1. 南平市委常委、副市长廖俊波与茶农交流，体验“可以生吃”的生态茶
2. 顺昌首个城市综合体项目中山城
3. 建设中的南三龙南平西站
4. 浦城县渔梁岭隧道
5. 南平市第一医院新建综合住院病房大楼
6. 武夷智谷高新软件园
7. 松溪衢宁铁路
8. 海源新材料车间
9. 顺昌元坑东郊新村
10. 松溪文秀湖水美城市项目
11. 武夷新区

Nanping

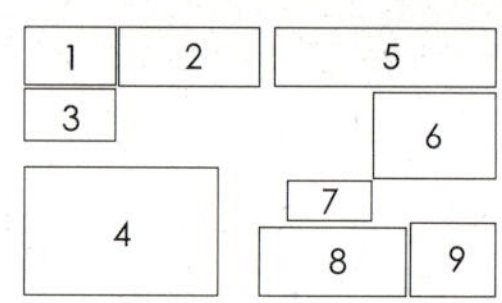

1. 市长林兴禄前往高速交警支队调研中心城区畅通工程

2. 2017 年 7 月 27 日，全国深化集体林权制度改革现场经验交流会在武平召开

3. 市长林兴禄前往“12345”便民中心察看政民互动分流转办情况

4. 2017年11月，龙岩市被中央文明委评为全国文明城市

5. 2017年8月23日，中国电子科技集团走进闽西携手军民融合发展项目签约仪式

6. 2017年11月8日，第八届海峡两岸机械产业博览会展会盛况

7. 顺应“互联网+”发展趋势，“e龙岩”网上公共服务平台于2017年11月开始试运行，2018年1月1日正式上线

8. 2017年12月26日，古田干部学院正式揭牌

9. 古田红军小镇

龙岩市

1. 2017 年 8 月，永定湖坑土楼群被评为国家级特色小镇

2. 长汀县造福工程易地扶贫搬迁麻陂安置区，落实安置贫困户 352 户 1413 人，其中安置国标贫困户搬迁 246 户 983 人，省标贫困户搬迁 106 户 430 人

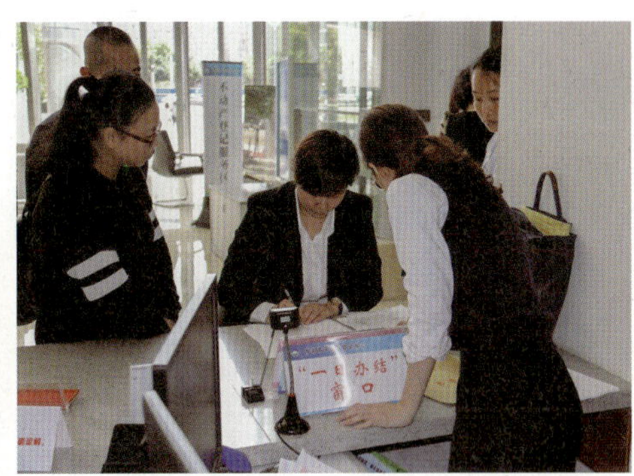

3. 武平县被中央文明委评为第五届全国文明城市
4. 新罗小池培斜森林水乡项目
5. 中心城区 29 所小学开展课后 1 小时服务活动
6. 龙岩市不动产登记实行“一窗办理、集成服务”，办证速度全省首位、全国领先
7. 园林绿化提升工程。图为东山湿地公园、莲东片区滨河绿道、东风桥—九一桥滨河绿道

宁德市

3. 2017 年 6 月 16 日，中国侨联副主席李卓彬（左二）及中国侨联特聘专家共 30 多人到宁德调研

4. 2017 年 1 月 6 日，宁德市四届人大一次会议召开，市委书记、市长隋军代表市人民政府向大会作政府工作报告

5. 2017 年 4 月 13 日，宁德市人大常委会党组书记、主任金敏检查省拉练迎检项目准备情况

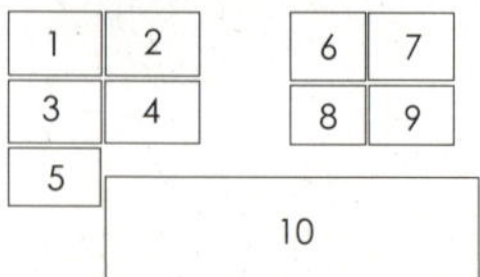

1. 2017 年 7 月 30 日，福建省委常委、政法委书记王洪祥到福鼎检查指导抗台工作

2. 国台办副主任龙明彪（中）在省台办副主任宋志强和市委副书记林文芳陪同下到古田临水宫祖庙调研指导

6. 2017 年 10 月 19 日，宁德市市长郭锡文为党员干部讲课

7. 2017 年 9 月 14 日，宁德市人大常委会党组书记、主任金敏参加道路交通法执法检查

8. 2017 年 1 月 23 日，市政协主席兰斯琦，市委常委、组织部部长郭学斌，市政协副主席林寿等走访看望新闻工作者

9. 2017 年 7 月 6 日，厦门海事法院宁德法庭举行揭牌仪式

10. 宁德市蕉城区八都镇猴盾村获评第五届“全国文明村镇”。图为猴盾村

宁德市

1 2
3 4
5 6

7 8
9 10 11
12 13
14

1. 2017 年 3 月 25 日，“金砖会晤”专场文艺演出在市艺术馆举办

2. 宁德市蕉城区综合体育馆建成，该项目是承办第十六届省运会篮球、柔道、摔跤、武术散打等比赛的综合性场馆

3. 第九届海峡论坛·陈靖姑文化节开幕式现场

4. 店下屿前鱼灯表演

5. 北乾黄酒节

6. 2017 年 5 月 6 日，福鼎“太姥山杯”国际水域游泳锦标赛

7. 深水抗风浪网箱

8. 2017 年 5 月 3 日，硖门畲族乡第六届瑞云“四月八”歌会（牛歇会）

9. 环东湖栈道

10. 2017年7月1日，宁德市中级人民法院举行新审判综合大楼揭牌仪式

11. 2017年6月28日，宁德市医院医疗集团蕉南社区卫生服务中心正式揭牌

12. 2017年宁德市“希望工程——阳光助学行动”助学金发放仪式

13. 三乐特大桥

14. 圆满完成十九大、厦门会晤等重要安保工作任务

平 潭

1	3	4
		5
		6
2	7 8	9
	10 11	12

1. 2017 年 9 月 21 日，中国—小岛屿国家海洋部长圆桌会议在平潭开幕
2. 海坛湾龙凤头浴场
3. 2017 年，中国—小岛屿国家海洋部长圆桌会议会场
4. 2017 年 4 月 15 日，圣普国总理到平潭调研

5. 2017 年 11 月 21 日，创新设计大数据平潭中心揭牌

6. 2017 年 11 月 21 日，两岸数字创意开发实验室揭牌

7. 2017 年 11 月 21 日，2018 两岸大学生数字创意大赛启动

8. 2017 年 11 月 21 日，2017 中国创新设计大会平潭峰会开幕

9. 2017 年 1 月 18 日，2017 华侨华人春节联欢晚会开幕，《平潭石头会唱歌》节目亮相

10. 2017 年 11 月 21 日，数字创意技术装备创新产业联盟揭牌

11. 2017 年 11 月 21 日，平潭城市云名片正式发布

12. 2017 年 11 月 7 日，国际南岛语族考古研究基地揭牌

平 潭

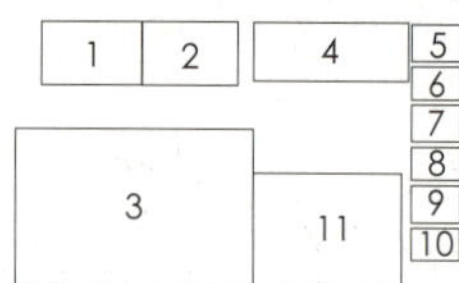

1. 福建省新时代新风采党的十九大精神宣讲文艺巡演平潭站
2. 2017 年 11 月 16 日，省委宣讲团学习贯彻党的十九大精神宣讲报告会走进平潭
3. 2017 年 6 月 10 日，平潭国际沙滩音乐文化节开幕
4. 2017 年 10 月 20 日，第一届海峡仲裁论坛在平潭综合实验区举行
5. 2017 年 5 月 9 日，平潭跨境电商物流园仓库高架区，运输车正在输送货物

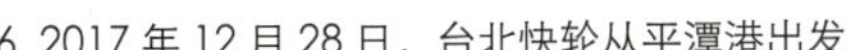

6. 2017 年 12 月 28 日，台北快轮从平潭港出发

7. 2017 年 11 月 8 日，平潭海外公共仓首票货物通关启动

8. 2017 年 4 月 19 日，平潭行政服务中心不动产登记“一窗联办”窗口，市民排队咨询办理契税奖补业务

9. 2017 年 4 月 6 日，电商平台与台湾小镇合作，开展线上线下购物交互体验

10. 2017 年 5 月 9 日，装载货车驶离两岸快件中心

11. 海坛湾

兴业银行

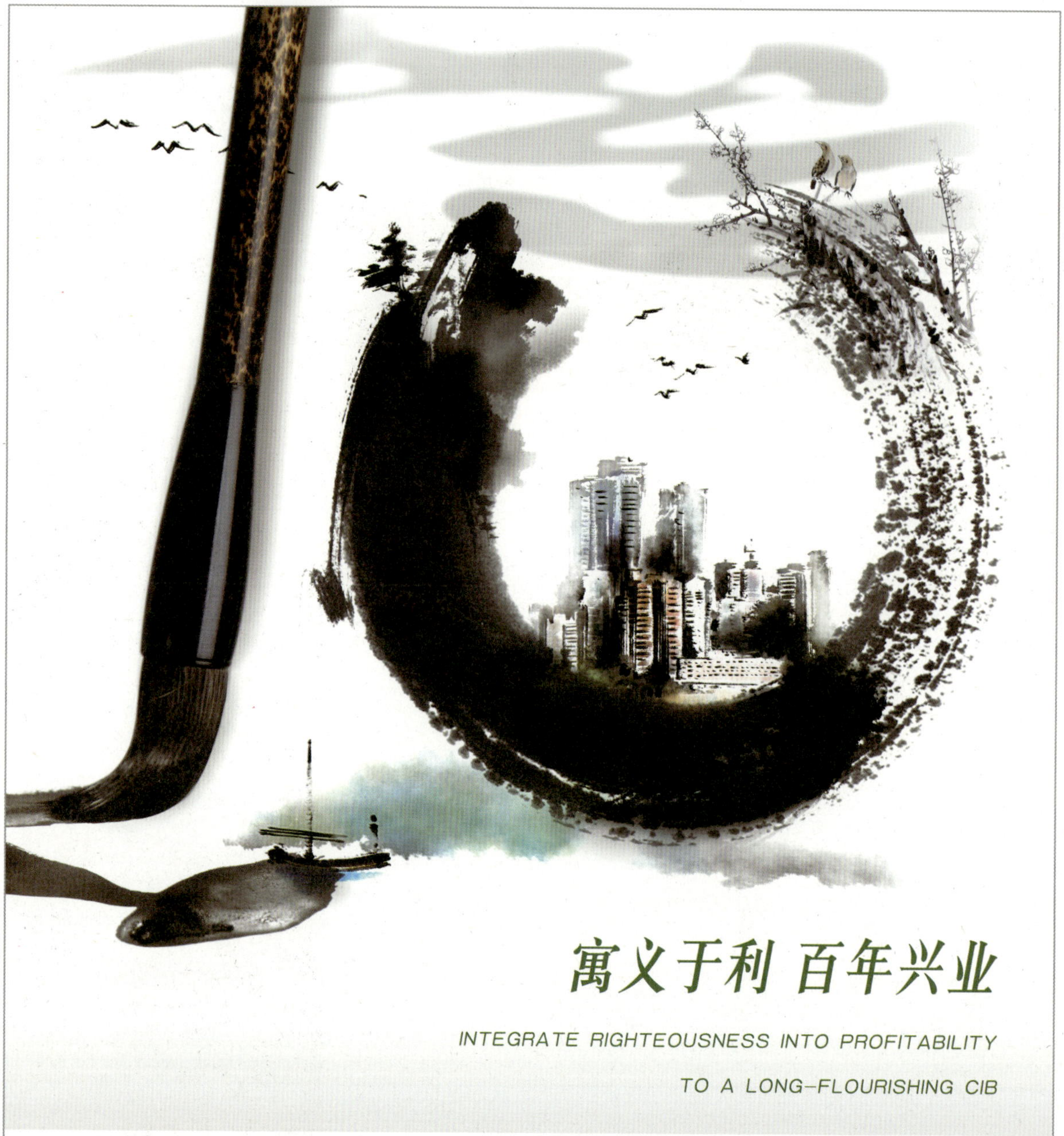

寓义于利 百年兴业

INTEGRATE RIGHTEOUSNESS INTO PROFITABILITY
TO A LONG-FLOURISHING CIB

兴业银行采纳赤道原则十周年

十年点绿成金，让赤道原则在中国落地生根，引领国内绿色金融发展潮流；十年寓义于利，超万亿绿色融资扮靓“美丽中国”，让蓝天抬头可见，绿水触手可及；十年大道笃行，躬耕不辍倡导赤道原则，为全球绿色、可持续发展贡献中国智慧，提供中国样本。

热线兴业：95561 在线兴业：www.cib.com.cn

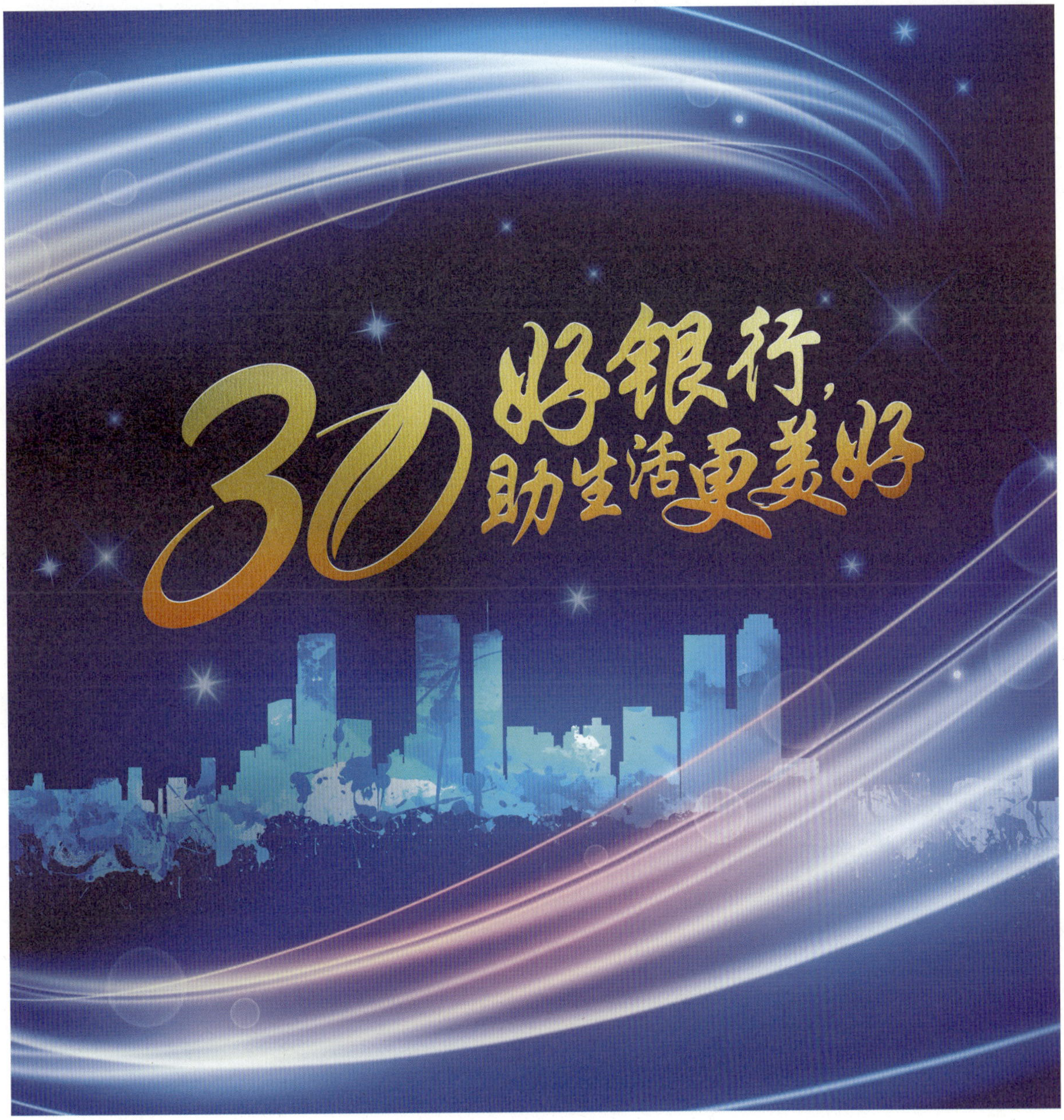

30 好银行，助生活更美好

三十而立，心怀感恩，站在新时代新起点，兴业银行将始终以客户为中心，持续提升以价值创造为核心的专业能力，以诚信经营、稳健发展和有温度的金融服务，与实体经济相伴成长，与广大客户、社会各界携手同心，共创美好生活！

热线兴业：95561　在线兴业：www.cib.com.cn

福建省人民检察院

发挥检察职能 持续深化文明创建工作

——福建省人民检察院

福建省人民检察院机关2015年2月被中央文明委授予第四届“全国文明单位”，2017年11月经中央文明委复查合格，继续保留“全国文明单位”荣誉称号。近年来，坚持把文明创建融入新时期检察工作，以习近平新时代中国特色社会主义思想为指导，按照党建引领、业务结合、文化推动、制度保障的指导思想，抓根本、抓特色、抓主体、抓长效，不断推进文明建设上新台阶。

（一）抓党建带动固本培元

在加强机关党的建设中，注重结合检察机关实际创新工作机制，切实贯彻落实《中国共产党党和国家机关基层组织工作条例》和省委《实施办法》，着力推进履行主体责任、严格党内生活、守纪律讲规矩和文明创建常态化，实现“服务中心、建设队伍”的持续创新、奋发有为。2014年10月，省院机关协办全国检察机关党建理论研讨会，并介绍了“思想建党，政治建院”的做法。2017年6月，全省机关“1263”党建工作机制建设暨“两学一做”学习教育常态化制度化工作推进会在省检察院召开。2003年以来，省检察院坚持按照《福建省检察院机关党支部工作季度检查考评办法》，促进各支部工作规范化科学化，2014年12月，该考评机制被评为福建省直机关“党建创新项目一等奖”。省检察院积极落实党组意识形态工作责任制，注重发挥共产党员在精神文明建设中的主体作用，并把精神文明创建工作列入党组重要议事日程，通过党建带动，加强对创建工作的领导。

（二）抓职能发挥打造品牌

持续深化文明接待室创建，落实“马上就办，办就办好”的要求，方便群众依法表达诉求。1995年起，省检察院连续五届被评为全国检察机关（省级院）文明接待室。打造全方位、社会化帮教格局，服务未成年人思想道德建设，形成了保护性办案、社会化帮教、修复性救助、多元化普法“四位一体”的福建未检工作模式，推动未成年人司法保护的不断升级，促进少年司法制度的不断完善。全面开展“法治进校园”全省巡讲活动，助力校园法治文明建设。护航生态文明先行示范区、生态文明试验区建设，在全省检察机关探索并推行的“专业化法律监督

+恢复性司法实践+社会化综合治理”生态检察模式，两次在全国检察会议上作经验介绍，被纳入《国家生态文明试验区（福建）实施方案》，被写入最高检工作报告在全国推广。全面开展检察机关提起公益诉讼工作。2015年9月试点以来，共办理公益诉讼案件1095件，其中履行诉前程序1012件，提起公益诉讼83件，督促挽回国有资产损失价值8亿余元，已判决的案件中检察机关的主张都得到了支持。

（三）抓文化建设提升形象

投入近200万元促进图书阅览室、文化活动室、福建检察展览厅、检察文化走廊等“两室一厅一廊”建设。积极探索“互联网+检察文化”的模式。从“报、网、端、微、影、声”六维发力，全面构建福建检察融媒体矩阵，取得丰硕成果。在全国检察机关率先实现三级院微博、微信、今日头条客户端全覆盖，并在此基础上继续推进，已形成“一网、两微、六端”新媒体架构。注重运用新媒体讲好检察故事，宣传司法正能量，让典型可信可学，先后有组织、有计划地开展全省公诉、申诉、未检、业务专家、驻村检察官等8个专题近百名“身边榜样”系列报道，受到人民群众和广大干警热赞。

（四）抓制度保障强化落实

省检察院机关党支部工作季度检查考评，与时俱进地加入精神文明建设新内容新要求。考评结果作为“先进基层党组织”“先进集体”等评先评优的重要依据，较好地促进了机关文明创建工作由“软任务”向“硬约束”转变，由“抓活动”向“促常态”转变。省检察院机关以党员为龙头的志愿者服务队，坚持围绕学雷锋、讲文明、树新风、帮扶共建、普法宣传等开展常态化志愿服务活动，持续扩大了省检察院机关作为全国文明单位的影响力、辐射力和带动力。

1. 党组书记、检察长霍敏到基层调研
2. 组织干警学习谷文昌精神活动
3. 开展全省法治进校园巡讲活动
4. 创新“行政公益诉讼+预防行政违法”模式
5. 健全和完善冤假错案纠错机制，受到广泛赞誉
6. 持续开展党员进社区服务活动
7. 连续五年组织百名干警共植“检察官林”
8. 每年组织开展健身趣味运动会

福建省高级人民法院

2017年，全省法院深入学习贯彻习近平新时代中国特色社会主义思想和党的十九大精神，大力加强司法为民公正司法，全面深化司法体制改革，加快推进法院信息化建设，着力抓好高素质过硬队伍建设，法院各项工作取得新进展新成效。全省法院受理各类案件979161件，办结876770件，同比上升7.11%和17.21%；其中，省法院受理18621件，办结16316件，上升54.21%和79%。

坚持服务大局，司法职能作用充分发挥。依法严厉打击各类犯罪，审结刑事案件79808件，判处57909人，切实维护社会安全稳定。妥善审理供给侧结构性改革、产业转型升级等过程中发生的各类纠纷案件，依法审结各类民商事案件445554件，标的总额2410.73亿元。着眼促进闽台深度融合发展，妥善办理涉台案件2756件，办结司法互助案件9708件，举办第九届海峡两岸司法实务研讨会。依法促进“一带一路”和海丝核心区建设，妥善审理涉外、涉港澳、涉侨、海事海商、铁路运输等案件13550件。全力保障国家生态文明试验区建设，审结生态环境案件2376件。

坚持公正为民，审判质量效率持续提升。完善涉及教育、就业、医疗、住房等基本民生司法保障工作机制，加强司法服务保障脱贫攻坚工作，拓展深化“跨域”立案服务等。决胜“基本解决执行难”攻坚战，推进执行联动机制建设，执结各类案件305996件，同时清理历年执行积案50.78万件，发放执行案款64.4亿元。强化严格公正司法，妥善审理缪新华案等重大敏感复杂案件，一审和二审后当事人服判息诉的占98.53%。

坚持深化改革，司法体制改革落地见效。全面推进司法责任制改革，加强分类定岗、办案模式、团队管理等制度衔接，积极推进省以下地方法院人财物统一管理等改革。全面推进以审判为中心的刑事诉讼制度改革，深化家事审判方式和工作机制、繁简分流和调解速裁机制、人民陪审员制度等改革，不断完善诉讼制度和审判机制。

坚持科技融合，智慧法院建设加快推进。建成福建智慧法院管理中心，已关联670万余件案件、1595万余名当事人、1980万余份文书。推进电子卷宗随案生成、“智审”业务平台等信息化建设，加强法院信息化与执法办案等工作的深度融合

运用。福建法院ITC自助终端入选“砥砺奋进的五年”大型成就展。省法院被授予智慧法院建设先进单位。

坚持从严治院，法院党建队建成效明显。将政治建设摆在首位，深入推进“两学一做”学习教育常态化制度化。持续深入推进福建法官司法能力提升行动和“四个人才工程”建设。驰而不息整治“四风”“不严不实”“差错漏失拖”，纵深推进作风纪律建设和反腐倡廉工作。巩固拓展“1263”机关党建工作机制建设成果，广泛开展向廖俊波、邹碧华和詹红荔、黄志丽等先进典型学习活动。省法院获评第五届“全国文明单位”、全省“平安先进单位”称号。

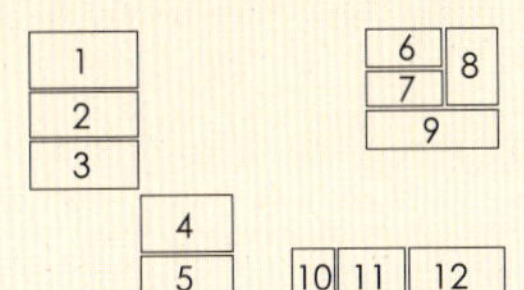

1. 福建省政府与福建高院召开联席会议
2. 第四届福建诚信与信用论坛在省法院举办
3. 2017年海峡两岸司法实务研讨会在福州举行
4. 省法院召开全省法院传达学习贯彻党的十九大精神大会
5. 省法院召开“一带一路”司法保障研讨会
6. 全国部分法院家事审判方式和工作机制改革推进会在泉州召开
7. 全国法院“跨域立案诉讼服务”试点工作培训会在泉州召开
8. 福州知识产权法庭揭牌成立
9. 福建法院加大信息化建设力度，建成福建智慧法院管理中心
10. 福建法院ITC诉讼服务自助终端入选“砥砺奋进的五年”大型成就展
11. 全省法院全力攻坚“基本解决执行难”。图为法院对被执行人采取强制措施
12. 省法院举办全省法院司法警察警务技能汇报演练

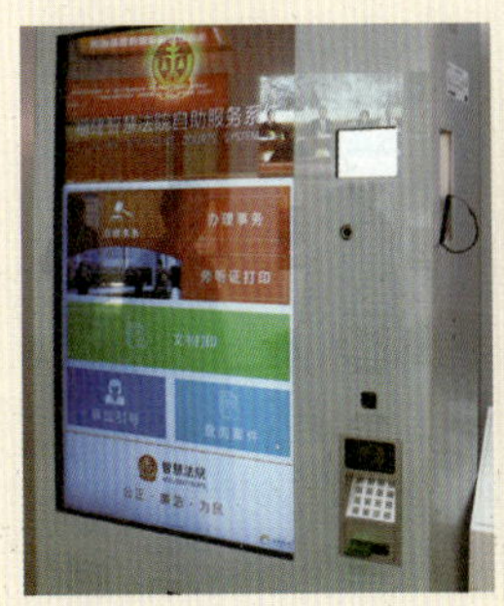

福建省交通运输厅

构建“四个交通、两个体系”，建设人民满意的交通

改革开放四十年来，交通是福建省发展成效最显著、群众获得感最强的领域之一。在省委、省政府坚强领导下，在交通运输部的大力支持下，福建省持续加快推进交通发展，实现了“市市通动车、县县通高速、镇镇通干线、村村通客车”，交通对经济社会发展的适应度从起初的“瓶颈制约”改善为“总体缓解”，再跃升到“基本适应、局部适度超前”，实现了彻底转变，有力保障了全省经济社会又好又快发展。

高速公路：从无到有，到2017年底通车总里程达5228千米，“三纵八横”主骨架基本形成，路网密度、人均密度位居全国前列。

普通国省道：改革开放前等级低、里程少。到2017年底，总里程已达10982千米，所有县城连接了二级及以上等级普通公路。

农村公路：改革开放前基本为砂土路、等外路，“晴天一身土，雨天两脚泥”是农村出行的真实写照。到2017年底，全省农村公路总里程达到9.2万千米，全省乡镇、建制村都通上水泥路。深入贯彻落实习近平总书记关于建设“四好农村路”重要批示精神，在全国率先全面推行农村公路路长制，率先全面组建乡村道专管员队伍，率先全面实施农村公路灾毁保险，率先建立养护资金合理增长制度。

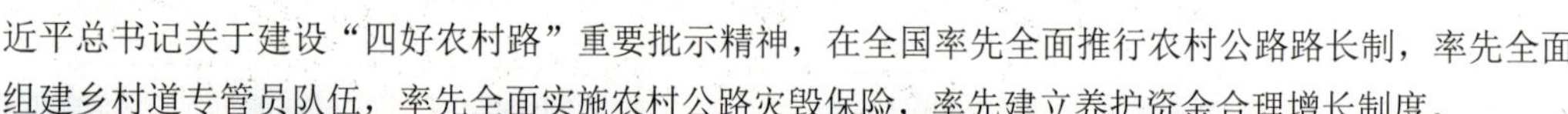

沿海港口：改革开放前万吨级深水泊位只有2个，到2017年底达到171个，生产性泊位实际通过能力超过7亿吨，具备停靠世界集装箱船、油轮和散货船最大主力船型条件。2017年，厦门港完成集装箱吞吐量首次突破1000万标箱。

群众出行：改革开放前交通基础设施数量少、运输装备简陋，群众出行很不方便。到2017年底，全省公交车总数1.98万辆，中心城区公交站点500米覆盖率超过90%。福州、厦门迈入“地铁时代”。全省农村基本实现“村村通客车”。百人以上岛屿建有陆岛交通码头，500人以上岛屿开通班轮。

闽台海上客运：从改革开放前的一片坚冰，发展到目前开通常态化经营的4条对台湾本岛客滚航

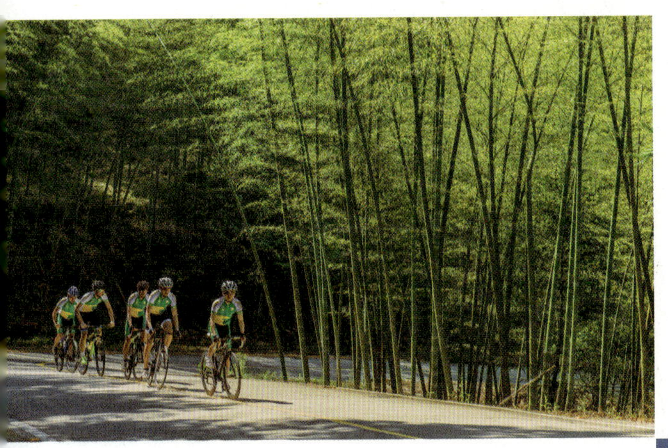

线和 4 条对金门、马祖“小三通”客运航线，2017 年共运送两岸同胞超过 195 万人次，有效促进了交往交流。

……

走进新时代，踏上新征程。在以习近平同志为核心的党中央统一领导下，按照省委十届六次全会坚持高质量发展落实赶超的决策部署，全省交通运输系统会同各地各部门，改革创新，砥砺前行，有决心、有信心在八闽大地上书写建设交通强国的福建篇章，建成高效、协调、绿色、安全的综合交通体系，建设人民满意的交通！

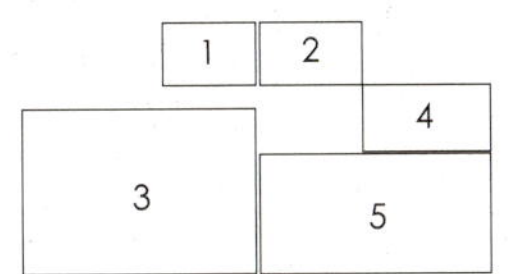

1. 国道 205 线明溪段
2. 永安市上坪乡农村公路
3. 沈海高速公路复线南安亭川互通
4. 厦门港 2017 年完成集装箱吞吐量居全球第 14 位
5. 厦门迈入“地铁时代”

福建省国家税务局

1	2	6	7
3	4	8	9
5			10

1. 3 月 31 日，福建省国税局、地税局联合举办第 26 个全国税收宣传月启动仪式，福建省国税局局长林京华（左二）、地税局局长赵静（左三）、泉州市副市长季翔峰（左一）出席启动仪式

2. 5 月 22—24 日，国家税务总局党组成员、副局长孙瑞标（左一）来闽调研，在福建省国税局局长林京华（左二）、地税局局长赵静（左三）陪同下，查看福建国税文化建设特色成果

3. 9 月 15 日，全省国税系统领导班子建设工作会议在福州召开

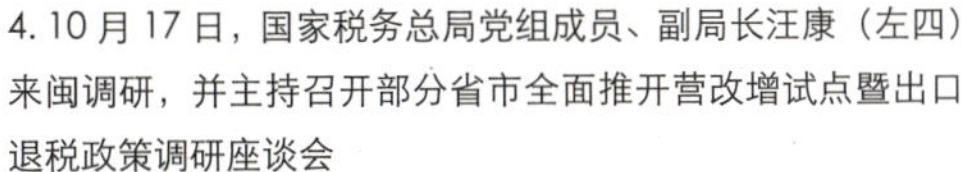

4. 10月17日，国家税务总局党组成员、副局长汪康（左四）来闽调研，并主持召开部分省市全面推开营改增试点暨出口退税政策调研座谈会

5. 9月15日，福建省国税局召开全省国税系统营改增试点总结表彰大会

6. 7月6日，福建国税三级党支部联合在政和县开展“学习廖俊波 做合格党员”主题党日活动。福建省国税局党组书记、局长林京华（后排左六）以普通党员身份参加支部活动

7. 7月24日，福建省国税局部分局领导、机关各处室主要负责人及关键岗位的党员干部共50余人赴省反腐倡廉警示教育基地（榕城监狱）开展警示教育专题活动

8. 12月15日，福建省“线上银税互动”签约仪式暨云税贷产品发布会在中国建设银行福建省分行举行，福建省国家税务局、福建省地方税务局、中国建设银行福建省分行三方签订战略合作协议，共同推出“线上银税互动”服务

9. 12月5日，福建省国地税联合办税平台——“中国电子税务局•福建”在莆田市试点上线。省国税局党组成员、副局长林国镜（右二），莆田市委常委、市政府常务副市长傅冬阳（右三），省地税局党组成员、总经济师陈秀榕（右四）出席启动仪式

10. 11月13日，福建省国税局举办十九大精神宣讲报告会

福建省地方税务局

2017年，福建省地方税务局坚持“始终把责任扛在肩上，始终把纳税人放在心中”的工作主线，持续强班子、带队伍、抓收入、推改革、优服务，各项工作取得实效。年度绩效考评均获得省政府和税务总局优秀等次，顺利通过第十三届省级文明单位评审检查，获省直“平安单位”称号，全年获福建省委书记于伟国肯定性批示3次、税务总局王军局长肯定性批示2次。

党的建设取得新进展。学习宣传贯彻党的十九大精神，开展“十场培训、百场宣讲、千人竞答、万人通读”活动，每季有主题、每月有活动，推进“两学一做”常态化制度化。举办“学习廖俊波 争做合格党员”先进事迹报告会，践行“四个合格”、做到“四讲四有”，全年全省地税系统36人次获省部级以上荣誉。落实全面从严治党主体责任，贯彻探索建立责任清单、问题清单、问责清单，加强监督、检查和指导，层层压实管党治党责任。深化党风廉政建设，组织开展首轮系统巡察，获税务总局局长王军肯定性批示。

组织收入迈上新台阶。坚持抓早、抓紧、抓实、抓细组织收入工作，持续强化税收大数据分析与应用，全省地税系统完成各项收入2429.19亿元，其中：税收收入1494.88亿元，剔除营改增因素可比增长15.8%，全年福建地税税收规

1	2	5	6
	3	7	
4		8	

1. 2017年2月24日，福建省委常委、常务副省长张志南参加全省地税工作会议并发表讲话

2. 2017年5月23日，国家税务总局副局长孙瑞标到福建省地税局调研

3. 2017年10月18日，福建省地税局领导班子及局内各单位负责人同步认真收看党的十九大直播

4. 2017年7月13日，福建省地税局召开党组会议研究部署工作

5. 2017年11月20日，福建省地税局局长赵静在福州市鼓楼区地税局调研纳税服务工作

6. 2017年11月29日，福建省地税局党组书记刘尚逊在泉州市晋江市地税局调研队伍建设工作

7. 福建省地税局大力推行简政放权和优化服务工作，其中新闻图片《办税“最多跑一趟”》入选中宣部“砥砺奋进的五年”大型成就展

8. 2017年4月26日，全国首个线上线下税收主题公园在福建省漳浦县正式开园

模居全国第 10 位，税收增幅居全国第 5 位，居华东地区第 1 位；非税收入 934.31 亿元，增长 9%，其中社保费收入 810.9 亿元，增长 9.4%。

税收法治开创新局面。深化法治建设，推行法律顾问制度和公职律师制度，联合省国税局、省法制办开展法治税务示范基地建设，推进税收共治，实现 10 个市级局全面设立公安派驻税务联络办公室，并延伸至县（区）局。规范税收执法，编制各级权责清单，推行税收执法责任制，并严格责任追究。落实国务院 6 项减税政策，出台 10 条减税降负政策服务措施，全年减免税收 368.21 亿元，增长 43.6%。强化税务稽查，全年共立案税务稽查 1111 户，督导纳税人自查 1102 户，入库稽查收入 11.94 亿元。及时公布税收违法“黑名单”并实施联合惩戒，全年共对外公布 10 件案件信息并通过“信用福建”平台推送相关部门实施联合惩戒。

税收征管实现新转变。完善税收征管制度，逐步实现事前审核向事中事后监管转变、固定管户向分类分级管户转变、无差别管理向风险管理转变、经验管理向大数据管理转变的“四个转变”。深化征管体制改革，推进国地税合作，推动服务一体、征管互补、执法协同、信息共享和队伍共建，有关改革及合作成效先后 33 次获省委、省政府及税务总局等领导肯定性批示。推进“互联网 + 税务”，探索实施智慧税务，创新打造“闽税通”服务品牌，建设电子税务局，联合推出“易办税”手机 APP，向福建省政府推荐的绩效管理创新项目“三通一平一突破，创响闽税通服务品牌”获行政执法类第四名的好成绩。

纳税服务持续新优化。贴近纳税人需求，进一步简化办税流程、简并涉税资料，推行“一趟不用跑”和“最多跑一趟”，细化实施 60 项便民措施，编制 9 大类 646 项涉税业务的标准化操作指南。推进国税地税业务全省通办，纳税人办税时间平均下降超 60%。建立省市县三级联动帮扶企业机制和纳税服务蹲点调研机制，及时响应并解决纳税人的诉求与困难。拓展税银合作，全年协助 3500 余户诚信纳税企业获取贷款 134 亿元。深化“放管服”，持续优化营商环境，在税务总局 2017 年纳税人满意度调查综合排名提升幅度居全国首位。

税收宣传拓宽新领域。开展“海丝路·税收情”系列主题宣传活动及“护航金砖会晤，普法在行动”法治宣传活动，在漳州漳浦推出全国首个 3D 实景“OTO”税收主题公园。拓展税收宣传新媒体，统筹全省地税系统微信公众号建设，官微原创率、阅读量居全国税务系统前列，官微矩阵关注数增至 44.5 万人。制作的环保微电影《守护》获中国金鸡百花电影节国际微电影展映优秀作品奖，《我的吉祥物》《老会计新会计》分获司法部“我与宪法”微视频作品征集展播二等奖、三等奖，新闻作品《办税“最多跑一趟”》入选中宣部“砥砺奋进的五年”成就展。

福建省农业厅

蓬勃发展的福建现代农业

2017年，福建省农业系统以习近平新时代中国特色社会主义思想为指导，认真贯彻落实中央和省委、省政府决策部署，扎实推进农业供给侧结构性改革，加快发展特色现代农业，深入实施精准扶贫精准脱贫方略，持续深化农村改革创新，全面完成各项目标任务。全省农林牧渔业增加值增长3.6%，农民人均可支配收入增长8.9%，粮食等主要农产品实现增产增效，农业农村经济保持稳中向好态势。主要体现在“六个新”：

一是粮食综合生产能力得到新提升。层层落实粮食生产责任制，建设高标准农田170万亩，改造抛荒山垅田20万亩，累计建成粮食生产功能区202万亩。在粮食主产县整建制推进绿色高产高效创建，推广增产增效关键技术3000万亩（次）以上，粮食耕种收综合机械化水平提高到62.8%。推广优质稻560万亩，扩大专用甘薯、马铃薯品种覆盖面，粮食品种结构进一步优化，粮食播种面积和总产保持稳定。

二是特色现代农业建设迈上新台阶。加快培育壮大茶叶、水果、蔬菜、食用菌、畜禽等特色产业，福建百香果、富硒农业成为特色现代农业新亮点，七大优势特色产业全产业链总产值超过1.1万亿元，其中蔬菜、水果、畜禽等产业产值均跨越千亿元大关。创建武夷岩茶国家级农产品优势区、安溪国家级现代农业产业园，组织创建省级以上现代农业产业园59个，全省实施现代农业重点项目761个，新增投资超过120亿元，特色产业向适宜区域集聚发展的

1	2	3
	4	6
	5	7

8	9

1. 2017年6月2日，副省长黄琪玉、省委农办主任黄华康与副主任陈明旺陪同中央农办主任、中央财办副主任韩俊在闽就“扶持小农生产、服务农业农村”进行专题调研

2. 2016年11月17日，省长于伟国到省农业厅（农办）调研考察

3. 2017 年 6 月 19 日上午，省长于伟国在张志南常务副省长、省农业厅黄华康厅长、副厅长陈明旺等领导的陪同下，视察了由省农业厅承办的现代农业馆

4. 2017 年 7 月 19—20 日，全省特色现代农业建设现场推进会在宁德福安市召开，副省长黄琪玉出席会议并讲话

5. 2017 年 5 月 21 日，首届中国国际茶叶博览会召开

6. 2017 年 9 月 20 日晚，一场别开生面的“我为品牌农产品代言”大型公益活动在北京 CCTV-7 农业节目演播厅举行

7. 6 · 18 期间，黄琪玉副省长到福建展馆参观指导

8. 2017 年 6 月 17 日，以“携手建设生态农业，两岸共创美好家园”为主题的“第九届海峡论坛 · 两岸特色乡镇交流暨生态农业对接会”在厦门举行

9. 2017 年 9 月 24 日，第十五届中国国际农产品交易会在北京闭幕，福建展团荣获组委会颁发的最佳组织奖和设计金奖

态势进一步形成。品牌农业加快发展，成功打造十大福建区域公用品牌，培育 26 个福建名牌农产品，安溪铁观音、武夷岩茶荣获中国十大茶叶区域公用品牌，福建百香果等 6 个农产品获第十五届国际农交会金奖，永春芦柑等 4 个农产品被评为中国百强农产品区域公用品牌。深入实施农产品质量安全“1213”行动计划，新建标准化规模生产基地 3163 个，“三品一标”农产品达 3724 个，农业部对福建省主要农产品抽检总体合格率达 98.6%、居全国前列，“清新福建 • 绿色农业”品牌初步打响。

三是农业绿色发展获得新成效。生态农业建设扎实推进，建立了农产品产地长期定位监测制度，加强农业面源污染防治，生猪养殖场关闭拆除和规模养殖场标准化改造全面完成，基本实现达标排放。开展化肥农药使用量零增长减量化行动，组织实施农业绿色高产高效示范，整县推进有机肥替代化肥试点，化肥农药使用量分别比 2016 年减少 5% 以上。加快转变农业发展方式，积极推广生态循环模式，漳州、南平被确定为国家级农业可持续发展试验区。强化重大动植物疫病防控和动物卫生监督执法，推进饲料、兽药、屠宰、病死猪无害化处理等全程监管，全省未发生区域性重大动植物疫情。

四是农业对外合作取得新进展。组织重点企业参加国际展会，持续推进“闽茶海丝行”等推介活动，农业“走出去”步伐加快，一批重大农业项目在“一带一路”沿线国家和地区落地建设；农产品国际市场不断开拓，农产品市场多元化特征更加明显，全年农产品出口额 91.2 亿美元，居全国第三位。持续深化闽台农业合作，台湾农民创业园建设水平不断提高，漳平、漳浦等 5 个台创园建设成效评估包揽全国前五名；闽台农业合作推广成效日益显现，闽台农业交流力度不断加大、领域持续拓展，“海峡论坛”农业专场活动取得成功，农业利用台资规模继续保持全国第一。

五是脱贫攻坚实现新成就。全面推进精准扶贫精准脱贫，年度脱贫 20 万人、造福工程易地扶贫搬迁 10 万人任务圆满完成。贫困人口动态管理制度不断完善，对象识别更加精准。产业扶贫政策不断强化，扶贫小额信贷覆盖面达 42.2%，“雨露计划”培训贫困户 6.9 万人次，贫困户发展生产奖补政策实现全覆盖。扶贫机制持续创新，精准扶贫医疗叠加保险启动实施，资产收益扶贫试点有序展开。挂钩帮扶 23 个省级扶贫开发工作重点县制度全面落实，第五轮整村推进扶贫开发启动实施。

六是农村改革有了新突破。制定出台福建省农村承包地“三权分置”、农村集体产权制度改革、农垦改革发展、新型农业经营主体培育等重大改革实施意见，基本确立福建省农村改革总体框架。农村土地确权登记颁证工作基本完成，农村集体产权制度改革全面启动，农垦改革重点任务加快推进。加快培育家庭农场、农民合作社、农业龙头企业等各类新型经营主体，总数超过 6 万家，培育新型职业农民累计超过 40 万名。积极推进改革试点，打造农村改革福建模式，多项改革成果被中央文件采纳。

福建省文化厅

1 3 7 10 8 4 9 11 5 2 6 12

1. 2017 年 9 月 2 日，文化部党组书记、部长雒树刚在泉州调研海上丝绸之路史迹保护

2. 2017 年 11 月 3—6 日，第十届海峡两岸（厦门）文化产业博览交易会在厦门国际会展中心举办

3. 2017 年 7 月 8 日，“鼓浪屿：国际历史社区”通过世界遗产大会的终审，成功列入世界文化遗产名录，成为中国第 52 项世界遗产项目

4. 党的十九大胜利召开后，福建省文化厅创排文艺节目开展“新时代新风采”党的十九大精神宣讲文艺巡演

5. 2017 年 12 月 25—29 日，省文化厅、省教育厅、省文联、省总工会联合举办第十三届福建音乐舞蹈节

6. 2017 年 12 月 30 日，福建省文化厅打造的福建文创（西湖）市集开市

7. 2017 年 6 月 11 日晚，舞剧《丝海梦寻》在金砖国家政党、智库和民间社会组织论坛专场文艺晚会演出

8. 2017 年福建省文化厅打造“百姓大舞台”公共文化服务项目，常态化开展文化惠民演出

9. 举办福建省第九届青年演员比赛，荟萃戏剧、声乐、器乐、舞蹈、杂技等艺术门类

10. 福建省举办文化厅闽籍书画名家抢救工程——伊秉绶书法艺术展

11. 2017 年 8 月 24 日，首家“中国·福建文化海外驿站”正式落户马来西亚马六甲市

12. 2017 年 12 月 9 日，国家京剧电影工程项目《大闹天宫》（唯一一部武戏）舞台版在凤凰剧场首演

福建省旅游发展委员会

2017年，福建省旅游系统坚持以习近平新时代中国特色社会主义思想为指导，认真贯彻省委、省政府决策部署，按照省政府主要工作任务分工要求，大力推进全域生态旅游，着力打响“清新福建”品牌，认真实施“放心游福建”服务承诺，统筹推进旅游产业“五大提升工程”，旅游业呈现出快速、高效、健康发展的良好态势。经福建省政府研究并报中央编办批准同意，2017年5月31日，福建省旅游局正式更名为福建省旅游发展委员会，由省政府直属机构调整为省政府组成部门。福州、厦门等9个设区市和平潭综合实验区管委会也相继更名成立旅游发展委员会，全省实现了设区市一级旅发委全覆盖。

全省全年累计接待游客总人数3.83亿人次，比增21.4%，比全国平均增速高9个百分点；全省旅游总收入突破5000亿元大关，达5083.10亿元，比增29.2%，比全国平均增速高14个百分点；初步测算，2017年全省旅游增加值占GDP比重为6.7%，对国民经济综合贡献为15.6%（比全国高4.6个百分点）。全省累计接待入境游客775万人次，比增13.9%，比全国平均增速高13个百分点，继续保持全国第5位；累计接待过夜游客1.96亿人次，

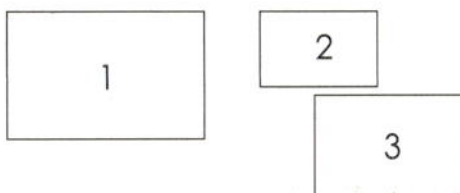

1. 福建省旅游发展委员会主任吴贤德调研尤溪旅游工作

2. 福建省旅游发展委员会主任吴贤德会见越南大使

3. 省领导参加 2017 年中国旅游日福建分会场活动

比增21.9%，占全省旅游总人数比重达51.2%，比上年提高0.2个百分点；全省游客人均花费达1327元，比增6.4%。根据人民网2017年3月发布的中国旅游目的地品牌声誉指数，福建位居全国第六位；福建省旅发委获得2017中国全域旅游魅力指数排行榜“最佳全域旅游推进奖”。

中共福建省委党史研究室

2015-2017 年，中共福建省委党史研究室精神文明建设工作在省直文明办和室务会议的正确领导下，以党的十八大、十八届四中、五中、六中全会和习近平总书记系列重要讲话精神，以及省委第九次党代会、第十次党代会精神为指导，以建设社会主义核心价值体系为主线，着力提高我室干部职工文明素质，开展了形式多样、内容丰富的精神文明创建活动。经过全室党员干部职工的共同努力，连续获得第十一届（2009-2011）、第十二届（2012-2014）、第十三届（2015-2017）省级文明单位称号。

一、领导重视，齐抓共管

首先，主要领导负总责，创建工作机构健全。其次，创建经费有保障。最后，每年室务会议定期专题研究精神文明创建工作。

二、全员参与，广泛宣传

精神文明建设活动的开展，都要做到“全员参与，全员创建”，体现了我室广大党员、干部、职工全员参与的积极性、主动性。

三、健全机制，措施得力

首先，做到届初有三年规划，每年有年度计划和总结。其次，形成了定期研究、部署和执行精神文明创建工作的上下三级联动机制。最后，建立各党支部（党总支）精神文明创建联络员制度。

四、对接体系，开展活动，全面落实文明考评指标

三年来，我室精神文明创建工作严格对接省直文明办有关文件要求，逐条对照，逐项抓落实，认真开展活动，全面完成省直文明办各项考评指标。一是加强理论学习；二是规范办事制度；三是完善志愿服务机制；四是抓好文明志愿教育；五是开展“送温暖、献爱心”志愿活动；六是深化省市文明共建城活动。

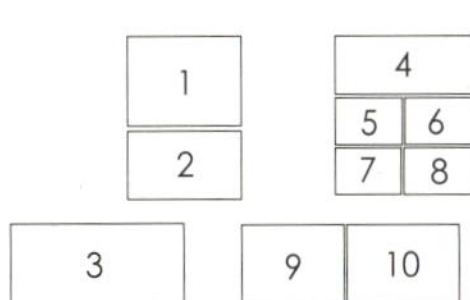

1. 2017 年 11 月 22 日，省委党史研究室举办全省党史部门学习贯彻党的十九大精神专题培训班

2. 2017 年 3 月 7 日，省委党史研究室女干部职工参观省妇联图片展

3. 2016 年 10 月 12 日，最近录入人员参观榕城监狱

4. 2015 年 12 月 15 日，省委党史研究室在东山县谷文昌纪念馆举办支部书记培训班

5. 2017 年 1 月 24 日，省委党史研究室领导慰问共建琴湖社区困难户

6. 2016 年 1 月 7 日，单位献血

7. 2017 年 1 月 25 日，省委党史研究室开展两节卫生检查

8. 2017 年 3 月 31 日，省委党史研究室到共建琴湖社区送微心愿

9. 2017 年 3 月 2 日，省委党史研究室和省革命历史纪念馆 6 同志献血 1300 毫升

10. 2017 年 4 月 7 日，省委党史研究室清明祭拜先烈

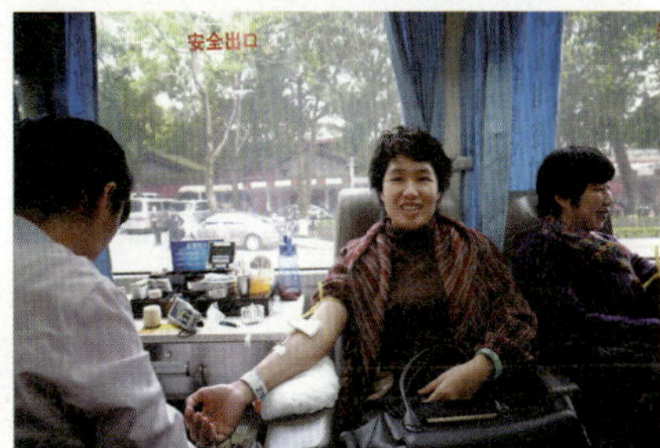

福建省社会科学界联合会

1 6
2
3 4 7 8
5 9 10

1. 2017年5月6日，举办红色文化高端论坛，论坛围绕“中国革命历史与红色文化传承”的主题开展研讨。省委常委、宣传部部长、省社科联主席高翔出席并讲话

2. 2017年10月10日，省社科联举办第二届哲学社会科学专家与自然科学专家对话交流活动，以“实施创新驱动优先战略 打造创新发展‘福建范本’”为主题，为“再上新台阶、建设新福建”建言献策。省委常委、宣传部部长、省社科联主席高翔出席并讲话

3. 2017年6月30日，省社科联组织部分党员干部到福建省革命历史纪念馆开展纪念建党96周年主题教育活动

4. 2017 年 10 月 30 日，省社科联召开学习宣传贯彻党的十九大精神专题会

5. 2017 年 11 月 1 日，省社科联召开福建省社科界学习贯彻党的十九大精神座谈会，来自全省社科理论界的专家畅谈学习十九大精神的体会。省委常委、宣传部部长、省社科联主席高翔出席并讲话

6. 2017 年 11 月 3 日，省社科联举行“2017 年福建省社会科学普及宣传周”启动仪式，现场举行“学习宣传贯彻党的十九大精神”有奖竞答活动上线仪式、《福建历史文化名人从书》（第二辑）首发式及赠书仪式

7. 2018 年 3 月 30 日，省社科联组织干部职工到平潭综合实验区开展志愿植树活动

8. 2018 年 3 月 20 日，省社科联组织干部职工开展“热血送暖，为生命接力”无偿献血活动

9. 2018 年 7 月 13 日，省社科联开展纪念建党 97 周年活动，组织党员干部前往福建省档案馆参观“不忘初心，牢记使命”档案文献展，并重温入党誓词

10. 2018 年 6 月 9 日，省社科联组织机关部分党员干部职工前往福建省图书馆的“东南周末讲坛”，开展助力“文化福建”志愿服务活动

福建省烟草专卖局

福建省烟草专卖局、中国烟草总公司福建省公司组建于1984年1月1日，实行“统一领导、垂直管理、专卖专营”体制，下辖9家设区市局（公司）、76个县级局（分公司），以及中国烟草福建进出口有限公司、福建烟草海晟投资管理有限公司，控股三明金叶复烤有限公司和武夷烟叶有限公司2家烟叶复烤加工企业，是一个集农工商、产供销、内外贸于一体的单位，主要负责全省的烟草专卖行政管理及执法监督、卷烟销售及网络建设、烟叶生产经营的组织和复烤加工等工作，现有职工1.4万余人。2017年，全省行业实现税利171.5亿元，上缴国家财政收入149.1亿元，对外捐赠资金0.84亿元，投入烟基建设资金1.1亿元、烟叶生产扶持资金3.4亿元。

福建烟草积极践行社会主义核心价值观，秉承“国家利益至上、消费者利益至上”行业共同价值观，坚持“始终把维护烟农利益放在心上，始终把为卷烟零售客户提供优质服务作为企业根本任务，始终把调动全体员工积极性、主动性、创造性作为一切工作出发点”、强化“责任意识、忧患意识、公仆意识、民主意识、创新意识”，真诚服务全省18.4万户卷烟零售客户和4.6万户烟农，并积极开展农田基础设施建设和援建水源工程建设，为国家财政增收、地方经济发展、精准扶贫助困、专卖制度维护做出了积极贡献。省局（公司）先后获评“全国文明单位”“全国卷烟打假工作特殊贡献单位”“‘十二五’企业文化建设优秀单位”“全国企业文化建设示范基地”“全国烟草行业普法先进单位”“福建省平安先进单位”等荣誉称号。全省行业现有省局（公司）机关及福州、厦门、莆田、三明市局（公司）5家全国文明单位，62家省级文明单位，设区市局全部获评“省文明行业”，省局获评“省创建文明行业工作先进行业”。

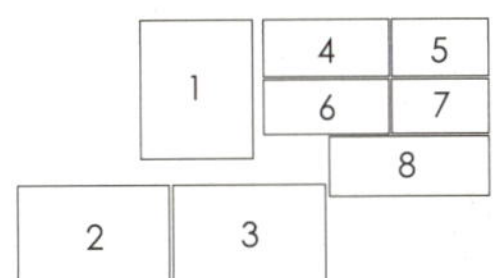

1. 利用烤房优越的环境温湿度控制进行竹耳栽培

2. 福建烟草援建水源工程

3. 福建烟草援建农田基础设施

4. 2017 年 7 月 7 日，福建省涉烟案件罚没物品集中销毁仪式在福州举行，福建省局局长张永军（右四）、副局长黄星光（左一）出席销毁仪式

5. 2017 年 11 月 23 日，福建省局工会代表慰问福州北江社区困难户

6. 2017 年 6 月 28 日，福建省局开展迎金砖志愿服务活动

7. 2017 年 8 月 4 日，福建省局组织职工参加义务献血活动

8. 2017 年 5 月 22—26 日，福建烟草商业系统首届职工“五人制”足球赛在福州举行

福建农村信用社联合社

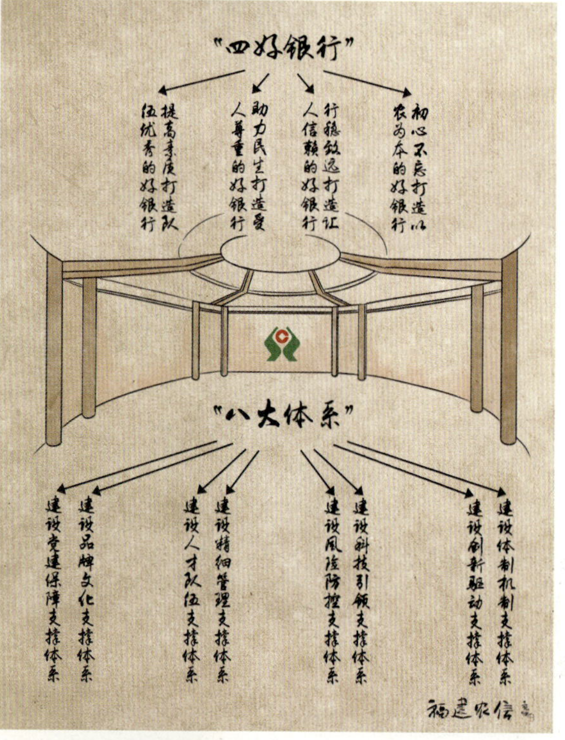

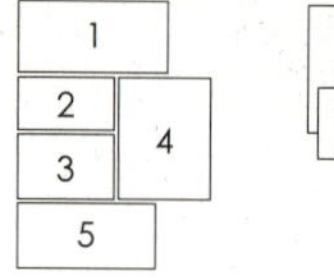

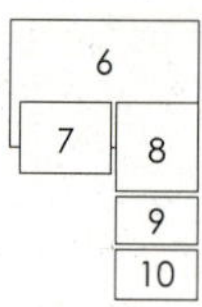

1. 2017 年 5 月 21 日，省政府召开了全省农信系统普惠金融工作推进会，全省农信系统加快形成具有农信特色和竞争优势的普惠金融服务体系

东南网:www.fjsen.com 新闻客户端:新福建
中共福建省委主办 福建日报报业集团出版 2017年11月22日 星期三 丁酉年十月初五

福建农信十举措为乡村振兴战略注入金融血液

【编者按】党的十九大报告提出实施乡村振兴战略，史无前例地把这个战略庄严地写入党章，是全面建成小康社会的重大战略部署，为农业农村改革发展指明了方向。

近日，为贯彻落实党的十九大精神和省委十届四次全会工作部署，福建省农信联社党委出台《福建农信服务乡村振兴战略行动计划》，提出五个目标、十条措施、五项保障，进一步改进"三农"金融服务，助力我省加快实施乡村振兴战略，促进农业农村现代化。

福建省农信联社党委表示，全省农信系统要以习近平新时代中国特色社会主义思想为指导，在省委、省政府的坚强领导下，在各地各部门的大力支持下，把服务乡村振兴战略作为新时代福建农信工作的总抓手，高高举起乡村振兴的旗帜，按照"产业兴旺、生态宜居、乡风文明、治理有效、生活富裕"的总要求，抢抓机遇、主动作为，落实好乡村振兴战略的重要部署，在打造以农为本、让人信赖、受人尊重、队伍优秀的"四好银行"，建设升级版福建农信上迈出更大步伐，为谱写新时代福建发展新篇章作出更大贡献。

福建省农信联社主要负责人在接受媒体采访时说："党的十九大报告提出的乡村振兴战略，是新时代中国特色社会主义伟大事业的重要内容，是党中央对新时代'三农'工作作出的新的战略部署，具有十分重要的现实意义和深远的历史意义，必将给福建农信发展带来重大历史机遇。福建农信以农为本，为农而生，因农而兴。作为农村金融主力军，我们更有条件、更有感情、更有责任助力八闽大地成为这一重要战略落实最坚决、实践最生动、成果最丰硕的示范区。"

五个目标 助推农业农村优先发展

十条措施 服务乡村振兴战略

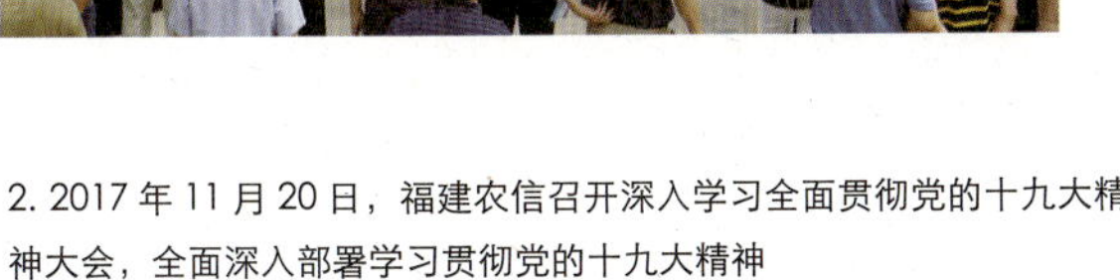

2. 2017年11月20日，福建农信召开深入学习全面贯彻党的十九大精神大会，全面深入部署学习贯彻党的十九大精神

3. 省农信联社调研发现，闽西是红色农信的诞生地、农信初心的发源地，1929年10月，第一批农民入股组成的红色信用社永定太平区设立

4.《福建农信"十三五"总体发展规划》编制完成，形成"四好银行"四梁八柱战略架构

5. 省农信联社与省扶贫办联手部署扶贫攻坚战

6. 2017年11月，福建农信在全国农信系统及全省银行业率先出台服务乡村振兴战略行动计划，《福建日报》作了专题报道

7. 2017年8月10日，全省创新林业金融服务暨"福林贷"林业小额担保贷款服务模式推广会在三明召开。图为参会代表听取"福林贷"产品介绍

8. 2017年末，全省农信系统年末存款规模首次跃居全省银行业第一位

9. 2017年，全省农信系统当好金融扶贫主力军，五项指标均居全省银行业首位

10. 省农信联社荣获2017全国农村金融十大新闻·机构（省级联社）年度特别奖，是全国农信系统唯一一家获此殊荣的省级联社

福建省公路管理局

改革开放以来，随着公路“先行工程”“入闽通道工程”“年万里农村路网工程”“五优公路”“镇镇有干线”的实施，一条条宽敞舒适的公路相继建成，一座座巍峨雄伟的大桥拔地而起，一个个气势不凡的隧道陆续贯通。截至2017年底，全省普通公路通车里程达102934千米，普通二级及以上公路里程11791千米。

公众出行更加安全便捷。公路部门大力实施民生工程，推进危桥改造、生命安全防护工程、隐患点整治等保障群众安全出行，持续推进“美丽交通生态公路”建设，公路基础设施和路域环境不断改善。同时，建制村通硬化公路率、农村公路列养率、县级农村公路机构设置率达到100%，实现了“镇镇有干线、村村硬化路、路路有人养”。

公路服务更加优质高效。公路应急抢险体系逐步成熟，实现国省干线公路应急救援2小时到达、一般灾害10小时抢通的目标。普通公路96330热线电话24小时开通，为司机朋友提供路况指南和解答。服务区、停车区为公众提供温馨便民服务。

福建公路人锐意进取、创新发展，走出了一条具有福建特色的路子。全面实施“五标准五集中”和“五优五化”建设、养护、路政标准化管理；在全国率先实行农村公路灾毁保险、“工程包”、“路长制”；推动创建品质工程、旅游公路、绿色公路示范项目40年来，变化的是脚下越走越好的公路，未改的是公路人匠心筑路护路的初心。多少个狂风暴雨里，他们不眠不休抢通公路；多少个炎炎烈日下，他们坚守一线护路畅通；多少个漆黑暗夜中，他们一个电话赶赴现场；无偿献血、扶贫助弱、公益募捐、春运服务等志愿活动也少不了他们。

一分耕耘，一分收获。福建省公路管理局先后获六届省级文明单位、“全国交通系统文明行业”“全国先进模范职工之家”及“全国文明单位”等荣誉，并被评为“十二五全

国干线公路养护管理先进单位”。在最新一届省级文明单位、省直机关文明单位评选中，全省公路系统有 33 个单位获得省级文明单位称号。带着这些“荣誉勋章”，闽路人将继续前行，为推动福建公路事业科学发展、跨越发展和建设“交通强国”贡献力量。

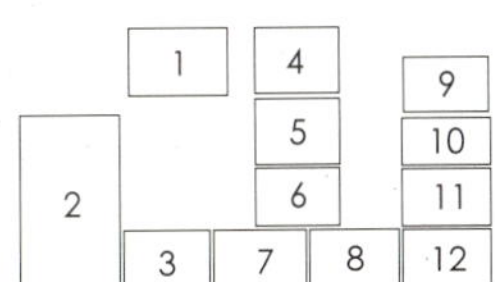

1. 厦门迎宾大道
2. 长汀河田县道 651 线
3. 永春县道 343 线呈祥路段
4. 浴“雪”奋战
5. 南靖生态旅游公路
6. 建设中的农村公路
7. 厦门演武大桥
8. 泉州后渚大桥立交桥
9. 公路钢桥演练
10. 国道 205 龙岩上杭才溪路段
11. 建设中的桥梁
12. 隧道照明灯维护

兴业证券股份有限公司

兴业证券股份有限公司是中国证监会核准的全国性、综合性、创新类证券公司，成立于1991年10月29日，2010年10月13日在上海证券交易所首次公开发行股票并上市（601377.SH）。公司注册地为福建省福州市，系福建省属非银行业金融机构，主要股东有福建省财政厅、福建省投资开发集团有限责任公司、中国证券金融股份有限公司等。

兴业证券主要经营经纪业务、承销与保荐业务、投资咨询业务、自营业务、财务顾问业务、融资融券业务、基金与金融产品代销业务、基金托管业务、期货介绍业务等。在全国31个省、市、区共设有62家分公司、140家证券营业部，控股兴全基金管理有限公司、兴证国际金融集团有限公司、兴证期货有限公司，全资拥有兴证证券资产管理有限公司、兴证创新资本管理有限公司、兴证投资管理有限公司，参股海峡股权交易中心（福建）有限公司、南方基金管理有限公司、中证信用增进股份有限公司、中证机构间报价系统股份有限公司、证通股份有限公司，设立兴业证券慈善基金会，专门从事慈善公益与扶贫活动。兴证国际金融集团有限公司于2019年1月3日在香港联交所主板上市（6058.HK），是兴业证券集团国际化和全球化发展的平台。

兴业证券成立以来，始终坚持依法经营、稳健经营、文明经营。在中国特色社会主义进入新时代的新形势下，兴业证券提出了“建设一流证券金融集团”的新战略目标。明确提出要把公司建设成为具有一流的资本实力、一流的风险管理能力、一流的竞争能力和盈利能力、一流的人才和优秀企业文化、科学的机制体制以及较强国际竞争力的证券金融集团。

作为福建省证券业龙头企业和总部位于福建的全国性证券金融集团，兴业证券始终坚持立足福建、服务全国、辐射海外，紧紧围绕省委、省政府决策部署，积极发挥证券经营机构功能，通过提供资本市场多种投融资工具，服务福建省经济高质量发展。目前，兴业证券股权融资、债权融资、结构化融资、场外挂牌、直接股权投资的项目数量和融资金额均排名福建省第一，服务福建省经济社会发展取得了良好成效。

兴业证券深入学习贯彻习近平新时代中国特色社会主义思想，坚决贯彻落实习近平总书记对福建工作重要指示精神和省委、省政府工作要求，坚持新发展理念，坚持高质量发展和落实赶超目标，坚定不移地提升专业服务能力，回归金融本源，为社会创造价值。兴业证券将不忘初心，牢记使命，坚守金融服务实体经济天职，把为实体经济服务作为自身工作的出发点和落脚点，为建设“机制活、产业优、百姓富、生态美”的新福建作出应有的努力。

1. 兴业证券公司前身福建兴业银行证券交易营业部，1991 年 10 月 29 日在福州成立并正式对外营业

2. 1992 年，设立的兴业证券上海业务部

3. 1992 年，兴业证券首批入驻上海证券交易所的经纪人代表

4. 1993 年，福建省首次试点股份制企业向社会公开发行股票现场

5. 1994 年，福建兴业证券公司成立现场，兰荣总经理致辞

6. 兴业证券在上海证券交易所上市现场

7. 兴业证券 2019 年度策略会“重构创新大时代”现场

8. 2017 年 11 月 29 日，兴业证券第五届董事会换届，董事长杨华辉与新一届董事会成员合影

9. 2019 年 1 月 3 日，兴证国际在香港联交所主板上市现场

福州市公安局

2018 年 7 月，福州市公安局获第十三届（2015-2017 年度）省级文明单位。这是福州市公安局继 2012-2014 年度创建第十二届省级文明单位以来，连续两届获此荣誉称号。

福州市公安局党委高度重视文明创建工作，成立以副市长、公安局局长潘东升为组长的文明单位创建领导小组，制定创建工作三年规划和年度计划，围绕创建任务和目标，有计划、有步骤开展创建活动。一是深化学习教育，以上党课、辅导、先进典型座谈、主题征文、知识竞赛、微信平台主题宣传等方式，“六位一体”推进学习宣传贯彻党的十九大精神，连续三年作为市直机关唯一代表在市委主题教育工作座谈会上做典型经验介绍。二是打造公安特色创建品牌，结合公安工作实际，建立文明执法、文明交通、文明共建、文明旅游、文明餐桌等“六个文明”的公安特色创建体系。三是加强道德建设，常态化开展培育践行社会主义核心价值观大讨论和演讲比赛，每季度评选 10 名遵德守礼、爱岗敬业的民警为“福州警星”，引领文明新风。四是提升执法服务水平，建设完善福州公安公众服务平台和便民服务“微警局”，提供 11 个部门 284 项办事服务，实现 53 个项目网上全流程办理。五是担当社会责任，组建福州公安志愿服务队，局机关党员志愿者人数 2806 人，占党员人数 95% 以上，党支部志愿服务队注册数量 111 支，达到 100% 覆盖，近三年参与公益志愿服务活动 140 场，与 3 个偏远乡村和 3 个社区开展助力扶贫、党建共驻、社会治理等各类共建项目，实现文明创建和公安工作相互促进、共同提高。

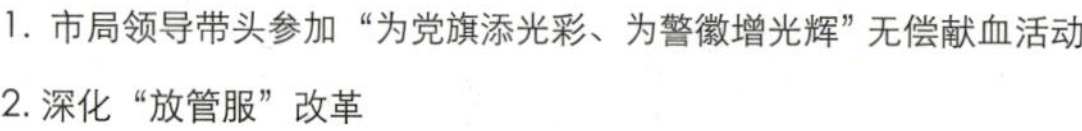

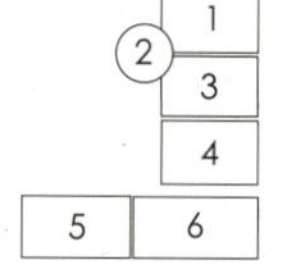

1. 市局领导带头参加“为党旗添光彩、为警徽增光辉”无偿献血活动
2. 深化“放管服”改革
3. 公安民警走进社区开展“学习雷锋精神 弘扬文明新风”暨“情满拗九 青春同行”主题志愿服务活动
4. 福州市公安局窗口全面推行“无否决权”工作机制，全市公安窗口单位面对群众办事、求助、咨询等，任何窗口工作人员不得说“不能办”，而要说“怎么办”
5. 党员民警参观三坊七巷名人家风家训馆，深入学习贯彻十九大精神和习近平总书记关于“注重家庭、注重家教、注重家风”的重要指示精神，弘扬社会主义核心价值观
6. 福州公安志愿服务队参加市树挂牌认养活动

福建省国有资产管理有限公司

福建省国有资产管理有限公司是经省委省政府批准，于2005年11月注册成立，2014年1月重新组建运作的省国资委第17家所出资企业，现为国务院国资委“国企改革双百行动”企业，被省国资委确定为国有资本运营公司试点企业、建设规范董事会试点企业。省国资公司入选“2018年福建企业百强”，排名第56位。

四年来，该公司充分发挥省委省政府赋予的接收退出、整合资源、投资融资“三大平台”作用，积极做好脱钩、改革、发展“三件大事”，圆满完成4批145家省级行政机关所办（属）一级企业脱钩划转工作，从以承担脱钩划转工作为主要职责的企业，发展成为一家营收上百亿、利润超3亿，资本运营、人力资源服务和海洋经济“三大主业”齐头并进的大型国企。截至2017年底，公司营业收入比2013年增长321%，利润总额增长616%，实现了国有资产的保值增值。公司《聚焦“五个着力”解决遗留问题防止脱钩企业国有资产流失》一文被编入国务院国资委《国企改革探索与实践——地方国有企业100例》。因成绩较为突出，该公司党委书记、董事长林升荣获第十七届福建省优秀企业家称号。

为促进持续快速健康发展，该公司将以习近平新时代中国特色社会主义思想为指引，聚焦主业、主动作为、勇于创新，推进党建工作与改革发展深度融合，通过发起设立国有企业结构调整基金、加快建设三都澳大黄鱼产业园、完善人力资源服务全产业链等有力举措，使公司真正发展成为主业坚实、特色鲜明、运作规范、可持续发展、核心竞争力较强的省属国有企业。

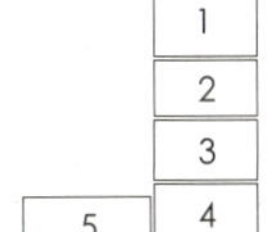

1. 2018年5月，林升董事长与俄罗斯联邦卡累利阿共和国副首长提莫菲叶夫展开会谈

2. 2018年4月，林升董事长接受中国新闻网福建频道采访

3. 2017年11月，林升董事长赴权属企业霞浦新日鑫公司宣讲十九大精神

4. 2016年6月，国资公司机关党支部赴古田会议现场开展党日活动

5. 2017年11月，举行CA公司等3家企业脱钩划转仪式

三明市中级人民法院

全市按行政区划设置基层法院12个，有基层人民法庭15个。截至2018年7月，全市法院共有在编工作人员1067人，其中员额法官398名。三明中院现有在编工作人员160人，其中员额法官62人。三明中院蝉联全国文明单位，获评全国敬老文明号、全国巾帼文明岗、全国青少年维权岗等荣誉，全市各基层法院省级文明单位全覆盖，建宁法院获评全国文明单位，永安法院获评全国模范法院。

近年来，三明中院始终坚持以习近平新时代中国特色社会主义思想为指导，坚持以人民为中心的发展思想，创新工作方法，着力打造了少年与家事审判、诉讼服务中心、执行攻坚、生态审判、涉侨司法等一批富有特色的司法服务品牌。

三明中院自主设计全国首个少年与家事审判“圆心”科技法庭，成立全省首家反家暴联动中心，探索附条件缓刑工作机制、健全未成年人国家监护制度、引入专业司法社工。建设诉讼服务中心面积达2000平方米，创新“群众·法官·法院”三维服务模式，全图景式构建“六联六拓”司法服务功能体系，设置导诉、立案、审判、执行、调解等十五大服务功能区，被誉为全国一流的诉讼服务中心。始终把执行攻坚作为“一把手工程”来抓，建机制、补短板、重规范、出硬招、提质效。在全省法院“不忘初心、牢记使命、全力攻坚执行难”擂台赛中，三明中院获竞赛总成绩第一名。主动探索司法护航生态环境新

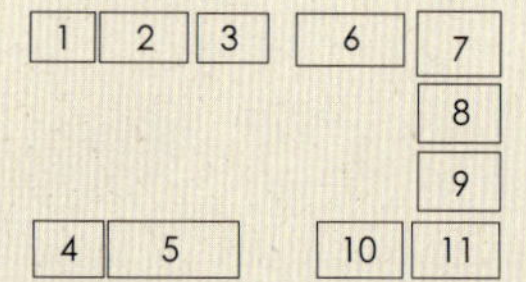

1. 2018年7月27日，省委常委、政法委书记王洪祥到三明中院调研指导工作
2. 2017年8月29日，省法院党组书记、院长马新岚到三明中院调研指导工作
3. 2018年6月7日，省法院党组书记、院长吴偕林到三明中院调研指导工作
4. 2017年12月19日，三明中院在明溪县梓口坊村成立全省首个侨益司法保护示范中心
5. 2017年12月26日，最高院、省法院有关领导和全国少年司法领域专家学者齐聚三明出席未成年人案件综合审判工作研讨会
6. 2018年8月29日，全国法院第17期决胜执行难全媒体直播聚焦三明，50余家媒体参与，1500万网友在线收看

路径，对涉及生态环境的刑事、民事、行政案件“三审合一”，完善生态环境司法修复举措，以检察机关提起的环境民事公益诉讼、环境行政公益诉讼在三明两级法院落地。2017年12月，在明溪县沙溪乡梓口坊村成立福建省首个侨益司法保护示范中心，示范中心安装远程视频系统，可连线对话海外乡亲、相关使领馆和商会联络人，法官可在线组织证据交换、庭审、调解。

在市委的坚强领导和上级法院科学指导下，三明法院始终高举旗帜、围绕中心、服务大局，坚持“抓党建、带队伍、促审判、树形象、创一流”的工作思路，全面加强法院队伍思想建设、司法能力建设、纪律作风建设、反腐倡廉建设，推动了法院工作全面发展，连续11年无刑事贪腐案件发生。

7. 2017年12月4日，三明中院举行宪法宣誓仪式

8. 2017年9月21日，三明中院党组书记、院长姚丽青担任审判长、主审人开庭审理罗建敏故意杀人案

9. 2015年，三明中院荣获全国文明单位。2017年，蝉联全国文明单位

10. 2018年11月，三明中院建成24小时自助司法服务中心

11. 2018年10月，三明中院微博位列全国中基层法院第四，荣获全国法院优秀微博账号

三明市人民检察院

生态检察，服务三明生态文明建设，张时贵检察长视察大田文江河整治

三明市检察机关开展迎新春检察文化成果展示交流活动

用亲和公信书写文明答卷
——三明市人民检察院

2017年11月，三明市检察院在连续获得四届“省级文明单位”基础上，被中央文明委授予第五届“全国文明单位”荣誉称号。

一、坚持思想引领，一张蓝图绘到底

三明市检察院历届党组始终高度重视文明创建工作，坚持以习近平新时代中国特色社会主义思想为指导，深入学习贯彻党的十八大、十九大精神，大力培育和践行社会主义核心价值观，牢牢把握“以人民为中心”发展思想，坚持以党建为统领，坚持把思想政治建设放在首位，坚持把文明创建融入新时期检察工作，牢固树立“四个意识”，坚定“四个自信”，坚决做到“两个维护”。2014年初，检察长张时贵上任后，及时调整充实精神文明创建工作领导小组，形成主要领导总体抓、分管领导具体抓、责任部门抓落实的工作格局。每年召开各项业务固强补弱分析会，梳理争先进位措施，层层签订责任状，明确文明单位创建职责，树立正确导向，集思广益，完善工作措施，推动工作落实。

二、坚持机制创新，建设过硬检察队伍

三明市检察院始终把创建全国文明单位与深入推进“两提升五过硬”建设紧密结合起来，市委和12个县（市、区）全部出台《关于支持检察机关加强“两提升五过硬”建设的实施意见》，建立“党委支持、市检察院主导、基层检察院主责、两级检察院党组统一领导、全体检察干警广泛参与”工作机制。从2000年起，每年突出一主题，连续18年开展春季队伍整训活动，深化“学习型检察院、学习型党组织、学习型检察官”创建活动。落实司法办案责任制，推进司法规范化建设，连续17年无法院

三明市检察院开展“用指尖点亮乡村法治”普法宣传活动

三明市检察院开展“讲述经典、书香检察”朗读比赛

三明市检察院坚持每年组织一次义务献血活动

2014年以来，三明市检察机关已连续举办四届全员健身运动会

三明市检察院开展“学家训，立家规，正家风”演讲比赛

三明市检察院党员志愿服务队到社区开展志愿服务活动

判决无罪案件。发挥先进典型示范引领作用，评选表彰全市检察机关“十佳业务标兵”、“十大精品案件”、办理大要案先进集体先进个人。加强检察文化建设，连续举办四届全市检察机关全员健身运动会，举办“两提升五过硬”建设书画摄影展、“讲亲和、立公信”等演讲比赛，营造“风清气正、健康向上”的工作氛围。

三、坚持创先争优，打造“亲和公信”品牌

三明市检察院始终以争创“人民满意文明单位”为目标，文明创建工作在改革中发展，在探索中加强，在创新中前进。坚持把深化便民服务融入文明单位创建活动中，主动延伸检察触角，促进检力下沉，在全市124个乡镇、厂矿企业、工业园区设立派驻检察联络室43个，巡回检察联络点67个，打造“百姓家门口检察院”。主动融入市委“念好发展经、画好山水画”工作主题，探索“党政支持、人大授权、部门协作、区域联动”生态检察工作机制，建立闽江源协作保护机制，推动辖区河道、矿山、大气污染专项整治，《关于充分发挥检察职能作用服务三明市生态文明建设的意见》被评为“最佳服务发展举措”，“生态检察服务民生”被评为“优秀党建服务品牌”。维护社会公共利益，办理公益诉讼诉前程序案件173件，提起公益诉讼案件17件，办理全国首批、全省首例清流县检察院诉清流县环保局行政不作为行政公益诉讼案件，被高检院列为典型指导案例。开展“法治进校园”巡讲、“未成年人零犯罪村居”创建活动，未成年人刑事检察工作模式在全省推广。

2014—2017年，三明市检察院先后被授予“全国法治宣传教育先进单位”“全省先进基层党组织”“全省优秀职工之家”等荣誉称号；三明市检察系统被授予全省“文明行业”称号；市检察院公诉处被团中央授予“全国青年文明号”称号；市检察院控告申诉检察处连续两届被评为“全国检察机关文明接待室”，被省文明办确定为“文明行业创建竞赛活动示范窗口”，荣获市直机关“十佳服务群众窗口”称号。

中国（福建）自由贸易试验区

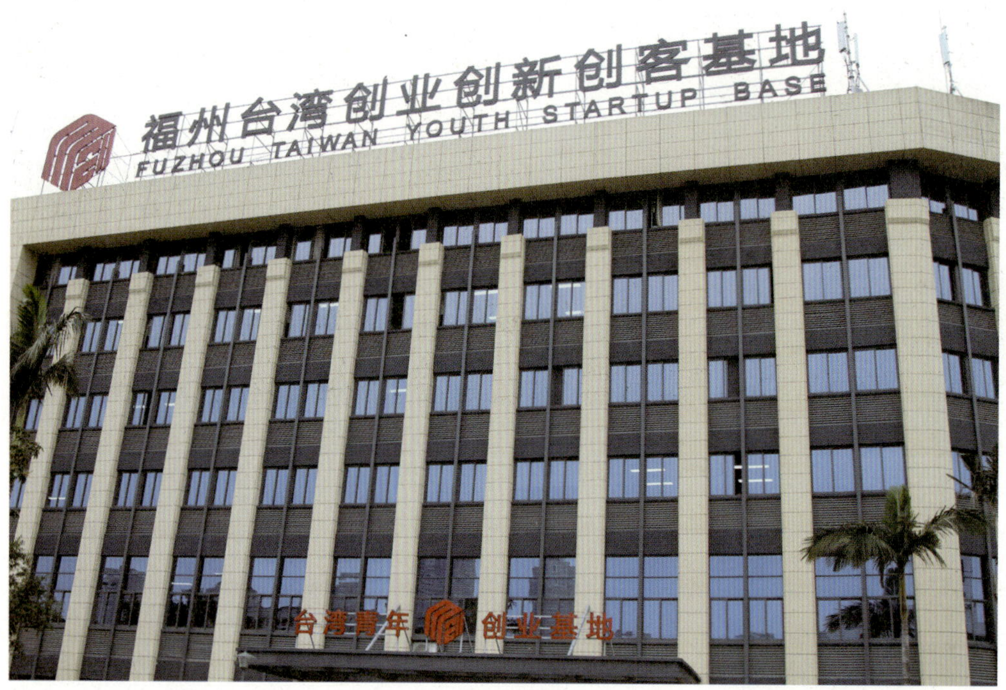

福州台湾创业创新创客基地
FUZHOU TAIWAN YOUTH STARTUP BASE
台湾青年 创业基地

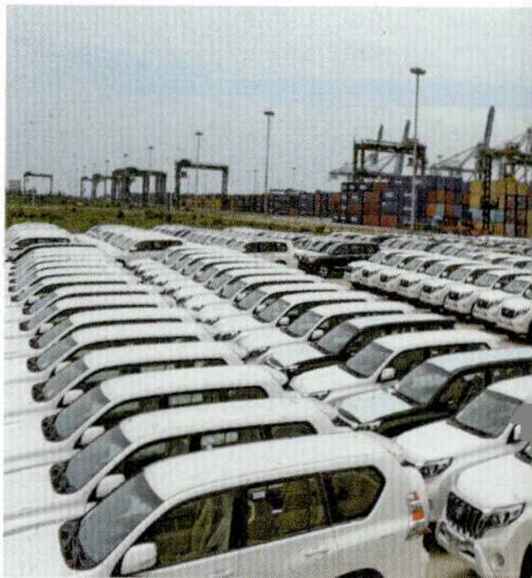

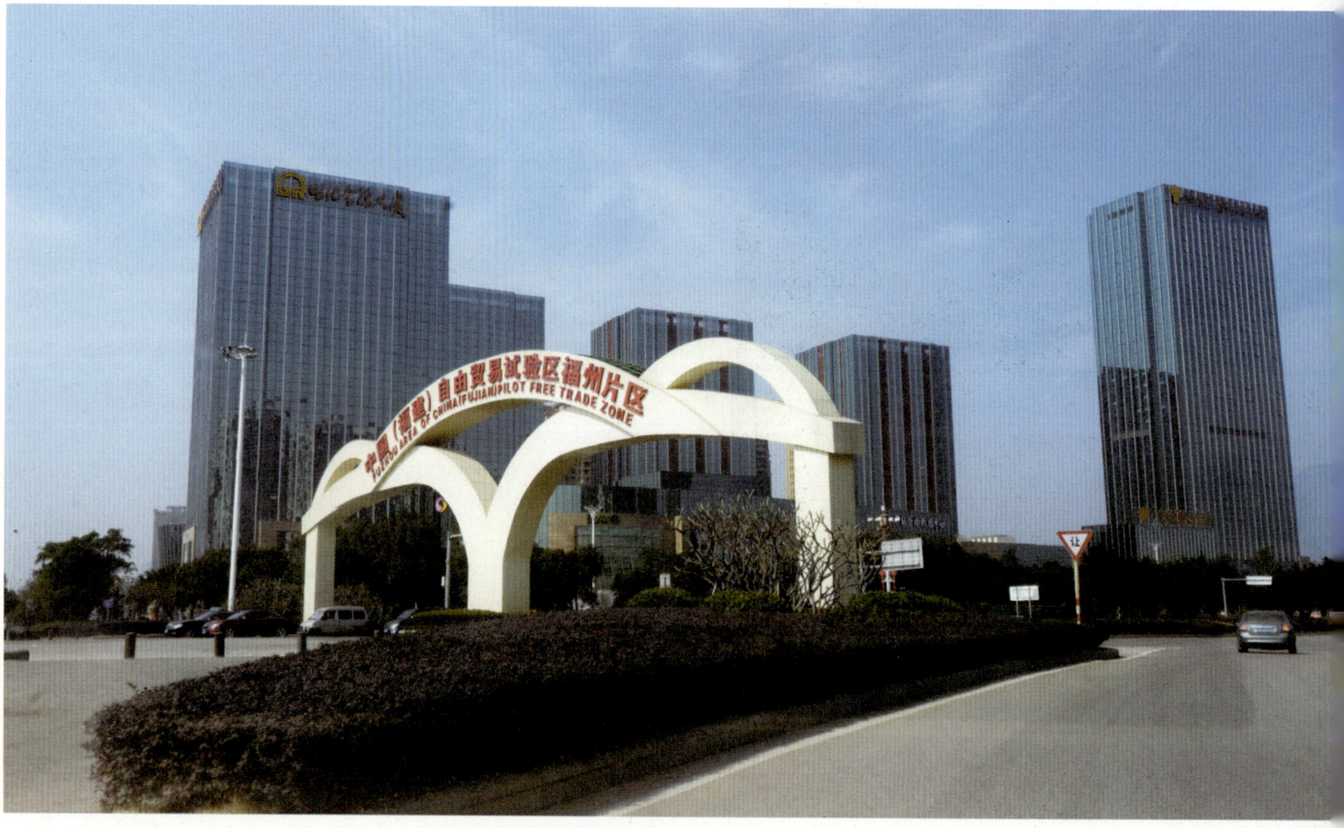
中国（福建）自由贸易试验区福州片区

1. 福州台湾创业创新创客基地

2. 江阴港汽车整车进口口岸

3. 福州港江阴港区

4. 自贸试验区出入境管理窗口提供优质服务

5. 物联网开放实验室

6. 中国（福建）自由贸易试验区福州片区综合服务大厅

7. 中国—东盟海产品交易所成立

8. 福州跨境电子商务园区

9. 中国（福建）自由贸易试验区福州片区

中国移动福建公司

中国移动福建公司把学习贯彻习近平新时代中国特色社会主义思想和党的十九大精神为作为首要政治任务，坚持“正德厚生 臻于至善”的企业核心价值观，积极履行社会责任，不断推动精神文明建设迈上新台阶。

固根魂，筑牢“党建之基”。公司从“根”和“魂”的政治高度，坚持“一盘棋”“两本账”，打造党业融合新生态。联合福建日报开展“一起来学十九大”网络答题，总点击量近500万次，总答题量达63万余人次，受到央视《新闻联播》关注报道。充分应用党建云平台开展线上活动，获中国移动“同心共庆十九大，砥砺奋进跟党走”活动优秀组织奖和党建信息化工作先进单位。打造“党建＋创新”模式，成立了全集团第一个以党员个人命名的创新工作室；构建“党建＋末梢”派驻制，解决了党建工作逐级衰减的问题；创新“党建+EAP”模式，打造了“刚柔并济”的党建体系。

提价值，激发“活力之源”。从“一风（风口）三点（战略重点、经营难点、员工笑点）”四个维度构建价值模型，策划开展“宽心不悔，连接未来”“燃火青春，担当在行”等主题活动，为青年员工成长成才搭建舞台，努力实现公司党委把方向的政治价值、提效益的经济价值、强队伍的人才价值、聚合力的文化价值，有效激发了队伍活力。

履责任，浇灌“文明之花”。积极响应扶贫号召，先后选派5名优秀干部到重点贫困村担任第一书记，派驻雄鸡村的方阿树同志获评2017年中国企业社会责任“最美扶贫人”。以信息化手段拓展扶贫领域，开展“移动光宽带电视示范村”建设等项目，投入信息化建设项目资金超1000万元、村扶贫专项资金150万元，美丽乡村建设资金近500万元。组建“两学一做党员先锋队”“青年志愿者服务队”，开展结对帮扶活动，2017年用于贫困地区的教育、文化活动、赈灾救济送温暖等活动资金累计56万元。积极参与全国道德模范、“我推荐我评议身边好人”等活动，福建公司杨慰民同志获中央文明办“中国好人”称号。

1 2 5 6 7 8 3 4 9

1. 福建移动南日罗盘岛“精准扶贫信息惠民”项目
2. 方阿树获评 2017 年最美扶贫人
3. 海上营业厅实施党员派驻制
4. 红色 EAP
5. 积极参加全省“三下乡”活动
6. 举办志愿服务活动
7. 党员创新工作室
8. 金砖会议保障
9. 和诏安县签订结对帮扶协议

中国电信福建公司

走过40年 从后赶到前

回首改革开放四十年，福建通信业发生了翻天覆地的变化，中国电信福建公司也已从昔日一个普通的通信网络运营商，蜕变为领先的综合智能信息服务运营商，以先进的技术、畅通的网络、丰富的信息化产品、优质的服务，在助力社会经济跨越发展的道路上走到了全国前列。

改革开放初期，福建通信状况落后，全省市话自动交换机容量仅12200门，长话电路只有696路，容量严重不足、设备陈旧、障碍多、畅通率低且制式不一。经济要发展，通信要先行。作为中国最早的对外开放省份，1980年，福建省邮电管理局与日本富士通公司签约，率先在福州引进了我国第一套万门程控交换机系统F-150，为我国市话交换机的建设发展开创了引进国外先进设备的先河。

1978—1988年是福建通信业引进吸收的十年。F-150系统的成功引进并开通拉开了福建省通信业告别"摇把儿"电话时代的序幕，全省各地都相继建成程控电话交换系统，投币式公用电话亭和寻呼系统也分别在福州和厦门开通并投入使用。十年间，电话逐渐走入寻常百姓家中，福建通信从纸质信件走向语音通信时代。

1989—1998年是福建通信业跨越发展的十年。固定电话普及到千家万户，福建全省所有县市电话号码升为七位，并全部进入国际国内自动电话网，成为全国第一个实现了县以上电话交换程控化、传输数字化的省份。与此同时，福建的移动通信能力也开始飞速发展，1991年，福厦移动电话、磁卡电话相继开通，"大哥大"手机开始出现在人们日常生活中。这十年，福建通信进入大建设、大跨越时期，福建人民集体步入移动通信时代。

1999—2008年是中国电信福建公司深化改革与全面发展的十年。在历经邮电分营、南北拆分两次大型重组之后，中国电信股份有限公司福建分公司正式成立。在进行重组改革的过程中，中国电信福建公司开始从"传统基础网络运营商向现代综合信息服务提供商"的战略转型，全面发力互联网宽带建设，先后推出了适应不同需求环境的"ADSL网络快车""LAN宽带通""WLAN天翼通"等宽带业务品牌，宽带用户数于2005年突破100万户。十年间，中国电信福建公司乘风破浪，成为福建省信息化建设的主力军。

2009—2018年是中国电信福建公司创新发展的十年。从ADSL到LAN再到

FTTH，从2G到3G再到4G……中国电信福建公司持续推进网络升级，率先建成“全光网省”，实现光纤通达全省各县区、乡镇、行政村，全省电信光宽带端口占比达96%，宽带用户平均接入速率达到85M；建设4G网络基站超过6万个，覆盖所有行政村及高铁、高速、主要景区；建成覆盖全省的窄带物联网NB-IOT网络，成为福建省内唯一能提供覆盖全省物联网络的运营商，为物物相连打下了坚实的网络基础。未来，中国电信福建公司还将继续深入实施转型升级战略，推进“网络智能化、业务生态化、运营智慧化”，积极布局建设5G生态，引入新技术、落地新方案，以强大的基础网络能力驱动福建社会经济创新发展。

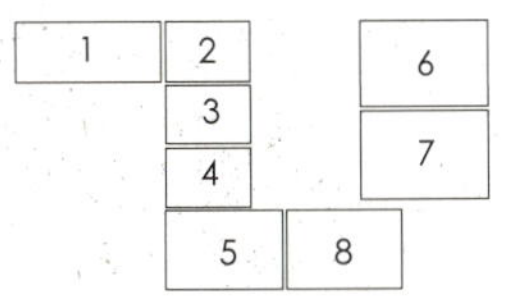

1. 1980年12月24日，福建省邮电管理局与日本富士通株式会社在福州签订万门程控电话系统引进合同

2. 福州万门程控机房工作场景

3. 南沿海光缆工程布放水缆场景

4. 20世纪90年代，电话、电视机与收音机曾并称为家庭的“大三样”

5. 厦门金砖会晤通信指挥调度中心

6. 天翼网络覆盖动车沿线

7. 网络指挥调度中心

8. 强大的应急通信保障能力

福建省电子信息（集团）有限责任公司

福建省电子信息（集团）有限责任公司成立于2000年9月，是福建省人民政府出资组建的电子信息行业国有独资资产经营公司和投资平台。拥有全资、控股、参股一级企业45家、二级企业93家。包括在A股上市的星网锐捷、福日电子、华映科技、阿石创光电等4家控股、参股上市公司，在新三板挂牌的闽东电机公司和拟上市的福光股份、长威科技等参股公司，以及与日立、爱普生、台联电、中华映管、欧菲光、国民技术等国际知名企业合资合作的多家参股公司。集团全资控股企业员工1.5万人，参股企业员工逾万人。

近年来，在集团党委副书记、董事、总经理钟军同志的带领下，集团全体同仁，开拓进取，锐意创新，实现经营业绩快速、健康、持续增长。2014年集团营业收入、资产总额首次破百亿，首次列入省国资委业绩考核A类企业行列；2017年营业收入、资产总额分别突破两百亿元、三百亿元，跃居全国电子信息百强企业第34位、中国电子信息行业创新能力五十强企业第29位。

“十三五”期间，集团主动适应新常态，把握新机遇，充分发挥国有资本的引导作用，按照“抓龙头，铸链条，建集群”的要求，围绕八大主业方向，规模化发展“集成电路、网络通信、信息服务、新型显示”产业，特色化发展“LED、PCB、军工、电机”产业。到2020年，集团力争实现营业收入660亿元，进入中国企业500强、中国电子百强企业前30名，成为具有较强核心竞争力的区域性行业龙头企业和具有一定影响力的全国IT企业。

钟军，男，1970年出生，畲族，福建永安市人，中共党员，大学本科学历，工商管理硕士，工程师，现任福建省电子信息集团党委副书记、董事、总经理，荣获第十七届“福建省优秀企业家”称号。

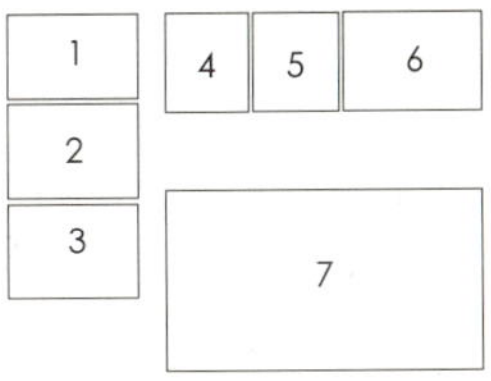

1. 时任省委书记尤权带队视察云计算中心

2. 第十六届 6 · 18 期间，省委书记于伟国视察集团展馆

3. 总经理钟军向常务副省长张志南汇报项目进展情况

4. 总经理钟军与马化腾交流

5. 总经理钟军拜访 ARM

6. 福建省电子信息集团外景图

7. 数字福建云计算中心航拍图

福清核电有限公司

福建福清核电有限公司成立于2006年5月16日，现有职工1870人，2017年全年实现发电量248.99亿千瓦时，同比上一年度增长54.02%。全年机组加权平均利用小时数达6986小时，实现收入73.65亿元，同比增长40.11%。经济增加值(EVA)11.51亿元。

福清核电项目规划建设6台百万千瓦级压水堆核电机组，1～4号机组采用二代改进型成熟技术，已全部投入商业运行；5、6号机组是我国具有完全自主知识产权的先进三代核电技术“华龙一号”示范工程，承担着中国核电“走出去”，助力“一带一路”倡议的重要使命。6台机组项目总投资近1000亿元，计划2021年全部建成发电。福清核电项目可增加3万人就业，拉动当地GDP4000亿元。

2017年5月25日，华龙一号示范工程5号机组提前15天实现穹顶吊装。中共中央政治局常委、国务院总理李克强对“华龙一号”福清核电5号机组建设工作作出重要批示：我国自主研发的三代核电“华龙一号”是推进实施中国制造2025的标志性工程。福清核电5号机组作为“华龙一号”全球首堆，实现核岛穹顶吊装意义重大。谨向全体设计人员和建设者致以诚挚问候！核电建设和运营管理都要确保绝对安全。希望继续发扬工匠精神，精益求精、严格管理，在确保质量和安全的前提下按期建成投产。依托“互联网+”、众创平台进一步汇聚各方创新资源，不断提升我国核电研发制造水平。同时，积极参与国际市场，努力打造世界一流核电品牌，为实现中国制造迈向中高端作出新贡献！

1
2
3

1. 公司党委书记、董事长徐利根系政协第十二届福建省委员会委员，享受国务院特殊津贴，第十七届福建省优秀企业家、福州市第三届优秀人才、福清市第三届高层次人才

2. 徐利根董事长深入一线现场指导

3. “华龙一号”示范工程建设现场全貌

中核国电漳州能源有限公司

中核国电漳州能源有限公司成立于2011年11月，由中国核能电力股份有限公司（股比51%）、国家能源投资集团有限责任公司（股比49%）出资组建。是中核集团设立的首个同步开发核电和其他新能源产业的综合性能源公司，经营业务包括核电、抽水蓄能、风电等清洁能源项目的开发、建设和运营。

公司班子成员7人，下设17个处室，现有正式员工218人；党支部9个，现有党员123人。公司坚持创新发展、绿色发展，致力打造"清洁能源公园"，稳步推进"核蓄风光游+"发展战略。现已开发核电、水电、风电等三种形式的清洁能源项目。

漳州核电规划建设6台百万千瓦级三代核电机组，总投资约1000亿元，项目取得日本福岛事故后首个新厂址的"路条"，2018年6月转为华龙融合技术路线。云霄抽水蓄能项目规划建设6台300MW水轮发电机组，总投资约100亿元，是中核集团首个自主开发的抽水蓄能项目，也是全国首个按照"核蓄一体化开发运营"新模式开展前期工作的抽水蓄能项目，已列入国家"十三五"水电发展规划和可再生能源发展规划，目前正在开展可研阶段现场勘测工作。青径风电项目总装机容量19.5MW，是福建省首个"低风速、抗台风"示范风电场，也是中核集团首个自主开发、建设并运营的风电项目，已于2013年4月30日并网发电。

1.2018年1月30日，国家能源局核电司副司长史立山一行调研
2.2017年2月1日，集团公司董事长王寿君一行现场调研
3.2018年6月9日，抽水蓄能启动会
4.2017年2月15日，公司2017年度工作会议
5.2017年11月28日，主题活动

中国长江三峡集团有限公司福建公司

三峡福清兴化湾样机试验风场和福船三峡号

中国长江三峡集团有限公司，于1993年9月27日经国务院批准正式成立。经过20多年的发展，已成为全球最大的水电开发运营企业和我国最大的清洁能源集团。截至2017年底，中国三峡集团可控装机规模超过7000万千瓦，已建、在建和权益总装机规模达到1.24亿千瓦，其中可再生清洁能源装机占96%。

2015年10月中国长江三峡集团有限公司福建分公司、2016年5月长江三峡集团福建能源投资有限公司（简称“福建公司”）先后在福州成立。作为中国三峡集团实施“海上风电引领者”发展战略的重要主体，福建公司以国家新能源产业发展战略为指引，全面负责福建区域海上风电开发、产业园建设、海洋工程、装备制造等业务，通过海上风电的集中连片规模开发，带动我国海上风电装备制造水平和创新能力，全力打造海上风电开发全产业链。

福建公司肩负建设全球首个国际化海上风电样机试验风场和国内首个全产业链海上风电产业园两大责任，落实集中连片规模开发海上风电和打造海上风电大国重器两大任务，打造全球最大的海上风电基地和国际一流的海上风电装备基地两大基地，努力实现“从长江走向海洋，做海上风电引领者；从福建走向世界，让中国装备全球”两大目标。

中国三峡集团在福建实施“海上风电引领者”战略的过程中，通过与地方国企合作，发挥多方优势，共同促进地方经济发展。目前，全球首个国际化大容量海上风电样机试验风场全面建成，我国自主研发的亚太地区最大的海上风机耸立在福清兴化湾海域。国内综合性能最强的海上作业施工平台“福船三峡号”等一系列新装备、新工艺在兴化湾样机试验风场得以应用。国内首个全产业链海上风电产业园实现全面建设，形成海上风电整机、主要零部件的“福建造”。公司启动了漳浦六鳌、长乐外海等两个百万千瓦级海上风电场建设准备工作；海上风电装备快速推进，带动全产业链发展，为我国海上风电事业发展贡献三峡智慧和三峡方案。

三峡福清兴化湾样机试验风场

建设中的福建三峡海上风电国际产业园

福建三峡海上风电国际产业园鸟瞰图

三峡福清兴化湾样机试验风场

福船三峡号

展望未来，福建公司紧紧围绕中国三峡集团“海上风电引领者”战略目标，全力推动海上风电集中连片规模开发，全力推进海上风电装备基地建设和技术进步，为推进福建经济发展和转型升级，助力赶超战略，加快建设“机制活、产业优、百姓富、生态美”的新福建，实现中国海上风电的创新引领作出新的更大的贡献。

三峡福清兴化湾样机试验风场

中国联通福建省分公司

中国联合网络通信有限公司福建省分公司（以下简称福建联通）是福建三大骨干通信运营商之一，目前已在全省所有市、县（区）和平潭综合实验区设立了分支机构。公司固定资产规模246亿元，现有员工5700余名，营业网点超过万家，累计创造各类就业机会5万余个。

近年来，在党委书记、总经理欧阳恩山的带领下，福建联通在通信领域继续阔步前进，先后荣获“全国用户满意企业”“第十四届中国·海峡项目成果交易会优秀展示奖”“2015-2016年信息通信行业信用建设先锋企业”“第八届中国通信与信息化应用优秀成果金奖”“2014-2015年度通信行业节能管理创新先进单位”等荣誉。

福建联通公司长期致力于服务和推动福建经济和社会信息化建设，已累计开通3/4G移动通信基站7.17万余个，4G基站超3万个。在全省行政村以上的人口密集区、校园、AAA级以上景区，以及高速公路、动车、高铁等重要交通干线，3/4G网络100%覆盖，4G峰时速率达150Mbps。建成了通达全省乡镇的高速光纤宽带网络，全省200M端口占比超过75%。圆满完成党的十九大、厦门会晤、数字中国等重大会议网络通信保障工作，受到工信部、省委省政府和集团公司的充分肯定。

福建联通始终坚持以“人民为中心”的发展理念，依托产业互联网公司，全面推进“互联网+”战略落地。积极参与“数字福建·智慧城市群”建设，推出“智慧水利”省级河长制综合信息管理平台、福州市“智慧街区”和基于NB-IOT的“智慧水务”等示范工程，成为福建省智慧城市和行业信息化建设主导力量，得到中央部委及省委省政府高度认可，并在全国推广。

2018年，在首届数字中国建设峰会上，福建联通作为峰会唯一综合通信保障企业，率先在福州开通首个5G实验基站，5G基站峰值下行速率达每秒20Gbps，为会议提供了优质网络服务。积极参展的5G数字天空等先进行业应用，充分展示了基础通信能力。特别是“智慧河长”项目作为中国联通东南研究院自主研发的信息技术与水利融合发展的典型案例，正积极将“互联网+”融入生态水系治理，为美丽中国建设贡献联通力量。

欧阳恩山，1965年12月出生，博士，高级工程师，现任中国联通福建省分公司党委书记、总经理，享受国务院特殊津贴。

1. 党委书记、总经理欧阳恩山主持召开福建联通纪念中国共产党成立95周年大会

2. 党委书记、总经理欧阳恩山现场部署厦门会晤通信保障工作

3. 中国联合网络通信有限公司福建省分公司

4. 施工现场

中建海峡建设发展有限公司

中建海峡建设发展有限公司，是全球规模最大的投资建设集团——中国建筑股份有限公司在福建海西市场设立的首家区域总部实体运营公司，具备规划设计、投资开发、基础设施建设、房屋建筑工程施工“四位一体”的全产业链以及建筑产业现代化等新型业务的独特优势。

公司先后获第十六届全国质量奖、全国守合同重信用先进单位、全国质量管理优秀企业、全国建筑业先进企业、全国建设系统精神文明建设先进单位、全国五一劳动奖状、全国建筑业文化建设示范企业、中国文化管理协会企业文化建设先进单位、福建省龙头企业、福建省建筑业先进企业、福建省抗震救灾先进企业、福建省企业文化建设示范单位、纳税功勋企业等荣誉称号。先后创鲁班奖、国家优质工程、闽江杯等省部级以上优质工程500余项，创国家专利、国家级QC成果、省部级工法等200余项。连续多年位居福建省建筑业企业综合排名第一，是福建省首家房屋建筑工程施工总承包特壹级资质企业。

近年来，公司以习近平新时代中国特色社会主义思想为指导，以《中建信条·融创文化》为引领，在连续获评五届省级文明单位的坚实基础上，不断完善制度、创新载体、丰富内涵，深入开展了《十典九章》文明礼仪志愿服务活动、道德讲堂之“奋斗青春最美丽”主题分享会、务工青年服务驿站等系列文明单位创建活动，实现文明创建工作常态化、规范化、创新化，2017年获“全国文明单位”称号。

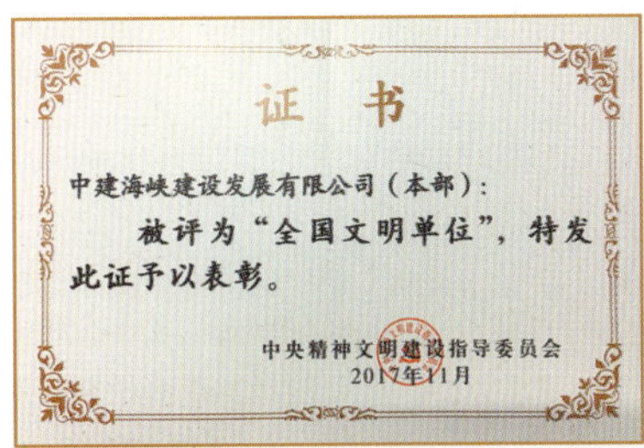
证书

中建海峡建设发展有限公司（本部）：

被评为“全国文明单位”，特发此证予以表彰。

中央精神文明建设指导委员会
2017年11月

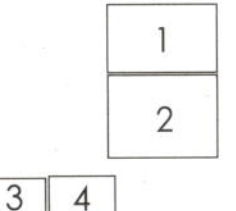

1. 海峡文化艺术中心项目

2. 中建海峡总部大楼

3. 中建海峡获评“第五届全国文明单位”

4. 中建海峡《十典九章》文明礼仪志愿服务队走进福州清逸敬老院

5. 中建海峡开展“爱心护航 高考直通车”活动

中电(福建)电力开发有限公司

中电（福建）电力开发有限公司成立于2007年5月，是由原福建省沙溪口水力发电厂改制成立的集投资、建设和运营管理水电以及其他清洁能源为主的电力企业，是中国电力投资集团（现为国家电力投资集团）福建区域清洁能源发展平台，全资拥有福建沙溪口水力发电厂、漳平市华口水电有限公司、重庆梅溪河流域水电开发有限公司、盈江鸿福实业有限公司、盈江县惠民水电开发有限公司5家水电企业，持有福建寿宁牛头山水电有限公司52%股权。截至2017年底，总装机容量651兆瓦，资产总额258218.7万元，累计创造利润67233.98万元。

目前该公司管理业务拓展到电力承装修试和光伏发电等领域，一体化管理单位有中电（福建）电力工程有限公司（具备国家能源局颁发的承修试二级、承装三级电力设施许可证资质）、漳浦中电光伏发电有限公司、厦门中电光伏发电有限公司、诏安中电光伏发电有限公司，公司在册员工合计353人。

该公司在总经理周伟领导下，深入践行国家电投“和”文化理念，以中电新能源“走安全质量、绿色发展之路”精神为指引，内抓安全生产管理，外拓项目稳健发展。周伟总经理先后荣获第十七届福建省优秀企业家、南平市五一劳动奖章、国家能源局福建监管办“安全先进个人”等荣誉。

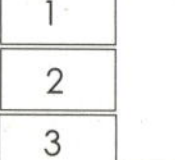

1. 2016年5月19日，国家电力投资集团公司党组成员、副总经理夏忠到公司调研

2. 2018年7月10日下午，福建省副省长郑新聪到公司指导防台风工作

3. 2017年4月13日上午，福建省副省长黄琪玉一行到公司检查防汛工作

4. 2016年12月14日，南平市委书记袁毅到公司调研

福建省交通运输集团有限责任公司

福建省交通运输集团有限责任公司为省属大型服务业企业集团，是福建省规模最大的物流企业、最大的公共码头运营企业、最大的海运企业、最大的沥青供应商、最大的海员劳务企业和重要的道路公交客运企业，主要业务有港口服务、现代物流、客运旅游、水上运输、医药康养、金融服务等。2017 年，实现营收 115.45 亿元，比增 4.1%；利润总额 6.24 亿元，比增 28.4%；集团资产总额 321.89 亿元，比增 13%；净资产 114.77 亿元，比增 2.9%。全年实施各类主业投资项目 116 个，完成投资 27.19 亿元。集团总资产、利润总额和安全生产均创历史最好水平。位列中国物流企业百强第七位，连续 6 年被省政府评为安全生产先进单位。

港口主业实力不断壮大。港口吞吐量再创新高，为主经营的福州港集装箱吞吐量首次突破 300 万标箱，其中江阴港完成 155.4 万标箱，比增 22.3%，江阴国际集装箱航运大港地位凸显。投资近 20 亿元、历时 8 年建设的东南沿海最大矿石码头——罗屿港口 9#、10# 泊位完成重载调试。港口投资体系和布局进一步优化，完成与省港航公司整合，完善省级港口收储平台；漳州港口公司正式注册成立，并推进古雷港区石化码头合资合作项目；罗源湾北岸公共码头实现一体化经营。

物流网络布局持续扩大。集团新总部——物流信息大厦投入使用，物流信息平台基本建成，实现生产安全监控管理、运营数据分析、应急联动指挥一体化。

编制完成集团冷链物流专项规划，与新加坡 PSA 合资成立冷链供应链管理公司，启动江阴两岸现代冷链物流示范园区一期项目建设。江阴港全省首个规范危化品堆存中心投产。全省首个港口大宗散货露天保税堆场在莆田东吴港区建成并投入运营。

水陆运输形成发展新动能。海上运力机构优化升级，全省注册最大的第二艘 10.5 万吨散货船投产，湄洲湾新增 2 艘大马力拖轮，拥有及经营的各类船舶 49 艘 126 万载重吨 4432 箱位 4741 客位，经营船队规模位居全国第九位。大力推进新能源汽车应用，电动公交车保有量 1184 辆，成为全省首家纯电动车保有量超过 1000 辆的公共出行企业；客运场站建设成效明显，闽运连江客运站竣工投产，福清宏路客运站竣工。

对台服务稳步推进。对台客运量不断增长，厦金航线、泉金航线和平潭—台湾客滚航线合计完成 5903 航次，客运量 71.1 万人次，比增 9.81%。全年完成对台海员劳务派遣 2104 人次，在船人数 1450 人。有对台集装箱航线 11 条，全年作业对台集装箱 29 万标箱。“台北快轮”开通平潭金井码头至台湾货运快速滚装航线，与平潭直达香港航线一起，构建快捷物流直达通道。平潭跨境电商全年完成交易 75 万单，交易量 2.04 亿元。

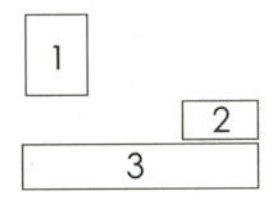

1. 公司大楼
2. 罗峪港口
3. 福州江阴国际集装箱码头
4. 闽运新能源纯电动公交车

福建省建筑设计研究院有限公司

福建省建筑设计研究院有限公司（FJADI）成立于1953年，是福建省建筑业龙头企业、福建省高新技术企业、“福建省建筑勘察与设计工程技术研究中心”授牌企业。现有职工950余人，其中，全国工程勘察设计大师1人、福建省工程勘察设计大师14人、享受国务院津贴专家10人，中、高级专业技术人员占54%以上。公司拥有甲级（一级）资质12项、乙级（二级）资质11项、丙级（三级）及其他资质11项。业务领域涵盖公共与民用建筑设计、工程总承包、全过程工程咨询、城乡规划、市政设计、工程勘察与设计、工程检测、景观园林设计、室内外装修与设计、房屋改造加固、工程监理、施工图审查等。

在65年的发展历程中，福建省建筑设计研究院有限公司在建筑工程领域科研创新、工程创优独树一帜，取得丰硕成果。设计创作了福建省第一栋高层民用建筑闽江宾馆及福州火车站、武夷山庄、福建会堂、中国闽台缘博物馆等一批地标性建筑典范。累计获得1项国家金奖、5项国家银奖、4项国家铜奖、400多项部省级奖，获国家专利33项、计算机软件著作权16项、BIM设计（应用）大赛奖21项，主参编国家、行业、地方标准110余项。在工程物探、BIM技术研究与应用、建筑产业现代化、绿色节能建筑技术应用等领域取得突出业绩，连续多年获评福建省纳税三百强、利润三百大企业、全国勘察设计行业创优型企业、全国先进工程勘察设计企业，获“福州市知识产权示范企业”“全国优秀勘察设计院”等称号及“福建省高新技术企业”证书，获得正式授牌省级“福建省建筑勘察与设计工程技术研究中心”。这些代表着领先国内、省内的科技成果的闪亮数据和光辉荣誉，铸就了独具特色、拥有强劲核心竞争力的FJADI企业品牌。

福建省建筑设计研究院有限公司将继续以党的十九大精神为指导，以“转企改制”为契机，以“造就优秀员工、实现客户价值、创建卓越工程”为企业使命，弘扬“爱院、创新、包容、厚德”的核心价值观，紧跟集团“提质增效”和“发展转型”的步伐，进一步深化“一转二调三优四化、建设新省院”的工作部署，以技术、管理、投资等综合能力为支撑，塑造“创新＆利和”的企业文化，打造服务、产品、能力及资源整合的品牌优势，进一步解放思想，创新思维，积极应对，实现“转型升级”，致力于公司“成为国内一流的综合性建设项目服务集团”愿景达成。

1. 福建省建筑设计研究院有限公司
2. 国家知识产权局专利审查福建分中心
3. 福州东部新城办公区
4. 海峡青年交流营地
5. 福建中医药大学博物馆

东南（福建）汽车工业有限公司

东南（福建）汽车工业有限公司（以下简称“东南汽车”）成立于1995年，是由福建省汽车工业集团有限公司、台湾裕隆集团旗下中华汽车、日本三菱汽车三方组建的合资汽车企业。

胸怀“鹏起东南 飞翔世界”的梦想，坚持“品致一生 缘启东南”品牌理念，东南汽车积极响应国际产业政策号召，吸收国际先进理念的同时不断提升自主研发实力，快速由研发1.0阶段迈入整合国际资源、完全正向自主研发的3.0新阶段。

得益于对“原创设计 匠心品质”这一可持续发展的品牌核心价值的坚守，东南汽车的品质形象深入人心。2014年获得国家工信部颁发的“工业企业质量标杆”称号，2016年斩获“全国汽车行业质量领先品牌”奖，同年东南DX3荣获德国红点发起的“2016中国好设计”优胜奖，2017年东南汽车入围了Altair Enlighten Award 2017年度整车大奖提名，东南DX7成为金砖国家领导人厦门会晤指定用车，2018年荣获“亚洲品牌500强”“中国500最具价值品牌”。

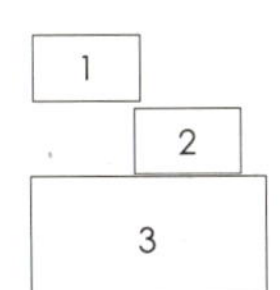

1. DX7 Prime（侧面）
2. DX3 X 酷绮（侧面）
3. 东南汽车北京展

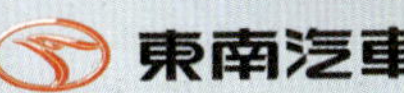

长乐区

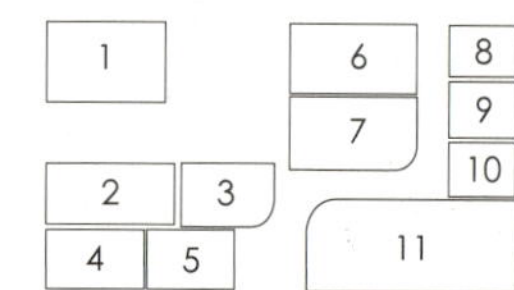

1. 2017 年 11 月 6 日，长乐撤市设区授牌仪式

2. 2017 年 2 月 13 日，福州滨海新城建设启动暨大数据项目签约仪式举行

3. 2017 年 2 月 13 日，福州滨海新城建设启动，长乐分会场 5 个项目同时动工，32 家企业揭牌入驻，各级领导为入驻企业揭牌

4. 2017 年 12 月 22 日，滨海新城建设施工现场

5. 2017 年 6 月 26 日，地铁 6 号线漳港站施工现场

6. 2017 年 7 月，闽剧《苏秦还乡》晋京参加全国基层院团戏曲会演

7. 长乐首占新区营前风貌

8. 长乐区社会福利中心

9. 2017 年 5 月，吴航街道组织市民签署移风易俗倡议书

10. 2017 年 10 月，营前街道长安村举行“移风易俗庆重阳”活动现场

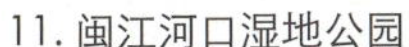
11. 闽江河口湿地公园

云霄县

云霄县地处福建省南部沿海，陆域面积1158平方千米，人口45万。山、海、田兼备，为典型的南亚热带气候，这里气候宜人，四季如春。境内植被良好，漳江水系发达、渔业资源丰富，盛产美味可口的山海产品，形成独特的云霄美食文化。云霄县还是福建著名台胞祖籍地和重要侨乡。历来为漳南浦、云、诏、东、和的交通枢纽和山海物资集散地。素有“闽南温室”“闽南商埠”“开漳祖地”之美誉。

1. 下河金枣
2. 下河杨桃
3. 火田青枣
4. 火田菠萝
5. 马铺淮山
6. 火田大茂山茶
7. 竹塔泥蚶
8. 东厦缢蛏
9. 列屿巴菲蛤
10. 东厦锯缘青蟹
11. 东厦文蛤
12. 漳江口大蚝

泉州台商投资区

1. 区党政主要领导与市行政服务中心管委会主任共同开启台商投资区行政服务中心启动球

2. 八仙过海大型旅游项目签约仪式现场

3. 廷水秀琴伉俪教育基金首届颁奖大会

4. 后渚大桥及白沙片区全貌

5. 高品医学检验揭牌

6. 9·8 厦门投洽会上，泉州台商区造地铁备受关注

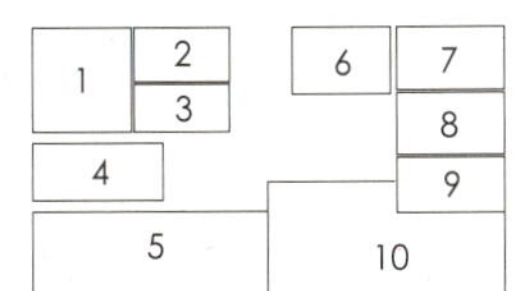

7. 海丝艺术公园水上组灯吸引市民观赏

8. 湖东学园与市直名校联合办学

9. 台商区白沙片区规划效果图

10. 环泉州湾国际自行车赛选手经过台商区赛段

顺昌仁寿灌蛋 / 顺昌竹荪 / 顺昌红泥笋 / 顺昌姬松茸 / 顺昌杉木

顺昌县属于中亚热带海洋性季风气候，同时又受大陆性气候的一定影响。气候温和，雨量充沛，年平均气温18.5摄氏度，无霜期305天，雨日164天，雨量1756毫米，日照1740.7小时，冬多西北风，夏多东南风。四季明显，冬短夏长，春早秋晚；夏无酷暑，冬无严寒，秋多“小阳春”，春常“倒春寒”；雨季干季分明，雨季多洪涝，干季常干旱；少霜雪，罕冰雹，湿润多云日照少，露雾常有静风多。顺昌县属山区县市，物产丰富，盛产食用菌、竹笋等各种农副产品。

顺昌仁寿灌蛋：山麻鸭是福建省山区优良小型蛋用鸭种，山麻鸭蛋稀稠分明，系带完整有弹性，蛋白黏稠，蛋黄不容易散开，特别适合用来制作顺昌仁寿灌蛋，因为灌蛋的制作过程是将肉馅灌进蛋黄中，麻鸭蛋黄大而凸起，在灌注肉馅的过程中，能够保持灌蛋的完整性，并且其蛋黄颜色深黄色，尤为美观喜庆。顺昌仁寿灌蛋肉馅是用当地农家土猪前腿肉，肉质细嫩又有弹性，口感润滑，香气浓郁。顺昌仁寿灌蛋蛋白如雪花晶莹，蛋黄呈红黄色，肉馅绽开，外白内黄形似银元宝。

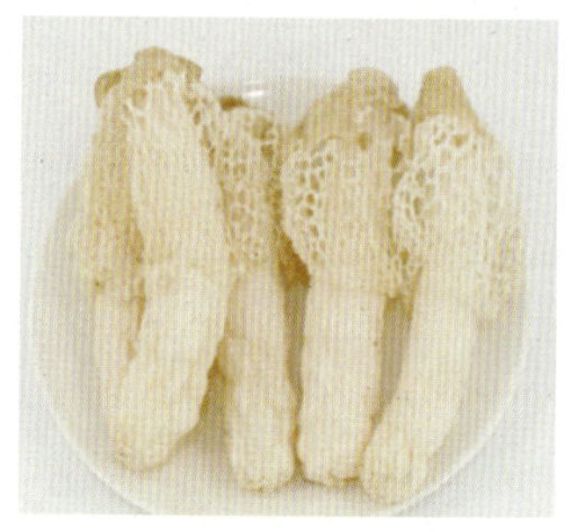

顺昌竹荪：顺昌是“中国毛竹之乡”，全县拥有竹林面积67万亩，以毛竹材为原料的竹制品企业56家，其生产的下脚料竹屑，为竹荪栽培提供源源不断的培养料。顺昌竹荪形状略似网状干白蛇皮，它有深绿色的菌帽、雪白色的圆柱状的菌柄、粉红色的蛋形菌托，在菌柄顶端有一围细致洁白的网状裙从菌盖向下铺开，形状完整，色泽呈现白偏黄，带有竹子的自然清香，并且有微酸的味道，干燥蓬松、结实带弹性。顺昌竹荪营养丰富，香味浓郁，滋味鲜美，是不可多得的佳品。

顺昌红泥笋：顺昌毛竹枝叶浓密，毛竹根部长出的嫩芽就是笋，春天以后产出的毛竹笋，就叫春笋，顺昌当地多红土地，出产的春笋肉质白嫩，品质上乘，故又叫顺昌红泥笋。顺昌红泥笋个头大，肉质白嫩、清香甜脆，味道可口，营养丰富，不但是餐桌宴席上的佳肴，还是馈赠亲友的佳品。

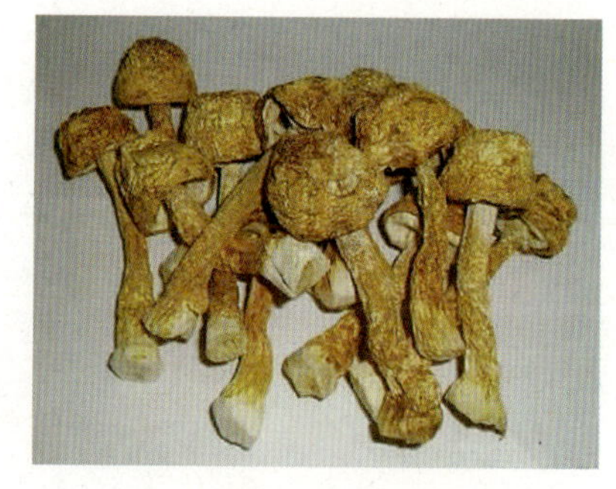

顺昌姬松茸：顺昌县是闽北最大的姬松茸生产基地，顺昌姬松茸生长依赖当地独特的地理位置和气候条件，以及培养料中的营养物质。菌丝体除要求碳氮源之外，还需要一定数量的无机盐，温度在16～26C均能出菇，最适温度为17-20℃，顺昌的气候条件适合松茸的生长。顺昌县采用芦苇、象草等野生菌草，作为姬松茸的栽培主料，不但降低了生产成本，而且还可获得比木屑、稻草等为主料的更高产。顺昌姬松茸颜色呈淡黄色或米白色，单体健壮，个头大，菌体完整，肉质紧密有弹性，口感清甜细嫩，香气十足，深受人们喜爱。

顺昌杉木：顺昌县插条造杉历史悠久，是中国杉木之乡，民国时期顺昌高阳杉的价格是上海十六浦码头木材市场开盘定价的依据。杉木为亚热带树种，较喜光，喜温暖湿润、多雾静风的气候环境，适宜年平均温度15～23℃，顺昌当地的气候水文条件尤其适合顺昌杉木的生长。顺昌杉木平均树高25.1米，平均胸径28.5厘米，顺昌杉木木材内芯呈红色，具有纹理细密笔直、不翘不裂、耐腐朽的特点，木材还有淡淡的香气，是制作木板、木栏杆、家具和装饰材料的上等原材料。

连城县位于武夷山南段东侧，介于北纬24° 13′～25° 26′，东经116° 32′～117° 10′。境内中部偏西是一片自北向南的串珠状河谷盆地，东及东南部为玳瑁山脉的梅花山中山区，约占全境面积的2/3左右，地势较高，岗岭重叠，群山起伏，峰壑纵横，涧流密布。连城日照充足，雨量充沛，气候温暖湿润，万物茂盛，被誉为北回归线上的绿洲和基因库，盛产各种农作物和食用菌，其中豆类、谷类、食用菌和红心地瓜久负盛名。

连城香菇：连城香菇菌盖厚、完整，不完全开启，菌褶整齐细密，菌柄短而粗壮，边缘内卷、肥厚。颜色多为黄褐或黑褐色，色泽鲜明亮丽，菌褶颜色以淡黄色至乳白色为主，具有浓郁的、特有的香菇香气，尤其以鱼潭村出产的连城香菇品质最佳，久负盛名。

连城灵芝：灵芝药用在我国已有2000多年的历史，被历代医药家视为滋补强壮、扶正固本的神奇珍品。连城灵芝个头大，菌盖厚，呈紫褐色或黑色，有漆样光泽，质地坚硬，含有较高的氨基酸、多肽、蛋白质、真菌溶菌酶，以及糖类（还原糖和多糖）、麦角甾醇、三萜类、香豆精甙、挥发油、硬脂酸、苯甲酸、生物碱、维生素B_2及维生素C等，连城灵芝是灵芝中的上品。

连城豆腐皮：豆腐皮是中国传统豆制品，豆腐皮营养丰富，蛋白质、氨基酸含量高。连城豆腐皮选用当地产优质黄豆为原料，经筛洗、脱皮、浸泡、制浆、煮浆、过滤、蒸浆、揭皮晾晒至干而成。其色泽金黄，油光发亮，质地细密均匀，味道鲜美，柔嫩爽口，是当地人招待宾客的上乘之品。

连城朋口米粉：米粉是中国特色小吃，是中国南方地区非常流行的美食，米粉的制作需要适宜的气候和优质的原材料。连城日照充足，盛产大米，连城朋口米粉以大米为原料，经浸泡、蒸煮和压条等工序制成的条状、丝状米制品，经过晾晒制作而成。连城朋口米粉米香浓郁、不糊少断、作料入味、柔韧爽口，还有保存容易、食之方便、炒煮皆宜等特点。

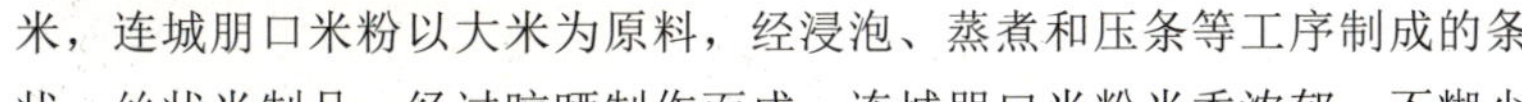

连城朋口薯粉：连城红心地瓜是连城传统农作物，已经有300多年的种植历史， 连城朋口薯粉是用地瓜制成的粉干，采用连城当地黄皮红心地瓜为原料，经浸泡、蒸煮、压条等工序制成的条状薯类制品，因薯类淀粉比大米含量更高，所以薯粉比米粉更柔韧，更富有弹性，水煮不易糊汤，干炒不易断。连城朋口薯粉呈灰色细长条状，晶莹剔透，口感柔韧富有弹性。

莆田市行政服务中心管理委员会

2017年，莆田市行政服务中心管理委员会始终坚持以习近平新时代中国特色社会主义思想为指导，弘扬“马上就办、真抓实干”精神，在规范行政审批行为、完善公共资源交易、方便基层群众办事等方面持续发力、主动作为，取得明显成效。全年共办理行政审批和公共服务事项215万件，按期办结率99.9%，当日办结189万件，当日办结率87.44 %；公共资源进场交易项目 3709个，交易总额 289.41亿元，节约（增值）资金82.66亿元。

莆田市行政服务中心作为莆田展示对外形象的主要窗口，在建设美丽莆田中敢为人先，全国首创食品药品生产经营许可“九证合一”，打造了流程最短、手续最简、效率最高、服务最优的政务服务平台。相继被省效能办列为“马上就办”示范点，被省直机关工委列为党建工作示范点，被国家标准委列为全国第二批社会管理和公共服务综合标准化试点单位。2017年荣第五届全国文明单位称号。

2017年以来，莆田市行政服务中心管理委员会

紧扣“放管服”改革大势，大胆探索创新，走出一条符合中央、省、市要求，顺应改革形势、具有莆田特色的路子。创新投资项目“1+5+N”审批服务模式（1个代办窗口统一收件+5个审批阶段会商联审+N个审批窗口并联审批），推出1140项“最多跑一趟”服务清单，推进企业登记“43证合一”和医保“三保合一”改革，启动清理规范证明材料的“减证便民”行动，让行政审批服务更加提质提速提效；推行周末轮班办事制度，设立涉企惠企政策对接平台，开辟24小时便民自助区，下放乡镇“五证卡”（一卡通、老人证、门牌证、残疾证、新农合社医保卡）办理事项，打造15分钟便民服务圈，让公共便民服务更加省时省心省力；全省率先实现远程异地评标，率先开辟招投标开标评标直播区，率先启用人证合一识别核验系统，让公共资源交易更加公开公平公正；全市率先推行窗口人员绩效差异化考核，深化“三集中三到位”，完善进驻窗口“定员定岗定责”管理机制，全力参与全国文明城市创建活动，让党建科学管理更加有为有位有威。

1. 市委书记林宝金到市行政服务中心调研“放管服”推进情况
2. 市长李建辉颁发莆田市首张“三证合一”营业执照
3. 创新莆田特色的“1+5+N”投资项目审批服务模式
4. 为办事群众提供优质咨询服务
5. 省直机关“建设新福建、机关走前头”主题实践活动推进会与会人员实地观摩市行政服务中心党建工作
6. 创新“三比三做”服务品牌，推动优质服务再提升
7. 组织志愿服务队慰问新县镇敬老院，开展帮扶活动
8. 支持教育事业，向华亭一中捐赠学习电脑
9. 组织党员赴闽中司令部接受革命传统教育
10. 组织干部职工开展无偿献血献爱心活动

漳州台商投资区管理委员会

漳州台商投资区于2012年1月获国务院批准设立，实行以区带镇管理模式，区域总面积163.7平方千米，人口27.3万（其中外来人口13.6万人）。漳州台商投资区作为厦漳同城化桥头堡和漳州市重点发展的四大经济增长极之一，于2014年被福建省政府确定为漳州市中心城市副中心，下辖的角美镇被授予“中国乡镇之星”，蝉联五届“全国文明乡镇”。

投资区地处漳州、厦门城市节点，到厦门机场、漳州市区只要30分钟路程，到厦门港只要15分钟，规划建设厦门地铁6号线漳州（角美）延伸段，基础设施配套日趋完善。

产业实力较强。全区现有工业企业1200多家，投资总额745亿元，已形成特殊钢铁、汽车汽配、电子家电、食品工业、造纸及纸制品五大主导产业，2017年规模以上工业总产值达700.83亿元。是漳州市唯一的“福建省外贸转型升级示范县”。是国内台企发展最为密集的区域之一，有台塑、统一、泰山、灿坤等161家台资企业入驻，投资总额65亿美元。

全区口岸联检机构健全，海关、国检都在这里设立角美工作站。成功设立保税物流中心B型，学校、医院、购物广场等配套齐全，生活便利，品位高尚。享受中央支持福建跨越发展、海上丝绸之路核心区、生态文明示范区、对台、复制自贸区、国家经济技术开发区等政策叠加。先后出台企业技术改造、建筑业发展、大众创业万众创新等多项扶持政策。相比厦门，地价、水价、电价、人力和生产生活成本都较低。规划建设生态、清水、景观廊道，龙佳城市温泉森林公园，400亩青阳湖，12万平方米的四季花海。已开发5个较大规模的温泉养生休闲区。有白礁慈济宫、江东古桥、林氏义庄、天一总局4个国家级重点文保单位和7个省级文保单位，共有16处海上丝绸之路和对台遗址。

2017年全年完成规模以上工业总产值700.83亿元，规模以上工业增加值175.16亿元，固定资产投资305.34亿元，财政总收入33.16亿元。2017年投资区用占全市1.27%的土地，创造生产了全市7.5%的GDP、10.4%的财政收入、11.8%的规模工业产值和14%的外贸出口。

1. 2017年9月20日，泰禾国际医院正式签约落户台商投资区
2. 2017年1月15日，省委常委、常务副省长张志南参加福厦高铁开工仪式
3. 角美中学
4. 厦漳同城大道
5. 花田美事

福州地铁集团有限公司

福州地铁集团有限公司原名福州市城市地铁有限责任公司，2009 年 2 月成立，是福州市政府全资投入的国有独资公司，全面负责全市地铁项目的投资、规划、建设、运营、管理和沿线地下空间资源的开发利用等工作。

自成立以来，公司牢记“提速福州、添福榕城”的企业使命，不忘“贴心服务、温馨一路”的服务初心，持续提升地铁运营服务水平。从全省第一条动工的地铁线路到全省第一个开通地铁的城市，再到现在的 1 号线（二期）、2 号线、6 号线、5 号线、4 号线和福州至长乐机场城际铁路（F1 线）共 6 条线路同时建设，福州地铁集团众志成城、攻坚克难，始终争当排头兵。厦航式服务理念、省内首推手机扫码过站、地铁志愿者等便民、暖心举措，福州地铁正逐渐塑造自己的服务品牌。1 号线全线运营以来，已成市民出行的重要选择，单日客流最高达 28.17 万人次。

未来，福州地铁集团将继续深入贯彻习近平新时代中国特色社会主义思想，加快推进地铁建设，尽早连线成网，持续提升运营服务，改善市民出行环境，为实现民众对美好生活的期盼不懈努力，在新福建、新福州建设的新征程上继续争当排头兵。

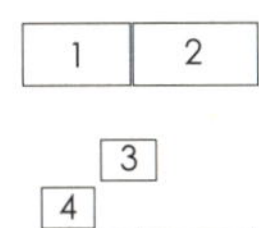

1. 2017 年 2 月 3 日，省长于伟国深入福州地铁慰问一线员工，并进行调研
2. 2016 年 5 月 18 日，福州地铁 1 号线南段开通试运营
3. 2018 年 6 月 20 日，福州地铁 9 周年纪念展
4. 2009 年 12 月 27 日，地铁 1 号线试验站白湖亭站动工
5. 地铁 2 号线首列电客车到达鼓山车辆基地
6. 地铁 6 号线滨海新城站施工现场

福建奔驰

梅赛德斯 - 奔驰 V 级车 V-Class

梅赛德斯 - 奔驰新威霆 New Vito

Mercedes-Benz
福建奔驰

海西高科技园区研发基地电磁兼容实验室

青口厂区研发基地试车跑道

打造中国高端多用途乘用车的标杆企业

福建奔驰汽车有限公司（简称福建奔驰）成立于 2007 年 6 月，由戴姆勒轻型汽车香港有限公司、北京汽车股份有限公司和福建省汽车工业集团有限公司共同出资组建而成。

福建奔驰位于福建省福州市青口投资区内，总投资 4.346 亿欧元。其中，注册资本 2.87 亿欧元，总规划生产及物流用地 66 万平方米，一期用地 33 万平方米，建筑面积 16.2 万平方米，一期规划年产能 4 万辆。

作为戴姆勒集团在亚洲及大洋洲的商务车生产基地，福建奔驰秉承梅赛德斯百年造车之精义，先后导入梅赛德斯 - 奔驰中高档商务车唯雅诺 Viano、威霆 Vito、凌特 Sprinter、V 级车 V-Class 以及新威霆 New Vito，为国内客户提供全方位出行解决方案。

2016 年 3 月，福建奔驰正式推出包括 V260 领航版、V260 尊贵版、V260L 尊贵加长版在内的三款全新 V 级车。2017 年 6 月，福建奔驰全新推出 V260L 臻藏版。2018 年 9 月，福建奔驰推出 V 级车运动款。

2016 年 9 月，福建奔驰正式推出精英版、商务版的新威霆车型。2018 年 9 月，福建奔驰全新推出新威霆 2018 年度改款车型。

福建奔驰目前拥有三大车间，分别是焊装车间、涂装车间和总装车间，并引进梅赛德斯 - 奔驰全球统一实行的生产体系（MPS），以先进、专业的管理工具及科学、严谨的规则确保实现优质化的生产。

福建奔驰研发中心是戴姆勒集团在海外的商务车研发基地，总占地面积约 150 亩，总投资 5 亿多，在设计、建设和设备方面均严格按照戴姆勒的全球标准，并于 2013 年正式投入运营。它是目前海西地区技术最先进、设备最完备、研发体系最健全的整车研发中心和国际技术合作平台。

福建奔驰一向秉承高度的企业社会责任感，积极投身社会公益事业，不断将对环境保护的关注、对教育事业的鼎力扶持，以及对

总装车间：大量采用模块化、柔性化方式进行混线生产，并通过采用高智能化、专业化设备对包括车辆安全、驾驶体验在内的成品车性能进行检测，确保产品的品质。

社会的无限关爱，融入企业的发展中。为建设环境友好型企业，2018年3月，福建奔驰总投资5930万元的涂装上涂水性漆及2K清漆项目建成并投入使用，成为福建省首个拥有涂装水性漆及2K清漆生产线的公司，大大降低对环境的污染。

福建奔驰将以“加快产品和技术升级，培育在高端多用途乘用车市场的竞争力”为方针，扩大盈利空间。同时，创新公司发展新思路，严抓质量、控制成本、风险防范、安全生产，继续向成为中国高端多用途乘用车的标杆企业迈进，力争在中国多用途乘用车市场占有率位于前列。

焊装车间：结合梅赛德斯 - 奔驰高标准的质量控制系统，在精度控制上执行“一毫米工程”，确保车身制造过程中尺寸的精确性和品质的稳定性。

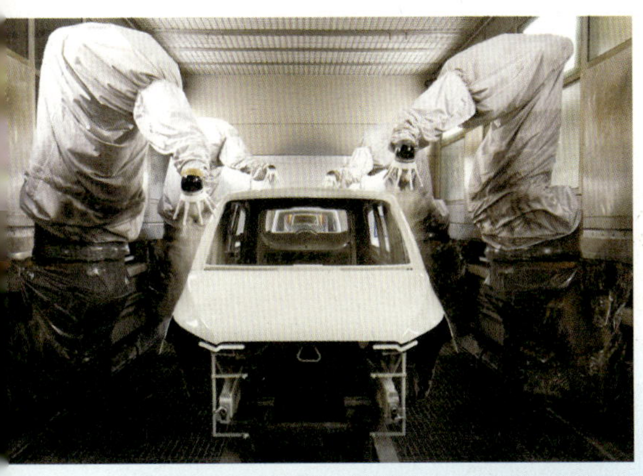
涂装车间：拥有电泳涂装工艺、车身底盘 PVC 和防音漆自动喷涂、自动喷涂机器人以及空腔注蜡工艺四种核心技术，大大提高了产品的抗腐蚀能力和耐用性，可使车身保持 12 年不生锈。

福建奔驰图书捐赠仪式

福建奔驰正大门

世界福州十邑同乡总会

世界福州十邑同乡总会于1990年在新加坡成立，在全球各地共有84个属会，会员总数涵盖海外600多万乡亲，遍布世界107个国家。现任总会长为全国政协委员、港籍企业家吴换炎。

“福州十邑”指原属福州府的十个县，即闽侯、福清、长乐、连江、罗源、闽清、永泰、古田、屏南及平潭。世界福州十邑同乡总会宗旨为：联络各地同乡间情感，并建立及促进世界各地福州十邑同乡大团结；加强各地同乡在经济上紧密联系；积极参与各会员所在地的经济建设及小区与福利服务；资助或从事会员所在地的文化及教育活动，并提高所在地同乡对中华文化之认识、了解及欣赏能力；促进本会与其他团体组织间的关系，从事一切符合或有利于促进总会宗旨的活动。创会后，每两年（现改成三年）择址不同地区轮值主办全球性恳亲大会，联系乡谊、互通商机。

重教兴学素为海外福州同乡所重视，在祖籍地响应十邑希望小学工程，成果颇丰。第六届、第七届总会长黄双安在海外教育基金的投资超3000多万元人民币。在创会会长张晓卿的推动下总会还设立“冰心文学奖”，鼓励海外华语文学创作，宣传推广中华文化，已经举办过七届，被誉为华文诺贝尔文学奖。

总会在福州市设有驻榕办事处，在马来西亚诗巫市福州垦场100周年纪念大楼设有永久会所，并与诗巫福州公会联合创设世界福州十邑文物馆，展示福州文物及十邑资料，为海内外乡亲提供服务。

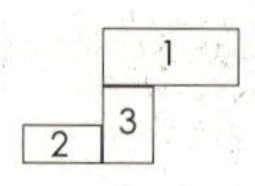

1. 2017年11月22日，福建省委书记、省长于伟国接见世界福州十邑同乡总会一行
2. 第十三届总会长张锦雄为第十四届总会吴换炎披挂总会长权链
3. 张锦雄与吴换炎交接世福总会印信
4. 世界福州十邑同乡总会第十四届理事就职典礼现场

福建新东湖投资有限公司

福建新东湖投资有限公司成立于2011年，经营范围包建筑业、贸易业、房地产业、商业、教育业等。作为福州滨海新城建设排头兵，2016年以来，在公司总裁陈国和带领下，围绕"产城人"融合发展模式及创新高效的原则，着力打造"科技、人文、生态"的特色小镇——东湖数字小镇。

小镇总占地面积3平方千米，总建筑面积150万平方米，总投资150亿元。项目聚焦全球高新产业前沿，围绕"产城人"融合模式及创新高效的设计原则，打造集投资、创业、居住、工作、休闲、体验、旅游居住于一体的科技、人文、生态特色小镇。项目成功入选国家"千企千镇工程"及"国家双创示范基地"，名列福建省首批特色小镇之首。截至2018年5月上旬，东湖数字小镇已注册入驻企业近200家，合计注册总资本超过200亿元。小镇组织或承办了"创响中国福州站""中国虚拟现实创新创业大赛福州赛区"等活动；2018年4月，小镇凭借在数字经济产业内独特影响力，受邀成为首届数字中国建设峰会合作伙伴，受到数字中国建设峰会组委会的高度赞扬。

新东湖公司积极资助多项科研、智库及人才培养计划，包括清华大学经济管理学院、清华大学五道口金融学院、清华大学金融科技研究院、清华大学中国经济社会数据研究中心、清华大学GIX 全球创新学院、中国信息化百人会、微软创新学院（福州）、腾讯企鹅新媒体福建学院等，总捐赠金额近亿元。 在前沿科技企业投资领域，新东湖公司发起成立清控道口资本管理有限公司、董奉健康医疗投资有限公司、东湖天使直投基金等。截至2018年5月，已投资中国大陆、美国、德国等大数据、健康医疗、虚拟现实等领域科技企业近 50 家。

展望未来，新东湖公司计划2020年在东湖数字小镇招商入驻300家前沿科技企业，落地3家以上国家级众创空间，实现300亿元的年产值；同时在福建、京津冀地区及粤港澳大湾区投资建设3个科技、人文、生态的健康特色小镇；投资100家前沿科技、健康医疗企业，实现10家投资企业上市。在数字中国建设的历史性发展机遇下，新东湖公司立志成为科技特色小镇与数字经济产业的领军企业，矗立数字经济浪潮。

1. 福建新东湖投资有限公司总裁陈国和
2. 小镇风貌
3. 小镇风貌
4. 小镇风貌

柬埔寨福建总商会

柬埔寨福建总商会(F.F.G.C.C.C，注册号：1368号)由旅柬闽籍乡亲于2015年发起，在中国驻柬埔寨大使馆、福建省各级政府、柬埔寨柬华理事总会、福建会馆等关心支持下，于2015年7月23日由柬埔寨王国内政部注册批准成立的非营利性社会团体。商会秉承“爱国爱乡、海纳百川、爱拼敢赢”的闽商精神，始终坚持“团结、交流、协作、服务、发展”的创会理念，积极团结在柬闽籍乡亲，“互帮互助、团结友爱”，为福建和柬埔寨的文化、经贸交流架起一座连心桥。

柬埔寨福建总商会会员来自福建省各地市，现有企业会员300多家、普通会员400多人，具有广泛的代表性。会员企业经营涉及产业园区、房地产、建材、酒店、物流、机械、服装、贸易、食品、旅行社等领域，不仅带来了资金、技术，更带来了先进的经营管理理念，为柬国创造了数以万计的就业岗位。

在两国政府相关部门的关心指导和柬埔寨福建总商会理事会及广大会员的共同努力下，经过3年多的磨砺，柬埔寨福建总商会已成长为柬埔寨最有影响力的地方商会之一。2017年11月22日，李德金副省长率领的经贸代表团访问柬埔寨期间，抚授柬埔寨福建总商会“福建省商务厅驻柬埔寨经贸联络点”的责任和荣誉。在为柬埔寨闽柬工业产业园区、闽柬农业产业园区、闽柬物流有限公司揭牌时，李德金副省长和省商务厅等部门领导表示柬埔寨闽柬产业园是响应国家“走出去，引进来”号召的重要实践，殷切期望产业园区尽快建设完善，为福建省企业“走出去”提供良好载体。

海纳百川也阔、业聚群财而旺，柬埔寨福建总商会将在有关部门的大力关心支持下，积极主动融入“一带一路”和福建“海丝”核心区建设，为实现中华民族伟大复兴的中国梦而努力奋斗。进一步发挥柬埔寨闽商的整体优势，展现整体形象，提高整体凝聚力和影响力，为促进柬埔寨、福建两地的区域经济发展做出更大贡献。

1 5 6 7 8 2 3 4 9

1. 副省长李德金为闽柬产业园剪彩后合影
2. 柬埔寨王国首相洪森总理授予慈善奖章
3. 澳门福建妇女联谊总会代表团访问柬埔寨
4. 与福建闽江师专名师巡讲团合影
5. 成立中柬华文师资培训中心时，召开全柬华校校长见面会
6. 向柬埔寨福建会馆民生中学捐款 38 万美元
7. 福建省体育局副局长陈忠和一行访问柬埔寨
8. 向柬埔寨潮州会馆端华学校捐款 8 万美元建设新校区
9. 在柬埔寨王国菠罗勉省慈善捐赠现场合影

三盛集团有限公司

1. 三盛集团
2. 三盛实业
3. 福州·三盛托斯卡纳
4. 三盛百督府
5. 三盛中加国际学校
6. 三盛福州鼓楼时代中学

三盛集团是一家拥有三盛地产、三盛教育、三盛健康、三盛科技四大业务板块的大型产业投资集团，控股多家国内及香港上市公司。

新时代，新生活，三盛集团启动“智教康养 筑家理想”全新品牌定位，依托扎实的地产开发、产业运营、投资和产业资源整合能力，深耕与中国家庭美好生活本质密切相关的居住、教育、健康、科技智造产业，从产品、服务到战略，践行“专注中国家庭头等大事”企业使命，赋予“美好生活”中国愿景更丰富的内涵。

三盛地产，全国房地产企业48强，中国房地产经营绩效十强，中国房地产盈利能力十强，于纽约、香港、北京、上海、福州、济南、青岛、成都、厦门、沈阳、哈尔滨等20多个城市打造60余座精品项目，荣获联合国国际花园社区、联合国人居署全球生态宜居国际社区、亚洲十大超级豪宅、国际不动产大奖等国内外30余座重要奖项，收获“亚洲品质典范地产”美誉。2017年，三盛地产业务重要上市平台三盛控股（02183.HK）成功登陆香港主板市场，作为内资房企的优秀代表，被评为“2018中国大陆在港上市房地产公司投资价值10强”。社区服务品牌——伯恩物业，首创720°英式大管家服务模式，打造“生活就在家门口”便捷超值服务，位列中国物业服务36强。

三盛集团依托多年深耕房地产开发、深入中国家庭生活方式和需求研究的先发优势，以“产业与资本”双轮驱动，开辟“教育、健康、科技”全新跑道，为中国

家庭客户提供“全生活周期”和“全产品周期”两大体系创新产品和服务，并打造三盛集团稳健增长、基业长青的发展格局。

三盛教育（300282.SZ），中国教育装备及智慧教育整体方案提供商，拥有教育领域软件著作权100余项，及智慧教育装备专利近300余项，赋能传统课堂，并携手华为、联想等国际知名企业，打造中国智慧教育产品生态圈。与此同时，对接全球优质教育资源，致力于培养学贯中西的全球居民，如战略合作加皇教育集团，落地中加国际学校；联合福建顶级名校，成立时代中学三盛分校等；投资山西民办K12学校——山西新时代与新希望等，以此打造“家庭、学校、社区”三位一体的教育服务平台。

三盛健康，控股多家行业领先的健康管理、养老服务创新企业，如泰福盛世、晟欣健康、安心护理、华诚助老、山东青鸟、宝岛童医汇等，并充分利用大数据和信息化平台技术整合创新服务模式，为中国家庭客户提供高匹配度、全周期、多元化的家庭大健康解决方案。率先在福建建设全国首个城市型全装修长者洋房—三盛·香樟里，三盛以“社区嵌入”模式，实现机构养老+社区养老无缝对接，开启养老4.0时代。

三盛科技，以三盛优秀的实业基础为依托，布局半导体领域，投资乾照光电（300102.SZ）等多家优质国内主板上市公司，抢占高端制造业核心高地，并积极拓展智能家居产品和服务，从社区智能化、建筑绿色化、物业服务创新化等多个维度为中国家庭客户需求和个性化定制解决方案。

除此之外，三盛实业是亚洲前三橡塑发泡专业生产厂商，是EVA、PE、XPE发泡、特种发泡专业制造商、科技型企业。三盛是地产流通领域的领导公司“易居中国（02048.HK）”、消费金融业领导公司“马上金融”、“国都证券”等股东，福建首家民办股份制银行——华通银行股东（发起人）。

从实业的极致基因，到地产的匠造能力，再到如今资本的赋能责任，三盛集团，不忘初心，极致而为，坚持“精干团队”“精致产品”“精准投资”发展战略，为中国家庭营造幸福生态，并致力成为中国领先的综合性产业投资集团。

福建南平南孚电池有限公司

福建南平南孚电池有限公司于1988年10月由国企合资创立，是“全国文明单位”、“全国五一劳动奖状”企业、“全国模范劳动关系和谐企业”。经过30年的成长，现已发展成为在中国碱性锌锰电池行业中较具影响力、拥有现代化先进生产装备、具有雄厚科技力量支撑的企业。

近年来，碱性锌锰电池产量稳步增加，其中600只/分无汞碱锰电池生产线已达到先进水平，产品质量与国际名牌同步发展。LR20、LR14、LR6、LR03、6LR61系列碱锰电池均为无汞、无镉、无铅绿色环保产品，已通过ISO9001质量管理体系认证、ISO14001环境管理体系认证和中国环境标志产品认证，2000年9月被国家工商行政管理局商标局授予“中国驰名商标”，2002年9月被国家质量监督检验检疫总局授予“中国名牌产品”，荣获“产品质量国家免检证书”。南孚电池建立“以客户为中心”的现代营销立体网络，现有市场占有率达78%以上。

公司现有园林化厂区面积18万平方米，职工2197人，其中高、中级等各类专业技术人员667人，是国家引进国外智力示范单位。拥有国家认定企业技术中心和博士后流动工作站。2017年，公司实现产量15.6亿只，实现工业产值21.4亿元，销售产值23.17亿元。2018年1—6月，实现产量8.19亿只，实现产值10.69亿元，实现销售收入13.41亿元，上缴税收2.74亿元。

1. 企业内景
2. 荣获中国驰名商标称号
3. 国家认定企业技术中心
4. 企业全貌

福建南平太阳电缆股份有限公司

福建南平太阳电缆股份有限公司创建于1958年，专业从事电线电缆研究、制造60年，于2002年进行股权多元化改革成为民营控股公司，2009年10月21日，太阳电缆在深圳证券交易所上市。

公司建有超高压电缆生产基地、南平太阳电缆城、上杭太阳铜业公司、包头太阳满都拉电缆有限公司四大生产基地。“太阳”电线电缆产品涵盖1000多种型号、25000多种规格，具备为国内外各级重点工程提供全方位配套的能力，是国家电网、南方电网、内蒙古电力集团、人民大会堂、北京奥运工程、广州亚运工程、杭州湾跨海大桥、长江三峡向家坝水电站、福州地铁、厦门地铁、深圳地铁、南昌地铁、郑州地铁、南宁地铁、天津地铁、福厦高铁、广州白云国际机场、京台高速、海峡国际会展中心等国家大型重点项目的供应商。

“太阳”牌为中国驰名商标、福建名牌产品。太阳电缆先后获“中国电线电缆20强”、全国首批520家“重合同守信用”企业、“福建省企业评价中心AAA级信用企业”、纳税信用A级单位、南平市纳税特大户企业、福建省政府质量奖、南平市政府质量奖、中国电线电缆行业竞争力十强等荣誉，享有良好的市场知名度和美誉度。作为全国质量管理优秀企业、高新技术企业，本着“品牌第一、顾客至上、诚实取信、和谐发展”的经营理念，太阳电缆愿与海内外客商精诚合作，共展宏图。

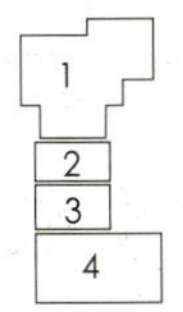

1. 电力电缆
2. 全自动智能生产线
3. 二厂
4. 超高压立塔外景

江苏神龙海洋工程集团有限公司

江苏神龙海洋工程集团有限公司（原江苏神龙海洋工程有限公司）创建于1956年，拥有市政公用工程施工总承包一级资质，房屋建筑工程施工总承包一级资质，地基与基础工程专业承包一级资质，水利水电工程、公路工程施工总承包二级资质，港口与海岸工程、河湖整治工程专业承包二级资质。拥有各类技经管理人员486名，一、二级注册建造师202名，轻、重装职业潜水人员168名，并拥有承接市政管道、桥梁、给排水、水利水电、航务、房建、基础处理、公路工程、潜水服务、救捞等工程相匹配的专用装备。是江苏省文明单位、住建部、水利部文明单位。

公司秉承“团结、自强、学习、纪律”的企业精神，以专业产品为特色、以技术创新为灵魂、以人才制胜为战略、以过程管理为核心，努力为社会奉献一流的产品。先后在全国28个省、市、区优质完成了100多项大型工程，与美国、日本、荷兰等国工程技术人员及科研人员开展工程技术合作研究，高海拔潜水技术居世界领先水平。

近年来，公司在董事长倪福生的带领下，积极拓展海外市场，先后在印度、马来西亚、沙特、阿联酋、委内瑞拉、塞尔维亚等国承接了市政管道、电厂取水头、房屋等工程实施业务。公司尤其在海底管道敷设方面更是享誉海内外，福建、广东、海南、大连、金门等离岛海底供水管道敷设累计完成了100多千米。《人民日报》、中央电视台等媒体多次报道过公司的业绩，对公司在工程建设领域作出的贡献给予了高度赞誉。

2018年8月5日，神龙海洋工程集团有限公司承建的金门自大陆引水工程，在晋江龙湖取水泵站举行了隆重的向金门供水管道通水仪式，实现了“两岸一家亲、共饮一江水”的夙愿。

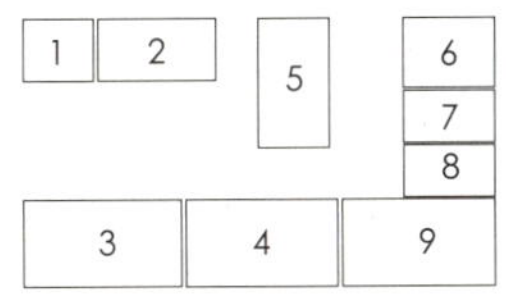

1. 董事长倪福生
2. 金门通水典礼现场
3. 集团公司总部大楼
4. 敷管船航拍图
5. 输水管道登陆金门岛
6. 配重块吊装现场
7. 海滩段施工现场
8. 敷管船管道安装现场
9. 敷管船配重块安装现场

福建永荣控股集团有限公司

福建永荣控股集团有限公司创立于2009年，其前身是1979年创建的一家村办纤维厂。经过董事长吴华平、总裁吴华新和众多永荣人的努力，目前已发展成为一家依托现代工业4.0和互联网技术，以石化尼龙新材料为主业，集供应链、金融服务为一体的大型产业集团，2017年产值达253亿元。永荣控股集团下辖芳烃事业、己内酰胺事业、尼龙新材事业、供应链事业等业务板块，拥有全资、控股企业数近30家，员工10000余人。集团连续多年获得“中国民营企业500强”“中国制造业500强”“中国化工企业500强”“中国纺织文化品牌创新奖”“中国最佳雇主”等荣誉。

集团主业是以高新技术企业福建锦江科技有限公司为代表的新材料产业，具备60万吨高端锦纶纺丝和60万吨聚合生产力，拥有“锦江科技”“景丰科技”“创造者锦纶”等国内外知名品牌。公司不仅设备精良，技术先进，而且产品市场占有率高，是全球最大的尼龙新材料一体化解决方案提供商，为长乐市成为全球最大的聚酰胺纤维生产基地做出了突出贡献。在省、市各级政府的关心支持下，永荣控股集团目前正在全省进行产业布局。

集团秉承“和合共生、守正出新”的发展理念，倡导企业与国家、社会、环境等和谐发展、共生共荣；倡导与同盟者、竞争者协同合作、资源共享、以和取利、协调发展；倡导与员工荣辱与共、和谐相处、共同发展；倡导勇于实践、善于实践、勤于实践、不断创新的精神，并坚持以客户为中心，以奋斗者为本。集团力争2020年产值达到1000亿，打造全球领先的新材料高科技产业集团。

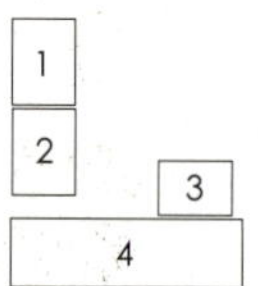

1. 2017年中国民营企业制造业500强证书
2. 2017年中国民营企业500强证书
3. 2017年中国石油和化工企业500强证书
4. 正门照

无创心电（长乐）大数据中心有限公司

无创心电（长乐）大数据中心有限公司借助健康大数据云平台和自主开发的人工智能可穿戴监测终端及借助“互联网 +”远程会诊平台；依托专业医疗机构，以县级医院为纽带，构建“省、市、县”“县、乡、村”多学科远程会诊医疗服务体系与专科医联体联盟体系；搭建了智慧慢病监测大数据平台，解决了基层慢病管理中最后一公里问题，实现“大病不出县、慢病管理不出村”的目标；助推百姓慢病管理落实到基层医疗机构与家庭医生，助力智慧健康医养，形成慢病管理新模式。在 2015 年“9・3”阅兵保障工作中，为参阅抗战老兵提供了“生命卫士”医疗保障，获得阅兵联合指挥部“突出贡献奖”；独具特色的居家医养方案进入国家《中国智能养老产业发展报告(2015)》蓝皮书。

福建玛高爱纪念医院（三级综合医院）是非营利性、非政府办的省属事业单位，由福建协和医院托管。以“从心出发，做老百姓放心的医院”为目标，在公立医院管理模式上，大胆改革，创新服务，通过信息化系统、现代化管理、精准医学和健康医疗大数据的应用，以多学科专家服务平台及全天候无陪护理念为基础，建成“医生精心尽心、护士细心贴心、病人舒心暖心、家属宽心放心的医院”。由省内三甲医院专家联盟及和省内外著名专家开设专家工作室、开展 MDT 多学科诊疗，为病人提供个性化治疗方案。引进先进的管理经验和仪器设备为病人提供优质的医疗服务。各科室配备医学秘书进行资料收集、医学文书整理等工作，使医生从繁杂的文书中解放出来，全身心投入到病人的医疗护理工作中，真正地“把时间还给医护，把医护还给病人”。 2017 年，无创心电（长乐）大数据中心有限公司董事长魏泓获福建省优秀企业家荣誉称号。

1. 无创心电（长乐）大数据中心的监测平台
2. 无创心电（长乐）大数据中心荣誉墙
3. 福建玛高爱纪念医院
4. 国家健康医疗大数据展示中心的无创心电展台

新中冠智能科技股份有限公司

新中冠成立于2002年，秉承“诚信、品质、开放、共赢”的经营理念，坚持不断探索，不断超越，已发展成为全国领先的互联网企业，并取得一系列可喜成果——获评中国互联网百强企业、全国两化融合试点企业、全国实施卓越绩效先进单位、福建省互联网企业 20强、福建省电子商务示范企业、福建省科技型企业、福建省守合同重信用企业、福州市十佳民营企业、福州市先进基层党组织、福州市创新发展优秀企业等荣誉。

“为品牌搭建平台，为客户创造价值”，公司建立了以喜购宝平台为核心的电商业务体系，在平台内构建银行商城、品牌商城、自营商城、政采商城四大业务模块，通过六大系统即交易系统、结算系统、供应链系统、人工智能系统、大数据系统、第三方接口系统形成强大的后台支撑，为客户提供集技术开发、供应链管理、运营推广、客户服务、大数据服务、供应链金融等全方位综合服务，真正实现“让品牌到零售更简单”。

喜购宝平台是新中冠人在不断转型、探索电商业务中创造出的新型智慧电商模式：银行商城与招商银行、交通银行、浦发银行、平安银行、建设银行、香港汇丰银行等六大银行总行信用卡商城签约的供应商及专业的银行信用卡营销运营商，已成为全国范围内银行信用卡商城优秀的综合服务提供商。品牌商城与知名品牌厂商达成战略合作，通过平台化综合运营实现品牌厂商全品类直接覆盖至全国零售终端，加速品牌全渠道转型升级，构建厂商、服务商、零售商互利共赢的可持续生态链。自营商城与中小品牌厂商及新型智能硬件厂商深入合作，利用喜购宝在全渠道的优势，帮助厂商快速打造品牌、覆盖终端、完成高效的渠道搭建及市场投放。目前已覆盖全国24个省份，拥有超过6万家零售商客户，稳定供货的SKU达14000个以上。政采商城2017年入围福建省级政府采购网上超市首批电子商务类供应商（全国仅12家，为本地唯一入围3C产品供应平台）。现已入围福建省、福州市、泉州市、宁德市、三明市、漳州市、平潭综合试验区等省市级政府采购网上超市电子商务类供应商。

同时，新中冠深入研发基于大数据及人工智能技术的商业应用。通过大数据平台及喜购AI盒子进一步帮助客户实现线上线下的数据融合，打通全环节数据，有效提高决策精度，实现数据决策中人工智能的辅助效果，为不同等级的商业体系及政府提供从商业智能终端、全息网络到管理平台的一整套商业智能提升方案。

在近20年的发展历程中，新中冠始终秉承着先进的人才建设理念，放眼全球，引入顶尖智囊；立足本土，挖掘区域优势；关注高潜，培养年轻力量。构建了一支技术领先、素质过硬的兼具国际化视野与本土化优势的专业团队。未来，公司将继续通过提升商业数据智能、社会数据智能、平台整合智能，为企业、政府打造定制化、多元化、全方位、高品质的综合服务，致力于成为中国领先的商业智能综合服务商。

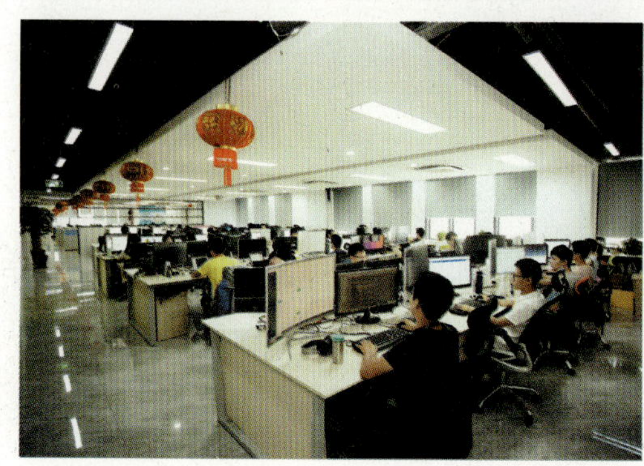

1. 闽商论坛
2. 办公所在地
3. 企业前台
4. 办公场景

明一国际

明一国际是一家富有社会责任感的国际型企业，坚持"一切为了孩子"的企业宗旨，拥有万亩生态牧场、十大核心科技、权威科研机构和育婴专家，打造集奶源、研发、生产、生活于一体的乳业核心生态全产业链，凭借强大的品牌影响力荣膺"中国500最具价值品牌"。

明一国际高新科技园

科技创新是品质的源泉，明一国际长期与世界多家营养科研院所及专家保持深度合作，研制适合国民体质的健康营养食品，并通过BRC全球食品技术标准和IFS国际食品标准认证等国际权威认证，为国民打造健康生态奶。

明一国际生态高新科技园

明一品牌的拓展、服务遍及全国各地，以卓越的管理，优质的产品及专业的服务，在社会各界树立了良好的口碑，深得消费者信赖。

省委书记于伟国率领省委省政府工作组到明一国际生态园参观

福建新华源发展集团

福建新华源发展集团组建于2017年10月，下属福建省长乐市华源纺织有限公司、福建省长乐市恒源纺织有限公司、福建省长乐市新华源纺织有限公司和天津华恒包装材料有限公司。

华源纺织创办于2002年5月，坐落于两港工业区，拥有26万纱锭，员工1000多人。2006年在闽江口工业区创办恒源纺织，拥有22万纱锭，员工800多人。2010年再扩大生产规模，在空港工业区征地437亩，创办新华源纺织有限公司，拥有62万纱锭，员工近2000人。三家企业主导产品为粘胶纱系列和各类混纺本色纱线，销往广东、上海、浙江、石狮、晋江等地，拥有稳定的客户群。公司先后通过ISO9001-2000国际质量管理体系和ISO14001:2004环境管理体系认证及安全标准化三级评审。产品被评为“用户信得过产品”“福建省名牌产品”“国家免检产品”“中国优质产品”“用户信得过优等产品”“最具影响力品牌”等。三家企业分别被中国棉纺织行业协会授予“中国粘胶纱特色产品生产基地”“中国粘胶纱混纺产品生产基地”“中国粘胶纱线精品基地”。天津华恒也被评为天津市明星企业、领军企业。

近年来，在董事长陈宗立的带领下，集团遵循“开拓创新、追求卓越、诚信为本、客户至上”的经营理念和“科技兴业、质量立企、创新为魂、品牌至上”的企业方针，从小到大，由弱变强，先后荣获“创税大户”“明星企业”“功勋企业”“纳税信用A级企业”“讲诚信、重质量企业”“质量管理优秀单位”“福建工业三百强”“中国纺织服装企业竞争力500强”“福建省重点企业”等称号。在行业经济效益指标排序中为前百名，在化纤短纤纱行业经济指标排序中为第一名，是中国棉纺织行业竞争力百强企业。

集团群团组织健全，推进和谐企业构建与企业文化建设，先后获得“全国纺织行业民营企业党建十佳示范企业”“全国纺织行业先进党建工作示范企业”“先进基层党支部”“全国先进计生协会”“福建省和谐企业”“全国纺织行业劳动关系和谐企业”等荣誉。

目前，集团领导树立做精做强的发展思路，不断改造技术，开发新产品，调整产品结构，强化内部精细化管理，实现可持续发展，决心为实现纺织大国转变为纺织强国的目标再创佳绩。

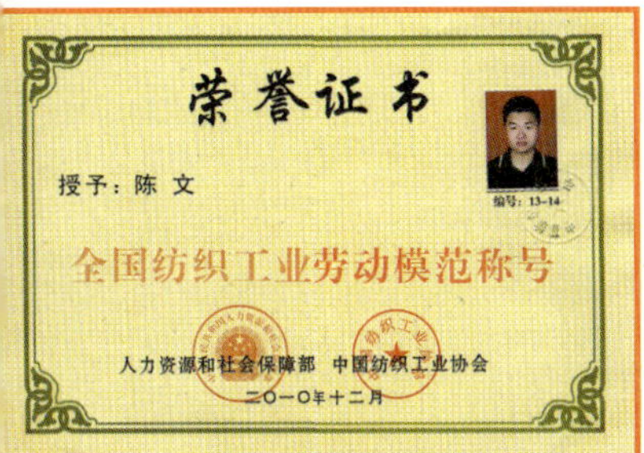
荣誉证书
授予：陈 文
编号：13-14
全国纺织工业劳动模范称号
人力资源和社会保障部 中国纺织工业协会
二〇一〇年十二月

荣誉证书
HONORARY CREDENTIAL
授予：
福建新华源发展集团总裁陈 文
第十七届福建省优秀企业家
福建省企业与企业家联合会
二〇一八年三月

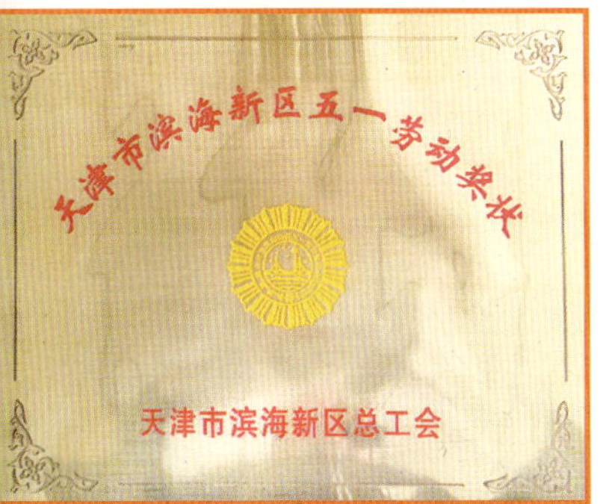
天津市滨海新区五一劳动奖状
天津市滨海新区总工会

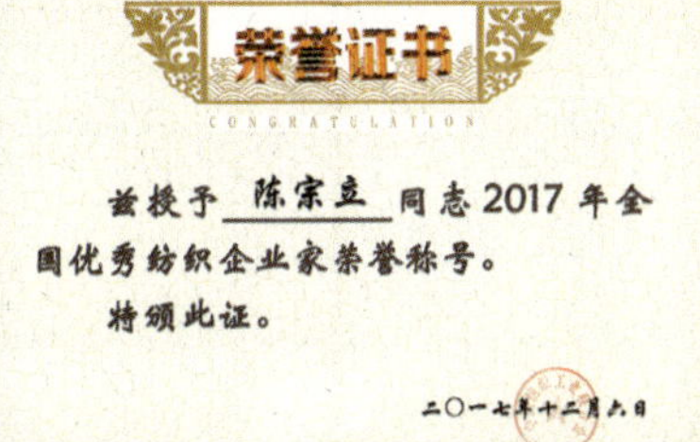
荣誉证书
CONGRATULATIONS
兹授予 陈宗立 同志2017年全国优秀纺织企业家荣誉称号。
特颁此证。
二〇一七年十二月六日

荣誉证书
陈宗立同志：
荣获2017—2018年度全国优秀企业家荣誉称号，特颁此证。

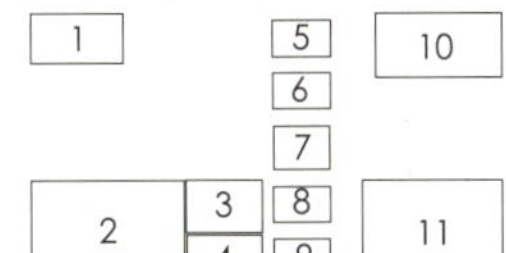

1. 集团公司大楼
2. 车间
3. 厂区风貌
4. 新华源发展集团大门
5. 全国纺织工业劳模奖状户
6. 省优秀企业家证书
7. 五一劳动奖状
8. 全国优秀纺织企业家荣誉称号
9. 全国优秀企业家荣誉称号
10. 员工活动中心
11. 车间一角

福耀玻璃工业集团股份有限公司

福耀集团（全称福耀玻璃工业集团股份有限公司），1987年成立于中国福州，是专注于汽车安全玻璃的大型跨国工业集团，于1993年在上海证券交易所主板上市（A股代码：600660），于2015年在香港交易所上市（H股代码：3606），形成兼跨境内外两大资本平台的“A+H”模式。

自创立以来，福耀集团矢志为中国人做一片属于自己的高质量玻璃，当好汽车工业的配角，秉承“勤劳、朴实、学习、创新”的核心价值观，坚持走独立自主、应用研发、开放包容的战略路线。目前，福耀集团已在中国16个省市以及美国、俄罗斯、德国、日本、韩国等国家和地区建立现代化生产基地和商务机构，并在中、美、德设立6个设计中心，全球雇员约2.6万人。

如今，福耀集团已成为全球规模最大的汽车玻璃专业供应商，产品得到全球顶级汽车制造企业及主要汽车厂商的认证和选用，包括宾利、奔驰、宝马、奥迪、通用、丰田、大众、福特、克莱斯勒等，为其提供全球OEM配套服务和汽车玻璃全套解决方案，并被各大汽车制造企业评为“全球优秀供应商”。

福耀集团是“工业4.0”的积极探索者和实践者。公司以智识引领发展，以创新为驱动，通过智能制造，为客户提供一片有“灵魂”的玻璃，其信息技术与生产自动化方面位居全球同行业前列。近年来，福耀集团先后荣获“中国质量奖提名奖”“智能制造示范企业”“国家创新示范企业”“国家级企业技术中心”等各类创新荣誉、资质。

福耀集团多年蝉联《财富》中国500强、中国民营企业500强，多次获得“中国最佳企业公民”“中国十佳上市公司”“CCTV最佳雇主”等社会殊荣。董事长曹德旺先生从1987年至今个人捐款累计逾110亿元，被誉为“真正的首善”，2009年荣膺企业界的“奥斯卡”奖——安永企业家全球奖，2016年荣获全球玻璃行业最高奖项——金凤凰奖，评委会称“曹德旺带领福耀集团改变了世界汽车玻璃行业的格局”。

2018年，公司董事长曹德旺先生入选全国工商联“改革开放40年百名杰出民营企业家”名单，第六次获得民政部“中华慈善奖”。福耀集团在辽宁本溪建设的全国最大汽车用浮法玻璃单体工厂全面竣工投产，连续第九年获评《财富》“最受赞赏的中国企业”，获得捷豹路虎“全球最佳供应商金奖”，蝉联中国质量奖“提名奖”，福耀“汽车玻璃智能工厂”获批国家高新技术产业标准化试点项目。

1. 汽车玻璃生产线
2. 汽车玻璃生产线
3. 福耀美国工厂采用最先进的生产技术
4. 位于美国俄亥俄州代顿市的福耀汽车玻璃生产基地成立于2014年3月，总占地675亩，厂房约18万平方米

宗仁科技(平潭)有限公司

宗仁科技（平潭）有限公司由荣获福建省百人计划企业创新人才奖（2013年）的陈孟邦博士于2015年创立，2016年10月在平潭台湾创业园举办的“全国大众创业万众创新活动周”中获得一等奖，11月在平潭管委会、省发改委、省台办、兴业证券共同主办的第一届两岸创新创业大赛中获得三等奖。2016年11月被评为平潭科技型中小企业，12月被认定为平潭知识产权试点企业。2017年8月被评为福建省科技型企业。该公司一直致力于自主产品的研发及自身知识产权的累积，已经获得了53项集成电路布图设计登记证书。向中国国家知识产权局申请了75项发明与实用新型专利，其中3项发明专利和20项实用新型专利已获授权。现有员工38人，其中平潭员工31人、深圳员工9人。2016年营业额980万元，2017年营业额突破2000万元。

平潭综合实验区科技型中小企业

认定证书

企业名称：宗仁科技（平潭）有限公司

认定编号：0007

有效期：2016年11月至2019年11月

平潭综合实验区经济发展局
二〇一六年十一月

平潭综合实验区知识产权试点企业

认定证书

企业名称：宗仁科技（平潭）有限公司

认定编号：PTZSCQ2016004　有效期：3年

平潭综合实验区市场监督管理局
二〇一六年十二月

福建省科技小巨人领军企业

证　书

企业名称：宗仁科技（平潭）有限公司　证书编号：20160522

发证时间：2016年5月　有效期：至2020年12月31日

知识产权管理体系认证证书

宗仁科技（平潭）有限公司

知识产权管理体系符合标准：GB/T 29490-2013

中规（北京）认证有限公司

福建省科技型企业

证　书

企业名称：宗仁科技（平潭）有限公司　证书编号：201701-0582

发证时间：2017年8月　有效期：自2017年8月20日至2021年8月20日

发证机关：福建省科学技术厅

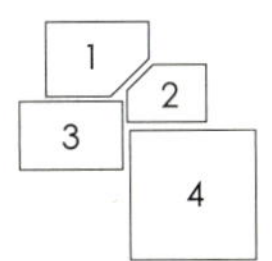

1. 2018年6月，国台办主任刘结一到我公司视察

2. 宗仁科技经营团队具备集成电路工艺定制开发能力，可以根据产品的需要，提出工艺规格，并据此同晶圆厂沟通，并建立基本工艺流程和描述器件特性，然后做工艺和器件仿真，调整流程或器件结构，使仿真结果满足设想，并设置分片条件，然后在晶圆厂试生产，然后测试产品结果，并根据结果做调整，然后进行工程验证与可靠性验证，最后批量验证并量产

3. 2016年10月，在台湾创业园举办的创新创业大赛中荣获一等奖

4. 证书

福建建工集团有限责任公司

福建建工集团有限责任公司(下称集团)成立于1953年，是福建省国资委监管的省属重要骨干企业集团，是福建省唯一一家中国建筑业协会副会长单位。集团在非洲、大洋洲、东南亚和中国香港近30个国家和地区开展了建造和投资业务，是福建企业“走出去”和实施“一带一路”建设的主力军。

2017年，集团深入贯彻习近平新时代中国特色社会主义思想和党的十九大精神，加强党建引领、着力人才队伍建设，持续深化改革，创新发展模式，实现了历史性的突破，创造了历史最好业绩。2017年实现新签合同306.88亿元，同比增长47.3%，是2014年的2.5倍；完成施工产值162.27亿元，同比增长39.1%，是2014年的1.8倍；实现营业收入132亿元，同比增长12.8%；实现利润总额5.1亿元，同比增长37.8%，是2014年的2.04倍。

在工程建设方面，集团不断加大对EPC、PPP等项目的承揽，实现从单一的施工转型为“建设+投资+运营”的商业模式，使产业链得到了进一步延伸。全年共签订EPC项目11个，合同额94亿元；PPP项目7个，合同额36.93亿元。在海外经营方面，集团全年实现新签合同额37亿元，同比增长42.3%。在抓好项目承揽的同时，不断转变发展模式，成立了跨境电商，投资建材超市，实现了“线上线下”运营。集团权属企业中国武夷以两项海外工程一举斩获两座鲁班奖“小金人”。在科研创新领域，集团共获得省科技进步奖一等奖1项、福建省土木建筑学会建设科学技术奖6项，新增发明专利9项、实用新型专利27项。集团权属省建筑设计院有限公司的岩土工程勘察信息模型BIM建模方法达到国际领先水平，省建科院承担的“桥梁拉吊索声发射监测技术研究和应用”研究成果达到国际先进水平。在建筑产业现代化领域，集团投资建设的连江建筑产业现代化基地建成投产，已承接装配式业务超130万平方米，同时还在5个地市成立建筑产业现代化公司进行基地布点，被住建部授予国家装配式建筑产业基地。

1. 福建建工集团总部大楼——置地广场
2. 连江可门建筑工业化研发生产基地
3. 琅岐红光湖景观综合工程
4. 中共福建省委党校新校区
5. 肯尼亚商业银行总部大楼（鲁班奖）
6. 肯尼亚特比-摩亚雷（A2）公路（鲁班奖）

中交第二航务工程局有限公司

中交第二航务工程局有限公司（简称二航局）创建于 1950 年，是原交通部直属四大航务工程建设一级施工企业之一。2006 年，成为中国交通建设股份有限公司全资子公司。经过 60 多年的发展，现已成为一家融设计、施工、科研、资本运作于一体，以路桥、港航、铁路、城市轨道交通、市政工程施工为主业，“大土木”、多元化经营的大型工程建设企业，市场遍布 29 个省（市、区），以及东南亚、南亚、中东、欧洲、非洲、南美洲的 24 个国家和地区。

二航局下辖 12 家子公司，13 家分公司，3 家参股公司，30 余家投资、房地产项目公司，以及 30 余家经营性分公司和海外经营办事处。现有员工 9000 多人，其中经营管理和专业技术人员 7000 多人。拥有各类大型工程船舶近百艘、施工机械设备 4000 余台（套）。 2009 年，二航局技术中心被认定为国家级技术中心。2011 年，二航局联合设计单位成功申报公路长大桥建设国家工程研究中心。2007 年以来，海外项目合同额达到 80 亿美元。海外市场已成为二航局可持续发展的重要支撑。

截至 2017 年，二航局共获得国家和省部级优质工程奖 206 项，先后 7 次斩获国际桥梁协会大奖（包括“亚瑟·海顿奖”“乔治·理查德森奖”“古斯塔夫斯·林德恩斯奖”“尤金·菲戈奖”），10 次获得“菲迪克”工程项目奖，同时，还获得国际桥协“杰出结构工程奖”、英国“卓越结构工程大奖”、国际道路联盟全球道路成就奖。还先后获得“全国五一劳动奖状”“全国企业文化建设工作先进单位”“全国守合同重信用单位”“中国优秀诚信企业”“中国最具影响力企业”“中国交通建设十大桥梁英雄团队”等荣誉。2015 年，二航局被授予“全国文明单位”称号。

福州市马尾大桥位于南台岛东端北侧，横跨闽江，是目前福州城区规模最大的跨江大桥，连接福州新区马尾片区与仓山片区，是福州城市快速路网组成部分。本项目的建设，对沟通与疏散闽江两岸、推进城市“东扩南进”以及促进马尾新城的开发建设有举足轻重的作用。项目南起仓山区环岛路，跨福泉高速公路、南江滨路、闽江、北江滨路、福马铁路、福马路，与机场高速公路二期对接。项目由主桥、南连接线和北连接线 3 个部分组成，全长约 6.38 千米，其中南接线长约 1.9 千米，北接线长约 2.8 千米，主桥长约 1.68 千米，宽 42.5 米，双向 8 车道，行车速度 80 千米／小时，两侧设非机动车道、人行道。主跨满足内河级、1000 吨级海轮通航标准。工程总投资约 74 亿元。

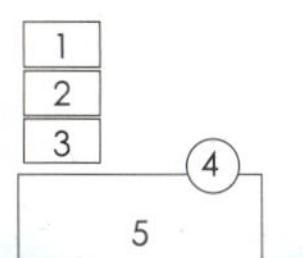

1. 福州市市长尤猛军在马尾大桥检查指导工作

2. 福州市委常委、组织部部长吴深生调研党建工作

3. 福州市委常委、统战部部长、市总工会主席陈晔出席职工示范性劳动竞赛推进会

4. 跨江段钢箱梁吊装

5. 马尾大桥

厦门华世昌集团有限公司 &华宇（香港）投资集团有限公司

厦门华世昌集团有限公司＆华宇（香港）投资集团有限公司是一家业务多元化的投资控股型公司，近十年来业务横跨金融投资、教育文化及房地产市政等领域。

公司董事长方池雄先生始终秉承“理论与实践紧密结合、实业与传播比翼双飞”的从商宗旨，在商业思想倡导与中国商帮文化弘扬方面做了大量卓有成效的开创性工作，是“闽商精神”首倡者和践行者、“华商精神”倡导者、“普惠创业哲学思想”的创建者。历任民建厦门市委联络工作委员会会长、厦门大学宁德校友会执行理事长、厦门大学MBA创业俱乐部理事长、霞浦一中厦门校友会会长、厦门市霞浦商会会长等职。方池雄先生热心社会公益事业，长期捐款捐物于家乡霞浦社会建设、母校霞浦一中、霞浦三沙陇头小学、厦门市翔安宽裕小学、南平市政和县外屯乡吴场村灾后重建等。

作为集“商业思想倡导、商业行为践行、商业社会活动”于一身的闽商代表，方池雄先生因其有目共睹的商业思想建树和业界成就获评“2014年度福建省十大新锐闽商”第一名，并因其长期以来为福建经济的繁荣发展与社会进步作出一系列引人注目的“软贡献”而被誉为“闽商”形象代言人。

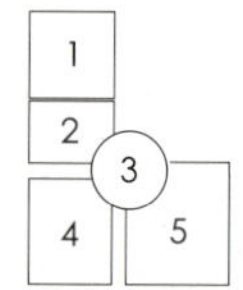

1. 倡导“华商精神”——《厦门卫视》采访
2. 2014年10月，参与重启“中国商人节”
3. 2015年1月，获评“2014年度福建十大新锐闽商”
4. 2014年12月，在“首届海峡两岸中国商帮文化论坛”上发表“华商精神”学术演讲
5. 2014年12月，参加福建省社科联2014年学术年会之海峡两岸商帮文化论坛

厦门钨业股份有限公司

厦门钨业股份有限公司（简称厦门钨业）是一家在上海证券交易所挂牌上市的国有控股企业集团，产业涉及钨、钼、稀土、电池材料和房地产。截至2017年，厦门钨业拥有29家全资子公司、控股子公司和分公司，1个国家钨材料工程技术研究中心，1个稀土工程技术中心和1个能源新材料工程技术研究中心，并设有3个博士后工作站，是国家级重点高新技术企业、国家火炬计划钨材料产业基地、国家首批发展循环经济示范企业，连续十年被中国证券会评为“最具有成长性、最具有竞争能力”前十的上市公司。

厦门钨业的钨产业链是全球最完整的产业链，年消费的钨金属量占全球消费市场的23%，多项技术处于国际领先地位。厦门钨业也是中国六大稀土集团之一，建立了以深加工带动产业发展的稀土开发模式，已形成了矿山开发、冶炼加工、稀土新能源、应用材料、电机制造和科研应用等较为完整的产业体系，并培育了包括三元材料、钴酸锂、磷酸铁锂、锰酸锂等主流锂离子正极材料的研发和大规模制造能力。

厦门钨业把技术创新作为生存发展的指导思想，每年投入营业收入的3%用于技术研发，不断优化研发体制机制，激活研发人员的创造性，形成成熟的技术驱动发展模式。承担了198项国家、省、市重点科研项目，合作开发项目61项，先后获国家、省市、有色金属行业科技进步奖、产品荣誉99项，取得国家专利授权336项，制定国家产品标准39项，其中“紫钨还原生产超细晶硬质合金”技术、“复杂难选钨矿关键技术及工业化应用”获国家科技进步二等奖，“难冶钨资源深度开发应用关键技术”获国家科技进步一等奖。

近年来，厦门钨业积极落实“依靠硬质合金的发展把厦钨做强，依靠能源新材料的发展把厦钨做大”的战略方针，持续优化产品结构，重点发展战略性产品，完成了硬质合金在全国的战略布局，磁性材料进入电动汽车、变频空调、风力发电、节能电梯和磁浮电机等高端领域，电池材料成为世界电动汽车知名企业的主要供应商。深加工产品在销售收入中的比重不断上升，资源保障能力快速提高。

未来，厦门钨业将以“调结构、稳发展、促腾飞”为总路径，以建设“人才聚集的平台、技术创新的平台和产业发展的平台”为愿景，重点发展高性能钨深加工制品、能源新材料、稀土功能材料、稀土永磁材料、石墨烯及稀土永磁电机等相关领域的战略性新材料，打造名副其实的国际一流的科技创新型企业。

1. 讨论
2. 研发人员

中国移动通信集团福建有限公司

厦门分公司

中国移动通信集团福建有限公司厦门分公司（以下简称“厦门移动”）于1999年10月成立，下设14个部门以及6个经营单位。经过十多年发展，公司已成为本地网络及客户规模最大的通信运营商。拥有移动客户近400万户，其中4G客户近300万；有线宽带客户超过66万，占本地宽带市场份额的33.9%。十多年来共上交各项税费近42亿元。

近年来，在党组书记、总经理李建新的带领下，公司坚持企业党建和生产经营“两手抓、两手都抓好”的理念，准确把握市场与行业发展风向，主动顺应“互联网+”行业发展新趋势，顺利完成了由2G到4G+的网络跨越式发展，实现岛内外4G网络全覆盖；并于2018年1月，全面开通NB-IoT网络，目前已实现岛内全区及岛外主城区的全面连续覆盖。公司充分发挥“移动信息专家”优势，将移动信息化发展与推动传统产业转型升级、提升企业生产效率、创新管理运营模式相结合。目前，累计上线各类4G信息化应用29项、物联网应用35项。2016年底，公司与厦门市反诈骗中心合力开发的防诈骗电话筛查系统，在全国公安机关改革创新大赛上荣获“金奖”。2017年，配合信息化主管部门，为政府相关部门提供了两个重要云服务和一个创新云应用（厦门市政务云、云视讯、防诈骗业务云），为政府相关部门提供数据存储与计算能力，满足了“无线政务办公”“公众服务”等一大批项目需求。

2017年，圆满完成金砖国家领导人第九次会晤期间的通信与网络安全保障重任，实现了“零重大网络事故、零重大安全事件、零重大客户投诉”的既定目标，得到中央相关部委及省市各级政府的高度肯定。

公司先后获“全国青年文明号”“全国通信行业用户满意企业”“福建省五一劳动奖状”“全国模范职工之家”“厦门市特区建设25周年突出贡献企业”和第十四届“厦门市军民共建先进单位”等荣誉称号。李建新同志先后被中国通信企业协会评为“2014年度通信网络运营维护服务年度人物”“2016-2017年度通信网络运维管理先进个人”。

1. 总经理李建新慰问高温生产宽带建设员工
2. 厦门移动网络优化人员“金砖会晤”期间在闽南大戏院周边组装无线环网设备
3. 厦门移动工程建设队伍利用凌晨“天窗期”优化福厦高铁隧道网络
4. 厦门移动莲前营业厅双语服务台席
5. 厦门移动网络维护人员抢修台风造成的通信故障
6. “莫兰蒂”台风期间，厦门移动网络线路维护人员在翔安彭厝抢修倒塌的光缆
7. 在厦金海缆登陆点，厦门移动传输团队维护人员演练光缆熔接和应急车开通

福建柒牌时装科技股份有限公司

创新时尚铸就大国品牌

2018 年 8 月 3 日，柒牌通过 CCTV《大国品牌》栏目，讲述成长故事和创新哲学，向世界传递中华魅力、彰显中华时尚。

39 年砥砺前行成就大国品牌

1979 年，柒牌从一把剪刀、一台缝纫机和不足 300 元资金的手工裁缝铺起家，在改革开放浪潮的洗礼下，经过不懈努力，逐渐成长为一家传承中华文化并不断突破、创新的服装企业。

1998 年，洪肇设董事长顶着压力投入所有积蓄引进国际最先进的西服生产线。同年，时任福建省委副书记的习近平到晋江视察，鼓励柒牌坚持创新，把品牌做大、做好，做成国际品牌。柒牌更加坚定了品质提升之路。随后，在新生产线诞生的全新西服系列以考究面料、时尚款式、精湛工艺，迅速赢得了市场的认可，唤醒了中国消费者对高品质时尚生活的向往。

为了改变中国服装市场被西方时尚风潮长期占领的局面，2003 年，柒牌开创性地推出柒牌中华立领，让世界领略与众不同的中华风范。同时，柒牌率先引进英国皇家犀牛褶永久定型技术，引领商务男裤免熨烫的时尚革新。

2016 年，柒牌推出多功能智能夹克系列，智能时尚产业链初具规模，以创先者的姿态引领中国服装行业迈向智能时尚新时代。

时尚创新成就大国品牌

面临新一轮的产业革命，柒牌以“两化融合”为战略导向，主动融入智能制造的建设，加速向数字化、智能化服装企业转型，率先构建了以涵盖智能产品、智能零售、智能物流、智能制造及智能办公五大模块的智能时尚生态圈，并以此为依托持续推进柒牌时装集合店的布局，迎接新零售时代的到来。

2017 年，柒牌“西服生产数字化车间”凭借生产制造和管理数字化、可视化，以及生产执行层、过程控制层、企业管理层一体化、信息化的特点入选由工业和信息化部公布的“2017 年智能制造试点示范项目”名单，成为福建首个获得此项国家级项目的服装企业。正如洪肇设董事长所说，“我们在智能化领域与时间赛跑，我们用创新思维与未来携手。”

生逢伟大时代的柒牌，深知时代变革与责任担当。未来，在自我革新的过程中，柒牌将不断探索、发展，继续开拓中国时尚事业，塑大国品质，立大国风范。

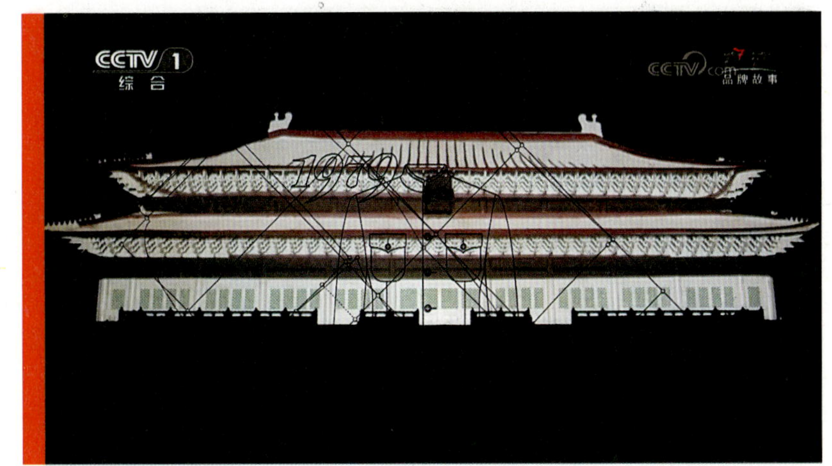

1. 柒牌董事长洪肇设
2. 打造专属于柒牌的特色
3. 将中华之美与现代时尚巧妙融合

富邦财产保险股份有限公司

富邦财险

诚信伙伴的基础

缺一不可

诚信 诚信 诚信 INTEGRITY
创新 创新 创新 INNOVATION
专业 专业 专业 PROFESSIONALISM
亲切 亲切 亲切 SINCERITY

富邦财产保险股份有限公司（以下简称富邦财险）来自宝岛台湾，是两岸经济合作架构协议（ECFA）生效后，第一家进入大陆取得开业许可的台资保险公司，2010 年 10 月成立于厦门。母公司富邦产物保险股份有限公司在台湾已有 57 年的保险运营经验，连续 30 余年市占率蝉联第一，是产险界的卓越标杆，深获众多企业及消费者的依赖及喜爱。

近期获奖记录：

穆迪对富邦财险 2017 年保险财务实力评级为 A3，评级展望为稳定。

2017 年获中国保护消费者基金会颁发“重承诺守信用满意单位”称号。

2017 年在厦门市保险行业志愿者服务总队评选中荣获“先进单位”和“优秀组织奖”。

2017 年荣获第五届厦门保险金鼎奖“优质服务奖”及“最值得信赖的车险品牌”。

2018 年富邦财险在厦门金融服务节，荣获“特区建设·金融新锐”奖。

24小时不打烊理赔服务热线
4008-817-518

富邦官网
www.fubon.com.cn

富邦地址
福建省厦门市思明区台东路68号（观音山国际商务营运中心18号楼）19-20楼

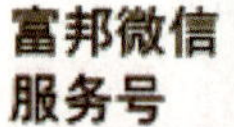

厦门国际银行

1985 年，厦门国际银行伴随改革开放“试验田”的春风应运而生，成为中国内地第一家中外合资银行，2013 年，整体改制为中资商业银行。33 年来，厦门国际银行不忘初心，始终坚持锐意进取、改革创新、追求卓越的发展理念，始终坚持以客户为中心的服务宗旨，以创新追求卓越，以卓越创造价值，为打造中小银行标杆而努力奋斗。2018 年，厦门国际银行以 1094.33 亿美元的资产总额跃居英国《银行家》“全球银行 1000 强”第 165 位，跻身“全球银行 200 强”“中国金融机构 50 强”及“中国城市商业银行十强”行列。

作为中国境内极少数在港澳均拥有附属机构的银行，厦门国际银行形成了“以内地为主体、以港澳为两翼”的战略布局，覆盖香港、澳门以及环渤海、长三角、珠三角、海西四大沿海发达经济区，在国内中小银行中独树一帜。境外附属机构澳门国际银行位居澳门当地银行前三名，继 2017 年 3 月设立澳门国际银行广州分行后，又于 2018 年 11 月设立了佛山支行；附属机构香港集友银行于 2017 年 3 月成为厦门国际银行的一员之后，积极响应国家加大金融开放的号召，于 2018 年 11 月 21 日获批筹建深圳分行，目前集友银行总资产突破千亿港元大关，各项业务实现优质高效发展。厦门国际银行以跨境金融服务为纽带，密切内地与港澳经济金融联系，沿着海上丝绸之路的路径，联通闽粤港澳和东南亚地区，更好地服务“一带一路”建设和自贸试验区发展。

厦门国际银行始终坚持“发展取之于民，成果惠之于民”的理念，在自身发展壮大的同时，不忘回馈社会。大力支持小微企业及实体经济发展，以“绿色信贷”支持资源节约型、环境友好型社会建设；热心投身公益事业，积极履行企业社会责任，持续建设“汇爱行动”公益平台，连续举办“厦一站·汇团圆”关爱留守儿童公益活动，打造“常春藤”爱心教育资助计划等等，赢得了社会广泛赞誉。

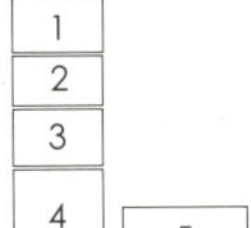

1. 2013 年，厦门国际银行整体改制为中资商业银行

2. 厦门国际银行坚持履行企业社会责任，持续举办“厦一站 • 汇团圆”关爱留守儿童公益活动

3. 2017 年，厦门国际银行成功收购集友银行

4. 1985 年，厦门国际银行在厦门经济特区诞生

5. 2018 年，厦门国际银行跻身“全球银行 200 强”

厦门美柚信息科技有限公司

美柚

厦门美柚信息科技有限公司成立于2013年4月，是一家移动互联网行业的高新科技企业，专注于为女性提供线上健康管理和生活服务。现有员工700多人，其中本科及以上学历占95%，总部位于厦门市思明区软件园二期，经营场所5000平方米。同时，在北京、上海、广州和杭州等地设有分公司或办事处。

美柚秉承“让女人更美更健康”的理念，致力于成为最懂女人的互联网企业，成功打造了“工具+社区+电商服务+数字营销”的产业闭环，形成“美柚”“柚宝宝”“柚子街”和“返还购”等APP产品矩阵，全方位服务于女性经期、备孕、孕期、辣妈等整个生命周期，在女性垂直细分领域取得遥遥领先的行业地位。

公司的主要营收来自互联网广告和电商服务。2016年，在进行商业化探索的第二年，公司实现了年度规模性盈利，成为资本寒冬里为数不多的具备自我造血能力的互联网公司。2017年，美柚实现净利润超过1亿元。

作为国内移动互联网垂直领域的代表性公司，美柚的快速成长获得了市场的高度认可，艾瑞、易观和QuestMobile等多家第三方数据机构报告显示，美柚的日活、月活等多项核心指标（核心指标涵盖活跃用户数、活跃渗透率、人均使用天数、人均使用次数等）长期占据女性APP行业经期健康、育儿母婴类榜首位置。2017年和2018年获“中国互联网企业100强”“商务部2017-2018年度电子商务示范企业”“福建省互联网企业20强”和“移动互联网最具投资价值企业”等荣誉。

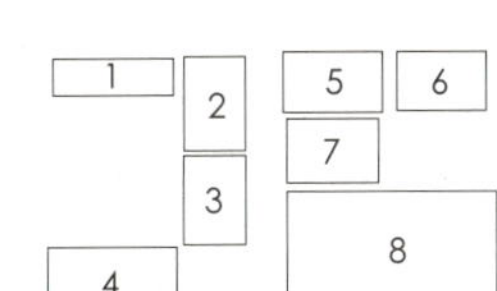

1. 企业 logo
2. 美柚创始人陈方毅先生
3. 美柚吉祥物“小柚子”
4. 企业大楼
5. 美柚 2018 年荣誉表彰榜
6. 员工齐贺美柚成立 5 周年
7. 美柚周边
8. 美柚产品矩阵

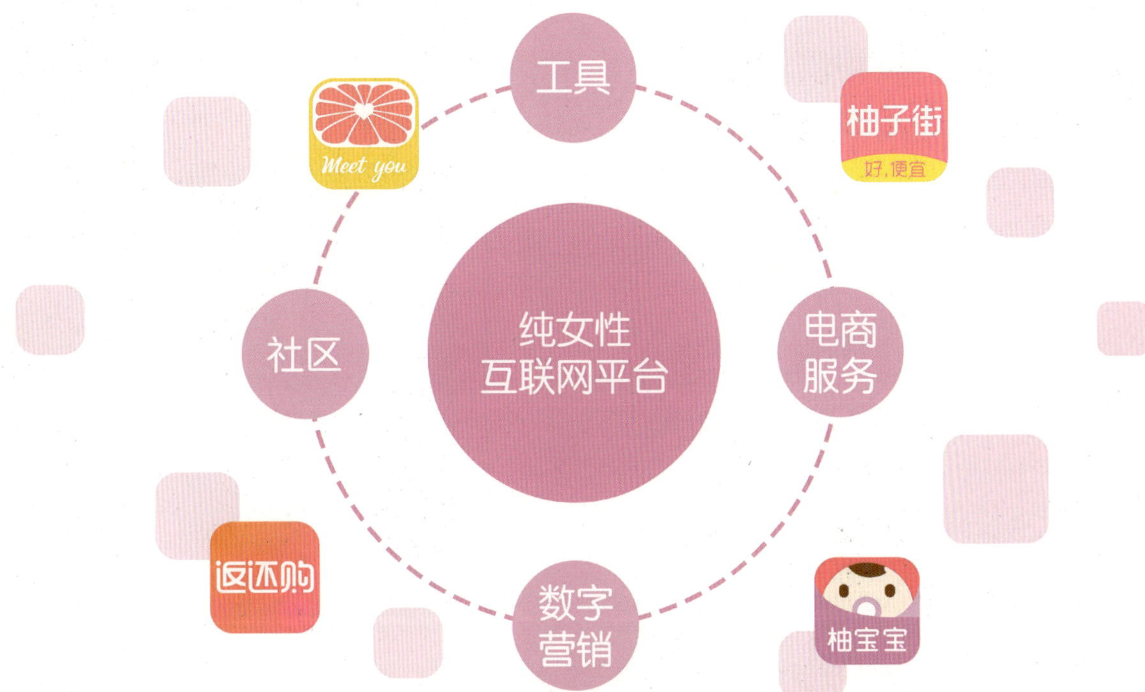

美图公司

美图公司成立于2008年10月，是中国领先的移动互联网公司，以“让更多人变美”为使命，怀揣着“成为全球最懂美的科技公司”的企业愿景，陆续推出了美图秀秀、美颜相机、美拍、美妆相机、BeautyPlus、美图手机等一系列软硬件产品，不仅让用户轻松实现影像变美，也使自拍文化深入人心。截至2017年6月30日，美图的创新影像及社区应用矩阵已在全球15亿台独立设备上激活，美图的月活跃用户总数超过4.8亿人次。如今，“美图”不仅是“修图”的代名词，更是一个代表着美丽、时尚与年轻的品牌。

随着业务规模的扩大，美图团队从创始之初的十余人发展到目前的逾千人规模。2016年12月15日，美图公司在香港联合交易所主板挂牌上市（股票代码：1357），成为继腾讯之后，在港交所上市的市值最大的互联网企业。根据AppAnnie以下载量计，美图公司在2014年6月至2017年6月间屡次与阿里巴巴、苹果、百度、脸书、谷歌、微软及腾讯等全球互联网巨头一起跻身全球前八位iOS非游戏应用开发商之列。

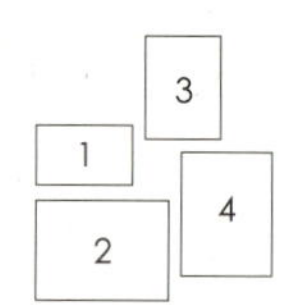

1. 美图公司外观照
2. 美图公司办公环境
3. 美图秀秀绘画机器人 Andy
4. 美图手机 T9

厦门住宅集团

2006年5月，厦门市委市政府重组原厦门市住宅建设总公司、厦门市东区开发公司、厦门经济特区工程建设公司、厦门建设工程有限公司，成立厦门住宅建设集团有限公司。集团为国家住房和城乡建设部核准的一级资质房地产开发企业，主营房地产开发与经营、政府工程总承包（委托代建）和与房地产产业链相关的投资管理与资产经营等业务。截至2017年12月底注册资本金26.7166亿元，总资产293.8亿元，净资产总额约67.59亿元。

三十多年来，集团各企业累计完成城市土地成片综合开发20多平方千米、各类建筑近3000万平方米，其中，商品房开发突破1000多万平方米。

集团先后获得全国精神文明建设先进单位、中国房地产百强企业、中国房地产开发企业责任地产十强、中国地产品牌影响力企业、全国建设信用诚信企业、中国服务业500强企业、中国AAA级信用企业、国家级守合同重信用企业、福建省守合同重信用企业、福建省著名商标、厦门市著名商标、厦门经济特区建设25周年突出贡献企业、厦门房地产行业功勋奖、厦门实力十强房地产企业、捐资助学尊师重教模范单位等百余项殊荣。

1. 金砖代建会展中心广场绿毯展示金砖五国厦门会晤 LOGO
2. 莲花新城
3. 水晶湖郡
4. 万翔同天然砂产业园
5. 园博壹号院效果图
6. 代建高林保障性住房
7. 代建集美新城全景
8. 住宅保利第五湾效果图

联盛纸业（龙海）有限公司

联盛纸业（龙海）有限公司于2010年在福建省漳州台商投资区建厂，是一家以再生资源废纸为主要原料的环保型造纸与热电联产为一体的福建省龙头企业。历经磨砺，如今已发展成为集产品研发、废纸回收、废纸制浆、造纸、销售、物流为一体的超大型现代化造纸企业。

公司旗下有联盛纸业（龙海）有限公司、漳州市联益废纸购销有限公司、长泰县联益废纸购销有限公司、福建省联盛物流有限公司、厦门玖立纸业进出口有限公司等多家子公司。拥有员工2000多人，占地面积1500多亩，年产包装纸200万吨。

多年来，联盛纸业一贯践行企业发展和社会责任并重的经营理念，坚定不移走低碳、节能、环保的循环经济发展道路，以可循环使用的废纸为生产原料，采用国内外最先进的生产工艺和设备，采用一流的环保设施，生产绿色环保产品。主导产品包括涂布白板纸、涂布牛卡纸、高强瓦楞纸、高档牛卡纸、纱管原纸、灰版纸、T纸等7个品种多个级别的包装纸，产品被誉为“福建省名牌产品”。

公司已全面实现自动化、信息化管理，先后通过IS09001质量管理、IS014001环境管理、OHSAS 18001职业健康管理、FSC-COC森林认证以及成熟的人力资源管理等体系认证，为公司可持续性发展夯实了稳固的基础。

面对全球经济一体化的机遇与挑战，联盛纸业坚持“以诚为本、优质服务”的经营方针，以“务实、简单、高效、卓越”为发展主题，以创新为动力，通过产品多元化及高端产品研发，走出一条具有自身特色可持续发展道路，确立在行业中的独特优势，致力跻身国内造纸前列，为我国经济、社会发展做出更大的贡献。

1. 联盛纸“年产70万吨”涂布白板纸生产线
2. 联盛纸业产品
3. 联盛纸业厂区一角
4. 联盛纸业厂区

福建凤竹纺织科技股份有限公司

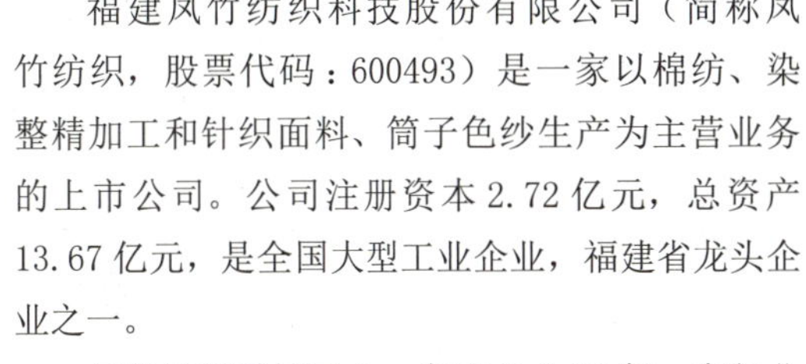

福建凤竹纺织科技股份有限公司（简称凤竹纺织，股票代码：600493）是一家以棉纺、染整精加工和针织面料、筒子色纱生产为主营业务的上市公司。公司注册资本2.72亿元，总资产13.67亿元，是全国大型工业企业，福建省龙头企业之一。

凤竹纺织秉持匠心，专注主业30年，在行业内率先通过ISO9001质量管理体系和ISO14001环境管理体系认证，并取得了产品进入欧盟市场的国际生态纺织品Oeko Tex Standard100认证，突破发达国家设置的环保壁垒。近几年公司还通过了两化融合体系和知识产品贯标体系认证。公司拥有雄厚的技术实力，检测中心为省内首个纺织品检测实验室，技术中心被认定为全国针织行业首家“国家级企业技术中心”。公司还获得中国农业部、国家环保部、中国印染行业协会等授予的“环境保护先进集体”“节能减排优秀企业”“国家清洁生产示范企业”“福建省循环经济示范企业”“国家创新型企业”等荣誉称号。

凤竹纺织正在安东工业园筹建一个绿色化、智能化生产管理模式的高端印染现代化工厂，开发和应用了26项绿色和智能制造技术和工艺。

凤竹纺织本着“坚守主业，诚信为本”的经营理念，发扬匠心精神，贯彻“努力为客户提供更加满意的产品”质量方针，把产品质量做到极致，不断践行“为社会进步多做贡献”的核心价值观。

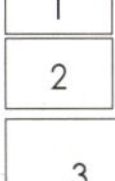

1. 化验室全自动染液滴定机
2. 染整车间
3. 公司大门

福建泉州闽光钢铁有限责任公司

福建泉州闽光钢铁有限责任公司（原称福建三安钢铁有限公司）成立于2001年11月6日，总占地面积2072亩，员工2800多人，是福建省重要的钢铁生产基地。

公司已形成包括烧结、炼铁、炼钢、连铸、轧钢等工序在内的冶金联合企业，自动化程度高，环保设施完善，全厂实现操作自动化、管理信息化、生产清洁化。2003年7月通过质量体系认证，2010年7月通过测量体系认证，2013年3月整合后的质量（Q）、环境（E）、职业健康安全（O）三个体系顺利通过外部认证，2014年6月通过能源管理体系认证，2016年5月通过CNAS实验室认可，2017年4月通过两化融合管理体系认证。2017年，实现工业产值966292万元，营业收入986822万元。

在各级党委、政府的高度重视和大力支持下，公司与三钢集团完成了资产重组。在三钢集团的影响力、带动力、渗透力以及全方位大力支持下，企业步入和谐稳健的发展之路。2014年1月被国家工信部确定为第二批符合《钢铁行业规范条件》的企业。2018年3月30日，三钢闽光发行股份购买三安钢铁100%股权事项，获得中国证监会并购重组委审核无条件通过，并于6月12日完成资产的过户手续及相关工商变更登记，7月13日正式更名为福建泉州闽光钢铁有限责任公司。

福建游龙网络科技有限公司

福建游龙网络科技有限公司成立于2012年5月，总部坐落于福州市橘园创意广场。公司始终秉承初心，长期专注于网络游戏分发与运营，致力于为用户带去欢乐，为客户创造价值，是一家国内领先的互联网公司。

公司旗下拥有19196手游网、160YX网页游戏平台、萝卜玩H5游戏平台等垂直于不同细分领域的游戏运营平台，覆盖游戏用户超过4000万人，其中高品质用户超过60%，已有数十款游戏产品创下了首月收入破千万元的佳绩，同时平台月流水突破1亿元的大关。公司建立了完善的用户运营体系，通过大数据分析，更精准地向用户推荐优质的游戏产品，并保持后续深度运营服务，不断加强在游戏运营服务上的精细化运作，扩大游戏平台产值，带动上下游生态链相关产业发展，同时将不断壮大公司分发领域行业规模。

自创立以来，公司规模高速发展，每年的营业额增长率均超过200%，2016年营业收入达2.5亿元，2017年营业收入达5.2亿元，预计2018年产值达7亿。近三年，游龙网络通过技术升级，拓展研究开发项目，获得38个软件著作权，让公司在经营活动中取得了巨大的经济效益和社会效益。

公司着重人才的引进及培养，与高等院校建立了良好的合作关系，并建立人员提升、培训、引进等一系列制度，打通人员职业发展通道，同时公司也成立了游龙学院，与福州市番茄众创空间达成战略合作，以创业带动就业，专注于培养优秀的销售与客户服务团队，力求在三年内提供10万个就业岗位，帮助推动区域人才就业及经济发展，为行业进步贡献力量，为输送人才尽绵薄之力。

为了应对游戏行业日益白热化的市场竞争，公司积极地革新并完善游戏发行运营解决方案，启动聚合SDK项目，以提高效率、节约成本为基础，为移动游戏开发者提供专业的第三方SDK接入服务。同时，聚合SDK将结合公司自身强大的用户平台，丰富发行资源，为合作伙伴带去更丰厚的回报。

公司目前揽获了包括新浪、游戏陀螺颁发的行业权威奖项，2016年9月公司通过ISO9001质量管理体系认证，2016年荣获福建省科技型企业、国家高新技术企业称号，2017年荣获福建省科技小巨人领军企业称号，2018年荣获中国互联网百强、福建互联网20强称号，企业的规模及实力得到社会广泛认可。

未来几年，公司将与国内外更多优秀的合作伙伴携手合作，共同构建基于游戏上下游生态链的泛娱乐体系，以游龙网络为核心，打造全球最好的游戏俱乐部！

安通控股股份有限公司

安通控股股份有限公司（简称安通控股，股票代码：600179）扎根中国集装箱多式联运物流产业，布局“海丝”和“陆丝”商贸物流通道，现已发展成为多层次、广覆盖、独具特色的现代综合物流服务企业，旗下包括两家主要全资子公司，“国家5A级物流企业”泉州安通物流有限公司和“国内水路运输龙头”泉州安盛船务有限公司，服务范围涵盖综合物流、供应链金融、船舶服务、物流园区、投资管理等领域，为客户提供具有安通特色的“运、贸、融＋科技”一体化综合服务。安通控股旗下全资子公司中，安盛船务经营集装箱船队，提供“港到港”的内贸集装箱海运装船运输，安通物流将安盛船务的业务往两端延伸，以集装箱为载体，提供货物“门到门”一站式全程多式联运物流服务。

泉州安通物流有限公司（简称：安通物流）成立于2003年，系安通控股旗下全资子公司，公司以泉州为中心，业务辐射全国及部分东南亚国家。作为福建省物流行业龙头企业及国家5A级物流企业，安通物流旨在为客户提供贯穿上下游的供应链一体化服务，以集装箱多式联运为核心、现代供应链管理理念为纽带，通过整合优质的内外部物流资源，运用信息化技术和大数据分析，满足客户个性化的综合物流服务需求。公司服务范围涵盖特种集装箱、水路运输、铁水联运、铁路直发、冷链物流、仓储拼箱、国际物流、驻厂物流、港口集疏运、供应链金融监管等领域，已成为国内集装箱多式联运物流的标杆企业。

泉州安盛船务有限公司（简称：安盛船务）成立于2002年，是一家集国内沿海货物运输、船舶机务和海务管理、船舶租赁、船舶经营与管理、船员劳务、船舶代理、船舶物料与备件采购供应于一体的综合型航运企业，已取得交通运输部颁发的《水路运输许可证》《水路运输服务许可证》等证书。公司以优质、雄厚的运力为支撑，以专业、完善的服务为保障，为客户提供全方位、专业化、个性化的智慧物流解决方案，已成为国内特别是沿海、内河经济发展不可缺少的重要支柱。随着企业的不断发展壮大，安盛船务已成为国内水路运输龙头企业。据国际集装箱权威研究机构法国Alphaliner的全球集装箱班轮运力排名显示（数据截至2018年8月29日），安盛船务在全球集装箱船舶企业中综合运力排名第14位。

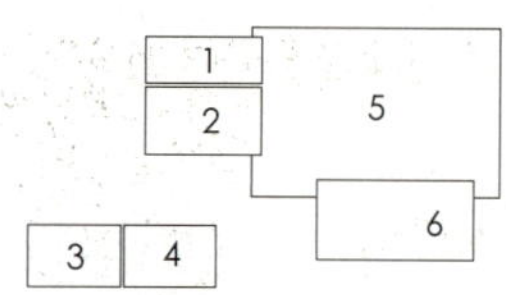

1. 多式联运形象图
2. 冷链效果图
3. 泉州多式联运基地
4. 码头作业
5. 集装箱形象图
6. 码头堆场形象图

安通控股
Antong Holdings

厦门市明穗粮油贸易有限公司

厦门市明穗粮油贸易有限公司成立于1999年2月8日，公司的总部设在厦门。2019年将是明穗成立的第二十周年，截至目前，被相关领导部门及机构授予“中国服务业500强企业”“福建省百强企业”“福建省农业产业化重点龙头企业”、“厦门市农业产业化重点龙头企业”“厦门市粮食应急体系重点粮油商贸企业”等荣誉。自2007年以来，明穗已连续12年被评为厦门市百强企业，2018年更是以优异的成绩位列第25名。

公司始终坚持以“粮食”为核心，致力于粮食行业供应链的整合服务，是集粮食贸易和粮食物流于一体的专业化粮食服务商。公司在广州、南通、北京设有办事处，主要为制粉企业、饲料加工企业、大米加工企业、食品加工企业及粮食储备企业提供优质粮源（涵盖小麦、玉米、稻谷、大米、高粱、大麦、菜粕及其他饲料原料等），年粮油销售总量逐年递增，经营规模在全国粮油行业民营企业中名列前茅。

智相知、诚相守、信相传。明穗人将秉承“诚信、服务、共赢”的经营理念，依托日月光辉之照耀，感念大地禾苗之养育，继续弘扬“艰苦奋斗、勇于开拓的拼搏精神；自强不息、超越自我的创业精神；与时俱进、追求卓越的创新精神”，协同客户提升核心服务，提高竞争力，与客户携手共赢未来。

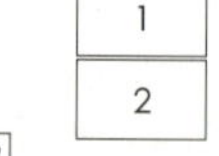

1. 明穗领导班子
2. 2018年11月6日，在上海进博会与世界四大粮商之一——美国嘉吉公司签约
3. 2018年荣获厦门百强企业
4. 2018年荣获福建百强企业
5. 2017—2021年荣获市级重点龙头企业
6. 2016—2020年荣获省级重点龙头企业

厦门市明穗粮油贸易有限公司 荣膺
2018福建企业100强
TOP 100 ENTERPRISES OF FUJIAN

授予：厦门市明穗粮油贸易有限公司
2017-2021年度农业产业化
市级重点龙头企业
厦门市人民政府
二〇一七年一月

授予：厦门市明穗粮油贸易有限公司
福建省第八轮（2016-2020年）农业产业化
省级重点龙头企业
二〇一六年七月

泉州市自来水有限公司

王汉荣，高级工程师，现任泉州市自来水有限公司党委副书记、副董事长、总经理；兼泉州水务工程有限公司支部书记、经理。

王汉荣总经理从事工程施工管理22年，具有丰富的建筑施工企业实践管理工作经验、扎实的施工管理理论知识。开拓创新、提升效益，擅长管理、擅长竞争。根据二十多年的工作经验，加以总结，制订出一套适应企业发展开拓创新的管理模式，并不断加以落实，积极探索吸取国际国内的先进经验，在给水项目管理过程中大胆采用新技术新方法，不断提高工程质量，降低了工程成本。

开展标准化管理工作，增收节支，杜绝铺张浪费，努力降低生产成本。在确保工程质量的前提下，对工程施工材料耗用指标实行考核，减少了材料浪费现象的发生。加强内部管理，精简机构，提高办事效率，在精心组织管理下，企业的信誉、效益有了很大的提高，企业的经济效益、工程质量、技术进步等方面处于同行业的领先地位。

在项目施工上始终坚持“质量第一、安全第一、信誉第一”的经营宗旨。担任泉州水务工程有限公司经理以来，企业承担了大量的施工任务，工程合格率达到100%。他不断加强业务知识学习，提高业务工作能力，十分注重业务知识的学习，对企业经营管理与现场施工知识学习得十分熟练，积极吸收先进管理经验，并运用于日常的管理、施工当中。

以“顽强拼搏、开拓进取、取信于民”的社会宗旨作为企业精神。历来注重职工队伍建设，把职工队伍建设摆在日常工作的首位，注重培养和抓好员工的业务知识和技术培训工作，对年轻、有文化、有知识的员工根据工作需要，加以培养、提拔、重用，使一批业务知识扎实、工作有冲劲的年轻人脱颖而出，成为企业的技术骨干，为企业提升竞争能力、优化结构起到了十分重要的作用。系统性对员工进行培训、安全知识教育，使每一个职工在思想和行动上有一个标准，确保公司安全生产无事故。同时根据企业的经营情况，不断改善和提高职工的劳动保护和福利待遇、施工安全保险等，为企业的生存、发展以及提升企业的经济效益打下了基础。近几年来，泉州水务工程有限公司公司连续三年被泉州市鲤城区人民政府授予纳税为1000万元以上“纳税大户”，被泉州市建筑行业协会评为2014年度诚信企业、2015年度先进企业称号，2015年5月公司被福建省总工会授予“福建省模范职工小家”称号，取得经济效益与社会效益的双丰收，为泉州市供水事业作出了应有的贡献。

施工现场

施工现场

三棵树涂料股份有限公司

树立天地　绿满世界

三棵树涂料股份有限公司创立于2002年，致力于打造内外墙涂料、防水、保温、地坪、施工“五位一体”的绿色建材一站式集成系统，于2016年在上海证券交易所A股主板上市，登陆中国民用涂料第一股，2018年跻身世界涂料41强，品牌价值达195.18亿元。三棵树总部位于福建莆田，并在天津、成都、南阳、滁州、保定等地建有11个生产基地，4000多名员工来自五湖四海，在这个花园式企业快乐工作着。三棵树独具特色的“道法自然”生态文化和园区美丽的生态环境得到国家各级领导的赞许，被誉为“醉美企业”，每年吸引数万人前来参观、学习和交流。

以“让家更健康，让城市更美丽”为企业使命，围绕“以用户为中心，与合作者共赢，与奋斗者共享”的核心价值观，三棵树在行业首创“健康+”五项新标准，专注于健康产品的研发和制造，“三棵树，马上住”“三棵树下，健康人家”广为传播，是万科、恒大、中海、绿地等百强地产合作伙伴，在全球拥有5000家合作伙伴，20000多个专卖店及网点。企业国家级技术中心面积6000平方米，包括博士后科研工作站、院士专家工作站、CNAS国家认可实验室等，配置了100多台世界领先的科研设备，由诺贝尔化学奖得主杰马里•莱恩教授担任首席技术顾问。从健康到“健康+”，从传统涂装到“马上住”全屋定制，从线下到线上020，从专卖店到百强地产，从国内到国外，从卖涂料到产品一站式、服务一体化……三棵树追求健康、时尚、艺术的家居生活，缔造生态、科技、节能的建筑风景。

敬天爱人，生生不息。作为具有高度社会责任感的企业公民，三棵树成立三棵树公益基金会，在环保、扶贫、教育、文化等社会公益事业上倾注大量爱心与资金。不忘初心，逐梦前行。未来，三棵树将以更加开放的姿态面向全球，不仅要将产品和服务卖向全球，还要将道法自然文化传遍全球，实现百亿目标、千亿梦想，树立天地，绿满世界。

洪杰董事长简介：

福建莆田人，三棵树涂料股份有限公司创始人、董事长兼总裁，第十二届、十三届全国人大代表，十届全国青联委员，全国工商联常委，中国涂料协会副会长，福建省工商联副主席，莆田市政协常委，莆田市工商联（总商会）主席（会长）。

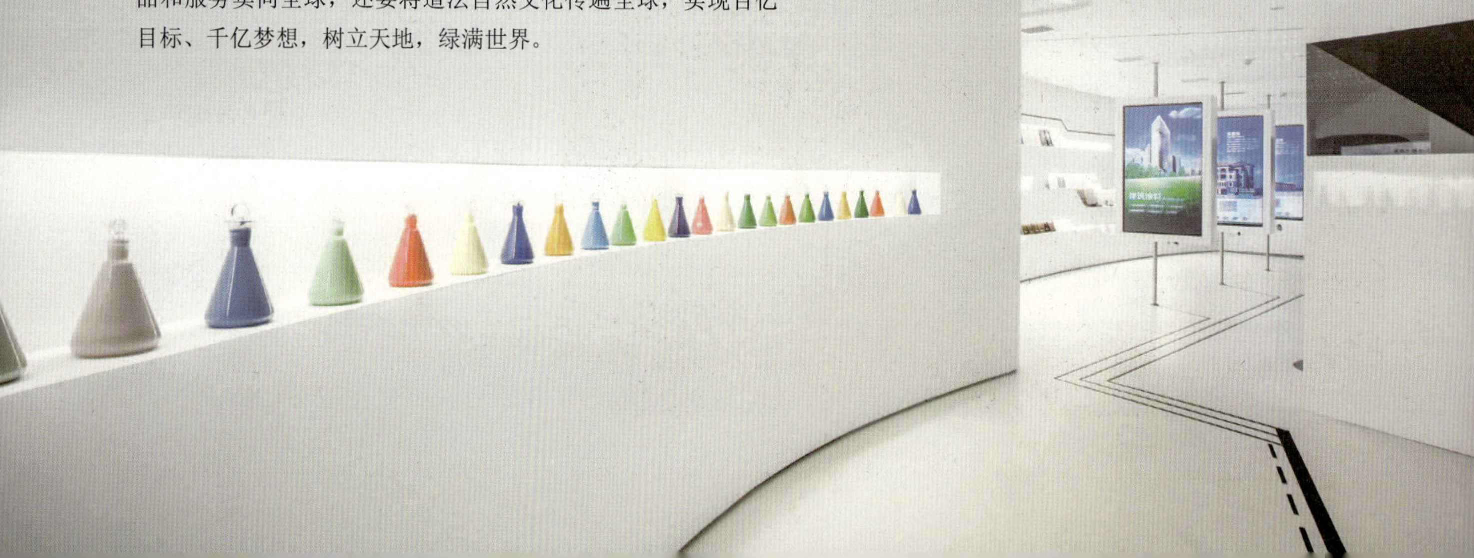

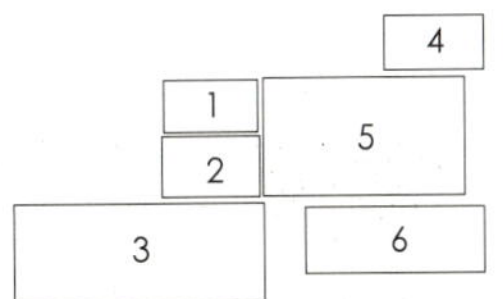

1. 三棵树博物馆
2. 三棵树莆田生态工业园
3. 三棵树企业文化馆
4. 三棵树四川生态工业园
5. 三棵树净味墙面漆
6. 三棵树专卖店

霞浦大黄鱼：霞浦大黄鱼，俗称黄瓜鱼，是名贯古今的高营养美味海产品。明《福宁州志 海产》首列大黄鱼，清《福宁府志》称之“鱼之极美者”。霞浦县海域饵料丰富，水温、盐度相宜，所产大黄鱼肥嫩鲜美、风味独具，而且含有多种有益人体健康的营养物质，人誉“长寿鱼”。霞浦大黄鱼金黄色，尾柄细长，鳞较小，肉质细嫩鲜美，含有丰富的蛋白质、微量元素和维生素。民国时期，霞浦大黄鱼常年产量200吨以上，多数运销外地市场。民国31年（1942年），全县捕大黄鱼348吨，输出225吨。民国36年仅运销福州的大黄鱼达75吨。1958年起，霞浦大黄鱼列为外贸出口商品，常年产量为2000～4500吨。1986年，霞浦大黄鱼人工育苗获得成功，育苗技术达到国际先进水平，获国家农业部科技进步奖，大黄鱼网箱养殖逐渐形成规模。2000年，霞浦县大黄鱼人工养殖5980亩，总产10392吨，其中销往韩国、中国香港和中国台湾约1000吨。2009年，全县养殖面积约5300亩，总产量10228吨，绝大多数销售于国内市场。

霞浦蜜柚：霞浦地处中国海岸中部，与台湾一水之隔，素有“闽浙要冲”之称。属中亚热带海洋性气候区域，气候温暖湿润，雨量充足，夏无酷暑，冬无严寒，年平均气温16～19℃，年降雨量1100～1800毫米，地势由西北向东南呈三级阶梯状下降，西北峰峦耸峙，最高峰“目海尖”海拔1192.4米；中部丘陵连绵，低山、平原、盆谷交错，非金属矿产品种众多，有硅石、石岗岩、沸石、蛭石、高岭土、紫砂土和石英砂等。土壤微量元素含量高，当地的土壤和气候环境适合果树的生长，当地人多种植蜜柚。霞浦蜜柚树冠圆头形，树势强，枝条开张下垂，枝叶茂密，叶片大，长卵圆形，叶经揉后无刺激性味道，幼树在肥水充足条件下，一年可抽梢4～5次，春梢为结果母枝。3月中下旬初为给花，盛花期为4月中旬前后，10月下旬果实成熟。单果重1200～2350克，平均1680克；果顶广平、微凹、环状圆印不够明显与完整；果面因油胞较突，手感较粗，果汁丰富，风味酸甜，品质上等，深受消费者喜欢。

霞浦剑蛏：福宁湾西部浅滩河流有大小沙溪、沙塘溪、罗汉溪等三条。湾内风浪大，潮流畅通，海水营养盐丰富。常年水温在8～32℃，盐度29‰～30‰，底质以泥、泥沙为主，海水无污染，为剑蛏的繁殖生长创造了有利条件。福宁湾周边地质背景以中生代花岗闪长岩为主，岩石Si、Ca、Mg含量较高，微量元素Cu、Pb、Zn含量也比其他岩类高。通过长期的地表地质作用及水岩物质交换，基底对表层的滩涂成分可能发生影响，为贝类生长提供较为丰富的Si、Ca、Mg、Zn、Cu等营养物质。霞浦剑蛏是霞浦人眼中的珍宝，以霞浦县沙江镇沙塘剑蛏村海滩生长的尤佳。剑蛏，学名尖刀蛏，生长在肥沃的海田之中。两扇洁白的壳衣，显得轻盈而灵动，体态如剑，与普通的海蛏相比，显得娇小玲珑，大的体型也就1～1.5厘米宽、4～5厘米长。霞浦剑蛏口感“鲜、嫩、脆、爽”，是自然独赐予霞浦百姓的天然美味，是全国独一无二的品种。

霞浦红蟳：霞浦盛产红蟳，尤以七都溪流域出牙城湾一带出产的最为出名。因牙城湾处在七都溪（杨家溪）下游，溪流两岸森林茂密，水质优良，底栖硅藻丰富，而以底栖硅藻为食物的螺类、虾类、贝类的品质亦佳，蟳长期生活在优质的水中，食用优质的食物，自然就品质卓越出众，故人们把产于历史上属七都境的牙城湾七都港一带的蟳称作“牙城蟳”或者“七都蟳”。牙城蟳在闽浙两地闻名遐迩，1949年版《霞浦县志》和1996年版《宁德地区志》中均将“牙城蟳（七都蟳）”列为名产。霞浦红蟳平均体重400克以上，肉质饱满，品味俱佳，尤其是雌蟳性腺成熟时，体内布满橘红色生殖腺，俗称“红膏蟳”，膏满肉丰，味道清甜香美。霞浦红蟳主要销往福州、厦门、泉州、杭州、上海、北京等地。至2009年，霞浦红蟳人工养殖80公顷，产量485吨。

大田糟兔： 大田是典型的山区县，多山地，盆谷、丘陵、水系发育良好，河网密度较大，有“九山半水半分田”之称。属中亚热带季风湿润区，冬无严寒，夏无酷暑，日照充足，雨量充沛，年平均气温15.3～19.6℃，年平均降雨量1497.7～1809.6毫米，年平均日照时数1723.8小时，无霜期297天，适宜农作物生长。土层深厚，土壤肥沃，水热条件较好，牧草资源丰富，以盛产大田肉兔著称，是福建省最大的肉兔生产基地，被誉为“肉兔之乡”。大田县拥有大量山地草场资源，气候温暖，适宜兔子的生长，自古就有散养兔子、自产自销的习惯。“大田糟兔”以大田肉兔为原料，用当地特产的山茶油、红酒糟配以祖传秘方中草药熏烤而成，其风味独特，味道可口，香气扑鼻，是宴请宾客、馈赠亲友之佳品。“大田糟兔”色泽红润，兔皮被红酒糟渗透，呈微透明状，胶质感很强，有韧性，皮薄肉嫩，口感顺滑，有独特的酒糟味道，香飘四溢，腥味全无，色香味俱全，具有久食不腻的优点。

青水闽王饼： 青水畲族乡位于闽西偏东、永安市东南面的群山环抱中，国家级自然保护区天宝岩核心区及精华部分均在该区域内。属亚热带季风高山型气候。土壤肥沃，土层深厚，pH值适中，在5.5～6.5之间。水质优良，水源来自国家级自然保护区天宝岩，甘甜爽口，得天独厚的自然条件尤其适合小麦的生长。适宜的温度有利于小麦蛋白质的形成，永安当地出产的小麦，质地硬，其胚乳易与麸皮分离，出粉率高，小麦麸星少、色泽好、灰分低，而且压碎时大多沿着胚乳细胞壁的方向破裂而不是通过细胞内含物，形成颗粒较大、形状较规整的粗粉，流动性好，便于筛理。当地的小麦磨出的面粉色泽呈乳白色，略带香味，蒸熟后有麦香和淡淡的清甜味。小麦粉是青水闽王饼的主要原材料，同时接取当地的山泉水泡发面团，并用当地产的绿豆磨成泥做馅，才能制作出酥而不腻、齿颊留香的青水闽王饼。青水闽王饼外观沾黄，皮酥软脆，入口即溶，香气浓郁，清甜滋润，配备营养丰富的绿豆馅，其松、香、酥、软，香醇诱人，细腻香软，甘甜芳香。含淀粉51%～60%，蛋白质5.7%～10.7%，还含有糖、淀粉、粗纤维、胡萝卜素、维生素及钙、磷、钾等矿物质，可供吸收和利用的养分高达98%，远高于其他饼类。

闽清陶瓷： 闽闽清县是中国陶瓷重要生产基地之一，以陶瓷砖和日用陶瓷制品为主。闽清县境内地处闽东南沿海火山岩带中部，岩质为中酸性碎屑熔岩，属火山碎屑岩和火山碎屑沉积岩系。土壤质地粘重，粘土矿物组成以高岭土为主，交换性能较差，内在稳定，得天独厚的矿产资源是闽清陶瓷产品玻化程度高的重要条件。陶瓷砖为正方形的方块，四周平整，表面不弯曲、不翘角，吸水率比低于其他瓷砖产品0.7%，厚度比同类产品高。日用陶瓷制品外型美观，玻化程度好，不易因气候变化热胀冷缩而产生龟裂或剥落，抗折强度高，耐磨性佳。

闽清青白瓷： 闽清县素有“瓷都”之称，随着“南海一号”的出水，闽清窑也开始受到大家的广泛关注。闽清窑兴盛于12世纪下半叶至14世纪下半叶。据考古专业发现，闽清宋元时期的古窑址有一百多处。闽清窑主要生产日用青白瓷，因其釉色以青白为主，故称为青白瓷，当时生产的闽清青白瓷依靠闽江船运，主要销往东南亚等国家，同时还销往全国各地。至乾隆、嘉庆间，闽清瓷器生产已从义窑移至池园丽山头，一直延续生产销售至今。闽清境内有丰富的制瓷矿藏——高岭土，在东桥及邻近的下祝乡也时有挖掘高岭土运到外地出售，闽清南部的池园、白樟一带，是现今中国极为重要的瓷器生产基地，闽清窑如今还烧制艺术瓷，如序源堂青白瓷画、陶瓷艺术多功能桌等文化陶瓷远销国内外。闽清青白瓷采用当地产的高岭土作为原材料，装饰上采用了刻划、压印、堆贴、捏塑等，既丰富了器类，又增加了美感，其釉色多偏青或偏白，闽清青白瓷色泽呈青白色，细腻晶莹，如晓月清空，久藏亦光亮如新。

三明陆地港

三明陆地港是福建省重点打造的四个陆地港之一，项目总规划建设用地面积约959.5亩，其中，物流仓储区563.1亩，商贸区396.4亩。总投资约20亿元。

三明港务发展有限公司成立于2011年1月，由厦门港务发展股份有限公司与福建三明生态工贸区生态新城集团有限公司共同出资组建，注册资本13500万元。公司位于福建三明沙县海西三明现代物流产业开发区金泉路，主要从事三明陆地港建设、经营，国际、国内货运代理、海铁联运，房地产开发及销售，仓储服务，包装加工，物流配送，物流信息咨询服务，集装箱装卸，进出口拼箱服务，空箱堆存及维修，冷藏箱检测、集装箱专用运输、报关、报检、报验业务及进口商品销售等业务。

物流仓储区的建设经营已初具规模，培育形成了“六仓一中心一堆场”八种业态，即海关监管仓、公共保税仓、供应链监管仓、城际货运中转仓、电商分拨中心、公共仓储、进口商品直销中心、堆场（具备报关查验、装拆箱、空箱堆存、冷藏箱等业务操作能力的集装箱堆场），开展包括联检报关、物流保税、公共仓储、商贸物流、信息服务、货物运输等业务，公司与各大船东、关检、口岸办、外贸企业等单位密切合作，共同创造了跨关区集装箱转关、进口散货转关、海铁联运、区域通关、一体化通关、跨关区直通等多项福州关区的第一。项目获得2018年度省级示范物流园区称号。

新建的闽中快递物流园，利用传统港口仓储物流优势，采用“互联网+”创新经营理念，大力发展本地区电商快递业务，加快传统物流行业产业转型升级，已引进韵达、圆通等知名物流企业入驻。

商贸区一期占地面积约172亩，计划投资7.8亿元，建设具有“商贸物流、批发零售、贸易展销、商务办公”等功能的陆地港综合商务区。商贸物流区相关配套功能区域，利用陆地港便捷的交通地位及物流通道，可降低货物的流通成本，实现商品的快速配送。同时可满足港航企业、贸易商、代理商、供应商等企业入驻陆地港办公、生活需求。

三明陆地港项目已实现“一次报关、一次查验、一次放行”以及货物流、资金流、信息流的互联互通，立志打造“立足三明，服务海西，辐射周边，通达全球”的区域性物流中心和服务地方外向型经济和产业经济的公共平台。

1. 门楼
2. 货物进仓
3. 企业图片

福建凯邦锦纶科技有限公司

福建凯邦锦纶科技有限公司于2006年10月成立，注册资金29458万元，是集锦纶研发、生产、销售为一体的高新科技企业。公司占地面积700多亩，年平均职工人数1000余人，位于福建省长乐市滨海工业区（两港路西侧），交通便利，拥有得天独厚的地理优势和纺织产业区位优势。

公司主要产品为PA6FDY、HOY、POY、DTY、TTY、TDY，并在低旦多孔超细纤维、尼龙6阳离子纤维、深染型纤维的研发生产上独具核心竞争力，可为客户提供材料设计、开发、加工等整体解决方案。多年来不断引进国际领先的日本TMT公司、瑞士乌丝特公司及美国、德国等先进纺丝专用设备和公用工程设备以及世界一流的生产技术和管理模式，充分保证产品的市场竞争力，广受各地厂商的欢迎，赢得社会的认同。

公司通过了ISO9001质量管理体系、ISO14001环境管理体系、OHSAS18001职业健康安全管理体系新版认证。近年来先后获得“福建省名牌产品”“企业信用等级AAA级”“福建省创新型企业”“福建省诚实守信单位”“福建省质量管理先进企业”“福建省科技型企业”“福建省科技小巨人领军企业”等荣誉。公司一贯秉承“诚信为本、服务优先、品质先导、管理为实”的经营理念，坚持“用人唯贤、公平、公正、公开”和“人品优先、能力匹配、敬业爱岗、价值共享”的用人方针，为员工提供良好的工作生活环境和广阔的发展空间。

展望未来，我们本着做大做强的原则，将持续引进国外的先进技术设备和管理方式，立足科技创新、管理进步，通过不断经营变革来增强企业的整体综合实力，力争成为具有国际竞争力的现代化大企业！

福建华威集团

集团董事长陈健先生

福建华威集团有限公司组建于1993年，是一家集商贸物流、交通出行、金融投资、文化教育等多元化业务于一体的综合型企业集团。集团董事长陈健先生先后当选为福州市第十一届、第十二届、第十四届、第十五届人大代表，荣获福州市劳动模范、福建省劳动模范、福建省优秀企业家、中国杰出创新人物、中国交通企业管理十大杰出人物等荣誉。

以习近平新时代中国特色社会主义思想为引领，华威集团秉承“忠诚、务实、奉献、创新”的企业精神，坚持“在经营中找特点、在发展中找亮点”的经营理念，以服务为核心，以创新为驱动，紧跟时代步伐，大力推进产业创新升级。2016年，“华威集团”商标被国家工商总局评定为“中国驰名商标”，2017年，华威集团被福州市政府认定为“福州市综合型总部企业”。

在企业发展壮大的同时，华威集团始终坚持“红色领航”，创新探索“党建+产业链、管理链、文化链”工作模式，围绕发展抓党建，抓好党建促发展；主动参与福（州）定（西）东西部扶贫协作，积极支持赈灾救灾、扶贫济困、助学助考等公益事业，以实际行动践行企业社会责任。

福建傲农生物科技集团股份有限公司

福建傲农生物科技集团股份有限公司（以下简称“傲农集团”）成立于2011年4月，是一家以标准化、规范化、集约化和产业化为导向的高科技农牧企业，公司主营业务包括饲料、动保、养猪、原料贸易、农业互联网等产业。2017年9月，傲农集团在上海证券交易所挂牌上市（股票简称傲农生物，股票代码：603363）。

傲农集团围绕“以饲料为核心的服务企业，以食品为导向的养猪企业”品牌定位，通过持续的技术创新、产品升级和品牌推广，竞争力不断增强，现已成为国内大型猪用饲料生产商之一，市场覆盖全国大部分省、直辖市、自治区，目前拥有百余家分子公司、5000多名员工。

傲农集团高度重视科研创新工作，组建有院士工作站、博士后工作站、省级重点实验室、省级企业技术中心和省级企业工程技术研究中心等科研创新平台。

风正潮平，自当扬帆破浪；任重道远，更需策马扬鞭。未来，傲农集团仍将继续秉承“以农为傲，滋养全球”的使命，坚持“为客户创造价值、为员工提供发展、为社会做出贡献”的核心价值观，与股东、员工及广大合作伙伴携手向前，共同为中国乃至全球农牧业发展做出更大贡献。

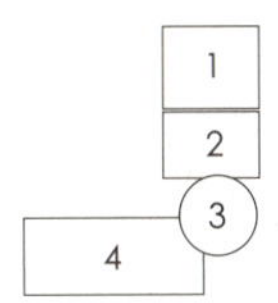

1. 2017年9月，傲农集团在上海证券交易所挂牌上市

2. 傲农集团人才集训“星火计划”拓展活动

3. 江西傲新动保产品生产线

4. 傲农集团大楼

武夷山九龙袍茶业有限公司

金砖

九龙袍茶业金砖国家领导人
厦门会晤高级赞助商

红旗1号大红袍金砖国家领导人
厦门会晤选用产品

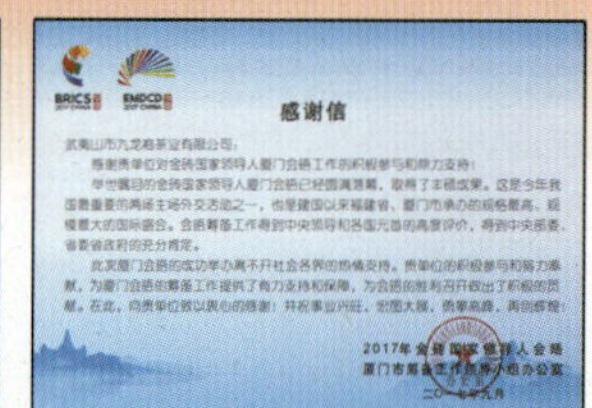

武夷山市九龍袍茶業有限公司

本企业通过 ISO9001：2008 国际质量管理体系认证
本企业通过 HACCP 食品质量安全管理体系认证

地理性标志产品 福建名牌产品 HACCP 认证 ISO9001 认证

销售热线：0599-5202111
服务热线：0599-5202333

【寿宁葡萄】

寿宁县地处白云山北麓，山川秀美，生态优良，周围水质清澈，没有污染源。年平均气温15.1℃，1月平均气温4.7℃，7月平均气温22.6℃，极端最高气温35.8℃，极端最低气温－9.8℃。年降水量1800～1911毫米，无霜期270天。白天光照强、昼夜温差大；土壤肥沃，富含稀有元素。其中锌元素含量丰富，所以此地所产的葡萄有效锌含量高。得天独厚的气候条件、土壤结构、水源条件等自然因素，为“寿宁葡萄”的生长提供了良好的条件。据统计，目前寿宁葡萄种植面积逐年增加，已初步形成集葡萄种植、采摘、观光、旅游为一体的生态产业，带动了上万户农民创业致富。“寿宁葡萄”种植在海拔600～1000米的高山富锌土地上，高海拔山区种植的葡萄生长期长，比其他葡萄采收期迟了30多天，更有利于发展晚熟葡萄。“寿宁葡萄”品质上乘，色泽鲜艳，果皮紫黑且薄、晶莹剔透。果实圆润、果肉晶莹、果粉足、果大汁甜，既有葡萄的多汁，又有提子的脆甜。整串果实结得非常紧实，不易落果，是葡萄中的精品。

【寿宁脐橙】

寿宁脐橙种植历史悠久，当地利用富锌土壤和库区天然小气候优势，大量种植脐橙，如今种植面积3万多亩，年产量约8万吨。寿宁脐橙果大皮薄、味香多汁、酸甜适度，深受消费者青睐，远销福州、厦门等地，每年为当地农民带来5000多万元收入。寿宁土地富含硒锌等微量元素，荣获“中国硒锌绿谷”称号，被列为首批福建省富硒农业产业开发重点县，所产的寿宁脐橙果色橙红，果面光滑，果实呈椭圆形至长椭圆形，个大皮薄，单果重200～250克，多为闭脐。脐橙肉嫩芳香而脆，无渣无籽，味美汁多，口感清甜，为优良的绿色营养食品。

【蕉城畲家乌米饭】

蕉城畲家乌米饭自唐朝以来就是畲族同胞“三月三”过节的传统食品，有黑、亮、晶、香四大特点，蕉城区金涵畲族乡尤为盛行制作乌米饭。金涵畲族乡一直都有种植乌稔树，面积达8600多亩，这是制作乌米饭的主要原料之一。人们把乌稔树的嫩叶放在石臼中捣烂后用布包好放入锅中浸，然后将糯米倒入乌黑的汤汁里烧煮成的饭就是乌米饭，糯米应该选当地山区高寒农田种植的晚熟糯米，这种糯米生长期长、米粒饱满、营养丰富，更能体现乌米饭“香”字的特色。蕉城畲家乌米滋味鲜美，清香糯柔，细腻惬意，别有滋味。金涵畲族乡民间有大大小小的乌米饭私家作坊，蕉城畲家乌米饭产业逐渐凸显其经济效益，其中山哈乌米饭有限公司年营业额达5000万元。

【蕉城白眉山羊】

蕉城白眉山羊繁衍历史悠久，因地理隔离，长期不受混杂，是闽东独特的畜禽遗传资源，具有适应性强、体质结实、肉质好等特点。蕉城区气候宜人，草场饲料丰富，适合养殖山羊。蕉城白眉山羊头型中等，面目清秀，眼大有神，耳小侧伸，鼻梁平直，嘴齐唇薄。公母羊均有角，下额有髯，从羊两角根部至嘴唇两角有两条白色毛带，故俗称“白眉羊”，头略呈三角形，耳平直，弓形角，成年羊髯较长；体表被毛较短，有光泽，尾短而上翘。蕉城白眉山羊肉色泽红润，肉质细嫩有弹性，无膻味，脂肪含量少，是羊肉中的佳品。近年来，金涵畲族乡大力支持山羊养殖，从2009年开始，鼓励在金涵畲族乡浮萍村、后溪村、菰洋村、中前村共建立了100亩的白眉山羊养殖基地，并于2009年3月20日成立新五洲灰山羊专业合作社，年出栏可达3.8万头，其养殖模式已逐渐向本乡其他村庄辐射，并带动蕉城白眉山羊产业的发展。截至2018年11月，全乡蕉城白眉山羊年出栏30万头。

邵武永太高新材料有限公司

邵武永太高新材料有限公司成立于2016年6月30日，注册资本金为人民币10000万元，由浙江永太科技股份有限公司（A股上市公司 ，证券代码：002326）、福建永晶科技股份有限公司、平潭盈科恒通创业投资中心（有限合伙）共同投资建设，主要从事锂电池材料的技术研究、制造、批发与零售，以及货物进出口和技术进出口。公司位于福建省邵武市金塘氟新材料产业园区，占地181.3亩，项目总投资60000万元，总建筑面积70000多平方米，建设年产6000吨六氟磷酸锂、2000吨双氟磺酰亚胺锂以及1440吨氟化锂。

公司依托母公司浙江永太科技股份有限公司强大研发实力，始终秉承创新理念，为客户提供优质的产品和服务。为了确保生产过程稳定、可靠，车间全部安装先进的DCS和SIS系统，实现生产过程的自动控制。公司建立了标准化实验室，配备有先进的实验、检测仪器和设备，制订了可靠的检测方法和流程，并配备专职训练有素的检测人员，对原材料、在制品、成品进行实时检测、分析、控制，有效地保证产品质量。公司位于专业的化工园区，有完善的配套设施，包括专业的污水处理厂、固废处理中心等，为工厂生产正常运行提供了可靠保障。

公司秉承“为员工提供平台，为客户创造价值，为股东创造利润”的价值观，致力于“为新能源锂离子电池行业提供最优质的产品和服务”，力争成为新能源锂离子电池材料行业领跑者。

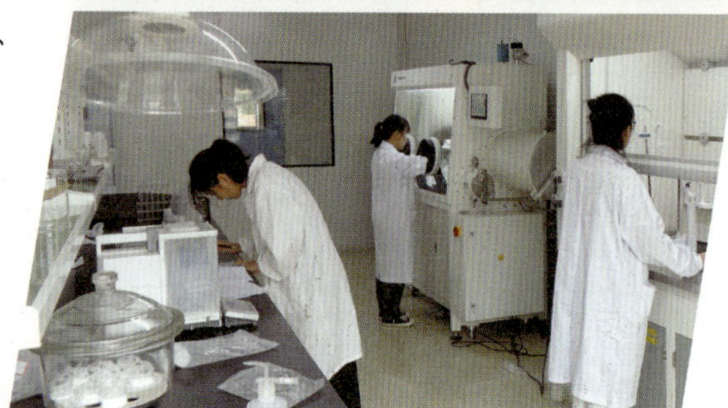

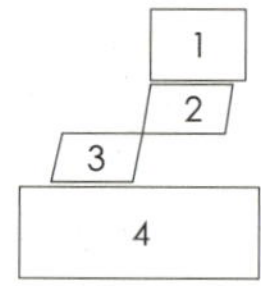

1. 2018年5月9日，省长唐登杰到公司调研
2. 研发试验室一角
3. 先进的检测仪器
4. 公司大门全景

福建龙溪轴承（集团）股份有限公司

福建龙溪轴承（集团）股份有限公司是生产经营关节轴承、圆锥滚子轴承、滚动功能部件及高端机械零部件的现代化国有控股上市集团公司，是中国机械工业核心竞争力100强企业、国家火炬计划重点高新技术企业、国家创新型试点企业及全国轴承行业唯一一家制造业单项冠军示范企业、全国工业品牌培育示范企业，是国内主要关节轴承供应商和出口商。

集团生产的关节轴承广泛应用于国民经济各行业的各类机械设备，为国家重点工程如神舟系列、嫦娥系列、国家天文台FAST项目、天宫、大飞机、三峡工程、正负电子对撞机、上海中心大厦、上海磁悬浮工程等重点工程及大型现代建筑、桥梁、风电、光伏设施等配套，大量出口欧美亚等40多个工业发达国家和地区。

集团党委书记、董事长曾凡沛，致力于企业的长期发展，大力实施战略经营，创新驱动，推动企业健康持续发展。2017年集团着力抢占传统配套领域、创新引领国内潜在市场并多维开拓全球主机市场，营业收入89047万元，比增45.47%，集团公司和母公司营业收入比全国同行业多增长30%以上，营业收入和增长率均达历史最高水平。同时，公司立足高端研发和低成本制造，深化军民融合战略，强化创新平台建设，充分发挥“标准化+”效应，持续构建技术创新的核心资源与能力，全年完成新产品开发517个型号，获得专利13项。

在“创业创新的活力龙轴、和谐卓越的幸福龙轴”的“龙轴梦”的引领下，公司着力品牌培育，积极履行企业社会责任，先后获得全国文明单位、全国模范劳动关系和谐企业、全国就业先进企业等荣誉。集团党委书记、董事长曾凡沛，先后获全国机械工业劳动模范、全国优秀企业家、中国机械工业明星企业家、福建省优秀企业家等荣誉，并当选福建省第九次党代会代表，福建省第十二届人大代表，中共漳州市第十届、十一届委员会候补委员。

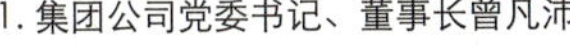

1. 集团公司党委书记、董事长曾凡沛

2. 龙溪集团牢牢掌握关节轴承领域的技术制高点，产品广泛应用于航空航天、建筑路桥、轨道交通、冶金水电等领域

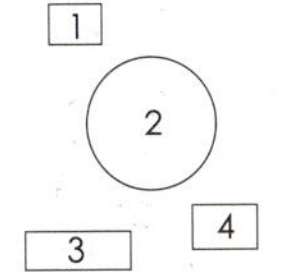

3. 公司外景图

4. 集团公司研发体系完善、研发能力强大，拥有国家级企业技术中心及全国唯一的关节轴承研究所和国家级关节轴承检测实验中心

青拓集团有限公司

青拓集团是国内最大的不锈钢生产基地。2008 年入驻福建宁德以来，在福安市湾坞半岛建设集镍铁与不锈钢冶炼、不锈钢加工及销售、物流和设备制造为一体的冶金新材料产业园，总投资超 200 亿元，已形成年产镍铁 180 万吨、不锈钢粗钢 470 万吨、热轧钢卷 380 万吨、冷轧板带 220 万吨、棒材 50 万吨、无缝管材 20 万吨、高速线材 90 万吨、型材 40 万吨的生产规模。主要钢种为 200 系、300 系和 400 系列不锈钢。

集团按照“龙头引领、链条延伸、集群共建”的发展思路，充分发挥港口岸线资源优势，努力打造不锈钢制造的世界性工业园区。

一、采用先进生产工艺，创新不锈钢冶炼技术

率先引进国际先进的 RKEF 工艺，创造性地采用 RKEF 与 AOD 炉双联法冶炼不锈钢工艺的全新技术，实现了不锈钢连续化一体化生产的历史性突破。该技术已获国家专利，较传统工艺，吨钢节煤 185 千克，能耗降低 50%，吨镍铁水节电 550 度，节能减排效果显著。

二、完善自主创新机制，提高核心竞争力

投资 7000 多万元建立了青拓集团冶金新材料研究院，引进国际标准化协会 ISO“金属材料腐蚀委员会”晶间腐蚀委员会召集人、原宝钢中央研究院副院长江来珠博士任院长，已通过国家 CNAS 认证，拥有核心专利 203 项，承担省科技重大专项 2 项。重点研发生产超级双相不锈钢、氮合金化高品质不锈钢、特殊工模具钢等，开发生产可用于国家重大装备领域、航天航空领域以及国防军工领域的高强度不锈钢新材料，开发推广现代 400 系列铁素体不锈钢，优化产品结构，加快企业转型升级。

三、拓展海外不锈钢产业基地，实现国际资源整合

2013 年 10 月 3 日，与印度尼西亚政府签署合作协议，在印度尼西亚苏拉威西岛建设集发电、红土镍矿开采、不锈钢冶炼、加工销售于一体的中国－印尼青山工业园区，总规划用地约 1300 公顷。项目建成后，将成为世界上资源整合率最高、最具竞争力的不锈钢产业基地。2017 年，规划在印度投资建设不锈钢热轧项目，在南非建设高碳铬铁等项目。

四、全面发展海运物流，积极开拓海外市场

2017 年，集团子公司青拓物流码头靠泊各类船只 3623 艘，全年货物吞吐量 1563.62 万吨。青拓集团生产的不锈钢材通过自建港口出海到国内和韩国、日本、越南、意大利、印度、印度尼西亚、马来西亚、波兰、西班牙、迪拜、巴基斯坦等“一带一路”沿线国家，得到东南亚、欧美市场的认可和青睐，年出口量 20 多万吨。并积极申请各类欧美市场产品、质量认证，与国际矿业及金属巨头嘉能可、淡水河谷、必和必拓（现更名为 S32）、三菱等跨国集团建立长期友好的合作关系。

1. 中央书记处书记尤权等领导视察照片
2. 省长唐登杰率领的省委省政府工作检查组在青拓 400 系不锈钢系列项目检查
3. 福建省副省长隋军到青拓集团调研指导工作
4. 省人大常委会原主任袁启彤到青拓集团考察
5. 宁德市委副书记、市长郭锡文到青拓集团调研
6. 展厅
7. 镍业炼钢生产线
8. 体育中心
9. 青拓集团综合办公生活区全景

冠城大通股份有限公司

冠城大通股份有限公司是一家历史悠久、实力雄厚的综合性上市公司，股票代码SH600067，公司主营业务为房地产开发和特种漆包线制造与销售，并涉足金融、新能源和健康养生领域。经过二十多年的发展，目前公司已形成总资产达200多亿元、年营业收入近百亿的规模。

秉承“凝聚人文，和谐共赢”的核心价值观，冠城大通努力创造价值，持续不断发展，通过开放、包容的企业文化和规范、透明的经营管理，关注人居品质，提升客户价值，担当社会责任，致力成长为基业长青、受人尊敬的百年老店。

多年来，冠城大通在完善法人治理、企业运营、内控管理、技术创新、品牌建设方面取得了显著成就。连续3年上榜《财富》中国企业500强，连续8年入选“中国民营上市百强”，连续6年荣获福建企业50强，连续3年获“金牛基业常青公司奖”，2012年获得“中国民营企业500强”，并多次获授中国上市公司董事会“金圆桌奖”优秀董事会及董事会建设特别贡献奖，连续7年入选“中国房地产上市公司综合实力榜百强”。

常山华侨经济开发区

常山华侨经济开发区前身为常山华侨农场，成立于1953年元旦。1999年7月正式成立常山华侨经济开发区，实行开发区与农场两块牌子、一套人马运作。现为全国第二、福建省最大的华侨农场，也是省级和漳州市属重点开发区之一。辖有15个管理区村，现有常住人口2.6万人，其中归侨及侨眷6000人。土地面积115平方千米，其中国有土地64平方千米。曾安置主要来自东盟的印度尼西亚、马来西亚、泰国、新加坡、越南等13个国家和地区的归难侨8000多人，归侨人文独具特色。

常山位于漳州市南部，在云霄、诏安、东山三县交界处，处于环东山岛经济开发区核心区域，国道324线、沈海高速公路和厦深高速铁路均穿行其间，区位交通十分优越。开发区管委会作为漳州市政府的派出机构，享有县级行政、经济管理职能，享受省、市重点开发区的各项优惠政策。2011年6月被定为福建省第一个“国侨办引智引资重点联系单位”，是漳州市重要的对外联系窗口。

常山属南亚热带海洋性季风气候，日照充足，雨量充沛，空气清新，气候宜人。淡水资源和生态林地资源丰富，拥有80多平方千米的生态林地，自然风光优美，尤其是乌山天池山水交融、水清石奇、风景如画，是福建省极具吸引力的新兴旅游景区。

1. 常山乌山天池——石像峰
2. 常山华侨经济开发区——夜景
3. 常山华侨经济开发区——华侨文化广场
4. 常山乌山天池——全景
5. 常山乌山天池——老君岩

福建省长希园林建设工程有限公司

福建省长希园林建设工程有限公司成立于2003年，是“福建省风景园林行业协会”会长单位，现已发展成为一家集园林景观设计、园林绿化施工、市政施工、古建施工、苗木花卉培育与销售一体的综合性园林绿化企业。

公司聚集了一批高素质的专业技术及管理人才，同时拥有完善的工程设施设备。从园林绿化工程规划设计到项目施工，从花卉苗木生产到销售都形成了规模效应。公司现拥有各类专业技术人员315人，拥有苗木基地523.8亩，培育各类乔木、灌木、观叶植物及花卉、草坪等绿化植物100多种。

多年来，公司始终秉承“以质量求生存，以信誉求发展”的企业理念，凭借自身雄厚的整体实力和科学严谨的企业管理创造了良好的企业信誉，先后参与了青运会、“数字中国”峰会、MSRE海丝博览会等一批大中型城市品质提升项目的绿化建设，荣获福建省“园林杯”优秀园林绿化工程金奖、福建省“闽江杯”园林景观优质工程奖、福建省园林绿化施工企业“一先两优”、“中国第一届青运会福州筹委会优秀服务单位”等省级殊荣10余项，并多次出色地完成政府有关部门交办的各类突击性的紧急任务。

突出的业绩、勤劳务实的工作作风得到了社会各界的充分肯定，多次被省、市、区政府和市园林局授予锦旗和表彰，为经济建设和保障社会平安和谐发挥了园林行业的特殊作用，为福州市生态环境建设的健康快速发展做出了突出贡献。

1	2
	3
4	5

1. 碧城·云庭景观工程
2. 上杭县杭川公园建设项目工程
3. “数字中国”峰会
4. 融侨悦城
5. MSRE海丝博览会

福建祥鑫股份有限公司

福建祥鑫股份有限公司始创于2002年，是国家二级保密军民融合特种铝合金加工企业，总注册资本达6.45亿元，总占地面积约660亩，现有员工1800人。下设祥鑫特材分公司、祥鑫五金子公司、祥鑫新能源子公司、军工事业部、锻造事业部、祥鑫技术研究院。

多年来，祥鑫始终致力于生产航空、航天、兵器、舰船、核工业、轨道交通、国防军工特殊行业与领域专用的超高性能特种铝合金挤压材、锻压材。2017年该公司成为全国民参军目录中唯一一家特种铝及铝合金挤压材、锻压材研发生产军民融合企业。

该公司主要产品有各类铸棒、型材、棒材、管材、锻棒、锻管、锻环及模锻件、各种多功能梯、助行器、共享全铝合金陪护椅、陪护柜和购物车、按摩椅、国家电网铝塔、隧道架、电池托盘、动力电池模组铝支架、动力电池模组端板等。现有专利58项，有十几项重要发明专利正在公示中，作为主起草和参加单位，起草了多项国家标准及行业标准。

自2009年起，陆续获得ISO9001质量管理体系认证、ISO13485医疗器械质量管理体系认证、国家二级保密单位资格、GJB9001质量管理体系认证、武器装备科研生产许可证、IATF16949汽车质量管理体系认证、中核集团合格供应商认证、AS9100航空航天体系认证等专业认证。

福建省科技型企业
证 书

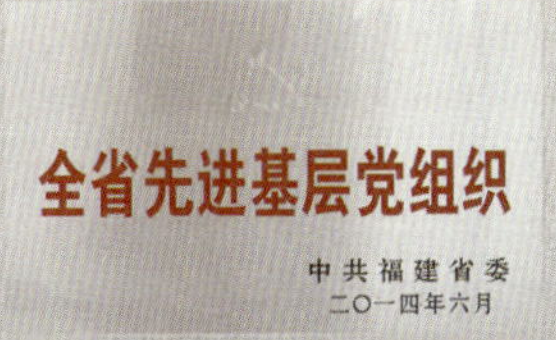

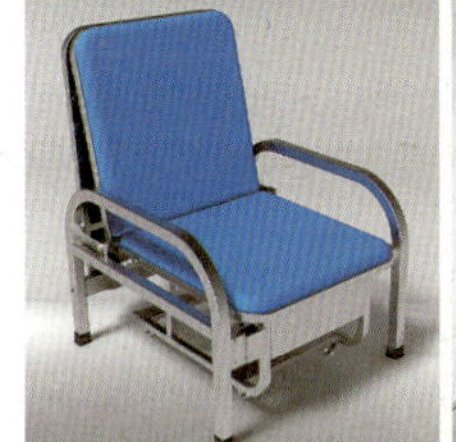

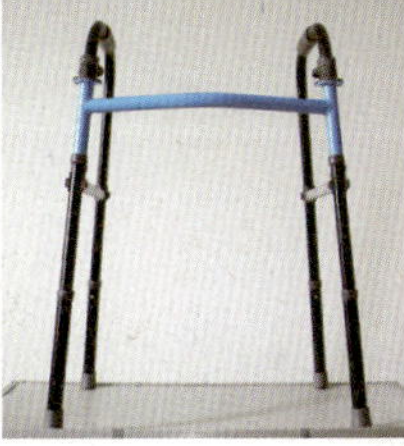

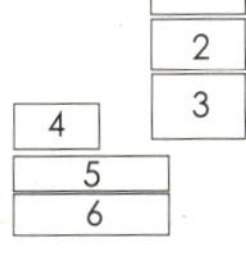

1. 福州市闽侯县尚干厂镇区

2. 2017 年 11 月，林升董事长赴权属企业霞浦新日鑫公司宣讲十九大精神

3. 福建祥鑫新能源汽车配件制造有限公司军民融合特种铝合金汽车轻量化项目动工仪式

4. 福州市闽侯县青口镇东台厂区

5. 证书及荣誉

6. 各类产品